웰컴투 코리아

북조선 사람들의 남한살이

웰컴 투 코리아

북조선 사람들의 남한살이

정병호 · 전우택 · 정진경 엮음

초판 1쇄 발행 2006년 5월 12일 | **초판 2쇄 발행** 2006년 9월 20일
발행인 김종량 | **발행처** 한양대학교출판부
주소 133-791 서울 성동구 행당동 17번지
전화 02)2220-1432~4 | **팩스** 02)2220-1435
홈페이지 www.press.hanyang.ac.kr | **전자우편** presshy@hanyang.ac.kr
출판등록 제4-7호(1972년 2월 29일) | **인쇄처** 한컴닷컴

값 28,000원

ISBN 89-7218-305-9 03330

웰컴투 코리아
북조선 사람들의 남한살이

정병호 · 전우택 · 정진경 엮음

한양대학교 출판부

머리말

'조선민주주의인민공화국'에서 살다가 이런저런 사연으로 '대한민국'에 건너와 살게 된 사람들이 모두 8천명을 넘어서게 되었습니다. 1980년대까지는 매 년 몇 명만이 휴전선을 넘어왔지만, 1990년대 중반부터 시작된 북쪽의 대기근 때문에 점점 더 많은 사람들이 중국 등 제3국을 통해 들어오고 있습니다. 이들은 '귀순용사, 탈북자, 북한이탈주민, 새터민' 등으로 달리 불리면서 남쪽 사람들 속으로 들어와 함께 살게 되었습니다.

북한이탈주민들은 대부분의 경우 북쪽 사회에서 살 수 없는 사정이 생겨 모든 것을 버리고 탈출하여 많은 고초를 겪은 후에 남한에 옵니다. 조국의 다른 한 쪽이요, 같은 민족이라고, 그래도 여기에서 살아보려고 찾아온 것입니다. 이들의 '남한살이'는 어떠한가? 낯설고 어려운 것은 무엇일까? 이 곳에서 새로운 희망을 가지고 살 수 있을까? 그런 것이 궁금하였습니다. 남한사람들이 인정이 있다고 느끼는지, 혹은 자기들을 따돌린다고 서운해 하는지, 업신여긴다고 화내는지 알고 싶었습니다. 우리가 어떤 마음으로 맞아들이고, 어떻게 지원해야 하는지도 살펴보고 싶었습니다.

북한이탈주민의 남한생활은 앞으로 남북한사람들이 섞여 살게 되었을 때 서로 얼마나 잘 적응할 수 있을지를 예측하게 해주는 리트머스 시험지이자, 소규모 예비실험이라고 볼 수 있습니다. 우리가 어떤 점에서 서로 부딪치는지, 무엇을 오해하기 쉬운지, 서로 이해하고 함께 잘 살기 위해서는 어떻게 해야 하는지 직접 겪으면서 깨닫고 준비할 수 있습니다. 이러한 생활경험에 인류학, 심리학, 교육학, 정신의학 등을 공부하는 남쪽

학자들이 다양한 관심을 가지고 주목하였고, 함께 연구한 결과 이 한 권의 책을 펴내게 되었습니다.

남과 북 사람들이 함께 살려면 앞으로 갈 길이 더 멀다는 사실을 알았습니다. 남한 사람들의 무심한 대응은 북한이탈주민들의 고통스러운 경험에서 생긴 상처를 치유하기 보다는 덧나게 하기 쉽습니다. 이들의 용기와 의지가 삶에 대한 희망으로 이어지도록 하기보다는 좌절로 꺾이게 한 경우도 있었습니다. 그러나 한 편, 이들에게 진심으로 다가가서 경계와 의심과 오해를 파도타기 하듯이 넘어서면서 결국은 좋은 친구, 이웃, 선생님이 되어버린 사람들도 많습니다. 우리는 양쪽의 경험에서 모두 배웁니다. 연구를 하고 이 책을 엮는 것은 북한이탈주민의 적응문제를 우리들 자신의 문제로, 남한사회가 스스로를 변화시키며 풀어야할 과제로, 남북한사람들의 공존의 연습으로 인식하는 과정이었습니다.

이 책에 실린 연구의 대부분은 2002년에서 2004년까지 한국학술진흥재단의 지원을 받아서 수행한 "남북한의 이질적 근대화 경험과 미래 사회문화 통합을 위한 중장기 실천과제 연구" 결과물 중 북한이탈주민에 관한 연구를 모은 것입니다. 그러나 책을 엮는 과정에서 이 주제를 좀 더 종합적으로 논의해보기 위하여 연구자들이 개인적으로 연구한 논문들도 포함시키고, 연구에 직간접으로 참여한 대학원생들의 논문도 포함시켰습니다. 그러다보니 북한이탈주민에 대한 총론적 연구와 어린이, 청소년, 어른들의 특징적 적응과정을 각각 살펴보는 논문들이 모인 생각보다 두꺼운 책이 되었습니다.

원고가 다 만들어 진 다음, 이 책의 제목을 무어라 정할까 많이들 생각하였습니다. 그리고 최종적으로 만든 제목은 '웰컴 투 코리아'였습니다. 북한이탈주민들이 중국 등 다른 나라에서 비행기를 타고 인천공항에 내릴 때 처음 듣게 되는 말, 영어를 전혀 사용하지 않는 '조선'과는 달리 철저히 산업화되고 현대화되고 서구화된 '한국'에 들어오면서 이들이 보게 되는 글은 바로 'Welcome to Korea'이기 때문입니다. 'Korea'란 분명 남과 북의 '우리'를 지칭하고 있지만, 우리의 말과 글이 아닌 외국의 낯선 언어로 그 '우리'를 지칭하고 있는 '다른 나라, 다른 코리아'로 이들은 들어오는 것입니다. 그런 의미에서 이 제목은 '대한민국'에 입국하는 '조선민주주의인민공화국' 출신 사람들에게 미리 주는 메시지인 동시에 변해버린 우리들 스스로를 돌아보는 말이며, 또한 앞으로 남과 북의 '우리'는 어떤 '우리나라'를 만들어 가야하는지 생각해보자는 모두의 미래를 향한 메시지이기도 합니다.

워낙 많은 연구들이 이루어지다 보니 그 과정에서 많은 분들의 도움을 받았습니다. 무엇보다도 먼저 연구에 협조해주신 북한이탈주민들께 고마움을 전합니다. 시간 내어 만나주고 속이야기 해주고, 설문지에 응답해 주신 그 많은 분들 덕분에 연구가 가능했습니다. 남한의 북한이탈주민과 관련된 일을 하시는 여러분들의 도움도 컸습니다. 그중에서도 특히 탈북 어린이와 청소년들을 가르치는 대안학교의 선생님들이 많은 도움을 주셨습니다. 연구에 같이 참여했던 공동연구원, 전임연구원들과 조교들에게도 감사를 전합니다. 이 책에 실린 글들이 북한이탈주민에 대한 연구와 실천의 양쪽에서 노력하고 계신 많은 분들께 조금이라도 도움이 되기를 바라면서 이 책을 그 분들께 드립니다.

분단 두 세대가 지나고, 이제 세 번째 세대의 첫 해가 열리고 있습니다. 더 이상 우리 민족에게 분단이라고 하는 이 어색하고 힘든 상황이 지속되지 않기를 바랍니다. 그리고 남과 북 모두가 새로운 만남과 공존과 재통합의 과정을 통하여 더욱 성숙하게 전체 민족과 각 개인의 삶을 껴안을 수 있는 능력이 생기기를 기대합니다.

2006년 3월

정병호, 전우택, 정진경

차 례

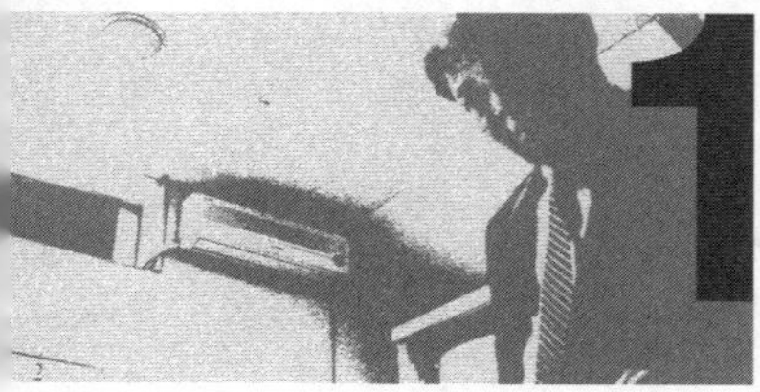

1 사람의 만남, 그 이해와 오해

2 아동 : 한 걸음 두 걸음의 희망들

3 청소년 : 그 아픔과 푸르름

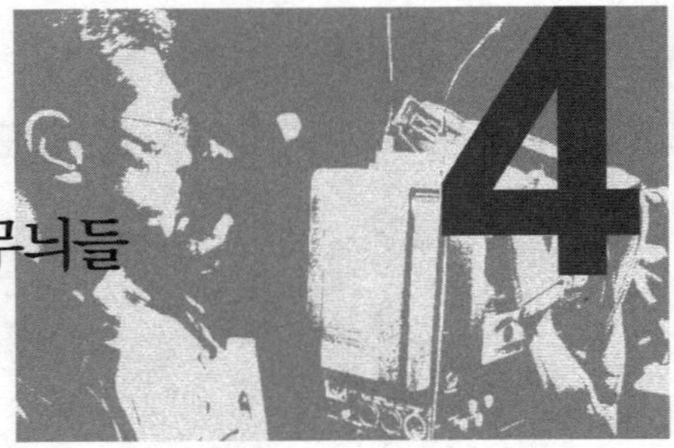

4 성인 : 3년이 만들어 낸 무늬들

일러두기

- 이 책에 실린 글들은 대부분 학술지, 학위논문, 보고서 등의 형식으로 발표된 논문을 요약, 수정한 것이다. 특히 북한이탈주민에 대한 기초정보, 선행연구 개관과 연구방법 등은 논문마다 중복되는 경향이 있어서 대폭 줄였음을 일러둔다. 각 논문의 연구시기가 다르다는 것도 아울러 밝힌다.
- 논문의 서술방식이나 참고문헌 표기방식 등은 각 전공분야의 학회지 양식을 존중하여 통일하지 않았다.
- 이 책에서는 '북한이탈주민'이란 공식명칭을 주로 사용하였으나, 각 논문에서는 '탈북난민', '탈북이주민', '탈북자', '새터민' 등의 용어도 사용하고 있다. 일반적으로 그들을 지칭하는 용어는 최근 몇 년간 변화를 거듭해 오고 있어서, 원 논문에서 사용한 용어들을 원칙적으로 그대로 쓰고 일부러 통일하지 않았다.

제1장
서론 : 북조선 사람들의 남한살이 연구

정병호 한양대 교수, 문화인류학

1. '북조선 사람들'[1]의 '남한살이'

Welcome to Korea. 북한이탈주민들이 남한 입국의 관문인 인천공항에서 처음 마주치게 되는 문구이다. '조선'이라고 불리던 Korea에서 '한국'이라는 또 다른 Korea로 들어오는 것이다. 현란한 영어 간판과 의미를 알 수 없는 외래어 한글 표기 앞에서 이들은 심각한 문화충격을 경험한다. '주체적 조선'에서 자란 사람들이 '국제적 한국'에서 살게 된 것이다.

갑자기 정치적으로 특별한 존재가 된 이들은 공항에서 꽃다발을 받고 손을 흔들고 사진을 찍는다. 정보기관에서 조사를 받는 동안은 긴장된 나날을 보내지만 그곳에서도 높은 빌딩과 화려한 거리를 보여주고, 백화점에서 양복과 구두를 사준다. 냉전시대의 관성으로 '귀순용사'처럼 환영하는 것이다. '조선'을 버리고 '한국'을 선택한 만큼 이곳에서는 '영웅'으로 대접받게 될 것 같다는 환상을 갖기 쉽다.

늘 따라다니던 공포로부터 벗어난 안도와 생활의 안락함 때문에 다른 선진국에 도착한 이주자들도 이주 초기에 흔히 경험하는 황홀한 행복감을 느끼기도 한다. 갑자기 너무 긴장이 풀려서 참고 지내던 온갖 질병이 터져 나와 고통을 받는 사람들도 있다. 새로 살게 된 아파트와 이전에 만져보지 못했던 거액의 정착금으로 눈앞의 물질적 풍요를 자기 것으로 만들며 이전과 비교하여 상대적으로 행복한 삶을 거듭 확인하기도 한다. 남이 거저 주어도 중고물건은 자존심이 상해서 싫다고 하는 시기이다.

과거와 비교하며 상대적 행복감을 느끼는 것도 잠시, 이전에는 사치로만 알았던 외로움과 소외로 고통을 받는다. 평생 자기만의 방을 가져보지 못했던 사람들이 문만 걸어 잠그

1) 이 책의 제목에서는 일반적으로 사용되는 '북한사람' 대신, '북조선 사람'이라는 용어를 의도적으로 사용하였다. 이는 '대한민국'과 '조선민주주의인민공화국'이라는 두 개의 근대적 국민국가가 각각 다르게 형성한 '국민적 정체성'과 사회문화적 특질을 있는 그대로 파악하고자 하는 본 연구의 필요성 때문이다. 그러나 본문에서는 불필요한 이념적 거부반응과 어색함을 피하기 위해 오늘날 남한사회에서 통용되는 '북한'이란 명칭을 그대로 쓰기로 하였다.

면 아무도 찾지 않는 아파트에서 덩그마니 한 두 사람이 살게 된 것이다. 처음에는 몇 안 되는 아는 사람들끼리 같이 자 보기도 하지만, 곧 일없이 찾아갈 곳이 없어진다. 주변을 돌아보면 영문모를 경쟁의 소용돌이 속에서 모두가 바삐 움직이고 있다. 움직이지 않으면 당장 쓰러지고 밟히고 죽을 것 같이 모두가 열심히 무언가 하고 있다. 그래도 무엇을 어디서부터 시작하여야 할지 막막한 느낌이 든다. 미래에 대한 불안감 때문에 조바심이 나기 시작한다.

온 세상을 다 살 수 있을 것 같던 거액의 정착금은 작은 장사 밑천도 안 된다. 멀쩡한 아파트도 영구임대아파트라고 업신여기는 남한사람도 있다는 이야기를 듣는다. 그러나 엄청난 집값, 전세금을 마련해서 이 곳을 벗어날 길은 보이지 않는다. 취직을 하려해도 지연, 학연, 혈연이 없어 어디 말 붙일 데도 없다. 오직 의지가 되는 곳은 그래도 교회인데 그곳 사람들이 소개해 주는 일자리는 영 마음에 들지 않는다. 북쪽에서 살아온 학력, 경력, 자격, 능력 등 무엇 하나 제대로 인정해주는 곳이 없다. 막상 취직해서 일해 보면 이전에 경험해 보지 못한 빠른 속도로 몰아치는 일을 감당할 길이 없어 그만두기도 하고, 저녁 회식 때 밤늦도록 마시고 다음날 멀쩡하게 출근하는 남한 동료들을 보고 도저히 함께 일할 자신이 없어 그만두었다고 하기도 한다. 탈북 이주민들의 이직률은 대단히 높다.

자신에게 익숙한 사회주의 국가의 사회적 일자리와 문화적 토양을 잃은 탈북 이주민들은 남한 정부에 대한 불만이 많다. 어딘가 자신들이 모르는 덜 치열한 일자리들이 있을 텐데 제대로 소개해 주지 않는다고 생각한다. 이를테면 한가해 보이는 관공서나 큰 회사 같은 곳에서 오래도록 일했던 '귀순용사'들만큼 좋은 곳은 아니더라도 비슷한 곳도 얼마든지 있을 것이라는 것이다. 여기까지 온 자신들에 대한 대접이 이렇게 소홀한 것은 북한 정권과 사이좋게 지내려는 정치적인 이유 때문이라고 해석하기도 한다. 이러한 상황에서 탈북 이주민들의 평균 실업률은 40%에 달하고, 90%이상이 사회복지대상자로 생활하고 있다.

공적인 사회체제에 대한 의존도가 높은 남성들이 특히 심각한 어려움을 겪고 있다. 사적인 영역에서 생활력이 강한 여성들은 남성들에 비해 뚜렷하게 높은 적응력을 보이고 있고 생활 만족도도 높은 편이다. 남한사회의 문화적 가치관이나 사회적 규범을 이해하고 수용하는 방식에서도 성별 격차가 두드러지게 나타나고 있다. 이러한 사례는 남녀간에 성역할 규범이 크게 차이가 나는 사회에서 보다 개방적인 곳으로 온 경우, 다른 나라의 이주민 집단에서도 빈번하게 나타나는 문제로 심각한 가족간의 갈등과 가족관계의 불안정을 가져오기 쉽다.

상대적으로 쉽게 남한사회에 적응하리라고 여겨져 온 탈북 아동과 청소년들도 북한에서 겪은 기근과 영양결핍으로 인한 성장 발육상의 문제, 탈출과 유랑과정에서 입은 심리적 정서적 상처, 남북 간의 교육 내용차이로 인한 학력문제, 북한에서 이수한 제도교육 연한과 나이와의 차이로 인한 편입 학년문제 등 개인적인 노력만으로는 극복하기 어려운 복합적인 문제를 안고 있다. 만 15세 이하 아동의 경우, 초중등학교 중도 탈락자가 14%, 만 16세 이상 청소년의 경우, 반수 이상은 나이차이 때문에 처음부터 중고등학교 편입학을 포기하고, 입학 후 또 반수 이상이 학력문제 등으로 1-2년 이내에 학교를 그만두고 있다.

이들 중 일부는 제도교육 밖에서 검정고시 등을 통해 비교적 자신의 나이에 접근한 학교에 편입학하고자 노력하기도 하지만, 남과 북의 교육내용의 차이를 남한의 검정고시 학원교육을 통해 단기간에 극복하기란 어려운 일이다. 북에서 고등중학교를 졸업하고 왔거나, 남쪽에서 대입 검정고시나 고등학교 졸업에 성공한 소수의 탈북 청소년들은 특례입학제도를 통해 대학에 진학한다. 그러나 남한의 중등교육 기초학력이 충분히 다져지지 않은 상태로 진학하는 경우가 많아서 대학교 학점이수의 어려움 때문에 반수 이상이 1-2년 이내에 휴학하거나 자퇴하고 있는 실정이다.[2)]

객관적 지표상 절망적으로 보이는 북한이탈주민들의 남한사회 적응문제는 남과 북 사람들이 함께 살 때면 필연적으로 나타나는 일반적인 문제로 간주되어서는 안 될 것이다. 물론 통계 수치에 가려진 개인적 성공사례들도 많다. 그러나 대다수가 경험하는 어려움은 상당부분 북한에서의 모든 사회문화적 경험과 자산을 버리고 맨몸으로 남한사회에 편입한 사람들이 절대적 소수자로서 남한 체제에 일방적으로 적응해야 하는 과정에서 일어난 일이다. '피난살이'나 '이민' 초기의 고달픔과 애환을 연상해 보면 쉽게 이해할 수 있다. 더욱이 이들이 겪는 많은 문제들은 남한사회의 인식혼란과 제도적 대응방식의 미비 때문에 발생한 것이기도 하다.

대부분의 문제들은 남과 북 사람들이 반세기 이상 다른 정치적, 경제적, 사회적, 문화적 조건 속에서 생활하면서 달라진 서로간의 '차이'를 부정하거나 인식하지 못해서 발생한다.[3)] 사소한 차이를 사회적인 차별의 소재로 삼는 남쪽 문화 때문이기도 하다. 특히 말이 통하기 때문에 문화차이가 없으리라는 느낌은 실제의 만남을 통해 쉽게 좌절되고, 서로에 대한 기대감이 무너질 때 편견과 차별의식이 강화된다. 이는 파괴적이고 폭력적인 움직임으로 이어지기까지 한다. 오랜 기간 함께 산다고 그냥 이해하고 적응하게 되는 것은 아니다.[4)] 접촉의 빈도나 기간보다 어떤 조건에서 어떤 사람들이 어떻게 만나는가가 더욱 중요하다.

다양한 사회의 이주민 집단에 대한 장기적 추적연구는 초기의 혼란과 좌절을 극복하고 정착에 성공한 많은 사례들을 보여주고 있다. 이 연구는 최초로 입국 초기와 3년 이후의 상황을 비교하는 추적조사를 시행하여 다양한 차원의 의미 있는 변화과정을 밝히게 되었

2) 정병호, 2장; 정병호 3장; 강주원, 5장; 정진경, 6장; 정병호, 정진경, 양계민, 13장; 마석훈 16장; 정병호, 정진경, 이향규 18장, 전우택, 유정자, 조영아, 엄진섭, 21장; 조영아, 전우택, 구현지, 29장 등의 내용을 토대로 재구성 함.

3) '탈분단시대(조한혜정, 이우영 외, 2000)' 연구는 이러한 인식론상의 문제를 지적하며 '다름'에 대한 이해와 존중을 통해서만 남과 북의 평화적 만남과 공존, 나아가 문화적 통합이 가능할 것이라고 하였다.

4) 다른 문화와의 접촉과 교류는 문화적 차이를 줄이거나 없애리라고 흔히들 생각하지만 오히려 상대와 대비되는 하나의 문화적 자기 정체성으로 표현되거나 강화되기도 한다. 이에 대한 다양한 사례와 이론적 논의는 Barth(1969) 참조.

다. 그러나 아직도 새로운 환경에 대한 인간의 유연한 적응능력과 장기적 적응과정을 밝힐 수 있는 추적연구는 아직 충분히 진행되지 못했다. 그만큼 남과 북 사람들 간의 '만남'과 '함께 사는 삶'에 대한 연구는 아직 초기 단계이다.

2. '귀순용사'에서 '새터민'까지

'북한이탈주민'이란 휴전협정체결 이후에 남쪽으로 넘어 온 사람들을 법적으로 통칭하는 말이다. 해방 직후의 '월남민' 또는 전쟁시기의 '피난민'들처럼 북쪽의 사회주의적 국가체제가 남쪽과 뚜렷하게 다른 국민적 정체성을 확립하기 전에 온 북쪽 출신 사람들과는 구별되는 개념이다. 그러나 이들은 대단히 복합적인 특성을 가진 집단이다. 우선 시대적으로 반세기 이상의 긴 기간동안 각각 다른 동기로, 다른 조건에서, 다른 방법으로 북한을 '이탈'하여 남한에 들어온 북한사람들을 모두 아우르는 개념이기 때문이다.

분단 상황의 시대적 변화에 따라 이들은 '귀순자', '귀순용사', '북한이탈주민', '탈북자' 등으로 각기 다르게 불리워 왔다. 그들에 대한 남한사회의 정치적이고 법적인 명칭과 가정은 자신이 '어떤 사람인지,' '무엇을 하고자 하는지'에 대한 그들 자신의 생각을 무시한 것이었다. 이렇게 일방적으로 규정된 집단명칭은 낯선 사회에서 새롭게 시작하는 이들의 삶을 미리 규정하고 종종 파괴적인 방식으로 영향을 미치기도 하였다.[5]

냉전시대에 휴전선을 넘어 온 사람들은 군사적 개념으로 '(월남)귀순자' 또는 '(월남)귀순용사'로 받아들여지면서 남쪽 체제의 우월성을 내외에 증언할 수 있는 존재로서 영웅시되었다. 매년 10명 미만의 소수의 '영웅'들은 바로 중산층 이상의 삶이 보장되는 대우와 환영을 받았다.

국제적인 현실사회주의 체제의 붕괴 이후에도 북한 국가체제의 경직성과 폐쇄성으로 인해 북쪽 주민들이 불법으로 국경을 넘는 행위는 단순한 '월경'이 아닌 '탈출'로 간주되었다. 이 무렵부터 남한의 언론기관에서 이들을 '탈북자'라고 부르기 시작하였다. 주로 러시아에 벌목공으로 갔거나 중국에 불법체류하게 된 사람들이 남쪽으로 오기위해 망명을 신청하면 남한의 해외공관에서는 이들 중 정치적이거나 정보 면에서 이용가치가 있는 사람들을 선별하여 '망명자'로서 데리고 왔다. 그럼에도 불구하고, 1997년까지 한 해 50여명 내외로 입국한 이들은 실질적으로는 경제적 동기에서 들어 온 사람들로 간주되어 법적으로 '귀순북한동포'로서 남한의 일반 영세민들과 같은 수준의 '생활보호대상자'가 되었다.

최근에는 그들 자신이 남한사회에서 자기집단을 부르는 용어의 차별적 특성에 주목하

5) 다양한 난민 및 이주자 집단에 대한 이주국 사회의 일방적인 정치적-법적 명칭과 규정이 이주민들의 정착지에서의 삶에 어떻게 부정적인 영향을 미치고 있는가에 대해서는 Krulfeld and MacDonald(1998) 참조.

게 되어 개칭을 요구하게 되자. 정부는 "새터민"이란 신조어를 만들어 추천하였다. 그동안 이 집단의 정치적 성격을 가장 뚜렷하게 부각시켜 온 '탈출' 개념보다는 새로운 터전에서 살아가야 할 이주민의 성격을 강조한 것이다. 그러나 주류사회 일반의 차별적 현실이 바뀌지 않는 한 이들 소수자 집단을 지칭하는 용어는 아무리 바꿔도 곧 새로운 사회적 낙인으로 인식하게 된다.

북한이탈주민은 결코 동질적인 집단이 아니다. 지역, 계층, 성, 연령 면에서 다양하고 그들의 입국동기와 적응과정도 차이가 난다. 상대적으로 기근 피해가 심각했고 지리적으로도 탈북이 용이한 함경남북도 지역출신이 약 80%[6]에 달하지만, 평양을 포함한 거의 전 지역 사람들이 모두 포함되어 있다. 사회적 위기상황에서 북한체제의 보호를 받지 못했던 농민, 광부, 노동자 출신이 전체의 약 80%[7]정도를 점하고 있지만, 의사, 작가, 교사 등 고학력 전문직 종사자들과 당간부 출신도 있다. 남자들만 혼자 들어오던 초기에 비해 가족입국이 꾸준히 늘고 있고, 2001년에 남녀 비율이 같아진 후 2004년에는 여성 비율이 약 70%가 되었다. 20세 이하의 아동과 청소년의 비율도 늘어서 20%이상이 되었다. 그 중 약 20%는 가족과 떨어져 혼자 온 '무연고 청소년'이다. 가족과 함께 온 경우라 해도 거의 모두가 탈북 및 남한입국 과정에서 가족 중 일부와 헤어지게 되어 새로운 이산가족의 상처를 안고 살고 있다.

남한에 입국한 북한이탈주민은 1953년 휴전 이후 1993년 이전까지는 매년 10명 이내였던 것이, 1994-96년에 매년 40-50명 수준이 되었고, 1997-98년에 70-80명, 1999년부터 148명, 2000년 312명, 2001년 583명, 2002년 1,139명, 2003년 1,281명, 2004년 1,894명으로 기하급수적으로 증가하여 2005년 11월말까지 총 7,500여명 수준의 소수자 집단이 되어가고 있다.[8]

3. '탈북'에서 '이주'까지

국제적으로 고립된 북한의 식량난과 기근으로 인해 20-30만 명으로 추산되는[9] 많은 사람들이 불법으로 중국에 들어와 유랑, 은신, 도피과정에서 심각한 인권유린 상황에 놓이게 되자 이들의 존재는 새롭게 국제정치적인 관심사가 되었다. 처음부터 이들을 국제적 '난민'으로 인정하고 인권을 보호하여야 한다는 주장이 대두되었으나, 중국정부는 안보적 차원에서 이들에 대한 국제사회의 공식적 접근을 막았다. 더욱이 일시적으로 식량을 구하러 나온 대부분의 사람들은 정치적, 인종적, 종교적 박해를 피해 나온 사람들만을 '난민'으로 규정한

6) 2003년도의 경우, 함경남북도 출신이 전체의 83%.
7) 2003년도의 경우, 아동 및 무직 부양가족을 제외한 경제활동 인구 중 노동자 비율은 79%.
8) 통일부, 2005.
9) 우리민족서로돕기 불교운동본부, 『국경지역난민보고서』 1999.

국제법상의 난민지위를 인정받기 어려운 것도 사실이었다. 그러나 북한 당국이 불법적 월경행위를 일종의 체제 배신행위로 처벌하였고, 강제송환에 대한 공포를 이들 대부분이 공유하고 있었기 때문에 이들을 '식량난민' 또는 '탈북난민'으로 부르기도 하였다.

강제 송환과 처벌에 대한 공포 때문에 중국에서 인신매매와 임금착취 등 극단적인 인권유린을 당하고 있는 탈북난민들에 대한 국제적 구호방안이 아직도 마련되지 않은 상황에서 이들 중 일부는 몽골, 베트남, 미얀마, 태국 등 제3국을 경유하여 남한까지 오게 되었다. 남한정부가 새로 입국한 '북한이탈주민'에 대한 정착금을 인상하여 지급하기 시작한 것도 여러 나라 국경을 넘어 수천km의 먼 길을 돌아올 수 있는 자금과 동기가 되었다.

한편 또 다른 일부는 중국주재 외국공관에 진입하여 망명을 신청하는 지름길을 택하기도 하였다. 이는 탈북난민들의 존재를 북한 체제붕괴의 전조로 여기는 정치집단과 구호단체들의 기획과 지원에 의해 이루어졌다고 하여 '기획망명'이라고도 한다. 모험적이고도 극적인 이들의 진입과정은 언론의 주목을 받아 탈북난민들의 인권문제에 대한 국제여론을 환기시켰다. 그러나 이는 동시에 중국정부의 자존심과 우려를 자극해서 대규모 체포와 송환을 가속화시켰고, 중국에 체류하는 탈북난민들의 삶이 더욱 어려워지게 되는 부작용을 낳았다. 기획망명이 시작된 후 지난 4년 사이에 중국체류 탈북난민의 수는 약 3-5만 명 수준으로 급감한 것으로 추정되고[10] 있다.

미국의 Refugees International이 2004년 심층인터뷰 조사한 중국체류 탈북난민 65명 중에서 2명만이 정치적 이유로 탈북했다고 하였다. 조사 대상자 중 거의 모두가 체포와 강제송환의 공포만 없다면 중국에서 사는 것이 가장 좋다고 하였다. 문화적으로 적응하기에 (남한보다)쉽고, 북한의 고향과 가까워서 가족 중에 어려운 일이 생겼을 때 바로 대응할 수 있고, 친척들이 보고 싶을 때 돌아갈 수도 있고, 북한에 중요한 정치적 변화가 생기면 돌아갈 수도 있는 상태로 있고 싶다는 것이다. 남한이나 미국까지 감으로써 북한에서의 삶과 결정적으로 절연하기를 원하는 사람은 거의 없었다고 한다. 먼 길을 돌아오는 위험과 정보부족, 그리고 비용 때문이기도 하지만, 근본적으로는 선택의 문제라는 것이다.

남한까지 오는 길을 선택한 사람들은 동시에 선택받은 사람들이기도 하다. 남한에 입국하는 탈북이주민들의 약 70~80%가 기독교 신자[11]라고 하는 사실로 나타난다. 오늘날 거의 대부분의 북한 주민들이 종교가 없다는 사실을 감안하면, 상식적으로는 이해하기 어려운 일이다. 중국과 제3국 체류기간 중에 이루어진 집중적 선교와 구호활동의 결과이다. 남한 기독교 문화와의 만남과 그 결과로서의 남한 입국은 이후 남한사회 정착과정에서도 이들의 인간관계, 가치관, 생활방식, 정치적 성향 등에까지 상당한 영향을 미치고 있다.

---

10) Charny, Joel R., *Acts of Betrayal: The Challenge of Protecting North Koreans in China.* Refugees International, 2005.

11) 북한이탈주민의 종교비율은 조사대상 집단에 따라 편차가 있으나 압도적으로 높은 개신교 신자 비율과 종교적 편중 현상은 뚜렷한 특징이다. 전우택 등(2003)에서는 기독교(개신교) 신자가 86.5%로 조사되었고, 이 책에 수록된 연구의 조사대상 집단에서는 입국당시 66.2%, 입국직후 76.2%, 3년경과 후 61.6%가 기독교(개신교)로 조사되었다.

이 연구는 북한이탈주민의 남한 입국이 비약적으로 증가하는 시기에 이루어졌다. 입국자의 수만 증가한 것이 아니라, 그 구성도 급격히 다양화된 시기이다. 성인 남성들만 들어오던 과거와 달리 여성의 입국이 늘었고, 아동과 청소년, 그리고 노인들까지 들어오게 되었다. 그들 대부분이 북한에서의 기근경험과 중국 등에서의 오랜 도피, 은신, 유랑생활로 인한 난민으로서의 육체적, 심리적 상처를 갖고 있었다. 북한 출신의 입국이라는 점만 같을 뿐 냉전시대의 귀순자들의 경우와는 전혀 다른 상황이었다.

이러한 상황변화에 대한 남한사회의 대처능력은 대단히 부족했다. 난민구호의 경험도 없었고, 합법적으로 이주민들을 받아본 일도 별로 없었다. 그저 '정치적으로 특별한 사람들'을 냉전시대의 관성으로 심문하고 사상교육을 해서 받아들이는 제도와 기구만 존재하였을 뿐이다. 통일부에서 '하나원'이란 초기적응교육 시설을 세웠지만 기하급수적으로 늘어나는 다양한 집단을 위한 프로그램이 처음부터 마련된 것은 아니었다. 갑자기 이들을 받아들이게 된 학교, 회사, 관공서, 지역사회도 생소한 일로 혼란을 겪게 되었다. 무엇보다도 제도적 장치가 미비한 가운데 사회적으로도 혼란된 대응을 하는 남한사회에서 살게 된 북한이탈주민들의 어려움과 갈등, 그리고 부적응 현상은 심각하였다. 이 연구는 이러한 긴급한 문제해결을 위한 연구와 실천 양면의 필요성에 대처하고자 노력하였다.

4. 어떻게 연구하였나

이 연구에 참여한 대다수 연구자들은 1990년대 중반부터 개별적으로 또는 소규모 협동연구 과제팀별로 남북한사회문화통합에 관련된 연구를 계속해 온 사람들이다. 정신의학 전공자들이 행한 북한 주민들의 정신 심리적 특성에 관한 '사람의 통일' 연구팀, 인류학, 심리학, 정치학, 경제학, 사회학 전공자들이 탈북 지식인들과의 공동작업으로 추진해온 남북의 문화공존을 위한 '남북문화통합' 연구팀, 북한의 기근이 그곳 주민들의 삶과 아동 및 청소년의 성장발달에 미친 영향을 여러 차례에 걸친 중국 현지조사를 통해 접근해 온 '북한기근문제' 연구팀이 함께 추진한 연구이다. 서로의 연구대상과 주제가 밀접하게 연계되어 있어서 체계적이고 종합적인 학제간 연구의 필요성을 절감하게 되었기 때문이다.

이 책은 학술진흥재단의 '2002-2004년도 인문사회분야 기초학문지원 중점연구과제'로 수행한 "남북한의 이질적 근대화 경험과 미래 사회문화통합을 위한 중장기 실천과제 연구" 중에서 북한이탈주민에 대한 인류학, 심리학, 교육학, 정신의학 분야의 연구 성과를 주로 종합한 것이다.

북한이탈주민들은 북쪽 사회구성원 중에서 일부 특별한 선택을 한 사람들이고, 또한 그들이 익숙한 사회문화적 맥락으로부터 벗어나 있다는 점에서 북한 문화 전체를 대변하는 존재는 아니다. 그러나 북쪽에서의 현지조사가 불가능한 상황에서 이들에 대한 연구는 북한의 문화와 그 문화 속에서 자라난 사람들에 대해 구체적으로 알아 볼 수 있는 유일한 길이기도 하다. 이들이 북한에서 성장하고 생활하면서 내면화한 사회문화적 특질은 섬세하게 관찰하고 조사하면 이해할 수 있는 것이다. 이를 위하여 이 연구는 그동안 상대적으로 소홀하게 여겨져 왔던 아동과 청소년, 그리고 여성들의 삶에 더욱 주목하였다.

북한이탈주민의 남한생활 연구는 서로 떨어진 각각의 문화를 비교하는 것과는 또 다른 차원의 역동적인 문화접변에 대한 연구이다. 남과 북 사람들의 직접적인 만남과 일상적 접촉과정에서 발생할 수 있는 문제를 이해하고 부분적이나마 그 해결방안을 직접 모색해 볼 수 있기 때문이다. 이는 남북한 문화통합의 소규모 예비실험으로서의 의미도 있다. 그 장기적 변화과정을 살피기 위해 성인들에 대해서는 생활과 교육, 의식과 생활만족도, 경제적 적응, 삶의 질, 우울증과 심리적 장애 문제, 건강과 의료, 종교성향 등을 주제를 중심으로 3년 단위의 추적연구를 하였다. 아동과 청소년 집단에 대해서는 적응교육 과정을 직접 운영하면서 장기 참여관찰 방식의 질적 연구를 진행하였다. 이 과정에서 관련 전문가들이 모여 사단법인 '남북문화통합교육원'을 설립하고 북한이탈주민들의 남한사회 적응교육 프로그램에 직접 참여하게 되었다.

'남북문화통합교육원'은 2001년 2월, 통일부 '하나원'에 입소한 20세 이하의 아동과 청소년을 위한 '하나둘학교'라는 민간차원의 대안교육 프로그램을 만드는 일부터 시작하였다. 심문실로 쓰려던 지하방의 칸막이를 허물어서 교실을 만들어야 했던 사실은 당시까지의 북한이탈주민에 대한 제도적 대응의 실상을 말해준다. '하나둘학교'는 새로운 문화접점지대로서 탈북과 오랜 도피와 유랑 과정에서 입은 상처를 표출하고, 갈등과 통합을 경험하는 치유의 과정이 되고자 노력하였다. 그런 점에서 이 연구는 다양한 관련분야 전문가들이 참여한 실천적 연구이기도 하다.

이 연구는 아직 남한사회가 북한이탈주민의 존재에 대하여 제대로 인식하지 못하고, 사회문제로 부각되는 사건에 대해서만 여론이 분분한 상황에서 진행되었다. 때로는 연구자들 자신도 충분히 이들을 이해하지 못하면서 그때그때 긴급한 상황과 요구에 따라 각 분야의 전문성을 가능한 한 발휘하여 응급처방을 내놓기도 하였다. 그 중에는 이미 현실이 되어버린 '북한이탈주민' 관련 제도나 정책수립에 바탕이 된 연구들도 있다. 연구를 통해 북한이탈주민에 대한 정책적 대응을 견인하는 역할도 일부 해온 셈이다. 그러나 이러한 긴급구호적인 연구 작업을 통해 더욱 절실히 필요하게 생각되는 것은 보다 체계적이고 종합적인 실태파악의 중요성이었다.

입국 초기의 '북한이탈주민'에 대한 일반인의 접근이 쉬운 것은 아니다. 특히 정부기관의 보호단계에 있을 때는 더욱 그러하다. 법과 제도적 측면에서 아직은 '특수한' 집단이기 때문이다. 이 연구의 일부는 그 시기에 정부기관 안에서 이루어졌지만, 주로 교육프로그램에 참여함으로써 알게 된 사람들에 대한 비공식적인 참여관찰 결과를 바탕으로 한 것이다. 설문조사는 가능한 한 최소화하기 위해 노력하였다. 기초자료를 축적하고 공유할 수 있는 체제가 마련되어 있지 않은 상황에서 각 기관마다 개별 연구자마다 모두 처음부터 비슷한 설문조사를 되풀이 요구하는 바람에 소수자인 북한이탈주민들이 너무 시달리고 있었기 때문이다.

이 연구에서 성인들에 대한 계량적 연구를 통해 남한사회정착 3년간의 변화과정을 이해하고자 하였지만, 입국 초기 단계의 종합적인 자료부족과 유기적인 정보공유가 안되어 어려움을 겪었다. 아직도 사람에 대한 정보를 심문을 통해서만 얻고 있는 행정기관의 관행 때문에 기초적 측정 작업들이 일관되게 추진되지 않고 있었다. 예를 들어, 신체측정 통계의 중요성을 인식하지 못하는 담당 공무원이 임의로 측정을 못하게 하여 데이터가 빠지는 경우도 자주 발생하였다. 꼭 필요한 사람과 정보가 제대로 공유되지 않는 일도 많았다. 남한 학교에 편입학하는 아동들에 대한 기록과 교육지침이 제대로 전달되지 않아서 학교와 담임교사들이 어려움을 겪기도 했다. 보안문제와 사생활정보 관리문제 등에 대해서는 행정적인 안전장치를 마련하여야 하지만 기본적 정보 자체가 일관되게 수집되지 않고 있고, 체계적으로 활용되지 못하게 하고 있는 시스템상의 문제는 심각하다.

이 연구과정을 통해서 북한이탈주민의 남한적응을 지원하는 일뿐만 아니라 앞으로의 남북한 문화통합을 준비하는 일은 다양한 분야의 전문적 역량이 모여서 장기간 함께 해결해야 할 과제라는 점을 절감하였다. 또한 민간 전문가 집단과 정부기구와의 공동작업이 절대적으로 필요하다는 사실과 그 일이 그리 수월치 않음도 구체적으로 알게 되었다.

5. 맺음말

흔히 같은 언어를 사용하고 오랜 역사를 공유한 남북한은 정치적이고 경제적인 차이만 있을 뿐 근본적인 문화적 차이는 없다고 생각한다. 그러나 남한에 온 북한이탈주민에 대한 이 연구를 통해 남과 북의 문화적 이질화가 생각보다 다양한 측면에서 폭 넓게 진행되었다는 사실을 확인할 수 있었다. 그동안 사소한 것으로 여겨졌거나, 막연하게 유추할 수밖에 없었던 남과 북의 '차이'와 '다름'에 대해 보다 구체적으로 이해하는 계기도 되었다. 그런 점에서 북한이탈주민들은 지난 반세기동안 진행된 남과.북의 이질화 정도를 알 수 있도록 하는 산 증인이다.

지난 60년간 남과 북은 정치적으로 서로 다른 국민국가를 건설하고 급속한 근대화 과정을 통해 그 주민들을 대단히 '성공적'으로 각각 다른 '국민'으로 사회화시켰다. 일제의 식민지배를 거치면서 하나의 독립된 근대적 국민국가를 성립시켜 본 경험 없이 둘로 갈라진 남과 북은 수십 년간 강력한 근대국민국가 경험을 공유한 상태에서 분단되었던 동서독보다도 더욱 이질적인 근대사회로 진화한 것이다.[12)]

경제적인 측면에서 남과 북의 차이는 더욱 극명하게 가시적으로 나타난다. 특히, 사회주의권 국제 경제체제의 붕괴 이후 지난 10여년간 북한은 식량과 에너지의 부족으로 인해 극심한 사회경제적 퇴행을 경험하였고, 남한은 세계자유무역체제 안에서 비약적으로 경제력이 확대되었다. 같은 시기에 남과 북은 '풍요'와 '기근'이라는 극단적으로 대비되는 경험을 하게 된 것이다. '세계화'로 상징화되는 남한사회의 개방성은 더욱 확대되었고, 국제정치적 압박과 고립으로 인해 북한사회의 폐쇄성은 더욱 심화되었다. 2004년에 남과 북의 1인당 국민소득은 15.5:1 까지 벌어졌다.[13)] 이는 제1세계와 제3세계간의 경제력과 생활수준 차이 중에서도 심각한 경우에 해당한다. 그 결과 남북간에는 이전과는 또 다른 차원의 사회문화적 이질화가 진행 중이다.

남한에서 살고 있는 북한이탈주민들은 그러한 문화적 차이를 극복하기 위해 온 몸으로 노력하고 있는 존재이다. 그리고 이들은 앞으로의 남북한 문화통합의 가능성과 방향을 예측할 수 있도록 하는 거의 유일한 실제 경험 집단이다. 최근 남북한사회의 변화는 더욱 가속화되고 있다. 특히 북한사회의 변화의 움직임은 아주 근본적인 사회문화 영역에서 일어나기 시작하였다. 아직 점진적으로 개혁개방을 진행시킨 아시아형 후기사회주의적 변화가 일어날 것인지, 외부 세계의 압력으로 급격하게 체제가 붕괴된 동유럽형 후기사회주의 변화가 촉발될 것인지, 그동안 전례가 없는 전혀 새로운 변화를 겪을 것인지 아무도 예측할 수 없는 상황이다. 그러나 그 어떤 경우라도 사회주의적 근대를 경험한 한 사회가 자본주의적 세계와의 만남으로 인해 직면하게 될 몇 가지 문제를 예상할 수 있다. 시간과 공간의 사유화, 계층화, 권력의 정통성과 지속성, '민족'과 '국민' 정체성간의 갈등, 외부 세계와의 새로운 관계설정 문제 등 유기적으로 상호 연계된 역동적 문화접변의 가능성을 목전에 두고 있다.[14)]

문제는 이러한 변화가 자본주의에 일방적으로 적응하고 동화하는 북한사회만의 변화가 아니라 필연적으로 남북한사회의 상호변화 과정이 될 것이라는 점이다. 막연히 낙관적으로 상상하듯 후기사회주의적 변화는 일방적인 그들만의 문제가 아니다. 같은 민족으로서 변화의 고통을 나누자는 식의 도덕적 당위론이 아니라 서로 다른 근대적 '주체'들 간의 상호작용 자체가 문화변화를 초래할 것이라는 사실을 지적한 것이다.[15)] 그러한 과정을 남한사회

---

12) 동서독의 경우 우리에 비해 사소한 문화적 차이를 심각하게 인식하지 못하고 추진한 정치적 통일 때문에 막대한 비용(1990-98까지 매년 70조원 규모)을 지불하고도 오히려 새로운 형태의 '다름'이 생성되어 더욱 심각해진 차별과 불평등 문제가 발생했다고 한다(Borneman, 2005: 10-12).

13) 통계청, 2005『통계로 본 남북한의 모습』. 북쪽의 경제체제와 통계방식이 남한과 다르기 때문에 이는 대략의 추정에 불과 할 뿐이다. 그러나 비슷한 통계적 문제를 감안하더라도 통일 당시 동서독간의 국민소득 차이가 4:1이었다고 하는 점을 생각해 보면 미래의 남북한 통합문제의 심각성이 드러난다.

14) 후기사회주의 변화과정에서 보편적으로 나타난 문제에 대한 이론적 논의는 Verdery, K. 1996 What Was Socialism, and What Comes Next? Princeton: Princeton University Press 참조.

의 자본주의적 근대문화에 대한 비판적 인식과 아울러 새로운 본질적 문화변화의 계기로 삼아야 한다. 이질적인 두 문화간의 덜 폭력적이고 덜 억압적이고 덜 파국적인 사회적 통합과 문화적 수렴의 가능성을 높이는 일이 될 것이기 때문이다.

참고문헌

우리민족서로돕기 불교운동본부 편, 1999 『국경지역난민보고서』

전우택 외, "탈북자들의 남한사회 적응생활 실태조사" 『통일연구』 2003; 7(1): 168－203.

조한혜정, 이우영 편, 2000 『탈분단 시대를 열며』 삼인.

통일부, 『통일백서』 2005.

통일부, "북한이탈주민 정착지원제도 현황" 2005.1.

통일부, "새터민지원업무현황" 2005.12.

Borneman, John 2005 "Anticipatory Reflection on Korean Unification: How is German Unification Relevant?", Paper presented at the International Conference "Korea Toward the Next Hundred Year: Reality and Vision," 23－25, may 2005 at Korea University, Seoul, Korea.

Barth, Fredrik (ed.), 1969 *Ethnic Groups and Boundaries: The Social Organization of Cultural Difference.* Boston: Little, Brown.

Charny, Joel R. 2005 *Acts of Betrayal: The Challenge of Protecting North Koreans in China.* Refugees International.

Grinker, Roy Richard, 1998 *Korea and Its Futures: Unification and the Unfinished War.* NY: St. Martin's Press.

Krufeld, Ruth M. and Jeffery L. MacDonald (eds.), 1998 *Power, Ethics, and Human Rights: Anthropological Studies of Refugee Research and Action.* NY: Rowman & Littlefield Publishers, Inc.

Verdery, K., 1996 *What was socialism, and what comes next?* Princeton: Princeton University Press.

15) 통일을 '동질성'의 '회복'으로 인식하는 추상적 이념은 이미 달라진 현실을 인정하거나 이해하지 못하게 한다. 이는 바로 현실적 만남과 화해를 어렵게 하고, 통합을 위한 의미 있는 행위 자체를 방해한다(Gringker, 1998). 통일된 미래에 대한 전망과 환상을 정치적으로 소비하면서 통일을 추상적으로 이상화하는 동안에는 현실적 만남과 결합의 어려움과 불편함, 혼란된 실천과정은 회피하게 된다는 것이다.

1

사람의 만남 그 이해와 오해

환상과 부적응 | 정병호

탈북난민 문제의 탈정치화 | 정병호

남한사람들의 신뢰와 수용 | 양계민, 정진경

남한사회의 구별짓기 | 강주원

북한사람들의 성역할 특성과 가치관 | 정진경

제2장

환상과 부적응*

정병호 한양대 교수, 문화인류학

1. 서론 : 한 탈북청소년의 죽음

원산 출신의 한 탈북청소년이 죽었다. 이름은 김철(가명). 열아홉 살이었다. 죽은 곳은 제주도. 한적한 6차선 대로변, 전봇대를 들이받은 마운틴바이크형 오토바이가 어처구니없는 사고 상황을 그대로 보여주고 있었다. 남한에 온지 꼭 1년 반 만인 2003년 1월 13일이었다.

"우리 때문에 죽었어요. 우리가 죽였어요." 탈북청소년들을 성심으로 지도해주던 남한의 한 여선생님이 장례식장에서 흐느끼며 말했다. 나이에 걸맞지 않는 넥타이 양복차림의 앳된 소년의 사진을 치어다보며 중국에서 함께 떠돌던 동무들이 몸부림치며 넋두리를 한다. "이 새끼야 두만강 넘어오다 빠졌을 때 그때 죽지 왜 지금 죽니?", "보위부 수용소에서 며칠 못 먹고 온 몸이 피멍이 들게 맞아 축 늘어져 있었을 때 거기서 죽지 왜 여기서 죽니?"

철이는 15살 때부터 한 살 위 사촌형과 고향을 떠나 중국 각지를 헤매고 다녔다. 그 후 몇 차례 국경을 넘나들다 잡혀서 고생도 했고, 남한에 오기 전에는 부모님들께 마지막으로 돈이나 전해 준다고 중국 심양에서 원산 고향집까지 갔다가 차마 남조선으로 간다는 말은 꺼내지도 못하고 떠나왔다고 한다. 바로 재작년 봄의 일이었다.

남한사회는 철이에게 많은 것을 가질 수 있게 해주었다. 한라산이 보이는 13평 임대 아파트, 냉장고, 칼라 TV, 비디오, 침대, 최신형 컴퓨터, 그리고 마지막으로 철이를 죽음으로 몰고 간 오토바이까지 모두 혼자 "자기 것으로 가질 수 있게" 해 주었다. 그리고 이러한 물질적 풍요와 함께 철이는 외로움과 소외, 경쟁과 차별 같은 이전에는 사치로만 알았던 새로운 심리적 억압과 공포를 경험하게 되었다.

남한사회는 남한사회의 방식대로 꼭 그 수준만큼 철이를 위해 주었다. 철이는 함께 온 사촌 형제를 부산과 제주로 따로 따로 배치한 무심한 정책집행과 19세 청년을 북쪽에서의 최종 학력에 맞춰 초등학교 6학년으로 편입하라고 하는 기계적 학벌주의에 묶여 늘 답답해

---

* 이 글은 "탈북 이주민의 환상과 부적응: 남한사회의 인식혼란과 그 영향을 중심으로" 『비교문화연구』, 제10집, 1호, pp.33-62를 일부 요약, 수정한 것이다. 『한국의 소수자, 실태와 전망』 최협, 김성국, 정근식, 유명기 엮음, 한울아카데미(2004), pp 381－400에도 같은 제목으로 수록되어 있다.

하였다. 처음엔 귀순용사처럼 환영하면서 양복도 맞춰주고 롯데월드와 63빌딩을 구경시키며 남한의 중산층 이상의 삶이 가능할 것 같이 여기게 해놓고 결국은 이 사회의 영세민으로 업신여김을 당하게 될까봐 전전긍긍하게 만들었다.

남한사회의 배려와 온정도 탈북자들의 삶을 시들고 피폐하게 만들기 일쑤였다. 매주 자기 교회에 나와 출석을 부르면 한 달에 20만원을 주는 교회가 있는가 하면, 경쟁적으로 50만원을 주는 교파도 있다. 그나마 많은 교인들 앞에서 북에서 못 먹고 못 입던 이야기, 떠돌며 빌어먹던 이야기, 이렇게 살려주셔서 고맙다는 이야기를 모멸감을 참으며 신앙간증으로 되풀이해야만 했다.

검정고시를 준비하려고 학원에 가봐도 생소한 지식만 물어보는 이상하게 꼬인 시험문제들만 풀어야 했고, 이상한 억양으로 말한다고 놀리고 '왕따'시키는 철없는 남한 아이들을 대해야 했다. 그나마 시간당 2000원의 주유소 일이나 신나게 오토바이를 탈 수 있는 배달일을 하면서 만난 남한의 이른바 폭주족이나 불량청소년들과는 자주 대판 싸우기는 해도 서로 비슷한 절망감과 답답한 마음을 나누는 사이가 되기도 했다.

그러던 어느 날 철이는 죽었다. 자살 같은 죽음이라고 했다. 텅 빈 철이의 아파트 방벽에는 154cm의 19세 청년이 매일 자기키를 대보던 어린이용 키재기 줄자와 하나원의 하나둘학교에서 함께 있던 탈북한 친구들이 서로 앞날을 기약하며 써준 글과 사진이 붙어 있었다. 철이의 장례식장은 각급 기관장들이 보낸 화려한 국화 화환들이 에워싸고 있었다.

철이의 죽음은 탈북자에 대한 남한사회의 인식혼란과 상호 모순적 대응방식, 그리고 그 영향으로 탈북자 스스로가 겪는 정체성의 혼란과 문화충격이 빚은 비극적 결과를 드러내는 상징적 사건이다. 철이는 짧은 기간에 너무도 극적인 환경변화와 정체성의 변화를 경험하였다. 극심한 기근을 겪고 있던 북한에서 집과 학교를 떠나 '꽃제비(거지)'로 떠돌다가 두만강을 건넜다. 중국에서 법적으로는 '불법체류자', '유랑민'이 되었고, 이들을 '인도적 난민' 혹은 '식량난민'으로 여기고 구호활동을 하던 선교사들에 의해 비밀고아원에서 보호되며 성경공부를 하였다. 남한으로 가기를 결심하고 여러 나라의 국경을 넘으며 '망명자'가 되었고, 비행기를 타고 한국에 도착하자 '북한이탈 귀순동포'가 되어 귀순용사들처럼 양복을 입고 서울의 화려한 곳들을 돌아보았다. 통일부 하나원에서는 '북한이탈주민'으로 교육받고 꿈에도 만져보지 못했던 액수의 정착금을 받아 한 순간에 부자가 된 것 같았지만, 영구임대주택의 '영세민'이 되어 '생활보호대상자'들이 받는 생활비를 받게 되었다. 교회에서는 자주 신앙간증을 하는 '특별한 교인'이지만, 학교를 못 가는 '탈학교 청소년'으로 아르바이트를 하면서 밤에는 오토바이를 타는 '폭주족'이 되었다.

이 모든 변화가 1~2년 안에 일어난 것이다. 한 개인이 자신의 지식과 체험을 통해 환경변화의 의미를 인식하고 이에 적절히 대응하기에는 거의 불가능하리만큼 어려운 과정임에 틀림없다. 더욱이 자신에 대한 주변의 인식이 혼란되어 있거나 서로 다른 기대를 갖고 상호 모순된 삶의 방향을 제시하고 있다면 그러한 상황에 대한 적응은 더욱 어려울 것이다.

이 글은 탈북자들에 대한 남한사회의 인식변화와 남한 내 사회 집단간의 인식 차이에 주목하여, 이러한 인식의 변화와 차이로 인한 탈북자에 대한 정책과 사회적 대응의 문제점과 탈북자들의 남한사회 적응에 미친 영향을 살펴보고자 한다. 흔히 탈북자들의 남한사회 적응의 어려움의 주된 원인을 남북간의 체제적 차이, 또는 사회주의와 자본주의간의 차이로 설명하거나, 탈북자 집단의 특성이나 개인의 능력 차이에서 발견하고자 한다. 그러나 이 글은 그러한 일반적인 거대 문화론적 차이 설명이나 이주 집단의 성격규명보다 이들을 받아들이는 남한사회 내부논리의 변화와 갈등에 주목하고자 한다. 분단과 전쟁, 냉전적 대치, 그리고 탈냉전 등 시대상황에 따라 각각 형성된 탈북자에 대한 남한사회 내부의 정치적 개념화와 사회적 인식, 그리고 사회제도와 정책적 대응이 더욱 직접적으로 이들의 삶의 조건을 형성하고 있기 때문이다.

남한사회의 탈북자에 대한 인식은 각 시대 상황에 따라 분절적으로 변화한 것이 아니라 분단사를 통하여 중층적으로 변화하였다. 주변정세와 남북관계가 여러 차례 극적으로 변화했지만 남북이 아직도 지속적으로 대립하고 있는 상황에서 역사적으로 형성된 체제 경쟁적인 탈북자에 대한 정치적 의미 규정은 본질적으로 사라지지 않았다. 또한 남한 내부의 각 집단들 간에도 분단을 바라보는 시각에 따라, 혹은 그 극복을 바라는 입장에 따라, 탈북자에 대한 인식과 이해관계는 다양할 수밖에 없었다. 그러나 이러한 인식의 중층성과 다양성을 제대로 이해하지 않고는 급변하는 상황 속에서 마구 혼재되어 버린 서로 다른 기대의 충돌과 대응방식의 혼란을 극복하기 어렵다. 특히, 오늘날 탈북자들이 현실적으로 하나의 이주민 소수자 집단을 형성하기 시작한 시점에서 이들에 대한 시대착오적 인식의 문제점과 도구적인 대응으로 인한 피해는 우선 규명되고 피해야 할 것이다. 이 글은 탈북자에 대한 남한사회의 인식혼란이 탈북자들에게 주는 환상과 그 영향으로 나타나는 부적응의 문제를 밝혀보고자 한다.

2. 탈북 이주민에 대한 역사적 인식과 정책의 변화

1) 분단과 '체제 선택적 이주민'

해방 후 냉전과 분단으로 인해 남과 북에 각각 상이한 정치체제가 성립되는 과정에서 각 체제의 성격에 따라 정치적으로 핍박을 받거나 사회적으로 불이익을 당하게 된 사람들이 자신의 근거지를 떠나 다른 체제로 이주하는 일이 대량으로 발생하게 되었다. 이는 우리 민족만이 경험한 일이 아니라 독일과 베트남 등 다른 분단국가에서도 모두 발생한 일이다. 해방 직후부터 사회주의적 통치가 시작된 북으로부터 지주, 자본가, 친일부역자, 기독교 신자들과 일부 전문직 종사자들이 대거 남으로 넘어 오고, 사회주의를 동경하는 남한의 진보적 지식인과 조직혁명가, 일부 노동자, 농민과 사회 활동가들이 정치적 탄압을 피해 북으로 넘어갔다. 이들은 각 정치체제의 측면에서 보면 '불법 월경자'들이지만 민족적 차원에서 보면 일종의 '체제 선택적 이주민'이라고 할 수 있다.

한 체제로부터 정치적 공격을 받거나 감내할 수 없는 불이익을 당해서 떠나 온 이들이 그 체제에 대한 가장 극렬한 비판자들이 되는 것은 당연한 일이다. 해방 후 6.25전까지 북으로부터 넘어 온 약 74만명(Kwon, 1977)[1]의 난민들은 '월남민' 혹은 '이북사람', 심지어 '38따라지'라고 불리며, '해방촌'과 같은 집단 거주지와 '서북청년단'과 같은 정치조직을 만들어 남한사회 내부에 가장 강력한 반공집단을 형성한다. 남으로부터 건너간 남로당 출신자들이 남조선 해방전쟁을 앞장서서 주장한 사실과 맥을 같이하는 일이다. 이들은 점점 대립적 국면으로 치닫던 남과 북의 정치권력이 가장 정치적으로 이용하기 좋은 사회집단이 되었다.

2) 전쟁과 '피난민'

장기간의 전쟁과 극심한 전선 이동으로 인해 수백만의 '피난민'들이 발생하였다. 북으로부터 남으로 온 약 65만명(Kwon, 1977; 이용기, 1998)[2]의 '(월남)피난민'들은 남한사회의 맨 밑바닥에서부터 맨 손으로 삶의 터전을 일구어 나가야 했다. 게다가 이들은 '적성지역 주민'이었던 사람들로서 가시적으로 반공을 주장하지 않으면 일상적으로 의심받거나 차별받을 수도 있는 적대적인 상황 속에서 생활하게 되었다. 개인적 체험에서 우러나온 반공도 있었겠지만, 먼저 온 '이북출신' 반공주의자들과의 결합이나, 기독교인으로서의 정체성 주장은 사회적 생존을 위한 필수적인 전략이었다고도 할 수 있다. 이 시기에 월남피난민=기독교신자=반공주의자의 도식과 고정관념은 내외적으로 확고하게 자리 잡아 갔다. 행정적으로 이들은 '미 수복 지역 주민'으로서 이북5도청에 속한 '이북5도민'이 되었고 북진통일이 되면 바로 그곳의 도지사, 시장, 군수, 읍・면장으로 일할 수 있도록 명예 임명장을 주어 위촉하기도 했다. 북진통일의 선봉이자 통일 이후 북한사회의 관리자로서의 자기 정체성도 이때 확립된 것이다.

전쟁의 상처가 아물고 조속한 통일의 전망이 불투명해지면서 점차 이들은 '피난민'에서 '실향민'으로 '이산가족'으로 불리기 시작한다. 일시적이고 잠정적으로 남한사회에 체류하는 북한사람이라는 의미보다는 이제는 남한사회의 구성원으로서 분단의 아픔을 그 존재로

[1] 이용기(1998)는 남한출신 귀환자 수를 감안하여 그보다 약 20만정도 적은 수로 보고 있다. 그러나 민주평통자문회의(1998)는 약 328만명으로 주장하고 있다. 즉, 이 시기 난민규모도 학계의 추정에 비해 훨씬 더 많은 수가 정치적 이유에서 주장되고 있는 현실이다.

[2] 민주평통자문회의(1998)는 100만명 정도로 보고 있다.

서 드러내는 희생자의 이미지를 강하게 부각시킨 개념이다.

3) 냉전과 '귀순용사'

전쟁시 피난민들과 마찬가지로 북에서 남으로 왔지만 1962년 '국가유공자 및 월남귀순자 특별 원호법'이 제정된 이후에 온 극소수의 사람들은 '월남귀순자'로서 애국지사와 4.19 의거 희생자와 나란히 특별한 대우를 받게 된다. 5・16 쿠테타 직후에 군사정부가 분단 상황이 고착된 휴전선을 넘어서 군사적 기밀을 가지고 온 소수의 사람들을 특별히 처우해야 할 군사적 필요성에 입각한 제도를 마련했기 때문이다. 국방부 산하의 원호처가 이들을 담당하였다. 유신치하인 1978년에 제정된 '월남귀순용사특별보상법'은 특별히 기밀을 가지고 오지 않은 민간인도 "그 집단에 항거하여 귀순"하면 '월남귀순용사'로서 필요한 보상과 원호를 하도록 하였다. 체제 경쟁의 논리가 극대화되어 월경행위 자체를 국가를 위한 유공행위로 간주하고 국가보훈처에서 '국가유공자'로 처우한 것이다. 전쟁 상황의 논리는 이들이 가지고온 무기의 종류와 정보 가치에 따라 차등적으로 보조금을 주도록 법으로 정했다.

또한 이들에게는 정착금과 주택을 제공하고, 북에서의 교육과 자격, 직업, 지위를 그와 같거나 그 이상으로 대우하도록 보장하였다. 주로 군인이나 외교관 출신의 이들은 일종의 정치적 '망명자'들로서 정보제공 이외에도 남한 자본주의 체제의 우월성을 내외에 알리는 홍보 모델이 되었다. 따라서 이들의 생활수준을 남한의 중상층 이상으로 유지시킬 필요성이 있었고, 1993년까지 1년에 10명을 넘지 않았던 소수의 '귀순용사'들에 대한 그 정도의 처우는 행・재정상 아무런 무리 없이 집행될 수 있었다. 이 시기에 형성된 인식과 제도의 기본 틀은 일년에 국내로 입국하는 탈북자 수가 당시에 비해 100배 이상(2003년도 입국자수: 1,281명)으로 증가한 상황에서도 여전히 강한 영향력을 발휘하고 있다.

4) 탈냉전과 '귀순북한동포'

사회주의 블록경제가 붕괴하고 북한의 사회경제 체제가 근본적으로 흔들리게 된 탈냉전 시기에 러시아로 간 벌목공과 중국으로 식량을 구하러간 북한사람들이 남한으로 들어오면서 탈북자에 대한 지원은 대폭 축소되게 된다. 김영삼 정부는 1993년 '귀순북한동포보호법'을 제정하고 담당부서를 국가보훈처에서 보건복지부로 이관하였다. 이 법은 공식적으로는 '귀순배한동포' 또는 '귀순북한동포'에 대한 보호를 위한 것이라고 '귀순'이란 용어를 사용하였지만 이전의 '귀순용사'에 대한 처우와 비교해 볼 때 그 내용은 이들을 일종의 '경제적 난민'으로 보고 '생활보호대상자' 차원의 보호개념으로 접근한 것이다. '탈북자'라는 용어가 언론기관을 중심으로 일상적으로 사용되기 시작한 것도 이 시기부터이다.[3)]

---

3) 현재 법적으로 사용되는 '북한이탈주민'이라는 호칭보다는 '탈북자'란 용어가 더욱 일반적으로 사용되고 있다. 그러나

1990~93년까지 4년 동안 34명이 입국하는데 불과했던 탈북자들이 1994년 한 해에만 54명이 입국하였다. 이들은 그 해에 개정된 '귀순동포보호법'에 의해 정착지원금이 대폭 축소되어 보조금 등에 따른 개인적인 차이는 있었지만 대체적으로 일인당 평균 700만원의 정착금과 840만원의 주거지원금을 받았다. 주거지원도 주택융자 자금의 융자알선 형식이었고, 취업도 본인에 한해서 취업요청을 해주는 정도로 하였다.

이 시기에 들어온 '귀순동포'들은 1993년 이전에 들어 온 '귀순용사'들과 비교해서는 말할 것도 없고, 1997년 이후의 '북한이탈주민'들에 비해서도 현저하게 불리한 경제적 조건에서 남한사회에 정착하여야 했다(윤덕룡, 2000). 1998년에 통일부가 조사한 이 시기 귀순동포들의 취업률은 46.9%(전 시기의 귀순용사들은 82.4%)였고 불과 13.6%(귀순용사, 47.1%)만이 월 100만원 이상의 소득을 얻고 있었다. 현저히 낮아진 지원과 함께 낮아진 사회적 지위로 인해 탈북자들이 스스로를 주변화하여 남한사회의 '이방인', '2등 국민'으로 비하하게 되었다(유지웅, 2000: 74). 이 시기 '귀순동포'들의 실업과 빈곤, 그리고 남한사회 부적응 때문에 일으킨 사건과 사고의 급증은 1997년에 새로운 지원법을 제정하는 동기가 되었다.

5) 남북교류와 '북한이탈주민'

북한에 대한 햇볕정책 때문에 탈북자들을 홀대하고 있다는 보수주의자들의 비판과는 달리 김대중 정부는 IMF 경제 상황 속에서도 이전의 김영삼 정부에 비해서는 획기적으로 확대된 지원정책을 추진하였다(박현선, 2002: 223-227). 1997년에 제정된 '북한이탈주민의 보호 및 정착지원에 관한 법률'에 의해 '북한이탈주민'은 성인 1인당 월 최저임금(474,600원)의 62배인 2,942만원과 주거지원비로 영구임대아파트 보증금 754만원을 포함해 총 3,696만원을 지원받게 되었다. 김대중 정부는 '북한이탈주민'들을 '통일의 시험대'로 보고 "북한이탈주민의 성공적 국내정착 여부가 우리의 통일의지와 능력을 보여주는 시금석이라는 판단아래… 이들에 대한 보호와 지원을 추진하고 있다(통일부, 2002)"고 하였다. 또한, 통일부 산하에 '하나원'이란 정착지원시설을 설립하여 기본적인 조사가 끝난 '북한이탈주민'들이 사회에 나가기 전에 2-3개월 동안 남한사회적응 훈련을 실시하였다(통일부, 2001). 이러한 지원방식의 실효성에 대해서는 많은 논란이 있지만 남북한사회문화통합의 '예비모델실험'으로서 탈북자 정착지원 사업을 개념화하고 제도적으로 시행하기 시작했다고 볼 수

'탈북자'라는 호칭은 탈북이라는 말이 '탈출', '탈옥', '탈주'와 같은 부정적인 느낌을 주고 게다가 도망자, 배신자, 노숙자처럼 '자'자를 붙인 것도 하나의 사회집단에 대한 비하적인 표현이라는 비판이 지배적이다(이승현, 2002: 1). 아직 뚜렷하게 새로운 용어가 정착되지는 않았지만, 대안으로 제시되고 있는 용어는 '북한이탈주민', '탈북이주민', '탈북난민', '탈북민', '자유이주민', '자유북한인' 등 인데 탈북인연합회는 적극적으로 탈출과 북한이란 용어가 들어가는 호칭을 거부하며 '자유이주민'을 주장하고 있다(탈북인연합회 2002.2.27). 그러나 냉전시대를 통해 '자유'라는 용어를 표방하는 집단들이 보인 뚜렷한 정치적 성향에 대한 저항감 때문에 그리 폭 넓은 지지를 받고 있지는 못하다. 이 글에서는 불가피한 경우에는 이 시대에 일반적으로 통용되는 '탈북자'라는 용어를 사용하고 남한사회에 새로운 이주민이라는 의미에서 '(탈북)이주민'이라는 용어를 사용하고자 한다. '월남피난민'이 그냥 '피난민' 으로 통용되었듯이 '이주민'이라는 말이 이들에 대한 호칭으로 정착될 수도 있으리라고 본다.

있다.

김대중 정부의 재외 탈북자 정책도 주변국 정세와 남북관계를 고려한 "조용한 외교"라는 소극적인 입장이 많은 비판을 받고 있지만, 이전 김영삼 정부의 공작차원의 선별입국 방침(한겨레21, 1997)에 비해서는 최소한 해외공관에 도착한 탈북자들은 전원 수용한다는 방침을 지키고자 노력했다고 평가할 수 있다. 그러나 워낙 재외 탈북자들이 절박한 인권 상황에 방치되어 있기 때문에 이들을 구원하기 위한 충분히 적극적인 외교적 노력을 다하지 못했다는 비판을 피할 수는 없을 것이다.

이 시기에 남북관계는 획기적으로 변화하였고 동시에 국내의 각 사회집단 간에 남북관계와 탈북자를 바라보는 인식의 차이가 극단적으로 드러나서 서로 충돌하는 양상을 보였다. 이렇게 격변하는 시기에 매년 거의 2배씩 기하급수적으로 늘어난 숫자로 남한에 입국하게 된 '탈북이주민'들은 이들에 대한 남한사회 내부의 인식혼란으로 인해 더욱 극심한 정체성의 갈등을 경험하게 되었고 이전과는 또 다른 부적응의 문제를 안게 되었다.

3. 남한 내 각 사회집단의 탈북자에 대한 인식의 혼란과 갈등

1) '실향민'과 '탈북자'

남한사회 내부 집단 중 새로 온 '탈북이주민'들에 대해 가장 먼저 친밀감과 일체감을 느낄 수 있는 집단은 이른바 '월남민', '피난민', '실향민'들이라 할 수 있다. 그들은 동향사람일 수도 있고 친척이거나 심지어 재상봉·재결합하게 된 '이산가족'일 수도 있다. 그러나 그들의 만남이 서로에게 편안한 것은 아니다. 오히려 새로운 상처가 되는 경우가 많다. 초기의 반가움과 감격의 순간이 지나면 서로에 대한 이질감을 발견하고 실망하거나 서로에 대한 기대와 인식의 차이로 충돌하거나 소원해지기도 한다(임순희, 1998). 심하게는 배신감을 느끼기도 한다. 특히 탈북자가 북한에서 월남한 가족이나 친척 때문에 사회적 정치적으로 입은 피해를 보상받고자 하는 경우 상봉 및 재결합 과정에서 갈등을 빚을 수 있다. 먼저 자수성가한 사람들의 개인주의적인 엄격함과 남한사회에 팽배한 중산층적인 배타적 가치관을 접하면 가족·친척·동향관계에 의지하고자 하거나 그들과의 밀접한 인간관계 속에서 안정을 얻고자 했던 탈북이주민들은 섭섭함을 넘어 배신감을 느끼기 쉽다.

이미 수십 년 남한사회에서 생활한 월남민, 피난민들이 자신들과 같이 북한 체제를 벗어나 남한에 온 사람들이라는 이유 때문에 최근에 온 탈북이주민들과 쉽게 일체감을 느끼거나 더욱 온정적일 것이라는 추론은 대부분 어긋나기 쉽다. 오히려 더 냉정하거나 비판적인 경우가 많다. 피난시절의 어려움을 맨몸으로 극복해낸 자수성가한 사람들일수록 정착금과 주택을 지원받고도 남한사회에 정착하는데 어려움을 겪고 있는 사람들을 이해하기보다는 답답함을 느끼면서 개인의 능력부족이나 정신자세의 문제라고 생각한다. 탈북이주민들이 북한체제나 북한사회에 대한 최소한의 자존심을 지키기 위한 말이나 태도를 보이면 바로 자신들의 생존의 열쇠였던 "반공주의 회로판"[4]을 작동시켜서 "여기까지 와서도 김일성을 존경하고 있는 반빨갱이들"이라고 의심하기도 한다. 이들은 한국에 도착한 탈북이주민들보다 차라리 스스로의 피난시절의 어려움을 더 가깝게 연상시키는 재외탈북자들의 절박한 삶과 일체감을 느낀다고 한다.

2) 기독교 선교와 국내외 '탈북자'

남한의 보수적인 기독교 단체와 교회들은 세계 각국에 미국 다음으로 많은 선교사를 파송하고 있다. 그 중 가장 집중적으로 많은 노력을 기울이는 곳이 중국이고 그 중에서도 조선족들이 밀집해있는 지역들이다. 북한의 기근 때문에 많은 난민들이 식량을 찾아 숨어 들어온 곳도 바로 이 지역이기 때문에 남한의 선교사들은 이들의 구호활동에 직간접적으로 참여하게 되었다(정병호, 2001). 비밀구호활동이라 그 규모가 다 드러나지는 않았지만, 적어도 백여 개소의 비밀시설에서 많은 사람들이 보호를 받고 있다(Chung, 2003). 이러한 선교의 효과는 한국에 입국하는 탈북이주민들의 약 80% 정도가 기독교 신자라고 하는 사실로 나타난다.[5] 오늘날 북한사회의 주민들 거의 대부분이 종교가 없다는 사실을 감안하면 놀라운 일이다. 이러한 현상을 이해하기 위해서는 현지 선교의 성격과 제3국을 거쳐서 한국까지 보내는 "서울행 지하철도"[6]의 탑승자를 선별하는 구호기관의 선택과정을 알아야 할 것이다. 동시에 한국에 도착한 탈북이주민들은 거의 모두 이러한 선교와 구호사업의 대상자였다는 사실에 주목하여 이들이 체험한 기독교 선교와 이를 통해 형성한 남한사회에 대한 인식과 새로운 자아정체성의 내용을 살펴보아야 할 것이다.

교회에서 지원하는 비밀고아원이나 은신처의 하루 일과는 대부분 성경공부와 찬송과 기도로 꽉 짜여져 있다. 아이들을 위해서 남한의 교과서와 동화책들을 마련한 곳들도 있지만 잘못된 생각이 들어간다고 성경과 기독교 신앙에 관련된 책만을 읽도록 하는 곳들도

4) 반공주의적 세계관의 일상적 내면화를 통해 특정한 자극이 주어지면 자동적으로 조건반사적인 반공적 정치사고와 행위로 대응하게 되는 일종의 정치사회적 암시현상을 말한다(권혁범, 2000).

5) 통일부 하나원에서는 매 기수 입소자들의 90% 이상의 종교가 기독교(개신교)라고 한다. 그러나 전우택(2004)의 장기 추적 조사에 의하면, 남한사회에 나와서 종교 생활을 하는 사람은 초기에 78.9%(개신교 76.2%), 3년 뒤에는 63.6%(개신교 61.2%)로 감소하는 경향이 있다.

6) 지하철도(Underground Railway)는 남북전쟁 시기에 미국 남부의 흑인노예들을 북쪽의 자유주로 몰래 밀수했던 조직적 운동을 뜻한다. 중국에서 공포에 떨고 있는 탈북 난민들을 남한으로 데려오기 위한 이 일에는 2001년에 이미 60개(국내 입국 탈북자 수가 당시보다 4배로 증가한 지금은 더 많아졌을 것임)이상의 단체와 개인 활동가와 수천의 후원자가 간여하고 있다. 기독교 선교단체와 불교활동가 집단(2001년 추방되었음), 여러 나라의 합법 비합법 선교사들, 밀수꾼, 브로커, 매수된 경찰과 국경경비원, 미얀마의 마약밀매꾼과 반군, 남한의 우익 정치인과 최소한 9개국 이상의 외교관들까지 개입된 일이 되었다(Newsweek, 2001.3.5).

여러 곳이다(Chung, 2003). 이곳의 생활을 못 견디는 사람은 떠나가고 오래 남아 신앙심이 깊어진 사람들이 서울로 가는 '지하철도'를 탈 가능성이 높아지는 것이다. 암담한 현실 속에서 점점 유일한 희망으로 다가온 남한은 '구원의 땅'이 되고 '젖과 꿀이 흐르는' '가나안 땅'으로 인식된다. 모든 위험과 고난을 넘어서 그 땅에 오게 된 자신은 분명 '선택받은' 사람인 것이다.

이렇게 한국에 들어온 탈북이주자들은 자신을 구원해준 교회에서 신앙간증을 하게 되고 이는 재외 탈북난민들과 북한 선교를 위한 헌금으로 이어진다. 사회정착 초기의 탈북이주민들을 중국에서부터 보호하고 한국으로 데려온 교회나 단체가 아닌 다른 교파나 교회가 생활지원금을 주며 경쟁적으로 소속교인이 되게 하거나 신앙간증을 하도록 초청을 하기도 하는데, 그리로 옮겨가면 이들을 데려온 사람들은 배신감을 느끼게 된다. 한편 이제는 자유로운 선택을 할 수 있게 된 탈북 이주민들도 자신들을 과거의 인연으로 속박하려는 사람들에 대한 섭섭한 느낌을 갖는다고 한다. 이러는 과정에서 절박할 때의 신앙심을 잃고 자신들도 교회를 도구화하려는 생각을 갖는 사람들도 다수 나타나게 된다. 이는 다시 탈북이주민들은 자기가 필요할 때만 교회를 이용하는 믿을 수 없는 사람들이라는 고정관념을 강화하게 한다.

3) '보수'와 '진보'의 대조적 대응

남한의 '보수적' 사회단체들과 조선일보를 필두로 한 보수언론기관들은 국내외의 탈북자들에 대해 가장 뜨거운 관심을 갖고 있는 집단이다. 이들이 북한의 어려운 생활상과 폭정을 국내외에 알려줄 수 있는 증인이기 때문이다(박상봉, 2001). 또한 탈북현상을 북한 체제 붕괴의 조짐으로 보고, 이를 적극적으로 유도하여 북한 체제를 무너뜨려야 한다고 주장하기도 한다.[7] 여기에는 미국과 일본의 보수집단과 언론까지 적극 동조해서 활발한 국제연대 활동이 전개되고 있다.[8]

이 주장에 따르면 북한 체제의 지배를 떠난 모든 탈북자들은 대한민국 국민이기 때문에 남한 정부가 적극적으로 노력하여 전원 남한으로 데리고 와야 한다고 보고 이를 못하고 있는 남한 정부는 대북 유화정책을 펼치는 '좌파정부'로서 신뢰할 수 없다고 한다. 따라서 해외의 탈북자들은 남과 북의 정권으로부터 모두 버림받은 '희생자'들이고 남한에 도착한 탈북자들도 정부의 햇볕정책 때문에 무시되거나 홀대받는다고 생각한다. 심지어는 요즘 남

7) 플러첸(Vollertsen, 2001)을 비롯한 탈북 '기획망명'을 추진하는 사람들은 모두 대량 탈북유도가 북한 체제 붕괴를 가져올 것이라고 확신한다. 그러나 서재진(2002), 이신화(2002), 정병호(2004) 등은 베트남, 쿠바 등의 난민문제 사례와 비교하여 탈북자의 대량 유출이 북한 체제에 직접적인 위협이 되지 않을 수도 있다는 사실을 밝히고 있다.

8) 탈북 난민문제는 미국에서는 북핵문제, 일본에서는 납치문제와 더불어 관심사가 되었다. 이들에 대한 큼직한 기사와 칼럼이 주요 언론에 수시로 실리고, 특히 워싱턴의 미국 상하원 청문회의 주요 주제로도 자주 등장한다. 2003년 말부터 미국 상하 양원에서 논의되고 있는 North Korean Freedom Act도 이들의 인권문제와 북한 체제에 대한 정책을 결부시킨 내용이 큰 줄기를 이루고 있다.

한에는 “북한 간첩이 많아서 위험하니 미국과 같은 제3국으로 망명하는 것이 좋다”고 권하기도 한다.[9] 실제로 최근 재외 탈북자들뿐만 아니라 국내에 입국한 탈북자 중에서도 이러한 인식의 영향으로 미국으로 가고자 하는 사람들이 나타나고 있다.

이들은 탈북자들을 북한 체제를 붕괴시키는 용기 있는 사람들로 부각시키며, 남한에 도착하면 귀순용사로서 대접해야 한다고 주장하고 있어서 현실적응에 어려움을 겪고 있는 탈북자들이 불만을 토로하기에 좋은 상대가 된다. 이러한 불만들은 진위에 관계없이 비판적인 기사로 증폭되어 탈북이주민에 대한 정착지원사업이 “엉망진창(주간조선, 2001. 3. 8)”이라는 인식을 확산시키고 있다. 국내의 탈북이주민들이 자신들은 “잘 대접받지 못하고 있고”, 그래서 “어렵고 비참하게 잘 못 살고 있다”고 느끼는 데는 이러한 언설이 조성하는 사회 분위기도 중요한 원인중 하나이다.

이에 비하여 남한 내부의 다른 인권 상황에 대해서는 활발한 의견을 개진하고 있는 시민단체들이나 진보적 운동단체들은 대체로 탈북자 문제에 대해서 소극적이다. 통일문제나 북한과의 직접 교류에 적극적인 단체일수록 재외 탈북자들의 인권문제나 국내의 탈북이주자들의 어려움에 대해서 침묵과 무관심과 회피하는 태도를 보이고 있다. 국내외의 탈북자들을 동정은 하지만 남북교류와 화합의 ‘걸림돌’이나 ‘숨겨야 할 존재’로 여기는 것이다. 심지어 다른 인권문제에 대해서는 진보적인 국가인권위원회 조차 “믿을만한 계량적인 통계가 부족해서 이 문제에 대해 활동할 수 없다”는 궁색한 변명을 하고 있다.

한편, 북한 정권에 대해 뚜렷하게 호의적인 몇몇 단체들은 “한 번 배신한 사람들의 말은 믿을 수 없다”는 논리로 이들을 경원하기도 한다. 이러한 태도는 북한 체제에 의해 ‘역적’, ‘반역자’, ‘배신자’로 규정되었다는 사실 때문에 상처받고 일말의 죄책감까지 느끼고 있는 탈북자들에게 깊은 상처를 주고 있다. 이곳에서까지 자신들을 그런 눈으로 보는 사람들이 있다는 사실에 경악하는 것이다.

4) 정부기관별 인식차이

제3국 체류 중의 극단적인 생존위기 상황에서 뚜렷한 도움을 주지 못했던 남한 정부, 특히 외교부와 재외공관의 역할에 대해서 탈북자들은 근본적인 불신을 갖고 있다. 정부의 “조용한 외교”가 주재국 정부와의 관계를 고려한 현실적인 정책이었다고 하더라도 생존의 어려움을 겪고 있는 탈북식량난민들에 대한 적극적이고 가시적인 구호와 지원노력이 없었다는 사실은 불신을 초래하기에 충분한 사유가 된다. 외교적으로 안전한 지대에 도착한 극히 일부의 탈북자들에 대한 정부차원의 최소한의 보호조치는 있지만, 그 영역 밖의 대부분의 탈북자들의 생존과 인권은 일반적으로 무시되었다(윤여상, 2001).

---

[9] 2002년 5월 9일 선양의 미국총영사관으로 들어간 8명의 탈북자들이 증언한 이후 중국에서 외국공관에 진입한 여러 탈북자 집단에서 미국망명을 요구하는 근거로 ‘남한의 북한 간첩’을 이야기함.

도착한 후에도 이들을 담당하는 정부의 각 기관마다 접촉하는 공무원마다 각각 다른 인식과 태도로 이들을 대한다. 탈북 동기를 조사하는 국방부 사람들은 '간첩'으로서의 가능성을 염두에 두고 취조하다가, 갑자기 '귀순용사'로 대접하며 남한 체제의 우월성을 일거에 보여주려고 애쓰는가 하면, 통일부 직원들은 '귀순동포'로 '북한이탈주민'으로 동정하다가, 동회에서는 '생활보호대상자'로 '영세민'으로 취급하고, 노동부에서는 '실업자'로 '실직자'로, 사실상 '무자격자', '무능력자'로 대한다. 경찰에서는 '감시대상자'이자 '보호관찰'이 필요한 사람으로 여기면서 때로는 "불평불만이 가득한 사고뭉치"로 여기면서 사고를 쳐도 특별히 봐주기도 한다. 학교에서는 탈북아동들은 '지진아'로 그 부모들은 '이상한 학부모'로 여기기 쉽다. 이렇게 다른 입장에서 다른 태도를 보이는 공공기관들을 연속적으로 접촉하면서 탈북이주민들은 자신들이 대한민국에서 과연 어떠한 존재인가 혼란스런 정체감을 갖게 된다.

4. 탈북이주민들의 환상과 대응전략, 그리고 부적응

1) 기독교문화와 '선택받은 사람'

대부분의 탈북자들이 최초로 의미 있게 접촉하는 남한문화는 기독교문화이다. 그것도 대부분 가장 열성적인 복음주의적 기독교 선교사들이나 신자들과의 만남을 통해서이다. 집중적으로 성경공부를 하고 찬송가와 통성기도를 하는 과정에서 믿음체계의 치환이 이루어지는데, 이는 의식·무의식인 선교전략과 효과적으로 맞물려있다. 즉, 북한에서 일상적으로 행했던 주체사상학습과 수령의 일화 익히기와 열심히 혁명가를 불렀던 것과 비슷한 일로 여기는 것이다. 똑같은 열심과 집중된 노력을 기울이면 그 결과도 마찬가지로 사회적으로 보상된다고 믿는다.[10] '신자'가 되는 것은 '당원'이 되는 것과 마찬가지로 남한사회의 당당한 일원이 되는 길이라 여긴다. '착한 신자'는 '열심당원'처럼 선택받고 구원받는다. 실제로 맨몸의 탈북자가 '구원의 땅' 남한으로 올 수 있는 길은 거의 그 길밖에 없다.

모두가 곧이곧대로 그런 믿음을 갖는 것은 아니다. 더욱이 이들은 한 체제의 화려한 이념과 현실간의 엄청난 괴리를 경험한 사람들이다. 이런 믿음을 선교집단이 강요하는 구호시설의 상황논리로 파악하고 그곳에 있을 때만 잠정적으로 몸을 맡기는 경우도 많다. 한 탈북청소년은 남한에 오기 위하여 성경구절 천 개를 외우고 '착한 신자'로 선택되어 남한에 도착하자마자 이를 비웃었던 사례도 있었다.[11]

---

10) 북한 의사 출신 탈북여성 인터뷰(1998.6.13). 북에서 '모범적인' 삶을 사는 자세에 비추어 남에서도 성공하기 위해서는 이곳의 중심원리인 기독교사상을 따라 그렇게 살아야 한다고 한다.

11) 통일부 하나원 하나둘학교 청소년 인터뷰(2001.10.8).

문제는 절대적이라고 여겼던 기독교 교리가 남한사회에서 북한의 주체사상만큼 절대적인 이념이 되지 못한다는 사실을 알게 되면서 발생한다. 기독교 신자도 남한사회 내부의 한 사회집단에 불과하고 같은 기독교라도 다른 방식의 신앙을 가질 수 있다는 종교적 다양성과 접하게 되면 혼란은 더 커진다.[12] 여기에 더해서 남한 교회의 세속적인 측면까지 접하게 되면 교회와 신앙에 대한 최소한의 존경심이 일거에 무너져서 그나마 지탱해온 삶의 지향점(흔히들 '삶의 원리'가 필요하다고 한다)이 흔들려서 자포자기 상태가 되거나 극도로 냉소적 태도를 갖게 된다.

2) '환영', 그리고 환상과 소외

대부분의 탈북자들은 진퇴양난의 절망적인 상태에 있던 중국에서 제3국을 거쳐 한국에 도착한다. 이들은 처음에 '환영'을 받는다. 고난과 위기와 생사의 갈림길을 넘어서 긴장 속에 도착한 곳에서 환영을 받으면 한 사람의 일생에서 가장 강력한 통과의례를 거친 셈이다. 자신들이 익숙한 북쪽 식의 '영웅'의 이미지와도 일치하는 '특별한 존재'가 된 것이다.

입국초기에는 엄중한 조사와 답답한 수용과정을 거치지만 기본적으로는 처음부터 체제 경쟁적인 대접을 받는다. 정장 양복에 넥타이를 매고 새 구두를 신고 롯데월드로, 63빌딩으로, 에버랜드로 다니면서 남한사회의 화려함을 만끽한다. 쇼핑할 돈을 받아서 워크맨과 핸드폰, 썬그라스를 사고, 입고 싶었던 옷들도 골라 본다. 앞날에 대한 막연한 불안감이 마음을 누르지만 이미 '특별한 존재'가 된 자신이 화려한 놀이공원 같은 남한사회를 거닐 때 그 설렘을 감추기 어렵다고 한다.[13] 이후 남한사회에서 여러 차례 좌절을 경험한 후에도 이때 자리 잡은 환상을 떨쳐버리기 어려웠다고 고백하는 사람들도 있다.

일단 거주지를 배치 받고 일상생활을 시작하면 대부분의 탈북이주민들이 가장 어려워하는 문제들에 봉착하게 된다. 가족과 함께 온 사람들은 조금 덜 할 수도 있지만 일단 밀려드는 외로움과 소외감에 모두가 괴로워한다. 그 동안 알게 된 탈북이주민들끼리 서로 전화하고 방문하고 함께 자고 하면서 이를 극복해 보려고 하지만 충족되기에는 탈북이주민의 절대 수가 너무 적고, 정부의 지방배치 정책[14]으로 혼자 지방도시에 떨어져 배치된 사람들

---

12) 탈북자들이 제3국 체류 중에 접한 선교단체에 따라서 불교 등의 다른 종교에 대한 부정적인 인식뿐만 아니라 천주교는 물론이고 개신교 중에서도 다른 교파의 신앙을 이단시하는 사고가 강하게 주입된 경우도 많다.

13) 이러한 상황 속에서 탈북 청소년들이 겪는 적응상의 어려움에 대한 자세한 민족지적 관찰 기록은, The New York Times Magazine, "The Flight of the Fluttering Swallows," 2003. 4. 27. 참조.

14) 탈북자들이 하나원에 있는 동안 입주 가능한 임대주택의 공급 상황에 따라 추첨을 하여 전국적으로 분산 배치된다. 그러나 탈북자들 대부분은 북에서 경험한 평양과 그 이외 지역의 극심한 삶의 질 차이에 대한 기억 때문에 남한사람들보다도 더욱 치열한 서울지향 강박관념을 갖고 있다. 지방에 배치된 사람들은 여러 가지 손해를 무릅쓰고 1-2년 내에 서울로 오기도 한다. 정부로서는 수도권 집중을 막는다는 일반원칙을 고수하고자 하는 측면 이외에도 탈북자들이 한 지역에 집단적으로 거주하면 사회정치적 불안요인이 커질 것을 우려하기도 한다. 한편, 이민이나 난민문제 전문가들(Robinson, 1998; 윤인진, 2000)은 이주자들의 장기적인 사회적응을 위해서는 그들 간의 공동체적 연계망(커뮤니티) 형성이 중요함을 지적하고 있다.

은 정말 감내하기 어려운 고통이라고 한다.

생소한 아파트 문화가 새로운 이웃과의 소통을 원칙적으로 불가능하게 하기 때문에 남한사람들과의 교류는 담당형사나 교회나 복지기관의 자원봉사자들로 국한된다. 학교나 직장 등 어느 곳을 가든지 특별한 존재가 되어버린 자기 자신에 대한 당혹감을 참기 어렵고, 남들과 다르다는 것 때문에 차별 받을지 모른다는 두려움에 떨기 쉽다. 영구임대주택 아파트에 거주하는 생활보호대상자인 자신이 경쟁 사회인 남한에서는 밑바닥 계층이 되었다는 것을 깨닫게 되면 초조감과 절망감마저 느끼게 된다.

탈북 이주민들이 정착 초기에 자신들만의 특별한 경험을 하나의 '상징자본'으로 활용하여 여러 단체나 교회 등에서 강연이나 간증을 하기도 한다. 그러나 남한사회의 각 집단이 듣고 싶어 하는 이야기는 자신의 비참한 과거의 경험과 여전히 어려움을 겪고 있는 자신에 대한 것뿐이라는 것을 알게 되면 모멸감 때문에 갈등하게 된다고 한다. 교회에 가서 간증하고 난 날 밤에는 받은 돈으로 만취되도록 술을 마신다는 탈북 청소년들도 있다. 그래도 남한사회 사람들에게 자신에 대한 이야기를 할 수 있는 공개강연과 신앙 간증의 기회는 자신이 특별한 사회적 존재라는 것을 확인할 수 있는 많지 않은 기회이다. 그러나 되풀이 될수록 자신을 초청한 집단이 갖고 있는 탈북자들에 대한 인식과 기대, 그리고 정치적 이해관계에 맞춘 이야기를 하게 되기 쉽다. 그러한 이야기를 통해 남한사회 속에서, 남한사회의 시각에 맞춘 '자신'을 만들어 간다고도 할 수 있다.

3) '상징자본'과 적응전략

스스로 특별한 존재라고 생각하고 특별한 대우를 바라는 탈북이주민들의 일부는 편법으로라도 그것을 해줄 수 있다고 여기는 사람들을 적극적으로 활용하기도 한다. 일단 지역사회의 업소나 회사들에 영향력이 있는 담당형사의 도움을 받기도 하고, 배치 받은 지방도시가 싫으면 서울로 오기 위해 예를 들어 한나라당(민주당이 아닌) 통일외교분과 국회의원에게 탄원하기도 하는 식이다.[15] 자신을 보호해주는 남한 민간단체가 믿음직스럽지 않으면 '국경없는 의사회'와 같은 외국기관의 사무실로 달려가서 맹장수술을 해달라고 애원하기도 한다.[16] 그러한 이례적인 부탁을 합리화하기 위해서는 현실을 왜곡하는 여러 가지 이유를 대게 되는 것은 당연한 이치이다. 그런 말들은 비판거리를 찾고 있는 보수언론의 이해와도 일치하는 경우가 많다. 여기서 또 한번 국내이주탈북자 문제는 증폭된다.

장기화된 기근 상황 속에서 제대로 교육을 받지 못하였고, 탈북과정에 오랜 학습공백이 있는 탈북 청소년들은 일반적으로 남한 학교 적응에 어려움을 겪고 있다.[17] 그러나 이들은

15) 한나라당이 야당이지만 압도적인 다수당이었던 2001년도의 사례. 탈북 이주민들을 도와주던 남한사회단체들의 정치성향과도 밀접한 관계가 있지만, 무수한 위기를 넘어온 탈북자들의 정치적 생존전략의 일면을 보여주기도 한다.

16) 이들은 현재 모두 의료보호 및 생활보호 대상자로서 기본적 사회복지 혜택을 받고 있지만, 한국 보다 더 잘 사는 외국에 가거나, 외국기관에 의지하면 더 '특별한' 대우를 받을 수 있을 것이라는 믿음이 강하다.

지방에 있는 소규모의 초라한 대안학교들을 기피하고, 오히려 서울의 유명한 큰 학교나 '민족사관고등학교' 같은 특별하게 유명한 학교에 가고 싶어 하기도 한다. '귀순용사'들을 받아들이던 남한 명문대학의 '특례입학제도'는 북한에서 고등중학교 졸업학력(남한의 고등학교 1년 수료에 해당하는 교육기간)만 있으면, 기초학력이 부실해도 연・고대의 유명학과나 '최소한' 한양대나 한국외국어대 정도에 입학이 가능하도록 한다.

명문대학 입학과 이를 통한 학연 창출은 남한사회의 중요한 사회적, 문화적, 상징적 자본을 동시에 축적할 수 있는 길이다. 같은 맥락에서 '서울'이나 수도권에 거주한다는 것과 선진 외국과 연결된다는 것은 모두 중요한 상징자본이 된다. 탈북이주민들도 이러한 남한사회의 차별적 위계서열을 간파하고 '탈북자'라는 일종의 '상징자본'을 활용한 생존전략으로 명문대학 입학, 서울이나 수도권 거주, 미국여행(미국 국회나 교회에서의 증언, 유학, 이주 등)을 위해 노력하게 된다. 문제는 남한 정착 초기에 다른 기본적 준비가 안 된 상태에서 이렇게 '특별한' 해결방식에 되풀이 의존하게 되면 일반적이고 보편적인 상황에 대한 장기적 적응능력이 개발되기 어렵다는 점이다. 실제로 남한에서도 경쟁이 심한 명문대에 입학한 대다수의 탈북자들은 학점을 받지 못하고 중도에 그만두게 되는 낭비적 악순환이 되풀이되고 있다.[18]

탈북이주민들이 모두 갖기 쉬운 이러한 환상을 일찍 떨치고, 유혹 당하기 쉬운 해결방식을 참으며 우직하리만큼 자신의 노력으로 적응능력을 개발하는 사람들도 있다. 예를 들어, 4년제 대학보다는 '정수직업학교'를 택해서 기술을 익혀 대기업이 아닌 중소기업에서 회사 사람들과 친밀한 인간관계를 만들며 살아가는 청년도 있고, 보장된 대학특례입학을 늦추고 회사에 취직해서 단순한 사무업무부터 능률적으로 수행하는 능력을 키우고 있는 여성도 있다. 그런 사람들의 특징은 자신의 노력으로 작은 성취를 축적해 가면서 자신감을 얻어, 다음 단계에 도전해 나가는 꿋꿋한 태도 때문에 주변의 남한사람들과도 친밀한 관계를 맺기 쉽다는 것이다. 그러나 남한사회의 많은 선의의 후원자들이 오히려 그러한 과정을 답답해하며 남보다 빨리 가도록 특별한 길을 마련해 주는 것을 자신의 능력인양 과시하는 경향이 있다.

탈북 청소년들도 대학 입학에 대한 조급함을 누르고 자신의 학습능력을 키우고자 나이보다 낮은 학년으로 고등학교에 진학하거나, 충분히 시간을 두고 기초학력과 사회 상식 등을 충분히 다지는 여유 있는 자세를 가질 경우에 남한 교육제도에 장기적으로 적응할 수 있는 가능성이 크다. 그 과정에서 자신이 탈북자라는 사실을 감추지 않는 것이 중요한데,

---

17) 정병호, 정진웅, 전효관, 이부미(2003)의 연구에 의하면, 학령기의 탈북 청소년 중 38%만이 현재 남한 학교에 재학 중이다.

18) 35세 이하의 탈북자들이 대학을 다닐 경우 교육비를 지원해주는 통일부는 2학기이상 평점 C학점 이하의 성적일 경우에는 장학금 지원을 중단한다. 이런 경우, 대다수가 외부적으로는 학생신분을 유지한 채 실제로는 장기 휴학 상태로 있다가 학교를 그만두는 경우가 많다.

자신의 정체성을 떳떳이 밝히면서도 예외적인 특별한 처우를 바라지 않는 당당한 주체적 노력이 자신과 주변과의 관계를 건강하게 설정하는 가장 중요한 태도라고 한다.[19]

5. 결론과 제언

탈북자들에 대한 남한사회 내부의 인식혼란은 시급히 극복되어야 한다. 이주민인 이들에게 환상을 심어주고 남한사회적응에 심각한 어려움을 겪게 하기 때문이다. 이를 극복하기 위해서는 이러한 인식혼란이 남한사회의 각 사회집단들의 정치적 입장과 이해관계로 인해 촉발되고 있다는 사실을 파악하고, 탈북자 문제의 편파적이고 정략적인 이용을 견제하여야 한다. 이는 탈북자들을 도구화한다는 윤리적 차원의 문제에 더하여 국내외 탈북자들의 실상을 왜곡하여 이들의 인권을 현실적으로 보호하고 지원할 수 있는 가능성을 제약하고 있기 때문이다. 탈북자의 문제는 마땅히 "탈정치화"하는 동시에 보편적인 인권문제로 접근하고 해결책을 강구해야 한다(제성호, 2002).

탈북자에 대한 인식혼란은 대부분 냉전논리로 고착된 사고방식으로 이 문제를 보는 것에서 초래된다. 한반도 전체를 대한민국 영토로 보고, 국제법상 이미 지위를 획득하고 있고 현실적으로 국가로 기능하고 있는 북한의 주민들을 모두 대한민국 국민으로 간주하는 것에서부터 비롯되는 문제이다. 국내법의 논리로 이들을 대한민국 국민으로 간주한다고 하여도 국제법과 국제 관계의 현실 때문에 모두 남한으로 데려올 수는 없다(서재진, 2002). 독일에서처럼 탈북자의 증가가 바로 북한 체제의 붕괴를 가져올 것이라고 주장하는 사람들은 베트남과 쿠바같이 수십만 명의 탈출이 체제 자체에 전혀 영향을 못 미쳤던 사례들을 쉽게 간과한다(정병호, 2004). 제3국, 특히 중국에 체류하고 있는 모든 탈북자들이 남한에 오기를 희망하는 것은 아니다. 오히려 가족과 생업과 자신에게 의미 있는 사회관계가 있는 북한으로 돌아가기를 바라는 사람들이 더 많다고 한다. 국내로 들어온 탈북자들을 '귀순용사'로 대접해서 더 많은 탈북자들이 나오도록 유도하여야 한다거나, 북한 해방의 전위로 삼아야 한다는 주장은 대다수의 국내 이주 탈북자들이 원하는 바도 아닐뿐더러 정체성의 혼란만 초래하여 사회 부적응을 유발하게 된다.

북한의 경제난이 해결되지 않는 한 살길을 찾아 북한을 떠나는 사람들의 움직임은 계속될 것이다. 남북교류 등으로 바깥사정이 알려지면 더 많은 사람들이 더 나은 삶을 찾아 밖으로 나올 것이다. 탈북자 문제는 일시적 사건이 아니라 탈냉전 시대에 남북한사회가 함께 적응해야만 할 하나의 필연적 과정이라고 할 수 있다.[20] 이 문제를 북한 체제 위협

[19] 통일부 하나원의 하나둘학교와 늘푸른학교의 합동교사 간담회 자료집(남북문화통합교육원, 2003).

[20] 바로 동서독의 사례에서 교훈을 얻을 수 있다. 1989년의 대량 탈출 이전에도 동독으로부터 매년 4천명에서 7천명

의 도구로 삼거나 정치적으로 이용하는 것은 이미 나와 있는 탈북자들뿐만 아니라 앞으로 나올 사람들의 안위마저 위협하는 일이 된다. 탈북자 문제의 탈정치화는 국내외적인 당면과제이다.

국내에 들어온 탈북자들은 새로운 삶의 방식을 선택한 이주민으로 받아들여야 한다. 우선, 이들에게 냉전시대의 환상을 심어줄 수도 있는 체제 경쟁적인 정책과 제도와 관행은 개선되어야 한다. 절대적 소수자인 이들이 생소한 남한사회에서 외로움과 고립감에 고통받지 않도록 새로운 인도적 차원의 복지와 교육과 노동의 기회를 마련하여야 할 것이다. 그동안 인도적 차원에서 난민을 받아들여서 성공적으로 정착시킨 다른 사회의 경험을 통해 볼 때, 안보적 우려에서 이들을 분산시키기보다는 이들 간의 공동체적 연계망을 형성할 수 있도록 돕는 지원방안을 마련하는 것이 더욱 효율적일 것이다.

탈북 이주민들 스스로도 남한사회의 각 집단들이 그들에게 투사하는 이미지에 좌지우지되기보다는 자신들의 정체성을 새롭게 만들어 나가는 노력이 필요하다. 남한사회에 새로운 소수자로서 떳떳하고 당당하게 존재를 밝히고 살 수 있는 공동체적 삶의 방식을 구축해 나가야 할 것이다. 남과 북을 모두 경험한 사람들로서 변화하고 있는 남북관계 속에서 스스로 도구화되지 않고 자신들만의 독특한 자아를 실현하는 것이야말로 분단시대를 극복하는 가교역할을 하는 일이 될 것이다.

참고문헌

권혁범, 2000 “반공주의 회로판 읽기”, 『탈분단 시대를 열며』 pp.29-65, 삼인.

박상봉, 2001 “탈북자 현황과 대책”, 『탈북자 실상 및 대책마련을 위한 공청회』 pp.29-36.

박현선, 2002 “탈북자 국내 정착정책의 현황과 발전방향”, 『북한연구학회보』 제6권(1): 209-240.

서재진, 2002 “탈북자 문제 어떻게 볼 것인가: 실태와 대책”, 『탈북자 문제 해결을 위한 공청회』, 국가안보통일포럼 정책자료집 III, pp.9-23.

유지웅, 2000 “탈북자들의 사회적 지위 변화와 주변화의 문제”, 『공안연구』 61: 67-75.

윤여상, 2001 『재외탈북자』, 서울: 열린포럼.

윤인진, 2000 “탈북자의 자립정착을 위한 자조모델: 자영업 기반형성을 중심으로”, 『아세아연구』 104: 143-183.

윤덕룡, 2000 “탈북자 적응의 사회경제적 문제: 보호경찰관에 대한 설문결과를 중심으로”, 『통일

정도의 탈출자가 꾸준히 있었다. 서독은 이들 불법적 탈출자의 두세배에 달하는 매년 8천에서 2만에 가까운 합법적 이탈자들을 공식협상과 비밀거래를 통해 불러 들였다. 이 때 서독은 이들을 절대로 동독체제를 악선전하는 고발자나 증인으로 이용하지 않는다는 원칙을 지켰다. 또한 대량 탈출사태가 벌어졌을 때도 서독정부와 언론은 “동독붕괴”와 같은 위협적인 추측 개념을 언급하지 않았다(Kaack, 2002).

연구』 40(1): 65-92.
이승현, 2002 "북한 이탈 주민: 현황과 대책", 『입법정보』 72: 1-20.
이신화, 2002 "재외 탈북자에 대한 국제사회의 보호: 현황과 과제", 『탈북자 문제 해결을 위한 공청회』, 국가안보통일포럼 정책자료집 III, pp.51-72.
이용기, 1998 "이산가족 연구 어디까지 왔나", 『역사비평』, 1998 가을호: 252-270.
임순희, 1998 "한국통일과 해외한인: 남북한간의 인적통합문제; 남북한 이산가족 상봉 재결합시 문제점과 대응방안", 『98년도 통일문제 국제학술회의 논문집』 pp.109 - 131, 전남대학교 사회과학연구소.
제성호, 2002 "해외 탈북자의 법적 지위와 처리방향", 『서울국제법연구』 9(1): 21-73.
전우택, 2004 "남한 내 탈북자들의 3년 추적조사" 『다가서는 남과 북, 만남과 공존의 모색』남북문화통합 학술심포지움 자료집, 한양대 민족학연구센터.
정병호, 2001 "분단의 틈새에서: 탈북 난민의 삶과 인권", 『당대비평』 16: 236-255..
______, 2004 "탈북 난민문제의 탈정치적 해법" 『다가서는 남과 북, 만남과 공존의 모색』남북 문화통합 학술심포지움 자료집, 한양대 민족학연구센터.
정병호, 정진웅, 전효관, 이부미, 2003 『북한이탈 청소년을 위한 학교설립 타당성 연구』교육정책연구 2003-공모-7, 교육 인적자원부.
플레첸, 노베르트, 2001 『미친 곳에서 쓴 일기』월간조선사.
Chung, Byung-Ho, 2003 "Living Dangerously in Two Worlds: The Risks and Tactics of the North Korean Refugee Children in China," Korea Journal, 43(3): 191-211. Seoul: Korean National Commission for UNESCO.
Kaack, Hans-Juergen, 2002 "독일로부터의 교훈: 서독의 동독 이주자 처리방안", 『A New Phase of North Korean Refugees Issues: Problems and solutions』, The 13th KIMS international conference. pp.78-93.
Kwon, Tai-Whan, 1977 Demography of Korea. Seoul: Seoul National University Press.
Robinson, W. Courtland, 1998 Terms of Refuge: The Indochinese Exodus and the International Response. London: Zed Books.

자료

국회안보통일포럼, 피랍탈북인권연대, 2002 『탈북자 문제 해결을 위한 공청회 - 탈북자 문제 현황과 국제적 공조방안』, 국가안보통일포럼 정책 자료집 III.
민주평화통일자문회의, 1998 『남북이산가족 재회 현황 및 과제』인권보장을 위한 특별위원회 제8차 회의자료.
탈북난민보호운동본부, 2002 『탈북난민』, 여름호, 서울: 탈북난민보호운동본부.
탈북인연합회, 2002 『북한이탈주민 호칭, 어떻게 할 것인가?』, 공청회 자료집.

통일부, 2001 『하나원 사회적응교육 개선방안 연구』, 서울: 통일부.
______ 2002 『북한이탈주민 정착지원 실무편람』, 서울: 통일부.
『시사저널』 "탈북청소년 '나는 학교가 싫어요'", 2002. 2. 7일자, pp.42-44.
『주간조선』 "탈북자 정착교육 '엉망진창'," 2001. 3. 8일자. pp.34-36.
『한겨레21』 "좌절된 신들러의 꿈", 1997. 12. 11일자.
『뉴스위크』 "탈북자의 험난한 행로", 2001. 3. 5일자.
The New York Times Magazine, "The Flight of the Fluttering Swallows," 2003. 4. 27.

제3장

탈북난민 문제의 탈정치화*

정병호 한양대 교수, 문화인류학

1. 탈북난민의 '인권'에 대한 문화인류학적 접근

인권문제는 여러 가지 요인들이 복합적으로 작용하여 발생하는 문제이다. 그 문제의 해결 역시 다양한 차원의 변수들을 고려해서 종합적으로 풀어야 한다. 피해자에 대한 동정심과 선의만 가지고 단순하게 접근해서는 근본적으로 해결하기 어려운 문제이다. 특히 자문화중심적인 일방적 주장은 상황을 더욱 심각하게 만들기 쉽다. 피해자들의 입장을 문화상대주의적으로 고려한 '인권'에 대한 이해와 접근이 무엇보다도 선행되어야 한다.

인권문제에 대한 문화인류학적인 접근은 최근까지 비판적으로 인식되지 않았던 서구중심의 개인주의적 '보편적' 인권개념의 한계를 인정하고 다양한 사회문화적 상황과 역사적 맥락을 우선 고려할 것을 촉구하고 있다(Wilson, 2004: 233). 역사상 서구중심의 인권문제는 주로 '목적'이기보다는 정치적 '수단'으로 이용되었던 사례들이 더 많다. 특히 반공주의가 시들해질 때면 항상 인권문제는 정치세계에서 급부상하는 이슈로 떠오르곤 하였다. 미국은 인권문제가 국제적 의제로서 대단한 매력과 정치적 파급효과가 있음을 간파하고 있었으며 언제나 인권을 내세워 국익을 챙기는 "위선의 고향(Sellars, 2002: 285)"이라는 지적도 있다.

인류학적으로 보면, 세계화(globalization)이라는 문화현상은 단순한 서구화 혹은 표준화만을 의미하는 것이 아니라 다양성의 확산과정이기도 하다. 정치적 가치의 세계화도 하나의 표준적 가치를 보편화시키는 것이 아니라 보다 특징적인 정치적, 사회적 정체성과 다양한 법적, 도덕적 규약을 생성하게 한다. 이러한 현상은 고립 때문이 아니라 이질적 문화와

* 이 글은 "탈북 난민 문제의 탈정치적 국제협력 방안" 『지역 사회학』, 제7권 2호를 일부 요약, 수정한 것이다. 이 논문의 일부는 2004년 12월 16일 미국인류학회(American Anthropological Association) 제103차 연례학술대회에서 "De-politicizing the Politics of North Korean Refugee Issues"란 제목으로 발표하였고, 2005년 6월 24-25일, 일본 리츠메이칸(立命館)대학이 주최한 국제학술심포지움, "동북아시아시대와 현대 한국・일본"에서 "탈북난민 문제의 탈정치화"란 제목으로 발표하였다. 발표장에서 활발한 토론과 질문을 해주신 분들과 초고를 읽고 귀중한 의견을 주신 분들께 감사드린다.

의 접촉과 연계, 상호작용을 통해 나타나는 것이다(Wilson, 2004: 238).

오늘날 국제사회가 각각의 고유한 문화와 정신을 상호 인정하고 연대하는 다문화주의(multi-culturalism)의 이상을 실현하고자 애쓰고 있음에도 불구하고, 인권문제만은 서구식 인권개념을 인류 보편의 가치로 상정하고 모든 국가에 획일적으로 적용하려는 인권정치 전략은 다양한 측면에서 비판되고 있다(신은희, 2005). 미국은 2004년 7월 '북한인권법(North Korean Human Right Act)'을 상하양원이 만장일치로 통과시킴으로써 북한의 인권문제와 그 체제를 벗어난 난민들의 인권에 대한 정치적 대응을 공식화하였다.

이 글은 특히 동북아시아의 복잡한 국제관계 속에서 심각한 인권유린 상황에 놓여있는 '탈북난민'[1]의 인권문제에 주목하여 우선 이 문제의 정치적 이용의 위험성을 경계하고 이들의 인권을 실질적으로 증진시킬 수 있는 탈정치적인 국제적 협력방안을 도출해 보고자 한다. 이 논문은 중국에 체류하는 탈북난민에 대한 세 차례의 인류학적 현장연구(1999년 7월, 1999년 12월, 2004년 7월)와 남한 입국 탈북 이주민들과의 만남과 적응교육 과정(2001년 2월~2005년 5월)에서 경험한 연구자의 문제의식을 바탕으로 한 것이다.

2. 탈북난민 문제의 원인과 특성

1) 탈북난민 문제의 원인과 규모

탈북난민 문제의 가장 직접적인 원인은 1995년부터 오늘날까지 계속되는 북한의 장기적 기근과 식량부족 때문이다. 북한의 기근은 1995년과 1996년의 천재지변으로 외부세계에 가시화 되었지만, 보다 근본적으로는 사회주의권 국제경제체제의 붕괴로부터 시작되었다. 1989년까지 사회주의 국가들에 공산품을 수출하고 식량과 에너지를 수입해온 북한이 더

1) 이 논문에서는 비합법적으로 북한을 떠나 중국에 체류하는 북한주민들을 '탈북난민'으로, 중국 내의 외국공관에 들어가 망명을 신청한 사람들을 '탈북 망명자'로, 남한에 도착하여 대한민국의 국민으로 된 사람들을 '탈북 이주민'으로 지칭하였다. 그 중 '탈북난민'이라는 용어는 법적인 측면보다는 상황적인 현실을 반영한 것이다. '난민의 지위에 대한 협약(UNHCR, 2005)'의 1조 2항이 규정한 '난민'은 "인종, 종교, 국적, 특정사회집단의 구성원 신분 또는 정치적 의견을 이유로 박해를 받을 우려가 있다는 충분한 근거가 있는 공포로 인하여, 자신의 국적국 밖에 있는 자로서, 국적국의 보호를 받을 수 없거나, 또는 그러한 공포로 인하여 국적국의 보호를 받는 것을 원하지 아니하는 자 또는 그러한 사건의 결과로 인하여 종전의 상주국 밖에 있는 무국적자로서, 상주국에 돌아 갈 수 없거나, 또는 그러한 공포로 인하여 상주국으로 돌아가는 것을 원하지 아니하는 자."로 규정하고 있다. 현재 이들은 상주국에서의 박해여부를 중요한 기준으로 삼고 있는 국제법상의 '난민(refugee)' 규정을 엄밀하게 적용할 수 있는 절차조차 밟지 못하고 있다. 특히 체류국인 중국은 UNHCR이 이들에 대해 접근하는 것을 막으면서 단순한 '월경자(border-crossers)' 또는 '불법체류자(illegal migrants)'로 간주하여 체포하고, 국적국인 북한으로 송환하고 있다. 국제적으로 비난과 압력을 받고 있지만 이는 중국만의 문제는 아니다. 미국도 쿠바에서 뗏목난민이 일정 수 이상 들어오자 그들을 탈출 동기나 처벌 가능성 여부와 관계없이 일괄 돌려보낸바 있고, 한국정부도 버마 민주화운동가에 대한 난민 지위를 인정하지 않은 바 있다. 체류국 정부의 정치적 판단이 아직까지도 국제법적 정의에 우선하는 현실이다. 그럼에도 불구하고 이 글에서는 북한 체제가 월경행위를 정치적인 배신행위로 여겨 처벌하고 있고 그에 대한 공포가 실재하는 현실을 고려하여 이들을 '탈북난민'으로 지칭하였다.

이상 사회주의 '형제국 간의 물물교환' 방식에 의지할 수 없게 된 것이다. 미국과의 대립으로 세계무역체제로부터의 소외된 가운데 국제적 신용결제능력도 없고 외환 보유도 없는 상태에서 '식량획득권(food entitlement)'이 현저하게 감소되었다. 1994년에 중국 접경지역인 함경도부터 식량배급이 중단되기 시작하여 평양을 제외한 모든 지역에서 식량배급제도가 붕괴하였다.

사회주의 경제체제의 근간인 식량배급제도가 흔들리자 의료, 복지, 교육 등 사회체제의 전면적 마비 상태에 빠지게 되었다. 외부세계의 시선이 집중되는 평양만이 최소한도로 작동되는 모습을 유지했을 뿐이다. 생존을 위해 움직이기 시작한 사람들로 인해 사회통제 기능도 약화되어 인구의 이동을 막을 수 없게 되었다(정병호, 2004). 기근으로 고통 받던 북한 사람들이 생존을 위해 1995년부터 조-중국경을 넘기 시작해서 1999년까지 그 수가 기하급수적으로 증가하다가 중국 당국의 단속이 강화되고 북한 경제가 최악의 상황을 벗어나기 시작한 2001년경부터는 점차 감소하는 추세이다.

중국체류 탈북난민의 규모에 대해서는 다양한 의견이 엇갈리고 있다. 실제로 정확한 추정은 불가능한 상황이다. 중국정부는 1만명 수준으로 그 규모를 축소해서 보고 있으나 현지에서 구호활동을 하며 대규모의 실태조사를 한 남한의 NGO인 '좋은벗들'은 1999년에 최대 30만명 정도로 추산한바 있다. 2001년부터 베이징 외국공관 등으로 탈북자들이 진입하는 '기획망명'사건이 발생하면서 중국공안 당국이 전면적인 색출과 강제송환을 하여 중국체류 탈북난민들의 수는 급격히 줄어들었다. 2005년 2월에 미국 국무부가 미 의회에 제출한 자료에는 대략 3만에서 5만명 정도로 추산하고 있다(Charny, 2005: 6).

2) 탈북난민의 유인조건

기근 때문에 많은 북한사람들이 숨어 들어온 조-중 접경지역은 1백만 이상의 중국 조선족들이 집단적으로 거주하는 곳이다. 최근 중국 경제의 비약적 활성화로 풍요로워진 이 지역은 기근으로 헐벗은 북한과 좁은 강 하나를 사이에 두고 있다. 특히, 두만강은 겨울에 얼어붙으면 몇 분 안에 뛰어 건널 수 있다. 일제시대까지도 하나의 생활권역이었던 이 곳에는 아직도 서로 기억하는 친척들이 살고 있고 말도 통한다. 중국의 대약진운동으로 인한 기근(1959~61)과 문화혁명으로 인한 정치적 탄압을 피해 중국 조선족들이 북한으로 넘어가서 구호를 받기도 했다. 남한의 일부 우익적 민족주의자들은 이 지역을 다시 회복해야 할 영토라고 주장하고 있다. 중국 정부가 탈북난민 문제를 단순한 인도적 차원의 문제가 아니라 변경 소수민족문제와 결합된 안보적 차원의 문제로 여기면서 UNHCR을 포함한 국제기구의 개입을 막고 있는 것도 이 때문이다.

남한 자본과 관광객도 이 지역으로 많이 가고 있다. 동시에 20여만 명에 달하는 중국

조선족들이 노동력이 부족한 남한에 와서 이주노동자로 일하고 있다. 인구학적으로 보면 그 공백을 탈북난민들이 메우고 있는 상황이다. 특히 조선족 농촌 마을의 여성들이 중국의 대도시로 진출한 남한 기업에 취업하기 위해 떠나고, 남한으로 결혼하거나 일하러 가버려서 농촌지역 미혼자들의 성비 격차가 극심해 졌다. 모자라는 농촌 지역의 노동력으로서, 또는 배우자로서 북한 여성들에 대한 강력한 유인 압력이 작동하고 있다. 이러한 국제적 노동수요의 연쇄적 유인 작용 때문에 북한의 기근이 최악의 상태를 벗어난 상황에서도 이 지역으로의 인구유입은 계속되었다. 그러나 불법체류자로서 강제 송환의 대상인 이들에 대한 아무런 법적 보호장치가 없는 상황에서 강제결혼과 인신매매, 노동력 착취 등 다양한 인권유린이 자행되고 있다(Chung, 2003).

3) 탈북난민의 구호와 선교

바로 이 지역에서 주로 남한과 재미한인 교회들의 지원을 받는 기독교 선교사들이 이들 탈북난민들의 구호활동에 직간접적으로 참여하고 있다. 중국 공안당국의 눈을 피해 적어도 백여 개소 이상의 비밀시설을 설치하여 이들을 보호하고 있다. 문제는 절박한 상황에 놓인 난민들에 대한 구호가 선교와 함께 이루어지고 있다는 점이다. 이러한 선교의 효과는 한국에 입국하는 탈북이주민들의 88%(개신교 86.5%, 천주교 1.5%: 전우택 외 2003)가 기독교 신자라고 하는 사실로 나타난다. 오늘날 거의 대부분의 북한 주민들이 종교가 없다는 사실을 감안하면, 상식적으로는 이해하기 어려운 일이다. 그러나 탈북난민들의 참혹한 인권 상황을 세상에 알리고 그들에 대한 실질적인 지원을 대규모로 하고 있는 집단은 그나마 한국의 기독교계 밖에 없었던 것도 사실이다.

중국의 한 비밀 보호소에서의 삶

2004년 7월, 중국 연길시의 평범한 6층 건물 맨 위층 20여평 넓이의 아파트에서 8명의 소년과 1명의 소녀가 살고 있었다. 바로 이웃에서도 잘 알 수 없을 만큼 늘 조용했다. 회령에서 온 현이라는 19살 소년은 이 곳에서 5년간 있었다. 1999년 1월 북한의 기근이 가장 심각할 때 두만강을 건너 연길시 주변을 헤매고 다니다가 이곳에 들어오게 되었다.

이 곳에 사는 아이들은 매일 새벽 4시 반에 기상해서 아침 일과를 시작한다. 1시간 30분 동안 '새벽기도'를 하는 것이다. 6시가 되면 아침을 먹고, 청소를 하고, 잠깐 쉰 뒤에 3시간 동안 '아침성경공부'를 한다. 점심을 먹고, 오후에 다시 성경공부를 계속한다. 가끔 중국에서 생존하기 위해 중국어 공부를 하지만 이 아파트 안에서만 생활하고 있는 이들이 실제로 그 말을 연습할 기회는 거의 없다. 저녁을 먹고 나면 '저녁기도' 시간이 시작되고 매일 암송해야 할 성경구절들을 잘 외웠는지 시험을 본다. 대략 3시간 정도 걸린다. 9시 반에는 잠자리에 든다.

지난 5년 동안 현이는 이곳에서 성경공부를 했다. 신약과 구약 성서를 모두 40번이 넘게 읽었다고 한다. 매일 한 장씩 성서를 필사했고, 매일 한 절씩 암송해서 적어도 천 구절 이상은 외울 수 있다고 한다. 간단한 산수 문제를 풀게 해보니 두 자리 수 이상은 덧셈을 못했다. 현이는 지난해 가을 저녁 근처 공원에서 몰래 잠깐 해 보았던 축구공 놀이를 즐겁게 기억했다. 9개월 전의 일이다. 아파트 밖에 나가 본 것은 그게 마지막이었다.

그 보호소는 미국과 남한의 기독교회의 지원을 받아 한 중국 조선족 선교사가 운영하고 있다. 한 아이 당 매월 $30의 생활비와 아파트 월세와 난방비등의 관리비는 별도로 받고 있다. 그는 성경책이나 기독교 신앙과 관련된 책 이외에는 받지 않겠다고 했다. 그곳에 있는 북한 아이들을 혼란스럽게 하기 때문이라는 것이다. 현이는 장래 희망이 선교사라고 했다. 하나님을 모르는 북조선 사람들을 구원하고 싶다는 것이다. 싱긋 웃으며 "행복하다"고 했다.

중국에 체류하는 탈북 식량난민들에 대한 구호와 선교 방식은 같은 기독교 안에서도 교파에 따라 큰 차이가 있다. 위와 같은 비밀 보호소의 생활방식에 대해서는 교계 내부에서도 우려하는 시각이 있다. 이런 곳에서 종교적 신념으로 '보호'하고자 인권은 청소년의 발달을 중시하는 관점에서 보면 또 다른 형태의 '감금'이 될 수도 있다. 성장기 아동들을 감옥에서보다 더 제한된 인간관계와 편향된 지식, 정보와 경험 속에서 장기간 지내도록 하는 것은 다양한 발달상의 문제를 남긴다. 더욱이 절대적 의존관계 속에서 늘 재확인하고 때로는 극단적으로 조장되기도 하는 비밀보호소 바깥 세상에 대한 '일상적 공포'[2]는 체포와 강제귀환의 현실적인 위험성을 감안하더라도 그러한 상황자체가 장기화되면 더욱 회복하기 어려운 심리적 상처로 남을 수 있다. '지옥' 같다고 하는 북한에서조차 가능했던 사회문화적 경험과 발달 가능성이 결핍된 환경이라고 볼 수 있다.

물론 근본적인 문제는 이들을 '난민'으로 인정하지 않고 이 아동들을 위한 '국제아동권리협약'상의 최소한의 생존권과 교육권을 보장하지 않고 있는 중국 정부의 무차별 체포-송환 정책이다. 더욱 근원적으로는 이들이 무한한 '공포'로 느끼고 있는 북한 당국의 처벌이다. 그러나 이 두 국가권력은 이 문제를 '인권' 문제라기보다는 국가안보상의 위협으로 여기고 대응하고 있다. 탈북난민들의 인권을 실질적으로 보호하기 위해서는 이 두 국가의 태도 변화가 필수적이다. 국제사회의 비난과 위협이 효과적인가 협상과 긴장완화가 병행되어야하는가 논란이 많다. 그러나 현재 최소한의 인권보호 장치도 없는 상황에서 이러한 '인권유린'의 현실 속으로 북한 주민을 유인하는 것은 더욱 폭넓은 '인권문제'를 만드는 일이다.

북한 선교를 목표로 많은 자금과 인력을 동원하고 있는 일부 보수교단들의 중국에서의 선교전략은 전투적이라고 할 만큼 적극적이다. "중국안의 여러 곳의 비밀신학교와 비밀고아원에서 선교특공대를 훈련시켜서 북한에 들어가 1만 지하교회를 건설하도록 하겠다"[3]거

[2] 탈북난민들이 일상적으로 경험하는 '공포'와 '공포의 문화'에 대한 논의는 Jang(2003) 참조.

나 "'꽃제비(유랑하며 구걸하는 아이)'들 중에서 신앙심이 투철해진 아이들에게 십자가와 성경책을 감추고 북한에 들어가도록 해서 북한 땅에 신앙의 씨앗을 뿌리고 있다"[4]는 이야기를 공개적으로 할 정도이다. 북한 당국은 기독교 선교를 체제 안보적 차원에서 가장 경계하고 있다. 이 상황에서 중국 정부는 접경지역의 탈북난민들을 단순한 '월경자'나 '불법체류자'라기 보다는 잠재적으로 국가안보를 위협할 수 있는 존재로 여기고 있다. 다양한 주류 인권단체들도 이러한 복음주의자들의 선교열과 강경한 전략에 대해 경계하는 입장을 유지하고 있다(Feffer, 2005: 55).

4) 남한 입국과정과 남한 생활

탈북난민들의 남한 입국과정은 대략 (1) "서울행 지하철도", (2) '기획망명', (3) 직행편의 3가지 방법이 있다. 이른바 "서울행 지하철도"[5]는 남북전쟁 시기에 미국 남부의 흑인 노예들을 북쪽의 자유주로 몰래 밀수했던 조직적인 '지하철도(Underground Railway)' 운동의 이름에서 따온 말로 중국에 있는 탈북난민들을 몽골, 베트남, 캄보디아, 라오스, 미얀마, 태국 등을 통해 남한으로 데려오는 길을 말한다. '기획망명'은 탈북자들이 한국, 일본, 미국의 북한인권 관련 단체들의 기획과 후원으로 주로 중국주재 외국기관(대사관, 영사관, 학교 등)에 진입하여 망명자 자격으로 한국에 들어오는 경우이다. 이에 더하여 6.5% 정도는 가짜 여권 등을 이용하여 중국-서울 직항 항공편으로 입국하고, 0.5%정도가 휴전선을 넘어서 직접 왔다(통일부, 2005).

남한 입국 탈북이주민은 1993년 이전까지는 매년 10명 이내였던 것이, 1994-96년에 매년 40-50명 수준이 되었고, 1997-98년에 70-80명, 1999년부터 기하급수적으로 증가하여 2005년 10월까지 총 7,350여명 수준의 이주민 소수자 집단이 되어가고 있다(통일부, 2005). 증가 폭은 크지만 중국 체류 난민의 수에 비하면 아직도 극히 일부만이 남한까지 오고 있다.

특징적인 변화는 남자들만 혼자 들어오던 초기에 비해 가족입국이 꾸준히 늘고 있고, 2001년에 남녀 비율이 같아진 후 2004년에는 여성이 70%가 되었다. 20세 이하의 아동과 청소년 비율도 늘어서 20%까지 되었다. 그러나 초중등학교 중도 탈락자가 14%, 고등학교에는 아예 못가는 청소년이 반수 이상이 되고(정진경, 정병호, 양계민, 2004) 성인의 경우도 많은 사람들이 남한사회에 정착하는데 어려움을 겪으면서 실업률이 약 40%에 달하고, 90%

---

3) 한국기독교총연합회, 1998년 모금 팜프렛.

4) 중국 연길의 한 전도사와 인터뷰, 1999년 12월, 연길

5) 이 일에는 현재 60개 이상의 단체와 개인 활동가와 수천의 후원자가 이미 간여하고 있다. 기독교 선교단체와 불교 활동가 집단, 여러 나라의 합법·비합법 선교사들, 밀수꾼, 브로커, 매수된 경찰, 국경경비원, 버마의 마약 밀매꾼과 반군, 남한의 우익 정치인과 최소한 9개국 이상의 외교관들까지 개입된 일이 되었다(Newsweek, March 5, 2001). 그 과정에 대해서는 "Seoul Train(서울기차, 2005)"이라는 영상 다큐멘터리로 만들어져 국제사회에 폭 넓게 알려진 바 있다.

이상이 사회복지대상자로 살고 있다(통일부, 2005).

남한사회에 오면 즉각적으로 풍요로운 삶을 누릴 수 있을 것이라는 환상은 자본주의적 경쟁과 차별적 현실 속에서 쉽게 깨어지고 심각한 좌절과 부적응으로 이어진다(정병호 2004). 가난한 난민들을 부자 나라로 구출해 와서 '우리'처럼 잘 살게 해주겠다는 허황된 약속을 하거나, 냉전시대의 '귀순용사'처럼 추앙하거나, 악의 소굴에서 세뇌된 사람들을 선한 기독교인으로 만들겠다고 하는 일방적이고 자문화중심적인 구호활동은 또 다른 차원의 인권문제를 발생시킬 수 있다.

3. 탈북난민 문제의 정치화

1) 탈북난민 문제의 정치적 성격과 '기획망명'

현재 탈북자 문제는 세계에서 가장 정치화된 난민문제가 되었다. 수적으로 볼 때 한국에 도착한 탈북난민은 휴전 이후 50년 동안 모두 7천여 명에 불과한 소수의 이주집단 문제이다. 약 5만명 정도로 추정되는 중국 등 제3국 체류 탈북난민을 포함해도 오늘날 세계적으로 모두 1천7백만에 달한다고 하는 국제적 난민문제(UNHCR, 2004) 중에서는 상대적으로 소규모 난민문제에 속한다.

그러나 탈북난민은 극적인 사연이 많은 난민들이고 그만큼 정치적으로도 주목받고 있다. 아직 국제사회에서 공식적으로 난민으로 인정받지 못하고 있지만, 세계에서 가장 폐쇄적인 사회를 탈출해서, 처벌에 대한 공포와 인신매매를 포함한 참혹한 인권유린 상황을 벗어나려고 국제기구나 외국대사관 담을 넘고, 여러 나라 국경을 넘어 수천Km의 기나긴 탈출로를 통해 한국까지 오고 있다. 이들은 탈냉전 시대에 아직도 분단의 틈새에서 고통 받고 있는 동아시아 대륙의 '보트피플'이다(정병호, 2001). 이 문제의 인도주의적 해결은 국제적으로나 민족적으로나 시급한 과제이다.

탈북난민문제는 의외로 멀리 떨어진 미국에서 북핵문제와 더불어 뜨거운 관심사가 되었다. 이들에 대한 큼직한 기사와 칼럼이 주요 언론에 수시로 실리고, 워싱턴의 미국 상하원 청문회의 주요 주제로도 자주 등장한다. 미국 의회에 '북한자유법안(North Korean Freedom Act)'이 상정되었을 때, 월스트리트저널은 탈북난민 구호의 선봉에 선 사람으로 독일의사 플레첸을 소개하며 그의 기고문을 실었다. 요약 소개하면 다음과 같다.

> "핵을 없애는 유일한 길은 김정일을 없애는 것이다. 그렇게 하기 위한 최선의 길은 동독에서처럼 난민의 홍수로 시작된 북한 체제의 내부붕괴를 일으키는 일이다. … 그런 난민의

> 홍수를 일으키기 위해서는 우리가 무엇보다도 먼저 일반 북한사람들에게 바깥세상에 대해 알려 주어야만 한다. … 그래서 풍선에 라디오를 달아 보내는 우리 프로젝트 같은 일이 아주 효능이 있다. 그 일을 남한에 있는 김정일의 친구들이 방해하고 있다. … 서울이 북한 자유화의 진정한 외부적 장애임이 증명되었다. … 진실은, 남한이 북한의 공작원들에 침투 당했(기 때문이다.) … 남한에는 6,000명에 달하는 북한에서 온 비밀 공작원들이 남한 지배층(정부, 언론 등 모든 기관) 안에서 작동하고 있다. … 지금까지 나는 북한 안의 인권침해와 그곳의 정권 교체의 필요성만을 이야기했지만, 이제부터는 남한 정권의 인권침해에 대해서, 더불어 지금 정권교체까지도 이야기할 때인 듯 하다. … (Norbert Vollertsen, "South Korea's Spoilers" Wall Street Journal, Aug. 28, 2003)"

플레첸이 남한에 있는 "김정일의 친구들"의 방해를 받으며 북으로 보내려 했다는 단파 라디오는 600개에 불과했다. 더욱이 이 방법은 새로운 것이 아니라 냉전시대에 남북한 정부가 수십 년 동안 서로 수도 없이 보냈지만 실효성이 별로 없었던 체제 선전사업 중 하나일 뿐이었다. 같은 신문에 실린 익명의 탈북자의 기고문도 역시 대량 탈북을 조장해서 동독에서처럼 체제붕괴를 유도해야 한다고 강조하였다.

> "남한과 미국이 수천의 나 같은 이탈(자)을 조장하여야 할 때는 왔다. … (중략) … 그 같은 대량 이탈은 북한 밖의 안전항구(safe harbor)에 대한 합리적인 전망이 있을 때 발생할 것이다. 동시에 서울이 (북쪽)동포들에게 자유를 주는 것은 돈이 많이들 것이라는 이유로 그들을 노예가 되도록 하는 야만적인 '햇볕정책'을 끝내야만 한다. 간단히 말해, … 대량 이탈을 조장하는 것은 동독 사람들이 헝가리를 거쳐 오스트리아로 탈출했을 때 총 한방 쏘지 않고 소련이 붕괴한 것 같은 일이 북한에서도 되풀이 되도록 할 것이다. (Bok Ku Lee, "A Defector's Story" Wall Street Journal, June 5, 2003)"

미국에 널리 알려진 이러한 주장들은 비교적 단순한 논리에 근거하고 있다. 목적은 북한 체제붕괴, 수단은 대량 탈북유도, 방법은 플레첸 등이 주도하는 '북한인권' 관련 NGO 단체들의 '기획망명(Planned Exile)', '보트피플(Boat People Project)', 미국 허드슨연구소가 기획하는 '안전항구(Safe Harbor Project)'같은 난민촌 건설, 중국에서의 탈북난민 선교, 휴전선 너머 라디오 보내기, 서울에서의 데모와 워싱턴에서의 정치적 캠페인 등이고, 상정하고 있는 이미지는 1989년에 발생한 동독 사람들의 대량탈출 사건이다. 그러나 이들은 100만이 넘는 '보트피플'을 내보내고도 체제를 유지하며 개혁을 추진한 베트남이나 일시에 수만 명에 달하는 '뗏목난민(balseros)'[6]이 발생했어도 이를 반대자들을 내보내는 일종의 체제 안정장치

---

6) 미국 해안에 도착한 모든 쿠바인들을 이민자로 받아들인다는 법안(1966 Cuban Adjustment Act)과 대량 탈출자들을 미국이 받아줄 것이라는 루머를 믿고, 1994년 8월 5월부터 9월 9일까지 수만 명의 쿠바인들이 뗏목을 타고 미국으로 떠난 '난민사태(the Balsero Crisis)'이다. 초기 3주간에 20,300명, 그리고 이후 9월초까지 11,060명이 더 해상에서 미국 해안경비선에 의해 구조되었지만, 그 수를 알 수 없는 많은 사람들이 바다에서 희생되었다. 카스트로는 범죄자와

(safe-valve)로 이용했던 쿠바의 사례는 언급하지 않고 있다.

실제로 2001년부터 이들이 추진한 '기획망명'[7]은 중국내의 외국공관 등에 극적으로 진입하는 과정을 영상을 통해 언론에 공개하면서 국제사회의 주목을 받았다. 그러나 그와 동시에 중국에 은신하고 있는 다른 탈북난민들의 인권은 더욱 심각하게 위협을 받게 되었다. 중국 공안의 단속이 강화되어 그 이전에 어느 정도 용인되던 최소한의 생존활동도 어려워졌고, 많은 사람들이 체포되어 북한으로 송환되었다. 당시 20여만으로 추정되던 중국에 은신하고 있는 탈북난민의 수는 3년 만에 5만명 이내로 줄어들었다. 이는 북한의 식량사정이 나아진 점에도 기인하지만 중국에 은신하고 있는 탈북난민들은 "소수의 기획망명 때문에 다수가 희생된 결과"[8]로 인식하고 있다.

탈북난민 문제를 정치화하고 있는 사람들의 인권의식의 문제점을 상징적으로 보여주는 것은 해상 탈출을 시도하여 대량의 '보트피플'을 유발하자는 계획이다.[9] 경험 없는 사람들이 미비한 장비로 해상탈출을 기도하는 것은 탈출과정의 희생 가능성이 크고 치명적이기 때문에 그것이 하나의 현상으로 나타난다 하더라도 억제하도록 하는 방안을 강구하는 것이 국제적 난민구호의 상식이다. 그러나 그 후로도 이들은 공해상에 배를 대고 북한과 중국으로부터 '보트피플'을 유발하고 구호하는 '보트피플 프로젝트'를 계속하겠다고 공언하고 있다.[10]

이들이 주장하는 '난민촌' 계획도 비현실적이고 실효성이 없다. 중국을 벗어난 탈북난민들은 남한으로 올 수 있다. 별도의 난민촌이 필요한 상황이 아니다. 이미 남한이 최종적인 '안전항구'로서 역할을 하고 있는 것이다. 언어도 통하지 않고 다른 사회적인 가능성도 없는 곳에서 수용된 생활을 하도록 하는 것이 인권보호는 아니다. 문제는 중국의 주권이 미치는 지역에 '난민촌'을 세울 수 있겠는가 하는 점이다. '난민촌', 즉, 긴급구호를 위한 집단 거주지역의 설정은 그 자체로서 정치적으로 복잡한 문제와 갈등을 유발시킨다. 다양한 계층의 다양한 미래를 꿈꾸고 모색하는 사람들을 수용하는 것은 그야말로 비상시의 일시적 구호방안에 속한다. 장기화될수록 그 내부에서 심각한 문제를 발생시킨다(진성원, 2002). 이는 중국 당국이 절대로 받아들일 수 없는 정치적 주장에 불과하다. 문제는 극도로 편향되

정신질환자들까지 미국으로 갈 수 있도록 하였고, 이후 미국은 모든 뗏목난민을 해상에서 나포하여 쿠바로 되돌려 보냈다(Bardach, 2002; Baker, 2004).

7) 2001년에 7명의 가족이 베이징의 UNHCR 사무실로 들어가 한국까지 오는데 성공한 최초의 '기획망명'은 '장길수사건'이란 이름으로 알려졌다. 이후 베이징의 각국 대사관과 심양의 일본영사관 진입, 독일학교 진입 등으로 2004년까지 그 폭과 규모가 커졌으나, 중국 당국의 경계가 강화되어 최근에는 비교적 자주 시도되지 못하는 편이다.

8) 탈북난민(남, 43세) 인터뷰, 2004년 7월 9일(중국, 연길시). 남한에 도착해서 하나원에서 교육받고 있던 탈북난민들 사이에서도 이 문제는 심각한 긴장과 갈등을 불러일으키고 있다. '기획망명자'들이 매스컴의 주목을 받으며 영웅시되는 바깥 사회의 분위기와는 달리 내부에서는 그로인한 단속강화로 체포되어 북으로 송환된 가족이 있는 사람들이 이들을 백안시하고 싸운 경우도 있다.

9) 2003년 3월에 4개국 21개 단체가 후원해서 2척의 배로 60명의 '보트피플'을 중국에서 한국으로 밀수하려던 계획은 중국공안의 사전 단속으로 실패하였다(Becker, San Fransisco Chronicle, Feb. 15, 2003).

10) 평화문제연구소 편집부, "왜 탈북 보트피플인가?" 통일한국, 2003년 3월호

고 비현실적인 이들의 주장이 미국 언론에 대서특필되고 미국 정계의 주목을 받는다는 점이다.

2) 탈북난민 문제와 미국의 '북한인권법'

미국의 상하양원은 2004년 7월 만장일치로 '북한인권법안(North Korean Human Rights Act of 2004)'을 통과 시켰다. 그 내용에는 북한 내부의 인권문제를 개선하고 탈북난민을 지원하기 위해 1) '자유 아시아 방송(Radio Free Asia)'과 '미국의 소리(Voice of America)'를 통한 대북 방송 시간 증가, 2) 라디오를 북으로 보내는 데 200만불, 3) 탈북난민을 지원하는 민간단체들에 매년 2,000만불씩 4년간 지원한다는 것 등이 포함되어 있다.

이에 대해 남한의 진보적 시민단체와 전문가들은 "미국이 북에 대해 이야기하는 '인권'은 정치적 명분이나 공격의 수단이 되고 있다"고 심각한 우려를 표명했다(민족21, 2004년 9월호). 즉, 처음에는 개인의 (정치적, 종교적)자유를 절대가치로 보는 '인권' 의식에 바탕을 둔 정치적 공세에 불과한 듯해도 다음 단계로 다양한 방식의 경제적 제제나 군사적 개입의 발판이 될 수 있는 법안이라는 것이다. 서구중심적 '인권' 개념으로 북한 주민의 '생존권(the right to live)' 자체를 위협하는 일방적 정책들은 한국뿐만 아니라 동북아시아 전체의 평화와 인권에 위협이 된다는 것이다.

> "워싱턴 사람들은 자기들이 안다고 생각한다. 그러나 그들이 실제로 다루는 것은 세상에 대한 편견과 고정관념에 바탕을 둔 이념적으로 만들어진 아주 제한된 숫자의 '이야기'들이다. … 남한은 지난 50년 동안 어려운 상황을 겪어 왔다. 이들은 누구보다도 이 문제를 잘 알고 있다. 남한의 공포는 북한 체제가 무너지는 것이다. 이런 공포는 중국과 일본도 함께 하고 있다. 그들은 (북한이)무정부 상태가 되어 수백만의 배고프고 절박한 난민이 발생할 가능성을 본다. 그런 상황 속의 '통일' 전망은 진정 끔찍하다. … 남한은 북한 체제와 경제가 자유화되기를 바란다. 그러나 그것이 그 체제에 대한 압박을 줄임과 동시에 개혁에 대한 인센티브를 제공하는 국제적 맥락 속에서 점진적으로 이루어지기를 기대한다. … 그러나 이 상황을 컨트롤하는 것은 남한이나 인접 아시아 국가들이 아니다. 궁극적으로 워싱턴이 (이 상황을)컨트롤한다.(William Pfaff, "Korea: The Real Problem is the Fantasy in Washington" Herald Tribune, Oct. 10, 2003)"

현재 가장 심각한 인권유린 상황에 있는 탈북난민들의 인권 보호를 위해서도 이 법안은 실질적인 도움을 주지 못하고 오히려 폭넓은 위기 상황을 조성하고 있다. 이들 대부분이 중국에 체류하고 있는 한 그들의 인권은 거의 전적으로 중국정부의 손에 달려 있기 때문이다. 이들의 인권 보호를 위해 중국정부의 태도 변화를 요구하려면 이들이 안보상의 위협으로 느끼지 않도록 순수한 인도적 차원에서 접근하여야 한다. 이러한 문제에 대한 국제사회의 적대적인 언설과 정치적, 전략적 접근은 비현실적이고 역사적으로도 반작용만을 불러일으켰다(Seymour, 2005: 31).

미국의 난민문제 전문 민간단체인 'Refugees International'은 미국 국무성의 2005년도 보고서를 인용하며 "탈북난민들이 체류하고 있는 국가들은 자국 영토 안에서 미국 정부의 직접 자금지원을 받는 난민구호 활동에 반대한다"는 사실에 주목하여야 한다고 하였다. 또한 미국 정부의 공개적이고 공세적인 탈북난민 인권 정책이 오히려 중국당국의 경계심과 북한 정부의 위기의식을 자극해서 대대적인 단속과 국경 차단 등의 극단적인 탄압상황을 초래할 것임을 경고하였다. 현실적으로 불가능하고, 심각한 집단적 인권유린 상황을 조장할 가능성이 높은 '난민촌' 건설 계획은 아예 시도하지도 말 것을 아울러 권고하였다. 미국 정부가 진정 탈북난민의 인권을 보호할 의사가 있다면 차라리 보다 높은 수준의 진지한 비공식적인 대화를 통해 중국 정부를 안심시키고 태도 변화를 유도하여야 한다고 촉구하였다. 즉, 탈북난민 문제는 철저히 탈정치적으로 접근하여야 한다는 말이다.

4. 탈북난민 인권보호를 위한 국제적 해법

1) 중국 및 북한 당국과의 직접 협상의 필요성

미국의 '북한인권법'은 중국과 북한 정부가 탈북난민 문제를 무시하거나 부정할 수 없도록 하는 정치적 효과는 있었다. 그러나 "인권활동을 정권 붕괴와 연결시키는 것은 해결하고자 하는 문제(경제난, 난민속출, 폭력적 파벌 분쟁, 핵문제 등) 보다 더욱 심각한 인권문제를 창출할 가능성이 있다(Feffer, 2005: 68)." 이 법이 그대로 시행된다면, 탈북난민의 인권상황이 개선되기 보다는 이 문제를 안보적 차원의 문제로 받아들이게 될 북한과 중국 정부에 의해 더욱 심각한 인권유린 상황이 조성될 가능성이 크다. 일본마저 미국과 유사한 법안을 마련하고 이 문제에 정치적으로 개입하면 설사 북한의 핵문제가 극적으로 해결된다고 하여도 이른바 '인권' 문제로 인해 동북아시아 지역의 긴장과 갈등은 계속될 소지가 있다. 이 문제에 대한 미국의 일방적 개입을 견제하기 위해서라도 동북아시아의 관련 당사국들이 지금과 같은 소극적인 자세로 대응해서는 안 된다.

남한 정부가 지금보다 적극적으로 탈북난민 문제의 해결을 위한 국제적 합의를 이끌어내고 실질적인 인권보호 방안을 도출하여야 한다. 우선 이 문제 해결의 열쇠를 쥐고 있는 중국과 직접 협상하여야 할 것이다. 중국 정부가 탈북난민들은 체포하거나 강제로 송환하지 않도록 해야 한다는 Refugees International의 제안(Charny, 2005)은 대단히 시사적이다. Refugees

International이 2004년 조사한 65명 중 2명만이 정치적 이유로 탈북했다고 하였다. 조사 대상자 중 거의 모두가 체포와 강제송환의 공포만 없다면 중국에서 사는 것이 가장 좋다고 하였다. 문화적으로 적응하기에 (남한보다)쉽고, 북한의 고향과 가까워서 가족 중에 어려운 일이 생겼을 때 바로 대응할 수 있고, 친척들이 보고 싶을 때 돌아갈 수도 있고, 북한에 중요한 정치적 변화가 생기면 돌아갈 수도 있는 상태로 있고 싶다는 것이다. 남한이나 미국까지 감으로써 북한에서의 삶과 결정적으로 절연하기를 원하는 사람은 거의 없었다.

대다수의 탈북난민들이 중국에 체류하기를 바라는 상황에서 이 문제만 보장된다면 가장 획기적인 인권보호의 길이 열리는 것이다. 중국같이 큰 나라에서 5만 정도의 난민(중국정부 입장에서 보면, 불법체류자) 문제는 그것이 국제정치나 안보상의 문제를 촉발시키지 않는 한 해결 불가능한 과제는 아니다. 먼저 남한과 국제사회가 이 문제를 정치적으로 이용하지 않는다는 합의를 바탕으로 중국이 현재 체류하고 있는 북한 출신 '불법체류자(중국입장에서)'들에게 일시적 사면 조치를 하거나, 임시체류 자격을 주고 취업을 허가해 주도록 하면 당장 상당한 수준의 인권개선 효과가 있다.

이에 대한 사회경제적 부담을 중국에만 떠맡겨서는 안될 것이다. 남한에 이주한 탈북이주자 지원사업에 2004년 한 해에만도 2,000억원(2억불)을 지출한 남한 정부가 먼저 일정 비용을 부담하고, 탈북난민을 위한 인도적 지원사업에 매년 2천만불씩 4년 동안 총 8천만 불을 지원하겠다고 법으로 천명한 미국 정부도 비용을 분담하도록 유도하는 것이 바람직하다. 현재 중국의 1인당 GNP 등을 고려해서 비용을 보완해 주는 방식으로 중국 정부에 경제적으로 보상해주는 것이 전제되어야 그러한 협상 자체가 시작될 수 있을 것이다.

탈북난민의 인권은 궁극적으로 남한과 북한이 직접 공식, 비공식 협상을 통해 해결해야 한다. 바로 동독의 사례에서 교훈을 얻을 수 있다. 1989년의 대량 탈출 이전에도 동독에서 서독으로 넘어오는 '탈출자'는 매년 4천 명에서 7천 명 정도 있었다. 브란트의 동방정책 이후 이들 불법적 '탈출자'들과는 별도로 그의 두세 배에 달하는 매년 8천에서 2만에 가까운 합법적 '이탈자'들을 공식협상과 비밀거래를 통해 서독으로 불러 들였다(Kaack, 2002). 이때 서독은 이들을 절대로 동독체제를 악선전하는 고발자나 증인으로 이용하지 않는다는 원칙을 지켰다. 또한 대량 탈출사태가 벌어졌을 때도 서독정부와 언론은 '동독붕괴'와 같은 위협적인 추측 개념을 언급하지 않았다. 냉전시대의 체제경쟁 차원에서 이 주제를 정치적으로 이용하면 그만큼 많은 사람들의 인권보호가 실질적으로 어려워지기 때문이다.

탈북난민 문제의 완벽한 해결은 불가능하다. 일시적 식량문제 이외에도 경제적 격차와 사회정치적 불만으로 인한 이탈자들은 계속 발생할 것이다. 상황변화에 따른 유연한 현실적 대응과 지속적 재협상이 필요하다. 이 과정에서 북한 자체가 동독처럼 이탈자 문제를 현실로 받아들이고 '일상적'으로 협상할 수 있도록 하여야 한다. 인권협상은 "상대를 '당근과 채찍'의 대상(object)인 '눈먼 당나귀'가 아니라 주체(subject)로서 보아야 가능하다. 궁극적으로 북한(지도부건, 국민이건, 혹은 '함께'이건) 자체가 어떻게 인권을 정의하고 어떻게 인권을 지키는 (새로운)규칙을 만들어 낼지 결정하여야 한다(Feffer, 2005: 69)." 남한과 외부의 다른 주체들은 그들이 이탈자를 포함한 주민 모두의 인권을 중시하고, 스스로 제도를 정비할 수 있도록 적절한 계기와 조건을 마련하고 기술적인 도움을 주어야 할 것이다.

2) 국제적으로 조정된 인도적 구호 프로젝트의 도출

탈북난민 문제는 본질적으로 국제정치적 문제이다. 남북한만이 아니라 미국, 일본, 중국, 그리고 탈출루트로 이용되는 몽골과 동남아시아 국가들, 그리고 UNHCR 등 국제기구가 함께 협력해서 풀어나가야 할 중장기적 과제인 것이다. 그래서 더더욱 순수한 인도주의적 목표를 가지고 '탈정치적'인 방법으로 접근해야 된다.

베트남의 보트피플 문제의 국제적 해결 경험은 바로 이러한 인도주의적 해결방식의 가능성을 가르쳐준다. UN을 비롯한 국제사회는 미국의 먼데일 부통령을 포함한 40개국 대표를 한자리에 모아 긴급구호 방안과 아울러 중장기적인 근본적 해결방안을 도출하기 위해 함께 노력하기로 합의하였다. 홍콩, 싱가포르, 말레이시아, 태국, 인도네시아, 필리핀 등 보트피플의 도착지인 동남아 국가들과 이들 난민을 이주민으로 받아들인 미국, 캐나다, 스웨덴 등의 서구국가들이 모두 참여하였다. 자국에 들어와 적응에 어려움을 겪고 있는 난민들에 대한 사회경제적 부담도 큰 문제였지만 탈출과정에서 발생하는 무수한 희생과 상처를 고려하여 어떤 상황에서도 절박한 탈출동기 자체를 줄여나가야 할 필요성에 공감한 것이다(Robinson, 1998).

국제사회는 바로 베트남 정부와 함께 장기적 국제협력 프로그램을 만들어서 궁극적으로 이 문제를 해결하였다. 초기의 "질서있는 출발 프로그램(Orderly Departure Program, 1979)"으로 시작하여, "포괄적 난민구호 행동계획(Comprehensive Plan of Action for Indo-Chinese Refugees, 1989)"이 마련되고, 1990년대에는 "질서있는 귀환 프로그램(Orderly Repatriation Program, 1990-95)"을 통해 7만 2천명의 난민을 베트남으로 돌려보냈다. 이때 베트남 정부는 이들은 처벌하지 않고 재교육도 시키지 않는다는 국제적 약속을 지켰고, 국제사회는 돌아가는 난민들에게 $290씩의 정착지원금을 주었다(Robinson, 1998). 이렇게 돌아간 이들은 베트남의 '도이모이(쇄신)' 정책과 맞물려서 비교적 '바깥물정을 아는' 사회 구성원들로서 경제 발전에 도움이 되는 존재로 여겨지게 되었다(최호림, 2004).

탈북난민들의 상당수는 최소한의 돈이 마련되고 북한 당국의 처벌이 없다면 가족들이 있는 고향으로 돌아가고자 하고 있다. 남한, 미국, 중국이 북한으로부터 되돌아가는 사람들에 대한 처벌과 재교육을 하지 않는다는 (베트남의 경우와 같은)보장을 받아내고, 또 북한 당국이 그 약속을 지키는 것이 확인된다면, 희망자에 한해 국제사회가 (북한의 1인당 GNP

를 고려하여)일정금액의 귀환금을 주어서 되돌아가 가족들과 재결합할 수 있도록 하는 "송환프로그램(Repatriation Program)"을 추진할 수도 있다.

한국에 도착한 탈북 이주민들은 약 $30,000 정도의 정착금을 받고 동반 가족은 1인당 $6,500을 추가로 받는다. 초기 3개월간 무료로 합숙하며 사회문화적응교육도 받는다. 이에 더하여 아파트 보증금, 취업지원금, 의료비, 교육비 등의 간접지원금을 합하면 1인당 총 $60,000 정도의 재정 지원을 받고 있다.[11] 국제 난민구호사업 중에서 그 예를 찾아보기 어려운 파격적인 물질적 지원을 받는 것이다. 그래도 맨몸의 탈북자들이 그 돈으로 남한사회에서 그들이 기대하는 수준의 생활을 할 수 있는지 논란이 많다.

중국에 있는 탈북자들 중 대다수는 남한까지 오는 완전 이주보다는 우선 최소한의 돈과 식량을 마련하여 돌아갈 생각으로 나온 사람들이다. 이들의 귀환을 막는 것은 처벌에 대한 공포와 돌아가서 자신의 삶을 정상화시킬 만한 최소한의 물질을 마련하지 못했기 때문이다. 이 두 가지 조건을 충족시키면 상당수의 재중 탈북자들은 귀환을 선택할 가능성이 있다. 바깥 사정을 몰라서가 아니라 사람에게는 가족과 사회관계와 익숙한 삶의 방식이 그만큼 중요하기 때문이다. 이러한 태도는 물론 미국의 '북한인권법'의 재정지원을 받은 '인권' 활동가들이 미국이나 남한에 가면 거액의 돈과 풍요로운 삶이 보장될 것이라는 기대를 북돋으면 변할 수도 있을 것이다(Charny, 2005: pp.15-16). 이들에게 다른 사회에 대한 허황된 기대와 환상을 주지 않도록 하는 신중한 구호활동이 필요하다.

다른 한편으로 이미 남한으로 간 가족과 재결합하고자 하거나 정치적인 이유에서 새로운 삶을 선택하는 사람들에게는 합리적인 망명과 이주의 길을 열어주어야 할 것이다. 이것을 체제의 위협으로 느끼지 않도록 북한과 중국을 설득하고 보장해주는 노력이 필요하다. 대부분 중국에 체류하고 있는 탈북난민의 인권을 실질적으로 보호하기 위해서는 무엇보다도 중국 정부가 이 문제에 대해 인도적으로 접근하도록 하여야 한다. 중국의 태도가 결정적이다.

이러한 다국간의 합의에 의한 적극적 인권문제 해결 경험은 동북아시아 지역의 갈등과 긴장을 합리적으로 해소해 나가는 실험적 작업이 될 것이다. 이를 통하여 서로간의 신뢰를 쌓을 수 있는 계기가 될 수도 있다. 탈북난민 문제는 그러한 문제해결을 재정적으로 시도해 볼 수 있을 만큼 아직 상대적으로 작은 규모의 난민 문제이다. 미국과 일본도 탈북난민들의 인권에 대한 진정한 관심이 있다면 이러한 '국제적으로 조정된(internationally coordinated)' 인도적 난민구호 계획에 참여하고 재정적으로 협력할 수 있을 것이다. 우선은 탈북난민 문제를 더 이상 정치적으로 도구화하지 않는 것만으로도 이 문제의 평화적 해결 방안을 모색할 수 있는 국제적 환경 조성에 도움을 줄 수 있다.

---

11) 2004년도까지 남한입국 탈북자의 정착지원금은 1인 기준, 정착지원금 28,363,000원에 주거지원금 7,540,000을 합하여 총 35,903,000원이었으나, 탈북자의 급격한 증가로 2005년 1월부터 정착지원금 1천만원(초기+2년 분할지원금 포함)과 주거지원금 1천만원을 합해 총 2천만원으로 축소되었고, 이를 보강하기 위해 별도로 직업훈련과 취업을 지원하는 정착장려금 1,540만원이 책정되었다(통일부, 2005, "새터민지원업무현황").

5. 결론 및 제언

생존 자체가 절대절명의 위기에 처하지 않는 한 '난민적' 삶은 자신이 익숙한 사회관계 속의 궁핍한 '일상적' 삶보다 결코 낫다고 할 수 없다. 북한의 식량위기는 주민들의 최소한의 생존을 보장하지 못하였고 그러한 교란된 '일상' 때문에 그들 중 일부는 처벌의 공포를 무릅쓰고 중국까지 왔다. 일단 중국에 온 북한 주민들은 국제적으로 '난민'으로 인정받지 못하고 중국 공안의 체포, 송환과 북한에서의 처벌의 공포 속에서 심각한 '인권유린'을 당하고 있다.

이들의 인권을 보다 근본적으로 보호하기 위해서는 국제적 환경 조성이 필요하다. 우선 절박한 난민의 발생 자체를 줄이기 위해서는 북한의 식량사정이 나아져야 하고 최소한의 사회제도(의료, 복지, 교육 등)가 제대로 작동되어야 한다. 둘째, 중국 정부가 이들을 국가안보의 위험요소나 국가 위신을 손상시키는 존재로 여겨서 체포하고 송환하지 않아야 한다. 셋째, 송환되더라도 북한 당국이 이들을 정치적 '배신자'나 체제 불안요소로 간주하여 감금하거나 처벌하지 않아야 한다. 현재 상황에서는 이러한 조건들이 실현될 수 있는 가능성이 아주 없거나 희박하다고 생각되고 있다. 그러나 그렇다고 하여 오히려 이러한 상황을 더욱 악화시켜 나가는 것을 탈북난민의 '인권'을 증진시키는 일이라고 정당화할 수는 없다. 진정한 인도주의적 인권보호 활동은 그 피해자들의 생존과 이해를 최우선으로 한 긴급구호와 아울러 그와 유사한 피해의 발생과 확산을 막도록 노력하는 일을 병행하여야 한다.

우선 대량 탈북을 유도하여 북한 체제를 붕괴시킨다는 환상을 버리고, 난민들을 정치적 도구로 이용하지 말아야 한다. 남과 북이 오랜 분단과 대조적인 근대화 과정을 통해 이미 두 개의 다른 '국민국가(nation-state)'로 진화한 현실을 받아들이고, 상호존중과 공존을 위해서 이제 서로 '다름'을 알고, 이해할 필요가 있다. 통일은 이제 한 순간의 정치적 '사건'이 아니라 장기간의 걸친 사회적 '과정'으로 준비하고 추진하여야 한다. 현재 이 과정의 가장 큰 장애는 북한의 핵문제와 인권문제이고 그중에서도 가장 극적으로 가시화되어 국제사회의 관심을 끄는 것은 탈북난민 문제이다. 다른 문제들에 대해서는 국제적 압력과 협상이 구체적으로 추진되고 있지만, 현재 심각한 인권유린 상황에 놓여있는 탈북난민 문제를 해결하기 위한 국제적 협상은 시도조차 되지 않은 채 그들의 아픈 현실만이 국제정치 담론으로 이용되고 있다.

피해자들의 인권보호를 최우선으로 하는 '인도적'이고 '탈정치적'인 국제적 해법이 시급히 마련되어야 한다. 남과 북, 중국 등 동북아시아의 관련 당사국들과 미국, 일본 등이 탈북난민 문제의 본질적 측면에 대한 이해를 공유하고, 그들의 인권을 실질적으로 증진시키는 방안을 함께 도출해 나가는 과정이 필요하다. 난민 발생을 촉발하거나 유인하는 요인을 근본적으로 줄이기 위해서는 북한사회가 보다 살만한 곳으로 변화할 수 있도록 돕는 인도적 지원사업과 경제협력 사업도 병행되어야 할 것이다. 이러한 실질적 인권신장을 위한 국제사회의 모색과 실천이 바로 동아시아의 긴장을 완화하고 평화적 공존 가능성을 높이는 출발점이 될 것이다.

참고문헌

나초스, 앤드류, 황재옥 옮김『북한의 기아: 기아와 정치 그리고 외교정책』(서울: 다홀미디어, 2003).

신은희, "북한의 인권문제와 통일다원주의" 민족통일학회 월례발표회 발표문(2004년 5월).

윤여상, 『재외탈북자』(서울: 열린포럼, 2001).

이신화, "재외 탈북자에 대한 국제사회의 보호: 현황과 과제," 『탈북자 문제 해결을 위한 공청회』 2002, 국가안보통일포럼 정책자료집 III, pp.51-72.

전우택 외, "탈북자들의 남한사회 적응생활 실태조사." 『통일연구』 2003; 7(1): 168-203

정병호, "분단의 틈새에서: 탈북난민의 삶과 인권," 『당대비평』제 16호, 2001년 가을호, pp.274-286.

______, "탈북 이주민들의 환상과 부적응: 남한사회의 인식혼란과 그 영향을 중심으로" 『비교문화연구』 제 10집 1호 2004년 서울대학교 비교문화연구소.

______, "북한 기근의 인류학적 연구" 『통일문제연구』 제 16권 1호, 2004년 상반기, 평화문제연구소

정진경, 정병호, 양계민, "탈북 청소년의 남한학교 적응,"『통일문제연구』 제 16권 2호, 2004년 하반기, 평화문제연구소

제성호, "해외탈북자의 법적 지위와 처리방향" 『서울국제법연구』2002; 9(1): 21-73, 서울국제법연구원.

진성원, "탈북 주민 국경 정착촌 설립, 해결책인가?" 한겨레 여론칼럼, 2002년 9월 9일.

좋은벗들, 『두만강을 건너온 사람들』(서울: 정토출판, 1999).

최호림, "베트남 난민의 정치: 탈북난민 문제와의 비교를 위한 함의." 『다가서는 남과 북, 만남과 공존의 모색』 2004, 한양대학교 민족학연구센터 학술심포지움 자료집.

Barach, Ann Louise, *Cuba Confidential.* (NY: Random House, 2002)

Baker, Christopher P., *Moon's Handbooks Cuba.* (NY: Avalon Travel Publishing Co., 2004)

Charny, Joel R., *Acts of Betrayal: The Challenge of Protecting North Koreans in China.* Refugees International, 2005.

Chung, Byung-Ho, "North Korean Famine and Relief Activities of the South Korean NGOs," *Food Problems in North Korea: Current Situation and Possible Solutions*(Seoul: OREUM Publishing House, 2003), pp.239-255.

______, "Living Dangerously in Two Worlds: The Risks and Tactics of North Korean Refugee Children in China," *Korea Journal*, 2003, Vol. 43, No. 3, pp.191-211.

Feffer, John, "북한의 인권문제: 다른 사안과의 연계여부(The Human Rights Question in North Korea)" Paper presented at the International Seminar on the North Korean Human Rights, 3 November 2005, Seoul: National Human Rights Commission of Korea.

Hans-Juergen Kaack, "독일로부터의 교훈: 서독의 동독 이주자 처리방안", *A New Phase of North Korean Refugees Issues. Problems and Solutions*, 2002, The 13th KIMS international conference. pp.78-93.

Jang Soo Hyun, "Living as Illegal Border-Crossers: Social Suffering of the North Korean Refugees in China," *Korea Journal*, 2003, Vol. 43, No. 3, pp.212-232.

Pak, Sunyoung, "The Growth Status of North Korean Refugee Children in China," *Korea Journal*, 2003, vol. 43, No. 3, pp.165-190.

Robinson, W. Courtland, *Terms of Refugee: The Indochinese Exodus and the International Response*, (London: Zed Books, 1998)

Sellars, Kristen, *The Rise and Rise of Human Rights*, (Sutton Publisher, 2002)

Seymour, James D., *China: Background Paper on the Situation of North Koreans in China.* Writenet Independent Analysis(Writenet Papers, January 2005)

Wilson, Richard Ashby, "Human Rights" Nugent D. and Joan Vincent eds. *A Comparison to the Anthropology of Politics*, (Blackwell Pubishing, 2004)

자료

민족21, "미 북한 인권법과 탈북" 2004년 9월호.

우리민족서로돕기 불교운동본부, 『국경지역난민보고서』(1월-2월, 3월), 1999년.

통일부, 『통일백서』 2005년.

통일부, "북한이탈주민 정착지원제도 현황" 2005년 1월.

통일부, "새터민지원업무현황" 2005년 9월.

평화문제연구소, "왜 탈북 보트피플인가?" 『통일한국』2003년 3월호.

한국기독교총연합회, "탈북자돕기 캠페인 팜프렛", 1997년

Lee, Bok Ku, "A Defector's Story" Wall Street Journal, June 5, 2003

Paterniti, Michael, "The Flight of the Fluttering Swallows," The New York Times Magazine, April. 27, 2003.

Pfaff, William "Korea: The Real Problem is the Fantasy in Washington" Herald Tribune, Oct. 10, 2003

UNHCR, Refugees by Numbers, 2004.

Vollertsen, Norbert, "South Korea's Spoilers" Wall Street Journal, Aug. 28, 2003

제4장

남한사람들의 신뢰와 수용*

양계민 중앙대 겸임교수, 심리학
정진경 충북대 교수, 심리학

1. 서 론

북한이탈주민의 수가 점차 증가하면서, 북한이탈주민과 남한사람들이 서로 만나서 상호작용을 하고 인간관계를 맺고 적응하며 살아가는 상황이 많이 벌어지고 있다. 북한이탈주민의 남한사회 적응에 중요한 요인 중 하나가 그들에 대한 남한사람들의 태도, 그리고 신뢰와 수용의 정도이다. 남한사람들이 북한이탈주민에 대한 편견이 심하다면 그들의 적응에 부정적인 영향을 미칠 것은 당연하고, 그들이 남한사회에 제대로 적응하지 못한다면 그것은 북한이탈주민의 문제인 동시에 남한사회의 문제가 될 것이다. 본 연구에서는 북한이탈주민과 접촉한 경험이 있는 다양한 남한사람들의 태도, 그리고 신뢰와 수용의 정도를 알아보고, 이에 영향을 미치는 개인적, 상황적 요인들을 밝혀내고자 했다.

현재 북한이탈주민의 적응에 관심을 가지고 일하고 있는 집단은 정부기관과 약간의 시민단체 및 교회 등이다. 그러나 북한이탈주민이 적응을 해야 하는 대상은 남한사회이며 남한주민이다. 따라서 이들의 성공적인 정착을 위해서는 정부의 지원정책과 서비스뿐 아니라 남한사회 전체의 수용적인 자세가 중요하다(윤여상, 2003). 그러나 전반적으로 남한사회는 북한이탈주민에게 별로 호의적인 태도를 가지고 있지 않다. 윤인진(1999)의 연구에 따르면, 북한이탈주민들이 남한사회에서 적응을 시도하다가 좌절하면서 느끼는 심리상태는 소외와 주변화다. 이들의 상당수는 자신들이 남한정부나 주민들로부터 무시당하고 홀대를 받고 있다고 느끼고, 이것은 정착시기가 길어질수록 증가하는 것으로 밝혀졌다. 남한주민들의 북한이탈주민에 대한 비판적이고 차별적인 인식으로는 '얼마나 모질면 북에 처자식, 부모형제를 두고 혼자만 잘 살겠다고 오겠나?', '한번 배반한 사람은 자꾸 배반하므로 믿지 마

* 이 글은 "북한이탈주민과의 접촉이 남한사람들의 신뢰와 수용에 미치는 영향", 『한국심리학회지: 사회문제』, 2005, 제11권 특집호, pp.97-115를 일부 요약, 수정한 것이다.

라', '노력은 안하고 요구만 한다'는 등이 있다. 이런 부정적인 태도를 반복적으로 접하게 되면서 북한이탈주민들은 심리적으로 위축되고 소외감을 갖게 되고 남한사회의 일원이라는 귀속감을 가지기 어렵게 되는 것이다.

북한이탈주민에 대한 태도와 수용정도는 통일에 대한 태도에도 영향을 미친다. 남한사람들이 접할 수 있는 북한사람은 북한이탈주민이 전부이기에, 북한이탈주민에 대하여 남한사람들이 형성한 태도는 결국 북한사람 전체에 대한 태도로 일반화될 것이고, 북한사람에 대해 가지는 태도는 결국 통일에 대한 태도에 영향을 미칠 것이기 때문이다. 실제로 북한주민에 대한 사회적 거리감이 가까울수록 통일을 원하는 열망이 높다는 연구결과(정기선, 1998)가 발표되기도 했다. 이러한 관점에서 볼 때, 북한이탈주민에 대한 남한사람들의 태도, 그리고 신뢰와 수용의 정도를 파악하고, 이에 영향을 미치는 개인적, 상황적 요인들을 밝혀내는 것은 매우 중요한 문제이다.

2. 선행 연구

현재까지 심리학에서 북한이탈주민에 대한 남한사람들의 태도에 대하여 이루어진 연구는 거의 없다. 지금까지의 연구는 대부분 북한 또는 북한사람들에 대한 태도와 편견을 조사한 것이었다. 김혜숙(2000, 2002)의 연구에서는 대학생들을 대상으로 북한사람 및 대북정책에 대한 태도를 조사했는데, 이들은 북한사람들이 협동단결력이 강하고, 순박하고 정이 많으며, 폐쇄적이고 배타적이라고 지각하는 것으로 나타났다. 또한 대북 정책에 대한 태도는 북한사람들에 대한 인지보다는 감정에 의해서 더 잘 예측되는 것으로 나타났다.

전우영(1998)의 연구에서는 남한의 대학생들이 북한이라고 하는 국가와 북한동포라고 하는 두 대상에 대해 크게 다른 고정관념을 가지고 있음을 보고했다. 북한에 대해서는 국가적 차원에서 외집단으로 지각을 하고, 북한동포나 피지배층에 대해서는 민족적 차원에서 내집단으로 지각을 하고 있었다. 전우영과 조은경(2000)의 연구에서는 북한과 북한 내 하위집단에 대한 감정이입의 정도가 크고 북한에 대한 정보의 양이 많을수록, 긍정적 태도가 높고 통일에 대하여 가깝게 느끼는 것으로 나타났다. 위의 연구들은 모두 북한사람들에 대한 태도 그리고 대북정책이나 통일에 대한 거리감과의 관계 등을 살펴본 연구로, 인지적 측면보다는 감정적인 측면이 태도의 더 중요한 요인임을 드러내고 있다.

최근 몇 년간에는 북한이탈주민에 대한 사회와 학계의 관심이 높아지면서 북한이탈주민에 대한 남한사람들의 태도를 연구하는 사례가 생기기 시작했다. 그 중 한 연구에서는 북한이탈주민에 대해 연령별로는 나이가 많은 층이 더 부정적이고 폐쇄적인 시각을 가지고 있고, 생활수준별로는 중상층 이상이 더 배타적이고 방어적인 시각을 가지고 있는 것으로 나타났다(이기춘, 이기영, 이은영, 이순형, 김대년, 박영숙, 최연실, 민현선, 박미영, 2000). 그러나 이 연구는 북한이탈주민에 대한 연구라 할지라도 북한이탈주민들을 한번도 접해본 적이 없는 대학생 또는 성인을 그 연구대상으로 하고 있어서, 고정관념의 조사일 뿐이고 남북한의 사람들이 만나서 상호작용을 하면서 생기는 현상에 대한 이해를 제공하지는 못했다.

북한이탈주민과 접촉해본 경험이 있는 사람들에 대한 연구로는 그들의 정착을 도와주는 신변보호담당관들을 조사한 연구들이 있다. 신변보호담당관은 경찰청 형사로서 북한이탈주민들이 지역사회에 배치될 때부터 주택확보, 취업연결, 민간단체와의 연결 등 정착과 관련된 다양한 지원을 해주는 역할을 맡고 있다. 전우택, 윤덕룡과 민성길(2000)의 연구는 신변보호담당관들이 북한이탈주민을 지원하면서 느꼈던 애로사항들을 조사했는데, 초기 3개월 이내에는 불안과 불신, 남한사회에 대한 부적응, 경제적 어려움을 많이 지적했고, 3개월에서 2년 사이에는 정부의 지원에 대한 지나친 기대와 불만, 자신의 능력 이상의 대우를 요구하거나 편법으로 돈을 벌 궁리를 하는 등의 자립의지의 부족, 경제생활 미숙 등을 많이 지적했다.

홍순혜, 박윤숙과 원미순(2003)은 신변보호담당관을 통해서 북한이탈주민의 정착 장애요인과 담당관의 업무 부담을 보았는데, 직장을 오래 유지하지 못하고 능력이상의 대우를 요구하고 문제를 남이 해결해주기를 바라는 등 자립능력의 부족이 담당관의 업무를 어렵게 만들고, 약속을 잘 지키지 못하거나 계획성 있는 소비생활을 하지 못하거나 자신의 생각을 솔직하게 말하지 않는 등 생활태도의 문제가 담당관의 업무를 힘들게 하는 요인이라고 밝히고 있다.

위의 연구들은 북한이탈주민과 신변보호담당관들이 실제로 만나고 인간관계를 맺으면서 생겨나는 인식을 조사했다는데 의의가 있다. 그러나 이 연구들은 신변보호담당관이라는 남한사회의 특수한 집단만을 연구한 것으로서, 그 결과를 다른 남한사람들이 북한이탈주민과 접촉하는 경우에까지 일반화시킬 수는 없다. 북한이탈주민과 접촉하는 자원봉사자, 학교의 교사와 급우, 직장동료 등은 신변보호담당관과는 다른 경험을 할 것이고, 이러한 다양한 집단의 태도와 행동을 조사할 필요가 있다. 이 연구들은 또한 신변보호담당관들이 보는 북한이탈주민의 적응문제에 초점을 맞추고 있어서, 그들을 접촉한 결과 남한사람들의 태도와 행동이 어떻게 변화하는지에 대한 연구는 아니다. 본 연구는 접촉이 남한사람들에게 일으키는 변화에 초점을 맞추었다.

어떤 대상 집단에 대한 태도, 신뢰와 수용은 접촉을 해보았는지의 여부, 접촉의 정도와 내용에 의해서도 결정되지만, 또한 권위주의적 성격(민경환, 1989; Adorno, 1950)이나 불확실성 회피경향(Hofstede, 1980), 인지적 종료욕구(이수정, 1999; Kruglanski, Webster & Klem, 1993), 보편주의 가치(김혜숙, 2002; Shwartz, 1992) 등과 같이 편견을 가지기 쉬운 개인의 성격적, 인지적 특성에 의해서도 영향을 받는다. 같은 상황을 경험해도 개인의 특성에 따라 그 상황에 대한 해석이 달라질 수 있는 것이다. 따라서 본 연구에서는 북한이탈주민에 대한 신뢰와 수용에 상황적 특성과 더불어 개인적 특성들이 미치는 영향도 고찰했다.

본 연구의 목적은 북한이탈주민과 접촉한 경험이 있는 다양한 집단들을 대상으로 그들에 대한 태도, 신뢰와 수용에 영향을 미치는 다양한 요인들을 분석하는 것이었다. 구체적으로 첫째는 북한이탈주민에 대한 남한사람들의 태도를 인식과 정서의 측면에서 분석해보고, 접촉경험이 없는 집단과 접촉경험이 있는 다양한 집단들 간에 어떤 차이가 있는지를 밝혀내고자 했다. 둘째는 북한이탈주민에 대한 태도, 신뢰, 그리고 수용이 접촉의 수준 및 내용에 따라 어떻게 다른지를 알아보았다. 셋째는 태도요인들과 성격요인들 중에서 북한이탈주민에 대한 신뢰와 수용에 영향을 미치는 요인이 무엇인지를 밝혀내고자 했다.

3. 연구 방법

1) 조사대상자

조사 대상자는 총 392명으로 〈표 1〉에 제시된 바와 같이 북한이탈주민을 접촉해보지 않은 무경험자 222명(56.6%)과 접촉경험이 있는 사람 170명(43.4%)이었다. 무경험자 집단에는 대학생과 일반 성인이 포함되었고, 경험자 집단에는 노동상담원, 대안학교 교사, 대학 튜터, 북한이탈주민 후원기관의 직원, 대학급우, 보호담당형사, 사회복지사, 교인, 자원봉사자 등이 포함되었다.

〈표 1〉 집단별 조사대상자 수

경험여부	집단분류	N (%)
무경험자	무경험대학생	113 (28.8)
	무경험성인	99 (25.3)
경험자	노동상담원	24 (6.1)
	대안학교 교사	8 (2.0)
	Y대 튜터	6 (1.5)
	B후원회 직원	5 (1.3)
	Y대 학생A반	31 (7.9)
	Y대 학생B반	22 (5.6)
	C대 학생반	35 (8.9)
	보호담당 형사	25 (6.4)
	동사무소 사회복지사	10 (2.6)
	교인	11 (2.8)
	자원봉사	3 (.8)
합계		392 (100.0)

2) 측정도구

본 연구에서는 북한이탈주민들에 대한 남한사람들의 태도를 크게 네 가지 측면에서 측정했다. 첫째는 북한이탈주민들의 특성에 대한 인지적 측면, 둘째는 북한이탈주민들에 대한 정서적 측면, 셋째는 북한이탈주민들에 대한 신뢰정도, 넷째는 북한이탈주민들에 대한 수용정도였다. 그 이외에 성격요인으로 권위주의와 불확실성 회피경향을 측정하고, 북한이탈주민과의 접촉 수준을 알아보기 위한 문항들과 인구학적 배경에 관한 문항들을 포함시켰다.

① 북한이탈주민들의 특성에 대한 인식

북한이탈주민들의 특성에 대한 인식은 총 30문항으로 이루어졌는데, 김혜숙과 오승섭(1999)의 연구에서 북한사람에 대한 특성지각을 측정하기 위해 사용되었던 24개 형용사들 중 16문항과(권위주의적이다, 이기적이다, 개인주의적이다, 부지런하다, 검소하다, 단결력이 강하다, 질서의식이 강하다, 순박하다, 허세가 강하다, 합리적이다, 공격적이다, 지배적이다, 주체성이 강하다, 실리적이다, 배타적이다, 정이 많다) 북한이탈주민을 접해본 경험이 많은 사람들의 인터뷰에서 언급되었던 속성들을(유능하다, 영악스럽다, 순진하다, 무기력하다, 신중하다, 성급하다, 수동적이다, 의존적이다, 정이 많다, 단순하다, 거칠다, 건실하다, 솔직하다, 허황되다) 포함시켰다. 각 문항들에 대해서 '전혀 그렇지 않다'(1)에서 '매우 그렇다'(5)까지 5점 척도 상에 응답하도록 했다. 부정적인 문항과 긍정적인 문항이 반반씩이었다. 척도를 요인분석 한 결과 여섯 가지 요인이 산출되었는데, 각 요인별로 신뢰도를 보면 다음과 같다. '좋은 성품'의 신뢰도는 α=.75, '거친 성격'의 신뢰도는 α=.77, '의존성'은 α=.72, '순진함'은 α=.71, '실리적 특성'은 α=.60, '단결력'은 α=.67이었다.

② 북한이탈주민에 대한 정서

북한이탈주민에 대한 정서는 김혜숙(2002)의 북한사람에 대한 대학생의 태도연구에서 사용했던 13개의 감정형용사(불안하다, 혐오스럽다, 불쾌하다, 불쌍하다, 슬프다, 즐겁다, 그립다, 정이 간다, 화가 난다, 불편하다, 존경할만하다, 두렵다, 좋다) 중에서 북한이탈주민에게 적절치 않다고 생각되는 문항(즐겁다, 그립다)을 제거하고, 역시 북한이탈주민에 대한 경험이 많은 사람의 의견에 따라 네 문항을(재미있다, 친근하다, 호기심이 간다, 부담스럽다) 첨가하여 총 15개 문항으로 구성했다. 각 문항에 대해 '전혀 그렇지 않다'(1)에서 '그렇다'(5)까지 5점 척도 상에 응답하도록 했고, 역시 부정적인 문항과 긍정적인 문항을 반반씩 포함했다. 요인분석 결과 세 가지 요인이 산출되었는데 첫 번째 요인은 '부정적인 정서'로 신뢰도는 α=.82였고, 두 번째 요인은 '긍정적인 정서'로 신뢰도는 α=.72였으며, 세 번째 요인은 '연민'으로 α=.74였다.

③ 신뢰

신뢰를 측정하기 위해서 7가지 문항(일자리에 안심하고 추천하겠다, 자신의 일을 잘 알아서 할 것이라고 믿는다, 자신의 생각과 감정을 솔직하게 표현한다고 생각한다, 믿고 일을 맡길 수 있다, 돈을 빌려줄 수 있다, 나에게 하는 말을 그대로 믿을 수 있다, 성미를 참지 못할까봐 가끔 불안하다)을 연구자들이 제작하여, '전혀 그렇지 않다'(1)에서 '매우 그렇다'(5)까지 5점 척도 상에 응답하도록 했다. 척도의 신뢰도는 α=.82였다.

④ 수용

북한이탈주민에 대한 수용은 북한사람들과 얼마나 가깝게 지낼 것인가를 사회적 거리 개념으로 측정했다. 사회적 거리는 Bogardus(1925)가 소개한 개념으로 특정 집단에 대해 개인이 느끼는 주관적 거리감을 말한다. 본 연구에서는 6개의 문항, 즉, 북한이탈주민에게 세를 줄 것인지, 직장동료로 받아들일 것인지, 친구로 받아들일 것인지, 같이 동업을 할 것인지, 연인으로 받아들이겠는지, 결혼을 할 것인지 등에 대하여 물어보았다. 역시 '전혀 그렇지 않다'(1)에서 '매우 그렇다'(5)까지 5점 척도 상에 응답하도록 했다. 척도의 신뢰도는 α =.80이었다.

⑤ 권위주의적 성격

권위주의적 성격은 민경환(1989)의 한국판 권위주의 척도 9개요인 중 편견과 관련이 있을 것으로 예상되는 '미신성과 고정관념적 사고' 4문항, '권위주의적 공격성' 4문항, '파괴주의와 냉소주의' 5문항, '권력과 강인함에 대한 믿음' 3문항 등 총 16문항에 대하여 '강하게 불찬성'(1)에서 '강하게 찬성'(5)까지 5점 척도 상에 응답하도록 했다. 전체를 하나의 요인으로 간주하여 분석했으며, 척도의 신뢰도는 α=.72였다.

⑥ 불확실성 회피경향

불확실성 회피경향은 연구자들이 Hofstede(1980)의 불확실성 회피 개념에 근거하여 10문항을 제작하여 사용했다(나와 의견이 반대되는 사람과도 친구로 지낼 수 있다, 새로운 모험을 좋아한다, 아이들이 놀 때는 좀 더러워져도 된다고 생각한다, 색다른 것에 호기심이 많다, 교사도 '나는 모른다'고 말할 수 있어야 한다고 생각한다, 토론식 수업보다는 교사가 정확한 답을 가르쳐주는 수업이 좋다, 나는 애매하고 정확하지 않은 상황이 불편하다, 익숙하지 않은 환경에 있게 되면 두려움을 느낀다, 유능한 사람이 어떤 일을 잘 하도록 하려면 일하는 방식을 아주 정확하게 지시해 주는 것이 가장 좋은 방법이라고 생각한다, 지나치게 엉뚱하거나 혁신적인 생각 또는 행동을 접하면 나는 거부감이 든다 등). '전혀 그렇지 않다'(1)에서 '매우 그렇다'(5)까지 5점 척도 상에 응답하도록 하였고, 척도의 신뢰도는 α= .72였다.

⑦ 접촉의 특성

북한이탈주민과의 접촉기간, 접촉한 횟수, 접촉한 북한이탈주민의 수 등과, 어떤 관계로 만났는지, 사전교육을 받았는지, 사전교육이 도움이 되었는지 등의 내용을 설문지에 포함시켰다.

⑧ 사회 인구학적 배경

성, 연령, 월수입, 직업 등 사회 인구학적 배경에 대한 질문을 포함시키고, 마지막에 자유응답을 할 수 있는 공란을 제공하여 북한이탈주민들에 대한 생각을 자유로이 적도록 했다.

3) 절차

북한이탈주민들을 접촉한 경험이 없는 집단은 대학생의 경우 서울과 청주의 대학교에서 강의시간을 이용하여 설문조사를 일괄적으로 실시하고, 성인은 서울과 청주 지역에서 개별적으로 실시하여 수거했다.

북한이탈주민 접촉경험이 있는 집단의 경우는 다양한 접촉경로를 사용했다. 대학급우는 탈북 학생이 현재 강의를 듣고 있는 강의실에 가서 급우들에게 설문을 작성하도록 부탁했다. 노동상담원의 경우, 일부는 노동부 직원의 도움으로 개인적으로 접촉하여 설문을 수거했고, 일부는 통일교육원에서 교육을 받고 있는 강의실에서 얻었다. 보호담당 형사와 동사무소에서 북한이탈주민을 담당하고 있는 공무원들도 통일교육원에서 교육시간이 끝난 후 일괄적으로 설문지를 배부한 후 수거했다. 그 외 자원봉사자와 대안학교 교사들은 개인적으로 부탁하여 이메일 또는 우편으로 받았고, 교인은 직접 찾아가서 설문을 배부하고 담당자에게 부탁하여 2주 후 우편으로 회수했다. 대학교에서 튜터로 일했던 학생들의 경우는 튜터와 탈북 학생들의 정규모임에 직접 찾아가서 설문을 실시하고 수거했다.

4. 결 과

조사 대상자들의 성별 분포를 살펴보면, 무경험자는 남자 60명, 여자 154명이고, 유경험자는 남자 77명, 여자 93명으로 여자가 더 많았다. 조사대상자들의 연령은 18세부터 68세까지로 매우 다양하고, 평균은 29.08세였다. 이들의 교육수준을 보면, 고졸 이하는 28명(7.1%)에 불과했고 대학생이 191명(48.7%), 대학교 졸업 이상이 170명(43.8%)으로 거의 대부분이 대학 이상의 학력을 가졌다고 볼 수 있다.

북한이탈주민들을 접촉해본 경험이 있는 사람들에게 얼마나 만나보았는지를 물어본 결과, 〈표 2〉에 제시된 바와 같이 3개월 이하가 47명(27.6%), 3-6개월이 24명(14.1%), 6개월-1년이 24명(14.1%), 1-2년이 54명(31.8%), 3년 이상 만나본 사람들은 21명(12.3%)으로, 1-2년 정도가 가장 많았다.

북한이탈주민을 총 몇 명 만나보았는지 물어본 결과 66.5%인 113명이 10명 미만으로 표시했는데, 이는 탈북 대학생의 학급 급우집단이 대거 포함되었기 때문이다. 그 외는 10-30

명이 26명, 31-50명이 12명, 71명 이상도 14명이나 되었다〈표 3〉. 북한이탈주민들을 만난 총 횟수는 10회 미만이 58명(34.1%)으로 가장 많았고, 10-30회 정도가 48명(28.2%), 31-50회 정도가 20명 (11.8%), 51-70회 5명(2.9%), 71명 이상이 14명(8.2%)이었다. 북한이탈주민을 얼마나 자주 만나는가에 대해서는 전체의 69.4%가 일주일에 한번 또는 세네 번 만난다고 대답했다〈표 4〉. 성인을 주로 대한 사람이 대부분(91.2%)이었고 청소년을 주로 대한 사람은 14명(8.2%)이었으며, 유아를 주로 대한다고 응답한 사람은 1명밖에 없었다.

〈표 2〉 접촉 경험자들이 북한이탈주민을 만나본 기간

기간	빈도 (%)
3개월 이하	47 (27.6)
3-6개월	24 (14.1)
6개월-1년	24 (14.1)
1년-2년	54 (31.8)
3년-4년	16 (9.4)
5년 이상	5 (2.9)
합계	170 (100.0)

〈표 3〉 접촉 경험자들이 만나본 북한이탈주민의 총 수

북한이탈주민 수	빈도 (%)
10명 미만	113 (66.5)
10-30명 정도	26 (15.3)
31-50명 정도	12 (7.1)
51-70명 정도	5 (2.9)
71명 이상	14 (8.2)
합계	170 (100.0)

〈표 4〉 북한이탈주민을 만나는 빈도

만나는 빈도	빈도 (%)
매일	7 (4.1)
일주일에 3-4번	56 (32.9)
일주일에 한번	62 (36.5)
한달에 한번	17 (10.0)
두세달에 한번	14 (8.2)
6개월 이상에 한번	14 (8.2)
합계	170 (100.0)

〈표 5〉 주로 대했던 북한이탈주민의 사적인 부분에 대해 알고 있는 정도

사생활에 대한 지식	빈도 (%)
거의 모른다	37 (21.8)
조금 알고 있다	83 (48.8)
어느 정도 알고 있다	44 (25.9)
깊이 알고 있다	6 (3.5)
합계	170 (100.0)

주로 대했던 북한이탈주민의 사적인 부분에 대해 얼마나 알고 있는지를 물어본 결과, 깊이 알고 있다고 응답한 사람은 6명(3.5%)이었고, 어느 정도 알고 있다고 응답한 사람들이 44명(25.9%)이며, 조금 알고 있다거나 거의 모른다고 응답한 사람들이 대다수였다〈표 5〉. 연구대상자들 중 북한이탈주민과 깊은 상호작용을 하는 경우는 약 30%정도에 불과하고 나머지는 만나는 횟수가 많다 해도 그냥 피상적인 관계일 가능성을 보여준다.

북한이탈주민을 만나기 이전에 북한이탈주민에 대한 사전 교육을 받았는지 여부를 물어본 결과, 대다수가 받지 않았다고 응답했고 사전에 교육을 받은 사람은 36명(21.2%)에 불과했다. 사전교육을 어디서 받았는지에 대해서는 통일 교육원, 경찰서, 시민단체 등으로 응답했다.

사전교육이 도움이 되었는지에 대해서는 응답을 한 36명 중 26명이 '도움이 되었다' 또는 '매우 도움이 되었다'고 응답하여 사전 교육이 북한이탈주민들을 이해하는 데 도움이

<표 6> 북한이탈주민에 대한 인식의 요인분석

문항	성분						공통성
	1	2	3	4	5	6	
솔직하다	.64						.53
건실하다	.61						.47
믿을 수 있다	.60						.50
유능하다	.58						.41
정이 많다	.55						.48
신중하다	.55						.45
부지런하다	.55						.54
지배적이다		.81					.69
공격적이다		.80					.71
거칠다		.64					.57
권위주의적이다		.58					.64
성급하다		.47					.57
수동적이다			.83				.72
의존적이다			.77				.67
무기력하다			.61				.50
허황되다			.42				.54
순박하다				.73			.64
순진하다				.72			.62
영악스럽다(-)				.48			.56
실리적이다					.70		.53
주체성이 강하다					.57		.49
이기적이다					.52		.67
개인주의적이다					.49		.60
합리적이다					.46		.54
단결력이 강하다						.83	.72
질서의식이 강하다						.76	.73
회전후 고유치	3.28	2.81	2.63	2.41	2.19	1.79	
설명변량	12.60	10.80	10.10	9.27	8.40	6.88	58.05

된다고 생각하는 것으로 나타났다. 사전교육을 받은 시간은 2-3시간에서 60시간 이상까지 다양하였는데, 교육받은 시간이 30-40시간이라고 응답한 경우가 가장 많았다.

북한이탈주민에 대한 인식과 정서 : 요인분석

북한이탈주민의 특성에 대한 인식을 측정한 변인들을 요인분석 했다. 북한이탈주민에 대한 태도의 인지적 측면은 총 30개의 문항을 주성분 분석의 방식을 이용하여 베리맥스 회전시킨 결과 총 6개의 요인이 산출되었다<표 6>. 첫 번째 요인은 '솔직하다', '건실하다', '믿을 수 있다', '유능하다', '정이 많다', '신중하다', '부지런하다' 등의 내용으로 주로 좋은 성품과 관련된 문항이라서 '좋은 성품'이라고 명명했다. 두 번째 요인은 '지배적이다', '공격적이다', '거칠다', '권위주의적이다', '성급하다' 등으로 주로 강하고 거친 성격을 의미하여

'거친 성격'으로 명명했다. 세 번째 요인은 '수동적이다', '의존적이다', '무기력하다', '허황되다' 등의 내용으로 적극적이지 못하고 타인에게 의존하는 특성을 의미하여 '의존성'으로 명명했다. 네 번째 요인은 '순박하다', '순진하다', '영악스럽다'의 세 문항이기에 '순진함'으로 명명했다. 다섯 번째는 '실리적이다', '주체성이 강하다', '이기적이다', '개인주의적이다', '합리적이다' 등의 내용으로 주로 이득과 관련되어 손해를 보지 않는 특성으로 간주하여 '실리적 특성'이라고 명명했다. 여섯 번째 요인은 '단결력이 강하다'와 '질서의식이 강하다'로 이는 '단결력'으로 명명했다.

북한이탈주민에 대한 정서는 총 15개 문항으로 측정했다. 이 문항들을 요인분석 한 결과 세 개의 요인이 산출되었다〈표 7〉. 첫 번째 요인은 '불쾌하다', '혐오스럽다', '화가 난다', '두렵다', '부담스럽다', '불편하다', '불안하다' 등으로 부정적인 감정으로 구성되어서 '부정적 정서'로 명명했다. 두 번째 요인은 '정이 간다', '좋다', '친근하다', '존경스럽다', '호기심이 간다', '재미있다' 등의 감정으로 구성되어서 '긍정적 정서'로 명명했다. 마지막 세 번째 요인은 '불쌍하다'와 '슬프다'인데, 이것은 연민과 관련된 것이라고 생각하여 '연민'으로 명명했다.

북한이탈주민에 대한 태도의 집단 간 차이

본 연구에서는 북한이탈주민에 대한 경험이 있는 사람들과 없는 사람들의 차이를 살펴보는 것이 중요한 목표 중 하나이다. 그런데 본 연구에 참여한 조사 대상자들의 집단이 지나치게 세분화된 경향이 있어서 경험자 집단을 유사한 성격을 지닌 집단끼리 묶어서 다섯 개의 집단을 만든 후, 무경험집단과 함께 비교했다. 보호담당 형사와 교인집단은 각각 하나의 집단으로 하고, 노동상담원과 동사무소의 사회복지사, 탈북후원기관의 직원은 '공무원'으로 묶었으며, 두 개 대학의 급우들은 '대학급우'로 묶었고, 대안학교 교사와 Y대 튜터, 학습자원봉사자 들은 '대안학교 교사'로 묶었다. 이하의 분석은 모두 이 여섯 집단을 중심으로 실시했다.

북한이탈주민들에 대해 어떻게 생각하고 있는지를 각 집단별로 비교했다. 좋은 성품을 지녔다는 인식은 대안학교 교사가 가장 높았고 다음이 대학급우, 무경험집단, 교인, 공무원, 보호담당 형사의 순이었다. 북한이탈주민들이 순진하다고 보는 인식도 역시 대안학교 교사가 가장 높았고 다음이 무경험집단, 대학급우, 보호담당 형사, 교인, 공무원의 순이었다. 단결력이 강하다고 보는 인식은 대학급우와 무경험 집단이 가장 높았고, 다음이 공무원, 대안학교 교사, 보호담당 형사의 순이었다. 의존적이라는 인식은 보호담당 형사가 가장 높았고, 다음이 대안학교 교사, 공무원, 무경험집단, 대학급우, 교인 순이었다. 성격이 거칠다고 하는 측면 역시 보호담당 형사가 가장 그렇다고 보았고, 다음이 대안학교 교사와 공무원, 교인, 무경험집단, 대학급우의 순이었다. 실리적이라는 측면에서는 공무원이 가장 그렇다고 응답했고, 다음이 보호담당 형사, 교인, 대안학교 교사, 무경험집단, 대학급우의 순이었다.

전반적으로 북한이탈주민에 대한 인식 측면에서 긍정적인 측면, 즉, 좋은 성품, 순진함, 단결력 등에서는 보호담당 형사가 가장 부정적으로 평가하였고 대안학교 교사가 가장 긍정적으로 평가했다. 그러나 부정적인 측면, 즉 거친 성격, 의존성, 실리적 특성의 측면에서는 대안학교 교사와 보호담당 형사가 유사한 정도로 부정적으로 평가했다. 이러한 결과는 보호담당 형사 집단은 북한이탈주민들에 대해 전반적으로 부정적인 인식을 하고 있는 반면, 대안학교 교사 집단은 부정적인 면과 긍정적인 면을 동시에 인식하고 있다는 것을 보여준다〈표 9〉.

북한이탈주민에 대한 정서를 집단별로 비교한 결과는 〈표 10〉에 제시했다. 긍정적인 감정은 대안학교 교사가 가장 높았고, 보호담당 형사가 가장 낮았다. 반면 부정적인 감정은 보호담당 형사가 가장 높았고, 대안학교 교사가 가장 낮았다. 이에 비해 연민의 정서는 무경험 집단이 가장 높았고 교인이 가장 낮았으며, 대안학교 교사와 보호담당 형사 간에는 차이가 없었다.

〈표 7〉 북한이탈주민에 대한 정서의 요인분석

정서	성분			공통성
	1	2	3	
불쾌하다	.80			.70
혐오스럽다	.79			.67
화가 난다	.68			.48
두렵다	.67			.50
부담스럽다	.64			.52
불편하다	.60			.50
불안하다	.58			.42
정이 간다		.79		.64
좋다		.78		.65
친근하다		.78		.67
존경스럽다		.52		.36
호기심이 간다		.51		.36
재미있다		.47		.40
불쌍하다			.82	.72
슬프다			.78	.62
회전후 고유치	3.44	2.80	1.95	
설명변량	22.92	18.66	13.02	54.59

〈표 8〉 분석을 위한 범주집단별 조사대상자 수

경험여부	집단분류	범주집단명	N (%)
무경험자	대학생 성인	무경험 집단	222 (56.6)
경험자	보호담당 형사	보호담당 형사	25 (6.4)
	노동상담원 동사무소 사회복지사 B후원기관	공무원	39 (10.0)
	교인	교인	11 (2.8)
	Y대 학생 A반 Y대 학생 B반 C대 학생반	대학급우	89 (22.4)
	대안학교 교사 Y대 튜터 학습자원봉사	대안학교교사	17 (4.3)
합계			392 (100)

〈표 9〉 북한이탈주민에 대한 인식의 집단 간 평균

변인	무경험 집단 (N=208)	보호담당 형사 (N=25)	공무원 (N=38)	교인 (N=11)	대학급우 (N=87)	대안학교 교사 (N=17)	전체 (N=386)	*F*
좋은 성품	3.12_{ab}	2.39_{c}	2.59_{b}	3.03_{b}	3.26_{ab}	3.39_{a}	3.06	22.40^{***}
순진함	3.25_{ab}	3.05_{ab}	2.90_{b}	2.93_{b}	3.16_{ab}	3.41_{a}	3.18	2.59^{*}
단결력	3.59_{a}	2.63_{b}	3.03_{b}	2.68_{b}	3.64_{a}	2.82_{b}	3.43	14.94^{***}
의존성	2.85_{bc}	3.27a	3.12_{ab}	2.76_{c}	2.79_{c}	3.15_{a}	2.90	6.16^{***}
거친성격	2.81_{b}	3.36a	3.28a	2.98_{ab}	2.69_{b}	3.28_{a}	2.89	8.40^{***}
실리적 특성	2.75_{c}	3.29_{ab}	3.33a	3.15_{ab}	2.62_{c}	2.95_{bc}	2.83	12.10^{***}

* $p<.05$, *** $p<.001$

〈표 10〉 북한이탈주민에 대한 정서의 집단별 평균

변인	무경험 집단 (N=208)	보호담당 형사 (N=25)	공무원 (N=38)	교인 (N=11)	대학급우 (N=87)	대안학교 교사 (N=17)	전체 (N=386)	*F*
긍정적	2.73_{bc}	2.60_{c}	2.68_{bc}	2.88_{bc}	2.96_{b}	3.43_{a}	2.81	7.85^{***}
부정적	2.57_{ab}	2.83_{a}	2.67_{a}	2.32_{bc}	2.22_{c}	2.01_{c}	2.49	9.78^{***}
연민	3.61_{a}	2.96_{b}	3.15_{b}	2.77_{b}	3.03_{b}	2.88_{b}	3.34	11.90^{***}

*** $p<.001$

북한이탈주민에 대한 신뢰와 수용

북한이탈주민들에 대한 신뢰와 수용의 정도를 집단별로 비교했다. 〈표 11〉에 제시된 바와 같이 대안학교 교사가 북한이탈주민들을 가장 신뢰했고 그 다음은 대학급우였다. 이 두 집단이 무경험집단에 비하여 더 높은 신뢰를 보인 반면, 교인, 공무원, 보호담당 형사들은 더 낮은 신뢰를 보였다. 수용의 경우도 대체로 비슷하여, 대안학교 교사가 북한이탈주민들에 대한 수용의 수준이 가장 높았고 보호담당 형사들이 가장 낮았다.

〈표 11〉 신뢰와 수용의 집단간 평균

변인	무경험 집단 (N=208)	보호담당 형사 (N=25)	공무원 (N=38)	교인 (N=11)	대학급우 (N=87)	대안학교 교사 (N=17)	전체 (N=386)	F
신뢰	2.96_{ab}	2.33_{c}	2.40_{c}	2.84_{b}	3.13_{ab}	3.20_{a}	2.92	15.14^{***}
수용	3.16_{ab}	2.53_{b}	2.98_{b}	2.90_{b}	3.14_{ab}	3.46_{a}	3.11	7.08^{***}

*** $p<.001$

대안학교 교사와 보호담당 형사의 특성 비교

위의 집단 비교에서 보면, 북한이탈주민에 대한 태도의 인지적, 정서적 측면 및 신뢰와 수용 정도에서 가장 대비되는 두 집단이 보호담당 형사와 대안학교 교사였다. 보호담당 형사들의 태도가 가장 부정적이었고 대안학교 교사들의 태도가 가장 긍정적이었다. 이러한 차이를 유발하는 이유를 본 연구에서는 두 집단의 북한이탈주민 접촉양상과 개인적 특성들을 비교함으로써 탐색해 보았다. 우선 접촉양상을 비교한 결과, 북한이탈주민을 만난 총 기간과 사적으로 친한 정도에서는 두 집단 간에 통계적으로 유의미한 차이가 나타나지 않았다. 그러나 지금까지 만나본 북한이탈주민의 총 수, 만난 횟수 등에서 서로 다른 양상을 보였는데, 보호담당 형사의 경우는 88%에 해당하는 사람들이 30명 이하를 접촉했다고 응답한 반면, 대안학교 교사는 52.9%가 30명 미만이라고 응답하고, 71명 이상이라고 응답한 비율이 35.5%로 보호담당 형사에 비해 많은 북한이탈주민을 만나보았다고 응답한 비율이 높았다(X2=12.26, p<.05). 북한이탈주민을 만난 횟수는 보호담당 형사는 68%가 30회 미만이라고 응답한 반면, 대안학교 교사는 53.9%가 71회 이상 만났다고 응답하여 역시 대안학교 교사들의 경우 북한이탈주민을 만난 횟수가 보호담당 형사에 비해 많은 것으로 나타났다(X2=11.80, p<.05).

이들이 주로 만난 집단에서 차이가 있는지 살펴본 결과, 보호담당 형사는 88%가 성인을 접촉했고, 대안학교 교사는 56.3%가 성인을, 나머지 43.8%는 청소년을 접촉하여 차이가 나타나(X2=5.33, p<.05), 접촉한 대상이 누구인가에 따라 북한이탈주민에 대한 태도가 달라질

수 있음을 시사했다. 사전에 북한이탈주민에 대해 교육을 받는 것이 편견을 해소하는데 도움이 되는지 파악하고자 보호담당 형사와 대안학교 교사의 사전교육 여부를 비교해보았다. 보호담당 형사의 경우는 응답자 중 사전교육을 받았다고 응답한 비율과 받지 않았다고 응답한 비율이 거의 비슷한 수준이었으나 대안학교 교사는 오히려 받지 않은 사람이 더 많았는데, 통계적으로 유의미한 차이는 나타나지 않았다. 앞의 분석에서 경험자들이 사전교육이 도움이 되었다고 응답했던 것과는 달리 두 집단에서 교육의 효과는 그렇게 크지 않은 것으로 보였다.

보호담당 형사와 대안학교 교사들이 개인적 특성에서 어떠한 차이가 있는지 알아보고자 권위주의와 불확실성 회피경향의 측면에서 집단들을 비교해 보았다. 그 결과 권위주의의 성격은 보호담당 형사와 공무원이 가장 높았고 대안학교 교사가 가장 낮은 것으로 나타났다. 불확실성 회피경향의 경우도 비슷하게 보호담당 형사와 교인이 가장 높았고 대안학교 교사가 가장 낮았다. 따라서 보호담당 형사와 대안학교 교사는 편견과 관련된 사회인지적 특성으로 지목된 두 가지의 특성에서 확연히 차이가 있는 것으로 나타났다(표 12).

〈표 12〉 권위주의 성격과 불확실성 회피경향의 집단별 평균

변인	보호담당 형사	공무원	교인	대학 급우	대안학교 교사	전체	F
권위주의 성격	2.89_a	2.67_a	2.29_b	2.35_b	1.96_c	2.50	13.79^{***}
불확실성 회피경향	2.89_a	2.72_a	2.81_a	2.47_b	2.36_b	2.57	8.05^{***}

*** $p<.001$

신뢰와 수용의 예측변인

북한이탈주민에 대한 신뢰와 수용에 영향을 미치는 요인이 어떤 것인지를 알아보기 위하여 북한이탈주민에 대한 인지와 정서의 요인들, 권위주의 성향, 불확실성 회피경향의 변인들을 독립변인으로 하고 신뢰와 수용을 종속변인으로 하여 각각 중다회귀분석(stepwise 방식)을 실시했다. 접촉을 했는지 하지 않았는지에 따라 영향요인이 달라질 수 있을 것이기에, 두 집단을 나누어 각각 분석했다.

우선, 접촉경험이 있는 집단의 경우, 신뢰에 영향을 미치는 요인은 부정적, 긍정적 정서와 권위주의 성향인 것으로 나타났고, 수용에 영향을 미치는 요인은 인지적 측면의 좋은 성품, 거친 성격, 단결력 요인, 부정적, 긍정적 정서, 그리고 권위주의 성격인 것으로 나타났다〈표 13〉. 경험이 없는 집단의 경우, 신뢰에 영향을 미치는 요인은 부정적, 긍정적 정서와 불확실성 회피경향이었고, 수용에 영향을 미치는 요인은 부정적, 긍정적 정서와 인지적 측

면의 좋은 성품요인이었다〈표 14〉. 종합하면, 신뢰에 영향을 미치는 요인은 정서적 측면과 개인적 특성들이고 인지적 측면은 영향을 거의 미치지 않은 반면, 수용에는 정서적 측면과 더불어 인지적 측면도 영향을 미치는 것으로 나타났다.

〈표 13〉 북한이탈주민에 대한 신뢰와 수용에 영향을 미치는 요인: 경험집단

종속변인	독립변인	B	R^2
신뢰	정서: 부정적	$-.38^{***}$	$.30^{***}$
	정서: 긍정적	$.24^{***}$	$.35^{***}$
	권위주의 성향	$-.15^{**}$	$.37^{***}$
수용	인지: 좋은 성품	$.32^{***}$	$.55^{***}$
	정서: 부정적	$-.24^{***}$	$.62^{***}$
	권위주의 성향	$-.16^{**}$	$.64^{***}$
	인지: 거친 성격	$-.17^{**}$	$.66^{***}$
	인지: 단결력	$.14^{*}$	$.67^{***}$
	정서: 긍정적	$.14^{*}$	$.68^{***}$

* $p<.05$, ** $p<.01$, *** $p<.001$

〈표 14〉 북한이탈주민에 대한 신뢰와 수용에 영향을 미치는 요인: 무경험집단

종속변인	독립변인	B	R^2
신뢰	정서: 부정적	$-.30^{***}$	$.18^{***}$
	정서: 긍정적	$.31^{***}$	$.26^{***}$
	불확실성 회피 경향	$-.18^{**}$	$.29^{***}$
수용	인지: 좋은 성품	$.33^{***}$	$.21^{***}$
	정서: 부정적	$-.33^{***}$	$.33^{***}$
	정서: 긍정적	$.17^{**}$	$.36^{***}$

** $p<.01$, *** $p<.001$

5. 논 의

본 연구에서는 우선 북한이탈주민에 대한 남한사람들의 태도를 인식과 정서의 측면에서 각각 요인분석하여 그 주요 측면을 살펴보았다. 다음으로는 북한이탈주민에 대한 태도, 신뢰, 그리고 수용이 접촉경험이 있는가에 따라 어떻게 다른지, 또 접촉의 수준 및 내용에 따라 어떻게 다른지를 살펴보았고, 마지막으로는 북한이탈주민에 대한 신뢰와 수용에 영향을 미치는 주요 요인이 무엇인지를 검증했다.

남한사람들이 북한이탈주민에 대해 가지고 있는 태도의 인지적 측면은 여섯 가지 요인으로 나뉘어졌다. 남한사람들은 북한이탈주민을 생각할 때, '좋은 성품, 거친 성격, 의존성, 순진함, 실리적 특성, 단결력' 등의 차원을 주로 인식하는 것으로 나타났다. 이러한 차원에서 접촉경험이 없는 집단과 접촉경험이 있는 다양한 집단들의 인식을 비교해보았다. 북한이탈주민과의 접촉경험이 전혀 없는 사람들은 대부분의 차원에서 중간 정도의 평가를 했는데, 단결력이 있다고 생각하는 정도가 특이하게 높았다. 이 고정관념은 상호작용을 하면서 대부분의 경우 변화하는 것으로 보인다. 보호담당 형사와 공무원들은 무경험자들에 비해서 북한이탈주민들이 성품이 별로 좋지 않고 거칠며, 의존적이고 실리적이고 단결력이 없다는 등 전반적으로 더 부정적인 인식을 하고 있었다. 그러나 대안학교 교사들은 무경험

집단에 비해서 북한이탈주민이 더 성품이 좋고 순진하다고 긍정적인 측면을 평가하는 한편 거칠고 의존적이라는 점도 인정하고 있다. 즉, 대안학교 교사들은 북한이탈주민을 긍정적이나 부정적으로만 인식하는 것이 아니라, 긍정적인 측면을 인식하면서 동시에 부정적인 측면을 함께 인식하고 있는 것이다. 이는 대안학교 교사들이 비교적 객관적이면서 편견이 없는 시각으로 북한이탈주민 집단을 보고 있을 가능성이 높음을 시사한다.

남한사람들이 북한이탈주민에 대해 가지고 있는 태도의 정서적 측면은 정이 가고 친근하게 여겨진다는 '긍정적 정서', 불쾌하고 두렵다는 '부정적 정서', 불쌍하고 슬프다는 '연민'의 세 가지 요인으로 구분되었다. 정서적인 측면에서는 북한이탈주민에 대한 집단별 태도의 차이가 좀 더 극명하게 드러난다. 보호담당 형사는 부정적인 정서는 가장 높고 긍정적인 정서는 가장 낮은 것으로 나타났고, 대안학교 교사들의 경우 긍정적인 정서는 가장 높고 부정적인 정서는 가장 낮은 것으로 나타났다. 무경험 집단은 그 중간에 위치했다. 그러나 연민의 정서는 보호담당 형사와 대안학교 교사 간에 별 차이가 없었고, 오히려 무경험 집단이 가장 높았다. 북한이탈주민과의 접촉경험이 없는 일반적인 남한사람들은 부정적인 정서는 높고 긍정적인 정서는 낮으면서, 동시에 연민의 정서가 매우 높은 것이다. 이 결과는 북한사람에 대한 동정정서가 높게 나타난 김혜숙(2000)의 결과와도 일치한다. 이러한 태도는 문화적으로 다른 집단을 받아들이는데 매우 위험한 태도로, 정서가 부정적이므로 그 사람들을 신뢰하거나 수용하지는 않으면서 그저 막연히 불쌍하게만 생각하여 동정심으로 대할 가능성이 높기 때문이다. 용천 폭발사고 이후 남한사람들이 신속하게 많은 지원을 한 것은 좋은 일이기는 하지만, 그것이 아프리카의 난민에 대한 연민과 마찬가지로 거리감은 있으면서 그저 불쌍하다고 보는 시각에서 나온 것은 아닌지, 또 그런 연민에는 어느 정도의 우월감이 내포되어 있을 가능성은 없는지 성찰해 보아야 할 일이다. 실제로 북한이탈주민들을 돕겠다는 자원봉사자들의 경우, 그들에 대한 호기심과 동정심으로 접근하다가 싫증이 나면 관계를 끊어버리는 일이 종종 발생하며, 그러한 자원봉사자들의 행동은 그들과 접촉한 북한이탈주민들의 마음에 상처를 남긴다.

북한이탈주민들에 대한 신뢰와 수용의 결과도 인식과 정서에서의 연구결과와 유사한 형태로 나타났다. 본 연구에서는 북한이탈주민에 대한 신뢰를 '일자리에 안심하고 추천하겠다, 자신의 일을 잘 알아서 할 것이라고 믿는다, 자신의 생각과 감정을 솔직하게 표현한다고 생각한다, 믿고 일을 맡길 수 있다, 돈을 빌려줄 수 있다, 나에게 하는 말을 그대로 믿을 수 있다, 성미를 참지 못할까봐 가끔 불안하다' 등의 문항들로 측정하였는데, 대안학교 교사가 북한이탈주민에 대한 신뢰 정도가 가장 높았고, 보호담당 형사가 가장 낮았으며, 무경험자는 그 중간정도에 위치했다.

수용은 '북한이탈주민에게 세를 줄 것인지, 직장동료로 받아들일 것인지, 친구로 받아들일 것인지, 같이 동업을 할 것인지, 연인으로 받아들이겠는지, 결혼을 할 것인지' 등의 문항으로 측정했는데, 역시 대안학교 교사가 수용의 정도가 가장 높았고, 보호담당 형사가 가장 낮았으며, 무경험자는 그 중간정도에 위치했다. 전반적으로 태도의 인지적, 정서적 측면, 그리고 신뢰와 수용에서의 집단 간 차이에 대한 이러한 결과들은 북한이탈주민과의 접촉경험이 미치는 영향이 집단에 따라 매우 다르다는 것을 보여주며, 한 집단의 결과를 다른 집단에 쉽게 일반화해서는 안 된다는 것을 보여준다. 접촉경험이 북한이탈주민에 대하여 더 긍정적인 방향으로 사람들을 변화시키기도 하고, 더 부정적인 방향으로 변화시키기도 하는 것이다.

전반적으로 연구결과에서 보호담당 형사와 대안학교 교사들은 매우 대조적인 양상을 보였다. 보호담당 형사들은 북한이탈주민과의 접촉 이후 그들에 대하여 인지, 정서, 신뢰, 수용의 모든 측면에서 가장 부정적인 평가를 내리고 있고, 대안학교 교사들은 그들의 긍정적, 부정적인 면을 모두 인지하면서도 가장 높은 긍정적 정서를 보이고, 가장 높은 신뢰와 수용을 나타내고 있다. 대안학교 교사들의 이러한 특징적 태도는 북한이탈주민에 대한 편견을 해소하는 방안을 모색하는데 좋은 모델이 될 수 있다. 따라서 본 연구에서는 보호담당 형사와 대안학교 교사간의 차이가 나는 원인을 밝혀내기 위하여, 두 집단이 북한이탈주민들을 접촉하는 양상과 개인적 특성들을 비교해 보았다.

대안학교 교사들의 경우 보호담당 형사보다 만난 북한이탈주민의 수와 만난 횟수가 많고, 청소년들을 많이 접촉했다. 이는 대안학교 교사의 업무상 여러 명의 학생들을 맡고 있고, 이들을 매일 대하기 때문인 것으로 볼 수 있다. 북한이탈주민을 만난 총 기간이나 만난 빈도에서는 두 집단에 차이가 없었고, 사적인 관계 측면에서도 대안학교 교사들이 특별히 더 깊은 관계를 맺고 있는 것도 아니었다. 또한 사전교육을 받았는지의 여부에서도 두 집단 간에 별 차이가 없었다.

편견의 형성과 유지에 영향을 미칠 수 있는 개인의 성격적, 인지적 특성들에 대한 비교에서 보호담당 형사들은 무경험집단을 포함한 모든 집단들 중에서 권위주의 성격과 불확실성 회피경향이 가장 높고, 대안학교 교사들은 가장 낮은 것으로 나타났다. 이 결과들을 종합해 보면, 이 두 집단 간의 확연한 차이를 설명해주는 것은 접촉의 양상이라기보다는 개인의 성격적, 인지적 특성이라는 결론에 도달하게 된다. 북한이탈주민들을 담당하는 업무를 분배할 때 권위주의적 성격이나 불확실성 회피경향 등과 같이 편견을 가지기 쉬운 특성이 낮은 사람들로 선발한다면, 본인도 도움을 주면서 긍정적인 경험을 하게 되고 북한이탈주민도 남한사람과의 관계에서 신뢰와 수용을 쌓아가는 긍정적인 경험을 할 수 있을 것이다. 북한이탈주민을 직업적으로 접촉을 하는 보호담당 형사들은 남한적응에 결정적인 도움을 주는 사람들이고 남한사회에 나간 후 가장 먼저 접촉하는 사람들인데, 이들의 태도가 부정적일 때 그러한 느낌은 북한이탈주민에게 알게 모르게 전달될 수밖에 없고 그 결과 북한이탈주민은 더욱 위축되고 남한사회에 대해 부정적인 느낌을 가질 가능성이 높아진다.

이러한 부정적 결과를 예방하기 위해서 직업적으로 접촉을 하는 사람들에게는 북한이탈주민에 대한 편견을 형성하지 않도록 도와주는 사전교육도 꼭 필요하다고 하겠다.

북한이탈주민에 대한 신뢰와 수용에 영향을 미치는 요인들을 태도를 구성하는 인지적, 정서적 요인들과 개인적 특성들로 예측해 본 결과, 북한이탈주민을 경험한 사람들은 신뢰에 영향을 미치는 요인이 부정적, 긍정적 정서와 권위주의 성격이었고, 북한이탈주민을 접촉한 경험이 없는 사람들은 부정적, 긍정적 정서와 불확실성 회피경향이었다. 북한이탈주민을 경험한 사람들의 수용에 영향을 미치는 요인은 역시 부정적, 긍정적 정서와 권위주의 성격, 그리고 인지적 측면의 '좋은 성품', '거친 성격', '단결력' 요인이었다. 이에 비해 북한이탈주민을 경험하지 않은 사람들의 수용에 영향을 미치는 요인은 부정적, 긍정적 '정서'와 '좋은 성품'을 가지고 있다는 인식이었다.

신뢰는 정서와 성격특성의 영향을 주로 받고, 일상생활에서의 인간관계를 좀 더 포함하는 수용은 정서와 성격특성 이외에도 북한이탈주민의 특성에 대한 인지적 요인들의 영향을 받음을 볼 수 있다. 신뢰와 수용에 정서가 미치는 영향이 매우 크게 나타난 점이 주목할 만하다. 이는 북한사람과 대북정책에 대한 태도에 정서의 영향이 크다는 김혜숙(2000, 2002)의 연구 결과와도 일치한다. 정서는 어떤 대상에 대한 인지적인 측면보다 더 은밀하고 깊으며, 무의식적이고 자동적이기 때문에 대상에 대한 인식이 변해도 정서까지 변하는 것은 더 많은 경험과 시간이 필요하다. 이 결과는 북한이탈주민에 대한 편견을 없애고 화합하는 길이 쉽지 않으며 많은 시간과 노력과 인내가 필요함을 시사한다. 북한에 대한 지식을 머리로 이해하는 것보다는, 어려서부터 북한사람을 정서적으로 불안이나 두려움이 없이 친밀하게 여기도록 하는 교육적 노력이 효과를 볼 수 있을 것이다(정진경, 최진이, 김성민, 정진헌, 2002).

연구를 하면서 만난 보호담당 형사나 노동상담원들은 직업적으로 북한이탈주민의 요구를 들어주고 문제가 있을 때 처리하고 관리를 하는 입장의 애로사항을 토로했다. 예를 들면, '남한 정부에서 뭐든 다 알아서 해줄 것으로 생각한다, 자기들의 수준을 모르고 턱없이 높은 지위의 일자리를 원한다, 일자리를 구해주어도 금방 그만두고 나와 버린다, 자기들이 영웅이라고 생각하지 않았으면 좋겠다'는 것이다. 그러나 북한이탈주민의 이러한 행동들은 그들이 원래 가지고 있는 특성에 기인한다기보다는, 남한사회의 그들에 대한 인식과 정책의 혼란에서 야기되는 것일 수도 있다(정병호, 2004).

대학에 다니고 있는 북한이탈주민에게 공부를 가르쳐주는 튜터의 태도는 완전히 180도 달랐다. 이들은 탈북학생이 훌륭하고 남한학생들보다 낫다는 평가를 하고 있다. 이들이 대하는 탈북학생은 대학에서 적응하며 살 수 있는 능력을 갖추고 있고 대부분 북한에서도 대학을 다니다가 온 학생들이며 학교생활에 적응하기 위해서 그만큼 노력하고 있는 사람들이기 때문에 그런 북한이탈주민을 보는 튜터들의 시각은 매우 긍정적일 수밖에 없다.

본 연구는 집단 간 차이를 비교하는 양적 연구에 초점을 맞추어, 그러한 차이를 빚어내는 원인에 대한 질적이고 심층적인 탐색까지는 하지 못했다. 왜 보호담당 형사들이 북한이탈주민에 대해서 그렇게 부정적인 태도를 지니게 되는지, 대안학교 교사들은 부정적인 특성들을 인식함에도 불구하고 어떻게 긍정적인 정서와 신뢰 및 수용을 동시에 유지할 수 있는지 등에 대해 심층적으로 밝혀내지는 못한 것이다. 앞으로의 연구에서는 북한이탈주민들에 대한 신뢰와 수용을 높이는 상황적, 개인적 변인들을 밝혀내는 좀 더 깊은 수준의 질적인 분석을 병행해야 할 것이다.

참고문헌

김혜숙 (2000). 북한사람에 대한 고정관념, 감정과 태도. 한국심리학회지: 사회문제, 6(2), 115-134.

김혜숙 (2002). 대학생들이 중요시하는 가치와 북한사람 및 대북 정책에 대한 태도와의 관계에 관한 조사연구. 한국심리학회지: 사회 및 성격, 16(1), 35-50.

김혜숙, 오승섭 (1999). 북한사람에 대한 대학생과 일반인의 고정관념. 감정과 태도: 외국인에 대한 태도와의 비교. 심리과학, 8(1), 1-22.

민경환 (1989). 권위주의 성격과 사회적 편견: 대학생 집단을 중심으로. 한국심리학회지: 사회, 4(2), 146-168.

윤여상 (2003). 북한이탈주민 적응실태와 과제. 통일교육원 교육자료.

윤인진 (1999). 탈북자의 남한사회 적응실태와 정착지원의 새로운 접근. 한국사회학, 33, 가을호, 511-549.

이기춘, 이기영, 이은영, 이순형, 김대년, 박영숙, 최연실, 민현선, 박미영 (2000). 남북한 생활문화의 이질화와 통합: 탈북인의 남한생활 적응실태와 문제. 대한가정학회지, 38(4), 177-196.

이수정 (1999). 북한인에 대한 남녀의 편견 연구. 한국심리학회지: 여성, 4(1), 68-79.

전우영 (1998). 북한에 대한 고정관념. 1998 한국심리학회 연차대회 학술발표논문집, 797-803.

전우영, 조은경 (2000). 북한에 대한 고정관념과 통일에 대한 거리감. 한국심리학회지: 사회 및 성격, 14(1), 167-184.

전우택 (2000). 땅의 통일을 넘어 사람의 통일을 위하여: 통일에 있어 민족 이질화의 내용과 극복방안. 기독교학문 연구소. 신앙과 학문, 63-87.

전우택, 윤덕룡, 민성길 (2000). 탈북자들과 보호경찰관들의 인간관계에 대한 분석: 보호경찰관들을 대상으로 한 설문조사를 중심으로. 통일에 따른 갈등구조와 해소방안. 연세대학교 통일연구원 워크샵 자료집.

정기선 (1998). 북한 주민에 대한 사회심리적 태도가 통일열망에 미치는 영향. 한국사회학, 32, 여름호, 427-448.

정병호 (2004). 탈북 이주민들의 환상과 부적응: 남한사회의 인식혼란과 그 영향을 중심으로. 비교문화연구, 10, 1, 33-62.

정진경, 최진이, 김성민, 정진헌 (2001). 북한에서 온 내 친구: 아이들과 함께 하는 남북한 문화이해지. 우리교육.

홍순혜, 박윤숙, 원미순 (2003). 신변보호담당관을 통해 본 북한이탈주민의 지역사회 정착 장애요인과 신변보호담당관의 업무부담: 개인적 요인들을 중심으로. 한국사회복지학, 52(3), 223-240.

Adorno, T., Frenkel-Brunswik, E., Levinson, D., & Sanford, R. N. (1950). *The authoritarian personality.* New York: Harper.

Bogardus, E. S. (1925). Measuring social distances. *Journal of Applied Sociology*, 9, 299-308.

Hofstede, G. (1980). *Culture's consequences: International differences in work-related values.* Beverly Hills, CA: Sage.

Kruglanski, A. W., Webster, D. M., & Klem, A. (1993). Motivated resistance and openenss to persuasion in the presence or absence of prior information. *Journal of Personality and Social Psychology*, 65, 4, 861-876.

Schwartz, S. H. (1992). Universals in the content and structure of values: Theoretical advances and empirical tests in 20 countries. *Advances in Experimental Social Psychology*, 25, 1-65.

제5장

남한사회의 구별짓기*

강주원 서울대 박사과정, 인류학

1. 남한사회 내의 또 다른 소수집단

단일민족국가라는 믿음은 남한사회의 정체성을 형성하는 중요한 요소 중 하나이다. 하지만 단일민족국가 정체성에서 소외된 자들은 지금도 우리 곁에서 같은 공간을 영위하고 있다. 그들에게는 그들을 규정하는 낙인이 찍혀있고 우리에게는 그들과 우리를 구별하는 잣대가 존재한다. 가령, 외국인 노동자들은 열악한 근무환경과 차별에 신음하고 있다. 조선족들은 같은 민족이라는 동질성을 가졌음에도 불구하고 돈벌러 온 가난한 나라의 사람들로 인식된다. 그들에 대한 차별과 배제를 접할 때면, 남한사회가 다름을 인정하고 화합할 수 있는 태도 또는 능력을 지니고 있는지 의문을 갖게 한다.

이 글이 주목하는 대상은 남한사회 내의 또 다른 소수집단으로서의 탈북자들이다.[1] 북한을 이탈하여 남한사회에 편입된 탈북자들은 일방적인 남한사회의 시선에 노출되어 있었다. 반공이데올로기가 사회의 헤게모니를 이루던 시절, 그들은 남한체제의 우월성을 상징하는 역할을 수행했고, 그 시절 우리는 그들을 귀순용사라는 이름으로 우대했다.

그러나 2005년 현재, 남한사회는 북한을 이탈하여 남한에 편입된 사람들을 '탈북자'로 통칭하고 있다. 문제는 탈북자라는 명칭 속에 기아와 기근의 이미지가 함의되어 있고 호칭

---

* 이 글은 2003년도 한양대학교 문화인류학과 대학원 석사학위논문 "탈북자 소수집단에 대한 남한사회의 구별짓기"를 일부 요약, 수정한 것이다.

1) 본 연구자가 말하는 남한사회는 남한사회 전체로 일반화되는 것을 항상 의미하지는 않을 것이다. 문화는 동질적으로 모든 구성원에게 공유되는 것이 아니며 또한 사회적 조건이 획일적으로 모든 구성원들에게 인식되는 것은 아니다(김광억 1986: 208). 따라서 이 글에서 말하는 남한사회는 연구자가 현장 연구를 할 때 만나게 되는 탈북자와 관련된 남한사람들, 예를 들면 연구자, 자원봉사자, 시민단체 · 언론매체의 종사자들, 그리고 탈북자에 대해서 관심이 있는 남한사람들을 의미한다. 남한사회는 남한사회에 편입된 북한 출신들을 지칭하는데 20개 이상의 명칭을 사용하고 있다. 그러나 그들은 원하든 원하지 아니하든 주로 '탈북자'라고 불리어지고 있고, 남한사회에서 '탈북자'라는 이름으로 살고 있다. 그리고 이렇게 통용되는 탈북자라는 명칭 속에는 남한사회의 구별짓기 시선이 담겨있다. 이러한 점에서 본 연구자는 탈북자라는 명칭이 남한사회가 바라보는 연구 대상의 정체성을 드러내는 것으로 인식했다. 따라서 본 논문에서는 새로운 용어를 만들지 않고 이들을 탈북자라고 지칭하고자 한다.

속에서 그러한 이미지가 재생산된다는데 있다. 이제 남한사회는 그들이 어떤 시기에 어떤 경로로 남한사회에 진입했는지를 상관하지 않는다. 그들은 모두 기아와 기근을 피해 도망쳐 온 불쌍한 북한 출신 사람들일뿐이다.

이러한 문제의식을 바탕으로, 본 연구는 탈북자를 향한 남한사회의 시선 전환을 제기하고자 한다. 이를 위해서는 남한사회의 탈북자 위치에 대한 논의가 선행되어야 한다. 탈북자에 대한 연구는 서로 다르다는 사실부터 인정하고, 어떻게 얼마나 달라졌는지 연구하여, 서로 다른 이질적 사회의 이질적 문화가 만나는 일로 개념화(정병호 1999a: 168)하는 것이 중요하다. 즉 탈북자에 대한 연구는 탈북자를 한 민족으로 바라보는 시각보다는 다른 사회・문화적 상황 속에서 이질적 경험을 한 남한사회의 소수집단으로 개념화할 필요가 있다고 본다.

이러한 시도는 남한사회의 탈북자를 새로운 맥락에서 바라볼 수 있는 사유의 자유를 제시하고, 차이의 극복만을 강조하는 경향에서 벗어나 차이의 공존을 모색할 시선을 마련하는 기초가 될 것이다. 즉 서로 다름을 인정하면서도 배척하지 않고 공존하는 방법을 배우는 계기가 될 것이다. 그리고 탈북자라는 소수집단을 통해 남한의 사회・문화적 구별짓기[2]의 양상을 비판적으로 조망할 수 있는 계기를 제공할 수 있을 것이다.

2. 낯선 존재와의 만남을 통해서 : 연결의 소통 고리 모색

로살도(2000)는 단지 기술적인 의미의 현지조사 과정뿐만 아니라 궁극적으로 어떤 문화를 이해하고 해석해 가는 총체적인 연구 과정 중에서 인류학자가 가지게 되는 주관적 요소의 필연성과 중요성, 즉 '입장 지워진 주체(positioned subject)'를 언급하고 있다. 기어츠(Geertz 1973)는 문화를 의미 있는 구조들이 층위화되어 있는 일종의 위계로서 중층적 의미의 세트라고 말하고 있다. 따라서 인류학자는 중층 기술(thick description)을 해야 한다고 지적한다. 즉 관찰자의 의미가 어느 심층까지 분석해 들어가는지를 정직하게 보여주어야 한다고 보고 있다. 이러한 입장에서 본 연구자가 연구대상인 탈북자에 대하여 느끼고 있는 '입장 지워진 주체'와 탈북자에 대한 연구자의 시선을 성찰해 볼 필요가 있을 것이다.[3]

---

2) 부르디외가 말하는 구별짓기(distinction)라는 용어는 '행위자들이 사회적인 구별을 확실히 하고 서로 구분되는 인지양식을 확보하기 위해 사용하는 전략을 가리킨다(강준만 2000: 34).' 한편 본 논문에서 구별짓기는 '개인이나 집단에 대해서 새로운 정보를 접하더라도 변하지 않는 미리 인식된 생각, 즉 주로 전형적인 사고(stereotypical thinking)를 통해서 작동되는 편견(기든스 2000)'의 의미 그리고 차별과 배제의 뜻을 포함하는 것으로 사용하고 있다.

3) 한편 "통탄해서는 안 되고, 비웃어도 안 되며, 혐오해서도 안 된다. 오직 이해하는 것만이 필요하다"는 스피노자의 말을 인용하면서 연구대상을 제시하는 방법을 부르디외가 지적한 것처럼 이 글은 탈북자에 대해서 남한사회가 이해하는 방법을 제시하기 위한 시도라고 할 수 있다. 즉 그들을 있는 그대로의 모습으로 받아들이는 방법은 그들을 이 세상에서 꼭 필요한 사람들로서 이해하기 위해 필요한 자료들을 제공하고, 그들이 현재의 모습으로 될 수밖에 없었던 원인과 이유(부르디외 2000: 10)를 알아보기 위한 이론적 작업이라고 할 수 있을 것이다.

연구자에게 탈북자는 우연한 만남과 중국의 현지조사를 통해서[4] 만나기 전까지 나와는 상관없는 타자의 존재였다. 연구자의 뇌리 속에 기억되는 첫 귀순자는 초등학교 시절 공습경보의 두려움을 알게 한 이웅평이다. 그 이후에는 냉면집을 하는 귀순자 또는 기자회견 속에 비추어지는 그들의 이야기가 전부였다. 대학시절 간간이 북한의 기근과 중국의 탈북자 소식을 기사를 통해서 접했지만, 그들은 단지 동정해야 할 대상 정도로 인식되는 사람들이었다.[5]

하지만 연변에서의 경험은 본 연구자에게 탈북자들이 다른 의미로 다가오는 계기가 되었다. 연변에서 탈북자가 영위하는 삶은 본인의 눈으로 보기에는 도저히 이해할 수 없는 고통 그 자체였다. 하지만 그보다 본인을 힘들게 한 것은 다른 면에 기인한다. 연변에서 만난 탈북자들은 끊임없이 연구자인 나를 한민족・동포 또는 도움을 줄 수 있는 자로 인식하고 있었다. 그러나 단지 남한사람으로서 북한, 또는 탈북자에 대한 막연한 동정과 동포라는 인식만 가지고 있던 연구자에게 연변의 탈북자들은 너무나 낯선 존재였다. 연변의 뒷골목에서, 혹은 산 속 움막에서 만난 그들은 연구자인 나와는 다른 삶을 살고 있는 사람들이었다. 두만강 바로 옆에서 하룻밤 새우잠을 자면서, 두려움 반 호기심 반이었던 연구자와 같은 강을 두고 목숨을 걸고 넘어오는 사람들 사이에는 분명 이해할 수 없는 경험의 폭이 존재하고 있었다.

이 경험은 탈북자를 연구대상으로 바라보기보다는, 연구자 즉 남한사람인 나에게 탈북자는 누구인가라는 질문을 던지게 했다. 남한사회에서 일상적인 삶의 방식에 익숙했던 연구자에게 그들의 탈북 삶 자체만을 본다면 본인과는 다른 타자였다. 그들과 연구자 사이에는 남한사회에서 인식되고 있는 핏줄 이외에는 연결되는 것이 없었다.

연변의 현지조사 이후 남한사회에 정착 생활을 시작한 또 다른 탈북자들과의 만남은 계속되었다. 이는 현지조사를 위한 만남이 아닌 일상적인 만남의 연속이었다. 이 과정에서 남한 출신인 연구자와 북한 출신인 탈북자는 차이의 경계를 넘어서는 남한사회의 삶 속에서 느끼는 공통적인 요소를 발견했다. 우리는 이유는 각기 다르지만 연구자는 시골에서 서울로, 탈북자는 북한에서 남한사회로 좁게는 서울에서 각자 또 다른 삶을 준비하고 있다는 점이다. 즉 우리는 주변에서 태어나 중심에서 살아가는 방법을 배우며 살고 있다는 소통의 고리를 가지게 되었다.

---

4) 연구자와 탈북자의 직접적인 만남은 2000년 여름 대학원 수업 뒤 대학로에서 다른 대학원생들과 함께 연극을 관람하고 맥주 한잔을 하는 과정에서 이루어졌다. 지금은 10살의 터울에도 불구하고 형이라고 부르는 사이가 되었지만 첫 만남은 연구자의 어색함에서 시작했다. 연구자가 한 첫 한마디는 "저 제가 뵙는 첫 북한 분이십니다. 안녕하세요"였다. 우연한 만남이었지만 그 이후 만남은 계속 되었고 첫 탈북자 만남의 주인공은 탈북자 관련 연구의 주 정보제공자의 위치가 되었다. 그리고 중국 연변의 현지조사(2000년 8월 4일-24일)는 연구자의 첫 인류학 현지조사 경험이다.

5) 연구자가 '국기에 대한 맹세'를 지금도 외우고 있는 것처럼 초등학교 시절(80년대 초반)에 배운 '전우에 시체를 넘고 넘어 앞으로 앞으로 낙동강아 잘 있거라 우리는 전진한다….'라는 동요(?)가 여전히 연구자의 기억 속에 남아있다. 한편 북한 가요인 '반갑습니다'를 친구들과 함께 합창하면서 '아침이슬'에서 느끼는 묘한 설렘과 감동을 받곤 한다. 한편 93학번인 본 연구자는 80년대 운동권 분위기를 단지 경험담으로 듣는 분위기 속에서 대학시절을 보냈다.

3. 남한사회 속의 북한 : 탈북자

남북 간의 만남과 교류가 본격적으로 이루어지기 전에 남한사회는 그 만남에 대한 대비로서 북한사람들과의 만남의 자세에 대한 고민과 변화를 모색할 필요가 있다. 사회통합이란 어느 한쪽이 다른 한쪽을 정복한다거나 이긴다는 개념이 아니라는 점을 인식하는 것이 중요하다(또 하나의 문화 1999: 56). 하지만 북한을 바라보는 현재 남한의 태도는 사회통합과는 거리가 먼 모습을 보이고 있다.

남한은 북한과 체제의 경쟁자적 위치에 있을 때는 북한사회를 적대시했으나 경제력 격차가 현저히 벌어진 뒤에는 동정할 대상, 이끌어주어야 할 대상, 즉 열등한 타자로 인식하게 되었다. 지금까지의 분단 상황에서 남북한의 만남은 민족 내부의 특수한 정치 문제로만 개념화되는 경향이 있었다. 그러나 현실에서 북한을 바라보는 남한사회의 시선에는 가난으로 대상화되는 북한에 대한 애증과 우월감이 자리를 잡고 있다.

이와 더불어 북한사회에 대한 고정관념은 단순히 반북 이데올로기 교육에 의한 것만은 아니다. 남한사회는 사람 자체가 아니라 대상이 속한 집단에 따라 판단하는 경향을 보인다. 외국인 노동자, 조선족 등에 대한 태도는 그들이 속한 사회에 대한 남한사회의 인식이 반영되곤 한다. 이러한 현상은 탈북자를 대하는 모습에서도 보인다. 북한에 대한 남한사회의 시선은 탈북자 개개인에게도 그들이 속했던 북한사회의 이미지로 범주화하는 측면이 있다.

> 나는 특별한 사람이다. 왜? 언제나 붙어 다니는 나의 꼬리표가 나를 특별하게 만든다. '북한사람'이라는 꼬리표. 그 꼬리표는 주위 사람들로 하여금 늘 나를 특별한 시선으로 바라보게 만든다. '저 사람은 어떤 사람일까?' 그 시선 속에 이미 나는 없다. 북한사람만 있을 뿐이다. 나를 찾으러 망명의 길을 택했는데 여전히 나는 없다. 나가 없는 나 어쩌면 나는 나를 영원히 찾을 수 없을지도 모른다(장영철 1997: 320).

위의 사례에서 보듯이, 탈북자는 남한사회가 북한사회를 바라보는 시선의 연장선에 놓여있다. 탈북자들은 남한사회에 살고 있지만 북한 출신이라는 꼬리표를 가지고 삶을 영위하고 있다. 이러한 점을 고려한다면, 소수집단에 대한 남한사회의 고정관념이 북한사회에 살고 있는 상상 속의 북한사람에게 가하는 반응이 아님을 주목할 필요가 있을 것이다. 이제 북한사회에 대한 남한사회의 인식은 남한사회의 일상의 장에서 구체적인 모습으로 벌어지고 있다. 즉 북한사회에 대한 남한사회의 복잡한 심상들이 탈북자라는 소수집단에 그대로 전이되고 있는 것이다.

다시 말해서, 남한사회는 우월한 남한 중심의 시각에서 북한을 경제적으로 낙후한 후진국, 북한사람을 굶어 죽어가는 불쌍한 연민의 대상으로 바라보곤 한다. 이러한 현실에서 탈북자들은 북한사람으로 호명되는 순간 북한에 대한 남한사회의 심상과 자동적으로 연결되어 계속적으로 열등한 존재로 낙인화되는 경향을 보이고 있다. 이처럼 남한사회와 탈북자의 만남은 변하지 않은 동포의 만남만은 아니다. 남한사회는 탈북자의 다름에 대해서 낯설게 받아들이고 있다. 오히려 남한사회의 시선은 차갑기만 하다. 남한사회에 대한 부적응을 탈북자, 그들의 문제로 돌리면서 남한사회는 부적응의 낙인자로 그들을 재현하곤 한다.

4. 남한사회의 이미지 형성과 시선들

남한사회와 탈북자간의 문화적 통합을 이루는 데 있어서 장애요인이 되는 것 중에 하나는 탈북자를 바라보는 '경직된 도식적인 사고'일 것이다. 남한사회의 이러한 사고는 북한, 북한사람, 탈북자 등에 대하여 변화된 원인과 실상을 고찰할 필요성을 느끼지 못하게 하는 경향을 보인다. 알아볼 것도 없이, 남한사회는 이를 너무 잘 알고 있다고 생각한다. 남한사회에 첫발을 디딘 탈북자는 과거 귀순자 시대가 그랬듯이, 정형화된 모습이라고 할 수 있는 막 북한에서 탈출한 듯 허름한 군복 또는 낡은 옷을 입고 있어야 한다.

> 사람들은 의아해 했습니다. 여느 한국인과 다를 바 없는 복장 … 양복이나 구두 같은 것은 한국으로 출발하기 전에 대사관측에서 지급한 물건일 수 있으니 그렇다 칩시다. 이 날 눈길을 끌었던 건 스무 살 먹은 한 신세대 탈북자의 행색이었습니다. 그는 붉은 갈색으로 머리를 염색하였고, 검은 선글라스까지 걸친 채 카메라를 향해 손가락으로 V표시를 해 보였습니다. 그날 점심시간, 한 신문사 기자와 식사를 했습니다. 탈북자들의 계속되는 대사관 진입 문제가 화제로 올랐고, 아침 신문에 실린 그 한 장의 사진이 또한 입방아에 올랐습니다. 그 기자 분이 그러더군요. "아침에 그 사진 봤어요? 양아치 새끼가 따로 없더구먼. 탈북자들이 몰려오니 이젠 별의 별 녀석이 다 오네 …." 그날 저녁 늦게, 중국에서 탈북자들을 많이 만나 본 한 유학생과 인터넷 채팅을 했습니다. 그 유학생이 말하더군요. "아침에 인터넷을 통해 저도 사진을 봤습니다. 그 친구 대단히 위장을 잘했더군요. 요즘에 검문을 피해가려면 그 정도로 꾸미고 다녀야 합니다"(곽대중 2002: 2-3).

위의 사례에서 나타나듯이, 탈북자에 대한 남한사회의 이미지는 단순화・일반화와 이분법적인 논리로 구성되는 특징을 보인다. 탈북자는 기근과 관련된 이미지에서 벗어나서는 안 되는 존재가 되어 버린 면이 있다. 탈북자가 정형화된 이미지에서 일탈하는 경우, 탈북과정에서 그들이 선택한 생존의 전략들은 그들을 이해하는 방편으로 작용하기보다는 그들을 차별과 편견으로 대하는 기제로 작동을 하게 된다.

한편 탈북자에 대한 논의는 남한사회의 변화 없이 탈북자만의 적응 내지 동화를 다루는 식의 도구적이며 전략적인 특성을 지녀왔다. 적응시켜야할 대상으로 탈북자를 지칭한다는 것은 적응시키는 주체(남한사회)는 변할 필요를 느끼지 못한다는 것을 드러낸다. 이러한 인식은 단지 소수자인 대상자들이 일방적으로 주류 사회에 맞추어 변화해야 한다는 것을 전제로 하고 있다. 그러나 이러한 접근은 차이만을 강조하고 삶의 다층성은 외면하는 오류를 범할 우려가 있다.

이와 관련해서, 본 연구자가 주목하는 현상은 다음과 같다. 그동안 남한사회에 형성되어 있는 탈북자의 이미지 형성은 접근의 어려움 때문에 제한된 측면이 있다. 그 결과 탈북자에 대한 이미지는 남한사람과 탈북자의 일상적인 상호작용으로 만들어진 것보다는 대중매체의 보도, 지원 단체 활동가의 경험담, 소수의 개인 학자들에 의해 진행된 연구물들이 생산한 시선이라고 할 수 있을 것이다. 따라서 담론을 만드는 남한사회의 주체가 어떻게 탈북자에 대한 이미지를 구성하고 있는지 살펴보고자 한다.

1) 대중매체 : 상상적 관념의 대상인 탈북자

비교적 탈북자의 수가 늘어났다고 하지만 남한사람들이 탈북자들과 직접 접촉할 기회는 아직까지는 한정되어 있다고 할 수 있다. 그러나 남한사회에서 탈북자는 일상적으로 쉽게 접촉할 수 없지만 이미 익숙한 존재이기도 하다. 그들의 이야기가 자주 언론에 보도·방영되고 있기 때문이다. 정기 간행물에서도 드물지 않게 특집의 형식으로 탈북자 이야기가 다루어진다. 따라서 일반적인 남한사람들이 인식하고 있는 탈북자란 실제로 일상의 장에서 만나는 체험된 존재라기보다는 대중매체에서 얻은 정보를 바탕으로 조합된 상상적 관념으로서의 탈북자이기 쉽다.

언론매체에서는 탈북자의 중국에서의 삶, 탈출 과정, 남한에서의 정착 모습 등을 보여주고 있다. 그들은 '북한 여성 표적 인신매매 활개', '그림자와 속삭임', '버림받은 인간 탈북자 - 우리는 인간이 아니다', '탈북 청소년들 방황의 끝은', '탈북자 사건 악재로 또 꼬이는 남북관계', '탈북자들 국내 정착 가시밭길' 등의 기사제목을 통해 묘사된다.

> 꽃제비는 북한 식량난의 참상을 대변하는 용어가 되었다. 장마당을 기웃거리며 먹을 것을 찾아 헤매는 북한 어린이의 모습이 식량난의 비극을 단적으로 보여주고 있는 것이다. 그런데 북한 땅을 배회하던 꽃제비들이 이제 중국의 국경도시로 흘러 들어오고 있다. 그 수는 옌벤 조선족 자치주에 2천여 명이나 된다고 한다.… 아버지는 고향 무산에서 탄광 노동자였는데 지난해 8월 식중독에 걸려 사망했다. 졸지에 아이와 열다섯 살 오빠, 아홉 살 동생 등 세 형제가 고아가 되어 무산 장마당에서 꽃제비 생활을 했다. 그러나 그곳에서도 먹을 것을 구하기가 어려웠다. 그러다가 지난 2월 동생이 설사병으로 죽었다.[6]

탈북자 문제가 제기되면 주류 언론들은 조건 반사적으로 북한의 변화·통일 대비에 관련된 기사와 더불어 탈북자 관련 기사를 특집으로 다루곤 한다. 중국 내 탈북자 상황을 직접 경험하지 못하는 대다수 남한사람들이 그들을 알 수 있는 방법은 대중매체를 통해서다. 그러나 대중매체가 보여주는 탈북자의 모습은 도움이 절실히 필요한 '못살고 불쌍한' 주변적 인간이다. 즉 탈북자 문제에 접근하는 국내 언론의 태도를 보면 가난해서 배고파서 온 사람들이니까 경제적으로 해결해준다면 된다는 식이다.

하지만 이러한 탈북자 관련 보도는 또 하나의 소수집단에 대한 구별 짓기 양상을 보여주고 있다. 구조적 분석이나 실천적 작업에 대한 뒷받침 없이 간헐적으로 공개되는 기근 피해자들(주로 아동들)의 참혹한 사진이나 다큐멘터리, 혹은 그들의 삶에 대한 선정적인 기사들은 남한사회에서 탈북자들을 대상화, 이질화시키는 결과를 낳기도 한다. 또한 이런 종류의 자극이 일상화되면서 남한사회는 그들의 고통에 대해 둔감해지고 만성적인 무관심으로 대하게 된다. 따라서 언론기관 스스로 이 문제의 해결이 필요하다는 참여의 자세가 없이 탈북자 문제를 다루면 이 일은 다만 어찌할 수 없는 일, 우리와는 관계없는 일이 되는 것이다(정병호 1999b: 257). 이러한 과정을 거치면서 탈북자에 대한 남한사회의 관심은 더욱 옅어지는 경향을 보인다.

탈북자의 비참한 현실을 통해서 북한의 기근을 보려는 것이 대중매체의 또 다른 의도이다. 탈북자가 비참한 생활을 하는 배경에는 북한이 기근 속에 있다는 것이다. 탈북자 문제를 탈북자와 북한 정권의 연관 관계로 파악하고자 하는 언론 보도의 경향은 결국 탈북자를 불쌍한 존재로 부각시키는 한편, 그 책임을 북한 정권에게로 돌려버리고 만다. 또한 멀리서 고통을 바라봄으로써 얻을 수 있는 메시지 가운데 하나는 어떻든 남한사회가 북한사회보다는 낫다는 점이다. 위험과 기근에 처한 탈북자의 현실을 통해서 남한사회는 우월한 도덕적·정치적 지위를 획득하게 된다.

한편 탈북자에 관한 이른바 미담 기사들도 그들을 불쌍하게 이미지화하는 데 일조한다. 미담 기사의 대부분은 남한사회의 지원 단체나 선교 단체 등이 나서서 그들의 어려움을 해결해 주고 격려하는 내용들이다. 즉 남한사회가 그들에게 뭔가 시혜를 베푸는 것 같은 인식이 들게 한다. 여기에서 남한사람들은 선량한 시혜자로서 탈북자들은 동정 받는 수혜자로 부각되는 것이다.

> 가정의 달을 맞아 전국 각지에서 어린이와 가족을 위한 다채로운 행사가 계획되고 있는 가운데 국내 정착 과정에서 여전히 어려움을 겪고 있는 탈북자와 북한 어린이를 돕기 위한 교계의 행사가 활발하게 전개되고 있다. 한국기독교총연합회는 지난 1일 제3국을 거쳐 입국한 탈북자들이 정착교육을 받고 있는 하나원을 방문, 170여명의 교육생들과 함께 이들을

6) 『시사저널』 1999년 5월 27일자, 〈주린 배 움켜쥐고 거리 헤매는 '꽃제비'/탈북어린이, 연변에만 2천명…한뎃잠 자며 구걸로 연명〉.

> 위로하는 시간을 가졌다. 임원 등 한기총 관계자들은 이날 북한이탈주민들과 준비해간 떡과 음료를 나누며 애찬을 같이 했다. 또 하나원 내에 있는 하나 교회에서 함께 예배를 드린 뒤 성경책과 영어교육교재, 화장품 등을 전달했다.[7)]

위의 기사 내용처럼 외국인 노동자, 조선족과 더불어 탈북자들은 명절이나 새해에 언론매체를 통해서 남한사회의 소외된 계층·이웃의 단골 메뉴로 자리를 잡고 있다. 본래 취지와는 다르게 이런 보도들이 반복됨으로써 남한사람들에게 탈북자는 불쌍한 존재, 동정과 연민의 대상으로 각인될 수 있다는 점을 대중매체는 간과하는 면이 있다. 최근 들어서는 탈북자들의 범죄에 관한 보도도 늘고 있다. 일부 탈북자에 의한 범죄가 집단적으로 처리됨으로써 특정 개인의 일탈이나 잘못보다는 탈북자라는 소수집단 전체의 저질성, 범죄성이 형상화된다. 이처럼 문제 혹은 사건 중심의 언론 보도는 탈북자들을 불쌍한 존재임과 동시에 부적응자로 재현한다. 남한사람들에게 상상적 관념 속에 인식되는 탈북자는 동정과 연민의 대상이기는 하지만 뭔가 가까이하고 싶지는 않은 존재로 인식되는 것이다.

탈북자에 대한 대중매체의 타자화는 인식론적 불평등이라는 특성을 가진다. 이러한 대중매체의 이미지 형성은 서구적 인식틀로서 세계를 재단하는 이른바 오리엔탈리즘의 한 단면이라고 할 수 있다. 여기에서 문제가 되는 것은 주체와 객체의 관계가 위계적 권력관계라는 점이다. 이러한 시선으로 탈북자를 보도하는 접근은 탈북자의 위치를 주변화 하는 결과를 초래하고 있다.

> 탈북자 드라마 등장, 시사 프로그램들은 탈북자들에게 더 많은 관심을 가져야 한다는 취지 아래 기획되었을 것이다. 그러나 막상 그 프로그램들이 방영된 후 해당 게시판에는 탈북자들의 항의가 빗발쳤다. 드라마가 싱크대에서 머리를 감는 모습을 보여주는 등 마치 예전에 농촌 사람들을 비인격적으로 다루었듯이 탈북자들의 수치심을 자극하는 모습들을 보여주었기 때문이다. 게다가 탈북자들의 현실을 알아본다고 하지만 여전히 적응하지 못하고 있는 모습만을 비춰 줄 때 그렇지 않아도 부적응자로 사회에 낙인찍혀 있는 탈북자들의 이미지를 더욱 고정시킨다는 점에서 반감을 불러일으켰던 것이다(김성민 2001: 284).

탈북자 관련 내용을 접하는 것은 그들을 이해하기 위한 하나의 방편이다. 그러나 이러한 보도가 오히려 탈북자를 알아가는 길을 저해하는 작지만 중요한 원인이 될 수도 있는 것이다. 즉 서로 어울려 살기도 전에 이미 탈북자에 대한 남한사회의 이질감만 심화시키는 결과를 낳고 있다는 사실을 상기할 필요가 있다. 대중매체에서 반복되는 탈북자에 대한 부정적인 이미지들은 탈북자에 대한 남한사회의 비인간적 관리를 정당화하는 효과를 생산해낸다. 이러한 이미지들은 고정관념을 일반 대중들에게 심어줌으로써 결과적으로 차별을 합

7) 『국민일보』 2002년 5월 6일자.

리화한다. 나아가 같은 민족이요 우리의 동포로 명명되지만 실질적으로 이들은 우리와는 구분되는 타자가 되고 있다. 이러한 남한사회의 현실에서, 탈북자가 남한사회에서 살아가는 과정 속에는 탈북자라는 꼬리표가 따라다닌다.

2) 접촉의 오류 : 부적응 담론의 재생산

탈북자에 대한 남한사회의 담론을 생산하는 주체는 대중매체 외에 그들을 직접 접촉하는 시민단체 자원봉사자들의 경험담 그리고 탈북자들을 연구대상으로 하는 학자들의 연구 보고서이다. 하지만 그들의 담론은 대부분 탈북자의 부적응을 위주로 다루는 경향을 보인다. 담론의 생산 주체가 부적응에 초점을 맞추어 탈북자들을 다루는 과정에서 탈북자들은 남한사회에서 '말썽 많은', '불안 요소를 안고 있는' 문제 집단으로 낙인찍히고 있다.

연구자들의 고정관념/주장이 어느 정도 사실에 기반을 두고 있다는 것은 부인할 수 없다. 하지만 이들을 단순히 부적응자로 비유하는 것은 단순화의 오류를 범하는 면이 있다. 또한 연구자들은 자문화중심주의로 탈북자를 바라보는 경향이 있다. 연구자들은 남한사회의 문화에 대해 옳고 그름을 따지지 않고 내면화한 채, 이것을 기준으로 탈북자들을 차별화하고 심지어는 이상자(異常者)로 취급하곤 한다. 그들은 '하나원'에서부터 문제아로 지적된다. 다음 내용은 2002년 8월 한 세미나에서 발표된 탈북자에 대한 언급의 일부분이다.

> 재북·재중 등 제3국 체류가족의 안위문제, 외로움, 새로운 남한사회 정착에 대한 두려움 등으로 일부는 수시 음주 경향을 보이고 있다. … 일부 교육생(약 3-5%)은 이기적 성격과 범죄 경력 등 악성 인성 불량자로서 각종사고 유발 개연성을 내포하고 있다. 이들의 음주·폭행·공무집행 방해 등 돌출행동으로 교육 분위기 훼손 사건이 발생하고 있으며, 이 경우 대부분 현행 법·규정체계로는 효과적인 제재가 곤란한 상태여서 이로 인한 통제 불능 사태가 종종 초래하기도 한다.[8]

탈북자들은 대부분 제3국에서 난민의 경험을 한 뒤 남한사회로 들어오는 사람들이다. 난민들은 정치적, 경제적, 제도적 모순이나 폭력 등의 결과로 그 내면에 치유하기 힘든 깊은 상처를 새기게 된다. 때로는 이들을 부정적으로 규정하는 사회적 담론이나 정책적 개입을 통해 그 상처가 더욱더 심해지기도 한다(장수현 2001). 이러한 점을 고려한다면, 한계상황 속에서 느꼈던 불안과 공포의 경험 때문에 남한사회에 입국한 뒤에도 얼마간 이들이 비정상적이고 특수한 반응을 나타낼 수 있다는 것은 짐작 할 수 있다. 그러나 이들을 위해서 자원봉사활동에 종사하는 사람들 가운데 그러한 특수성을 충분히 고려하지 않은 채 부정적 시각에서 그들을 일반화시키는 사람이 적지 않다.[9]

---

8) 2002년 8월 바른 사회를 위한 시민회의 주최 "탈북자 지원 대책 심포지엄" 자료집.

탈북자 관련 단체 자원봉사자들이 내놓고 이야기하지 못하는 속앓이가 있다. 탈북자들이 너무 이기적이어서 자신에게 이익을 주는 사람하고만 관계를 맺으려 하고 자원봉사자에 대해 고마워하지 않는다는 것이다. 국내에 들어온 지 3-4년이 지났지만 '나라가 직업을 줘야 한다'는 인식 전환이 되지 않은 탈북자도 여럿 있다.[10)]

북한이탈주민에 대한 봉사활동을 몇 년 동안 해오면서 가장 힘들었던 것은 이들의 이기주의적 태도였다. 이들은 너무나 이기적이어서 자신의 이익 외에는 어떠한 관심도 없으며, 자신에게 경제적 이익을 줄 수 있는 사람하고만 관계를 맺으려 한다. 또한 타인의 지원과 봉사에 대해 전혀 감사한 마음을 갖지 않는다. 이러한 태도를 보면서 봉사활동에 대한 회의가 들었다 위의 내용들은 통일부 정책자문회의(2001. 3. 3)시 북한이탈주민 관련 봉사단체 대표자들이 공통적으로 제기한 내용들이다(윤여상 2001: 103).

위의 내용에서 알 수 있듯이, 문제는 탈북자에 대한 고정관념이 접촉자들 개인의 의식적인 차원에만 머물지 않고 있다는 것이다. 이와 같은 언급들이 분석과 비판을 거치지 않은 채 언론과 연구자들에 의해서 그대로 남한사회에 전달되고 있다. 이러한 과정들을 거치면서 만들어진 담론들이 남한사람들이 공유하는 탈북자에 대한 고정관념을 재생산하는 기제로 활용되는 측면이 존재한다.

하지만 탈북자의 부적응으로 보이는 모습은 이들의 본질적인 성향이라기보다는 상황적 특성에 기인하는 면이 있다. 좀 더 구체적으로 말하자면, 탈북자들이 보이는 모습은 하나원이라는 특수한 공간에서 벌어질 수 있는 상황 또는 제3국에서 경험한 극도의 긴장감이 완화되는 과정 그리고 초기 정착 생활 과정에서 생활에 필요한 것들이 결핍되어 있는 상태에서 나타날 수 있는 상황적 특성이라는 측면을 고려해야 될 것이다.

한편 남한사회에 입국하는 탈북자들은 대부분 탈북자 관련 시민단체와 종교 단체의 도움으로 들어오는 경우가 많다. 그들이 남한사람들의 지원을 받아 들어오기 위해서는 제3국에서 어느 정도 남한사람들의 가치관과 기준에 적응해야 하는 것이 현실이다. 하지만 접촉자들은 탈북자의 정착 과정만을 보고 그들을 판단하는 경향을 보인다.

이러한 탈북자가 처한 입장을 생각한다면, 그들을 둘러싼 부정적인 담론들이 현실에 대한 정확한 판단에 근거하지 않은 면이 있음을 알 수 있다. 즉 탈북자에 대한 담론은 부분으로 전체를 규정하고 특수성을 일반화시키는 오류를 범하는 경향이 있다. 따라서 고프만(1995)이 지적했듯이, 탈북자의 부적응 담론은 그들의 남한사회에서 적응 양상을 그들의 본

9) 장수현은 중국 체류 탈북자에 대해서 다음과 같이 말하고 있다. "북한 난민들은 단순히 생존하고 있는 것이 아니라 그들을 위기 속으로 몰아넣는 사회적 힘들의 압력 앞에서 끊임없이 정신적 고통을 앓고 있으며 선명한 핏빛 내상을 드러내고 있다. 이제 우리는 단순히 난민 문제의 정치·경제적 해결책뿐 아니라 그 심리적·정신적 세계를 치유할 수 있는 좀 더 인간 중심적이고 종합적인 해법을 강구해야 할 것이다"(장수현 2001: 232).

10) 『한겨레』 2002년 4월 8일자, 〈이기적인 탈북자?〉.

원적 결함의 직접적인 표현으로 인식하고 거기에 근거하여 차별적 대우를 합리화시키는 오점 만들기(stigmatizing)의 한 형태라고 할 수 있을 것이다.

이런 시각에서 본다면, 탈북자에 대한 담론을 만들어 가는 주체들의 문화 상대주의적 시선과 자기 성찰이 요구된다. 편견에 기초한 원인 진단과 대책은 어느 정도 정책적 효과가 있음에도 불구하고 편견을 지속시켜 결국은 여전히 그들을 차별하는 구조 속에 가둬두는 한계를 지닐 수밖에 없다. 문화 상대주의는 북한사회의 행위와 사고가 비판 없이 받아들여져야만 한다는 것을 의미하지는 않는다. 오히려 그들이 위치한 삶의 맥락에서 문화유형을 이해하는 것을 뜻한다.

5. 타자화된 이방인으로서의 탈북자

남한사회는 "남한사회에서 탈북자는 누구인가"라는 질문에 공식적인 답을 가지고 있다. 그것은 그들이 한민족·동포라는 것이다. 남한사람들에게 탈북자는 의문의 여지가 없는 한민족으로 인식되어 왔다. 남한사회는 그들을 한민족이라고 믿어왔고 한민족이라고 대답을 하면서 탈북자 문제 해법을 민족 속에서 찾으려는 입장을 취하곤 한다.

하지만 남한사회의 일상의 장에서는 그들을 둘러싼 남한사회의 편견과 고정관념이 그들을 규정하고 있다. 비록 탈북자 시대의 탈북자들은 남한사회에 정착 생활을 막 시작했다고 할 수 있지만 남한사회에는 이미 귀순자 시대부터 형성되어온 그들에 대한 통념이 존재한다. 따라서 남한사회가 탈북자들을 어떤 식으로 위치 지우면서 그들에 대한 통념을 강화 또는 재형성하고 있는지를 다루고자 한다.

1) 상상의 민족과 비국민

대부분의 탈북자들이 남한사회로 올 결심을 하게 되는 배경에는 그래도 남한사람들이 한민족이기 때문이라는 인식이 있다. 즉 우선 말이 통하고 그래도 같은 민족·핏줄이라는 것이다. 그러나 막상 남한에 와서는 자신들이 가지고 있던 남한사회에 대한 한민족·동포라는 개념은 남한사회의 국민에 대한 인식 앞에서 벽을 느끼게 한다. 탈북자 관련 홈페이지에 '이 나라를 위하여 벽돌 한 장 쌓은 적이 없는 너희들이 무슨 자격으로 손을 내미는가' 라고 말하는 남한사람들의 글에서 보듯이, 남한사회는 탈북자를 남한사회의 건설에 전혀 도움을 주지 않은 존재로 바라본다. 다음 내용은 탈북자 관련 세미나나 언론에서 흔히 나오는 말들이다.

남한사회에서는 스스로 책임을 져야 한다는 것을 빨리 터득하고 베풀어주는 것에 대해 고마움을 가져야 한다. 남한에는 탈북자들보다 경제적으로 어려운 사람들이 많이 있어도 불평 않고 열심히 일하면서 살아가고 있다는 현실을 빨리 익혀야 한다.[11)]

우리 사회 젊은 청년들과 시민들이 30년 간 이어져 온 군사독재 체제와 피 흘려 가며 싸울 때, 그들이 우리 사회와 국가 발전을 위해서 무슨 지원을 하였으며, 김일성·김정일 부자의 공산독재체제에 개선을 위해 무슨 노력들을 하였는가?[12)]

위의 사례처럼 남한사람들은 남한사회에 살고 있는 탈북자를 막상 접하게 되면서는 생각이 복잡해지고 분산된다. 북한 변경에 흩어져 있는 탈북자의 난민 지위 부여 문제라든가 북한 수용소 내의 북한 주민들에 대한 인권 보호 문제와 같이 그들을 남한사회와 독립된 따로 떨어진 집단으로 볼 때는 동정심과 민족 감정이 살아 있으며, 열의가 있다. 그러나 일단 그들이 남한사회로 편입되어 남한사람과 같은 주권을 가진 국민으로서 생활하게 되면 사정이 달라진다. 그들은 단지 도와야 할 대상만은 아니다. 남한사회에서는 탈북자 이외에도 실업자, 노숙자, 장애인과 같은 사회적 약자 층이 있는데, 과연 탈북자를 특별 대우하는 것이 정당한가 하는 형평성의 문제가 논란의 대상이 되는 것이다.

이 때 탈북자들의 특수한 신분과 처지는 고려되지 않는다. 오히려 남한사회의 국민들 사이의 형평성 문제를 제기하면서 그들을 비국민으로 바라보는 경향이 강하다. 이런 까닭에 탈북자들은 남한사회에 입국하면서 국민이 되지만 그들은 국민 속에 차별을 받는 비국민이 되는 것이다. 이처럼 남한사회는 탈북자들을 한민족이라고 말을 하면서도, 동시에 비국민 이미지를 씌우는 모습을 보이곤 한다.

한편 탈북자를 대하는 남한사회의 이와 같은 태도는 남한사회에서 국가를 초월한 민족이란 상상 속에서만 존재하는 것임을 보여주는 예가 될 수 있다. 이러한 맥락에서 남한사회의 민족의식은 국가 체제의 경계를 넘어선 포괄적인 것으로 인식되고 있지만, 실상 남한사회의 민족의식은 남한 중심이며 좁게는 대한민국이라는 국민국가와 연계된 민족의식이라고 할 수 있을 것이다. 다시 말해서, 국민과 민족이 등치될 것이 요구되는 남한사회에서 탈북자의 위치는 비국민과 상상의 민족으로 자리매김하고 있다고 할 수 있을 것이다.

2) 배신자

대부분의 탈북자들은 제3국 체류 기간 동안 북한으로 넘겨진 이후에 받게 될 심한 처벌과 조국을 배반한 사람으로 낙인찍힌 후의 암담한 미래에 대한 우려 등의 공포에 빠진다. 그러나 그런 자들이 남한에 오면 또 한 번 배반자가 된다. 남한사회에는 '뭉치면 살고 헤어

11) 2002년 8월 바른 사회를 위한 시민회의 주최 "탈북자 지원 대책 심포지엄" 자료집.
12) 『북한』 1996년 5월호.

지면 죽는다'는 속담이 있다. 이 속담은 사실상 식민지적 시대를 살아남는 기본 원리였다. 그리고 그 뭉침의 단위는 민족과 가족이었다.

이러한 세계관은 집단의식 중에서 가장 열정적인 정서를 토대로 적과 우리의 이분법적 구도를 민족·국가 구성원에게 철저히 내면화시킨다. 이러한 민족주의와 애국심 동원은 합리적 사고를 막는다. 탈북자가 북한을 탈출하였다는 사실은 남한사회가 그들을 배반자로 보는 이유가 되기도 한다. 탈북자가 배반한 것이 남한사회의 적대 국가임에도 불구하고 나라와 가족을 버렸다는 사실은 남한사회에서 그들을 민족과 가족에 대한 배반자로 인식하는 요소로 작용하는 면이 있다.

> **윤명찬 전 북한대표팀 감독**
>
> "한때 제자였는데 떳떳하게 나설 수도 없고…."
>
> 귀순한 전 북한대표팀 감독 윤명찬씨(53)가 오는 7일 남북통일축구 맞은 소회는 남다르다. 리정만 감독(43)과 윤정수 코치가 그의 제자였지만 북을 배반한 귀순자 신분인 대다 남한사회에서도 실업자로 찬밥신세를 면치 못해 차마 운동장으로 발걸음을 떼기가 쉽지 않다. … 98년 7월 탈북 99년 4월 서울로 단신 귀순한 뒤 부인과 아들딸 두 자녀를 서울로 불러 현재 서울 신정동 17평 아파트에서 힘들게 살아가고 있다.[13)]

> 주위 분들의 관심과 배려에도 불구하고 적응하기란 쉽지 않았다. 여러 가지 문제 중에서도 역시 가장 큰 벽은 북한에 남겨 두고 온 가족에 대한 걱정이었다. 강연이나 여러 사람을 만날 때 끊임없이 물어오는 것이 가족에 대한 문제였고(물론 그들은 나쁜 마음으로 질문을 했던 것은 아닐 것이다) 이런 질문을 계속해서 받는 나로서는 가슴 아픈 상처가 악몽처럼 계속 되살아나 견디기 힘든 상황으로 몰아갔다. 이것은 아마도 나뿐만이 아닌 부모형제와 생이별을 각오하고 사선을 넘어온 모든 사람들이 겪는 고통일 것이다(강철환 1996: 71).

남한사회에서 충과 효는 중요한 덕목으로 강조되고 있다. 한편 남한사회는 모든 판단과 결정에 있어서 '민족적인 것'이 항상 우위에 서는 경향을 보인다. 따라서 그것을 위해 개인은 수단화되며 개인의 이익과 행복은 '이기적인 것'으로 매도되며 죄책감의 원천으로 인식된다(권혁범 2000: 9). 국가와 가족이 강조되는 남한사회의 원리 앞에서 탈북자들은 무기력해진다.

최근 들어 많은 탈북자들이 가족단위로 입국하고 있으며, 또 혼자 온 경우에도 정착금을 이용하여 북한에 남아있는 나머지 가족을 입국시키는 경우가 있다. 그리고 탈북자 중에는 나머지 가족이 기근으로 인하여 사망한 경험을 가진 이들도 있지만, 여전히 남한사회는 그

---

13) 『스포츠서울』 2002년 9월 4일자, 〈내 제자들을 먼발치서 봐야하다니…/ 7일 남북축구…북한대표팀 내한 앞두고 귀순축구인의 '착잡한 심경'〉.

들을 조국과 가족을 버리고 온 자들로 인식한다. 강연장이나 사적인 자리에서 탈북자들은 남한사람들로부터 가족에 대한 질문을 받게 된다. 남한사람들은 그들로부터 북한에 가족이 있다는 말을 들으면서, 가족을 두고 올 수밖에 없었던 전후 사정보다는 가족보다는 개인의 삶을 우선시 하는 자로 인식하는 경향을 보인다. 남한사회는 그들을 배반자의 삶으로 살게 하고 있다. 한번 배신한자는 또 배신한다는 남한사회의 선입견은 그들에게 배신자라는 이름으로 도덕적 열등성을 부여하곤 한다.

3) 가난한 자

정권안보 차원의 귀순자 존재가 인식되던 시기에서 남한사회의 경제성장과 북한과의 직접적인 인적교류 기회의 증가, 사회주의권 몰락과 북한사회의 위축 등의 변화는 탈북자를 바라보는 시선의 전환을 가지고 왔다. 남한사회는 북한사람과 탈북자의 상대적으로 취약한 생활상을 보고 그들을 불쌍한 사람들로 바라보는 여유가 생겼다. 탈북자를 남한사회에 비추어 어딘가 모자라는 주변인으로 취급하는 양상도 동시에 자라나고 있다. 이는 탈북자가 처한 현실을 올바르게 이해할 수 있는 자세가 아니다.

> 나는 순종을 잘하고 처세를 잘하여 아주 잘 나가는 사람 중의 하나였다. 34살 나이에 다른 세계에 뛰어든 나에게 또 다른 충격이 기다리고 있었다. 당연히 긍정적인 의미의 충격도 있지만 부정적인 것도 적지 않다. 남쪽 사람들 앞에서 내가 헐벗고 굶주린 모습으로, 무식하고 실수를 연발하는 맹구가 되어야 한다는 것을 알았을 때 충격이 심각할 수밖에 없었다. 나는 아주 잘 나가는 대기업에 취직하게 되었는데, 같이 일하는 상사나 동료들이 나를 접했을 때 반응은 하나 같이 '북한에서 온 것 맞냐?'하는 것이었다. … '귀순자답게, 북한사람답게 열심히 살아라!' 이것이 그들이 나에게 수시로 주입하고자 하는 말이다(김수행 2000: 133).

탈북자들은 자신들을 북한사람들과 동일시하며 굶주림이나 생활고에 찌들어 있는 것으로 연상하는 것을 몹시 거북해 한다. 물론 기본 탈북의 동기는 생활고가 주를 이루고 있지만 탈북자들 중에는 북한에서의 생활이 비교적 나은 편에 속하는 사람들도 있다. 최근의 탈북 및 입국 경로는 육상이나 해상으로 군사 분계선을 통해 단 시간 내에 넘어오는 것이 아니라, 제3국을 경유하여 들어오기 때문에 극단적으로 생활고에 시달리는 사람들이 남한사회까지 진입하는 것은 매우 어려운 일이라고 할 수 있다.

좀 더 구체적으로 살펴본다면, 최근 입국하는 대부분의 탈북자들은 제3국에서의 장기체류 경험을 가지고 있다. 그곳에서 탈북자들이 생활하기 위해서는 일용직 노동자로 일을 하거나, 현지 주민 및 남한사람의 도움, 예를 들어 선교사・주재원・유학생의 도움을 받아

생활을 하기도 한다. 또한 주 체류지인 중국은 자본주의 체제로 전환이 진행 중이다. 따라서 탈북자들은 자본주의에 대한 최소한의 경험을 가지고 있다. 또한 특별한 경우를 제외하고는 탈북자들은 남한사회의 편입에 상당한 자금이 필요하다는 사실을 인지하고 있고 이를 위해 다양한 전략을 구사한다.

즉 그들은 누구보다도 자신의 목숨과 바꿀 수 있는 돈의 위력을 몸소 체험한 사람들이다. 그러나 남한사람들은 이를 알고자 하지 않으며, 기본적으로 그들을 가난한 자로 인식하고 있다. 남한사회에서 탈북자는 단지 북한 인권의 희생물과 기근의 대명사로 각인되고 있으며, 간혹 동정과 안타까움의 시선을 받아야 하는 타자의 위치에 놓여있다.

6. 남한사회의 자화상 : 탈북자가 쏘아올린 작은 공

"동포 여러분 형제 여러분 이렇게 만나니 반갑습니다.
얼싸안고서 웃음이요 · 절 싸안고 눈물이니
우♬ 닐리리야 반갑습니다. 반갑습니다.
반갑습니다. 반갑습니다."

남한사람들은 막연하게나마 휴전선 넘어 살고 있는 북한사람들을 생각하며 '우리의 소원은 통일'을 부르던 시절에 대한 기억이 있다. 21세기의 남한사회는 통일의 노래와 더불어 '반갑습니다'라는 노래가 불리는 시대에 살고 있다. 한편 남한사회에는 상상 속의 북한사람이 아닌 함께 살아가고 있는 탈북자들이 있다. 이제 남한사회와 그들의 만남은 집단과 개인의 만남이 아닌 남한사회와 북한 출신이라는 정체성을 가지고 있는 집단의 만남이 되고 있다. 그러나 탈북자에 대한 남한사회의 반응은 '반갑습니다'라는 북한 가요의 내용과는 사뭇 다른 양상을 보이고 있다.

오히려 남한사회는 탈북자에 대해서 알려고 하지 않는 경향을 보인다. 마치 "사람들은 아버지를 난쟁이라고 불렀다. 사람들은 옳게 보았다. 아버지는 난쟁이였다. 불행하게도 사람들은 아버지를 보는 것 하나만 옳았다. 그 밖의 것들은 하나도 옳지 않았다(조세희 1998: 68)"처럼 남한사회는 그들이 북한사회에서 왔다는 사실 하나만 옳게 보고 있다. 이러한 북한 출신이라는 꼬리표는 남한사회에서 탈북자의 삶을 규정하고 있다.

따라서 남한사회에서 탈북자 존재는 '우리는 하나다'라는 의미를 되새겨보게 하고 있다. 그들의 존재는 남한사회가 어떻게 살아왔는가와 어떻게 살고 있는가를 보여주는 거울이 되고 있다. 즉 탈북자가 남한사회에서 처한 위치는 남한사회의 민족의 범주와 경계선에 대한 인식 변화와 남한사회에 살고 있는 소외받는 소수집단들의 삶의 한 단면을 보여주는 자화상이다. 이런 모습은 민족 정체성에 의해서 탈북자가 남한사회에 동화될 것이라는 믿음과는 괴리가 있음을 보여주고 있다.

지금까지 '우리는 하나다'라는 절대적 명제하에서 탈북자에 대한 남한사회의 담론은 탈북자의 부적응에 초점을 맞추고 있는 듯하다. 남한사회는 민족이라는 잣대로 탈북자의 일방적인 동화만을 강요하는 경향을 보이고 있다. 그 결과 남한사회에서 탈북자의 존재는 귀찮은 존재, 이방인으로 인식되는 경향을 보인다. 탈북자의 적응 문제에 대한 남한사회가 중심이 된 민족이라는 잣대는 그들의 부적응만을 만들어내는 한계를 드러내고 있다.

하지만 민족이라는 획일적인 잣대에서 벗어나 탈북자를 소수집단으로 바라보면 그들의 부적응 문제의 원인을 다양하게 볼 수 있는 시선이 제공된다. 남한사회에서 탈북자의 부적응은 그들의 문제임과 동시에 그들에 대한 남한사회의 부적응과 구별의 문제도 되는 것이다. 소수집단의 부적응은 남한사회의 구조의 문제로 파악할 수 있는 것이다. 이런 관점에서 본다면 탈북자들이 소수집단으로 형성 및 재생산되는 모습은 다름에 대한 남한사회의 구별 짓기가 빚어낸 단면으로 바라볼 수 있을 것이다.

이러한 맥락에서 남한사회에서 탈북자는 '우리는 하나다'의 그림자라고 할 수 있을 것이다. 남한사회는 탈북자를 한민족이라고 부르면서도 한편으로는 그들을 남한사회에서 동포의 삶보다는 차이를 근거로 구별되어지는 소수집단으로서의 삶을 살게 하고 있다. 결국 남한사회에서 '우리는 하나다'는 탈북자를 남한사회로부터 구별해내는 이데올로기로 작용을 하고 있다. 따라서 남한사회는 그동안 당연하게 여겼던 한민족의 범주와 그 경계선의 변화양상에 대한 재검토를 필요로 하고 있다. 요컨대, 남한사회와 탈북자들은 이제까지 당연시되어 왔던 '우리는 하나다'에 대한 새로운 정의가 필요한 시대에 살고 있다.

이와 동시에 남한사회에서 탈북자 존재가 던져주는 화두는 남한사회의 성찰이다. 즉 서로 다른 방식으로 변화되어온 사회에 대해서 알아가는 자세가 남한사회에 요구되는 것이다. 탈북자를 통해서 남한사회는 '우리는 하나다'라는 인식에서 벗어나 서로의 다름을 인정하면서도 구별하지 않고 공존하는 방법을 배우는 자세가 필요하다. 다시 말해, 각기 다른 사회에서 자라고 교육을 받은 남한사람과 탈북자가 일상적인 차원에서 서로를 이해하며 그 바탕 위에서 공생과 공존을 위한 틀을 만들어가야 할 것이다. 이것은 나아가 남한사회에 탈북자뿐만 아니라 다른 소수집단들도 함께 공존할 수 있는 길을 열어주는 출발점이 될 것이다.

참고문헌

강준만, 2000 "피에르 부르디외의 문화적 자본" 『이미지와의 전쟁』 서울: 개마고원.

강철환, 1996 "치유되기 어려운 마음의 상처" 『북한』 5월호.

고프만, 어빙, 1995 『오점-장애의 사회심리학』 서울: 강원대학교 출판부.

곽대중, 2002 『Keys』 서울: 북한민주화네트워크.

권혁범, 2000 "반공주의 회로판 읽기" 『탈분단 시대를 열며』 서울: 삼인.

귄터 그라스, 2002 "통일은 계속 풀어나가야 할 과제" 『역사비평』 60호, 서울: 역사비평사.

기든스, 앤서니, 2000 『현대 사회학』 서울: 을유문화사.

김광억, 1986 "한국사회연구와 인류학적 방법론-민족지적 접근을 중심으로" 『한국사회과학방법론의 모색』 서울: 서울대학교 출판부.

김성민, 2001 "탈북자는 무엇을 말할 수 있을까" 『당대비평』16호.

김수행, 2000 "반공/반제 규율 사회의 문화/권력" 『탈분단 시대를 열며』 서울: 삼인.

또 하나의 문화, 1999 『통일을 준비하는 사람들』 서울: 또 하나의 문화.

로살도, 레나토(권숙인 역), 2000 『문화와 진리』 서울: 아카넷.

부르디외, 삐에르(김주경 역), 2000 『세계의 비참 Ⅰ』 서울: 동문선.

윤여상, 2001 『북한이탈주민의 적응과 부적응』 서울: 세명.

장수현, 2001 "중국내 북한 난민의 사회적 고통: 한계적 상황과 오점 만들기" 『한국문화인류학』 제 34집.

장영철, 1997 『당신들이 그렇게 잘났어요?』 서울: 사회평론.

정병호, 1999a "북한 어린이 기아와 한국 인류학의 과제" 『한국문화인류학』 제 32집.

______, 1999b "북한 기아 구호 활동 민간단체의 현황과 과제" 『북한어린이의 영양문제: 실태와 대책』 KDI SCHOOL of International Policy & Management 세미나 발표 논문.

조세희, 1998 『난장이가 쏘아올린 작은 공』 서울: 문학과 지성사.

Geertz, C, 1973 *The Interpretation of Cultures*, New York: Basic Books.

바른사회를 위한 시민회의 제 9차 정책 심포지엄 자료, 2002년 8월 29일.

『북한』 1996년 5월호.

『국민일보』 2002년 5월 6일자.

『스포츠서울』 2002년 9월 4일자, 〈내 제자들을 먼발치서 봐야하다니…/ 7일 남북축구…북한대표팀 내한 앞두고 귀순 축구인의 '착잡한 심경'〉.

『시사저널』 1999년 5월 27일자, 〈주린 배 움켜쥐고 거리 헤매는 '꽃제비'/탈북어린이, 연변에만 2천명…한뎃잠 자며 구걸로 연명〉.

『한겨레』 2002년 4월 8일자, 〈이기적인 탈북자?〉.

제6장

북한사람들의 성역할 특성과 가치관*

정진경 충북대 교수, 심리학

1. 서론 : 북한사람들의 성역할에 대한 연구

최근 수년간 남북한 관계에는 많은 변화가 일어나고 있다. 사회경제적 교류가 늘어나고, 이산가족이 상봉하고, 북한이탈주민의 수가 급증하면서, 사람들 간의 만남과 상호작용이 증가하고 있다. 이 상호작용은 남북한의 평화적 공존과 통일을 앞두고, 양측의 사람들이 만나서 화합을 이루며 지낼 수 있는가를 시험하는 중요한 사회적 실험의 장이라고 할 수 있다. 심리학계에서는 최근 10여 년간 이 문제에 주목하면서 심리적 통합의 전망과 과제(차재호, 2000), 북한의 문화적 특성(한성열, 2000), 통일의 문화심리적 장애요인(이장호, 1993), 북한사람에 대한 고정관념(김혜숙, 2000; 이수정, 1999; 전우영, 1999; 전우영, 조은경, 2000), 남북한의 경제심리 비교(성영신, 서정희, 심진섭, 1993) 등의 주제로 연구가 진행되어오고 있다.

북한이탈주민 수가 천 명을 넘어서면서 남북한사람들이 지속적으로 교류를 하는 상황이 사방에서 벌어지고 있고, 여러 분야에서 문제가 발생하고 있다. 그 중에서도 남녀의 성역할 분야는 현저한 갈등을 보이는 분야이다. 한 예로 어느 북한이탈주민은 남한의 젊은 여성들이 남자친구에게 반말을 하고 툭툭 치기도 하는 것을 보고 충격을 받았다고 한다. 또 다른 북한이탈주민은 평소 잘 알고 지내던 남한 여자가 담배를 피우는 것을 보고는 그 날부터 그 여자를 사람 취급도 하지 않고 피해 다녔다고 한다. 많은 탈북 여성들은 남한에서 여자들이 누리고 있는 가정 내에서의 동등한 위치에 큰 충격을 받았다고 이야기했다(전우택, 1997, 1999). 이러한 차이는 분단시기 동안 양측의 서로 다른 이데올로기와 그에 따른 사회변화에 따라 형성된 것으로서, 남북한사람들이 만났을 때 상당한 갈등의 소지가 되고

---

* 이 글은 "북한사람들의 성역할 특성과 가치관: 탈북자 자료" 『한국심리학회지: 일반』, 2002, 제21권2호, pp.163-178를 일부 요약, 수정한 것이다.

심리적 화합에 장애요인이 될 것이다.

남북한의 문화적 차이에 대한 연구는 최근 심리학, 사회학, 문화인류학, 정신의학, 가정학 등의 분야에서 조금씩 축적되기 시작했다. 그 중, 생활문화, 여성의 역할, 가족관계 등에 대한 연구들은 문헌 연구를 통하여 북한의 모습을 그려내기 시작하는 단계이다.

북한사회는 남녀평등이 실현된 사회라고 공적으로 천명하고 있다. 그러나 북한의 문화에 대해 연구하고 있는 많은 사회과학자들은 북한 문화의 가장 기본적인 속성이 유교적 가치관을 강하게 내포하고 있는 가부장적 가족주의라는 점에 대체로 동의하고 있다(안찬일, 1997; 도흥열, 1994 등). 분단 상황에서 굳어진 군사문화도 성차별적인 관행을 더욱 증가시킨 것으로 보인다.

일반적으로 한자문화권에 속하는 동아시아의 국가들(예를 들면, 한국, 중국, 일본 등)이 가부장적 가족주의의 경향을 띠지만 이들 나라들은 그동안 개인주의적이고 개방적인 문화적 배경을 가지고 있는 서구와 경제적인 측면뿐만 아니라 사회 문화적인 측면에서도 접촉을 꾸준히 해온 결과 유교적 가치에 바탕을 둔 가부장적 가족주의가 상당히 희석된 상황이다. 이에 비하여 북한은 지금까지 사회주의 이념을 고수하고 있는 소수의 나라와의 경제적 관계를 제외하고는 대외적으로 폐쇄적인 정책을 고수하고 있기 때문에 서구 문화의 영향을 덜 받아 상대적으로 전통적인 문화적 속성을 유지하고 있다. 역사적으로 볼 때도, 임금에 대한 충성과 아버지에 대한 효도를 절대적 가치로 신봉하는 유교를 중심으로 사회체계를 조직하고 운용했던 조선시대와 그 이후의 일제치하를 거치면서 북한은 서구적인 문화와 접할 기회를 가지지 못한 상태이다(안찬일, 1997; 도흥열, 1994). 한성열(2000)은 정치제도나 이념에서는 현대의 북한이 그때와 다르지만, 그 제도를 뒷받침해주고 있는 문화의 측면에서는 동일하다고 보았다. 이에 더하여, 분단 이후 김일성은 기존의 유교적 가치를 중심으로 한 가부장적 가족주의 문화의 속성 중에서 자신의 정치적 목적에 유리한 측면을 선택적으로 조장하고 과장하고, 반대로 자신의 정치적 이익에 반하는 부분은 제거하거나 축소했다. 따라서 현재의 북한사회는 매우 독특하게 변형된 가부장적인 가족주의가 계속 조장되고 유지되고 있다.

북한의 가족제도에서 이러한 가부장적 성격은 잘 드러난다(차재호, 2000). 북한 정권이 처음부터 전통 가족을 "붉은 가정"으로 바꾸어 놓기 위해 집중적인 노력을 했음에도 불구하고 북한에는 아직도 전통적인 가족관계와 사상이 상당히 온존하고, 남아존중사상, 조상숭배, 친족간 교류 등이 옛 모습 그대로 지켜지고 있고, 여자들의 직장 진출에도 불구하고 가정에서의 남성우위는 지켜지고 있다고 한다(이온죽, 1990). 유교 가부장제 전통의 봉건사회의 가족제도를 배격하는 '새 형의 인간'에 알맞은 전체주의적 가족개념을 혁명전선에 내걸었지만, 실제로는 또 하나의 가부장적 사회로 변질되고 말았다는 비판을 받고 있다. 북한을 직접 둘러본 한 일본인이 "사회주의 국가이면서 유교사상을 또 하나의 국시로 하는데 성공했다"(이태영, 1990)고 평하고 있는데서도 이런 사정을 짐작할 수 있다.

북한의 부부관계를 단적으로 표현하자면, 명목상으로는 '부부는 혁명동지'라고 하면서도 실제로는 부양자/피부양자의 관계이며 유교사회의 엄격한 성별분업을 고수하고 있다고 할 수 있다. 공적, 사적영역을 막론하고 여성 스스로도 이러한 부부관계에 대해서 불만스러워 하거나 이견을 제기하는 경우가 거의 없다. 상대를 부르는 호칭에서도 남편은 아내에게 '동무'라고 부르고 아내는 남편을 '동무' 또는 '동지'라고 한다. 유교적 가부장제가 청산되지 않은 상황에서 사회주의적 가족개념이 도입되었기 때문에 수직적 부부관계에 대한 이론(異論)이 제기될 여지가 없었다(박혜란, 1996). 1990년 이후 귀순한 21명의 북한이탈주민을 대상으로 심층 면담을 한 전우택과 민성길(1996)의 연구에 의하면 이들은 유교적 태도를 강하게 지니고 있으며, 여성에 대한 태도도 유교적이라 남자와 여자를 구별하고 남존여비 사상을 가지고 있다.

그러나 한편, 공식영역, 직업영역 등에서 사회활동을 한 경험이 폭넓게 자리 잡은 것은 북한 여성들의 성격에 당당한 태도를 심어준 것으로 보인다. 북한을 방문했던 한 남한 대표는 그가 만난 북한 여성들은 남한 여성들에 비해 하나같이 당당하고 여유 있는 자세와 태도를 보여서 매우 인상적이었다고 말하고 있다. 호텔과 식장의 여자 서비스 요원들, 그리고 평양산원의 의사들, 금강산 안내원들 모두 당당했으며, 고위층 여성들의 경우는 더욱 더 그러했다. 그들은 차림새와 말씨는 분명히 여성적이면서도 당당하게 공적 임무를 수행했는데, 이는 아마도 공적영역에 여성들이 다수 참여해 왔다는 점, 그리고 어렸을 때부터 공식적인 회의나 집단적 상황에 참여하는 훈련을 많이 받았다는 점이 작용한 결과인 것 같다(강희영, 1996).

북한의 강력한 가부장적 문화가 북한사람들의 성역할 성격특성을 전형적으로 만들고, 성역할에 대한 사회적 가치관을 보수적으로 만들었는지는 중요한 연구주제이다. 남북한의 가치관에 대한 비교연구는 꾸준히 연구자들의 관심을 끌어왔고, 직접 경험적인 조사연구를 할 수 없는 상황에서도 문헌연구나 북한이탈주민 인터뷰 등을 통하여 자료가 조금씩 축적되어가고 있다. 성역할 분야는 남북한의 사람들 간에 일상생활의 측면에서 많은 갈등을 예고하는 분야이나, 북한사람의 성역할에 관한 경험적 심리학 연구는 아직 한 편도 이루어지지 않고 있다.

본 연구는 북한이탈주민들에 대한 경험적 연구를 통하여 북한사람의 성역할 특성 및 가치관을 살펴봄으로써 이 분야의 기초적인 자료를 확보하고, 그 결과를 남한의 규준과 비교하여 그 차이의 크기와 내용을 규명하고, 성별, 연령, 학력, 결혼상태 등의 사회 인구학적 변인에 따른 차이를 분석하고자 한다.

2. 연구 방법

1) 조사대상자

최근에 남한에 입국하여 통일부의 남한사회적응교육기관에 입소하여 있는 남녀 북한이탈주민 154명을 조사대상으로 2002년 5월에 설문조사를 실시했다. 이들은 대부분 2002년 3-4월에 남한에 입국하여 관계기관의 조사를 받은 후 적응교육시설에 입소하여 있는 중이었다. 이곳은 보안시설로서 여기에 입소하여 있는 북한이탈주민들은 원칙적으로 외부와의 접촉이 금지되어 있으며, 2개월의 교육기간을 마치면 남한사회에 나가서 살게 된다. 따라서 아직은 남한사회와 본격적인 접촉을 하기 이전의 상태이다.

2) 설문지

설문지는 사회 인구학적 변인과 함께 성역할 성격특성과 남녀평등의식을 측정하는 검사들로 구성했다. 사회 인구학적 변인으로는 나이, 성별, 결혼상태, 학력, 북한에서의 직업 등과 더불어 탈북한 날짜, 남한에 입국한 날짜 등을 기록하게 했다.

성역할 성격특성은 정진경(1990)이 개발한 한국 성역할검사(KSRI)를 사용하여 측정했다. KSRI는 남성성, 여성성, 긍정성을 나타내는 60개의 성격특성 문항들로 이루어져 있고, 검사를 받은 사람은 이 각각의 문항들이 얼마나 자신을 잘 표현하는지를 생각하여 보고, 7점 척도에 답을 하게 되어 있다("전혀 그렇지 않다" (1)점에서 "항상 그렇다" (7)점까지.) 응답결과를 처리하면, 각 응답자의 남성성 점수와 여성성 점수의 평균을 이용하여, 개인의 성격특성을 양성적, 남성적, 여성적, 미분화의 네 가지 유형으로 구분할 수 있다.

남녀평등의식은 김양희 · 정경아(2000)가 개발한 한국형 남녀평등의식검사(KGES)를 사용하여 측정했다. 이 검사는 한국적 상황에서 다양한 측면의 남녀평등의식을 측정할 수 있는 포괄적인 검사로서, 이론적인 측면에서 1990년대 들어 점점 정교해져 온 성차별의 개념을 반영하면서, 가정, 교육, 직업, 사회 · 문화라는 생활 영역을 포함하고 있다. 점수가 높은 것이 남녀 평등한 태도를 나타내도록 부호화하여 척도별로 각각 20문항의 점수를 합산하면 가능한 점수범위가 20-80점이 된다. 전체의 총점은 척도 점수 네 개를 합산하여 범위가 80-320점이 된다.

3) 자료수집과정

북한이탈주민들은 입국 직후 상당 기간에 걸쳐서 조사를 받고, 상담과 생활지도 등을 위하여 검사도 많이 받기 때문에, 또 하나의 조사에 응답하는 것을 별로 반가와 하지 않는다. 연구자는 1년여의 기간 동안 이 적응교육기관에 자문위원으로서 교육 프로그램을 위한 의견을 내고, 자원봉사로 청소년반의 특강과 상담 등을 여러 번 담당하고, 청소년의 조기적응을 위한 연구 과제를 수행하는 등 신뢰를 쌓기 위해 노력했다. 그 결과 연구를 위한 자료수집에 동의를 얻었고, 설문지 조사는 연구자가 강의실에서 집단으로 실시했다. 연구자는 이 조사 자료가 학술연구에만 사용된다는 점, 앞으로 남북의 통합을 모색하기 위한 기초자료가 된다는 점 등을 설명하여 협조를 구했다.

설문지에 응답하다가 북한이탈주민들은 남북의 언어가 달라서 문항의 뜻을 잘 모르겠으면 연구자에게 물어보기도 했다. 연구자는 비슷한 말을 알려주거나 예를 들어서 말의 뜻을 설명했다. 이러한 문제는 앞으로 북한사람들을 대상으로 하는 연구를 실시할 때, 비교문화연구에서 두 문화권 이상에 같은 검사를 실시해 비교해야할 때 사용하는 방법을 적용하여 검사를 새로 작성, 표준화할 필요가 있음을 시사한다.

3. 연구 결과

1) 연구대상자의 특성

응답한 북한이탈주민 중에서 출생지가 중국이거나 남한에 입국한 연도가 2001년 이전인 경우를 제외하고 150명의 자료를 분석한 결과, 연구대상자 집단은 다음과 같은 특성을 지니고 있었다.

나이는 14세에서 62세까지 분포되어 있었고 평균은 31.3세였으며 20세에서 40세의 젊은 성인층이 전체의 69%를 이루고 있었다. 여자가 81명, 남자가 68명(무응답 1명)으로 여성이 약간 더 많았고(54%), 기혼이 75명, 미혼이 69명(무응답 6명)으로 기혼이 약간 더 많았다.

출생지는 함경북도가 62%를 차지하여 압도적으로 많았고, 다음은 함경남도(9.3%), 양강도(6.0%), 평안남도(4.7%), 강원도(4.0%)의 순이었다. 함경북도는 식량난으로 가장 큰 피해를 입은 지역이고 지리적으로도 중국과 인접해 있어서 북한이탈주민이 가장 많이 나오는 지역으로서, 위의 통계는 이러한 경향성에 부합하는 것이다.

많은 북한이탈주민들이 식량을 얻기 위해 국경을 넘어 중국으로 갔다가 다시 북한으로 돌아가고 또 다시 탈북 하는 과정을 되풀이하는 것으로 알려져 있어서, 외부문화와 처음 접촉한 시기를 알기 위하여 최초 탈북연도를 측정했다. 최초 탈북연도는 1998년이 가장 많았고(33.3%), 다음은 1997년(23.3%), 1999년(16.0%) 등이었다. 이 결과로 보면 대부분이 3-5년 정도의 유랑생활 후 남한에 도착했음을 알 수 있다. 최초 탈북연도가 1977년인 사람이 한

명, 1991년인 사람이 한 명 등으로 오랜 유랑생활의 끝에 도착한 사람들도 소수 있었다. 입국시기는 2002년 1-4월 사이로, 3, 4월에 도착한 사람들이 대부분이었다(97%).

학력은 인민학교 졸업 이하가 14.7%, 고등중학교 졸업이 73.3%, 대학교 졸업이 12.0% 이었다. 북한은 인민학교 4년, 고등중학교 6년의 학제를 가지고 있어, 수학 연수로 보면 고등중학교 졸업은 남한의 고등학교 1학년 정도의 학력수준에 해당된다.

직업은 노동자와 기술자, 농장원이 다수였으며, 노동자 중에는 함경북도의 지역적인 특성으로 무산광산, 온성탄광 등에서 일하던 노동자가 많았다. 한편 보위대원, 선전대원, 배우 등도 있었고, 교원, 대학교원, 의사 등도 있어서 매우 다양한 직업분포를 보였다.

2) 성역할 특성

조사대상자들의 성역할 특성 점수를 남한사람들에게서 얻은 연구결과와 비교하기 위하여, 이들에게 한국 성역할검사(KSRI)를 실시하여 얻은 자료를 수정점수(김남숙, 정진경, 박광배, 1997)를 내어 남성성, 여성성 점수의 중앙치와 평균을 산출했다. 전체 응답자의 남성성 점수의 중앙치는 5.40(평균은 5.25), 여성성 점수의 중앙치도 5.40(평균은 5.34)으로 나타났다. 이는 남한사람들의 중앙치인 4.47과 4.29에 비교할 때 매우 높은 점수이다. 이 검사의 남성성, 여성성 문항들이 긍정적인 성격특성들로 이루어져 있고 자기응답 형식의 설문지임을 고려하면, 북한사람들이 남한사람들에 비하여 자신을 긍정적으로 표현하는 경향성이 매우 높다는 것을 보여주는 결과이다.

〈표 1〉에 제시된 성차 검증 결과를 보면, 남성이 여성에 비하여 남성성 점수가 유의미하게 높고, 여성이 남성에 비하여 여성성 점수가 유의미하게 높은 것으로 나타났다. 이는 남한의 응답자들이 남녀 간에 남성성, 여성성 점수에서 유의미한 차이가 없는 것과는 대조되는 결과이다.

〈표 1〉 남성성, 여성성 점수의 성차 검증

	남성	여성	t	*df*	*p*
남성성	5.50	5.03	3.75	136	**
여성성	5.20	5.47	-2.01	130	*

* $p<.05$ ** $p<.01$

〈표 2〉 남녀 응답자의 성역할 유형

	남성	여성	전체
양성적	15	18	33
남성적	20	9	29
여성적	7	21	28
미분화	14	19	33
전체	56	67	123

$x^2=11.31,\ df=3,\ p<.01$

남성성, 여성성 점수의 중앙치를 기준으로 하여 네 가지 성역할 유형으로 구분한 결과, 〈표 2〉와 같은 결과가 나왔다. 남성은 남성적 성격유형에, 여성은 여성적 성격유형에 가장 많이 분류되어 남녀 간에 뚜렷한 차이를 보였다($x^2=11.31$, $df=3$, $p<.01$). 이 역시 남녀 간에 성역할 유형구분에 유의한 차이가 없는 남한의 결과와는 대조적이다.

남녀 간에 평균의 차이가 큰 문항들을 차이가 큰 순서대로 일곱 문항 정도를 나열하면 다음과 같다. '싹싹하다'와 '꼼꼼하다'의 두 문항을 제외하고 나머지 모든 문항들은 남녀 간에 통계적으로 유의미한 차이가 있었다(p<.05). 이 문항들의 특성에 대해서는 뒤에서 논의했다.

<u>남성성 문항</u> (남성평균>여성평균)
남성적이다. (5.68, 3.23)
모험적이다. (5.16, 4.06)
야심적이다. (4.37, 3.58)
근엄하다. (5.13, 4.38)
독립적이다. (6.03, 5.39)
씩씩하다. (5.60, 4.96)
강하다. (6.06, 5,47)

<u>여성성 문항</u> (남성평균<여성평균)
여성적이다. (2.84, 5.81)
순종적이다. (3.76, 4.56)
얌전하다. (4.06. 4.68)
알뜰하다. (5.70, 6.29)
깔끔하다. (5.53. 6.02)
싹싹하다. (4.57, 5.04)
꼼꼼하다. (5.61, 5.88)

남성성, 여성성 점수를 하위집단별로 비교한 결과, 여성성 점수가 나이가 들수록 다소 증가하는 경향이 있었고, 대학졸업 집단이 고등학교졸업 이하 집단보다 다소 높은 경향이 있었으나 유의미한 차이는 보이지 않았고, 결혼 상태에 따른 차이도 보이지 않았다.

3) 성평등의식

남녀평등의식검사(김양희, 정경아, 2000)의 총점을 남녀별로 내어본 결과, 남성은 202.59, 여성은 212.92가 나왔다. 남한의 남성평균 208.53, 여성평균 237.15와 비교하면 북한사람들이 남녀 모두 더 보수적인 의식을 가지고 있는 것이 나타난다. 남녀를 비교하면 남한과 마찬가지로 북한에서도 남성이 여성보다 성차별적임을 보여준다. 남녀평등의식검사는 검사 제작과정에서 점수해석을 위한 규준을 남녀 각각에 대하여 제시했는데, 가장 평등의식이 높은 사람이 백분위 점수 100, 가장 낮은 사람이 0을 받게 되어 있다. 북한사람들의 점수를 남한의 규준에 비추어 보면 백분위 점수가 남성은 43, 여성은 22 수준에 해당한다. 즉 남녀가 모두 남한의 평균(50)에 비하여 보수적인 의식을 가지고 있다. 남성들 간의 차이보다 여성들 간의 차이가 더 커서, 남북한의 여성들이 남녀역할 문제에 대하여 상당한 견해차가 있음을 볼 수 있다.

남북한사람들의 점수를 그림으로 나타내면 다음의 〈그림 1〉과 같다. 여기서 보면 북한 여성들이 남한 여성들보다 보수적이라 해도, 남한 남성들보다는 성평등의식이 높다는 것이 드러난다. 남녀 간의 성평등의식의 차이가 북한에서는 별로 크지 않은 반면, 남한에서는 매우 큰 차이를 보인다는 점이 주목할 만하다.

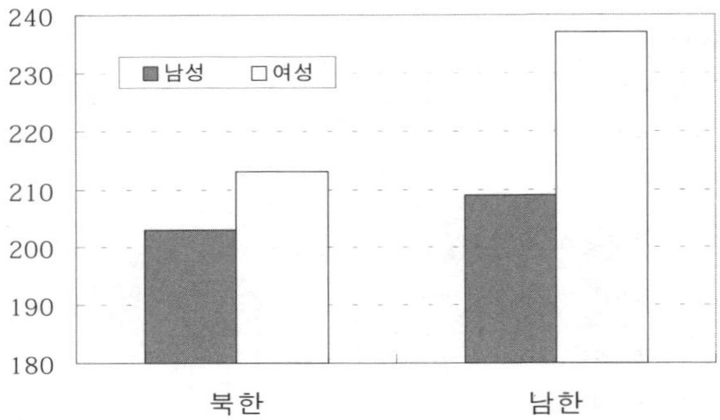

〈그림 1〉 남녀평등의식검사 점수의 남북한 비교

네 가지 생활영역 차원의 점수를 계산하여 남녀의 점수를 차이 검증한 결과가 〈표 3〉에 제시되어 있다. 가정생활, 직업생활, 사회문화생활 영역에서는 여성이 남성보다 유의미하게 성평등적인 태도를 가지고 있는 것으로 나타났고, 교육생활의 영역에서는 그 차이가 유의미하지 않았다.

〈표 3〉 남녀평등의식검사의 생활영역 점수의 성차 검증

( ) 안은 남한 규준에서의 백분위 점수

	남성평균	여성평균	t	*df*	*p*
가정생활	52.88 (48)	55.44 (23)	-2.02	125	*
교육생활	51.72 (60)	53.59 (41)	-1.18	131	
직업생활	51.38 (57)	54.65 (28)	-2.53	127	*
사회문화생활	46.61 (36)	49.24 (13)	-2.91	132	**

* $p<.05$ ** $p<.01$

남한의 규준에 비추어 보면 북한 남성은 대체로 남한 남성과 큰 차이가 없어 보인다. 교육생활과 직업생활 영역에서는 남한보다 약간 성평등적인 성향을 보였고, 사회문화생활에서만 백분위 점수가 36%로 남한 남성보다 성차별적이었다. 이와는 대조적으로 북한 여성은 전반적으로 남한 여성에 비하여 상당히 보수적인 경향이 있는 것을 볼 수 있다. 특히 사회문화생활은 백분위 점수가 13%로 남한과는 현격한 차이를 보이고, 가정생활도 23%로 남한과 큰 차이를 보인다.

응답자들이 동의하는 정도가 높은 문항들을 영역별로 살펴보면 다음과 같다. 이 문항들은 4점 척도에서 3점 이상의 평균이 산출된 문항들이다(4점-매우 동의함, 3점-대체로 동의

함). 문항 뒤의 (−)표시는 문항내용이 성평등에 반대되는 내용을 담고 있어서 점수화할 때 역부호화한 문항을 나타내는 것이다.

가정생활 영역

아내와 남편은 집안의 모든 일에서 똑같은 결정권을 가져야 한다.
결혼한 남자는 처가 쪽의 대소사를 자기 집과 똑같이 챙겨야 한다.
폐백은 양가 부모님께 모두 드려야 한다.
부부는 결혼 중 얻은 재산을 공동명의로 해야 한다.
아들, 딸 구별 없이 집안일을 시키겠다.
재산을 아들, 딸 구별 없이 똑같이 물려주겠다.
아내를 때리는 남편은 법으로 처벌해야 한다.
결혼한 여자는 친정보다 시댁을 우선 생각해야 한다. (−)
대를 잇기 위해 아들이 필요하다. (−)
아내의 외도는 남편의 외도에 비해 더 심각한 문제이다. (−)

교육생활 영역

남자와 여자 사이에 타고난 지적능력의 차이는 없다.
교사는 여학생들이 과학이나 공학 분야로 진학하도록 적극적인 진로지도를 해야 한다.
교사양성과정에 남녀평등의식을 높이는 내용을 포함해야 한다.
학교에서 남학생보다 여학생에게 얌전한 행동이나 옷차림을 강조하는 것은 당연하다. (−)
암기과목은 남학생보다 여학생이 더 잘한다. (−)

직업생활 영역

동일한 업무를 담당하는 남녀직원은 같은 월급을 받아야 한다.
직장에서 성희롱이 일어나지 않도록 강력한 조치가 필요하다.
여자가 매우 적은 직업에 일정한 비율의 여자를 뽑도록 하는 할당제에 찬성한다.
접수나 안내 업무는 남자보다 여자에게 더 적합하다. (−)
여자는 자녀와 가사에 지장을 주지 않는 한도 내에서 직업 활동을 해야 한다. (−)

사회문화생활 영역

성을 파는 사람은 물론 사는 사람도 처벌해야 한다.
텔레비전에서는 평등한 남녀관계를 지금보다 더 많이 보여주어야 한다.
여자들 스스로의 권리를 보호하기 위한 모임이 필요하다.
여자는 남자가 자기를 선택해주기를 바라기보다 자신이 원하는 사람을 선택해야 한다.
컴퓨터 통신에 성희롱이나 성차별적인 내용이 올라오지 못하도록 해야 한다.

남자는 될 수 있으면 약한 모습을 드러내지 말아야 한다. (−)
여자는 남자를 위해 자신을 가꾸어야 한다. (−)
여자가 욕설이나 음담패설을 하는 것은 남자보다 보기에 더 좋지 않다. (−)
남자들의 우정은 여자들의 우정보다 깊고 오래 간다. (−)
광고에서 여성의 몸을 선정적으로 그리는 것은 상품을 팔기 위한 것이지 여성차별은 아니다. (−)

위의 높은 평균을 보인 문항들의 내용에 대한 분석은 논의 부분에 제시했다.

생활영역별 점수를 나이 집단별로 비교한 결과, 네 가지 영역 모두 나이가 많을수록 다소 보수적인 경향이 있었으나 유의미한 차이는 보이지 않았다. 학력 집단으로 나누었을 때는 대학졸업 집단이 고등학교졸업 이하 집단보다 사회문화생활 영역에서 유의미하게 평등의식이 더 높았다($t=-2.77$, $df=133$, $p<.01$).

결혼 상태에 따른 차이를 검증한 결과는 〈표 4〉에 제시되어 있다. 가정생활, 교육생활, 직업생활의 영역에서 기혼자가 미혼자보다 더 성차별적인 것으로 나타났다. 사회문화생활 영역의 점수는 결혼 상태에 따른 차이는 없었고, 전반적으로 매우 보수적인 성향을 보였다. 영역별 점수들을 성별과 결혼 상태로 이원변량분석을 한 결과, 두 변수의 상호작용은 없는 것으로 나타났다. 응답자의 성역할 유형에 따라 남녀평등의식검사의 영역별 점수에 차이가 있는지도 검증하였으나, 유의미한 차이는 발견되지 않았다.

〈표 4〉 결혼 상태에 따른 남녀평등의식검사의 생활영역 점수의 차이 검증

	미혼	기혼	t	*df*	*p*
가정생활	55.54	52.86	2.51	120	*
교육생활	54.97	50.86	2.57	126	*
직업생활	54.44	51.77	1.97	123	*
사회문화생활	48.54	47.35	1.28	127	

* $p<.05$

4. 논의 및 결론

이 연구는 북한사람의 성역할 특성과 가치관에 대한 기초적인 자료를 확보하고 남한의 자료와 비교하는 것을 목표로 했다. 이를 위하여 14세에서 62세까지의 남녀 북한이탈주민 150명을 조사하여 북한사람의 자료로 사용했는데, 북한이탈주민이라는 특수한 집단의 자료를 북한사람이라는 범주로 일반화하는데는 여러모로 조심스러운 점이 있다. 북한이탈주

민들은 그들 고유의 어려움과 특성을 가지고 있고, 주로 함경북도 출신이 다수를 이루고 있어서, 북한사람의 대표적 표본이라고 할 수 없다. 이 점을 충분히 인식하고 자료의 한계를 인정한 후에야, 결과를 논의할 수 있을 것이다. 그러나 현재 북한의 대표적 표본을 조사할 길이 없는 상황에서 북한이탈주민들은 경험적 연구를 가능하게 해주는 귀중한 연구대상이라는 점에서 제한적이나마 논의를 시작할 수 있다고 생각된다.

북한사람들은 남한사람들에 비해 성역할 측면에서 더 성전형화된 즉, 남녀에 대한 고정관념에 더 잘 맞는 성격 특성을 가지고 있는 것으로 나타났다. 남한사람들이 남녀 간에 남성성, 여성성의 평균점수에서 유의미한 차이를 보이지 않는 것에 비하여, 북한사람들은 남녀 간에 뚜렷한 차이를 보여, 여성은 여성성이 높고 남성은 남성성이 높았다. 그 결과 성역할 유형구분에서도 남성은 남성적 성격유형에, 여성은 여성적 성격유형에 많이 분류되어, 남녀 간에 성역할 유형구분에 유의한 차이가 없는 남한의 결과와는 대조되었다. 탈북 여성들이 남한에 와서 "남자들이 온순하고, 부드럽고, 여자한테 잘한다"고 말하는 한편, 탈북 남성들은 "남한 여자들은 남자 친구를 툭툭 치기도 하고 거침없이 행동한다"고 말하는 것을 보면, 이러한 차이가 행동에서 드러난다는 것을 볼 수 있다.

남녀 간에 평균의 차이가 큰 문항들을 순서대로 나열했을 때, '남성적이다'와 '여성적이다'라는 문항이 남녀 간에 가장 큰 차이를 보이는 것은 흥미로운 결과이다. 이 문항들에서는 남녀 응답자가 모두 자기의 성별에 맞추어 매우 전형적인 응답을 한 것을 알 수 있다. 남성의 평균이 상대적으로 높은 문항들은 주로 씩씩하고 강력한 남성성을 나타내고 있다. KSRI에는 이 문항들 이외에도 '믿음직스럽다, 과묵하다, 자신감이 있다, 대범하다, 의리가 있다' 등의 남성성 문항들이 있는데, 이 문항들에서는 남녀차이가 상대적으로 별로 없었다. 여성의 평균이 상대적으로 높은 문항들은 주로 순종적이고 얌전한 것과 함께 알뜰, 깔끔, 꼼꼼한 여성성을 강조하고 있다. KSRI의 '섬세하다, 다정다감하다, 감정이 풍부하다, 온화하다, 따듯하다, 부드럽다' 등의 여성성 문항들에서는 남녀 간에 별 차이가 없었다. 이러한 결과는 북한에서 남성성과 여성성을 어떻게 개념화하고 있는지를 우회적으로 보여준다. 즉 남성성에 대해서는 씩씩하고 야심적인 강력함과 능동성의 측면을 주로 강조하고 믿음직스럽고 마음이 넓어야한다는 것은 남한에 비하여 상대적으로 덜 중요시하며, 여성성에 대해서는 순종적이고 얌전한 수동적인 여성성과 생활에서의 알뜰함을 강조하고 섬세하고 다감하고 부드러운 특성은 남한에 비하여 덜 중요시하고 있다고 볼 수 있다.

이러한 차이는 앞에서도 언급한 바와 같이 남한사회가 지난 수십 년간의 산업화의 과정에서 개인주의적이고 개방적인 서구문화와 접촉을 계속해오면서 사람들의 가치관과 성격에도 많은 변화가 일어난 데 비하여, 북한은 지금까지 사회주의권의 몇 나라와의 경제적 관계를 제외하고는 폐쇄적인 정책을 고수하면서 상대적으로 전통적인 문화적 속성을 유지해 왔기 때문인 것으로 보인다. 결과적으로 보면, 성역할 특성의 측면에서는 사회주의 혁명의 남녀평등이념에 걸맞은 진보적 인간형으로의 변화는 이루어지지 않았다고 할 수 있다.

남녀평등의식을 분석한 결과는 북한사람들이 남한사람들에 비하여 남녀 모두 더 보수적인 의식을 가지고 있는 것을 보여주었다. 남북한을 비교하면, 남성들 간의 차이보다 여성들 간의 차이가 더 큰 것으로 나타났는데, 〈그림 1〉을 참고하면 여성들 간의 차이가 크게 나는 이유는 남한 여성들의 성평등의식이 매우 높아졌기 때문인 것으로 해석할 수 있다. 북한은 남녀 간에 의식의 격차가 10점 정도인데 비하여, 남한은 그 격차가 28점이나 된다. 또한 북한 여성들이 남한 여성들보다 보수적이라 해도, 남한 남성들보다는 성평등의식이 높다는 것이 드러난다. 이 결과를 보면, 현재 일상생활에서의 남녀 간의 성역할 갈등의 문제는 남한이 북한보다 훨씬 더 심각하리라는 것을 짐작할 수 있다. 또한 남북한사람들이 만날 때, 남한 여성과 북한 남성이 만나는 경우가 북한 여성과 남한 남성이 만나는 경우보다는 더 성역할 갈등이 발생할 가능성이 높으리라는 것을 예측할 수 있다.

생활 영역별로 보면 북한 남성은 대체로 남한 남성과 큰 차이가 없었다. 교육생활과 직업생활 영역에서는 남한보다 약간 성평등적인 성향을 보였고, 사회문화생활에서만 좀 더 성차별적이었다. 이와는 대조적으로 북한 여성은 전반적으로 남한 여성에 비하여 상당히 보수적이었고, 특히 사회문화생활과 가정생활 영역에서는 큰 차이를 보였다. 이는 위의 총점에 대한 논의에서와 마찬가지로, 남한 여성의 성평등의식이 크게 제고되었기 때문이며 그 변화가 사회문화생활과 가정생활 영역에서 특히 컸기 때문이라고 해석된다.

북한사람들이 동의한 정도가 높은 문항들을 영역별로 살펴본 결과, 각 영역마다 성평등적인 내용과 성차별적인 내용이 혼재하고 있었다. 가정생활 영역에서는 집안일에 대한 결정권, 재산에 대한 소유권, 아들과 딸에 대한 재산상속 등의 문제에서는 성평등적인 가치관을 표명하면서도, 대를 잇기 위해 아들이 필요하다든지, 아내의 외도는 남편의 외도보다 더 심각한 문제라는 생각도 가지고 있어서 모순적인 양상을 보였다. 교육생활 영역에서는 남녀 간에 지적 능력의 차이가 없고 여학생들이 과학이나 공학 분야로 진학하도록 지도해야한다고 생각했으나, 한편으로는 여학생들에게 더 얌전한 행동이나 옷차림을 강조해야한다고 했다. 직업생활 영역에서는 동일한 업무를 하는 남녀직원에게 같은 월급을 주어야하고, 여자가 적은 직업에 할당제를 두는 것 등에 찬성하는 한편, 접수나 안내 업무는 남자보다 여자에게 더 적합하고, 여자는 자녀와 가사에 지장을 주지 않는 한도 내에서 직업 활동을 해야 한다고 생각했다. 사회문화생활 영역에서는 텔레비전에서는 평등한 남녀관계를 지금보다 더 많이 보여주어야 하고, 컴퓨터 통신에 성희롱이나 성차별적인 내용이 올라오지 못하도록 해야 하며, 여자들 스스로의 권리를 보호하기 위한 모임이 필요하다는 문항들에 매우 찬성하면서도, 남자는 될 수 있으면 약한 모습을 드러내지 말아야하고, 남자들의 우정은 여자들의 우정보다 깊고 오래 가며, 여자는 남자를 위해 자신을 가꾸어야 하고, 여자가 욕설이나 음담패설을 하는 것은 남자보다 보기에 더 좋지 않다고 생각했다.

위의 응답내용들은 모순되는 생각들을 담고 있는데, 흥미로운 특징 하나를 발견할 수 있었다. 사회제도나 공적 조치에 대한 태도에서는 성평등적인 가치관을 표명하는 한편, 남녀의 바람직한 성격과 행동, 몸가짐에 대한 태도와 개인의 사생활 영역에 대해서는 매우 성차별적인 가치관을 보인다는 점이다. 소유권, 재산상속, 진로지도, 월급, 할당제, 텔레비전에서의 남녀평등, 여성의 권리보호모임 등의 제도적, 공적 문제들에 대해서는 평등 지향적인데, 여학생들의 행동이나 옷차림, 여성의 욕설이나 음담패설, 여성의 꾸미기, 남성의 약한 모습이나 우정 등 남녀의 성격과 행동에 대해서는 성차별적인 태도를 보였고, 아들 두기, 외도, 여성의 직업 활동이 가사에 지장을 주는 것 등의 사생활 영역에서도 보수적인 태도를 보였다. 공적인 문제에 대한 성평등적인 태도의 표명은 아마도 북한의 교육과 생활 총화 등의 과정을 통해서 사람들이 공적인 문제에 대하여 이념적으로 바람직한 공식적인 태도를 숙지하고 표명하는 것에 익숙해진 때문이 아닌가 생각된다. 이렇게 공적 영역과 사적 영역 간에 격차가 나는 이유는 무엇인지, 그리고 그 격차가 어떤 갈등을 일으키는지에 대해서는 추후의 연구에서 정확히 밝혀내어야 할 것이다.

북한 정권이 여성을 "혁명의 한쪽 수레바퀴"라고 하며 전통 가족을 "붉은 가정"으로 바꾸겠다고 천명했지만, 위의 결과를 보면 실제로는 가족관계를 비롯한 일상의 문화가 가부장적 가족주의에서 별로 벗어나지 못한 것으로 보인다. 사회주의 이념은 여성들이 직업을 가지고 일하게 만들었지만 가정에서는 여전히 남성우위의 원칙이 굳건하며, 이는 오히려 여성들에게 직장에서 일하고 돌아와서도 집안일을 도맡아 해야 하는 이중부담으로 작용하고 있다. 오히려 가장 "혁명"적인 변화는 문화의 급격한 개방과 변화 속에서 남녀평등의 이념을 적극적으로 받아들인 남한 여성들 사이에서 일어나고 있는 것으로 보인다. 다른 세 집단에 비하여 남녀평등의식검사의 총점이나 영역별 점수 모두에서 현격하게 진보적인 가치관을 보여주고 있다. 그런가 하면, 남한 남성들은 문화변동 속에서도 상대적으로 보수적인 의식을 고수하고 있어서 북한 남성들과 차이가 별로 없었다. 이러한 성별 간의 장벽은 앞으로 북한 남성들도 변화가 쉽지 않으리라는 점을 예측하게 한다.

응답자들 중 여성이 남성보다 가정생활, 직업생활, 사회문화생활 영역에서 성평등적인 태도를 가지고 있었고, 대학졸업 집단이 고등중학교졸업 이하 집단보다 사회문화생활 영역에서 더 성평등적인 태도를 가지고 있었다. 사회문화생활 영역에서 북한이 남한에 비하여 매우 보수적인 가치관을 지니고 있는 중에도 교육수준의 증가는 성평등의식의 향상으로 이어지는 것을 보여준다. 평양과 여타의 지방 사이에 교육수준을 비롯하여 사회적 측면에서 상당한 차이가 있다는 점을 고려하면, 앞으로 이 점은 평양사람을 다수 포함한 북한의 대표적 표본을 연구할 수 있을 때 새로이 분석해보아야 할 것이다.

나이집단에 따른 차이가 없었던 것에 비하여, 기혼자가 미혼자보다 가정생활, 교육생활, 직업생활의 영역에서 더 성차별적인 태도를 보이는 결과도 흥미롭다. 남한에서도 결혼과 더불어 사회제도 속으로 더 깊이 편입되면서 보수적인 가치관으로 선회하는 경향을 보이는 것과 일치하는 결과이다.

이 연구는 북한이탈주민들에 대한 경험적 연구를 통하여 제한된 자료로나마 최초로 북한사람의 성역할 특성과 태도를 체계적으로 살펴봄으로써, 이 분야의 기초적인 자료를 확보했다는데 일차적인 의의를 두고 있다. 분단시기 동안 서로 다른 이데올로기와 사회변화에 따라 형성된 남북의 성역할 차이의 현황을 밝혀내었고, 앞으로의 연구축적을 위한 기초자료를 제공했다. 추후 연구에서 북한사회의 대표적 표본을 구할 수 있다면 자료의 정확성을 더할 수 있을 것이다. 또한 성역할 특성과 가치관을 다양한 관련변인들과 함께 살펴봄으로써 그 관계의 구조를 남한과 비교해보는 것도 의의가 있을 것으로 생각한다.

실용적인 측면에서는, 남북한의 교류가 증가하는 현 상황에서 이 연구의 자료는 서로간의 의사소통능력을 증진시키는 문화이해지(정진경, 2000; 정진경, 최진이, 김성민, 정진헌, 2002) 등의 프로그램에 활용할 수 있을 것이다. 남한사람들을 위한 통일교육, 경제협력에 참가하는 사람들을 위한 교육, 북한이탈주민의 남한사회 적응교육, 북한이탈주민들을 돕는 '인터훼이스 인물'들(Hofstede, 1991; 예를 들어 형사, 사회사업가, 의사, 교사, 상담자 등)을 위한 교육 등을 예로 들 수 있다.

앞으로의 연구에서는 이러한 차이를 가진 남북한의 사람들이 만나서 같이 생활하게 될 때 생기는 갈등, 변화와 적응의 양식에 주목해야 할 것이다. 북한이탈주민들이 남한사회에 정착해서 살려면 남한사회의 성역할 기대와 부딪히며 갈등을 겪게 될 것이다. 추측하자면, 북한남성들은 워낙 남성적 성격특성이 강한데다 자신의 기득권을 포기하고 여성을 존중하는 방향으로 변화해야 하므로, 남한의 성역할에 적응하기가 상대적으로 힘들 것이다. 반면에, 북한여성들은 자기의 권리가 증진되는 방향으로 변화하는 것이므로 상대적으로 변화와 적응이 빠를 것이다. 특히 가족과 함께 오지 않고 혼자 온 여성들의 경우에 변화를 가로막는 사람이 없으므로 변화가 더 용이할 것이다. 이민이나 난민의 문화적응 과정에 나타나는 성차에 관한 연구들은 다양한 결과를 보이고 있다. 여성들이 스트레스와 심리적 증상을 더 많이 보인다는 결과도 있고(Beiser, Barwick, Berry, Da Costa, Fantino, Ganesan, Lee, Milne, Naidoo, Prince, Tousignant & Vela, 1988; Furnham & Shiekh, 1993), 남성들이 더 적응이 어렵다는 결과도 있어서(Boski, 1990, 1994), 개인의 성격과 사회적 환경의 영향을 많이 받는 것으로 보인다. 해외에 근무하는 여성들은 그 체제국의 문화가 Hofstede(1991)의 분류에서 남성적이고 권력거리가 큰 문화인 경우에 적응이 어려운 것으로 밝혀졌다(Caligiuri & Tung, 1999). 남한은 북한보다는 상대적으로 여성적이고 권력거리가 작은 문화일 것이고, 이러한 상황에서 성역할 변화와 적응이 남녀에게 어떠한 양상으로 일어날 것인지는 연구해 볼만한 주제일 것으로 생각된다.

성역할의 변화와 적응은 본인의 내재된 성격이나 가치관에만이 아니라 대인관계나 사회생활의 수많은 국면에도 영향을 미친다. 기존의 문헌들은 이주자의 성역할 변화가 가족관계에서의 갈등에 미치는 영향에 주로 초점을 맞추어 왔다(Costello, 1980; Davison, 1981; Simon, 1986; Walter, 1981). 앞으로는 여기에서 좀 더 나아가 성역할 변화가 전반적인 사회적응과 자아개념에 미치는 영향까지 살펴보아야 할 것이다. 이는 타문화로 이주한 사람들의 성역할 변화와 문화적응의 관계를 좀 더 폭넓게 이론적으로 조망하고, 관련변인들 간의 관계를 이론적으로 밝혀내는데도 공헌할 것이다.

이 연구에서는 북한에서 온 북한이탈주민들을 조사하면서 남한문화를 기반으로 작성한 검사들을 사용했기 때문에 조사대상자들이 설문지를 충분히 이해하지 못 했을 가능성이 있다. 위에서도 언급한 것처럼 이 문제는 앞으로 남북한사람들을 대상으로 하는 연구를 실시할 때, 비교문화연구에서 두 문화권 이상에 같은 검사를 실시할 때 사용하는 방법을 적용하여 검사를 새로 작성, 표준화할 필요가 있음을 시사한다.

참고문헌

강희영 (1996). 평양에서 나눈 속내 이야기. 통일된 땅에서 더불어 사는 연습. 도서출판 또 하나의 문화.

김남숙, 정진경, 박광배 (1997). 한국성역할검사의 수정점수 및 분류기준 산출. 한국심리학회지: 사회 및 성격, 11, 2, 77-90.

김양희, 정경아 (2000). 한국형 남녀평등의식검사(Korean Gender Egalitarianism Scale) 사용설명서. 한국여성개발원.

김혜숙 (2000). 북한사람에 대한 고정관념, 감정과 태도. 남북한의 심리적 통합: 2000년도 한국심리학회 춘계 심포지움 논문집. 서울.

도흥렬 (1994). 남북한 체제 변화 과정과 주요 사회적 관행의 변용 양상: 사회문화 분야. 통일후유증 극복방안 연구-민족사회적 가치 체계의 융화. 한국정신문화연구원.

박혜란 (1996). 생활문화와 삶의 질. 통일을 대비한 남북한 여성의 삶에 대한 비교: 제 4차 통일문제 학술 세미나. 이화여대 한국여성연구소.

성영신, 서정희, 심진섭. (1993). 남북한의 경제심리 비교: 귀순자의 심층면접을 토대로. 남북의 장벽을 넘어서: 통일과 심리적 화합. 한국심리학회.

안찬일 (1997). 남북한사회 이질화현상 극복에 관한 소고. 북한 이탈주민 한국사회 적응에 관한 정책 세미나 발표논문. 남북사회문화 연구소.

이수정 (1999). 북한인에 대한 남녀의 편견연구. 한국심리학회지: 여성, 4, 1, 68-79.

이온죽 (1990). 북한여성의 사회적 지위와 사회참여. 북한연구, 1, 88-104.

이장호 (1993). 남북통일의 문화심리적 장애요인. 남북의 장벽을 넘어서: 통일과 심리적 화합. 한국심리학회.
이태영 (1990). 북한의 여성 해방정책과 가부장제. 북한연구, 1, 105-119.
전우영 (1999). 남북한 고정관념에 대한 탐색: 성역할을 중심으로. 한국심리학회지: 사회 및 성격, 13, 2, 219-232.
전우영, 조은경 (2000). 북한에 대한 고정관념과 통일에 대한 거리감. 한국심리학회지: 사회 및 성격, 14, 1, 155-166.
전우택 (1997). 난민들의 정신건강과 생활 적응에 대한 고찰 및 한반도 통일과정에서의 전망과 대책. 신경정신의학, 36, 1, 3-18.
전우택 (1999). 남한에 있는 탈북자들의 심리적 갈등구조 및 그에 대한 해결방안. 탈북자의 보호 및 국내 적응 개선 방안. 통일연구원 학술회의 총서 99-05.
전우택, 민성길 (1996). 탈북자들의 심리와 적응상의 문제. 탈북자들의 삶-문제와 대책. 연세대학교 통일연구원.
정진경 (1990). 한국 성역할 검사 (KSRI). 한국심리학회지: 사회, 5. 1, 82-92.
정진경 (2000). 남북한간 문화이해지. 조한혜정, 이우영 엮음. 탈분단 시대를 열며. 서울: 삼인.
정진경, 최진이, 김성민, 정진헌 (2002). 북한에서 온 내 친구: 아이들과 함께 하는 남북한간 문화이해지. 서울: (주)우리교육.
한성열 (2000). 북한의 문화적 특성과 남북한의 심리적 통일. 남북한의 심리적 통합: 2000년도 한국심리학회 춘계 심포지움 논문집. 서울.
차재호 (1993). 남북한 통일에 대한 심리학적 조망. 남북의 장벽을 넘어서: 통일과 심리적 화합. 한국심리학회.
Beiser, M., Barwick, C., Berry, J. W., Da Costa, G., Fantino, A., Ganesan, S., Lee, C., Milne, W., Naidoo, J., Prince, R., Tousignant, M. & Vela, E. (1988). *Mental health issues affecting immigrants and refugees.* Ottawa: Health and Welfare Canada.
Boski, P. (1990). Correlative national self-identity of Polish immigrants in Canada and the United States. In N. Bleichrodt and P. J. D. Drenth (Eds.), *Contemporary issues in cross-cultural psychology.* (pp.207-216). Lisse, The Netherlands: Swets & Zeitlinger.
Boski, P. (1994). Psychological acculturation via identity dynamics: Consequences for subjective well-being. In A. M. Bouvy, F. J. R. van de Vijver, P. Boski and P. Schmitz (Eds.), *Journeys into cross-cultural psychology* (pp.197-215). Lisse, The Netherlands: Swets & Zeitlinger.
Caligiuri, P. M. & Tung, R. (1999). Comparing the success of male and female expatriates from a US-based multinational company. *The International Journal of Human Resource Management, 10*, 763-782.
Costello, B. (1980). Women Refugees. *Migration Today, 8*, 34-35.
Davison, L. (1981). Women Refugees: Special needs and programs. *Journal of Refugee Resettlement, 1*, 16-26.
Furnham, A. & Shiekh, S. (1993). Gender, generational and social support correlates of mental health

in Asian immigrants. *International Journal of Social Psychiatry, 39*, 22-33.

Hofstede, G. (1991). *Cultures and Organizations: Software of the Mind.* NY: McGraw-Hill.

Simon, R. J. (1986). "Refugee women and their daughters: A comparison of soviet, Vietnamese and native-born American families" in Williams, C. L. and Wetermeyer, J. (eds.). *Refugee Mental Health in Resettlement Countries* (pp.141-156). Washington, D. D., Hemisphere Publishing corporation.

Walter, I. (1981). One year after arrival: The adjustment of Indochinese women in the United States (1979-1980). *International Migration, 19*, 129-152.

2

아동 : 한 걸음 두 걸음의 희망들

제7장

유아 적응에 대한 현장연구*

이부미 경기대 교수, 유아교육학

1. 서 론

1) 연구의 필요성 및 목적

가족 단위의 탈북이 증가하면서, 부모를 따라 탈북하는 유아들도 증가하는 추세이다. 1999년부터 2003년 말까지 탈북한 어린이는 약 50여명이다. 북한이탈주민을 통한 남・북의 교류와 사람들의 만남은 통일을 대비하는데 긍정적인 측면이기도 하지만, 남북한사람들이 서로의 이질성에 적응할 준비가 덜된 점에서 보면 갈등과 문제점을 야기할 가능성도 크다. 이런 점에서 북한이탈주민들의 남한사회 적응과정을 면밀히 들여다보는 작업은 남과 북 사람들이 서로가 어떻게 다른지를 알고 상대를 이해하는데 도움이 된다. 이와 관련해서 최근 많은 연구자들이 북한이탈주민의 적응과정을 다양한 관점에서 조망하고 있다.[1)]

탈북 어린이들의 남한사회 적응은 성인들과는 다른 독특한 과제를 갖는다. 어린이들은 탈북 성인들처럼 새로운 사회에 적응을 해나가야 하는 동시에 발달(development)과 정체성 형성(identity formation)이라는 고유의 과제도 갖는다. 그러나 이와 관련된 전문적인 연구는 극히 제한적인 상태이다(전우택, 2000; 김영미, 2002). 대부분의 북한이탈주민들의 남한사회 적응 연구들은 청소년 이상 성인들을 연구대상으로 삼고 있기 때문이다. 그러나 유아기가 갖는 독특한 발달적 특성과 어린이들이 그 어떤 세대보다도 통일의 시기를 오래 살 세대라는 점에서 탈북어린이에 대한 연구는 중요하다.

전우택(2000)은 난민연구들이 제시하는 적응단계를 토대로 북한이탈주민들의 적응과정

---

* 이 글은 "탈북가정 유아의 남한사회 적응과정에 대한 연구: 탈북적응교육 훈련원(하나원)을 중심으로", 『유아교육연구』, 제23권2호, pp.115-145를 일부 요약, 수정한 것이다.

1) 북한이탈주민 적응에 관한 연구로는 성인들의 적응실태, 프로그램 개발 및 정책연구(김정미, 1999; 독고순, 1999; 조소연, 2001; 정유선, 1998)가 있다. 최근 활발하게 이루어지기 시작한 아동, 청소년 적응 연구들에는 하나원과 학교 적응 실태연구(김영미, 2002; 김윤영, 2002; 장창호, 2001; 홍덕기, 2001), 조기 적응을 위한 프로그램 개발연구(전익수, 2001; 정병호, 2001) 등이 있다.

을 탈출 전 기간(pre-departure period; 북한에서의 생활), 탈출기간(flight period; 중국 및 제3국에서의 생활), 망명신청기간(claimant period; 하나원 생활), 정착시기(본격적인 남한 생활)로 단계화했다. 이처럼 탈북이라는 행위는 긴 시간 동안 일어나는 과정적 사건으로 탈북이전의 경험은 북한이탈주민들의 남한사회 적응에 영향을 미친다. 그런데 탈북 이전의 삶의 시기가 상대적으로 짧고 탈북을 스스로 선택할 능력이 없는 어린이들의 경우, 새로운 사회에서 잘 적응할 것이라는 막연한 기대로 인해 탈북이 있기까지의 경험과 새로운 사회로의 적응 사이의 연계과정이 간과되는 경향이 있다. 그 결과, 탈북시기의 유아들의 삶이 숨겨질 가능성도 있다. 인생의 가장 예민한 시기인 유아기라는 특성을 고려할 때, 본격적으로 남한사회에 적응을 하기 전에 이루어지는 탈북이전-탈북시기-망명기의 경험은 탈북 유아들에게 특별하다는 인식과 이해가 필요하다.

통일부는 1999년부터 북한이탈주민 정착지원 사무소, 하나원을 경기도 안성시에서 운영하고 있다. 북한이탈주민들은 남한사회에 도착하면 하나원에서 2개월의 적응교육을 받고 남한사회에 정착하게 된다. 특히 2001년부터는 유아, 초등, 청소년들의 특성을 고려해 하나원 내에 하나둘학교를 세워 이들을 교육하고 있다.

하나원은 이전의 경험과 새로운 문화가 만나는 접점지대라는 점에서 탈북 유아들에게 초기 두 달간의 하나둘학교 생활은 매우 중요하다. 탈북 유아에 대한 유일한 연구인 김영미(2002)의 연구는 한 탈북 어린이의 초기 적응과정을 8개월간 추적함으로써 특정한 시기와 상황에서 어린이의 적응력에 미친 요인들을 파악했다. 그러나 한 어린이의 시간적 적응 추이를 따라가는 과정에서 하나원이 중요한 사회・문화적 접점지대라는 관점은 크게 부각되지 못했다.

따라서 탈북 어린이들이 낯선 남한사회를 받아들이고 적응하는 초기 2개월의 하나원 생활을 북한생활 및 생존을 건 탈북과정이 용해되는 삶의 연속성 안에서 면밀하게 탐색해 볼 필요가 있다. 이 연구는 탈북가정 유아들이 초기 2개월 동안 남한사회에 어떻게 적응하는 지를 알아보고자 한다. 특히 탈북 과정에서 겪은 경험적 특성이 하나둘학교 생활 속에서 어떻게 드러나고 변화과정을 거치는지 탐색하려고 한다. 다시 말해 남한사회의 초기 적응과정을 탈북 유아들의 경험적 역사성 안에서 분석하고자 한다. 이를 통해 어린이들이 남한사회에 적응하는데 이전의 경험들이 어떤 작용을 하는지, 각 경험들의 의미는 무엇인지를 이해할 수 있다. 이 연구는 잠재적으로는 탈북 어린이들이 하나원 울타리를 벗어나 남한사회에 들어갔을 때, 남한 어린이들의 삶과 교육의 방식과 전면적으로 상호 적응하는 과정을 예측할 수 있는 기초 자료를 제공할 수 있을 것이다. 이를 보다 확대해서 보면, 대량의 탈북 어린이들이 발생할 사태나 통일이 되었을 경우 남북 어린이의 만남과 상호적응에 필요한 통일 유아교육 방안의 실제적인 기초 정보가 될 것이다.

2) 연구문제

연구문제는 다음과 같다.

1. 탈북 유아는 탈북과정에서 어떤 경험을 했는가?
   탈출 전 기간(북한) – 탈출기간(중국, 제3국)의 생활 경험적 특성을 알아본다.
2. 탈북 유아는 초기 두 달 동안 어떤 적응과정을 거치는가?
   망명신청기간에 해당되는 하나둘학교 생활과 적응과정을 알아본다.
3. 탈북 유아의 초기 남한사회 적응과정의 의미는 무엇인가?
   하나둘학교 경험의 의미를 분석한다.

2. 연구 방법

이 연구는 탈북 어린이들의 삶의 경험을 이해하고 초기 남한사회적응 과정을 폭넓게 파악하기 위해 참여관찰과 심층면담을 활용하는 장기 현장연구를 수행했다. 구체적인 연구과정은 다음과 같다.

1) 연구대상

연구자가 관찰한 어린이는 총 27명이다. 이중에서 집중적인 참여관찰 대상자는 18명이고 나머지 9명은 참여관찰 횟수가 많지 않았다. 이 어린이들에 대한 정보는 개인별로 자세하게 제공하기 어렵다. 이들의 신분보장을 위한 윤리적인 차원, 정치적 보안의 두 가지 문제가 복합되기 때문이다. 따라서 여기서는 최소한의 기초 정보를 제공하고자 하며 어린이들 이름은 가명을 사용했다.

〈표 1〉을 보면 편모 가정이 많음을 알 수가 있다. 그리고 중국아버지(한족) 사이에서 태어난 어린이가 4명이다. 부모들의 연령은 20대 초반에서 50대 까지 다양하다. 북한에서의 직업은 대부분이 공장 노동자와 농장의 농원이었고 직계 이상의 대가족이 함께 탈북한 가정은 6가정이다. 탈북기간 중 갖게 된 종교는 기독교가 26가정이고 불교가 1가정이다.

2) 하나둘학교의 유치부 교육내용 개관

1999년에 설립된 하나원에서는 북한이탈주민들을 남한사회에 적응시키기 위해 2개월 단위로 교육하고 있는데, 성인들과 0-2세 영아들은 하나원에서 직접 교육하고, 유치반(3-7세), 초등반(8-14세 미만), 청소년반(15-20세 전후 청소년)은 2001년 2월부터 남북문화통합교

〈표 1〉 연구대상 기초정보

여자 어린이			남자 어린이		
이름	나이 (입국당시 만 나이)	가족관계	이름	나이 (입국당시 만 나이)	가족관계
민정	2세	중국생/ 모	승일	2세	한족/ 모
은미	2세	한족/ 모	현수	3세	부모
영주	2세	부모	석철	4세	한족/ 모
미영	3세	부모,동생1	성환	5세	부모, 형1
소정	3세	중국생/ 부모	환희	5세	부모
미주	4세	부모	영국	5세	부모, 누나2
향미	4세	모, 언니1	성일	5세	부모, 누나1
수진	5세	부모	주환	5세	한족/ 모
주희	5세	모, 언니1	수안	5세	부모
유진	5세	친척3	유찬	6세	모
민주	5세	모	우성	6세	부모
순희	5세	부모,오빠1	영진	6세	부모
은영	5세	모			
은하	5세	부모, 오빠2			
지영	6세	모			

육원이 '하나둘학교'를 세워 운영하고 있다. 하나둘학교 전체 교사는 교장을 포함하여 5명인데 유치반 1명, 초등반 1명, 청소년반 2명이다. 유치반 교사는 4년제 대학 유아교육과를 졸업했고 공동육아 교사 경험이 3년 있다. 연령은 30대 중반이다. 교사가 중요하게 생각하는 교육 목표는 아이들의 정서적 안정과 자기세계를 탐색할 수 있는 능력 개발이다.

어린이들이 교사와 함께 일상적으로 하는 교육활동은 마음풀기(신체활동, 동화듣기, 동식물 키우기, 노래 부르기), 나들이 활동, 한글교육(6-7세 어린이), 미술활동, 생활교육, 놀이치료(1주일에 하루 전문가 방문) 등이다.

3) 연구기간 및 자료수집

연구기간은 2001년 7월부터 2002년 8월까지 1년이었다.

하나원이라는 기관은 일반인이 접근하기가 어려운 공간이다.[2] 하나원에서 어린이들의 적응생활에 밀착하여 자료를 수집하기 위하여 참여관찰과 심층면담을 활용했다.

참여관찰: 1주일에 1-2일 참여관찰을 실시했다. 하나둘 학교에서 어린이들의 하루일과, 특별한 활동(입학식, 졸업식, 현장견학)을 참여관찰하면서 가능한 한 비디오 기록을 했다. 교사회의 및 회식, 하나원 직원과 교사들의 회의 및 회식, 전체 북한이탈주민들의 하나

2) 하나원 내 하나둘학교 교장선생님의 도움으로 하나원 문턱을 넘는 것은 쉬웠지만 연구 수행과정에서 하나원에 종사하는 공무원들, 북한이탈주민들과의 낯선 만남은 늘 심리적 문턱을 넘어야하는 어려움이기도 했다.

원 입소식, 퇴소식을 참여관찰 했다. 또한 유치부 교사가 청소년들을 데리고 현장견학 간 2박3일 동안 유아들과 생활하기도 했고 교사들과 함께 생활관에서 잠을 자면서 하나원 생활의 전체적인 흐름을 알고자했다. 하루 일과가 끝나는 저녁에는 부모들의 생활관에 놀러가 그들의 사는 모습을 관찰하기도 했다. 이런 점에서 연구자에게 참여관찰이란 관찰자로서의 전문적인 거리를 유지하면서도 연구대상인 참여자의 삶에 참여하는 현장 활동을 의미한다(Fetterman, 1991; 김영천, 1998 재인용). 관찰내용(비디오 전사기록 포함)은 모두 현장노트에 기록했다.

심층면담: 부모들을 대상으로 하는 면담은 대개 하나원을 퇴소하기 직전 부모교육을 겸하여 그들의 경험을 이야기 나누는 방법으로 실시했다. 총 11회 실시했으며 매번 면담은 두 시간 정도 이루어졌다. 23명의 어머니와 두 명의 아버지가 참여했다. 가능한 한, 한 사람씩 면담을 하고 경우에 따라서는 두세 명 정도를 함께 면담하기도 했다. 녹음은 사전 허락을 받아 기록하되 허락하지 않는 부모는 노트기록을 허락 받아 기록했다. 심층면담을 통해 주로 부모와 어린이의 탈북 전 상황과 탈북 과정에 대한 자료를 얻었는데 이 과정을 통해, 연구자는 부모들을 공감적으로 이해하는데 도움을 받았다.

교사들과의 인터뷰는 공식적으로 이루어지기보다는 일상적인 대화 형태로 이루어졌고 이런 대화는 교사들의 일상적인 생활과 공식적인 교육활동에 연구자가 적극적으로 참여하면서 가능해졌다. 면담내용(녹음 전사기록 포함)은 모두 현장노트에 기록했다.

4) 자료 분석 및 타당성

자료의 분석은 전사를 하는 과정에서부터 순환적으로 이루어졌다. 전사기록을 읽으면서 텍스트가 담고 있는 메시지와 의도, 의미를 규명하기 위해 주제별 약호화(coding)를 탈북과정 단계별로 개발했다. 그 방법은 Strauss & Corbin(1998)의 근거이론을 따랐다. 그리고 은유(metaphor)를 개발하여 주제와 의미를 생성했다. 분석 수준은 "연구자가 안 것을 독자가 알게(know)"하는(조용환, 1999) 정도를 유지했다.

연구자가 탈북 어린이들에 대해 이야기하는 방식 자체가 자문화중심적일 수 있다는 점은 연구의 타당성을 확보하는데 약점으로 작용한다. 연구의 타당성을 위해 현장의 확인을 거치는 절차를 밟았다.[3] 최종 연구물을 하나둘학교 유치부 교사와 북한이탈주민에게 보여주고 피드백을 받았다. 교사는 현장 내부자라는 점과 동시에 현재는 거리두기가 가능한 위치(교사 사직)에 있다는 점에서 이 연구의 타당함을 제공해줄 수 있다고 판단되었다.[4] 또한 명의 북한이탈주민은 연구대상은 아니었지만, 탈북 당시 유아를 데리고 온 어머니이자

---

3) 질적 연구에서의 타당도 작업은 다양한 방식으로 이루어질 수 있는데 그 중 한 방법인 '연구 참여자에 의한 연구결과의 평가작업(member checking)'은 매우 과학적 활동이라고 김영천(1998)은 언급했다.

4) 부모면담에서 얻은 자료들은 가명을 쓴다 해도 한 가정의 고통스러웠던 사생활이 드러날 위험이 있겠다는 교사의 제언에 따라, 하나원에 오기 전 과정은 구체적인 사례들을 간접적 인용으로 가능한 한 바꾸었다.

현재는 대학원을 다니는 사람으로서 북한이탈주민의 존재적 상황을 보다 반성적으로 사고할 수 있는 위치에 있다는 점에서 선택했다.

3. 유아들의 탈북과정의 경험세계

유아들의 탈북과정은 크게 북한생활, 중국생활, 제3국 생활(태국, 캄보디아)로 이루어진다. 전우택(2000)의 탈북적응단계에 따르면 북한생활은 1단계인 탈북 전 단계이고 중국생활, 제3국 생활은 2단계인 탈출기간에 해당된다. 대부분의 어린이들이 북한을 떠나 한국에 오기까지 평균 3년 이상을 탈출을 준비하는 부모와 함께 사는데, 이 긴장된 삶이 생의 초기에 겪어야하는 아이들의 생존조건이다. 먼저 북한에서의 어린이들의 삶의 경험을 보면, 부모들이 북한에서 탈출을 해야 할 만큼의 심각한 문제가 사회적으로 발생했다는 것을 알 수가 있고 탈출은 결심에서 실지로 시도하기까지 장기간에 걸쳐 은밀히 반복적으로 이루어졌다.

1) 탈북 전 단계－북한생활 : 굶주림과 가족해체의 고통

북한은 95년도 큰물피해로 인해 96, 97, 98년에 가장 심각한 기근피해에 접어든다. 연구대상 어린이의 20명이 이 시기에 북한에서 태어났다. 그리고 24명 어린이들의 출신지역이 북한 정부의 식량 지원이 못 미치고 국경 넘기가 수월한 함경 남・북도라는 점에서 극심한 식량난을 겪었음을 알 수 있다. 부모들이 말하는 주된 탈북 동기는 기근으로 인한 식량난과 생활고이다. 국가의 배급권이 끊기고 주민 스스로 알아서 먹고 살아야 하는 상황에서 부모가 중국에 드나들며 친척 도움을 받거나 노동을 하거나 물물교환으로 어렵게 가족을 먹여 살리는 식량난에 얽힌 가족사는 각기 다르다. 하지만 그 과정에서 개인들은 가족과의 이별, 가족 구조의 해체, 아사에 이르기까지 안정된 사회에서는 상상하기 어려운 사건들을 경험하게 된다. 배급이 끊겨 식량을 구하러 중국 갔다 온 사이 아들과 딸이 굶어 죽었다는 사연, 각자 식량 해결을 위해 남편과 헤어진 아내가 친정에서 늙은 부모의 아사를 겪고 자신의 생존을 위해 중국 한족에게 시집을 갔지만 결국 아이와 함께 탈북 했다는 젊은 엄마의 사연이 연구자가 면담을 통해 들었던 가장 가슴 아픈 이야기였다.

북한이탈주민들은 가늠할 수 없는 슬픔과 고통을 겪고 더 이상 버틸 힘이 없을 때, 최종적인 탈북을 결심한다. 마지막 탈북을 시도하기까지 어른들이 겪는 삶의 힘듦과 장기간의 탈출계획으로 겪는 정신적인 긴장은 아이들의 삶에도 영향을 미칠 뿐만 아니라 영양실조로 인한 직접적인 고통을 준다.[5)]

연구대상 어린이들의 평균 키와 몸무게는 또래 남한 아이들과 차이가 났다. 11명의 어린이들이 질병이 있었거나 현재에도 있다. 남자어린이들의 경우, 신장은 가장 크게는 9.6cm 차이가 있고 세 명 정도는 남한 어린이 평균 신장보다 큰 어린이도 있는 반면, 체중은 2-3kg 정도 남한 또래 평균체중 보다 덜 나갔다. 남자아이들에 비해 여아들의 경우는 신장과 체중 모두에서 훨씬 큰 차이가 났다. 특히 신장은 남한의 또래 평균치보다 평균 5cm 이상 차이가 났고 심한 경우는 12, 13cm 이상 차이가 난 어린이도 있다. 몸무게는 평균 3kg 이상 남한 또래 어린이들과 차이가 났다.

박순영(2000)은 6, 7세 어린이의 경우 북한 어린이가 남한 어린이보다 남녀 모두 평균 약 10cm정도 작을 것으로 추정할 수 있다고 했다. 식량위기와 인체성장 발육간의 관계에 있어 특히 어린이 성장자료에 주목해야 하는데 그 이유는 여러 가지 기능적 장애의 수반 때문이라고 했다. 특히 정병호(1999)는 영양실조로 인한 작은 키가 가져 올 사회적 장애에 대해 사회 문화적 차별로 이어지는 종족적 낙인(tribal stigma)의 양상을 띨 확률이 높다고 했다. 신체적 질환과 연령에 비하여 키와 몸무게가 임상적으로 심각하게 부족하다는 것은 난민연구에서도 보고되었다(전우택, 2000).

탈북 어린이들 중에는 부모들이 먼저 탈북하고 아이들은 고국의 친인척에 일정기간(8개월 – 1년 이상) 맡겨져 있다가 나중에 부모가 다시 찾으러 오거나 중국에서 합류하는 경우가 있다. 이럴 경우, 아이들이 유아기 때 부모와 안정적으로 형성해야 하는 애착(attachment)이 문제가 된다. 북한에서 중국으로 넘어가기까지 겪는 격리 불안과 심리적인 공포는 어린이들에게 심리 정서적인 영향을 미칠 수 있다.

요약하면, 탈출 전 기간은 탈북 부모와 어린이들에게 기아와 굶주림, 이로 인한 신체상해, 가족해체, 부모와의 이별과 같은 사건들을 겪는 시기였다. 특히 식량난으로 인한 어린이들의 발육과 성장상태는 앞으로의 삶에서 기능적, 사회 정서적 장애를 가져올 가능성을 배제하기 어렵다.

2) 탈출기간 : 중국으로 – 제3국으로

자신이 살던 지역에서 나와 최종 정착지에 도착하기 전까지의 과정으로 중국과 캄보디아나 태국에서의 생활을 말한다.

북한에서 식량난으로 고통을 겪다가 전 가족 또는 가족 중 일부만이 탈출을 시도할 때 대개는 밤에 두만강을 넘어 중국으로 온다. 부모들은 이때의 심정을 '살면 살고 죽으면 죽는다'라고 표현했다. 아이들은 다행히 잠을 자는 경우도 있지만 만일의 사태를 대비해 잠자

5) 북한 기근과 관련한 가장 의미 있는 전국 규모의 통계조사로는 1998년도에 실시된 WFP, UNICEF, EU와 북한당국이 공동으로 생후 6개월에서 7세 사이의 어린이들을 대상으로 한 성장발육에 대한 무작위 표본조사이다. 조사 결과, 전체 어린이의 60%가 만성영양부족으로 인한 발육부진상태, 12개월 이하 젖먹이 중 18%가 산모의 영양부족으로 인한 영양실조로 나타났다(정병호, 2001).

는 약을 먹여 온 경우도 있고, 아이가 우는 바람에 경비대가 뒤에서 쫓아오는 상황에서 가까스로 목숨을 구한 경우도 있다. 이러한 목숨을 건 탈출 과정에서 어린이들은 부모들의 비장함 대신 극심한 공포를 느끼게 된다.

① 중국생활 : 긴장된 삶의 연속

북한이탈주민들은 중국에서 북조선인이라는 신분을 숨기고 살아남기 위해서는 끝없는 유랑 아니면 은둔생활을 하게 된다. 거친 노동과 막일을 닥치는 대로 해가며 최소한의 생계를 연명하거나 종교단체의 도움을 받는 생활을 한다. 그러나 그 어떤 형태의 삶에서도 이들은 중국 공안에게 잡히지 않을까 하는 끝없는 불안과 공포에 시달리게 되고 이런 생활은 어린이의 삶에도 그대로 드리워진다.

가. 존재 숨기기

중국에서 북조선인인지 아닌지는 중국어 능력과 말투에서 여지없이 드러난다. 북한이탈주민 입장에서 볼 때, 중국말을 할 수 있는 능력은 곧 중국사회 적응능력이면서 자기 존재 숨기기의 수단이 된다. 자신들보다 중국어를 유창하게 하는 어린이를 둔 부모는 아이들 덕에 어느 정도 위장이 가능한 점도 있다. 그러나 어린이 입장에서 볼 때, 자기 또는 가족의 존재를 숨기기 위해 외국어를 적절히 사용하자면 어린이는 상황에 적절하게 대응하는 완벽한 반응기제가 발달해야 되고 이걸 유지하기 위한 긴장이 요구된다. 특히 어린이가 조선어를 못하고 중국어만 유창할 때는 긴장 정도가 유약한데 반해 조선어도 하고 중국어도 할 경우가 가장 그 긴장의 정도가 높다고 할 수 있다. 일반적으로 이중 언어를 사용하는 어린이들이 어려워하는 것 중의 하나가 바로 이 Code Switch인데 여기에 더해 자신을 드러내면 안 되는 폭압적인 짓눌림이 존재하는 삶은 어린이가 견딜만한 조건은 아니다. 다음은 어린이가 어느 정도로 Code Switch의 룰을 철저하게 지켰는지를 알 수 있는 사례이다.

〈사례 1〉

성환 모 : 중국에서 살 때 우리는 성환이에게 절대 조선어를 못하게 했습니다. 우리가 천진에서 살 때 야를 주말 이틀간 한족 친구 집에 놀러 보낸 적이 있다고요. 그때 그 집 옆에 한국에서 와서 사업하는 사장이 있었는데 그 사람도 가족도 없이 주말에 심심하고 하니까 야 둘을 이틀 동안 데리고 있었답니다. 그런데 그 이틀 동안 성환이가 그 사장하고 조선어를 한마디도 안했다는 겁니다. 그 사장이 보기에 한국어를 알아듣는 것 같았다는 기죠. 그 뭐나, 식당에 밥을 사주러 갔는데 뭐 먹겠냐는 말을 한족아이는 전혀 못 알아듣고 딴 데 쳐다보고 있는데 그 말을 듣고 우리 아가 중국말로 그 아이(한족)에게 뭐라고 이야기를 하자, 그 아이가 음식을 택하는

걸로 봐서 성환이가 한국말을 알아듣는 것은 같은데 한마디도 한국말을 안 해서 자기도 헷갈렸다는 겁니다. 조선아 같기도 하고, 아닌 것 같기도 하고...그런데 나중에 그 사장이 우리를 만나고 그 이야기를 하면서 어린 아가 그 정도로 철저할 수가 있는가, 교육을 어떻게 시켰는가 감탄스럽다면서 이야기를 해줍디다. 야가 그렇게 살았습니다.

위의 사례는 모국어가 발달된 후 중국어를 익힌 어린이의 경우이다. 그러나 언어 발달이 거의 완성되는 2－3세 경에 유랑과 은둔이 반복되는 탈북생활을 하는 어린이들의 경우 모국어 획득이 늦고, 4세가 되도록 한 단어 말하기에도 이르지 못 하는 경우도 있다. 유랑이 심한 경우 5년 동안 60여 차례나 이동을 한 가정이 있는가 하면, 3년 동안 비닐막 안에서 사람 접촉 없이 산 가족도 있었다. 이처럼 자신의 존재를 드러낼수 없는 삶을 사는동안 어린이들은 팽팽한 긴장을 유지하는 기제가 발달하거나 아니면 언어능력 발달의 유예기를 겪는다.

나. 애 어른

부모들은 자기 아이들 이야기를 할 때 '천덕꾸러기'라는 표현을 자주 쓰는데 여기에는 먹을 것도 없는 시절에 태어나 고생을 하는 자식이 안쓰럽기도 한 한편, 어찌 됐건 그 험난한 고생을 견뎌내는 아이들의 알 수 없는 생존력에 대한 놀라움 그 두 가지 의미가 있다. "어떤 때는 아이답다기보다 영물처럼 보일 때도 있었다. 아이도 아닌 것이 어른도 아닌 것이…" 이 말에는 '천덕꾸러기'이외에 애 어른의 의미가 포함되어 있다. 전우택(2000)에 따르면 이민이나 난민의 아이들이나 청소년들은 그들의 열악한 사회 환경으로 말미암아 특유의 천진난만함을 너무 일찍 잃게 되고, 세상에 대한 지나친 조숙함을 가지게 된다고 한다. 다음은 이를 알 수 있는 사례이다.

〈사례 2〉

은영 모 : 감옥은 영 소금이 귀합니다. 소금 맛이 고소하다는 것을 그때 처음 느꼈습니다. 은영이도 똑같이 한 숟가락 먹고 배고프다하지요. 어른은 하루 한 끼를 주는데 나는 안 먹고 은영이 다 주었습니다. 아가 배고프니까 날 잡아 뜯죠. 은영 이는 다 먹었죠. 하루는 아가 '배 아파 안 먹는다' 합니다. 처음엔 진짜 그런 줄 알고 처음으로 내 배 불리 먹었습니다. 그랬더니 저녁에 말하는 소리가 엄마가 어제도 오늘도 안 먹고 그래 일부러 그랬다는 깁니다(눈물을 글썽이며 목소리가 떨린다). 작은 가슴에도 엄마 생각하는 마음이 있었는가 봅니다. 그래 내 참 속으로 미안하다. 엄마가 되서 너를 이렇게 고생을 시키는구나.

어린아이가 참 대견하다 싶기도 하지만, 아이의 이타성이라고 하기에는 빼앗긴 아이다움이 안타깝고 그래서 모녀의 정이 더욱 가슴 아픈 사연이다. 자신의 나이나 능력에 비해 감당하기 어려운 세상을 살아야하는 어린이들의 경우, 세상을 다 알아버린 듯한 조숙함 역시 적응을 위한 생존기제이다.

다. 정체성의 혼란

삶의 주체로서 자기를 인식해가는 정체성 형성은 인생의 지속적인 과제이다. 정체성이 자신과 외적 환경과의 상호작용을 통해서 형성된다고 할 때, 상황에 따라 달라지고 있는 언어와 공간은 탈북 어린이들이 자기 동일성을 안정적으로 유지하는데 어려움을 가져다 줄 개연성이 있다.

인간의 정체성은 시간과 공간의 복합적 작용안에서 형성된다고 할 수 있다. 그런 점에서 공간은 정체성 형성에 중요한 요인이다. 그러나 빈번하게 변하는 공간과 그 공간마다의 차이가 아이가 인식할 수 있는 범위를 넘을 때 어린이는 나는 도대체 어디서 사는 존재인가에 혼동을 느낀다.

공간에 대한 이해는 일정한 삶을 살면서 체득하는 것이기 때문에 몸에 밸 수 있는 충분한 시간이 부여되지 않은 한, 어린이가 자기동일성을 획득하는데 유약한 기반이 된다. "캄보디아 국경을 넘는데 주한이가 우리 집은 어디인가, 중국인가. 캄보디아인가. 아버지 집도 있나. 하나원이 어디인데 자꾸 가는가, 우리 거기서 살아야 하나, 보고 와야 하나"라는 한 어머니의 말에서 자기 존재의 뿌리를 내리는 공간이 정체성 형성에 중요한 토대임을 알 수가 있다. 즉 사는 데가 우리 집이라는 아이의 직관적 자아를 알 수 있다. 일시적으로 왔다가는 곳은 집이 아니고, 떠도는 삶의 공간은 정체성을 지을 수 있는 집이 될 수 없음을 의미한다.

중국에 머무는 기간 전체가 '계속된 탈출기간'으로 이 기간에 북한이탈주민들은 강제로 되돌려 보내질 수 있다는 극도의 긴장, 불안, 두려움을 느낀다. 이러한 사태를 두고 "지연되고 있는 심리적 입국" 이라고 한다(Tyhurst, 1980;전우택, 2000 재인용). 어린이들이 중국에서 습득한 언어적 긴장, 존재 숨기기, 애 어른, 정체성 혼란과 같은 경험과 행동유형은 공포스러운 생활을 견디기 위한 생존 기제라는 점에서 어린이들 역시 "지연되고 있는 심리적 입국"의 그늘 아래 있다고 할 수 있다.

2) 제3국에서의 생활 : 점점 가까워지는 한국

북한이탈주민들은 중국을 떠나 또 다른 제3국을 경유해야만 한국에 올 수 있다. 대부분의 북한이탈주민들은 태국과 캄보디아에서 3－10개월 정도 난민 수용생활을 해야 한다. 중국에서 태국이나 캄보디아를 가는 길은 베트남, 몽고의 울란바토르, 미얀마 등으로 걸어서 국경을 넘는 경우가 대부분이다. 삼엄한 경비를 뚫고 국경을 넘다 발각되어 북송되는 경우가 있는 만큼[6], 제3국에 도착할 때 까지 1주일에서 열흘 동안 느끼는 불안과 공포 또한 크지만 한국에 가까이 간다는 희망 때문에 뭔가 끝이 보이는 길이라고도 한다.

태국과 캄보디아 생활에 대한 자세한 상황은 난민지위를 얻지 못한 북한이탈주민들을 둘러싸고 국가 간에 얽혀있는 복잡한 외교관계, 국제법 등으로 인해 공개되기 어려운 점이 있다. 제한된 정보를 토대로 보면 캄보디아가 태국보다 더 조직적인 생활을 요구하는 것 같다. 그러나 두 국가 간 공통점은 기독교 종교인들이 운영을 하기 때문에 보다 집중적인 종교생활을 하고 집단생활을 유지하기 위해 일정 정도 통제력이 발휘된다는 점이다. 제 3국에서 머무는 기간은 약 4개월－10개월 정도인데 어린이, 환자, 노인이 한국으로 갈 수 있는 우선순위이기 때문에 어린이가 있는 연구대상자들은 약 4개월 정도 제3국에서 생활했다. 아이들은 특히 제3국에서 주로 성경공부와 글자공부를 했다고 한다.

제3국 생활을 마치고 한국으로 들어오는 부모들의 심정은 만감이 교차한다고 했다. 이제는 살았다는 안도감과 함께 자식을 위해 선택한 기회라는 희망도 있는 반면, 정말 잘 왔는지 앞으로 어떻게 잘 살아야 할 지, 아주 먼 훗날 자녀가 커서 철이 들어 왜 고향을 떠나왔느냐는 질책을 하면 어떻게 하나 하는 죄책감에 이르기까지 심정이 복잡하다.

지금까지 북한－중국－제3국을 거친 탈북과정을 기술했는데 각 시기마다 독특한 양상과 위기상황은 서로 연결되어 이후 정착지에서의 적응과정에 영향을 미친다.

4. 망명신청기간 : 탈북 유아들의 초기 남한생활 이야기

북한이탈주민들에게 하나원의 생활은 이전과는 판이하게 다른 새로운 문화에 적응해가는 과정이다. 이 새로운 문화에 적응하는 과정은 이전의 경험을 단절시킨 채 새롭게 시작할 수 있는 것이 아니라 이전의 경험에서 다시 시작되는 것이라고 보아야 한다. 인간의 경험은 연속성 안에 있기 때문이다. 하나원에 들어 온 어린이들은 탈북과정의 척박한 환경에서 겪은 긴장, 불안, 결핍, 혼돈의 상처를 쏟아내고 치유하면서 새로운 삶의 방식을 익혀나가는 순환과정을 거친다.

[6] 연구대상 중에는 이 과정에서 매번 들켜 4번이나 북송된 적이 있는 가정도 있었고 국경지대 약 4km를 땅굴을 파고 온 가정도 있었다. 이 과정이 얼마나 험난한 지는 MBC에서 방영한 '버림받은 인간 탈북자－제1부 탈북자, 30일간의 중국 현지보고/ 제2부 죽음을 넘는 사람들'(2002. 7.28/8.4 방영)을 보면 잘 알 수 있다.

1) 과거 경험의 표출 : 쏟아내고 정화하는 치유의 과정

하나원 생활에서 어린이들의 과거 경험은 두 가지 양상으로 드러난다. 하나는 일상생활 속에서 과거의 결핍을 보상 받으려는 욕구를 직접적으로 드러내고, 다른 하나는 자신들의 상상놀이나 활동에서 자신들의 이야기를 간접적으로 드러낸다.

① 배고팠던 기억

하나원에 들어와서 초기에 어린이들은 놀이와 같은 가상의 형식을 빌려 자신들의 경험을 드러내는데, 처음에 많이 드러나는 것들이 음식에 대한 표현이다. 그림이나 점토로 표현한 것이 무엇이냐고 하면 김치, 지짐(부침)과 같은 음식물로 답하는 경우가 많고 어떤 사물이나 대상을 상대로 자기 경험을 표출할 때는 다음과 같이 배고팠던 기억을 간접적으로 이야기 한다.

〈사례 3〉

하나원 마당에 있는 동물 사육장에서 토끼 보기

순이 : 안녕, 안녕 아기 토끼, 아기 토끼야, 토끼야 먹어봐. (짚을 던지며)

교사 : 아, 풀 먹네, 우리 풀 갖다 줄까? 근데 풀이 없다. 가서 풀 뜯어 올께.

순이 : (긴 꼬챙이를 아기토끼에게 휘두르며) 찾지도 못해, 말 들으면 몰라? 콱 먹어(왜 먹이를 못 찾아 먹느냐는 뜻).

교사가 살살 했으면 좋겠다고 말한다. ....

순이 : 똑똑히 찾아봤니. 좀 맞아봐야 돼. 아이 진짜 신경질 나. 토끼들이 거기 있는데 눈으로 보지도 못하는 것 봐. 잘 먹어. (화난 목소리로) 엄마 토끼는 왜 이리 빨리 먹지? 아기 토끼들도 안주고.

엄마 토끼가 오자 "야"하며 막대기로 해치려 함

순이 : 빨리 엄마 토끼는 저쪽으로 가. 아기 토끼만 먹어. 야, 너는 먹지마. 엄마 토끼만 먹고 아기 토끼는 안 주잖아.

교사 : 엄마도 배고플지 모르잖아.

순이 : 새끼 토끼 먹고 엄마는 이따가 먹고, 새끼 토끼 배고프면 또 먹고 엄마는 이따가 먹고, 알았지, 엄마 토끼, 아기 토끼? 좋아하는 거 봐. 아기 토끼들 먹고 있어, 엄마 토끼는 참아라, 새끼 토끼는 안 참아도 돼. 아기 토끼들 거 뺏어 먹지 말고 네 옆에 있는 거 먹어, 알았지? 안녕(엄마 토끼에게는 계속 꼬챙이를 휘두른다).

이 어린이의 이야기에서 결핍된 애정과 음식에 대한 포만의 욕구가 있음을 알 수 있다. 아이들의 일상생활에서도 초기에는 간식이나 먹을 것에 대한 욕심을 많이 부린다. 그러나 실제로 아이들의 식생활에 대해 부모들과 이야기해보면 오히려 하나원에 와서 아이들이 편식이 심하고 잘 안 먹어서 걱정이 많다고 한다. 여기에는 포만에 대한 심리적 욕구가 실제보다 훨씬 더 지속됨을 알 수가 있다.

② 내 것에 대한 집착

하나원 생활이 시작되는 초기에 아이들은 새롭게 접해보는 물건들을 하나라도 더 갖고 싶어 하고 자기 것에 대한 애착이 아주 강하다. 그래서 "나 두 개"라는 말과 교실의 장난감이나 자기가 만든 것을 집에 가져가겠다는 말을 많이 한다. 사물에 대한 집착이 강한 만큼, 서로 자기 것을 갖기 위한 싸움과 갈등도 또래 간에 일어나고 자기 것을 빼앗기거나 없어질 것에 대한 불안감도 표현된다. 자기가 그린 그림을 "어느 날 친구네 집에 갔다 오니 풍선이 두 개가 없어졌어요. 그래서 도둑놈을 잡으러 갔어요. 그래서 도둑놈은 풍선을 다 빼앗겼어요." 라고 설명하는 아이의 말에서 자기 것이 사라질 것에 대한 불안함을 볼 수 있다.

③ 긴장, 공포의 어두운 기억

아이들은 하나원 오기 전에 느꼈던 긴장과 공포심, 무서웠던 기억들을 자연스럽게 드러낸다. 수갑을 채우듯 휴지를 말아 손을 꼭꼭 묶고 놀이를 한다거나 사람이 잡혀서 감옥에서 밥 먹는 그림, 공안-나쁜 사람이라는 표현을 하면서 두려움 속에 피해 다녔던 기억들의 편린들을 드러낸다. 그리고 죽은 사람, '죽었어요'와 같은 표현들이 종종 그림과 생활 속에서 나타나기도 한다. 다음 〈사례 4〉는 어린이가 교사에게 대체(代替)자아 역할을 부여하며 자기 이야기를 표현한 그림이다.

〈사례 4〉 그림과 이야기

〈그림 1〉 깨비(교사별명)가 남의 집 사과를 따먹고 있어요. 집이 없어서. "하루 자고가도 될까요?" "안됩니다".

〈그림 2〉 깨비가 산을 가다가 영국이네 집에 갔어요. 깨비가 춥고 집이 없어서 울고 있어요.

아이들은 자신에 대한 이야기를 간접적이기는 하나 다양한 통로(이야기, 그림, 매체활동, 상상놀이)를 통해 드러낸다. 아이들이 들려주는 많은 이야기들은 교사들에게 아이들의 삶을 이해하는 단서가 되고 교육의 방향이 된다. 아이들이 배고팠고 내 것을 충분히 가지지 못했고 긴장과 공포로 힘들었던 삶의 경험을 다양한 언어로 들려주면 교사들은 이를 새겨듣는다. 아이들이 그린 그림속의 이야기들이 비행기, 총, 아픈 사람들의 모습에서 점차 자연의 느낌과 생활의 따뜻함을 담아가는 것을 보면서 교사들은 아이들의 마음이 열려가는 것을 느끼게 된다고 했다. 교사들의 새겨듣는 행위는 아이들의 아픔을 달래주고 마음을 알아주는 치유의 교육적 행위이다. 이러한 치유 잠재력(healing potentialities)은 어린이들의 삶의 회복력이며 교육의 가능성과 깊은 관련이 있다.

2) 과거와 현재의 갈등 : 새로운 삶의 방식 익히기

어린이들에게는 탈북생활을 통해서 습관화된 생활양식이 있다. 여기에는 의사소통방식, 태도, 가치관 등이 포함되는데 사회생활에서 쉽게 드러나는 것이 타인과의 소통방식이다. 어린이들의 습관화된 생활양식은 새롭게 시작된 일상생활의 장면에서 많이 드러나고 그 드러남은 충돌과 갈등의 지점에서 더욱 두드러진다. 아이들은 결핍을 충족시키려는 저마다의 독점과 소유의 욕구가 강하고 그 욕구들이 부닥칠 때는 격렬하게 치고받는 행동을 한다. 이러한 행동양식이 과거 경험 표출의 연장선이라면 이 문제를 해결하기 위한 대안으로써 제안되고 유도되는 공유를 위한 규칙과 양보, 몸 대신 말로 하고, 싸운 뒤 사과하기는 어린이들에게는 새로운 문제해결 양식이자 생활방식이다. 과거의 습관과 새로운 행동방식은 교사의 표현을 빌자면 "이보 전진, 일보 후퇴"라는 속도로 천천히 맞물려 돌아간다.

① 나누고 양보하기

어린이들은 내 것을 더 많이 더 오래 갖고 싶기 때문에 음식을 나누어 먹거나 장난감을 양보하여 같이 갖고 노는 공유의 방식을 낯설어하고 힘들어한다. 다음과 같은 사례이다.

〈사례 5〉

운동장에 축구공이 2개 있었는데 하나는 바람이 빠져 있었다. 영국이가 바람 빠지지 않은 공을 먼저 갖자, 문제가 생긴 것이다.

성일 : 내가 그때부터 찾았는데(그래서 영국이가 가진 공이 자기거란 얘기), 영국이 저것(바람 빠진 공을 가리키며) 갖고 놀아. 몰라.

교사 : 너희 둘이 정해 기다릴게. 둘 다 싸우느라고 안 놀 거야, 아니면 같이 갖고 놀 거야, 둘이 생각해서 정해.

이 때 영국이는 아예 공을 깔고 앉아 있다(절대 양보하지 않겠다는 뜻). 아이들을 기다려주던 교사는 해결의 기미가 보이지 않자

교사 : 가위, 바위, 보로 정하자.

가위, 바위, 보를 하려다말고 진 사람이 공을 가질 거냐, 이긴 사람이 가질 거냐로 또 싸운다. 성일이가 교사에게 억울함을 호소하는 사이, 영국이는 공을 숨겨 놓고 와서는 "없어졌다"라고 한다. 이 말을 들은 성일이 별 반응을 보이지 않는데, 이때 교사의 교실로 들어가야 한다는 말에 두 아이는 서로 간에 약간의 긴장을 유지한 채 들어간다(영국이는 성일이가 던지는 견제의 눈길을 느끼며 공을 숨긴 쪽을 슬쩍슬쩍 보았을 뿐이다).

이 두 어린이가 어렵사리 공유하고 있는 규칙은 아무도 공을 가지지 않는다는 것이다. '내가 가져야만 된다' 에서 교사가 제시한 '같이 갖고 놀기'까지 그 사이에는 못 놀더라도 아무도 공을 가지지 않는다는 자신들의 암묵적인 규칙이 있다. 같이 갖고 노는 것이 승자-승자 구도라면, 한명이 장난감을 갖고 나머지 한 아이가 못 갖는 것은 승자－패자의 구도이고 둘 다 공도 못 갖고 놀지도 못 하는 상황은 패자-패자의 구도일 수 있다. 그러나 공을 갖는 것이 더 중요하고 절박한 아이들의 입장에서 볼 때는 둘 다 공을 갖지 않는 협정은 잠정적인 승자-승자의 구도일 수도 있다. 함께 노는 목적을 위해서 아이들이 양보하고 같이 나눈다는 것이 왜 어려운 지를 다음의 어머니 말에서 알 수가 있다. "중국에서 내 것 뺏기면 죽는 겁니다. 그러면 굶는다 말입니다. 안 된다. 오로지 내 것을 가져야만 살수 있다고 여겼기에 나밖에 모른다 말입니다. 나눠 쓰고 양보 같은 것은 정말 모르죠. 그래도 하나원 두 달 동안 아이들이 많이 변했어요."

김희태(2002)는 어린이들의 사회적 갈등의 한 패턴인 갈등의 흐름 안에는 갈등의 다툼적 흐름과 논쟁적 흐름 두 가지가 있다고 했다. 이 사례는 갈등의 다툼적 흐름에 해당된다. 이 아이들이 논쟁적 흐름에 이르지 못하고 다툼적 흐름의 경향을 많이 보이는 데는 생존과 가까운 사회문화적 맥락이 있음을 위의 어머니의 말에서도 알 수가 있다.

② 규칙 지키기

유치반에서 4－5명의 어린이들이 매일 8－9시간을 같이 생활 하자면 지켜야 할 규칙이 있다. 처음 온 어린이의 경우, 하루 일과 흐름에 적응하는 것, 실내 미끄럼틀과 그네를 거꾸로 타지 않기, 순서대로 타기, 세게 밀지 않기, 장난감 정리하기, 약속 지키기 등등이다. 이 중에서도 가장 많이 반복되는 규칙은 장난감 치우기인데 잘 치우는 경우, 교사의 칭찬을 받고 안 치울 경우에는 교사가 치우기도 하고 아이들을 달래가며 함께 치우기도 한다. 아이들은 놀이로 전환해서 이 문제를 해결하기도 한다.

〈사례 6〉

아침 자유놀이 후, 초등학교로 나들이를 가기 위해 블럭을 치우자고 초등반 교사가 말하고 영아반 아이 하나를 같이 데려가기 위해 영아 방으로 올라간다. 순이가 먼저 장난감을 치우기 시작한다. 철우는 발 아파서 못 치운다는 핑계를 대고 주한은 아랑곳없이 블럭놀이만 계속하고 있다.

순이 : 빨리 청소 잘해. 그럼 놀이터랑 가자(교사 흉내를 내며 친구들에게 말한다.).
철우가 치우기 시작하면서,
철우 : 아이 죽겠다(힘들다는 뜻).

주한이도 블럭을 치우기 시작한다. 순이는 이제 치우기를 멈추고 교사 역할에 더 열심이다.

순이 : (교실 여기저기를 돌아다니며) 여들아(얘들아) 여기 다 치워.
주한 : 예.
순이 : 청소 잘해야 놀이터 잘 데려가. 여들아, 여기도 있다. 빨리 치워(교실 구석구석을 가리키며).

주한과 철우는 순이 말대로 열심히 치운다. 순이도 함께 치우기 시작한다.

아이들은 다른 놀이나 더 재미난 활동을 하기 전에는 하던 것을 치워야 함을 알고 있다. 그러나 치우는 일은 여전히 하기 싫은 일인데 교사역할을 하며 일을 살짝 피하기도 하고 일을 놀이로 전환함으로 재미있게 한다. 아이들의 일상생활 흐름 안에서 하나의 놀이에서 다른 놀이로 전환하는 전이과정은 놀던 장난감을 치워야 하기 때문에 일로 인식된다. 일이 요구하는 규칙이 놀이보다 자발적이지 않기 때문에 아이들에게 흥미가 덜하다. 그러나 아이들은 일과 놀이의 경계를 섞어서 일을 놀이처럼 함으로써 문제를 해결해 가고 있다.

③ 싸우고 사과하기

아이들은 타인과 관계 맺는 경험이 부족한 반면, 타인으로부터 자기를 보호하는 능력이 강해서 친구들에게 날카롭게 반응하고 공격적으로 반응하는 습관들이 있다. 그러다 보니 아이들 간의 싸움은 순간적으로 격렬해져서 교사들이 말리는 경우가 많다. 싸움도 타인과 관계 맺고 소통하는 하나의 방식인데 거기에는 몸으로 하는 직접적인 방식과 말로 하는 간접적 방식이 있다. 가능한 한 교사는 말로 싸우고 말로 마무리하는 방식을 유도하되 몸을 긍정적인 방식으로 개입시킨다. 다음 사례에서 이를 볼 수가 있다.

〈사례 7〉

낮잠 자기 전 운동장에서 철우, 순이, 주한이가 노는데 순이가 주한이를 따돌려서 주한이가 삐졌다. 철우에게 접근을 해보는데 철우가 말을 잘 안 듣자 주한이가 철우에게 돌을 던졌으나 맞지는 않았다. 이때 철우 편을 드는 순이를 주한이가 물었다. 연구자가 달려가서 말리고 보니 심하지는 않았다. 교실로 들어와서 낮잠 잘 준비를 하고 있는 교사에게,

주한 : 순이가 계속 우리랑 안 논대(이때 순이는 주한을 째려보고 있다).
교사 : (주한을 안아주며) 순이가 안 논다 그랬어? 같이 놀고 싶으면 말로 해야지. 깨문 데 너무 아플 거야. 아픈 데 호해주고 주한이 순이에게 가서 사과해. 순이야 주한이 좀 쳐다 봐줘.

순이가 얼굴을 손으로 싸고돌아 앉아 주한을 보려하지 않자, 주한은 순이 주변만 빙빙 돈다.

교사 : 순이가 기다리는 것 같은데, 주한아?

교사의 말을 듣고 순이는 아예 이불 속으로 들어가 버린다.

교사 : 깨비(교사별명)랑 같이 가자. 같이 가서 만져주자.

순이 이불 속에서 나와서 또 돌아앉아 버린다.

교사 : 순이야 마음 풀어. 주한이도 미안하지? 미안하대. 부끄러워서 아직 말 못 하겠대.

주한은 이때 얼른 블록놀이를 하고 있는 철우에게 합류한다.

교사 : (순이를 간지럼 태우며) 잘 자. 나중에는 주한이가 말로 얘기해 줄 거야.

결국, 아이들끼리 해결을 못하고 몸으로 싸운 뒤 교사에게 이른 상황이 되고 말았다. 여기서 교사의 개입이 적절했음을 알 수 있다. 교사 입장에서의 판단과 해결책을 일방적으로 제시하는 것이 아니라, 기다려 주고 주한이와 함께 가서 신체적 접촉을 유도하고, 부끄러워서 말을 못한다는 심정을 전달해주고 대신 사과해주고 결국 신체적 접촉으로 순이의 마음을 달래주고 나중에 주한이가 사과할 거라는 숙제를 여운으로 남김으로써 해결의 끝을 아이들에게 남겨두고 있다. 결론적으로 주한이는 순이에게 미안하다는 말을 하지 못했다. 그러나 과정을 보면 주한이가 미안한 마음을 느낄 충분한 시간은 있었다. 몸의 언어는 감정이 폭발할 때는 폭력적 표현이 될 가능성이 높은 반면 몸을 촉각적으로 활용하면 감정을 순화시키는 기능이 있는데 교사가 이 기능을 잘 활용하고 있다.

④ 말로 하기

신체적 소통은 직접적인데 반해 언어적 소통은 간접적이다. 어린이들은 신체를 통한 의사소통에 익숙한 대신 말로 풀어서 하는 소통방식은 서툴다.

〈사례 8〉

은하는 아기 인형을 업고 있고, 광철과 현수는 블록놀이를 하고 있다. 은영이는 블록으로 길게 기차를 만들고 있었는데 현수가 블록 하나를 갖고 달아나려 하자,

은영 : (연구자에게) 현수가 괜한 아순각질(훼방) 해요.
연구자 : 뭐라고(은영 말뜻을 못 알아들어)
은영 : 현수가 괜히 뺏으려고 해요.
연구자 : 현수야 갖고 싶어서 그랬어?
현수 : 예.
연구자 : 현수야, "누나, 나 하나 갖고 싶어" 말로 할 수 있어?
현수 : 못합니다.
연구자 : 은영아, 현수가 말로 "나도 하나 줘"하면 줄 수 있어?
은영 : 예, 말로하면 줄 수 있습니다.

현수 입장에서 보면 블록을 뺏는 행위와 "나 갖고 싶어"의 말은 똑같이 갖고 싶은 욕구의 표현이다. 그러나 은영 입장에서 보면 전자는 빼앗기는 것이고 후자는 은영의 선택을 요구한다. 은영의 "말로하면 줄 수 있습니다"라는 표현에는 '빼앗긴다'와 '주겠다' 사이에 말로 한다는 조건이 붙음을 알 수 있다. 즉, 말이 타율과 자율 사이에서 자율적 선택의 전제가 된다. 말로 하는 소통은 타협을 요구하고 타협은 보다 자율적인 갈등 해결방식을 유도한다. 장난감을 뺏기거나 찾아와야만 하는 상황과 스스로 줄 것인지, 안줄 것인지를 결정해야 하는 상황에서 후자가 보다 자율적인데 아이들은 이 과정을 조금씩 익혀가고 있다.

지금까지 아이들의 과거 생활습관과 새로운 생활양식 간의 갈등을 살펴보았다. 과거가 익숙한 방식이라면 현재의 새로움은 낯선 방식이다. 아이들에게 익숙한 것이 소유와 몸을 통한 직접적 소통방식이라면 새로운 방식은 규칙을 지키고 언어를 통한 간접적 소통방식이다. 초기에 과거의 습관과 새로운 생활방식은 상당히 격렬한 갈등양상으로 나타나지만, 그 이후의 과정을 면밀히 들여다보면 아이들이 놀이의 틀을 빌어 나름의 규칙을 만들어가고 교사의 도움을 받아 몸과 언어 사이의 혼재 속에서 갈등과정을 해결해나가고 있음을 알 수가 있다.

어린이들은 과거 경험을 거침없이 쏟아낸 뒤, 닫힌 마음을 조금씩 열어가며 새로운 삶의 방식과의 교차 속에서 현재적 삶에 점점 익숙해진다.

3) 하나원을 나가며 : 또 다른 희망을 꿈꾸며

하나원을 나가는 시점에서 부모들은 지금까지와는 다른 희망과 두려움을 갖게 된다. 부모들 특히 어머니들은 나가서 아이를 '한국사람'으로 키울 수 있다는 희망 때문에 무슨 일을 해서라도 아이를 잘 키우며 살겠다는 의지를 보이는 반면, 아버지들은 지금까지 살아온 방식과 완전히 다른 새로운 남한사회에 산다는 것에 두려움을 더 보인다. 지금까지는 '온몸으로 버티는 방식'이었는데, 짧은 기간이지만 그들이 파악한 남한사회는 '능력껏 살아가는 방식'이라고 표현하면서 아무 능력도 없는 자신들이 남한사회에서 받게 될 소외와 부적응을 걱정한다.

아이들은 이제 하나원을 나가면 거기가 자신들이 살 곳이고 지금까지의 삶의 여정의 끝이라는 것을 아는 것 같다. 그래서 하나원을 나갈 즈음이 되면 부쩍 더 한국 언제 가는가, 새집 언제 가는가를 묻는다고 한다. 이 질문은 하나원은 아직 한국이 아니라는 뜻이라고 한 엄마가 설명해 주었다. 아이들에게 하나원 담장 밖, 한국은 자신들의 삶의 방향을 암시해주는 희망의 공간이다.

5. 하나둘학교 경험의 의미 : 다층적인 연결토대

하나둘학교 경험의 의미는 아이들의 변화와 성장에서 찾을 수 있다. 그 의미의 심층성은 변화의 결과보다는 과정에 있으며, 하나둘학교의 맥락적 요인들이 어떻게 상호작용을 했는지 그 복잡함의 역동성을 찾아내는 일이다. 상호작용의 맥락은 개인, 가족, 환경적 체계이다. 여기서 개인은 어린이 당사자이며 가족은 부모이고 환경적 체계는 교사 및 하나둘학교이다.

1) 교사의 역할과 의미

하나둘학교에서 어린이를 만나는 교사는 아이들의 마음과 상처에 귀 기울이고 보듬어준다. 귀 기울임 안에서 어린이들의 과거와 현재를 연결해주고 어린이와 세상 사이를 연결해 주는 매개자 역할을 한다.

① 과거와 현재의 연결자

어린이의 과거와 현재는 그들의 내재된 경험 안에서만 만날 수 있다. 과거 시점의 경험은 지금 여기(남한사회)에 있는 어린이로서는 기억을 통해 재현될 뿐이다. 재현되는 기억을 타인과 공유하기 위해서는 옆에 있는 누군가 예민한 타인이 참여를 해야 한다. 이러한 참여는 과거와 현재의 소통을 낳고 그 소통 안에서 과거와 현재가 만나 이야기가 생성된다.

〈사례 9〉

은하가 지점토로 '∩'모양을 만들어 책상 위에 세우고 "연길"이라고 하자, 교사가 "여기가 연길이야. 연길에 이렇게 들어가는 문이 있어?" "예" (교사가 오른손 검지를 문 속으로 집어넣으며) "그래 은하 덕분에 선생님이 한 번도 못 가본 연길을 가보네."

아이가 교사를 과거로 안내해 주는 주인공이라는 교사의 '말'과 손가락을 문 안으로 집어넣는 '행위'의 결합은 어린이에게 과거와 현재의 내적 결합을 가시화해주고 지지해주는 버팀목 역할을 한다. 즉, 어린이의 기억은 교사의 상상력을 매개로 현재적 삶과 연결되고 있다.

② 어린이와 세상과의 연결자

교사는 어린이가 아직 알지 못하는 미지의 세계로 나아갈 수 있는 가능성을 부여하는 존재이기도 하다.

〈사례 10〉

영진과 우성이가 종이를 접어 딱지치기를 한다. 가위, 바위, 보로 순서를 정하는데 이때 유진이도 끼어들어 가위, 바위, 보를 한다. 그러나 유진이는 손이 아닌 팔을 흔들면서 입으로만 가위, 바위, 보를 한다. 이 모습을 보고 있던 교사가 유진에게 다가와 가위, 바위, 보에 따라 유진의 손을 접고 펴면서 방법을 알려준다.

눈이 보이지 않는 유진이의 형태가 없는 감각경험에 교사가 형태를 부여하는 행위는 암흑의 세계에 존재하는 아이 몸의 감각과 세상의 질서를 연결해 준다. 이로써 아이는 자기 존재의 새로운 가능성을 얻게 된다. 대화에서 듣는 이는 말하는 이로 하여금 새로운 깨달음에 이를 수 있도록 자유를 주며, 대화에서의 상호작용은 듣는 이와 말하는 이로 하여금 존재의 새로운 깨달음으로 인도할 가능성을 갖는다는 하이데거(김용식, 1997)의 말처럼 교사는 자신의 역할이 아이들과 세상을 믿음과 사랑으로 연결시키는 것이고 아이들의 가능성을 믿어주는 것이라고 말한다. 이러한 교사의 교육 철학과 소신은 개인의 입장을 넘어, 하나둘학교 교사들의 공통된 철학으로 하나둘학교의 교육적 분위기이자 문화이다. 이런 점에서 하나둘학교 교사들의 교육적 지향은 아이들의 과거와 현재를 매개하고 아이들을 세계와 연결하는 데 있다.

2) 부모들의 작은 변화

북한의 양육방식이 전형적인 엄부자모(민성길, 전우택, 윤덕룡, 1999)인데다 고통스러운 탈북생활에 지친 부모들의 폭력적인 양육방식에 아이들은 노출되어 있다. 부모들에게 아이의 버릇을 들이기 위해서 매를 드는 행위는 익숙하다. 그래서 부모들은 때려서라도 가르치라는 요구를 교사들에게 쉽게 한다. "나는 곱다 곱다 말로 하지만 아버지는 속으로만 곱다 하지 곱단 말 아니합니다. 그래 아는 무서버합니다. 또 한 번 때린다 하면 굼벵이 딱딱 지게(무섭게) 때리거든요." 이와 같은 표현을 하는 부모들이 볼 때, 남한은 여자와 아이를 귀하게 여기는 것 같다고 한다. 북한의 양육방식이 폭력적인데 반해 남한은 자유롭다고도 한다.

성인 중심적이고 폭력적인 양육방식 및 가정의 분위기는 하나원 생활 동안 서서히 변화가 시작된다. 남편의 폭행으로 이혼을 결심했던 한 어머니의 말에서 변화를 알 수 있다. "애 아버지가 요즘 여기서 심성수련, 그 상담을 받더니 달라졌습니다. 요즘은 우리 가정도 이럴 때가 있다는 게 믿기지 않아요. 저녁엔 남편이랑 탁구를 많이 칩니다. 아이들한테도 살랑시(부드럽게) 대할라고 하는데 말 잘 안 듣습니다." 이러한 변화에는 교사들이 아이들을 대하는 태도, 부모들의 심성훈련 교육, 놀이치료 전문가 및 유치반의 부모교육, TV 매체를 통한 부모들의 남한문화 학습 등이 영향을 미친다. 부모들의 이러한 변화는 서서히 진행되지만 아이들의 성장에 무엇보다 중요한 지지체계가 된다.

3) 어린이의 적응력 : 자기세계 구축

지금까지 보아 온 대로 탈북과정에서 어린이들이 경험한 세계는 그들이 감당하기에는 힘든 위기이자 역경이다. 그러나 그 역경과 새로운 삶의 방식을 접하고 적응하는 과정에서 어린이들은 어려운 상황을 버티고 극복하는 능력을 보여주었다. 북한 – 중국 – 제3국을 넘어오기까지 역경과 위험을 참고 버티기 위한 여러 생존기제가 발달되었다. 그리고 새로운 사회에서는 삶을 적극적으로 대면하는 능력과 긍정적으로 문제를 해결하며 새로운 경험을 추구하는 회복력(resilience)을 보여 주었다.

적응력의 측면에서 몇몇 학자들이 어린이의 역경을 극복하는 능력에 대해 언급하고 있다. 역경을 극복하는 능력이란 우울, 불행, 질병, 기타 부정적인 상황에서 회복하려는 능력이다(Rak & Petterson, 1996). Luthar(2000a, b)는 적응력을 역경이라는 상황적 영향을 덜 받으며 유능감으로 위기상황을 대처함으로써 스트레스를 현저하게 낮출 수 있는 능력이라고 했다. 그러나 발달적 초기에 있는 유아들은 이러한 능력 발달이 상대적으로 미숙할 가능성이 있지만 이와 같은 적응력은 개인의 고정적인 특성이라기보다는 환경과의 상호작용을 통해 지속적으로 발달한다(Werner & Smith, 1992). 즉 적응은 발달과정에서 직면하는 위험요인(risk actor)과 부정적 경험을 완화하여 긍정적 적응을 수행하게 하는 보호 요인

(protective factor)과의 복잡한 상호작용이다(Grossman et al., 1992; 김영미, 2002). 탈북 어린이들의 적응력과 회복력은 자기세계를 구축하는데 가장 중요한 지지체계이다.

어린이들의 역경을 극복하는 회복력이 위험요인과 보호요인의 상호작용의 결과라고 할 때, 하나둘학교라는 특정한 상황에서 작용하는 변수들인 교사(학교), 가족들의 환경적 보호요인과 어린이의 주체적인 성장능력의 역동적인 상호작용은 탈북 과정과 이후의 사회 적응을 이어주는 다층적인 연결토대이다.

6. 논의 및 제언

이 연구 수행 과정 및 연구 결과에서 제기된 몇 가지 이슈를 논의해 보고자 한다.

첫째, 크게는 연구 윤리와 관련된 문제이다. 앞에서 탈북 유아들의 숨겨진 삶을 통해 그들을 이해하는 것이 이 연구 목적 중의 하나라고 했는데, 자칫하면 이 연구가 그들의 숨겨진 삶을 파헤쳐 아이들을 불평등한 분류집단으로 만들 가능성이 있다. 탈북어린이라는 범주화가 개인 어린이의 본질이 될 수 있다는 우려를 연구 기간 동안 그리고 논문을 쓰는 과정에서 보다 더 깊게 하게 되었다. 탈북 어린이는 다를뿐 아니라 '결핍의 존재'라는 의미를 내포할 수 있기 때문이다. 이런 점에서 탈북 어린이라는 이름은 중립적이지 않다.[7] 우리가 어느 집단을 범주화했을 때 범할 우가 바로 그 범주에 있는 사람은 모두 동질적이라는 가정을 하는 것이다. 탈북 어린이들의 존재가 사회적으로 은폐될 위험을 없애기 위해 아이들의 개인적 삶을 저당 잡힐 권리가 연구자 또는 연구 집단에게 있는가 하는 생각을 하지 않을 수 없다.

이 문제에 관해 연구자로서 방어를 하자면 어린이들의 문제와 허약성에 초점을 두기보다는 적응능력에 초점을 두었다는 점이다. 어린이의 위기능력을 연구하는 학자들은 회복력(resilience)은 어려운 상황에서 성장한 아동들에게 아주 과소평가되는 부분인데, 대부분의 연구들이 성장하는 아동의 잠재성보다는 잠재적 문제에 초점을 맞추고 있기 때문이라고 했다. 연구자의 이러한 개인적인 노력에도 불구하고 여전히 우리 사회의 소수집단에 대한 차별인식이 존재한다. 탈북 아이들이 남한사회에 나가서 자기 존재를 밝히거나 타의적으로 드러날 경우 범주화의 차별을 받을 가능성이 있다. 차별을 받지 않기 위해서는 자기 존재를 또다시 숨겨야한다. 범주화로 인한 차별과 존재 숨기기 사이에 탈북 어린이의 운명이 놓여 있다. 우리 사회에서의 존재 숨기기는 탈북과정에서 어린이들이 경험한 존재 숨기기와는 또 다르다. 탈북과정이 분명한 억압구조에서의 존재 숨기기였다면, 남한사회에서는

[7] 귀순자, 탈북자의 명칭이 갖는 사회적 함의와 이들에 대한 이미지 형성과 시선에 관한 논의는 탈북자 소수집단에 대한 남한사회의 구별 짓기(강주원, 2003)를 참고할 것.

보이지 않는 억압구조에서의 존재 숨기기일 것이다. 이렇게 보면 어린이들이 우리 사회에 적응하는 데 전혀 위험요인이 없다고 말할 수 없다. 어찌 보면 위험요인이 더 은밀하게 짜여 있어 아이들은 여기에 적응하기위한 또 다른 생존기제나 적응기제를 발달시켜야만 할지도 모른다. 이 어린이들이 위험요인보다는 보호요인의 도움으로 건강한 삶의 적응력을 발달시키도록 돕는 것이 우리 사회가 해야 할 일일 것이다.

따라서 탈북 어린이들이 사회에 나갔을 때, 유치원이나 어린이집 구성원들은 어떻게 상호작용하는지 그 쌍방의 적응과정에 대한 연구가 필요하다. 이 연구를 통해 앞에서 우려한 분류화와 존재숨기기가 연구자의 과민한 우려인지 아니면 사회적 현상인지를 알 수가 있고 혹 사회적 현상으로 나타난다면, 교육적 상황에서 다름의 공존을 어떻게 가르치고 배워갈지에 대한 실제적이고 구체적인 연구가 필요하게 될 것이다.

둘째, 하나둘학교 적응과정에서 과거와 현재의 갈등을 통해 새로운 삶의 방식을 익혀가는 과정에 대한 논의이다. 이는 문화적 또는 이데올로기적 우월성과 관련된 문제이다. 탈북 어린이들이 과거 경험에서 체득한 삶의 방식의 특성이 몸을 통한 직접적인 소통방식이라면 양보하고, 규칙 지키고 싸우는 대신 말로하고 사과하기는 우리 사회에서 욕구와 정서를 훈련시키고 길들이는 방식이다. 과거와 현재의 갈등이라는 표현은 양자 간의 적극적인 상호작용을 강조하고자 한 연구자의 의도가 반영된 표현이다. 탈북 어린이들이 과거의 경험과 문화적 습관을 현재가 요구하는 경험과 문화적 습관으로 적응, 변화해 가는 데는 속도와 자발성이 주요한 교육적 키워드라고 연구자는 보았다. 그리고 하나둘학교는 가능한 한이 속도를 완만하게 진행했고 어린이의 자발성을 존중했다고 보았다. 그럼에도 불구하고 연구자의 해석이 탈북 아이들의 과거 습관을 가능한 한 빨리 없애고 새로운 생활방식은 빨리 성취해야 하는 것으로 보게 함으로, 어린이들의 과거와 현재를 부정과 긍정으로 구분짓게 하는 것은 아닌지, 이러한 구분을 통해 미묘한 이데올로기적 상을 갖게 만드는 것은 아닌지 의심이 있다.

이 점에서 연구자 스스로 이데올로기적 편향이나 우월감을 갖지 않는다고 자신 있게 말하기 어렵다. 한 사회에서 형성되는 특정한 문화자본(행위의 유형, 지식, 성향, 성취 등)은 그 자체로서 반드시 좋거나 나쁘다고 말할 수 없다(Apple, 1975)는 논의에 비추어 볼 때 연구자의 자문화적인 이데올로기가 반영된 해석일 수 있음을 부인할 수 없다.[8] 그래서 이 부분을 판단중지(epoche)로 남기고자 한다. 앞으로 이 부분에 대한 활발한 토론이 있기를 기대한다. 특히, 다문화 · 반편견 교육, 평화교육의 시각에서 통일교육을 강조 또는 실천하는 연구자, 교사교육자, 교사들의 성찰적인 토론을 기대한다.

---

8) 인류학(질적 연구)에서 기본적인 문화비판 전략은 탈 친숙화(defamiliarization)이고 이는 자신의 사회에 대한 정교한 성찰(the sophisticated reflection)과 연결된다(이용숙, 1998).

참고문헌

강주원(2002). 탈북자 소수집단에 대한 남한사회의 구별짓기. 한양대학교대학원 석사학위 논문.

김영미(2002). 탈북 유아의 남한생활 적응에 관한 사례연구. 숙명여자대학교대학원 석사학위 논문.

김영천(1998). 교육에서의 질적 연구: 방법과 적용. 서울: 교육과학사.

김윤영(2002). 탈북 아동들의 남한 학교생활과 정체성. 한양대학교대학원 석사학위 논문.

김정미(1999). 탈북여성의 정체성 변화에 관한 연구. 이화여자대학교대학원 석사학위논문.

김희태(2002). 유아의 사회적 갈등과 교사의 관리전략에 대한 질적 연구. 유아교육연구 22(1). 한국유아교육학회.

독고순(1999). 비교문화적 관점에서 탈북주민 적응 연구. 연세대학교대학원 석사학위논문.

민성길, 전우택, 윤덕룡(1999). 북한 청소년의 생활과 발달에 대한 연구. 신경정신의학(38-5). 신경정신의학회.

전우택(2000). 사람의 통일을 위하여. 서울: 도서출판 오름.

박순영(2000). 북한 식량위기의 장기적 영향평가: 인체의 성장발육과 건강에 미치는 영향과 그 사회적 함의. 한국문화인류학 33(1), 201-240.

이용숙(1998). 교육인류학의 기본개념과 전망에 대한 논의. 교육에서의 질적 연구: 방법과 적용. 서울:교육과학사.

장창호(2001). 탈북 청소년의 적응에 관한 사회사업적 고찰. 강남대학교대학원 석사학위 논문.

전익수(2001). 탈북 청소년 초기정착지원 방안에 관한 연구. 경남대학교북한대학원 석사학위 논문.

정병호(2000). 분단의 틈새에서: 탈북 난민의 삶과 인권. 당대비평 가을호 16. 서울: 삼인

______(2001). 탈북 학생 사회, 학교 조기적응을 위한 특별교육 프로그램 개발연구. 교육인적자원부 2001-1-05.

정유선(1998). '귀순자'의 남한사회 적응과정과 일상에서의 실천방식에 관한 연구. 서울대학교대학원 석사학위논문.

조소연(2001). 북한이탈아동의 사회적응 멘터링 프로그램 기초연구. 숙명여자대학교대학원 석사학위 논문.

조용환(1999). 질적 연구: 방법과 사례. 서울: 교육과학사.

홍덕기(2001). 탈북귀순 청소년의 생활적응에 관한 연구: 학교 및 사회생활을 중심으로. 서울교육대학교 교육대학원 석사학위 논문.

Apple, M.(1985). 교육과 이데올로기. 박부권, 이혜영 공역. 서울: 한길사. (원저 1979출판)

Grossman, F. K., Beinashoitz, J., Anderson, L., Sakurai, M., Finnin, L. & Flaherty, M.(1992). Lisk and Resilience in Young Adolescents. Journal of Youth and Adolescence, 21(5), 529-550.

Luthar, S. S., Cicchetti, D. & Becker, B, B.(2000a). Research on Resilience: Responce to Commentaries.

Child Development, 71, 573-575.

_______. (2000b). The Construct of Resilience: A Critical Evaluation and Guidelines for Future Work. Child Development, 71, 543-562.

Rak, C. F. & Petterson, L. E.(1996). Promoting Resilience in At-Risk Children. Journal of Counseling & Development, 74(4), 368-375.

Strauss, A. & Corbin, J. (1998). Basics of qualitative research; techniques and procedures for developing grounded theory(2nd ed). Thousand Oaks, C.A: SAGE.

Werner, E. E. & Smith, R. S.(1992). Overcoming the Odds: High Risk Children from birth to Adulthood. Ithaca, N.Y: Cornell University Press.

MBC(2002.7.28 / 8.4). 버림받은 인간 탈북자 - 제 1부 탈북자, 30일간의 중국현지 보고. 제2부 죽음을 넘는 사람들.

제8장
어린이집 친구 사귀기*

이부미 경기대 교수, 유아교육학

1. 서 론

남한사회에 오는 탈북자들의 수가 급증하면서 가족과 함께 오는 어린이들도 계속 증가하는 추세이다. 탈북 유아들은 가족과 함께 북한을 탈출하여 중국에서 평균 2－3년의 불안한 생활을 하다 남한사회에 들어온다. 남한사회에서의 생활은 통일부 산하의 북한이탈주민 정착지원 사무소인 하나원에서 시작되는데 두 달간 생활하면서 남한사회 적응을 위한 교육을 받는다.

어린 유아(만 4－7세)들은 하나원 내에 있는 하나둘학교 유치부 생활을 통해 과거의 힘들었던 삶의 내면을 드러내면서 정서적 상처에 대한 치유를 한다. 하나둘학교에서 어린이들은 교사와의 안정된 관계, 부모들의 양육태도 변화, 아이들의 회복력(resilience) 등으로 이루어지는 역동적 체계 안에서 초기 적응 상의 어려움을 극복하고 자신감을 얻는 변화를 보인다. 하나원은 탈북유아들의 경험적 습관과 남한사회의 삶의 방식이 교차하는 문화적 접점의 공간으로 여기에서의 경험은 탈북유아들에게 이후의 남한사회 적응을 위한 다층적인 연결토대 역할을 한다(이부미, 2003).

그러나 두 달간의 새로운 삶을 연습한 하나원과 실제의 남한사회는 또 다르다. 남한사회에서 살게 되는 탈북 어린이들에게 가정과 어린이집은 삶의 중요한 공간이다. 탈북 유아가 어린이집에 가게 되면 선생님을 만나게 되고 친구도 북한 친구가 아닌 남한 친구를 새로이 사귀어야 한다. 특히 어린이집은 개별 어린이의 성장과 함께 사회의 일원이 되는 것을 중요하게 여기는 사회적 공간이다. 따라서 탈북 어린이가 유치원(어린이집) 사회의 구성원이 된다는 것은 남한사회 적응을 위한 중요한 과업이다.

유아기 때 필리핀에서 미국으로 이민 온 이민자 출신으로 여러 나라 출신의 이민 아동

* 이 글은 "어린이집에서 친구 사귀기를 통해 본 탈북유아의 남한사회 적응생활", 『아동권리연구』, 제8권3호, pp.353-387를 일부 요약, 수정한 것이다.

들만 15년 이상을 교육한 Igoa(1995)의 회상에 따르면, 자신의 아동기 때 가장 큰 일이 가장 좋은 친구를 사귀는 일이었다고 한다. 그에 따르면 난민이나 이민 어린이들에게 있어 또래와의 유대는 발달의 필수적 단계이다. 왜냐하면 다른 어린이와의 우정은 고립과 공포감을 줄일 뿐만 아니라 학습도 자극하기 때문이고(Smith, 1992; Igoa, 1995: 138 재인용) 학년이 올라가면 교사는 뒤에 남지만 친구는 같이 가기 때문에 우정은 새로운 사회에 적응하는데 중요하다고 했다.

탈북유아의 남한사회 적응을 다룬 김영미(2002)의 연구에 따르면, 탈북 어린이는 유치원에서 주변적 위치에 있는 또래들과 관계를 형성했다. 이는 대부분의 탈북 아동, 청소년들의 또래관계를 다룬 연구들과 결과가 일치한다(김윤영, 2002; 박모란, 2001; 전익수, 2001; 박선경, 1998). 그 이유는 이미 또래관계가 형성된 남한 아이들 사이에 어느 날 갑자기 나타난 탈북 어린이들은 또래와 다른 언어, 외모, 연령 차이, 따라가기 어려운 학력 때문에 남한 친구들을 사귀는 것이 어렵다고 한다.[1)]

김영미의 연구에서는 탈북유아가 한글 읽고 수를 세는 능력의 차이 때문에 학습장면에서는 남한 또래들의 도움을 받는 위치가 되는 반면 놀이장면에서는 또래를 보호하고 놀이를 주도하는 능력을 보였는데, 또래관계를 형성하기 위해 탈북유아는 친근감 표출, 화장실 같이 가기, 손 놀이 같이 하기와 같은 행동을 보였다고 한다. 이와 같은 행동들은 탈북유아가 친구를 사귀고자하는 적극적인 의도의 표현이며 유치원 사회에 적응하기 위한 중요한 방식이다. 우리사회에서 소수집단인 화교 출신 유아의 경우, 일반 어린이집에서 친구들과 잘 지내기 위해 다양한 물건들을 집에서 갖고 와서 관심을 끌거나 친구들에게 주는 행동을 보였는데(최예린, 2000), 이러한 행동은 언어와 가정환경이 문화적으로 다른 화교 어린이가 또래들로부터 무시받고 괴롭힘 당하고 놀이에서 소외받는 자신의 삶의 조건을 벗어나고자 하는 사회적 생존 전략이다.

탈북 어린이들 역시 말투, 외모, 가정환경이 남한 어린이들과 다른 만큼, 남한사회 적응 초기에 또래관계 형성에 어려움이 예상된다. 일반적으로 또래 및 친구관계는 유아의 성장에 있어 중요한 사회적 환경이며 인간관계이다. 새로운 사회 또는 문화가 다른 사회에 적응해야 되는 탈북어린이들의 긍정적인 친구 및 또래관계 형성은 새로운 사회적응을 위한 기초적인 토대라고 할 수 있다. 아동과 청소년의 경우 친구나 또래와의 관계는 그들이 성장했을 때의 적응을 예언해 주는 중요한 지표가 된다(황혜정, 2002)는 점에서 보더라도, 탈북유아나 아동들의 친구관계 형성은 남한사회 적응 정도를 파악할 수 있는 하나의 근거가 된다.

그래서 이 연구는 탈북유아의 중요한 생활공간인 어린이집에서 남한친구를 사귀어 가는 과정을 통해 남한사회의 적응의 한 단면을 보고자 한다. 그리고 탈북 아동들의 또래 관

1) 탈북 아동・청소년들이 남한사회의 초・중・고등학교에 들어갈 때 자기 연령보다 평균 2.5년 아래 학년에 배치된다. 그 이유는 남・북한 학제의 차이와 탈북 과정에서 발생한 장기간의 학습결손 때문이다(전익수, 2001; 정병호 외, 2003).

계에 대해 기존 연구들이 밝힌 현상적 측면을 넘어, 아이들이 어떻게 진짜 친구가 되어가는지의 과정과 그 과정에서 겪는 경험의 심층적 메커니즘을 밝히고자 한다.

한편, Igoa는 난민이나 이민 어린이들이 새로운 사회에 적응했는가 하는 것은 자아 통합감의 발달로서 알 수 있는데 이는 어린이 경험의 심층의 느낌에 접근하지 않고는 알기 어렵다고 했다. 연구자 역시 자아 통합감의 발달과정으로 탈북유아의 남한사회 적응을 이해하고자 한다. 정리해서 말하자면 이 연구는 탈북유아의 남한사회 적응 과정을, 새 친구를 사귀는 어린이의 심층적인 경험에 초점을 맞추어 접근하고자 한다. 탈북 어린이 개인의 특수한 우정의 경험과 현상을 존재론적으로 이해하는데 연구자의 관심이 있기 때문이다.

2. 연구 방법

1) 연구 대상

(1) 정은이의 가정과 개인사

① 정은이의 가정사와 생육사

정은이는 함북 출신으로 생후 8개월에 가족과 함께 중국으로 탈출하여 4년간 중국에서 생활하다 라오스와 태국을 경유하여 한국에 들어왔다. 정은이네 가족은 엄마, 아버지가 북한에서 재혼을 하여 재구성된 가족으로 대가족이다. 아버지는 50대 후반, 어머니는 40대 후반이다. 정은이네 가족은 북한에서 식량난의 어려움을 겪었는데 정은이 부모가 중국을 드나들며 친척들의 도움을 받아 생활했다고 한다. 그러다 부모님이 중국에서 식량을 마련하여 오는 길에 기차가 25일 이상 멈추는 사고가 생겼고 그때 집에서 부모를 기다리던 아이들 중, 아들 딸 각 한 명씩을 잃게 되는 가슴 아픈 가정사가 있었다. 지금도 정은이 부모님은 그 아픔을 가슴에 묻고 살며 특히 그 이후에 낳은 정은이에게 온 식구들이 애틋한 애정을 갖고 있다. 자녀들의 죽음을 겪은 뒤, 부모님은 중국행을 결심하고 가족을 데리고 북한을 탈출했다. 정은이는 4년의 중국생활 기간 동안 3년은 부모와 함께 사람 접촉 없는 산골에서 비닐막 생활을 했다고 한다. 어머니가 나가서 닥치는 대로 일을 하며 돈을 벌었기 때문에 아버지가 정은이와 많이 지냈다고 한다. 그 후 약 1년간 정은이 오빠들이 있는 연길시 주변으로 거처를 옮겨 종교인들의 도움을 받으며 생활했다. 정은이는 연길로 올 때까지 거의 말을 할 줄 몰랐고, 연길에 와서도 사람 만나는 것을 꺼려하고 무서워했는데 점차 오빠들과 함께 동네도 나가보고 동네 할머니 할아버지들과 말도 해보는 정도의 생활을 하다 제3국을 거쳐 한국에 들어왔다.

② 정은이의 하나원 – 하나둘학교생활

정은이는 하나원 하나둘학교에서 두 달간 생활했다. 정은이보다 한두 살 어린 동생 세 명, 또래 한두 명, 두 살 위 언니 한 명과 함께 놀고 싸우기도 하면서 생활했다. 교사와는 노래 배우고 춤추기, 하나원 주변의 동네 나들이와 인근 초등학교에서 실외놀이, 다양한 미술활동, 뮬란과 같은 애니메이션 보기와 같은 다양한 활동을 하였고, 차례 지키기, 정리 정돈 하기, 약속 지키기, 싸우거나 울지 않고 말로 하기와 같은 생활교육도 받았다. 정은이가 하나둘 학교에서 가장 많이 한 놀이는 소꿉놀이였다.

③ 남한에서의 정은이네 가정생활

정은이네는 2002년 8월 말에 하나원에서 나와 양천구 ㅇㅇ동 H마을에 있는 임대 아파트에서 살고 있다.[2] 집 크기는 약 18평 정도이고 방이 3개이다. 같이 사는 가족은 엄마, 아버지, 오빠 셋(초등학교에 다니다 2004년에 중학교 입학), 정은이까지 6명이다. 둘째 오빠가 결혼하여 지방에서 가정을 이루어 살고 있다. 큰 오빠는 중국에서 수감생활을 하고 있는데 정은이 부모님의 가장 큰 걱정거리이다. 부모님은 남한 생활 약 1년 6개월 동안 아버지가 직업을 두 번 바꾸고 어머니는 네 번 바꾸었다. 직업을 자주 바꾸기는 했지만 어머니는 거의 지속적으로 일을 하여 돈을 벌고 있고 아버지는 지병이 있어 한두 달 이상 일을 지속하기가 어렵다. 수입은 엄마 혼자 벌 때는 약 70-80만원, 아버지와 같이 벌 때는 약 140만 원 정도이다. 부모님이 주로 하시는 일은 건물 청소일, 경비원 및 기타 단순작업 일이다. 남한 생활 초기 3년간은 북한이탈주민들에게 가족 수만큼 산출된 생활보조금이 매달 정부에서 나오는데 정은이네 가정에는 월 124만 원 정도 나온다. 생활보조금을 포함한 월수입은 평균 200여만 원 정도 된다. 지출 내역은 중국에 있는 큰 아들에게 매월 30만원, 아이들 4명 교육비(잡부금) 20만원, 집세 및 관리비(겨울일 경우) 50만원, 기타 식생활, 의생활 등에 지출을 하면 빠듯하게 한 달 생활을 한다고 한다. 대개 북한이탈주민들은 취업을 할 때 주거지역 관할 형사의 도움을 많이 받는데, 정은이의 부모님은 동네 미장원 주인의 소개, 벼룩시장, 구직 정보센터 등을 이용하는 등 적극적인 생활 태도를 갖고 있다.

(2) 햇살 어린이집

어린이집 전체 원아 수는 약 60여명이고 영아, 유아, 유치반으로 구성된 반이 총 5개 운영되고 있다. 교직원은 교사가 5명, 원장 1명, 원감 1명, 주방 아주머니 1명이다.

햇살 어린이집은 기독교 기관에서 운영하는 국공립 어린이집으로 구로구와 양천구 경계선에 위치해있다. 주로 구로구에 사는 어린이들이 다니고 있고 대부분의 부모들의 경제

2) 서울지역에서 북한이탈주민들이 많이 살고 있는 지역은 양천구, 노원구, 송파구 등인데 특히 양천구에는 약 500여명 이상의 북한이탈주민들이 살고 있고 유아 및 초등학생만 해도 약 40명 이상이다(2003년 10월 기준).

수준은 여유가 있는 편은 아니다. 학부모들의 연령도 젊어서 어느 정도 경제력이 생기고 아이가 크면 거의 이 지역을 떠날 계획을 갖고 있다고 한다. 어린이집이 위치해 있는 동네는 오래된 주택가이면서 어린이집 대문 앞은 차가 다니는 2차선 도로여서 다소 위험하다. 플라스틱 인공잔디가 깔린 좁은 마당에 플라스틱 복합 놀이기구가 두개 정도 설치되어 있다. 어린이집 건물은 오래된 2층 건물이고 시설 환경은 열악한 편이다. 교실의 환경 구성을 보면, 교실이 좁고 어두운 편이며 각 흥미영역에 학습 자료가 풍부하게 갖추어진 편은 아니다. 이러한 물적 환경과는 달리, 인적환경은 편안하고 안정적이다. 어른들의 인간관계가 편안하고 따뜻함이 있고 특히 교사들의 어린이들에 대한 태도와 분위기는 책임감 있고 성실하다. 햇살 어린이집에는 정은이보다 먼저 나온 탈북영아가 한 명 더 다니고 있다.

한편, 어린이집 교사들에게 탈북유아가 왔다는 것은 낯설고 당황스러운 일이었다고 한다. 교사들은 TV에서나 본 일이 현실로 나타났을 때의 황당함이라고 표현했다. 하지만 아이들이 생각보다 무난하게 적응한다고 평가했다. 어린이집 교사들은 탈북유아들의 이전 생활이나 가정생활에 대해서는 잘 알지 못하고 있었다.

정은이 담임교사는 경력 7년의 노련한 교사였고 노랑반 아이들의 개인적 욕구와 집단적 활동을 무리 없이 반영하면서 학급을 운영해 나가는 교사였다. 정은이가 속해 있는 노랑반 아이들은 모두 18명으로 남자 어린이가 11명, 여자 어린이가 7명이다. 3-4명의 아이들 빼고는 거의가 어려서부터 약 3-4년 동안 햇살 어린이집에서 성장해 온 아이들이다. 노랑반 아이들의 놀이 형태는 여자 아이들끼리 친하고 남자 아이들끼리 친했다. 남자 아이들은 주로 블록놀이에서 놀고 여자 아이들은 블록놀이 바로 옆 소꿉놀이 영역에서 놀았다.

2) 자료수집

(1) 정은이네 가정

연구자는 정은이네 가정과 이미 하나원에서 두 달 간 관계를 맺고 있었다. 정은이의 두 달 생활을 보았고 어머니와 면담도 했었다. 정은이 가족이 하나원을 나온 지 약 6개월이 되던 2003년 2월에 첫 번째 가정방문을 했는데, 이 때 연구자는 하나원 하나둘학교에서 정은이를 맡았던 유치부 교사와 동행을 했고, 그 때 연구의 대략적인 의도를 말씀드리고 정은이의 어린이집 생활 관찰을 포함한 연구 허락을 받았다. 연구자는 2003년 2월부터 2004년 5월까지 두세 달에 한 번 씩 가정 방문을 하여 두 시간 이상 머물면서 밥도 같이 먹고 부모님과 이야기하면서 가족의 생활을 보아왔다. 이 외에도 정은이 오빠 결혼식, 정은이 어린이집 졸업식과 같은 행사에 참석했다. 특히 정은이 아버님은 가끔씩 안부 전화를 연구자에게 해 온다. 부모님은 연구자를 '부미 선생'으로 부른다. 정은이 부모님은 내가 연구자라는 생각보다는 자신들을 찾아주는 고마운 사람으로 인식하고 있는 것 같다. 그래서인지

정은이 한데 "그래도 남한에 와서 부미선생 만큼 우리 정은이 생각해주는 사람 없습니다. 너 크면 이모처럼 생각해서 부미선생한테 잘해야 돼"라고 말씀하시곤 한다. 가정에서의 자료 수집은 자연스러운 대화 분위기를 유지하기 위해 따로 기록하지 않고 연구자의 기억(head note)에 의존했다가 이후에 현장노트(field note)에 정리하는 방식을 취했다.

(2) 햇살 어린이집

정은이가 다니고 있는 햇살 어린이집은 원감님과의 면담을 통해 연구 의도와 목적을 설명하고 허락을 구했다. 원감님은 연구 목적은 이해하겠는데 어린이집 개방이 간단한 문제는 아니라고 말씀하셨다. 이 과정에서 연구자는 연구기간이 너무 길어 부담을 주면 허락 자체가 어려울 것 같아 우선 세 달 정도 관찰하고 추후에 한 달 정도 더 관찰하면 좋겠다는 제안과 함께 연구 시간, 일정은 어린이집 교사들의 결정에 전적으로 따르겠다는 의사를 말씀드렸다. 원감선생님은 교사들과 상의를 한 뒤 결과를 통고해주기로 했고 1주일 뒤 2003년 4, 5, 6 세달 동안 1주일에 하루, 9:00 – 12:00 점심식사 전까지 관찰이 가능하다는 결과를 알려주었다. 연구자의 연구일정은 다음과 같다.

① 참여관찰

2003년 4월 – 6월 말: 1주일에 하루 오전 9:00 - 12:00 까지 참여관찰.

(2회 정도는 하루 종일 관찰)

2004년 1월: 1주일에 하루 오전 9:00 – 12:00 까지 참여관찰.

아이들은 연구자가 자신들을 유심히 보고 있다는 것 특히, 정은이를 유심히 본다는 것을 눈치 챘다. 1월에 다시 관찰 나갔을 때 서너 명이 연구자를 기억하지 못했다. 그 중 한 여자 어린이가 어렵게 연구자를 기억해내면서 "기억났다. 우리 놀 때 지켜보는 선생님"이라고 말했다. 아이들에게 연구자는 관찰자로 인식되었다고 할 수 있다.

② 심층면담

원감선생님 2회, 정은이 유아반(파랑반, 2002년 하반기) 담임선생님 1회, 정은이 담임선생님(노랑반, 2003년) 1회, 면담시간은 약 1-2시간 정도였다. 노랑반 담임선생님은 면담을 마친 뒤 자신의 주관적 판단이 개입될까봐 조심스럽다고 했다.

3) 자료 분석 과정

참여관찰을 하는 과정에서 정은이의 또래 관계에서 선아와의 밀착된 관계가 포착되었다. 어느 정도 자료가 축적되면서, 친구와의 놀이 및 관계 형성의 사례들을 시간 순서적으로 채택해나갔다. 이 분석 과정에서도 또래관계보다는 정은이와 선아의 둘 만의 우정관계가 더 확실하게 드러났다. 특히 이 자료 분석과정에서 "미안해-괜찮아의 독특한 의미"를 잠정적이나마 포착하게 되었다. 이 단계에서 연구자는 유아의 우정과 또래관계 발달에 대한 이론들을 학습했다. 그리고 다시 관찰 자료를 수집하고 전체 관찰 자료를 읽고 의미를 파악하는 과정에서 연구대상자들의 우정관계의 변화과정을 발견했다.

관찰 자료들을 읽으면서 자료가 말하는 우정의 독특한 메커니즘의 개념들을 추출했다. 또한 우정과 관련된 이론에서 연결하기에 적절하다고 판단되는 몇몇 개념을 차용하여 원자료들을 재배치하면서(사례들의 시간순서상의 배열에서 약간의 역치도 시도) 코딩작업을 보다 정교하게 할 수 있었다. 연구대상자들의 우정관계의 변화과정을 염두에 두고 다시 코딩 부호들 간의 수준을 독특한 애착관계(정서적 유대)와 상호성 형성(관계적 수준)이라는 두 차원으로 재분류함으로써 전체 분석의 틀을 구성했다.

4) 연구문제

(1) 탈북 유아는 첫 친구를 사귀기까지 어떤 과정을 거치는가?

(2) 탈북 유아의 남한 친구와의 우정관계가 어떻게 형성, 변화해 가는가?

(3) 탈북 유아의 남한사회 적응에서 친구와의 우정은 어떤 의미를 갖는가?

3. 결과 및 해석

1) 어린이집에서 첫 친구를 사귀기까지

탈북어린이들이 남한사회의 유아교육기관(대개는 어린이집)의 자기 또래들이 있는 교실에 들어서면 낯선 만남을 경험한다. 그 대상은 낯선 환경, 선생님, 학급 친구들이다. 선생님은 어린이의 배경이나 사정을 깊이 알지는 못하지만 북한에서 왔다는 사실은 알고 있다. 그러나 교사는 어린이를 배려하는 차원에서 그리고 남한 부모들이 알지 않게 하기 위해 굳이 아이의 신분을 밝히지 않았다고 했다. 그래서 정은이는 파랑반에 새로 들어 온 아이로 반 친구들에게 소개되었다.[3] 정은이에게 교실환경이나 장난감들이 낯설기는 하지만 하나둘학교에서 조금은 경험했던 부분이 있고, 또 친구들이 어떻게 노는지를 통해 학습을 할 수도 있다. 그래서 교사나 교실환경과의 만남은 비교적 큰 어려움이 없는 반면, 친구들과의 만남은 탈북유아에 대한 반응에서 차이가 난다. 많은 북한이탈주민 연구에서 지적되는 것

[3] 김영미(2002)의 연구에서는 탈북유아를 강원도에서 온 아이로 소개했다. 그러나 최근의 초등이후의 아이들의 경우, 74.6%가 입학 당시 북한에서 온 사실을 알리는데 거의가 담임교사의 소개로 알리게 된다고 한다(정병호 외, 2003).

과 마찬가지로 새로 온 친구가 다르다는 것을 유아들조차도 낯선 억양과 말을 통해 어렴풋이 느끼기 때문이다.

(1) 외국에서 온 아이

외국의 이민 또는 난민 아동들이 이방인이라는 것은 다른 피부색과 생김새, 언어에서 드러난다. 생김새로는 다름을 구분하기 어려운 같은 민족임에도 북한 말을 쓰는 친구를 남한유아들은 외국인으로 인식했다. 어린이집 원장의 말에 따르면, " '얘는 외국말 하는 것 같아요. 외국에서 왔나 봐요' 그랬어요. 근데 이제는 얘들과 어울리고 친구들이 정은이 말도 알아들으니까요. 교사들도 수를 세는데 정은이가 다르더라고 하더라고요. 공부시간이나 이야기 나누기 시간에 표현하는 것도 다르고 억양이 다르고 이상한 말을 하니까"라고 했다.

〈사례 1〉

정은이가 어린이집에 온 지 7개월이 지난 시점이었는데도 정은이에 대해 기억된 이미지를 한 유아가 간직하고 있었다.

유미 : 나는 선생님(연구자)이 정은이 엄마인 줄 알았어요.
연구자 : 그래? 나랑 정은이랑 닮았니? (유미가 고개를 끄덕인다. 그러면서 더 작은 소리로 연구자 귀에 대고) "정은이 외국에서 왔어요"한다.

낯선 사회에 적응할 때, 그 사회 구성원들의 소통수단인 언어의 획득은 중요하다. 남북한사회의 언어가 같은 민족의 언어임에도 불구하고 서로 다른 사용 방식 때문에 북한이탈주민들은 남한사회에 적응하는데 가장 어려운 것 중의 하나가 언어라고 말한다. 유아들 역시 적응 초기에 자기만 다르게 말하는 언어 때문에 어려움을 겪는다. 난민 또는 이민연구에서 보면 이 시기에 특히 자신의 모국어 대신 제2외국어를 해야 하는 어린이들은 침묵의 시기를 겪는다고 한다(Igoa,1995).

(2) 언어는 적응의 출발선

탈북유아들은 처음에 낯선 어투나 억양 때문에 외국 아이이거나 중국에서 온 아이라고 남한유아들에게 놀림을 받기도 한다. 남한 친구들에게 낯선 시선 또는 놀림을 받은 탈북유아들의 억양, 말투, 표현 방식은 아주 빠른 속도로 남한의 말투로 변한다.

〈사례 2〉

연구자 : 저는 한 5개월 만에 정은이와 통화를 하니까 예전의 억양이 아니고 서울 말씨로

확 바뀌어서 놀랬어요.

원장 : 처음보다 많이 변했어요. 그래서 친구들이랑 벽이 없어진 것 같아요. 말을 비슷하게 하니까 거리감이 없어진 것 같아요. 처음엔 말 한 마디 한 마디 할 때마다 쳐다보았는데….

연구자 : 정은이의 친구관계는 어땠나요?

교사(유아반 때 교사) : 파랑반 때 친한 아이들은 선아와 좀 잘 어울리고 선아가 선생님하고 "너는 뭐해" 하면 그렇게 시키는 대로 하고 어울려 놀기는 했어요. 그때는 혼자놀이가 많았어요. 특별히 어울렸던 것 같지는 않고, 나무 교구 이런 것 갖고 혼자 얘기하면서 많이 놀았죠.

어린이가 남한 말(서울 말씨)로 이야기하는 것이 익숙해지고 어린이집 생활을 익혀나가면서 외국에서 온 아이는 친구들과도 점차 사귀게 된다. 남한사회에 적응하는데 언어의 변화는 아주 중요한 출발선이 된다. 친구가 없던 시기에 교실에서 정은이는 혼자놀이가 많았고, 선아라는 친구와 어울리기는 했는데 선아가 놀이에서 주도권을 갖고 노는 형태였음을 알 수 있다. 친구가 없던 시점에서 정은이에게 선아는 남한 땅에서 사귄 최초의 친구가 된다.

2) 우정 만들기

정은이가 학기 중간(9월)에 들어간 파랑반의 어린이들은 거의가 영아반 때부터 이 어린이집에 다녔던 아이들로 서로가 2-3년간 익숙한 관계를 형성하고 있었다. 그 아이들 중에 새로 온 정은이에 놀이를 제안하고 관심을 표명하던 아이가 선아이다. 대개 반에 새로 친구가 들어오면 처음엔 누구나 관심을 보이지만 그 관심이 오래 지속되어 친구가 되는 아이는 많지 않다. 어린 아이들이라도 친구가 되는 데는 집이 가깝다든지, 교실에서 자리가 옆이라는 점과 같은 물리적 요인과 서로가 통하고 좋아하는 성향적 요인이 있을 수 있다.

(1) 첫 친구이자 특별한 친구 : 경험의 유사성

정은이와 선아는 파랑반에서 노랑반으로 올라 간 뒤에도 다른 아이들보다 친한 친구관계를 유지하고 있었다. 정은이는 선아와 친한 서너 명의 아이들 그룹에 속해서 놀되, 유독 선아와 많이 놀았다. 정은이는 아침에 교실로 들어오면 어떤 친구들이 와 있는지 둘러보고, 자신의 짝(선아)이 놀고 있는 놀이영역으로 가서 자연스럽게 합류하고 다른 친구들과 함께 놀더라도 둘만의 미묘한 상호작용을 따로 교류하며 놀았다. 이런 행동을 하는 두 사람 사이에는 다른 친구와의 사이에서는 볼 수 없는 친구에 대한 관심과 자신을 친구에게 맞추려는 특별한 경향이 있다. Howes(1983)에 따르면, 우정을 정의하는데 특별한 개인에 대한 관심은 중요한 개념 중의 하나이다.

〈사례 3〉

연구자 : 제가 보기에 선아와 정은이는 다른 친구들에 비해 좀 더 특별한 관계로 보였어요. 선생님이 전에 선아도 한때 힘든 시기가 있었다고 했는데 얘기해줄 수 있나요?

교 사(노랑반) : 저도 전해들은 얘긴데 해야 할지 …. 선아가 영아반 때 오빠랑 들어왔어요, 그때 1년 정도 아버지가 두 아이를 돌봤대요. 엄마가 집을 나가셔서 …. 그 후에 엄마가 돌아오시고 많이 좋아졌다고 하더라고요. 그래서 선아가 소심한데가 있어요. 잘 울고, 자기가 모르거나 이러면 굉장히 자신감 없어하고 작년까지 심했어요. 올해 많이 좋아진 거죠.

연구자 : 그런데 아이들과 놀 때 보면 세력을 부리던데 ….

교 사 : 아이들과 놀 때는 다스려요. 그런데 그게 리더십 같지는 않고 소유욕 같아요, 그래서 마음에 안 들면 아이들을 따돌리죠. 서로 맞아 친할 때는 친하고요.

연구자 : 정은이 성격은 어떤 가요?

교 사 : 정은이 성격이 확 친해지는 성격이기보다는 애착이라고 할까, 집착이라고 할까 그런 게 있는 것 같아요.

교 사 : 새로운 것 시도하는 걸 힘들어해요. 멜로디언 같은 것도 보통은 아이들이 신기해하거든요? 정은이는 약간 두려워해요. 선아도 좀 그렇고.

이 두 어린이가 서로 만나기까지 어려운 시기를 겪은 경험이 있고 성격적으로 다소 소심한 점이 있으며 또래관계에서는 소유욕과 애착이나 집착을 갖고 있는 특성들이 공유되고 있다. 이러한 삶의 이력에서 겪은 경험의 유사성은 개별적인 고유한 특성의 결합으로서 상호관계의 매개가 될 수 있다.

(2) 우정 만들기의 정서적 과정 : 갈등과 화해의 반복

'친구와 심리적으로 강하게 연결된 개인적인 친밀관계'로 요약되는(김선희, 1994; 박계신 2001) 우정의 개념에 비추어 정은이와 선아의 우정은 어떻게 친밀관계가 형성되고 정서적으로 연결되어 있는지를 살펴보도록 하겠다. 두 사람의 특별한 관계는 다른 또래들과의 관계와는 다른 갈등과 화해의 반복구조를 갖는다.

① 갈등의 양상 : 질투, 상호의존, 배제

우정의 중요한 특질 중 하나가 두 파트너 사이에 일어나는 상호작용의 복잡성(complexity)이다. Parker and Gottman(1989)에 의하면 협동의 낮은 수준은 평화로운 조화로서 아무 사회적 교류가 없는 상황이고 오히려 높은 수준이 연대와 기쁨뿐만 아니라 갈등까지도 커질 잠재성을 갖고 있다고 했다.

서로에게 민감하고 적극적인 반응을 보이는 정은과 선아의 관계는 복잡한 정서적 내막을 갖는다. 둘 사이에 다른 친구가 개입될 때의 질투라든가, 친구에 대한 의존, 제3자 배제와 같은 복잡성이 개입된다.

가. 질투

정은과 선아는 자신들의 짝이 다른 친구와 놀 때 신경을 많이 쓴다. 짝이 노는 것을 살펴보느라 잘 놀지도 못한다. 특히 선아보다 친구가 적은 정은이는 주위를 겉돌면서 개입할 기회를 보고 조바심을 낸다.

〈사례 4〉

놀이영역을 모두 벽으로 붙이고 의자는 책상 위에 놓여 있다. 남자 아이들이 블록을 역할놀이 영역까지 넓게 펼치고 놀고 있어서 소꿉놀이는 이루어지지 않았다. 나머지 아이들은 의자를 끌고 다니며 놀았다. 정은이는 소희, 선아와 같이 논다. 잠시 뒤 정은이는 삐져있다. 선아가 정은을 보고 "누가 울렸어"라고 묻지만 정은이 아무 대답을 않는다. 정은이는 책상 옆에 앉아서 무릎에 팔을 대고 앉아있다. 친구들 특히 선아와 소희가 노는 것을 본다(약간 부러워하며 웃는 표정으로). 아이들이 교실을 뛰어다니며 논다.

……

간식을 다 먹고 나서 정은이는 자기 앞에서 서로 마주보고 손뼉 치기 놀이(엽서 한 장 써주세요 노래와 함께)를 하고 있는 선아와 소희의 팔을 쓰다듬으며 "미안해"한다. 이에 선아는 노래 부르며 놀이를 하면서 "괜찮아"했지만 소희는 모른척하고 놀이만 한다. 이에 정은이는 두 번 더 "미안해"를 했다. 소희는 정은의 미안해를 따라하듯 "미안해"를 애매모호하게 표현했고 정은이는 이 말을 못 알아들었다. 정은이는 미안해할 때의 목소리보다 더 크고 분명한 어조로 소희에게 "왜 괜찮아 안 해?" 라고하자, 소희와 선아가 큰소리로 "미안해했어" 라며 강한 어투로 동시에 반응을 한다. 이 말을 들은 정은이 화가 나서 아예 교실 맨 뒤에 가서 앉아버린다. 정은이는 "우리가 도시락을 가지고 소풍을 간다" 라는 노래와 율동을 재미있게 하고 있는 선아와 소희를 오랫동안 부러운 시선으로 쳐다본다. 정은이 계속 혼자 있는 것을 본 교사가 정은이를 불러 무슨 일이냐고 말을 시킨다. 이때 선아와 소희는 교사와 이야기를 나누는 정은이를 심각한 표정으로 쳐다본다.

나중에 연구자가 교사에게 내막을 물어보니, 소희가 창운이를 좋아한다는 비밀 이야기를 정은이가 다른 친구한테 해서 소희가 정은이에게 화를 냈다고 한다. 그래서 정은이가 미안하다고 했는데 소희가 사과를 안받아줘서 자신도 화가 났다고 한다. 교사는 정은이가 비밀을 안 지켰으므로 그렇게 화를 낼 일은 아닌 것 같다고 정은에게 말해주었다고 했다. 비밀을 안 지켜 갈등이 생긴 것은 소희와 정은이 사이의 일이다. 비밀을 안 지킨 행동이 갈등의 동기는 되는데 긴 시간 동안 정은이의 심기를 불편하게 한 것은 선아의 행동이었다.

자신을 빼고 다른 친구와 너무나 재미있게 놀고 있는 친구에 대한 섭섭함이 있었다. 또 미안하다는 사과를 왜 받아주지 않느냐고 말했을 때, 선아가 자신을 도와주지 않고 다른 친구와 합세해서 자신을 밀어낼 때 느끼는 질투와 같은 감정이 복합적으로 얽혀있었던 것으로 보여 진다. 그리고 정은이의 이러한 느낌을 선아도 감지했었다고 보여 진다. 소희와 재미있게 놀면서도 중간 중간 정은이를 자주 보는 선아의 행동에서 이를 알 수 있다. 이러한 질투와 같은 감정이 표출되는 것은 정은과 선아 둘 간의 상호의존성이 그만큼 높다는 것을 말한다.

나. 단결과 배제

한편, 친구를 제3자에게 빼앗겼을 때의 질투는 역으로 제3자를 배제하고 둘만의 관계를 유지 시키려는 의도로 작용하기도 한다. 둘이 한편이 되어 다른 친구를 놀이상황에서 배제하는 사례가 여기에 해당된다.

〈사례 5〉

선아가 역할영역으로 가자, 정은도 따라간다.

선아 : 너 뭐 할래?
정은 : 애기.

이때 자영이가 같이 놀려고 오자 둘은 싫은 표정이다.

정은 : (자영에게) 너 두 번 하는 거잖아(아침에 선아와 자영이 정은이를 빼고 이미 놀았다는 뜻).
자영 : (선아를 가리키며) 얘도 두 번 하는 거야.

자영이 블록을 갖고 놀이에 참여하려하자, 선아가 그것을 가지려고 고집하며 자영이를 배제할 의도로,

선아 : 내가 언니잖아(자영을 보면서).
자영 : (블록을 선아에게 주고 정은을 보며) 애기 자.

정은은 구석에 앉아 자는 척 한다.

정은 : 깨어나 해야지.
자영 : 깨어 나.

자영과 정은이 장난감 때문에 싸우자 선아가 싸우지 말라고 자영에게만 말하자,

자영 : (선아에게) 너 싸우지 말라면서 너희는 왜 싸워?(선아와 정은이 자주 토라지고 갈등이 있음을 자영이 알고 있다는 듯)

정은 : (자영에게) 애기가 더 좋아, 어차피 엄마가 돌봐주니까(자영의 '너희는 왜 싸워'라는 말을 못들은 척 하며).

선아 : (자영에게) 니가 애기해라.

자영 : 너네 왜 그래, 그럼 나도 울어. 너네가 나한테만 그러잖아.

선아가 자영이 무릎을 살짝 치며 "미안해" 하자, 정은도 자영에게 "미안해"한다. 그래서 자영이가 감정을 풀고 놀이가 지속된다.

선아와 정은이 둘이서 보이지 않는 협력을 통해 자영이를 공격하고 자영이의 대항에 사과를 하는 장면이다. 오전에 선아가 자영과 놀아서 정은이는 기분이 나빴기 때문에 오후놀이에서는 자영을 배제시키려고 했다. 선아는 두 번 놀 수 있지만 자영이는 안 된다는 정은이의 논리에서 정은이와 선아의 유대관계를 알 수 있다. 선아 또한 장난감을 뺏으면서 자영을 배제하려고 했다. 또 정은이와 자영이 싸울 때 정은이 편을 들고 자영에게 애기 역할을 주어 자영이의 기분을 상하게 했다. 비교적 선아와 정은이와 함께 잘 노는 친구 중의 한 명인 자영이는 선아-정은이가 잘 싸운다는 것을 알고 있고 이 둘을 개인보다는 한 짝으로 보고 대항하고 있음을 '너희', '너네'라는 말에서 알 수 있다.

정은과 선아는 어린이집에 있는 동안 수없이 삐지고 화해하고 논다. 제3자의 눈으로 꼼꼼하게 관찰하지 않으면 서로 삐졌는지조차 모를 상황도 많다. 다른 아이들은 선아와 정은이의 잦은 삐짐을 싸움으로 알고 있다. 그러나 삐지는 상황은 싸움보다는 갈등의 양상에 가깝다.

둘의 관계양상에서 벌어지는 갈등들이 이들의 관계 자체에 부정적인 영향을 미친다기보다는 둘 간의 독특한 애착관계를 형성한다고 보여 진다. 우정관계에서는 긍정적인 정서뿐만 아니라 부정적인 정서까지도 경험하기 때문이다.

② 화해 : 정서적 실마리 교류

우정의 특질을 규정하는 것으로 정서적 요인이 있다. 유아들의 우정은 긍정적 정서의 상호교환으로 정의되기도 한다. 그런데 과연 유아들이 또래 간에 친밀감을 느끼고 정서적 관계를 가질 만큼의 감정적 성숙의 수준을 갖는다는 것에 대해 논쟁하는 학자들이 있는 것도 사실이다(Howes, 1983, 1988; Ladd & Coleman, 1993: 59 재인용). 정은이와 선아의 갈등과 화해의 반복구조 안에 이 둘을 친구로 엮이게 하는 무엇이 있는데 그것의 정체나 속알맹이는 일종의 정서적 요인이다.

가. "미안해 – 괜찮아"의 진짜 교류

노랑반 아이들은 갈등상태에서 문제를 해결하는 일상적인 방법이 "미안해 -괜찮아"패턴이다.[4] 잘못했다고 판단되는 사람이 "미안해"하면 피해자가 "괜찮아"로 용서하는 구조이다. 교사에 따르면 아이들은 "미안해"하면 "괜찮다"는 답을 받아야한다는 생각이 있고 정은이는 이 생각이 좀 더 강한 것 같다고 했다. 다음 사례를 보면 정은이와 선아의 "미안해-괜찮아"에는 두 아이가 특별한 친밀감을 느끼는 정서적 교류가 흐름을 알 수 있다.

〈사례 6〉

교사가 미술활동 할 사람 오라고 하자, 정은이는 선아와 함께 미술책상으로 간다. 아이들이 한꺼번에 많이 몰리자

선아 : (정은에게) 너 역할영역 갔다 와(하고는 선아 자신이 역할놀이로 온다. 그 사이 자리가 하나 나서 정은이가 차지하였는데 이걸 본 선아가 와서 정은에게 화를 낸다).
정은 : 김수정 다했어. (자리가 곧 나서 선아도 앉을 수 있다는 뜻)

선아는 기분이 상해서 역할놀이 쪽으로 더 멀리 가버린다.

정은 : (선아에게) 빨리 와, 자리 났어.

선아는 화가 나서 "싫어, 안 해"하며 역할놀이 교구를 한두 개 만지다 슬쩍 정은이가 있는 미술책상으로 간다. 정은이는 자리를 잡고 앉는다. 선아가 정은이 주변을 배회한다. 정은이는 전단지의 그림들을 자르기 시작한다. 선아는 다시 이름표를 갖고 미술영역으로 온다. 그리고는 빈자리를 잡고 앉는다. 정은이 과일을 다 붙이고 나서 교사에게 "야채 줘요"한다.

선아 : (전단지의 꽃게를 보며) 나 꽃게 좋아하는데…
정은 : (선아를 따라) 나 꽃게 좋아하는데.

11:35 – 정은이 미술 작업을 마치고 승진이가 놀고 있는 역할놀이 영역으로 간다.
잠시 뒤, 작업을 마친 선아가 역할놀이 영역에 있는 정은에게 와서 "너 아까 꽃게 좋아해 했는데 내가 먼저 말했어. 너 나빴어." 이 말을 들은 정은이 선아를 따라다니며 "미안해"를 세 번 말했다. 선아가 "괜찮아"라는 말을 안 하고 사과를 받아들이지 않으면서 자신들을 관찰하고 있는 연구자 눈치를 봤다. 정은이 이름표를 갖고 와서 블록영역에 붙여진 선아 이름표 옆에 붙인다. 그런데 정은이가 갖는 블록마다 선아가 뺏는다. 참다 참다 정은이 화가 나서 벌떡 일어서는 순간, 선아가 "미안해"한다. 화가 난 정은이 선아의 사과를 받지 않고 자기 이름표를 떼어갖고 도서 영역에 갖다 붙인 뒤 교실 중앙에 있는 카펫 위에 앉는다. 그리고는 잠시 뒤 선아에게 가서 "친구가 왜 그래, 내가 미안해했는데~~~(연구자가 더 가까이 가면 둘 간의 감정의 흐름과 대화를 끊을 것 같아서 뒷부분을 들을 수 없었다. 하지만

[4] 이 방법은 유아교육기관에서 아이들의 갈등을 해결하는 일반적인 사회화 교육 패턴이다.

추측컨대 "왜 괜찮아 안 해"로 추정된다)라며 또박 또박 따진다. 그리고는 선아가 있는 블록영역 옆 소꿉놀이 영역에서 혼자 논다.

11:42 교사가 정리하라고 함.

선아가 정은 옆으로 가서 "미안해"한다. 정은이는 아무 반응이 없다. 선아는 다시 블록영역으로 가서 자신이 만지지도 않은 교구장 안의 블록까지 다 꺼내 차곡차곡 정리를 약 15분 동안 한다.

11:55 교사 : 이제 앉으세요, 예쁘게 카펫 위에 앉으세요.

아이들이 이름표를 모두 출입문 옆에 있는 벽에 붙이기 위해 우르르 몰려간다.[5] 이 과정에서 여러 아이들 사이에서 정은과 선아는 팔과 손을 살갗으로 몇 번 스치다가 손을 살짝 잡는다. 잠시 뒤 손을 살짝 잡았다 놓기를 두 번 정도 더 한다(뒤에서 보았을 때, 각자 한손에는 이름표를 들고 있었고 이름표 붙일 데를 찾느라 서로의 얼굴은 전혀 쳐다보지 않았다. 다만 서로의 팔이 스칠 정도의 거리에 나란히 서 있었을 뿐이다). 그리고는 어느 순간 손을 꼭 잡고, 이름표를 붙이고는 손잡은 채로 카펫 위에 와서 앉는다.

선아는 자기가 자리를 비운 사이, 정은이가 미술영역의 자리를 먼저 차지하게 되자 화가 났다. 그 일로 정은이의 "나 꽃게 좋아하는데…"라는 화해표시를 오히려 트집 잡는다. 게다가 정은이의 블록을 모두 빼앗는 장면에서 보면 선아가 정은에게 많은 걸 요구하고 자신의 힘을 정은이에게 행사하고 있음을 알 수 있다. 그러나 정은이가 정말 화가 난 순간, 선아가 사과하는 장면이 있다. 그러나 그 사과로는 부족하다는 것을 이 둘은 다 안다. 그래서 정은이가 진짜 화를 내고 감정 표출을 솔직하게 할 수 있었다. 친구는 내가 정말 미안해했을 때 받아주는 사람이라는 정은이의 말에서 친구의 의미를 알 수 있다. 이 말에 선아가 사과를 하고 약 10분간 자신이 사용하지도 않은 블록까지 다 꺼내 정리를 하는 시간 안에서 정은이 말한 친구의 의미는 둘 사이에 내면화되어 간다. 그리고 친구들 사이에서 부딪친 내 친구의 살갗으로 서로의 마음을 민감하게 전달하고 손을 꼭 잡는 과정에서 이들 사이의 관계의 질과 깊이가 확인된다. 이 둘의 "미안해-괜찮아" 패턴은 다른 아이들의 언어적 패턴과는 달리 둘만의 의사소통이 이루어지는 보다 민감한 정서적 소통채널을 갖고 있다. 이 둘이 서로에게 삐지고, 그 감정을 푸는 정서적 실마리로서의 미안해-괜찮아는 이들이 우정을 쌓아가는 소통구조이다. 이러한 구조 안에서 선아는 정은이에게 가장 친한 친구이다.

---

5) 활동영역을 옮길 때 마다 아이들은 자신의 이름표를 그 활동영역에 붙여야 한다. 전체가 모이는 대집단 시간에는 어린이 모두가 이름표를 출입문 옆에 있는 벽에 붙여야 한다.

나. 가장 친한 친구

정은이에게 가장 친한 친구가 누군지, 왜 좋아하는 지를 물어보았다.

〈사례 7〉

저녁에 집에 갔을 때

연구자 : 정은아 선아가 왜 좋아?
정은 : 미안해하면 괜찮아 해서.

"미안해-괜찮아"는 노랑반 아이들이 문제가 생겼을 때 누구나 하는 사과와 용서 방식이다. 정은이는 선아가 아닌 다른 친구와도 "미안해-괜찮아"를 한다. 그렇다면 왜 유독 선아가 좋은 이유가 "미안해"하면 "괜찮아"해서 일까? 여기에는 그들만의 특유한 소통패턴이 "미안해-괜찮아" 양식 안에 있는 데 그들의 "미안해-괜찮아"에는 민감한 정서적 교류과정이 있기 때문이다. 유아들은 자신과 친구 이름을 알고 왜 좋은지를 아는데, 가장 친한 친구와는 관계의 특별한 형태를 갖기 때문이라고 한다(Hayes, 1978; Ladd, G. W and Coleman, C. 1993: 59 재인용). 다음은 이 둘의 관계의 특별한 형태를 확인할 수 있는 사례이다.

〈사례 7-1〉[6]

초등 고학년인 오빠를 따라 간 한누리 학교에서[7]

정은 : 뭐 그릴까?
연구자 : 네가 좋아하는 친구 그려봐.
정은 : 그리기 어려운데
연구자 : 니가 그릴 수 있는 있는 만큼만 그리고 이름을 써주면 되잖아.
정은이는 도화지에 유선아를 쓴다.
연구자 : 아직도 선아 좋아해?
정은이 고개를 끄덕이며 "싸우다가요 또 친해져요."

〈사례 7-2〉

연구자는 연구자가 앉아있는 책상에서 다른 친구들과 어울리지 못한 채, 긴 시간 혼자서 코코블록을 하고 있는 윤영에게,

---

6) 사례 7-1, 7-2는 2004년 1월에 수집된 자료로서 아이들이 노랑반에서 약 1년간의 생활을 마치는 시점이다.

7) 한누리학교는 2003년 5월 남북문화통합교육원에서 양천구에 세운 방과후 학교이다. 이 학교에서는 탈북한 초등, 중등생들의 학습활동과 다양한 문화체험 활동을 교사 두 명과 15명 이상의 대학생 자원봉사들이 운영한다. 연구자도 이곳에서 6개월간 초등 저학년 수학교사로 자원봉사활동을 했다.

연구자 : 윤영아 너는 누구랑 친해?
윤영 : 선아, 양해찬, 지석, 석민이랑.
연구자 : 왜?
윤영: 한 번도 안 싸웠어요. 선아랑은 한 번 싸웠어요.
연구자 : 선아는?
윤영 : 정은이는 선아랑 친하고요 선아는 누구랑 친한지 모르겠어요.
연구자 : 왜?
윤영 : 선아가 얘기 안 해줘서.

윤영이는 어린이집 생활 1년이 다 되어 가는데 아직 특별한 친구가 없는 듯하고 잘 어울려 놀지 못하고 있다. 그런데 정은이와 윤영이가 생각하는 친한 친구의 이유가 대조적이다. 윤영이는 안 싸워서 친하다고 한 반면, 정은이는 반대로 이야기 했다. "싸우다가요 또 친해져요"라는 표현은 정은이와 선아의 우정관계를 집약해주는 것으로 여기에는 갈등과 화해의 반복 구조가 그대로 투영되어 있다. 이 구조 안에 흐르는 둘 간의 민감한 정서적 교류 때문에 우정이 형성되고 정은에게 선아는 가장 친한 친구이다.

정은과 선아와의 친밀함에 수반되는 긍정적인 감정과 유대감 및 갈등, 다른 또래 친구들과 차이가 나는 관계의 양상들은 정은과 선아의 독특한 애착관계를 형성하게 한다.

3) 우정 만들기의 관계적 과정 : 상호성(mutuality) 형성

정은이와 선아가 정서적으로 민감한 유대를 갖고 있다하더라도 둘 관계의 힘의 균형이 한쪽으로 치우쳐있다면 지속적인 우정형성에는 한계가 있다. 힘이 없는 쪽 어린이의 능력 확대나 발견은 힘의 불균형을 잡는 한 계기가 되면서 힘의 역동성이 균형을 잡을 때 우정이 보다 깊어지게 된다. 대개 우정에 대한 이론에서 유아들은 장난감을 주고받고 공간을 공유하는 물리적 교환을 통해 우정을 형성한다고 하는데 이를 넘어 능력의 교환은 보다 높은 수준의 우정을 형성할 가능성을 갖는다. Howes(1983)는 우정의 또 하나의 특질이 상호작용의 질(quality)이라고 했다.

(1) 친구의 능력 발견

어린이들은 친구들과 함께 하는 일상생활과 놀이를 통해 경험의 폭이 넓어지면서 다양한 능력 또한 드러나고 확장된다. 친구의 새로운 능력의 발견은 또래관계에 영향을 미친다.

〈사례 8〉

아이들이 모두 1층 영아반 교실에 모여 있다. 어린이날 행사를 위해, 노랑반에서는 블록놀이, 새싹반에서는 요리활동, 마당에서는 게임, 씨앗반에서는 얼굴페인팅을 반별로 돌면서 한다. 각 반에는 담당교사가 있다.
이 날 노동절(5.1)이라 노랑반 어린이는 13명만 등원했다. 교사가 매트 위, 서너 군데에 카프라 블록을 쏟아놓는다. 정은이는 선아, 유미, 자영과 함께 네 명의 그룹에 낀다.
아이들은 각자 블록을 갖고 만들기 시작한다. 이때 자영과 유미는 옆쪽으로 가고 정은이는 선아와 같이 앉아있다.

선아 : (연구자를 보고) 나 뭐 만들거냐면요, (고개를 돌려 정은을 보고)집 만들자.
정은이 고개를 끄덕인다.
정은 : (윤영에게) 우리 큰 집 같이 만들자.
선아 : 우리 산 만들자. 산, 집 만들자.
정은 : 혼자 만들지 말고 다 같이 만들자.

그러나 아이들은 각자 혼자서 무엇인가를 만든다.

선아 : 야, 우리 같이 해야지.

정은이는 나비 모양을 구성한다. 정은이 만든 것을 보고 선아가 "나, 나비 만들어 줘"한다. 정은이가 자신이 만든 것을 해체하자. 선아가 나비를 만들어달라고 정은을 다시 조른다.

정은 : (선아에게) 나비 만들어 줘?

정은이 다시 전보다 완벽하게 나비 모양을 구성하자 정은이 맞은편에 앉아있던 선아가 정은이 만든 나비 다리를 자기 쪽에서 대칭으로 만들어 붙이며 "난, 다리" 한다. 이때 완성된 나비모양을 보며 둘 다 좋아하며 웃는다.

정은 : 왕관?
선아 : 그래 왕관

선아가 왕관 장식처럼 블록을 만들어 나가자 정은은 오각형을 만든다. 그리고는 오각형에 덧대어 나비를 만든다.
이 때 선아가 윤영에게 가 버리자, 혼자 남은 정은이 나비모양을 다 해체하고 "나 다른 거 해야지?" 하더니 일어서서 아이들 전체를 둘러본다. 그러더니 남자 아이들이 있는 가운데 빈자리로 몸을 살짝 던져 앉는다. "나, 배 만들어야지"한다. 그러면서 왕관 모양을 다시 만든다. 이때 선아는 다시 제자리로 돌아왔고 교사가 선아에게 뭘 만들지 같이 이야기를 나눈다. 이 장면을 본 정은은 다시 선아 옆으로 온다.

교사 : (정은에게) 정은이는 뭐 만들 거야?
정은 : 의자(정은은 방금 전 남자 아이들 사이에 놓인 가이드북을 보고 왔는데 거기에 의자 모형이 있었다).

이때 선아가 정은의 다리를 만지며 "미안해"를 두 번 한다(자신이 윤영에게 간 사실을 두고 하는 것 같다). 정은은 괜찮다는 얼굴 표정을 짓는다. 정은이 교사가 가져다 준 책을 보며 의자를 만들기 시작하자,

선아 : 너 만들 수 있어?

정은이 고개를 끄덕인다. 선아는 옆에서 집 모양을 구성한다. 정은이 디귿자 모양으로 블록을 쌓기 시작한다. 조금 있다 지훈이가 와서 정은이가 보았던 책을 뒤적이며 보자 선아, "야, 너 왜 그래, 김정은 의자 만드는데…." 정은은 바닥을 면적 5칸으로 만들고 높이는 5층을 쌓고, 등받이는 8층으로 쌓는다.

선아 : (연구자를 보며) 김정은 의자 다 만들었어. 나 침대 만들어야지.

정은이는 의자를 완성하는데 몰입되어 있다. 그러다 8층으로 세운 등받이가 쓰러지자, 다시 세운다.

선아 : 나 의자 만들어야지(선아는 블록을 갖고 만드는 것을 어려워하여 이것저것 시도만 하고 아직도 뭘 만들지 결정을 못하는 반면, 정은은 꾸준히 의자를 만들어가고 있다).
정은 : (의자를 완성한 뒤 자신 있는 목소리로) 선생님, 의자 만들었어요.
교사 : (잘 만들었다는 표정으로) 정은아 더 크게 만들어서 정은이가 앉아봐.

정은이 고개를 끄덕이며 자기가 만든 의자를 해체하고 다시 만들기 시작한다.
선아는 정은이를 따라해 보지만 의자 모양이 안 나온다. 선아 자신도 만족스럽지 않은지 자기가 만든 것을 부수며 "정은아, 의자 부숴다"고 말한다.

선아가 정은에게 나비를 만들어달라고 해서 나비를 만들어주고, 정은이 만든 나비 모양에 선아가 다리를 덧대어 공동의 성취감을 경험한다. 선아가 윤영에게 간 사이, 정은이는 가운데서 주도적인 활동을 하고 있는 남자 아이들 사이에 들어가 아이들이 보던 가이드북을 보고 의자를 만들 생각을 한다. 이때 선아가 와서 다시 "미안해"를 하고 이에 정은이 무언의 표정으로 답했다. 정은이의 두 번에 걸친 의자 만들기 과정은 정은이의 자기작업의 몰입과정이었으며 선아에게는 친구의 작업을 진지하게 걱정해주고 지지해 주는 과정이었다. 선아도 정은이를 따라 의자를 만들려고 했으나 결국은 포기했다. 이 사례는 정은이가 자신의 능력에 자신감을 갖는 과정임과 동시에 선아가 정은이의 능력을 발견하는 기회이기도 하다. 이러한 경험은 둘의 우정관계에 변화의 계기를 마련해 준다. 그것은 상호배제적으로 작용하여 우정관계에 부정적이 될 수도 있고, 서로가 상호 독립적인 관계를 형성하여 보다 확대된 또래관계로 나아가는데 도움이 될 수도 있다.

(2) 우정에서 또래관계로 확대

한 학기의 종반에 접어 든 6월이 되자 노랑반 아이들의 또래관계에서 특히 여자 아이들의 또래관계는 보다 다양해졌다. 놀이에서 소외되었던 윤영이와 소희가 다른 여자 아이들과 함께 노는 모습들이 조금씩 발견되기 시작했다. 정은이의 놀이 관계 또한 조금 더 폭넓어졌다.

〈사례 9〉

"너의 곁에 있으면 나는 행복해"라는 가사의 '예쁜 아기곰' 노래를 정은과 선아는 손을 잡고 웃으며 눈을 맞추어 부른다.

교사 : 미술영역 갈사람?

정은이 손을 드니까 선아도 따라 든다. 책상에는 민학이가 자리를 먼저 잡고 앉아 있다. 선아와 정은이 나란히 앉고 그 건너편에 민학이가 앉았다.

민학 : (정은에게) 야, 나 똑같은 거 스케치북 두 개다.
정은 : 응 또 가져왔어?
민학 : (이번에는 풀을 가리키며) 봐, 풀 두 개야.
정은 : 어머머, 쌍둥이네
민학 : 쌍둥이? (정은과 민학이 함께 웃는다.)
정은 : (민학이가 그린 그림을 보며) 사자가 와서 도와줬어? 나는 안마로 도와줬어.
민학 : 난 색칠해야지, 사자 몸을 갈색으로(그런데 민학이 색연필 통에는 갈색이 없었다). 누구 나 갈색 빌려줄 사람?
정은 : 나, 있어.
민학 : 빌려줘라.
정은 : (웃으며) 내가 왜 빌려줘. 갈색이 없네.

민학이 미술영역 사물함에서 정은이 색연필 통을 가져온다.

정은 : 야(민학에게).
민학 : 나 갈색 좀 빌려줘.
정은 : 알겠어. (민학이 정은이의 색연필로 색칠하기 시작한다. 같은 테이블에 있던 선아도 작업을 끝낸다.)
정은 : 색칠할거다, 색칠.
민학 : 어디 봐봐.

정은이 자기 그림을 민학에게 보여주고 색칠하기 시작한다.
선아는 과학 책상에서 혼자 놀고 있는 유미에게로 간다. 이때 선아의 표정은 삐져있었다.

정은이와 민학이의 긴 상호작용에 심정이 상한 것으로 보인다.

정은이는 선아의 태도와 표정을 알아차리지 못한 채, 다 그린 그림을 교사에게 갖고 간다.

정은이가 남자 어린이와 이렇게 대화를 길게 한 것은 처음으로 발견되었다. 대화를 하면서 옆에 있던 선아를 전혀 의식하지 않은 채, 민학이와 자연스럽게 대화를 이어나갔다. 정은이의 이러한 경험은 선아에게 기울어졌던 의존감을 상쇄하고 자신의 또래관계의 범위를 넓혀나갈 기회를 제공해 준다.

(3) 친구에 대한 특유의 신뢰

정은이와 선아의 우정관계 안에는 민감한 정서적 교류가 흐르고 있고 친구의 능력에 대한 새로운 발견이었다. 이 때문에 정은이는 다른 친구와의 관계를 넓힐 수가 있었다. 그럼에도 선아와의 관계는 정은이의 또래관계의 기본 끈이면서 소중한 토대로 여전히 작용함을 다음에서 알 수 있다.

〈사례 9-1〉

선아는 유미도 떠난 과학영역에서 혼자 작은 블록놀이를 하고 있다. 정은이 교사와 작업을 마치면서 선아를 쳐다본다. 교사가 정은에게 '자화상'을 그리라고 한다. 정은이 연필을 갖고 교실 출입문 옆에 있는 거울 앞으로 간다. 이런 정은을 선아가 쳐다보는데 이때 선아 책상에 윤영과 수희가 잠시 왔다 간다. 정은이는 거울 속의 자신을 꼼꼼히 본 다음 오랫동안 그리고, 또 한 번 천천히 보고 오랫동안 그리는 식으로 자화상을 그린다. 진국이가 정은에게 가서 거울 속에 비친 정은과 자신의 모습을 본다. 정은이는 입안에 바람을 가득 넣어 부풀린 자기 얼굴을 본다. 소희와 유미까지 와서 거울속의 정은의 얼굴을 본다. 정은이는 동그랗게 그린 얼굴 안 광대뼈 위치에 작은 동그라미를 하나 더 그려 넣는다. 조금 전 입안에 바람을 넣어 튀어나온 볼을 그려 넣는 것이다. 잠시 뒤, 지금까지의 과정을 보지 못한 교사가 와서 그림을 보고 이상하다고 생각했는지 바람이 부풀려진 볼 부분(동그라미)을 지우고 정은에게 다시 그리라고 했다. 정은이는 교사 말대로 그림을 지우고 조금 전과 같은 과정으로 거울 속 자기 얼굴을 천천히 보면서 그림을 다시 그린다. 얼굴을 다 그린 다음에는 거울에 비치지 않은 자기 팔을 직접 보면서 짧은 반팔 옷 선을 그린다. 고개를 숙여 자기 다리를 보고 7부바지도 길이를 제대로 그린다. 오랜 시간 몰두해서 자기 모습을 구체적으로 그린다. 왼쪽 눈 밑에 마치 눈물처럼 그려져 있는 점 두개가 뭐냐고 하니까 자기 오른쪽 눈 밑에 있는 점 두 개를 가리킨다. 선아가 와서 완성된 정은의 자화상을 본다. 그리고는 선아도 정은에게 점 두 개를 가리키며 묻는다. "뭐야?" 정은은 이 때 거울에 비친 자기 귀를 보고 그리느라 선아의 질문을 못 들었다. 정은이 자기 그림을 교사에게 보여주자 교사가 만족한 표정으로 "잘 했어요"라고 한다.

연구자가 보기에도 정은이가 자화상을 사실적으로 아주 잘 그렸다. 잠시 정은이가 자리를

비운 사이

연구자 : (선아에게 정은이 그림을 가리키며) 정은이랑 똑같지 않니?
선아 : (신기한 듯 웃으며) 진짜 똑같아요.
연구자 : 잘 그렸지?
선아 : 잘 그렸어요.

교실 문밖에 있는 정은을 보고 선아가 달려가서 "정은아, 너 정말 똑 같아" 정은의 얼굴 점을 가리키며 "이것도"한다. 선아가 정은의 팔을 잡고 사물함 쪽으로 가서 소희에게도 정은이가 그림을 똑같이 그렸다고 말해준다. 정은이와 선아가 만족한 웃음을 서로에게 보이며 손을 잡고 화장실로 가볍게 뛰어간다.

이 장면의 시작 시점에서 보면, 선아는 자기를 빼고 이루어진 정은과 민학이의 상호작용 때문에 화가 난 상태였다. 그런데 정은이가 자신의 모습을 그리는 과정을 보았고, 정은이가 그린 자화상이 자신의 친구 정은이와 똑같다는 느낌을 받았다. 그리고 그 느낌의 만족감을 친구에게 표현하는 과정에서 그들 특유의 "미안해-괜찮아"라는 말이 없이도 섭섭함이 상쇄되고 친구의 의미를 상호 이해하는 장면이다. 정은이가 자화상을 그리는 긴 시간 동안 그 모습을 지켜 본 연구자는 "지금 현재 저 꼬마의 행위의 내적 세계는 무엇일까?"라는 생각이 들 정도로 정은이는 자기를 그리는데 몰입해 있었다. 정은이의 자화상은 자기 존재의 내면화이면서 자아 통합감의 발달과정을 보여주는 것은 아닐까 추정한다. 또 이런 정은의 경험과 심층의 느낌을 가장 친한 친구 선아는 특유의 신뢰(idiosyncracy credit)로 인정해 주었다. 나를 자랑스럽게 생각해주는 친구를 갖는다는 것은 상호관계의 만족감이며 자신과 세상을 신뢰하는 또 하나의 소중한 기반이 된다.

정은은 남한사회에 와서 파랑반에서 처음 만난 선아와의 관계를 노랑반에 와서도 지속시켜나가고 있다. 이 둘은 관계의 지속성 안에서 둘만의 독특한 애착관계인 우정을 경험한다. 정은이가 어린이집이라는 사회에서 선아를 통해 경험한 우정은 소속감의 최소 단위이며 가장 밀착된 감정교류이며 안정된 사회적 관계이다.

정은이의 삶은 비록 짧은 역사이지만 새로운 사회에 적응해야 하는 작지 않은 과제를 안고 있다. 이러한 정은이 삶의 전체적 맥락에서 볼 때, 우정을 통해 민감한 인간관계를 정교하게 학습한 기회는 정은이의 삶의 역사성 안에서 정체성의 통합이라는 발달과정 안에 놓여 있다. 개인의 정체성이란 타인과의 관계성 속에서 형성, 유지되는 상호의존적 특성을 갖기 때문이다.

4. 결론 및 논의

남한 어린이집의 낯선 환경에서 탈북유아는 남한의 또래들에게 낯선 억양과 말투 때문에 외국에서 온 아이로 인식된다. 이를 인식한 탈북유아의 말투, 억양, 표현양식은 아주 빠른 속도로 변화해감에 따라 친구들 사이에 적응을 시작하게 된다. 탈북유아는 한 친구와의 특별히 친밀한 개인적 관계인 우정관계를 형성하는데 이 관계는 정서적 수준과 관계적 수준으로 이루어진다. 복잡한 갈등과 화해의 반복구조와 그 구조 안에 흐르는 특별하고도 민감한 정서적 교류는 탈북유아에게 특별한 한 친구가 가장 친한 친구로 되어가는 역할을 한다. 또한 가장 친한 친구와의 우정과 신뢰관계는 점차 또래관계로 확대된다. 남한사회에서 처음 만난 친구와 1년 이상 지속되는 우정관계는 정은이에게 소속감의 최소 단위이며 가장 밀착된 감정교류이며 안정된 사회적 관계이다. 우정을 통해 민감한 인간관계를 정교하게 학습한 기회는 정체성의 통합이라는 발달과정으로, 정은이의 삶의 역사를 구성하게 될 가능성을 갖는다.

서로 다른 문화적 특성을 가진 집단을 연구할 때 문화적 차이라는 변인은 중요하게 고려해야 할 문제이다. 탈북유아나 아동의 친구관계에 대한 연구는 문화적 차이나 결핍 등이 중요하게 작용하는 문제이다. 그러나 본 연구에서 탈북유아가 친구를 사귀는 과정에서 남북한의 문화적 차이나 결핍은 크게 드러나지 않았다. 그 이유는 다음과 같이 추정된다.

탈북유아는 북한 생활경험이 짧기 때문에 북한 문화의 특성이 상대적으로 적다. 그리고 탈북과정에서의 척박하고 불안한 생활로 인한 사회문화적 결핍과 손상의 문제는 빠른 속도로 보상이 된다. 또 한편으로는 남한유아들의 경우, 아동 청소년과 달리 탈북유아에 대해 '북한 아이'라는 인식이 별로 없어서 여기서 오는 차별과 분리가 없었다.[8] 이 연구에서 나타난 대로 남한유아들은 낯선 말투를 통해 탈북 유아를 외국인으로 인식했다. 연구자가 초등학교 1학년 교사와의 면담에서 수집한 자료에 의하면, 1학년 신학기에 남한 아이들이 북한 어린이의 센 억양의 말을 욕하는 것으로 오해해서 북한 어린이 한명과 반 아이들 간에 집단 싸움이 일어 난 적이 있었다. 6세 아이들이 북한말을 외국어로 인식하는데 반해 8세 아이들은 욕하는 것으로 인식하는 차이가 있다. 한편 김지영(1996)에 따르면 남한유아들이 북한과 백인 어린이의 사진 중에서 북한의 어린이를 찾아보도록 요구받았을 때 57.7%가 백인 어린이를 지적했다고 한다. 유아들에게 북한이라는 나라는 최근의 잦은 언론보도와 남북의 교류에도 불구하고 여전히 외국과 같은 나라로 인식되는 경향이 있는 것 같다. 바로 이 지점이 탈북유아나 아동들이 북한 출신이라는 점 때문에 남한아이들한테 차별받지 않고 무난히 새로운 생활에 적응할 수 있는 시점이 아닌가 한다. 그렇다면 유아기에서 초

[8] 이 점은 김영미(2003)의 연구와 일치한다.

등학교로 넘어가는 시점과 초등 1, 2학년의 남한사회 적응 생활은 탈북아동들의 남한사회 적응과 부적응을 이해하는데 아주 중요한 시사점을 제공한다고 할 수 있겠다. 다른 한 편으로는 유아들이 성장할수록 가정과 학교에서 느끼는 문화적 차이에 대한 인식은 더 커져 갈 가능성을 완전히 배제하기는 어렵다. 가정에서의 부모, 형제들과의 생활을 통해 유지되는 북한 고유의 문화 부분이 남아 있고 남한사회에서 가족들의 위치가 주변부에 머물 가능성이 있기 때문이다. 따라서 유아가 성장해감에 따라 발생하는 사회문화적 변인들이 친구관계나 탈북 유아 자신의 정체성 형성에 어떤 영향을 미치는 지에 대한 장기 추적 연구가 필요하다.

그리고 탈북아동, 청소년의 친구관계 형성에 관한 연구들과의 비교연구도 필요한데, 본 연구에서 드러난 한 친구에 대한 집중이 우정 형성의 보편적인 한 현상인지 아니면 탈북 또는 새로운 사회에 이주한 소수자의 인간관계나 친구관계의 특성인지를 면밀하게 비교분석할 필요가 있다. 탈북아동, 청소년들의 또래관계에 대한 대부분의 연구들은 탈북아동들이 학교에서 힘없고 능력이 없는 소수집단 아이들과만 관계형성을 한다는 결론에 일치한다(김영미, 2002; 김윤영, 2002; 박모란, 2001; 전익수, 2001; 박선경, 1998). 박선경에 따르면 신뢰할 만한 친구가 있는가? 라는 질문에 탈북청소년들은 거의가 없다는 반응을 했다. 즉 관계는 어느 정도 형성하는데 진짜 친구는 없다는 점이다. 반면 남한아이들은 81%가 신뢰할 친구가 있다는 반응을 보였다. 그런 점에서 아동이나 청소년들의 일반적인 또래관계보다 단짝 친구와의 관계나 우정에 초점을 맞춘 연구도 필요하다.

탈북유아들에 비해 북한 생활 경험과 탈북 과정이 길었던 아동, 청소년들은 낯선 사회에 와서 남한 친구를 사귀는 데 많은 어려움을 호소하고 있다(정병호 외, 2003). 탈북청소년들과 오랫동안 생활한 한 교사에 따르면, 청소년들이 북한에서의 우정 경험에 대해 의리, 정의, 신뢰라는 명분의식을 갖고 있다고 한다. 이들이 남한에서 친구를 사귀는데도 이 명분원리는 중요하게 작용하는 것 같은데 좀 더 깊이 들어가 보면 이 원리는 표면적인 코드이고 그 이면에는 주고받음의 형평성, 현실적 이해관계와 같은 실제적인 원리가 작동되고 있는 것 같다고 한다. 탈북 청소년들이 자신이 아플 때 차 한 잔 뽑아 준 친구처럼 마음을 준 친구를 좋은 친구로 기억하는 점을 볼 때, 우정이란 이 현실적인 차원과 믿음과 같은 관념적인 차원에서의 느낌의 결합이라고 할 수 있다. 탈북청소년들의 또래관계 형성에서 시급한 것은 남한 또래집단에 들어가 부딪혀 보면서 친구를 사귀는 실제적인 경험이다. 그럼에도 친구 사귀기를 어려워하는 탈북청소년들을 볼 때, 이 어려움이 남북한 문화적 차이인지 탈북아동(청소년)들의 특성인지 또는 이 두 가지가 어떻게 중층적으로 얽혀져 있는 지에 대한 면밀한 분석과 연구 또한 필요하다.

참고문헌

김선희(1994). 상호적 우정관계의 해체를 예언하는 우정관계 요소. 부산대학교석사학위 논문.

김영미(2002). 탈북유아의 남한생활 적응에 관한 사례연구. 숙명여자대학교. 석사학위논문.

김영미(2003). 탈북 유아의 남한 유치원 생활과 적응과정에 관한 사례연구. 아동권리연구, 7(1), 71-98.

김윤영(2002). 탈북 아동들의 남한 학교생활과 정체성. 한양대학교 석사학위논문.

김지영(1996). 통일대비 유아교육과정 개발을 위한 기초조사 연구. 이화여자대학교. 박사학위논문.

박계신(2001). 장애아동의 우정에 관한 연구. 특수교육재활과학연구, 40(2), 9-239.

박모란(2001). 탈북아동의 남한사회 적응 연구. 서울여자대학교. 석사학위논문.

박선경(1998). 탈북 청소년의 학교적응에 관한 연구. 가톨릭대학교 석사학위 논문.

이부미(2003). 탈북가정 유아의 남한사회 적응과정에 대한 현장연구: 탈북적응교육훈련원(하나원)을 중심으로. 유아교육연구, 23(2), 115-145.

정병호, 이부미, 전효관, 정진웅(2003). 북한이탈 청소년을 위한 학교설립 타당성 연구. 교육정책연구 2003 - 공모 - 7. 교육인적자원부.

전익수(2001). 탈북 청소년 초기 정착지원 방안에 관한 연구. 경남대학교 석사학위 논문.

최예린(2002). 재한 화교 유아의 한국생활 적응과정. 중앙대학교 석사학위 논문.

황혜정(2002). 아동과 청소년의 친구관계 발달에 관한 연구. 한국아동학회지, 23(3), 35-49.

Howes, C. (1983). Patterns of friendship. Child Development, 54, 1041-1053.

Igoa, C.(1995). The inner world of the immigrant child. Lawrence Erlbaum Associates, Inc., Publishers.

Ladd, G. W. and Coleman, C. (1993). Young children's peer relationships: forms, features, and functions. In B. Spodek(Ed.), Handbook of research on the education of young children(pp.57-76). Macmillan Publishing Company.

Parker, J. G. and Gottman, J. M. (1989). Social and emotional development in a relational context : Friendship interaction from early childhood to adolescence. In T. J. Berndt and G. W. Ladd(Eds.), peer relationships in child development(pp.95-131). New York: Wiley.

제9장

학습적응과 부모역할*

이부미 경기대 교수, 유아교육학

1. 서 론

남한사회에 정착하려는 북한이탈주민들이 급격히 증가함에 따라, 북한이탈주민들의 형태 또한 다양해졌다. 유아 및 아동·청소년을 포함한 연령의 다양화, 여성과 가족단위의 입국이 증가되었다. 1999년에서 2003년까지 국내에 들어 온 영유아 수는 84명, 초등학교에 해당되는 아동 수는 174명에 이르고 있다(정병호, 정진웅, 전효관, 이부미, 2003).

이는 탈북 유아와 아동들의 남한사회 적응 및 가족의 문제가 새로운 사회 현상으로 나타날 것을 암시한다. 이에 따라 최근에는 탈북 청소년·아동·유아들의 남한사회 적응에 관한 연구들이 이루어지고 있다(이부미, 2004, 2003; 정병호 외, 2003; 김영미, 2002; 김윤영, 2002; 박모란, 2001; 전익수, 2001; 박선경, 1998). 이 연구들의 대부분은 학교생활과 적응에 연구 초점을 두고 있다. 한편 가정생활에 초점을 두거나 가족에 관한 연구도 다양한 관점에서 이루어지고 있다(박미석·이종남, 1999; 이기영, 1999, 2000; 장혜경·김영란, 2000; 김영수, 2001; 안연진, 2002; 성미란, 2003). 안연진은 대부분의 북한이탈주민 가족에 관한 연구들이 적응과정에서 겪는 북한이탈주민들의 문제들을 단순히 나열하는 수준에 그치고 개인과 다른 가족의 적응양상이 어떤 면에서 독특한 지를 설명해내지 못한다고 지적하면서 탈북 가족의 생활모습과 다양한 세대별 상호관계로부터 가족문화특성을 분석하였다. 그러나 지금까지 이루어진 북한이탈주민 가족연구에서 유아기 및 아동기의 자녀를 둔 가족의 적응은 부분적으로 다루어졌을 뿐(이기춘 외, 2000) 이 자체에 초점을 둔 연구는 이루어지지 않았다. 유아기 및 아동초기의 자녀를 둔 북한이탈주민 가족의 형태는 거의 부부와 자녀로 이루어진 핵가족의 형태를 띤다. 부모의 연령은 30대에서 40대 초에 이른다. 가족을 구성하는 관계의 단위에서 볼 때, 부모의 역할에 대한 탐색은 자녀를 전제한다는 점에서 가족의

* 이 글은 "남한사회에서의 탈북 부모들의 역할적응 과정에 대한 질적 연구", 『아동권리연구』, 제9권4호, pp.691-726를 일부 요약, 수정한 것이다.

한 연구형태라고 볼 수 있다.

가족의 생존을 위해 삶의 주거지를 떠나 온 험난한 이동에 따른 급격한 변화는 가족들에게 스트레스를 주고 가정생활을 침범할 수도 있다. 자신이 살아오던 사회와는 다른 낯선 남한사회에서 가정생활을 유지하면서 부모 역할을 수행하는데는 상당한 스트레스가 수반될 수 있다. 탈북 부모가 자녀에게 원하는 것은 남한 아이로 성공적으로 성장하는 것이기 때문에 아이들이 그렇게 크도록 돕는 것이 자신들의 역할이라고 생각한다. 그러나 이러한 부모의 역할을 낯선 남한 땅에서 수행하기란 결코 쉬운 일이 아니다. 부모가 원하는 만큼 자녀에게 해줄 수 없기 때문에 죄책감을 느끼고 부모가 원하는 대로 아이들이 따라주지 못하면 좌절감을 느낄 수도 있다. 이러한 부정적 감정은 부모 자녀관계에 영향을 미칠 수 있다. 탈북 부모들이 남한사회에 도착해서 보게 되는 남한사회 동년배 부모들의 역할은 크게 두 가지 형태이다. 가정생활 내에서의 부모 자녀관계 형성과 아이들의 학교생활 지원이다. 이러한 부모역할은 탈북 부모들도 해오던 것이지만, 남한의 아이로 키운다는 자신들의 목적을 수행하기 위해서는 남한의 부모들과 같은 역할로 재적응해야 한다.

유아 및 아동을 자녀로 둔 부모들은 다른 연령층의 부모들에 비해 젊다는 점, 자녀교육에 대한 기대수준이 높다는 특성에서 볼 때, 낯선 남한 문화에 비교적 빨리 적응할 수 있다고 가정 할 수 있다. 그럼에도 북한사회에서 익혀왔던 부모로서의 삶과 경험의 방식을 바꾸는 것은 젊은 부모들에게도 역시 어려운 일이다.

이 연구는 자녀를 데리고 탈북한 젊은 부모들의 남한사회 초기 1-2년 사이의 적응과정에서 겪게 되는 부모의 역할 수행과정의 특성을 분석하고자 한다. 젊은 부모들이 남한사회에서 적응 초기에 아이를 양육하고 교육하는 과정에서 어떤 문제와 갈등을 겪는지, 이 과정에서 어떤 변화의 양상을 보이는 지를 알아보고자 한다. 유아 및 아동을 둔 부모들의 역할 적응에 대한 탐색은 부모와 아이들의 남한사회 정착을 위한 실질적인 필요들을 알아보는데 도움이 될 뿐만 아니라, 아동들의 학교생활과 가정생활을 이해하는 데도 도움이 된다. 학교 및 교육기관에서 아이들이 제도적으로 빠르게 남한사회를 학습한다면 가정은 북한문화가 어느 정도 유지되면서 남한문화와 만나는 사적영역이기 때문이다. 그리고 탈북 가정과 학교가 어떻게 협력적 관계를 맺어야 하는 지에 대한 정보는 장기적인 통일교육에 도움을 줄 것이다.

북한이탈주민들의 남한사회 적응은 유형의 다양성 및 세대의 차이에 따라 다를 것이라는 가정을 놓고 볼 때, 젊은 부모는 북한사회 경험의 지속성과 남한사회 경험의 수용성을 동시에 갖고 있으면서 남한사회의 구성원으로 성장할 자녀들을 양육한다는 독특성을 갖고 있다. 따라서 이들의 부모역할 변화과정을 통해 두 사회의 부모역할의 차이, 유사성, 차이들의 상호작용의 양상에 대한 세대 특성적 정보를 얻을 수 있다.

2. 연구 방법

1) 연구 대상

연구대상은 모두 여섯 가정이다. 연구대상 기초 자료는 〈표 1〉과 같다.[1]

〈표 1〉 연구대상 기초자료

부모 인적사항		부모직업		자녀관계	출신지역 및 현재 거주지	중국생활 및 체류기간
부	모	부	모			
58 고등 중졸	44 고등 중졸	휴직 중	가내수공업	5남1녀 (어린이집, 7세 여아/ 초등 6년, 15세남아2/ 나머지는 청소년 이상)	중국길림성/ 함북단천/서울	4년 4개월
37 대졸	33 대졸	모자동차 영업사원/북한이탈주민 예술단 기획	대학 편입/ 북한이탈주민 예술단회원	1남1녀 (어린이집5세여아 / 초등1년, 9세 남아)	평양시/ 서울	1년 6개월
38 고등 중졸	38 전문 대졸	배달운수	파출부	2남 (어린이집 1년 경험-초등1년 남아/ 초등6년, 15세 남아)	신의주/ 서울	3년 7개월
50 한국: 새아버지	33 고등 중졸	휴직중	비 정기적 상업	1남 (어린이집, 8세 남아)	함북회령/ 인천	4년 4개월
북송	33 고등 중졸		대학생	1녀 (초등2년, 9세 여아)	함북무산/ 경기도	2년 7개월
36 고등 중졸	38 고등 중졸	공사장 노동	가사	1남2녀(어린이집 1년 경험-초등1년 남아/ 초등3,4년 11.12세 여아 2명)	함북온성/ 서울	4년

부모들의 대체적인 연령은 30대 중반 이상이고 학력은 고등 중학교 졸업(우리나라로 보면 고등학교 해당)이상이다. 출신지역은 거의가 함북지역이다. 한 두 가정 정도만 북한에서 여유 있는 생활을 했고 나머지는 모두 북한의 식량난을 심각하게 경험한 가정들이다. 중국에서의 생활은 이들에게 탈출기에 해당되는데 모두 힘든 경험을 하였다.

연구대상자들은 일반 북한이탈주민들의 전형성을 갖고 있으면서 자녀들의 연령이 유아-아동기에 해당되는 부모들이다. 이 부모들은 한 가정만 빼고는 연구자와 하나원 시절부터 관계를 맺어 온 사람들이라, 연구의 대략적인 목적을 설명하고 연구 허락을 받았다.[2]

---

1) 부모 및 아이들의 연령은 모두 2003년 연구 시점을 기준으로 한 나이이다.

2) 하나원은 북한이탈주민들의 남한사회 적응을 준비시키기 위한 교육기관으로 통일부에서 1999년에 설립하였다. 모든 북한이탈주민들은 남한에 오게 되면 두 달간 하나원에서 교육을 받고 사회로 나간다. 이 연구 사례에 사용된 이름은 모두 가명이다. 그리고 사생활 보호 측면에서 가명 대신 OO으로 표기한 사례도 있다.

2) 자료수집

이 연구는 참여의 맥락이 보다 강조된 현장연구이고 연구기간은 2003년 2월부터 2004년 2월까지이다.

① 참여관찰

가. 가정

서울시 소재의 한 가정을 1주일에 이틀, 가정 방문하여 초등학교 1학년 아동의 가정교사 역할을 담당하였다. 연구자는 주로 한글교육에 집중하여 아이를 가르쳤다. 아이를 가르치면서 부모, 특히 엄마와 많은 이야기를 나누었다. 관찰기간은 2003년 5월부터 2003년 7월까지로 3개월이었다.

나. 온누리학교

양천구 소재 탈북 아동 및 청소년을 위한 방과후 학교로 2003년 3월에 개원하였으며, 초등 저 학년 반, 고 학년 반, 중등반이 있다. 두 명의 교사와 대학생 자원봉사자들이 아이들의 학습을 맡고 있다. 연구자는 이 학교에서 초등 저 학년 반 수학교사를 1주일에 두 시간씩 담당하였다. 이 기간 동안 아이들과 부모들에 대한 이야기를 교사들과 나누었고 이 학교의 부모교육을 담당하기도 하였다. 관찰기간은 2003년 8월부터 2004년 1월까지, 6개월이었다.

② 심층면담

가. 가정

참여관찰을 수행한 가정(초등생 지도)은 3개월 동안 1주일에 이틀씩 나갔는데, 그 가정의 경우, 남한사회에 도착한 지 3개월째였으므로 특히 적응에 어려움이 많았다. 그래서 부모님들과 많은 대화를 할 수 있었다. 그리고 또 한 가정은 어린이집에 다니는 자녀를 참여관찰하는 시기여서 1달에 1번 정도씩 방문하였다. 이 두 가정은 연구자와의 긴밀한 관계 때문에 심층면접이라기 보다는 대화에 가까운 면담을 수행하였다. 그래서 자연스러운 대화 분위기를 유지하기 위해 따로 기록하지 않고 연구자의 기억(head note)에 의존했다가 이후에 현장노트(field note)에 정리하는 방식을 취했다. 나머지 네 가정은 2-3달에 한 번 정도씩 가정을 방문하여 지속적인 면담과 대화를 통해 적응과정에 대한 자료를 확보하였다. 한 번의 면담시간은 두 시간 정도였고 허락을 구한 뒤 면담내용을 기록하였다. 연구 후반기에는 전화통화를 이용한 면담도 이루어졌다. 연구자와 신뢰가 형성된 몇몇 부모들은 힘들 때나 부탁할 일이 있을 때 연구자에게 전화연락을 지금도 한다.

나. 어린이집 및 학교

민간 어린이집 원장 1명과 국공립 어린이집 교사 1명을 면담하였다. 어린이집 원장님은 비교적 탈북 유아들이 많이 다니는 민간 어린이집의 원장님으로 면담시간은 7시간이었고 교사는 그 당시 탈북 어린이가 두 명 다니는 국공립 어린이집 선생님이었고 면담시간은 두 시간 정도였다.

연구자가 한글을 가르친 초등 1학년 아동의 담임교사도 면담을 하였다. 면담시간은 두 시간이었다. 면담을 위해 연구자가 미리 면담내용을 정리 준비해갔으며, 준비 자료에 너무 얽매이지 않으면서 가능한 한 자연스러운 분위기에서 교사들(어린이집 교사도 해당)의 말의 흐름을 따라갔다.

3) 자료분석

자료의 분석은 전사를 하는 과정에서부터 순환적으로 이루어졌다. 1차 분석 시에는 부모들이 당면하는 어려움에 초점을 맞추어 코딩을 해나갔다. 1차 분석 자료를 읽으면서 가정생활과 학교생활이라는 두 개의 범주화가 이루어졌다. 생활문화는 일상적 공간과 시간, 행위들로 구성되는 총체로서, 가족생활과 근접환경(유아보육시설, 교육시설, 보건시설, 여가시설 등)을 중심으로 펼쳐진다는 점에서 가족생활과 교육시설을 통한 경험은 가장 구체적인 생활세계적 경험이라고 할 수 있다. 이러한 사고과정 안에서 전사기록을 읽으면서 주제별 약호화를 가정생활의 맥락에서의 부모자녀관계 측면과 학교생활 맥락에서의 학습지원 측면에 따라 다시 생성해나갔다. 이 단계에서의 가정생활과 학교생활 맥락에서 생성된 주제는 변화되는 부모역할, 혼돈스러운 부모역할, 아버지와의 관계, 아버지 부재의 가정이었고 학교생활의 맥락에서는 남한의 경쟁적인 학습문화, 가정과 학교의 힘든 만남, 줄어들지 않는 학습격차 정도의 엉성한 구조였다. 이 상태에서 가정생활의 차원과 학교생활의 차원을 각각이 좀더 체계적으로 구성하기 위해 다시 원 자료와의 순환적 읽기를 통해 코딩 부호들 간의 수준을 각 차원 내에서 재분류함으로써 전체 분석의 틀을 밀도 있게 구성하였다. 분석 수준은 '연구자가 안 것을 독자가 알게' 하는 수준에서 이루어졌다(조용환, 1999).

4) 연구문제

1) 남한사회 초기 적응과정에서 탈북 가정의 부모자녀관계 형성의 어려움은 무엇이고 어떤 변화가 일어나는가?
2) 남한사회 초기 적응과정에서 학습지원과 관련한 역할 수행에서 탈북 부모들이 겪는

어려움은 무엇인가?

3. 연구 결과 및 해석

가정을 갖고 탈북한 사람들은 그렇지 못한 사람들에 비해 남한사회에 적응하는데 중요한 지지체계를 갖고 온 사람들이라고 할 수 있다. 그럼에도 남한사회에 직접적으로 발을 디디면 일상생활에서 겪는 사회・문화적 차이 극복, 직업 갖기, 달라진 부모역할 수행 등이 적응 초기에 탈북 가정의 부모들이 부딪치는 급박한 문제들이다. 어린 자녀를 둔 부모들은 다른 연령대의 자녀들보다 자신들에게 더 의존적인 자녀들을 양육해야 한다. 자녀양육은 북한이나 중국에서의 탈출기간 동안에도 해 오던 일이지만 남한사회에서 접하게 된 양육방식은 또 달라서 이에 새로이 적응해야 한다. 게다가 이전까지 크게 신경 쓰지 않았던 자녀들의 학업에 대한 관심과 지원은 새롭게 적응해야 하는 역할이다.

1) 가정생활의 맥락

① 가정생활의 변화과정의 어려움

탈북 가정의 가족관계에서 작동되는 가족규범을 살펴보면, 가부장을 중심으로 하는 수직적이고 권위적인 관계가 두드러지는 측면이 있는데 특히 고정된 남녀 성역할, 아버지의 폭력행사, 엄하고 경직된 자녀 양육방식 등에서 이러한 모습을 볼 수가 있었다.

가. 부모관계의 어려움

북한이탈주민들에게 남한생활의 적응은 아주 큰 과제이며 특히 초기 적응과정에서 느끼게 되는 스트레스가 많을수록 어려움은 더 커진다. 가족과 함께 하는 가정생활은 북한이탈주민들에게 중요한 안식처가 되기도 하지만 가부장 문화에서는 한 개인의 권력이 가까운 가족들에게 부정적인 영향으로 행사될 수도 있다. 남편의 폭력이 대표적인 문제이다. 가정에서 일어나는 폭력은 부부관계 뿐 아니라 자녀들에게도 부정적 영향을 미친다. 하지만 이러한 점에 대해 부모들은 그다지 민감하게 생각하는 것 같지는 않았다.

〈사례 1〉

연구자가 OO엄마에게 전화를 했는데 힘없는 목소리로 병원에서 주사를 맞고 있어서 오후에 집에 못 들어올 것 같다고 했다.

아파트 엘리베이터 앞에서 OO남매를 만났다

연구자 : 엄마 아파서 병원 가셨어?
OO : 예, 아버지한테 맞아서요.
연구자 : 엄마, 아빠 싸우셨어?
OO : 예.
연구자 : 너희는 자고 있었어?
OO : 아니오.
연구자 : 그럼, 방에 들어가 있었니?
OO : 예.
연구자 : 너희 안 울었어?
OO : 안 울었어요 (OO는 대답하는 내내 전혀 동요가 없는 담담한 표정이다).
연구자 : 엄마 아빠 싸우시면 무섭지 않아?
OO여동생 : 무서워요, (자기 얼굴을 가리키며) 멍들었구요(엄마 얼굴),
아빠는 여기(손을 가리키며) 엄마가 물어서 피났어요.

부모님의 싸움에 대해 담담하게 말한다는 것은 아이에게 아무 영향을 안 미쳐서라기보다는 대단히 단련된 방어적 태도이고 어린 유아들의 경우, 부모들이 심하게 싸운 날은 책상 밑에 들어가서 안 나오는 행동 등을 어린이집에서 보이기도 하였다.

나. 아버지 역할의 어려움

가정생활에서 부모와 아이들과의 관계를 보면 특히 아버지와의 관계가 점점 어려워진다. 가족 구성원 각자의 역할 중에서 남북한사회의 가장 큰 차이가 아버지 역할이기 때문이다. 여기에는 북한사회에서 경험한 남녀의 고정적인 성역할이 영향을 미친다고 할 수 있다.

〈사례 2〉

모 어린이집 원장 : 여자들보다 남자들이 더 힘들어해요. 마치 우리 50년대 남존여비 사상이랄까 … 아이가 밥을 해도 아빠가 그걸 받아 먹더라구요. 우리 남자 어린이 하나도 누나가 밥을 차리는데 같이 도와야한다니까 왜 자기가 그걸 하냐고 깜짝 놀라더라구요.

강압적이고 더러는 집안에서 엄마에게 폭력을 행사하기도 하는 아버지가 아이들에게는 변하지 않는 아버지로 보여 진 것이다. 나이가 보다 젊은 아버지들은 가사 일을 거들기도 하지만 아내와 자녀에게 보이는 강압적인 태도, 아내에 대한 폭력행사는 이들에게도 나타나는 행동들이었다.

탈북 가정에서 아버지들의 위치는 점점 힘들어지는 상황이었다. 가장의 책임과 부담은 커지고 아이들과의 관계는 멀어지고 부부간의 역할도 변화하는 등 그 변화의 요구를 가장 강력하게 받는 대상이 아버지들이기 때문이다. 그래서 아버지들도 나름대로는 갈등도 하고 변하려고 애는 쓰고 있었다. 다만 그 변화의 속도가 배우자나 자녀들의 기대만큼 못 미쳤던 것이다.

〈사례 3〉

수인엄마 : 우리 딸이 그러는 거예요. 난 우리 아버지 북한에서는 좋은 아버지였는데 여기 와서 보니까 좋은 아버지 아니라고, 또 아버지는 아버지 대로 여기 와서 아들 다 버려놨다고 하고 ….

자녀들은 아버지에 대한 기대치가 달라졌는데 비해, 아버지는 자식에 대한 기대치가 그대로인 데서 온 북한이탈주민 가정에서 나타나는 전형적인 갈등의 예이다. 특히 딸들은 이런 아버지들에게 더 민감하게 반응하는 경향을 보였다. 그리고 아들들에게 아버지는 좀 더 강압적이고 위계적인 경향이 있었다.

젊은 아빠들의 경우, 가사 일에 참여하는 사람들도 있고 부부 중심으로 가정생활을 유지해 가는 모습을 볼 수도 있었다. 그럼에도 의사결정권을 쥐고 권위를 갖는 점에서 보면 수평적 관계와 가부장적 수직적 권위가 혼재된 양상이라고 할 수 있다.

다. 덜 보호적인 양육방식

탈북 부모들은 아이들을 혼자 집에 두는 것을 쉽게 생각하는 경향이 있었다. 여기에는 중국에서의 긴 탈북 생활 동안 아이를 혼자 두고 나가는 생활패턴에 익숙했던 점도 기인하는 것 같다. 아이들 중에는 밤늦게까지 밖에서 놀면서 적응하는 아이가 있는가 하면, 중국에서의 불안감이 지속되는 경험으로 받아들이는 아이도 있었다. 유아들은 어린이집에서 7시까지도 봐주지만, 초등 1, 2학년의 아이들은 1시면 학교가 끝난다. 맞벌이를 하는 부모 또는 부모들이 바쁜 경우, 아이들은 혼자 집에 있는 경우가 많았다. 그나마 형제가 있으면 다행인데 외동이는 혼자서 집 밖에서 보내는 시간이 많았다.

〈사례 4〉

약속시간 7시가 넘었는데 성수 부모님은 집에 없었다. 조금 후, 좀 늦겠다면서 집 앞에서 기다려달라는 전화가 왔다. 전화를 끊고 동네 오락실로 성수를 찾아 나섰다. 성수를 발견한 연구자는 배고프지 않냐면서 엄마, 아빠 오시기 전에 뭘 좀 먹자고 했다. 성수가 이 집이 맛있다면서 한 포장마차엘 들어갔다. 포장마차 주인 아주머니는 성수를 보고 아는 척을 했다. 떡볶이와 어묵(오뎅)을 시키면서 보니 주인 아주머니가 연구자 느낌에 북에서 오신 분 같았다.

연구자 : 혹시 북에서 오셨어요?

아주머니 : 어떻게 알아요? 여기 오는 손님들 거의 다 못 알아보는데

연구자 : 예, 제가 탈북하신 분들과 관계된 일을 좀 해서요...

아주머니와 이런 저런 얘기를 하다보니 주인 아주머니가 연구자가 알고 있는 탈북 청소년의 고모이자 유아(창원 거주)의 친척이었다.

아주머니 : 난 이 얘(성수)가 한국 앤줄 알았더니… 어쩐지 다른 애들보다 영 세차게 놀고 오뎅국물도 달라면서 자기가 먹고 해서 영 별나다 했더니 북한 아였네요. 한국 애들은 그런 것 달라소리 하는 아들 못 봤거든요.

연구자 : 아 네 그랬군요.

아주머니 : 북한 애들이 똑똑하고 야무집니다.

연구자 : 왜 그럴까요?

아주머니 : 여기까지 오는 엄마 아버지가 보통이 아니거든요.

부모의 통제 밖에 놓인 아이들의 생활은 보기에 따라 보호를 제대로 못 받는 상황일 수도 있으나 포장마차 아주머니의 견해대로 씩씩하게 놀고, 먹을 것 알아서 챙겨먹는 자기주도적인 생활일수도 있다. 탈북한 부모들의 이러한 양육습관에서 볼 때, 남한의 양육방식은 지나치게 보호적일 수도 있다. 탈북한 부모들은 남한사람들이 아이들이나 여자들한테 "살랑시(부드럽게)" 대하고 북한사람들은 "세게" 다룬다고 표현하였다. 그리고 부모들의 자녀 학습지원에 대해서는 너무 지나쳐서 아이들이 독립성이 없다고 말하였다. 그럼에도 자신들이 남한에서 아이들을 키우려면 남한의 양육방식을 학습해야 하기 때문에 그것을 익히려고 하지만 쉽지만은 않다.

② 변화되는 부모 자녀관계

부부관계보다는 부모의 자녀관계형성의 변화가 더 빠른듯하였다. 이는 부모들이 아이들의 남한사회에서의 성공을 중요하게 느끼기 때문일 것이다. 북한에서의 "센" 방식이 "살랑시" 방식으로 변화되는 양상은 다음과 같았다.

가. 변화되는 부모역할 : "센" 방식에서 "살랑시" 방식으로

탈북 부모들의 자녀양육 방식은 남한의 방식과 비교해보았을 때, 상대적으로 엄하고 경직된 측면이 있다. 이러한 센 방식은 남한사회 적응 초기에 자주 드러났다.

〈사례 5〉

모 어린이집 원장 : 애들을 세게 다루는 것 같아요. 수환이 경우, 엄마가 어린이집에서 따귀를 두 대 때려 코피가 난 적이 있어요. 애가 받아쓰기를 할 때마다 어린이집에 안 오는 것 같아서 전화를 드렸더니 엄마 말이 수환이가 받아쓰기 때문이 아니고 자기가 힘들어서 안 온 거라고 그랬다면서 크게 생각을 안 하시더라구요. 얼마 뒤 같은 일이 반복되니까 엄마도 아신 것 같아요. 그러더니 어린이집에서 애를 보고는 때리더라구요.

아이들의 빠른 변화가 부모들 마음에 드는 건 아니어서 자녀들을 두고 보기도 하다 어떨 땐 세게 혼도 냈다 하는데 아이들이 말을 잘 안 듣는다고 하였다. 부모들에게는 이 사례처럼, 예전의 양육방식이 남아있기도 하지만, 다른 한편으로는 남한의 부모들을 보고 자신들의 부모역할을 반성적으로 생각해보기도 하였다.

〈사례 6〉

재은 엄마 : 아까 얘기한 대로, 내가 화나는 대로 말 다하면 아가 정서적으로 상처받는다는 거 배웠어요. 그리고 내가 애 비교하는 것 있거든요. 옆집 애는 저렇게 잘하는데… 그러면 아(아이) 위축되는 것 같더라구요. 얘가 1학년 때 상 3개 받아 왔었거든요. 얘는 자랑스럽게 엄마 나 상 3개 받았어 그러는데 누구나 다 받는 거지 뭐 시큰둥했어요. 그런데 다른 엄마 보니까 애가 조금만 잘해도 그거를 막 칭찬해주고 애한테 힘을 주는 걸 보고 내가 잘못했다 싶었지요. 북한은 부모교육 이런 거 없잖아요. 북한 엄마들 다 이렇다고 생각해요.

부모들은 부드러운 남한의 양육방식에 대해 그 교양수준이 확실히 높은 것 같다면서 자신들의 "센" 방법을 부드러운 방법으로 바꾸려고 하는데, 물질적인 보상과 같은 겉모습을 따라 하는 부모가 있는가 하면, 남북한 양육방식을 나름대로 비교하여 장점을 취하고자 하는 객관적인 태도도 있었다. 하지만 그 어떤 방식에서도 혼돈을 느끼는 것은 마찬가지이다.

나. 혼돈스러운 부모역할 : "지나친 살랑시"

부모들은 자신들의 센 양육방법을 살랑시(부드럽고 허용적인) 방법으로 바꾸는데 그 효과가 크게 있는 것 같지는 않다고 하면서 그 한계를 어디에 둘지 혼란스러워 하였다. 또 자식에게 거는 기대가 큰 만큼, 아이들이 요구하는 것을 원칙 없이 쉽게 받아들이거나 어떤 조건부 행동에 대한 과한 보상을 약속하거나 실지로 하기도 하였다.

〈사례 7〉

모 어린이집 원장 : 세살짜리 애 신발을 10만원 짜리를 사 줬더라구요. 정말 이해할 수 없죠. 부모교육이 참으로 힘들어요.

자녀들에게 절약생활의 모습을 보여주는 부모도 있지만 과한 물질적 보상을 하는 부모도 있었다. 이유는 그동안 아이를 너무 고생시킨데 대한 보상심리도 있고 물질이 풍부한 남한사회에서 아이들에게 어떻게 그 보상의 한계를 두어야 하는지 부모 자신들이 판단하기 어려운 까닭이라고 하였다.

다. 혼돈스러운 부모역할 : "세게－살랑시"의 접점 찾기

탈북 부모들에겐 남한의 양육방식을 학습하는데 있어 자신들의 양육방식을 완전히 부정하기보다는 이 두 방식간의 균형을 잡으려는 태도도 있었다. 이러한 태도를 갖는 부모들 역시 자신들의 센(매를 드는 것과 같은)방법과 남한의 부드러운 방식 사이에서 혼란을 느낀다.

〈사례 8〉

성수 아빠 : 북한에서는 선생님이 애를 때릴 수 없다고요.[3] 부모는 때려도. 그래 성수가 학교에서 맞았다고 하면 가슴이 아파도 여기는 또 여기 방식이 있겠지, 해서 참았지요. 성수 말 안들을 때 내가 북한에서처럼 때릴려고 하다가도 여기서 아를 키우는데 그러지 말아야지 하면서 안 때립니다.

연구자 : 때리지 말고 말로 야단을 치시지요.

성수 아빠 : 그것(때리는 것)도 필요한 겁니다. 두개(때리지 않고 말로 하는 것과 때리는 것)가 짬뽕이 되야하는데.

이때 엄마는 옆에서 성수가 말을 안 듣는다며 나무랬는데 성수가 울려고 울먹인다. 이 모습을 본 아빠

성수 아빠 : (크고 억센 소리로)너 울간? 이리와 봐 (베란다로 나간다)

이 말을 듣는 순간 성수의 울먹이던 표정이 딱 멈추고 아무 일 없는 얼굴로 확 바뀐다. 성수가 베란다로 따라 나간다. 아빠는 성수에게 군인처럼 차렷, 열중 쉬엇을 해가며 성수를 심하게 야단친다. 차렷 자세로 성수를 세워놓은 채 "너는 우리 집안을 끌고 갈 사람이야, 니가 은주(동생)만 해도 이렇게 안 해 ….

[3] 북한사회에서 교사가 매를 댈 수 없는 지를 연구자가 잘 아는 북한이탈주민(탈북한 지 10년 이상 되었고 북한사회를 총체적이고 객관적으로 파악하는 능력을 가진)한 분께 물어보았더니 그렇지는 않다고 하면서 지역적 특성(평양)일 수 있다고 했다.

아버지 말대로 때리는 것과 안 때리는 것의 적절한 균형의 조합이 필요할 수도 있다. 그러자면 각각의 방식에 대한 부모 자신의 적정한 준거가 있어야만 한다. 그러나 부모들은 자녀를 양육하는데 있어 남한방식과 북한방식 간의 차이가 있음을 인식할 뿐 그 기준이 무엇이어야 하는지에 대한 것은 아직은 잘 모르는 것 같다.[4] 그래서 이 두 방식 사이에서 부모들은 혼란을 느낀 것이다. 이러한 인식의 혼란은 부모들이 변화하는데 하나의 추동 역할을 할 것이다. 그럼에도 우는 아들을 무섭게 꾸짖고 아버지의 꾸지람을 순간적으로 표정을 바꾸어서 담담하게 받아내는 아들의 모습은 습관화된 부자 관계의 모습으로 추정할 수 있다. 그리고 아버지에게 아들은 집안을 이끌고 갈 미래의 주인인 것이다. 안연진의 연구에서 청소년 이상의 자녀를 둔 탈북 가족의 경우, 부모가 아들과 딸에 대한 상이한 기대를 하는데 딸은 현재적 필요제공자이고 아들은 미래의 부양 제공자를 기대한다고 하였다. 이는 전통적인 자녀관으로서 이 사례에서도 아들과 딸에 대한 기대가 상이함을 알 수가 있다.

라. 아버지 부재의 가정

연구자의 사례대상 가족은 부부와 자녀로 이루어진 가족, 재혼가족, 편모가족의 형태를 이루고 있다. 재혼가족 경우, 북한에서 오래 전에 구성된 가족이어서 비교적 안정적이었으므로 탈북 과정에서 재혼한 가정과는 구별된다.

아버지가 없는 가정은 아버지가 없다는 사실, 앞으로 새 아버지가 생길 가능성이 엄마와 아이 사이에 잠정적으로 놓여 있다. 특히 아이는 새 아버지가 자신과 엄마 사이의 관계를 단절시킬 것에 대한 불안감을 갖고 있었다.

〈사례 9〉

재은 엄마 : 요새는 이런 말도 해봐요. "재은아, 아빠 안 오시니까 엄마 새 아빠 할까? 재은이도 학교 가면 아빠 없잖아(학교에 가서 친구들 봐도 너만 아빠 없잖아의 뜻). 엄마는 재은이가 좋다고 하면 새 아빠 하고 싶은데…." 그러면 싫다고 해요, "엄마 너무 나빴어, 그럼 원래 아빠는 버리는거야?", "버리는 거 아냐, 그렇지만 못 돌아오시잖아. 돌아오시는 희망이 있으면 살지, 못 돌아오니까 …", "싫어", 그러면서 눈물을 흘리며 울어요. 엄마랑 사는 게 그냥 더 좋다고 하면서. 엄마는 그러면 새 아빠만 좋아하고 나는 안 좋아할 거라고. 그래 내가 "재은이 마음 알겠는데 나도 혼자 사는 게 힘들다. 도와주는 사람 있으면 더 쉬울텐데 … 너 숙제도 봐주고 …."그렇게

---

[4] 사실 이러한 두 양육방식 간의 혼란은 탈북 부모만 느끼는 현상이라기보다는 남한의 부모들도 느낄 수 있는 부분으로 특히, 전통적인 양육방식과 현대적인 양육방식과의 차이이기도 하다. 다만 남한보다 북한에서 전통적인 양육방식이 더디게 변화되었다는 점에서 탈북 부모들이 상대적으로 두 방식 사이의 혼란을 더 느낄 것으로 추정할 수 있다. 이 문제는 전통적인 양육방식: 근현대적 양육방식 / 자본주의: 사회주의 라는 차원을 서로 교차시켜 꼼꼼히 탐색해보아야 할 커다란 문제이기도 하다. 같은 맥락에서 이기영(2000)은 북한이탈주민 가족의 남한사회 적응에 관한 향후 연구과제로 북한의 가족문화적 특성과 이에 대응되는 남한의 가족관련 제도적 · 문화적 특성의 비교 분석을 통한 연구 및 이해가 필요하다고 하였다.

말하면 애가 고민이 많아요. "동생도 생기잖아. 걔만 이뻐하고 나는 안 이뻐할거잖아", "너는 언제나 이뻐할거야"하고 설득해도 통 안된다고 해요(재은 엄마는 구체적으로 재혼상대가 있어서 한 말은 아니라고 했다). 재은이 반 애들이 집에 놀러왔는데 "아저씨 어디 갔어요?" 그래요. 휴일에도 몇 번 왔는데 없으니까, 사진도 없고, "출장 갔어" 그러면 재은이도 "미국 갔어" 그래요. 그런데 계속 그럴 순 없잖아요. 크면…

한 부모 가정, 특히 엄마-자녀관계로 이루어진 가정이 최근의 탈북 형태에서 많아지면서 동시에 엄마의 나이가 점점 낮아지는 특성도 있다. 이는 젊은 여성들의 단독 탈북이 증가하면서 생기는 문제로 탈북 과정에서 남자를 만나 아이가 생기는 경우, 또 한족과 원하지 않는 결혼을 해서 생긴 아이를 데리고 남한으로 온 경우 등이 있다. 부모의 낮아진 연령, 쉽게 결정된 재혼과 동거생활에서 부모들의 양육 책임감은 약해지면서 부모역할에 대한 부담은 커진다. 이런 점에서 볼 때, 한 부모 가정의 부모역할과 자녀양육 문제는 점점 커질 가능성이 있다.

2) 학교생활의 맥락

① 학습지원의 어려움

탈북 부모들은 결국 자식들의 장래 때문에 남한에 왔다고 말하였다. 그만큼 자식들의 앞날에 대한 기대가 큰 것이다. 자녀의 나이가 어릴수록 부모들의 기대는 클 수밖에 없다. 자식만큼은 남한사람으로 키울 수 있기 때문이다. 그러나 아이들의 학교생활을 보면서 처음 당면하는 난감함은 공부를 학교보다는 부모들이 더 열심히 시키는 남한의 학습문화이다.

가. 남한의 경쟁적인 학습문화

탈북 부모들은 어린이집 또는 학교 선생님들과 자녀 문제로 개인적으로 교류하는 것을 어려워하였다. 북한에서는 1년에 한두 번 부모 전체와 교사가 공식적으로 만나는 일 외엔 별 교류가 없고 부모들 또한 일체 신경 쓸 것 없이 아이를 학교에 맡긴다는 생각을 갖고 있다고 하였다. 그에 비해 남한의 학교는 부모가 신경을 쓰고 해줘야 할 일이 준비물 챙기는 일에서부터 과제수행에 이르기까지 아주 많다. 엄마가 자녀의 학습의 전 과정을 주도적으로 계획, 실행하고 학교보다는 학원에서 공부하는 남한의 학습문화를 북한 부모들은 북한사회와 비교하면서 이해하기 어렵다고 하였다.

〈사례 10〉

성수 엄마 : 맨 앞자리 앉다가 맨 뒷자리로 간 날, 성수도 학교 가기 싫어했는데 내 선생님

한테 아무 말도 못했지요. 아가 글자도 모르고 선생님 말 못 알아먹으니까... 은주도 유치원 가서 다른 아 때렸다는데 저녁에 아 데리러 갔더니 선생님(담임이 아닌 다른 선생님)이 벌써 막 얘기를 하더라구요. 은주가 아를 때렸다고. 그 날 은주가 와서 선생님이 자기를 막 흔들었다고 말하는데... 내가 유치원 가서 너 아들 때리라고 말하지는 않잖아요, 아 성격이 그런건데 선생님들이 그 심리를 잘 다루어줘야지, 뭐라고만 하니까...성수도 도대체 학교 가서 뭘 배우는지... 뭘 가르쳐 주는지... 그런 것 보면 북한이 공부는 세요. 우리 같으면 벌써 학교 들어가서 두 달이면 그느드… 아야어여… 글자 다 읽고 씁니다. 그리고는 지금쯤이면 구구단 외느라고 정신 하나 없다구요. 여긴 선생들은 뭐 하는 일이 없고, 학교는 그냥 갔다 오는 거고 공부는 돈 내고 학원에서 하는 겁니다. 왜 이렇게 됐습니까, 선생님 질 조금만 높여주면 학교에서 다 배워줄 수 있는데... 그리고 학원 다니는 것도 엄마들이 일일이 다 따라 댕기며 조정하는데, 여기 아들 독립성 하나 없어요. 은주 유치원도 보면 엄마들이 다해요, 우리 은주는 머리도 지가 매고 옷 단추 다 지가 해요. 선생님(연구자에게) 잘 사는 남한사회가 교육은 왜 이렇습니까?

나. 복잡한 부모역할

탈북 부모들은 교육을 둘러싼 사회문화적 분위기에 대한 이해가 어려운 만큼, 자신들은 부모로서의 지원 능력에서부터 뒤쳐진다는 좌절감을 호소했다.

다음은 초등학교 부모가 준비물조차도 어떻게 챙겨줘야 하는지 몰라 곤란을 겪었던 사례이다.

〈사례 11〉

승명 아빠 : 하루는 밤에 집에 들어왔는데 아이가 내일 학교 갈 때 찰흙을 가져가야 한다는 거예요. 그래 내 생각에 어데 산에 가서 흙을 파오나, 이 서울에서 아마 다른 아이들도 흙을 못 파서 못 가져올 것이니 그냥 가라 그랬지요. 다음 날, 우리 어머니 말씀이 우리 아만 흙을 안 가져 왔더라고 해요. 다른 아들은 다 문방구에서 사서 보냈더래요. 그래 또 그 다음 날, 내가 선생님한테 찾아가서 정말 문방구에서 사면된다는 걸 몰라서 못 보내 미안하다고 말씀 드렸습니다. 그랬더니 선생님이 여자선생님이었는데 쌀쌀맞게 여기서 살려면 할 일은 하셔야죠, 그러시더라구요. 그래 그 다음부터는 선생님 만나러 안 갑니다.

이 사례는 정말 남한의 물정을 전혀 몰라서 생긴 어려움이었다. 그래서 문방구에 가서 준비물을 사서 보내면 된다는 부모로서의 할 일을 익히면 어느 정도는 해결할 수 있는 문제이다. 그러나 다음의 사례를 보면 해결되지 않는 문제도 있다.

〈사례 12〉

해진 엄마 : 처음엔 소풍 간다고 해서 뭐 싸서 보내냐고 물으니까 김밥이래요. 그래 두 줄 사서 보냈거든요. 가서 보니까 다들 기가 막히게 예쁘게 해서 보낸 거예요. 그 때 내 얼마나 당황했는지...지금은 많이 따라가고 나아졌는데도 맨날 한 박자가 늦어요.

자녀에게 최대의 물적, 심적 지원을 아끼지 않는 남한의 부모에 비해 최소치를 해 준 자신의 지원이 너무나 차이가 난다는 이 부모는 이젠 적응이 된 듯싶어도 늘 한 박자의 차이를 따라 잡기가 어렵다는 말이다. 이 한 박자의 차이는 아이의 학년이 올라갈수록 학습능력과 관련하여 더 커질 가능성이 있다.

다. 선생님과 같은 부모역할

부모들은 어린이집이나 학교의 교사와 어떻게 교류해야 하는 지도 어렵고, 학교에서 매일 제공하는 많은 정보를 이해하는 것도 힘들어했다. 이 문제는 일을 하는 엄마나 집에서 아이 양육만 하는 엄마 모두 어려워하였다.

〈사례 13〉

성수 엄마 : 학교에서 뭐가 자꾸 오는데 나는 도저히 이해를 못해서 못 하겠습니다.

학교에서는 매주 학업 계획과 일정이 주 단위로 오고, 거기에는 준비물이 예시되어 있다. 받아쓰기를 하는 내용까지 알려주며 준비를 해서 보내라는 내용이다. 집에서 읽는 독서카드 일지가 있고 학교에서 돌려가며 읽는 일지가 있는데 성수는 아무것도 진행된 게 없었다. 독서와 관련해서는 동화책의 '주인공에게 상장주기' 및 '주인공과 나의 공통점을 밴다이어그램으로 나타내라'고 되어있는데 엄마는 도저히 이 내용이 무슨 뜻인지 못 알아먹겠다고 하였다. 연구자가 '옷 벗은 임금님'을 성수와 읽고 과제를 하고 나서 부모님께 설명을 해주었다.

성수아빠 : 이 말을 꼭 이런 어려운 말로 해야 합니까? 성수를 가리킬려 해도 수학 같은 것도 무슨 말인지를 글자를 알아도 잘 이해하지 못한다 말입니다. 알림장을 봐도 뭘 하라는 건지 모르겠어요. 애들 가르치려면 공부를 많이 해야만 할 것 같습니다.
연구자 : 아이들 뒷바라지 힘들지 않으세요?
수환엄마 : 애들 가르치고 뒷바라지 힘들어요. 가정 통신문도 오는데 읽다가 안 읽어요. 읽다 보면 무슨 소린지 몰라요.

연구자가 보았을 때도 북한 부모들이 이해하기에는 학교에서 제공하는 정보들의 수준이 너무 복잡하고 추상적인 언어로 쓰여져 있었다. 그리고 부모와 함께 수행해야 하는 과제가 너무 많았다. 부모들이 학교에서 제공하는 정보와 요구하는 바를 파악하지 못하는 만큼, 유치원이나 학교 교사들은 가정과의 연계가 잘 안 이루어진다고 느낀다.

라. 탈북 부모에 대한 교사들의 이해 부족

교사들은 탈북 가정이나 부모들에 대해 아는 것이 별로 없었다. 예를 들면, 탈북 부모나 아이들이 어떤 과정을 거쳐 남한사회에 왔는지, 남한사회에 도착해서 지금의 교실에 오기까지 어떤 학습과정을 거쳤는지 알지 못했다. 유아들의 경우 하나원 유치부에서 어떻게 생활했고 초등아이들은 삼죽 초등학교에서 어떻게 공부했는지에 대한 자료가 전혀 교사들에게 전달되지 않았다.[5] 하다못해 교사들은 부모들이 집과 가재도구는 어떻게 마련하며 생활비는 어떻게 감당하는 지도 궁금하지만 물어보기도 어렵다고 하였다. 상대에 대한 정보가 부족하다는 것은 상호 이해를 하는데 어려운 조건을 형성하기 마련이다.

〈사례 14〉

연구자 : 집에 가니까 정은이 어머니가 정은이가 지은 '비오는 날' 시가 있다고 했는데 그 자료들이 다 없어져서 못 봤거든요?

어린이집 교사 : 바로 그런 거예요. 어린이집에서 아이들이 한 활동을 파일을 만들어 2주치를 보내거든요. 그럼 다시 어린이집에 가져와야 해요. 근데 정은이는 잘 안와요. 지금 정은이만 출석 카드도 없어요.

부모들이 학교에서 제공하는 정보와 요구하는 바를 파악하지 못하고 교류의 방식도 이해를 못하고 있다. 그런데 유치원이나 학교 교사들은 왜 이런 기본적인 일조차 부모들이 잘 수행하지 못하는지 그 이유를 몰랐다. 교사들은 교육기관에서 제공하고 요구하는 바를 부모들이 이해하지 못한다는 것 자체를 모르고 있었다. 막연히 교류가 안 된다는 느낌을 가질 뿐이었다. 부모나 교사가 서로 상대에 대해 모르는 상태에서 교류가 헛돌고 있는 것이다.

〈사례 15〉

연구자 : 초등학교 부모들이 챙길 것이 많잖아요. 부모님들이 그런 것도 좀 힘들어하시는 것 같아요. 예를 들면 책 읽고 느낌을 부모와 함께 나누는 가정 통신문이랄지, 돌려 읽는 책은 학교로 보내는 일 등등 요.

초등교사 : 예, 책 3권씩 돌려읽기를 전교생이 하는 게 있거든요. 저는 또 부모들에게 강요하지 말고 자연스럽게 하라고 편지를 쓰고 그랬거든요. 부모들 중에는 학습지처럼 애닳아서 하는 부모도 있고 하니까... 잘못하면 상 받으려는 부모 욕심에 애들한테 역효과만 나니까... 그런데 성수는 한 번 보니까 투명 홀더에 10장 그대로 끼워져

[5] 삼죽 초등학교는 탈북 아동들이 하나원에서 생활하면서 2개월간 다니는 학교이다.

있을 때도 있었어요. 저도 2학년 엄만데 부모가 챙겨야 할 게 너무 많아요. 엄마 신경 60-70%가 결국 아이들 성적을 차지하거든요. 그걸 못해주면 아이들 자꾸 처지고 부진아가 돼요. 부모님 관심도 중요한데 잘 모르니까, 미술, 만들기 준비물 잘 안 가져 와요. 저런 악어상자도(창가에 있는 악어상자 미술품을 가리키며) 반은 부모가 만들어서 보내야 돼요. 그래야, 나머지를 수업시간 안에 마치거든요. 저도 교사지만 교과서에 문제가 있다고 생각해요. 나도 화가 날 때가 많아요. 어떨 때는 12시 까지도 해요. 저녁 먹고 치우고 나면 10시 되고 하니까.

탈북 부모들이 밤 12시 넘어 까지 아이들을 지도하지 못하는 것은, 정성의 부족도 있겠지만, 부모의 정성을 어떻게 써야하는지를 몰라서 못하는 경우가 더 많았다. 남한의 부모도 자주 화가 날만큼 힘든 자녀의 학습지원에 대해 탈북 부모는 근본적인 이유에서부터 방법적인 어려움, 부모로서의 무능함까지 느낀다.

이처럼, 우리 사회는 부모가 아이의 학습 준비물을 챙겨주는 일에서부터, 선생님처럼 학습활동을 해야 한다. 이런 우리의 학습문화를 탈북부모들이 따라잡는 것은 아이들이 학교에서 학업 따라잡기만큼이나 어려운 일이다.

② 줄어들지 않는 학습격차

부모들은 자신들의 적응속도에 비해 빠른 아이들의 적응에 대체로 만족해했다. 그러나 자녀들의 학습이 뒤쳐진다는 것은 알고 있다. 시간이 갈수록 부모들은 자꾸 뒤쳐지는 자녀들의 학교학습을 어떻게 따라가게 해야 할 지 막막해했다. 탈북 부모들이 남한의 경쟁적인 학습문화에 따른 부모의 역할을 수행하기란 쉬운 과업이 아니기 때문이다.

가. 부모들의 막막함

자녀들이 학교에서 학업을 제대로 따라가지 못하는 경우, 부모들은 그 문제를 어디서 누구와 어떻게 해결해야 할 지 방법을 찾지 못했다.

〈사례 16〉

수인 아빠 : 우리 수인이가 공부를 너무 못해요, 담임선생님 만나봤는데 실력이 떨어진대요. 따로 학원도 못 보내고 과외도 못 시키고 그러는데... 수학을 너무 못하고 구구표도 아직 못 외운다구요...

아이가 학교에서 공부를 못 따라갈 경우, 부모님들은 돈을 들여 학원을 보내보기도 하지만 큰 효과를 보지는 못했다.

〈사례 17〉

승용 아빠 : 학원에 남한 애들 다닌다고 해서 따라 보낸 것은 아닙니다. 영어 중심의 사회니까 또 학원에서 다른 학원은 여섯 달 걸리는데 이 학원은 석 달이면 영어기초 다 뗀다고 해서 보냈다구요. 근데 첨에만 숙제 있지, 나중에는 안 그러더라구요. 그래 내가 하루는 승미(승용이 누나) 일기장 몰래 봤더니 "나는 영 흥취가 없는데 엄마 아빠가 강요해서 다닌다"라고 써 있어서 놀랐습니다.

남한사회에서 학원수업이란 보습의 개념이 아닌 선행학습인데다 아이들의 개인수준에 맞춘 개별식 교육을 하는 것도 아니기 때문에 탈북 아동들이 학원에서 학습의 효과를 보기는 구조적으로 어렵다.

아이가 커갈수록 부모들의 학습지원과 관련된 어려움이 더욱 커진다. 그러나 부모들은 걱정만 할 뿐 그에 대한 대책방안을 찾기는 어렵다. 여기에는 남한의 학습문화를 이해하기 어려운 점도 있지만 또 하나는 자녀의 학습문제를 부모들이 구체적으로 파악하지 못하는 점도 있다. 그래서 아이가 반에서 중간 정도만 따라가면 부모는 어느 정도 만족을 하고 하위그룹에 속할 때는 스트레스를 많이 받거나 아예 포기하는 경우도 있다. 교육열이 높은 부모의 경우는 무조건 아이를 몰아붙이면 될 거라는 생각을 갖고 있어 자녀들과 마찰도 있다. 학교 선생님들 역시 학습능력이 떨어지는 것을 탈북 아이들의 가장 큰 적응의 문제로 지적한다.

나. 교사들의 답답함

교사들은 탈북 어린이들에 대해 순수하고 활발하며 어른에 대한 예의가 있다는 점을 긍정적으로 평가하였다. 그렇지만 소수를 제외한 대부분의 아이들이 모든 과목에서 이해를 하지 못하고 학습능력이 떨어진다고 걱정하였다. 이러한 문제를 교사 개인의 노력만으로는 해결하기 어렵다.

〈사례 18〉

초등교사 : 누가 잘했나 못했나.. 성수것도 보죠. 애들이 놀릴려고 그래서 제가 사람마다 다 잘하는 영역이 있고 못하는 영역이 있다. 특별히 성수는 똑똑하고 머리가 좋은데 탈북 과정에서 배울 시간을 놓쳐서 그렇지 모자라지 않다. 그렇게 말해서 성수가 공부 못해도 아이들이 그 부분으로 터치하지는 못해요. 근데 걱정이 국어시간이나 받아쓰기 시간에 아예 하려고를 안 해요. 가만히 있어요. 고민이예요. 저도. 그래서 성수는 보고 쓰기라도 따로 시켜야 하나...2학기엔 띄어쓰기, 받침 맞게 쓰는지. 벌써 그거 하거든요. 오늘 우리 반 아이 두 명이 맞춤법은 50% 정도 되는데 띄어쓰기가 안 되어서 0점 맞은 애가 두 명 있었어요.

연구자 : 만일 성수가 이 상태로 2학년에 올라가면 어떻게 될까요?

초등교사 : 성수가 이 상태로 2학년에 올라가면 학습 부진아가 될 가능성이 있어서 걱정이 예요.

초등 저학년 이상의 연령의 아동들은 탈북 과정에서 있었던 학습의 공백과 더불어 남한의 너무 빠른 학습속도 때문에 학습 격차의 어려움을 더 겪게 된다. 학교 교사들 역시 학습 격차가 큰 탈북 어린이를 어떻게 가르쳐야 할지, 구체적인 방법을 찾지 못하고 있는 상태이다.

〈사례 19〉

연구자 : 00 초등학교에 탈북 어린이가 많으니까 특별히 교육적으로 배려하는 점이 있다든가, 탈북 아이를 맡은 선생님들이 논의를 한다든가 하는 일이 있나요?

교사 : 급식비, 소풍비 다 대주고 소풍비 같은 경우, 처음엔 일단 받았는데 교장선생님들 회의에서 다 대주자고 해서 다시 돌려줬거든요. 이런 경제적 배려 말고는 특별히 없어요.

초등교사 : 혹시 은국이라고 아세요? 4학년.

연구자 : 예.

초등교사 : 제가 학습부진아 아이들 교육을 오후에 담당하고 있거든요. 거기에 은국이가 있어요. 사실은 제 심정적으로는 성수도 거기에 넣고 싶어요. 그런데 제도가 안되요. 학습부진아 반은 4학년부터 할 수 있거든요. 3학년 때 평가를 해서. 그래서 4, 5, 6년으로 꾸려지거든요. 은국이는 작년에 시험을 보니까 3학년 학력에도 미달되는 거예요. 성수도 좀 도와주고 싶은데 어떻게 도와줘야 할지 저도 답답한거예요. 성수는 머리가 있어서 조금만 도와주면 될 것 같은데... 물론 그렇지 못한 아이도 도와줘야 되긴 하지만...(웃음)

연구자 : 은국이는 글은 읽을텐데 뭘 어려워하나요?

초등교사 : 사회를 어려워해요.

연구자 : 예, 아이들이 사회, 국어, 역사 이런 것 어려워하더라구요.

사례에서 보는 것처럼, 자신이 담당하고 있는 학습부진아 교육반에 자기 반 아이 하나도 넣을 수 없는 교사의 한정된 재량권, 비탄력적인 제도 안에서 교사 혼자 힘으로 탈북 어린이들의 학습부진 능력을 끌어올리는 데는 한계가 있다. 탈북 어린이들에게 학교가 해 줄 일은 경제적 배려뿐만 아니라, 학습적응, 심리적 적응까지를 아우르는 보다 총체적인 적응이다. 이러한 적응과정이 제대로 제공되지 않을 때 가장 피해를 받는 당사자는 다름 아닌 아이들이다.

다. 아이들의 좌절감

유아 및 초등학교에 다니는 아이들의 전반적인 적응생활은 비교적 안정적인 편에 해당된다. 하지만 학업수행과 관련해서는 다소 걱정스러운 면이 있다. 유아기 때 남한사회에 와서 유치원이나 어린이집을 1년 정도라도 보내고 학교에 간 어린이들의 적응에 비해, 준비가 안 된 상태에서 바로 초등학교에 입학하게 되는 어린이들은 학습 부적응을 경험하게 된다. 특히 국어에서 읽고 쓰기를 따라가지 못하는 경우, 다른 과목에까지 영향을 미친다.

〈사례 20〉

초등교사 : 저희 학교에서 얼마 전에 애국가 외워 쓰기 대회가 있었어요. 그래서 제가 우리 반 아이들한테 맞춤법만 틀리지 않으면 다 상을 준다고 하니까, 우리반 아이들이 전부 노력해서 상을 다 받았으면 좋겠다 그러면서 안 그러면 혼낼 거야 하고 으름장을 아이들한테 놨거든요(웃으며). 다음 날 아침, 성수 엄마한테 전화가 온 거예요. 자기는 애국가 못써서 학교 못 간다고...그래서 제가 놀래서 성수는 틀려도 괜찮다고 오라고 해서 느즈막히 온 적 있어요. 얘기 안하시던가요? 그럴 줄 몰랐거든요.

연구자 : 성수가 읽기가 안 되어서 수업을 전반적으로 좀 힘들어하겠네요.

초등교사 : 저희는 수업시간에 돌려 읽기를 하거든요. 성수 차례가 되면 성수가 일어서고 제가 아이들에게 성수와 함께 다같이 읽어주자고 해서 같이 읽어요. 받아쓰기는 요즘 아예 안 내요. 수학도 문제를 못 읽으니까 힘들고..

학습능력이 부족하다는 것은 부모나 교사들의 걱정에 앞서 아이들 자신이 너무나도 민감하게 알고 있다. 학습능력의 부족이 그것으로 끝나지 않고, 자존감, 세상에 대한 흥미, 자발성과 같은 심리적 부분에까지 영향을 미칠 가능성을 아이의 입장에서 깊게 생각해 보아야만 한다. 이러한 학습 부적응 현상은 높은 학년일수록 더욱 커서 초등학교 고학년 아이들의 경우, 실지로 학교 부적응의 행동들(공격적 행동-학교 짱 되기, 가출)이 함께 나타나기도 하였다. 현재 자녀들의 학습 적응 문제는 당사자인 아동, 부모, 교사 모두가 이 문제의 피해자로서 문제해결의 실마리를 이 당사자들에게만 맡겨놓을 수 없는 사회적 문제로 확대되어 가고 있다.

라. 고통의 틈새에서

학습 및 학교 적응과 관련하여 유아 및 아동들의 문제는 청소년들의 문제에 비해 그다지 사회적 관심을 받지 못하지만, 지금까지 살펴 본 대로 당사자인 아동, 부모, 교사 모두가 어려움을 겪고 있음을 알 수 있다. 탈북 아이를 남한사회에서 어떤 아이로 키울 것인가에 대한 부모들의 목적을 자세히 들여다보면, 남한 아이로 그것도 성공적인 남한 아이로 키우고 싶어 한다. 완벽한 남한 아이로 키우기 위해 북한 아이들과 어울리는 것조차 자제해야 한다는 생각도 한다.

다음의 사례에서 이를 볼 수 있다.[6)]

〈사례 21〉

성수 아빠 : 어떻습니까, 우리 생각에는 남한 아이들 속에서 더 빨리 잘 남한사람으로 큰다고 생각하는데 북한 아이들끼리 있는 것은.

연구자 : 아버님 말씀이 맞지요. 말씀대로 남한사람으로 사는 데는 남한 학교 안에서 크는 게 확실하겠죠. 그런데 그동안 청소년 걱정만 했는데 초등학교 아이들도 나름대로 적응에 어려움이 있더라는 겁니다. 그래서 도움을 주고자 하는 것이지요. 저희도 아직 어느 방법이 더 좋은지 확신을 할 수 없기 때문에 이런 저런 노력과 실험을 하는 과정이니까 최선을 다 해본다는 마음으로 해보는 겁니다.

성수 아빠 : 그렇죠. 제가 걱정하는 것은 얼마 전에 여기 학생아들 패싸움 난거 아시죠.[7)] 북한 아이들 끼리 모여 그럴까봐 걱정이죠. 그 중 몇 명 아들 우리 집에도 왔었댔는데 그 문제가 통일부까지 올라가고 몇 명은 숨어 다니고 그 뭡니까, 통일을 해도 될까 말까인데 남북한 아들이 서로 패싸움이나 하고.

연구자 : 그 일을 어떻게 아세요?

성수 아빠 : 캄보디아, 하나원 있을 때 다 알죠. 캄보디아에서 내 반장이어서 그 아들과 친하게 지냈다 말입니다. 사람들이 너는 왜 쓸데없이 아들하고 노냐하는데 난 그러죠. 니들(청소년들)이 중요하다. 그러니 공부 열심히 하라고. 우리 집에 아들 왔을 때도 그랬습니다. 여기는 다 법인데 그럴게 날뛰면 법에 다 걸린다고 너들이 공부 열심히 해서 여기서 변호사도 나오고 판검사도 나와야 우리 같은 사람 살 수 있다고요. 그래서 난 공부방에서도 우리 아들이 남한 아들 못 따라가는 공부를 기술적으로 가르쳐줬으면 좋겠어요.

연구자 : 예, 그런 것 가르치죠. 그리고 뭐라 할까 심리적인 적응도 합니다.

성수 아빠 : 심리적인거야 학교에서 더 잘하죠.(학교 안에서 있어야 더 잘된다는 뜻)

자식이 공부 잘해서 성공적인 삶을 살길 바라는 마음은 남한이나 탈북한 부모 다 같은 심정이겠으나, 탈북한 부모들은 자식들이 그렇게 커야 북한이탈주민들이 남한사회에서 덜 불이익을 받고 살게 된다는 숨은 뜻도 있다. 그러나 이 일이 아이들 당사들에겐 결코 쉬운

---

6) 온누리학교(방과후)는 처음 문을 열면서 초등 저학년반도 운영하고자 했다. 그래서 온누리학교 교사들이 성수 부모님 의향을 물었는데, 북한 아이들끼리 있는 것이 염려되어 결정을 유보한 상태였다. 이 시기에 연구자가 온누리학교 저학년 과목교사를 맡기로 하고 참여관찰을 계획한 때였는데, 교사들이 성수부모님을 만나면 방과후에 보내도록 설득을 해달라는 부탁을 했었다. 결국 부모님이 허락을 했는데, 성수 말고 다른 초등 저학년 아이들이 없어서 연구자가 6개월 동안 성수네 집에서 성수를 개인지도한 뒤, 방과후 학교에 초등 저학년반이 꾸려져 6개월 동안 수학교사를 했었다.

7) 성수네가 사는 지역에 탈북 청소년들이 많이 다니는 고등학교가 있는데 그 즈음, 탈북 청소년들과 남한 청소년들이 학교에서 집단 패싸움이 난 적이 있었다. 이 사건은 청소년 적응과 관련해서 크게 이슈가 되었던 사건이었다.

일이 아니다. 아이들에겐 학습적응과 더불어 심리적, 문화적 적응도 해야 한다. 이 세 차원의 적응은 연결되며 통합되기 때문이다.[8] 그러나 이 점에 대해서는 부모도, 남한의 학교도 그다지 중요하게 생각하지 않는다. 탈북 부모들에겐 이 점에 대해 생각할 겨를과 안목이 없고 남한의 학교 및 교육은 제도적 시각만 있지 문화적 시각은 부족하다. 이 틈새를 메꾸는 것이 시민단체에서 이루어지는 방과후 학교들이다.[9] 탈북 아이들이 완벽하게 남한 아이로 성장한다는 것은 어떤 면에서는 불가능하기도 하거니와 정체성 형성과 관련해서 보면 꼭 바람직한 것만은 아니다. 다문화적 관점이나 문화통합적 관점에서 보면, 양 문화의 정체성을 다 형성하는 것이 중요한 사안이다. 이런 점에서 볼 때 다음의 사례는 시사하는 바가 있다.

〈사례 22〉

온누리학교 점심시간(학교가 겨울방학이어서 오전부터 방과후 학교 운영)

수 인 : 북한에서는 그 김장 담글 때 노란 배추에 속 싸서 먹습니다. 진짜 맛있습니다.

금 지 : 우리도 김장 많이 했는데 도둑 많이 맞았어요. 우리는 그 속에 생선 썰어 넣어요. 물도 바닷물로 그냥하고.

연구자 : 너희 집이 바닷가였어? 어디?

금 지 : 청진요. 우리는 김장 담글 때 큰 마루에 올라가서 하는데 얼마나 재밌는데요...

방과후 교사 : 그래 재밌었겠네.

수 인 : 우리 엄마가 하는 게 있는데 배추에 네모나게 밥을 싸서 하는 건데 진짜 맛이 짱이예요. 아 먹고 싶다 ….

탈북 아이들이 북한에서의 경험을 나누는 대화는 자기들끼리 아니면 할 데도 없고 할 수도 없다. 남한 친구들에게 해봤자 공유할 수 없는 내용이기 때문이다. 탈북 아이들의 경험은 꼭 숨겨져야만 하는 것은 아니다. 그러나 학교생활에서 이전의 경험은 가능한 한 드러내지 않아야 되는 긴장감이 있다.[10] 따라서 아이들에게 낯선 사회에서 살면서 생기는 긴장과 고통의 틈새에 그들에게 익숙한 공간을 제공하는 것은 심리와 정서적 적응을 돕는데 필요하다. 이러한 공간은 자기문화의 정체성을 유지하는데도 도움이 된다.

탈북 아이들의 학교생활 중 중요한 것이 또래 사귀기이다. 친구도 보면 남한 친구만 사귀는 아이, 북한 친구만 사귀는 아이, 남북한 친구를 고루 사귀는 아이의 형태로 나뉘는데

---

8) 다 인종을 위한 다문화 교육에서 인지적, 심리적, 문화적 적응의 연결과 통합을 강조하고 있다(Klean & Chen, 2001).

9) 복지센터나 종교재단 및 비영리교육단체에서 운영하는 방과후 학교들은 탈북 아이들의 교육을 바라보는 관점, 사회문화적 적응에 대한 관점에 있어, 운영단체의 특성에 따라 다소 차이는 나지만 제도적 학교에 비해 포괄적 시각을 갖고 있는 것은 확실하다. 온누리학교는 탈북 아동들을 위한 방과후 교육프로그램으로써 또래들과 어울릴 수 있는 놀이터, 부족한 학습을 위한 공부방, 마음의 상처를 치유하는 상담을 중요한 활동으로 구성하고 있다.

10) 대표적인 것이 북한 말이어서 아이들은 필사적으로 남한 말을 배운다. 심한 경우는 아는 친구인데 북에서 온 사실이 드러날까 한 교실에서 서로 아는 척을 안 하는 경우도 있다. 최근엔 탈북 아동수가 많아져서 많은 경우 교사를 통해 학교에 오는 날 북한에서 온 사실이 공개적으로 알려진다.

세 번째가 가장 많고 이 경우가 친구관계의 질도 건강한 편이다. 친구관계처럼 북한의 경험과 문화도 탈북 아이들의 성장에 있어 버려야 할 것이라기보다는 남한 문화 안에서 기능을 하게 해서 성장의 자양분이 되어야 한다는 것이다. 여기에 바로 자신이 살던 사회를 이탈하여 다른 사회에 편입했을 때 그 사람의 적응과정에서 두 문화의 차이를 어떻게 인정하고 받아들여야 하는가에 대한 교육적 핵심이 있다고 볼 수 있다.[11] 이는 학습의 적응을 지원하는 문화적 측면이다.

한편 아이를 직접 가르치는 학습의 맥락에서도 한 사회의 학습패턴을 일방적으로 제시하기보다는 수용자의 입장과 특성을 고려한 학습방법에 대한 탐색이 필요하다.

탈북 아이(초등 이상)들은 탈출과정에서 긴 시간 학습의 공백이 있었다. 이 긴 시간의 결손은 단순히 그 시기에 놓친 내용들을 빠른 속도로 제공한다고 해서 다 채워지지 않는다. 왜냐하면 적절한 시기의 적절한 학습은 개인의 학습능력과 학습양식을 개발시키는데 이 능력이 개발되지 않았기 때문이다. 따라서 탈북 아이들의 인지양식의 특성과 북한사회의 학습방법에 대한 고려와 탐색이 필요한 것이다. 다음의 사례가 이를 말해준다.

〈사례 23〉

초등 저학년 수학학습

성수는 한글공부를 전날보다는 재미없게 했다. 대신 수학을 조금 더 많이 공부했는데 수식을 재미있게 풀었다. "경민이에게는 사탕이 16개 있었다. 이중에서 경민이가 몇 개를 먹었더니 7개가 남았다. 경민이가 먹은 사탕이 몇 개인지를 식을 사용하여 알아보시오" 라는 문제가 나왔다. 성수는 처음에 무슨 말인지 모르겠다며 안하겠다고 한다. 연구자가 한 문장씩 읽게 하여 문장의 의미를 이해시켜 갔다. 또 경민이를 성수로 대입시켜 다시 읽었다. 성수는 연구자에게 가만히 있어보라며 책상 밑 종이에 무언가를 쓴다. 연구자가 보려하자 보지 말라고 한다. 잠시 뒤 "아, 알았다. 9개, 이거 덜기죠." 한다.

연구자 : 맞아, 해볼 수 있겠어?

성수가 고개를 끄덕인다. 그리고는 식 : 16 - 9 = 7을 완성한다.

연구자 : 성수야 너 이거 어떻게 알았어?
성수 : 이거요(책상 밑을 가리킨다)

좁고 길다란 종이가 있다. 그 종이를 보니 //////////////// 빗금 친 16개중 9개를 순서대로 0표 해놓았다. 남은 빗금이 7개였다.

연구자 : 아, 이렇게 16개를 그리고 9개를 동그랗게 표시해서 남은 게 7개구나. 그래 수학은

---

11) 미국사회에서 소수집단 아동 및 청소년들이 주류사회에 적응하는데 있어 자문화에 대한 정체성과 주류사회(타문화)에 대한 정체성이 모두 높을 때 성공적이라고 한다(Banks, 1993).

이렇게 하는 거야. 너 어떻게 이런 생각을 했어?(성수 머리를 쓰다듬으며)

성수 : 아빠가 가르쳐줬어요.

연구자 : 아빠가? 야, 아빠가 정말 좋은 선생님이구나. 아빠가 공부 자주 가르쳐 줘?

성수 : 딱 한 번요.

이 사례에 나타난 수학문제는 언어를 수로 전환하는 능력을 요구한다. 그런데 성수는 아직 이러한 추상적 사고의 단계로 직접 나가지 못하고 언어를 그림으로 그린 다음 문제를 해결하였다. 이러한 문제해결력은 아이에게 충분한 시간과 사고의 방식을 유도하는 분위기에서 가능하다. 6개월 이상 성수를 가르쳐 본 연구자 생각에 성수의 지적 능력은 좋은 편이었다. 그러나 여러 가지 학습방법을 사용해보았지만 한글을 익히는 속도가 예상외로 더뎠다. 연구자 느낌에(객관화시킬 수 없어 느낌이라고 표현) 성수는 단기기억능력이 현저히 떨어졌는데 이는 만 4-6세 사이에 있었던 중국 생활(들킬까봐 아파트 안에서 동생과 지내는)에서 그 시기에 필요한 적절한 자극을 받지 못한데서 온 결과가 아닌가 추측해보았다.

따라서 탈북 아이들의 학습을 돕기 위해서는 탈북 아이들의 인지양식의 특성에 대한 고려가 필요하고 북한에서의 학습경험이 많은 아이들의 경우엔 북한의 학습방식의 특성에 대한 고려를 해야 한다. 북한에서 공부하다 온 아이들의 경우, 여기는 왜 이렇게 말이 많고 어렵냐고 한다. 남한의 사고패턴은 복잡하고 추상적으로 설명하는 식이고 북한은 구체적이고 간결하게 선언하는 경향이 있는 것 같다.[12)]

지금까지 새로운 자녀양육 방식에 적응해가는 탈북 부모들의 변화과정과 아이들의 학습지원을 하면서 겪게 되는 부모들의 어려움을 살펴보았다. 특히 아이들의 뒤떨어지는 학습능력을 둘러 싼 부모, 아이, 교사들의 어려움의 내막을 알아보았고 탈북 부모의 기대인 '남한 아이로 잘 키운다는 것'의 의미가 과연 무엇이어야 하는지에 대한 대안적 시각까지 살펴보았다.

4. 결론 및 논의

탈북 부모들이 남한사회에 와서 부모역할을 수행하는데 있어 겪는 어려움은 남한의 부모 자녀관계의 문화와 부모와 학교간의 문화에서 파생된다. 즉 자신들의 엄하고 센 자녀양육 방식을 남한의 부드러운 방식으로 전환하는데서 오는 어려움과 혼란이 있고 특히 아버지의 변화가 가장 힘든 역할 적응이었다. 그러나 역할 적응과정에서 발생하는 혼란은 탈북

12) 이 부분은 더 많은 연구가 필요한 부분이라 연구자도 더 이상의 언급은 하기 어렵다. 그러나 다문화 교육에 대한 연구물들을 보면, 사람들이 정보를 수용, 처리, 조직하는데 있어 문화의 영향이 크다는 증거들을 제시하며 문화와 인지, 학습스타일간의 밀접한 관계를 논하고 있다(Swiniarski ,& Breitborde, 2003).

부모들이 변화할 수 있는 계기를 마련해 주었다. 자녀의 뒤떨어진 학업을 일상적으로 도와야만 문제가 발생하지 않는 학교 및 교사와의 관계 형성은 부모들도 어렵고 이들을 대하는 교사들도 어려운 상황이다. 이처럼, 탈북 부모들이 남한사회 초기에 자녀를 양육, 교육하는 과정에서 많은 어려움에 직면하나 이 과정은 남한사회에 대한 학습단계로 볼 수 있다. 그러나 이 학습단계에서 부모들이 좀 더 수월하게 남한사회에 적응할 수 있는 방안이 강구되어야 한다. 이와 관련하여 몇 가지 논의를 해 보자면 다음과 같다.

젊은 부모들은 세대적으로 볼 때, 생산력도 갖추고 있고 양문화적인 능력(bicultural competence)도 갖춘 집단이다. 따라서 이들을 지원할 수 있는 적응프로그램을 적극적으로 개발할 필요가 있다. 이 연구에서 탐색된 내용에 더해 볼 때, 부모교육, 학교지원교육(아동학습지원), 사회교육을 내용으로 하는 지원 프로그램이 구성될 필요가 있다.

부모교육 및 지원과 아동 학습을 지원하는 학교지원 교육에 대한 방안을 다음과 같이 제안해 본다.

먼저 탈북 부모들에게 부모 자녀관계에 대한 구체적인 교육이 이루어져야 하고 특히 아버지 교육이 이루어져야 한다. 아버지 교육이 중요하고도 다급한 이유는 북한의 가부장적 가정문화 때문이다. 부부폭력, 고정된 성역할, 아버지와 아이들의 경직된 관계 등에서 볼 때, 아버지 교육이 절실히 필요하고 아버지 자신들도 이런 도움을 필요로 한다. 연구자의 경험에 의하면 이들의 부모교육에 대한 요구는 의외로 높다. 이들에게는 전문가의 일방적인 지식위주의 교육보다는 이들의 이야기를 들어주고 말 할 수 있는 기회가 제공되는 교육이 보다 효과적이다. 그리고 다양한 가족형태(부부자녀로 이루어진 핵가족, 한 부모 가정, 재혼가정)의 특성을 고려한 교육도 필요하다. 북한이탈주민 가족 구성의 특징은 전체 북한이탈주민 가족 중에서 40%를 넘는 비율이 편모 혹은 편부 가족이며, 여기에 기타 형태의 가족까지 합치면 50% 이상의 북한이탈주민 가족은 부부 혹은 부모와 자녀로 구성된 가족 구성의 형태를 갖추지 못하고 있다(이기영, 2000). 따라서 단순히 북한이탈주민라는 단일한 특징만을 고려한 교육이 아니라 각 가족의 특성에 따른 교육이 이루어져야 할 것이다.

부모들에겐 부모역할에 대한 지원과 교육뿐만 아니라 사회적, 심리적으로 지원할 수 있는 체계도 필요하다. 남한사회 적응초기에 해당되는 1-2년 사이에 있는 젊은 부모들은 적응의 변화과정에 있으므로 이에 맞는 남한사회의 지원 및 반응체계를 역동적으로 구성, 운영할 필요가 있다. 프로그램 구성내용은 직업교육, 부모교육, 자녀의 학습지원, 남한사회를 좀더 구체적으로 학습할 수 있는 다양한 네트워크 형성을 통한 사회적 지원 등이다. 이런 포괄적인 지원체계는 적어도 3년을 단위로 운영하는 지속적인 시간구성도 중요하다. 이와 같은 지속적이고 총체적인 프로그램을 북한이탈주민이 많이 거주하는 지역(예: 양천구)에서 작게는 동이나 아파트 단지를 실천 단위로 시도해볼 수 있다.

탈북 부모들이 학교와 관계를 잘 맺을 수 있는 방안도 개발될 필요가 있다. 학교 교사들이 탈북 부모 및 가정에 대해 어느 정도 알고 이해할 수 있는 교육 및 교류의 기회가 제공되어야 한다. 교사와 탈북 부모들의 모임 등이 좋은 예가 될 것이다. 더불어 탈북 아동을 담당하고 있는 선생님들 간의 교류 및 모임 등이 이루어질 수 있는 기회를 제공해서 교사들끼리 탈북 아이들의 특성, 적절한 교육방식 등에 대한 정보를 교류하고 공유할 필요가 있다. 이러한 교사활동 및 교육의 지원은 결국 통일교육을 실천할 수 있는 프로그램 및 교육과정을 교사들이 직접 만들 수 있는 구체적 현장교육이 된다. 이러한 현장교육을 통해 통일교육 전문가 및 실천 연구자로 교사를 성장시킬 수도 있다.

다음으로 아동들의 학습을 적절히 지원할 수 있는 교사교육이 필요하다. 초등학교 아동들의 대부분이 학교에서 학습부진으로 인한 어려움을 겪는데 이는 당사자인 아이, 부모, 교사 모두 어려워하는 문제이다. 이 세 당사자에 대한 지원이 모두 필요하다. 현재 탈북 아동을 위한 교육은 학교, 이들을 위해 운영되는 사회시민단체의 방과후를 통해 이루어지고 있다. 부모교육은 거의 이루어지지 않는데 그나마 시민단체에서 아주 부분적으로 이루어지고 있다. 교육복지 투자우선지역 프로젝트가 실시되고 있는 서울시 노원구 한 초등학교에서는 저소득층을 위한 방과후 프로그램에 탈북 아동들이 포함되어 혜택을 받고 있다. 학교에서 운영되는 방과후 프로그램은 커뮤니티 전문가(지역전문가 - 그 지역에서 시민 네트웍을 통해 활동해 온 전문가)를 고용하여 학교와 지역사회 협력 시스템으로 프로그램을 진행하고 있다. 이러한 시도는 탈북 아동 교육에 있어 학습, 문화, 심리적 적응을 총체적으로 지원할 가능성을 내포하고 있다는 점에서 긍정적이다. 이러한 시도가 좀 더 확대될 필요가 있으며 지역전문가 연결 시 지역 내 시민단체에서 운영되는 방과후 학교와 연결하는 방법도 좋은 사례가 될 것이다.[13] 이런 실천은 다문화적 접근, 사회·문화적 통합을 지향하는 통일교육의 좋은 경험적 사례가 될 것이다.

다음으로 유아와 관련하여 제언을 하자면, 유아가 초등학교에 다니는 아동들에 비해 드러나는 문제가 적고 아동 수도 적어서인지는 모르겠으나, 국가적, 사회적 차원의 지원노력은 거의 없다. 만일 현 시점에서 탈북 유아들의 교육에 대해서 국가적 차원의 지원이 어렵다면, 사회적 차원에서라도 탈북 유아들이 많이 다니는 지역의 유치원과 어린이집을 대상으로 교사교육, 부모교육의 지원이 필요하다. 유치원의 경우, 아이들 문제라 하더라도 교사 또는 기관과 부모들과의 관계에 초점을 맞추어 서로 소통이 제대로 이루어지도록 도와 줄 필요가 있다. 연령이 어릴수록 부모의 도움이 절대적으로 필요하기 때문이다.

유아교육 기관에 한 두 명의 탈북 유아가 있을 때와 여러 명 있을 때 그들에 대한 교사들의 인식과 태도의 변화 또한 고려해 볼 문제이다. 즉 한 두 아이만 있을 때는 부모와 다소 문제가 있어도 비교적 이해하려는 따뜻한 시각으로 북한이탈주민을 보게 되지만 아이

13) 온누리학교 방과후는 아이들이 많이 다니는 한 중학교의 생활지도부 선생님과 연계관계를 맺고 서로 교류하는데 방과후 학교와 학교의 연결뿐만 아니라 아이들에게도 좋은 지원체계가 되고 있다. 이는 아직은 교사들 개인적 수준의 개입이지만 좀 더 확실한 학교 및 제도적인 지원이 있다면 더욱 효과적인 프로그램이 될 것이다.

들이 많아질 경우, 이들 부모들에 대한 이해의 부족이 축적되다 보면 북한이탈주민을 집단으로 인식하게 되고 인식이 부정적일수록 구분과 배제의 시선도 가능하기 때문이다.[14] 연구자가 파악한 바로는 자신의 유치원에 탈북 아이가 다니고 있다는 사실을 교사들이 남한 부모들에게 알리지 않는다. 이 점은 유아를 보호해준다는 점에서는 타당하다. 그러나 더 근본적인 이유는 혹시 있을지 모를 남한 부모들의 문제제기에 대한 두려움이라고 했다. 하지만 탈북 유아들이 많이 다니는 어린이집(유치원)은 남한 부모들이 눈치로 누가 탈북 유아인지 다 알고 있다. 서로 말을 안 할 뿐이다. 탈북 부모들의 남한사회 적응 문제는 그들의 문제일 것만 같지만 뒤집어보면 우리의 또는 우리 부모들의 문제이기도 하다. 이 양자 사이에 교육기관과 교사들이 있다고 할 수 있다. 바로 이 지점이 교육기관(학교)의 위치이고 교사교육이 필요한 현실적 지점이다. 최근 들어, 바람직한 통일교육에 대해 다름을 이해하고 차이를 존중하는 방식의 이론적 접근과 가능성에 대한 논의가 이루어지고 있다. 우리가 익히 알고 있는 다문화교육, 반 편견교육, 평화교육 등이 이에 해당된다(김숙자 외, 2004; 김종구, 2004; 이재은, 2001). 이런 교육접근법은 교육현장에서 프로그램으로 구성되어 이루어질 수도 있지만 그보다는 삶의 현실에서 다루어져야 하는 실천적 지식을 요구한다. 유아교육기관에 탈북 유아와 부모, 그리고 교사가 있는 현실은 다문화적 교육접근법들이 실제로 이루어져야 할 상황임을 말해준다. 특히 부모와 교사 사이에서. 아직 문제가 더 불거지기 전에, 탈북 유아와 아동 그리고 이들의 삶의 중요한 동반자인 부모, 교사들이 어려움을 덜 겪고 함께 잘 살아갈 수 있는 방법 모색과 작은 실천들이 이루어져야 한다. 탈북 부모들이 남한사회를 학습하는 과정은 곧 우리가 그들을 통해 우리 사회를 학습하는 상호적응의 과정이기 때문이다.

참고문헌

김숙자, 윤기영, 최민수(2004). 유아통일교육 연구동향과 과제. 유아교육연구, 24-7, 5-33.

김영수(2001). 북한이탈주민 남한사회에서 살아가기-사회적응실태와 가족문제. 통일의 새 지평을 열며, 제4기 통일대화한마당, (주)좋은벗들.

김영미(2002). 탈북유아의 남한생활 적응에 관한 사례연구. 숙명여자대학교. 석사학위논문.

김윤영(2002). 탈북 아동들의 남한 학교생활과 정체성. 한양대학교 석사학위논문.

김종구(2004). 평화교육 관점에 기초한 통일교육 프로그램 개발 및 적용. 한국교원대학교. 석사학위 논문.

박모란(2001). 탈북아동의 남한사회 적응 연구. 서울여자대학교. 석사학위논문.

[14] 연구자는 이미 이런 현상을 발견하고 있다.

박미석, 이종남(1999). 탈북가족의 남한사회 적응 시 겪는 어려움과 그에 따른 대처 방안.『통일논총 제17호』, 3-74.
박선경(1998). 탈북 청소년의 학교적응에 관한 연구. 가톨릭대학교 석사학위 논문.
성미란(2003). 북한 이탈여성의 남한사회적응과정과 가족 내 갈등문제에 관한 연구. 건국대학교 석사학위 논문.
안연진(2002). 북한이탈주민가족의 가족문화 특성에 관한 질적 연구. 카톨릭대학교 석사학위논문.
이기영(1999). 탈북자 가족구성원의 갈등에 관한 문헌적 고찰, 성결대학교 사회과학연구 6.
______(2000). 탈북자 가족의 남한사회 적응과정, 한국사회복지학회 추계학술대회 자료집.
이기춘 외(2000). 남북한 생활문화와 이질화와 통합(IV) – 탈북인의 남한생활 적응실태와 문제 – .『대한가정학회지』 제38권4호, 187-189.
이부미(2003). 탈북가정 유아의 남한사회 적응과정에 대한 현장연구: 탈북적응교육 훈련원 (하나원)을 중심으로.『유아교육연구』, 23(2), 115-145.
______(2004). 어린이집에서 친구 사귀기를 통해 본 탈북 유아의 남한사회 적응생활.『아동권리연구』, 8(3). 353-387.
이재은(2001). 통일교육의 대안적 체제로서의 평화교육에 관한 연구. 성균관대학교 석사학위 논문.
장혜경, 김영란(2000). 북한이탈주민 가족의 가족안정성 및 사회적응과 여성의 역할, 한국여성개발원.
통일부(2003). http://www.unification.or.kr
전익수(2001). 탈북 청소년 초기 정착지원 방안에 관한 연구. 경남대학교 석사학위 논문.
정병호, 정진웅, 전효관, 이부미(2003). 북한이탈 청소년을 위한 학교설립 타당성 연구.『교육정책연구』 2003-공모-7, 교육인적자원부.
조용환(1999).『질적 연구: 방법과 사례』. 서울:교육과학사.
Banks. J. A.(1993). Multicultural education for young children: racial and ethnic attitudes and their modification. In B. Spodek(Ed.), *Handbook of research on the education of young children(pp.236-250).* New York: Macmillan.
Klein, M. D., & Chen, D.(2001). *Working children from culturally diverse backgrounds.* Delmar Press.
Swiniarski. L. B., & Breitborde. M. (2003). *Educating the global village : Including the child in the world.* Merrill Prentice. Inc.

제10장

유치원 생활과 적응*

김영미 서울 연지초등학교 교육복지 담당교사, 아동복지학

1. 연구의 필요성 및 목적

1990년대 중반 이후 북한의 홍수와 가뭄으로 식량난이 악화되면서 가족 단위의 탈출이 늘어나고 북한이탈주민의 연령층도 다양해졌다. 즉, 탈북의 동기가 정치적인 요인이 아니라 생존적 요인으로 발생하면서 유아, 청소년, 노인 등 연령층이 다양해지고 있다. 이는 탈북 유아와 아동의 남한사회 적응 문제가 새로운 사회현상으로 나타날 것을 암시한다.

탈북 유아와 아동들은 대개 만성적인 식량 부족으로 인한 영양실조와 발육 부진, 학습 결손 현상을 보이고 있다(장창호, 2001; 정병호, 2001; 조소연, 2001; 한만길, 2000). 한편 부모들과 함께 탈출한 유아와 아동들은 중국이나 제3국에 난민으로 체류하면서 일상적인 공포와 불안에 시달림으로써 극도의 심리정서적 불안감을 갖고 있다. 남한에 정착한 탈북 아동·청소년들이 언어, 학습, 심리, 사회적 적응에서 어려움을 겪고 있다(박선경, 1998; 전우택, 2000; 전익수, 2001; 홍덕기, 2001). 이는 남북 간의 문화 차이와 탈북 과정에서의 부정적 경험이 북한이탈주민들에게 남한사회의 소수자로서 인식하게 하고 주변부적 위치에서 사회적 관계를 형성해 가고 있는데서 기인하는 것으로 보고 있다.

이러한 연구결과가 탈북 유아들에게도 나타나는 지는 확실치 않다. 그동안 탈북 유아들의 수가 적고 이들에게 접근하기가 쉽지 않아 탈북 유아나 아동에 관한 연구가 미비하였기 때문이다. 따라서 발달적으로 민감한 시기에 있는 탈북 유아의 남한적응에 관한 연구가 적극적으로 이루어져 이들이 갖고 있는 어려움을 도와주는 것이 필요할 것이다.

본 연구의 목적은 탈북 유아가 남한의 유치원 생활에서 다름을 어떻게 인식하고, 어떻게 적응하여 나가는지를 이해하고 이들의 적응 방식을 탐색하는데 있다. 이를 위하여 본 연구는 다음과 같이 연구 문제를 설정했다. 첫째, 탈북 유아인 순희는 낯선 세계인 남한의 유치

* 이 글은 2002년도 숙명여자대학교 아동복지학과 대학원 석사학위논문 "탈북 유아 순희의 남한 유치원 적응과정"을 일부 요약, 수정한 것이다.

원에서 어떠한 다름을 경험하는가? 둘째, 순희가 다름을 극복하기 위해 어떤 적응력을 보여주고 있으며 이는 어떠한 의미가 있는가?

2. 이론적 배경

1) 사회 통합을 위한 다름의 수용

북한이탈주민들의 남한사회 적응은 각각의 사회·문화적 차이를 수용하고 이를 다름으로 인정하는 사회통합과 밀접하게 관련되어 있다. 사회통합은 '민족의 동질성 확대', '이질성 극복'으로 가능한 것으로 여겨졌고 북한이탈주민들의 적응도 동질성의 확대에 역점을 두고 있는 것이 사실이다. 그 결과 남한과 북한의 문화적 다름에 대한 이해와 수용보다는 차이를 강조하여 어느 한쪽으로의 동화를 요구하는 동질성의 강요로 이어지고 있다. '한민족'이라는 개념이 민족의 동질성이라는 개념으로 재생산되어 다름에 대한 수용이 아니라 동질성의 집착으로 이어져 사회·문화적인 통합을 오히려 어렵게 하고 있다(조한혜정, 1996).

또한 북한이탈주민과의 사회통합이 어려운 이유는 남북 대립과 이데올로기 대립으로 인하여 다양한 정치적 주제와 주체를 생산하지 못하고 양극의 대립으로 몰아붙이는 폐쇄적 성격(이남석, 2001)이라는 점도 있다. 이러한 이분법적 사고는 북한이탈주민을 가치-존재론(이정우, 1999)으로 규정하고 있다. 즉, 서로의 차이를 인식하는 가치론적 판단이 '더 존재한다', '덜 존재한다'의 존재론적 판단과 헷갈림으로써 북한을 '촌스러운 것', '불쌍한 것'으로 타자화한다. 이렇게 되면 다른 집단에게는 허용되는 기회가 특정한 집단에게는 허용되지 않음으로써 경쟁 상황을 유발하여 불안과 불신, 적대감, 시기심 등을 쉽게 야기시킬 수 있다. 이는 결국 집단 간 갈등과 차별의 문제로 귀착될 것이다(정진경, 1996). 문화적 차이는 '다른' 사람들을 단순히 '다르다'고 인지하고 그 다름을 이해하고 그러한 이해를 바탕으로 교호하는 태도를 통해 극복할 수 있을 것이다(조형, 1996). 다름을 인정하는 자세는 유연하고 개방적인 자세로 상호 간의 동일한 입장을 찾아가는 자세이며, 평등적 관계를 유지하려는 의지이다.

2) 적응력

적응력(resiliency)은 위기상황이 주는 부정적 영향에 쉽게 상처받지 않고 적절하게 대응해 나가는 유아들의 능력(competence)을 설명할 수 있는 개념이다.

Garmezy(1993)는 적응력을 개인이 역경을 경험하면서 자신의 힘과 능력을 상실했지만 이전의 적응 수준으로 돌아오고 회복할 수 있는 능력을 의미한다고 했다. Luthar(1991)는 적응력을 스트레스가 증가되는 상황에서조차 영향을 거의 받지 않거나 덜 영향을 받으며, 유능감(efficacy)으로 스트레스 상황을 대처함으로써 스트레스를 현저하게 낮출 수 있는 능력이라고 정의했다. 적응력이라는 개념은 발달과정에서 직면하는 위험 요인과, 부정적 경험을 완화하여 긍정적 적응을 수행하게 하는 보호 요인으로 구성되어있다. 적응력은 개인의 적응에 영향을 미치는 광범위한 위험 요인과 보호 요인들 사이에 복잡한 상호작용으로 볼 수 있다(Grossman et al., 1992).

적응력에 영향을 미치는 위험 요인은 다음과 같다. 개인관련 요인으로는 출생 시 문제들, 발달지연, 장애들과 기질이 관련된다. 가족 관련 요인으로는 가족과 떨어져 살기, 가족간의 갈등, 양육 불일치, 이별, 학대적인 양육태도 등이 아동의 행동에 부정적인 영향을 미치는 것으로 알려져 있다. 환경과 사회적 조건들은 실업, 빈곤, 사회적 소외감, 위험하고 연계되지 않는 이웃 환경 등이 포함되며 이 요인들은 소수 인종 아동들이 위기에 처할 수 있는 가능성을 많이 주는 것으로 알려져 있다(Smith & Carlson, 1997).

한편 보호 요인은 다음과 같다. 개인적 차원에서는 개인의 편안한 기질, 지능, 자기 존중감, 자신감, 문제 해결 능력 등이 포함되어 있다. 가족 차원에서는 부모와의 애착관계, 양육적 기대감, 형제간의 긍정적 관계, 가족이 받는 사회적 지지 등이 포함되어 있다(박현선, 1998). 그리고 환경적 차원으로는 부모가 아닌 다른 성인들로부터 받는 사회적 지지, 또래로부터 받는 지지, 이외에 유아들이 갖고 있는 문제해결을 위한 정보나 사회제도 등이 그 요인에 포함되어 있다. 또한 Hermandez(1993)에 의하면 적응력 있는 아동들은 특정한 스트레스를 수용하거나 참고, 피하고, 최소화하는 등의 방법으로 역경을 다룸으로써 효과적으로 대처한다고 한다. 이러한 아동들은 그들의 양육자나 교사에게 자신의 관심사를 적극적으로 표현하며 자신이 전혀 통제할 수 없고 변화시킬 수 없는 지속적이고 과도한 스트레스 상황이나 장소는 피하기도 하며 또한 자신들의 욕구에 맞도록 환경을 변화시키기도 하고, 문제에 대처하고 해결하기 위한 적극적인 접근을 취한다고 한다. 따라서 아동의 적응력은 개인의 기질 뿐만 아니라 가족, 또래, 성인이 보여주는 아동에 대한 지지망 혹은 아동이 관계 맺고 있는 사람들과의 믿을 만한 관계에 달려있다고 볼 수 있다.

3. 연구 방법

1) 연구 대상 및 자료 수집

본 연구 대상인 김순희(7세, 여)[1]는 연구자가 하나원(북한이탈주민정착지원사무소, 경기도 안성 소재)의 유치반에서 자원봉사활동을 하면서 만난 탈북 유아이다. 순희는 다른 탈북 유아들과 달리 북한에서의 다양한 경험이 있었고, 이것이 남한생활의 적응에 변수가 될 수 있으며 적응과정의 다양성을 볼 수 있다는 측면에서 연구대상으로 선정되었다.

본 연구는 2001년 7월부터 2002년 5월까지 약 10개월에 걸쳐 순희의 남한생활에 참여하여 관찰하고, 순희는 물론 가족들과의 심층면접을 이용하여 자료를 수집했다.

2) 자료분석

분석의 일차적인 자료는 참여관찰의 기록이었다. 분석과정에서 범주화한 주요 내용은 순희가 낯선 유치원 생활에서 경험하는 다름과 그 의미였다. 이를 중심으로 참여관찰 기록과 면담 자료를 이차적으로 분석하였다. 이 과정에서 순희가 다름을 극복하기 위한 적응전략이 주요한 분석 범주로 나타났다. 이런 분석 과정을 통해 자료는 다름과 적응력이라는 범주로 의미가 구성되었다.

3) 순희 가족과 탈북 이야기

남한에서 순희가 외할머니, 어머니, 언니와 함께 살고 있는 것과 달리 북한에선 순희는 아버지를 포함한 모든 가족과 함께 살았다. 순희 가족은 중국 국경지대인 함북 샛별에서 살았으며 생활형편은 '중등정도'였다고 한다(순희 모와의 면담, 2001년 4월 20일).

순희 아버지는 마음이 곱고 인정이 있었으며(순희 모와의 면담, 2002년 4월 20일), '가계력(생활능력)'[2]이 좋아 가정 경제에 도움을 주었다. 순희 아버지는 군 식량 경리원(회계원)으로서 당원이었으며 출신 성분이 우수했다. 순희 친할아버지, 친할머니는 당사업장 세포비서였고 순희 큰아버지는 안전보위부 간부여서(순희 모와의 면담, 2002년 4월 6일) 사회적 대우가 좋았다.

순희 어머니는 대학을 졸업한 뒤 병원 약사로서 일찍부터 사회활동을 하여서 순희를 백일 무렵부터 탁아소에 맡겼다.

순희 외할머니는 1932년 서울 출생으로 여고시절까지 남한에서 생활하다가 한국 전쟁 중 대학에 가고 싶은 마음에 1950년에 북한으로 이주하였다. 순희 외할머니는 내과의사로 활동했으나 비당원이어서 사회적 대우가 그리 좋지 않았다고 한다(순희 모와의 면담, 2002년 4월 20일).

한편 순희 외할머니의 남한 가족들은 잃어버린 순희 외할머니를 찾으려고 노력했다.

---

1) 연구대상인 순희는 가명이며, 1995년 12월생이다.

2) 가계력이 좋다는 것은 생활에 필요한 물자를 용이하게 구입할 수 있는 것을 말한다. 북한의 경제가 어려워 물자 배급이 원활해지지 않자 결혼 상대의 조건으로 당원 여부보다는 가계력이 좋은 직업을 가진 상대를 선호할 만큼 중요한 조건이 되었다.

남한 가족들의 소식을 접한 순희 외할머니는 그들을 만나고 돌아올 생각으로 중국으로 건너갔으나 남한사람과의 접촉이 문제가 되어 남한 행을 결심했다. 순희 어머니는 친정 어머니의 탈북으로 인해 북한에 있으면 큰 타격을 입을 수 있다는 생각에 1차 탈북을 결행했다. 순희 어머니는 '걷기도 이밟고(힘들고) 업자니 너무 큰 5살'(순희 모와의 면담, 2002년 4월 20일)인 순희는 편지 한 장과 함께 남편에게 맡기고 큰딸과 함께 조용히 탈북했다.

순희 부녀는 가족들의 탈북으로 더 이상 그 고장에 살 수 없어서(순희 모와의 면담, 2002년 4월 6일) 친가가 있는 온성으로 이사했다. 사회적 지위가 높은 친가의 도움으로 순희 아버지는 새로운 직장을 얻어 정착하였다(순희 모와의 면담, 2002년 4월 6일).

중국으로 건너간 순희 어머니는 3개월 동안 중국의 여유로운 생활을 경험하며 북한에 두고 온 순희 생각에 밤잠을 이룰 수가 없어(순희 모와의 면담, 2002년 4월 6일) 순희를 찾으러 입북했다. 입북과정에서 국경 수비대에게 발각되어 3개월 동안 감옥생활을 한 뒤 6개월 만에 순희와 재회했다. 갑작스럽게 어머니와 이별한 순희는 재회한 뒤에는 어머니와 다시 헤어질 것이 두려웠는지 어머니가 가는 곳마다 손을 잡고 따라다녔다(순희 모와의 면담, 2002년 4월 6일)고 한다. 순희는 어머니와 재회한 뒤 4월에 유치원에 입학하여[3] 재미있게 다니다가 어느 날 남한으로 입국한 순희 외할머니로부터 한 통의 편지를 받았다. 그것은 순희와 함께 탈북하라는 것이었다(순희 모와의 면담, 2002년 4월 6일). 순희 자매를 함께 살게 해 주고 싶은 순희 어머니는 2001년 6월 마지막 날에 순희와 함께 2차 탈북을 하였다.

탈북과정에서 국경 수비대가 뒤쫓기는 위기를 넘겼고 중국에 도착한 뒤 한국으로 입국하기 전날 밤에 중국 공안의 급습을 한 번 더 모면하였다. 남한에 입국한 순희네는 1-2주 동안 대성공사에 수용되었다가 남한사회적응교육을 위해 8주 동안 하나원에서 교육을 받았다. 현재는 남한정부가 지정한 정착지인 경기도 ㄱ 시에서 살고 있다.

4. 낯선 세계에서의 순희 : 남한 유치원

순희는 거주지 근처 ㄱ 유치원 하늘반에 2학기 중반에 입학했다. 또래 유아들은 한 해의 교육과정을 정리하는 행사인 재롱잔치에 바빴고, 취학을 위한 한글, 수학 학습으로 익숙한 세계에서 다음에 다가올 초등학교라는 낯선 세계를 준비하고 있었다. 순희네 가족은 순희가 북한이탈주민라는 사실이 드러나는 것을 꺼려하여 하늘반 교사에게 '강원도 아이'라고

[3] 북한은 1996년부터 4월에 새 학기를 시작하고 있다. 이전에는 9월 1일에 시작했다.

소개해 줄 것을 부탁했고 순희는 강원도에서 이사 온 아이로서 남한에서의 첫 사회를 경험하게 되었다.

1) 남한 유아들과 다른 순희

① 신체적인 다름

1998년 WFP, UNICEF, EU에 의하면 북한 유아들의 성장발육이 부진하여 같은 연령의 남한 유아들에 비해 키와 체격이 작은 편이며 7세아 기준으로 비교해 보면 12cm 정도 차이가 난다고 했다. 순희 역시 남한의 또래보다 작았고, 그것을 의식하면서 자신이 또래와 다르다는 것에 민감한 반응을 보였다. 남한 유아에게 키가 작은 것은 단순히 신체적으로 작은 것을 의미하는 것이지만 순희에게는 낯선 세계에서의 적응을 위한 도전이 될 수 있다.

> 은영이가 하늘반 여자아이 중에서 제일 큰 현지를 데리고 친구들과 키 재기를 한다. 그것을 지켜보고 있는 순희를 현지와 등을 맞대어 세운다. 순희의 키가 현지의 어깨 밑에 온다. 그것을 본 은영이가 순희에게 '야, 너 노현지보다 작어'하며 씩 웃는다. 순희의 얼굴이 약간 굳어진다.
> 〈참여관찰 2001년 10월 19일〉

순희는 자신의 키가 작다고 여러 번 말하면서 키가 자랄 수 있는 약을 먹기 때문에 곧 커질 수 있다는 기대감을 가졌고(참여관찰, 2001년 11월 14일), 남한의 아이들과 같아지고자 하는 욕구를 비추었다. 키가 크려고 하는 순희의 소망은 이 낯선 세계에서 더 이상 낯선 사람이 아닐 수 있는 가능성을 말해주는 것이었다.

순희는 키뿐만 아니라 자신의 피부색이 또래와 다르다는 것도 인식하고 있었다. 순희는 자신의 얼굴이 까매서 비누로 얼굴을 씻는다고 했다. 비누로 씻으면 얼굴이 하얗게 될 것이라고 생각한 모양이다.

> 연구자 : 순희야, 북한하고 여기하고 뭐가 다른 것 같아?
> 순 희 : 음. 거기에는 사람들이 얼굴이 까맣고 그랬어.
> 〈순희와의 면담, 2002년 2월 25일〉

순희는 남한의 유치원에서 자신이 남한 유아들과 다르다는 것을 신체적인 측면에서 발견하고 있었고 이러한 신체적 다름은 순희가 낯선 세계에 놓여진 자신을 더욱 의식적으로 바라보게 하여 적응을 어렵게 하는 요소가 되었다. 다시 말해 이러한 신체적인 다름이 남한의 유아들에게는 그저 서로가 다르다는 것에 불과하지만 순희에게 이 다름은 자신이 열등하고 부족하다는 의식으로 '타자화'하여 적응의 갈등 요인으로 작용하고 있는 것으로 보인다.

② 같은 언어를 사용한다는 것

도서실에서 순희, 채희, 토끼반 효중이가 놀고 있었다. 순희는 효중이에게 책을 읽어주려고 했는데 채희는 순희에게 '글을 읽지 못하면서 어떻게 책을 읽냐'고 했다. 그러나 순희는 그 책 내용을 알고 있었기에 그림을 보면서 이야기를 들려주었다. 채희도 옆에서 듣고 있다가 순희가 그 책을 다 읽자 자신이 가져가 소리 내어 읽는다. 채희가 더듬거리며 책을 읽었다.

> 채희 : 영차, 영차 굴려서 눈사람 머리가 됐어요.
> 순희 : 아니야. 눈사람 얼굴이야.
> 채희 : 아니야. 눈사람 머리라고 쓰여 있어.
> 순희 : 아니야. 눈사람 얼굴이야. (그림을 보여주며) 선생님, 눈사람 머리도 되고 얼굴도 되지요?
> 연구자 : 응.
> 순희는 책꽂이에 가서 다른 책을 들고 소리 내어 읽는다.
>
> 〈참여관찰, 2001년 11월 29일〉

위의 예에서 볼 수 있듯이 순희와 남한 유아는 같은 한국어를 사용하지만 용례가 달라 이견이 생겼으며 이로 인해 순희는 남한 유아와 같은 용어를 쓰지만 다르게 의미하여 쓴다는 것을 알아차렸다. 또한 순희는 남한에서는 사용하지 않는 말을 하여 또래의 상호작용에서 보이지 않는 갈등을 일으키기도 했다. 예를 들어 순희는 팔을 '팔때기', 너를 '야', '조선' 등 북한 말을 사용했다. 하늘반은 순희의 이러한 말들을 이상하게 생각하지 않았고 그저 다르다고 여기는 반면, 순희는 자신의 언어가 하늘반 유아들과 다르게 만드는 것으로 여기고 이를 더욱 의식하면서 타자화하였다.

하늘반 유아들도 순희 말씨가 이상하다고 말한 적이 있는데, '강원도'에서 온 아이라서 그렇다고 했더니 별다른 말없이 돌아섰다. 하늘반 유아들은 순희의 말씨나 억양이 다르다고 느꼈지만 그것은 순희가 의식하는 것처럼 낯선 세계에 들어와 있는 주변인으로서의 관점은 아니었다.

③ 익숙하지 않은 놀이 문화

북한 아동들은 주로 신체와 자연물을 이용한 놀이를 하고 지내는 것으로 알려져 있다(이순형, 1999). 순희도 북한에 있을 때 또래들과 흙장난, 달리기, 돌이나 풀을 이용한 소꼽

놀이 등을 하며 놀았다(순희와의 면담, 2002년 2월 25일)고 한다. 다음은 북한에서의 놀이에 대한 순희 어머니와의 대화이다.

연구자 : 북한에서 아이들이 유치원에서 돌아오면 주로 뭐하고 놀아요?
순희모 : 장난감도 없고 밖에서 흙 갖고 놀죠.

〈순희 모와의 면담, 2002년 4월 6일〉

따라서 대중매체의 영향을 받은 남한 유아의 놀이는 순희에게 새로운 놀이문화였다.

자유놀이시간
수현과 현정이가 책상에 앉아 '영심이' 놀이를 한다.
'영심이, 영심이 딱딱 맞춰. 영심이...' 노래에 맞춰 손놀이를 한다.
순희는 옆에 서서 친구들이 하는 놀이를 구경하고 있다.

〈참여관찰, 2001년 11월 2일〉

하늘반 유아들의 놀이는 노래가 담긴 손놀이, 탑 블레이드 놀이, 스티커나 자신들의 집 연락처 주고받기 등으로 TV에서 방영하는 만화 영화에 영향을 받거나 남한사회를 지배해 온 가치나 생활양식을 기반으로 이루어져 있어 북한사회에서 살다 온 순희에게는 낯선 놀이들이 많았다. 놀이문화가 다른 것에서 순희는 다름을 그리고 낯선 세계에서 왔다는 것을 의식해야 했다. 그 영향으로 순희는 하늘반 유아들의 놀이에 쉽게 참여할 수 없어 주변인으로, 관찰자로 주위를 맴돌거나 자주 놀이 상황을 변경했다. 남한 유아들의 놀이에서도 순희는 자신이 다르다는 것을 의식하고 타자화하여 가고 있었다.

2) 낯선 유치원 환경

① 말 잘 듣는 어린이

순희는 북한에 있을 때 탁아소와 유치원 높은 반을 다녔다. 어렸을 때부터 집단생활에 익숙한 순희는 남한 유치원의 일과와 규칙을 순조롭게 익히고 있었다. 북한 유치원 일과는 오전 8시부터 오후 4시 30분까지 짜여 있는데 주로 노래와 춤, 교양시간으로 운영된다. 순희는 북한 유치원 생활의 경험을 다음과 같이 이야기한다.

연구자 : 순희야, 북한에서 유치원 다닐 때 무슨 공부했어?
순희언니 : 글자 공부를 많이 해요. 더하기 덜기도 하고.
순희 : 나 때는 그런 거 안 했는데. 거기에서는 노래만 불렀거든요. 노래 잘 못하면요. 근데 거기서 줄 세우거든요. 근데 삐뚤빼뚤하면 계속마다 때리고 그래요. 잘 못하면요.

이거(교편) 갖고 딱 때리거든요. 근데 거기에서요. 노래 잘 못하면 또 부르고 또 부르고. 줄도 잘 못하면 너 자리가 여기야? 여기야?(하면서) 막 때리고.. 히히히…….

〈순희와의 면담, 2002년 3월 6일〉

순희의 이야기에서 나타났듯이 순희가 경험한 북한 유치원은 결과를 중시하여 교사의 훈련이 강조되고 규칙 순응을 우선시하는 교육이어서 교사의 지시와 질서 유지가 강조되고 있었다. 반면에 남한 유치원은 영유아 개인의 자아존중감 발달에 중점을 두고 있어(양옥승, 1996) 북한 유치원에 비해 상대적으로 자유로운 분위기일 수밖에 없는데, 이 또한 순희에게는 다름으로 인식된다.

집단의 규칙과 질서 의식을 강조한 교육을 받은 순희는 북한에서의 경험으로 낯선 남한 유치원의 다른 일과와 규칙에 순응하는 것이 오히려 적응에 도움이 되는 요소로 작용하고 있는 것으로 보인다.

대집단 활동시간

색종이로 우주선 접기를 하기 위해 아이들이 대집단 영역에 모여 앉았다. 순희는 아빠다리에 손 무릎을 한 채 선생님을 쳐다본다. 다른 아이들도 앉아서 선생님을 쳐다보았다. 선생님이 아이들에게 우주선 접는 방법을 시범 보였다. 시간이 흐를수록 아이들 중에 몸을 비비꼬거나 친구들과 속닥거리는 등 처음 자세와 많이 달라졌다. 그러나 순희는 처음 자세로 앉아 있었다.

〈참여관찰, 2001년 11월 22일〉

다른 유아들이 소란스럽게 질서가 흐트러진 체육시간에도 순희는 체육교사가 '줄맞춰 앉으세요' '손 무릎하세요' 등 아이들에게 질서 지킬 것을 강조하는 소리에 이미 옆 친구와 줄을 맞춰 손 무릎을 한 상태로 갖추었다(참여관찰, 2001년 12월 6일). 순희에게 남한 유치원의 규칙 지키기는 다름을 인식하고 적응을 위한 어려운 과제라기보다는 익숙한 경험의 연장으로 보인다.

② 풍부한 교재와 교구

북한의 가정이나 유치원은 경제난이 심각해지면서 유아들의 놀이와 교육을 위한 장난감이나 교구들을 충분하게 마련할 수 없는데, 이는 양옥승의 연구(1996)와도 일치한다. 실내에서는 주로 교사가 풍금을 치며 노래와 율동을 가르치는 등 집단 활동을 중심으로 학습이 이루어지며, 실외에서는 주로 흙놀이, 그네나 미끄럼을 타고(순희와의 면담, 2002년 3월 6일)노는 것으로 보인다. 남한 유치원의 풍부한 교재와 교구는 순희가 남한 유아들과 다름을 인식할 수 있는 요인이 되었다. 다양한 장난감이나 교재, 교구 등을 경험하지 못한 순희는 수업활동에 필요한 재료나 교구들을 효과적으로 활용하지 못하여 심리적으로 위축된 모습을 보이기도 했다. 그러나 주변의 유아들에게 순희의 낯설어하는 모습은 자신들과 순희가 다르다는 것일 뿐 이방인으로 여겨지지 않았다. 오히려 그러한 순희에게 남한 유아들은 안내자가 되었다.

다음에 제시된 탐구놀이시간에 순희가 자료를 익숙하게 사용하지 못하는 예에서 북한에서의 다른 경험이 순희의 적응을 어렵게 하는 요인임을 알 수 있다.

> 선생님으로부터 순희가 마술 모자 재료를 받아들고 책상에 가서 앉는다. 순희가 어떻게 만들지 몰라 만지작거리고 있자, 옆에 앉은 현정이가 만드는 방법을 설명해 준다. 그래도 순희는 시작하지 않고 계속 만지작거리고 있다. 현정이가 설명서를 꺼내주며 이것을 읽으면서 하라고 다시 말한다. 순희는 설명서를 보면서도 어떻게 할지 몰라 머뭇거리고 있다. 그것을 지켜본 내가 도와주려고 순희 옆에 앉았다.
>
> 연구자 : 순희야, 스카치테이프를 뜯어 올래?
> 순희 : 예?
> 연구자 : 스카치테이프. 이렇게 붙이는 거. 저기 책상 위에 있어.
>
> 순희는 내가 가리키는 쪽을 바라보지만 어떤 것인지 모르는 것 같다. 옆에 있는 아이들이 가르쳐준다. 순희가 달려가서 스카치테이프를 뜯어온다.
>
> 〈참여관찰 2001년 10월 31일〉

③ 학습 수준의 다름

북한 유치원은 '우리말', '셈세기' 등을 가르치고 북한 유아들은 '가갸표'에서부터 받침이 없는 단어와 받침이 있는 단어 등을 배우며 '셈세기'에서는 1-10까지의 더하기, 덜기(빼기), 30까지의 세기 등 초보적인 것을 배운다(여금주, 1999). 이도 북한의 경제가 좋은 시기에 이루어진 교과 내용이며 경제가 악화된 이후에는 종이나 연필, 크레파스 등 학용품을 구하기 힘들어 문자 교육보다는 춤과 노래 위주의 학습을 하였던 것으로 보였다(순희 모와의 면담, 2002년 4월 20일). 따라서 순희는 하늘반 유아들에 비해 한글과 수학 학습 능력이 떨어졌다.

> 순희는 숫자쓰기를 하는데 하나, 둘, 셋 등 서수를 부르며 받아 써보라고 하면 제법 쓰지만 일, 이, 삼 등 기수로 말하면 어려워한다. 또한 숫자를 1-10까지 서수로는 읽을 수 있으나 기수로는 못 읽는다.
>
> 연구자 : 어려우니?

순희 : 네. 계속마다 잊어버려요.

〈참여관찰, 2001년 11월 6일〉

순희가 또래 유아들만큼 수학을 잘하고 싶다고 생각하는 것을 위의 예에서 알 수 있다. 순희는 자신이 주변 유아들보다 수학을 잘하지 못한다고 지적을 받으면 자신이 또래들과 다르다고 생각을 하는 것으로 보였다(참여관찰, 2001년 11월 2일).

북한에서 영어 시간을 경험하지 못한 순희는 영어시간에 다른 유아들이 챈트(chant)를 하거나 영어 질문에 답을 하는 동안 가만히 앉아 교사를 물끄러미 바라만 보다가 가끔 하품을 한 번씩 하며 영어 학습의 어려움을 보였다(참여관찰, 2001년 11월 22일). 또한 순희는 기본적인 색 이름도 몰라서 어려움을 겪기도 하였다(참여관찰, 2001년 11월 22일).

순희는 과제 수행에서 주변 유아들보다 뒤떨어져 '난 못해', '난 못 읽어'하며 열등감 등 부정적인 정서를 경험하기도 하는 것으로 보였다. 이러한 열등감은 학습에 뒤져서 오는 열등감일 뿐만 아니라 남한 유아들과 자신이 다르다는 인식과 맞물려 가고 있었다. 이러한 다름에 대한 인식은 순희의 남한생활 적응에 위험 요인으로 작용하는 것으로 보인다.

요약하자면 낯선 세계에서의 적응은 순희에게 자신과 주변 유아들이 다르다는 것을 인식하면서 시작되었다. 그러나 이러한 다름에 대한 인식은 순희가 자신을 주변인으로서 인식하는데서 시작되었을 뿐 남한 유아들의 순희에 대한 차별에서 시작된 것은 아니었다. 따라서 순희의 낯선 세계에서의 경험은 낯선 세계가 주는 차별보다는 스스로가 타자화 되어가는 과정으로 보인다. 타자화는 순희의 남한 유치원 적응에 위험 요인으로 보인다.

5. 낯선 세계에서 순희의 적응 방식

순희의 남한 유치원 경험은 순희의 적응을 방해하는 요인으로 보였으나 시간이 지나면서 순희는 타자화 되어가는 혹은 주변인으로 남아있는 자신을 적극적으로 조절하여 낯선 문화의 중심부로 이동하는 노력을 보였다. 이 과정에서 나타난 순희의 적응 방식은 다음과 같다.

1) 탐색과 모방

순희는 신입원아로서 그리고 낯선 세계에서 하늘반 교실의 규칙과 다양한 놀이를 접하였는데 특별한 놀이를 하지 않은 채 교실을 배회하면서 각 영역의 교구들을 탐색하고 또래들의 놀이를 옆에서 유심히 관찰했다. 그러면서 새로운 정보를 습득하고 내면화한 뒤 그것을 모방했다.

경주와 민지가 피아노를 치며 놀고 있다. 민지는 경주의 피아노 치는 모습을 지켜보고 있다. 순희는 내 옆에 앉아서 그들을 보다가 피아노 있는 곳으로 가 그 옆에 서서 쳐다본다. 경주는 동요를 치고 있다. 순희는 그 옆에서 서서 손가락으로 피아노 건반을 눌러본다. 그러다 경주의 손동작을 쳐다본다. 순희는 경주의 손동작을 따라 어설프게 양손으로 건반을 누른다. 뚱땅거리는 소리가 들린다. 이번에는 민지가 피아노를 친다. 순희는 피아노 치면서 한 번씩 쳐다본다.
〈참여관찰, 2001년 10월 19일〉

모방 행동은 유아가 보다 높은 수준의 발달단계로 가기 위한 연습으로서 더 유능한 또래들의 행동을 관찰하고 내면화한 뒤 나타나는 행동이다(Project Zero & Reggio Children, 2001). 낯선 상황을 적극적으로 탐색하고 이를 모방하려는 순희의 행동은 익숙하지 않는 상황에서 오는 두려움과 스트레스를 최소화하여 익숙한 환경으로 변화시키려는 적응력 있는 유아의 특성이다.

순희는 낯선 상황에서 혼자 놀면서 또래들의 놀이를 관찰하였고 자신의 능력과 비교하면서 보다 높은 수준의 단계로 이행하는 훈련을 했다. 이렇게 순희는 낯선 상황에서도 자신의 놀이 기술을 세련화하고 사회적으로 지향된 놀이를 통해 발달을 주도하는 모습을 보였다.

순희는 도서실에 책을 들고 다니다가 미키마우스 인형으로 놀이를 시작했다.
순희 : (인형을 인사시키며) 오늘은 예쁜 놀이를 하겠습니다.
(인형을 위아래로 움직이며 노래를 부른다) 쟌 쟌 쟌~~
순희 : 자. 이번에는 인형놀이를 보겠습니다. (인형을 좌우로 돌리며) 쟌 쟌 쟌~~
순희 : 안녕하세요. 안녕하세요. 모두 다 춤을 춥시다. (인형을 좌우로 돌리며) 쟌 쟌 ~ 쟌 쟌~~
순희 : 오늘은 착실하게 보여주겠습니다. 쟌 쟌 쟌~~ 쟈 쟈 쟈
〈참여관찰, 2001년 11월 2일〉

순희의 혼자놀이는 사회적 가상놀이로서 가상적 타인들과의 상호작용을 통해 실제적 타인과의 만남, 놀이를 준비한다고 볼 수 있다. 또한 현실세계에서 자신의 주도적 성격을 드러낼 수 없을 때 가상적 상황을 설정하여 자신의 놀이 주도성을 발현한다고도 볼 수 있다. 왜냐하면 순희는 하늘반에 있으면서 얼굴이 굳어진 채 어두운 표정이었는데 혼자놀이가 진행되면서 순희의 얼굴에 미소가 보이고 노래를 부르는 등 표정이 점차적으로 밝아졌

기 때문이다. 순희의 가상적인 혼자놀이는 순희가 처한 낯선 상황의 스트레스를 조절하려는 또 하나의 적응력 있는 태도인데 이는 자신에게 주어진 문제를 해결하려는 개인적 차원의 보호능력에서 발현된 것으로 볼 수 있다.

① 욕구와 능력 표출하기

순희는 주변인이 갖는 긴장감을 가지고 유치원 생활을 시작했지만 자신이 필요한 것을 타인에게 말할 수 있으며 어려움에 처해 있을 때 자신을 보호할 수 있는 능력으로 남한생활에 적응하고 있었다. 자신의 욕구를 주변 사람들에게 적극적으로 표현하는 것은 적응력이 있는 아동의 특성 가운데 하나로 위기가 주는 부정적인 영향으로부터 벗어나기 위한 보호 요인이다(Hermandez, 1993).

다음의 예에서 순희는 자신의 욕구를 드러내어 낯선 세계를 친숙한 세계로 만드는 적응력을 보이고 있다.

> 선생님이 마술모자 만드는 방법을 설명하였는데 순희는 유심히 듣고 대답도 잘한다.
> 선생님 : 조립된 마술 모자를 누구에게 줄까?
> 순희 : (손을 높이 들고) 저요.
> 이 때 다른 아이들도 일제히 손을 들며 소리를 지른다. 선생님이 순희에게 완성되지 않은 모자를 주었다. 순희가 이것을 받아들고 웃는다.
>
> 〈참여관찰, 2001년 10월 31일〉

또한 순희의 욕구 드러내기는 또래 간에서도 적극적으로 나타났다. 순희는 현정에게 스티커를 얻어내서 자신도 다른 유아와 함께 하고 있음을 적극적으로 시도하는 모습을 보였는데 이때도 순희의 적응력을 볼 수 있었다. 다음은 그 예이다.

> 현정이가 만화 주인공 스티커를 아이들에게 나눠주고 있다. 순희도 그 옆에 있으면서 구경을 하다가 현정에게 말한다.
> 순희 : 스티커 하나만 줘.
> 현정이가 못 들었는지 다른 아이들에게 계속 나눠주고 있다.
> 순희 : 하나만 줘.
> 몇 차례 더 조른다. 결국 현정이가 순희에게 스티커 하나를 준다.
>
> 〈참여관찰, 2001년 11월 12일〉

한편 순희는 학습능력에 있어서 하늘반 유아들보다 부진한 편이어서 유능한 또래들의 도움을 받지만 자신의 능력을 발휘할 수 있는 상황에서는 매우 적극적이었다. 다음의 예처럼 순희는 놀이상황에서 자신의 유능함을 드러내면서 자신도 남한 유아들만큼 능력이 있음을 입증함으로써 순희 자신도 다른 유아와 다르지 않다는 것을 보여주고 있었다.

> 순희, 현지가 철봉에서 놀고 있다. 현지가 나에게 철봉에서 한 바퀴 돌고 내려오는 것을 자랑삼아 보여주었다.
> 연구자 : 우와, 민지가 어려운 걸 하네.
> 순희 : (그것을 지켜보며) 선생님, 저두 할 수 있습니다.
> 이 때 채림, 준영이가 철봉 주위로 다가온다. 순희는 철봉에 올라가 한 바퀴 돌고 내려온다. 나를 쳐다보며 웃는다. 채은이도 철봉에 매달린다. 순희가 내게로 다가온다.
> 연구자 : 순희도 잘 하네.
> 순희 : 히히히
>
> 〈참여관찰, 2001년 11월 6일〉

또한 순희는 또래와의 놀이에서도 자신의 능력을 보여주면서 적극적으로 남한 유아들 속으로 들어가고 있었다. 이러한 놀이에서 순희는 더 이상 남한 유아들과 다르지 않았고 주변인이지도 않았다.

> 순희, 혜림, 재원, 재림, 현수가 블록놀이에 놀고 있다.
> 순희 : 난 아무렇게나 해도 된다. 이렇게 해도 되고, (조형물의 모양을 바꾸며) 이렇게 해도 되고, (만든 조형물의 위치를 바꾸며) 이렇게 해도 된다. (혜림에게) 내가 해 줄까? (자기하고 같은 모양으로 만들어준다) 야, 다 됐어.
> 혜림 : 우와, 예쁘다.
> 만든 블록을 부수고 다른 모양으로 만든다. 똑같은 사면체를 2개 만든다.
>
> 〈참여관찰, 2001년 12월 3일〉

② 또 다른 주변인과 관계 맺기

순희는 하늘반에서 또래관계를 형성하는 과정에서 적응력을 보여주었다. 순희와 친하게 지내는 유아들은 대개 하늘반에서 학습 능력이 부족하거나 또래 관계 간의 관계망이 약한 아이들로 이루어져 있었다. 이는 순희가 자신의 학습 능력과 비슷한 유아들과 같은 분단에 모여 한글, 수학공부를 하면서 친숙해진 것으로 보인다. 한편으로는 새로운 세계에 편입되는 사람들은 상호 관계가 긴밀한 집단보다는 주변에 위치하고 있거나 나약한 구성원의 집단에 진입하기가 용이한데 순희 역시 이러한 방식을 통해 또래 관계를 형성하고 있는 것으로 나타났다. 순희는 주변인이라는 위험 요인을 보호 요인으로 만들어 적응을 높이는 능력을 보이고 있다.

순희는 주변부적 위치에 있는 유아들과 어울리면서 또래로부터 괴롭힘을 당하고 있는 친구를 보호하기도 하고 때로는 놀이 상황에서 아이디어를 제공하면서 주변부 유아들과의 놀이를 주도해 나갔다. 이러한 방식으로 순희는 점점 또래 집단 안으로 진입하였고 하늘반 유아들도 순희의 존재를 인정하게 되었다.

혜진이가 현수와 토끼반 준식이에게 맞고 있다. 순희는 혜진이에게 귓속말을 한다.
준식 : 에이~ 퓨식. 레이더 맨.
토끼반 준식이가 로봇들이 싸울 때 하는 동작을 해 보인다.
순희 : 좋은 말할 때 말 안 들을 거야?
준식 : 에이~ 퓨식. 다따따 펑.
순희 : (혜진이에게) 우리가 귀신이 되자. (이불 속으로 들어가며) 야! 여기 빨리 숨어.
순희가 다시 나와서 현수를 주먹으로 때린다. 그런 뒤 침대 위에 올라간다.
순희 : (침대 위에서 계속 뛰면서) 합체. 진화.
순희와 혜진이는 서로 껴안는다.
혜진 : 하야~ 폭.
현수, 준식 : 히힝~ 푸커. 간다 간다. 파야.
현수와 준식이가 순희를 두 주먹으로 때린다. 순희와 본격적인 몸싸움이 시작되었다. 순희가 이를 악물고 달려들어 현수를 때린다. 그러다 밀려나 바닥에 주저앉았다. 다시 일어나 주먹으로 때린 뒤 침대에 와서 쓰러진다. 준식이가 혜진이를 붙잡아 바닥으로 밀치니까 혜진이가 쓰러진 뒤 일어나 침대 쪽으로 달려와 쓰러지듯이 눕는다. 순희가 도서실 밖으로 나간다. 혜진이가 울자 순희가 도망가다가 돌아와서 토끼반 준식이를 밀친다.
순희 : (혜진이의 손을 잡으며) 빨리 가자.
순희는 혜진의 손을 잡고 복도로 뛰어나간다. 순희와 혜진이가 소리내어 웃는다.

〈참여관찰, 2001년 12월 10일〉

순희는 더 이상 낯선 세계에 들어온 주변인이기보다는 이미 존재하고 있는 주변인들을 보호하면서 낯선 세계를 익숙한 세계로 만들어가고 있었다. 주변인과의 관계 맺기 전략은 순희의 적응 전략으로 매우 중요하게 작용하는 것으로 보였다. 순희는 더 이상 중심부의 유아들에게 편입하려는 노력을 하지 않아도 그 일부가 되어 있었다.

민용이가 볼풀장에서 '생일축하' 책을 읽고 있다.
현지 : (순희에게 '생일 축하' 책을 가리키며) 야! 저거 니꺼지? 순희 : 응.
현주 : 저거 니꺼 맞지? 순희 : 응.
민용 : 어떻게 이게 너꺼니?
현주 : (순희를 쳐다보며) 니가 가져왔지?

순희 : 아니. (도서실을 가리키며) 저기에 꽂혀 있었어.
잠시 후에 순희는 '선생님, 책이 없어졌어요.'하며 도서관 이쪽저쪽을 돌아다니면서 책을 찾는다. 이것을 지켜본 현지가 '너꺼 책 민용이가 갖고 있어'라고 순희에게 말한다.
〈참여관찰, 2001년 11월 12일〉

위의 예에서 볼 수 있듯이 또래 유아들은 이제 순희를 자신들 세계에 있는 존재로 인정하면서 순희의 권리를 보호하기에 이르렀다. 이러한 또래로부터 받는 보호와 지지는 순희의 적응에 보호 요인으로 작용했다. 즉, 순희는 더 이상 주변인이 아니었고 중심부로 이동하면서 점점 낯선 세계가 친숙한 세계로 변하고 있었다.

6. 순희의 새로운 도전

순희에게 낯선 세계는 충분히 적응의 위험 요인이 될 수 있었음에도 불구하고 순희의 적극적인 적응전략들은 순희가 유연하게 적응하도록 도와주었다. 그러나 순희의 적응은 끝이 아니라 또 다른 적응을 위한 시작이었다.

순희는 주변인으로서 자신이 남한 유아들과 어떻게 다른 지에 대하여 끊임없이 인식하고 이에 대하여 긴장하며 살아왔다. 예를 들어 순희는 유치원에서 신체, 학습, 놀이 등 여러 면에서 과제수행능력이나 학습수준이 남한 유아들보다 뒤떨어지는 것을 의식하고 '난 못해' '난 안해' 등 부정적인 표현으로 자신감의 부족을 드러내거나 또는 수업 활동 시 긴장하는 모습 등을 보였다(연구자 일지, 2001년 11월 7일).

순희는 남한 유아들처럼 키가 크도록 키 크는 약, 우유 등을 먹거나, 학습 준비가 부족하다고 느껴 유치원에서 돌아와 집에서 2시간씩 한글, 숫자공부를 하는 등 다양한 노력을 기울이고 있었다. 이러한 순희의 노력은 생존을 위한 보이지 않는 싸움이었다. 한편으로 순희의 자존심과 경쟁심은 북한사람들의 특성과도 연결되는데 북한주민의 자아방어 기제의 발달(서재진, 1999)에 의한 현상이거나, 또는 북한이탈주민들이 권력과 서열에 대한 불평등을 받아들임으로써 보다 경쟁적인 성향을 드러내는 것(독고순, 1999)이라고 해석할 수 있다. 그러나 순희의 자존심과 경쟁심은 생존을 위한 투쟁에 가까웠고, 다가올 또 다른 낯선 세계인 초등학교에서의 적응을 위한 시작으로 보인다.

순희는 낯선 남한의 유치원을 익숙하게 만들었지만 다가올 초등학교는 또 다른 낯선 세계였다. 또 다른 낯선 세계에 적응하기 위한 준비로 순희 가족들은 겨울 방학을 계기로 순희를 유치원에 보내지 않고 집에서 부족한 한글, 숫자 공부를 시키고 있었다. 순희도 가족들의 결정에 순순히 따르고 있었다. 순희의 가족들은 다가올 새로운 도전을 준비하기 위해 노력을 기울이는데 이는 가족들이 제공하는 세심한 양육적 태도로 순희가 낯선 세계에 적응하면서 받을 수 있는 충격을 완화하는 보호 요인이 될 것이다.

그러나 순희에게 초등학교는 또 다른 낯선 세계 속에서 생존을 위해 다시 한 번 적응력을 발휘해야 하는 위기 상황이 될 수 있을 것이다. 또한 순희와 가족이 초등학교에 적응하는 과정에서 남한사회로부터 '다름'을 의식하고 자신들을 타자화해 가는 순간 새로운 상황에 부딪힐 때마다 적응의 어려움이 이들을 기다리게 될 것이다.

7. 결 론

탈북 유아인 순희의 남한 유치원 생활 적응 과정을 살펴보면서 다음과 같은 결론을 얻을 수 있었다. 첫째, 순희는 낯선 세계인 남한 유치원에서 자신과 주변 유아 간의 '다름'을 인식했으나 남한 유아들은 순희를 이방인으로 여기지 않고 차별하지 않았다. 순희는 남한 유아들과의 관계에서나 유치원 환경에서 북한과 다른 이질적 요소를 발견하고 자신이 주변인임을 스스로 인식했다. 그러나 순희의 주변인으로서의 위치는 탈북 성인들과 달리 열등적 관계나 서열적 관계가 아니었다. 예를 들어 순희는 남한 유아들과 같은 언어를 사용하고 있지만 말투나 억양에 있어서 하늘반 유아의 것과 달랐는데도 남한 유아들은 배타적인 자세를 취하지도 않았다. 또한 순희는 하늘반 유아들이 있는 곳에서 '조선'에서 있었던 이야기, 하나원에서 있었던 이야기를 부담없이 꺼내놓기도 했다. 순희는 주변 유아들과 다른 자신의 정체성이 탄로날까 하는 두려움이 없을 정도로 낯선 세계에 대한 부담이 적었다. 이는 남한 유아들이 순희를 자신의 세계의 한 존재로 인정하고 있기 때문이다. 남한 유아들의 유연하고 개방적인 태도 덕분에 순희는 주변인으로 머물러 있지 않고 중심부로 가기 위한 다양한 노력을 기울일 수 있었다. 순희와 남한 유아들 간에는 보이지 않는 상호 협동적 관계, 평등적 분위기가 형성되어 있어 낯선 세계에 진입한 순희가 낯섦의 벽을 허물고 친숙해질 수 있도록 배려하고 있었다. 이러한 분위기는 유아들이 사회화, 문화화 과정에 있어 성인들보다는 비체계적이고 덜 구조화된 장을 형성하기 때문인 것으로 보인다. 따라서 차이를 직시하기보다는 다름을 이해하고 인정하는 유아들의 문화 속에서 남북 사회 통합의 가능성을 볼 수 있었다.

둘째, 순희는 남한 유치원에서 스스로 타자화될 수 있는 위험 요인이 있었지만 다양한 적응 전략을 통해 낯선 세계를 친숙한 세계로 만드는 적응력이 있는 모습을 보여 주었다. 순희는 신체, 언어, 놀이, 학습 수준 등 여러 면에서 자신과 남한 유아 간의 다름을 인식하고 열등감을 갖기도 했다. 그러나 스스로 타자로서 인식한 것에 머물지 않고 이를 극복하기 위한 적응 전략으로 탐색하고 모방하면서 문제를 적극적으로 해결하려고 하였으며 자신의 필요나 욕구를 또래나 교사에게 적극적으로 표현했다. 또한 하늘반의 또 다른 주변인들과 관계를 맺음으로써 자신의 위치를 자리매김하였고 점점 중심부로 이동할 수 있었다.

한편 순희가 남한 유치원 생활에 안정적으로 적응할 수 있었던 중요한 요인은 남한 유아들의 태도이다. 이들의 다름에 대한 관용적 태도가 순희 스스로 느끼는 타자성을 극복할 수 있게 하는 힘으로 작용했다. 이런 긍정적 경험은 순희가 또 다른 낯선 세계인 초등학교 생활에 적응해야 하는 또 다른 도전에 밑거름이 될 것이다. 또한 지금까지 순희는 북한사람과 남한사람이라는 이중적 정체성을 가지고 있었으나 이러한 과정을 통해 점점 남한사람으로 자리 매김하게 될 것이다.

참고문헌

강은영(2000). 탈북아동 및 청소년의 체위 상태와 식생활 패턴. 이화여대 석사학위논문.

독고순(1999). 비교문화적 관점에서 탈북주민적응 연구. 연세대 석사학위논문.

박선경(1998). 탈북 청소년의 학교 적응에 관한 연구. 가톨릭대 석사학위논문.

박현선(1998). 빈곤 청소년의 학교 적응 유연성. 서울대 박사학위논문.

서재진(1999). 북한의 사회심리 연구. 통일연구원.

양옥승(1996). 남북한사회의 영유아보육현황 비교. 『한국영유아보육학』, 5: 93-112.

여금주(1999). 쉴 틈 없는 유치원 교육과정. 북한에서는 어떻게 교육할까, 28-43. 서울: 우리교육.

이남석(2001). 차이의 정치-이제 소수를 위하여. 서울: 책세상.

이순형(1999). 중국, 남한과 북한 어린이들의 노래놀이와 한민족 저서: 『한국아동학회 추계학술대회 자료집』: 55-81. 한국아동학회.

이정우(1999). 시뮬라크르의 시대. 서울: 거름.

장창호(2001). 탈북 청소년의 적응에 관한 사회사업적 고찰. 강남대 석사학위논문.

전우택(2000). 탈북 아동 청소년의 남한사회 적응. 사람의 통일을 위하여, 111-130. 서울: 오름.

전익수(2001). 탈북 청소년 초기 정착지원방안에 관한 연구. 경남대 석사학위논문.

정병호(2001). 탈북 학생 사회, 학교 조기 적응을 위한 특별교육 프로그램 개발연구. 교육인적자원부.

조소연(2001). 북한이탈아동 사회적응 멘토링 프로그램 기초연구. 숙명여대 석사학위논문.

조한혜정(1996). 북조선과 남한의 동질성과 이질성. 통일된 땅에서 더불어 사는 연습, 45-52. 서울: 또하나의문화.

한만길, 김양분, 박정현(2000). 남북한 학생의 학력 수준 비교연구: 탈북학생의 학습능력을 중심으로. 한국교육개발원.

홍덕기(2001). 탈북 귀순 청소년의 생활 적응에 관한 연구: 학교 및 사회생활을 중심으로. 서울교대 석사학위논문.

Garmezy, N.(1993). Children in poverty: resilience Despite Risk. *Psychiatry*, 56 :127-138.

Grossman, F. K., Beinashowitz, J., Anderson, L., Sakurai, M., Finnin, L., & Flaherty, M.(1992). Risk and Resilience in Young Adolescents, *Jounal of youth and Adolscence*, 21(5): 529-550.

Luthar, S. S.(1991). Vulnerability & Resilience: A Study of High-risk Adolescents. *Children Devlopment*, 62: 600-612.

Project Zero & Reggio Children(2001). *Making Learning visible: children as individual and group learners.* Cambridge, MA: Project Zero.

Smith, C. & Carlson, B. E.(1997). Stress, Coping, and Resilience in Children and Youth, *Social Service Review*, 71(2): 231-225

제11장

남한학교 생활과 적응전략*

김윤영 하와이대 박사과정, 문화인류학

1. 들어가는 말

1990년대 중반 이후 북한이탈주민들의 수가 급격히 증가하면서 북한이탈주민들의 계층도 다양해져 여성과 노인층, 탈북 아동 · 청소년들의 수도 늘어났다. 특히 탈북 아동 · 청소년들은 북한사회의 심각한 기근으로 인한 교육의 마비와 가정의 파괴, 비정상적인 성장 발육 등으로 인해, 또 제3국 체류기간 동안 체포와 강제송환의 두려움, 불안, 떠돌이 생활과 여성의 매춘, 인신매매, 구걸과 절도 등의 경험들로 심리적인 문제를 안고 있다. 이러한 경험들에 더하여 남한사회의 새로운 문화를 접하게 되는 탈북 아동 · 청소년들은 초기 적응과정에서의 문화충격과 적응상의 문제들이 심각하게 나타난다.

연구자는 탈북 아동들의 초기 적응기간에 주목했다. 첫 문화접촉의 시기에 이민자나 망명 입국자들이 문화충격으로 인한 심리적 문제가 발생하고, 실제로 초등학교에 입학하자마자 겪는 아동들의 경험이 사람들에게 중요한 영향으로 미치게 된다는 보편적인 선행연구들에 의해 연구자는 '초기'라는 시간적 중요성을 인식했다. 또한 기존의 연구가 국가 연구기관에 의한 행정적, 정책적 문제 해결을 위한 중심으로 이루어지면서 북한이탈주민들의 구체적인 적응문제들에 대한 연구가 미비했다는 점을 발견했다. 따라서 연구자는 탈북 아동 · 청소년들을 직접 만나 같이 생활하는 참여관찰을 시행하여 입국 후 초기 1년간의 추적 연구를 했으며 이를 통해 초기적응에서 학교 제도와 개인 간의 관계를 구체적으로 살펴보았다. 이 논문은 입국 후 남북한 학생들이 처음 만나는 학교생활에서의 상호작용에 대한 현장연구를 상세히 서술하고 또 그 안에서 서로에 대한 태도와 관점을 통해 문화적 갈등을 분석한다. 그 다음으로 심리적, 행동적 특성들과 이들이 세워나가는 적응 전략을 설명하고자 한다.

국내에 입국한 북한이탈주민들은 '북한이탈주민보호 및 정착에관한법률 및 시행령'에

* 이 글은 2002년도 한양대학교 문화인류학과 대학원 석사학위논문 "탈북 아동들의 남한학교 생활과 정체성"을 일부 요약, 수정한 것이다.

따라 보호, 관리된다. '대성공사'라고 알려진 국방부 정보사의 조사 시설에서 신원 및 북한 이탈 동기, 위장귀순 여부 등의 조사를 받는데 그 기간은 길게 3주-3개월이다. 조사기간을 거친 후 북한이탈주민들은 통일부 하나원(북한이탈주민정착지원사무소)에서 2-3개월간의 사회적응훈련을 받는다. 북한이탈주민 중 8세에서 14세까지의 탈북 아동들은 하나원의 거주하는 기간 동안 인근의 문턱초등학교[1]에서 본격적인 남한 학교생활을 한다. 그리고 하나원 생활을 마치면 사회정착지 부근의 학교로 전학하여 그 배정학교에서 교육받는다.

하나원에서는 탈북 아동 및 청소년층의 증가로 체계적인 교육여건 마련의 필요성을 깨닫고 2001년 2월 남북한 문화통합 방안 마련에 관심을 갖고 활동하던 다양한 분야의 전문가와 실천가의 모임인 문화통합교육원이 '하나둘학교'를 하나원 안에 설립하여 탈북 아동・청소년의 초기적응교육을 본격적으로 시작했다. '하나둘학교'는 대안학교의 형태로 만 20세 이하의 청소년, 아동, 영유아를 교육하고 있는데 이를 위하여 14-20세까지 청소년반, 6-14세까지 초등반, 3-5세까지 영유아반을 설치하여 교육하고 있다. 초등반 아동의 경우는 인근 문턱초등학교에서의 위탁 적응교육을 그대로 실시하여 이들은 방과후 프로그램 교육에 참여하고 있다.

본 연구는 2001년 3월에서 2002년 2월까지 1년간 하나원 안에서의 시기에 탈북 아동들의 문턱초등학교 생활과 하나원 내의 방과후 프로그램인 하나둘학교에서의 생활, 그리고 2-3개월의 하나원 생활 후 사회 정착지 학교에서의 초기 생활까지 추적하여 현장연구가 이루어졌다.

2. 학교생활과 문화적 갈등

문턱초등학교는 교직원이 16명, 교사가 11명, 그리고 학년별 학급의 수가 각각 1개씩 구성되어 있다. 2001년 7월 4일 기준으로 학교 전체 인원 135명 중 탈북 아동의 수는 6명에 불과했다. 학급의 1, 2명의 탈북 아동들이 1달 간격으로 엇갈려 입퇴학 하는데 그것은 하나원에서 2개월간 생활하는 1기수가 1개월 간격으로 계속 엇갈려서 입퇴소하기 때문이다. 따라서 탈북 아동들을 맞이하는 학교의 남한 학생들이나 교사들은 혼란스러움을 겪는다.

문턱초등학교는 처음에는 탈북 아동들을 일반 학급의 재학생과 동일한 내용으로 교육했으나, 그들이 학교 적응에 어려움을 보이고 그러다 보니 학급 운영이 어려워져서 별도 학급을 구성해야 한다는 제안을 하기에 이르렀다. 이에 교육인적자원부에서는 문턱초등학교를 2001년 3월 1일부터 탈북 아동들의 학교적응교육연구학교로 지정하고, '특별학급'을 구성하여 '전담교사'에 의한 특별 프로그램을 운영하게 되었다.

[1] 본 논문에서 학교와 탈북 아동・청소년들의 이름은 모두 가명을 사용했다.

1) 학교생활

연구자는 탈북 아동들이 처음에 학교에 내딛는 순간부터 수업과 쉬는 시간에 겪는 남한 학생들과의 상호작용들을 세밀히 관찰했다. 여기서는 구체적인 사례들을 통하여 이들의 문화적 갈등의 요인들을 검토하고자 한다.

① 학년배정

탈북 아동들은 학교에서 첫 인사를 하고 학년배정을 받기까지 매우 혼란스러워 한다. 실제로 탈북 아동들의 학력을 측정할 수 있는 기준이 아무 것도 마련되어 있지 않았기 때문에 학교에서는 나이와 북한 학력을 기준으로 학년을 배정할 수밖에 없다.

2001. 3. 23 사례- 교무실

교사와 아이들이 교무실의 가운데 응접의자에 앉아 있다. 다른 교사들은 각자 자기 업무를 보고 있다.

교사 : 87년생이면 14살, 만으로 14살 되는 거지. 아 5월이 돼야 되지. 2001년 5월 20일이 돼야만 14살 되는, 지금은 만 13살 10개월인데……. 인민학교 4학년까지 다니고 중국에서 2년 공부했다고. 근데 왜 중국에서 5, 6 학년까지 다니지 못했지?

윤이 : 중국어를 몰라서 …….

교사 : 중국어를 몰라서…….

교사 : 성이는 누구지? 그래 중국에서 유치원 다녔고 조선에도 유치원 다녔어?

성이 : 절반 다녔습니다.

교사 : 만 10세가 되네. 1학년을 가야되는데 지금 1학년 아이들은 만 6세야. 나이를 먹었는데 4년 후배들이랑 다녀야 되는데, 열심히 하면 돼. 선생님 말씀 잘 듣고, 잘 하면 월반도 있어. 여기서 공부를 잘하면 여기서 다른 학교로 갈 때 월반할 수 있으니까 열심히 공부하면 되, 알았지? 그 다음 향이 ….

향이 : 네.

교사 : 86년 11월생. 고등중학 1년이면 우리나라로 5학년까지 다녔네. 나이는 14세. 15세가 아직 안되네…. 전에 고등중학 4년 다녔던 학생들도 우리 학교에 5학년으로 여기서 생활했었어. 조금도 창피하게 생각하지 마, 북한은 모르겠는데 남한은 나이 많아서 공부하는 학생들이 많아. 많기 때문에 창피할 것 하나도 없어. 배우는데 뭐 목표만 뚜렷하면…. 초등학교 3개월 하고 일단 졸업해. 그리고 검정고시 하면 1년 중학교 과정하고 고등학교 입학이 좀 힘든데 열심히만 하면 3년 충분해. 그리고 18, 19살 때 대학 들어가면 우리 다른 아이들과 나이가 같을 거야…….

북한의 인민학교 4년, 고등중학교 6년의 교육과정이 각각 학년에 따라 어느 정도 수준인지 전혀 모르는 상황에서 할 수 있는 방법은 단지 북한의 교육체계과정과 남한의 교육체계과정을 놓고 나이에 따라서 학년 배정을 구분하여 맞추어 가는 것 뿐이다. 그러나 북한의 학력을 인정하고 나이를 고려해서 학년을 구분하려 해도 북한의 교육 시스템이 마비되었고 제대로 된 교육 없이 탈북 과정에서 숨어 지낸 시간을 고려하면 이들은 같은 나이의 남한 아동들과 비교할 때 월등히 낮은 학력 수준을 보인다.

나이와 학력을 고려한 임시 배정에 이어 확실한 배정방법으로 탈북 학생들은 학력평가시험을 치른다. 그러나 아이들의 학력을 정확하게 평가해볼 만한 탈북 아이들에 맞는 시험유형은 존재하지 않는다. 교사들은 탈북 아이들의 학력을 정확하게 평가할 수 있는 잣대가 없다는 데에 문제의식을 갖지만, 그렇다고 뾰족한 다른 평가방법이 마련되어 있지 않기 때문에 선생님들도 현실에 있어서 답답해 할 수밖에 없다.

잠정적으로 나이와 북한 학력을 고려하여 학년을 정한 후 그 학년에 맞는 문제들을 풀게 하는데 대부분의 탈북 아동들은 받은 문제에 대해서 전혀 이해를 못한다. 자신의 나이에 맞추어진 학년에 만족해하면서도 시험을 본다는 말에 기겁을 하며 걱정하던 아이들은 문제를 받자마자 5분도 안 되어서 교실을 나온다. 학교에 가기 전에는 "중국에서도 한족학교에 다녀서 공부를 잘 할 겁니다", "내 나이면 5학년이죠? 5학년 가겠습니다"라고 했던 아이들은 한 순간의 시험 문제에 눌려 자기 자신이 남한 또래들과 비교해 학력수준이 형편없다는 것을 인식하게 된다.

학년배정을 위한 학력평가에서 탈북 아동들은 자신들의 실력에 대해서 알고 나자 앞으로의 학교생활을 걱정하기 시작한다.

> 2001. 3. 23 사례
> (탈북 아동들이 학력평가 후 특별학급 교실에 모여 있다. 시험 때문에 마음이 편치 않은 듯 상기된 얼굴이다.)
> 근이(여, 9세) : 여기 있는 아이들이 조선아라는 것 다 압니까?
> 교사 : 다 알겠지…….
> 석이(남, 14세) : 잡아갈까 봐 걱정되지? (질문했던 아이를 보며 비아냥거리는 투로 묻는다.)
> 혁이(남, 13세) : 남한 아이들과 같이 공부합니까? 북한에서 왔다고 놀리면 어떠합니까?
> 근이(여, 9세) : 나 그냥 특별반에서 우리끼리 공부하겠습니다.
> 국이(남, 15세) : 조선에서 왔다고 하면 우리를 업신여기지 않겠습니까?
> 말 안 들으면 때려놓겠습니다.

시험문제에 기죽은 아이들은 나이에 비해 형편없는 학력을 가진 탓에 남한 아이들과 같이 공부할 자신을 잃는다. 처음에 학교 간다는 것에 대해 즐거워했던 탈북 아동들은 자신의 교육수준이 현저히 낮음을 인식하면서 남한 아이들에게 놀림을 당할지도 모른다는 걱정에 휩싸인다.

② 인사하기

처음 남한 학생들과의 만남에서부터 나이에 대한 문제가 드러난다. 탈북 아동들이 처음 소개하는 자리에서, 남한 학생들은 탈북 아동들의 나이에 큰 관심을 보인다.

> 2001.3. 26 사례- 6학년 교실
> (탈북 여학생 두 명, 남학생 두 명이 담임교사의 안내에 따라 교실로 들어왔다.)
> 교사 : 들어가자. 자 둘이 여기 앉고 …. 둘은 저기 앉으면 되겠다.
> 남한 학생 1 : 선생님, 여기 내 자리인데 …. 저는 어디 앉아요?
> (불평이 섞인 투로)
> 남한 학생 2 : 앗! 선생님! 전 여기가 좋아요. 아이 시~
> 교사 : 가만있어봐. 선생님이 지정해줄게….
> (학급 아이들은 자리가 바뀌는 것에 대해 불만을 털어놓는다. 탈북 학생들은 어색한 자리에서 어느 곳에서도 시선을 두지 못하고 고개만 숙이거나 책상 속에 있는 교과서를 꺼내서 들추어보지만 글은 눈에 들어오지 않는 듯하다.)
> 교사 : 오늘부터 이제 같이 생활할 친구들입니다. 자 앞으로 나오세요….
> 소개하는데 여러분들 잘 들어보자. 이쪽부터 소개해요. 자.
> 충이(남, 17세) : 이름은 충이 입니다. 그저 앞으로 공부를 많이 못해서 많이 도와주시면 감사드리겠습니다.
> 남한 학생 3 : 선생님, 이름을 못 들었는데요?
> 교사 : 충이, 형이야 형! 축구하고 놀고 농구하고 놀 때도 잘 놀아야 한다. 같이
> 건이(남, 14세) : 제 이름은 건이 구요. 나이는 13살입니다.
> 남한 학생 4 : 어! 같다! 아자!!
> 남한 학생 5 : 만으로 13살! 형인가?
> 교사 : 너보다 1살 많아. 형이야 형.
> 건이(남, 14세) : 공부 잘하고 잘 지냈으면 좋겠습니다.
> 향이(여, 16세) : 이름은 향이 입니다. 나이는 많지만 잘 지내고 앞으로 공부 많이 도와주십시오.
> 남한 학생 6 : 누나야!!
> 윤이(여, 15세) : 이름은 윤이 입니다. 나이는 14살입니다.
> 교사 : 이름 기억해. 앞으로 여러분들이 아직 많이 도와주어야 해. 박수!!

학급에서 아이들에게 공식적으로 소개시키는 것은 담임교사의 일이다. 대개는 탈북 아

동들이 소개를 하기 싫어해서 선생님이 그냥 새로운 친구라고만 이야기하고 넘어간다. 연구자가 관찰한 6학년 교실에서는 공식적으로 소개가 이루어졌는데 탈북 아동들의 표정은 굉장히 긴장되어 보였고 웃음은 전혀 보이지 않았다. 각자 이름을 이야기하고 나이를 말했을 때 곳곳에서 나이를 가지고 들먹인다. "형이야? 누나야?", "만으로면 나랑 같은가?", "아니야, 만으로도 너보다 나이가 많아. 어떻게 나이가 같냐?" 나이에 대한 문제는 남북 아이들의 상호작용에 있어서 중요하게 작용한다.

일반 초등학교 아동기는 취학하여 생활의 중심이 가정에서 학교로 옮겨지게 되므로 부모의 영향권에서 벗어나 친구들과의 접촉이나 또래들의 인정에 더 민감해지며 관심을 갖는 시기이다. 그래서 이 시기를 또래시대(gang age)라고도 부르는데(김미경, 1999) 그만큼 학급 아동들 간의 관계가 중요하고 그 관계 형성의 주요 작용 요소는 나이가 되는 것이다.

> (3학년 교실, 쉬는 시간이다. 아이들은 뛰어다니거나 게임을 하면서 몇몇이서 놀고 있다. 탈북 아이 두 명은 힘없이 교실 뒤를 왔다 갔다 하고 있다.)
> 교사 : 얘들아. 새로운 친구들이 왔으니까 같이 잘 지내봐. 알았지?
> 학생 1, 2 : (탈북 아이들에게 손가락질하면서) 친구 아니래요. 형이래요. 누나래요. (손가락질에 기분 나쁜지 탈북 아이들은 그들을 굳은 얼굴과 눈빛으로 바라보았고 학급 아이들은 탈북 아이들을 슬슬 눈치 보면서 피한다.)

나이를 들먹이는 것만으로도 탈북 아동들은 무서운 표정과 눈빛으로 대응하고자 하는데 이들의 행동으로 인해 남한 아이들은 거리감을 느끼게 된다. 탈북 아동들 스스로 남한 아이들과의 벽을 만들고 친구를 사귀려는 행동들을 전혀 하지 않는다.

③ 일반학급에서의 생활

탈북 아동들이 이 초등학교에서 받는 수업은 두 군데에서 이루어진다. 오전에는 배정된 학년의 각 학급에서 남한 아이들과 같이 진행하는데 이 일반학급을 "원적학급"이라고 부른다. 오후 식사 후에는 탈북 아동들만 따로 모아 특별학급 교사가 담당하는 특별학급이 운영된다.

일반 학급에서의 탈북 아동들은 문화적 차이와 수업내용에 대한 이해부족으로 수업에 활발히 참여하지 못한다. 오히려 교실 안에서 이루어지는 수업에 참여하기 매우 힘들어한다.

> 2001. 7. 3 사례- 3학년 영어시간
>
> 문턱초등학교 아이들은 영어 수업을 가장 좋아한다. 게임식으로 수업이 진행되어서 아이들이 재미있게 수업에 임할 수 있고, 이러한 적극적인 수업 참여를 통해 교육적인 효과를

얻고 있다. 영어 수업 선생님이 들어오자 아이들은 소리를 지르면서 좋아한다. 3학년에 탈북 아동들은 여학생(순이), 남생(철이)이 한 명씩 있다. 교실의 맨 뒷자리에 나란히 짝을 이루고 있는데 아이들의 소란함에 어리둥절하여 아이들을 지켜보고 있다.

교사 : 인사합시다. 누가 영어로 해볼까?
학생 : 야!!! (교실은 굉장히 소란하다.) 저요! 저요! (선생님의 시선을 끌기 위해 손을 번쩍 든다.)
학생1 : 차렷!
학생2 : 아니 영어로.
교사 : 영어로 뭐지?
다같이 : Attention, Bow.
교사 : 오늘은 게임에서 지면 벌칙을 뭘 할까?
(학생들 서로 큰 소리로 이야기한다. "성대묘사요", "노래하기", "춤추기", "좋아하는 사람 이야기하기 해요", "싫어하는 사람 이야기해요" 저마다 소리 지르면서 이야기를 하기 때문에 교실 분위기는 왁자지껄 소란하기만 하다. 철이와 순이는 시끄러움이 참을 수 없는 듯 자신들의 귀를 막아버린다.)
교사 : 얼음! (교실 분위기를 가라앉히기 위한 방법이다. 얼음 소리와 함께 아이들은 갑자기 행동을 일시에 정지한다. 철이와 순이는 서로 보면서 신기한 듯 웃음을 짓는다.)
교사 : 저기 두 명이 새로 온 친구가 있네. 일어서서 6명씩 조를 만들어보세요.
(아이들은 일어나서 서로 같은 조를 만든다. 맨 뒤 두 자리에 앉은 철이와 순이는 멍하게 앉아 있기만 한다. 조에 끼어야 하는데 선뜻 일어나서 조에 들어가기 어렵다.)
교사 : 야! 새로운 친구들은 안 끼어줘도 돼! 어?
(철이와 순이는 어쩔 줄 몰라 하는 표정이다. 한 여자아이가 순이를 끌고 간다. 일어나서 조에 들어간다. 표정은 굳어있다. 혼자 남은 철이도 마지못해 일어난다. 여전히 이들은 어느 조에도 끼지 못하고 서성거리며 귀를 막고 있다.)
교사 : 여기 두 줄로 서보세요. 나누어서 ….
(뛰는 아이, 소리 지르는 아이, 두 줄로 만드는데 시간이 좀 걸린다. 소란함에 철이와 순이는 귀를 막고 얼굴을 찡그린다.)
교사 : 선생님이 한 문장을 이야기하면 맨 앞에 있는 사람이 뒷사람한테 이야기하고 전달해서 맨 뒷사람이 앞으로 뛰어와서 선생님께 이야기하면 되요. 두 조 중에 먼저 선생님에게 이야기하는 조가 이기는 거예요. 알았죠?
교사 : 자 …… Close your eyes.
(아이들은 전달전달 한다. 조별로 아이들은 소리를 지르면서 응원한다. 철이와 순이는 반 아이들이 하는 것을 보고 잘 따라했다. 뒷사람에게 전달은 하지만 뒷사람은 철이와 순이의 전달을 받지 않아도 다 알기 때문에 거의 듣는 시늉만 한다.)
교사 : 이쪽이 빨랐어요….
(이긴 조는 와! 소리를 지르고 진 조는 반칙이 있었다고 불평을 늘어놓는다. 게임의 진행을

따라 하기는 했지만 교실 아이들이 소리 지르는 모습, 응원하면서 뛰는 모습, 선생님께 불평을 늘어놓는 모습 등을 신기한 듯 쳐다보면서 소란함에 귀를 막는다. 이 게임은 다른 문장으로 반복되었다. 선생님은 문장의 뜻을 하나하나 아이들에게 점검하듯 설명했다.)

이렇게 영어 시간을 보낸 후 두 아이는 자리에 들어와 앉자마자 책상에 엎드려 버린다.

연구자 : 왜 그래? 힘들어? 재미없었어?

철이(남, 13세) : 떠들지만 않았으면 좋겠습니다.

탈북 아동들은 이 수업에서 남한 아이들이 느끼는 흥미와 재미를 전혀 느끼지 못하고 있었다. 영어에 대해 잘 알지 못하기 때문일 수도 있지만 그보다는 초등학교 교실에서 남한 아동들과 선생님들 사이의 놀이를 통한 수업 방식, 선생님과 남한 아동 사이의 의사소통이나 관계 맺는 행동들을 지켜보면서 낯설고 생소하게 받아들여지기 때문이다. 남한 일반 학생들은 "저요! 저요!" 하면서 자신 있게 손을 들어 선생님이 자신을 가리켜주기를 바랬다. 자신도 모르게 흥에 겨워 소리를 지르며 열광적으로 응원을 하기도 하고 직접 게임의 벌칙을 생각하고 선생님께 제안을 했다. 게임의 반칙이 있었을 경우는 즉각 항의도 할 수 있다. 이런 분위기 자체에 대해서 탈북 아동들은 낯설게 느끼고 귀를 막으며 아이들의 소란함을 참을 수 없어 했다. 북한의 엄격한 교육에 임했던 탈북 아이들은 지금 자신들이 속해 있는 교실 안에서의 수업이 공부인지, 아니면 노는 것인지 분간이 안갈 정도로 혼란스러워 했다. 남한 아이들의 장난기 있는 행동들을 보고 탈북 아동들은 선생님을 우습게 여긴다거나 버르장머리 없고, 오히려 선생님이 아이들을 잘 지도하지 못하고 있다고 평가했다.

남북의 상호작용에서 동일한 언어를 가진 민족이기 때문에 언어 상의 문제가 없을 거라 여기지만 북한 이탈 주민들의 적응 경험상 남한 생활 첫 6개월 동안 살면서 가장 어렵다고 느낀 내용이 사고방식과 문화적 이질감 다음으로 언어의 차이, 영어와 한문을 모르는 것으로 드러났다(전우택, 1997). 이들은 오히려 의사소통의 문제가 많이 발생하고 일상용어에 대한 의미를 이해 못해서 자신감을 잃거나 스스로 소외되어 열등감을 느끼고 있었다.

설이(여, 15세) : 한국말이 좀 다르잖아요. 알아 못 듣는 경우가 있어요. 오늘도 '화이트', 하얀 것, 지우는 것인데. "언니 화이트 있어?" 하는데 알아 못 들어서 어찌나 바쁘던지. 물어 봐서 대답 안 하니까 지우는 것이라고 설명해줬어요.

영이(여, 17세) : 억양이나 속도 다 집에서 연습하고 학교에 와요. 교과서를 읽으면서 정말 열심히 연습 하는 거예요. 그리고 수업 시간에 처음 저를 보고 한번 읽어보라고 시키잖아요? 절대로 안 읽어요. 다른 아이들이 읽고 나서 그 다음에 내가 그대로 따라 읽는 거예요. 속도, 말씨 다 다시 해야 해요.

어휘나 의미의 차이나 외래어에 대한 생소함이 자신들의 무지함으로 비춰지면서 의사소통은 단절되고 탈북 아동들은 대화를 나누는 것을 겁내하며 말을 극도로 아끼고 있었다. 그리고 언어사용에 있어서 느끼는 소외감을 극복하기 위해서 탈북 아동들은 남한의 표준말을 배우고 억양과 말씨를 연습하는 노력을 보였다.

위에서 살펴본 나이와 학력의 차이, 그리고 의사소통의 문제, 새로운 문화 충격으로 인한 문화적 갈등은 탈북 아동들이 학교 또래집단 안에서 소외되는 중요한 요인들이었다. 차별되고 소외된 탈북 아동들은 쉬는 시간에 화장실에 갔다 오는 것 빼놓고는 거의 책상에 앉아 스케치북과 색연필을 꺼내 그림을 그린다. 이것은 친구들도 필요 없고 말도 없이 혼자 시간을 보내기에 적당한 행동인 것이다.

2001. 7. 4-3학년 교실 (쉬는 시간)

계속해서 그림을 그리고 있다. 남한 아이들은 다음시간이 체육시간이기 때문에 신발을 들고 교실 밖으로 향한다. 그림에 열중하고 있다. 교실에는 아무도 없다. 단지 탈북 아이들 두 명, 순이와 철이 뿐이다.

순이(여, 13세) : 어머! 야! 얘네들 어디 갔어요?
연구자 : 체육시간인가 본데? 너희들은 왜 아직 안 나갔어?
순이(여, 13세) : 야 빨리 나가자! (여자아이가 먼저 나간다.)
(철이는 힘없이 일어선다. 실내화를 벗고 가방에서 신발을 꺼낸다. 책상 위에 있는 스케치북과 색연필을 챙겨서 책상 속으로 집어넣는다. 고개를 숙이고 천천히 나간다.)
연구자 : (철이 에게) 왜 그렇게 힘이 없어? 빨리 나가야지.
철이(남, 13세) : 아무 것도 아니에요. 나갈게요. (천천히 복도를 향한다.)

그림을 그리는데 열중한 나머지 학급 아이들이 나간 줄 모를 수도 있지만 교실에서 탈북 아동들의 자리는 맨 뒷줄에 앉아 있기 때문에 조금만 스케치북에서 고개를 들어 학급 아이들을 봤더라도 이렇게 혼자 뒤늦게 운동장으로 향하는 일은 없었을 것이다. 또 학급의 한 아이라도 이들에게 다음 시간은 체육시간이라고 이야기 해줬으면 이렇게 힘없이 고개 숙인 채 교실을 나가지는 않았을 것이다. 일반 학급의 교실 안에서 늘 원만한 남북 아동들의 상호작용은 전혀 이루어지지 않았다.

④ 특별학급에서의 생활

특별학급의 수업은 1:30부터 3:00까지 5, 6교시에 이루어진다. 보통 아이들은 고학년을 제외하고 거의 집으로 돌아가기 때문에 점심 후 오후 3시까지 학교에 남아있는 아이들은 고학년과 탈북 아이들뿐이다.

일반학급에서의 수업내용과는 달리 특별학급에서는 탈북 아동들의 남한사회 적응을 위한 기초적인 학습 내용이 주가 된다. 알파벳 익히기, 우리나라 지도를 놓고 지명 익히기, 낱말 잇기 게임, 남한 용어 익히기 등 탈북 아동들을 위한 기본적인 것들을 교육내용으로 하고 있다. 1학년부터 6학년까지 아동들이 한 곳에서 같이 수업하기 때문에 나이에 따라서 내용 이해 능력이나 수업 집중도 면에서 차이가 나는 어려움이[2] 있다. 하지만 아이들은 특별학급 선생님을 잘 따르고 10명이 안 되는 인원수이기 때문에 각각 개별지도도 어느 정도는 가능하여 일반학급과는 다르다.

특별학급에서의 수업은 일반학급에서 남한 아이들이 하는 행동들을 그대로 봐왔던, 또 해보고 싶었던 것을 마음껏 눈치 안보고 할 수 있는 체험의 장이 된다. "저요! 저요!" 하면서 손을 번쩍 들어 보이거나 "발표하겠습니다" 하면서 발표할 내용이 맞건 틀리건 상관없이 이야기 해보는 등 일반학급에서는 학급 아이들의 시선 때문에 차마 해보지 못했던 것들을 시도해 본다. 반장으로 임명되어 수업 시작과 끝에 "차려, 경례!"를 해보는 것도 특별학급 안에서 가능하다. 자신들만의 공간에서 아이들은 좀 더 자유스럽고 거침없이 이야기할 수 있다. 이렇게 일반학급에서는 찾아보기 힘든 적극성이 특별학급에서는 나타나는데 이곳에서 열심히 배워서 자신의 실력을 보충하여 빨리 따라잡아야 한다는 굳건한 의지로 나타난다.

특별학급은 같은 경험과 처지를 가지고 있는 탈북 아동들만의 공간이다. 그래서 문화차이로 오는 낯설음에 대한 긴장감과 창피함, 수치심 등을 느낄 필요도 없다. 오히려 심적으로 편안함과 즐거움을 공유할 수 있는 공간이기 때문에 탈북 아동들은 일반학급에서의 지루함과 답답함을 푸는 듯 특별학급에서 갑자기 소리를 한번 질러보고 자신들의 목소리를 점점 크게 내기도 하며 편안하게 시원한 웃음을 짓기도 한다.

특별학급을 자신들만의 공간이라고 여기는 탈북 아이들은 누군가가 침입하는 것을 허용하지 못한다. 남한 아이들이 이따금 열려져 있는 문 사이로 특별학급 안을 바라보거나 같은 반이라고 아는 체 하면서, 혹은 특별반 선생님께 볼일이 있어서 들어오기라도 하면 자기들끼리 금방 재미있게 장난치고 놀다가도 금방 태도를 달리하여 무서운 눈빛으로 '침입자'를 본다. 그리고 남한 아이들이 나가자마자 문을 쾅 닫아버린다. 복도에서 무슨 소리가 나도 무슨 일인지 궁금하여 문 틈새로 쳐다보고는 다시 문을 닫아버린다.

2) 문화적 갈등 – 남한사회의 모순과 구별 짓는 시선들

위의 사례들에서 보았듯이 탈북 아동들은 나이와 학력의 차이, 그리고 의사소통의 어려

[2] 연구시 특별학급 선생님은 저, 중, 고학년으로 나누는 제안을 하기도 했다.

움을 겪으면서 남한 아동들과의 원만한 상호작용을 이루어가지 못했다. 결국 특별학급을 자신들만의 공간으로 만들어가면서 자신들을 남한 아동들과 소외시키고 스스로 분리시켰다. 이러한 갈등이 단순히 문화적 차이에 의한 것이라고 생각할 수 있지만, 사실은 남한사회가 안고 있는 여러 가지 모순과 이중성, 그리고 구별 짓는 시선들이 탈북 아동의 소외에 크게 영향을 미쳤다.

남한사회의 학교 교육에서 통일교육 방향은 민족 공동체 의식을 함양하는데 있고, 남한사회는 통일의 당위성을 한민족이라는 혈연과 문화적 동질성에서 찾아 그 동질성의 회복에 초점을 맞추었다. 경제 성장을 이룩하면서 남한사회는 불쌍하다, 촌스럽다는 동정과 우월 의식으로 북한을 지배의 대상으로 바라보기 시작하고, 남한사회는 북한을 분단 이후의 40년가량 되는 긴 세월의 역사성을 무시한, 분단 전의 원형과 전통의 고유문화가 간직된 곳으로 본다. 민족 단결을 강조한 민족주의를 바탕으로 남한사회의 전반적 북한이탈주민에 대한 시선은 한민족 공동체 의식이 강하게 뿌리잡고 있는 것이다. 남한사회는 이들의 적응교육에서 "우리는 같다" 라는 것을 공공연히 강조하고 있었다. 그러나 실제적인 학교생활에서는 이러한 동질성의 강조가 전혀 맞지 않는 거짓된 이야기에 불과했다. 일상용어의 쓰임이 다르고, 수업내용, 선생님과 남한 또래들의 행동 하나하나가 다르다. 동질성보다는 남한 또래들과의 다름, 이질적인 문화적 요소를 경험하고 스스로를 구별하는 것이다.

문화적 이질성으로 인한 구별은 이들을 향한 주변의 시선들에 의해 강화되었다. 이러한 시선들은 남한사회의 다름에 대한 배타적인 태도와 북한, 북한이탈주민들에 대한 고정관념에 입각한 것이었다. 불평등한 관계 속에서 이러한 시선들은 차별받는 존재에게 심한 폭력으로 자리 잡고 있었다.

① 외형적 차이에 대한 의식

남한 아이들의 시선에는 사회에서 만들어놓은 북한사람들에 대한 이미지들이 그대로 담겨져 있고 그 외형적인 이미지들을 탈북 아동들을 통해서 기억해내려고 한다.

> 교사 : 철이(남, 13세)라고 화를 잘 안내는 아이가 한번 화난 적이 있었어요. 학교에 온지 얼마 안돼서 화장실에 갔는데 화장실에서 남자아이들이 자기를 뚫어지게 쳐다봤대요. 교실에 오자마자 힘없이 앉아서는 말도 안하고 공부도 안하고 그냥 힘없이 쳐져 있더라고요. 밖으로 조용히 데리고 나가서 이야기 해보니까 그제야 이야기하더라고요. 아이들이 자기를 쳐다봤다고…. 철이가 유달리 반 아이들에 비해서는 작지만 이제까지 내가 본 북한 아이들에 비해서 남한 아이들 못지않게 뚱뚱하잖아요. 그것 때문에 여기 아이들이 저에게 물어봐요. 왜 북한 아이인데 저렇게 뚱뚱하냐고… 북쪽 아이들 못살고 못 먹으면 빼빼 말라야 되는 것 아니냐고, 근데 왜 뚱뚱한지… 여기

아이들끼리는 이런 이야기도 해요. 고학년 아이들은 남쪽에도 가난한 아이들이 많은데 오히려 제네 들은 정착금 받고 도움 받고 산다고. 어른들 말을 듣고 그러는지…

여기서 철이라는 아이는 연구자가 본 탈북 아동들 중 다른 남한 아동들 못지않게 살이 쪄 보이는 아이였다. 남한의 2000년 13세 남자아이의 평균 신장과 몸무게는 161.28㎝, 52.94㎏인데 이 아이는 13세 남자아이로 입국당시 131.1 ㎝의 키에 46.5㎏이었다. 신장에 비해 몸무게가 상당히 나가는 아이로 정상적인 발육이 이루어진 아동이라고 보기가 힘들었다. 겉으로 뚱뚱해서 체격이 좋다고 이야기 할 수도 있지만 잦은 빈혈과 심하게 코피를 쏟는 등 체력은 같은 또래의 남한 아이들에 비해 훨씬 약했다.

남한 아이들은 학교에서의 탈북 아동들을 통해서 대중매체를 통해 얻은 고정관념으로 비춰진 불쌍한 이미지와 다른 모습을 발견한다. 탈북 아동은 차츰 불쌍한 동정의 대상이 아니라 이 사회에서 필요 이상의 과한 혜택을 받는 집단으로 대상화해 버린다. 북한이탈주민들이 대한민국에 입국하여 받은, 그리고 앞으로 받아야 할 물질적 혜택들을 들먹이면서 "그렇게 어렵지 않네. 여기 남한에는 저 사람들보다 훨씬 불쌍한 사람 많아"하는 식으로 그들을 주시하게 된다. 이와 같은 북한사람들에 대한 고정관념이 북한이탈주민들을 이 사회의 어느 쯤의 사람들과 같거나 그 사람들보다는 못해야 한다고 규정해 버린다. 남한사람들은 사회 구성원의 서열화 가운데서 이들이 남한사회에 편입되었을 때 어느 집단의 위 혹은 아래의 사람들에 속해야 하는지를 판단하고 있었다.

대부분의 남북 아동들을 비교해 보면 외형상의 신체적 차이는 뚜렷이 나타난다. 탈북 아동들을 같은 연령의 남한 아이와 비교해 보면 신장은 최소 3㎝에서 최대로 30㎝까지, 몸무게는 1.27㎏에서 28.66㎏까지 차이를 보이고 있다. 탈북 아동들은 한 교실에서 또래 친구들과 비교하면 나이는 3-4살 정도 많으나 키와 몸무게가 작아 심리적으로 위축되었다. 또 이러한 외형상의 뚜렷한 차이 때문에 남북 학생들은 쉽게 눈으로 구별할 수 있었다.

탈북 어린이들의 신체적 특징에서 북한 기아 문제의 심각성을 볼 수 있다. 박순영(1999)의 연구에서는 북한 어린이들의 급성영양실조와 영양결핍의 장기화로 인한 만성적 성장지체를 통해 남북한 어린이의 신장 차의 추정치를 만 7세 기준으로 12㎝ 이상으로 보고 있다. 이들의 영양실조의 문제는 지능저하, 정서 발달 장애, 학습 능력 저하와도 이어질 수도 있고, 특히 "북한사람은 키가 작다"는 식의 신체적 특징의 가시화되는 차이로 인해 주변인, 소수 집단으로 범주화되어 사회 문화적 차별로 이어지는 종족적 낙인(tribal stigma)의 양상을 띠게 될 확률이 높다(정병호, 1999). 남한 아이들은 학교에서 키가 작고 마른 체형의 아이들이 하나원 친구들, 탈북 아동임을 자연스럽게 받아들였다. 탈북 아동들은 신체적인 외형상 차이로 인해 남한 아이들로부터 놀림거리가 되었고,[3] 소수집단으로의 차별을 경험했다.

[3] 연구자가 현장 연구할 당시에 한 13세의(4학년 배정)여학생이 일반학급에서 특별학급으로 내려와 운 적이 있었다.

② 낯선 문화적 행동에 대한 인식

탈북 아동들의 낯선 문화적 행동은 남한의 규제와 규율에서 벗어난, 길들여진 문화적 차이로 인한 것들이 대부분이었다. 남한사회의 가치와 규범과는 어긋나는 것이었고 그것은 문제아나 반항아의 일탈 행동으로 규정될 수 있었다.

> 교사 : 담배 피나 봐요. 가까이 가니까 담배냄새가 나는데, 주위 아이들도 눈치 챈 것 같아요. 주의 좀 주세요. 여기 학부모님들이 좀 걱정이 되는 것 같은데….
>
> 교사 : 요 앞에 상점 아줌마가 그러는데 군것질이 너무 심하다고…. 용돈을 어떻게 받는지. 부모님께 돈 좀 적당히 주시라고 이야기 좀 해주세요.
>
> 교사 : 아이들이 CD Player를 갖고 와서 수업시간, 쉬는 시간 할 것 없이 듣는데 초등학교 학생들이 가지고 다니는 것은 같은 반 아이들한테도 안 좋다고 생각이 되니까. 주의를 주었어요. 근데 돈을 어디서 나서 그렇게 그런걸 아이들이 사죠?[4)]

일반 남한의 초등학교 아동들에서 담배나 CD Player는 상상하기 힘든 것들이다. 교육적 환경과 분위기를 생각하는 교사들은 탈북 아동들의 행동이 학교 전체 아동들에게 나쁜 영향을 끼칠까봐 염려와 걱정을 한다. 교사들은 이들이 평범한 다른 초등학교의 여느 아이들과 마찬가지로 행동하기를 원하며 조금이나마 일탈된 행동들이 보여 지면 그것은 학교의 규정에서 벗어난 행동처럼 보고 그에 대한 단속과 지도를 한다.

교사들이 아이들의 행동을 주위와 단속의 지도로 보지만 사실 교사들은 그들의 행동에서 문화적 충격을 받는다. 또 탈북 아동들은 학교를 다녔던 아이들이지만 학습 공백 기간이 상당히 컸기 때문에 정해진 시간표와 행동의 규제가 가해지는 낯선 초등학교 환경에 맞추다 보면 그들 나름대로의 심리적 스트레스를 받게 된다.

> 교사 : 담배를 참기 힘든가 봐요. 참으라고 사탕도 주고 했는데 한번은 담배를 참다가 못 피게 하니까 특별반 교실 바닥에서 발작을 일으키는데 바닥을 뒹굴더라고요. 너무 놀라고 무서웠어요.
>
> 교사 : 아이들이 너무 졸려워 해서 도저히 수업이 안 되기에 그럼 그냥 가장 편한 자세로 10분간만 자라 했더니 남자 아이 두 녀석이 저기 대형 TV가 설치되어 있는 곳의 TV와 벽 사이의 모서리에 둘이 웅크리고 교실바닥에 앉아서 자더라. 순간적으로 너무 놀랐어요. 굉장히 불편해 보였는데 ….최대한 자신의 몸을 웅크리고 ….

남한 아이들이 나이에 비해서 키가 작다고 놀려대서 특별학급에서 서럽게 울었던 것이다. 이 아동은 학교 가기 싫다는 말을 종종 하곤 했다. 탈북 아동들은 연구자에게 "선생님 재내들보다 내가 커요? 작아요?", "선생님, 안본 사이에 많이 자랐죠."하는 식으로 물어보았다. 탈북 아동들 스스로 남한 또래들과의 신체적 차이에 대해 민감하게 의식하고 있었다.

4) 하나원에서 1달 생활비는 연령의 관계없이 1인당 80,000원씩 지급되었다. 1달에 80,000원을 한꺼번에 지급하지 않고 15일에 40,000원 씩 두 번 지급되었다. 부모들은 경제 감각이 없어서 용돈을 대중없이 주고 아이들은 소비충동이 일어나 쉽게 돈을 쓰는 경우가 있다.

이 행동이 꽃제비[5] 생활에서 학습된 행동으로 보여질 수 있지만 이들의 어떤 특정한 행동이 북한 아이들의 전형적인 특징이라고 이야기하기는 어렵다. 각각 개인적인 경험에 따라서 달라질 수 있기 때문이다. 탈북 과정의 제3국인 중국, 태국, 캄보디아 등으로 옮겨가는 과정에서 학습된 행동으로도 비추어지기 때문에 이들의 행동이 북한의 문화적 요소에 의한 것이라고 거론하는 것은 위험하다. 그러나 이들의 행동은 분명히 학교 안에서 교사나 학급 아이들에게 큰 문화적 충격으로 여겨졌다.

획일적 제도교육의 현실에서 일반적으로 교사들은 사회에서 정해놓은 도덕과 규범에 맞추어 학생들을 지도한다. 그 안에서 탈북 아동들의 남한사회에 익숙지 않은 행동들은 반항적인 일탈행동으로 간주될 수밖에 없으며, 그 행동들을 문화적 다름이 아닌 문제아의 행동으로 취급한다면 이들은 학교 생활에서 원만한 적응을 하지 못할 것이다.

③ 특별한 존재에 대한 호기심과 동정

보통 지역주민들은 북한이탈주민들이 우리 사회에서 아직 흔히 볼 수 없는 특별한 존재이기 때문에 호기심과 동정의 눈으로 바라본다.

> (문턱초등학교에서는 가정체험학습이라고 해서 탈북 아동들이 남한사회의 가정을 체험하는 교육적 프로그램으로 친구 집에서 하룻밤을 보내는 학습을 시도했다. 각 학년의 맘에 드는 동무의 집에서 하룻밤을 지내는데 보통 아이들은 자신들이 친구를 한 명 정하여 같이 시간을 보내게 된다.[6] 하룻밤을 지내고 그 다음날 하나원으로 돌아온 아이들은 정신없이 자랑한다.)
>
> 연구자 : 재미있었어?
>
> 순이(여, 13세) : 보세요. 집에 가서 예쁜 인형도 선물 받고 필통도 걔네 부모님들이 사줬어요. 나보러 많이 먹으라고 음식도 많이 사주셨어요.
>
> 연이(여, 9세) : 나도…. (연구자에게) 이것보세요. 예쁘죠?
>
> 별이(남, 17세) : 집이 엄청 커요. 와! 가구들도 많아요. 가구가 한 이만해요. (크기를 표현한다.) 냉장고가 왜 그렇게 커요? 선생님… 선생님 집도 그렇게 커요? 보통 그래요? 잘 해줬어요. 근데 걔네들이 학원을 가야 한데요. 그래서 학원 갔다 올 때까지 집에서 그냥 있었어요. 그래서 별로 ….
>
> 철이(남, 13세) : 장난감도 나 줬어요. 그냥 가지래요. 맛있는 것도 많이 사줬어요. 저녁 먹는

---

5) 꽃제비란 북한사람들 사이에서는 거지를 일컫는 말인데 사회주의 국가에 거지가 있다면 말이 되지 않으니까 제비라고 부르는 것이라고 한다. 이들 거지는 연령에 따라 노제비(늙은 제비), 청제비(젊은 제비), 꽃제비(어린 제비)로 나누는데 가장 고통받는 것이 노제비라는 것이다. 왜냐하면 청제비와 꽃제비는 나름대로 조직이 있어 먹을 것을 찾아 먹는데 노제비는 늙은 몸으로 기력이 쇠잔하여 가장 비참한 삶의 모습을 보인다고 한다. 곽해룡, 2000 〈중국에 있는 북한이탈주민 인권 실태에 관한 연구: 신 이산가족 현상의 발생을 중심으로〉 《통일문제연구소》 제12권 1호(통권 제33호), 평화문제연구소.

6) 원래는 자신이 원하는 친구를 스스로 선택하기로 되어 있었지만 대부분 친구 사귀기의 어려움이 있기 때문에 선생님의 지정으로 가정체험학습이 이루어지는 경우가 종종 있다.

데 이웃 사람들이 그 집에 왔어요. 저를 북에서 온 아이라고 보면서, 저 보러 사람들이 온 것 같아요. (기분이 좋아 보이지 않는다.)

설이(여, 16세) : 선물, 음식 많이 사줬어요. 근데… 백화점, 음식점 돌아다니는데 사람들 만날 때마다 저를 북한에서 왔다고 소개해서… 고개를 들 수가 없었어요. 음식점에서도 북한에서 온 아이라고 하니까 그 음식점에서 공짜로 음식을 하나 그냥 줬어요. 근데 북에서 왔다는 이야기, 그런 것 좀 안 했으면 좋겠는데…. 이제 가정 체험 학습인가 그런 것 안 했으면 좋겠어요. 기분이 좀 나빠요.

남한사회에서 탈북 난민들과의 만남은 아직까지 그 수가 적어 익숙하지 않기 때문에 신기하고 호기심에 찰 수밖에 없다. 남한사람들은 과잉 친절, 배려 그리고 일회적인 선물을 베풀면서 탈북 아동들을 남한사회에서의 특별한 존재, 귀순용사로서의 영웅 만들기에 주력했다. 중요한 것은 탈북 아동들을 향한 행동이 그들 자신들에게 어떤 식으로 작용하고 심리적으로 받아들여질지 생각해 보아야 한다는 것이다. 탈북 아이들은 학교에서 불우이웃 성금을 내는 상황에서 성금 안내도 된다는 주위의 배려에 기분 나빠하며 다른 친구들보다 오히려 더 많은 액수를 내고야 만다. 진정한 배려도 아닌 선심을 가장한 어정쩡한 동정심은 이들에게 도움이 되지 않는다. 호기심과 동정의 시선 속에 공짜의 선물들이 선심으로 포장되어 나타나는데 탈북 아동들은 그런 과잉 친절, 베푸는 행위를 좋게 느끼지 못하고 있다.

우리 사회에서 북한이탈주민은 아직도 익숙지 않은 존재들이지만 그 희소성 때문에 때로는 중요한 인물로 평가받는다. 그것은 북한이탈주민들이 남북한의 자유로운 왕래가 전혀 불가능한 곳을 넘어온 사람들로서 우리 사회에서 통일 이후의 문제들을 미리 예측하여 통일을 준비하는데 중요한 역할을 담당할 존재들이기 때문이다(전우택, 1997). 그러나 이들의 중요도는 연구나 학계에서 인정하는 것이고 일반 사람들에게는 이러한 중요도보다는 신기하고 호기심에 가득 찬 일종의 스타 이미지로 형성되어 있다. 북한이탈주민들은 한국사회에 입국하자마자 '영웅적인 귀순용사', '목숨을 걸고 넘어온 우리 동포'식으로 대중매체나 언론에 의해 영웅으로 만들어졌다. 이들은 여러 반공 강연과 TV 출연으로써 북한의 실상을 알리고 남한 체제의 우월성을 과시하는데 이용되어진다. 거대한 포장으로 이들을 특별한 존재로 만들어버리는 이 과정에서 북한이탈주민들은 자신의 '귀순', '북한', '탈북'이라는 이미지를 새로운 정체성으로 받아들이고 수동적인 주변적 지위를 스스로 정당화하여 문화, 상징적인 적응전략으로 내세운 일상에서의 실천 방식으로 역이용하게 된다(정유선, 1998). 그러나 실제로 이들은 정치적, 사상적 고민이나 민족 통일을 위한 거대한 영웅이 아니라 단지 정말 사소하고 개인적인 이유, 생존과 관련되어 기아에 못 견디어 탈북을 결심한 보통사람에 불과하다.

남한사회에서 북한이탈주민들을 바라보는 시선들은 이들을 규정짓고 타자화하는 것으로 구별을 생산하고 있다. 구별 짓는 대상에 대해서 남한사회는 통일과 같은 공식적 담론에서 항상 문화적 동질성을 강조하는 이중성을 드러냈다. 이와 같은 문화적 갈등 속에서 탈북 아동들의 심리, 행동적 특성과 대응방식으로써 적응 전략을 살펴보고자 한다.

3. 심리 및 행동적 특성과 적응전략

1) 심리 및 행동적 특성

탈북 아동들의 심리 및 행동적 특성은 소위 한국사회에서 문제아나 반항아로 낙일될 수 있는 문제 행동들이었다. 그러나 한 문화 안에서는 정상이라고 여겨지는, 길들여지고 학습된 개인의 행동이 다른 사회의 문화 안에서는 비정상적인 행동으로 부각되어 질 수 있다는 점에 주목한다. 각각 개인의 행동들이 다른 문화를 접했을 때는 다르게 해석되어질 수 있고, 이들의 부정적인 행동들은 사실은 다른 문화 안에서 학습되어진 것일 수 있음을 인식할 필요가 있다.

① 공부에 대한 강박관념 : 치열한 경쟁심리

언제 잡힐지도 모르는 불안 속에서 숨어 지낸 초조함과 긴장감은 입국한 이후에도 계속 나타나는데 남한사회에서는 "여기서 잘 살아야 한다" "성공해야 한다"는 강박관념으로 나타난다. 긴장을 풀기보다는 항상 조여지는 압박감을 성공이라는 말로 표현했다. 탈북 아동들은 "공부를 열심히 해서 훌륭한 사람이 되겠습니다" 라는 식으로 성공에 대한 갈망을 나타냈다. 이들의 공부에 대한 집착은 무서우리만큼 강하다. 물론 이런 공부에 대한 집념은 학교, 학력에 대한 공백 기간, 그리고 제3국 생활동안 학교 가는 학생들에 대한 부러움, 학교에서 공부한다는 것에 대한 그리움 때문에 일시적으로 작용하는 것일 수도 있지만 지나치게 드러날 때도 있다. 예를 들면 학교에서 이루어지는 자습 시간은 그들에게는 공부하는 시간으로 비춰지지 않는다.[7] 자습시간에도 항상 아이들은 "공부합시다" 하면서 "공책에 문제 내주세요. 문제 다 풀었어요. 검열하세요. 점수 매겨주세요. 점수 여기에 크게 써주세요. 맞았다고 표시해줘야죠" 하면서 선생님들에게 지나친 요구를 한다. 공부해야 한다는 표현을 끈질기게 자주 선생님께 함으로써 자신은 공부하는 학생이라는 것을 드러내기도 한다.

탈북 아동 청소년들에게 공부는 성공과 직결된다. 이들의 성공은 우선 정착금 받고 그

[7] 북한 청소년의 행동특징에 있어서 수동성을 들고 있다. 구체적인 사실에 대한 명령이 있기 전에는 자발적으로, 능동적으로 행동하지 않는 것인데 중앙의 계획에 의해 타율적이고 수동적으로 사회화되어감에 길들여진 행동으로 해석한다. 이원봉, 1996 〈북한 청소년생활의 심층연구〉 한국청소년연구 제 24호 봄

돈으로 아직도 탈북 하여 제3국에서 숨어 지내고 있을 내 가족들을 빨리 한국으로 데려오는 것, 한 회사의 사장이 되거나 무역 일을 하면서 돈을 많이 벌어서 하고 싶은 것 하면서 사는 것, 중국에 가서 자신들이 당했던 만큼 갚아주고 싶은 것 등이다. 이들은 성공해야 북에 있는 자신 때문에 고생하고 있을 많은 가족, 친척들을 나중에 통일되어서 볼 때 면목이 설 수 있다고 한다. 자신은 변절자도 배신자도 아니며 단지 먹고살기 위해서 한국 땅에 왔고 꼭 성공해서 통일이 되었을 때 북에 있는 우리 가족, 친척들에게 갚을 것이라는 말을 덧붙이기도 했다.

한국사회에서 어떻게 하는 것이 성공할 수 있는 길인지를 아이들은 이야기한다. "남한사회에선 공부를 잘하면 짱이다" 라고 표현하면서 공부에 대한 강한 집착이 심한 경쟁으로 나타난다. "나만 배와 주세요(가르쳐주세요)" 라는 말을 하는데 지나친 경쟁의식을 서재진(1999)은 북한 주민의 자아방어 기제의 발달로 분석하고 있다. 개인생존의 집단주의적 보장이 작동되지 않는 상황에서 자기 생존을 위한 방어기제로써 북한 주민은 자기 스스로 자기 이익을 지키며 이기주의에 가까운 행동을 한다고 보고 있다. 북한의 공식 이념은 집단주의이나 실제 생활은 집단주의보다는 이기주의에 가깝다는 것이다.

보통 북한사람들의 문화적 특성에 따른 인성 연구[8])를 보면 집단주의를 하나의 특징적 요소로 보고 있다.[9]) 그러나 독고순(1999)은 개인주의와 집단주의는 남북한의 문화적 특성을 가르는 주요 기준이 아니라고 주장하며 집단주의를 북한사회 구성원들의 공식적인 특성으로 파악할 수 없다고 한다. 탈북 사람들은 수직적 개인주의 성향으로 권력과 서열에 대한 불평등을 받아들이는 보다 경쟁적인 성향을 드러내는 연구 결과를 제시했다. 이는 성분에 의해 결정 지워지는 계급사회와 당, 수령에 대한 절대복종이라는 명백한 위계구조를 보편화하고 있다는 점에서 서열의식의 근간을 이루는 것으로 보고 있다. 이와 같은 수직적 개인주의 성향으로 나타나는 경쟁의식과 우월의식, 자존심 세우기는 자신 없음이나 열등감의 역설적 표현인 것으로 보이는데 특히 자존심 세우기는 주위 남한사람들을 당황하게 만들기도 한다.

② 자존심과 도벽[10])

남한사회에서 탈북 아동들이 느끼는 북한사회와의 차이는 바로 물질적 풍요로움일 것

8) 북한의 인성 연구에서는 큐란(Timur Kuran)이 제시한 선호 위장(preference) 이라는 개념을 사용해서 북한의 이중성을 이야기한다. 개인적인 선호와 사회적인 선호라는 이중적인 의식을 갖는데 고형복은 이에 공식적 욕구 수준을 갖는다고 표현하고 있다. 북한에서는 욕구 수준을 공식화함으로써 심성을 조직화한다는 것이다. 여기서 서재진은 공적인 집단주의와 일상생활에서의 개인주의, 이기주의가 선호되는 이중성을 보여주고 있다(서재진, 1999: 독고순, 1999).

9) 규범적 · 공식적 수준의 집단주의를 강조하는 모습은 북한의 헌법 5장에 《하나는 전체를 위하여, 전체는 하나를 위하여》라는 집단주의 원칙에 기초한다고 명시하고 있다.

10) 북한에서의 생활이 개인의 통제와 억압의 일상적이기 때문에 개인주의적 차원의 자기 보존의 본능이 고도로 발달하면서 자기 방어기제가 발달하게 된다. 자기 억압, 불만과 분노 대상의 전가, 이기주의 그리고 대체보상의 절도 및 물질주의 등이다. 절도는 욕구가 충족되지 못하는 사회의 경제난과 물질적 결핍상황으로 그 문제를 극복하기 위한

이다. 물질적으로 양과 질의 차이에서 아동들은 정신을 뺏길 정도로 물건에 대한 욕심에 빠져버린다. 이것은 어쩌면 예상할 수 있는 당연한 현상일 수 있다. 그런데 이들의 물질적 차이에서 오는 갖고 싶은 욕심은 도벽으로 이어지는 경우가 있었다.

북에서 혹은 제3국의 체류기간 중에 생존을 위해 학습된 탈북 아동들의 행동이 바로 물건 훔치기, 가로채기였다. 죽음을 각오하고 국경을 넘어 식량과 돈을 구하고 다시 북으로 넘어가 굶어 죽어가고 있는 가족들을 살리는데 물건 훔치기는 큰 공로였다. 남한사회에서 남한 어린이들이 도둑질은 잘못된 것, 나쁜 행동이라고 가르침 받을 때 북한사회에서의 탈북 아동들은 자신과 가족들의 생존을 위한 하나의 도구로써 그것을 이용했던 것이다.

한 아이의 도벽사건이 문제시되었을 때 그 아이의 어머니는 북에서 이 아이가 물건을 훔쳐 온 것으로 굶주림을 면했으며 그래서 그 행동을 오히려 칭찬했다고 말했다. 하나의 행동이 다른 사회의 환경과 문화에 따라 다르게 해석되어질 수 있음을 보여주는 것이다. 이 아이는 심리치료를 받아야 할 아동으로 판단되어졌다. 특수한 사회적 환경에서 학습되고 오히려 칭찬 받았던 행동이 다른 사회에서는 인생을 망칠 수 있는 범죄로 여겨지는 혼란스러움을 이 아이는 못 견뎠을 것이다. 이처럼 사회의 문화적 다름은 도덕적 기준의 혼란도 가져올 수 있는 것이다.

물건을 훔친 행동에 대해서 잘못임을 인정하는 것 대신에 택하는 행동은 끝까지 부인하는 것이다. 누가 어떤 행동을 취하건 강한 부인으로 일괄하는데 여기에는 특유의 자존심을[11] 세우는 언어와 행동들이 이용된다.

> 교사 : 공을 가지고 가기에 다른 아이들도 같이 쓰는 거니까 반납을 해야 한다고 했는데 결국 안 하더라고요. 그래서 하나원 나가기 전날 짐을 쌀 때 한번 찾아보라고 했는데 없다고 하더라고요. 가지고 간 것이 확실한데…. 짐을 싼 그 가방 안에 있음을 제가 알고 있었어요. 그래서 이렇게 이야기했죠. '그럼 공이 3000원이니까 네가 잃어버렸으니 3000원을 선생님께 주면 내가 공을 사다 놓을게'했는데 내가 이 말을 꺼내자마자 바지 주머니에서 3000원을 꺼내주는 거예요. '이제 됐죠?' 하면서….사실 한 번 더 찾아볼게요 라거나 공을 주기를 바랐지 돈을 받으려는 생각이 전혀 아니었는데…. 이 아이가 3000원을 주는데 그 앞에서 내가 어떻게 해야 좋을지 모르겠더라고요.

집단적 행위로 보고 있다(서재진, 1999).

11) 본질적으로 자존심은 우리가 자신을 가치 있다고 생각하고 존중해 주는 자신에 대해 느끼는 태도이다. 자존심은 우리의 자아개념과 연관된 개인적 가치감(價值感)이다. 자존심이 낮은 사람은 불안정한 자아정체감과 같은 어려움을 지녀서 자존심이 높은 사람들보다 4배 이상이나 불안정한 자아상을 가진다. 자존심이 낮은 사람들은 여러 가지 정신질환 징후, 즉 불안, 신경증, 불면증, 두통, 욕구불만, 심장박동 등으로 고통을 더 받고 있는 것으로 보고되었다. 반대로 자존심이 강한 사람은 그런 고통을 훨씬 덜 받는 것 같다는 것이다. 따라서 자존심이 낮은 사람은 여러 가지 사회생활에서 난처함과 불안함을 느끼며, 그 곤경을 피하기 위해서 무슨 짓이든지 하려고 한다는 것은 놀랄만한 일이 되지 않는다. 김인자역, 1986 『적응심리』 서울: 정민사 인용.

자존심을 세우는 행위 자체는 오히려 자신을 지키기 위한 방어적인 성격이 강하다. 조그마한 일에도 상처를 받기 쉬운, 자존심이 약한 사람들에게서 더 강한 방어적 행동들이 표출된다. 위에서 자존심을 세우는 행동에는 결국 상대방에게 "뭐 아무 일 아닌 것 가지고 이렇게 까지 하느냐?"는 뜻으로 보인다. 이런 행동은 공을 가지고 간 것이 들켰을 경우 그리고 공이 자신에게 없다고 거짓말했던 것이 탄로 났을 경우 받을 상처에 대해서 철저한 방어 자세를 취한 것이었다.

탈북 아동들이 자존심을 드러내는 유형에는 자신들이 생각하는 도덕적인 가치판단의 기준들을 지적하는 것으로 나타나기도 한다. 그리고 자존심을 드러내는 행위는 그 대상의 연령이나 지위에 관계없이 이루어진다.

> 교사 : 비디오를 빌려달라는 아이에게 시간이 좀 지나서 어렵게 비디오를 구해 빌려줬더니 오히려 '이제야 주면 내가 보여주기로 약속했던 사람들에게 내 꼴이 뭐가 되냐'며 화를 내더라.
>
> 교사 : 이 아이는 사달라는 말을 자주 한다. 그래서 돈을 반씩 내기로 하고 물건을 사줬는데 그 후에 이 아이가 돈을 준다고 해놓고 몇 달이 지나도 돈을 주지 않아서 이야기했더니 내가 언제 그랬냐고 …. 그리고 '이런 것은 나라에서 사줘야 되는 것 아니냐'고 오히려 이야기해요.

위와 같은 자존심을 세우는 탈북 아동들의 말이나 행동들을 보고 남한사람들은 "고마움을 전혀 모른다" "버릇이 전혀 없다" 등으로 탈북 아동들을 평가한다.

남북한 간 눈에 보이는 문화, 경제적 차이를 느끼지만 탈북 아동들은 이 엄청난 차이를 그대로 받아들이기 벅차한다. 남한사회에서 문화차이를 경험하면서 북한사회와 그곳에 살았던 자신이 형편없게 여겨지지만, 그래도 그 사회는 자신의 많은 경험과 추억이 있고 아직도 그리운 사람들이 살아가는 곳이며 자신은 그 사회의 한 일원이었다. 그런 곳을 간직하기 위해 자신들은 모든 차이의 현실 앞에 이 차이를 태연한 척, 익숙한 척 넘기면서 표현해야 하는 것이다. 이에 탈북 아동들은 자존심을 세울 수 있는 언어와 행동들을 통해서 문화적 충격을 덜 받고자 하는 자기 방어적인 행동을 하는 것이다.

③ 공격성

탈북 아동들은 자존심에 손상이 오거나 누군가가 조금만 건드려도 거친 욕설과 태도, 심한 폭력성까지 보이는 경우가 있다. 분노와 격렬한 공격성을 나타내는데 이러한 행동은 대상의 나이가 어떻든, 또 행해지는 장소가 어디든 상관이 없다.

교사 : 경이가 반장을 계속 하고 싶었던 모양이에요. 근데 요번에 기수 아이들이 자기보다 크니까 반장 자리가 자기는 마음에 드는데 뺏길까봐 불안감이 생긴 것 같아요. 나한테 계속 반장 바꿀 거냐고, 반장 계속 하고 싶다고 그랬는데…. 수업시간에 인사를 하고 나자마자 뒤에 있는 한 아이가 반장 선거 다시 안 하냐고 했어요. 그랬더니 그 말을 하자마자 책상을 밀고 그 말한 아이를 주먹으로 마구 때리더라고요. 말려도 때리는데 무섭더라고요.

탈북 아동들의 공격성이나 폭력성도 북한사회의 문화적 특성으로 나타나는 것으로 보고 있다. 외생적 사건의 경험으로 인해 발생할 수 있는 북한이탈주민들의 스트레스 장애를 연구한 것에 의하면 그들에게 영향을 미친 외생적 사건을 몇 가지로 보여주고 있다. 높은 비율의 순으로 보면 공개처형 장면 목격, 아사자 목격, 구타 장면 목격, 처벌받는 사람 목격의 순서이다(강성록, 2000). 외상적인 사건을 보았던 문화적 환경 속에서 아이들의 폭력성이 내재되어 나타날 수 있는 것이다.

공격성과 관련된 행동들은 여러 가지 바람직하지 못한 행동을 나타내는데 그 중 타인의 행동을 말이나 몸짓으로 승인하지 못함을 나타내는 불승인 행동으로써 탈북 아동들에게 나타났다(강위영, 1997).

교사 : 뭐 사달라고 하기에 안 된다고 했더니 끈질기게 요구하더라고요. 그러더니 점심시간에 그냥 식당에 누워 버리더라고요. 모든 아이들이 쳐다봤죠. 이상하게… 일으켜 세웠고 바로 사줬어요. 이들은 어떻게 하면 내가 자신들의 요구를 받아들일 수 있는지 다 알고 있는 것 같아요.

탈북 아동들의 끈질긴 요구가 이루어지지 않았을 때 그들의 행동은 대부분 위와 같은 사례들이다. 요구가 들어지지 않거나 화가 날 경우 아이들은 어느 장소 건 가릴 것 없이 즉각적으로 행동한다. 그리고 탈북 아동들은 자신들의 요구가 실행되기 위해 스스로 어떤 행동을 취해야 하는지를 만나는 사람에 따라 혹은 자신들이 처한 상황에 따라서 빨리 파악하고 행동했다.

2) 탈북 아동들의 적응전략과 통찰

적응의 어려움으로 소외감과 문화적 갈등을 경험한 탈북 아동들은 자신들만의 적응전략을 세워나가면서 남한사회에 대응해간다. 탈북 아동들이 하나원을 퇴소하면서 2-3개월의 생활을 토대로 자신의 적응전략을 세우는데 그것은 두 가지 이다. 하나는 북한 출신이라는 사실을 숨기는 것이고 또 다른 하나는 지위 상승을 위한 서울 지향적 모색을 추구하는 것이다.

탈북 아동들은 하나원을 퇴소한 후에 자신들의 정체성을 숨기는 적응전략을 세운다. 2-3개월 동안 전 학생이 북한 출신이라는 사실을 알고 있었던 문턱초등학교에서의 소외와 부적응 경험 때문에 이들은 배정지 학교에서는 자신의 출신을 철저히 숨기려 다짐한다. 그리고 철저히 남한사람되기 위한 노력을 기울인다. 그러나 실제로 이것은 학교생활의 적응에 전혀 도움을 주지 못한다. 사고나 가치관, 억양과 사투리 등에서 남한 또래와의 차이가 드러날 수밖에 없었고 그런 문화적 차이를 숨기기 위해서 아이들은 부자연스럽고 늘 탄로날지 모르는 불안한 마음으로 긴장된 학교생활을 보내야만 하기 때문이다. 이러한 학교생활로 이들은 남한 또래와 원활한 관계를 만들지 못했다.

숨김과 함께 이들은 초등학교의 특징을 들어서 서열화된 사회의 지위 상승을 위한 서울 지향성을 추구했다. 2-3개월 동안 문턱초등학교의 생활이 일반적인 학교생활이 아니라고 스스로 평하는데 그것은 초등학교가 시골에 있다는 점 때문이었다. 아이들은 서울이라는 곳에서 생활한 경험 없이 막연한 서울에 대한 환상을 가졌다. 이들의 생각은 도시(서울)와 시골, 중심과 주변의 구도 속에서 차등화하고 상하 위계질서를 형성하여 사회적 차별과 불평등으로까지 확대되어지는 사회의 전형적인 남한사람 모습 그대로를 보여준다. 이런 이중적 질서, 중앙과 주변의 인식 틀에 맞추어진 중앙 지향성의 가치관으로 남한사회에 적응하기 시작하는 탈북 아동들은 사회정착 첫 시기서부터 개인적 이득을 살핀다. 경쟁과 출세, 성공의 논리에 맞추어서 몸을 실어 가는 과정의 전략은 "여기서는 영어와 컴퓨터를 잘 해야 성공한다", "서울에서 공부해야 뭔가 좀 할 수 있지", "학원이나 과외도 받아야 된다" 등의 정보를 통해 얻는 것이었고 이들은 한국사회의 출세를 향한 경쟁의 모습들을 그대로 따라하고 있었다.

스스로 적응전략을 세움으로써 탈북 아동들은 배정지 학교에서의 생활을 시작한다. 그리고 더욱더 꼼꼼히 남한사회의 제도교육에 대한 통찰을 해나간다. 먼저 간파한 것은 학교의 교육적 효과, 학습에 관한 것이다. 학교는 모든 학생들이 다 성공의 길을 갈 수 있을 것이라는 거짓된 꿈들을 만들어낸다. 또 사회는 교육에 의해 사회적 진출이 가능하며 상승 이동도 개인적인 노력과 교육적 결실을 통해 저절로 열려 있다는 착각을 일으키게 한다. '공부만 열심히 하면'이라는 전제 하에 모든 학생들을 하나의 목표로 몰아넣으면서 결국 피나는 성공으로 상승을 향한 경쟁에 힘쓰게 한다.(탈북 아동들은 이 상승을 위한 경쟁논리를 너무나 잘 받아들였다) 대학 간판과 그에 따른 서열의 구도 속에서 생산되는 문화자본은 위계질서를 정당화하여 재생산된다. 이 자본을 획득하기 위한 치열한 경쟁의 구도 속에서 한국교육의 현실은 학교 외의 학원, 과외라는 다른 도구와 수단을 사용 가능하게 했고, 어느 순간부터 학교보다는 학원과 과외 학습이 목표를 이루어 가는데 중요한 역할로 자리 잡게 되어 학교는 유명무실한 곳으로 변해갔다. 탈북 아동들은 교육과 학습의 장이라고 할 수 있는 학교라는 곳이 학원과 비교했을 때 별로 기능을 담당하지 못하는 것을 통찰한다. 또 제도교육의 장이라고 볼 수 있는 학교보다 학원과 과외의 역할이 좋은 시험결과를 위해서는 더 중요하지만 노력의 결과를 평가받을 수 있는 시험 자체가 학교에서 이루어지는 모순을 간파했다.

또 다른 하나는 이들이 간파했던 것은 교실에서의 집단 따돌림, 왕따의 현상에 관한 것이다. 학교는 다름에 대해 이해와 존중의 학습이 이루어지지 않았으며 오히려 학력주의로 인해 어떻게 하든 친구도 경쟁의 적이 될 수 있는 곳으로 변한지 오래다. 탈북 아동들은 교실 안에서의 차별 구도, 서열과 위계질서상의 가해자와 피해자가 명백히 존재하는 집단 따돌림의 현상을 지켜보았다. 그리고 이들은 직접 집단 따돌림의 피해자로 경험하면서 자신들이 소외와 차별 집단으로서 살아갈 모습들을 짐작한다. 그러면서 탈북 아동들은 무엇인가 특출하지 않으면 무시당하고, 공부를 열심히 하려는 아이나, 선생님께 칭찬 받는 아이가 오히려 따돌림의 대상이 되는 도덕적으로 이해할 수 없는 현상을 발견하고 한국사회의 교육현장의 모순들을 폭로한다.

탈북 아동들은 학교가 소수자, 차별의 대상들을 포용하는 공간이 되지 못하고 오히려 극히 경쟁을 위한 개인주의적인 인간의 양산에 주력하는 가운데 학교의 교육적, 도덕적 부조리함을 통찰한다. 그리고 학교가 더 이상 자신들이 있을 곳이 아님을 인식, 자퇴의 길을 선택한다. 탈북 아동들의 자퇴는 적응을 위해 철저히 자신을 숨기고 남한사람 되기 위한 것의 한계와 제약을 뜻한다. 탈북 아동들은 남한의 지배적 가치관과 남한학교 문화의 주류에 맞추고자 노력했다. 이들은 대학입시라는 남한교육의 경쟁논리를 그대로 따르며 자신을 숨기고 남한사람으로 살아가기 위해 노력했지만 이러한 노력은 스스로 이길 가능성이 희박한 게임, 질 수밖에 없는 경쟁에 몸을 던지는 일이었고 그 노력에 제약이 따른 것이다.

학교 제도교육의 편입에 실패한 아이들이 결국 검정고시 학원으로 향한다. 한국에서 자신들의 위치가 주변부라는 것을 스스로 인정하고 한국사회에서 학원의 역할과 가치를 간파한 탈북 학생들은 학력 향상과 성공의 기대, 지위 상승의 꿈을 가지고 검정고시 학원에서 꾸준히 이어나간다. 그러나 확실치 않는 미래의 불안감과 학력의 수준 차이, 그리고 원활한 친구관계형성의 어려움 등으로 검정고시 학원에서도 적응하기에는 무척 어려운 실정이다.

4. 맺음말

이 연구는 남한사회에 입국하자마자 2-3개월간 한 초등학교에 탈북 아동 · 청소년들이 편입되면서 남북 학생들의 만남과 상호작용을 관찰한 것이다. 탈북 아동들의 초기 학교생활에 관한 구체적인 사례를 통해서 문화적 갈등과 그들의 적응전략을 살펴보았다.

북한이탈주민은 5천년 역사를 함께 한 같은 민족이라는 동질성이 강조되어 왔지만 사실 남북한의 실제적인 만남에서는 외형상 신체적 차이, 문화적 행동과 언어상의 차이, 나이와 학력의 차 등 서로 다른 모습들을 발견했다. 문화적 이질감을 통해 탈북 아동들은 스스로 심리적인 차별의식과 소외감을 느꼈다. 다름에 대한 이해가 훈련되지 않은 남한사회는 이미 형성된 북한에 대한 이미지와 고정 관념을 잣대로 하여 이들을 대상화시키고 구별했다.

탈북 아동들은 남한 아동들과의 원만한 상호작용을 이루지 못했다. 그리고 이를 극복하기 위한 대응방안으로 자신 정체성 숨기기와 중심 지향적인 행동, 지위상승을 위한 서울행 등의 적응전략을 세웠다. 그러나 자신의 정체성을 숨긴 채 정착지에서 학교생활을 하지만 학력 향상을 위해서는 학교 보다 학원의 역할이 중요하다는 사실과 집단따돌림 현상을 간파하면서 남한학교 교육의 모순과 부조리함을 발견한다. 그리고 스스로 학교를 거부하여 자퇴를 선택한다. 그들이 자신을 숨기는 것 자체는 남한사람이 되기 위한 것이었고 학교 적응을 위한 것이었으나 결국 남한사람 되기의 한계를 드러냈다. 그리고 탈북 아동들은 검정고시라는 소외의 길로 들어감으로써 자신의 위치를 남한사회의 주변부로 받아들이고 스스로 인정한다.

본 연구는 남한에서 탈북 아동들 스스로 자신이 가지고 있는 정체성을 부정하게 하는 사회적 힘들을 보여주는데 중점을 두었다. 남한사회의 모순과 교육의 획일적이고 타문화에 대한 배타적인 환경 속에서 자신의 정체성을 숨기는 탈북 아동들의 행동은 수동적인 것으로 여겨질 수 있다. 그러나 그 행동은 사실 타문화에 대한 빠른 해석과 통찰로 인해 남한사회에서 살아가기 위한 전략의 움직임이었다. 그들은 나름대로 적극적이고 독립적인 모습으로 타문화를 받아들이고 있는 것이다.

통일은 사람과 사람의 만남이다. 이제까지 통일과 북한이탈주민들에 관한 연구는 구체적인 사람의 논의 보다 정치, 경제의 사회 제도나 정책 중심이었다. 그러나 연구자는 남북 사람의 만남에서 통일의 의미를 두고자 한다. 기존의 정치, 경제나 이념적인 거창하고 이상적인 단어로서 통일의 논의가 아니라 만남이라는 과정 속에서 구체적이고 더 현실적인 논의가 필요하며 일상적인 언어로서 통일을 풀어나가는 작업이 필요하다고 보았다. 그 첫 단계로 남북 학생들의 만남과 학교생활을 통한 남한교육의 현실적 문제들을 짚어나감으로써 교육 현장에서의 통일을 위한 준비가 시급히 필요함을 말하고자 한 것이다.

참고문헌

김귀옥, 1999『월남민의 생활경험과 정체성』서울: 서울대학교 출판부

또 하나의 문화 소모임, 1996『통일된 땅에서 더불어 사는 연습』서울: 도서출판 또 하나의 문화

민성길, 2000『통일과 남북청소년』서울: 연세대학교 출판부

수잔나 D 월터스 지음, 김현미 외 역 1999『이미지와 현실 사이의 여성들』서울: 또 하나의 문화

윤여상, 2001『북한 이탈주민의 적응과 부적응』서울: 세명

전우택, 2000『사람의 통일을 위하여』서울: 도서출판 오름

조한혜정 외 2000『탈분단 시대를 열며』서울: 삼인

한만길, 2001『통일교육의 이론과 실천』서울: 교육과학사

______, 1999『북한에서는 어떻게 교육할까』서울: 우리교육

한국교육개발원, 1996『북한 이탈 주민의 교육 적응 연구』연구보고서

폴 윌리스, 1989『교육현장과 계급재생산』서울:민맥

Geert Hofstede, 2000『세계의 문화와 조직』서울: 학지사

권혁범, 1995「90년대의 충돌, 민족주의와 보편적 이성」『대화』6호, 대화출판사 p42-53

김미경, 1999「해외귀국아동의 학교 생활적응에 관한 연구 – 초등학교 학생을 중심으로」숙명여자대학교 석사논문

오기성, 1996「동질성 회복을 위한 청소년 통일교육의 방향에 관한 연구」『한국청소년연구』제 25호

윤인진, 2000「남북한사회통합과 재외동포의 역할」『통일문제연구소』제 12권 1호(통권 제 33호), 평화문제연구소

______, 2000「탈북자문제의 실태와 분석: 탈북과 사회적응의 통합모델」숙명여자대학교 평화문제연구소 주최 교수학술세미나 발표 논문

______, 2000「탈북과 사회적응의 통합적 이해: 국내 탈북자를 중심으로」『현대북한연구』3권 2호, 경남대학교 북한 대학원, pp.123-184

전우택, 1997「탈북자들의 주요 사회배경에 따른 적응과 자아정체성에 관한 연구」『통일연구』제 1권 2호 pp.109-167

______ 외, 1997「북한 탈북자들의 남한사회적응에 관한 연구」『신경정신의학』제 36권 제 1호

______ 외, 1999「북한 청소년의 생활과 발달에 대한 연구」『신경정신의학』제 38권 제 5호

전우택, 민성길 1997「북한 청소년에 대한 이해」『통일연구』창간호, 연세대학교 통일연구원 pp.143-173

전우택, 민성길, 1996「탈북자들의 심리와 적응상의 이해」『탈북자의 삶』서울: 오름

_____ 외, 2001「자원봉사자들의 탈북자 지원 경험 분석 – 설문결과를 중심으로」『통일연구』제 5권 1호 pp.157-184

_____ 외, 2001「비정구기구(NGO)의 탈북자 지원 경험 분석 및 개선방향」『통일연구』제 5권1호

pp.185-209

전익수, 2001「탈북청소년 초기 정착지원방안에 관한 연구」경남대학교 북한대학원 석사논문

정유선, 1998「귀순자의 남한사회 적응과정과 일상에서의 실천방식에 관한 연구」서울대학교 대학원 인류학과 석사논문

정병호, 2000「분단의 틈새에서: 탈북 난민의 삶과 인권」『당대비평』가을호 16 pp.236-.255

______, 1999「북한 어린이 기아의 장기적 피해와 인류학적 대응방안」『제 31차 한국문화인류학회 전국대회 발표논문집』한국문화인류학회

정병호, 정진경, 이종태 교육정책연구, 2001『탈북 학생 사회 · 학교 조기적응을 위한 특별 교육 프로그램 개발연구』교육인적자원부(2001-1-05)

조혜정, 1996「남 · 북 통일의 문화적 차원: '북조선'과 '남한'의 문화적 동질성, 이질성 논의와 민족주의, 진보주의 담론」『통일 사회로 가는 길』서울: 오름

조 형, 1995「통일로 가는 길, 더불어 사는 연습」『대화』6호, 대화출판사 pp.30-41

홍덕기, 2001「탈북 귀순 청소년의 생활적응에 관한 연구」서울교육대학교 교육대학원 석사논문

『북한 이탈주민의 보호 및 정착지원에 관한 법률』

『문턱초등학교 연구학교 운영계획서』2001

『하나둘 학교 이야기』문화통합교육원 2002년 봄

『해당화반의 실천 사례 1집』문턱초등학교, 2001

『2001 통일백서』통일부

제12장

성장발육 – 생물인류학적 연구*

박순영 서울대 교수, 인류학

1. 연구의 목적과 의의

본 연구에서는 남한 내 탈북 어린이의 성장특성을 북한 어린이 그리고 남한 어린이의것과 비교 분석하여 향후 발생할 남북한 체격차이를 추론하고자 한다. 더불어 현재 성장지체 상태에 있는 탈북 어린이가 장차 경험할 가능성이 있는 기능장애의 영역을 검토하고자 한다.

1990년대 중반부터 본격화된 북한의 식량난으로 인해 당시에 성장기를 보냈던 연령대의 어린이는 성장지체를 경험하였고 장차 이 어린이들이 성인이 될 무렵에는 남북한 성인간의 신체적 차이가 상당한 수준이 될 것으로 예상된다(박순영 2000a). 성장기에 영양부족으로 성장지체를 경험한 어린이는 장차 성인이 되어서도 체격 감소로 인한 체력 저하, 인지적, 정서적 장애, 면역능력 저하 등 여러 가지 기능적 장애를 경험할 가능성이 높다. 그러나 이들이 성인이 되었을 때 경험하게 될 장애나 남북한 체력 차이의 정도는 이 어린이들이 이후에 자라나는 환경에 따라 달라질 수 있다. 그러나 북한 어린이들을 직접 조사하는 것은 현재로서는 불가능하다. 최근 수년간 남한으로 입국하는 북한이탈주민의 수가 급증하여 이 중에는 어린이도 상당수 포함되어 있다. 이들을 대상으로 보다 우호적인 환경에서는 성장지체아들이 어느 정도로 빨리 정상적 성장 패턴으로 회복할 수 있으며 남한 어린이와의 차이를 어느 정도까지 극복할 수 있을지를 조사하여 이들의 성장 추이를 검토하고 또 이들이 성장 장애를 경험한 나이와 기간, 회복을 시작한 나이, 회복 환경의 질에 따른 성장 패턴의 성격을 분석할 필요가 있다. 이러한 조사를 통해 유전적으로 동질적인 한 집단 내에서

---

* 이 글은 “The Growth Status of North Korean Refugee Children in China,” 2003 Korea Journal, 유네스코한국위원회 43권 3호 pp.165-190과 “The Biological Standard of Living in the Two Koreas,” 2004 Economics and Human Biology, Elsevier Vol. 2.3 pp.511-521과 “북한 식량위기의 장기적 영향 평가: 인체의 성장발육과 건강에 미치는 영향과 그 사회적 함의” 2005『한국문화인류학회』, 제33권 1호, pp.207-240를 일부 요약, 수정한 것이다.

생활환경의 질적 차이에 의해 발생한 신체적 차이가 어느 정도로 심각할 수 있으며 이것이 어느 정도의 시간과 노력에 의해 어느 정도까지 극복될 수 있는지를 연구할 수 있다.

2. 표본 및 자료

본 연구는 1990년대 후반부터 2003년 말까지 남한에 입국한 20세 미만의 탈북 어린이 중에서 필자가 직접 측정한 283명의 신장과 체중을 분석한 결과이다. 같은 시기에 입국한 탈북 어린이 중 약 50% 정도가 본 연구에 포함되었다. 탈북 어린이는 입국 후 2~3개월간 남한사회 적응교육을 받는데 신체 측정은 이 시기에 이루어졌다.

이들의 성별 연령별 구성은 아래와 같다〈표 1〉. 아동의 경우는 성인과 달리 남아가 여아보다 많으며 10대 이후, 특히 십대 후반의 청소년이 다수를 차지한다. 이는 탈북 아동 전체의 일반적 경향과 일치한다.

〈표 1〉 탈북 아동 표본의 성별 연령별 구성

연령(세)	남자	여자	계	%
0-5	2	1	3	1.1%
5-10	19	22	41	14.5%
10-15	46	45	91	32.2%
15-20	85	63	148	52.3%
계	152	131	283	100.0%

〈표 2〉 탈북 아동 표본의 출신지별 구성

	계	%
함경북도	221	78.1%
함경남도	24	8.5%
평안북도	14	4.9%
평안남도	8	2.8%
평양	3	1.1%
강원도	2	.7%
남포	2	.7%
양강도	2	.7%
황해북도	1	.4%
황해도	1	.4%
자강도	1	.4%
중국	2	.7%
불명	2	.7%
총계	283	100.0%

성인 북한이탈주민의 대다수가 함경북도 출신인데 이는 아동도 마찬가지여서 함경북도 출신이 절대다수인 78.1%를 차지하고 있다〈표 2〉. 필자가 중국 연변지역에서 만난 탈북 아동들도 비슷한 출신지 분포를 보였다(박순영 2000b). 함경북도는 식량위기의 피해를 가장 많이 받았고 또 국경지역에 인접하고 있기 때문에 다수의 이탈주민을 배출한 것으로 보인다.

3. 결 과

1) 탈북 어린이와 남한 어린이의 성장상태 비교

탈북 어린이의 신장을 한국표준과학원(1997)이 조사한 남한 어린이의 발육평균치와 비교해 보았다〈그래프 1, 2〉. 어린이의 경우 각 연령계급별 표본수가 너무 적어 남북한 간에 유의미한 비교를 하기가 힘들다. 그러나 대체적으로 봐서 남한 어린이의 신장 급격성장기가 시작되는 십대에 가장 큰 남북 격차가 생기는 경향이 있다. 즉 남아는 십대 중반에 여아는 십대 초반에 가장 큰 남북격차가 발생한다. 이는 남한 어린이가 북한 어린이에 비해 사춘기에 빨리 도달하기 때문에 발생하는 현상이다. 흔히 두 집단의 체격차이를 강조하기 위해 10대 초반 청소년의 체격을 비교하기도 하지만 사춘기 청소년 사이에 관찰되는 키 차이의 일부는 성장속도 차이에서 발생한 일시적인 것으로서 성인격차는 사춘기의 격차 보다는 작을 것으로 전망할 수 있다. 체중격차는 신장격차만큼 뚜렷하지 않으며 특히 여아가 그러하다.

〈표 3〉 탈북 어린이의 연령별 HAZ와 WAZ*

	남아					여아				
연령(세)	N	HAZ	SD	WAZ	SD	N	HAZ	SD	WAZ	SD
0-5	2	-.43	1.35	-.04	1.80	1	-.23	.	-.50	.
5-10	19	-1.02	.92	-.53	.57	22	-.75	.99	-.36	.82
10-12.5	22	-1.27	.96	-.58	.67	17	-1.24	1.50	-.44	.87
12.5-15	24	-1.86	1.19	-.97	1.03	28	-1.46	1.36	-.59	1.05
15-17.5	38	-1.65	1.39	-.74	.82	31	-1.35	1.14	-.18	.86
17.5-20	47	-1.32	1.00	-.77	.64	32	-1.25	.94	-.27	1.03
계	152	-1.43	1.15	-.73	.77	131	-1.22	1.18	-.36	.94

*표준과학원(1997) 자료에 의해 계산한 Z 점수

탈북 아동 283명의 신장, 체중을 남한의 평균치(한국표준과학연구원 1997)에 의해 계산한 Z-score(표준편차점수)[1]를 성별, 연령별로 정리하였다〈표 3〉. 첫째, 남아에 비해 여아가 상대적으로 HAZ(Height-for-Age Z-score: 나이 대비 신장 표준편차점수)와 WAZ(Weight-for Age Z-score: 나이 대비 체중 표준편차점수)가 높은 경향이 있다(T-test 결과 : HTZ t = -1.49, p = .14, WTZ t = -3.61, p = .00). 이는 여아가 남아보다 남한 아동과 비교했을 때 성장이 상대적으로 덜 지체되어 있다는 뜻이다. 둘째, 남녀 모두 나이가 들어갈수록 HAZ 점수가 더 낮아진다(ANOVA: F = 2.88, p = .01). 즉 10대가 되면서 남한 아동에 비해 상대적으로

〈그래프 1〉 탈북 남아와 남한 남자 어린이 신장 비교

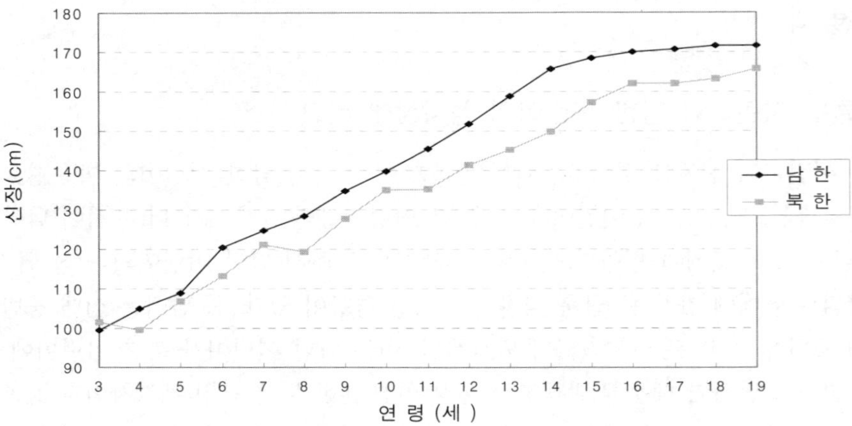

〈그래프 2〉 탈북 여아와 남한 여자 어린이 신장 비교

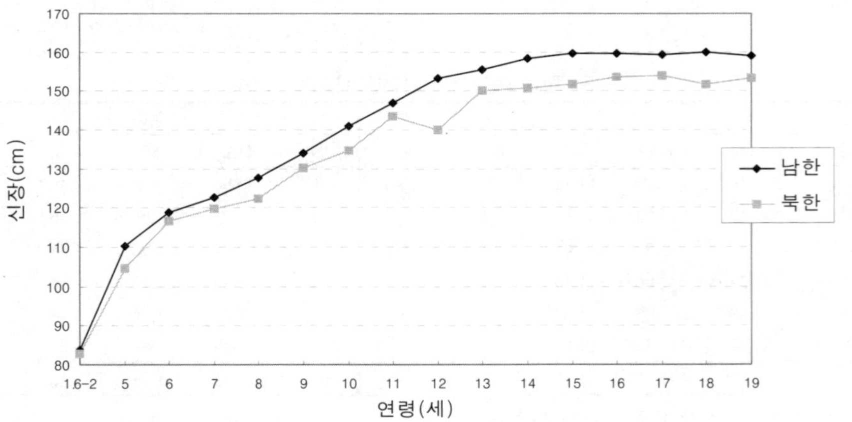

1) Z 점수란 어떤 특정 개체의 측정치가 준거 집단 전체의 측정치 분포에 비추어 어디에 위치하는지를 나타내는 점수로서 (특정 개체의 측정치-준거 집단의 중앙값)/준거 집단의 표준편차로 계산한다. 예를 들어 Z 점수가 -2라는 것은 그 개체의 측정치가 준거 집단의 중앙값보다 2 표준편차만큼 작다는 것을 의미한다.

신장성장의 지체가 심해진다는 것이다. 셋째, 비록 통계적으로 유의한 수준은 아니지만, 남자는 나이가 들어갈수록 WAZ 점수가 낮아지나 여아는 그렇지 않다. HAZ와 WAZ를 함께 판단해 볼 때 여아가 10대에 들면서 신장에 비해 체중 증가가 상대적으로 빨리 일어나서 발생한 현상으로 보인다. 또한 남녀 모두 WAZ 점수가 HAZ 점수보다 높은데 이는 신장성장지체가 체중 성장지체보다 심하다는 것을 의미한다.

2) 거주지별 북한 어린이의 성장상태

북한 어린이들의 성장상태를 조사하여 현재 그들이 거주하고 있는 지역에 따라 북한거주, 중국체류, 남한거주 별로 비교해 보았다. 북한거주 어린이의 성장상태는 1998년에 발표된 EU 등의 조사 결과(EU/UNICEF/WFP 1998)와 2002년 북한중앙통계국 발표 자료(CBS DPRK 2002)를 가지고 평가하였다. 중국체류 탈북 어린이의 성장상태는 1999년과 2000년에 걸쳐 필자가 중국의 연변지역에서 55명의 탈북 어린이를 조사한 결과로 평가하였다. 남한거주 탈북 어린이의 성장상태는 1999년에서 2003년까지 필자가 조사한 283명의 남한 거주 탈북 어린이 중에서 18세 미만에 해당하는 221명 아동의 자료로 평가한 것이다. EpiInfo(중국 자료는 Version 6.0b CDC &WHO 1997 사용, 2004년 자료는 EpiInfo 2002 revision 2 사용) 프로그램을 이용하여 미국의 NCHS의 성장곡선(Hamill et al. 1977)에 준거한 신장, 체중의 Z-score를 계산하여 그 평균치로 집단의 영양상태의 특징을 비교하였다. HAZ는 나이 대비 키, WHZ[2](표본 중 남자 11.5세 여자 10세까지만 계산에 포함)는 키 대비 몸무게, WAZ는 나이 대비 몸무게가 준거 집단의 평균에 비해 어느 정도인지를 평가하는 지표이며 낮은 HAZ, WHZ 점수는 각각 만성영양부족과 급성영양부족을 의미한다(Warterlow 1972; WHO 1978, 1986; 박순영 2000c). 대개 WH나 HA의 Z 점수가 -2 미만인 상태(준거 집단의 하위 약 2.2%가 여기에 속함)를 중 내지 경등도의 영양실조로, -3 미만인 상태(준거 집단의 하위 약 0.013%가 여기에 속함)를 심각한 영양실조로 평가하는 것이 관례이다(WHO 1978, 1986).

우선 남한거주 탈북 어린이를 보면 여자의 성장상태가 남자보다 양호한 경향이 나타난다〈표 4〉. 특히 HAZ와 WAZ는 t-test결과 유의한 차이를 보였다(2-tailed significance HAZ=.05, WAZ=.01). 이런 성차는 북한거주 어린이나 연변지역의 탈북 어린이의 경우도 마찬가지여서 탈북 어린이의 일반적인 경향인 것으로 보인다(박순영 2000b).[3]

---

[2] 신장에 따른 체중(WH)은 어린이가 사춘기에 도달하기 이전까지의 영양상태의 지표로서만 의미가 있다고 인정되고 있다. 이는 사춘기에 접어들면 유전적 소양의 작용으로 신장성장의 개체변이가 극심하게 나타나서 WH를 영양상태 지수로 사용할 수 없기 때문이다. 따라서 NCHS준거자료에도 WH는 여아 10세 남아 11.5세까지만 제시되어 있어서 그 이상 나이든 아동에 대해서는 WH에 대한 Z-점수를 계산하는 것이 불가능하다(Hamill 외 1977).

[3] 여아가 남아 보다 성장 발육 과정에서 환경적 악영향에 대한 생물학적 방어가 잘 발달되어 있으며 따라서 남아가 영양결핍과 같은 환경적 요소에 더 취약하다는 가설이 있다. 이에 따르면 남아 선호와 이에 따른 차별적 대우가 극히 심하지 않는 곳에서는 여아 영양실조율이 남아 영양실조율보다 낮게 나타날 것이다. 이 가설을 지지하는 경험적 자료도 많이 있으나 여러 연구 결과가 일관성을 보이지는 않고 있다. 일반적으로 태내에서의 성장 발육에 대한 연구 결과는 이 가설을 강력히 지지하고 있으나 출생 후 연구에서는 결과의 일관성을 찾기 힘들다. 아마도 대개의 사회에서 남아에

〈표 4〉 남한 내 탈북 어린이 성별 성장상태 비교*

	남자			여자		
	N	평균	SD	N	평균	SD
HAZ	112	-1.64	1.06	109	-1.36	1.06
WAZ	112	-0.92	.87	109	-0.62	.83
WHZ	34**	0.48	.69	23	0.35	.88

* 미국의 NCHS의 성장곡선(Hamill et al. 1977)에 준거한 신장, 체중의 Z 점수
** WHZ의 경우 남자는 11.5세까지, 여자는 10세까지만 계산에 포함된 표본 수

〈표 5〉 북한 어린이 거주지 별 평균 성장상태*

	북한(1998)	중국			남한		
연령	6개월-7세	3세-18세			21개월-18세		
성별	남녀	남	녀	계	남	녀	계
표본수(**)	1762(1762)	40(6)	15(5)	55(11)	112(31)	109(23)	221(57)
HAZ	-2.57	-2.63	-2.10	-2.48	-1.64	-1.36	-1.50
WAZ	-2.29	-1.81	-1.15	-1.63	-.92	-.62	-.77
WHZ	-.95	-.02	.45	.20	.48	.35	.43

*미국의 NCHS의 성장곡선(Hamill et al. 1977)에 준거한 신장, 체중의 Z 점수에 근거하여 평가한 성장상태
(**)괄호 안의 숫자는 WHZ의 경우 남자는 11.5세까지, 여자는 10세까지만 계산에 포함한 표본크기

1998년의 북한거주 어린이, 중국체류 탈북 어린이, 남한거주 탈북 어린이 세 집단 모두에서 HAZ가 WAZ보다 낮았다〈표 5〉. 즉 신장이 체중보다 더 심하게 성장이 지체되어 있다. 그 결과 북한 거주 북한 어린이만 제외하고는 신장 대비 체중(WHZ)은 비교적 양호하여 북한에 거주하고 있지 않은 탈북 어린이는 중국에 체류하든 남한에 거주하든 모두 준거집단의 평균에 근접하거나 또는 그 이상의 WHZ 평균점수를 가졌다. 종합해 보면 1998년에 조사된 북한 어린이는 그렇지 않지만 탈북 어린이는 미국의 준거집단보다 신장은 왜소하나 주어진 신장에 대한 체중은 뒤떨어지지 않는다는 것을 알 수 있다.

이들의 이런 성장 특성은 〈표 6〉의 성장지체아 비율에도 잘 나타나 있다. 1998년 조사된 북한거주 어린이의 경우 WHZ 점수가 중 내지 경등도의 급성영양결핍 상태에 해당되는 -2미만인 어린이가 15.6%나 되지만 탈북 어린이의 경우 아무도 급성 영양결핍상태에 있지 않다. 그러나 HAZ 점수로 1998년의 북한거주 어린이는 62.3%, 중국체류 탈북 어린이는 70.9%가 중 내지 경등도의 만성영양실조 상태인 -2미만에 해당된다. 이에 비해 남한에 거주하는 탈북 어린이는 단지 29.4%만이 만성영양결핍에 해당된다. 급성영양결핍에 의해 발생한, 신장 대비 체중의 감소는 영양상태가 호전되면 즉각적으로 회복하는 반응을 보인다.

대한 차별적 우대가 있다는 사실이 일관성 있는 연구 결과를 얻기 힘들게 하는 것으로 보인다(Stinson 1985).

따라서 중국이나 남한에 체류하는 탈북 어린이의 경우 급성영양결핍으로 분류되는 아동이 없는 것이다. 그러나 만성 영양부족에 의해 초래된 신장차이를 극복하는 데는 더긴시간이 필요할 뿐만 아니라 회복이 시작된 시기에 따라서도 회복의 정도가 달라진다. 이는 인간의 성장이 나이에 따라 규칙적인 패턴으로 이루어지기 때문이다. 2002년 북한이 자체적으로 조사하여 발표한 결과에 의하면 급성과 만성 영양상태가 모두 호전되었다. HAZ <-2인 어린이는 1998년의 62.3%에서 39.22%로 WHZ <-2인 어린이는 1998년의 15.6%에서 8.12%로 감소하였다. 이 수치로 보면 신장성장도 급격히 향상되었으나 이는 조사대상 어린이의 연령이 7세 미만인 것과 관련이 있는 것으로 보인다. 성장기가 완료되기 시작하는 나이에는 영양상태 향상이 신장성장으로 이어지기가 힘들다. 탈북 어린이는 열악한 영양상태로 인해 남한 아동보다 성장기간이 다소 길어졌을 것이다. 그렇다고 하더라도 이들의 성장이 완료되기 시작하는 10대 중후반 이후의 영양상태 향상은 신장증가보다는 체중증가로 이어질 가능성이 더 크다.

〈표 6〉 북한 어린이 거주지별, 시기별 성장지체아 비율*

	북한(1998)	북한(2002)	중국	남한
연령	6개월-7세	0세-7세	3세-18세	21개월-18세
표본수(**)	1762(1762)	5991(5991)	55(11)	221(57)
%HAZ<-2	62.3%	39.22%	70.9%	29.4%
%WAZ<-2	60.6%	20.15%	27.3%	10.4%
%WHZ<-2	15.6%	8.12%	0%	0%

*미국의 NCHS의 성장곡선(Hamill et al. 1977)에 준거한 신장, 체중의 Z 점수에 근거하여 계산한 성장지체아 비율
(**)괄호 안의 숫자는 WHZ의 경우 남자는 11.5세까지, 여자는 10세까지만 계산에 포함한 표본크기

3) 북한 식량위기와 미래의 남북한 신장격차에 대한 예측

북한 식량위기 이전에도 남북한 성인 간 신장차이가 있었을 것이다. 이러한 기존의 신장격차가 북한의 식량위기로 인해 미래에는 더욱 심화되리라고 예측할 수가 있다. 식량위기기간에 출생하고 성장한 어린이들이 성인이 되었을 무렵에는 남북한 성인간의 신체적 차이가 이전보다 더 커질 것이 분명하기 때문이다. 북한 어린이 신체 측정자료가 충분하지 못하기 때문에 탈북 어린이의 신체적 특성을 탈북 성인 그리고 남한 어린이의 그것과 비교하여 북한의 식량위기가 미래의 남북한인 신체크기 차이에 미칠 영향을 간접적으로 추정해 보았다.

1990년대 이래로 남한에 입국한 2,384명의 성인 북한이탈주민의 신체검사자료에서 가져온 신장자료와 본 연구자가 직접 측정한 20세 미만 283명의 탈북 어린이의 신장을 남한

신장(표준과학원 1997)에 준거하여 계산한 HAZ(즉 북한이탈주민의 연령별 신장이 남한집단의 신장치 분포에서 몇 표준편차에 속하는지 보여주는 점수)를 성별, 연령대별로 비교하였다. 탈북 아동은 남녀 모두 탈북 성인보다 남한 평균과 비교해 신장이 상대적으로 작다는 것을 알 수 있다〈그래프 3〉. 특히 이러한 차이는 북한이 90년대부터 경험한 식량위기의 영향을 반영한 것으로 추정된다. 특히 10대 중반에 신장격차가 절정을 이룬다. 남한 어린이의 경우 여자 11.55세, 남자 13.13세가 신장급격성장기인 것으로 보고 되었다(박순영 1996). 따라서 이 시기를 전후하여 성장이 지체된 상태인 탈북 어린이와의 차이가 극대화되는 것이다. 그러나 탈북 어린이의 성장기간이 남한 어린이에 비해 더 길게 지속되면서 따라잡기 성장이 일어나서 성인 체격차이는 사춘기 급격 성장기의 체격차이 정도로 크지는 않을 것이다.

〈그래프 3〉 북한이탈주민 연령대별 HAZ*

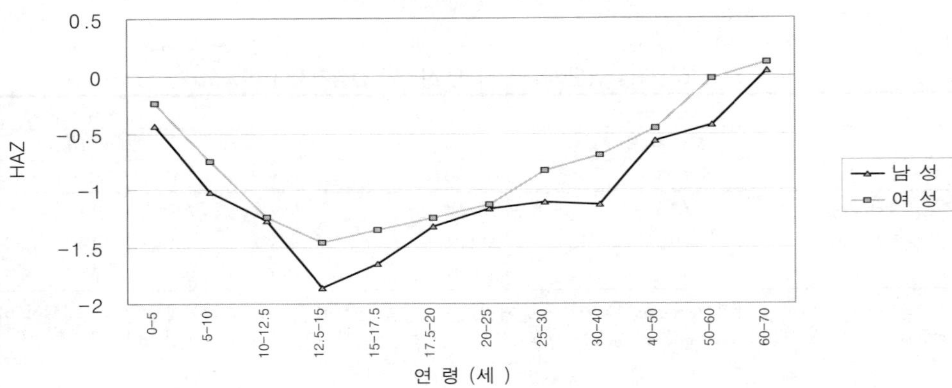

*표준과학원(1997) 자료에 의해 계산한 Z 점수

남북한 어린이가 유전적으로 동질적인 집단에 속하므로 신장의 차이는 영양수준의 차이에 의해 발생한 것이 분명하다. 어린 시절의 성장은 환경의 영향에 크게 좌우되기 때문이다. 따라서 현재는 북한의 어린이가 경험하고 있는 식량부족 사태 때문에 남북한의 키 차이가 크지만 사춘기가 지나고 성인이 되면서 유전적 소양의 작용으로 그 차이가 줄어들 수도 있다(Martorell 1984; Marshall & Tanner 1986). 이는 북한 어린이의 성장기간 자체가 길어지면서 어린 시절에 영양결핍으로 발생한 차이를 어느 정도 보정하는 "따라 잡기" 성장이 발생하기 때문이다. 그러나 "따라 잡기(catch-up)" 성장이 어느 정도 크기로 발생할 수 있는가 하는 것도 이후의 성장 환경의 영향으로부터 자유로울 수는 없다(Tanner 1986). 따라서 앞으로의 북한 식량 수급 상황의 호전과 일반적인 보건 의료 수준의 향상이 남북한 신체 크기 감소의 관건이라 보인다.

남한에서 성장하게 될 탈북 어린이의 경우는 이전에 경험한 열악한 영양상태로 인해 남한 아동보다 성장이 지체되었지만 영양상태가 호전되면 어느 정도의 따라잡기 성장이 일어날 것이다. 그렇다고 하더라도 성장기가 완료되기 시작하는 10대 중후반 이후에 영양상태가 향상되면 신장증가보다는 체중증가가 일어날 가능성이 더 크다. 영양상태 회복 시작시기가 신장크기 회복에 밀접한 관련이 있기 때문이다. 현재 남한거주 탈북 아동은 남한 입국 후에는 안정적인 영양공급을 받고 있기 때문에 성장에서 빠른 회복을 보이지만 신장성장의 회복은 남한 입국 연령에 따라 어느 정도 제한될 것으로 보인다. 이 결과로부터 추론하면 장차 남북한간의 신장크기 격차의 수준해소는 상당한 시일이 걸릴 것으로 볼 수 있다. 즉, 북한의 식량사정이 식량위기 이전 수준으로 회복된다고 해도 북한 성인의 평균 신장이 식량위기 이전 수준으로 회복되려면 어느 정도 기간이 소요될 것이고 회복 후에도 현재 성인에서 관찰되는 남북신장크기 격차는 북한 경제 수준이 식량위기 이전 수준보다 높아지지 않는 한 여전히 유지될 것으로 보인다.

4) 요약

아동과 청소년의 자료는 연령계급별 성별 표본의 수가 적어서 남북한의 연령계급별 성별 차이에 대한 의미 있는 분석을 하기는 힘들다. 그러나 남한에 비해 성장이 지체되고 성장속도가 둔화된 경향은 뚜렷이 나타났다. 남북한 어린이는 유전적으로 동질적인 집단에 속하므로 성장속도의 차이는 영양수준이나 기타 환경적 차이에 의해 발생한 것이다. 따라서 탈북 어린이가 성장에 우호적인 환경에 노출되면 성장기간이 남한 어린이에 비해 더 길게 지속되면서 성인 체격차이는 사춘기 급격 성장기에 관찰되는 체격차이 정도로 크지는 않을 것이다.

북한 어린이의 전반적인 급성 영양상태는 남한거주, 중국거주, 북한거주(1998년 보고)의 순으로 보다 양호한 것으로 보인다. 그러나 보다 최신의 조사 결과에 의하면 북한 어린이의 영양상태도 괄목할 만한 향상을 이룬 것으로 보인다. 또한 중국체류 탈북 어린이는 급성영양결핍 상태는 아니지만 대다수가 만성적인 성장지체로 인한 신장 왜소자이다. 한편 남한거주 탈북 어린이는 체중에서의 성장 회복이 신장에서의 성장 회복보다 빨라서 체중으로 평가한 영양상태는 양호하지만 상당수가 아직도 신장 왜소자인 것으로 드러났다. 이들 남한거주 탈북 아동들이 중국체류 탈북 아동보다 북한을 이탈하여 경과한 기간이 평균적으로 더 길고 남한 입국 후에는 안정적인 영양공급을 받고 있기 때문에 성장에서 빠른 회복을 보이지만 신장성장의 회복은 어느 정도 제한되어 있는 것으로 보인다.

탈북 어린이의 성장특성과 탈북 성인의 성장특성을 비교한 결과 어린이들에서 식량위기의 영향이 뚜렷이 관찰되었다. 어린이의 신장성장 회복이 어느 정도 제한되어 있기 때문에 북한의 식량사정이 식량위기 이전으로 회복된다고 해도 식량위기 이전 수준으로 북한 성인의 평균 신장이 회복되려면 상당한 기간이 소요될 것이고 회복 후에도 현재 성인에서 관찰되는 남북신장크기 격차는 여전히 유지될 것으로 보인다.

탈북 어린이들의 경우는 재북 당시부터 식량난에 따른 영양부족 상태에 있었으며 북한을 탈출하여 중국 등 여러 나라를 거치는 동안 안정적인 영양공급과 건강관리를 받을 수 없었다. 이들은 결정적인 성장기에 심각한 영양부족을 경험했기 때문에 발달이 자기 연령에 비해 뒤떨어져 있는데 장차 어느 정도까지 남한평균에 근접하게 될지는 이들이 남한에 입국한 연령과 밀접한 관련이 있지만 특히 청소년기에 접어들어서 입국한 탈북 아동의 경우 따라잡기 성장이 상당히 제한될 것이다.

4. 성장 지체의 기능적 의의

본 연구의 결과 지난 수년간 지속된 북한의 식량 위기로 탈북 어린이가 경험한 성장 지체의 정도가 상당한 것으로 드러났다. 식량 위기가 인체의 성장 발육에 미치는 영향을 연구하는 학자들이 어린이의 성장 자료에 주목하는 것은 작은 신체 크기 자체가 문제가 되기도 하지만 그보다는 성장 자료가 영양과 의료와 같은 전반적인 복지 수준의 훌륭한 지표가 될 뿐만 아니라 신체 크기가 작아지는 과정에는 여러 가지 기능적 장애가 수반되기 때문이다(Beaton 1989; Martorell 1989).

1) 면역력 저하

우선, 임신 중의 모체 영양 결핍은 저체중아와 미숙아 분만과 직접 관련되며, 이는 높은 신생아 이환율과 사망률로 연결된다(Martorell & Gonzalez-Cossio 1987). 영양 결핍 상태의 어린이는 면역력이 저하되어 감염성 질병에 쉽게 걸릴 뿐만 아니라 사소한 질병도 심하고 길게 앓게 됨으로써 결국 사망률이 상승하게 된다(Chandra 1991). 설사와 같은 감염성 질환에 걸리면 영양 흡수율이 저하되어 상승 작용이 발생하므로 특히 어린이에 있어 심각한 결과를 초래하게 된다(Chen 1983). 더구나 어린 시절에 성장 장애를 경험한 사람은 성인이 되어서도 흉선 기능이 감소되어 있으며 이로 인해 건강 수준이 낮고 수명이 짧은 경향이 있다(Clark 등 1989). 따라서 영유아기의 영양 장애에 의한 건강 수준의 저하는 그 개인뿐만이 아니라 가족, 나아가 사회 전체가 비용을 치러야 하는 부담이 된다.

2) 체격감소와 체력저하

성장기에 지속적인 또는 반복적인 영양 결핍 상태에 노출된 어린이는 신장과 체중 감소, 골 피질 감소, 성적 성숙 지연, 성장기의 연장 등을 경험하며 성장기가 길어져서 보충한다 해도 이상적 성인 신장에 도달하기는 어렵게 된다. 더불어 심혈관계, 호흡계, 순환계의 기능에 영향을 미쳐 결국 성인이 되었을 때 신체 운동 능력 나아가 노동 능력이 감소된다(Frisancho 1993).

만성적 영양 부족으로 체격이 왜소한 성인이 된 경우에 절대적으로 체력이 떨어지는 것은 확실한 사실이다. 그러나 이러한 신체 운동 능력 감소가 그 자체로 어느 정도의 의미를 가질지는 이 어린이들이 성인이 되었을 때 주로 종사하게 될 노동의 성격에 달려 있다(신체 크기에 따른 노동 능력과 노동 생산성에 대한 논쟁은 Martorell 1989 참조). 어찌 되었건 만성적 영양 부족으로 신체가 작고 운동 능력이 떨어지는 성인은 할 수 있는 일이 제한될 뿐만 아니라 그렇지 아니한 사람들에 비해 같은 일을 하는데도 더 전력을 다하여 긴 시간을 노력해야만 하니 삶의 전반적인 질이 저하되리라 볼 수 있다.

체격이 작으면 섭취 에너지당 산출 에너지가 증가할 수도 있으나 이는 실험실 상황일 뿐 실제 노동의 성격에 따라 왜소체격자가 처음부터 배제될 수도 있다. 따라서 사회 전체적으로 본다면 사람의 체격을 작게 유지하는 것이 막대한 에너지 절약 효과가 있다 할지라도 체격에 관한 내부적 변이가 있는 집단에서는 거의 대개가 상대적으로 큰 사람이 평균적으로 유리한 경향이 있다는 점도 고려되어야 할 것이다.

3) 성숙지연

만성적 영양 결핍에 노출된 아동은 그렇지 아니한 아동에 비해 사춘기에 늦게 도달한다. 사춘기는 신체 급격 성장기이므로 조숙아와 만숙아의 신장 차이가 극대화되며 만숙아가 적응상의 어려움을 경험하는 경우가 많다. 더구나 정신적, 육체적 성숙은 서로 관련되어 있어서 성숙기가 늦어지는 아동은 나이에 비해 신체적인 성장이 늦을 뿐만 아니라 지능의 발달도 동년배 보다 더디다(Tanner 1978). 따라서 학교 교육이 나이를 중심으로 조직되어 있는 현대 사회에서 상대적인 불이익을 경험하게 된다.

4) 행동발달 장애

영양결핍은 지능저하, 정서발달장애, 나아가 학습능력 저하와도 관련이 있다(Cravioto & Arrieta 1986). 임신 마지막 3개월에서 생후 2년까지가 인간의 두뇌 급격 성장기인데 이 중에서도 영양결핍에 가장 취약한 시기는 임신 최종 3개월에서 생후 1년까지이다. 그런데 신체에는 영양 공급의 우선순위가 있는 것으로 보이며 다행히도 뇌는 신체 각 체계 중에서도 영양 부족과 같은 외적 환경의 악영향으로부터 비교적 잘 보호된 영역에 속한다.

그렇다고 해도 이 시기에 지나치게 심각한 영양결핍을 경험하면 두뇌 중량, 두뇌 크기, 신경 세포 수의 감소를 보이며 이후의 치료에 의해서도 회복 불가능한 생물학적 변화가 일어난다고 알려져 있다(Frisancho 1993). 이런 보고는 주로 동물 연구 결과에 의한 것이지만 영양실조로 사망한 어린이의 부검 결과에도 비슷한 변화가 발생했다고 보고되고 있다. 그러나 이러한 중추신경계의 생물학적 변화가 실제로 이후의 지적 능력의 장애와 직접적인 관련이 얼마나 있는지에 대해서는 분명히 알려지지는 않고 있다. 많은 연구들이 어린 시절의 심각한 영양결핍의 경험과 성장 후의 지적 능력의 저하간의 상관관계가 존재한다고 보고하고 있다. 그러나 이런 연구에서는 영양 외적 변수를 통제하는 것이 불가능하기 때문에 확실한 인과관계를 보여주지는 못하고 있다.

그러나 한 가지 확실한 것은 어린이가 애초에 영양실조를 발생시켰던 결핍된 환경으로 되돌아갔을 때는 지적 발달에 심각한 장애를 경험한다는 것이다. 예를 들면, 제2차 세계대전 중에 발생했던 네덜란드 기근으로 인해 태내에서나 출생 직후에 기근을 경험했던 징집병들과 그렇지 아니했던 징집병 사이에는 신체적으로나 지적으로나 어떠한 유의한 차이도 발견되지 않았다(Stein 등 1975). 또한 열악한 사회적 환경과는 상관없이 질병으로 신생아기에 영양실조를 경험한 어린이들은 이후에 특별한 지적 능력의 저하를 보여주지 않는다는 연구 결과도 있다(Ellis & Hill 1975; Klein 등 1975; Lloyd-Still 등 1974; Valman 1974). 네덜란드 기근은 이들이 심각한 기근을 겪기 직전까지 양호한 성장 환경에 있었을 뿐만 아니라 기근이 끝난 후에도 매우 뛰어난 회복의 조건에 있었다는 점에서 세계 기근의 역사에서 독특한 것이다. 대개의 기근은 그렇지가 못하다. 오늘날의 기근은 빈곤 때문에 이미 어느 정도의 영양 부족을 경험하고 있던 사회에서 급작스런 식량 부족 사태가 발생하여 일어나는 것이다. 따라서 회복 환경도 네덜란드 기근과는 다를 것이 확실하다.

기근을 경험한 어린이들은 대개가 기근 이후에도 만성적 저영양상태에서 성장하게 되는데 이러한 만성적 저영양상태가 어린이의 행동 발달에 어떠한 영향을 미치는지는 급성의 심각한 영양실조의 경우보다도 더 불확실하다. 만성적 저영양상태에 있는 어린이가 지능 수준이 그렇지 않은 어린이 보다 뒤떨어진다는 보고서는 수도 없이 많다(Cravioto & Arrieta 1986). 그러나 이런 보고들은 만성 저영양상태가 그 자체로 지능 발달에 독립적인 악영향을 미치는지에 대한 확실한 증거가 되지는 못한다. 이는 만성적 저영양상태란 대다수가 인지 발달에 우호적이지 아니한 빈곤한 사회적 환경에서 발생하기 때문이다. 따라서 영양실조에 의한 지능 저하의 문제는 생물학적이라기보다는 사회적인 것일 수도 있다. 그러나 결정적인 증거가 없다는 말은 영양이 지능 발달과 아무런 관계가 없다고 입증되었다는 것을 의미하지는 않는다. 물론 사회환경적 변수가 설명하는 지능 지수 변이(variability)의 크기가 영양적 변수가 설명하는 지능 지수의 변이보다는 항상 큰 경향이 있다. 하지만 영양 외적 변수를 다 통제하고 난 이후에도 영양 상태에 따라 변하는 지능 지수의 변이가 남아 있는 것으로 보아 영양이 지능 발달과 어떤 식으로든 관련되어 있다 할 수 있다.

더구나 영양 부족이 신경계의 작용에 직접적인 영향을 미치지 않는 경우라 할지라도 어린이의 주의 집중력, 학습 의욕, 활동력, 정서 발달 등에 악영향을 미쳐 간접적으로 학습 능력을 저하시킬 가능성은 충분하다(Barrett & Frank 1987; Cravioto & Arrieta 1986). 현재로서는 만성적 저영양이 신경 발달에 장애를 일으키기 때문이라기보다는 아동의 학습 경험을 제한하기 때문에 아동이 지적 기능이 저하될지도 모른다는 추측이 유력하다. 즉 영양결핍 상태가 학습 능력 자체에 지장을 주기보다는 아동의 주의 집중 능력을 저하시키고, 학습 동기를 약화시키며, 탐구적 활동을 감소시키기 때문에 간접적으로 인지적 능력에 부정적 영향을 미친다는 것이다.

실제로 배고픈 어린이는 자극에 대한 감수성이 증가하여 신경질적으로 되며, 무기력, 무관심해지고, 어떤 일에 길게 주의 집중을 하지 못한다. 영양실조 어린이의 이러한 행동 특질은 어린이를 돌보는 사람의 태도에도 상응하는 변화를 일으켜 돌보는 이로 하여금 어린이에게 무관심해지게 하여 상호작용의 빈도와 질을 저하시킴으로써 아동의 지적 정서적 발달 환경을 더 척박하게 한다(Chavez & Martinez 1984). 이런 상태를 만성적이고 반복적으로 경험한 어린이는 그렇지 아니한 어린이에 비해 학습 능력이 떨어질 것이라는 것을 쉽게 추론할 수 있다.

요약하자면, 현재까지는 영양실조와 지능 저하의 인과적 관계에 대한 결정적 증거는 없다. 이는 영양실조가 대개는 그 자체가 지능 발달에 악영향을 미치는 사회경제적 환경에서 발생하기 때문이고 이러한 사회경제적 요인에 의해 영향을 받지 아니하는 두뇌 기능의 측정 도구가 없기 때문이다. 따라서 많은 학자들이 회복 환경의 중요성을 인식하고 환경의 어떤 특정한 면이 아동 발달에 특히 중요한지를 구체적으로 밝히기 위해 노력해 왔다. 결국은 아동이 영양실조를 경험한 후에 발달상에 어느 정도의 장애를 겪을지는 대부분이 회복 조건에 달려 있기 때문이다. 따라서 이미 발생한 영양실조의 피해는 차치하고라도 현재 성장 지체를 보이는 어린이들이 장기적으로 심각한 발달 장애를 경험하는 사태를 방지하려면 이후에 지속적으로 양호한 회복 환경이 확보되어야만 한다.

5) 사회적 장애

성장 지체가 생물학적 기능 장애를 초래하지 않는 경우라 할지라도 중요한 사회적 의미를 가질 수도 있다. 이는 대부분의 사회는 이상적인 신체 이미지를 가지고 있으며 이러한 이상에 도달한 사람은 여러 분야에서 차등적으로 보상 받기 때문이다. 키는 한 인구 집단

내에서는 전형적인 정규 분포를 보인다. 그러나 미국과 유럽에서 이루어진 연구들에 의하면, 신체적 특성이 사회적 상호작용에 영향을 미치고 특히 신장의 크기는 사회적 상향이동과 밀접한 관련이 있다. 신장과 사회적 상향이동의 이러한 관계에는 생물학적, 심리학적, 문화적 근거가 중층적으로 관련되어 있음이 알려져 있다(Bogin 1999). 이러한 키-능력의 관계를 설명하고자 하는 유전적, 환경적 가설들이 많이 나왔다. 이 가설들은 모두 나름대로의 논리적 근거와 지지하는 연구 결과들이 있다.

그러나 이러한 가설들과는 별도로 키-능력의 관계를 키와 관련된 사회문화적 가치관을 검토함으로써 이해할 수도 있다. 즉, 각 사회에서 관찰되는 키-능력의 관계의 원인이 무엇이든지 간에, 해당 사회의 키와 관련된 사회문화적 가치관이 상대적으로 키가 큰 사람들에게 평균적으로 유리하게 작용할 수도 있다는 것이다. 보고된 바에 의하면, 거의 모든 사회에서 그 사회의 정상 범위 안에 있으면서도 평균보다는 큰 키를 바람직한 것으로 생각한다고 한다(Cassidy 1991). 실제로 사회의 이상형에 가까운 사람들이 결혼, 취직, 승진 등 다양한 분야에서 객관적 능력과는 상관없이 유리한 대우를 받는다는 것은 학자들의 연구에 의해서도 확인되고 있다. 또한 성장기 동안에도 키가 작은 아동은 동년배와 또는 성인과의 사회적 상호작용에서 불리하다고 한다.

그런데 사회의 모든 성원들이 그 사회의 이상적인 키에 도달할 기회를 똑같이 가지지는 못한다. 유전적 영향을 제외하고 나면 영양 상태와 같은 환경적 요소가 키의 성장에 결정적으로 중요하지만, 인체의 최적 성장을 가능하게 하는 좋은 환경을 사회의 모든 계층이 골고루 누리지는 못하기 때문이다. 남한 내에서 사회의 이상적 신체크기 기준에 의해 발생하는 차별을 분석해 보면 남북한 사람의 신체적 차이가 장차 두 집단간 사회적 상호작용에 어떻게 작용하게 될 것인지를 예측하는데 중요한 참고가 될 것이다. 물론 우리 사회에서 상대적으로 키가 큰 사람이 여러 분야에서 평균적으로 유리한 대우를 받는지에 대한 체계적 연구 결과가 있는 것은 아니다. 그러나 한 가지 확실한 것은 남한사회가 키에 대해 갖고 있는 일반적 인식이다. 이에 대한 일회적 이야기는 무수히 많고 우리 모두가 개인적 경험도 있을 것이다. 필자는 특히 학위 논문 자료 수집 과정 중에 학생 체위 측정에 종사하는 학교 보건 종사자, 양호교사, 또는 학생 자신들과 직접 면담한 경험이 있으며 여기에서 키가 크고 다리가 긴 것이 청소년들의 자기 이미지에 얼마나 중요한 지를 깨달은 적이 있다. 아마도 자식의 키를 몇 cm 더 키우려고 긴 시간이 걸리고 고통스러운 성장 호르몬 요법에 막대한 돈을 쓸 용의가 있는 부모들이 많다는 것이 어떤 학문적 연구 결과 보다 키에 대한 일반적인 인식을 잘 보여 준다 하겠다.

따라서 신체가 평균보다 왜소한 북한이탈주민은 남한사회에 편입된 후에 신체적 차이 때문에 부적응을 경험하게 될 가능성이 있다. 성장기 동안에 만성적이고 장기적인 영양 부족에 노출되면 성인 신장이 감소되고 상체에 비해 하체가 짧아진다. 더구나 북한의 식량

부족 사태가 더욱 장기화되어 남북한사람 간에 신체적 특징에서 큰 차이가 발생하면, "북한사람은 키가 작다", "북한사람은 숏다리다", "북한사람은 얼굴이 크다" 등이 북한사람을 신체적으로 범주화하는 준거로서 작용할 우려할만한 가능성도 있다.

참고문헌

박순영, 1996 "한국 도시 아동의 성장 발육상의 특성과 행동 발달간의 상관관계," 『한국문화인류학』, 29(2): 195-220.

______, 2000a "북한 식량위기의 장기적 영향평가: 인체의 성장발육과 건강에 미치는 영향과 그 사회적 함의," 『한국문화인류학』, 33(1): 207-240.

______, 2000b "중국체류 북한 어린이의 성장발육 상태 연구," 『비교문화연구』, 6(2): 199-219.

______ 2000c "영양학적 인체계측학 연구의 방법론적 문제에 대한 일 고찰," 내산한상복교수정년기념논총간행위원회편 『한국문화인류학의 이론과 실천』, 서울: 소화출판사. pp.213-241,

한국표준과학연구원 1997 「산업제품의 표준치 설정을 위한 국민표준체위 조사 보고서」, 국립기술품질원.

Bogin B 1999 Patterns of Human Growth., 2nd edition, pp.324-328. Cambridge: Cambridge Univ. Press.

Barrett DE, Frank DA 1987 The Effect of Undernutrition on Children's Behavior, New York: Gordon and Breach.

Beaton GH 1989 "Small but healthy? Are we asking the right question?", European J Clin Nutr 43: 863-875.

Cassidy CM 1991 "The good body: when big is better", Medical Anthropology, 13: 181-213.

Central Bureau of Statistics, DPRK 2002 Report on the DPRK Nutrition Assessment.

Chandra RK 1991 "Nutrition and immunity: lessons from the past and new insights into the future", Am J Clin Nutr 53: 1087-1101.

Chavez A, Martinez C 1984 "Behavioral measurements of activity in children and their relation to food intake in a poor community", in Energy Intake and Activity. E. Pollitt and P. Amante eds. pp.303-321. New York: Liss.

Chen LC 1983 "Interactions of diarrhea and malnutrition: mechanisms and interventions", in Diarrhea and Malnutrition. pp.3-19. New York: Plenum Press.

Clark GA, Aldwin CM, Hall NR, Goldstein SA 1989 "Is poor early growth related to adult immune aging?: a follow-up study". Am J Human Biology 1: 331-337.

Cravioto J, Arrieta R 1986 "Nutrition, mental development, and learning", in Human Growth: A Comprehensive Treatise, 2nd ed. Vol. 3, F. Falkner and J. M. Tanner, eds. pp.501-536. New York:

Plenum Press.

Ellis EC, Hill E 1975 "Growth, intelligence, and school performance in children with cystic fibrosis who have had an episode of malnutrition during infancy", J Pediat. 87(4): 565-568.

EU, UNICEF, WFP 1998 Nutritional Survey of DPRK, November 1998.

Frisancho AR 1993 Human Adaptation and Accommodation, pp.357-397. Ann Arbor: Michigan University Press.

Hamill PVV, Drized TA, Johnson CL, Reed RB, Roche AF 1977 NCHS Growth Curves for Children, Birth to 18 Years, US Department of Health, Education and Welfare, Publication Number PHS 78-1650. Hyattsville, Maryland: National Center for Health Statistics.

Klein PS, Forbes GB, Nader PR 1975 "Effects of starvation in infancy (pyloric stenosis) on subsequent learning abilities", J Pediat 87: 8-15.

Lloyd-Still JD, Hurwitz I, Wolff PH, Shwachman H 1974 "Intellectual development after severe malnutrition in infancy", Pediatrics, 54:306-311.

Marshall WA, Tanner JM 1986 "Puberty", in Human Growth: A Comprehensive Treatise, 2nd ed. Vol. 2, F. Falkner and J. M. Tanner eds. pp.171-209. New York: Plenum Press.

Martorell R 1989 "Body size, adaptation, and function", Human Organization, 48:15-20.

Martorell R 1984 "Genetics, environment and growth: issues in the assessment of nutritional status", in Genetic Factors in Nutrition, A. Velaquez ed. pp.373-392. New York: Academic Press.

Martorell R, Gonzalez-Cossio 1987 "Maternal nutrition and birth weight", Yearbook of Physical Anthropology 30: 195-220.

Stein Z, Susser M, Saenger G, Marolla F 1975 Famine and Human Development: The Dutch Hunger Winter of 1944-1945. London: Oxford University Press.

Stinson S 1985 "Sex differences in environmental sensitivity during growth and development", Yearbook of Physical Anthropology, 28: 123-147.

Tanner JM 1978 Education and Physical Growth. New York: The International Universities Press.

Tanner JM 1986 "Growth as a target-seeking function: catch-up and catch down growth in man", in Human Growth: A Comprehensive Treatise, 2nd ed. Vol. 1. F. Falkner and J. M. Tanner eds. pp.167-180. New York: Plenum Press.

Valman HB 1974 "Intelligence after malnutrition caused by neonatal resection of ilium", Lancet 1:425-427.

Waterlow JC 1972 "Classification and definition of protein-energy-malnutrition", British Medical Journal 3: 566-568.

WHO 1978 A Growth Chart for International Use in Maternal and Child Health Care, Geneva: World Health Organization.

WHO working group 1986 "Use and interpretation of anthropometric indicators of nutritional status",

Bull WHO 64: 929-41.
Center for Disease Control and Prevention, USA & World Health Organization, Geneva, Switzerland 1997 Epi Info 6, Version 6.04d.
Center for Disease Control and Prevention, USA 2003 EpiInfo 2002 revision 2.

3

청소년 : 그 아픔과 푸르름

제13장

탈북 청소년의 남한학교 적응*

정진경 충북대 교수, 심리학

정병호 한양대 교수, 문화인류학

양계민 중앙대 겸임교수, 심리학

1. 서 론

어려운 과정을 거쳐 남한에 도착한 탈북 청소년들은 남한사회에 적응해 나갈 것에 대한 두려움을 갖지만, 한편으로는 열심히 공부해서 여기서 성공하겠다는 앞날에 대한 큰 희망을 가지고 생활을 시작한다. 또한 이들을 염려해주는 주변 사람들도 어른들과 달리 아이들은 비교적 쉽게 적응하고 남한에 동화되어 잘 살 것이라고 기대한다. 그러나 실제로 이들이 남한학교에 잘 적응하고 자신의 진로를 개척하며 살고 있는 것인지는 경험적 자료를 통해 진단해 볼 필요가 있다.

남한 입국 탈북자 중 20세 이하의 아동 · 청소년이 차지하는 비율이 1999년도 이후 매년 20% 이상 된다(정병호, 정진웅, 전효관, 이부미, 2003).[1] 이들은 북한기근이 본격화된 1990년대 후반기에 태어났거나 그 시기에 성장기를 경험한 세대로 극심한 영양 및 성장발달상의 문제를 지니고 있고 아울러 사회경제 체제의 혼란으로 북한에서 적절한 교육 기회를 갖지 못하였다. 더욱이 어린 나이에 탈출과 도피, 은신, 방황으로 인해 심리적 정서적 상처를 입었거나 정규 교육 경험이 현저히 적은 경우도 많다. 이들의 남한사회 적응문제는 지금까지 주로 사회경제적 혹은 이념적 체제차이 극복에 주력했던 성인 탈북자들의 적응교육과는 다른 차원의 다양한 교육적 과제를 드러내고 있다.

탈북 아동 · 청소년들이 겪는 문제는 (1) 기근과 영양결핍으로 인한 성장 발육상의 문제, (2) 가족의 이산으로 인한 슬픔과 불안, (3) 탈출과 유랑과정에서 입은 심리 · 정서적 상처, (4) 남북 간의 교육 내용차이, 그리고 북한에서 이수한 제도교육 연한과 나이와의 차

---

* 이 글은 "탈북 청소년의 남한학교 적응", 『통일문제연구』, 2004, 제16권2호(통권 42호), pp.209-239를 일부 요약, 수정한 것이다.

1) 정병호, 정진웅, 전효관, 이부미, "탈북 청소년을 위한 학교설립 타당성 연구," 2003년 『교육정책연구』 2003-공모-7.

이로 인한 학력문제 등으로 개인적인 노력만으로는 극복하기 어려운 복합적인 문제를 안고 있다.

가족 붕괴와 더불어 가장 심각한 문제로 볼 수 있는 것이 교육과 관련된 문제다. 북한 이탈 어린이, 청소년들에 대한 위의 조사연구에 따르면, 북한 이탈 청소년들의 약 90%가 함경남북도 및 두만강을 사이에 둔 국경지대출신이다. 이 지역은 1996년도에 발생한 홍수 피해로 인한 기근이 가장 심각했던 지역으로, 대부분이 학교를 제대로 다니지 못하고 식량을 구하러 떠돈 사례가 많고, 학교를 다닌다 하여도 수업이 제대로 이루어지지 못한 경우가 많았다.[2] 청소년들 중 다수가 북한에서 인민학교나 고등중학교를 다니다가 마치지 못하고 그만 둔 경험이 있으며, 탈북하여 중국 등지를 떠돌 때에는 거의 공식적으로 학교를 다닐 수조차 없었다. 이들의 학교경험 부족과 학력 결손은 남한 사회 정착에 큰 걸림돌이 될 것임을 쉽게 예상할 수 있다. 북한에서 교육을 정상적으로 받고 자랐다 할지라도 문화적 사회적 차이로 인한 격차를 극복하기 어려운 형편인데, 그나마 정상적인 교육을 거의 받지 못했을 때에는 그 격차는 엄청난 차이를 유발할 것이기 때문이다.

흔히 이들이 성인보다 남한 문화에 더 쉽게 적응할 것으로 생각하지만, 실제로는 오히려 많은 적응문제를 경험하고 어려움을 겪고 있다. 청소년기는 발달단계의 특성상 정체감 혼란을 겪는 시기인데, 이러한 혼란의 시기에 전혀 다른 새로운 사회로의 이주는 탈북 청소년들의 성인으로의 적응과정에 더하여 새로운 문화적응이라는 과제를 이중으로 부과하게 되어 더욱 더 혼란스러울 수 있다.[3]

학령기에 남한 교육제도에 적응하지 못한 탈북 아동ㆍ청소년들은 새로운 사회에서 자신의 미래에 대한 전망을 가지지 못하고 방황하거나 비행, 사건, 사고를 저지르게 될 수도 있다. 그러나 이들은 남한 사회의 새로운 구성원으로서 남한의 다른 미성년들처럼 교육받을 권리와 의무가 있다. 이들이 경험하는 적응상의 어려움이 대부분 남한과 북한 교육제도의 현실적ㆍ구조적 차이에서 발생하고 있으므로 이들을 위한 제도적 접점을 가능한 폭 넓게 마련하여야 할 필요가 있다. 탈북 청소년의 문제는 탈북 청소년 자신들의 문제가 아니고 결국은 남한 사회의 문제이므로 이들을 위한 적절한 교육은 필수적이라고 하지 않을 수 없다.

본 연구는 탈북 청소년들이 경험하고 있는 현실을 집중적으로 조사하여 남한학교 적응실태를 분석했다. 특히 북한이탈주민으로서 이들이 갖는 특징들이 진학과 진로개척에 어떻게 작용하는지, 남한학교에 적응하지 못하는 경우 그 원인은 무엇인지, 그 어려움을 어떻게

---

2) 정병호, "북한 기근의 인류학적 연구" 『통일문제연구』, 제16권 1호(통권 41호), 2004년, pp.109-140.

3) 미국과 캐나다로 이주한 베트남 난민의 경우, 청소년들의 이러한 적응과정에서의 위험요인들이 확인된 바 있다. Ahearn, F. & Athey, J., *Refugee children: Theory research and service*(Baltimore: John Hopkins University Press, 1991), 그리고 Beiser, M., Barwick, C., & Berry, J. W., *Mental health issues affecting immigrants and refugees.* (Ottawa: Health and Welfare Canada, 1988) 참고.

극복할 수 있는지에 초점을 맞추었다.

2. 연구 방법

본 연구에서는 탈북 청소년들의 적응 중 청소년시기의 가장 중요한 부분인 학교적응상태에 대하여 실태를 조사하고 그 대안을 모색해보고자 했다. 물론 이전에도 탈북 청소년들의 학교생활에 대한 여러 연구가 있지만, 기존의 연구들은 주로 인류학적 접근의 연구로 질적 연구에 초점이 맞추어져 있었다. 질적 연구는 양적 연구가 주지 못하는 매우 사적이고 미묘하고 깊은 정보를 줄 수 있지만 현상에 대한 일반적인 경향성 파악은 제한된다는 단점을 지닌다. 따라서 본 연구에서는 탈북 청소년들의 학교적응에 대한 전반적인 경향성 파악과 동시에 적응과정에서의 실제적인 어려움 등을 알아보기 위하여 질적 분석과 양적 분석을 동시에 실시했다. 또한 본 연구는 탈북 청소년들의 숫자가 늘어나고 그들의 남한정착생활 기간도 길어진 상황에서, 초기의 연구들과는 달리 남한에서 2년 이상을 생활한 청소년들의 실태도 조사했다는 의의를 가진다.

1) 조사방법 및 대상자

본 연구는 탈북 청소년들의 학교적응을 구체적으로 파악하기 위해, 설문조사와 심층면접을 함께 실시했다. 설문조사는 2000년 10월 - 2003년 2월에 입국하여 조사 당시에 남한사회 적응기간이 4개월~2년 6개월에 해당되는 탈북 아동・청소년 79명을 대상으로 실시했다. 북한이탈주민들을 위한 남한사회적응교육시설인 하나원에서 이들을 가르친 교사들이 2003년 6월부터 8월 사이에 전화 인터뷰를 통하여 응답지를 완성했다. 이 교사들은 아이들과 같이 두 달 동안 친밀하게 지내고 돌보아준 경험이 있는 사람들로서 아이들과 신뢰관계가 형성되어 있다.

본 연구를 위한 공식적인 심층면접(formal interview)은 탈북 아동을 위한 방과후 프로그램 교사, 초등학교 교사, 민간 지원프로그램 교사, 부모, 탈북 청소년 등 총 15명을 대상으로 2003년 8월부터 12월까지 연구자들이 직접 실시했다. 그 외에 주로 남북문화통합교육원의 장기간에 걸친 탈북 청소년 교육 프로그램 개발작업 과정에서 이루어진 관련자들의 워크숍과 각종 보고서 및 비공식 대담을 통해서도 다양한 차원의 질적 연구자료를 수집했다. 적은 수의 연구대상자 집단의 민감한 정치적 특성상 이들을 보호하기 위해 면담결과 인용 등에서 신원이 드러나지 않도록 일반적인 질적 연구 논문 형식에 비하여 간결한 서술방식을 택했다.

2) 조사내용

설문조사의 내용은 북한에서의 학력, 현재 재학여부, 현재의 학년, 학년과 나이 사이의 격차, 학교생활 만족도, 학교생활에서 어려운 점, 친구관계, 학교에서 북한출신임을 밝혔는지, 학교를 그만 두고 하는 일 등이었다. 심층면접에서는 교사들에게 탈북 청소년의 학교생활 적응실태와 학습능력, 지도하면서 느낀 점, 아이들이 겪는 어려움, 교사들이 보는 이 아이들의 특성 등을 위주로 자유롭게 응답하도록 했다. 한편 탈북 청소년들에게는 공부가 따라갈 만한지, 친구 사귀기는 어떤지, 전반적으로 어떤 점들이 어려운지 등에 대하여 자유롭게 응답하도록 했다. 자료를 분석한 결과 탈북 청소년들의 적응과 관련된 문제는 크게 1) 학력격차, 2) 친구 사귀기, 3) 심리적 적응의 문제로 나눌 수 있었다. 다음에 각 부분마다 통계분석 결과와 심층면접 결과를 제시하면서 논의를 전개했다.

3. 학력격차와 학교적응 문제

1) 나이와 학년의 차이

탈북 청소년들에게 북한에서 학교를 어디까지 다녔는지를 물어본 결과, 〈표 1〉에 제시된 바와 같이 탈북 과정에서 학교를 중퇴한 경우가 많은 것으로 나타났다. 특히 청소년층의 경우, 고등중학교 중퇴가 매우 많다는 것이 두드러진다. 이들은 또한 중퇴한 이후 남한에 도착하기까지의 학습공백 기간이 길어서 이후의 학교적응이 쉽지 않을 것을 예상할 수 있다.

〈표 1〉 북한에서의 학력의 빈도 및 퍼센트

학력	빈도 (%)
무학	9 (11.4)
인민학교중퇴	14 (17.7)
인민학교졸업	3 (3.8)
고등중학교 중퇴	41 (51.9)
고등중학교 졸업	12 (15.2)
합 계	79 (100)

〈표 2〉 현재 재학율의 빈도 및 퍼센트

	초등생	청소년	합 계
예	18(100.0)	23(37.7)	41(51.9)
아니오	-	38(62.3)	38(48.1)
합계	18(100.0)	61(100.0)	79(100.0)

$x^2=21.61$ ($p<.001$)

( )안은 세로로 계산한 퍼센트임.

남한사회에 적응한지 6개월에서 2년 6개월 된 이 청소년들이 현재 학교에 얼마나 다니고 있는지를 알아보았다. 이는 곧 남한학교 적응 정도를 알려주는 바로미터로 볼 수 있다. 〈표 2〉에 제시된 것처럼 현재 초등학생 연령의 아이들의 경우 조사대상자의 100%가 학교에 다니는 반면, 청소년들의 경우는 38%만이 학교에 다니고 있었다. 학교에 다니는 아이들만을 대상으로 하여, 현재 다니고 있는 학교가 어떤 학교인지를 조사한 결과, 초등학교가

43.9%, 중학교가 12.2%, 고등학교가 14.6%, 대학교가 22.0%, 직업학교가 7.3%였다. 이 결과를 보더라도 청소년들의 중·고등학교 재학비율이 매우 낮음을 알 수 있다.

청소년들의 낮은 재학률의 원인 중 하나는 남북한 학제의 차이와 탈북 청소년들의 학력저조 현상에서 오는 나이와 학년의 불일치이다. 이 불일치는 남한학교에 입학할 때 첫 걸림돌이자 이후의 적응에도 큰 장애 요인이다. 현재의 학년배치 방침은 학력의 차이를 최소화하기 위해 북한에서 수학한 연수 중심으로 배치하는 것이다. 이에 따라 탈북 청소년들은 평균 2.5세 정도 자기 연령보다 낮은 학급에 편성된다. 〈표 3〉의 문항은 현재 재학 중인 41명과 최근까지 재학한 1명이 응답했다. 그러나 북한이탈 청소년들에게는 복잡한 인구학적 요인들이 중첩되어 있기 때문에 북한에서의 수학 연수에 따른 남한 학교 편입학이라는 단순한 문제해결 방식은 탈북 학생들, 특히 청소년들에게 지속적인 부적응의 요인으로 작용하고 있다.

장기간에 걸친 학습공백이 있는 학생들은 대부분의 경우 학력에 맞추어 자기 나이보다 훨씬 아래의 학년으로 배치되는데, 한두 해 정도 낮추는 것은 별로 눈에 띄지 않아서 문제가 되지 않지만, 청소년기에 자기보다 서너 살, 많게는 대여섯 살씩 어린아이들과 같은 반에서 배우게 되면 매우 자존심이 상하여 학교에 다니기 싫어지기 쉽다. 게다가 교육내용이 판이하게 다르고, 학습의 방식도 다른데다가, 실제로 학력 자체가 모자라기 때문에 수업내용을 이해하고 따라간다는 것은 거의 불가능하다.

〈표 3〉 현재 나이와 학년 간 차이의 빈도 및 퍼센트

차이	빈도 (%)
0	2 (4.8)
1	9 (21.4)
2	14 (33.3)
3	12 (28.6)
4	3 (7.1)
5	1 (2.4)
6	1 (2.4)
합계	42 (100)

〈표 4〉 학교생활 만족도의 응답별 빈도 및 퍼센트

	초등생	청소년	전체
불만족	-	5(22.7)	5(13.2)
보통	3(18.8)	6(27.3)	9(23.7)
만족	9(56.3)	9(40.9)	18(47.4)
매우만족	4(25.0)	2(9.1)	6(15.8)
전체	16(100.0)	22(100.0)	38(100.0)

x^2=11.66 (p<.01)

( )안은 세로로 계산한 퍼센트임.

2) 학교생활에서의 어려움

현재 학교에 다니고 있는 아이들을 대상으로 학교생활에 만족하는지를 물어보았다. 초등학교 아동들은 100%가 학교를 다니고 있기도 하거니와 학교생활에 비교적 만족하고 있는 것으로 나타났다. 학교생활 만족도를 물어본 결과, 81%가 만족하고 있다는 긍정적 반응을 보이고 있다〈표 4〉. 청소년들은 그보다 만족도가 낮아서 50%가 만족한다는 반응을 보였고 50%는 보통이거나 불만족이라는 반응을 보였다.

초등학생들의 높은 만족도는 여러 가지로 그 의미를 추정해 볼 수 있다. 실제로 적응을

잘했을 수도 있고, 문제의 소지가 있으나 아직은 잠재적이고 표면으로 드러나지 않았을 수도 있고, 또는 아이들의 만족이 이전의 힘들었던 상황에 비추어 상대적으로 만족감을 갖는 데서 오는 반응일 수도 있다. 다음에 제시한 교사들과의 면담내용을 참고해 보면 두 번째와 세 번째의 해석이 무게를 갖는다.

특히 초등학교도 고학년으로 갈수록 적응의 어려움을 많이 겪게 된다. 고학년의 경우 아이들과 나이 차이가 3년까지 나는 경우가 있다. 이렇게 큰 나이 차이는 적응의 어려움을 만든다. 한 아이의 경우, 중1의 나이에 처음에는 6학년에 갔다가, 1년 후 오히려 5학년으로 내려 간 아이가 있는데, 주먹 쓰는 싸움대장이 되었다. 한 탈북 아동 방과후 프로그램 담당 교사는 면담에서 다음과 같이 전했다.

> "교실에서 교사가 분위기 잡고 수업 할라고 하면 아이들에게 직접 대고 겁주면서 '너 수업 끝나고 봐, 왜 깝쳐' 하면서 분위기를 다 흩트려 놓기 일쑤라서 교사가 운적도 있다고 해요."

탈북 아동들이 스스로는 어느 정도 학교생활에 만족하기는 하나, 그렇다고 학업에서도 성공적인 것은 아니다. 대체로 학업 및 학습능력은 같은 학년 아이들에 비해 매우 떨어진다. 남북한의 학교에서 배우는 내용과 공부하는 방식이 판이하게 달라서 북한에서 공부를 잘했던 아이들도 단기간에 좋은 성적을 내기는 매우 어렵다. 더구나 북한의 학교들이 최근 몇 년간의 극심한 경제난 속에서 제대로 기능을 하지 못하여 이 아이들의 학력은 더욱 떨어질 수밖에 없다. 이에 대한 교사들의 평가는 다음과 같다.

> "초등 6학년(실제 나이는 중2)에 다니지만 학습능력은 초등 3학년 기초능력 이하입니다."
> "수업태도가 상당히 산만하고 숙제에 대한 스트레스를 많이 느껴요. 학업 스트레스로 배가 아프다며 자주 결석합니다."
> "마지못해 걸상을 지키는 정도이고 공부에 대한 의욕을 아주 잃은 것처럼 보입니다."
> "수업태도도 좋고 공부도 열심히 해 친구들에게 인정을 받는데 반에서 학습능력은 하위권입니다."

교사들은 탈북 아동들에 대하여 부분적이나마 긍정적인 평가를 내리면서도, 이들의 심각한 학습부진과 폭력성의 문제에 대해서는 상당한 우려를 나타내었다. 특히 폭력성이 심할 때는 교사도 감당이 안 되는 부분이 있다고 한다.

그러나 다음과 같은 성공적 적응 사례도 있다. 한 초등교사는 면담에서 다음과 같은 사례들을 전하고 견해를 털어놓았다.

"선생님과 얘기도 잘하고 장난도 가끔 하며 지낸다. 전 과목 80점 이하인 학생들은 나머지 학습을 시켜 점수를 올리고 있는데 금희(가명)도 그 점수를 얻으려고 열심히 공부하는 모습이 무척 예쁘다. 전체적인 성적은 중간정도에도 못 미치지만 열심히 하려는 의지가 강하다. 급우들과의 관계도 좋고 잘 지낸다. 성격이 좋아 친구관계가 원만하다. 성적은 상당히 부진하나 학급 회장(여)이 항상 함께하며 학습, 관계형성에 많은 도움을 주고 있다."

"운동하기를 좋아하고 아이들과 비교적 잘 어울립니다. 학교에서 졸업여행을 1박2일 갔을 때는 여자 친구들에게 많은 관심을 받기도 했어요."

초등학교의 아동들은 발달상으로 적응속도와 패턴이 청소년에 비해 완만하고, 초등학교의 문화는 입시에 전력하는 중등 이상의 학교들에 비해 상대적으로 유연하다. 이런 점에서, 초등학교에 다니는 탈북 아동들을 위한 교육 지원프로그램이 마련된다면 교육현장에서 뚜렷한 효과를 거둘 수 있을 것이다. 즉, 편입학 초기부터 담임교사가 탈북 아동들의 어려움에 대한 문화적인 이해를 갖고 처음부터 정체성의 혼란이 없도록 학급친구들에게 소개하고 학교생활을 잘 안내해 줄 수 있는 또래관계를 형성할 수 있도록 도움을 주는 일이 긴요하다. 이에 더하여 모자라는 학력을 보충할 수 있도록 지역사회 안에서 방과후 특별교육을 지원해 준다면 보다 많은 탈북 아동들의 남한학교 적응이 가능할 것이다.

학교생활에서 제일 어려운 점이 무엇인지를 질문한 결과, 〈표 5〉에 제시된 바와 같은 답이 나왔다. 초등생들은 학업 따라가기와 친구 사귀기, 북한식 말투에서 오는 곤란함을 들었다. 청소년들은 학업 따라가기가 제일 어렵다는 답이 압도적으로 많았고, 그 다음이 연령차 극복하기였다. 이는 학년이 올라갈수록 학력격차가 더 커져서 학업을 따라가는 것이 더욱 힘들어지는 것을 보여주는 결과이다. 초등생들은 학교 내의 특별프로그램이나, 방과후 교실 등의 효과적인 운영으로 학력격차를 줄일 수도 있으나, 중·고등학교 학생들의 경우는 학력격차가 너무 벌어져서 남한의 일반 학교에서 실질적인 학업적응은 대부분의 경우 거의 불가능해 보인다.

청소년들이 학교에 다니기 힘들어하고 그만 두어 버리는 가장 큰 이유는 학업을 도저히 따라갈 수 없다는 점이다. 수업내용을 거의 이해하지 못하고 그냥 앉아만 있는 것은 이들에게 큰 고역이다. 북한에서 고등중학교를 다니다 온 경우 실제로는 남한의 중·고등학교에 비하여 두 학년이 아래인 셈이지만, 나이 차이가 너무 많이 나는 경우 이들을 중·고등학교의 해당 학년으로 일단 편입시켜주는 경우도 있다.[4] 그러나 교육내용이 판이하게 다르

[4] 북한의 인민학교는 4년제이고 이를 마치면 남한의 초등학교 4년을 수료한 셈이다. 의무적 중등교육과정인 고등중학교는 6년제로 졸업을 하면 북한에서는 대학에 진학 할 수 있으나, 남한의 학제와 비교해 보면 고등학교 1학년 수료의 학력에 해당된다. 이 2년간의 수학기간 차이에 대한 구체적인 제도적 보완방안이 마련되지 않은 상황에서 북한의 고등중학교 졸업자는 남한 대학에 특례입학을 할 수 있도록 하고 있다. 문제는 남한의 중등교육 과정에 편입하여야 할 '고등중학교' 중퇴자들인데 이들에 대해서는 학교명칭상의 혼란과 탈북 청소년들의 상대적으로 많은 나이 때문에 수학연한에 따른 편입학 원칙이 일관성 없이 적용되고 있다.

고, 학습의 방식도 다른데다가, 실제로 수학기간 자체가 2년이 모자라는 경우도 많아서 수업내용을 이해하고 따라간다는 것은 거의 불가능하다.

〈표 5〉 학교생활에서 어려운 점에 대한 응답별 빈도 및 퍼센트

	초등생	청소년	합계
학업 따라가기	5(29.4)	16(72.7)	21(53.8)
말투	3(17.6)	-	3(7.7)
친구사귀기	4(23.5)	-	4(10.3)
연령차극복하기	-	4(18.2)	4(10.3)
기타	5(29.4)	2(9.1)	7(17.9)
전체	17(100.0)	22(100.0)	39(100.0)

x^2= 17.86 (p<.001)

( )안은 세로로 계산한 퍼센트임.

수업내용을 이해하기 어려워도 남한 아이들에게 물어보기는 쉽지 않다. 남북 언어의 차이에 더하여 특히 일상적인 외래어를 몰라서 상호이해의 어려움이 있고, 따라서 그 문제의 해결이 또래 집단에서 이루어지지 않는다. 또한 단어의 의미를 되풀이해서 물어보거나 설명을 부탁하는 것 자체가 자존심 상하는 일이고, 더구나 자신이 북한에서 온 것을 숨기고 있는 상황에서는 절대로 시도할 수 없는 일이기 때문이다. 결국 탈북 학생들은 교육 현장에서 자신의 목소리를 자신 있게 내기는 불가능하게 되고, 궁금증과 답답함만 안은 채 점점 말없이 생활하게 된다. 이 학생들은 어떻게든 고등학교를 버텨내서 졸업만 하면 남한의 대학교에 특례입학을 할 수 있기 때문에 웬만하면 힘들어도 버텨내려는 각오로 학교를 시작한다. 그러나 실제로 그 상황에 들어가 보면, 그 난감함을 견디지 못하는 경우가 많은 것이다. 이에 대하여 탈북 청소년들은 다음과 같이 말하고 있다.

> "고 3은 버텨도 고 2는 못 버팁니다. 1년은 교실에 앉아있는 것을 참을 수 있지만 그 이상은 힘들어요."
> "다들 과외 받고 남한에서 계속 공부한 애들과 경쟁하는 것이 힘듭니다."
> "학교 재미없고 공부도 재미없는데 왜 오랫동안 앉아있습니까?

탈북 청소년들을 오래 지도한 한 교사는 이들이 겪는 어려움에 대해 다음과 같이 말했다.

> "이 아이들이 겪는 현실적 괴로움은 상상할 수 없을 정도입니다. 누구든지 고등학교는 졸업해야한다고 하는데 학교에 앉아있어도 영어, 수학은 전혀 모르겠고, 숨통이 조여 온다고 합니다. 제대로 학교 다니고 배울 수 없는 상황에 있는 게 너무 괴롭고, 한국에 괜히 왔다는 생각이 들고, 죽고 싶대요. 오히려 50만원 받고 정비소에 있는 게 편하다고 합니다."

여기에 더하여 나이가 자기보다 몇 살이나 어린 아이들과 지내면서 그들에게 학력면에서도 뒤떨어질 때, 청소년기의 아이들이 받는 심리적 스트레스는 상당히 클 것임은 쉽게 추측할 수 있다. 이러한 어려움들이 청소년들에게는 중층적으로 작용하고 있다.

3) 대학 진학에 대한 환상

명문대에 진학하는 것은 많은 탈북 청소년들의 꿈이다. 나이 어린 초등학생들도 대학특례입학제도에 대해 잘 알고 있으며 '서울대'나 '연고대'를 가겠다고 희망한다. 이들의 명문대 입학에 대한 열망은 남한사람들보다도 더한 듯한데, 그 이면에는 낯선 곳에서 성공해내겠다는 꿈이 자리 잡고 있다. 북한이탈 청소년들은 남한사회에서 대학입학이 중요하다는 것을 매우 빨리 인식하고, 자신들의 경우 남한 아이들에 비하여 비교적 수월하게 대학입학을 할 수 있는 특례입학제도가 적용된다는 사실을 하나의 생존전략으로 파악한다.

힘들게 남한생활을 1, 2년 버텨낸 청소년들이 명문대학에 입학하게 되면 본인들은 물론 그들을 도와주던 주변 사람들까지도 이들에게 새롭게 펼쳐질 희망적인 미래를 꿈꾼다. 그러나 명문대 입학은 또 다른 문제의 시작이기도 하다.[5] 이들은 대학에 입학은 했지만 대학수준의 학업을 따라가기 어렵다. 남한 학생들의 장기간의 전투적인 대입준비에 비해 이들의 준비는 너무 짧고 간단하기 때문이다. 실제적으로 대부분의 탈북 학생들은 대학수업에 들어가서 강의내용을 이해하고 따라간다는 것이 거의 불가능하다. 이들은 특히 영어와 외래어를 가장 어려워하고 전공과목 선택에도 한계를 가지며, 남한사회의 기본적 교양과 문화적 경험의 부족으로 학업 생활을 힘겨워한다. 한 대학 강사는 심층면접에서 다음과 같이 얘기했다.

> "탈북자가 '난장이가 쏘아올린 작은 공이 80년대 우리사회에 던진 메시지는 무엇인가?', 'NEIS의 논쟁의 핵심이 무엇이냐'는 등의 교양 수업의 과제를 해결하기는 어렵죠."

이처럼, 대학 수업을 이해하기 어렵기 때문에 이들이 평균 C학점 이상의 성적을 받기는 힘들다. 그러나 한 학기 평균학점 C이하가 두 번이면 등록금 면제대상에서 제외되기 때문에 스스로 학비를 대며 학업을 지속하기가 어렵다.[6] 대부분 1-2년 이내에 휴학사태가 발생하고 여간해서는 다시 복학하기가 현실적으로 어렵기 때문에 실질적인 학업 포기상태에 들어가게 된다. 아주 능력 있고 의지력이 강한 한 학생의 경우, 대학의 수업을 따라갈 수

---

5) 정병호, "탈북 이주민들의 환상과 부적응: 남한사회의 인식혼란과 그 영향을 중심으로" 『비교문화연구』, 제10집 1호, 2004, pp.33-62.

6) 특례입학으로 대학에 들어간 북한이탈주민들이 학업을 따라가지 못하면서 계속 대학에 적을 두고 장기간 남한의 현실 사회생활 적응을 늦추는 것을 제한하기 위한 통일부의 정착지원 방침에 따라서 2학기 연속 평균 C학점 이하인 경우에는 학비 지원이 중단된다.

없어서 입학 6개월 후 휴학을 하고, 2년 6개월 동안 집에서 칩거한 채, 모든 사회과학 도서와 신문, 뉴스의 언론정보를 독파해서 다시 복학한 사례도 있다.

탈북 청소년이 대학에 진학하면, 학업을 따라가기 어려울 뿐 아니라 그에 더하여 문화적 차이를 극복하는 것에도 어려움을 느낄 수밖에 없다. 남한 명문대 대학생들의 화려한 문화적 자본에 비해 초라한 자신의 외모와 빈약한 문화적 자본 때문에 자신감이 위축된다. 이들은 대학에 입학한지 1년도 채 못 된 시점에서 명문대생이면서 스스로는 그러한 사회적 이미지에 맞지 않는다는 정체성의 혼란을 겪게 되고, 전망 없는 휴학생으로서 사실상의 실업상태가 장기화되기 쉬운 문제를 갖게 될 가능성이 있다. 심층면접에서 탈북 대학생 본인이 표현한 말을 빌리자면 다음과 같다.

> "입학을 할 때는 공부만 하면 뭐든 될 것이라는 희망을 가지지만 대학생활을 하면서 남한 학생들도 취직이 안 되는데 우리가 할 수 있을지, 그 엄청난 토플은 할 생각도 못하는데 어떻게 할지 앞날을 생각하면 답답합니다. 졸업은 하긴 해야 하는데…."

이렇게 불안한 현실을 보면 북한이탈 청소년들이 잠시 대학을 다니면서 얻는 이익은 소속감과 활발한 사회를 경험한다는 만족감 정도이다. 아직 나이가 어리고 학업을 따라잡을 수 있는 초등 또는 중학생 정도의 아이들에게는 대학입학의 꿈을 버리지 않도록 교육의 기회를 제공하는 사회적 노력이 필요하다. 그러나 현실적으로 대학을 다닐 수 있을만한 학력에 도달하기 어려운 나이든 청소년들의 경우에는 결국 대부분이 좌절하게 될 것이 명백한 대학특례입학제도를 통한 속성해결 방식의 교육지원의 한계는 분명하다. 물론, 소수이기는 하지만 대학생활을 성공적으로 잘 해내고 있는 탈북 청소년들도 있다. 그러나 과연 지금처럼 모든 탈북 청소년들이 대학의 꿈을 가지고 가다가 좌절하는 것을 반복해야만 하는지 탈북 청소년들의 적응, 진로지도에 있어 신중히 고려해 볼 문제이다.

4) 검정고시 학원의 현실

중·고등학교에 적응하지 못하고 나온 아이들도 아직 대학에의 꿈을 포기한 것은 아니다. 검정고시는 학교가 아닌 개인적 수준에서 나이와 학년의 차이를 따라잡는 유일한 방법이다. 학교를 그만 둔 청소년들의 대부분은 "중·고등학교에서 3-4년 고생하기보다는 1년 바짝 하면 된다"는 희망으로 검정고시를 준비한다. 이들은 고입 또는 대입 검정고시를 보아서 상급학교에 가려고 검정고시 학원을 찾아가게 된다. 실제로 탈북 청소년 중에 각고의 노력으로 검정고시에 합격하여 대학을 간 사례가 있어 이들에게 희망적인 본보기가 되기도 한다. 따라서 학교를 그만 둔 아이들은 73.7%가 검정고시 학원에 다니고, 10.5%가 취업해 있었고, 나머지는 떠돌거나 노는 등 뚜렷한 소속이 없었다.

검정고시 학원은 정규학교보다 쉬울 것이라는 기대와 검정고시 학원에는 다양한 연령의 사람들이 모여 있어 학교보다 마음이 편하리라는 기대를 가지고 이들은 검정고시 학원에 등록한다. 그러나 초·중등 검정고시 과정은 비교적 쉽지만 대입 검정고시 준비과정은 어렵다. 막상 수업을 시작하면 검정고시 학원의 학습과정도 이 청소년들에게는 쉽지 않기 때문에, 수업내용을 따라가기 어려워지면, 학원은 학교보다 훨씬 쉽게 포기하게 된다. 검정고시 학원에 다니는 탈북 청소년들은 심층면접에서 어려운 심경을 다음과 같이 표현했다.

"말을 못 알아먹겠습니다."
"책상에만 앉아 있으면 좀이 쑤십니다."
"서울 살기 힘듭니다. 중국에서는 안 그랬는데, 여기 와서는 자꾸 마음이 약해집니다."

검정고시 학원에 다니면서 겪는 어려움 중의 또 다른 하나는 경제적인 문제이다. 학교에 다니는 학생에게는 학비 면제를 포함, 한 학기에 100만 원 정도의 천일장학금, 각종 종교단체의 장학금이 수여된다. 그러나 검정고시 및 기타 학원에 다니는 학생들에게는 지원이 전혀 없다. 한 달 평균 40-50만 원 정도인 학원경비는 북한이탈주민들 가정경제상 상당한 부담이 되는 액수이다.

현재 이들의 검정고시 준비를 무료 또는 실비로 도와주는 민간단체 지원 프로그램들이 몇 곳에서 운영되고 있는데, 여기에는 무연고 청소년 또는 검정고시 준비를 하는 청소년들을 위한 생활공동체 프로그램과 소규모 기숙대안학교, 도시형 대안학교 등이 있다. 이러한 민간 교육프로그램들에서는 보수와 지위가 불안정한 상태에서 대부분 자원으로 봉사하는 교사들의 부담이 매우 크다. 교사가 교사역할에 더하여 부모역할도 해야 하고, 행정지원의 역할까지 수행해야 하는 어려움이 있다. 규모의 영세성으로 인해 교사역할이 복합적인데 이 때 교사들은 생활지도와 학습지도에 혼성이 생길 수 있다. 공사(公私)구분이 희박하여 청소년들 역시 혼돈스러워 한다. 다음에 나타난 청소년을 위한 한 기숙학교 교사와의 면담 내용을 보면 탈북 청소년들의 교사로서 아이들을 다루는 것이 얼마나 힘든지 표현하고 있고, 또한 아이들의 불안정한 미래와 어려운 현실을 잘 반영해주고 있다.

"이러한 (소규모 민간대안)학교 시스템은 주먹구구식 실험이에요. 잡아 당겨주는 공권력도 없고 힘도 없고 '당신 선생이냐?' 그러면 우리 스스로 보아도 전문성도 결여되어 있죠. 그런 점에서 아이들한테 미안합니다. 아이들은 학교 권위를 무시하고 학칙도 없지, 상벌 개념도 없지."

"(하루 종일 일과를 같이하다 보면) 감정표출이 나올 수밖에 없는지 아이들이 못 참겠다고 합니다. 검정고시를 빨리 합격하고 싶다는 조급증이 생기면, (대안)학교를 나옵니다. 돈 내고 학원을 가겠다고 하지요. 그렇게 하곤 대개 아르바이트하고 PC방가고 그러다 시험 탈락하면 공부 치우고 무리 지어 대충 살고 검정고시 학원도 안 다니고 학교도 안 다니고 도저히 희망이 없다면서 안개가 끼어있는 것 같고 깜깜하다고 합니다."

산전수전 다 겪은 아이들을 데리고 살면서 교육까지 해야 한다는 것 자체도 어려운 일인 데다가, 제도적 장치의 부재로 인하여, 문제가 생길 경우 교사가 책임을 져야하는 부담감도 교사들을 힘들게 한다. 교사들은 아이들에게 사랑을 주고도 상처받는 애증관계 속에서 탈진하여 학교를 떠나는 경우가 많고 이로 인한 교사 수급문제와 아울러 그나마 이들의 전문성이 축적되지 않는 악순환이 발생하기 쉽다.

5) 학교를 포기한 아이들

중 · 고등학교도 포기하고 검정고시 학원까지 그만 두고 나면, 학교로 돌아갈 가능성은 거의 없다는 것을 청소년들도 알게 된다. 그러나 학교가 아니면 그 대안은 무엇인지에 대해서는 대부분의 아이들은 별로 아는 것이 없다. 검정고시에도 실패한 경우에는 자기 적성에 맞는 사회적 진로를 선택할 기회와 과정을 제공해 주어야 한다. 그렇지 않으면 이들은 사회의 아웃사이더로 남을 가능성이 있다.

이 청소년들 중에는 아무데도 적응 못하고 방황하면서, 아이도 아니고 어른도 아닌 혼란된 삶을 살아가는 사례들이 늘고 있다. 나이가 17세-22세 정도로 학교에 적응하기에는 너무 많으면서 학습능력이 현저히 낮은 경우, 심리적 상처가 깊은 경우, 그리고 대다수의 무연고 청소년들이 여기에 해당된다. 다음의 자료는 자신의 정체감에 대해 혼란스러워하는 아이들을 본 기숙학교 교사와의 면담 내용이다.

"자기가 남한사람이냐, 북한사람이냐, 내가 누구냐 이거죠. 20, 22살에 A, B, C, D부터 해야 하니 자신이 어느 위치에서 어떻게 해야 할지 어려워하는 거죠."

"자기가 원하는 것 뭘 해야겠다, 이런 게 없잖아요. 재주가 있어서 선명하게 길이 있는 것도 아니고, 공부를 하자니 그것도 잘 안되고 여러 가지 요소들로 인해서 아파트에서 꼭대기로 올라가서 뛰어내리려고 하는 걸 친구들이 붙잡아서 두들겨 패고, 술로 달래고…."

이 청소년들은 기대할 미래가 전혀 없기 때문에 지금, 이 순간을 살뿐이다. 이들은 정착금을 탕진해 버리기도 하고, 오토바이 폭주족이 되기도 하고, 알코올 중독이 되기도 하고, 범죄를 일으키거나, 자살 소동을 벌이기도 한다. 정체성의 혼란을 경험하면서 어린 나이에 자포자기한 삶을 살게 되는 것이다. 삶의 방향성을 잃고 자신이 왜 남한 땅에 와 있는지

후회하며 좌절하고 있는 이들을 위하여 적절한 진로지도와 취업지원 및 기술교육이 필요하고 심리적 상처를 치유할 수 있는 기회도 제공되어야 한다.

4. 심리적 특성과 사회적응문제

1) 친구 사귀기

청소년기는 친구와의 관계가 특히 중요한 시기이다. 또래관계는 자기 정체성을 안정되게 형성하는데 매우 중요하다. 탈북 청소년들의 경우, 남한 아이들과 친구가 되면 남한사회에의 적응이 훨씬 더 쉬워질 것이다. 그러나 그 첫 단계로서 필수적인 자신이 북한 출신임을 알릴 것인가는 이들 청소년들에게는 매우 심각한 문제이다. 학급친구들과 어울리는데 있어 북한에서 왔다는 사실과 말씨가 다르다는 사실은 이들이 다른 집단으로 분류되고 차별받게 할 수도 있다고 느끼기 때문이다. 이들에게 학교에서 자신이 북한 출신임을 말했는지, 했다면 어떤 계기에 그랬는지를 물어보았다. 북한에서 온 사실은 74.6%가 말했으나, 그 중 81.8%가 입학하자마자 교사의 소개로 친구들에게 알리게 되었다고 한다. 자신이 자발적으로 말한 경우는 18.2%밖에 되지 않았다.

여학생과 남학생간에 자신이 북한 출신임을 알리는데 차이가 있는지를 보기 위하여 분석을 실시한 결과〈표 6〉, 남녀 간에 유의미한 차이가 있었다. 여학생들은 66.7%가 알리지 않았으며 나중에 알게 되더라도 친한 친구에게만 고백을 통해서 알렸다고 한다. 여학생 본인들이나 이들의 교사들이 여학생들의 경우는 북한에서 왔다는 사실이 학교생활이나 또래관계에 훨씬 더 의미 있는 영향을 미친다고 생각하는 것으로 해석될 수 있다.

〈표 6〉 북한 출신임을 말했는지 여부의 빈도 및 퍼센트

	남	여	계
말했다	38(92.6)	6(33.3)	44(74.5)
안했다	3(7.4)	12(66.7)	15(25.4)
합계	41(100.0)	18(100.0)	59(100.0)

x^2=22.67 (p<.001)

( )안은 세로로 계산한 퍼센트임.

북한 청소년들은 나이 문제에 특히 더 민감하다. 이러한 특성은 같은 반의 남한 아이들과 친구가 되기 어렵게 만든다. 더구나 남한 아이들끼리는 이미 친구가 되어 있어서 끼어들기도 어렵다. 대부분의 탈북 학생들의 남한학교 편입이 하나원 교육이 끝나서 거주지에 배치되는 시점에 이루어져서 학기 중에 이미 편성된 학급에 들어가게 되기 때문에 더욱

어려움을 겪는다. 나이 차이를 줄여주는 제도적 장치를 마련하고 아울러 남한학교 편입학하는 시점을 조절해서 새로운 학년과 학급이 편성되는 3월 신학기에 들어가도록 하면 이들의 보다 자연스러운 또래관계 형성에 도움이 될 것이다.

탈북 아동 및 청소년들의 또래관계에 대한 연구들에 따르면 탈북 아이들은 주로 힘없고 능력이 없는 집단 내 주변부 아이들과 또래관계를 형성한다고 보고하고 있다. 박선경의 연구[7]에서는 북한 아이들이 "착한 애들보다는 깡패나 노는 애들이 좋다. 왜냐면 그들이 마음이 넓고 재미있어서"라고 한 것을 소개하고 있고, "학교에서는 몸 아플 때 따뜻한 차 한 잔 뽑아 준 친구, 마음 주는 아이들, 자신이 결석했을 때 교사가 지시한 과제나 상황을 알려주는 친구를 마음에 담고 있다"고 한 것도 소개하고 있다. 북한이탈 청소년들이 마음을 주고받을 수 있는 친구를 원하지만 그런 친구 사귀기가 어렵다는 것을 알 수 있다.

탈북 아동・청소년들은 남한문화의 낯설음과 그 상황을 적절히 이해하고 대처할 수 있는 지식과 경험이 부족해서 열등감을 느끼기 쉽다. 언어 차이로 인해서 남한의 말을 알아듣지 못하고, 자신이 말을 하면 남한 아이들이 이상하다고 웃거나 어디서 왔느냐고 묻는 현상이 발생한다. 학교에서 선생님의 말을 알아듣지 못해서 체육시간이라 모두 밖으로 나가는데 혼자서 교실에 남아 있었다는 예도 있다. 어린이들은 청소년에 비하면 그래도 남북한 친구를 고루 사귀는 편인데, 한 초등학교 교사는 다음과 같은 사례들을 전했다.

> "학교생활에서 학업 따라가기, 말투, 친구 사귀기를 어려워합니다. 학기 초에는 물론 현재도 본인이 북한 출신이라는 것을 급우들이 모를 것이라고 생각하지만, 급우들은 모두 알고 있습니다. 탈북 아동들은 자신이 북한 출신임이 드러날까 봐 부모님을 학교에 못 오게 하는 경우도 있고, 감추었다 나중에 알려져서 또래들한테 왕따 당한 경우도 있습니다."

많은 탈북 학생들이 학교에 다니면서 자신의 정체성에 대해 자신 있게 드러내지 못하고, 남한 아이들과 친구가 되지 못한다는 사실은 이들이 결국 학교를 자퇴하고 검정고시 학원으로 모이고 있는 현상의 주요 원인이 되고 있다. 일단 자신을 숨기면 학교생활에서 자신들에게 익숙한 북한 언어의 억양이나 사투리가 남한 아이들과의 대화 속에서 드러났을 경우를 걱정하면서 아이들은 자기 이야기를 자연스럽게 하는데 대단히 조심스러워 한다. 북한 사투리나 탈북 과정 속에서 익숙해진 중국어를 무의식적으로 사용하지 않기 위한 방편으로 아이들과 이야기할 때 자기가 할 말들을 미리 되새김질을 한 후 말한다든지, 중국어나 사투리가 나오면 도중에 말을 끊어 버리든지, 혹은 집에서 표준말을 익히기 위해 읽기 연습을 수없이 반복하는 것 같은 자기훈련 방식을 마련해두게 된다.

'자신 숨기기'로 인한 언어 소통의 문제는 결국 또래 집단 간의 친구 사귀기에 있어서

7) 박선경, "탈북청소년의 학교 적응에 관한 연구," 1999, 가톨릭대 석사학위논문.

심리적 스트레스로 작용하게 되는데 자신이 북한사람이라는 것이 밝혀지는 것에 대한 불안감으로 이어진다. 더구나 실제로 밝혀졌을 때 남한 아이들의 싸늘한 시선, 관계 형성에 있어서 예전과 다른 상대적 거리감은 아이들에게 소외감과 외로움으로 다가올 수밖에 없다. 이들은 솔직하게 자신의 심리적 고민이나 경험을 마음 놓고 털어놓을 수 있는 친구를 사귀는데 어려움을 느끼고 많은 경우 결국 자퇴라는 소외의 길을 선택하게 되는 것이다.

공부가 잘 되지 않고 자존심이 상하면, 탈북 청소년들은 남한 아이들의 몰이해와 차별적인 시선에 대해 분노를 느끼고 폭력적이 되기도 한다. 이들은 남한 아이들의 개인주의적이거나 또는 단순히 철없는 행동들도 자신들에 대한 차별이나 적대감으로 과대해석 하는 경우도 있다. 다음의 사례는 탈북 청소년들의 말을 인용한 것으로 남한 아이들에 대한 분노와 적대감을 표현하고 있다.

> "얘들이 싸가지가 없습니다."
> "그 애가 먼저 잘못했습니다. 그래서 패준 건데 왜 나보고 잘못했다고 하는 겁니까."
> "북한 애가 남한 애한테 맞았는데 가만히 있습니까?"

이러한 갈등이 폭력적인 언행으로 이어지는 경우가 흔하고, 때로는 폭력적인 패싸움으로 번지기도 한다. 서울의 한 고등학교를 다니던 한 탈북 학생이 사소한 오해와 갈등으로 학교에서 생활지도부원인 남한 학생에게 맞은 얘기를 듣고, 다른 탈북 학생이 핸드폰으로 여러 곳에 사는 탈북 청소년들을 모두 소집하여 수업중인 학교로 쳐들어가서 패싸움을 벌인 경우도 있었다. 이러한 사건이 있은 후 그 학교에서는 탈북 청소년들의 교육에 자신이 없다며 더 받지 않으려 했다고 한다.

학교를 그만 두는 이유는 위에서 말한 학교수업을 따라가기 어렵다는 것과, 연령 차이를 견디기 어렵다는 것 이외에도 이렇게 심각한 갈등과 충돌 때문에 그만두게 되기도 한다. 대개는 대인관계의 문제에서 갈등이 시작되어, 심하면 폭력적인 싸움으로 발전하고, 교사와도 싸움을 하거나, 패싸움을 일으키기도 한다. 이렇게 폭력으로 자신을 표현하는 일에 익숙해지면 나이도 많고 험한 생활 경험도 많기 때문에 "학교 짱" 노릇을 하거나 폭주족 노릇 등을 하다가 학교를 그만두게 되기도 한다.

2) 심리적 특성

심리적 측면에서 탈북 어린이와 청소년들은 불안이나 공격성, 또는 과거 힘든 경험으로 인한 '외상후 스트레스장애(PTSD)' 등의 어려움을 겪고 있다. 첫째, 탈북 어린이, 청소년들의 다수가 불안증상을 나타낸다. 그 불안증상이 일어나는 원인은 크게 두 가지로 볼 수 있다. 북한에서 겪은 기아의 고난과 가족의 죽음과 생이별의 경험, 탈북 과정과 중국 체류

기간에 겪은 극심한 공포 등이 근본적 원인으로 그 결과 생긴 '외상후 스트레스장애'의 한 증상으로서 불안한 상태를 보이는 것이다. 어린이들에게 놀이치료를 해주는 한 전문가는 다음과 같은 사례를 전했다.

> "부모와 중국에서 떨어져서 혼자 온 어린 여자아이가 중국에서 북한이탈주민들을 잡아서 북한으로 돌려보냈다는 어른들의 이야기를 듣고는, 갑자기 복도에서 쓰러져서 일어나지도 못하고 눈앞도 보지 못하는 일이 있었어요. 놀이방에 데려가서 한참을 껴안고 달래면서 '부모님은 살아 계셔. 너는 꼭 다시 부모님을 만날 수 있을 거다. 네가 씩씩하게 잘 커서 부모님을 찾아가야 한다.'고 말해주니까 겨우 기운을 차렸어요."

또 다른 불안의 원인은 낯선 남한 문화로 이주해 와서 앞으로 어떻게 생활해 나갈 것인가에 대한 걱정 때문이다. 어디에 가서 무엇을 하고 살까, 친구를 사귈 수 있을까, 공부를 따라가고 진학하고 장차 취직을 할 수 있을까 등, 미지의 상황에 대한 불안이 이들을 사로잡고 있다.

둘째, 탈북 아동・청소년들은 남한의 평균적 또래들에 비하여 공격적이고 폭력적인 행동을 많이 보인다는 것이 이들과 만나는 남한 교사들의 일반적 의견이다. 일상생활에서도 유아나 초등 어린이의 경우 공을 친구의 얼굴에 던진다든지, 심한 욕을 하며 싸운다든지, 뜻대로 되지 않으면 바닥에 누워서 뒹굴며 소리를 지른다든지 하는 일들이 가끔씩 일어난다. 어린이・청소년 모두 자신의 의견과 다른 의견에 흑백 논리적으로 대응하여 상대방이 완전히 틀렸고 아주 잘못하는 일이라고 비난하는 경향이 있다. 자신의 뜻을 좌절시키거나 자신에게 비판을 가하는 사람에게는 나이의 아래위를 가리지 않고 갑자기 안면을 바꾸어 심한 욕설과 반말을 퍼부어 대서 남한 어른들을 아연실색하게 만드는 경우도 가끔 있다.

이러한 심한 공격성은 그들이 겪어내야 했던 폭력적인 상황으로부터 학습한 결과이기도 하고, 좌절이 많은 현재의 상황에 대한 반응이기도 한 것으로 이해할 수 있다. 그러나 남한사회에서 인간관계를 맺고 살아나가기 위해서는 꼭 고쳐야 하는 특성이기도 하다.

셋째, 탈북 청소년들은 성인들과 마찬가지로 남북한의 문화적 가치관의 차이로 인한 심리적 혼란과 갈등을 겪고 있다. 남북한 사람들의 가치체계의 내용을 비교하면 남쪽이 자유민주주의적 이데올로기 하에서 자유, 경쟁, 사유재산, 자아실현, 사생활 존중 등의 가치를 강조한다면, 북쪽에서는 공산, 사회주의적 이데올로기 하에서 평등, 협동, 공유, 집단이익 등의 가치를 강조한다. 이는 남북한의 문화차이를 너무 단순화하여 대조한 감이 있으나, 어린이에서 어른까지 나타나는 남북한의 가치체계의 차이를 잘 요약하여 주고 있다. 북한이탈주민의 수가 증가하면서 남북한 사람들이 실제로 교류를 하는 상황이 사방에서 벌어지고 있고, 가치관의 차이로 인해 여러 분야에서 문제가 발생하고 있다.

남녀의 성역할은 그 중 가장 현저한 갈등을 보이는 분야 중의 하나이다.[8] 북한사회는 남녀평등이 실현된 사회라고 공적으로 천명하고 있다. 그러나 아직도 전통적인 가족관계와 사상이 온존하고, 남아존중사상, 조상숭배 등이 옛 모습 그대로 지켜지고 있고, 여자들의 직장 진출에도 불구하고 가정에서의 남성우위는 지켜지고 있다. 분단상황에서 굳어진 북한의 두드러진 군사문화도 성차별적인 관행을 더욱 증가시킨 것으로 보인다. 탈북 청소년들은 남한의 젊은 여성들이 남자친구에게 반말을 하고 툭툭 치기도 하는 것을 보고 충격을 받았다고 한다. 한 탈북 청소년은 남한 여자가 담배를 피우는 것을 보고는 "여자가 웬 담배냐"고 화를 내기도 했다. 부엌일도 무조건 여자가 해야 한다는 생각도 탈북 청소년들에게 매우 일반적인 것이다. 이들을 지도한 한 교사는 다음과 같이 소감을 말했다.

> "아이들의 가부장적인 모습에 많이 놀랐습니다. 예를 들면 교실 청소는 당연히 여자가 하는 것으로 모두 생각해서 여자아이들에게는 시킬 필요도 없습니다. 남자가 그런 일에 나서면 남자도 아니라고 아이부터 어른까지 다 같이 생각합니다."

탈북 청소년들이 남한에 와서 정착해 살게 되면 이미 큰 변화가 일어난 남한사회의 성역할 기대와 부딪히며 앞으로도 많은 갈등을 겪게 될 것이다. 성역할의 변화와 적응은 본인의 내재된 성격이나 가치관에 그치는 것이 아니고 대인관계나 사회생활의 수많은 국면에 영향을 미치기 때문에, 이는 남한에서의 전반적인 가족관계, 생활적응 및 스트레스에도 반영될 것이다.

넷째, 탈북 아동들은 고립된 생활경험 때문에 자아 통제력이 아직 덜 발달하여 그동안에 겪은 고통스런 경험과 그 상처가 간혹 거짓말, 도벽 등 여러 가지 행동상의 문제로 나타나기도 한다. 탈북 청소년들의 경우도 가끔은 거짓말, 폭력 등을 아무렇지도 않게 생각하여 교사들을 놀라게 만들고, 그 일에 대하여 물어보면 전혀 모르는 일처럼 시치미를 떼거나 오히려 상대방을 맹렬히 비난하기도 한다. 그러다가 후에 자신의 행동이었음이 드러나도 크게 무안해 하거나 창피해 하지도 않고, 공식적으로 사과를 하지 않으려고도 한다. 이러한 행동들은 아동기에 흔히 나타나는 것이기는 하지만, 그 정도가 심하거나 지속 기간이 길어지면 반드시 놀이치료나 심리상담 등을 통해 교정해 주어야 한다.

5. 결론 및 제언

탈북 아동・청소년들의 학교적응 실태를 살펴본 결과, 초등학교 아동들은 거의 다 학교

8) 정진경, 북한사람들의 성역할 특성과 가치관: 탈북자 자료. 『한국심리학회지: 일반』, 제 21권 2호, 2002, pp.163-177.

에 다니고 있고 상대적으로 안정된 적응을 보였지만, 아이들의 주관적인 학교 만족도에 비해 교사들은 이들이 더 어려움을 겪는 것으로 보고 있었다. 초등학교에서도 고학년으로 갈수록 적응의 어려움을 보였다. 적절한 국가적 차원의 교육적 투자를 제공한다면, 제도교육의 환경 안에서 탈북 아동들의 학교적응은 어느 정도 희망을 가질 수 있다고 예측된다.

탈북 학생들을 교육하는 교사들을 위한 연수와 교육 프로그램에 대한 지원이 필요하다. 남북한 학생들의 만남과 통일교육에 대해 관심과 열정을 가지고 개인적으로 노력하는 교사들도 있지만, 대부분의 교사들은 개인적 노력만으로는 한계를 느끼며 탈북 아동들을 가르치는 것을 힘들어한다. 실제로 학습능력이 현저하게 낮은 탈북 아동들을 어떻게 가르쳐야 할지 모르겠다고 빨리 전문가들이 만든 프로그램을 달라는 주문을 하기도 했다. 북한이탈주민들이 많이 모여 사는 서울의 양천구와 노원구에서는 학교 교사들의 어려움이 집단적으로 표출되고 있고, 이 두 지역에는 민간단체가 운영하는 소규모의 탈북 어린이 방과후 프로그램이 제한적이나마 이 문제에 대응하고 있는 상황이다. 이런 현황을 볼 때, 북한이탈 학생들이 집단적으로 많은 지역부터라도 우선 실험적인 교육적 투자와 지원이 필요한 시점이다.

청소년들은 학교에 다니고 있는 경우가 38% 밖에 되지 않아서 남한학교에 적응하는 문제가 심각함을 드러내고 있다. 학교, 검정고시 학원, 학교 바깥 세계에서의 생활 모두에서 심각한 적응의 어려움을 겪고 있다. 특히 나이와 학년의 격차, 친구 사귀기의 어려움, 그리고 험한 경험과 문화적 충격에서 오는 심리적 어려움 등이 두드러지는 문제로 나타났다. 희망찬 대학생활을 하리라 기대했던 대학진학 청소년들도 이질적인 대학문화 속에서 또 다른 적응의 어려움을 겪고 있었다. 북한이탈 청소년들이 학교적응의 어려움을 이겨내고 자신감과 삶의 방향감을 찾도록 시급히 도와주어야 할 때이다.

논의를 하면서 경계되는 점은 이러한 결과가 '모든 탈북 청소년들이 심각한 적응문제를 겪고 있다'는 식으로 왜곡되거나 과장되어서는 안된다는 것이다. 실제로 탈북 청소년들 중에는 고등학교에 다니면서 자신이 북한이탈주민인 것을 당당하게 밝히고 북한의 상황에 대하여 학교에서 발표도 하는 등, 자신의 특별한 처지를 오히려 장점으로 만들어 친구들 간에 높은 인기를 누리고, 적극적이고 사교적인 성격과 놀라운 적응력으로 대학진학도 잘하는 경우도 있었다. 한 탈북 대학생은 학업적응을 도와주는 튜터 역할을 하는 남한학생이 '탈북 학생들이 정말 훌륭하고 남한 아이들보다 낫다는 생각이 든다'는 말을 할 정도로 성실하게 노력하고 성취하는 모습으로 감동을 주기도 했다.

탈북 아동 · 청소년들은 성인들과 달리 남한의 교육제도에 편입하여 교육을 받아야할 권리와 의무가 있다. 새로운 남한사회의 구성원으로서 자아를 실현할 수 있도록 각자의 연령에 맞는 교육의 기회를 가져야 한다. 그러한 가능성을 초기부터 다치지 않게 보호하고 키우는 일은 단순한 구호활동이 아니라 중요한 사회적 투자인 것이다. 이를 위한 최소한의 합리적인 제도적 장치는 아직 마련되지 않았다.

청소년들이 겪고 있는 문제의 궁극적인 해결을 위해서는 부분적인 학력보수 교육이나 그동안 의지해왔던 민간이 운영하는 소규모의 실험적인 기숙학교만으로는 어렵다는 것이 밝혀졌다. 남한에 정착하려 애쓰는 탈북 청소년들을 위한 학교는 훨씬 더 체계적이고 통제력이 있어야 하며, 운영도 안정적이어야 하고, 학력의 부족한 부분을 다른 차원에서 채워줄 수 있는 효율적인 교육내용을 갖추어야 할 것이다. 또한 이들의 심리적 상처를 치유하고 문화적응을 도와주는 전문적인 상담 프로그램도 갖추어야 할 것이다. 이들의 배경과 능력을 섬세하게 고려한 총체적이고도 단계적인 학교적응과 진로모색을 위한 프로그램이 되도록 다양한 특성화 교육현장을 고안하고 실천해야 할 것이다.

남한의 제도 교육 상황에 적응하지 못하는 대부분의 탈북 아동・청소년들을 대상으로 한 정부차원의 포괄적이고 종합적인 대책 마련이 필요하다. 우선은 이들에 대한 학력 및 적응능력 보강 기능, 보호기능, 진로 개발 기능을 동시에 수행할 수 있는 특별학교를 설립하여야 할 것이다. 이 학교는 법, 제도, 예산 면에서 공적인 틀을 갖추어 상당기간의 (준비) 교육을 통해 학력과 학령을 맞추어 남한학교에 편입시킬 수 있는 학력 인정 권한이 있어야 하고, 필요에 따라서는 이 학교에서 초・중・고등 교육 졸업 자격도 줄 수 있는 명실상부한 특성화 학교가 되어야 할 것이다.[9]

오랜 기근 등의 위기상황 속에서 성장한 북한의 아동과 청소년들의 실질 학력과 성장발육 실태를 체계적이고 종합적으로 파악하는 연구를 실시해야 하고, 다양한 교육 실험을 통해 남북한이 공동으로 활용할 수 있는 인지 및 적성, 학력의 측정과 평가 도구도 개발해야 한다. 나아가서 남과 북의 제도교육의 차이를 보완할 수 있는 교육 프로그램과 교재도 개발해야 할 것이다. 또한 북한교육의 특징과 장점을 파악하고 탈북 청소년들의 잠재적 문화역량을 개발해서 남한사회에서의 진로와 자아실현에 연계하는 방안을 계속 모색 실험해야 할 것이다.

탈북 청소년들이 남한사회에서 살기 시작한지 불과 몇 년 되지 않았고 아직 많은 어려움을 겪어나가는 이 시점에서, 남한사회도 이들을 성급한 고정관념으로 대하지 말아야 할 것이다. 이들이 어려운 초기적응 과정을 잘 넘기고 평범한 이웃으로 같이 살 수 있도록 하기 위해서는 이들에 대한 폭 넓은 문화적 이해와 다양한 사회적 지원이 필요하다. 문화적응은 이들에게 남한 문화의 습득만을 요구하는 일방적인 과정이 되어서는 안된다. 최근에는 문화적응이론의 시각이 바뀌어서, 문화접촉 과정에서 이주자가 수용국의 주민들과 사회제도에 영향을 미친다는 것, 즉 문화접촉의 결과가 양방향적으로 나타난다는 것을 인식하기 시작했다.[10] 북한이탈주민을 수용한 남한사회가 이들을 포용하는 과정에서 다문화 사회

---

9) 정병호, 정진웅, 전효관, 이부미, "탈북 청소년을 위한 학교설립 타당성 연구," 2003, 『교육정책연구』 2003-공모-7.

10) 정진경, 양계민, 문화적응이론의 전개와 현황. 『한국심리학회지: 일반』, 23권 1호, 2004, pp.101-136.

로 한 걸음 더 나아가야 할 것이다.

참고문헌

박선경, "탈북청소년의 학교 적응에 관한 연구," 1999, 가톨릭대 석사학위논문.

정병호, "탈북 이주민들의 환상과 부적응: 남한사회의 인식혼란과 그 영향을 중심으로" 『비교문화연구』, 제10집 1호, 2004, pp.33-62.

정병호, "북한 기근의 인류학적 연구" 『통일문제연구』, 제16권 1호(통권 41호), 2004, pp.109-140.

정병호, 정진웅, 전효관, 이부미, "탈북 청소년을 위한 학교설립 타당성 연구," 2003년 『교육정책연구』 2003-공모-7.

정진경, 북한사람들의 성역할 특성과 가치관: 탈북자 자료. 『한국심리학회지: 일반』, 21권 2호, 2002, pp.163-177.

정진경, 양계민, 문화적응이론의 전개와 현황. 『한국심리학회지: 일반』, 23권 1호, 2004, pp.101-136.

Ahearn, F. & Athey, J., Refugee Children: Theory Research and Service, Baltimore: John Hopkins University Press, 1991.

Beiser, M., Barwick, C., & Berry, J. W., Mental Health Issues Affecting Immigrants and Refugees. Ottawa: Health and Welfare Canada, 1988.

제14장

탈북 청소년 적응교육의 의미와 한계

정진웅 덕성여대 교수, 문화인류학

1. 들어가는 글

1990년대 중반부터 남한으로 입국하는 북한이탈주민들의 수가 급격한 증가추세를 보이면서 이들이 어떻게 이질적인 사회에서 어려움을 극복하고 당당하게 자신의 정체성을 유지하며 살아 갈 수 있을지가 중요한 사회적, 학문적 논의의 대상으로 떠오르기 시작했다(박종철 외, 1996; 윤인진, 2000; 전우택, 1997).[1] 북한이탈주민들이 남한사회에 적응하는 과정에는 많은 어려움이 있기 마련이나, 특히 근래에 점차 그 비율이 증대하고 있는 탈북 청소년들의 경우는 일시에 맞닥뜨리게 되는 중층적인 과제들로 인해 적응과정에서 보다 심각한 어려움과 혼란을 겪게 되는 경우가 많다. 탈북 과정과 중국 체류기간에 얻게 된 심리적 상흔의 치유, 남한의 경쟁적 교육체제 속에서 받는 압력, 갑작스러운 대중문화매체에의 노출에 따른 문화적 결핍감과 열등감, 청소년기 남한 또래문화와 외모 중심주의의 문화적 압력, 등등 이들이 동시적으로 감당해 내야 하는 과업들 중 어느 것 한 가지 만만해 보이는 것이 없다.

이러한 상황에서 이들이 남한사회에서 겪어야 할 소외와 차별을 최소화하기 위한 민간 차원의 교육적 실천이 이미 다양한 형태로 시도되고 있다. 점차 확산되고 있는 이러한 교육기관들이 제공하는 교육과정은 그 성격이나 구체적 교육내용에 있어서는 편차가 있으나 그 주요 목표에 있어서는 커다란 공통점을 보인다. 이들 교육기관들의 대부분은 탈북 청소년들로 하여금 남한의 교육과정에 편입하기 위해 필요한 학력을 갖추게 하고, 또 궁극적으로는 이들이 남한사회에서 독립적으로 생활을 영위해 나갈 수 있는 데 필요한 적응능력을 키워주는 것을 목적으로 하고 있다. 미술치료나 놀이치료와 같이 탈북 청소년들이 남한 입국에 이르기까지의 어려운 과정에서 겪은 심리적 상흔의 치료를 목적으로 하는 프로그램들도 큰 틀에서 보면 이러한 교육목적에 부합한다.

---

1) 남한으로 입국한 북한이탈주민의 규모는 2003년 12월 31일 현재 4,147명이 국내에 거주하고 있으며, 그 중 청소년의 비율은 20%에 이른다.

하지만 이러한 다양한 지원노력에도 불구하고 극소수를 제외한 탈북 청소년들의 대부분은 경쟁적인 남한사회에서 주변화 되고 있다. 이러한 주변화 과정은 이미 상당히 진행되어 소외와 외로움으로 고통 받고 있는 많은 탈북 청소년들이 '폭주족'과 같은 '문제 집단'으로 규정되기 시작했다. 빈곤한 자원, 차별과 소외, 이에 대한 대처방식으로서의 '반사회적' 행위 등은 기근이 남긴 신체적 특성과 함께 많은 탈북 청소년들을 급속히 사회적 낙인의 대상으로 전락시키고 있다. 혹 '반사회적'이라는 비난의 딱지는 면하는 경우에도 대부분의 탈북 청소년들의 일상은 소외와 차별의 경험, 또 무기력과 좌절에 쉽게 내맡겨 진다. 탈북 청소년들이 겪고 있는 현실이 이러하다면 이제 이들의 성공적인 적응을 목표로 행해졌던 수많은 교육적 시도들의 목표나 효과 등에 대한 성찰적 점검이 필요하다고 할 수 있다.

이 논문에서는 그러한 성찰의 일환으로 대부분의 탈북 청소년 대상 교육기관들이 정성을 기울이고 있는 '적응'을 주요 목표로 하는 교육적 실천의 성격과 한계를 점검하려 한다. 그리고 이러한 점검을 토대로 탈북 청소년을 위한 새로운 교육적 실천의 방향을 제시하고, 또 이러한 실천이 남북 간의 사회 문화적 통합 과정에서 지니는 의미도 개진해 보려 한다.[2)]

2. 중층적 과제 풀기 : 탈북 청소년들의 교육과 적응

1999년 이후 남한으로 입국하는 모든 북한이탈주민은 일정한 조사과정을 거친 후 통일부 산하의 북한이탈주민 정착 지원기관인 하나원에서 남한사회로의 진입에 대비한 두 달간의 적응교육을 받는다.[3)] 동시에 남한 입국 북한이탈주민 중 20세 미만 청소년들이 차지하는 비중이 매년 20-25%를 차지할 정도로 증대하면서, 이들에게 나이와 학력에 적절한 교육을 제공하기 위해 하나원 내에 마련된 특별학급이 하나둘학교이다. 차후에 남한사회에서 다양한 차별과 소외를 겪게 되면 일정한 보호막 역할을 해 주던 하나둘학교에서의 경험은 대부분의 탈북 청소년들에게 그리움의 대상이 되는 좋은 기억으로 남는 경우가 많다. 많은 탈북 청소년들이 하나원 퇴소 이후에도 하나둘학교의 교사들과 계속 전화 연락을 하고 또 주말에 시간을 내어 학교를 방문하기도 한다.

하지만 일단 하나원을 나온 탈북 청소년들을 기다리는 현실은 전혀 다른 모습이며, 학교나 학원과 같은 남한사회의 이곳저곳에서 탈북 청소년들은 심각한 혼란과 어려움을 겪는다. 상이한 사회문화체계에 새로이 적응해야 한다는 것 자체가 그들에게는 때로 새로 태어나는

2) 본 연구에서 제시된 자료들은 연구자가 2002-2003년에 걸쳐 남북문화통합교육원에서 운영하는 탈북 청소년 교육기관인 '늘푸른학교'의 교장으로 일하면서, 또 그 이후에도 탈북 청소년들과 또 이들의 교육에 참여하고 있는 교육기관, 교육담당자들과의 지속적 교류를 통해, 또 이들이 주최하는 세미나와 다양한 행사에 참여하면서 행한 참여관찰과 면담을 통해 수집되었다.

3) 초기에는 3개월 과정이었던 하나원의 북한이탈주민 교육은 시설과 인력의 부족으로 인해 중도에 2개월로 줄어들었다. 통일부는 이를 다시 3개월 과정으로 복원시켰다.

것에 비유될 만큼이나 힘든 일이다. 대부분의 북한이탈주민들이 자신들을 배제하고 차별하는 남한의 사회 문화적 환경에서 위축과 소외를 경험하고 물질적으로 어려움을 겪으며 남한사회에서 주변화하고 있다(윤여상, 2001; 윤인진, 2000). 특히 탈북 청소년들의 경우 이들이 남한사회에서 정착하는 과정을 더욱 어렵게 만드는 요인들이 중층적으로 존재한다.

우선 북한을 탈출한 청소년들은 남북 간의 교육 제도와 내용의 현격한 차이에 더하여, 장기간 기근으로 인한 북한 교육시스템 붕괴로 대부분 학습부진 상태에 있다(정병호, 2001). 탈북 후 흔히 중국 등 여러 나라를 거치는 과정에서도 제대로 된 교육을 받아본 경험이 거의 없어 길게는 5-6년의 학습공백이 있는 경우도 비일비재하다. 혹 북한에서 남한의 고등학교에 준하는 고등중학교를 졸업한 경우에도 남한의 고등학교 졸업자와는 학력에서 비교가 되지 않는다. 이러한 학습공백은 또 탈북 청소년들로 하여금 대개 두세 살 때로는 그 이상 나이가 어린 동급생과 같이 학교를 다녀야 하는 상황을 초래하는데, 많은 탈북 청소년들이 이러한 현실을 감당하기를 매우 힘들어 해 자퇴의 주요한 원인이 되기도 한다.[4] 탈북 청소년들의 경우 고등학교 졸업장을 얻으면 대부분의 남한의 대학교에 특례입학의 가능성이 열려 있으므로 어떻게든 그 기간을 버텨내려는 각오로 학교생활을 시작하는 경우가 많지만 막상 현실에 부딪치며 겪게 되는 어려움에 과반수 이상의 학생들이 중도에 학업을 포기하고 만다.

요컨대 탈북 청소년들을 북한에서의 수학연한에 맞춰 극도로 경쟁적인 남한의 정규 교육과정에 편입시키고 잘 적응하기를 바라는 것 자체가 무리이다. 지속적인 지원체제 없이는 탈북 청소년들이 현 남한의 교육제도에서 겪는 충격과 소외를 개별적으로 극복하기란 쉽지 않아 보인다. 하지만 현 단계에서 정부 차원의 공식적 지원은 북한에서의 수학연한에 준하는 남한 학교로의 편입학을 탈북 청소년들에게 보장하는 것과 학비를 지원하는 정도에 그치고 있다.

다름에 대한 문화적 포용력이 크지 않은 남한 문화의 획일성도 탈북 청소년들이 겪는 고통을 심화시킨다. 남한문화는 이질적인 존재가 집단 내에 존재하는 것에 너그럽지 않으며, 동질화를 당연시한다. 이러한 경향은 그 자체로서 북한이탈주민들의 심리적 적응에 큰 부담이 된다(전우택, 2000: 85). 특히 일반 학교에 다니는 탈북 청소년들의 경우 북한 출신이라는 사실, 또 북한 말투 자체가 촌스럽고 열등한 것으로 간주되어 비하와 따돌림을 초래하기 십상이기 때문에 자신이 북한 출신임을 밝히지 않는 탈북 청소년들이 많으며 특히 여학생들의 경우 그 비율이 67%에 이른다(정병호 외, 2003). 담임선생님을 빼곤 아무에게도 그 '비밀'이 드러나지 않도록 신경을 쓰는 것은 그 자체로서 큰 심리적 부담이며,[5] 또 혹

---

4) 특히 어린 학생들에게 반말을 듣거나 농담의 대상이 되는 것을 견디기 힘들다고 한다.

5) 자신이 북한 출신임을 숨기기 위해서는 완벽한 서울말을 익힐 때까지 될 수 있으면 말을 안 하기, 사투리가 심한 부모들을 학교에 오지 못하게 막기, 부모들이 없을 때를 골라 친구를 초청하기, 등등의 끊임없는 노력이 필요하게 된다.

이러한 사실이 급우들에게 알려지게 되어 본격적인 왕따의 대상이 되어 학교를 그만두는 일도 흔하다. 이러한 어려움들로 인해 남한에 온지가 6개월에서 2년 6개월 사이에 있는 탈북 청소년들 중에서 현재 중·고등학교를 다니고 있는 청소년들의 비율은 채 38%에 채 미치지 못한다(정병호 외, 2003).

일반학교에 적응하지 못해 자퇴한 탈북 청소년들에게 검정고시학원은 학력증진의 주요한 대안적 통로를 제공한다. 검정고시학원은 정규학급에 비해서 급우들 간의 관계에 신경을 덜 써도 되고, 또 다양한 배경의 사람들이 서로의 배경에 대해 용인해 주는 분위기가 있어 정규학교 보다는 획일적인 문화적 압력에서 자유로운 편이다. 하지만 검정고시학원에 다니는 것 자체가 탈북 청소년들 자신의 주변성을 확인시켜 주는 일이고, 또 무엇보다도 학원의 수업도 따라가기가 벅차다 보니 이런 경우 검정고시학원을 포기하는 것은 학교의 경우보다도 훨씬 쉽다.

또한 개인차가 있기는 하지만 기아와 탈북, 가족의 이별, 반복적인 신변상의 위기 등의 힘든 일들을 겪어 오면서 대부분의 탈북 청소년들은 치유되어야 할 다양한 심리적 상처들을 지니고 있다. 그 외에도 탈북 청소년들은 갑작스러운 소비문화와 대중매체에의 노출과[6] 이의 무비판적 수용에 따른 문화적 결핍감과 열등감, 청소년기의 또래문화와 외모 중심주의의 문화적 압력, 등등 갑자기 풀어내야 할 매우 중층적인 과제와도 맞닥뜨리게 된다. 특히 단독으로 남한에 입국한 무연고 청소년들에게는 아무런 보호막이나 심리적 안전판이 없는 가운데서 직면하게 되는 이러한 과제들이 더더욱 힘겨운 것으로 다가오기 쉽다.

학교도 포기하고 검정고시학원까지 그만두고 나면 뚜렷한 대안이 부재한 상태에서 미래에 대한 희망을 잃고 혼란 속에서 방황하는 사례들이 늘기 마련이다. 특히 무연고 청소년들의 경우 더더욱 그러하다. 이들은 알코올이나 게임 등에 중독이 되기도 하고, 거의 바깥출입을 하지 않는 가운데 임대아파트와 피씨방 사이를 오가기도 하며, 충동적인 과소비로 정착금을 탕진해 버리기도 하고, 대인기피 증세나 우울증을 보이기도 하고, 범죄나 폭력의 유혹에 빠지기도 하는 등 자포자기적인 삶을 영위하게 되기 쉽다. 이러한 경향성은 진학이나 취업, 혹은 학업이나 인간관계 등의 영역에서 자신들이 나름대로 설정하고 추구했던 목표가 좌절되는 경험을 한 이후에 더욱 심해지기 마련이다. 근래에 이르러 이런 경험을 공유하는 남자 탈북 청소년 사이에 오토바이를 타고 밤길을 질주하는 것이 유행처럼 번지고 있어 사회적으로 문제시 될 가능성이 높아지고 있다.[7]

---

6) 특히 하나원을 퇴소한 직후의 탈북 청소년들의 경우 하나에 50만 원 이상 하는 최신 모델의 핸드폰을 연달아 구입하는 경우도 흔하다. 좀 극단적인 경우이지만 하나원에서 나온 첫 날 벽걸이 TV와 비디오, 소파의 구매에 1,000만원 가까운 금액을 써 버린 경우도 있다.

7) 이 때문에 작은 사고는 물론이려니와 큰 사고의 위험도 상존하는 상황이다. 최근에 무면허인 탈북 청소년이 행인을 치어 그 피해자가 한 달 반 만에 의식은 회복했으나 심각한 후유증에 시달리고 있는 경우도 있었으며, 또 탈북 청소년 자신이 충돌 사고로 사망한 경우도 있다. 특히 입국 초기에 지하철이나 버스가 익숙하지 않은 탈북 청소면들에게 오토바이는 이동의 자유도 제공한다는 점에서 특히 남자 청소년들의 경우 정착금을 받으면 오토바이부터 사는 경우가 많다.

대부분의 탈북 청소년들이 남한사회에 정착하는 과정에서 겪고 있는 이러한 문제나 어려움들은 어찌 보면 예상할 수 있는 결과이기도 하다. 사실 오늘의 남한사회는 부와 직업과 학력, 지연과 학연, 또 성별과 외모 등에서 주변성이 중첩되는 경우 남한 출신이라도 기죽지 않고 사회의 건전한 구성원으로 당당하게 살아가기가 점점 더 어려운 사회가 되어가고 있다. 이런 사실을 고려해 보면 남한사회에서 중요시되는 사회적, 문화적 자원을 거의 한 가지도 갖추지 못한, 이에 더해 기근이 남긴 신체적 흔적마저 지니고 있는 대부분의 탈북 청소년들이 차별적이고 경쟁적인 남한사회에서 좌절하고 헤매고 일탈적인 성향을 보이는 것은 어찌 보면 자연스러운 일이라고도 할 수 있다.

3. 탈북 청소년 교육의 주요 목표 : 적응과 자립

이러한 상황에서 하나원 퇴소 이후 탈북 청소년들이 겪는 소외와 차별, 고통과 어려움을 최소화하기 위한 제도적 지원은 미미한 상태이며, 이러한 공백을 종교단체를 위시한 민간단체의 다양한 교육 프로그램들이 메우고 있다. 이러한 교육 프로그램을 운영하고 있는 대표적인 민간단체로는 공릉종합사회복지관, 남북문화통합교육원, 다리공동체, 돈보스꼬센터, 마자렐로센터, 북한인권시민연합, 피난처, 하늘꿈학교, 한빛복지관, 똘배학교, 한꿈학교, 자유터학교 등을 들 수 있으며, 이들 중 몇몇 단체는 두 가지 이상의 교육프로그램을 동시에 운영하고 있기도 하다.

이들 교육 프로그램들의 운영 형태도 다양하다. 다리공동체와 공릉사회복지관이 운영하는 스마일하우스 등은 일종의 그룹 홈 형태의 생활공동체로 운영된다. 원래 남한의 청소년을 대상으로 직업교육을 행하는 기관인 돈보스꼬센터나 마자렐로센터와 같은 경우는 직업훈련과 생활공동체가 결합되어 있는 형태이다. 또 근래에 들어 하늘꿈학교와 같이 종교단체의 복지재단의 후원을 받는 기숙학교의 형태의 교육프로그램들도 늘어나고 있는 추세다. 하지만 탈북 청소년을 대상으로 하는 교육 프로그램의 형태 중 가장 흔한 것은 공릉사회복지관이 운영하는 무지개학교나 한빛복지관이 운영하는 하누리학교, 또 남북문화통합교육원이 운영하는 한누리학교, 셋넷교실의 경우처럼 개개의 프로그램 단위로 운영되는 것들이다. 외부의 지원이 매우 제한한 상황에서 재정, 시설, 인력 수급 등을 겨우 꾸려나가는 민간단체들이 운영할 수 있는 교육 프로그램들은 그 규모나 교육내용에 있어 제한적일 수밖에 없는 경우가 대부분이기 때문이다. 이러한 상황에서 현재 운영되고 있는 교육프로그램들의 대다수는 사실 교육담당자들의 거의 총력을 다하는 헌신적 노력에 의해 가까스로 유지되고 있다고 해도 과언이 아니다.

이들 민간단체에 의해 주도되고 있는 교육 프로그램들의 경우 운영형태나 단체의 성격에 따라 나름대로의 강조점이나 특성이 존재하기는 하지만 이들의 대부분은 학력증진, 상담, 남한문화체험, 검정고시 대비, 탈북과정의 상흔에 대한 심리치료, 사회적응력 제고 등의 복합적인 교육목표를 설정하고 있다. 기타 예절이나 대인관계기술의 습득, 사물놀이와 같은 여가문화의 습득, 진로 탐색을 위한 교육, 사회생활 체험과 봉사 프로그램, 등등이 이들 민간단체가 주도하는 교육활동의 근간을 이룬다. 대부분의 경우 이들의 교육적 실천의 궁극적 목적은 탈북 청소년들이 남한사회에서 독립적으로 생활을 영위해 나갈 수 있는 데 필요한 종합적 능력을 길러주는 것이라 할 수 있다. 미술치료나 놀이치료와 같이 탈북 청소년들이 남한 입국에 이르기까지의 어려운 과정에서 겪은 심리적 상흔의 치료를 목적으로 하는 프로그램들도 큰 틀에서 보면 이러한 교육목적에서 벗어나지 않는다.

하지만 대부분의 경우에 검정고시나 대학 입시를 대비한 학력을 제고하기 위한 교육이 다양한 프로그램 중에서도 핵심적 부분을 차지하는 경우가 많다. 즉, 영어를 위시한 남한의 공교육에서 다루는 주요한 과목들 중 입시나 자격시험과 관련된 과목들이 중요하게 다루어진다. 예를 들어 한꿈학교의 수업과목은 국어, 영어, 수학 등 7개 정규과목 이외에 성경 중국어 일본어 컴퓨터 등 8개 특기과목으로 구성되어 있다. 거의 모든 단체들이 이렇게 정규 교과과정을 다루는 프로그램을 편성하고 있으며, 만일 사정에 의해 이를 담당할 교사가 부족한 경우에는 자원봉사자들을 활용해서라도 검정고시 대비 교육을 시키고 있다. 혹 자체적인 교육력이 없는 경우에는 외부의 검정고시학원에라도 다닐 것을 강하게 권유한다. 요컨대 거의 모든 단체들이 예외 없이 추구하고 있는 하나의 목표는 탈북 청소년들로 하여금 남한의 교육체계로 편입하는데 필요한 학력을 갖추게 하는 일이다.

이들 교육 단체들이 제공하는 프로그램들이 남한사회에 적응하기 힘겨워하는 탈북 청소년들에게 얼마간의 공동체적, 교육적 지원을 제공하는 일종의 디딤돌의 역할을 수행하고 있는 것이 사실이다. 물론 이들 교육단체들이 내걸고 있는 교육목표 중에는 학력 증진 이외에도 전인교육을 통한 인격과 자아의 발달 도모, 통일의 과정에서 필요한 지도자적 역량의 도야, 등등의 보다 넓은 틀에서의 교육적 이상들이 포함되어 있다. 하지만 현실적으로는 남한에서 요구되는 학력 교육을 별 탈 없이 꾸려나가는 것만도 힘겨운 것이 대부분의 탈북 청소년 대상 교육현장의 현실이다. 막상 교사들의 입장에서 보면 평온한 일상의 유지만도 만만치 않은 상황에 놓여있다. 왜냐하면 이들 교육 프로그램들이 그 자체로서는 학력인정과 같은 가시적인 현실적 전망을 보장해 줄 수가 없으므로, 학생들의 규칙위반이나 간헐적인 폭력이나 일탈행동과 같은 다양한 갈등적 상황을 효과적으로 다스릴 수 있는 제재수단이 별로 없기 때문이다. 상황이 이렇다 보니 예를 들어 이들 교육기관에서 흔히 교육목표의 일환으로 상정되어 있는 '남북한의 문화적 차이에 대한 이해'는 별도의 프로그램에서 다루어지기보다는 탈북 청소년들 스스로 익숙하지 않은 남한의 문화와 몸으로 부딪쳐 '사고를 치며' 배워나가게 되는 경우가 훨씬 더 많다.

요컨대 탈북 청소년들의 교육을 담당하고 있는 단체들이 표방하고 있는 교육목표의 다양함에도 불구하고 프로그램의 실제 운용에서 드러나는 우선적 교육 목적은 '적응'과 '자립'이라는 두 개의 화두로 표상되는 '남한의 사회문화체제에의 적응'인 경우가 대부분이다. 그리고 아직 장기적인 전망에 근거한 튼실한 탈북 청소년 대상 교육 프로그램의 모습이 형상화되지 못한 상황에서 이들 민간단체들이 주도하고 있는 교육적 실천의 '긴급구호'적 성격은 탈북 청소년들의 남한체제로의 편입이라는 단기적 목표를 더욱 더 강화시키는 경향으로 나타난다.

4. 환상과 좌절 : '적응' 교육의 문제점

한편 남한사회 속의 북한이탈주민들은 대부분의 경우 남한의 문화가 제시하고 있는 생애과정의 다양한 목표들을 현실에서 이루어 내기에는 매우 불리한 위치에 있다. 대부분의 북한이탈주민들은 남한사회에서 '성공'하기 위해 필요한 사회적, 문화적, 상징적 자본의 양에서 절대적으로 불리하며, 실제로도 이들 대부분은 이미 경쟁적인 남한사회에서 급격히 주변화 되고 있다. 소외와 외로움으로 고통 받고 있는 많은 탈북 청소년들이 '폭주족'과 같은 '문제 집단'으로 규정되기 시작한 현상도 이러한 구조적 문제와 직간접적으로 관련되어 있다. 빈곤한 자원, 차별과 소외, 이에 대한 대처방식으로서의 '반사회적' 행위 등은 기근이 남긴 신체적 특성과 함께 많은 탈북 청소년들을 점차 사회적 낙인의 대상으로 주변화 시키고 있다.

이러한 결과는 일면 북한이탈주민들이 지니고 있는 사회 문화적 자원의 빈약함 때문이기도 하지만, 또 한편으로는 많은 북한이탈주민들이 사선을 넘는 등의 고통을 감내하면서 오랜 유랑의 기간 동안 남한사회에서의 '풍요로운' 삶에 대해 키워 온 높은 기대수준과 '차가운' 현실과의 격차에서 비롯되는 것이기도 하다. 이들 모두가 남한으로 오게 되기까지의 과정에서 다들 '꿈'이 있으며 이를 꼭 이루리라 수없이 '다짐'하지만 그들이 접하는 현실은 그리 만만하지 않다. 이에 더해 남한사회의 대중매체가 무제한적으로 확산시키고 있는 풍요와 화려함으로 치장된 문화적 각본도 대중매체에 대한 비판적 시선을 형성할 겨를이 없었던 탈북 청소년들의 결핍과 소외의 경험을 심화시킨다. 입국 초기에 남한사회가 북한이탈주민들로 하여금 스스로가 특별한 존재라고 느낄 만큼 과도한 환대와 환상을 제공하는 것도 북한이탈주민들로 하여금 남한사회에서의 자신들의 처지를 받아들이는 것을 더 힘들게 한다. 미래에 대한 막연한 불안감을 아주 떨쳐버릴 수는 없지만 입국 초기의 환대의 시기에 정장에 넥타이를 매고 새 구두를 신고 화려한 놀이공원 같은 남한사회를 돌아다닐 때 그 설렘은 잊기 어렵다고 한다(정병호, 2004).

남한사회에서 성공을 이루는 한 방편으로서의 '명문대' 진학은 대부분의 탈북 청소년들의 꿈이다. 어린 학생들까지 특례입학제도의 존재에 대해 알고 있는 경우가 많으며 드물지 않게 "서울대를 가겠다."는 희망을 피력하곤 한다. 특히 환상이 아직 작동하고 있는 남한 입국의 초기에는 "연고대 아니면 쪽팔려 못 다닌다."는 식의 얘기가 떠돌기도 한다. 하지만 검정고시와 특례입학을 통해 막상 대학에 들어가게 되면 이는 또 다른 문제의 시작이기 쉽다. 기초학력의 부족과 문화자본의 부족 등으로 인해 대학의 강의를 잘 소화해 내는 것이 거의 불가능하기 때문이며,[8] 그 결과 대부분 중도에 학업을 포기하게 된다. 혹 드물게는 휴학과 독학의 반복을 통해 대학을 졸업하는 경우도 있으나, 일반적으로는 학업의 어려움과 문화적 소원함, 명문대 학생이면서 동시에 아무것도 아닌 것 같은 자신에 대한 정체성의 혼란 등으로 인해 전망 없는 휴학생이 되어 사실상 장기화된 실업상태에 빠지는 경우가 많다(정병호 외, 2003: 37).

이러한 점을 고려해 보면 탈북 청소년들의 '적응'에 시선을 고정하고 있는 탈북 청소년 대상의 교육 프로그램들은 그 나름대로의 성취와 의미에도 불구하고 매우 커다란 한계를 지니고 있다. 여기서 '적응'이라 함은 대부분의 교육적 실천이 상정하고 있는 적응의 모습, 즉 남한의 사회문화체계를 일종의 상수로 두고 이에 탈북 청소년들이 일방적으로 적응하는 것을 의미한다. 물론 북한이탈주민들에 대한 남한사회의 배려가 정착지원금이나 영구임대주택 등의 제한적 사회적 지원을 넘어서 사회체계의 수준에서의 의미 있는 변화로까지 이어지기가 쉽지는 않겠지만, 적어도 북한이탈주민 대상의 교육적 실천에 있어서는 이러한 사회체계 수준에서의 변화를 요구하고 또 이에 대비하려는 방향성의 설정과 이에 따르는 노력이 중요하다. 하지만 이제까지의 교육적 실천은 대부분의 노력을 검정고시 준비 등의 '긴급구호' 성격의 단기적인 목표에 기울이며 탈북 청소년들을 대상으로 보다 총체적인 교육을 수행할 수 있는 별도의 특성화 교육체제의 마련과 같은 사회적 수준에서의 대응책을 구상하는데 있어 미진했다.

특히 문화적 차원에서는 이러한 일방적 '적응'에 대한 강조는 더욱 심각한 문제를 함축하고 있다. 즉, 기존의 교육적 실천의 대부분은 무한경쟁과 부와 출세를 핵심적 가치로 여기며 북한이탈주민들을 일종의 '이등 시민'으로 간주하는 남한사회의 지배문화에 대해 별 문제제기를 하지 않는다. 흔히 주변자들은 뒷걸음질 쳐 빠져나올 수 있는 대안적 문화가 없는 한 중심과 구조적으로 유리되면서도 문화적으로는 그들과 더욱 흡사하게 되는 모순을 경험한다(고프만, 1995). 남한사회에서 물 위의 기름처럼 섞이지 못하며 소외와 차별을 경험하면서도 '풍요와 세련'의 꿈을 버리지 못하는 탈북 청소년들의 상황도 그런 경우이다. 그럴수록 이들에게 자신들의 삶의 경험에 맞닿아있는 가치와 의미를 기반으로 남한의 지

[8] 한 대학 강사의 다음과 같은 얘기는 북한이탈주민들이 대학의 강의에서 겪을 수 있는 어려움을 잘 시사해 준다: "북한이탈주민이 '난장이가 쏘아올린 작은 공'이 80년대 우리 사회에 던진 메시지는 무엇인가 등의 교양수업의 과제를 해결하기는 어렵죠."(정병호 외, 2003).

배문화를 상대화하고 자신들의 공동체적 문화를 만들어 갈 수 있는 계기들을 마련해 주는 교육적 실천이 중요하다. 요컨대 구조적으로 남한사회에서의 '성공'이 힘든 탈북 청소년들에게 남한문화에의 일방적인 '적응' 만을 강조하는 교육은 더욱 심각한 소외의 경험을 초래할 수 있으며, 이러한 현상은 이미 현실에서 심화되고 있다.

탈북 청소년을 대상으로 하는 대부분의 교육현장에서 교사들은 꿈과 현실 사이를 반복적으로 오가며 쉽게 좌절하는 청소년들의 모습을 본다. 그만큼 이들의 대부분은 자신들의 미래의 꿈을 '현실'과 타협하기 힘들어한다. 지금보다 물질적으로도 훨씬 힘들고 또 갖은 종류의 위험에 처해있던 중국에서의 삶도 다 겪어낸 이들은 종종 "서울살이가 너무 힘들다", 혹은 "왜 이렇게 자꾸 마음이 약해지고 눈물이 나는지 모르겠다"고 호소하는 경우가 많다. 남한사회에서의 삶은 그만큼 그들에게 버겁다. 이들은 외롭고 힘든 만큼 자신들을 위해 정성을 쏟는 교사들에게 때론 고마움을 느끼고 의지하기도 하지만, 동시에 미래의 자신의 삶에 관한 '그럴듯한' 그림이 도무지 그려지지 않을 때면 그런 불투명한 미래를 향해 자신들을 채근하는 교사들에게 짜증과 분노로 반응하기도 한다.

남한사회에서 억양과 외모와 문화적 세련됨의 열등함으로 비하와 좌절의 경험을 하며 탈북 청소년들은 차별에 대해 점점 더 예민해 진다. "나가면 스트레스예요. 혼자 나가면 쪽팔려요. 나는 쪽팔리는 건 진짜 싫어요" 하며 외출을 거부하는 한 청년의 경우에서 보듯이, 이들은 차별의 쓰라림을 경험하면서도 그러한 차별이 기초해 있는 남한문화의 잣대들을 상대화하고 이에 대한 대안적 잣대를 만들며 나름대로의 '배짱'을 키워 낼 여력은 없다.

남한사회 내에서의 이러한 '주눅들기'의 경험들은 탈북 청소년 집단 내부의 소원한 문화로 이어지기도 한다. 한 교사는 "힘든 친구들끼리 모여서 왜 이렇게 남남처럼 힘들게 사는지 모르겠다" 는 말로 탈북 청소년들끼리의 관계를 지켜보며 느끼는 안타까움을 표시한다. 이 교사의 말은 중심의 잣대에 위축되어 대안적 기준을 마련하지 못하는 경우 주변자들끼리의 만남이 흔히 더욱 더 서로의 '힘을 빼는' 상황을 초래하는 현실을 잘 보여준다. 이렇게 미래의 '성공'에 갈급한 이들에게 대부분의 적응교육현장은 단지 현실에서 필요한 "자격"과 "자원"을 마련하기 위해 불편함을 참으며 "잠시 머무는 곳"이 되기 쉽다. 많은 탈북 청소년들이 '자본주의적' 꿈을 포기하지도, 그렇다고 제대로 추구하지도 못하며 방황하고 좌절한다.

그렇다면 탈북 청소년 대상의 교육적 실천은 어떠한 모습을 띄어야 할까? 지금 탈북 청소년들이 처해 있는 어려움의 중층적 성격을 고려하면 단기적 교육 프로그램들이 달성할 수 있는 성과는 늘 제한적이기 마련이지만, 다시 북으로 돌아가고 싶다는 얘기가 들리고, 자살 시도, 폭력, 범죄, 등등의 심각한 부적응의 사례들이 늘고 있는 상황에서 이제 기존의 '일방적 적응'을 목표로 하는 교육에 대한 반성적 성찰에 기초한 새로운 교육적 시도가 모색될 시점에 이른 것으로 보인다.

5. 탈북 청소년 교육의 새로운 방향 모색

이제까지 탈북 청소년 대상의 교육프로그램을 살펴 본 바에 의하면 남한의 사회 문화에 대한 탈북 청소년들의 이해를 돕고, 그러한 이해에 기초한 사회적 적응력을 키워주는 것이 교육 프로그램의 한 중요한 축을 이루어야 한다는 것은 분명하다. 사실 최소한의 사회적 성취가 뒷받침되지 않으면 이들이 남한같이 경쟁적인 사회에서 자신들 몫의 인권을 누리며 생활하기는 쉽지 않다. 어느 정도의 사회적 성취는 또한 탈북 청소년들의 '주변성'이 너무 중층적이 되지 않도록 한다는 점에서도 중요하다. 대부분 사회적 주변성이 과도하게 중첩될 경우 주변에 위치한 사람들이 중심을 상대화하고 대안적인 가치와 기준을 추구해 나가는 데 필요한 최소한의 자기 긍정의 터전을 마련하기 것이 쉽지 않기 때문이다.[9]

하지만 문제는 이들 적응교육 프로그램들의 교육적 실천이 의식적이든 무의식적이든 간에 탈북 청소년들의 남한문화에의 일방적인 적응을 가능하고도 바람직한 과정으로 설정하고 있다는 점이다. 특히 남한 정착의 초기과정에서는 이러한 비현실적 가정이 대부분의 탈북 청소년들에 의해 환상의 형태로 공유되고 있기도 하다. 하지만 앞의 사례들이 시사하듯이 이러한 가정은 그리 현실적이지도 또 바람직하지도 않다. 남한사회에서 상당한 정도의 '성공'을 한 북한이탈주민의 경우에도 억양, 외모, 문화적 자신감, 등등의 다양한 영역에서 중심적 기호들을 골고루 갖춰 차별을 극복한다는 것은 극소수의 예외를 제외하곤 거의 불가능하기 때문이다. 혹 나름대로의 '성공적 적응'을 한 경우에도 북한이탈주민에 대한 남한사회의 고정관념에 의해 차별은 계속된다. 예를 들어 북한이탈주민이 직장에 약간이라도 늦게 되는 경우 그건 "국가가 모든 것을 해결해 주던 북한식 생활방식"에서 벗어나지 못했기 때문이라는 식의 고정관념의 형태로 드러나는 차별적 시선에서 자유롭기 어렵다. 북한이탈주민이 매우 열악한 근무조건 때문에 다니던 직장을 포기하는 경우에 "북한에서 일하던 습관"에서 벗어나지 못해 그렇다고 쉽게 얘기하는 것도 마찬가지 경우이다. 이러한 상황에서 대부분의 청소년들은 '남한적' 꿈을 쉽게 포기하지도 못하지만 동시에 '주눅들기'에서 탈피해 당당함을 키우지도 못하고 있다. 탈북 청소년들을 일종의 "건강한 시민"으로 키워내려는 교육적 실천은 이들을 "이등 시민"으로 보는 남한사회의 지배적 시선을 넘지 못하고 있는 것이다.

결국 북한이탈주민의 대부분은 남한사회에 소속감을 갖지 못하고 자아정체감의 혼란을 경험한다. 이들은 남한사람도 아니고 북한사람도 아닌 나는 조선사람이라는 식으로 중간적인 이중 정체성을 견지하는 경우가 많다(전우택, 1997). 이는 곧 자신들이 남한사회에 일방

[9] 실제로 계획을 세우고 이에 따라 공부하는 노력의 과정을 통해 검정고시를 합격하는 것 자체가 많은 탈북 청소년들에게는 자신에 대한 믿음과 자신감을 고양시키는 중요한 계기가 되는 경우가 많다.

적으로 동화되어야 한다는 압력에 일정한 반감을 지니고 있는 경우가 많다는 것을 뜻하기도 한다.[10] 하지만 현재 행해지고 있는 탈북 청소년 대상의 교육적 실천에서 이들의 시각과 경험에 입각해 북한의 문화만이 아니라 남한의 문화도 상대화하는 계기를 마련하는 프로그램은 찾아보기 어렵다.

이러한 상황을 종합적으로 고려해 보면 탈북 청소년의 교육에서 '적응' 못지않게 중요한 것은 일종의 '자발적 비적응', 즉 자신들을 차별하고 비하하는 남한사회의 지배문화를 객관화, 상대화하고 이에 대한 적당한 '거리 두기'를 할 수 있는 능력의 함양이라 할 수 있다. 현재 탈북 청소년들을 대상으로 행해지고 있는 적응교육 프로그램들은 그들이 받는 차별이 기초해 있는 남한문화의 지배적 잣대들을 상대화하고 이에 대한 대안적 잣대를 만들며 나름대로의 자긍심을 키워내는 교육적 실천을 감당해 내지 못하고 있다. 이런 시각에서 보면 북한이탈주민, 특히 탈북 청소년 대상의 적응교육의 성공적 실행은 역설적으로 '사회구조적 적응'과 '적절한 정도의 문화적 부적응'을 '성취'할 수 있는 교육력을 동시에 확보할 때만 가능하다고 할 수 있다.

또한 이 문제는 단순히 적응교육의 실효성이나 현실성의 문제를 넘어서 교육철학적 함의를 지닌다. 만일 북한이탈주민 교육의 목표가 단순히 북한이탈주민들이 남한의 사회와 문화에 잘 적응하도록 돕는 것이라면 이는 곧 남한사회의 지배적 질서에 대한 북한이탈주민들의 동의를 구하는 것이 된다. 이 지점에서 중요한 교육철학적 질문이 제기된다. 즉, 우리는 북한이탈주민들이 남한사회의 지배문화의 헤게모니에 포섭되기를 원하는가, 아니면 그들이 자신들이 처한 차별적 혹은 억압적 상황에 대한 파악에 기초해 현실 변혁의 주체로 서기를 원하는가? 사실 이러한 질문은 1970년대 말에 '노동 야학'이 '검정고시 야학'에 대해 제기하던 질문과도 그 궤를 같이 한다. 혹 '적응교육'이라는 교육적 실천은 '불평등을 정당화'하는 과정에 일조하는 것은 아닐까? 혹 우리는 적응교육이라는 이름 아래 북한이탈주민들이 새로운 환경에서 주체적으로 의미 창출 과정에 참여해 나름대로의 문화적 구성을 통해 남한의 문화적 다양성에 기여할 수 있는 기회를 처음부터 제한하고 있는 것은 아닐까? 또 우리는 프레이리(2002)가 강조하듯 경험에서 비롯된 북한이탈주민들의 지식을 존중하고, 또 그들과 '더불어' 이야기하고 있는가? 탈북 청소년 대상의 교육은 이제 이러한 질문들에 답해야 할 단계에 다다른 것으로 보인다.

교육은 정치적 실천이며 교육자의 정치적 선택이다(Freire, 1968). 따라서 남한 문화에의 일방적 '적응'을 강조하는 것도 또 북한 문화요소의 잔존을 '부적응'이라 명명하는 것도 특정한 정치적 입장과 맞물려있다.[11] 왜냐하면 '부적응'이나 '일탈'은 뒤집어 보면 '저항'의 다

10) 근래 입국한 북한이탈주민 중 한 청년은 "남한 정부는 우리들에게 찍소리 하지 말고 남한사회에 따라오라고 한다. 남북한을 비교하면 남한이 70% 옳다면 북한도 30%는 옳고 좋은 것이 있다. 그런데 이런 것은 전혀 인정하지 않는다. 우리를 그저 시키면 시키는 대로 하는 그런 존재로 생각한다."며 불만을 표시했다(윤여상, 2001:47).

11) 북한이탈주민들의 경우 북한의 가치체계는 북한이탈주민들의 적응에 방해가 될 수 있으므로 이에 변화가 필요하다

른 이름인 경우가 흔하기 때문이다. 또 '정체성의 혼란'이란 단지 북한이탈주민과 같은 '경계인'들의 일반적 특성인 '혼성성(hybridity)'을 특정한 정치적 입장에서 문제시하는 명명법일 수 있다. 더 나아가 개인의 경험을 중시하는 교육론의 입장에서 보면 흔히 '탈북 과정에서 얻은 상처'라고 얘기되는 경험들도 각 개인의 입장에서 보면 함부로 이름 붙일 수 없는 실존적 무게를 지니는 경험일 수도 있다.

그럼에도 불구하고 성별, 문화, 지역 등등의 다양한 차원에서 주변 집단들의 역사적 경험과 정체성에 바탕을 둔 교육이 널리 강조되는 시대에, 막상 북한이탈주민들에게는 일방적 적응만을 강조하는 현상은 혹 비판적 인식 주체로서의 북한이탈주민들의 가능성을 신뢰하지 못하는 남한 교육 담당자들의 시각의 한계를 반영하는 것은 아닐까? 성공을 위한 무한경쟁과 엄격한 자기관리의 담론이 점점 더 헤게모니를 굳혀가고 있는 현 남한의 문화 풍토에서, 우리는 혹시 '주변적 정체성의 정치'를 일상적으로 행하는 문화적 전위로서의 북한이탈주민들의 가능성과 이들의 눈에 비친 남한사회를 성찰하는데 보다 주목해야 하지 않을까?

물론 단편적으로는 다양한 교육현장의 교사들의 태도에서 주체로서의 탈북 청소년들을 신뢰하는 교육적 태도를 적지 않게 접할 수 있다. 탈북 청소년들에게 자신이 북한이탈주민이라는 사실을 떳떳이 밝히면서 당당히 처신할 것을 주문하는 많은 북한이탈주민 관련 교사들의 인식도 그중 하나이다. 또 적지 않은 교사들이 탈북 청소년들과의 지속적인 만남을 통해 남한사회에서 당연시하는 상식적 기준들을 상대화하고 성찰해 볼 수 있는 소중한 계기들을 얻게 되었다고 말한다. 문제는 이런 태도나 시각들이 교육 프로그램으로 형상화되어 탈북 청소년들의 정체성 형성과 정착과정에 도움이 되는 구체적인 교육적 계기들을 어떻게 만들어 나갈 것인가 하는 일이다.

탈북 청소년들의 입장에서도 자신의 경험과 역사, 또 이를 토대로 삼아 구성될 수밖에 없는 자신의 정체성을 부정하거나 숨길 필요가 없는 계기들을 반긴다. 자신의 역사, 기억, 선택, 또 그러한 것들의 의미를 부정하지 않아도 되는 자유로운 계기가 주어진다는 사실만으로도 탈북 청소년들의 모임은 금세 활기가 넘친다. 조심스럽던 말투와 행동거지에서 벗어나 자유로운 몸짓과 익숙한 억양을 통해 자신들의 정체성을 마음껏 발산하는 하나둘학교의 동창 모임이 그런 예 중의 하나다. 매년 세모에 남북문화통합교육원의 주관으로 열리는 탈북 청소년 축제의 경우와 같이 일단 제대로 된 '멍석'이 깔리면 탈북 청소년들은 자신들의 일상을 힘들게 하는 다양한 문제들을 무대 위에 올려 적극적으로 의제화하고 점검하고 풀어낸다. '적응'에 대한 강박관념을 넘어서는 탈북 청소년 교육은 곧 자신의 경험과 기억, 역사 위에 스스로를 세우려는 이들의 이러한 열망을 담아내고 북돋우어 그들 나름대로의 문화를 구성할 수 있도록 도울 수 있는 프로그램을 구상해 내는 일이다. 왜냐

고 보는 서재진(Suh, 2002)의 시각을 예로 들 수 있다.

하면 문화의 형성을 통한 주체적 자기형성과 자기긍정의 능력이야말로 탈북 청소년들이 자신들을 차별하고 소외시키는 남한의 지배문화에 능동적으로 대처하는데 필수적이기 때문이다.

이러한 교육적 실천방향의 현실적 함의에 관해 한 가지 중요한 의문이 제기될 수 있다. 폴 윌리스(1989)의 연구는 영국의 노동계급의 청소년들이 지배계급의 문화에 저항하며 만들어 낸 하위문화가 어떻게 결국 이들이 노동계급으로 고착되는데 기여하는지를 잘 보여준다. 즉, 이들 노동계급 청소년들의 지배문화에 대한 상대화와 저항은 결국 이들로 하여금 지배문화가 바람직하다고 상정하는 가치나 사회적 역할 자체를 부인하도록 해 이들의 계층상승을 저해하는 결과로 이어진다. 탈북 청소년들의 경우도 혹 이와 비슷하게 남한사회의 지배문화에 대해 비판적인 하위문화의 형성이 이들이 남한사회의 최하위층으로 고착되는데 일조하는 것은 아닐까?.

이들 영국 노동자 계급 청소년들의 계급적 고착을 낳은 주요한 한 원인은 이들이 자신들의 존재감을 확보하기 위해 지배문화의 일부인 인종주의적, 또 성차별적 태도를 활용했다는 점에서 드러나듯이 지배적 사회문화체계에 대한 이들의 간파(penetration)와 성찰이 불충분했다는 점에 있다. 결국 지배문화가 규정하는 또 다른 '타자'인 인종적 소수자와 여성에 대한 차별에 기초한 그들의 하위문화는 차별에 대한 저항의식에 기초한 주변자들의 문화가 지닐 수 있는 '건강함'을 담지하지 못했다. 그런 점에서 탈북 청소년들의 경험과 기억에 기초한 건강한 대안적 가치들을 살려내는 하위문화적 실천을 독려하려는 새로운 교육적 실천은 이러한 지배문화의 무비판적 활용에 대한 경계, 즉 지배문화 내의 다른 타자들에 대한 차별과 배제를 통해 자신들의 정체성을 확보하려는 잠재적 욕구에 대한 지속적인 경계의 시선을 놓치지 말아야 할 것이다.

현재 탈북 청소년들이 처한 상황의 어려움을 생각해 보면 이러한 새로운 방향의 교육적 실천들도 결국은 다양한 현장에서의 시행착오를 거칠 것이며, 또 그 결과가 이들의 계층상승으로 이어질 것이라고 확신할 수 있는 근거도 없다. 현재 한국사회에서 탈북 청소년들보다는 훨씬 나은 조건에 처해있는 수많은 청소년들에게도 계층상승의 기회는 현저히 줄어들고 있다. 이런 상황에서 탈북 청소년들이 형성하는 하위문화가 이들의 계층상승에 있어서도 순기능을 발휘할 것을 기대하는 것 자체가 어쩌면 무리일지도 모른다. 그렇다면 계층상승의 기회가 극도로 제한되어 있는 탈북 청소년들에게 적어도 자신에 대한 존중과 긍정의 가능성을 신장시킬 수 있는 하위문화의 형성은 어떤 형태로든 그 자체로서도 의미 있는 것은 아닐까?

6. 결론 : 탈북 청소년 교육과 남북 간의 사회문화 통합

보다 긴 시야에서 보면 북한이탈주민 교육이 남북한의 사회문화 통합 과정에 맞닿아 있다는 점에서 북한이탈주민 교육에 관한 논의에서는 항시 남북 간의 사회문화 통합에 대해 교육주체가 어떠한 관점을 지니고 있는지가 점검되어야 한다. 즉, 남북한 사이의 통합모델이 '흡수통일'이 아니라면 북한이탈주민 대상의 교육에 있어서도 남한사회문화 체제로의 그들의 일방적인 '적응'만을 상정할 수는 없다. 이는 교류의 시초부터 현재의 남한의 지배문화의 잣대로 보면 중층적인 주변성을 지니고 있기 쉬운 북한이탈주민들, 혹은 북쪽의 주민들을 열등한 존재로 규정하고 시작하는 것과 같다. 그럼에도 불구하고 현재 '일방적 적응' 위주의 교육적 실천이 주류를 이루고 있는 것은 북한이탈주민들에게 우선 최소한의 현실적 토대라도 제공하려는 임기응변의 노력이라는 측면도 있지만, 동시에 북한이탈주민 대상의 연구와 교육이 아직도 분단의 질서관을 충분히 극복하지 못하고 있다는 사실의 방증일 수도 있다. 이제 북한이탈주민 대상의 교육에 관여하는 연구자나 교육자는 이와 관련된 자신의 정치성/정체성을 보다 명백하게 드러내야 할 단계에 이르고 있다.

연구자는 남북한의 사회문화적 통합 과정은 이를 '동질성의 복제'로 보려는 경직된 획일주의가 유연하고 열린 다원주의로 나아갈 때 더욱 확대될 수 있다고 판단하며, 그런 입장에서 과정으로서의 통일은 단순히 남북 간의 동질성을 확대시키고 이질성을 극복하는 과정이 아니라 오히려 그 과정에서 북한사회만이 아니라 남한사회도 새롭게 발견하는 과정이 되어야 한다는 주장에 동의한다(조한혜정, 2000). 이와 관련해 국내 학계에서도 남북 간 문화이해 프로그램의 개발 연구와 같이 남북한의 교류과정에서 벌어지는 갈등적 상황과 이의 극복방안에 대한 연구가 시작되고 있으나 그 성과는 아직 미미하다. 하지만 이들 연구는 적어도 남북의 교류, 통합 과정에 있어 남한 주민들도 북한 문화를 이해하고 이에 적응하는 자세가 필요하다는 쌍방향적 적응에 대한 인식에 기초하고 있으며, 그런 점에서 북한이탈주민 교육과 관련하여 본 연구가 제기하고 있는 문제의식과 궤를 같이한다. 즉, 남북교류는 이제 '민족 동질성'의 신화나 '남한의 체제우위'라는 단순한 인식을 넘어서야 할 단계에 이르고 있다. 그런 만큼 이제 수십 년에 걸쳐 진행되어온 남북 간의 사회문화적 이질화 과정과 그 결과에 대한 문화상대주의적 이해에 기초해 남북 간의 또 각각의 사회 내의 다양성과 차이가 어떻게 공존할 수 있을까에 대한 학문적 모색이 필요한 시점이다.

사실 이러한 모색의 과정은 열강들의 틈바구니에 끼어 극히 제한된 선택의 폭 속에서 피치 못하게 진행되어 온 남북의 서로 다른 근대화 과정과 또 그렇게 구성된 남북의 문화를 상대화하여 반성적으로 성찰해 볼 수 있는 소중한 계기를 제공한다. 사실 해방 이후 각기 독특한 성격의 자본주의화와 사회주의화의 과정을 겪은 남북의 사회문화적 체계의 성격에 대한 비교문화적 시각에서의 점검도 아직 매우 미미한 상태이다. 본 연구가 제기하고 있는 북한이탈주민 대상의 교육적 실천에 대한 점검과 방향모색은 남북의 사회와 문화를 이러한 보다 넓은 문화비평적 관점에서 조망하고 점검하려는 시도와 맞닿아있다. 그런 의미에서 보면 이제 남과 북의 만나고 공존하기 위해서는 북한이탈주민 교육에서 만이 아니라 우리의 교실에서도 남한사회의 지배문화의 성격을 문화상대주의적 입장에서 낯설게 조명하고 그 성격을 점검하는 작업이 중요한 교육적 실천의 일부로 대두되어야 할 시점이다.

참고문헌

고프만, 어빙(1995). 『오점－장애의 심리학』서울: 강원대학교 출판부.

박종철 · 김영윤 · 이우영(1996). 『북한이탈 주민의 사회적응에 관한 연구: 실태조사 및 개선방안』 서울: 민족통일연구원.

윤여상(2001). 『북한이탈주민의 적응과 부적응』 대구: 세명.

윤인진(2000). 탈북과 사회적응의 통합적 이해: 국내 탈북자를 중심으로.『현대북한연구』 3(2).

윌리스, 폴(1989). 『교육현장과 계급재생산: 노동자 자녀들이 노동자가 되기까지』 김찬호, 김영훈 옮김. 서울: 민맥.

조한혜정(2000). 분단과 공존: 제3의 공간을 열어 가는 통일교육을 지향하며. 『탈분단 시대를 열며』 서울: 삼인.

전우택(1997). 탈북자들의 주요 사회배경에 따른 적응과 자아 정체성에 관한 연구. 『통일연구』 1(2).109-167.

전우택(2000) 『사람의 통일을 위하여』 서울: 오름.

정병호(2001). 분단의 틈새에서: 탈북 난민의 삶과 인권. 『당대비평』 16.236-255. 서울: 삼인.

정병호(2004). 탈북 이주민들의 환상과 부적응: 남한사회의 인식혼란과 그 영향을 중심으로. 『비교문화연구』 10(1), 33-62. 서울대비교문화연구소.

정병호, 정진웅, 전효관, 이부미(2003). 「북한이탈 청소년을 위한 학교설립 타당성 연구」 교육정책연구 2003-공모-7. 교육인적자원부.

프레이리, 파울로(2000). 『프레이리의 교사론』 서울: 아침이슬.

Freire, Paulo (1968). Pedagogy of the oppressed. New York: Seabury.

Suh, Jae-jean (2002). North Korean Defectors: Their Adaptation and Resettlement. East Asian Review, 14(3), 67-86.

제15장

탈북 청소년들의 감정성과 남북한의 문화심리적 차이*

정향진 서울대 교수, 인류학

이 글[1]은 탈북 청소년들의 문화심리적인 특성과 남한사회에서의 적응, 그리고 그와 관련하여 남북한의 문화심리적 차이를 검토한다. 탈북 청소년들을 지속적으로 접하는 남한사람들이 흔히 지적하는 것 중의 하나가 감정성이다. 탈북 청소년들이 감정의 고저가 심하며, 감정 표현이 "극적"이라는 관찰이 그것이다. 매우 "정감"이 넘치다가도, 남한사람들의 입장에서 볼 때, 대인 관계의 기본적인 코드에서 벗어날 정도로 "직설적"으로 자신의 감정과 의사를 표현하기도 한다는 것이다. 좀 더 부정적으로는 "공격적인 성향"이 강하여 쉽게 폭력을 행사한다고 지적된다. 이 글은 탈북 청소년들이 "감정적"이라면, 어떠한 기준으로 볼 때 그러한지, 그들의 감정성은 구체적으로 어떤 양상으로 나타나며, 그로 인해 남한사회에서의 적응이 어떻게 영향을 받는지를 논의한다. 또한 감정성이 탈북 청소년들의 일반적인 심리적 경향이라면 그것이 남북한의 문화심리적 차이에 대해 시사하는 바는 무엇인지 역시 이 글에서 다루고자 하는 주요한 질문이다.

탈북 청소년들의 감정성이 지적되는 요인으로 다음 세 가지의 가능성을 가정할 수 있다. 첫째, 탈북과 이주의 과정에서 오는 심리적 긴장에서 그러한 감정성이 기인하는 바가 클 것이라는 점이다. 급격한 사회변동이나 이민, 난민 등의 과정에서 개인들이 겪는 긴장과 감정적 혼란에 대해서는 관찰된 바가 매우 많다(참고 Ward, Bochner and Furnham 2001). 특히 청소년들의 경우 탈북 및 이주의 어려움에 더하여, 성인의 사회적 지위를 획득하는 과

* 이 글은 "탈북 청소년의 감정성과 남북한의 문화심리적 차이", 『비교문화연구』, 제11집1호(2005), pp.81-111에 실렸다.

1) 이 글이 완성되는 데 많은 분들이 도움을 주셨다. 경기대학교 유아교육학과 이부미 선생님, 탈북 지식인 최진이 선생님, 그리고 익명으로 남기를 원하신 탈북 이주민 한 분께서 초고를 읽고 논평을 주셨다. 이 글의 가장 일차적인 초고는 '남북사회문화통합연구팀'의 학술세미나(2003. 5. 8-5. 9)에서 발표되었다. 초고에 대해 논평을 주셨던 모든 분들께 감사드린다. 그리고 자료수집의 과정에서 도움을 주신 많은 분들께 깊이 감사드린다. 특히 사단법인 '남북문화통합교육원'은 현지조사를 실질적으로 가능하게 하였다. 교육원에 소속되어 탈북 청소년과 아동들의 교육 지원을 담당하고 계신 여러 분들께서 자료 수집에 적극적인 도움을 주셨다. 그리고 참여관찰과 면담을 통해 자신들의 감정생활에 접근할 수 있도록 허용해준 탈북 청소년, 성인 이주민들께 감사드린다. 이 글이 탈북 이주민들의 경험과 관점을 왜곡하고 있지 않은지 염려될 뿐이다.

정상의 과도기적 불안정성으로 인해 심리적 긴장이 더욱 첨예할 수 있다. 둘째, 남북한사회의 전반적인 문화심리적인 차이에서 탈북 청소년들의 감정성이 비롯될 수 있다. 대인관계를 지배하는 감정의 규범에 있어 남북한의 차이가 있다면, 감정의 표현 및 감정 경험의 폭과 정도가 대체적인 경향에 있어 다를 수 있다. 이 경우, 탈북 청소년들의 감정성은 탈북 이주민 일반의 문화심리적 경향에 비추어서 논의되어야 한다. 셋째, 이들의 감정성은 남북한의 차이라기보다는 오히려 계층간의 사회심리적인 차이와 더 큰 관련이 있을 수 있다. 청소년들을 포함하여 대다수의 탈북 이주민들이 북한사회의 하층/변방 출신인데 반해, 그들을 지속적으로 접하는 남한의 공무원들과 시민운동가들, 자원봉사자들은 대체로 남한사회의 대도시에서 중간 계층을 형성하고 있는 사람들이다. 따라서 탈북 청소년들의 감정성에 대한 지적은 감정 규범에서의 계층적인 차이에서 나올 수 있다. 그렇다면 이는 남북한의 문화심리적인 차이 역시 어느 정도는 남북한사회 각각의 계층 구조와도 관련이 있다는 점을 암시한다.

탈북 이주민들의 절대 다수가 이주 과정에서 기아와 난민 상태, 그리고 급격한 문화 충격을 거치며, 이 과정에서 겪게 되는 심리적 긴장은 많은 경우 '외상후 스트레스' 증후군으로 나타난다. 이러한 정신병리적인 측면에 대해서는 이미 많은 연구가 이루어져왔으며(예를 들면, 전우택 2000; 전우택 · 민성길 1996), 외상후 스트레스 증후군을 나타내지 않는 경우에도 탈북 이주민들의 심리적, 행동적 특성의 상당 부분은 난민 경험과 분리해서 볼 수는 없다고 생각된다. 그러나 난민 경험이 심리적 진공 상태에서 일어나는 것은 아니다. 탈북 이주민 개개인의 심리적 특질뿐 아니라, 북한사회에서 형성되어온 문화심리적인 경향성이 이주 과정의 특수한 경험들에 대한 해석과 반응의 틀을 제공한다. 더욱이 탈북, 도피, 그리고 남한으로의 입국에 이르기까지 이주 과정의 어떤 지배적인 유형을 발견할 수 있다고 하더라도, 난민 경험 자체는 결코 동질적이지 않다. 탈북 이주민들은 특히 기아와 도피생활, 폭력의 경험, 가족과의 사별 등 심리적 외상을 유발하는 요인을 경험한 정도에서 매우 다양하다. 그럼에도 불구하고 이들이 일반적으로 보여주는 어떠한 심리적 경향이 있다면, 그리고 그것이 정착 후 상대적으로 오랜 시간이 지난 후에도 지속된다면, 그러한 심리적 경향의 문화적인 맥락과 그것이 함의하는 바가 연구되어야 한다.

이 글은 감정 경험과 표현을 중심으로 탈북 청소년 및 이주민들의 문화심리적인 특성을 고찰하기 위하여 위의 두 번째와 세 번째 가정에 초점을 맞춘다. 그러나 탈북 청소년들의 감정성을 논의하는 데 있어서 이 두 가지 설명은 서로 배타적이지 않을 가능성이 크다. 북한에 비해서 남한사회가 도시화를 이룬 정도가 매우 크며, 그와 동시에 중간 계층의 확대가 지속적으로 이루어져 왔음을 고려할 때, 남북한의 문화심리적 차이와 탈북 청소년들의 계층적 배경의 문제를 떼어 놓을 수 없다 하겠다. 탈북 청소년들의 감정성은 일차적으로는 교사나 지식인 활동가 등 남한에서 중간 계층에 속하는 사람들과의 접촉에서 두드러지는 경향이 있다. 그러나 감정과 대인 관계의 규범에 있어서 남한사회가 전반적으로 '중간 계층화'를 지향한다면, 탈북 청소년들은 비슷한 계층적 배경의 남한 청소년들에 비교해서도 감정 표현에서 다른 패턴을 보일 수 있다. 따라서 이 글은 탈북 청소년들의 감정성을 검토함에 있어서 남북한사회의 문화심리적인 차이와 계층간의 사회심리적 차이를 동시에 고려한다. 다시 말하면, 감정 경험과 표현에서 나타나는 남북한 주민들의 문화심리적 차이를 두 사회의 구조적 특질, 특히 계층적 구조에서의 차이에 연결시켜 고찰하고자 한다. 탈북 청소년들의 감정 경험과 표현에 대한 연구는 우선 그들의 문화심리적 적응 과정의 일부를 밝혀줄 것이다. 나아가서 이 연구는 남북한사회의 문화심리적 차이뿐 아니라, 남한사회의 문화변동과 감정 규범의 변화에 대해서도 시사하는 바가 있을 것이다.

1. 연구의 대상과 방법

참여관찰과 면담을 포함한 민족지적 현지조사가 이 연구의 주된 방법이었으며, 주요 대상은 탈북 청소년들이었다. 현지조사는 2002년 12월부터 2003년 6월까지 7개월 동안 진행되었으며, 면담을 통한 보충 조사가 2004년 6월에 이루어졌다. 청소년들 외에 성인 이주민들 및 남한 출신의 사회활동가들과의 면담 역시 중요한 정보를 제공하였다. 그 외에 탈북 이주민 및 북한사회에 대한 일단의 연구자들의 모임인 '남북사회문화통합연구팀'에서 주관한 집담회 및 그 밖의 행사에서 북한연구 전문가들 및 대북 관련 사업에 종사하는 고위 공무원들과 접촉할 수 있었던 것은 자료 수집의 차원에서뿐만 아니라 연구의 질문을 형성하는 데 중요한 영향을 끼쳤다.

본격적인 자료수집의 과정을 간략히 설명하면 다음과 같다. 우선 2002년 12월에서 2003년 2월까지의 3개월 동안에는 통일부 산하, 〈북한이탈주민정착지원사무소(이하 하나원)〉내의 '하나둘학교'에서 청소년반 3개 기수에 대해서 자원봉사 교사를 하면서 참여관찰을 하였다. 이 기간 동안의 주요 목표는 탈북 청소년들과 직접 만남으로써, 이들과 신뢰관계를 형성하고, 잠재적인 연구 대상을 찾는 것이었다. 3개 기수, 모두 24명(남 13, 여 11)의 탈북 청소년들을 평균 일주일에 두 차례의 수업을 통해 만났으며, 그 외 연극캠프, 졸업식 등의 행사에 참여함으로써 좀 더 가까이 접근하고자 하였다. 이 24명에 대해서 북한에서의 출신지, 학력, 가족관계, 탈북경로 등의 기초적인 자료를 수집하였고, 학교 진학이나 거주지 배정 등과 관련해서 퇴소 후의 진로에 대해서도 정보를 수집하였다. 하나둘학교 교사들과의 비공식적 면담을 통해서는 탈북 청소년들이 하나원 시기에 특징적으로 겪는 정서적, 심리적 과정과 하나둘학교의 교육 프로그램에 대한 이들의 반응 등을 파악할 수 있었다.

2003년 2월에는 이들 3개 기수가 모두 퇴소하여 남한사회에 발을 들여놓았거나, 정착지로 곧 떠날 상태에 있었다. 또한 탈북 청소년들이 입국 후 어떤 과정을 거쳐 남한사회에 본격적으로 들어오는지에 대해서도 대체로 파악됨에 따라, 탈북 청소년들이 하나원 이후, 남한사회에서 실제로 살아가면서 어떻게 적응해 가는가에 대한 연구를 실질적으로 시작할 수 있었다. 그러나 하나원에서 알게 된 탈북 청소년들이 다양한 지역으로 배정을 받아 떠났기 때문에, 현지조사의 방식도 그에 따라 조정되었다. 이후 4개월간의 조사는 대개 다음의 세 가지 양상으로 진행되었다. 첫째, 탈북 청소년들은 퇴소 후 하나둘학교의 경험을 중심으로 지속적인 관계망을 형성하는데, 연구자 역시 자원봉사 교사의 경험을 매개로 하여 그 관계망에 참여하였다. 친목 모임 외에, 전화, 문자메시지, 인터넷 카페 등의 매체를 통한 의사소통의 망에 참여함으로써 탈북 청소년들의 적응 과정을 지켜보고자 했다. 둘째, 하나둘학교에서 알게 된 청소년들 중 한 명에 대해 과외교사로 자원봉사 함으로써, 일주일에 두 번 가정 방문을 하였다. 이 학생을 통해 가족 단위의 적응 과정을 볼 수 있었을 뿐 아니라, 다른 탈북 청소년들과의 관계도 보다 쉽게 유지, 발전될 수 있었다. 셋째, 탈북 아동 및 청소년들의 방과후 교실(서울시 양천구 소재)에서 자원봉사 교사를 함으로써, 몇 명의 탈북 청소년들(당시 중학교 재학생 3명)을 일주일에 두 차례 정기적으로 만났다. 방과후 교실에서는 남한의 제도권 교육의 경험, 그 중에서도 학교에서 경험하는 정서적인 의사소통의 문제에 대한 이들 청소년들의 반응을 살펴 볼 수 있었다.

그 외 다양한 경로를 통해서 탈북 청소년들의 적응 과정을 보여 줄 수 있는 사례를 수집하였다. 앞서 언급하였듯이, 탈북 청소년들을 지도하였던 경험이 있는 교사들이나 시민활동가들과의 면담은 자료수집의 중요한 통로였다. 면담은 대체로 비형식적으로 이루어졌으며, 탈북 이주민과 관련한 다양한 행사가 맥락을 제공하였다. 또한 탈북 성인들에 대한 면담을 통해서, 탈북 청소년들의 적응에 영향을 줄 수 있는 북한의 사회문화적 특징에 대해 알아보았다(탈북 성인 이주민 4명에 대해서 반구조화된 심층 면담을 실시하였다). 특히, 북한에서의 감정의 사회화에 관련하여서는 성인들과의 면담 자료가 매우 중요하였다. 그 밖에 하나둘학교 시기에 탈북 청소년들이 작성한 글 등의 문서자료를 수집하였다.

논의를 더 진행하기 전에 한 가지 분명히 하고자 하는 점은 이 연구의 기본적인 토대에 관한 것이다. 이 글의 논의는 탈북 이주민들의 심리, 행동적 특성이 북한 내에서의 사회화에 상당한 정도로 기인하며, 따라서 탈북 이주민들을 통해 북한의 문화심리적 특징을 볼 수 있다는 데서 출발한다. 그러나 이주민들을 통해서 북한사회의 특징을 파악하는 것의 타당성에 대한 의문이 제기될 수 있다. 이주 과정의 특수성과 남한에서의 경험으로 인해 탈북 이주민들의 북한사회에 대한 기억이나 견해가 왜곡되었을 가능성을 전혀 배제할 수는 없다. 그렇다고 인정하더라도 현 상황에서 탈북 이주민들은 북한에 접근할 수 있는 몇 안 되는 통로를 제공한다고 보는 것이 필자의 입장이다. 탈북 이주민들이 동시적으로 보여주는 한계와 기회는 이 글에도 그대로 적용되리라 생각된다.

2. 왜 감정인가?

탈북 청소년들의 사회적, 문화적 적응에 있어서 왜 감정이 문제가 되는가? 탈북 청소년들의 적응의 한 척도는 이들이 남한사회에서 얼마나 성공적인 사회관계를 갖느냐 하는 것이다. 사회관계는 사회적 자본(social capital)으로 용이하게 전환된다는 점에서 매우 중요한 적응의 변수라고 할 수 있다. 감정의 적절한 표현과 통제는 성공적인 사회관계의 핵심에 놓여 있기 때문에, 탈북 청소년들의 감정의 의사소통 양식을 살펴보는 것은 중요한 과제라 하겠다.

감정에 대한 유기체론적 입장은 감정이 어떠한 자극에 대한 특정한 생리적 반응으로 일어난다고 본다(대표적으로 James and Lange 1922). 이러한 관점에서는 감정의 선천적이고 보편적인 면을 강조하고, 모든 인간 집단에서 발견되는 공통적인 감정들을 규명하려 시도하기도 한다(예를 들면 Ekman 1982). 신체적이고 생리학적 측면은 감정을 구성하는 중요한 요소임에는 틀림없지만, 사회적 세계에서의 감정 경험은 상황의 평가라는 인지적인 요소를 통해 이루어진다(Schachter and Singer 1962 참조). 즉 감정은 사회적 자아를 통해 해석되고, 표현되고, 규제되는 인지적 과정을 포함한다. 자아가 그러하듯이 감정 역시 사회관계 속에서 형성되고 경험된다. 표현된 감정은 개인의 심리적 상태를 나타낼 뿐 아니라, 자아가 물리적, 사회적 환경과 어떤 관계에 놓여있는지에 대한 사회적 진술이기도 하다(Levy 1984). 개인은 감정의 경험과 표현을 통해 타인들과의 상호작용을 조율하며, 그럼으로써 사회적 세계 내에서의 자아의 위치를 정의하고 협상한다. 따라서 감정의 의사소통을 통해서 개인은 자신이 속한 사회의 도덕적 질서를 구성하고, 또한 확인한다. 여기서 주목할 점은 한 사회 집단은 정서적 의사소통에 대한 문화심리적인 청사진을 공유하기 때문에, 사회적 행위자로서의 개인들은 주관적인 감정의 경험을 관습화된 코드를 통해 표현한다는 점이다(Lutz 1983, 1988). 각 사회는 특정한 감정을 어떻게 얼마나 표현하느냐를 규정하는 '감정 규칙'에 있어서 다를 뿐 아니라, 특수한 감정 범주를 발달시키기도 한다.

탈북 청소년들의 감정성이 자주 지적된다는 것은 무엇보다도 그들의 감정 규칙이 남한사회의 지배적인 규칙과 다르다는 것을 의미한다. 이는 그들이 기존의 남한사람들과 관계를 맺는 데에 상당한 어려움을 겪을 수 있음을 암시하며, 그러한 어려움은 사회문화적 적응에 직접적인 영향을 미칠 것이다. 이 글의 나머지 부분에서는 탈북 청소년들의 감정성이 어떻게 드러나고 남한사람들에게는 어떻게 여겨지는지, 남북한의 감정 규범의 차이를 탈북 이주민들 스스로는 어떻게 인식하고 있는지를 살펴본다. 또한 남북한의 문화심리적 차이를 설명해보고자 하는 시도로서, 남북한사회의 거시 사회적 차이, 특히 계층 구조의 차이를 감정 규범에서의 차이와 연결시킨다. 마지막으로는 탈북 청소년들이 남한사회에 적응해감에 따라 감정의 의사소통 양식에서는 어떠한 변화가 오는지를 검토하고, 그것이 남한과 북한의 사회문화적 통합에 시사하는 점은 무엇인지 살펴본다.

3. 탈북 청소년들의 "감정성"

탈북 청소년들의 감정 경험과 감정적 표현의 일반적 특성으로 지적되는 것이 "감정의 에너지가 풍부"하며, "극적이고, 고저가 심하다"는 것이다. 이것은 단순히 감정의 표현만을 말한다기보다는 감정 경험 자체에 대한 관찰이기도 하다. 예컨대, 하나둘학교의 한 교사는 탈북 청소년들이 영화를 볼 때 감정적으로 몰입하는 정도가 매우 크다고 보고하였다.

> '모던 타임즈'를 보여주면 굉장히 좋아합니다. 바닥을 치면서 재미있어 해요. 남한사람들이 "오버"하는 것 정도로 실제로 좋아합니다. 감정적 오버가 있어요.
>
> (최정열, 2003년 1월 20일)[2]

위의 교사는 탈북 청소년들과 함께 영화를 보면 "영화를 정말로 재미있게 볼 수 있다"고 덧붙였는데, 그것은 탈북 청소년들이 영화의 재미를 실제로 크게 느끼고 그것을 표현하기 때문이라는 것이었다. 이 교사는 탈북 청소년들의 감정 경험의 정도를 "감정적 오버"라는 말로 표현하였는데, 이는 자신을 포함한 "남한사람들"에 비추어서 탈북 청소년들의 감정 경험의 정도가 더 크다고 인식하였음을 나타낸다. 일단의 탈북 청소년들과 긴밀한 관계를 유지하고 있는 한 시민활동가도 탈북 청소년들의 감정적 에너지에 대해서 비슷하게 지적하면서, 동시에 보다 적극적으로 긍정적 시각을 표현하였다.

> 북한사람들은 삶의 에너지가 풍부한 사람들입니다. 감정의 폭이 깊고 살아있어요. 세련됨만 남고 가식적인 사람들보다 풋풋한 느낌이거든요. 얘들(탈북 청소년들)하고 지내면 절대 배신은 안 당할 것이라는 느낌이 들어요. 그런 것을 (남한사람들이) 처음에 받아들이기가 어려워요. 그렇지만 나중에는 형, 동생 하고 지내게 됩니다.
>
> (배진수, 2003년 4월 28일)

이 시민활동가에 따르면, 탈북 이주민들은 일반적으로 감정 표현에 있어서의 "세련됨"은 부족하나, 감정 경험이 풍부하고, 그 표현이 진솔하다. "깊고 살아있는" 감정은 그들의

---

[2] 이 글에 나오는 정보제공자들의 이름은 모두 가명이며, 익명성을 보장하기 위해 이름뿐 아니라 다른 개인적 사항에 대해서도 바꾼 경우가 있음을 밝힌다.

삶의 원동력이다. 그러나 그것을 남한사람들이 "처음에 받아들이기가 어렵다"고 한 것은 그러한 감정 경험과 표현이 남한의 일상적인 감정 규범과 일치하지 않는 면이 있다는 것을 암시한다. 영화 감상과 같은 개인적인 수준을 넘어서서, 특히 긍정적인 사회적 상황이 아닌 경우의 대인 관계에서는 감정 규범을 따르지 않는 감정 경험과 표현은 문제가 될 수 있다. 그렇게 될 때, 이들의 감정의 에너지가 더 이상 "살아있는 감정" 혹은 "풋풋함"으로 받아들여지기는 어렵게 된다. 바로 이 점과 관련하여, 또 다른 한 시민활동가는 탈북 청소년들이 "이미지 관리"를 하지 못하고, 감정을 지나치게 직설적으로 표현하기 때문에 남한사회에서 적응하는 데에 어려움이 있을 수 있음을 지적하였다.

> 어른이 얘기하면, 일단 "예, 알겠습니다" 하는 대신, 앞에서 바로 자신의 기분대로 얘기합니다. 이미지 관리가 안돼요. 이 아이들을 한국화 하고자 하는 것은 아닙니다. 그러나 최소한 한국에 사는 동안 서로 불편함이 없도록 일상에서의 자세를 가르쳐야 한다고 생각해요
>
> (김용기, 2003년 2월 10일)

"일상에서의 자세"의 핵심적인 측면이 바로 남한사회에서 대인 관계를 지배하는 감정 규범을 따르는 것이다. 탈북 청소년들을 대할 때의 대표적인 어려움으로 거론되는 것이 "불쑥 화를 내는 것" 또는 "그 자리에서 바로 자신의 기분대로 하는 것" 등인데, 그러한 감정 표현 양식은 남한의 감정 규범에 비해 지나치게 "직설적"인 것으로 인식된다. 다음은 탈북 청소년들을 위한 한 대안학교에서 일하고 있는 교사의 관찰이다.

> 며칠 전 촬영 카메라를 들고 온 것은 아니었지만, 기자 신분으로 방문한 사람이 있었어요. 우리 같으면 손님이 오면 인사라도 하고, 눈을 맞추면서 어느 정도 얘기를 들어주잖아요. 그런데 이 아이들은 그 사람이 기자라는 것을 알자마자, 얘기하는 도중에 바로 돌아서서 오락을 시작하는 겁니다.
>
> (하순봉, 2003년 2월 10일)

직설적인 감정 표현은 필자 역시, 그 정도가 경미하였으나 경험하였다. 아래는 필자가 하나둘학교에서 자원봉사 교사를 하고 있었을 때의 참여관찰 일지의 일부이다.

> 수업을 마치고 다음 주에는 내가 33기의 연극캠프를 따라 가기 때문에 저희들과는 수업을 할 수 없다고 말하니까, "아니 선생님, 그러면 우리는 어떻게 합니까?" 하고 거세게 항의하여서 내가 아주 놀랐다. 기분 나쁜 어조로 항의한 것은 아닌데, 나는 그저 내가 수업을 할 수 없다고 하면 그러려니 할 줄 알았는데, 그런 반응을 보여서 많이 놀랐다. 특히 옥금이는 아주 볼멘 목소리로 "선생님, 우리 영어 수업은 어떻게 합니까?" 하였고, 놀랍게도 얌전한

순화도 “이제 겨우 조금 하려고 하는데, 다음 주에 빠지면 또 다 잊어버립니다” 하였다. 미안하지만 어쩔 수 없노라고 말할 수밖에 달리 도리가 없었다. 그런데 알고 봤더니, 천안캠프의 일정이 1박2일로 조정되어 있었고, 대신 서울로 하루 예정으로 현장 학습을 하는 것으로 되어 있었다. 그래서 서울 현장 학습은 따라 가지 않고, 천안에만 가기로 하였다. 그렇게 해서 화요일에는 34기와 영어수업을 하기로 하였다. 다시 가서 34기 아이들에게 화요일에는 수업을 할 수 있겠다고 하니, 옥금이 “그러니까 마음이 좀 풀립니다” 하였다.

(정향진 일지, 2003년 1월 16일)

위의 일지가 기록하고 있듯이, 필자는 학생들로부터 그렇게 직접적이고도 강도 높은 항의 반응이 있으리라고는 예상하지 못하고 있었다. 강도가 높다고 인식하였던 것은 학생들이 높은 목소리로 따져 묻듯이 한 데서 비롯되었다. 학생들이 특히 영어 과목에 대해서 보이는 열정을 이해하고 있었기 때문에 취소될 예정이었던 이틀 중 하루는 수업을 하기로 조정하였다. 그러나 조정된 일정을 알리려고 다시 교실로 갔을 때, 필자는 한 번 더 놀라게 되었다. 학생들 중 한 명이 “그러니까 마음이 좀 풀립니다” 라고 했고, 필자는 그제야 그들의 항의가 언어적 표현에만 그친 것이 아니라 상응하는 감정적인 경험을 동반하였으리라고 짐작하였다. 당시 필자에게 든 생각은 ‘말로만 그런 것이 아니라, 실제로 마음이 안 좋았구나’ 라는 것이었다.

두드러지는 감정성은 탈북 청소년들을 지속적으로 접하는 교사들, 시민활동가들, 그리고 다른 전문가들이 이들에 대해 공통적으로 인식하는 하나의 심리적 경향이다. 모든 탈북 청소년들이 그러한 감정적 특성을 지닌다고 단정할 수 없는 것은 분명하다. 그러나 최소한 탈북 청소년 집단 내에서는 남한의 도시/중간 계층의 사회에서 일반적으로 기대하는 수준보다 대체로 그 강도가 높은 감정 경험과 감정 표현이 통용되고 있는 것은 사실인 것 같다. 다음 절에서는 탈북 청소년들의 감정성이 이렇게 드러나게 되는 배경, 즉 남한의 지배적인 감정 규범과 탈북 이주민들의 감정 규범의 차이를 좀 더 자세히 검토한다.

4. 남북한 사회의 감정 규범의 차이

감정 표현의 양식에 있어서, 탈북 청소년들, 나아가서 탈북 이주민들 사이에서 일반적으로 통용되는 감정 규범과 남한의 지배적인 감정 규범의 차이는 주로 직접성의 정도의 차이에서 온다. 남한의 감정 규범에서는 감정의 표현이 대인관계에 미칠 수 있는 부정적인 영향에 보다 민감하여, 감정의 직접적인 표출을 억제하는 경향이 있다. 특히 ‘화’의 감정은 억제되어야 할 대표적인 감정으로 간주되며, 갈등의 상황이 있을 때 가능한 한 “감정을 개입시키지 않고" 그것을 해결하는 것을 바람직하게 여긴다. 이러한 경향을 탈북 이주민들과 비교해서, 남한의 한 공무원은 "남한사람들은 비싼 밥 먹고 남한테 싫은 소리 안 한다"는 말로 요약하였다. 그는 또 갈등 상황에서 남한사람들은 "말"로 싸우는 데 반해서, 탈북 이주민들은 "순간적인 폭력"의 행사가 빈번하다고 보았다(이대열, 2002년 11월 24일). 탈북 청소년들 역시 이러한 차이를 예리하게 인식하였다. 아래는 시민활동가 배진수를 통해서 표현된 탈북 청소년들의 관점이다.

> "남한 아이들은 화를 잘 내지 않는다"고 말합니다. 얘들은 (남한 아이들이) 화 안내고 싸움을 말리는 경우에 대해 놀라움을 표시해요. 그렇지만 말만 그럴 듯하게 하고 실제로는 되는 것은 없다고도 말합니다. 남한사람들의 점잖게 말하기를 낯설어 해요. "한 번 생각해 보자"는 말을 받아들여진 것으로 압니다.
>
> (배진수, 2003년 1월 20일)

"화"를 잘 내지 않고, 말을 "점잖게" 하는 것을 남한의 감정 규범의 두드러지는 특징으로 인식하는 것은 탈북 성인들도 마찬가지이다.

> 북한 문화는 직선적인 문화예요. 이렇게 에돌거나 감싸거나 그렇지 않고, 정정당당한 문화지. 내가 너 싫으면 싫다, 아니면 아니다. 나는 대인간의 관계에서 말할 것도 못하고 그런 것은 [싫어요]. 하고 싶은 말은 해야 마음이 편해요. 대인관계에서 항상 명백히 하는 습관을 키웠거든요. 여기 오니까 제일 힘든 것이 그거더라구. 저 사람이 나를 좋아하는지 나빠하는지 도대체 분간이 안 가는 거야.
>
> (전성숙, 2003년 2월 20일)

> 남쪽 사람들은 이중적, 외교적이에요. [연구자 : 이중적이라는 것은 무슨 뜻입니까?] "아닙니다" 해놓고, 뒤에서 욕해요. 일본 사람하고 비슷해요…. 남한의 매너 받아들입니다. 그렇지만 그것이 위선과 연결될 때에는 아니다 싶어요.
>
> (박광철, 2003년 3월 31일)

위의 진술들에서 볼 때, 탈북 이주민들은 남한사람들 사이에 통용되는 대인 관계의 감정 규범이 일정한 정도로 자신들의 것과 다르다고 본다. "점잖게 말하기" 혹은 "매너"를 남한의 감정 규범의 특징으로 보는 데에 있어서, 앞서 인용한 남한 공무원의 관점과도 다르지 않다고 할 수 있다. 그러나 남한사람들이 부정적인 의사나 감정의 직접적인 표출을 억제함에 따라, "말만 그럴 듯하게" 하고, "에돌거나", "이중적"으로 행동하는 경향이 있다고 지적하였다. 중학교 2학년으로 편입하여 남한에서 학교생활을 막 시작한 한 탈북 청소년도 남한 아이들이 "이중적"이라고 말하였다. 다음은 방과 후 공부방에서 탈북 청소년 두 명과 연구자가 대화한 것이다.

명희 : 여기서 가는 수학여행은 북한보다 재미없어요.
영옥 : 맞아요. 여기서는 재미가 없어요.
연구자 : 왜?
영옥 : 여기는 시설은 좋고 풍족한데, 재미가 없어요.
연구자 : 왜, 여기 애들이 춤추고 노래하고 하는 것을 잘 하지 못해서 그래?
영옥 : 여기 애들도 춤추고 노래하는 것 세게 하는데, 왠지 재미가 없어요.
[연구자가 조금 있다가 재차 왜 그럴까 물으니, 영옥이 문득 생각난 듯이 이렇게 말했다.]
영옥 : 여기 애들은 이중적이라서 그런 것 같아요. 북한에서는 놀 때는 허물없이 놀고 그러는데, 여기 애들은 잘 삐쳐요. 앞에서는 살랑거리다가 뒤에서 온갖 지랄해요.

(정향진 일지, 2003년 4월 24일)

위의 대화에 곧이어 명희와 영옥은 북한학교에서 군사훈련을 겸해서 야외로 행군 나갔을 때를 함께 얘기하며, 향수에 젖은 목소리로 "정말 재미있었는데"라고 말하였다. 이 청소년들이 남한학교의 수학여행이 북한 학교의 행군에 비해 "재미가 없다"고 한 것은, 바꾸어 말하면 비슷한 상황에서 북한학교가 더 강렬한 감정 경험을 불러일으켰음을 의미한다. 이에 대한 주된 이유로 영옥은 친구들 사이의 "허물없음"을 들었는데, 그것은 대인 관계에서 거리감을 상대적으로 적게 느낀다는 것을 말한다. "매너"를 중시하고 감정의 표출을 지양하는 감정 규범은, 한편으로는 구성원들 간의 고도의 감정적 일치를 가져오기는 어렵다. 즉 그러한 감정 규범은 사람 사이의 "재미"를 둔화시킨다고 말할 수 있다. 이에 대해서 탈북 성인 박광철은 다시 이렇게 말한다.

북한에서는 조직적인 문화이기 때문에, 사이 나쁜 경우도 있지만, 동무나 친구를 위해서는 살점도 떼어 줄 수 있어요. 친한 사람들 사이에는 굉장히 친하게 됩니다. 그것이 조직문화의 좋은 점이라고 할 수 있어요. 남쪽에서는 이유 없이 남을 도와주지는 않습니다. 기부하는 것 빼고요. 북한사람들은 여기 사람들은 잔정이 없다고 해요. 저도 그렇게 느낄 때가 있습니다. 북한에서는 친구가 아프면 집에 먹을 것을 싸들고 찾아옵니다. 어려울 때는 돈도 줘요. 그렇지만 남한에서는 부자지간에도 돈으로 싸웁니다. 아파서 2, 3일 결근해도 전화 한 통으로 그만입니다. 북한에서는 아파서 결근하면 집으로 찾아오곤 했어요. 남한에서는 남을 위해 희생한다는 것이 없습니다.

(박광철, 2003년 3월 31일)

여기서 "친구를 위해서 살점도 떼어 줄 수 있다"고 한 것은 주목할 만하다. 이것이 과장된 비유라고 하더라도 북한사회에서의 대인 관계의 기본적인 성격을 짐작하게 하는 표현이다.

즉, 사회적 관계에서 보다 긴밀한 감정적 유대를 발전시키며, 따라서 친구 사이가 더 "재미"있거나 "잔정"이 있게 된다.

청소년을 포함한 탈북 이주민들은 남한사람들의 감정 표현을 "이중적"이라고 보고, 그에 대하여 자신들의 감정 표현이 진솔하다는 것을 강조하는 경향이 있다. 이러한 관점은 남한의 시민활동가들에 의해서도 어느 정도 공유되기도 한다. 그러나 감정 표현의 솔직함이 폭력의 사용을 동반하는 경우가 상대적으로 더 빈번한 것도 사실이다. 탈북 이주민 지원업무에 종사하는 공무원 송민호는 이렇게 말한다.

> 감정적이고 단순합니다. 그리고 법질서 개념이 희박해요. 때렸으면 사과해야 하는데, 사과하는 법이 없습니다. 죄의식이 없어요. 맞을 짓을 했기 때문에 때렸다고 합니다.
>
> (송민호, 2003년 4월 2일)

남한의 활동가들이나 공무원들은 대부분, 탈북 이주민들에게 있어 폭력의 사용이 두드러지는 것을 "탈북 과정에서 심성이 피폐해진" 결과로 보았다. 그것이 어느 정도 사실이라고 하더라도, 탈북 이주민들 스스로는 북한사회 내에서 이미 개인들 간의 폭력 사용이 상당한 정도로 허용된다고 진술하였다. 박광철은 다음과 같이 말한다.

> 북한에서는 상대가 나쁘다고 생각하면 매도합니다. 잘못한 사람에게 '모두매'질 해요. [연구자 : 맞은 사람이 다칠 수도 있지 않습니까?] 다쳐도 문제가 안 돼요. 그 사람은 잘못했기 때문에 맞는 거죠. 어떻게 처리되나보다 누가 잘못했나가 문제가 됩니다.
>
> (박광철, 2003년 3월 31일)

박광철은 폭력의 사용을 옹호하고 있지는 않다. 오히려 연구자와의 면담시에 북한사회의 폭력성에 대해서 매우 비판적인 시각을 견지하였다. 다만 위 진술에서 그는 북한에서 개인에 대해 사용되는 폭력이 어떻게 합리화되는지를 설명하고 있다. 그에 따르면, 누가 애초에 잘못 했나가 문제의 핵심이기 때문에, 잘못했다고 생각되는 사람에 대해서는 폭력을 가한다고 하더라도 당연하게 된다. 즉, "맞을 짓을 했기 때문에 때리고," 따라서 그에 대해서 "죄의식"을 느끼지 않는다. 폭력의 문제와 관련하여 시민활동가 배진수는 다음과 같이 진술하였다:

> 남한 청소년들과 북한 청소년들은 폭력의 형태가 달라요. 남한은 말로 하고, 왕따 시킵니다. 애들(탈북 청소년들)은 그렇게는 안합니다. 교묘하게 몇 단계 넘어서 사람 힘들게는 안합니다.
>
> (배진수, 2003년 1월 20일)

그에 따르면 폭력의 형태가 다를 뿐이지, 폭력의 사용이 탈북 청소년들에게 국한된 것은 아니다. 배진수는 '왕따'가 심리적, 언어적 학대라고 할 때, 폭력의 물리성에만 주목하여 탈북 청소년들을 "폭력적"이라고 보는 것을 경계한다.

청소년들을 포함하여 탈북 이주민들이 물리적 폭력에 대해서 상대적으로 높은 정도의 수용을 보인다면 그것은 보다 포괄적인 감정성의 특질에 포함되어 이해되어야 한다. 앞서 지적하였듯이, 탈북 이주민들은 일반적인 경향에 있어서 감정 경험의 정도가 강렬하고, 그에 상응하여 감정 표현 역시 직접적인 것으로 보인다. 따라서 그들의 "공격적 성향"을 따로 떼어서 보기 보다는, 감정 경험의 깊이와 표현의 직접성의 차원에서 다루어야 한다. 물리적 폭력의 수용은 그들의 감정 경험과 표현 양식에서 나타나는 하나의 측면인 것이다. 탈북 이주민들의 이러한 감정성은, 탈북 과정에서 경험한 심리적 긴장과 남한에서의 문화충격 상태에 상당 부분 기인한다고 하더라도, 북한사회 자체의 문화심리적 경향과도 관련이 매우 깊은 것으로 보인다. 다음 절에서는 북한사회 내부에서 감정의 사회화에 영향을 미칠 것으로 여겨지는 거시 사회적 요소들을 검토하고자 한다.

5. 북한에서의 감정의 사회화

각 사회 집단은 고유한 감정의 민속심리학을 발달시키며, 그것은 '사람됨'의 사회화에 청사진을 제공한다. 즉, 그 사회가 승인하는 감정과 사람됨의 민속심리학적 청사진에 바탕을 두고, 아동과 청소년들에 대한 사회화가 이루어진다(Lutz 1983). 따라서 북한사회에서 통용되는 감정의 민속심리학은 어떤 것이며, 감정의 사회화는 어떻게 이루어지는지를 살펴보는 것은 탈북 이주민들의 문화심리적 특성을 이해하는 데 필요한 작업이다. 그러나 이는 현지 접근과 민족지적 자료의 한계가 매우 두드러지는 부분이다. 북한사회의 감정의 민속심리학은 체제의 정치적 성격이나 경제적 구조, 계층 구조 등의 구조적 특성과 분리되어 존재하지 않을 것이기 때문에, 이 글에서는 자료가 허용하는 한계 내에서 거시 사회의 특성과의 연관 하에 북한사회의 감정의 사회화를 살펴본다.

북한 체제가 국가의 정체성을 유지, 강화하는 데 있어서 국민 개개인의 감정을 강력한 정치적인 토대로 삼고, 외부 세력에 대항하여 내부의 단결과 유대를 추구해온 것은 주지의 사실이다. 감정의 고양은 이러한 정치적인 이용에 필수적이며, 따라서 감정의 사회화에 중대한 영향을 미칠 것으로 추정된다. 체제의 유지를 위한 이데올로기 학습 프로그램으로서 모든 주민들에게 부과되는 '생활총화'는 감정을 정치적으로 이용하는 데 있어 가장 일상적이며, 가장 지속적인 통로로 보인다.[3] 생활총화란 일주일에 한 번(사상적으로 중요한 위치

[3] 현재 남한에 거주하고 있는 탈북 청소년들의 감정의 사회화에 생활총화가 실제로 '직접적인' 영향을 미쳤다고 보기는

에 있는 사람들은 더욱 빈번하게) 지역 혹은 직장 단위로 모여서 김일성 교시에 비추어서 일주일 간의 생활을 스스로 반성하고(자아비판), 또한 다른 사람의 잘못을 지적해주어(상호비판) 집단 구성원들의 사상성을 공고히 하고자 하는 것이다. 생활총화는 인민학교 2학년 때 소년단에 입단하면서 시작되어 사망할 때까지 계속되며, 면제되는 사람은 원칙적으로 아무도 없다. 탈북 이주민 박광철은 북한 주민들의 "직선적" 성격이 "조직 문화"에서 나오며, 조직화의 중추로서 생활총화를 들었다.

> 북한에는 생활총화가 있어요. 조직 문화가 직선적인 것을 만들어 냅니다. 조직, 모임, 회의가 일상화되어 있어요. 주생활총화가 있는데, 그때는 일주일 동안의 사상학습, 사생활까지 다 잘못한 것을 비판합니다. 각자가 얼마나 솔직하게 말하는가에는 차이가 있지만, 사상검토에서 집안일까지 다, 내가 잘못한 것을 털어놓고, 또 상대방을 상호비판 하거든요. "나는 이번 주에 뭘 잘못했는데" 라고 말한 다음, "누구를 상호비판하겠습니다" 합니다. "누구는 지각했다", "말을 전달한다" 등등으로 상호비판 합니다 …. 자아비판, 상호비판하니까 사람들이 직접적으로 말하게 됩니다. 일주일에 잘못하는 것이 크게 없어요. 그러니까 사소한 것까지 말하게 됩니다. 그리고는 또 월생활총화, 3개월에 한 번 분기생활총화가 있어요. 한마디로 총화문화예요.
>
> (박광철, 2003년 3월 31일)

생활총화가 '사상투쟁'의 측면에서 얼마나 효과적인지, 즉 주민 개개인이 생활총화를 통해서 얼마나 체제 이데올로기를 성공적으로 내면화하는지는 알 수 없다. 그러나 한 가지 분명한 것은 생활총화에서 주민들은 서로에 대해서 감정적으로 될 가능성이 매우 크다는 점이다. 생활총화에서 '비판'의 이름으로 부정적 감정이 교환되는 경우가 빈번하다는 것에 대해서 탈북 이주민 전성숙은 다음과 같이 말하였다:

> 생활총화는 … 조직별로, 단위 4별로 하는데, 중요시되는 데는 이틀에 한 번 하고, 어떤 데는 일주일에 한 번씩 해요. 그런데 이틀에 한 번씩, 맨 날 "내가 이틀 동안 뭘 잘못했습니다" 라고 비판을 해야 되고, 또 다른 사람을 비판을 해야 되요. "당신은 뭐 이렇게 했는데, 고치십시오" 이거 완전히 싸움이지. 비판받으면 마음 편하겠어요? [연구자 : 형식적으로 하는 것이 아니고, 진짜 쏟아내는 건가요?] 쏟아내지. 그것 때문에 정치범 수용소에 가는 사람이 얼마나 많은데. [연구자: 굉장히 감정적으로 되겠네요?] 감정적이 될 수밖에 없지. 오늘 걔가 나 비판했어. 나는 머저리라고 당하기만 할까? 이번에는 내가 비판해야지, [이렇게 돼요].
>
> (전성숙, 2003년 2월 20일)

어려운 점이 있다. 상당수의 청소년들은, 특히 혼자 탈북한 경우에는 일찍부터 가정과 학교를 떠나 유랑과 도피 생활을 한 사례가 많고, 따라서 생활총화를 통한 사상 교육을 지속적으로 받지 않은 경우가 많다. 이 글에서 생활총화는 제도화된 감정의 사회화의 한 전형으로서 북한사회의 문화심리를 추론하는 데 매우 중요한 실마리로 간주되어 검토되었다.

생활총화에서는 이름 그대로, 생활의 여러 세세한 측면이 공개적인 토론의 대상이 되며, 아무도 비판에서 자유롭지 못하다. 생활총화는 강도 높은 감정성이 동반되는 사회적 장을 주민들에게 일상적으로 제공함으로써, 직설적인 언어를 통한 직접적인 감정의 표출을 허용하고 경우에 따라서는 장려하는 것으로 보인다. 그러나 감정 표현의 강도가 높다는 것이 감정 표현의 자유로움을 반드시 의미하지는 않는다. 북한에 대해서 일반적으로 받아들여지는 통념 중의 하나가 엄격한 사회적 통제에 대한 것일 때, 감정의 표현에 있어서도 상당한 억제가 있으리라 짐작할 수 있다. 북한 주민들의 감정생활에 있어서 언뜻 보기에 모순적으로 여겨지는 것과 관련하여 전성숙은 다음과 같이 말하였다:

> 북한에서는 자유라는 것이 인식이 안 되어 있어요. 그리고 그렇게 교육을 받아왔으니까, 국가에 대해서 헌신해야 된다는 것이죠 … 자기 의사 발표하는 능력이라든가 이게 아직 형성이 안 되어 있어요. [연구자 : 그런데 왜, 대인관계에서는 자기 의사를 탁탁 얘기하는 게 (보편화되어 있잖아요)?] 아 아, 그것이 참 묘한 건데, 사회적으로는 그게 안 되어 있고, 안 되어 있는데, 대인관계에서는, 개인적인 것에서는, 그게 미묘한 선이 또 있는 거야. 그 사람의 의식을, 성격을 형성하는데 하나의 요인만이 작용하는 게 아니거든.
>
> (전성숙, 2003년 2월 20일)

위의 진술을 좀 더 명확히 풀어보면, 북한사회에는 개인의 자유로운 의사 표현이 허용되지 않는 공식적인 체계가 매우 확고하게 작용하고 있으나, 다른 한편으로 일상적인 사회적 관계에서는 개인들 간에 직설적인 의사 표현과 감정의 소통이 이루어진다. 다시 말하면, 개인들은 공식적인 위계가 분명한 장에서는 자기표현을 (극도로) 억제하지만, 자신의 사회적 영역 내의 대인 관계에서는 "정정당당히" 자신의 의사와 감정을 표현한다는 것이다. 바로 이 점에서 북한 주민들의 감정 표현이 한편으로는 매우 억압되어 있는 것으로, 다른 한편으로는 매우 진솔한 것으로 보이게 된다. 여기서 한 가지 더 주목할 것은 이것이 북한의 계층구조와도 연관되어 있을 가능성이다.

북한이 국가 건설 당시 사회주의 이상에 따라 계급 철폐를 내세웠지만, 성분에 따른 계급 혹은 계층적 분화가 엄격한 것이 현실이다(김명수 1997). 계층 간 상향 또는 하향 이동이 없지 않지만, 계층 이동은 매우 제한적으로 일어나며, 따라서 하나의 계층은 비교적 닫힌 사회적 공간을 제공하게 된다. 다시 전성숙의 말을 들어보자:

> 북한에서는 차별화가, 계급화가 엄격해요 …. 계층간에, 지리적으로 어디에 사는가, 직위를 가지고 있는가, 못 가지고 있는가, 직업을 가지고 있는가, 못 가지고 있는가, 어떤 직업을 가지고 있는가, 이거에 따라 존경하고 대접하고, 예민하거든. 북한은 차별화가 엄격해요. 여기는 오히려 차별화가 없어. [연구자 : 서로 다른 사람들끼리는 소통을 잘 안 하겠네요? 서

로 잘 안 만나겠네요?] 그렇죠. 멤버들이 있죠. 자기들이 의사소통하는. 그 유대는 굉장히 강한 거지 … 북한은 철저하게 [폐쇄적인] 사회가 되서 자기가 사는 세계 밖에 몰라요. 난 여기 와서 오히려 북한에 대해서 많이 알게 되었어요.

(전성숙, 2003년 2월 20일)

한 집단 내부에서 구성원들 사이의 사회적 거리가 가까울수록 감정적 표현은 더욱 직접적으로 되는 경향이 있는데, 탈북 이주민들의 감정성 역시 이러한 측면에서 설명될 수 있다.[4] 계층적 분화가 비교적 항구적일 때, 다른 계층에 속한 사람들 간에는 일상적인 교류가 일어나지 않는 반면, 같은 계층에 속한 사람들끼리는 사회적, 정서적 유대가 긴밀해진다. 같은 계층 내의 사람들은 외부 세계에 대해 다소 배타적인 친밀한 사회적 세계를 구축하며, 그 속에서는 보다 직접적인 감정의 의사소통이 이루어지게 된다(예를 들면 카스트 사회나 귀족제 사회의 경우). 북한사회 역시 계층적 분화가 엄격한 동시에 계층 내 사회적 세계의 친밀도가 높은 특징을 보이고 있으며, 이 점에서 감정의 직접적 표현이 지배적인 감정 소통 방식으로 발달해왔을 가능성이 크다. 이와 관련하여, 북한이 사회주의 국가의 건설과 체제의 수호에 있어 사회심리적 토대로 추구하는 것 중의 하나가 '동지애'인 것도 감정적 유대가 사회적으로 고무되는 중요한 이유이다. 탈북 이주민들이 남한사람들에 비해 북한사람들이 "정이 많다"고 인식하는 것 역시 그러한 계층 내부의 감정적 동질성과 동지애의 강조에서 상당 부분 기인하는 것으로 보인다.

탈북 이주민들의 감정생활을 이해하는 데 있어서 북한의 계층 내부적 유대에 더하여 한 가지 더 고려해야 할 것은 감정 표현의 계층적 차이이다. 감정과 사회 계층에 대한 기존의 연구들을 보면, 중간 계층에서 감정의 통제가 가장 많이 이루어지며, 중간 계층이 확산될수록 사회 전반에서 감정의 통제가 중요시되는 경향이 있다(예를 들면 Hochschild 1983; Stearns and Stearns 1986). 중간 계층이 주로 종사하는 관리직이나 전문 서비스직, 기타 전문직에서는 감정의 직접적인 표출이 가져올 수 있는 부정적인 영향이 가장 심각하며, 따라서 감정의 관리는 무엇보다도 중요한 직업 능력이다. 중간 계층의 가정에서는 아이의 훈육에 있어서 전반적인 감정의 통제를 매우 중요한 목표로 삼게 된다. 대조적으로 하층에서는 감정의 통제가 직업적 성공에 미치는 영향이 덜하고, 따라서 감정의 사회화에 있어서 통제의 압력이 상대적으로 적다(Kohn 1963). 그러나 도시화의 정도가 커지고 전문 서비스직이 확장될수록 감정의 관리와 통제를 중시하는 중간 계층의 감정 규범이 사회 전반에서 지배적으로 된다. 북한사회의 도시화의 정도가 남한보다 덜하고, 계층 간의 사회적 단절이 큰 가

---

4) 이 부분의 논의는 알렉시스 드 토크빌(Tocqueville 1954[1835-1840])의 통찰력에 힘입은 바 크다. 토크빌은 그의 저서 『미국의 민주주의』의 제3부에서 '풍습에 대한 민주주의의 영향'이라는 제목 하에 인간관계를 지배하는 관습에 있어서 귀족제 사회와 민주제 사회를 비교하고 있다(Vol. II, pp.172ff). 그 밖에도 저서 군데군데에서 감정과 계층구조의 관계에 대해 매우 흥미로운 시사점을 던져주고 있다.

운데 탈북 이주민들의 절대 다수가 지역적으로는 변방, 계층적으로는 하층 출신이라는 점이 탈북 이주민들의 감정성을 이해하는 데 하나의 단서가 된다. 이주민들은 남한에서 주로 대도시에서 정착하게 되는데, 남한 대도시에서의 일반적인 감정 소통 양식은 이들의 출신지에 비하여 매우 중간 계층 지향적이라 할 수 있다.

여기서 중요한 것은 탈북 이주민들의 감정성을 구성하는 핵심적인 요소 가운데 하나가 바로 남한의 사회경제적, 이데올로기적 맥락이라는 점이다. 부분적으로는 남한사회의 자유민주주의 이데올로기와 자본주의 경제, 도시화, 계층구조 등의 구조적 특징이 탈북 이주민들의 문화심리적 경향을 "감정성"으로 규정짓게 한다. 남한에서 직접적인 감정 표현에 대한 통제가 사회 전반으로 확산됨에 따라 탈북 이주민들의 감정 소통 양식이 감정성에 있어서 두드러지게 되는 것이다. 따라서 탈북 이주민들의 감정성에 대한 지적은 거꾸로는 남한사회의 문화심리에 대한 진술이다. 남한의 활동가들이나 공무원들은 흔히 이주민들이 정서적 표현성에 있어서 "6, 70년대의 남한사람들과 비슷하다"고 말한다("우리도 그랬어요"). 이러한 관찰이 타당하다면 그것은 남한사회가 급격한 사회문화적 변동과 그에 따른 감정규범의 변화를 겪어왔다는 것을 의미한다. 탈북 이주민들의 감정성을 지적할 때 흔히 남한의 감정 규범을 절대적인 잣대로 삼는 경향이 있다. 그러나 우리가 인식해야 할 것은 사회주의 이데올로기와 집단 경제의 원리가 북한의 문화심리에 영향을 미쳐온 것과 마찬가지로 자유민주주의 이데올로기와 시장 경제의 원리가 남한의 문화심리를 형성해 왔다는 점이다. 감정 표현에 있어서의 "세련됨"은 자본주의적 경제생활에 대한 문화심리적 적응의 한 측면이며, 특정한 역사적, 사회적 과정의 산물인 것이다.

6. 탈북 청소년들의 문화심리적 적응 : 그 성공과 한계

탈북 성인 박만호는 "북한이탈주민은 입국 순간부터 가치관의 변화를 경험합니다. 북한이탈주민들의 내면을 정적으로 파악하지 않아야 해요" 라고 연구자에게 주의를 주었다(박만호, 2002년 11월 24일). 박만호의 지적대로, 탈북 이주민들은 몸만 남한에 있는 북한 주민들이 아니며, 매우 빠른 속도로 인성의 다양한 층위에서 남한사회의 문화에 적응하고 변화해 간다. 특히 탈북 청소년들이 대중문화와 각종의 전자매체를 통하여 남한의 또래 문화를 수용하는 속도는 놀라울 정도이다. 이 연구에 참여한 탈북 청소년들은 여느 남한의 청소년들과 마찬가지로 휴대전화나 인터넷, 게임 등 정보기술의 산물들을 적극적으로 활용하고, 대중문화의 유행에 민감하였다. 사실 상당수의 탈북 청소년들은 중국 체류 당시부터 주로 텔레비전을 통해 남한의 대중문화를 접하기 시작하고, 대중문화는 남한사회에 대해서 실질적으로 유일한 표상을 제공한다.

그러나 대중문화가 남한사회에 대한 유일한 표상이 되는 상황은 남한 입국 후에도 크게 달라지지 않는다. 탈북 청소년들은 학교나 여타의 복지 지원, 직장 등을 통해서 남한사회와 제도적으로 연결되지만 실제 그들의 일상적 사회 세계는 상당히 고립되어 있어 일종의 '섬'으로 남아 있다. 이 연구에 포함되었던 청소년들을 보면, 초등학교나 중학교 등 비교적 이른 시기에 남한의 제도권 학교에 다니기 시작한 경우를 제외하고는 "남한 친구"가 있는 경우는 드물었다. 탈북 이주민들을 위한 민간의 지원에 적극적으로 참여하여 다양하게 남한사회를 경험하고 있는 청소년들의 경우에도 크게 다르지 않았다. 연구자와 하나둘 학교에서부터 알게 된 한 여학생은 "남한사람들과는 대화가 안 되니까 그렇죠 뭐. 남한 친구들하고는 통하지가 않아요. 공유할 수 있는 것이 없어요(김영옥, 2004년 6월 2일)" 라고 설명하였다. 탈북 청소년들과의 면접을 통해 볼 때, 남한 출신의 또래들에게서 느끼는 정서적 이질감이 그들과 보다 친밀한 사회적 관계를 형성하는 데 걸림돌로 작용한다.

통합적인 또래 관계를 발전시키는 데에는 어려움이 있으나, 그럼에도 불구하고 탈북 청소년들은 남한사회를 경험해감에 따라 이 사회의 문화심리적 특성과 그것이 사회적 의사소통에 미치는 영향을 이해하고 또한 스스로 변화해간다. 직장에서 신임을 받으면서 매우 성공적으로 일하고 있는 신영철은 남북한의 문화심리적 특성을 대비시키고 자신의 적응 과정에 대해서 다음과 같이 말하였다.

> 한국 사람들이 좋은 이야기를 많이 하는데, 북한사람들은 한국 사람들이 왜 좋은 이야기를 하는지를 몰라요. 제가 술을 먹고 다음 날 아침에 직장에 늦게 나갔단 말입니다. 그러면 우리 사장님이 '오늘 늦었네. 어제 술 먹고 늦게 잤구나' 하시거든요. 이런 말 들으면 북한사람들은 그 말귀를 못 알아들어요. 사장님이 하시는 말씀은 '아무리 술을 먹어도 직장일이 먼저다, 정신 차려라'라는 거거든요. 한국사회에 익숙되면 그런 것 알게 되요.
>
> (신영철, 2004년 6월 4일)

위에서 신영철은 남북한 사람들 간에 감정과 의사표현에 있어서 직접성의 정도 차이를 예리하게 지적하는 동시에 자신이 남한사회에 적응해감에 따라 문화적 의사소통 능력이 증대되어 감을 말하였다. 그러나 문화적응 연구에서 관찰되는 바와 같이 주류 사회에의 적응은 흔히 심리적 긴장을 동반하며, 이중적 정체성의 문제를 낳는다(Ward et al. 2001:30-33). 다시 신영철의 말을 직접 들어보자.

> 저는 절반은 북한사람, 절반은 한국 사람인 것 같아요. 이것저것 모르고 살면 편한데 맞춰주자니 힘들어요.
>
> (신영철, 앞과 같은 날)

신영철은 탈북 청소년들 가운데서도 문화적 감수성이 매우 예민한 경우였으며, 직장과 여타의 생활에서 경험하는 남한사회의 문화적 규범을 받아들이는 데 있어서도 매우 적극적이었다. 그는 자신이 남한사회에 적응해서 살아가고자 노력하기 때문에 다른 북한 출신 또래들과 갈등을 겪는 경우도 있다고 말하였다. 아마도 또래들과의 갈등보다 더욱 심각한 것은 두 개의 세계 속에서 살면서 경험하는 내면적 긴장감일 것이다. 실제로 하나원 퇴소 1년 5개월 후 처음으로 다시 만났을 때 신영철의 말투와 몸짓에서 긴장이 많이 느껴졌고, 그것은 하나둘학교에서 보았던 모습과 선명하게 대비되어 연구자를 놀라게 했다. 물론 정착 기간이 길어지고 남한사회에 적응해갈수록 초기의 긴장감은 상당 부분 해소될 것이다. 그러나 탈북 이주민들이 북한에서의 성장 과정에서 사회화하였던 문화심리적 특성은, 남한에서의 적응과는 별도로, 쉽게 사라지지 않을 것으로 보인다.

사회화 과정에서 학습하는 모든 것이 개인의 심리에서 내면화되는 정도에 있어서 동일하지 않다. 언어학습과 같이 성장 과정상의 민감한 시기(critical period)에 일어나는 학습이거나, 스트레스 상황 속에서 강렬한 감정적 경험을 동반한 학습(예를 들면 소규모 사회에서의 사춘기 성년식 혹은 근대 국가 체제의 군대에서의 학습)일수록 내면화되는 정도가 크며, 따라서 보다 항구적인 심리적 실체를 형성한다(Worthman 1992:156). 특정한 사회에서 성인으로 성장한 사람이 타문화 속에서 살아가면서 끝내 해소하지 못하는 이질감이 있다면 그것은 문화심리적 학습, 특히 감정 경험과 표현에 관련한 사회화가 자아감과 세계관의 형성에 핵심적인 역할을 하며, 비교적 변화하지 않는 심리적 실체를 만들기 때문이다. 따라서 높은 정도의 사회문화적 적응을 보이는 사람이라도 이중적 정체성으로부터 오는 긴장을 겪을 수 있으며, 그것은 적응에 따르는 심리적 비용이라고 할 수 있다.

탈북 이주민들이 치르는 비용, 나아가서 미래의 가능한 통합 과정에서 남북한 주민 모두가 치르게 될 비용은 감정 경험과 표현에 있어서 남북한이 이질화된 정도에 비례할 것이라고 생각된다. 현재 남한에서 극히 일부의 북한 주민들이 이주민의 신분으로 살고 있는 상황에서는 남한사회의 헤게모니가 명확하고, 따라서 탈북 이주민들이 타자화되는 경향이 짙다. 즉 우리의 일부로 받아들이기 보다는 특수한 소수자로 범주화한다. 장기적으로 볼 때 감정성의 문제는 그 범주화를 강화하는 특질로 이용될 수 있으며, 결국 남북한 주민들 간의 소통에 걸림돌이 될 수 있다. 그러나 역설적으로 남한 주민들이 감정성의 문제로 탈북 이주민들을 타자화하는 정도는 곧 스스로의 감정생활에 있어서의 소외를 나타내는 지표라고도 할 수 있다. 자본주의의 경제구조에 적합하지 않은 감정 경험과 표현을 통제하도록 사회화되어 있을 때, 탈북 이주민과 같은 사회적 타자들의 감정성에 대해서 우월감과 힐난이 함께 어린 시선이 향할 수 있다. 그러나 그러한 시선은 종종 (무의식적) 선망과 주체의 내면적 긴장을 감춘다. 탈북 이주민들의 감정성이 주목되고 있다는 사실은 바로 이 점에서 탈북 이주민들 못지않게 남한 주민들 스스로에 대해 함의하는 바가 많다.

7. 마무리

이상에서 감정성을 중심으로 탈북 이주민들, 특히 청소년들의 심리, 행동적 특성을 이해하고자 남북한사회의 가능한 문화심리적 차이를 살펴보고, 그 차이를 남북한의 이데올로기, 경제 형태, 계층 구조, 도시화의 정도 등의 거시사회적 특징과 연결하여 논의하였다. 이 글에서 시도하였듯이 북한사회에서 통용되는 감정의 민속심리학은 어떤 것이며, 감정의 사회화는 어떻게 이루어지는지를 살펴보는 것은 탈북 이주민들의 특성을 이해하는 데에 필요할 뿐 아니라, 북한사회와 문화를 이해하고, 나아가 남북한의 사회문화적 통합의 방향을 논의하는 데에도 필요한 작업이라 생각된다. 그러나 이 연구는 여러 가지 측면에서 예비적이다. 우선 자료의 제약으로 인해 북한사회의 일반적인 감정의 민속심리학과 감정의 사회화에 대해 민족지적으로 충분히 검토하지 못하였다. 더욱이 그와 관련하여 북한사회 내의 다양성을 고려하지도 못하였다. 또한 이 글에서는 개인들의 폭력 사용을 감정성의 한 차원으로만 다루었으나, 다른 한편으로는 북한에서 억압적인 국가 체제가 존재하는 동시에 국가의 공권력이 미치지 않는 사적 영역이 상대적으로 크기 때문이기도 한 것으로 보인다. 마찬가지로, 북한에서 이루어지고 있는 감정의 사회화의 일부로서, 국가 차원의 "감정 조직"(대표적으로 예술 영역에서 감정을 "조직"하는 것)에 대해서도 연구가 별도로 더 있어야 할 부분이다.

남한과 북한이 반세기가 넘는 분단 동안 서로 다른 정치적 이데올로기와 경제적 원리를 바탕으로 각기 다른 식으로 근대 국가를 건설해왔다면, 시민 사회의 의사소통을 이끄는 감정 규범에 있어서도 다른 길을 걸어온 것은 너무나 당연할 것이다. 남북한의 동질성을 주장하고자 "한민족으로서의 정서적 교감"을 강조하는 것을 필자는 경계한다. 이질성을 과장하고자 하는 것은 물론 아니다. "정서적 교감"을 경계하는 것은 그것을 바탕으로 하여 탈북 이주민 혹은 북한사회에 대하여 남한의 사회, 문화적 규범을 일방적으로 적용하고자 할 수 있기 때문이다. 현 시점에서 탈북 이주민들은 남한사회의 소수자에 대한 수용도, 그리고 궁극적으로는 한반도의 다른 반쪽에 대한 수용도를 나타내는 시험용지와도 같다고 할 수 있다. 탈북 이주민들의 감정성을 그들의 "후진성"의 한 징후로 여기기보다는 남한사회의 구성원들이 스스로에 대해서 반성적 시선을 던지고, 나아가서 자신이 속한 사회의 문화를 더욱 풍부하게 하는 계기로 받아들이는 적극적인 태도가 절실하다.

참고문헌

김명수 1997. "계급 및 계층 구조와 사회 불평등", 북한사회의 이해. 서울: 한양대학교출판부.

전우택 2000. 사람의 통일을 위하여: 남북한사람들의 통합을 위한 사회정신의학적 고찰. 서울: 오름.

전우택, 민성길 1996. "탈북자들의 심리와 적응상의 문제," 이영선 외 편, 탈북자의 삶. 서울: 오름.

Ekman, P. 1982, Emotion in the Human Face. Cambridge: Cambridge University Press.

Hochschild, A. R. 1983, The Managed Heart. CA: University of California Press.

James, W. and C. B. Lange 1922, The Emotions. Baltimore: Williams & Wilkins.

Kohn, Melvin 1963, Social Class and the Exercise of Parental Authority. In Personality and Social Systems. Neil Smelser and William Smelser, eds. NY: Wiley.

Levy, Robert I. 1984, Emotion, Knowing and Culture. In Culture Theory: Essays on Mind, Self, and Emotion. R. A. Shweder and R. A. LeVine, eds. NY: Cambridge University Press.

Lutz, Catherine 1983, Parental Goals, Ethnopsychology, and the Development of Emotional Meaning. Ethos 11: 246-263.

____, 1988, Unnatural Emotions: Everyday Sentiments on a Micronesian Atoll and Their Challenge to Western Theory. Chicago: The University of Chicago Press.

Schachter, S. and J. E. Singer 1962, Cognitive, Social, and Physiological Determinants of Emotional State. psychological Review 69:379-399.

Stearns, C. Z. and P. N. Stearns 1986, Anger: The Struggle for Emotional Control in America's History. Chicago: University of Chicago Press.

Tocqueville, Alexis de 1954, [1835-1840] Democracy in America. Vol. I, II. New York: Vintage Books.

Ward, Colleen, Stephen Bochner and Adrian Furnham 2001 The Psychology of Culture Shock (Second Edition). UK: Routledge.

Worthman, Carol M. 1992, Cupid and Psyche: Investigative Syncretism in Biological and Psychosocial Anthropology. In New Directions in Psychological Anthrpology. T. Schwartz, G. White, and C. Lutz, eds. NY: Cambridge University Press.

제16장

'탈북 청소년'에 대한 남한사회의 대응방식*

마석훈 (사)하늘샘터 북에서온청소년 지원사업팀장

남한사회에서 '탈북자'나 '북조선'에 대한 인식은 편견인 경우가 적지 않다. 그것은 '불쌍하다'거나 '더럽다'와 같은 감정적 반응에서부터 공식적인 글이나 방송보도 등 다양한 경로를 통해 확대·재생산 되면서 부정적 인식을 강화시키는 역할을 하고 있다. 하지만 이러한 편견은 많은 경우 잘못된 정보와 선입관에서 비롯되고 있다. 사실이 아님에도 불구하고 그렇게 '믿어'버리고 더욱 확대되는 것이다. 편견은 이들을 이해하는데 장애가 될 뿐 아니라 이들에게 적지 않은 고통을 준다. 나아가 장래 남북한 통합의 걸림돌로 작용할 가능성이 크다. 여기서는 이러한 편견의 다양한 양상에 대해 살펴보고, 그것이 '편견(偏見)'이란 사실을 확인하고자 한다.

이를 위해 나는 2001년 2월부터 2002년 2월(하나원 10기부터 20기까지 해당) 사이에 남한에 입국한 청소년 약 50여명과 지난 4년 간 지속적인 만남을 가졌다. 이들의 연령은 대체로 13세부터 24세 사이이며 80% 정도가 남자이다. 주된 관찰 지역은 서울의 양천구와 경기도 부천 원미구 일대의 영구임대주택 단지다. 지방의 경우는 부산과 제주, 남해, 여수, 문경, 대전 등에서 생활하는 청소년들 집에 직접 찾아가 생활하는 모습을 봤다.

1. 일반적인 편견의 양상

남한사람들은 '탈북 청소년'이란 말을 들으면, 대개 '가난하고 불쌍하다', '더럽다', '촌스럽다' 등을 머릿속에 떠올린다. 어느 정도 이들을 접촉한 사람들은 '영악하다'거나 '무식하다'라는 생각에서 벗어나기 힘들다. 이러한 부정적 인식들은 대개 잘못된 정보와 선입관에

* 이 글은 "국내외 탈북자를 위한 민간 지원 어디까지왔나, 무엇이 쟁점인가?", 2005 도서출판 우양, pp.137-235를 일부 요약, 수정한 것이다.

바탕을 둔 편견인 경우가 많다. 하지만 많은 남한사람들은 이렇듯 편향된 시각으로 '탈북 청소년'을 바라보기 때문에, 이들과 접촉하는 과정에서 적지 않은 갈등이 발생한다.

1) '가난하고 불쌍하다'는 인식

'탈북 청소년'을 대하는 남한사람의 가장 일반적인 인식은 바로 '가난하고 불쌍하다'라는 것이다. 같은 '탈북자'라도 '성인 탈북자'를 만나면 마치 '간첩'을 만나는 것처럼 다소 긴장하고 어색해 하는 사람도,[1] 나이 어린 '탈북 청소년'을 만날 때면 "어이구, 불쌍한 것들", "그래, 고생 많이 했지?"하며 측은해 한다. 같이 밥이라도 먹을 때면, 밥을 '고봉'으로 퍼주며 권하곤 한다. 이러한 성향은 '탈북 청소년'보다 더 가난한 남한사람의 경우에도 마찬가지로 발견되는 현상이다. 북조선 출신 청소년과 함께 영등포 '쪽방' 지역을 방문하는 자리에서 만난 한 아주머니는, 아이들에게 "줄 게 사탕밖에 없다"며 사탕을 나눠주며 '가엾은 북한 아이들'을 위해 뭐라도 하고 싶어 어쩔 줄 모르는 것이다.[2]

이러한 선입관으로 인해 혼란과 갈등이 생기곤 하는데, '탈북 청소년'들을 데리고 남한의 일반 고등학교를 방문한 적이 있다. 그곳에서 만난 남한 학생들의 반응이 "핸드폰도 있네!", "저 애는 살쪘다", "우와, 키 크다"라며 놀라움을 표시하는 것이었다. 당연히 가난하고 불쌍한 아이들인 줄로만 알았는데 그렇지 않은 모습에 충격을 받은 것이다. 하지만 핸드폰 사용자가 3천만 명이나 되는 나라에서 핸드폰을 가지고 있다는 것은 별로 신기한 일이 아니다. 또 북조선에서와 달리 중국이나 제3국을 거쳐 남한에 입국하는 동안은 비교적 '잘' 먹었기에, 흔히 TV에서 보던 '피골이 상접한' 모습은 발견하기 어렵다. 오히려 단기간의 '영양과잉공급'으로 인해 키에 비해 살이 찌기도 한다.[3] 남한 학생들의 '지나친' 반응과 '수군거림'을 접한 '탈북 청소년'들은 상당히 난처하고 불쾌한 표정으로 불만을 토로했다. "우릴 머저리 취급"했다는 것이다. 모두 '가난하고 불쌍한 탈북 청소년'에 대한 선입관으로 생기는 갈등인 것이다.

2) '더럽다'는 인식

'탈북자는 더럽다'는 편견 또한 일반적이다. '낙후된 북한'에서 살다가, 중국 등 제3국을 떠돌던 탈북과정에서 온갖 질병을 "묻혀 가지고" 왔으니 얼마나 "더럽겠느냐"는 것이다.

---

[1] 권혁범은 "반공주의 회로판"이란 말로 남한사회에 뿌리 깊게 자리 잡은 '반공주의'가 일상적으로 내면화 되는 방식을 지적하는데, 마치 '파블로프의 개'처럼 이미 정해진 회로판을 따라 자동적으로 조건반사적 대응을 하게 된다고 설명한다(권혁범, 2000).

[2] 사탕을 받아든 '탈북 청소년'들은 먹지 않고 머뭇거리다가, 나중에 그 아주머니 몰래 사탕을 쓰레기통에 버렸다. 불만이 가득한 얼굴로 그곳에서 빨리 떠나자며 재촉했다.

[3] 북조선 출신 청소년 중에는 '비만'인 청소년이 다소 있다. 과거의 굶주림으로 생긴 음식에 대한 집착으로 단기간에 살이 찌거나, 음식 조절 능력을 상실해 '폭식'을 통해 스트레스를 푸는 청소년을 볼 수 있었다.

실지로 나는 2001년 하나원에서 생활하면서 이러한 편견을 많이 확인할 수 있었다. '탈북자'가 수용된 하나원의 공무원과 주변 지역의 남한사람 중에는 '탈북자에게서' 간염, 기생충, 성병 등의 전염성 질환을 옮을 거란 '불안'을 노골적으로 드러내는 사람들이 적지 않았다.

> (중략)…하나원에서는 식당이 틀리고 식판도 다르다. 교육관에 마련된 식당은 공무원, 자봉, 전투경찰과 같은 '남한 사람'이 먹는 구역과, '탈북자 교육생들'이 먹는 구역으로 나뉘어져 있다. 식판도 '스텐 식판'과 '플라스틱 식판'으로 한눈에 구별이 된다. 설거지 할 때 보면 숫제 세제를 '범벅해서' 식판을 '빡빡'닦는다. 식권 계산 등 현실적인 필요성이 있기도 하지만, 그 배후에는 '탈북자'가 옮기는 질병에 대한 '감염'의 두려움이 숨어 있다.
>
> 하나원에 처음 갔을 때 몇몇 공무원들은 '초짜'인 우리 자봉교사들에게, "간염 예방 주사는 맞았어요? 기생충약도 수시로 먹고… 변기 쓸 때 조심해요. 가렵다니까… "하며 점잖게 충고를 해주는 것이었다.
>
> (2001, 하나둘학교 교육일지 중에서)

이러한 편견은 2002년 중부지방 일대를 휩쓴 '구제역 파동'에서 극단적으로 드러났다. 공교롭게도 '하나원(북한이탈주민 정착지원사무소)'은 구제역[4]의 최초 발생 지역인 경기도 안성시 삼죽면에 자리 잡고 있었다. 당시 삼죽면 인근의 위험지역(반경 3km) 이내 돼지 수만 마리가 도살되어, 일본으로 돼지를 수출하는 것이 주 소득이었던 이 지역 주민들의 절망과 원성은 대단했다.[5] 이처럼 상황이 악화되자 하나원 인근 지역에는 "북한 놈들이 병균을 묻혀왔다"는 소문이 돌았던 것이다.

하지만 이것은 근거 없는 억측이다. '탈북자'는 하나원에 오기 전 약 3주 정도 '대성공사'라는 조사기관을 거치게 되어 있는데, 그곳에서는 신상조사와 함께 각종 질병 내역 조사와 예방접종, 병원치료를 하고 있다. 따라서 감염성 질병의 치료는 대부분 그 곳에서 이루어지는 것으로 봐야 한다. 또한 정도가 심한 환자의 경우에는 하나원에서도 계속해서 병원치료를 받는 체계를 갖추고 있다. 따라서 남한사람들의 이러한 반응은 '탈북자는 더럽다'는 편견이 빚어낸 명백한 오해이다.

---

4) "구제역(口蹄疫, Foot and Mouth Disease)은 글자 그대로 입과 발굽에 수포가 생기는 전염병이다. 전염 경로는 감염동물의 물집액 침 유즙 정액 호흡 공기 분변 등에 접촉함으로써 직접 전파된다. 감염 지역 내 사람 차량 의복 물 사료 기구 등의 간접 접촉으로도 전파된다. 공기를 통해서도 전파되는데 육지에서는 50km, 바다에서는 250km 이상까지 전파된다." (정은선, 2002, 한국소비자 보호원)

5) "…구제역 확산으로 구제역 발생지역 3㎞ 이내 모든 돼지 도살처분이 내려진 13일 경기 안성시 삼죽면 내장리 일대. 최초 구제역 발생지인 삼죽면을 비롯해 보개면과 용인시 백암면은 육지속의 섬을 방불케 할 정도로 철저히 외부와 단절돼 있었다. … 멀쩡한 돼지들의 살처분 작업이 진행돼 여기저기에서 구덩이를 파는 굴착기들의 굉음과 함께 돼지들의 비명소리가 진동했다. … 축산 농가들은 "완전히 망했다"며 울먹였고…" (경향신문, 2002.5.13일자)

3) '영악하다'는 인식

처음 '탈북 청소년'을 접하는 단계를 넘어, 일정기간 접해본 사람들 중에는 '영악하다'는 편견을 가지게 되는 경우가 많다. "이기적이고 자기밖에 모른다"는 것이다. 이것은 주로 '탈북자'를 많이 상대하는 통일부나 일선 동사무소의 복지부처 공무원, 신변보호를 담당하는 경찰(보호담당관) 공무원들에게서 자주 발견할 수 있다.

김복실(가명, 여 24세)과 상담한 적이 있었다. 사정상 사귀는 남한사람과 내년 봄에 결혼식을 올린 계획인데, 올해 겨울쯤에 엄마가 입국한다는 것이다. 자기가 알아보니, 결혼 전에 부모가 오는 경우에는 동일세대로 취급해 정착금이 추가분밖에 더 나오지 않는다고 한다. 그러니 "엄마 몫의 정착금을 따로 받을 수 있는" 방법을 알아봐 달라고 부탁해온 것이었다. 나는 알고 지내던 통일부 공무원을 통해 에둘러서 물어보는데 대뜸, "그거 정착금 더블로(두 세대의 몫으로) 받으려는 짓 아닙니까? 하여튼 영악한 것들이야"하면서 내키진 않지만 '비법'을 알려주는 것이었다. 혼인신고를 미리 하고, 혼인 예정자와 주소지를 미리 합치는 등등의 방법이었다. 그 결과 복실이네 가족은 정착금을 '더블'로 받을 수 있었다.

또 다른 사례는 '탈북 청소년' 대부분이 받고 있는 국민기초생활보장법에 의한 정부지원을 받는 과정에서 흔히 보는 내용이다. 혼자인 경우 보통 매달 34만원 내외를 지급받고, 가족이 있는 경우 추가분(1인당 약20만 원 정도)을 받는다. 그런데 대부분의 '탈북 청소년'은 이 제도가 가진 '맹점'을 잘 알고 있다. 가족이 있는 경우라도 같이 살지 않으면, 즉 주소지가 별도인 경우는 단독 세대 분(약 34만원)을 전부 받는 것이다. 이 때문에 가족이 있는 '탈북 청소년'의 상당수가 친구 집이나 아는 사람의 집으로 '주소이전'을 해놓고 있다. 이것을 보고 동사무소의 복지담담 공무원은 "영악한 놈들"이라고 욕하는 것이다.

북조선 출신 청소년의 이러한 행위는 사실 '영악하다'고 볼 수 있는 소지가 있다. 하지만 그 정도의 '편법'은 대부분의 남한사람들도 저지르는 것이다. 세금감면이나 복지예산을 더 지원 받기 위해 자신의 처지를 과장하거나 허위 사실을 기재하는 등의 사례는 주변에서 흔하게 볼 수 있다. '영악하다'는 것은 다르게 보면 '적극적이다'라는 것으로 볼 수도 있다. 일정부분 편법을 통해 자신의 '몫'을 확실하게 챙기는 행위를 반드시 '영악하다'고만 볼 수는 없음에도 불구하고 그러한 부정적 인식은 널리 퍼져 있다.

4) '무식하다'는 인식

중・고등학교에 재학 중인 북조선 출신 청소년들의 성적은 대부분이 최하위권이다. 대학에 재학 중인 경우도 마찬가지다. 하지만 이것은 개인의 능력과 노력부족 탓으로만 볼 수는 없다. '노력해도' 어쩔 수없는 객관적인 상황 즉, 문화적인 배경이 다르고 장기간의 학습공백 때문이다. 다음의 사례는 이들이 열등생이 될 수밖에 없는 이유를 잘 보여준다.

15. 다음과 관계있는 기관은? ( )

· 헌법 질서를 지키고, 기본권 보장을 위한 기관 · 헌법 소원 심판 및 정당 해산 심판 등

① 국회 ② 법원

③ 정부 ④ 헌법재판소

17. 다음에서 업적(성취) 지위가 아닌 것은? ( )

① 교사 ② 여자

③ 사장 ④ 간호사

(2001년 제 1회 고입 검정고시 사회과목 문제 중에서)

하나둘학교에서 모의 고입 검정고시 사회과목 시험을 치는데, 10분이 지나도록 아무도 시험문제에 손도 못 대고 쩔쩔매고 있는 것이다. 해서 개별적으로 지도해 하려고 "시험문제에 궁금한 점이 있으면 조용히 손만 들고 있으면, 쌤이 가서 도와 주께" 했더니, 모든 아이들이 일제히 손을 드는 것이다. 하나도 모르겠단다. 뭘 모르냐고 물어보니, 진짜 아이들 말처럼 '하나도' 모르는 것이다.

우선 '사지 선다'에 대한 개념부터 없었다. '넷 중에 제일 맞는 답을 하나 골라 쓴다.'라는 (남한 기준에서)지극히 '상식적인'인 사실 하나 설명 하는 데만 30분이 걸리니 볼짱 다 본 것 아닌가! 겨우 객관식 시험이란 것을 이해시키고 나니, 이번엔 한국말인데도 '용어'를 모르는 것이다. "국회가 뭡까?"라는 것이다. "기본권은요? 소원은요?" 끝도 없이 질문이 쏟아진다. 죄다 설명하려니 점점 짜증이 나는 것이다.

"쌤, 15번에 '다음'이 뭐기쇼(뭡니까)?"
"응, 네모 안에 설명된 부분을 말하는 거야."
"쌤, 17번엔 '다음'이 없습다."
"야! 그 '다음'은 그기 아이고, ①번, ②번, ③번, ④번을 가리키는 거지, 이제 질문 고만 하고, 각자 알아서 그냥 풀어라."

시험을 마치고 채점을 하는데 눈에 불을 켜고 '항의'한다. 17번의 경우 답이 두개라는 것이다. '③사장'의 경우도 답이란다. "지주놈(사장)이 재산을 물려" 받았으니까 성취한 게 아니란다. 듣고 보니 그 말도 맞는 것 같았다.

(2001, 하나둘학교 교육일지 중에서)

이처럼 남한의 시험방식, 용어, 가치관 등 모든 것에서 북조선과 다른 상황에서 단기간에 적응하기란 거의 불가능에 가깝다. 그럼에도 이것을 이해하지 못하고 '탈북 청소년은 전부 무식하다', '탈북 청소년은 남한학교의 부적응자 집단이다'라는 인식이 널리 펴져 있다.

최근 MBC TV에서 흥미 있는 프로가 신설되었다. 2004년 12월 11일부터 방송에 들어간 〈느낌표!〉이다. 이 프로그램 중에 "통일 시리즈 제1탄 – 남북어린이 알아맞히기 경연"이 있는데, 가상 스튜디오를 꾸며 "남북 어린이들이 실제와 같은 퀴즈경연을 벌이게 함으로써, 남북 어린이들의 교육현실과 문화차이 등을 이해" 하기위해 만든 프로그램이다. 첫 방송에서 초등학교 4학년(인민학교 4학년)에 해당하는 남북 어린이들을 상대로 북조선에서 '직접' 출제한 문제가 나왔다. '말꼬리 잇기(끝말잇기)' 문제인데 "학습장이란 말로 시작해서 총 다섯 단어를 만드는데, 마지막 단어는 다시 학습장으로 끝나야한다"라는 문제가 출제되었다. 처음 보는 유형의 문제를 접한 남한 어린이들과 (어른)출연자들은 어쩔 줄을 모르면서 대부분이 '손도 못 대보고' 전부 틀렸다. 반면 북조선 어린이들은 과반수이상이 문제를 풀었으나, 완벽하게 '통과'한 학생은 1명이 나왔다. 이 방송이 나간 후 시청자들의 반응은 상당히 뜨거웠다. 참신한 기획의도가 좋았다는 평과 함께 남북의 문화가 그토록 다르다는 사실에 신기해하는 사람들이 대부분이었으나, "도대체 말이 되는 프로를 내보내야지(시청자의견, 장○○, 2004.12.19)"라며 노골적인 불쾌감을 드러내는 사람들도 있었다. '북한에서' 제출한 문제가 남한사람들의 상식으로는 너무나 낯설기에 당혹스러워 하는 반응이다.

이것은 남한 학생들도 북조선 사회라는 낯선 교육환경을 접한다면, 어쩔 수 없는 '열등생'이 될 수도 있다는 것을 의미한다. 상대적인 문화적 차이로 인해 '탈북 청소년'에게서 나타나는 '학습능력부족' 현상을 남북 학생들 간의 절대적인 지식수준의 차이로 볼 수 없는 것이다. '탈북 청소년'은 무식하고 남한학교에 '부적응'하는 집단이라는 편견은, 반대로 남한의 교육체계 속에는 '탈북 청소년'이란 낯선 존재를 포용하는 체계가 없다는 사실의 반증이기도 하다.

2. 공적인 자료와 방송보도에 나타나는 편견

앞에서 살펴본 '일반적인 편견' 외에, 남한사회에서 '탈북자', '탈북 청소년'에 대한 편견은 뿌리 깊은 배경을 가진다. 공적인 자료나 방송매체에 자주 등장하는 이러한 종류의 편견은, 기존의 부정적 인식을 더욱 강화시키는 결과를 낳게 된다. 다음의 사례는 '탈북자'란 주제를 다룬 논문에서 확인할 수 있는 내용이다.

> 탈북자 자신에게도 심리적 적응 문제의 책임이 있기는 하다. …(중략)… 북한 주민들은 전체주의적이고 집단주의적인 북한사회에서 살았기 때문에 자신의 정체성에 대해서 심각하게 생각하지 않았고 또한 선택을 스스로 해본 경험이 적다.…(중략)… 그런데 우리가 현명한 선택을 내리기 위해서는 "내가 할 수 있을까?"라는 자신의 능력에 대한 냉정한 평가가

따라야 하는데 "나는 누구인가?"라는 자신의 정체성에 대한 근본적인 질문을 스스로 해본 적이 없는 사람들에게는 이러한 일이 쉬운 일이 아니다.

(윤인진, 2003, p.209)

저자는 탈북자가 "전체주의적이고 집단주의적인 북한사회에 살았기 때문에 자신의 정체성에 대해서 심각하게 생각하지 않았고, 또한 선택을 스스로 해본 경험이 적다"고 표현하고 있다. 이것은 북조선 사회와 '탈북자'에 대해 남한사람들이 갖고 있는 일반적인 인식이다. 하지만 "조선민주주의인민공화국(북조선)"의 통치철학은 '김일성 주체사상(主體思想)'이다. 주체는 "주인다운 태도인 자주적 입장의 견지와 창조적 활동으로서, 이것은 곧 자기혁명은 자기가 해야 한다는 것"을 뜻한다.[6] 다시 말해 '북한'이란 사회는 '자주성'과 '창조성'을 핵심원리로 만들어진 사회이기에, 적어도 '정체성'에 대한 철학적 고민의 깊이는 남한사회에 뒤지지 않는다. 이러한 사회에서 생활했던 '탈북자'를 두고 "자신의 정체성에 대해서 심각하게 생각하지 않았고, 또한 선택을 스스로 해본 경험이 적다"고 단정하는 것은 어불성설이다. 실지로 북조선 사회는 '선택'이 별로 필요 없는 단순한 사회가 아니다. 북조선과 협상을 벌이는 남한의 정부나 민간단체 관계자들은 북조선 사람들이 "협상의 귀신들"이라고 한다. 북조선 사회에서 그들은 본능적으로 어디에 로비를 벌여야 하는지, 누구에게 잘 보여야 하는지를 잘 알고 있다. 그 사회에서는 권력관계의 핵심을 파악하고, 자신이 지닌 '협상카드(능력)'에 대해 '냉정한 평가'를 내려 '현명한 선택'으로 처신하는 것이 '살아남을' 수 있는 중요한 조건이 되기에, '현명한 선택'은 '생존'이 달릴 정도로 중요한 문제이다.

방송매체에서 흔히 볼 수 있는 편견의 사례를 살펴보면 다음과 같다. '탈북 청소년'에 대한 부정적 인식은 1990년대 중후반 북조선의 기근과 '탈북사태'를 보도한 남한의 대중매체의 영향이 크다.

"주린 배 움켜쥐고 거리 헤매는 꽃제비(시사저널, 1999.5.20)"
"고아신세로 떠도는 청소년 탈북자들(한겨레, 2002.5.16)"
"장길수군, 그림으로 북한 참상 표현(SBS, 2002.9.6)"

대부분의 언론매체에서 '탈북 청소년'은 전부 '꽃제비'인 것처럼 묘사했기에, 많은 남한사람들은 그러한 이미지를 가지고 북조선 출신 청소년들을 바라본다. 하지만 이들 중에는 '꽃제비' 출신도 있지만, 아닌 경우가 더 많다. 내가 만나본 청소년 중에는 북조선 사회에서는 물론 중국에서도 "한 끼도 굶어보지 않고" 남한에 온 아이들도 있었고, 한 두 끼는 굶었지만 "꽃제비 칠" 정도는 아니었다는 아이들이 대부분이다. 오히려 진짜 '꽃제비' 출신 아

6) '조선로동당 5차 대회(1970.11.2-13) 규약 및 회의록' 중에서

이들은 상대적으로 소수였다. 때문에 이들은 "난 꽃제비 출신이 아니요"하며 일일이 변명을 해야 하며, "꽃제비"란 말을 듣는 것을 매우 싫어한다.[7]

2003년 11월1일 방영된 SBS-TV의 "그것이 알고 싶다-탈북자들의 현주소"라는 프로에서 보면, 사회자는 "탈북자의 80%가 월수입 100만 원 이하의 영세민이고 10%가 각종 범죄를 저지르고 있다"며 관련 영상과 함께 이러한 사실을 집중적으로 부각시키고 있다. 신문도 마찬가지인데, 2003년 10월 7일자 중앙일보 10면에는 "탈북자 강력범죄 크게 늘어"라는 제목으로 "98년부터 2003년 7월까지 국내 입국한 탈북자가 저지른 범죄는 총 3백 5건으로, 이 중 2백 67건(88%)이 강간과 폭행 등 강력 범죄에 해당했다"고 밝히고 있다. '탈북자' 중에 가난하고 강력범죄를 저지르는 사람의 '비율'이 남한 사람보다 월등히 높은 것은 사실이다. 하지만 이런 식으로 단정 짓기에는 아직 전체 '탈북자' 숫자가 너무 적다. 보도 당시 '모집단(母集團)'이 3000명(2003년 7월말 현재)에 불과한 상태에서 내리는 이런 식의 결론은 '과장되고 선정적인 보도'라는 비난을 피하기 어렵다.

이러한 보도 관행은 '북한사회'를 다루는 방식에서도 마찬가지다. 대표적인 사례가 '인육설(人肉說)'에 대한 보도이다. 1997년 4월 29일 방영된 MBC TV의 "PD수첩-굶주린 북녘, 두만강 접경지대를 가다"에서는 '인육설'에 대해 탈북자의 생생한 증언을 통해 조선(북한) 식량난의 실상을 적나라하게 보여주어 충격을 주었다. 당시 "사람의 창자로 순대를 만든다."는 등의 끔직한 내용을 접한 남한사람들 상당수는 북한의 심각한 식량난을 걱정하기보다, "상종 못할 식인종"이란 부정적 인식을 갖게 되었다. 이에 대해 캘그랜 세계식량기구(WFP) 국장은 이러한 인육설에 대해 "일부 기자들이 중국연변 주민들을 매수해 조작한 것"이라고 밝혀 그 진위 여부에 대한 논란을 빚었다.[8] 이것은 "사실 확인이 어렵다는 이유로 예단과 편견을 앞세워 무책임하게 보도해 버리고 마는 대북 보도 관행이 빚은"[9] 결과인 것이다. 방송매체나 활자가 가지는 공신력을 바탕으로 확산되는 이러한 종류의 편견은, 일반적인 수준에서 유포되는 것보다 파급효과가 크다. 이들을 직접 접촉하지 않은 사람도 선입관을 가지게 만드는 것이다.

3. 편견이 담긴 용어의 사용

귀순 용사(동포), 탈북자, 북한이탈주민, 자유이주민 등과 같이 한국사회에서 '그들'을 지

7) 친밀하지 않은 사이에서 이들에게 "꽃제비"라고 말하면 상당한 모욕으로 받아들이며 화를 낸다. 반면 '잘 아는' 사이나 개인적으로는 "꽃제비가 정착을 잘해!"라는 농담을 하거나, 온라인 게임의 ID에서 즐겨 사용한다('찬란한 제비', '령리한 제비', '제비동산', '꽃을 든 제비' 등등).

8) 윤성한 기자, 미디어오늘, 1997년5월19일자.

9) 미디어오늘, 1997년7월2일자 사설에서.

칭하는 용어는 시대적, 정치적 상황에 따라 변해왔다. 그 중에서 '탈북자', '탈북 청소년'란 말이 사회적으로 가장 많이 사용되고 있지만, 실지로 당사자들이 제일 싫어하는 말이 바로 '탈북자'란 말이다. 그런데도 언론이나 학계에서는 고집스럽게 '탈북자'란 말을 사용한다. 가장 익숙하고 널리 쓰이기 때문이라는 것이 주된 이유다. 정부에서는 공식적으로 '북한이탈주민'이라고 하지만 이 또한 문제가 있는 표현이라는 지적이 있어, 최근 통일연구원을 중심으로 개정의 움직임이 일고 있다.[10]

'탈북자'나 '북한이탈주민'이란 호칭의 가장 큰 문제점은 그 말이 가지는 기만성 때문이다. 90년대 중반 이후 대규모 식량난으로 인해 고향인 '북조선'을 떠난 '식량난민'은 최소 10만 명이 넘는다.(민간단체추정 30만 명, 정부추정 10만 명) 즉 '탈북자'나 '북한이탈주민' 중 전체의 90% 이상은 아직도 중국 등 제 3국을 헤매고 있지 결코 남한에 있지 않다(2004년 11월 현재 6047명 입국). 그럼에도 불구하고 이러한 용어는 은연중에 '북한'을 '탈출'한 대다수의 난민을 남한 정부에서 '포용했다'는 착각을 일으키게 하고 있다.

또 다른 문제점은 이 말이 가지는 부정적인 '뉘앙스' 때문이다. 북조선 인민군 출신인 김성민은 '탈(脫)'자가 고향을 버린 배신자라는 느낌을 주고, '자(者)'가 '미 제국주의자'에서처럼 부정적 이미지를 강화하는 표현이라고 지적하고 있다. 또한 '탈옥수', '탈주범', '도망자', '수배자'와 같은 의미를 연상시키기에 부적절하다고 지적한다.

최근 (남한)민간인이 휴전선의 3중 철망을 뚫고 '월북'한 사실을 두고 여러 가지 논란이 일고 있다. 그런데 모든 언론에서는 '월북'이란 표현을 쓴다. 남한이 싫어 국경을 넘어 '북조선'에 가면 '월북'이 아니라, '탈남(脫南)', '탈남자(脫南者)'라고 부르는 것이 우리가 '탈북자'라고 쓰는 것과 '형평성'에 맞다. 마찬가지로 정권에 대한 '혐오'나 자녀 교육을 위해 해외이민을 감행한 수십만의 남한사람들도 모두 '탈남자'로 볼 수 있다. 이것을 통해 남한사회에 뿌리 깊은 북조선 사회에 대한 멸시와 우월의식을 확인할 수 있다.[11]

'탈북자'란 용어와 함께 '북한'이란 용어도 문제가 있는 표현이다. 북조선의 공식 명칭은 '조선민주주의 인민공화국'이고 자신들의 나라를 '조선'이라 부르기에 '북조선-남조선'이라고 한다. 남한의 공식명칭은 '대한민국'이며 '한국'이라 부르기에 '남한-북한'이라고 한다. 남북회담 같은 데서 보면 서로 상대방에 대한 호칭을 자신들의 편의에 따라 부르며 묘한 자존심 싸움을 벌인다. 최근 남북화해 분위기를 타고서는 불필요한 마찰을 줄이기

10) 통일연구원 김석향 교수를 중심으로 '탈북자'란 말을 바꾸어 부르기 위한 전자공청회가 진행되었다. 여기서 제시된 용어는 새터민, 이주민, 이향민, 자유민, 하나민 등이 있다.

11) 북조선을 '희화'시키고 멸시하는 의미에서, 대중매체는 물론 일반적인 농담으로 회자(膾炙)되는 사례를 몇 가지 살펴보면 다음과 같다.

* 경치가 아름답다 : 경치가 긍정적이다(×), 경치가 아름답다, 곱다 (○)
⇒ 영화〈남남북녀〉의 대사 중
* 콜라 : 톡 쏘는 까만 찬 단물(×), 콜라(○) ⇒ 영화〈동해물과 백두산이〉의 대사 중
* 브래지어(brassiere) : 젖싸개 (×), 우유공장 울타리(×), 가슴띠 (○)
* 형광등 : 긴불알 (×), 형광등(○) *점등관(glow starter) : 씨불알(×), ? (○)
* 커텐 : 내림막(×), 커텐 (○) * 볶음밥 : 기름밥(×), 볶음밥 (○)

위해 공식적인 자리에서는 주로 '북측-남측'이란 표현을 즐겨 사용한다. 통일운동가 임수경도 이러한 주장을 지지하는 입장이다. 하지만 이것은 단순히 방향성만을 지칭하는 개념일 뿐이다. 이왕 상대방에 대해 배려할거라면 좀더 적극적으로 상대방의 실체를 인정하고 존중한다는 의미에서 공평하게 '북조선-남한'이라 부르는 것이 더 적절한 표현이라고 생각한다.

그동안 내가 만난 '북조선 출신 청소년' 대부분은 '북한'이란 용어에 어색해하고, '탈북 청소년'이란 말을 매우 싫어한다. 싫어하는데도 불구하고 남한사람들이 익숙하다는 이유로 '북한', '탈북 청소년'이라 칭하는 것은 올바른 태도가 아니다. 나는 개인적으로 글을 쓸 때는 '북조선', '북조선 (출신) 청소년'이라 쓰고, 공개적인 장소에서 부를 때에는 '북에서 온 친구들'이라고 부른다. '탈북자'란 용어의 경우는 '북조선 (출신) 이주민'이라고 부르는 것이 적절하다고 생각하지만, 아직 사회적 합의를 보지 못한 상태이기에 혼란을 방지하기 위해 '북조선 이주민(탈북자)'라는 형태로 병용해서 사용하고자 한다.

어떻게 보면 하찮을 수 있는 용어사용 문제에 이토록 집착하게 된 이유는, 예전에 이 문제로 북조선 청소년들에게 깊은 상처를 안겼던 경험이 있기 때문이다. 2002년 '셋넷교실'[12]의 체육대회에서 사회자였던 나는 마이크를 쥐고, "자, (남한)○○중학교 친구들은 파란 깃발로 보이고, 탈북 청소년들은 흰 깃발로 모이세요."라고 말한 적이 있다. 일순간 소란스럽게 체육관에서 떠들고 놀던 수많은 (남한)사람들이 조용해지면서 전부 '탈북 청소년들'을 바라보는 것이다. 사회자인 내게 호명을 받은 '우리 아이들'은 '동물원 원숭이'보는 듯이 신기해하는 그 따가운 시선들을 받으며, 마지못해 무거운 발걸음을 털레털레 옮겼다. 저마다 부끄러움에 고개를 숙이면서도, 이따금 눈을 들어 날 바라보는 것이었다. 지금도 나는 그 원망어린 눈초리의 가녀린 떨림을 잊을 수 없다. 그 일이 있은 후 오랜 고민 끝에 찾아낸 말이 바로 '남쪽 친구들-북에서 온 친구들'이란 말이다. 그동안 '북조선 출신 청소년'과 진행한 모든 공식·비공식 행사에서 의식적으로 이 말을 사용하고 있는데, 대체로 무난한 표현이라는 평과 함께 조금씩 퍼져나가고 있다.

이처럼 '탈북자', '탈북 청소년', '북한'이란 용어에는 남한사회의 일방적이고 편의적인 가치판단이 포함되어 있다. 최근 새로운 호칭으로 개정하자는 학계 일부의 움직임도 이러한 문제의식을 바탕으로 한다. 무심코 쓰는 말 한마디에서부터 상대를 존중하고 배려하는 자세가 필요하다. 이들에 대한 부정적 인식이 반영되는 호칭보다 '북조선 (출신) 이주민', '북조선 출신 청소년', '북조선'이란 말이 적절하다고 생각한다.

---

12) '셋넷교실'은 북조선 출신 청소년과 남한 청소년들이 놀이를 통해 자연스럽게 어울리도록 기획한 통일(평화)교육 프로그램이다. 2002년-2003년 2년 동안 진행되었으며, 서울시 체육청소년과가 주최하고 대화문화아카데미에서 주관했다.

4. '탈북 청소년'의 특성으로 인해 강화되는 편견

북조선 사회와 북조선 출신들에 대한 남한사회의 '편견'은 다양한 경로를 통해 확대되고 재생산된다. 각종 대중매체를 통해 '선입관'이 생기기도 하고, 이들을 직접 접촉하는 과정에서 기존의 부정적 인식이 '강화'되기도 한다. 이러한 남한사회의 뿌리 깊은 편견의 배경으로 조한혜정은 "이미 남한 안에서 거쳐 온 특정한 역사적 시기를 북조선은 이제야 거치고 있다"는 인식에 바탕을 두고 있다고 본다. 다시 말해 이것은 역사가 단선적으로 진보한다고 보는 '단선 진화론'과, 서구식 발전을 모델로 하여 그 모델에 가까이 갈수록 세련되고 향상된 사회가 된다는 '근대화론'이 그대로 반영되어 있는 정서이며, 그 원형을 서구 '제국주의'에서 찾을 수 있다고 지적한다(조한혜정, 1994).[13] 북조선 사회에 비해 월등한 경제발전을 이룩한 '남한'의 시각에서는 북조선 사회의 모든 것이 '촌스러워' 보이고, 그러한 사회에서 '도망'쳐온 '탈북자'란 존재를 '별 볼일 없고 불쌍한' 존재로 치부해 버리는 것이다.

이렇듯 편견이 확대되고 재생산 되는 원인 중에는 남한사람의 부정적 인식 탓도 있지만, '탈북 청소년'이 가진 특성으로 인해 더욱 강화되는 측면도 있다. 이런 특성을 단순히 문화충격으로 인한 시행착오의 과정으로 간주하고 받아들인다는 것은 너무나 힘들다. '사람'이라면 누구나 '마땅히' 지켜야할 인간성의 기본이라고 생각되는 것과의 부딪힘이기 때문이다. 나는 오랫동안 이러한 특성을 이해하지 못해, '탈북 청소년'들과 함께 생활해오는 과정에서 "상종 못할 새끼들"이라는 욕설과 함께 이들과 '절교'를 선언한 적이 여러 번 있었다. 아무리 이해하려고 노력해도 '진짜 해도 너무 한다'는 생각에서 벗어날 수 없었기 때문이다. 이처럼 남한사람이 너무나 받아들이기 힘들어하는 '탈북 청소년'의 특성에 대해 알아보기로 하겠다.

1) '꽃제비 기질': 의존성과 얕은 인간관계 맺기

'꽃제비'는 북조선이나 중국의 연변 지역을 떠돌아다니는 거지아이들을 가리키는 말이다. 이들은 주로 장마당(시장)이나 관광지에서 구걸을 하거나 도둑질을 하면서 근근이 살아간다. 돈이나 음식을 줄 것 같은 사람을 눈치껏 잘 파악해서 원하는 바를 '째깍'(서슴없이, 빨리) 챙긴다. 주로 쓰는 방법은 불쌍함을 과장해 동정심에 호소하거나, 집단으로 따라다니며 귀찮게 해서 상대방이 마지못해 뭐라도 던져주게 만들곤 한다. 구걸할 때 뭐든 얻게 되면 한껏 호들갑을 떨면서 "사장님 고맙습니다, 천국 가십시오."하며 굽실거리지만, 끝내 아

---

13) "권력을 가진 쪽에서 상대를 약자로 규정하고 '구제'의 대상으로 삼아 통제하려 드는 제국주의적 속성이 그 속에 담겨 있다는 것이다. 이런 틀에서는 모든 문화적 차이는 열등한 것으로 서열화 된다(사이드 1991)." (조한혜정, 1994에서 재인용)

무것도 주지 않으면 "에이 염병할", "잘 처먹고 잘 살라. 이 호비 같은[14] 개간나야"하고는 두 손으로 '쑥떡'을 먹이고는 줄행랑을 친다.

'꽃제비 기질'이란 이렇듯 꽃제비로 살아온 북조선 출신 청소년들의 '나쁜' 습성을 가리켜 남한사회에서 통용되는 비난이다. '탈북 청소년' 중에는 영악스러울 만큼 눈치를 살피고 인간관계에서 무엇보다 이해득실을 따지며 뭐라도 도움이 되는 사람에게는 간이고 쓸개고 다 빼줄 듯이 아양을 떨며 굽실거리지만, "영양가가 별로 없다(별 도움이 안 된다)" 싶으면 기존의 신뢰관계를 무시하고 매몰차게 돌아서는 경우가 있다. 이러한 특성은 힘겨운 생존조건에서 어쩔 수 없이 길러진 습관이지만, 남한에 들어온 후에도 한동안 그런 식으로 사람을 대하기도 한다. 이 때문에 지속적인 인간관계를 형성하는데 많은 어려움을 겪는다. '탈북 청소년'을 접하는 남한사람들은 이러한 행동에 진한 '배신감'과 분노를 느낀다.

> 아이들이랑 현장학습을 갔다 오는데, 아이들이 '신라면'이 먹고 싶다고 했다. '한국라면'을 얼마나 좋아하는지 잘 알기에 슈퍼에 들러 사게 했다. 그런데 그날 마침 하나원 입구에서 전경들이 휴대품 검사를 하는 것이다. 나는 아이들을 믿었지만, 행여 '술 반입 엄금'이라는 하나원장의 지시가 걱정되어 "이거 술 아니겠지?"라고 물었다. 아이들은 손을 절래 절래 흔들며 "진짜 신라면입다. 우릴 뭘로 보오!"하기에 철썩 같이 믿고 검문을 당당히 받았다. 오히려 전경들을 향해 "꼭 뒤져야 합니까? 교사를 뭘로 봅니까?"라며 따지기조차 했다.
>
> 그런데 일이 터졌다. 전경에게 보란 듯이 내가 직접 신라면 박스를 열어보는데, 맨 윗부분만 '신라면'이고 아래는 죄다 '소주'였다. 그것도 PTP병으로 여섯 병! 하나원 개원 이래 단일 반입량으로 최고 신기록을 세웠다. 나는 충격을 받아 아무 말도 할 수 없어 멍하니 서 있었다.
>
> 교실로 돌아와 '주동자'들을 따로 불렀다. 그런데 잘못했단 기색도 없이 될 대로 되라는 표정으로 오히려 눈 붉히며 쌍욕하며 대드는 것이다. 배신감에 치를 떨었다. 세달 동안 공들인 서로의 신뢰가 이 정도밖에 안되는가 싶어 눈물이 날 지경이었다.
>
> (2001, 하나둘학교 교육일지 중에서)

'탈북 청소년'과 함께 지내다보면 이런 종류의 '사건'을 적잖이 경험한다. 위의 사례에서 보듯이 금방 들통 날 거짓말을 끝까지 하거나, 잘못을 하고도 시치미를 떼고 오히려 상대방에게 따지기도 한다. 그 "배신감"이 주는 충격은 결코 작지 않다. 더구나 이들을 믿고 지지하는 사람의 입장에서는 그 동안의 모든 신뢰가 한꺼번에 무너지는 '비참한' 경험인 것이다. 그래서 "다시는 상종 못할 몹쓸 것들"이라는 욕이 튀어나오기도 한다.

하지만 이러한 특성은 그들이 경험한 힘겨운 생존조건에서 어쩔 수 없이 학습된 결과이

[14] "호비"는 북조선에서 유명한 아동만화영화인 〈소년장수〉에 나오는 오랑캐족 두목이다. 돼지같이 탐욕스런 사람을 비유하는 욕으로 많이 사용된다. 남한의 유명한 반공만화영화 〈똘이장군〉에 나오는 "돼지 수령"과 비슷한 이미지다. 반대로 정의롭고 재주 많은 "똘이장군"과 비슷한 북조선의 캐릭터는 "령리한 너구리"다.

다. 그렇게라도 '살아야' 했기에 쉽게 변하지 않는 것이다. 남한사회에 살면서, 곤란한 상황에서 자기도 모르게 '튀어' 나오는 예전의 행동 때문에 자신들도 괴로워한다.[15] 그러나 남한에서 생활하는 시간이 오래되면 오래될수록 이러한 특성은 많이 '순화'된다는 사실이 중요하다.

> 셋넷교실 추석 행사에 참가하기로 한 광성(가명, 남 19세)이가 오지 않았다. 함께 영화를 보기로 했는데 또 펑크를 낸 것이다. 잠시 뒤 전화가 왔다. "선생님 죄송한데요. 저 급한 일이 생겨서 못 갑니다"라는 것이다. 하는 수 없이 영화표를 반환했다.
>
> 며칠 뒤 광성이를 만나 뭔 일이냐고 물어보니 사실대로 '고백'을 하는 것이다. 모 단체에서 엄청 비싼 공연(도깨비스톰)을 공짜로 보여준다기에 그곳에 가고 싶어 거짓말을 했다는 것이다. 사정을 들어보니, 사실 좀 섭섭했지만 그래도 기분이 좋았다. 나 같아도 6천 원짜리 영화보다 3만 원짜리 공연을 택할 것 같았다. 또 예전처럼 일방적으로 취소하지 않고 적당히 '둘러대는' 모습을 보니, 많이 '정착'이 된 것 같아 참 기특했다.
>
> (2003, 셋넷교실 교육일지 중에서)

'탈북 청소년'들이 가지고 있는 '꽃제비 기질'은 사실 남한사람 누구에게나 있다. 자신의 이해관계를 따지지 않고 살아가는 사람은 없는 것이다. 다만 남한사람은 '탈북 청소년'의 경우처럼 노골적으로 드러내지 않고 '세련되게' 자신의 이해를 관철시키는 능력이 더 뛰어날 뿐이다.

'탈북 청소년'이 남한 정착생활 초기에 보이는 '순진한 꽃제비 기질'에 대해 영악하고 의리 없다고 쉽게 비난하는 태도는 바람직하지 못하다. 이들도 시간이 지나면 남한사람의 '세련된 꽃제비 기질'을 학습하면서 변하기 때문이다.

2) '양가감정'으로 인한 이중적 태도

'탈북 청소년'들은 스스로 "의리 없다"는 비난을 최고의 치욕으로 여기면서도,[16] 남한사회에서는 '의리 없는' 행동을 자주 한다. "박쥐처럼" 이랬다저랬다 하면서 "두 길보기(이중적 태도)"를 하기에, 이들에게 호의적인 사람들에게 실망을 준다. '탈북자'로서 특혜를 받을 때는 '냉큼' 챙기는 반면, 자신들의 존재는 드러내기를 거부하기에 갈등이 생기는 것이다.

이것은 '탈북 청소년'이 자신들의 존재에 대해 '양가감정(兩價感情)'[17]을 갖고 있기 때문

---

15) 앞 사례의 '주동자'는 사건 직후 하나원을 퇴소하였고, 서너 달이 지나 하나원으로 찾아와 나에게 사과를 했다. "그땐 제정신이 아니었습니다."라며 당시 사정을 설명했다. 하나원 성인반 사람들이 술 사오라고 부탁(협박)을 했는데, 거절하기 힘든 상황이었다는 것이다. 자기도 모르게 내게 대들었다면서 오랫동안 그것이 맘에 걸렸노라고 했다.

16) '의리'를 강조하는 북조선 사회에서는 "혁명의 배신자"란 말이 최고의 비난이다.

17) [심리] 논리적으로 서로 어긋나는 표상의 결합에서 오는 혼란스러운 감정. 어떤 대상, 사람, 생각 따위에 대하여 동시에 대조적인 감정을 지니거나, 감정이 이랬다저랬다 하는 따위이다. ≒ 모순감정.(한컴사전)

이다. ‘탈북 청소년’이기에 뭔가 ‘특별’ 취급을 받고 싶은 마음과 동시에 그냥 ‘남한 청소년’과 똑같이 취급받고 싶은, 서로 상반되고 혼란스러운 감정이 그것이다.

이러한 심리는 남한에서 생활하는 시간이 오래될수록 ‘일반 취급’을 받고 싶은 욕구가 더 커지게 되는 것이 보통이다. 항상 조마조마했던 도망자 신분으로 북송의 위협 속에서 긴장하며 살았던 탈북 과정과, 남한 입국 초기의 문화충격으로 인한 혼란의 시기에는, 자신들을 ‘특별한’ 존재로 여기고 ‘보호’해주는 손길에서 오히려 안정감을 느끼며 고마워한다. 하지만 시간이 지나면서 점차 그러한 목적의식적인 시선과 일방적인 역할에 대한 기대에 부담을 느끼고 이제는 ‘완전한’ 남한사람으로 취급받으며 그 속에 묻히고 싶어 하는 것이다.

> ‘2003 셋넷교실’ 행사에서 일어난 일이다. 당시 20여명의 북조선 청소년들을 데리고 서해안 바닷가로 여행을 간 적이 있었다. 한나절 모래사장에서 잘 놀다가 돌아갈 시간이 되었을 때 아이들과 ‘기념사진’을 찍기로 했다. 주최 측의 입장에서는 ‘행사증빙 서류작성’을 위해 필수적인 순서였지만, ‘탈북 청소년’들은 사진 찍기 싫다고 강하게 거부했다. “잘 놀았는데 기분 잡치게” 왜 사진을 찍냐는 것이다. 아이들을 인솔했던 나는 중간에서 난감했지만, 사진하나 못 찍어 주냐는 주최측 간사의 ‘부탁’을 들어줄 수밖에 없었다. 아이들에게 사정 설명을 하며 간절히 부탁하자, 그제야 아이들은 마지못해 하면서도 사진을 ‘찍게 해’주었다.
>
> | 탈북 청소년과 함께하는
2003 여름 바다 여행
2003. 6. 28 주최: 서울시 ㅇㅇ과 주관: 사단법인 ㅇㅇㅇㅇ |
> |---|
>
> 하지만 막상 사진을 찍으려 준비해온 플랜카드를 펼치는데, 주변의 사람들이 “탈북 청소년과 함께하는”이란 문구를 보더니 신기해하며 모여들면서 카메라를 들이대는 것이다. 아이들은 “거 보기쇼(그것 봐요)”하며 슬금슬금 달아났고, 주최 측과 나는 주변 남한사람들을 ‘쫓아낸다고’ 한바탕 곤욕을 치러야 했다. 결국 한적한 곳으로 자리를 옮기고서야 ‘겨우’ 사진을 찍을 수 있었다. 하지만 나중에 사진을 찾고 보니 플랜카드 제일 윗부분에 있는 “탈북 청소년과 함께하는”이라는 글자가 나오지 않았다. 아이들은 자신들의 존재가 드러나는 문구가 적힌 플랜카드 윗부분을 손으로 교묘히 말아 접으면서까지 스스로의 존재를 숨기고 싶었던 것이다.
>
> (2003, 셋넷교실 교육일지 중에서)

위 사례에서 보듯이, 북조선 출신 청소년들은 자신들의 존재가 노골적으로 드러나는 상황을 매우 싫어한다. 그냥 자연스럽게 남한사회 ‘속에’ 묻히고 싶은데, 자꾸만 자신들이 노출되는 상황이 생기게 되어 “신경이(짜증이) 난다”는 것이다. 이러한 이중심리의 변화과정을 이해하지 못하는 남한사람은, 처음과 달리진 이들의 이중적 태도에 ‘섭섭함’과 ‘배신감’

을 느끼게 된다. 하지만 이들의 입장에서 보면, 자신들을 위한 각종 '혜택'은 좋은데, 항상 주목받고 '불쌍한 거지' 취급을 받는 삶이 '피곤'한 것은 당연한 심리현상이다. 물론 가끔은 '특별대우'가 주는 안락함에 '기대어' 보기도 하지만, 점차 '특혜'를 거부하고 '똑같이' 취급 받으며 사는 길을 택하게 된다. 이처럼 '탈북 청소년'이 보이는 이중적 태도에 대해 "의리 없다"거나 "싸가지 없다"고 함부로 비난하는 것은, 이들의 '양가감정'을 제대로 이해하지 못한 남한사람의 편견이다.

3) 무기력함과 공격적인 성향

'탈북 청소년' 중에는 심한 무기력 증상을 보이는 이들이 많아, 같이 행사를 진행하려면 상당히 힘들다. '심드렁하고 삐딱한' 태도로 잘 협조하지 않고서는 행사장 뒤편에 모여 엎드려 있곤 한다. 노래방에 가보면 자기 노래만 잔뜩 예약해 놓고 다른 사람이 노래할 땐 딴전을 피운다. 상대방을 배려하고 '분위기'를 잘 맞춰주지 못한다. 그리고 약속을 잘 지키지 않는다. 행사 시간이 임박해 어디냐고 전화해보면 "가고 있어요."라고 한다. 집에 있으면서도 항상 그렇게 말하곤 해서 행사가 늦어지거나 취소되기 일쑤다. 또 행사에 참가 못할 상황이면 연락을 해줘야 하는데, 아예 전화기를 꺼버리고 사라지기도 한다.

이러한 무기력한 모습 이면에 상당히 공격적이고 폭력적인 성향이 있다. 말보다 주먹이 앞서는 것이다. 사소한 일에도 참지 못하고 폭력을 써서 자주 문제가 발생한다. 그런데 싸움의 이유를 들어보면 대개 자존심 때문이다. "꼬라보는" 눈빛이 건방져 보인다, 나이도 어린게 "싸가지 없다"는 이유가 대부분이다. 분한 마음을 참지 못해 쉽게 폭력을 쓰는 것이다.

이러한 행동을 접하는 남한사람들은 대개 한심하다, 거칠다, 무섭다, 버릇없다 등 부정적인 반응을 보인다. 쉽사리 받아들이기가 힘들기 때문에 비난하는 것이다.

> 박학성(가명, 남18세)은 내가 본 북조선 아이들 중 제일 꼴통이었다. 뒤틀리고 꼬인 게 도무지 감당이 안 된다. 사람 속 뒤집는 천부적인 재능을 지녔다. 그놈이랑 얘기하고 있으면 부글부글 끓는다. 모든 상식과 인내를 벗어난다.
>
> 수업 중 학성이가 갑자기 수업 듣지 않겠다고 해서 교실 옆 음악실에서 혼자 놀라고 했다. 쉬는 시간에 가 보았는데, 사라졌다. 한참을 찾아보니 생활관 제 방에서 퍼질러 자고 있는 것이다. 아직 수업이 많이 남아 음악실에서 자라고 타일렀는데, 자기는 죽어도 제 방에서 자야 한다는 것이다. 그럼 차라리 청소년반 말고 성인반으로 가라고 했더니, 자기는 청소년인데 왜 성인반을 가냐고 따지는 것이다. 하도 황당하고 기가 막혀 "너 나하고 원수졌냐?" 했더니, "내가 왜 쌤이랑 원숩니까? 사람 어째 보오. 머저리요? 원수도 정이 있어야 원수요. 알지도 못하는 게"한다.
>
> (2001, 하나둘학교 교육일지 중에서)

'탈북 청소년'이 지닌 이러한 행동상의 특징은 과거 북조선에서 겪은 기아의 고난과 가족의 죽음과 생이별의 경험, 탈북 과정과 중국 체류 기간에 겪은 극심한 공포 등이 근본적 원인으로 생긴 '외상후 스트레스장애(PTSD)'의 증상으로 볼 수 있다(정진경 외, 2004). 또한 현재 자신들이 처한 상황에 대한 불만이 표출되는 것으로 이해할 수 있다. 따라서 이들에게 중요하고 시급한 일은 이들이 겪고 있는 정신적 · 신체적 상처를 치유(healing)할 수 있는 기회를 제공하는 일이다. 각종 병원치료와 심리치료 서비스를 적극적으로 지원해야 한다. 이것은 많은 정성과 노력과 투자와 섬세함이 요구되는 일이다. 하지만 이러한 특성에 대한 '인식'이 없이 적절한 조치를 취하지 않고 방관한다면, 이들이 '문제집단'이나 '비행 청소년' 혹은 '불행한 아이들'이 될 가능성이 너무나 크다.

'탈북 청소년'이 지닌 이상의 특성은 비록 그것이 과거의 힘든 생존 조건 속에서 어쩔 수없이 학습된 결과하고 할지라도, 남한사회에서 다양한 인간관계를 맺고 살아가는데 큰 걸림돌로 작용한다. 따라서 반드시 고쳐야 하는 부분임이 분명하다. 하지만 그러한 변화에는 많은 시간과 노력이 필요하다. 남한사람들 중에는 이러한 특성을 제대로 이해하지 못하고, 이들과 한두 번 부딪힌 경험을 토대로 편견을 가지거나 성급하게 비난하는 이들이 적지 않다. 다음 장에서는 이러한 편견이 드러나는 양상에 대해 살펴보겠다.

5. 남한사회의 이중적 태도

처음으로 '탈북 청소년'을 대하는 남한사람들은 대개 과도한 관심과 호들갑스런 태도를 취한다. '북한사람'을 직접 만난다는 흥분과 "통일을 위해 뭐라도 해줘야" 한다는 본능적인 책임의식으로 쉽게 들뜬다. 많은 경우 남한사람이 '자비롭게' 주고, '탈북자'가 '고맙게' 받는 역할관계가 오랫동안 지속되기를 바란다. 그러한 일방적인 관계 속에서 보람과 만족감을 얻게 되는 것이다. 하지만 이런 식의 의존 관계는 시간이 흐르면 깨어지기 마련이고, 그러면 섭섭함과 '배신감'을 느낀다. 하지만 쉽게 '상한' 마음을 드러내지 못한다. '탈북 청소년'을 상대로 "무슨 체통 없는 짓이냐"는 사회적 비난이 두렵기 때문이다. 때문에 더 이상 이해하기를 '포기'하면서도 '관계'는 유지한다. 적당한 '선'을 유지하면서 '이용'하는 이중적 태도를 취하는 것이다.

아래의 이야기는 끊임없이 변신을 거듭했던 '늘푸른학교' 이웃집 아주머니의 모습인데, 겉 다르고 속 다른 '이중적 태도'의 전형적인 모습을 확인할 수 있다.

> …(중략) 이웃집 아주머니의 최초 변신은 우리가 이사 온 지 세 달쯤 지나서다. 이사 오는 날 동네 주민들과 함께 "이상한 시설이" 들어온다고 반대운동에 앞장섰던 사람이 딴 사

람이 돼버린 것이다. 내가 그 아주머니 교회의 목사님을 만나 '도움'을 요청하고, 우리 아이들을 그 교회에 다니게 한 직후이다. 늘푸른학교에 오는데 생전 처음 본 '호두머핀'을 가져와서는 "우리 이웃에 너무 잘 왔다"고 반기면서, 우리가 온 것이 "하나님이 내려주신 축복"이라는 것이다. 나는 애써 '표정관리'를 하면서 태연하게 손 붙잡고 기도했다.

두 번째 변신은 내가 늘푸른학교를 그만둔 후였다. 오랜만에 아주머니를 만나 인사를 하려는데, 날 붙잡고 호소하는 것이다. 아이들은 그 교회에 안 나간지 오래였고, 담배물고 옷 홀렁 벗고 "굉음을 내면서" 오토바이 타고 다녀 "동네 분위기 해치고" 있다는 것이다. 딸애가 고 3인데, 경찰에 신고해도 말귀를 알아먹지 못한다면서 "하나님이 내게 저주를" 내렸다고 야단이다.

세 번째 변신은 그야말로 드라마틱했다. 한 2년 정도 지났을 무렵, 내게 전화가 왔는데 급히 만나자는 것이다. 목사님과 함께 서울 수유리에서 내가 있는 안산까지 '몸소' 오셔서 하는 얘기가, '또 그 교회'에서 '탈북 청소년' 쉼터를 운영하는데 혼자서는 못한다고 나보고 도와달라는 것이다.

(2004, 셋넷교실 기록일지 중에서)

'이웃집 아주머니'의 끊임없는 변신은 자신의 '이익', 그리고 교회와 관련된 '명분' 때문이다. 이것은 앞에서 살펴본 북조선 출신 청소년의 특성인 '꽃제비 기질'과 아주 비슷하다. 인간을 필요에 따라 '수단'시 하는 태도는 '탈북 청소년' 은 물론, 남한사람에게서도 발견할 수 있다. 단지 차이가 있다면, 남한사람의 경우 그 형태가 좀 더 복잡하고 '세련된' 형식을 취한다는 것만 다를 뿐이다.

'탈북 청소년'의 실상을 알리겠다는 '목적의식'이 지나쳐 이들에게 상처를 주는 경우도 있다. 주로 기자나 연구자, 다큐멘터리 감독 등의 직업을 가진 사람들이 해당된다. 조사나 연구, 취재하는 과정에서 이들의 '인권'을 침해하는 것.[18] 때론 이러한 방식의 목적의식적인 접근이 필요하다. 이들의 '처지'를 숨긴다고 해서 '문제'가 해결되지는 않기 때문이다. 하지만 그 진행 과정에서 조심스레 에둘러서 묻거나, 스스로 얘기할 때까지 기다린다거나, '차마' 묻지 말아야 할 내용들에 대한 '선'은 지켜야 한다. 그럼에도 불구하고, '탈북 청소년'을 대하는 과정에서 이러한 원칙은 종종 무시되어 버리는 것이다.

(중략) … 이들은 순진한 애들 살살 꼬들겨 가지고 기어이 꼭 '한 멘트' 따고야 만다.
"사람 고기 먹어봤니?"
"한족에게 팔려가서 어떻게 됐어?"
"낙태도 했어? 몇 번?"
"엄마는 잡혀가서 죽었겠네. 안됐다 얘, 불쌍해서 어쩌니!"

18) '탈북 청소년'을 다룬 영상자료에 대한 '유출문제'는 심각한 수준이다. 2001년 하나둘학교에서 '절대 외부적으로 공개하지 않는다.'는 약속 하에서 촬영한 영상자료가, 2004 모 영상제에서 수상작으로 선정된 일이 있다.

"남한에 오니 뭐가 제일 좋아? 에버랜드 가봤니, 좋지?"

멀리서 가만 듣고 있노라면 속에 불이 난다. 나는 같이 살아도 차마 묻기는커녕 얼핏 비슷한 얘기만 나와도 화제를 돌리는데, '그대로' 물어 재낀다.

지네들은 그렇게 휑하니 와서 필요한 것 챙겨 가지만, 애들은 그때부터 감당이 안 된다. 얼굴에 맛이 간다. 화려한 남한문화에 취해 잠시 잊고 있었던 고향산천 부모형제 다 떠오른다. 굶어죽은 동생이랑 중국에 두고 온 자식새끼가 눈앞에 어른거리는 것이다. 그런 날이면 항상 저녁도 안 먹고 혼자서 궁싯거리다가 어디서 술 처먹고 들어와 칼 휘두르고 죽겠다고 난리 친다. 엉엉 울고 토하고 병 깨고 엉켜 싸우고 텔레비전선 죄다 뽑아놓고… 밖에서 좀 다하고 오지, 꼭 집까지 기어 들어와서는 그 난리를 피운다. 징그럽다.

애새끼들이 평소에는 절대 사진 못 찍네, 인터뷰 안 하네 해도 막상 누가 찾아와 이런저런 일 물어보면 술술 분다. 한 번 발동이 걸리면 자기 얘기에 취해, 겪지도 않은 일까지 잔뜩 부풀려 그야말로 '풀 서비스'를 제공한다. 정(情)이 그리운지 자기에게 관심(?) 가지는 사람에게는 금세 흐물흐물해진다. 그렇게 죄다 불어놓고는, 또 앞으로는 형 · 누나 · 오빠 · 동생 하자며 나한텐 한 번도 보이지 않던 살가운 표정으로 '배시시' 웃으며 사진도 찍어놓고는, 나중에 신문이나 TV에 얼굴 나오면 나보고 생 지랄발광이다. 남조선 방송에 얼굴 나왔으니 보위부에서 보고 북조선에 남아있는 가족들 다 죽이게 생겼는데, 선생이란 게 말리지도 않았단다. 내가 사주했단다. 그러더니 나보고 "섶달보지 개간나"라는 것이다.

(2002, 늘푸른 학교 교육일지 중에서)

'탈북 청소년'들이 가슴 깊이 감추어둔 상처를 떠올리면 오랜 시간 괴로워한다. "소설책 몇 권을 써도 될 만큼" 저마다 절절한 사연을 간직한 아이들이기에, 그 고통을 '함부로' 들추면 너무나 고통스러워한다. 사정상 이들에 대한 인터뷰나 촬영이 필요하다면, 그 입장을 존중하고 배려하는 자세가 필요하다. 북조선 출신 청소년들과 함께 지내다 보면 본인들 스스로 마음을 열 때가 있다. 혼자만 간직하기 벅찬 고통이기에, 위로 받고 싶고 나누고 싶어 저절로 이야기를 꺼내곤 한다. 그 정도의 신뢰 관계가 쌓일 시간과 정성도 없이, 필요한 목적을 달성하기 위해 이들의 인권을 침해하는 행위는 비난받아 마땅하다.

하나원 텃밭에서 강냉이 밭을 가꾸는데, 심영호(가명, 남 20세)가 옆에 오더니, 묻지도 않는데 자기 얘기를 꺼낸다. 호미로 밭을 갈면서 조용조용 말한다.

몇 해 전 가족들과 두만강을 건널 때 물살이 셌다 한다. 수영을 잘하는 영호가 차디찬 강물은 헤엄치고 건너고 있는데, 갑자기 엄마가 목을 잡더란다. 순간 영호와 엄마는 같이 물에 빠져 허우적거렸다. 그때 다급해진 영호가 "옴니, 나 죽소" 하니, 영호 엄마가 잡았던 손을 스르륵 놓고는 어둠 속으로 떠내려가더란다. 그게 마지막 본 엄마 모습이었다고 한다.

"울 오마이 곱기로 소문 났습다"하며 은근히 자랑하더니만, 다시 말없이 풀을 뽑는다. "그랬구나." 나도 그냥 풀을 뽑는다. 본능보다, 상식(常識)보다 큰 소리를 들으니 할 말이 없다. 물에 빠진 사람은 지푸라기라도 잡는다는데, 살고자 하는 본능도 자식 사랑하는 마음만은 못한가보다.

(2001, 하나둘학교 교육일지 중에서)

남한사회에서 '탈북 청소년'들이 주목을 받는 것은 그들의 존재가 지닌 의의가 남다르기 때문이다. '탈북 청소년'이란 존재는 한국 현대사의 모든 아픔이 집약된 중층적 모순 덩어리이다. 그들은 60년 남북 분단으로 인한 민족 갈등과 좌우 이념 대립의 희생양이고, 남북간 체제 경쟁과 자존심 싸움의 수단이었으며, 북조선의 인권문제를 공격할 때 단골로 사용되는 외교적 압박카드다. 또한 정치적·경제적 난민이며, 이질적인 사회에서 문화충격과 편견으로 고통 받는 대표적인 소수자 집단(minority group)[19]이며, 남한 자본주의 사회에서 무능한 경제적 약자이며 각종 범죄를 일으키는 문제 집단으로 낙인(stigma)찍혀 있다. 역사상 이보다 더 비극적인 존재는 찾아보기 힘들다.

하지만 북조선 출신 청소년들이 극심한 고통을 겪었다고 해서 단순히 남한사회 '적응'이 최대 목표인 '불쌍한 문제 집단'으로 간주하고, 그런 식으로만 취급하는 것은 큰 잘못일 수 있다. 그들이 겪은 고통이 깊은 만큼 실존적 무게 또한 크기에, 그 속에서 삶의 본질적 의미를 깨닫고 풍성하게 만드는 많은 가능성을 찾을 수 있다. 따라서 북조선 출신 청소년들이 통일과정과 통일이후에 맡게 될 역할에 대한 기대는 클 수밖에 없다.

6. 맺는 말

남한사회에서 '탈북 청소년'의 삶은 힘들고 고달프다. 남한사람에게는 아무 문제도 되지 않는 사소한 것일지라도, 이들에게는 심각한 수준의 '충격'으로 다가선다. 또한 이들은 탈북과정과 중국 등 제3국을 떠돌면서 입은 정신적·신체적 상처의 후유증으로, 남한에 입국한 이후에도 상당기간 고통을 받고 있다. 그리고 남한사회의 일시적인 환대와 관심, 편견과 이중적 태도 속에서 오랫동안 '적응'을 하지 못하고 방황하고 있음을 알 수 있다. '탈북 청소년은 불쌍하고 더럽고 영악하고 무식하다'는 식의 편견은 다양한 경로를 통해 확대되고 재생산되면서, '탈북 청소년'을 단순히 '부적응 문제 집단'으로 취급하게 만든다. 남한사람의 겉 다르고 속 다른 이중적 태도로 인해, 이들의 혼란과 고통은 가중되고 그만큼 시행착오의 기간도 늘어나게 된다.

---

19) 한 사회 내에서 그들의 물리적인 혹은 문화적인 특성으로 인해 불평등한 상황에 놓이게 되는 집단의 사람들을 가리키는 말이다(Giddens, 1994).

1999년 무렵부터 급격히 증가한 북조선 출신 청소년들은 남한사회에 몇 가지 중요한 문제를 제기한다. 먼저 '한국사회가 이토록 허약한 사회였는가?'라는 반성이다. 왜냐하면 기존의 교육과 복지 분야의 '일반' 시스템으로 이 정도(1200여명/2004.11현재)의 인원조차 감당하지 못한다는, 한국사회의 부끄러운 '대처능력'을 확인하게 되기 때문이다. 게다가 이들을 위해 만들어진 '특별' 제도는 실질적인 도움이 되지 못하며, 오히려 혼란과 의존 심리를 가중시키는 경우도 있는 것이다.

다음으로 '탈북 청소년 문제'는 단순히 이들의 잘못에서 비롯되는 문제가 아니라, 많은 측면에서 남한사회의 구조적인 모순과 연관되어 있다는 사실의 확인이다. 이들이 지닌 특성을 제대로 이해하지 못하고, 각종 편견과 이중적 태도를 취하는 남한사회(사람)의 문제가 바로 '탈북 청소년 문제'를 만드는 주요한 원인이 되고 있다.

그리고 '탈북 청소년'이란 존재는 '남한사회가 진정 통일을 원하는가?'라는 근본적인 질문을 던진다. 통일의 궁극적인 형태는 정치적 · 경제적 통합을 넘어서 남북 주민들이 함께 어울려 생활하는 '사람의 통일'[20]이다. 따라서 '탈북 청소년'의 남한사회 적응 과정에 드러난 문제들과 이들을 대하는 남한사회의 부정적 태도에서 그 희망의 싹을 발견하기란 어렵기 때문이다. 최근 사회 일각에서는 "한국경제의 최대 위협은 통일(앨빈 토플러, 2003.10.16 한겨레)"이라는 견해가 설득력을 얻고 있다. "경제도 어려운데 통일은 무슨 통일"이라거나 "우리도 못 사는데 탈북자를 그만 받자"는 주장도 심심찮게 등장한다. 하지만 장기간의 남북 대치상황으로 인해 쏟아 붓는 상방간의 엄청난 군사비 지출이나 기타의 '분단비용'을 고려한다면 결코 '분단현실'에 안주하는 것이 대안이 될 수 없음은 자명한 일이다.

문제는 어떻게 하면 '통일비용'을 최대한 감소시키고, 남북이 하나 됨으로써 얻게 되는 '통일효과'를 극대화할 수 있는가 하는 방법을 찾고 차근차근 준비하느냐는 것이다. 이런 측면에서 '탈북 청소년'의 역할은 무시할 수 없다. 이들과의 통합 과정은 미리 주어진 '통일 상황'으로 볼 수 있기에 통일을 대비한 여러 가지 실험과 체계적인 준비가 가능하다. 특히 북조선 청소년들과 남한 청소년들 사이의 통합교육은 갈등 상황에서의 '평화교육 모델'로서 손색이 없다. 팔레스타인지역, 코소보, 르완다, 이라크 등 전 세계의 분쟁과 갈등지역에 한반도의 '평화모델'을 전할 수 있다면, 수천억을 들이고도 테러위협을 받게 되는 '이라크 파병'과는 비교도 되지 않을 정도로 '세계평화'에 이바지 할 수 있을 것이다.

'탈북 청소년'에게 가장 중요하고 시급한 일은 이들이 겪고 있는 정신적 · 신체적 상처를 치유(healing)할 수 있는 기회를 제공하는 일이다. 각종 병원치료와 심리치료 서비스를 적극적으로 지원해야 한다. 이것은 많은 정성과 노력과 투자와 섬세함이 요구되는 일이다. 하지

20) 전우택(2000).

만 이러한 특성에 대한 '인식'이 없이 방관한다면, 이들이 '문제 집단'이나 '비행 청소년' 혹은 '불행한 아이들'이 될 가능성이 너무나 크다. 또한 '탈북 청소년 전문상담원'이 배치된 '탈북 청소년 상담소'를 만드는 일도 중요하다. 다양한 배경을 가진 '탈북 청소년'들이 자신에게 적합한 곳을 찾을 수 있도록 정보도 주고 그 곳과 연결해 주고 소개도 시켜줄 수 있어야 한다.

북조선 출신 청소년들의 가치를 제대로 파악하고 이를 키우는 일도 중요하다. 비록 남한 사회에서 소수집단으로 살아가지만, 이들이 지닌 존재적 의의와 잠재적인 '가능성'은 충분하다. 단지 본인들은 물론, 대입 중심의 남한 교육 체계가 이들의 가능성을 '몰라주고 무시하고' 있을 뿐이다. 따라서 입시위주의 교육체계에 무리하게 '적응'하라고 강요할 것이 아니라 별도의 대안제시가 필요하다.

남한의 '대안학교'에서는 기존의 일반 중·고등학교와 다르게 입시위주의 교과구성이 아니라, 다양한 재능을 발휘할 수 있는 커리큘럼이 마련되어 있다. 또한 많은 경우 기숙사 시설이 있기에 어쩌면 북조선 출신 청소년들에게 가장 적합한 형태의 교육기관이 될 수 있다. 따라서 전국의 대안학교에서 북조선 출신 청소년들을 '받을' 수 있는 체계를 마련하는 것이 중요하다. 장학금 체계도 확립하고 '대(양)부모 시스템'을 만들어, 북조선 아이들이 대안학교에 입학했을 때 다른 남한 청소년들과 똑같이 주말이나 방학에 찾아갈 수 있는 '집'을 만들어줘야 한다. 그리고 이들이 다니는 대안학교를 이어주는 전국적인 네트워크를 만들어 지속적인 관리를 해야 한다.

북조선 출신 청소년들의 특성을 연구하는 '작은 학교'가 필요하다. 50명 이하의 소수의 학생들을 대상으로 하는 작은(기숙)학교에서 '직접' 가르쳐보면서 이들에 대해 알아야 한다. 적절한 교육방법과 프로그램도 개발하고 이들의 다양한 특성도 연구해서 최선의 '대안'을 만들어 내야 한다. 그 성과를 전국의 북조선 청소년들이 다니는 교육시설에 제공해야 한다.

동시에 조금씩 '남북 청소년 통합교육'을 실험해야 한다. 같이 캠프도 가고 이동수업, 학생교환 수업도 해보면서 '통일미래'의 교육체계를 만들어야 한다. '북조선 출신 청소년 교육 전문가', '통일교육 전문가', '남북한 통합교육 전문가'를 작은 학교의 치열한 '현장'에서 길러야 한다. 북조선 아이들을 '받고' 싶은 학교가 늘어날 수 있도록, 전국 학교의 교사들을 대상으로 연수도 해야 한다. 이처럼 작지만 할 일이 너무나 많은 전략적인 학교가 필요하다.

남북의 같은 또래의 청소년들끼리는 어른들이 이해할 수 없는 동질감을 바탕으로 쉽게 친구가 될 수 있다. 어른들의 시각이 아니라, 청소년들의 시각의 신선함과 그들의 가능성을 믿어야 한다. 통일 미래의 주역은 어차피 기성세대보다 남북의 청소년들이다. 그들이 만들어가는 '전혀' 새로운 세상에 대한 희망을 가지며 이 글을 마친다.

참고문헌

권혁범 2000 “반공주의 회로판 읽기,” 『탈분단 시대를 열며』, 서울: 삼인.

김성민 2001 “탈북자는 무엇을 말할 수 있을까,” 『당대비평』, 16호

윤인진 2003 “탈북자의 사회적응실태와 지원방안,” 『한국의 소수자, 실태와 전망』, 한국사회학회/한국문화인류학회 공동 심포지움.

전우택 2000 『사람의 통일을 위하여』, 서울: 오름.

정병호 2004 “탈북 이주민들의 환상과 부적응: 남한사회의 인식혼란과 그 영향을 중심으 로,” 『비교문화연구』, 제10집1호, 서울대 비교문화연구소.

정진경 1996 “문화 이해지-통일과 심리적 화합,” 『통일된 땅에서 더불어 사는 연습』, 서울: 또하나의 문화.

정진경, 정병호, 양계민 2004 “탈북 청소년의 남한학교 적응,” 『통일문제연구』, 2004 하반기호, 통일문제연구소.

조한혜정 1994 『글 읽기와 삶 읽기』, 서울: 또 하나의 문화.

제17장

남한 자원교사들의 갈등과 적응*

정우창 한양대 대학원, 문화인류학

1. 들어가는 글

90년 대 중반 이후 북한의 경제난과 식량난에 이은 큰 물 피해는 주민들의 대량 탈북사태로 이어졌다. 식량사정 악화 등으로 북한을 떠나 중국, 러시아, 동남아시아, 몽골 등에서 체류 중인 재외 탈북자[1]들의 수가 증가했고 동시에 남한으로 입국하는 사람 수도 늘었다. 대량 탈북 초기에는 식량난이 심했던 변방지역의 광부, 노동자, 농민이 주를 이뤘으나 시간이 갈수록 여러 지역과 계층으로 확대되었으며, 탈북의 목적과 동기도 다양해졌다. 뿐만 아니라 입국형태도 성인 단독 입국에서 가족동반, 청소년과 여성의 단독입국 등으로 확대되었다. 특히 최근 들어 탈북 청소년[2]의 비율이 증가하고 있는 추세이다.

흔히 탈북 청소년들은 탈북 성인보다 남한 문화에 더 쉽게 적응할 수 있을 것으로 생각되지만 실제로는 많은 적응문제를 경험하고 어려움을 겪고 있다. 가장 큰 원인으로 탈북 청소년의 성장배경을 들 수 있을 것이다. 탈북 청소년은 북한의 식량난이 한창이던 90년대 중반에 유아 및 아동기를 보냈기 때문에 영양실조로 인한 성장발육 부진과 장애를 경험한 이들이 많다. 또한 북한의 식량난으로 인한 공적영역의 붕괴와 가족 해체로 학습 기회의

---

* 이 논문은 2005년도 한양대학교 문화인류학과 대학원 석사학위논문 "탈북 청소년을 가르치는 남한 자원교사들의 갈등과 적응"을 일부 요약, 수정한 것이다.

1) 이 논문에서 사용하는 '탈북자'는 북한에서 출생해 90년대 중반 이후에 북한을 떠나 남한에 입국해, 현재 남한에서 살고 있는 사람들을 가리킨다. 이 단어는 현재 언론기관 및 각종 매체 등에서 일반적인 용어로 쓰이고 있으며, '탈북자'라는 의미 속에 남한사회에서 구별되는 소외계층의 이미지를 강하게 내포하고 있다(윤인진 2000: 133)는 점을 드러내기 위해서 이 용어를 선택했다.

2) 이 논문의 '탈북 청소년'은 북한 출생으로, 북한을 나와 남한에 입국해서 살고 있는 15~22세 사이의 청소년을 일컫는다. '청소년'에 대한 정의를 살펴보면, 매우 다양함을 알 수 있다. 남한의 경우 각 법에 따라 서로 다르게 규정하고 있다. 청소년 보호법은 18세 미만인 자, 청소년 기본법은 9~24세, 소년법에서는 20세 미만을 소년이라고 규정한다. 또한 각 나라마다 서로 다르게 '청소년기'를 정의하고 있다. 따라서 본 논문에서는 '청소년기'를 하나둘학교 '청소년반'에 해당하는 15~22세까지를 일컫는 개념으로 사용한다. 물론 20세 이상은 남한에서 성인이나 청년층에 해당된다. 하지만 하나둘학교 '청소년반'에 있는 20세 이상의 사람들은 북한에서의 학교 경험이 나이에 비해서 부족하고 남한 학교에 입학하고자 하는 관계로 하나원에서 하나둘학교에 자원해서 들어온 사람들이다(남북문화통합교육원 2002a: 16).

상실과 장기간의 유랑 생활을 경험한 이들도 있다.[3] 유랑 과정 중에 겪은 충격으로 심리적 상처와 그로 인한 고통을 겪기도 한다. 청소년기는 발달단계의 특성상 정체감 혼란을 겪는 시기인데, 이러한 혼란의 시기에 전혀 다른 새로운 사회로의 이주는 탈북 청소년들의 성인으로의 성장과정에 더하여 새로운 문화적응이라는 과제를 이중으로 부과하게 되어 더욱 더 혼란스러울 수 있다(정진경, 정병호 외 2004: 215). 남한의 정상적인 조건에서 자라고 있는 청소년들도 발달과정상의 어려움으로 인해 스트레스와 심리적 장애를 갖기도 한다. 하물며 대단히 열악한 상황과 조건에 있는 탈북 청소년들이 남한사회 적응의 과정을 거치게 된다면 탈북 성인들보다 복합적인 어려움을 겪을 수도 있을 것이다.

이러한 상황에서 탈북 청소년이 겪어야할 남한사회 적응상의 어려움을 지원하기 위해 정부와 민간 차원의 교육적 실천이 다양한 형태로 시도되고 있으며 주로 민간단체와 자원교사[4]의 노력이 두드러지고 있다. 이 자원교사들은 남한사회에서 탈북 청소년이 겪는 어려움을 공감하고 이들이 받는 소외와 차별을 최소화하기 위해 교육현장의 열악한 근무조건에도 불구하고 자원(自願)한 사람들이다. 연구자가 만난 남한 자원교사들은 짧게는 6개월에서 길게는 3년 동안 탈북 청소년과 함께 생활하며 이들의 교육을 담당했다. 이렇게 반세기 이상 분단 상황 아래서 서로 다른 가치관과 생활양식에 따라 살던 남한 자원교사와 탈북 청소년이 전면적, 인격적으로 만나는 과정에서는 긴장과 오해가 생기고 크고 작은 갈등이 빚어질 수 있을 것이다.

본 연구는 탈북 청소년을 교육하는 남한 자원교사들의 갈등과 적응과정을 살펴보려는 시도이다. 탈북 청소년을 가장 가까이에서, 전면적으로 만난 남한 자원교사의 경험은 남한사람들이 탈북자를 만나는 과정에서 겪을 수 있는 일들을 보다 총체적으로 보여줄 수 있을 것이다. 소수의 탈북 청소년이 다수의 남한사람들에게서 받는 일방적 적응의 압력이 클 수밖에 없는 상황에서 이들을 가장 가까이에서 호의적인 태도로 만난 남한 자원교사는 어떠한 적응과 변화 과정을 거치게 되는지 알아보고자 하는 것이다. 또한 교사는 탈북 청소년과의 접촉에서 발생하는 문제를 어떠한 방법으로 이해하고 노력하는지, 그러한 이해와 노력이 어떻게 좌절되고 성공하는지, 그 의미는 무엇인지를 밝혀보고자 한다. 이를 통해 선의(善意)로 탈북 청소년을 돕고자 하는 남한사람이 겪게 되는 '문화적 차이'로 인한 어려움과 적응과정에 대해서 알 수 있을 것이다.

---

3) 북한의 기근으로 인한 피해는 다양한 범위에 걸쳐서 발생했다. 탈북 아동과 청소년의 대부분은 가족 중에 기근과 질병으로 희생된 사람이 있다고 한다. 1998년 EU, UNICEF, WFP가 발표한 북한 어린이 영양 상태에 관한 최초의 보고서에 의하면 전체 어린이의 60%가 만성 영양 부족으로 영양실조, 12개월 이하의 젖먹이 중 18%가 산모의 영양 부족으로 인한 영양실조로 나타났다(정병호 2001). 또한 북한 어린이는 심각한 급성영양실조를 겪고 있으며, 더하여 영양결핍이 몇 년간 장기화됨에 따라 만성적인 성장 지체를 경험하고 있는 것으로 보인다(박순영 2000: 212).고 한다. 또한 더욱 중요한 것은 북한의 기근이 이미 장기화된 문제이지만 이것이 조속하게, 완전히 해결된다 하여도 앞으로 2세대(50년) 이상 다양한 사회・문화적 문제들을 일으킬 요인이 될 것이라는 점이다.

4) 이 논문에서 '교사' 혹은 '자원교사'는 남한의 정규학교(초・중・고교)의 교원이 아닌 하나원 내 하나둘학교와 민간단체에서 탈북 청소년을 보호・교육하는 사람을 지칭한다.

본 연구에서는 적응공간에 따라 극적인 변화를 보이는 탈북 청소년과 함께 생활하며 교육하는 남한 자원교사의 적응과정에 주목했다. 한 공간은 남한 입국 직후 가게 되는 정부기관 시설(하나원 내 하나둘학교)이며, 정부의 관리와 보호가 이뤄지는 곳이다. 다른 공간은 정부의 관리와 보호가 없는 남한사회 초기에 해당하는 민간단체 보호・교육시설(늘푸른학교)이다. 본 연구에서 이러한 공간차(空間差)에 주목하는 이유는 각 공간에 따라 탈북 청소년의 적응조건과 태도가 현저하게 달라지고, 남한 자원교사 역시 이들과 근본적으로 다른 관계를 맺게 되기 때문이다. 이를 통해 탈북 청소년의 적응에 영향을 줄 수 있는 현실적 조건이 무엇인지를 밝힐 수 있으며, 또한 그러한 탈북 청소년을 교육하는 남한 자원교사들의 적응과정을 살펴볼 수 있을 것이다.

필자는 공간적 차이에 따른 교사와 탈북 청소년의 관계와 적응 모습을 전체 시간의 흐름 속에서 비교하여 봄으로써 탈북 청소년을 가르치는 남한 자원교사들이 겪는 중층적 갈등과 다양한 모색의 문화적 의미를 이해하고자 한다. 또한 이러한 장기간에 걸친 집중적 상호작용을 통해서도 극복되지 않는 심각한 고정관념과 서로 간에 주는 심리적 상처를 드러내 보이는 한편, 이를 극복하고자 하는 남한 자원교사들이 해결의 실마리를 어떻게 마련하는지도 밝히고자 한다. 이를 통해 탈북 청소년의 정착지에서의 적응양상이 현실적 조건과 상황에 따라 변하는 모습을 볼 수 있으며, 그 변화하는 정도를 알 수 있을 것이다. 또 앞으로 그와 같은 탈북 청소년을 만나거나 교육하려는 남한사람들의 시행착오를 줄여 교육의 효과 및 효율성을 증대시킬 수 있을 것이다.

본 연구는 2002년 5월부터 2003년 12월까지 현장연구를 통해 이뤄졌으며, 2001년 2월부터 2003년 12월 사이에 하나원 하나둘학교와 늘푸른학교에서 탈북 청소년과 함께 생활하며 이들의 교육을 담당했던 남한 자원교사들을 대상으로 했다. 각 자원교사마다 근무 기간은 다르지만 짧게는 6개월에서 길게는 3년 가까이 현장에 몸담았다.

2. 탈북 청소년을 교육하는 남한 자원교사의 특성

본 연구의 주요 대상인 하나둘학교와 늘푸른학교의 남한 자원교사[5]는 경험과 경력면에서 몇 가지 공통점이 있다. 야학이나 대안학교에서 기초학력이 모자란 남한의 청소년들을 교육했거나 민간단체 등에서 소외당하는 남한사람들을 위해 일했던 교사도 있다. 각 교사마다 다양한 성격과 특성을 갖고 있기는 하지만 경력과 탈북 청소년 교육현장의 특성을 통해 봤을 때 비슷한 성향의 집단으로 볼 수 있을 것이다.

---

5) 하나둘학교의 교사 체계는 담당 교사, 과목별 교사로 나뉘는데 본 논문에서 하나둘학교 교사는 각 학급(유치반, 초등반, 청소년반) 담당 교사를 말한다.

교사들의 나이는 20대 후반에서 40대 초반까지 다양하며, '열린교육'을 지향하는 것으로 보인다. 그러한 사례 중 하나로 볼 수 있는 것이 교사와 학생간의 별명 부르기이다. 남한의 일반 학교에서 학생이 공개적으로 교사의 별명을 부르는 것은 매우 불손하고 버릇없는 행동으로 받아들여질 것이다. 하지만 하나둘학교의 교사는 공개적인 자리에서 자신의 별명을 학생들에게 알려주고 부르도록 한다. 때론 학생들이 교사의 별명을 지어주기도 한다. 교사의 가장 특징적인 모습이나 특성을 별명으로 지어준다. 이렇게 붙여진 별명은 학교 내에서 본명을 대신해 더 자주 불린다. 간혹 별명이 없는 교사는 어떤 별명을 만들까 고민하는 모습을 보이기도 한다. 이는 남한에서 처음으로 만나는 '선생님'에 대해 탈북 청소년이 가질 수도 있는 경계심과 마음의 벽을 허물고 교사와 학생이 보다 가까워질 수 있게 할 것이다.

교사의 또 다른 특징은 매우 헌신적(獻身的)이고 높은 자원도(自願度)를 갖고 있다는 점이다. 하나둘학교와 늘푸른학교는 설립 당시 민간단체에 의해 '긴급구호'의 성격으로 시작된 곳이다. 하나둘학교는 하나원이라는 정부 시설에 있음에도 불구하고 탈북 청소년 교육 프로그램과 교사에 대한 정부 차원의 안정적, 체계적 지원을 받는다는 것이 쉬운 일은 아니었다. 늘푸른학교는 탈북 청소년의 남한사회 초기 정착교육을 담당하던 곳으로, 민간단체가 자체적으로 운영했기 때문에 운영상의 어려움은 더욱 클 수밖에 없었다. 또 하나둘학교와 늘푸른학교가 처음 시작되었을 당시 남한사회는 탈북 청소년에 대한 교육 경험과 이들을 위한 교육 프로그램 준비가 거의 전무한 상태였다. 탈북 청소년 교육 전반에 걸친 준비가 거의 없는 상황에서 긴급하게 시작하다보니 현장의 자원교사들은 스스로의 노력에 전적으로 의지할 수밖에 없었다. 이와 같은 환경에서 탈북 청소년과 같이 매우 특수한 성격의 집단과 함께 생활하며, 몸으로 부딪치며 교육하기란 쉬운 일이 아닐 것이다. 일부 교사의 말처럼 "맨 땅에 헤딩하는 식"으로 문제를 해결하며, 탈북 청소년에 대한 정보와 교육자료를 만들어야 했다. 그럼에도 불구하고 자원교사는 탈북 청소년 교육의 긴급한 필요성을 인식하고 교육현장에 자발적으로 뛰어든 사람들이다.

초기 하나둘학교 교사의 근무기간을 보면 6개월에서 1년 정도였다. 이후 점차 증가해서 3년 가까이 근무했던 교사도 있었다. 교사의 근무기간이 증가하는 것은 초기 교사들이 탈북 청소년과 직접 부딪치며 얻은 경험적 데이터를 통해 교육 프로그램을 만들어갔다면, 이후에 들어 온 교사들은 이전 교사의 경험 위에서 보다 안정적으로 프로그램을 진행할 수 있었기 때문일 것이다. 또한 탈북 청소년 교육에 대한 필요성이 보다 확산되면서 여러 형태로 교육지원이 이뤄진 것도 그 요인 중 하나일 수 있을 것이다. 하지만 자원교사와 교육현장에 대한 정부차원의 체계적, 안정적인 교육지원은 여전히 부족한 실정이다.

하나둘학교 교사에게 탈북 청소년 교육현장은 하나의 직장으로서 보다는 일정기간 자원하여 봉사하고 자신의 교육관을 실천해 보는 실험적 교육 현장으로서의 성격이 강한 것으로 보인다. 때문에 그 분야에서 자신의 삶을 어떻게 엮어나갈 것인지에 대해서는 아직

확실하지 않은 부분이 많은 것 같다. 그럼에도 불구하고 초기 탈북 청소년 교육현장에 몸담았던 교사 중 상당수가 계속해서 탈북 청소년 관련된 일을 하고 있으며, 그 분야에서 자신의 삶을 열어가고 있다.

하나둘학교 교사 중에는 보육교사나 정교사 자격증을 보유하고 있는 경우도 있으며, 남한의 야학이나 대안학교와 같은 대안교육 현장 경력이 있는 교사도 있다. 대안교육 현장 경험이 있는 교사의 경우 탈북 청소년 교육의 긴급성과 필요성을 보다 민감하게 인식했을 수도 있을 것이다. 하나둘학교 이전의 현장 경험이 탈북 청소년 교육현장에 대한 필요성으로 작용해서 근무여건과 급여수준에 상관없이 자원해서 들어 올 수 있었던 것으로 보인다. 또 하나둘학교 교사 중에는 이후에도 탈북 청소년 관련 현장에서 계속 일하고 있는 이들도 있다. 특히 본 연구의 또 다른 주요 현장인 늘푸른학교로 간 교사도 있다. 이 교사들은 하나둘학교를 졸업하고 남한사회로 나간 탈북 청소년들이 겪는 어려움과 적응상의 문제점을 인식하고 남한사회 내에서 탈북 청소년들에 대한 지원으로 교육적 실천의 영역을 확장시켰다.

늘푸른학교는 처음 6개월간은 1명의 교사가 탈북 청소년과 함께 생활했으나 이후에는 2인 교사 체제로 운영되었다. 늘푸른학교 자원교사들도 하나둘학교 자원봉사자, 늘푸른학교 자원봉사자, 야학이나 대안학교 교사 등의 경력이 있는 사람들이다. 특히 늘푸른학교에 몸담았던 전체 5명의 교사 중 3명이 하나둘학교 교사 출신이다. 교사의 연령대는 20대 중반에서 30대 중반으로 비교적 젊은 편이다. 늘푸른학교 교사의 재직 기간은 평균 6개월 정도였으며, 1년을 넘긴 사람은 없다.

본 연구의 주된 남한 자원교사는 6명이고, 2001년 2월에서 2003년 12월 사이에 탈북 청소년을 가르쳤다. 이들이 근무했던 기간은 남한에서 탈북 청소년에 대한 교육을 시작한 초기에 해당한다. 하나둘학교 자원교사는 짧게는 6개월에서 길게는 3년 동안 탈북 청소년과 함께 생활하며 이들을 가르쳤다. 이 자원교사 중에는 하나둘학교와 늘푸른학교를 그만둔 후에도 계속해서 탈북 청소년과 관련된 현장에서 활동하고 있는 사람도 있다. 본 연구의 주요 자원교사의 특징은 정부가 운영하는 입국 초기 적응교육 시설인 북한이탈주민 정착지원 사무소-하나원 내 하나둘학교를 거쳐 남한사회 초기 정착교육을 담당하는 늘푸른학교에서도 탈북 청소년을 가르쳤다는 점이다. 또한 동일한 탈북 청소년과 하나둘학교와 늘푸른학교라는 서로 대조되는 공간에서 함께 살아보고 교육도 했다는 점이 무엇보다 가장 큰 특징이라고 할 수 있다. 필자는 이러한 교사의 경험을 통해 탈북 청소년들의 남한 입국 초기(하나둘학교)와 남한사회 초기(늘푸른학교)에 해당하는 두 공간에서의 차이와 전체적인 변화과정을 알 수 있었으며, 동시에 극적인 변화를 보이는 탈북 청소년을 교육하는 남한 자원교사의 적응과 변화 과정에 대해서도 살펴 볼 수 있었다. 또한 자원교사와 탈북 청소년의 장기적 상호적응 과정을 볼 수 있었다.

3. 입국 초기 적응교육 : 하나원 하나둘학교

1) 시기적, 공간적 특성

대성공사의 조사기간을 마치고 통일부 북한이탈주민 정착지원사무소-하나원에 도착한 탈북 청소년은 그동안의 불안했던 마음을 쉬게 하고 사회로 나가기 위한 초기 적응교육을 받게 된다. 하나원 내 하나둘학교는[6] 2001년 2월 하나원 내에 민간단체인 '남북문화통합교육원'이 20세 미만의 탈북 청소년 교육을 위해 '하나둘학교'를 설립했다. 하나둘학교는, 하나원 보호 기간(하나둘학교 개교 당시 3개월) 동안 탈북 아동 · 청소년들의 정서 · 심리적 안정과 남한 문화에 대한 소개를 목적으로 만들어진 교육과정이다(남북문화통합교육원 2002). 하나둘학교는 유치반, 초등반, 청소년반으로 구성되어 있다. 하나둘학교 과정은 낯선 남한사회로 나가기 위한 준비단계에 해당한다. 하나둘학교에서 탈북 청소년은 2개월 동안 남한사회에 대한 기초적인 교육을 받게 되고 낯선 사회로 나가기 전에 심리적 안정을 취한다. 이 기간에 탈북 청소년은 남한사회에 대한 자신감과 설렘을 갖기도 하고 동시에 불안감을 나타내기도 한다. 탈북 청소년이 이러한 심리 · 정서 상태를 보이는 이유가 문화적응 단계상 낯선 이국땅에서의 초기 '황홀감(euphoria)' 시기[7]에 해당하기 때문이기도 하지만 그와 동시에 탈북과 오랜 기간의 도피, 제3국 생활에서 얻은 육체적, 정신적 상처도 또 다른 원인으로 작용한다.[8] 그로 인해 탈북 청소년은 급격한 심리적 변화와 태도의 변화를 보이기도 한다.

교사와 탈북 청소년이 만나는 하나원 하나둘학교를 살펴보면, 첫째, 정부가 관리하는 공간이 갖는 특성이 있다. 하나원은 정부가 행정적으로 관리하는 공간으로, 기본적인 의식주가 제공되고 통제된 생활과 엄격한 생활규칙이 있는 곳이다. 이러한 환경은 남한사회로 나갔을 때 모든 의식주를 스스로 해결해야 하는 것과 비교해 본다면 편한 곳이기도 하지만

---

6) 필자의 현장연구 기간(2002년 5월~2003년 12월)에는 2개월 과정이었으나 2004년 9월부터 다시 3개월 과정으로 늘었다.

7) 문화 간 접촉에는 여러 가지 심리적 · 사회적 과정이 있다. 낯선 이국문화 속에 있는 사람은 제일 쉬운 것도 배워야 하는 유아의 정신 상태에 되돌아와 있다고 볼 수 있다. 이로 인해 고통의 느낌, 무력감, 그리고 새 환경에 대한 적대감을 갖게 된다. 때로 신체적인 기능에 이상이 생길 수도 있다. 이국 문화 환경에 처음 놓이게 된 사람들은 문화적응 단계를 거치게 된다. 첫 번째 단계는 대개 짧은 황홀감(euphoria)의 시기이다. 즉, 여행과 새 땅을 보는 흥분의 시기이다. 두 번째 단계는 문화충격(culture shock)의 시기로서 새로운 환경 속에서 실제 생활이 시작되는 시기이다. 세 번째는 문화적응(acculturation) 단계로서, 방문자가 새로운 조건 하에서 활동하는 것을 천천히 배워가며 현지의 가치를 얼마간 수용하고, 어느 정도 자신감을 갖게 되고 새로운 사회망으로 편입이 될 때 시작된다. 네 번째는 최종적으로 도달하는 마음의 안정상태(stablestate)이다(Geert Hofstede 1995: 298). 그러나 이와 같은 문화적응 과정 및 단계 이론에 대한 한계점과 반론도 있다. 적응과정이 분명하고 예측가능한 단계를 가지고 있는 것인지도 명확히 않으며 이런 감정이 반복되는 경험으로 있는 것인지, 한 번 지나면 끝나는 것인지도 논란이 많다(전우택 2000: 39-44).

8) 대부분의 탈북 청소년이 북한에서의 기근으로 인한 후유증, 탈북과 입국 과정에서 경험한 충격과 공포로 인해 일정 기간 '외상후 스트레스장애(PTSD: post-traumatic stress disorder)에 가까운 심리적 · 정서적 불안감을 표출한다. 이러한 탈북 청소년들의 'PTSD'현상은 적응교육 교육 불참, 술 등 자극적인 물질 요구, 남아 있는 가족에 대한 죄책감 호소 등으로 표출된다(전익수 2002: 19-20). 뿐만 아니라 여러 가지 예상치 못한 행동으로 나타나기도 한다.

외부와의 접촉이 통제되고 여러 명이 동시에 생활하는 곳이기 때문에 엄격한 생활 관리와 그로인한 스트레스가 있을 수도 있다. 탈북 청소년을 포함해서 탈북자 '교육생'들은 하나원의 규칙을 준수해야 한다. 하나원에는 '생활지도과'의 직원이 있어 탈북자들의 생활을 관리하고 규제한다. 규칙을 지키지 않는 교육생에게는 벌점을 부과하기도 하는데, 벌점으로 각종 지원 및 혜택에서 불이익을 받는 이들도 종종 있다고 한다. 그렇기 때문에 탈북자들도 하나원 내에서는 되도록 문제가 안 생기도록 노력하게 된다고 한다. 생활 감독자가 따로 있기 때문에 탈북 청소년들이 말썽을 부리거나 문제를 일으켜도 그것 때문에 탈북 청소년과 자원교사들이 특별히 부딪쳐야 할 일은 많지 않다고 한다. 하나원 내에서의 생활이 통제되어 있기 때문에 답답함을 줄 수도 있지만 비슷한 처지와 경험을 갖고 있는 사람끼리 모여 있기 때문에 자신의 신분을 감추거나 속일 필요가 없어 편한 마음에서 생활이 가능하다는 측면도 있을 것이다. 이러한 하나원 내 공간적 특성은 남한 자원교사와 탈북 청소년의 관계에 영향을 미칠 수도 있다.

이와 같이 하나둘학교에서 자원교사와 탈북 청소년이 만나는 환경은 입국 초기 적응교육 기간이라는 시기적 특성에 하나원의 공간적 특성이 작용하고 있다. 뿐만 아니라 탈북 청소년 교육현장의 특성 및 근무조건으로 미뤄볼 때 하나둘학교에서 탈북 청소년이 만나는 자원교사들은 보다 헌신적이고 적극적인 성격의 사람들이라고 할 수 있다. 따라서 하나둘학교 교육현장은 남한사회에서 일반 교사와 탈북 청소년이 만나는 일반적인 조건과는 다르다고 볼 수 있을 것이다.

2) 남한 자원교사와 탈북 청소년의 만남

대다수의 탈북 청소년은 기아와 탈북, 가족과의 이별, 제3국 생활 등을 통해서 심리적, 육체적 상처를 갖고 있는 경우가 많다. 또한 개인에 따라 차이는 있지만 장기간의 학습중단으로 인해 학습 능력이 저하된 상태이다. 이러한 탈북 청소년의 상황에 맞게 하나둘학교에서는 다양한 교육 프로그램을 운영하고 있다. 때문에 하나둘학교의 교육 프로그램은 남한의 정규학교 프로그램과는 다른 것이 많다. 남한사회에 대한 기본적인 이해뿐만 아니라 중단되었던 학습의 계기를 마련하고 무엇보다 심리적 상처를 치료하는 프로그램이 있다. 2003년도 하나둘학교 청소년반의 교육 프로그램을 보면 정서순화 및 심리안정(68시간), 학습능력 배양(100시간), 사회적응능력 배양(120)시간으로 구성되어 있다.[9]

몇 가지 특별 수업을 제외하곤 대부분의 수업을 2~3명의 하나둘학교 자원교사가 담당하게 된다. 교사는 그만큼 탈북 청소년과 접촉하는 시간이 많을 수밖에 없다. 한 교사가

[9] 정서순화 및 심리안정에는 생활체육, 미술치료, 심성수련활동(건강한 자아 찾기), 성격, 유형 진단(성격, 심리, 지능 등)이 있으며 심리활동에는 성교육 및 상담을 진행한다. 학습능력 배양에는 국어, 영어, 수학, 한문, 과학, 역사, 사회 등의 학교 기초교육을 하고 있으며, 전산수업과 중·고등학교 검정고시 대비 수업을 한다. 사회적응능력 배양을 위한 프로그램으로 등산과 다양한 장소로 현장학습을 간다(남북문화통합교육원 2003: 21).

여러 과목의 수업을 담당하게 되면서 탈북 청소년의 다양한 반응을 접하게 된다. 교사는 탈북 청소년과 만나면서 점차 그들의 언어, 행동 및 사고방식에 대한 기본적인 것들을 이해하게 된다. 즉 이질적인 환경에서 자라온 탈북 청소년들을 알아가는 과정을 거치는 것이다. 이러한 과정에서 자원교사들이 가장 많이 느끼는 것이 남과 북의 문화차이다. 대표적인 것 중 하나가 남북의 언어차이다. 하나둘학교의 남한 자원교사들은 처음에 탈북 청소년이 하는 말을 알아듣고 이해하기가 힘들었다고 한다. 탈북 청소년들끼리 하는 말은 더욱 알아들을 수가 없었다고 한다.

교사는 탈북 청소년들의 언어, 행동 및 사고방식 등을 이해함과 동시에 '다름'을 느끼게 되고 '충격'을 받기도 한다. 교사가 탈북 청소년에게서 받는 '충격'은 크게 두 가지로 볼 수가 있다. 하나는 문화적 차이와 이질감에서 오는 '문화충격'이고 다른 하나는 탈북 청소년의 육체적, 정신적 상처로부터 교사가 받는 '심리적 충격'이다. 이 두 가지는 하나둘학교 교사가 탈북 청소년을 교육하는 동안 계속해서 갈등을 일으키게 하는 주요 요인이 되기도 하지만 동시에 감동과 보람을 느끼게 하는 것으로 보인다.

대부분의 교사가 얘기하는 '문화충격'의 사례를 보면 탈북 청소년의 '칼날 같이 서있는 자존심', 행동과 심리상태의 급격한 변화, '공격적' 혹은 '폭력적' 언어와 행동 등으로 인한 것이다.[10] 한 예로, 교사와의 관계에서 평소 친하게 지내다가도 어떤 상황에 이르면 갑자기 돌변해서 마치 다른 사람처럼 행동하기도 하는데 그 변화의 정도가 대단히 극적일 때가 많다. 다음은 그와 같은 상황에 대한 교사의 예이다.

> 아이들이 자기 영역이라고 생각하는 부분, 선을 넘어서면 이건 내 자존심을 무시하는 처사라고 생각한다. 그 선을 넘지 않는 한 아무리, 오히려 더 격한 농담 혹은 격한 몸짓을 해도 싸움이 일어나지 않는다. 자기 영역이라고 생각하는 부분이나 자기 자존심의 한계선을 넘었을 때는 상당히 제어가 잘 안 되는 상태에 이른다. 또 문제는 단 둘이 있을 때 그런 일이 생기면 조용히 해결되는 경우가 많다. 그런데 누군가가 있어서 그 상황을 같이 봤을 때 자기가 참아버리면 '머저리'가 되는 것이다.
>
> – 하나둘학교 교사, 28세, 남 –

교사가 이런 일을 처음 당하게 되면 매우 당황하게 되고 탈북 청소년에게 거리감을 느끼게 되기도 한다. 교사로서 탈북 청소년의 이런 행동들이 이해는 되지만 쉽게 적응하기 힘든 부분일 것이다. 뿐만 아니라 '교육'하는 입장에 있는 교사로서는 그들의 행동을 그저 이해만 하고 넘어갈 수도 없을 일이다. 만약 교사 스스로 탈북 청소년의 행동을 이해하지

---

10) 김윤영(2002)은 탈북 아동들이 자신의 자존심을 드러내는 유형에는 자신들이 생각하는 도덕적인 가치판단의 기준들을 지적하는 것으로 나타나기도 한다고 말한다. 그리고 자존심을 드러내는 행위는 상대방의 연령이나 지위에 관계없이 이루어진다고 한다. 그에 대한 분석으로 탈북 아동들은 남북한의 문화 차이에서 오는 문화충격을 극복하기 위해 언어와 행동을 통해 자존심을 세우는 것으로 일종의 자기 방어적인 행동으로 보고 있다(김윤영 2002: 54).

못 하고 정리가 안 되는 상황이라면 '교육한다'는 것 자체가 어려울 수도 있는 일이다. 다음은 하나둘학교에서 이와 관련된 한 예이다.

> 오늘은 잘 나가다가 막판에 어그러졌다. 신나게 농구를 한 것까지는 좋았는데 너무나 치열한 몸싸움 끝에 진짜 싸움이 났다. 이놈들은 승부욕이 너무 강하다. 살아온 과정을 생각하면 얼핏 이해도 간다. 사소한 경쟁으로 목숨 건 악착을 보이는 이 아이들이. 운동장 수업은 그렇게 중단되고 교실로 들어와 일장 연설이 시작된다. 스포츠맨십이 어떻고, 동기관계가 어떻고, 남한사회가 어떻고 어떻고…, 결과는…, 잘 모르겠다. 이럴 땐 너무 답답하다.
> -『하나둘학교 이야기』에서 인용-

일반적인 남한사람이라면 탈북 청소년의 행동에 대해 '공격적', '폭력적'인 것으로 받아들이기 쉽다.[11] 그로 인해 탈북 청소년과의 접촉을 기피하는 현상이 발생할 수도 있을 것이다. 하나둘학교의 자원교사 역시 탈북 청소년의 급격한 행동과 심리상태의 변화와 '공격적'인 행동들을 연속해서 접하게 되면 자신의 '교육'에 대해 회의감을 갖기 쉬울 뿐 아니라 쉽게 지칠 수밖에 없게 될 것이다. 그렇지만 탈북 청소년과 교육 현장에게 많은 애정과 애착을 갖고 있는 교사로서 쉽게 포기할 수 없다는 갈등에 빠지기도 한다.

하나둘학교 과정이 2개월밖에 안 되지만 교사는 하나원 내에서 탈북 청소년과 함께 생활한다. 숙소가 분리되어 있긴 하지만 교사도 하나원에 머물면서 생활하기 때문에 주중에는 학생들과 접촉하는 시간이 많다. 또한 교실 수업과 문화탐방, 현장 체험학습 등 각종 실내외 프로그램을 통해 탈북 청소년과 함께 공동체적 정체성을 형성하는 경험을 하기도 한다. 특히 교사는 상담과 심리안정을 위한 프로그램에서 탈북 청소년이 보이는 반응을 통해 학생들의 개인적인 부분까지 알아간다. 그만큼 교사와 탈북 청소년은 상호 신뢰를 쌓아가고 전인격적으로 접촉할 가능성이 커지는 것이다.

교사와 탈북 청소년간의 상호 신뢰, 하나원의 시기의 '황홀기'적 특성과 공간적 조건 등이 복합적으로 작용하여 탈북 청소년은 남에게 말하기 쉽지 않은 부분까지도 하나둘학교 자원교사에게는 털어놓기는 경우가 많다. 이 때 교사는 탈북 청소년의 경험과 이야기에서 '충격'을 받는 경우가 많다고 한다. 뿐만 아니라 입국 초기 적응교육 시기인 하나둘학교에

11) 탈북 청소년을 만난 경험이 있는 남한사람들 중에는 이들의 '공격성' '거친 행동', '폭력성'을 지적한다. 이렇게 탈북 청소년의 행동이 남한사람들에게 공격적, 심지어 폭력적인 것으로 느껴지는 주요 요인으로 남과 북의 문화적 차이, 탈북 과정에서 오는 심리적 상처에 기인하는 행동으로 분석되고 있다. 또 다른 요인으로, 남북한의 경제 개발의 방식과 경제적 격차로 인한 것을 들 수 있다. 즉, 남한사람이 느끼는 탈북자의 이질적인 특성이 남과 북의 문화나 체제 차이에 의한 것일 수도 있지만 북한이 남한에 비해 근대화에 따른 분화의 정도가 덜하고 도시화가 덜 되었기 때문이기도 하다. 그런 면에서 사회주의적 내지는 자본주의적 인간관과 세계관의 차이에서 남북 구성원들의 사고 유형과 특성의 차이를 논하는 것은 위험하다. 근대화와 기본 지표인 경제생활과 사회분화 수준, 그리고 도시화와 핵가족과의 수준이 함께 고려되어야 하는 것이다(조한혜정 1997: 83). 남한사람이 탈북 청소년에 대해 느끼는 폭력성과 공격성 부분도 이와 비슷한 맥락일 것이다. 즉, 평균적으로 북한에 비해 더 산업화된 사람이 덜 산업화된 곳에서 온 사람들에 대해 느끼는 차이인 것이다. 북한 내에서도 산업화와 도시화의 정도가 지역 마다 다르다. 그 중에서 대부분의 탈북 청소년들이 살던 함경북도는 북한에서도 가장 산업화가 덜된 곳 중 하나이다.

서는 기근과 탈북, 제3국 생활 등에서 생긴 육체적, 정신적 상처가 탈북 청소년에게 그대로 남아 있는 경우도 있다. 교사는 탈북 청소년들이 이와 같은 상처가 있음에도 불구하고 "꿋꿋하게 살아가는 모습이 있다"고 말한다. 오히려 또래의 남한 청소년들보다 "낫다"라고 말하는 교사도 있다. 탈북 청소년이 "별나고 문제 많고 거친 아이들이지만, 그렇게 많은 상처를 갖고 있으면서도 잘 사는 모습을 보면서 감동을 받는다"고 말하기도 한다. 또한 하나둘학교 초기에 어둡고 그늘진 표정, 교사들과 주변 사람들에 대한 경계심을 갖던 아이들이 교육과정을 통해 점차 밝아지고 나이 또래의 장난스런 모습을 되찾는 것에서 교사로서 보람과 감동을 느끼기도 한다.

> 아이들이 빛난다. 제 나이에 걸맞은 거칠데 없고 티 없는, 고속도로처럼 쭉 뻗은 활기로 빛나고 있는 것이다. 이 아이들이 언제부터 이렇게 변했지? 처음의 잿빛 어둠과 곤두선 갈기는 어느새 사그라지고 장난기와 응석과 발랄함이 차고 넘친다.
>
> –『하나둘학교 이야기』에서 인용–

하지만 2개월 과정의 한 기수가 보통 두 기수씩, 많게는 세 기수씩 중첩되어 있어 하나둘학교 과정은 교사의 적응을 더욱 어렵게 만든다. 교사는 한 기수의 탈북 청소년에 대해 적응할만하면 동시에 새로운 기수의 탈북 청소년을 만나고 떠나보내는 과정을 반복한다. 각 기수의 탈북 청소년들과의 '진한 만남과 잦은 이별'은 심리적으로 교사를 더욱 지치게 하고 심리적 자아 방아기제를 만들게 한다. 교사가 탈북 청소년들과의 관계에서 감정을 스스로 추스르지 못한다면 고스란히 '마음의 상처'로 남게 되기도 한다. 이와 같은 상황의 어려움은 "초기 하나둘학교 교사는 6개월이 한계, 6개월 버티면 할 만큼 했다"라는 말 속에 담겨있는 것으로 보인다. 탈북 청소년을 '온 몸'으로 부딪치며 이해할 수밖에 없는 상황에서는 6개월이 한계라는 것이다.

> 여러 아이들을 만나다 보니 어떤 한 아이를 봤을 때 "이 아이는 몇 기의 누구하고 비슷하다"라는 생각을 하게 된다. 그래서 아이가 어떤 일을 했을 때 비슷했던 아이를 떠올리면서 "그 애는 이런 상황에서는 이렇게 했는데 이 아이는 왜 이렇지"라는 생각을 하게 된다. 그러면서 아이를 폄하하게 되고 대상화시키는 내 자신을 봤을 때 스트레스가 제일 힘들었다.
>
> –하나둘학교 교사, 28세, 남–

자원교사는 짧은 기간이지만 탈북 청소년들과 교육과 생활을 함께 하면서 이들과 전인격적으로 접촉하게 되고 그들에 대한 깊은 이해와 동시에 그들을 이해하고 한 명의 완전한 인격체로 대하려 노력하는 모습을 보인다. 탈북 청소년들은 자신들을 이해하고 격려해 주는 자원교사와의 전면적, 전인격적인 접촉의 경험으로 하나둘학교를 나간 후에도 이곳 자원교사와 오랜 기간 지속적으로 친밀한 관계를 맺고 있는 경우가 많다.

3) 남한 자원교사와 탈북 청소년의 만남의 방법론

하나둘학교에서 자원교사와 탈북 청소년이 전면적, 전인격적으로 만나 서로 간에 친밀한 관계를 형성할 수 있는 것은 교사들의 헌신성과 적극성 때문이기도 하지만 현장 체험학습을 중심으로 한 하나둘학교 교육 프로그램의 특별한 교육 방법에 있기도 하다. 하나둘학교 청소년반은 15세에서 20세까지 탈북 청소년들을 교육하고 있는데, 교육 프로그램은 심리적 안정과 치료를 주축으로 하고, 여기에 남한생활에 익숙해지기 위한 문화체득과 이후 계속될 학습의 기초 다지기를 교육활동의 주된 목표로 설정하고 있다. 이러한 교육목표는 분산되지 않고 입학과 졸업을 관통하는 하나의 과정으로 받아들여지도록 교육계획을 배치했다. 즉 남한사회에 첫발을 내딛는 하나의 '통과의례'로써 교육과정이 자리 매김 되도록 한다는 것이다. '통과의례'로써의 교육계획은 교육생으로 하여금 성취감을 느끼게 하고 계속적인 성숙에 대한 의지를 고양하는데 힘을 줄 것으로 기대된다. 또 함께 한 동료와 교사들 사이에 공동체 구성원으로서의 역할의식과 협동심을 심어줄 수도 있게 된다. 이는 이후의 사회생활에서 스스로를 고립시키지 않고 한데 어울릴 줄 아는 능동적인 사회성을 기르는 단초가 될 수 있을 것이다(정병호 외 2002).

이처럼 하나둘학교에서는 탈북 청소년들로 하여금 교실뿐 아니라 현장에서도 남한사회를 체험하게 함으로써 마음을 열고 자신과 타인을 좀 더 쉽게 받아들이게 하는 연습을 하게 한다. 현장학습 내용에서도 남한의 일반적인 관광코스를 '둘러보기'식으로 보는 것이 아니라 남한사회의 다양한 삶의 영역들을 보여주고 그 안에서 직접 경험하도록 하는 것이다. 앞으로 낯선 남한사회에서 살아야하는 탈북 청소년들에게 실제적이고 다양한 삶을 보여주는 것은 그 의미가 크다고 할 수 있다. 이러한 프로그램을 준비하는 데 가장 필수적인 것인 탈북 청소년들의 특성을 파악하고 그들을 올바로 이해하는 것이다. 교사는 탈북 청소년에 대한 이해를 바탕으로 그들에게 필요한 교육 프로그램을 준비하고 함께 함으로써 상호작용과 이해의 폭을 보다 확장할 수 있게 된다. 이 과정을 통해 교사와 탈북 청소년은 서로에 대한 믿음과 신뢰를 쌓아갈 수 있는 것이다.

4. 남한사회 초기 정착교육 : 늘푸른학교

1) 늘푸른학교의 설립 배경

늘푸른학교는 2002년 2월에 시작해서 2003년 말까지 운영되었던 '생활공동체형' 학교이다. 늘푸른학교는 하나원을 나온 무연고 탈북 청소년이 겪는 남한사회 초기 정착의 어려움을 돕고 하나원 이후 사회생활을 뒷받침 해주기 위한 기구(機構)의 필요성에서 시작되었으며, '긴급구호'의 성격으로 마련된 곳이다. 쉼터와 같이 공동생활을 하면서 학교와 같은 교육기능을 갖는다는 의미에서 '생활공동체형' 학교인 것이다. 또한 이 학교는 당시 남한사회로 나온 탈북 청소년에 대한 정부 차원의 체계적인 지원이 전혀 없던 상황에서 민간이 먼저 탈북 청소년의 남한사회 적응 문제의 심각성을 인식하고 만든 곳이다

2002년 2월 늘푸른학교 설립 당시 하나원을 나온 탈북 청소년들은 남한사회 생활 전반에 걸쳐 적응의 어려움을 겪고 있었다. 특히 남한에 아무런 연고도 없이 혼자 살아야 하는 무연고 탈북 청소년에 대한 대책 마련은 시급한 상황이었다. 2002년 5월 '북한이탈주민의 보호 및 지원에 관한 법률'의 개정 전에는 단독으로 입국한 무연고 탈북 청소년에게도 성인과 동일하게 정착지원금과 임대아파트를 지급하였으며 그에 따른 문제도 있었다. 사회정착 초기에 임대아파트에 보호자 없이 홀로 배정한다는 것 자체가 비효율적인 지원이라고 할 수 있으며(전익수 2002: 58), 주변에 친구나 아는 사람도 없이 혼자 생활을 유지하고 살아야 하는 탈북 청소년이 겪어야 어려움과 외로움은 클 수밖에 없었다. 위와 같은 어려움으로 서울과 경기도가 아닌 지역에 혼자 살고 있던 탈북 청소년들은 자신이 살고 있는 집을 나두고 서울로 오는 경우가 많았다. 특히 이러한 경향은 학교나 단체 등에 소속되어 있지 않은 탈북 청소년들에게서 특징적으로 나타났다(전익수 2002: 58). 이는 탈북 청소년의 서울 집중으로 이어졌다. 정부의 탈북자 전국 분산화 정책에 따라 지방으로 배치 받은 탈북 청소년 중 부모가 있어 함께 생활하는 경우를 제외한 대부분이 지방배치 1년 이내에 서울로 올라왔다. 이들이 서울로 올라오는 주된 이유는 혼자 생활하는 외로움이 있고 이들이 필요로 하는 학원, 친구, 놀이 등이 서울에 집중되어 있기 때문이다. 그런데 이들이 서울로 왔다고 해서 자신이 살고 있던 임대아파트를 처분하고 온 것은 아니다. 지방에 두고 온 임대아파트 관리비와 서울 생활비가 이중으로 들어 지출을 증가시키는 한 요인이 되기도 했다.

늘푸른학교의 설립은 무연고 탈북 청소년의 남한 생활 적응과정에서 드러난 심각한 문제들에 대해 하나둘학교 교사와 관련 단체의 '긴급구호' 필요성이 바탕이 되어 추진된 일이다. 가족이 있는 탈북 청소년의 경우 비교적 안정적인 생활을 할 수 있는 반면, 앞서 지적한 대로 무연고 탈북 청소년의 경우 남한사회 적응과정에서 보다 많은 문제점을 드러냈다. 남한에 친척이나 그나마 연고가 있는 경우를 제외하고는 갈 곳이 없는 경우가 많았다. 2004년 말 현재, 무연고 탈북 청소년 관련 단체가 여러 곳으로 늘었지만, 2002년 초에는 무연고 탈북 청소년을 받아주던 기관으로 한국 천주교 살레시오회가 운영하는 '돈보스꼬'와 한국 천주교 살레시오 수녀회의 '마자렐로센터', 또 다른 하나로 안산의 '다리공동체'가 있었다. 돈보스꼬와 마자렐로센터의 경우 남한 청소년들과 함께 직업교육 중심의 프로그램으로 운

영되고 있는데 이 과정에서 탈북 청소년이 일으키는 각종 사고와 남한 청소년들과의 충돌로 인해 새롭게 많은 수의 탈북 청소년을 받아들이기가 어려운 상황이었다. '다리공동체'에 거주하는 탈북 청소년은 중국에서부터 이곳 보호자와 연결되어 들어오게 되며, 이곳은 가족 개념으로 운영된다. 이러한 곳도 이미 1년에 수십 명씩이 입국하기 시작한 무연고 탈북 청소년 보호 시설의 모델이 되기는 힘들었다. 이러한 당시 상황에서 자원교사가 무연고 탈북 청소년을 자립적 생활이 가능하도록 일정기간(6개월 정도) 함께 생활하면서 진로탐색을 할 수 있는, 일종의 정착준비교육 목적으로 만들어진 곳이 늘푸른학교이다.

늘푸른학교의 자원교사 중에는 남한사회 정착 초기에 탈북 청소년에 대한 지원 및 교육의 필요성을 절실히 느끼고 하나둘학교에서부터 계속해서 탈북 청소년을 만나고 교육한 사람도 있다. 즉, 이 교사들은 하나원 안(하나둘학교)과 하나원 밖(남한사회-늘푸른학교), 양쪽 공간에서 탈북 청소년을 교육한 것이다. 또한 동일한 탈북 청소년을 하나둘학교와 늘푸른학교에서 함께 생활하고 가르치기도 했다. 이러한 교사의 경험을 통해 하나원 안에서 밖으로의 공간적 이동에 따른 탈북 청소년의 적응양상과 태도의 극적인 변화 및 그 특징, 변화의 원인뿐만 아니라 그들과 함께 생활한 남한 자원교사의 변화 및 적응과정을 파악할 수 있었다.

2) 또 다른 만남과 새로운 관계 만들기

남한사회로 나온 탈북 청소년은 하나원과는 다른 환경을 접하게 된다. 하나원에서는 대부분의 탈북 청소년이 남한사회에 대한 두려움 속에서도 미래를 계획하고 성공에 대한 꿈과 희망을 갖는다. 그러나 하나원을 나가면 남한사회의 현실이 그리 만만한 것이 아님을 금방 깨닫게 된다. 대다수의 무연고 탈북 청소년이 남한사회의 현실과 부딪히면서 꿈과 희망이 좌절되는 경험, 가족에 대한 그리움과 외로움 등으로 고통을 겪기도 한다. 입국 초기의 하나둘학교가 탈북 청소년에게 '황홀감(euphoria)'의 시기였다면, 남한사회 초기 적응기간은 황홀기를 지나 정착지의 본격적인 어려움에 부딪히면서 힘들어하는 '좌절감(frustration)'의 시기에 해당된다고 볼 수 있다. 이 시기에 탈북 청소년은 남한사회 초기 적응 과정에서 겪는 어려움과 스트레스로 인한 행동과 성격적 특성이 나타나기도 한다. 남한사회 정착의 디딤돌 역할을 하는 늘푸른학교에서도 이와 같은 환경 변화와 좌절로 인한 탈북 청소년의 일탈적인 성향은 그대로 나타났다.

늘푸른학교 자원교사 중에는 이전에 하나둘학교 자원교사였던 사람도 있다. 하나둘학교 자원교사는 탈북 청소년의 모습과 이들과의 관계를 좋은 긍정적으로 기억하는 경우가 많다. 하나둘학교에서 늘푸른학교로 온 교사는 하나둘학교에서의 경험이 있기 때문에 탈북 청소년과의 생활에서 큰 차이가 없을 것으로 생각했다고 한다. 그러나 동일한 탈북 청소년도 늘푸른학교에서는 초기 남한사회의 '좌절감'으로 인한 특성으로 인해 하나둘학교 때와는 다른 모습을 보여, 하나둘학교 때와 비슷할 것이라고 믿던 교사의 기대를 여지없이 깨기도 한다. 15개월간 하나둘학교 청소년반에서 탈북 청소년을 가르치고 늘푸른학교로 온 한 교사의 이야기는 이런 상황을 잘 보여준다.

> 늘푸른학교에 있는 모든 아이들은 하나둘학교에서 다 저와 함께 보냈던 아이들이었기 때문에 이름도 알고 얼굴도 알았지만 내가 봤을 때는 낯선 아이들이었다. 표정이 너무 어두웠고…, 내가 알던 아이들과는 다른 모습이었다.
>
> – 늘푸른학교 교사, 28세, 남 –

늘푸른학교 교사는 하나둘학교에서 보았던 탈북 청소년과 남한사회에서 만나게 되는 탈북 청소년의 모습에서 극적인 변화를 느낀다고 말한다. 이러한 탈북 청소년의 변화에 대해 다른 교사는 "럭비공 같다"고 표현했다. 이처럼 하나둘학교와 늘푸른학교에서 보이는 탈북 청소년의 서로 상반된 모습은 교사를 혼란스럽게 만든다. 하나둘학교에서 근무했던 교사라도 남한사회로 나온 탈북 청소년과 또 다시 새로운 관계를 형성해야 하는 상황에 놓이게 되는 것이다.

교사들이 느끼는 가장 큰 변화는 탈북 청소년의 행동과 태도이다. 앞서 지적한 것처럼 탈북 청소년은 남한사회 초기 적응과정에서의 좌절감과 괴로움을 겪게 되고 이것이 행동으로 표출되는 것이다. 또한 남한사회는 하나둘학교와는 다르다는 것을 알고 있기 때문에 교사에게도 다른 태도를 취하기도 하고 상황이 달라졌음을 교사에게 강조하기도 한다. 이 지점에서 교사와 탈북 청소년 간에 갈등이 발생하게 된다.

> 하나둘학교에서는 같은 말을 세 번 했는데 아이들이 말을 안 들어서 표정이 굳어지면 "알겠습니다. 지금 합니다."라고 말을 하거나 최소한 맞춰주는 게 있었는데, 늘푸른학교에서는 그렇게 되면 아이도 같이 삐치거나 획 돌아서 가버린다. 또 하나둘에서는 감히 선생님한테 대들거나 욕하지 못 하는데 그런 상황이 발생한다. 동철이가 공부는 잘 안 하고 돈도 막 쓰고 다니기에 "정신 차려라 이것아"라고 말했는데 동철이가 "샘, 여기는 하나둘학교가 아닙니다!"라고 말했다.
>
> – 늘푸른학교 교사, 28세, 남 –

달라진 환경에 대한 인식과 그로 인한 행동과 태도의 변화는 교사와 관계에서만이 아니라 탈북 청소년 사이에서도 나타난다. 하나둘학교에서 탈북 청소년은 생활규칙을 지키지 않으면 벌점을 받고 정착금이 깎인다는 것을 알기 때문에 문제를 일으키지 않고 문제가 생겨도 되도록이면 피하거나 참는다고 한다. 하지만 늘푸른학교에는 탈북 청소년의 생활을 규제할 수 있는 제도적 장치가 존재하지 않고, 그 사실을 탈북 청소년 또한 알기 때문에 학생 간에 충돌이 발생하면 큰 싸움으로 이어지기도 한다.

> 하나둘학교 선생님들이 싸움 건 아이에 대해, 굉장히 온순하고 말이 없고 조용한 아이라고 했어요. 그러던 애가 늘푸른학교에 와서 첫 말이 뭐였냐 하면 "이제부터 그렇게 머저리같이 살지 않겠습니다. 이제부터 할 말 다하고 할 거 다하고 살겠습니다" 그랬거든요. 그러고 나서 하나둘학교에 있을 때부터 마음에 들지 않는 애가 있었어요. (늘푸른학교에서) 한 달 지내다가 별거 아닌 말에 둘이 싸움이 붙었는데 한쪽 벽이 무너지도록 싸웠거든요. 중국에서부터 알고 있었고 하나둘학교에서도 재수 없게 나왔는데 그 때도 참았고. 이제 늘푸른학교에 왔는데 더 이상 참을 이유 없다고, 한판 하자고해서 싸웠는데 벽이 무너지고 말았죠. 그때는 아이들에 대한 믿음이 있어서 말하면 들을 거라고 생각했어요.
>
> – 늘푸른학교 교사, 33세, 여 –

이와 같이 사소한 시비가 큰 폭력사태로까지 이어지는 상황뿐만이 아니라 주변 사람들에 대한 탈북 청소년의 '안하무인'식 태도, 적응과정에서 일으키는 크고 작은 '사고' 등은 늘푸른학교 운영기간 내내 교사가 해결해야 하는 과제였다. 이 경우 교사는 교육 프로그램의 계획과 진행 외에 탈북 청소년의 생활 관리에 많은 시간과 노력을 기울이게 된다.

탈북 청소년이 이러한 일탈적인 행동과 거친 태도를 갖는 데에는 단체가 제시하는 목표 안에서 스스로가 뚜렷한 전망을 발견하지 못 할 경우 발생하기도 한다. 이러한 상황은 탈북 청소년들로 하여금 공동체와 학교에 대한 회의감과 불신을 갖게 만든다. 또한 민간단체의 운영방식과 실정에 대해 자세히 모르는 탈북 청소년의 입장에서는 이러한 불신을 더욱 크게 느끼기도 한다. 한 예로, 늘푸른학교 학생들은 학교가 정부의 보조금으로 운영되며, 학생 수에 따라서 보조금이 차등 지급되는 것으로 알고 있었다고 한다. 또한 교사의 월급도 정부에서 주는 것으로 알았다는 것이다. 이러한 인식은 학교에 대한 불만과 교사에 대한 불신으로 이어졌다고 한다. 하지만 사실이 아니라는 것을 알자 한 학생이 교사에게 "그런데 샘은 여기서 왜 이러고 있어요?"라고 묻더라는 것이다.

생활공동체 학교의 일상을 함께 하는 방식은 교사와 학생의 정서적, 인간적 유대를 통해 바람직한 교육적 토대를 형성할 가능성도 있다. 하지만 많은 경우 탈북 청소년이 초기 남한사회 적응에서 겪는 어려움과 좌절로 인한 행동과 특성은 교사로 하여금 일상생활의 유지조차 힘겹게 만들기 쉽다. 이런 가운데 단체가 지향하는 교육적 목표와 다양한 프로그램은 실행 자체에 많은 어려움이 따르기도 한다.

생활공동체들은 대개 탈북 청소년들이 남한사회에 정착하고 자기 길을 찾아 나가는 과정에서 필요한 공동체적, 교육적 지원을 제공하는 일종의 디딤돌 역할을 설정하고 있다. 하지만 초기에 탈북 청소년들의 교육을 담당하기 시작한 단체들의 경우 당장 디딤돌학교 성격의 교육기관이 필요하다는 급박한 상황인식 때문에 이제까지 전례가 없던 탈북 청소년 대상의 교육 프로그램을 채 준비되지 않은 상황에서 시행하게 된다. 이러한 상황은 교사들로 하여금 여러 번의 시행착오를 겪도록 한다. 물론 모든 생활공동체가 이러한 상황을 겪는 것은 아니지만 대부분의 경우 설정된 교육목표의 달성을 가능하게 할 교육 프로그램의 구체적인 내용이나 이를 집행할만한 인력에 대한 준비가 충분하지 않은 상황에서 아무도 닦아놓지 않은 길을 가야 되는 것이 민간단체가 운영하는 대부분의 생활공동체들이 겪는 공통된 상황이라 할 수 있다. 즉 생활공동체 설립 과정은 몇몇 교사들이 표현하듯이 "맨땅에 헤딩하는" 식의 프로그램 구성, 일 전개 과정과 이에 따른 무수한 시행착오를 거칠 수밖에 없다(정병호 외 2004: 45).

탈북 청소년의 입장에서 보면 법적 조치에 따라 의무적으로 있을 수밖에 없는 공동체에 소속감을 갖는 것도 쉽지 않은데 단체가 제시하는 교육 프로그램에 따라 움직이기란 더더욱 어려울 것이다. 공부에 대한 필요성을 인정하고 시작하더라도 막상 시작하면 다른 문제에 부딪히게 된다. 대부분의 학생이 장기간의 학습공백이 있는 상태이고 남북한의 교육 체계 차이로 수업 내용을 이해하지 못하는 경우가 많다. 뿐만 아니라 아직 남한사회의 제도와 생활방식에 익숙하지 않은 상태에서 교육 프로그램을 진행하는 것 자체가 무리일 수도 있다. 그럼에도 불구하고 탈북 청소년 스스로도 필요성을 인정하는 부분이 있기 때문에 교육 프로그램을 아예 거부하지는 않는다고 한다.

이러한 모습을 보는 교사들은 탈북 청소년을 '교육'하기 위해서는 우선 '생활'이 잡혀야 한다는 생각을 갖는 것으로 보인다. 계획된 시간에 따라 학생이 움직여주지 않으면 프로그램은 무용지물이 될 수도 있기 때문이다. 또한 프로그램의 '교육적 효과'를 얻기 위해서 무엇보다 중요한 것이 학생들의 규칙적인 생활이며, 그 자체로도 교육적 효과가 있다. 이러한 상황은 교사로 하여금 교육 프로그램 진행보다는 탈북 청소년의 생활 관리에 더 많은 신경을 쓰게 함으로써 생활에 대한 잔소리가 늘어가게 한다.

늘푸른학교와 같은 생활공동체의 자원교사가 겪는 어려움은 탈북 청소년들의 특성에서 비롯된 부분이 많다. 대부분의 무연고 탈북 청소년은 떨어져 있는 가족에 대한 걱정, 가족의 남한 입국 문제, 불안정한 정서, 남한에서의 좌절 경험 등이 겹쳐지면서 교육 프로그램에 참가하는 것조차도 힘들어한다. 탈북 청소년들 스스로도 열심히 하려고 몇 번을 다짐하고 노력도 해보지만 쉽게 마음을 잡지 못 하는 경우가 대부분이다.

자원교사가 겪는 또 다른 어려움으로는 민간단체의 '규모의 영세성'으로 인한 것이 있다. 대부분의 보호시설이 민간단체가 자체적으로 조달하는 운영비에 의존하고 있는 실정이다. 때문에 교사확보와 교육 프로그램 면에서 장기적인 운영은 불가능하고 몇 개의 프로그램에만 의존할 수밖에 없게 된다. 적은 예산과 소수의 교사가 개별적인 탈북 청소년들의 다양한 욕구를 충족시켜주고 그들에게 맞는 교육 프로그램을 찾기란 쉬운 일이 아니다. 그로 인해 탈북 청소년에게 명확한 현실적 전망을 제시하지 못 하는 경우가 생기기도 한다. 이러한 상황은 탈북 청소년들로 하여금 공동체와 그 안에서 자신들이 이루어야할 목표에 대한 의구심을 키우게 되는 요인으로도 작용해 공동체에 계속 남아있어야 하는 이유에 대한 회의로 이어지기도 하며, 때로는 이러한 회의감이 교사들에 의해 공유되는 경우도 드물지 않다. 탈북 청소년의 입장에서 보면 공동체가 운영하는 프로그램이 자신에게 적절하지 않다고 느끼는 경우 다른 공동체로 옮기지 않는 이상 마땅한 대안이 없다(정병호 외 2004: 47). 이 경우 탈북 청소년은 현실에서 자신의 목표를 잃고 나태한 생활을 하기도 하는데 이 또한 공동체 교사가 추스를 수밖에 없게 된다. 늘푸른학교의 한 교사는 시작 초기에 사감이 되어서는 안되고 학생들과 생활을 같이 하지만 프로그램이 주가 되고 교사는 적절한 상담사의 역할을 해야 한다고 말했다. 학생들의 일상생활유지도 쉽지 않은 상황에서 교육 프로그램의 원활한 운영은 사실상 불가능한 것일 수도 있다. 교사의 입장에서 보면 평온한 일상의 유지만도 만만치 않은 상황에 놓여있는 것이다(정진웅 2004: 7). 이처럼 같은 공간에서 교사와 학생이 함께 생활한다는 것에서 파생되는 문제들은 교사로 하여금 탈북 청소년의 생활 관리와 학습 지도 사이에서 갈등하게 만든다.

3) 교사의 혼란과 갈등

생활공동체형 학교의 가장 큰 특징은 자원교사와 학생이 같은 공간에서 함께 생활하며 프로그램을 진행한다는 점이다. 이러한 환경은 탈북 청소년과 교사의 일상적 관계를 통해 서로 간에 다면적 인간관계와 그로 인한 기복을 형성하게 되고 교사는 탈북 청소년들의 생활 관리나 학습 지도를 위한 적절한 관계설정에서 갈등적 관계에 놓이게 만들기도 한다. 즉, 생활공동체에 상주하는 교사는 일종의 보호자, 교육자, 누나/언니, 형/오빠, 가사 노동자 등의 복합적 역할을 수행하는 모호한 통제자로서 학생들과의 적절한 관계설정에 어려움을 겪을 수밖에 없다(정병호 외 2004: 46). 한 교사는 이러한 경험을 다음과 같이 표현한다.

> 제가 있으면서도 제가 교사인지 친구인지 어떤 때는 엄마 역할도 해야 할 것 같고, 어떤 때는 경찰 역할도 하는 것 같아요. 참 모호한 순간이 많아요. 다양한 역할들이 주어졌기 때문에 참 모호하고 힘들었어요.
>
> – 늘푸른학교 교사, 33세, 여 –

교사는 이러한 어려움 외에도 남한사회 초기에 탈북 청소년의 불안정한 신분에 대해 법적, 경제적 책임도 져야하는 상황이다. 무연고 탈북 청소년의 경우 대부분 미성년이기 때문에 부모를 대신한 법적 대리인 혹은 보호자를 세워야 할 경우가 많음에도 불구하고 아무런 법적 보호 장치가 마련되어 있지 않고 있다. 이런 경우 생활공동체의 교사가 법적 대리인으로도 나서게 된다(안연진, 이진희 2003).

교사는 무연고 탈북 청소년들의 신변을 보호해야 하는 역할에서부터 가족이라는 울타리에서의 정서적인 지지를 해줄 수 있는 '엄마'의 역할, 필요한 각종 행정 및 사무 업무, 교육 프로그램도 계획 및 실행, 생활 관리 등을 한다. 늘푸른학교의 교사와 학생 사이의 나이차는 대개 10년 내외이다. 이 경우 한 집에서 같이 사는 사람들이기 때문에 형이나 누나 혹은 친구에 가까운 관계가 형성되기도 한다. 특히 탈북 청소년이 밖에서 일으키는 크고 작은 사고에 대해 책임지고 보호자 역할도 해야 하는 상황이다. 때론 탈북 청소년 사이에서 벌어진 싸움을 말리고 진정시키는 '경찰' 역할도 담당 한다.

> 애들 싸우는 거 보고 기본적으로 주먹이 기본이고요. 욕 한 마디에 그냥 아무것도 아닌 일에 싸우고. 아무것도 아닌 포도 한 알 먹었다고 싸우고 막 이러거든요. 그래서 애들이라는 생각이 들기도 하는데. 그런 것 때문에 굉장히 크게 싸워요. 그럴 때 보면 정말 정 떨어지죠. 그리고 제 신변에 대한 불안감도 많이 생기고요.
>
> – 늘푸른학교 교사, 33세, 여 –

생활 속에서 일어나는 크고 작은 폭력 사건들로 인해 탈북 청소년과 함께 지내는 교사는 일상에서 평정심을 유지하는 것조차 쉽지 않아 보인다.

> 애들 앞에서 울고 싶을 때가 굉장히 많았어요. 근데 애들 앞에서 눈물을 보이면 책잡히는 게 아닌가 싶은 걱정이 좀 많이 됐었어요. 눈물이 쏟아질 경우에는 뒤돌아서서 그냥 집을 나온다거나 아니면 방으로 들어가서 혼자서 감정을 추스르거나 이런 식의 것들도 많이 했어요.
>
> – 늘푸른학교 교사, 33세, 여 –

이렇게 힘든 상황에서 탈북 청소년과 관련된 다양한 문제들과 씨름하면서 몇몇 교사는 생활공동체에서 '교육'을 하겠다는 발상 자체에 대해 회의하기도 한다(정병호 외 2004: 46). 다음은 이에 대한 늘푸른학교 교사들의 말이다.

> 아이들하고 있으면서 생활도 하고 교육 프로그램도 할 수 있는 방법들을 모색하다가 나중에 저 개인적으로 내린 결론은 학교면 학교, 그룹 홈이면 그룹 홈이어야 한다는 것입니다. 생활하려면 생활하는 공간으로써만이 존재해야 아이들이 정서적으로 안정될 수 있고, 같이 사는 교사도 적절한 역할을 할 수 있는 것 같아요.
>
> – 늘푸른학교 교사, 33세, 여 –

> 앞으로 늘푸른학교가 가야한다면 저는 학교보다는 집 쪽이 맞는 거 같아요.
>
> – 늘푸른학교 교사, 25세, 여 –

이렇게 서로 갈등적인 역할이 중첩된 상황에서 벌어지는 일들에 대해 같이 의논하고 도움을 주고받을 적절한 동료교사나 상담자가 존재하지 않을 경우 교사들은 쉽게 순응하지 않는 학생들과의 관계에서 급격히 지치고, 또 상처 받아 몇 달을 버티지 못하고 교육현장을 떠나는 경우가 대부분이다. 하지만 교육현장에서의 이런 개인적 사연들은 비슷한 경험을 공유하는 교사들 이외에는 의논할 사람들이 거의 없다(정병호 외 2004: 46). 늘푸른학교 교사의 다음과 같은 얘기는 이런 상황을 잘 보여준다.

> 개인적인 시간이 없다 보니 한 서너 달 지나니까 좀 정상적인 사람들을 만나서 정상적인 생활을 하고 싶다는 생각이 간절해요. 친구들 만나는 거라든지 이런 것들을 통해서 나 나름대로 좀 풀려고 하곤 했지요. 그런데 참 재미있는 건 친구들 만났을 때 아이들 얘기를 못 하겠어요. 한 번 처음에 너무 힘들어서 선배 언니한테 얘길 했거든요. 그 선배 언니가 대뜸 하는 말이 "내가 낸 세금 갖고 여기 와서 살면서 뭐 하는 짓이냐" 하고 막 뭐라고 하더라고요. 그 다음부터 얘기가 쏙 들어갔죠. 아무 얘기도 안 하고, 친구들 만나도 다른 얘기를 하지 학교에서 있었던 힘든 이야기라든지 이런 얘기는 못 푸는 것 같아요. 가족들한테도 못 하고.
>
> – 늘푸른학교 교사, 33세, 여 –

탈북 청소년의 복잡한 특성과 이들과의 관계 속에서 빚어지는 다양한 갈등은 교사에게 심리적 부감과 상처를 주기도 한다. 이러한 상황에서 생활지도와 일상의 운영에 많은 시간과 노력을 들여야 하는 상주교사가 담당할 수 있는 교육 프로그램은 매우 제한적일 수밖에 없으며, 이를 보충하기 위한 별도의 프로그램들이 활발히 운영되고 또 학생들에 의해 수용되지 않으면 공동체의 교육력 자체가 튼실한 기반에 서기 어렵다. 이런 상황에서 교사들 스스로가 교육적인 기획이나 작업 자체가 상당히 빠른 시간 내에 소멸되어버리는 상황에 대해 회의적인 태도를 갖게 되기도 한다(정병호 외 2004: 47). 늘푸른학교의 한 교사는 이를 다음과 같이 표현한다.

> 시간이 지나면서 생활만 남아버리거나 인간관계만 남아버렸어요.
>
> – 늘푸른학교 교사, 33세, 여 –

'산전수전' 다 겪은 아이들을 데리고 살면서 교육까지 해야 한다는 것 자체도 어려운 일인 데다가 제도적 장치의 부재로 인하여 문제가 생길 경우 교사가 책임을 져야하는 부담감도 교사들을 힘들게 한다. 교사들은 아이들에게 사랑을 주면서도 상처받는 애증관계 속에서 탈진하여 학교를 떠나는 경우가 많고 이로 인한 교사 수급문제와 아울러 그나마 이들의 전문성이 축적되지 않는 악순환이 발생하기 쉽다(정진경 외 2004: 228). 현재 남한에서 상당수의 민간단체가 더 이상 탈북 청소년 보호시설을 운영하지 않고 있다는 점을 보더라도 탈북 청소년 교육현장의 어려움을 짐작할 수 있을 것이다. 하지만 이러한 교육현장이 남긴 성과와 의미를 간과해서는 안 될 것이다.

4) 교사의 적응과 새로운 방향의 모색

늘푸른학교 교사는 초기에 '교육', '학교'라는 틀을 생각하고 남한사회 적응에서 탈북 청소년에게 필요한 다양한 교육 프로그램을 시도했다. 그러나 단체의 현실과 남한사회의 구조적 문제로 인한 탈북 청소년들의 '저항'은 프로그램의 시도 자체를 어렵게 하기도 하고, 장기간의 운영은 더욱 불가능하게 만들었다. 결국 교사는 학교 개념을 잡아가는 과정에서 탈북 청소년에게 필요한 것은 이들을 지지해주고 뒷받침해 줄 수 있는 기반이라고 판단하게 된다. 그러면서 점차 생활에 치중하는 모습을 보인다. 교사의 이러한 판단에는 탈북 청소년에게 시도했던 여러 형태의 교육 프로그램의 실패와 남한사회의 구조적 틀에서 늘푸른학교와 교사 개인이 할 수 있는 지원 한계에 대한 인식이 있는 것으로 보인다. 또한 무엇보다 탈북 청소년과 공동체 생활에서 오는 육체적 · 정신적 지침과 공동체 생활 속에서 탈북 청소년의 변화를 느꼈기 때문일 것이다.

> 뭔가 프로그램을 하고 길을 찾아주고 하는 그런 것에 에너지를 많이 쏟고 있는데 실상 중요한 건 그것이 아니다. 학생들한테 남는 건 생활의 안정감이나 어떤 관심 같은, 그런 것이다.
>
> – 늘푸른학교 교사, 25세, 여 –

교사의 이러한 변화는 교사 스스로가 "손을 놓는다", "마음을 가볍게 먹기로 했다", "학교에서에서 바꿀 수 있는 모습은 거기까지"라는 표현에서 볼 수 있다. 하지만 이러한 교사의 변화가 탈북 청소년 교육을 포기한다거나 상황에 맞기고 그대로 내버려두겠다는 뜻은 아닐 것이다. 애초에 자신이 생각했던 탈북 청소년에 대한 '교육'과 '교사'의 개념과 역할을 다시 설정한다는 의미로 보인다.

> 하기 싫은 애들 억지로 해서. 얘네한테 도대체 이렇게 시켜야 하나. 얘네들이 싫다는데, 자기가 싫다는데 내버려두고 싶기도 하고 이해 가는 부분도 있고. 그래서 계속 그러다가 안 되겠다 싶었어요. 애들도 행복해지고 선생님도 행복해 질 길을 찾아야겠다. 그래서 저도 많이 놓은 부분이 있죠. 편안해진 부분인데….
>
> – 늘푸른학교 교사, 25세, 여 –

결국 이러한 과정은 늘푸른학교가 지향한 목표와 시도했던 교육 프로그램의 의미보다는 교사에게 "생활과 인간관계만 남아버렸다"는 느낌을 받게 했다. 다른 의미에서 살펴보면, 이 말은 탈북 청소년이 가장 원하고 그들에게 가장 필요한 것이 무엇인가를 잘 보여준다. 즉, 탈북 청소년이 남한사회 적응에서는 무엇보다 '생활'과 '인간관계'가 중요할 수도 있다는 점이다. 또한 그 부분이 늘푸른학교의 가장 큰 '교육적 성과'로 볼 수 있다. 늘푸른학교라는 공간에서 자신들을 이해하려고 노력하는 교사와 함께 생활하는 것만으로도 탈북 청소년에게 어느 정도 힘을 마련해 줄 수 있었을 것이다. 내세울 것 없고 기죽기 쉬운 무연고 탈북 청소년들의 하소연과 '개김'을 받아줄 수 있는 곳이 남한사회에 그리 많지 않은 현실에서 공동체 공간과 교사의 존재는 탈북 청소년에게 지지기반이 될 수 있다. 탈북 청소년들은 자신을 지지해주고 믿어주는 사람이 있다는 것만으로도 상당한 안정감을 느낀다고 한다.[12] 교사도 이러한 탈북 청소년의 변화를 말한다.

(늘푸른학교 생활이 4개월 지난 시점에서)

동영이가 하는 소리가 우리도 TV보는 시간을 정하제요. 그 때는 선생님들도 다 같이 나와서 TV를 보재요. 그래야 가족 같지 않냐고? 그리고 애들이랑 같이 TV를 보면요, 애들이 되게 좋아해요. 웃기는 장면 나오면 꼭 선생님 얼굴 보고 웃고. 그냥 아이들 밤 시간에 TV 볼 때 옆에 있으면서 개네들이랑 시답지 않은 이야기라도 해 주는 걸 아이들이 바라고 있고 되게 좋아하고 있다는 걸 요즘 들어서 많이 느끼거든요.

– 늘푸른학교 교사, 25세, 여 –

학원 땡땡이치는 애들 다시 붙잡아갖고 학원 선생님한테 인사시키고 우리 애들 잘 봐달라고 하고. 그러면 애들이 참 좋아해요. "애가 알고 보면 참 괜찮은 애예요"라고 제가 아이들에 대해서 느끼는 것들 이야기하고 그러면 애들이 힘을 참 많이 받았었어요. 마음 든든해 하고.

– 늘푸른학교 교사, 33세, 여 –

늘푸른학교에서 남한사회 초기 적응교육 기간의 탈북 청소년과 이들을 교육하는 교사의 적응 상황을 살펴보면 남한사회 내 탈북 청소년 적응교육의 문제점이 드러난다. 이러한 문제점 가운데 하나로 정진웅(2004)은 대부분의 탈북 청소년 교육 프로그램들이 탈북 청소년들의 남한사회에의 일방적인 적응을 가능하고도 바람직한 과정으로 설정하고 있다고 지적한다. 특히 남한 정착 초기과정에서는 이러한 비현실적인 가정이 대부분의 탈북 청소년들에 의해 환상의 형태로 공유되고 있다고 말한다. 하지만 늘푸른학교 사례들이 시사 하듯

12) 탈북 청소년들은 북한 기근, 가족해체, 탈북 과정에서 얻은 신체적 정신적 충격으로 남한 입국 후에도 외상후 스트레스증후군(PTSD) 증상으로 불안, 우울증을 보이기도 한다. 이러한 증상에 대한 회복으로 가장 주목받는 요인이 사회적 지지라고 한다. 한 연구에 따르면, 난민 수용소에서 가족과 함께 살 수 있었던 사람들의 PTSD와 우울증의 수준이 낮았던 이유는 심각한 외상 후에 가족 지지의 완충효과가 PTSD와 주요 우울증의 발달로부터 사람들을 보호했기 때문이라고 한다(강성록 2000).

이러한 가정은 그리 현실적이지도 또 바람직하지도 않다. 탈북 청소년이 갖고 있는 현실적 조건으로 남한사회에서 '성공'에 해당하는 기준을 충족시키기란 사실상 불가능하며, 설사 '성공적 적응'을 한 경우에도 탈북자에 대한 남한사회의 고정관념에 의한 차별은 계속되기 때문이다. 늘푸른학교 사례에서 확인할 수 있듯이 남한사회의 현실을 경험하고 좌절하게 되는 탈북 청소년에 대한 '적응교육'이 사실상 불가능하다는 것이 드러났다. 때문에 무엇보다 필요한 것이 남한사회의 탈북자에 대한 인식과 태도의 변화이며, 이를 위해 다름을 이해하고 상대방을 있는 그대로 받아들여 상호 공존을 모색하는 노력이다.[13)]

5. 결 론

본 연구는 하나둘학교와 늘푸른학교에서 탈북 청소년을 교육하는 남한 자원교사가 탈북 청소년 교육과정에서 겪는 갈등과 적응을 살펴본 것이다. 필자는 우선 남한 교사와 탈북 청소년이 만나는 교육현장의 특징을 파악했다. 또 본 연구에서는 남한 자원교사가 탈북 청소년을 처음 만나 갈등, 변화, 적응 등의 과정을 겪는 것을 단계적으로 보기 위한 시간축과 정부의 행정적인 규제와 관리가 이뤄지는 공간에서 그러한 제도적 힘이 없어지는 공간으로의 이전에 따른 차이를 보려는 공간축으로 나눠 진행했다. 필자는 시간적 변화에 따른 교사와 탈북 청소년의 초기 상호작용 과정을 살펴보았고 하나원 안과 밖으로 대비되는 공간적 차이에 따른 변화를 시간적 변화 속에서 비교하여 보았다. 이상과 같은 과정을 통해 본 연구에서는 다음과 같은 결과를 얻었다.

첫째, 하나둘학교 교사는 탈북 청소년과 일정한 단계의 적응과정을 거치고 있었다. 하나원을 처음 들어올 때 느끼는 낯설음과 긴장감은 탈북 청소년 못지않게 하나둘학교 교사에게도 있다. 하지만 북에서 온 사람을 처음 보는 교사의 설렘도 잠시뿐이고 교사는 이질적인 문화에서 성장하고 육체적・정신적 상처가 있는 탈북 청소년에게 '충격'을 받는다. 교사가 받는 충격은 크게 두 가지인 것으로 보이는데, 하나는 문화적 다름에서 오는 '문화충격'이고 다른 하나는 탈북 과정에서 생긴 탈북 청소년들의 육체적・정신적 '상처'에 대한 '충격'이다. 교사는 탈북 청소년과의 상호작용을 통해 초기의 낯설음과 이질감을 극복하고 있었다. 또한 교사는 탈북 청소년들이 이런 상처에도 불구하고 자신의 적극적인 노력을 통해 점차 밝아지는 모습에서 뚜렷한 보람을 느끼고 있었다. 특히 상처가 심한 탈북 청소년이 보이는 작은 긍정적인 변화조차도 민감하게 반응하며 거기에 의미를 두는 모습을 보였다.

---

13) 이러한 시각을 키우는데 필요한 것이 '문화이해지'를 통한 훈련이다. 문화이해지는 서로 다른 문화권의 사람들이 만났을 때 상대방을 이해하지 못해 발생할 수 있는 갈등 상황을 설정해 놓고, 상황마다 상대방이 한 행동의 이유를 생각해 보게 하고, 그 이유를 문화적 배경 속에서 이해하게 함으로써 상대방에 대한 이해를 깊게 하는 훈련방법이다 (정진경 외 2002).

점차 자신감을 회복하고 밝아지는 탈북 청소년의 모습은 지치기 쉬운 교육현장에서 교사를 지탱해 주는 원동력이 되기도 한다. 하지만 탈북 청소년의 상처가 교사의 '상처'로 전이되기도 한다. 하나둘학교 과정은 교사와 학생의 전면적인 접촉이 이뤄지는 공간으로 교사는 학생들의 과거 경험을 많이 알게 된다. 교사가 탈북 청소년의 아픈 기억과 상처를 감당하고 정리하지 못할 경우 교사의 심리적 부담으로 이어지기도 한다. 그러나 그러한 아픔에도 불구하고 교사와 탈북 청소년 모두에게 하나둘학교 공간은 '좋은 추억'으로 자리하고 있다. 처음 남한 자원교사와의 전면적인 만남과 인간적 신뢰와 지지를 경험한 탈북 청소년들에게 하나둘학교는 '고향'과도 같은 곳으로 기억되며, 항상 가고 싶은 그리운 곳으로 자리하고 있었다.

둘째, 입국초기라는 시점과 하나원 공간이 갖는 특성은 하나둘학교의 남한 자원교사와 탈북 청소년의 관계 형성에 많은 영향을 미치고 있었다. 하나둘학교는 탈북 청소년들이 남한 땅에 들어와서 정부기관의 조사를 받은 직후에 오는 곳이고 남한사회에 대한 초기 적응 교육이 이뤄지는 공간이다. 또한 이때는 오랜 유랑 생활의 끝이자 낯선 땅에 대한 흥분감을 갖는 '황홀감(euphoria)'의 시기이도 하다. 하나원 내에서는 정부의 제공으로 모든 의식주가 해결되고 생활에 대한 행정적 규제를 받게 된다. 이 기간의 탈북 청소년들은 안도감과 낯선 남한사회에 대한 설렘과 기대로 급격히 마음을 열게 되고 되도록이면 좋은 모습을 갖고자 노력하게 된다. 자발성(自發性)과 헌신성이 높은 하나둘학교 남한 자원교사는 탈북 청소년을 잘 받아주고 이해하려고 애쓴다. 이러한 시기의 교사와 탈북 청소년의 만남은 충돌과 갈등 보다는 심리적 상호애착 관계를 형성하는 것으로 보인다. 하지만 한 기수가 2개월 단위로 반복되면서 동시에 두 기수에서 많게는 세 기수가 겹쳐져 있는 상황에서 탈북 청소년과 24시간 거의 함께 해야 하는 근무 여건은 자원교사들을 쉽게 지치게 만든다. 또한 성장배경, 나이, 학력수준 등이 각양각색인 탈북 청소년을 상대로 수업을 진행해야 하는 상황은 교사로 하여금 학습기준을 잡기 어렵게 한다. 탈북 청소년과 전면적으로 만나는 '진한 만남' 후에 '잦은 이별'을 반복적으로 하게 되면서 이별 뒤에 오는 허탈감 등은 심리적 자기 방어기제를 만들기도 한다.

셋째, 하나둘학교에서 탈북 청소년과 밀접하고 친밀한 인간관계를 유지했던 자원교사들도 남한사회 초기 정착교육 단계인 늘푸른학교에서는 달라진 상황에서 전혀 다른 태도를 보이는 탈북 청소년과 또 다시 적응해야 했다. 탈북 청소년들은 교사와 충돌하기도 하고 일탈적인 행동을 보이기도 한다. 탈북 청소년과의 지속적인 충돌과 갈등은 교사의 힘과 열정을 쉽게 소진시킨다. 대부분의 탈북 청소년이 남한사회에 나름대로의 꿈과 환상을 갖기도 하는데 현실에서는 좌절과 뚜렷한 전망을 발견하기 힘든 경우가 많기 때문이다. 이는 탈북 청소년들이 적응해야 할 남한사회의 현실적 조건이 얼마나 열악하고 힘든 것인가를 보여주는 것이기도 하다.

연구자가 만났던 전체 교사들 가운데 절반 이상이 2001년부터 2004년 말, 현재까지 탈북 청소년 교육현장에서 일하고 있거나 탈북 청소년과 지속적인 관계를 유지하고 있다. 이 교사들의 공통점은 탈북 청소년의 적응과정에서 나타나는 문제점을 바로 '부적응'이나 '심각한 문제'로 인식하지 않고 적응과정의 일부로 받아들이거나 잘못한 것이 있어도 그를 통해 탈북 청소년 스스로가 배우는 기회를 갖게 되었을 것으로 생각한다는 점이다. 또한 그들은 탈북 청소년이 잘못하는 것을 보아도 일방적으로 훈계하거나 지적하지 않고 있었다. 이는 탈북 청소년 교육 경험을 통해 일방적인 훈계나 지시가 아무런 도움이 되지 않는다는 것을 알았기 때문인 것으로 보인다. 무엇보다 이들 교사가 갖는 가장 두드러진 특징은 탈북 청소년을 통해 교사 자신의 변화를 경험했다는 것이다. 이질적인 문화에서 성장한 이들과의 접촉과 교육을 통해 그동안 익숙하게 느끼고 살던 남한 문화를 상대화시켜 볼 수 있는 시각이 생긴 것으로 보인다.

교사는 오랜 기간 탈북 청소년과 함께 생활하고 교육하면서 그들의 여러 가지 모습을 경험하고 겪었다. 탈북 청소년으로부터 감동을 받기도 하고, 때론 '배신감'과 '속상함'을 느끼고 그로 인해 마음의 '상처'를 입기도 했다. 이러한 교사의 경험은 탈북 청소년에 대한 긍정적, 부정적 태도를 동시에 갖게 만들었다. 하지만 교사는 탈북 청소년의 다양한 특성을 잘 알고 있기 때문에 하나의 태도로 이들을 일반화하지 않고 있다.

참고문헌

강성록 2000 "탈북자의 외상 척도 개발 연구," 연세대학교 대학원 심리학과 석사학위논문.

김윤영 2002 "탈북 아동의 남한 학교 생활과 정체성," 한양대학교 대학원 문화인류학과 석사학위논문.

남북문화통합교육원 2003 "남북문화통합교육원 활동현황," 『탈북 청소년 교육제도의 현황 및 제언』, 북한이탈주민지원 민간단체협의회 아동 · 청소년분과 세미나 자료집.

안연진, 이진희 2003 "공릉종합사회복지관의 탈북 아동 · 청소년 지원사업," 『탈북 청소년 교육제도의 현황 및 제언』, 북한이탈주민지원 민간단체협의회 아동 · 청소년분과 세미나 자료집.

윤인진 2000 "탈북과 사회 적응의 통합적 이해: 국내 탈북자를 중심으로," 『현대북한연구』, 3(2): 123-184.

전우택 2000 『사람의 통일을 위하여』, 서울: 오름.

정병호 1999 "북한 어린이 기아와 한국인류학의 과제," 『한국문화인류학』, 32(2): 155-175.

______ 2001 "분단의 틈새에서: 탈북 난민의 삶과 인권," 『당대비평』, 16: 236-255.

______ 2002 "하나둘학교 이야기," 『하나둘학교 이야기』, 서울: 남북문화통합교육원, pp.7-12.

______ 2004a “북한 기근의 인류학적 연구,” 『통일문제연구』, 16(1): 109-140.
______ 2004b “탈북 이주민의 환상과 부적응: 남한사회의 인식혼란과 그 영향을 중심으로,” 『비교문화연구』, 10(1): 33-62.
정병호, 정진경, 이종태 2001 “탈북 학생 사회 · 학교 조기적응을 위한 특별교육 프로그램 개발연구,” 『교육정책연구』, 2001-1-05, 서울: 교육인적자원부.
______ 2002 『탈북 어린이 · 청소년 적응교육 – 교사용 지도서』, 남북문화통합교육원.
정병호, 정진웅, 전효관, 이부미 2004 “북한이탈청소년을 위한 학교 설립 타당성 연구,” 『교육정책연구』, 2003-공모-7, 서울: 교육인적자원부.
정진경 1996 “문화 이해지 - 통일과 심리적 화합,” 또 하나의 문화 통일 소모임 엮음, 『통일된 땅에서 더불어 사는 연습』, 서울: 또 하나의 문화, pp.53-68.
정진경, 양계민 2004 “문화적응이론의 전개와 현황,” 『한국심리학회지: 일반』, 23(1): 101-136.
정진경, 정병호, 양계민 2004 “탈북 청소년의 남한학교 적응,” 『통일문제연구』, 16(2): 209-239.
정진경, 최진이, 김성민, 정진헌 2002 『남북한 문화이해지: “북한에서 온 내 친구”』, 서울: 우리교육
정진웅 2004 “‘적응’을 넘어서: 탈북 청소년 교육의 새로운 방향 모색,” 『열린교육연구』, 12(2): 1-18.
전익수 2002 “탈북청소년 초기 정착지원방안에 관연 연구,” 경남대학교 북한대학원 석사학위논문.
조한혜정 1997 “통일공간과 문화: 비판적 재해석,” 『통일연구』, 1:69-87.
Hofstede, Geert 1995 *Cultures and Organizations: Software of the Mind*, University of Limburg at Maastricht 『세계의 문화와 조직』, 자재호, 나은영 역, 서울: 학지사, 1995.

자료

남북문화통합교육원, 2002a 『하나둘학교 이야기』, 서울: 남북문화통합교육원.
______, 2002b 『더 크고 싶은 아이들 2』, 서울: 남북문화통합교육원.
______, 2003 『더 크고 싶은 아이들 3』, 서울: 남북문화통합교육원.
______, 2004 『더 크고 싶은 아이들 4』, 서울: 남북문화통합교육원.
서울시, 대화문화아카데미, 2003 『2003 셋넷교실 이야기』, 서울: 대화문화아카데미.
통일부, 2002 『탈북 청소년 교육보호문제 워크샵』, 서울: 통일부.
______, 2003 『통일백서』, 서울: 통일부.
______, 2004 『통일백서』, 서울: 통일부.

제18장

교육지원체제 수립방안*

정병호 한양대 교수, 문화인류학
정진경 충북대 교수, 심리학
이향규 서울대 강사, 교육학

1. 교육문제의 성격과 제도적 개선 방안

탈북 아동과 청소년은 성인들보다 남한 문화에 쉽게 적응할 것으로 생각하는 일반적인 기대와는 달리, 실제로는 오히려 더 심각한 적응문제를 경험하고 있다. 이들은 북한의 기근 상황 속에서 성장하여 다양한 발달상의 문제를 가진 채 남한까지 오는 과정에서 겪은 심리적 상처를 치유하면서 새로운 낯선 문화에 적응하여야 하는 중층적 과제에 직면하고 있다. 이들은 학교, 검정고시학원, 바깥 사회생활 모두에서 심각한 어려움을 겪고 있다. 그 중 가장 뚜렷하게 가시화되는 문제는 성장기 아동・청소년들로서 남한 교육제도에 적응하여야 하는 문제이다. 이 글에서는 탈북 청소년의 교육문제의 성격을 진단하고 교육현황을 살펴본 뒤, 교육지원체제 수립 방안을 제시하였다.

1) 남북한 교육제도의 차이

탈북 학생들의 학업부진에는 여러 원인이 있으나, 가장 근본적인 문제는 남한과 북한의 교육제도상의 차이라고 할 수 있다. 남한과 북한의 경우 학제, 교육과정, 교과지식의 성격, 난이도, 교수용어 등이 상이하므로, 북한에서 교육을 받은 학생들이 단시간 내에 남한의 학교생활에 적응하며 공부를 따라가는 것은 매우 어려운 일이다.

(1) 학제의 차이

북한은 해방 이후 수차례에 걸쳐 학제개혁을 단행하여 1972년에 현재와 같은 학제를 정

* 이 글은 "북한이탈주민의 교육지원체제 수립방안에 관한 연구" 교육인적자원부 연구보고서, 2004를 일부 요약, 수정한 것이다.

착시켰다. 북한의 학제는 널리 알려진 바와 같이 유치원 2년, 소학교(4년), 중학교(6년)의 기본학제로 이루어져있다.[1] 유치원 1년을 포함하여 소학교와 중학교는 모두 의무교육으로 되어 있다. 고등교육기관으로 전문학교와 대학이 있으나, 대학의 위상과 기능은 남한의 대학과 다르다.[2]

남한의 학제와 비교하여 가장 큰 차이는 초등교육의 연한이 4년이라는 점이다. 남북한 학생 모두 만 6세에 초등학교에 입학하지만, 남한의 경우 만 12세 때 초등교육을 마치는 반면, 북한의 경우 만 10세에 초등교육을 마치고 중학교로 진학한다. 중등교육의 수학연한은 6년으로 동일하지만, 초등학교에서 생긴 2년의 격차로 인해, 중등교육을 마치는 연령이 남한은 만 18세, 북한은 만 16세가 된다. 남북한 학제의 차이는 다음 〈표 1〉에 보이는 바와 같다.

〈표 1〉 남북한 학제 차이

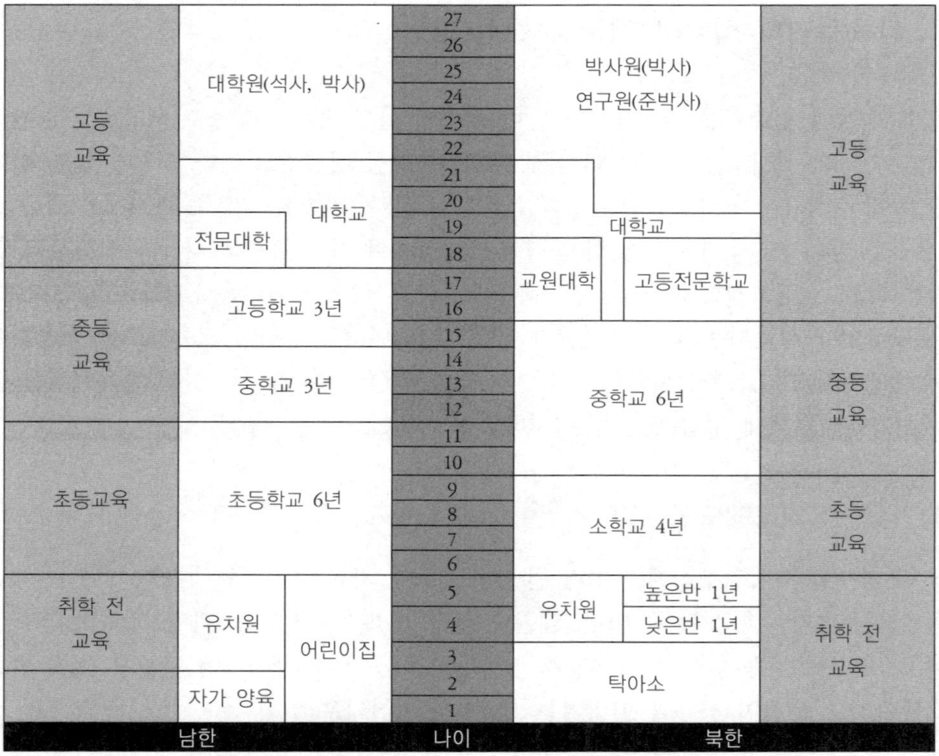

1) 북한은 기존의 인민학교, 고등중학교라는 학제 명칭을 2002년부터 소학교, 중학교로 개칭하였다.

2) 남한의 경우, 고등학교 졸업자의 90%가 대학에 진학함으로써, 고등교육은 이미 대중화 단계에 들어섰다. 그러나 북한의 경우, 중학교 졸업자가 바로 대학에 진학하는 비율은 낮은 편이다. 남학생은 대부분 군대에 입대하고, 여학생은 직장에 배치된다. 남한의 경우, 거의 모든 이들이 대학입학을 희망하기 때문에, 고등학교는 대학입학으로 연결되는 "계속교육기관"의 성격을 갖지만, 북한의 경우, 중학교는 "종결교육"의 성격이 강하다. 일단 대중교육은 중학교단계에서 완료되고, 군대 및 직장경험을 한 이후에 대학으로 재입학하는 것이 더 보편적이라고 볼 수 있다.

이러한 학제상의 차이는, 탈북 학생들을 남한학교에 편입시키는 과정에서 북한 학력을 어떻게 고려해야 하는가라는 근본적인 문제를 야기한다. 예컨대 북한에서 중학교를 졸업한 경우, 남한에서는 중등교육을 이수한 것으로 보아 대학입학자격을 부여하지만, 교육연한으로 보면 남한의 고등학교 1학년을 이수한 정도의 학력이 된다.

(2) 교육과정의 차이

남한과 북한 모두 국가가 정한 표준교육과정에 의해 학교교육이 이루어진다. 그런데 서로 각급 학교에서 가르치고 있는 교육과정은 그 구성원리와 교과편제 등에서 상이하다.

① 구성 원리의 차이 : 통합형교육과정(남) 대 분과형교육과정(북)

남한의 제7차 교육과정은 통합형교육과정 모형을 따르고 있다. 통합형교육과정은 교과간의 경계와 구획을 약화시키면서 인접 학문 간의 연계를 강화하는 것이다. 7차 교육과정의 국민공통기본교육과정[3]의 경우, 국어, 도덕, 사회, 수학, 과학, 실과, 체육, 음악, 미술, 영어 등 10개 과목으로 이루어졌다. 반면 북한의 중등학교 교육과정의 과목 수는 22개로, 강한 분과형 체제를 유지하고 있다. 예컨대 남한에서 "과학"으로 통합되어 있는 과목이 북한에서는 여전히 생물, 물리, 화학 등으로 분리되어 있다.

한 사회의 교육과정이 통합형이냐 분과형이냐 하는 것은 교과지식에 대한 사회적 태도를 반영하는 것으로, 번스타인(Bernstein)에 따르면, 분류와 구획이 느슨한 통합형일수록 전문가와 비전문가 사이의 경계가 약하고, 가르치는 사람과 배우는 사람간의 관계가 수평적이다. 반면 분과형은 지식에 대한 전통적인 관점을 견지하여, 학문의 경계가 강하고 지식의 전수자와 수용자 사이의 수직적 권위 질서가 강하다. 분과형 교육과정은 권위 있는 전문가(교사)가 교과지식을 학생에게 전달하는 것에 주력한다면, 통합형 교육과정은 교사가 주제를 주고 학생들의 학문간(inter-disciplinary) 탐구를 유도하는 것을 시도한다. 교사의 일방적 교수에 익숙한 북한 학생들은 남한 학교현장의 탐구학습이나 교사-학생간의 수평적 상호작용을 통해 적절히 자기 능력을 발휘하기 어렵다. 교과구성방식의 차이와 학교 생활문화는 탈북 학생들의 학업성취를 저하시키는 원인 중의 하나가 된다.[4]

② 교과편제와 시수의 차이

남한 학교에서 가르치는 교과목과 북한 학교에서 가르치는 교과목은 상이하다. (남북한 초등학교와 중등학교 교육과정은 부록 참조.) 첫째, 한편에서 배우고 다른 한편에서 배우지

---

3) 국민공통기본교육과정은 초등학교6년, 중학교 3년, 고등학교1년 등 10년간 모든 학생들이 이수하여야 하는 표준 교육과정을 의미한다. 자세한 내용은 부록 참조.

4) 학교 생활문화 차이로 인한 혼란과 부적응에 대하여는 김윤영(제11장)의 남한 초등학교 민족지 서술 참조.

않는 과목이 있다. 예컨대 북한에서는 제도와 컴퓨터를 독립된 교과목으로 가르치지만 남한에서는 그렇지 않다. 남한에서는 사회과목에서 사회 문화나 정치 경제를 배우지만 북한에는 이러한 내용을 다루는 교과가 없다. 둘째, 유사한 내용을 다른 교과 속에 다루는 경우가 있다. 예컨대 남한에서 과학의 일부로 다루고 있는 지구과학 영역은 북한에서는 지리과에서 다룬다. 북한에서 가르치는 김일성 김정일 혁명력사와 혁명 활동 교과는 남한교과로 비유하자면 도덕이나 현대사과목에 걸쳐있는 내용을 다루는 것이다. 위 교과목들은 교과지식의 내용은 전혀 상이하지만, 그 사회의 새로운 구성원에게 정치사회화 교육의 기능과 현대사에 대한 교육을 담당한다는 기능면에서는 유사한 점이 있다. 교과편제가 상이하므로, 탈북 학생이 남한 학교에서 학습할 때 어떤 과목은 전혀 새롭게 접하게 된다. 선행학습이 부재한 상태에서 새로운 과목을 학습해야 하는 것은 학업부진의 요인이 될 수 있다.

〈표 2〉 남북한 교과 영역별 비중

남한 중·고등학교			북한 중학교		
교과명	시수비중 (%)		교과명	시수비중(%)	
도덕	5.4	5.4	김일성 혁명활동 김일성 혁명력사 김정일 혁명활동 김정일 혁명력사 김정숙 혁명활동 공산주의 도덕	1.5 3.0 1.5 3.0 0.5 3.0	12.5
국어	15.2	15.2	국어 문학	7.0 4.5	11.5
영어	12.5	12.5	한문 외국어	4.0 9.5	13.5
사회	13.4	13.4	력사 지리	5.0 5.0	10.0
수학	13.4	13.4	수학	18.9	18.9
과학	12.5	12.5	물리 화학 생물	8.0 6.5 6.5	21.0
체육 음악 미술	8.0 4.5 4.5	17.9	체육 음악 미술	4.5 2.0 1.0	7.5
기술, 가정	9.8	9.8	제도 컴퓨터	1.0 5.0	6.0

* 남한의 교육과정은 제7차교육과정은, 북한은 2001년 교육과정을 참조하여 학교급별 전체시간수(남한의 경우 재량활동, 특별활동 시간을 제외한 전체 시간수)를 기준으로 각 교과의 비율을 나타낸 것임. 조정아(2005), "남북한 교육과정 및 교과서 비교" 충청남도 교육연수원, 중등통일교육직무연수자료집, p.183

남북한 교육과정을 비교하면 교과시수 상에도 현저한 차이가 있다. 남한과 북한의 중등학교 교육과정을 영역군으로 나누어 시수를 비교하면 다음과 같은 점을 발견할 수 있다. 우선 북한의 교육과정에서는 수학과 과학의 비중이 현저히 높다. 다음 표를 보면, 북한의 학교에서 가장 비중이 높은 교과는, 일반 사람들의 상식과는 달리, 과학과 수학 과목임을 알 수 있다. 남한의 교육과정에서 상대적으로 높은 비중을 차지하는 것은 국어와 영어, 사회과 등 주로 언어능력과 관련된 교과이다. 듣고 말하고, 발표하는 수업이 많을수록 탈북 학생들은 학업을 따라가기 어렵다. 남북한 언어가 이질화되어 소통되지 못하는 표현이 많을 뿐만 아니라, 북한에서는 발표수업의 경험을 해 본 바가 거의 없어 수업방식에 익숙하지 못하기 때문이기도 하다. 북한의 학교에서 수학과 과학을 강조하였기 때문에, 수학과 과학교과를 학습하는 것은 상대적으로 수월할 것 같지만, 실상은 그렇지 않은 것은, 교수용어의 차이가 매우 크기 때문이다. 이는 후에 자세히 다루겠다. 요컨대 남한과 북한의 수업시수의 차이, 그리고 남한에서 강조하는 교과가 주로 언어능력과 관련된 교과라는 점 등은 탈북 학생들의 학업성취를 어렵게 만드는 요인이 된다.

③ 교과지식의 차이 : 관점과 난이도

국어, 영어, 수학, 역사 등 과목명이 동일한 경우에도, 교과의 구체적인 내용과 서술방식, 관점이 상이하기 때문에 동일한 과목이라고 보기 어려운 경우도 있다. 특히 역사과목의 경우, 지식선정과정에 정치적 사회적 이념과 가치관이 가장 강하게 반영된다. 북한의 역사교과는 세계사의 경우 사적 유물론과 계급 투쟁사를 중심으로 기술되어 있고, 국사의 경우 근대이전까지는 민중사에 초점을 맞추고, 식민지 이후 시기는 김일성의 항일혁명투쟁사를 중심으로 기술되어 있다.

교과지식의 구성방식이나 난이도에서도 차이가 난다. 영어의 경우, 남한에서 최근 영어교육이 읽기뿐만 아니라, 말하기, 듣기를 강조하는 방식으로 변화하고 있는 것과 달리 북한의 영어교육은 과거 남한에서 그랬던 것처럼 독해와 문법, 구문 중심의 체제로 되어 있다. 그리고 교과의 난이도도 높지 않고, 영어를 크게 강조하지도 않기 때문에, 남한학생들에 비해 영어사용 능력은 현저하게 떨어진다고 볼 수 있다.

컴퓨터의 경우에도, 최근에 북한에서 독립교과로 컴퓨터를 가르치고 있긴 하지만, 사회적 정보인프라가 거의 구축되어 있지 않은 상태에서, 실습은 매우 제한적으로만 이루어진다. 대부분의 학교에서 컴퓨터는 모형자판으로 타자치는 연습을 하거나, 아니면 컴퓨터 프로그래밍의 기본이 되는 알고리즘을 짜는 것과 같은 논리교육으로 채워진다. 남한에서는 독립된 교과로 컴퓨터교육이 진행되는 것은 아니지만, 학교전산망이 완전히 구축되고 모든 수업에 인터넷 자료를 활용하는 등 사용자(user)중심 학습을 하고 있기 때문에, 이러한 정보환경에 익숙하지 않은 탈북 청소년들의 컴퓨터 문해능력은 낮을 수밖에 없다. 이 낮은 컴퓨터 활용능력은 남한의 교육환경에서 낮은 정보검색능력과 문제해결능력으로 이어져 학력부진의 원인으로 작용할 수 있다.

(3) 교수용어의 차이

북한은 1966년에 평양말을 기준으로 북한의 표준어를 제정하는 언어개혁을 단행하였다. 이른바 "문화어운동"이라고 하는 이 조치에 의해 대부분의 한자어와 외래어가 한글전용어로 전환되었다. 한편 남한에서는 외래어 사용이 점차 증가하는 편이고, 한글단어의 경우에도 대부분 한자 어원을 가지고 있다. 결과적으로 말의 차이는, 탈북 학생들이 남한의 학교에서 사용하는 용어를 이해하지 못하는 사태를 야기하였다. 학교에서 사용되는 언어를 이해하지 못함으로 인해, 학업을 따라가지 못하는 상황이 전개되는 것이다. 예컨대 수학의 경우, 남북한의 교수용어의 차이를 예를 들면 다음과 같다.

〈표 3〉 교수용어의 차이 (사례: 수학)

남한용어	북한용어	남한용어	북한용어	남한용어	북한용어
곡선자	구름자	승수	곱하는 수	교점	밑점
교환법칙	바꿈법칙	외수	바깥수	내각	안각
다항식	여러마디식	접선	닿이선	단면	자름면
대각	맞은각	정수	옹근수	대변	맞은변
대분수	데림분수	조합	무이	동류항	한가지항
동심원	한중심원	집합	모임	둔각	무딘각
등식	같기식	포물선	팔매선	배수	곱절수
뺄셈	덜기	피승수	곱해질수	부등식	안같기식
순열	차례무이	항등식	늘같기식	소수	씨수

한자문화권이 아닌 북한에서 온 학생들의 경우, 대부분이 한자어원을 가지고 있는 남한 교수용어를 짐작하는 것은 어려운 일이다. 만일 남한의 학생들에게 북한의 교수용어를 말하고 그 뜻을 물으면, 어떤 용어는 그 뜻을 짐작할 수 있다. 예컨대 "안같기식"이 무슨 뜻이냐고 물으면, "부등식"이라고 그 뜻을 유추할 수 있다. 왜냐하면 한자의 뜻으로 한글의 의미를 짐작할 수 있기 때문이다. 그러나 한자문화의 기반이 없는 북한사람이 "부등식"의 뜻이 "안같기식"이라고 짐작하는 것은 쉬운 일이 아니다. 결국 교수용어의 차이로 인해서 북한 학생들이 학습사태를 이해하지 못하고, 그 결과 과제 수행을 제대로 할 수 없는 상황이 발생하는 것이다.

2) 학력격차와 학교적응문제

(1) 탈북 청소년의 학력수준 현황

탈북 청소년들의 학력수준을 평가한 기존 연구에 따르면, 이들의 기초학력은 남한 학생의 학력수준에 비해 현저히 떨어진다. 학력부진현상은 상급학교로 올라 갈수록 심각해진다. 모든 과목에서 학업성취 수준이 낮지만 특히 국어, 영어, 수학 등 주요 과목의 학력결손이 두드러진다. 대표적인 연구 두 가지를 소개하면 다음과 같다.

한만길(2000)은 탈북 학생을 세 집단으로 나누어 학력검사를 실시하였다. 첫 번째 집단은 하나원에서 훈련 중인 학생들이고, 두 번째 집단은 인근 삼죽초등학교에 재학 중인 학생들이고, 세 번째 집단은 남한의 초등학교와 중학교에 재학 중인 학생들이다. 사례 수는 각각 11명이다. 이 연구에서 측정도구는 한국교육개발원에서 개발한 "초등학교 기초 기본학습 부진 학생 판별도구 (기초능력검사와 기본능력검사)"가 사용되었다.[5] 조사결과, 모든 집단에서 국어 읽기와 쓰기 기초능력이 남한학생에 비해 평균 4-6점 정도가 낮았고, 사회과와 과학과 기초능력시험에서도 4-5점 가량 낮은 것으로 나타났다. 즉 모든 교과영역에서 탈북 학생들은 기초학력에서 남한 학생에 비해 낮은 점수를 보인다.

김미숙(2004)의 연구는 서울에 거주하는 초등학교 5, 6학년, 중학교 1, 2, 3학년 탈북 학생들의 학력수준을 측정 평가한 것이다. 이 연구에서는 총 75명의 사례를 분석하였는데, 이는 당시 서울에 거주하는 해당학년 학생들을 80%가량을 포괄한 사례 수이므로, 한만길의 연구보다는 탈북 학생 전반의 학력상황을 보다 포괄적으로 보여준다고 볼 수 있다. 평가도구는 앞의 연구와 마찬가지로 교육개발원에서 개발한 기초학력 검사지(기본능력검사)를 사용하였다. 이 검사에서 과목별 60점 이상을 받으면 기초학력을 보유하고 있다고 판정한다. 검사결과는 학생의 연령에 따라, 또 교과목에 따라 학업 부진 정도가 상이하다는 것을 보여준다. 검사결과는 다음과 같다.

〈표 4〉 탈북 초등학생 중학생 기초학력 검사 결과

분류		초등학교	중학교	합계
국어	60점 미만	7 (18%)	14 (42%)	21 (29%)
	60점 이상	32 (82%)	19 (48%)	51 (71%)
	계	39 (100%)	33 (100%)	72 (100%)
	평균점수	69.2	59.9	64.0
수학	60점 미만	25 (66%)	26 (81%)	51 (73%)
	60점 이상	13 (34%)	6 (19%)	19 (27%)
	계	38 (100%)	32 (100%)	70 (100%)
	평균점수	46.3	37.3	42.3

김미숙(2004), 북한이탈학생의 학교적응 실태분석 연구, 114쪽을 재구성한 것임.

우선, 중학생의 학력저하 현상이 초등학생의 경우보다 훨씬 심각함을 알 수 있다. 과목에서는, 국어보다 수학의 경우, 남북한 학생의 학력격차가 심각하게 나타남을 알 수 있다.

5) 기초능력검사는 읽기와 쓰기, 셈하기와 같은 비교적 단순한 수준의 기능에 부진을 보이거나 부진이 지속적으로 나타나는 학생을 판별하기 위한 것으로 국어와 수학 내용 중 초등학교 1,2,3학년에서 배운 기초 필수 이수 요소들로 구성되어 있다. 기본능력검사는 각 학년의 최저 학업 성취 수준에 도달하지 못한 학생들을 판별하기 위한 것으로 실시되는 검사의 해당 학년 바로 이전 학년(예컨대 5학년 검사의 경우 4학년)의 내용으로 구성되어 있다. 위 판별도구는 국어와 수학교과만으로 이루어져 있으므로, 한만길 등 연구자는 사회과와 과학과의 기초능력 검사를 별도로 제작하였다.

가장 학력 부진 현상이 심하게 나타나는 탈북 중학생의 수학능력의 경우, 최소기초능력기준인 60점에 도달하지 못하는 비율이 80%를 상회하고 있다. 중학생의 경우, 국어 과목에서도 42%가 기초능력에 도달하지 못하였다. 이러한 자료는 탈북 학생들이 남한 학교에서 적응하는 데 심각한 어려움을 겪고 있음을 보여준다.

(2) 나이와 학년의 차이

남한에 있는 탈북 학생들 중에는, 학교교육이 정상적으로 운영되지 못하던 1990년대에 북한에서 학교를 다닌 학생들이 많이 있다. 이들은 재난 상황에서 제대로 공부할 기회를 갖지 못했고, 이러한 학습공백은 이후 남한 학교에서의 학업수행을 어렵게 하고 있다. 또한 이들은 탈북 과정에서 학교를 중퇴한 경우가 많다. 특히 청소년층의 경우, 고등중학교 중퇴가 매우 많다는 점이 두드러진다.

아래에서는 탈북 학생들에게서 나이와 학년의 차이가 나는 이유를 북한 학교교육의 파행적 운행, 난민생활로 인한 장기적 학습 결손과 생활 습성, 남한에서의 학년배치방침 등 세 가지로 분류하여 설명하였다.

① 북한 학교교육의 파행적 운행

1990년대 초반 이후 북한에서는 학교교육이 파행적으로 운영되었다. 그 주된 이유는 식량난으로 인해 학생들과 교사들이 정상적으로 학교에 올 수 없었기 때문이다. 식량난이 장기화되자 아이들은 어른들을 도와 식량을 구하러 다녔고, 그 때문에 장기결석 사태가 속출하였다. 학교에 정상적으로 등교하지 못하는 상황은 교사들도 마찬가지였다. 1994년 이후 상당기간 교사들에 대한 배급이 중단되었기 때문에 교사들은 식량을 구하기 위해서 번갈아 결근을 해야 했고, 그로 인한 수업 손실을 보충하기 위해서 남아있는 교사가 자신의 담당과목이 아닌 교과목까지 두세 과목을 가르치는 양상이 전개되었다. 어떤 경우에는 장마당에서 장사를 하고 있는 교사를 학생들이 찾으러 다니기도 하였으며, 일부 학교에서는 청년동맹이 중심이 되어 교사들의 식량을 마련하거나 운동장을 갈아서 밭을 만들기도 하였다.[6] 교사와 학생이 등교한 경우에도, 정상적인 학교수업은 기대하기 어려웠다. 허기진 상태에서 공부를 하는 것은 불가능한 일이었고, 교과서 및 학용품도 공급되지 않았다.

이러한 상황에서 학교를 그만두고 식량을 구하기 위해 떠돈 아이들도 있고, 명목상 학교에 재학했다고 해도 실제로 학업을 지속하지 못한 경우가 허다하다. 이는 곧 학생들의 학력결손으로 이어지기 때문에, 북한에서는 식량난을 겪으면서 실제의 나이에 맞는 학업이

---

6) 조정아, 앞글, p.184

이루어지지 못한 경우가 많았다.

② 난민생활로 인한 장기적 학습 결손과 생활 습성

탈북 이주민들이 북한을 떠나 남한 땅에 오기 까지 걸린 시간은 몇 달에서 몇 년에 이르기까지 다양하다. 2004년 통일부의 조사에 따르면 탈북 후 남한 입국까지의 시간은 다음과 같다.

북한을 떠나 남한에 입국하기까지 제3국에서 체류하고 있는 기간이 2년 이상인 사람은 절반에 달하고 있다. 4년 이상 제3국에 머무르는 사람도 전체의 1/4에 달한다. 정병호의 연구(2003)에 따르면, 탈북 청소년들은 제3국에 머무르면서 여러 방식으로 생활했는데, 학교를 다니는 경우(27.8%)보다는, 교회의 원조(22.2%)를 받거나 노동(25.0%), 구걸(5.6%)을 하여 생계를 꾸리거나, 단속을 피해 은둔생활(19.4%)을 하는 경우가 훨씬 많다. 제3국 장기 체류 중에 학업을 지속하지 못함으로 인해, 남한 입국 후에 남한 학교에 편입하려 했을 때, 입학학년과 연령의 차이가 두세 살, 많게는 네 살 이상 나게 되고, 낮추어서 입학한 학년의 학업을 수행할 학력도 부진한 경우가 대부분이다.

〈표 5〉 탈북후 남한 입국까지 시간 (2004년, 통일부)

기 간	백분율(%)
6개월 이하	27.3
6개월 이상 1년 이하	11.3
1년 이상 2년 이하	14.9
2년 이상 3년 이하	11.5
3년 이상 4년 이하	11.0
4년 이상	24.0
계	100.0

탈북 학생들이 난민이 되어 제3국에 장기체류했던 경험은 장기적 학습손실 뿐만 아니라, 생활습성상의 독특한 속성을 만들어내고, 이 속성이 이들의 학교적응에 걸림돌이 되기도 한다. 보울스와 긴티스(Bowles & Gintis)의 연구에 따르면, 학교는 지식을 전달하는 곳뿐만 아니라, 규율을 가르치는 곳이다. 학생들을 규율을 준수하는 "순응된" 노동자로 길러내는 것은 학교가 잠재적 교육과정을 통해 담당하는 중요한 기능 가운데 하나이다. 학교는 각종 규칙과 규정, 위계질서, 시간표, 공간구획 등을 통해 학생을 구속한다. 탈북 학생들 가운데 많은 수는 남한 학생들이 학교의 규칙과 질서에 따라 생활하는 동안 중국과 몽고, 동남아시아를 유랑하였다. 아무데나 자고, 되는대로 먹고, 가고 싶은 곳에 갔던 생활을 꽉 틀에 짜인 학교생활에 맞추어야 하는 것은 쉬운 일이 아니다. 남한 학생들과는 달리 "공부하는 습관"이 들지 않은 이들 탈북 학생들이 남한 학교에서 학교수업을 이해하고 따라가는 것은

매우 어려운 일이다.

③ 남한에서의 학년배치방침

남한사회에 적응한지 6개월에서 2년 6개월 된 청소년들이 현재 학교에 다니고 있는 비율은 13장에서 언급한 것과 같이 38%로 매우 낮았다. 이는 곧 남한 학교 적응 정도를 알려주는 바로미터로 볼 수 있다. 청소년들의 낮은 재학율의 주요 원인 중 하나는 나이와 학년의 불일치이다. 현재의 학년배치 방침은 학력의 차이를 최소화하기 위해 북한에서 수학한 연수 중심으로 배치하는 것이다. 이에 따라 탈북 청소년들은 평균 2.5세 정도 자기 연령보다 낮은 학급에 편성된다.

한두 해 정도 낮추는 것은 별로 눈에 뜨이지 않아서 문제가 되지 않지만, 청소년기에 자기보다 서너 살, 많게는 대여섯 살씩 어린아이들과 같은 반에서 배우게 되면 매우 자존심이 상하여 학교에 다니기 싫어지기 쉽다. 게다가 교육내용이 판이하게 다르고, 학습의 방식도 다른데다가, 실제로 학력 자체가 모자라기 때문에 수업내용을 이해하고 따라간다는 것은 거의 불가능하다.

3) 교육 관련 법·제도의 개선방안

교육지원체제를 구축하여야 할 가장 근본적인 필요성은 아직 남한사회가 북쪽과의 실질적 교류와 접촉 상황에 대응할 수 있는 제도적 준비가 안 되어 있기 때문이다. 특히 일관성과 균형 잡힌 제도와 체제마련이 시급히 필요하다. 냉전시대의 관성으로 과도하게 예외적 특혜를 규정한 측면이 있는가 하면, 명백하게 불합리한 경우에도 제도적 대응방안이 전혀 마련되어 있지 못한 경우도 흔하다. 우선, 남북간의 학제차이에 대한 제도적 대응의 부재로 비롯되는 문제들을 개관하고 몇 가지 그 해결방안을 도출해 보았다.

(1) 남북 학제차이와 수학기간 차이의 문제

남한 교육제도 적응에 있어서 근본적인 구조적 문제는 남북간의 학제가 다르다는 점에서 발생한다. 남한의 학제는 6-3-3-4제 이지만, 북한은 1-4-6-4제를 기본 특징으로 하기 때문이다. 가장 큰 차이는 초등교육 기간이 남한은 6년인데 비해 북한은 4년으로 2년이나 짧다는 점이다. 북한에서 수학한 이력을 어떻게 인정해 줄 것인가 하는 문제가 제기된다.

한 개인의 수학이력을 인정하는 관점은 "수학연한에 입각한 관점", "학업능력에 입각한 관점", "사회적 요구에 입각한 관점" 등이 있다. 현재 우리의 현행법은 "수학연한에 입각한 관점"에서 어떤 문화권에 있는 공교육기관에서 수학하였든 그 수학연한 만큼은 우리 공교육기관에서 수학한 이력으로 인정하겠다는 원칙을 토대로 하고 있다. 이에 따라 고등중학교 5학년 중퇴의 경우는 인민학교 4학년+고등중학교 4학년 8년 학력을 인정하여 남한 중학교 3학년으로 편입하는 것이 원칙이다.[7)]

이러한 원칙을 그대로 지킬 경우 남북한 간에는 메울 수 없는 교육제도 상의 간극이 존재한다. 그동안 철저한 분단으로 인적 교류가 없거나 극소수만 발생하였기 때문에 별도의 제도적 규정마련 없이 예외적으로 대응하였으나 이제 탈북 아동과 성인들의 입국이 7천명을 넘은 상황에서 최소한의 제도적 원칙마련이 필요하게 되었다.

(2) 현행 학력인증제도의 문제

과거 "월남귀순용사"를 맞이하기 위해 제정된 "사회적 요구에 입각한 관점"의 학력 인정 방안에 따라 고등중학교 6학년을 이수한(남한의 고등학교 1년 수료에 해당) 사람들은 고등학교 졸업 자격을 인정하여 대학 특례입학의 혜택을 주고 있다. 한두살 차이 또는 탈북시점의 학력 상황에 따라 중학교와 대학교로 인생이 갈리는 모순된 제도교육 진입체제를 아직도 정비하지 못하고 있는 것이다.[8)]

이러한 제도미비는 탈북 학생들을 맞이하는 제도교육 현장에 근본적인 혼란을 초래한다. 탈북 청소년들의 나이와 학령을 고려한 "사회적 요구에 입각한 관점"에서 인민학교 졸업(4년 수학)을 초등학교(6년) 졸업으로 인정하기도 하고, 고등중학교 4년 중퇴(8년 수학)를 고등학교 1학년으로 받아들이기도 한다. 바로 앞의 예처럼 중학교 3학년을 다니게 된 고등중학교 5년 중퇴자와 고등학교 1학년을 다니게 된 고등중학교 4년 중퇴자가 배치된 지역에 따라, 학교에 따라, 담당 형사의 능력에 따라, 교장 선생님의 교육관에 따라 나란히 존재하게 된 상황이다. 탈북 아동·청소년들은 남한 학교제도와의 첫 만남에서부터 현실과 동떨어진 일관성 없는 원칙들 간에 혼란을 경험하고 편법에 의지하게 된다.

더욱 문제가 되는 것은 탈북 루트의 확대로 탈북 후 며칠 만에 남한에 입국하는 청소년들이 늘어나고 있다. 이들 중 17세에 고등중학을 졸업(남한의 고등 1학년 수료해당)하고 남한에 와서 법적으로 바로 대학 입학 자격을 갖게 된 사례가 생긴 것이다. 이러한 사례가 늘어날 경우 남한 학생들과의 형평성 문제가 바로 제기될 것이다.

우선 대학입학을 위해서는 최소한의 수학능력을 검증받는 장치가 마련되어야 한다. 예컨대 대학입학자격검정고시를 합격해야 대학에 입학하도록 하는 정책도 생각할 수 있다. 대입검정고시의 난이도는 매우 낮아서 이 시험이 대학에서의 수학능력을 보증해주는 것은 아니지만, 적어도 시험이라는 통과의례를 거친 이후 대학에 입학하도록 하는 것은 자신의 노력에 따라 보상을 얻도록 한다는 점에서는 교육적 의의가 있다. '특례제도'는 점

---

7) 초중등교육법시행령 제96조, 97조, 98조에서 초등졸업자격은 6년의 학교교육과정 수료, 중등 9년, 고등은 12년으로 명시되어 있어서, 현재 이 규정대로라면 북한의 고등중학졸업자(학교교육과정 10년수료)는 원천적으로 남한의 고등학교 졸업 자격을 취득할 수 없게 되어 있다.

8) 북한이탈주민의보호 및 정착지원에관한법률 제13조, 제24조 규정 참조.

차 줄이고, 최소한의 합리적인 제도적 틀 속에서 자아를 성취해 갈 수 있도록 돕는 지원체제가 마련되어야 할 것이다. 명백하게 불합리한 '특별하고' '예외적인' 규정에 의한 지위획득은 장기적으로 볼 때 이들의 자립에 도움이 되지 않는다. 북에서 고등중학을 졸업한 사람들은 남한 명문대학을 '특례'로 입학하기 쉽지만, 졸업 후 취업은 매우 어렵다. 그렇다고 취업과 사회생활에서 늘 '특례'를 요구할 수는 없는 일이다. 남북한 간의 수학기간 차이를 제도적으로 조정하는 방안을 교육인적자원부 차원에서 시급하게 마련하여야 할 것이다.

(3) 학력인증제도의 설치와 운영

남한에서 고등교육의 기회를 갖고자 하는 탈북 청소년들과 함께 북한에서 고등중학을 졸업한 성인들까지 고려한 방안이 도출되어야 할 것이다. 남북간에 엄연히 존재하는 중등교육과정상의 2년간의 수학기간 격차를 보완하기 위해서는 1) 남한의 검정고시제도를 그대로 활용하는 방안과, 2) 별도의 보완교육과 아울러 학력을 인정해주는 방안이 있을 수 있다.

이들 모두에게 남한의 고등학교 졸업자격 검정고시를 요구하는 것은 일종의 일방 주의적 원칙적용으로 받아들여질 가능성이 크다. 행정적으로는 가장 용이한 방법이고 남한의 교육제도에 적응하기 위해서는 꼭 필요한 과정이 될 수도 있으나, 현행 검정고시를 준비하기 위해서는 맥락을 이해하기 어려운 너무 폭넓은 지식을 섭렵하여야 한다. 또한 북에서 고등중학교를 졸업한 사람들의 경우에는 남한사회의 기준으로 북쪽의 제도교육 자체를 무시하였다는 인식을 유발할 위험성이 있다.

따라서 일정한 학력보수 교육(방송통신 교육 등을 활용)과 아울러 '특별학력인증제도'가 필요하다. 남북간의 제도교육 내용상의 공통점과 차이점에 주목한 최소한의 필수적 지식을 담은 몇 가지 영역의 교재를 개발하여 그 범위 안에서 문제를 출제하도록 하는 방법이다. 교재와 교육내용 구성 방식에 따라서는 남북간의 사회문화 차이와 상호적응에 도움이 될 수 있는 내용을 적극적으로 반영한 보편적 교육프로그램이 될 수도 있다. 이는 보다 폭넓은 대량 인구접촉이 이루어지거나, 정치적 통일 등으로 급격한 문화통합 정책이 대규모로 요구될 때 남북간의 교육제도상의 차이를 극복할 수 있는 최소한의 제도적 접점을 만드는 일이 될 것이다.

바람직하게는 "학력평가(인증)위원회"를 설치하여 북한에서의 최종학력과 이 학교에서의 생활, 학습능력, 특기 교육의 성취도, 그리고 본인 및 보호자의 희망 등을 종합적으로 고려하며 최종학력 심사를 기준으로 남한의 각급학교에 편입학 학년을 결정하여 추천할 수 있도록 하여야 할 것이다. 이 "학력평가(인증)위원회"의 자격과 기능에 대하여는 법으로 정해서 법적 지위를 갖도록 하는 것이 바람직하다.[9]

---

9) 초중등교육법시행령의 제 96,97,98조의 '군사분계선이북지역에서 6년(혹은 9년, 12년)이상의 학교교육과정을 수료한

(4) 학비지원제도 개선방안

학비지원의 경우, 현재 규정은 2학기 연속 평점 평균 C 이상이 되는 경우 학비 전액을 지원받는다.[10] 국공립대학의 경우는 국가가, 사립대학의 경우는 절반은 대학이 절반은 국가가 교육비를 부담한다. 현재 탈북 이주민을 제외하고는 어떤 다른 집단도 이러한 혜택을 받지 못한다. 입학자 전원에 대한 무조건적인 학비전액지원 방식은 재고되어야 한다. 국가는 일정비율의 학비를 제공하고, 나머지는 학생개인이 부담하거나, 아니면 일정한 기준을 가지고 학생을 선발하여 지원하는 장학재단을 통한 지원 방안을 고려해 볼 필요가 있다. 어떤 보상을 얻기 위해서는 자신의 노력과 투자가 요구된다는 것도 남한사회에 적응하려면 배워야 할 규칙이다. 요컨대 탈북 이주민에 대한 교육지원은 그 지원이 궁극적으로 이들의 자립과 자활능력을 기르는 방식으로 변화해야 한다. 그것이 장기적으로 보았을 때, 이들의 사회통합에도 도움이 될 것이다.

물론 다른 제도적 장치가 마련되지 않은 상태에서 그나마 조금 유리한 형태로 있는 특례입학과 학비지원규정을 당장 없애라는 제안은 아니다. 다만, 최소한의 합리성마저 결여된 현행 지원책은 그리 오래 지속될 수 없을 것이 분명하기 때문에 보다 보편적이고 장기적인 안목에서 개발된 종합적인 지원체제를 조속히 마련하여야 한다는 것이다.

2. 교육 현황과 교육지원체제 수립방안

1) 교육기관별 교육현황과 개선방안

(1) 하나원

① 교육현황과 구조적 문제점

입국 초기 3개월간 탈북 이주민 모두가 입소하는 하나원에서의 문화 오리엔테이션 프로그램은 이후 남한사회정착에 결정적으로 중요하다. 특히, 남한 교육제도에 적응하여야 하는 탈북 아동과 청소년들에게는 성인들과는 다른 특별한 교육적 프로그램이 마련되어야 한다. 그러나 하나원 설립 6년이 넘은 현 시점까지 합리적으로 구조화된 체계를 갖추지 못한 채 탈북 아동·청소년에 대한 보호와 교육이 일관된 원칙 없이 진행되고 있는 상황이다.

미성년자 교육 전문기관이 아닌 통일부는 하나원 설립 당시부터 아동과 청소년의 입국

자'라는 항목을 없애고, 특정 교육기관의 특별교육을 통해 각급 학교에 상응하는 교육과정을 이수한 것으로 인정하는 제96조 3항, 97조 5항, 98조6항과 유사한 규정과 장치를 마련함으로써 해결할 수 있다.

10) 평점 평균 C이하를 받는다는 것은 대부분의 대학에서 실시하는 상대평가에서 하위 20-30%에 위치한다는 것이다. 그러나 과목에 따라서 전혀 따라가지 못해서 F학점을 받기 쉬운 탈북 이주민들이 평점 C를 유지한다는 것은 용이한 일이 아니다. 장학금지원이 없어지면 학비를 내고 공부해 본 경험이 없는 이들은 학업을 포기하기 쉽다.

과 이들을 위한 특별교육에 적절히 대응하지 못하고 있었다. 초기에 인근 '삼죽초등학교'로 미성년자들을 보내 교육시켰으나, 연령과 생활경험의 차이로 많은 문제가 발생하여 그나마 조금 나이가 많은 14세 이상의 청소년들은 그곳에서 교육할 수 없게 되었다. 이들을 위한 별도의 교육프로그램이나 전문 인력, 예산이 전혀 마련되지 않은 상황에서, 2001년 2월, 민간단체인 (사)남북문화통합교육원이 자체 인력과 예산으로 통일부 하나원내에 '하나둘학교'라는 아동·청소년 교육프로그램을 만들어 '긴급구호' 차원에서 운영하여 왔다. 그 후 이 프로그램을 직접 운영하던 전문가들이 이 문제를 제도적으로 해결하는 방안과 구체적 교육프로그램 시안을 제시한 바 있다.[11]

그러나 그 후에도 통일부 하나원측은 교육프로그램 예산을 부분적으로 지원하는 수준으로 대응하다가 2005년 5월말로 (사)남북문화통합교육원의 '하나둘학교' 교육프로그램은 4년 4개월 만에 종료된 상태이다, 현재는 계약직 직원 1명이 자원강사들과 함께 청소년 교육프로그램을 담당하고, 초등 및 유치반 과정은 삼죽초등학교에 위임하는 형태로 진행되고 있다. 이 상황에서 지난 수년간의 탈북 아동·청소년 교육경험과 데이터 및 인적 연계망이 단절되었고 프로그램의 축적적 발전 가능성도 희박해졌다. 문제는 조속히 합리적인 제도적 장치가 마련되지 않으면 이러한 초기정착교육의 파행과 낭비가 되풀이 될 수밖에 없다는 점이다. 교육인적자원부 차원의 보다 적극적인 교육지원체제 마련이 필요하다.

하나원 설립 초기부터 인근 '삼죽초등학교'는 초등연령의 새터민 아동들의 초기정착교육을 담당하고 있다. 2001년부터 특별연구지정학교가 되어서 새터민 아동들을 위한 특별반을 설립하고 특별반 교사들이 이들을 교육하고 있다. 여러 해 동안의 시행착오 끝에 헌신적인 특별반 교사들에 의해 이제 기본적인 특별교육의 내용은 갖추게 되었으나, 개별학교의 제도적 틀 안에서는 극복하기 어려운 문제들을 안고 있다. 전문적인 상담 및 심리치료 프로그램이 보강되어야 하고, 객관적인 학력측정과 평가방식이 지원되어야 한다. 또한, 개별 아동에 대한 신상정보와 관찰기록이 하나원측과 공유되어야 하고, 사후 관리체제도 마련되어야 한다. 더욱 근본적인 문제는, 초등학교의 여름, 겨울, 봄방학 등과 겹치는 시기에 입소한 아동들은 제대로 교육을 받아보지도 못하고 거의 서류상으로 학교에 입학했다가 전학하게 되는 경우까지 발생하고 있다. 언제 어느 때 입소하게 되더라도 정착지의 학교에 입학하기 전에 최소한 일정한 내용의 오리엔테이션 교육을 받을 수 있도록 제도적 장치가 마련되어야 할 것이다.

상당수의 탈북 청소년들의 부족한 학습능력을 객관적으로 파악하는 것은 이들을 위한 교육프로그램을 구성하는 데 가장 기초적인 작업이다. 하나둘학교의 지난 4년 4개월간의 청소년 교육경험에 의하면, 15세에서 20세까지 탈북 청소년들을 청소년반에서 교육하였는

11) 교육인적자원부의 연구과제로 정병호, 정진경, 이종태 '탈북 학생 사회·학교 조기적응을 위한 특별교육 프로그램 개발연구(교육정책연구 2001-1-05)'를 수행하였고 그 결과는 보고서와 교사들을 위한 지침서로 (사)남북문화통합교육원에서 발간된 바 있다.

데, 거의 전 과목에서 초등학교 6학년에서 중학교 1-2학년 수준의 교과목을 학습하기에도 힘들어하는 상황이다. 각자가 처했던 북한과 중국에서의 생존조건에 따라 개인적 학력 편차도 극심하다. '하나둘학교'의 교육프로그램이 종료된 상황에서 앞으로의 하나원 청소년 교육이 간과해서는 안될 점은 심리적 안정과 치료를 주축으로 하고, 여기에 남한생활에 익숙해지기 위한 문화체득과 이후 계속될 학습의 기초 다지기를 교육활동의 주된 목표로 설정하여야 한다는 것이다. 이러한 교육목표가 분산되지 않도록 입학과 졸업을 관통하는 하나의 과정으로 받아들여지도록 교육계획을 배치하여야 할 것이다.

② 교육개선과제

가. 아동과 청소년을 위한 특별교육 프로그램의 상설 운영

매월 1－2차례 계속 입소하고 3개월 만에 퇴소하는 탈북 아동과 청소년들을 위해 일반적인 학교 학사일정에 구애받지 않는 일정한 초기적응교육 프로그램이 진행될 수 있는 체제를 만드는 것이다. 이렇게 상시적인 프로그램을 진행할 수 있도록 하려면 이들을 위한 특별 교육만을 전담하는 교사가 상주하여야 한다.

나. 공동체적 교육 프로그램

개별적으로 생존을 위해 극한 상황에서 살아온 이들이 이후의 사회생활에서 스스로를 고립시키지 않고 한데 어울릴 줄 아는 능동적인 사회성을 기르게 하기 위해서는 교사와 학생간의 전면적인 인격적 만남이 중요하다. 정규학교식의 교과목 편성보다 공동체적인 교육적 환경과 체제를 마련하는 것이 더욱 중요하다. 학생들과 생활체험을 함께하는 담임교사가 최소 2명이상 상주하여, 집중적인 현장체험 학습 프로그램을 통해 남한사회와 문화에 대한 호기심을 학습 탐구 과정으로 유도하며 동시에 집단적인 심리 치료의 과정이 되도록 하여야 한다.

다. 연구교사의 선발과 파견

하나원 내부에서 특별교육 프로그램을 진행할 경우, 교육인적자원부가 연구교사를 통일부 하나원으로 파견하는 체제가 가장 효과적일 수 있다. 최소 매년 3명 이상의 특별 통일교육 연구교사를 순환제로 파견하여 북한출신 학생들을 직접 교육해 보고 이들의 특성을 심도 있게 파악하여 자신의 남한 학생 교육경험과 비교연구해 보도록 한다. 탈북 아동의 하나원 체류 기간이 3개월 정도로 짧기 때문에 1년 동안에도 여러 방식의 연구 수업이 가능하다. 그 만큼 긴급하게 남북한 교육의 차이와 그 극복방안을 실천적으로 연구한 전문 교육인력을 양성하고 준비해 두어야 할 새로운 도전적인 교육 분야인 것이다.

라. 전문교육 지원체제 마련

상담치료 및 학력평가부분의 전문성을 '탈북 청소년 교육지원센터'를 통해 지원하여 하나원의 매 기 학생들을 위한, 인지, 적성, 심리 검사 등을 실시하고, 수업 관찰과 학생 및 교사와의 면담을 통하여 종합적으로 학력을 평가하도록 한다. 이렇게 전문적으로 평가한 학력을 토대로 정착지에서의 학교 및 학년배정이 객관적으로 이루어지면 각 학생에게 적절한 교육이 이루어질 수 있고, 초기교육 경험과 이후 남한 학교 적응 과정을 연계한 중장기 적응 사례 경험들이 남북한 교육의 접점을 만드는 귀중한 데이터로서 활용될 수 있을 것이다.

마. 부모교육

탈북 이주민의 거의 대부분이 의무적으로 교육을 받는 하나원에서 남한사회에서의 부모자녀관계 및 학부모 역할 등에 관한 오리엔테이션 성격의 부모교육이 필요하다. 특히, 아이들이 남한 학교에서 처음부터 떳떳하게 자신이 북한 출신임을 밝혀야 한다는 점을 그 동안의 다양한 부적응 사례를 소개하여 초기에 잘 이해시킬 필요가 있다.

(2) 전환기학교(Transitional School)

① 설립의 필요성과 역할

장기간의 학습공백이 있는 탈북 아동·청소년들의 거의 대부분은 학령과 학력 간의 격차가 너무 현저해서 남한의 학교나 사회에 진입하기 전에 이를 조정하는 과정이 필요하다. 이들을 위해 현재 교육부와 통일부가 설립을 지원하고 있는 탈북 청소년을 위한 '특성화학교'는 분리 교육이 아니라 이후의 통합교육을 지향하는 준비과정으로서 일종의 '전환기학교(Transitional School)' 혹은 '디딤돌 학교(step-stone school)'이다. 이곳에서 나이와 학력, 학습능력간의 심각한 괴리를 중장기간 조절하여 나이에 걸맞는 초·중·고등학교 학력을 인정해 줄 수 있는 장치가 마련되어야 할 것이다. 이 방안은 실질적으로 적응교육기간을 연장하는 효과가 있으며 기숙학교 형태로 운영하면 무연고 청소년들의 보호 및 생활지도 문제까지 함께 해결할 수 있다는 장점이 있다.

탈북 아동·청소년들은 모두 도착시기가 다르지만 남한 학교 진입의 최적 시기는 매 학년 초, 즉 3월 학기에 맞추어 새롭게 학년과 학급이 편제 될 때이다. '전환기학교'는 일단 탈북 아동·청소년들의 편입학 시점을 조절하여 이후 남한 학교생활 적응의 한 가지 어려움을 덜어 줄 수 있는 기능도 할 수 있다. 따라서 이 학교의 교육기간은 학생들의 개별적 특성에 따라 남한 학교 또는 사회 진입에 필요한 최소한의 경험과 능력을 갖출 때까지로 한다. 그러나 가능한 빠른 통합 교육이 이루어 질 수 있도록 노력하여야 할 것이며 그 과정도

최장 2년을 넘지 않는 것이 바람직하다. 교육 대상은 만 12세 이상으로 2년 이상의 학령과 학년 격차가 있는 아동부터 만 20세까지의 청소년으로 한다. 만 17세 이상으로 3년 이상의 학년과 학령간의 차이가 있는 청소년들은 취업 및 자격과정의 교육을 병행할 수 있어야 할 것이다.

② 설립현황과 과제

"북한이탈 청소년을 위한 학교설립 타당성 연구(정병호, 정진웅, 전효관, 이부미: 교육부 정책연구 2003-공모-7)"를 토대로 수립된 '북한이탈 청소년을 위한 대안교육 특성화학교 설립 기본계획(2004.7.14, 교육부총리결제)'에 따라 교육인적자원부의 지원을 받아 학교법인인 '전인학원'은 '한겨레학교'란 이름의 전환기학교 설립을 추진하고 있다.

그러나 특정 종교나 종파가 탈북 청소년 학교를 운영할 경우에는 이에 대한 탈북 청소년들의 저항감과 다른 종교단체의 반발도 현실적으로 나타날 수 있다고 경고한 앞선 '타당성연구'결과처럼 이 학교의 설립주체가 원불교계 학교재단이라는 점 때문에 이미 다양한 측면에서 탈북 청소년 교육에 참여해온 기독교 계통의 민간교육 단체들의 문제제기가 그치지 않고 있는 상황이다. 이들 민간교육 단체들이 공유하고 있는 우려는 이 학교가 '전환기교육'을 독점하지 않을까하는 점이다. 따라서 하나원처럼 모든 탈북 청소년들이 의무적으로 그 과정을 거치게 해서는 안 된다고 주장하고 있다.

이 상황에서 합리적인 정책추진 방안은 탈북 청소년들이 직접 자신에게 필요한 전환기 교육기관을 선택하도록 하는 것이다. 정부의 재정지원을 받는 이 학교가 하나의 정규학교로서 상대적으로 제도적 틀을 갖추고 있다는 점을 미리 알려주고, 동시에 이 학교 이외에도 다양한 대안적인 민간교육기관들이 존재하며 그 과정을 선택하는 것의 장단점을 이해할 수 있도록 하는 충분한 사전 설명이 필요하다.

학교설립 타당성 조사과정에서, 탈북 청소년들의 대다수(75.7%)는 자신들을 위한 학교가 대도시(서울, 부산, 대전 등)에 있었으면 좋겠다고 응답하였다. 대도시 주변지역은 교육적인 측면에서도 남한사회적응 훈련이 필요한 탈북 청소년들에게 사회문화적인 고립감을 주지 않고 현장학습이나 직업훈련 위탁교육, 특성화 교육 및 특기교육 전문 강사 확보도 용이한 장점이 있다. 다만, 기숙사 시설 등 생활공간과 교육 공간, 운동장 및 체육시설 확보와 탈북 청소년 입국자의 증가에 따른 일정 규모의 증축 가능성을 고려한 충분한 학교 부지를 확보하는 것이 재정적으로 부담이 될 수 있다는 문제점이 아울러 지적된 바 있다. 현재 민간 학교재단이 자력으로 1만평 이상의 부지를 확보하는 과정에서 불가피하게 안성시의 농촌지역으로 학교의 위치가 결정되었다.

이 학교는 우선 안정된 생활환경을 갖춘 기숙학교로서의 장점을 살려 무연고 탈북 청소년들과 가족문제로 어려움을 겪고 있는 청소년들을 보호하며 교육할 수 있는 교육기관으로서 기능하여야 할 것이다. 동시에 도시의 대안적 교육기관들과 다양한 연계교육 프로그램을 운영하는 개방형 교육기관으로서 공간적, 문화적, 사회적 고립을 극복하여야 한다. 탈북 이주민의 60% 이상이 거주하고 있는 서울과 수도권지역에 '탈북 청소년교육지원센터'를 설립하게 되면, 지방의 기숙학교인 전환기(한겨레)학교와 상호보완적인 유기적 연계프로그램이 가능할 것이다. 도시체험학습과 남한 학교 편입 이후의 후속 교육지원 및 상담과 직업진로 체험교육 등도 아울러 지원할 수 있을 것이다.

전환기학교 설립 타당성 연구에서는 2003년 당시 이미 입국한 600여명의 학령기 아동·청소년들과 매년 200여명 이상씩 입국하고 있는 증가추세를 감안하여 300여명 정원 규모의 기숙학교가 필요할 것으로 추정하였다. 초기 설립 규모를 너무 작게 설정하면 시작단계에서부터 수요-공급의 불균형으로 커다란 혼란이 초래될 것이고, 탈북 청소년들에게 필요한 초등보수 교육을 포함한 전 학년 교육과정 마련, 특기 적성 및 직업교육 심리치료, 진로개발 등의 프로그램을 수행할 수 있는 효율적인 교육기관을 설립하려면 그 정도 규모는 되어야 한다고 보았다. 그러나 2005년에 전환기학교의 설립규모를 초기 계획의 1/2로 축소하여 일단 140명 정원 규모의 기숙학교를 설립한 후 앞으로 정원을 200명까지 늘릴 수 있도록 하였다.

탈북 이주민의 국내입국은 남북관계와 국제정세 변화에 민감하게 영향을 받는 문제로 장기적인 교육수요를 정확하게 예측하기란 어려운 일이다. 그러나 현재 중국에 체류하는 탈북난민의 규모가 3만~5만으로 추정되고 있고, 상황에 따라서는 대량 입국사태 등의 돌발적인 변화도 가능하기 때문에 이들을 맞이할 수 있는 일정규모의 기본적인 제도적 틀 마련은 불가결한 과제이다. 다만 항상 변화하는 교육 수요에 대응할 수 있도록 처음부터 유연한 운영체제를 갖추어야 할 것이다. 입국자 수가 줄어들 경우에는, 남한 학교에서 심각한 부적응을 경험하고 이탈한 학생들과 가족문제로 보호가 필요한 청소년들도 교육하고, 탈북 이주민 정착지원 체제가 미흡한 지방에 배치되어 고립감이 큰 청소년들을 위한 계절교육도 가능하도록 하여야 할 것이다.

③ 교육 프로그램

이 학교의 교육프로그램은 교육인적자원부의 학력인증 특성화 프로그램의 일반적 틀 안에서 일반교육과정 40%, 특성화(컴퓨터 및 생활교육)프로그램 30%, 특기개발 및 직업교육프로그램 30%의 비율로 정규 수업시간표를 구성하도록 한다. 이에 더하여 기숙생활을 통한 집중교육을 통해 개별적으로 초 · 중 · 고등과정의 기초학습 능력을 보완하고 기존의 검정고시 등을 통한 학력조정도 아울러 시도하도록 한다. 현재 초·중등 자격 검정고시는 탈북 아동·청소년들도 1-2년 정도만 안정된 환경에서 준비하면 대부분 합격할 수 있을 정도로 쉬운 편이다. 일단 기존의 초·중등 검정고시제도를 나이와 학년간의 간격을 줄이는데 활용하는 것이 남한 학교 적응을 위해서도 장기적으로 좋을 것이다.

만 17세 이상으로 3년 이상의 학년 격차가 있는 청소년들은 검정고시를 통해 중학 졸업자격을 취득하여도 현실적으로 18-19세의 나이에 고등학교 1학년 편입은 무리한 경우가 대부분이다. 본인들도 대다수는 우선 직업 기능교육을 더 원하고 있다. 다양한 분야의 직업교육이 필요하다. 아직 본인의 적성이나 남한사회에서 각 직종의 현실과 전망을 잘 모르는 상황에서 한두 분야의 직업만을 인위적으로 강요하는 것도 곧 문제가 될 것이다. 따라서 다양한 분야로의 진로 진출이 가능하도록 조금은 폭 넓은 직업적성 개발 교육과 기초 기능훈련을 한 후에 세부 분야의 자격증 취득 등은 외부 위탁 교육 등을 통해 실현하도록 한다. 예를 들어, 건설교통부가 후원하는 조경, 측량, 토목, 리모델링 분야의 자격과정 등도 직업훈련 위탁교육 프로그램으로 활용할 수 있을 것이다. 위탁교육 기간을 이 학교의 수학기간으로 인정하여 장기적으로는 고등학교 졸업학력 이수도 가능하도록 하면 직업교육에도 지속적으로 참여하도록 하는 지지기능이 될 것이다.

직업훈련에 대한 욕구에 대응하면서 적성에 맞는 특기 개발 교육을 융합하여 남한사회에서도 존중받을 수 있는 자아실현의 장기적 전망을 줄 수 있도록 문화, 예술, 체육 분야의 다양한 영역을 심화 교육할 수 있는 특활반을 편성하면 효과적일 것이다. 실제로 중국어를 상당 수준 구사하는 탈북 청소년들도 여럿 있는 편이고, 영어와 컴퓨터에 대한 관심이 높아서 단기간에 높은 학습 성과를 본 사례도 많이 있다. 연극과 무용, 태권도 등에 대한 성취동기도 높은 편이다. 이러한 자발적 학습동기를 존중한 특성화 프로그램은 집중적 자기수련의 계기를 주고 정서순화에도 도움이 될 것이다.

행정적인 측면에서는 중·고등 통합과정의 틀을 갖춘다고 하여도 실제로 학년별 구분은 그리 의미가 없을 것이다. 따라서 과목별 교실을 학력 수준에 따라 수준별로 갖추어 놓고 학생들이 이동하도록 하는 방식이 효율적이다. 국어, 수학, 영어의 경우, 초등수준의 국어 교실, 중등국어 교실, 고등국어 교실에 각각 그 수준에 맞는 시설과 학습 환경을 구성하고 교실별로 전담교사가 배치되어 교육하는 방식이다. 그 교실 안에서도 필요에 따라, 수준별 학습이 가능하도록 소그룹학습이 가능한 이동식 칸막이 설치가 가능하도록 하여 전담교사 이외의 교사들도 필요에 따라 융통성 있게 수준별 교육에 참여할 수 있도록 하여야 할 것이다. 또한 직업교육의 수요 및 변화에 따라서 특정 영역을 보다 집중적으로 교육할 필요가 있을 때는 그 분야의 전문 인력을 보강하도록 할 수 있는 유연한 인사체제가 바람직하다.

탈북 청소년들과 함께 생활하며 교육해 온 민간단체 교사들의 경험을 통해 볼 때 이 학교의 교사들은 자신의 전문영역에서 쉽게 융통성 있고 창의적인 수업을 할 수 있는 능력과 아울러 상처받고 쉽게 위축되기 쉬운 청소년들과의 전면적인 인격적 만남이 가능한 사람들이어야 한다. 적어도 7~8명 이상의 교사들은 이 학생들과 함께 생활하는 것이 바람직하다. 주로 미혼 독신 교사들이 참여하게 될 것이지만, 기숙생활을 할 탈북 청소년들의 생활교육은 교사집단 전체의 돈독한 공동체적 노력 없이는 불가능한 일이다. 교사집단 모두의 특별한 이해심과 인내력, 헌신성이 필요할 것이다.

(3) 민간 교육단체

① 현황과 과제

하나원 퇴소 이후 탈북 청소년들은 남북 간의 상이한 학제로 인해, 또 근년의 북한 교육제도의 교란과 탈북과정에 기인한 저하된 학습능력으로 인해 남한의 교육제도에 편입, 적응하기가 매우 힘든 상황이다. 하지만 이들의 교육을 지원하는데 필요한 다른 제도적 장치는 극히 미비한 상태이며, 이러한 교육적 공백을 다양한 민간단체의 교육 프로그램들이 메우고 있다. 2004년 말까지 입국한 700여명의 학령기 탈북 청소년 중 165명을 민간단체가 교육하고 있다. 이들 민간 교육기관들은 대부분 자발적인 자원봉사 인력으로 운영하고 있는데 어려운 상황 속에서도 대단히 의미 있는 교육적 성과를 거두고 있다.

이러한 교육 프로그램을 운영하고 있는 대표적인 민간단체로는 공릉종합사회복지관(무지개학교), 남북문화통합교육원(한누리학교), 다리공동체, 마자렐로센터, 여명학교, 한꿈학교, 셋넷학교, 자유터학교, 하늘꿈학교, 한빛복지관(하누리학교) 등을 들 수 있다. 각 프로그램마다 대안교육, 검정고시준비, 방과후 교실, 무연고 청소년 보호시설(쉼터) 등 나름대로의 강조점이나 특성이 존재하기는 하지만 이들 대부분은 학력증진, 상담, 남한문화체험, 검정고시 대비, 탈북과정의 상흔에 대한 심리치료, 사회적응력 제고 등의 복합적인 교육목표를 실천하고자 노력하고 있다.

하지만 이들 민간단체의 활동에 대한 제도적 지원체제가 확립되지 못한 상황에서 이들이 운영하고 있는 교육 프로그램들은 대부분 열악한 재정과 지속적 인력수급의 문제 등으로 인해 영세한 규모의 '긴급구호' 차원의 보호와 교육이라는 구조적 한계를 벗어나기 어려운 형편이다. 그러나 이들에 대한 제도적 차원의 지원체계는 매우 미흡하다. 상이한 배경과 욕구를 지닌 탈북 청소년들에게 다양한 형태의 교육프로그램을 지원해 줄 수 있는 있는 역량은 바로 다양한 민간 교육단체의 자발적이고 창의적인 교육적 실천 속에서 나온다. 앞으로도 탈북 청소년의 수는 계속 증대할 것이며 이들을 대상으로 하는 다양한 교육프로그램의 확대는 지속적인 사회적 과제로 남아있다.

② 제도적 지원체제 마련

탈북 청소년을 교육하는 단체들은 주로 검정고시 준비를 돕거나 방과후 공부방의 역할을 한다. 기존의 민간단체 탈북 교육프로그램을 특성화하여 일종의 지역중심 학습센터로 기능하도록 하고, 이러한 활동을 하는 단체에 대해서 정부 보조금을 지원하는 방법을 생각해 볼 수 있다. 민간단체의 경우 열악한 재정상황으로 안정적인 교육현장을 확보하기 어려운 상황이다. 정부의 안정적인 예산지원이 보장될 경우, 탈북 청소년을 다루었던 기존의 경험을 살려 방과후 반을 운영할 수도 있고, 요청이 있을 경우, 탈북 학생들이 다니는 학교의 특별반을 담당하는 강사형식으로 파견할 수도 있다.

탈북 이주민들은 일반적으로 컴퓨터 사용 능력이 떨어지지만, 청소년의 경우 비교적 빠른 시간 안에 인터넷을 사용할 수 있는 능력을 익히는 편이다. 온라인 학습방을 개설함으로써 학습방에서 제공하는 내용을 가르칠 뿐만 아니라, 간접적으로 인터넷 사용능력을 증진시키는 효과를 가져 올 수 있다. 온라인 학습방은 독자적인 웹사이트를 구축할 수도 있고, 교육부의 에듀넷이나 통일부의 통일교육원 웹사이트를 이용할 수도 있다.[12] 온라인 학습방에서는 남한의 언어와 문화에 대한 학습방과 각 과목별 학습방을 둘 수 있다. 또한 탈북 청소년의 학업문제와 교우문제 등과 관련된 상담코너 등도 고려할 수 있다.

민간단체에서의 교육이 장기적인 전망을 갖출 수 있는 형태로 발전하기 위해서는 탈북 청소년들의 교육에 헌신할 교사들의 지속적 충원과 재충전이 필요하다. 이러한 현장들은 소수 교사들의 희생적인 봉사와 여러 자원봉사자들의 비상한 노력에 의해 지탱되고 있다. 어려움이 장기화되면 교육현장도 피로가 쌓인다. 교사들을 비롯한 관련된 수많은 사람들의 노력과 그 과정에서 축적된 경험들도 별 교육적 흔적을 남기지 못하고 소실되어 버릴 위험에 처해 있다. 2003년의 교육정책연구(2003-공모-7)는 탈북 청소년을 대상으로 하는 교육이 이제 민간단체의 자생적인 역량과 재정능력만으로 수행하는 '긴급구호' 단계를 넘어선 차원의 일이 되었다고 진단하고, 이렇게 어려운 시기를 사명감으로 버텨온 이들 교육현장을 제도적으로 뒷받침할 수 있는 방안을 시급히 마련하여야 할 것이라고 제안한 바 있다.

교육인적자원부가 '청소년 탈북 청소년 교육 민간단체들에 대한 교육프로그램 개발비' 지원 계획을 수립하고 2005년 5월부터 1억7천만 원의 예산을 투입하여 우선 8개 교육현장을 지원하기 시작한 것은 중요한 제도적 출발점이 될 것이다. 일단 상대적으로 소규모이지만 재정지원이 시작된 만큼 앞으로는 각 교육현장에서 보다 안정적인 교육이 이루어질 수 있도록 매년 적정 예산을 증액 편성하여 지원하여야 할 것이다. 이러한 재정지원과 아울러 각 교육현장에서 일상적 업무에 쫓기고 있는 교사들의 연수와 재교육의 기회를 마련해 주어야 한다. 이 과정에서 민간단체 교사들의 전문성을 높이고, 각

12) 에듀넷의 경우 하위영역으로 '인터넷평화학교'가 있고 통일교육원의 경우 '청소년통일배움터'를 운영하고 있다.

현장의 교육적 실천 경험과 사례들이 보다 공적인 장에서 체계적으로 교류되고 축적될 수 있을 것이다.

(4) 남한 학교 특별교육

전환기학교나 민간교육기관에서 1-2년간의 준비교육 후에 남한 학교에 편입학하여도 탈북 아동·청소년들은 또래의 남한 학생들에 비해 여전히 심각한 학력격차와 문화적 이질감 때문에 경쟁적인 남한 교육제도에 개별적으로 적응하기는 어려운 일이다. 따라서 이들이 남한의 교육제도에 안정적으로 적응해 나갈 수 있도록 지원하는 학교 안과 밖에서의 문화통합 프로그램이 필요하다.

탈북 아동들을 맞이하는 학교(학급)의 교사나 학생들도 이들을 어떻게 가르치고 상대해야 하는지 막막한 심정이기 때문에 본의 아니게 거리를 두게 되고 이로 인해 많은 탈북 아동들이 소외감을 느끼기 쉽다. 서로 의식적으로 노력하는 경우에도 오랜 반공교육의 결과 본의 아니게 이들에게 상처를 주는 말과 행동을 하게 될 경우가 있다. 따라서 탈북 학생이 편입한 학교(학급)에는 남북 문화통합 교육프로그램을 지도할 능력을 갖춘 전문교사가 학급별로 순회교육을 실시하여 남과 북의 어린이들이 서로를 알고 다름을 인정하는 태도에 대해 함께 공부하는 시간을 갖도록 해야 한다. 이 시간은 평화교육, 통일교육, 공동체교육 등의 개념으로 편성할 수 있을 것이다. 모자라는 학습능력을 보충하기 위해서는 일반 학원교육이 내용적으로나 경제적으로 어려울 것이므로 이들을 위한 방과 후 교육이 필요하다. 이 경우에도 탈북 청소년들이 처한 여러 가지 특수한 어려움을 이해하는 탈북 청소년 심리상담 전문교사의 순회지도가 바람직할 것이다.

일반학교에서 통합교육을 실시한다고 하더라도, 탈북 학생들을 위한 특별학급이나 특별 프로그램을 설치하는 것은 필요하다. 일제수업이 이루어지는 다인수 학급 상황에서 탈북 청소년의 특수한 필요를 교사가 충족시켜주는 것은 어려운 일이다. 외국의 난민지원교사처럼, 탈북 학생들에게도 학습, 언어, 생활 지도를 전담하는 지원교사가 필요하다. 비록 탈북 청소년들이 한민족이라고 해도, 그동안 분단된 상황에서 상이한 언어, 사고방식, 습관을 가지고 성장했으므로, 오히려 타문화에서 온 학생들을 배려하는 것과 유사한 조치가 필요할 수 있다. 이 지원교사의 일부는, 남한사회에 성공적으로 적응한 탈북 성인들 가운데 교사경험이 있거나, 지원교사가 될 만큼 충분한 교육을 받을 사람들 가운데서 충원하는 것도 생각해 볼 수 있다. 두 문화를 충분히 알고 조정하면서 점차 이들을 남한사회에 적응시키는 역할을 하는 것이다.

탈북 학생의 규모가 크지 않기 때문에, 현재 상황에서 모든 학교에 지원교사를 두는 것은 불필요한 일이다. 현재로서는 지역별로 한명의 지원교사가 몇 개의 학교를 순회하는 방법도 생각할 수 있다. 탈북 학생들을 남한의 학교제도에 편입시키는 방법을 구안하고 그 지원체제를 만드는 것은, 장기적으로 볼 때, 탈북 학생들만을 위한 특별학교나 프로그램을 만드는 것보다 더 효과적일 수 있다. 왜냐하면 '탈북 청소년지원교사' 제도를 갖추는 것은, 이후 남한사회가 대규모 탈북 이주민을 수용해야 하는 상황이나, 아니면 남북한 간 전면적 교류나 통일로 인해 많은 수의 북한출신 청소년이 남한으로 이주하게 되는 상황을 대비할 수 있기 때문이다. 시스템이 갖추어지면, 경우에 따라서 지원교사의 수를 늘리기만 하면 되는 것이다.

2) 단계별 교육과제와 각 교육기관의 역할

탈북 아동과 청소년들이 새로운 사회에서 낯선 문화적 환경에 적응하여야 하는 과제는 학교교육만으로 해결되는 것이 아니다. 국내입국 이후에도 우선 일정 기간의 조사과정이 있고, 이어서 통일부의 하나원에서의 3개월간의 문화적 오리엔테이션 과정이 있다. 탈북 청소년들을 위한 '전환기학교'가 설립되면 이곳에서 상당수의 청소년들이 학력조정 및 진로탐색의 준비기간을 가진 후 비로소 남한사회와 학교에 진입하게 되는 것이다. 이러한 초기 오리엔테이션기, 학력조정 및 문화적응 훈련기, 남한 학교·사회 진입기의 3단계 초기 적응과정에 필요한 교육 프로그램은 각 시기에 따라 그 성격이 다를 수밖에 없고 그 담당 주체와 지원방안도 달라야 할 것이다. 그러나 이러한 과정을 순차적으로 밟아 나가는 탈북 청소년의 입장에서 보면 이 3단계가 모두 하나의 연계된 교육과정으로서 일관된 목표와 원칙 속에서 상호보완적으로 이루어질 필요가 있다. 각 단계별 교육 프로그램의 연계성을 고려한 3단계 지원체제의 바람직한 교육내용은 다음과 같다〈표 6〉.

(1) 초기 오리엔테이션기

탈북 청소년들이 혼자서 새로운 사회에 맞닥뜨리기 전에 또래와 함께 남한 문화를 먼저 체험함으로써 자신감을 갖게 하며 다양한 문화 충격을 예방하고 극복해 나갈 수 있도록 돕는 초기 교육프로그램이 필요하다. 3개월간의 하나원 보호기간을 문화적 오리엔테이션 과정으로 활용하여 남한사회의 다양한 삶의 형태를 교실뿐 아니라 현장에서도 체험함으로써 마음을 열고 다른 사람들과 새로운 삶의 방식을 보다 쉽게 받아들일 수 있도록 한다.

우선 이들이 이후에 남한의 각급 학교 제도와 내용을 이해하도록 하는 오리엔테이션 교육이 필요하고, 오랜 기간 학습공백 상태에 있었기 때문에 공부하는 습관을 다시 익히고 구체적이고 지속적인 학습동기를 유발하도록 하는 일이 중요한 과제가 된다. 탈북 청소년들은 각자가 처했던 북한과 중국에서의 생존조건에 따라 개인적 학력 편차가 극심하다. 이들의 부족한 학습능력을 객관적으로 파악하는 것은 이들을 위한 교육프로그램을 구성하는

데 가장 기초적인 작업이다. 아울러, 개별 심리상담, 놀이치료, 집단 심리치료, 부모 상담과 교육이 일차적으로 이루어져야 하며, 전문가들의 도움을 얻어 적성 및 지능검사, 심리검사, 성장발육 상태와 체력 측정 및 개선 방안 마련 등의 연구도 지속적으로 교육 현장과 연계 속에서 추진되어야 할 것이다.

〈표 6〉 탈북 아동·청소년의 정착단계별 교육과제와 프로그램

단 계	초기 오리엔테이션기	학력조정 및 문화적응 훈련기	남한 학교 · 사회 진입기
기 간	3개월	수개월 ~ 2년까지	1 ~ 3년
관 련 기 관	* 통일부 하나원내 하나둘학교 * 삼죽초등학교	* 탈북 청소년 전환기학교 (한겨레학교-설립중) 민간단체 교육프로그램	* 탈북 청소년 교육지원센터 (설립제안) * 민간단체 교육프로그램 * 각급 남한학교 특별교육
역할별 주 체	* 시설설립 및 운영 - 정부(통일부) * 프로그램 지원 - 교육지원센터	* 시설설립 - 정부(교육부) 지원 * 프로그램 운영 - 학교법인(전인학원)	* 시설설립 - 정부(청소년위원회 등) 지원 * 프로그램 운영 - 민간전문기구(위탁)
단 계 목 표	* 문화충격 완화 * 남북 교육학제·내용 차이 이해 * 인지·심리발달 측정 및 이해 * 개별 중장기 교육지원방안 도출	* 학령 및 학력차이 조정 * 진로찾기 - 직업적성개발·기능훈련 * 특기육성·자격 취득 - 자신감 회복 * 심리적 상처치유 및 생활 훈련	* 전문프로그램 지원 및 연수 * 학력평가방식개발 * 남한 상급학교 진학후 지원프로그램 및 생활상담 * D/B구축 및 연구관리 * 남북한 학생 상호이해 및 갈등해소 프로그램 개발
프로 그램	* 각급학교 학년·과목별 교재, 교육내용 소개 * 문화탐방 및 현장학습 * 개별적 문제파악 및 학력측정 * 육체적 심리적 안정 및 치료	* 특성화 교육 프로그램 * 공동기초학습훈련 * 특기 개발 및 직업교육 * 심리치료 및 진로개발 상담	* 남한학교 - 문화이해 및 갈등해소 프로그램(교사연수, 순회교육) * 민간단체 전문성 지원 프로그램 (교사연수, 상담치료 지원) * 하나원, 삼죽초등학교, 전환기 학교-전문가 상담 및 도시문화 체험학습 지원 * 개인별 상담치료 프로그램 * 부모교육 프로그램
기 구	* 학력평가, 도시문화탐방 및 전문상담치료 지원 (교육지원센터)	* 학력평가 및 전문상담 지원 (교육지원센터)	* 교육지원센터 - 학력평가위원회(학력평가방식 표준화 및 인증 - 남한학교 편입학 및 전환기학교 추천)

(2) 학력조정 및 문화적응 훈련기

지금까지 도착한 탈북 아동 · 청소년들은 거의 모두가 성장기에 기근과 극단적 결핍을 경험하여 신체적, 인지적, 심리적 상처가 있다. 따라서 대부분 일정기간의 안정된 치유기간이 필요하다. 가족관계 등의 특별한 사유가 있는 경우를 제외한 대다수의 탈북 아동 · 청소년들은 적어도 1－2년 정도의 보호 받는 환경에서 균형 있는 영양공급과 적절한 운동, 규칙적인 생활상담과 다양한 집단 심리 치유활동을 통해 안정된 발달 적응기를 갖는 것이 바람직하다.

탈북 청소년을 위한 전환기학교는 교육인적자원부가 학력을 인증할 수 있는 수준의 특성화교육 프로그램을 시행하여야 할 것이다. 그러나 교육 대상 집단의 특성상 일반적인 남한 학생들을 대상으로 한 특성화 학교나 학력인증 교육시설에 대한 기준을 그대로 적용하면 수학기간과 학령을 조절하는 기능을 원활히 수행하기 어렵다. 비교적 단기간에 탈북 청소년들의 학력을 조정하고 포괄적인 준비교육의 결과를 사회적으로 인증받기 위해서는 별도의 학력인정 방안이 아울러 마련되어야 할 것이다.

(3) 남한 학교 및 사회 진입기

탈북 청소년들은 남한의 학교와 사회에 새롭게 적응하고 인간관계도 새로이 만들어야 하는 어려운 과제를 안고 있다. 그들의 억양이나 학습능력 부진, 행동양식의 차이 등으로 인하여 차별이나 소외를 당하는 경험을 할 가능성이 매우 높다. 민감한 청소년기에 이러한 상황을 겪으면 심리적 상처가 오히려 심화되어 부적응 사태를 일으켜서 우울이나 비행으로 발전할 수도 있다. 남한 학교 및 사회에 진입하는 초기에는 그들의 심리적 어려움을 완화할 수 있는 상담지도와 학습능력을 고려한 적절한 보충적 학습지도가 필수적이다.

지금까지 선구적인 노력을 해왔던 다양한 종교단체와 민간 교육단체들이 방과 후 교실이나, 계절학교, 상담 및 정보지원 프로그램들을 통해 이들을 지지해 주는 것이 좋을 것이다. 이 경우에도 이러한 분산된 노력을 통합 수렴할 수 있는 정부 차원의 '탈북 청소년 교육지원센터'를 설립하여 진학, 취업, 생활 상담의 중심적인 역할을 해 주는 것이 바람직하다.

3) '새터민(탈북)청소년교육지원센터'의 설립과 운영방안

탈북 청소년들은 개인차가 크고 그만큼 진학과 진로에 대한 생각과 요구도 다양하다. 이들의 다양한 요구에 부응하고 남한사회에서 각자가 필요한 교육을 받아 성공적으로 적응하고 살 수 있도록 지원하기 위하여 탈북 청소년 교육에 대한 전문성을 지닌 기관을 설립할 필요가 있다. 현재 가장 절실히 필요한 탈북 교육의 일관성과 연계성을 제도적으로 뒷받침하기 위해서도 그 구심점이 될 수 있는 탈북 청소년 교육 전문기관을 장기적인 안목에서 정책적으로 설립하고 지원하여야 할 것이다.

'새터민(탈북)청소년교육지원센터(가칭)'는 학생들의 학력평가와 학년배정, 진로 및 생활 상담, 심리검사와 심리치료, 부모교육, 다양한 교육기관들 간의 네트워크 구성, 교육관련 자료의 축적 및 프로그램 연구개발 등을 전문성을 가지고 체계적으로 수행하도록 구성해야 한다. 이 센터는 탈북 청소년들에 대한 직접적 교육보다는 이들을 교육하는 하나원, 삼죽초등학교, 전환기학교, 민간교육단체, 남한 편입학 학교 등이 소규모의 탈북 학생들을 대상으로 일정 기간만 교육하는 교육기관으로서는 확보하기 어려운 전문 인력과 연구개발능력, 교사훈련 및 연수체계, D/B구축 및 운영체계 등을 갖추고 이들 교육기관과 단체들을 종합적으로 지원하도록 하여야 할 것이다.

(1) '학력평가위원회'의 설치

개별화교육을 위해서 가장 필요한 것은 학생들의 현재 학업수행능력을 정확히 진단하는 것이다. 탈북 학생들이 북한 학교의 성적표를 지참하고 남한 학교에 들어오지 않는 한, 그들이 북한에서 배운 학력의 평가는 이곳에서 이루어질 수밖에 없다.

이러한 학력평가를 위해서는 '교육지원센터' 내에 '학력평가위원회'를 설치하여야 한다. 이 '학력평가위원회'는 심리측정 전문가, 남한의 초중등교사, 탈북 청소년의 초중등교사들로 구성한다. 이 위원회의 자격과 기능에 대하여는 법으로 정해서 법적 지위를 갖도록 하는 것이 바람직하다. 전문성과 법적 지위가 갖추어지면, 각 학생에게 적절한 교육을 할 수 있을 뿐 아니라, 임의로 학년을 배정하는데서 오는 시행착오도 감소시키고, 학생 및 학부모의 불만도 방지할 수 있을 것이다.

북한에서의 학력과 나이, 상담과 각종 평가도구들을 활용한 검사결과를 토대로 남한 학교에 일정 학년으로 직접 편입학을 추천하거나, 좀 더 장기적인 학력조정 및 문화적응이 필요한 경우에는 탈북 청소년 전환기학교에 입학을 추천할 수도 있다.

(2) 진로 및 생활상담

남한사회와 직업에 대한 정보가 부족한 탈북 청소년들에게 진로교육은 필수적이다. 자신의 특기와 적성에 맞는 일은 무엇인지, 그 일을 직업으로 선택하려면 거쳐야 하는 훈련과정은 무엇인지, 자본주의 사회에서 직업을 갖는다는 것은 어떤 의미이며 어떤 직업윤리가 요구되는지에 대해서 배워야 한다.

따라서 '교육지원센터'는 진학, 취업, 생활 등에 재하여 상담에 응해주는 기능을 가져야 한다. 일단 남한 학교에 편입학한 학생들이 일반 학교에서 잘 적응할 수 있도록 지원하는 일과 아울러 스스로 취업도 해보고 기술학원이나 외국어 학원도 다녀보고 싶은 개별적 학습의욕을 뒷받침 해줄 수 있는 개별적인 대안교육 지원 방안도 함께 모색하여야 할 것이다. 이는 남한의 고등교육기관(대학)에 입학한 청소년들과 성인들의 경우도 마찬가지이다.

새로운 환경에 적응하면서 겪는 어려움 등 일반적인 생활 상담도 병행해야 한다. 상담 중 심각한 사례로 판단되는 경우에는 심리검사와 심리치료를 받도록 의뢰하여 어려움을 덜어줄 수도 있다.

(3) 심리검사와 심리치료

'교육지원센터'는 탈북 청소년들을 위한 심리검사와 심리치료 기능도 수행해야 한다. 탈북과정에서의 아이들의 심리적 상처와 남한사회에서의 문화충격의 심각성을 파악하고 그 아픔을 덜어주기 위해 정서적으로 지원하는 일은 교육에서 중요한 과제이다. 인지 및 학습 적응만이 문제가 아니라 심리적, 정서적 적응을 위한 프로그램에도 많은 정성을 기울일 필요가 있다.

탈북 학생들이 하나원에 처음 도착하였을 때 이들의 상태를 종합적으로 파악하기 위하여 성격검사와 지능검사를 실시하여, 개인별 특성을 파악하고 특별히 문제를 겪고 있는 아이들을 선별해내어 개인적으로 도움을 주어야한다. 또한 정착 후에도 탈북 청소년들이 다니는 다양한 학교에서 필요로 하거나, 개인적으로 원하는 경우에도 언제든지 그 필요에 부응할 수 있어야 한다.

① 심리검사

학생들이 처음 학교에 도착하였을 때 이들의 상태를 종합적으로 파악하기 위하여 몇 가지의 심리검사를 실시하는 것이 바람직하다. 탈북 청소년들을 위하여 제작한 검사가 아직은 없으므로 당분간은 기존의 검사들을 사용하면서 결과의 해석을 조심스럽게 해야 할 것이다. 성격검사로는 MMTIC(어린이 및 청소년 성격유형검사)와 HTP(집,나무, 사람 그림검사) 외에도 자아존중감검사(Rosenberg)나 SCL－90 등을 사용할 수 있다. 지능검사로는 초등학생은 KIT－P, 중학생은 KIT－M, 고등학생은 KIT－A(한국행동과학연구소 제작)를 학생의 연령이나 학력에 맞게 사용할 수 있다.

심리검사와 행동관찰 결과 심각한 문제가 있다고 판단되는 경우에는 가능하면 상담심리, 임상심리 전문가나 정신과 의사의 치료를 받을 수 있도록 의뢰하여야 한다.

② 심리치료

가. 놀이치료

초등 연령까지의 어린이들이 경우에는 놀이치료가 가장 적절한 방법이다. 유·소아는 생각이나 감정을 말로 표현하는데 제약이 있기 때문에 언어 대신 놀이로써 자신의 의사소통을 하게 된다. 놀이치료를 통하여 아동은 내적인 긴장, 불안, 공격성, 두려움, 좌절감 등을 표출시킬 수 있는 기회를 갖게 되고 그런 감정들을 조절하거나 버리는 것을 배우게 된다.

나. 개별 상담

청소년기는 워낙 자아개념을 재형성하는 시기로서 기대감과 불안감이 동시에 높은 특징을 보이는데, 탈북 청소년들의 경우, 이러한 청소년기의 특징에 더하여 그들이 최근에 겪은 불안, 공포, 격변의 경험이 과민한 심리상태를 만들기 쉽다. 따라서 이들과 일상에서 만나고 친밀감을 형성한 교사들은 이들의 상태를 잘 살피고 상담해 주어야 한다. 교사는 친밀한 인간관계의 형성이 어느 정도 이루어졌다고 판단되는 시점에서 학생들에 대한 개인별 상담을 실시하여, 학생의 개인적 고민, 진로, 인간관계의 문제 등의 다양한 주제들을 포괄하여, 학생의 문제를 같이 생각해주고, 질문에 답해주고, 정서적인 지지를 해주어야 한다.

교사의 판단이나 개인적 요청, 또는 심리검사와 행동관찰 결과 심각한 문제가 있다고 판단되는 경우에는 특별히 전문가의 상담을 받아야 한다. 상담심리, 임상심리 전문가나 정신과 의사의 치료를 받을 수 있도록 의뢰하여야 한다.

다. 집단 상담(심성수련, 감수성훈련, 연극치료 등)

청소년들이 자기이해, 자기수용, 자기개방과 자유감을 경험하고, 집단을 통한 공유와 유대를 체험적으로 학습하도록 집단상담을 실시한다. 이는 또한 신체의 긴장감을 해소하고, 자기의 부정적인 패턴(성격 및 생활습관)을 전환하는 경험이 되기도 한다. 이 프로그램을 실시함으로써 감수성이 예민한 청소년기의 불안정한 긴장상태를 이완하고, 자신을 긍정적으로 지각하여 자신감을 향상시키며, 현재와 미래의 삶에 대한 기대감을 형성할 수 있다.

연극 워크숍은 기계화되고 관습화된 몸과 사고를 탈기계화 시키고 탈관습화 시킬 수 있다. 다양한 놀이 및 여러 예술적 기법을 통해 참가자들을 보다 창의적이 되게 하며 타인과의 교감을 통해 신체적, 정서적 표현력을 높인다. 이로써 참가자들은 자신 및 주변 환경에 대해 보다 높은 통찰력을 갖게 되고 이를 통해 현실을 바꿀 수 있는 행동도 유발될 수 있다.

오랜 기간 동안 극도의 불안감과 혼란을 경험한 이 청소년들에게 이러한 연극 워크숍은 스스로 자신의 과거로부터 자유로워지고 현실에서 당당하게 설 수 있게 하는데 상당히 안전하고 유용한 도구이다. 깊은 상처로 남아 있는 과거의 경험들을 연극을 포함한 다양한 방식으로 표현해보는 과정 자체로써 카타르시스를 경험하게 되며 개개인의 문제, 경험이 개인의 특수한 경험이 아니라 집단의 공동의 경험임을 확인하게 됨으로써 상처를 극복할 수도 있게 된다.

라. 성교육

남한 학교에서도 올바른 성교육의 부재를 탓하는 목소리가 높은데, 북한은 성교육이 전무하다시피 하다. 탈북 청소년들에게는 올바른 성교육의 실시가 특별한 중요성을 가진다. 그 첫 번째 이유는 그들이 남한사회의 자유로운 성문화에 충격을 받거나 휩쓸리지 않도록 예방을 하기 위해서이다. 두 번째 이유는 그들 중에는 이미 폭력적인 성의 피해자가 된 아이들이 상당수 있기 때문이다. 어려서 부모를 잃고 떠도는 과정에서 성적으로 학대를 당한 경우도 있고, 여성의 경우 인신매매나 강제결혼을 당한 경우도 있다. 또한 자신이 직접적인 피해자가 아니라 할지라도 이러한 폭력적인 관계를 가까운 사람이 당하는 것을 목격해야만 했던 경우도 많다. 이 청소년들에게 성에 대한 올바른 가치관과 행동방침을 심어주는 것은 중요하고도 어려운 과제이다.

성폭력의 피해자인 여학생들은 순결 이데올로기를 극복하고 자아 존중감을 되찾도록 적극적으로 인식의 전환을 도와주어야 한다. 성폭력, 인신매매, 매매춘 등의 현상에 대한 종합적인 시각을 가짐으로써, 피해자에게 책임을 물어서는 안 된다는 점을 인식하여 자기 잘못이 아니라는 것을 알고 자신을 탓하거나 비하하거나 자포자기 하지 않도록 하여야 한다. 특히 성폭력의 개념을 인식하고, 그 실태와 대책에 대하여 이해하는 것은 지난 상처의 치유와 앞으로의 생활에서의 바른 태도의 함양에 매우 중요하다.

(4) 현장체험 교육 지원

입국 초기 수개월 간의 조사 및 수용기간 중에도 아동과 청소년들은 한국사회를 미리 경험하고 준비할 수 있도록 3박 4일 정도의 현장 문화체험 학습 프로그램이 필요하다. 무엇보다 그들이 실제 살아갈 사회를 직접 경험해 봄으로써 두려움과 낯설음을 비교적 빨리 해소시킬 수 있기 때문이다.

우선, 이들이 자신들을 소개할 때 '탈북 청소년'임을 명백히 밝힐 수 있다는 점을 중요시한다. 그것은 곧 자기 정체성을 숨기지 않고 당당히 드러내고 살 수 있다는 자신감을 연습하도록 하는 것이다. 자기의 정체성을 스스로 인정하고 타인을 대하면 그만큼 적극적인 답사 활동을 펼칠 수가 있다. 이에 덧붙여 남한의 또래들과 함께 어울린다면 현지체험학습의 중요한 목적 중에 하나인 실제 남한 삶의 모습을 경험하게 되는 것이다.

답사 기간 동안 진행할 주제들은 남한사회에 대해 보다 밀도 있게 이해할 수 있는 것들로 선정한다. 청소년기라는 특수한 상황에서 일단 맞닥뜨리게 될 남한사람들의 삶과 관계된 것들, 즉 교육 및 취업, 금융, 주거 유형 파악을 주제로 잡을 필요가 있다. 이는 탈북청소년의 남한 또래들이 경험하는 삶의 모습과 밀접한 관계를 가진다. 예를 들어, 대학은 어떻게 가는 것이고, 가면 무엇을 어떻게 공부하고 있으며, 사는 공간이나 친구 관계는 어떤 유형들이 있는지를 조사한다. 마찬가지로 대학에 가지 않고 취업을 하는 또래들은 왜 그런지, 취업은 어떤 단계를 거치며 어떤 직종을 선택하는 것이 현명한지, 돈 관리를 위해 어떤 은행이나 예금을 선택해야 하는지 등등도 실제적인 조사를 통해 이해하는 것이다. 탈북 청소년 현장체험학습의 중심은 '남북 청소년의 만남', '실용적 주제 체험', '자율적 참여

활성화'로 그 윤곽을 잡을 수 있다.

이러한 단기 문화체험 학습 프로그램을 교육지원센터의 전문 인력이 잘 개발하고 되풀이 실험함으로서 대량 입국 등의 돌발 사태에 보다 신축적으로 대응할 수 있는 현장중심 문화 오리엔테이션 프로그램을 미리 준비해 둘 수 있다.

(5) 부모 교육

새터민들은 남한사회에서의 교육문제에 대한 지식과 정보가 부족하여 아이들 교육에 대한 불안감을 갖고 있다. 부모교육은 이러한 불안감을 최소화하고, 아이들에 대한 올바른 이해와 가족의 성장을 도모하는데 도움을 줄 수 있다. 새터민 어른들에게는 남한사회에서의 학부모 역할에 대한 오리엔테이션도 필요하다. 이들은 남한의 교육제도와 내용에 대한 객관적 지식도 배워야 하고, 남한사회의 교육적 가치관, 부모-자녀관계, 좋은 부모 되기 등의 문화적 측면에서도 새로이 알아야할 것들이 많다.

남한 아이들과 학교에서 함께 생활하게 될 새터민 아이들이 북한 출신임을 숨겨야 한다는 강박관념을 가지면 심각한 심리적 억압 속에서 다양한 부적응 문제를 안게 된다. 항상 거짓말이 탄로 나지 않을까 하는 긴장감속에서 극도로 의식적인 부자유스런 행동을 하기도 하고 가급적 남한의 또래집단과의 만남을 피하려고 한다. 부모의 어투나 억양은 북한 출신이라는 것이 금방 탄로날 수 있는 요소가 되기 때문에 부모의 학교 방문조차 막게 된다는 장기적 문제를 미리 알려 줄 필요가 있다.

정착지 생활에서 자신을 떳떳하게 드러낸 학생은 숨기는 대부분의 학생들보다 훨씬 심리적으로 편안하고 안정된 생활을 이루어나간다. 도움을 받기 위한 하나의 전략으로서 북한 출신이라는 것을 밝히게 되건, 아니면 그냥 자연스러운 상황에 따라서 밝혀지게 되건 어떤 식이든 자신이 남에게 솔직해질 수 있다는 것에서 좀 더 자유스러운 생활을 할 수 있는 것이다.

실험적으로 부모교육을 실시해 본 결과, 한두 달 남짓한 단기간에도 부모들의 생각이 달라지는 것을 볼 수 있었다. 교육에 관한 어려움이 있을 때, 교사, 이웃, 상담원 등을 만나서 아이들 육아와 교육 문제를 함께 고민하고 도움을 받을 수 있는 방법들에 대하여서도 정보를 제공할 필요가 있다.

(6) 교사교육 및 연수 프로그램

탈북 학생들을 교육하는 교사들을 위한 교육과 연수 프로그램에 대한 지원이 필요하다. 남북한 학생들의 만남과 통일교육에 대해 관심과 열정을 가지고 개인적으로 노력하는 교사들도 있지만, 대부분의 교사들은 개인적 노력만으로는 한계를 느끼며 탈북 아동들을 가르치는 것을 힘들어한다. 실제로 학습능력이 현저하게 낮은 탈북 아동들을 어떻게 가르쳐야 할지 모르겠다고 빨리 전문가들이 만든 프로그램을 달라는 주문을 하기도 하였다. 새터민들이 많이 모여 사는 서울의 양천구와 노원구에서는 학교 교사들의 어려움이 집단적으로 표출되고 있고, 이 두 지역에는 민간단체가 운영하는 소규모의 탈북 어린이 방과후 프로그램이 제한적이나마 이 문제에 대응하고 있는 상황이다. 이런 현황을 볼 때, 북한 이탈학생들이 집단적으로 많은 지역부터라도 우선 실험적인 교육적 투자와 지원이 필요한 시점이다

민간 교육단체들은 다양한 영역에서 탈북 청소년들의 교육을 담당하고 있다. 그러나 지금과 같은 조건 하에서는 지친 몸과 마음의 상처를 감당하며 탈북 청소년들의 교육에 헌신할 교사들의 지속적 충원이 쉽지 않아 보인다. 이들을 위한 정기적인 교사교육 및 연수 프로그램이 필요하고, 특히 개별 현장에서 고갈되기 쉬운 교사인력의 효율적인 육성과 재교육(수퍼비전)을 통한 재활성화 프로그램을 '새터민(탈북)청소년교육지원센터'가 개발하고 지원하여야 할 것이다.

탈북 학생들의 특수한 교육필요를 고려하면 이들을 위한 교육은, 정규학교의 교육을 착실히 이수한 학생들과는 달리, 대안교육적인 성격을 많이 가질 수밖에 없다. 탈북 청소년들의 교사들은 이에 더하여 다른 문화권에서 온 학생들을 이해하고 존중하며 상호작용을 잘 해내는 능력도 갖추어야 한다.

3. 결론 및 제언

이제는 탈북 청소년들에게 어떤 교육을 제공하고, 이들의 사회적응을 위해 어떻게 도와주어야 하는지에 대한 거시적인 지도(road map)가 필요한 상황이다. 이들의 부적응 문제에 대해 각 사안별로 대처하는 방법도 있으나, 이럴 경우 정책들 간의 논리가 충돌할 수도 있고, 결국 편법까지 동원하기도 하는 대증적인 처방은 이들의 근본적인 사회적응에 도움이 되지 않는다. 본 연구에서는 탈북 청소년 교육문제를 다룰 때 견지해야 할 세 가지 원칙으로, 통합교육, 개별화교육, 진로교육을 제안한다.

소수집단만을 위한 특수학교를 만들고, 초등 중등 전 교육과정을 별도의 학교에서 시키는 것은 완전 분리 모델을 따르는 것이다. 분리시키되 통합을 전제로 하는 방안도 있을 수 있다. 과도적 학교체제로 일시적인 전환기 학교를 운영하는 것이다. 곧바로 일반학교에 입학시키기에는 준비가 필요한 경우, 전환기 학교에서 단기간 머무르면서 일반학교 적응에 필요한 기본 능력을 증진시키는 것이다. 탈북 교육의 경우, 현재 정부가 추진하고 있는 전환기 학교는 이런 종류로 분류될 수 있다. 통합교육에 원칙적으로 동의하지만, 현재의 상황

에서는 부분적인 분리교육이 불가피하다고 보는 것이다.

통합교육을 위해서는 일반학교 내에 이 소수집단 학생들에 대한 지원체제가 갖추어져 있어야 한다. 모든 학교에 탈북 학생들에 대한 지원체제를 갖출 수 없는 한, 전환기 학교에서 이들이 이후 사회적응력, 학교적응력을 높이도록 훈련하는 것이 필요하다는 것이다. 결국 탈북 청소년 교육에서 분리와 통합의 문제는 얼마나 지원체제가 구비되느냐와 관련된다. 궁극적으로 탈북 청소년들은 일반학교 일반학급에서 남한의 학생들과 함께 공부하도록 한다. 그리고 그 통합교육은 반드시 지원체제가 갖추어지는 것을 전제로 해야 한다. 교육지원교사제도와 학습지원체제를 갖추는 한편, 일반학교 교사가 탈북 청소년들의 특성을 이해할 수 있도록 일반학교 교사에 대한 연수가 요구된다.

탈북 학생들이 남한 학교에 입학한 경우에, 그들의 학업부진 상황을 개선하기 위해서는, 별도의 개별화 교육이 요구된다. 이 학생들의 학력수준은 남한의 동일 학년 학생들에 비해 현저히 떨어지기 때문에, 이들이 자신이 속한 학년의 교과내용을 일제수업을 통해 학습하는 것은 의미가 없다. 별도의 학습지원 프로그램을 통해서 현재의 학습 능력에 근거한 개별 수업 프로그램으로 기초 학력을 보완해야 한다. 개별화 수업은 이들이 입학한 일반학교 내의 특수학급이나 특별 학습지원 프로그램을 통해서 이루어지는 것이 바람직하므로 점차 학교 내에 그러한 체제를 갖추어야 한다.

한편 과도적 방안으로 운영되는 전환기 학교에서는 현재 상황에서도 개별화교육이 가능하다. 이 학교는 기간학제의 운영원칙으로부터 상대적으로 자유롭기 때문에, 학년에 근거한 일제수업의 틀을 벗어날 수 있고, 학생의 선행학습 수준에 따라 "무학년제" 수업운영도 가능하기 때문이다. 전환기 학교에서는 학습자의 능력과 희망에 맞게 학습전략을 세우고, 목표수준을 정하고 교육해야 한다.

개별화교육이 성공하기 위해서는 정확한 진단평가가 요구된다. 현재 탈북 청소년들의 학력을 측정할 수 있는 진단도구는 없다. 전환기학교나 학습지원프로그램을 통한 개별화교육이 성공하기 위해서는 탈북 청소년의 학력을 정확히 측정할 수 있는 진단평가지의 개발이 필요할 것이다.

탈북 청소년 교육의 세 번째 원칙은 이들이 결국 학교에서 직업세계로 삶의 공간을 전환(transition)할 수 있도록 도와야 한다는 것이다. 진로교육이 무엇보다도 필요하다. 탈북 청소년의 경우에, 남한학생들이 일반적으로 겪는 진로선택의 어려움보다 더 큰 곤란을 겪고 있는데, 그것은 이들이 자본주의 사회의 규칙이나 다양한 직업들에 대해 기초적인 정보조차 갖고 있지 않기 때문이다. 북한에서 진로는 개인이 선택하는 것이 아니다. 중학교를 졸업하면 직장에 배치받기 때문에 자신이 흥미나 적성에 맞는 직업을 선택한다는 개념은 익숙한 것이 아니다. 더욱이 남한에는 북한에서는 상상하지도 못했던 여러 가지 직업군이 존재한다. 경제체제가 전혀 다른 곳에서 성장한 탈북 청소년이 자신의 진로를 개척한다는 것은 도움 없이는 불가능한 일이다.

남한사람 누구나 그렇듯이, 탈북들도 대학진학을 꿈꾼다. 탈북 청소년은 남한 학생들보다 훨씬 쉬운 절차를 거쳐 대학에 입학할 수 있다. 일단 특례입학으로 대학에 입학하면 학비는 전액 지원된다. 그래서 많은 이들이 대학에 간다. 그러나 대부분 진로교육이나 직업탐색과정 없이 대학에 진학함으로써, 장래 자신이 할 일을 고려하지 않고 대학이나 학과를 선택하는 경우가 많다. 가급적 일류대학 유망학과를 지원하는 것이다. 이렇게 진학한 경우, 학과내용을 따라가기 어려워 학업을 마치지 못하는 경우가 많고, 졸업을 하더라도 전공계열의 직업을 얻기가 쉽지 않다. 졸업장을 땄지만, 일의 수행능력을 확보하지 못한 것이다.

학교에서 사회로 삶의 공간이 전환되는 과정에서 반드시 필요한 것은 자립능력이다. 현재와 같이 특례입학으로 대학에 입학하고, 입학 후 학비를 전액 지원하는 제도는 소수자 보호라는 차원에서는 바람직한 것으로 보이지만, 장기적으로 탈북 대학생들의 자립능력을 키우는 데는 적절하지 않을 수도 있다. 궁극적으로 해야 하는 것은 탈북 학생들이 졸업 후 사회로 나아갔을 때, 남한사람들과 마찬가지로, 직업을 가지고 가정경제를 꾸리면서 사회 구성원의 하나로 살아갈 능력을 갖추도록 돕는 것이다.

참고문헌

김미숙 (2004), 『북한이탈학생의 학교적응 실태분석 연구』, 한국교육개발원.

김윤영 (2002)"탈북아동들의 남한학교 생활과 정체성,"한양대학교 대학원 석사학위논문.

나경은 (2001), "남북한 교육과정 비교분석", 『교육심리연구』, 13, 1-39.

이돈희, 조난심, 이윤미, 이향규 (2001), 『남북한 초중등학교 교육과정 체제 및 구조비교분석 연구』, 교육인적자원부 정책보고서.

전우택 (1997), "북한 청소년에 대한 이해," 『통일연구』, 창간호.

전익수 (2002), "탈북청소년 초기 정착지원방안에 대한 연구," 경남대학교 북한대학원 석사학위논문.

정병호, 정진경, 이종태 (2001), "탈북학생 사회·학교 적응교육을 위한 특별교육 프로그램개발연구"교육부 교육정책연구보고서 2001-1-05.

정병호, 정진웅, 전효관, 이부미 (2003) "탈북 청소년을 위한 학교설립 타당성 연구," 교육부 교육정책연구보고서 2003-공모-7.

정병호, 정진경, 이향규 (2004), "북한이탈주민 교육지원체제 수립방안에 관한 연구," 교육부 교육정책연구보고서 2004-특-26.

정유성, 이종태 (1999), 『대안학교(특성화고등학교)의 교육과정 및 교사양성 방안』, 교육부 교육정책개발연구보고서.

정진경, 정병호, 양계민 (2004), "탈북 청소년의 남한학교 적응." 『통일문제연구』, 제16권 2호(통권 42호), pp.209-239.

정진경, 최진이, 김성민, 정진헌 (2002), 『북한에서 온 내 친구: 아이들과 함께 하는 남북한 문화이해지』, 서울: 우리교육.

조정아 (2005), "남북한 교육과정 및 교과서 비교", 충청남도교육연수원 중등통일교육 직무연수 교재.

한만길 외 (2000), "남북한 학생의 학력수준 비교 연구: 탈북학생의 학습능력을 중심으로", 한국교육개발원.

Furnham, A., & Bochner, S. (1986), Culture shock: Psychological reactions to unfamiliar environments. London: Methuen.

Landis, D., Brislin, R., & Hulgus, J. (1985), Attributional training versus contact in acculturative learning: A laboratory study. Journal of Applied Social Psychology, 15, 466-482.

Modgill, S. & Verma, G. (Eds.) (1985), Multiculturalism and education: The interminable debate. London: The Falmer Press.

Triandis, H. C. (1995), Culture-specific assimilators. In S. M. Flower & M. G. Mumford (Eds.), Intercultural sourcebook: Cross-cultural training methods (Vol. 1, pp.179-186). Yarmouth, ME: Intercultural Press.

제19장

10개의 숨은그림찾기

윤수연 사진작가

실제 북한사람의 모습을 처음 본 것은 8살이 되던 해 TV뉴스를 통해서였다. '귀순용사 이웅평'의 등장은 초등학교 1학년인 나에게 소화해 내기에 벅찬 궁금증을 던져주고 만다. '사람의 모양을 하고 있는 북한사람이라니 …' 아마도 내가 남달리 지적 성장이 느린 아이였는지도 모를 일이나, 나의 혼돈스런 의구심은 그 이성의 우둔함을 한발 앞서 있었음에 분명하다. "선생님~! 이웅평은 왜 뿔이 없어요~?" 황당한 나의 질문에 선생님의 의연한 대답은, "그건 자유 대한민국으로 귀순한 착한 북한사람이니까 그렇지" 그 날의 기억은 산타할아버지가 나의 아빠였단 사실을 알게 된 그 밤의 충격만큼이나 생생하다.

23년 후인 2004년 겨울, 나는 16세의 한 북한 소녀를 만나게 된다. 그녀는 9살이 되던 해에 오빠와 함께 북한-중국 국경을 넘어 4년여를 중국과 베트남 등지를 떠돌며 지내다 14살이 되던 2002년 11월, 꿈에도(!) 그리던 한국행에 성공하고 만다. 4년간의 여정동안, 중국공안에 의한 두 차례의 체포와 북송, 그리고 다시 수용소로부터의 탈출 등, 가히 하드코어 로드무비를 방불케 하는 두 남매의 이야기는 이제 그녀의 기억 속에 존재할 뿐이다.

내가 뿔 달린 북한사람이야기를 해 주자 까르르 넘어가던 그녀는 나에게, 자신은 국경을 넘던 그 순간까지 남한이란 나라가 있는지도 몰랐다며 '웰컴 투 동막골'의 주인공이 바로 자기가 아니냐며 쓴 웃음을 지어냈다. 우리 두 사람의 이야기가 지어낸 이야기가 아닌 실제의 경험담 이란 사실은 나에게 웃어야 할지 울어야 할지를 결정할 수 없게 하는 감수성의 혼란을 가져다준다.

지난 일년간 150여명의 남한의 새로운 합법 이주민들을 만났다. 이들은 '탈북자', '귀순용사', 혹은 '새터민'이라는 이름으로 구분되어 불려지는, 소위 말하는 최종 목적지인 '남한' 입성에 성공한 북한사람들이였다. 무사히(?) 남한의 땅을 밟게 된 이들에게 남쪽의 사람들은 말한다; '힘든 여정을 거처 여기까지 오시느라 수고가 많으셨습니다. 이제 고생끝 행복 시작입니다' 그러나 이들의 여정은 과연 끝난 것일까? 그렇다면 그 여정의 시작은 어디부터 였을까?

작가가 찾아낸 남과 북의 이야기, 분단 한국의 문화적 지각변동은 국가 분계선도 비무장지대도 아닌 서울의 한 복판에서 일어나고 있었다. 20편의 이미지로 엮어진 이번 다큐시리즈는 2005년 현재 한국인의 모습을 탈북 이주민의 문화적응 경험을 통해 재조명된 프로젝트이다.

사진은 이들 두 한국인들 - Two Koreans - 에게 그들이 직면하고 있는 사회 문화 현상을 들여다보는 창문으로 존재함과 동시에 스스로를 비춰보는 거울로써의 역할을 하는 개념적인 기능을 가지고 있다. 이는 피상적인 현상만을 나열하는 일차적인 통념의 다큐멘터리의 의미를 넘어서 기록이 갖는 사회적 역사적 연계성을 인지하는 문화 도구로써 학습될 것을 강조하고 있는 바이다.

** 사진의 제목으로 사용된 모든 이름은 개인의 요구에 따라 가명으로 표기되었음을 밝혀둔다.

김홍숙 (1998년 5월 탈북 - 2002년 9월 입국)

윤승철 (1999년 10월 탈북 - 2003년 8월 입국)

정정이 (1997년 4월 탈북 - 2001년 4월 입국)

원애국회
충남
PORTS GEAR

추옥희

(1997년 4월 탈북 – 2001년 4월 입국)

김현이 (1999년 4월 탈북 - 2002년 12월 입국)

신경수 (1998년 2월 탈북 - 2001년 3월 입국)

KENOX Festival
케리, 나...
너한테 보여줄게 있어.
녹스
실은 나두...
SAMSUNG
Festival KENOX
SAMSUNG
KENOX V10
Festival
WHISEN
With surplus fo

성민준 (1998년 7월 탈북 – 2004년 7월 입국)

최금철 (1999년 1월 탈북 - 2003년 3월 입국)

리철희 (1998년 5월 탈북 - 2002년 9월 입국)

이숙희

(1999년 2월 탈북 – 2002년 4월 입국)

둥지노래연습장
2F
둥지 노래 연습장
포장클럽
웰빙노래연습장 웰빙노래클럽
게임랜드
소갈비살
용궁노래방
용궁노래방

정종민 (1997년 4월 탈북 - 2001년 4월 입국)

유미향 (2000년 10월 탈북 - 2003년 8월 입국)

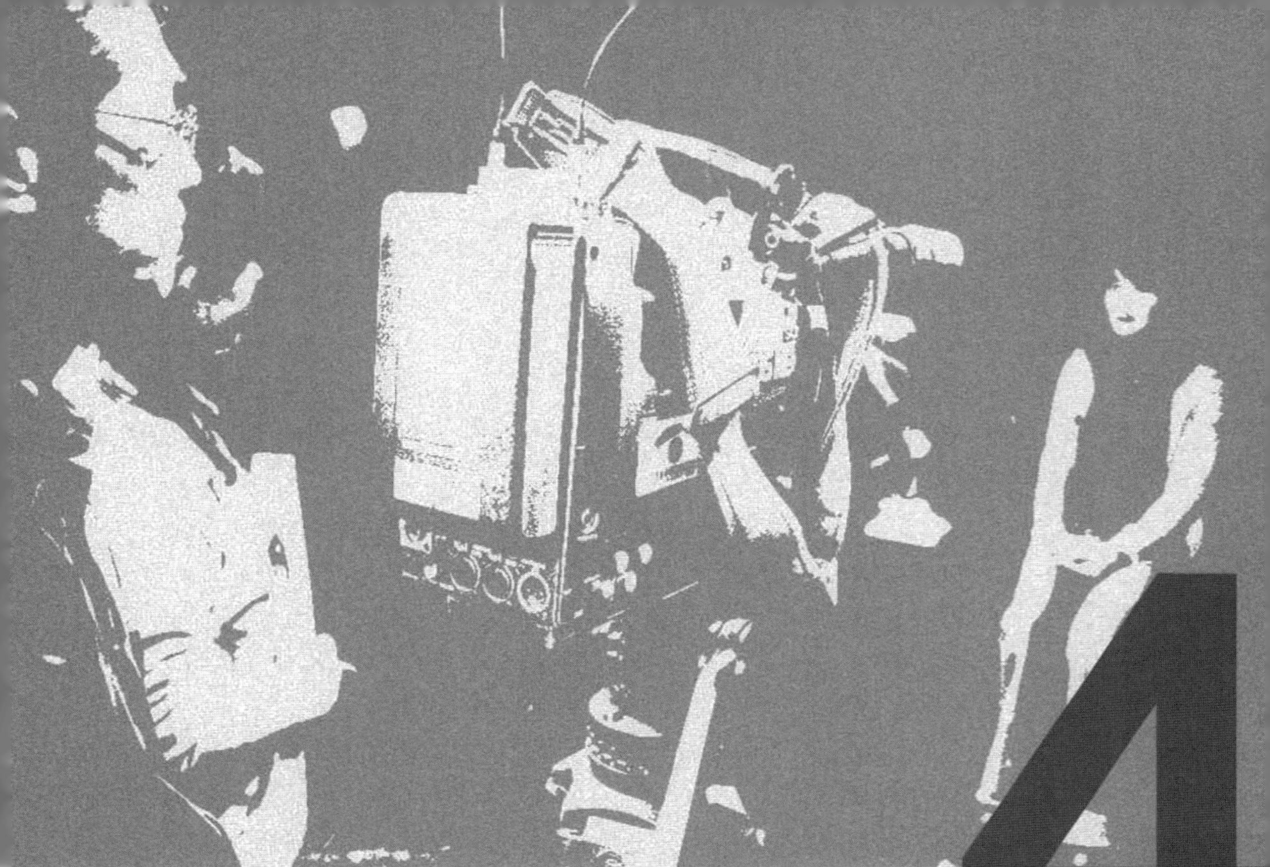

4

성인 : 3년이 만들어 낸 무늬들

연구개요 | 전우택

생활과 교육 | 유시은, 전우택, 홍창형, 조영아, 엄진섭

의식과 생활만족도 | 전우택, 유시은, 조영아, 엄진섭, 서승원, 홍창형

경제적 적응상황분석과 대책 | 윤덕룡

남한에서의 삶의 질 | 민성길, 전우택, 김동기

우울 예측 요인 | 조영아, 전우택, 유시은, 엄진섭

외상후 스트레스장애 | 홍창형, 유시은, 조영아, 엄진섭, 구현지, 서승원, 안은미, 민성길, 전우택

건강 상태 및 의료 이용 만족도 분석 | 김경철, 전우택, 정우진

종교활동과 종교성향 | 최승주, 전우택, 정우진

종교성향과 우울정도 | 최승주, 전우택, 정우진

탈북 여성들 | 조영아, 전우택, 구현지

연구 개요

전우택 연세대 교수, 정신의학

1. 서 론

북한이탈주민들은 통일에 있어 중요한 의미를 가진다. 이들의 남한사회 적응은 50년 이상 극단적으로 이질화된 남북한 사회가 통일 이후 어떤 과정을 겪어 나갈 것인가를 미리 보여주기 때문이다. 이에 따라 그 동안 북한이탈주민들의 남한사회 적응을 조사한 많은 연구들이 있어왔다. 그 동안의 연구들은 모두 중요한 의미를 가지고 있었으나, 크게 두 가지의 문제를 공통적으로 가지고 있었다. 첫째, 대부분의 연구가 주로 북한이탈주민들의 취업, 주거, 자녀 교육 등 물리적인 적응 상태에 대한 조사로 이루어졌다는 것이다. 북한이탈주민들과 같은 이주자들의 적응은 물리적 적응뿐만 아니라, 문화와 의식의 적응까지를 포함하는데, 그 동안의 연구에서는 그에 대한 연구가 매우 적게 이루어졌다. 그에 따라 북한이탈주민들의 남한사회 적응에 대한 종합적인 이해에 어려움이 있었다. 둘째, 모든 북한이탈주민 연구가 어느 한 시점에서의 횡단면적인 상태만을 조사, 연구한 것이 대부분이다. 즉, 북한이탈주민들이 남한에 들어와 적응해 나가면서 가지는 시간적 변화에 대한 연구가 없었다는 것이다.

이러한 문제점들을 극복하기 위하여 본 연구자들은 2001년에 새로운 형태의 북한이탈주민 조사를 기획하였다. 즉 남한에 들어와서 하나원에서 교육을 받은 기간이 동일한 북한이탈주민 집단 200명을 코호트 집단으로 정하고, 이들의 남한사회 적응을 3년마다 추적조사하기로 한 것이다. 이 연구에서는 북한이탈주민들의 남한사회 생활뿐만 아니라, 그들의 의식과 만족도 등 포괄적인 내용이 포함되었다. 2001년도에 이에 대한 1차 조사가 이루어졌고 그 결과는 생활을 중심으로 한 보고(전우택, 윤덕용, 엄진섭, 2003)와 의식 및 만족도를 중심으로 한 부분(전우택, 윤덕용, 엄진섭, 2004)으로 나뉘어서 보고 된 바 있다.

본 연구자들은 위에서 언급된 연구의 후속 추적연구로 1차 연구가 이루어진지 3년이 지난 2004년도에 2차 추적 연구를 실시하였다. 본 논문은 2004년도에 이루어진 연구 결과를 다각적으로 분석하여 만든 논문들이다. 모든 논문들이 같은 연구에서 만들어진 자료들을 가지고 쓰여 졌기에, 이 개요 부분에서 그 공동의 연구 방법을 말씀드림으로 각 글에서는 반복되는 연구 방법 부분을 쓰지 않기로 하겠다.

2. 연구대상 및 방법

1) 연구대상

본 연구는 앞에서 언급한 바와 같이 2001년 탈북자들의 남한사회 적응생활 실태조사 연구의 추적 연구이다. 2001년 연구에 응한 탈북자 200명 중 3년 뒤인 2004년도에 다시 연락이 가능하였던 151명을 대상으로 이번 연구를 실시하였다. 2001년 당시 연구 대상이 되었던 200명의 북한이탈주민들은 2000년 3월부터 2001년 3월까지 하나원에서 교육을 받은 북한이탈주민 293명중 연구에 참여하기를 동의한 사람들이었다.

본 면담 조사는 2004년 2월 9일부터 3월 4일까지 이루어졌다. 연락 가능하다고 생각되어 선택된 200명 중 정부 기관의 지원을 받아 그들의 주소와 연락처를 확인한 결과 185명이 파악되었다. 이 중 실제 연락이 되지 않은 사람이 15명, 여행이나 사업 목적으로 해외에 나가 있어 연락이 안 되는 사람이 8명, 해외어학연수로 외국에 나가있는 사람이 1명, 구치소에 수감 중이어서 연락할 수 없었던 사람이 1명, 본 연구에 참여하여 응답하기를 거부한 사람이 9명 등을 제외하고, 최종적으로 151명이 본 연구에 참여하였다.

본 연구에 참가한 151명은 남자 85명(56.3%), 여자는 66명(43.7%)이었으며, 연령별로는 20대 32명(21.2%), 30대 67명(44.4%), 40대 28명(18.5%), 50대 이상이 24명(15.9%)이었다. 학력분포는 '고등학교 졸업 이하' 94명(62.3%), '전문학교 졸업' 22명(14.6%), '대학 졸업 이상' 35명(23.2%)이었다.

2) 연구 설문

본 연구의 설문은 크게 두 부분으로 구성되었다. 첫째 부분은 북한이탈주민들의 일반적인 생활실태를 조사하기 위한 설문지이다. 이 부분은 설문지를 해석하는 북한이탈주민들의 개인차를 줄이기 위해 면담자가 질문하고 직접 기록하도록 구성하였다. 내용은 주거, 교육, 종교, 직장 및 수입, 지원, 법률, 건강, 심리, 인적 사항으로 구성되었다. 실태조사에 관한 설문은 2001년도 연구에 사용했던 설문을 바탕으로 지난 3년간의 적응 실태를 잘 반영할 수 있도록 내용을 수정 추가하였다. 두 번째 부분은 자기보고형 설문지이다. 남한 생활 스트레스 및 우울, 종교성향을 측정하는 척도로 구성되어 있으며 면담자가 설문 내용을 간단히 설명한 후 응답자가 자기보고 하도록 구성되었다.

3) 연구 절차

정부기관 및 신변보호관, 사회복지사의 협조를 받아 2001년도 연구 참여자 200명 중 185명의 연락처를 파악할 수 있었다. 이 명단을 기초로 하여 연구 참가자 대상자에게 전화로 연구에 대한 동의를 얻었다. 185명중 151명이 면담에 응하였으며 부재중인 경우는 12명, 결번은 11명, 거절 및 구치소 수감 등으로 면담에 불참한 사람은 11명이었다. 조사는 2004년 2월 11일부터 3월 4일까지 이루어졌다. 면담에 대한 사전교육을 이수한 학부생 15명과 대학원생 5명이 본 연구의 조사원으로 활동하였다. 전체적인 조사 진행은 본 연구의 연구원과 북한이탈주민을 상담하는 사회복지사가 담당하였다. 조사는 지역 단위별로 구분하여 북한이탈주민들을 5-30명 단위로 모아 사회복지관에서 면담자가 직접 질문하고 응답을 얻는 방법으로 이루어졌다. 응답자의 개인사정으로 집단면담에 참여하지 못할 경우 시간 약속을 한 후 개인면담을 통해 설문이 이루어졌다.

제20장

생활과 교육*

유시은 연세대 석사과정, 통일학
전우택 연세대 교수, 정신의학
홍창형 연세대 교수, 정신의학
조영아 연세대 학생상담센터, 심리학
엄진섭 충북대 박사과정, 심리학

1. 서 론

북한이탈주민의 국내 입국 규모는 1998년 98명에서 매년 2배 정도씩 증가하여 2003년 12월까지 4,410명에 이르고 있고, 2003년 한 해 동안만도 1,281명의 탈북자가 입국, 정착하였다(통일부, 2004). 그러나 수적인 증가에도 불구하고 현재 남한에 입국하여 정착을 시도하고 있는 많은 북한이탈주민들은 사회 적응 및 정착과정에서 많은 어려움을 겪고 있다. 취업, 교육, 문화적응, 정신 신체적 건강, 인간관계의 여러 측면에서 적응은 쉽지 않으며 많은 시간과 노력, 시행착오가 거듭되고 있다.

북한이탈주민의 남한사회 정착은 단순히 한 개인의 일상생활 적응문제에 국한된 것이 아니다. 이들의 남한사회 적응은 통일 이후 남북한 주민의 통합과정을 구체적으로 예측해보고 그 과정에서 생기는 문제점을 미리 타진해볼 수 있는 시금석이 된다는 점에서 그 의미가 크다. 이러한 이유에서 지금까지 많은 북한이탈주민 적응 연구들은 이들의 적응상의 어려움과 정착 과정을 분석하였고, 연구 결과들은 북한이탈주민의 남한사회 적응을 지원하는 정부 및 민간단체의 정책 및 지원책에 대한 방향을 제시해왔다(전우택, 윤덕용, 엄진섭, 2003; 김숙임, 1999; 김엘리, 1999; 김영수, 정영국, 1996; 독고순, 1999; 박희정, 1998; 오혜정, 1995; 전우택, 민성길, 이만홍, 이은설, 1997; 이금순, 2004; 유시연, 2001). 이에 따라 북한이탈주민에 대한 정책적 변화도 점진적으로 이루어졌으며, 이러한 노력들은 특히 북한이탈주민의 남한사회 초기 적응에 긍정적인 역할을 해왔다. 한편, 북한이탈주민의 적응 연구는 몇가지 한계점을 가지고 있다.

*이 글은 "남한내 북한이탈주민의 3년간 사회적응 추적 연구 – 2001년부터 2004년까지 생활과 교육을 중심으로", 『통일연구』, 제9권1호, 2005, 연세대학교 통일연구원, pp.73-105를 일부 요약, 수정한 것이다.

첫째, 거의 대부분의 연구가 어느 한 시점에서의 현상만을 측정하여 북한이탈주민들의 시간적 변화에 따른 추이를 측정할 수 없었다는 점이다. 즉, 횡단면적인 연구가 대부분을 차지하고 있으며, 이미 이루어진 연구들도 정착 3년 이내의 초기단계의 북한이탈주민을 대상으로 하였다(김숙임, 1999; 김엘리, 1999; 김영수, 정영국, 1996; 박희정, 1998; 오혜정, 1995). 따라서 북한이탈주민의 장기적인 남한 적응 실태를 이해하기 어려웠고 이들의 남한 적응의 연속적인 변화 과정을 볼 수 없었다. 북한이탈주민 개개인이 장기적으로 어떻게 변화하는지에 대한 이해를 가질 수 없었으며 그 결과 북한이탈주민에 대한 다양한 정부정책과 민간 지원의 장기적인 효과를 알아볼 수 없었다.

둘째, 북한이탈주민의 적응에 관한 이해가 특정 연구 관심사에 치중되어 이들에 대한 포괄적이고 통합적인 이해를 갖기 어려웠다. 적응이란 생활의 전반적이고 다양한 측면을 모두 포괄할 수 있어야 한다. 그럼에도 불구하고 연구의 초점이 너무 구체적이어서 북한이탈주민들의 변화하는 상황에 대한 총체적인 이해를 갖기 어려웠다. 또한 소수의 북한이탈주민을 대상으로 하는 연구가 대부분이어서, 그 결과를 일반화하거나 해석하는데 어려움이 있다.

이러한 문제점들을 극복하기 위하여 본 연구자들은 2001년도에 북한이탈주민들의 적응 생활 실태에 관한 추적연구를 계획한 바 있다. 즉, 남한에 입국한 후 특정기간 동안 하나원에서 교육을 받은 북한이탈주민의 일정 집단을 정하여 이들의 남한사회 적응을 추적 조사하기로 하였다. 이에 따라 2001년도에 이에 대한 1차 조사가 이루어졌다(전우택, 윤덕용, 엄진섭, 2003).

본 연구는 위 연구의 후속 연구로서 이들 2001년도 적응 연구에 참여했던 북한이탈주민들에 대한 추적 연구이다. 구체적으로 본 연구는 다음과 같은 목적을 가지고 이루어졌다.

첫째, 1차 조사에 참여했던 북한이탈주민들의 지난 3년간의 남한사회 적응 실태의 변화 양상을 알아보고자 하였다. 구체적으로 주거, 교육, 종교, 직장 및 수입, 금전적, 물질적 지원, 법률, 건강, 심리 영역이다.

둘째, 인구, 사회학적 변인에 따른 적응 양상의 차이를 알아보고자 하였다.

셋째, 북한이탈주민의 적응 양상의 변화에 대한 본 연구 결과를 토대로 북한이탈주민을 지원하는 정부나 민간단체의 효율적인 지원 정책 및 성공적인 남한사회 적응 방법에 도움이 될 수 있는 제안을 하고자 하였다.

2. 결 과

1) 주거

2004년도 연구 참여자의 88%(133명)가 영구임대주택에서 살고 있다고 응답하였고, 전세 4%(6명), 본인 소유 2.6%(4명), 월세 2%(3명), 기숙사 1.3%(2명), 기타 2%(3명)로 나타났다.

2001년도에 비해 1명이 본인 소유의 집으로 이사하였으며 전세는 1명에서 6명으로 증가하였다〈표 1〉.

주거비용은 영구 임대 및 국민 주택의 경우 남한 생활 시작 당시에는 평균 보증금 578만원에 월세 16만 8천원이 소요되었으나 2004년도 조사시에는 평균 보증금 1,243만원에 월세 18만원으로 주거비용이 증가하였다.

주거변동 횟수별로 보면 입국 이후 한 번도 이사를 하지 않은 경우가 67명으로 전체의 44.4%였으며, 1회 이사한 경우가 55명(36.4%), 2회가 24명(15.9%), 3회가 5명(3.3%)으로 나타났다. 연령별로 보면 1회 이상 주거지역을 바꾼 경험이 있는 경우가 20대는 16명(50%), 30대 42명(72.7%), 40대는 16명(53.6%), 50대 이상 11명(45.8%)으로 30대가 가장 높았다. 지방 거주 경험이 있는 경우도 20대 43.8%, 30대 65.7%, 40대 46.4%, 50대 25%로 30대가 가장 높았다.

2001년도 5월부터 2003년 12월까지 서울에서 서울로 이사한 사람은 18명, 지방에서 서울은 20명, 서울에서 지방은 7명, 지방에서 지방은 13명으로 총 58명이 이사하였다. 주거변동 사유는 직장관련이 24명(41.4%)으로 제일 많았고, 식구가 늘어서 넓은 집이 필요한 경우가 11명(17.2%), 교육문제 10명(17.2%), 깨끗하고 편안한 주거환경을 위해서가 7명(12.1%)으로 나타났다〈표 2〉.

〈표 1〉 주거유형

명 (%)

구 분	남한 생활 시작주거유형	2001년 주거유형	2004년 주거유형
영구임대/국민주택	143 (94.7)	144 (95.4)	133 (88.0)
전 세	2 (1.3)	1 (.7)	6 (4.0)
본인소유	1 (.7)	3 (2.0)	4 (2.6)
월 세	1 (.7)	-	3 (2.0)
기 숙 사	2 (1.3)	3 (2.0)	2 (1.3)
기 타	3 (2.0)	-	3 (2.0)
전체	151 (100.0)	151 (100.0)	151 (100.0)

〈표 2〉 주거변동 방향 및 주거변동 사유

명 (%)

구 분	직장	넓은 집 필요	교육	주거환경	주택구입	결혼	이혼	부인고향	전체
서울-서울	5 (27.8)	6 (33.4)	-	3 (16.7)	1 (5.6)	2 (11.1)	1 (5.6)	-	18 (100)
서울-지방	4 (57.1)	-	2 (28.6)	-	-	1 (14.3)	-	-	7 (100)
지방-서울	9 (45.0)	3 (15.0)	5 (25.0)	3 (15.0)	-	-	-	-	20 (100)
지방-지방	6 (46.2)	1 (7.7)	3 (23.1)	1 (7.7)	1 (7.7)	-	-	1 (7.7)	13 (100)
전체	24 (41.4)	11(17.2)	10 (17.2)	7 (12.1)	2 (3.4)	3 (5.2)	1 (1.7)	1 (1.7)	58 (100)

2) 교육

남한 입국 후 2003년 12월까지 직업훈련을 한번이라도 이수한 경험이 있는 사람은 전체의 87.4%인 132명이었다.

남한 입국 후 현재까지 받은 교육 내용 중에는 컴퓨터 교육이 64.4%로 가장 높은 비율을 보였다. 2001년 5월부터 2003년 12월까지의 교육 내용을 알아본 2004년 조사 결과에서도 정규학교 56명(47.1%), 컴퓨터학원 52명(43.7%), 운전학원 31명(26.1%), 취업관련학원 21명(26.1%), 요리학원 21명(17.6%), 어학원 13명(10.9%)이 수강한 경험이 있다고 응답하여 컴퓨터 교육의 수강비율이 역시 높았다. 또한 정규학교를 다니는 북한이탈주민의 수가 2001년도에 비하여 2004년에 25명이나 증가하여 북한이탈주민들도 남한사회의 취업난과 고학력 중시 풍조를 반영하는 결과를 보였다〈표 3〉.

〈표 3〉 교육 종류 (복수응답)

명 (%)

구 분	남한생활 시작- 2001년 5월 이전	2001년 5월~ 2003년 12월	남한생활 시작~ 2003년 12월
정규학교	31 (28.7)	56 (47.1)	64 (48.5)
컴퓨터학원	40 (37.0)	52 (43.7)	85 (64.4)
운전학원	21 (19.4)	31 (26.1)	52 (39.4)
취업관련	20 (18.5)	31 (26.1)	48 (36.4)
요리학원	24 (22.2)	21 (17.6)	35 (26.5)
어 학 원	12 (11.1)	13 (10.9)	25 (18.9)
검정고시	10 (9.3)	3 (2.5)	12 (9.1)
신학대학	4 (3.7)	5 (4.2)	7 (5.3)
취미관련	2 (1.9)	5 (4.2)	7 (5.3)
전체	108 (100)	119 (100)	132 (100)

2001년도 5월부터 2003년도 12월까지 1회 교육 참여자는 60명(39.7%)이었으며, 2회 27명(17.9%), 3회 8명(5.3%), 4회 4명(2.6%), 5회 이상 3명(2.1%)으로 나타났다〈표 4〉. 남한 생활을 시작한 직후부터 현재까지 1명당 평균 2.23회(표준편차 1.66)의 교육 경험이 있었으며, 전체의 62.9%인 95명이 2회 이상의 교육을 경험하였다.

정규교육을 이수한 경험이 있는 64명 중 89%(56명)가 30대 이하였으며 특히 20대는 전체 32명중 93.8%인 30명이 정규교육을 받은 경험이 있었다. 또한 정규 교육 경험은 남자 73.43%(47명), 여자 26.56%(17명)로 남자의 비율이 높았다. 검정고시 역시 12명 중 남자 83.33%(10명), 여자 16.67%(2명)로 남자가 높게 나타났다. 남자들은 컴퓨터, 운전, 취업관련, 어학 교육을 선호하였으며 여자들은 컴퓨터, 요리, 취업 도움 교육을 선호하는 것으로 나타났다.

〈표 4〉 교육 참여 횟수

명 (%)

횟수	남한생활 시작~ 2001년 5월 이전	2001년 5월~ 2003년 12월	남한생활 시작~ 2003년 12월
0	43 (28.5)	49 (32.5)	19 (12.6)
1	66 (43.7)	60 (39.7)	37 (24.5)
2	29 (19.2)	27 (17.9)	44 (29.1)
3	12 (7.9)	8 (5.3)	19 (12.6)
4	1 (0.7)	4 (2.6)	16 (10.6)
5	-	1 (0.7)	10 (6.6)
6	-	1 (0.7)	3 (2.0)
7	-	1 (0.7)	1 (0.7)
전체	151 (100.)	151 (100.)	151(100.)

〈표 5〉 연령, 성별, 취업형태 별 교육 내용 분포 (복수응답)

명 (%)

구분	정규학교	검정고시	신학	운전	컴퓨터	요리	어학	취업도움	취미	전체
20대	30 (93.8)	10 (31.3)	-	10 (31.3)	26 (81.3)	4 (12.5)	14 (43.8)	14 (43.8)	2 (6.3)	32(24.2)
30대	26 (44.1)	2 (3.4)	1 (1.7)	28 (47.5)	35 (59.3)	16 (27.1)	8 (13.6)	21 (35.6)	5 (8.5)	59 (44.7)
40대	6 (26.1)	-	1 (4.3)	13 (56.5)	18 (78.3)	7 (30.4)	3 (13.0)	4 (17.4)	-	23 (17.4)
50대	2 (11.1)	-	5 (27.8)	1 (5.6)	6 (33.3)	8 (44.4)	-	9 (50.0)	-	18 (13.6)
남자	47 (63.5)	10 (13.5)	5 (6.8)	34 (45.9)	44 (59.5)	10 (13.5)	17 (23.0)	29 (39.2)	2 (2.7)	74 (56.1)
여자	17 (29.3)	2 (3.4)	2 (3.4)	18 (31.0)	41 (70.7)	25 (43.1)	8 (13.8)	19 (32.8)	5 (8.6)	58 (43.9)
정규직	18 (40.0)	3 (6.7)	4 (8.9)	17 (37.8)	28 (62.2)	10 (22.2)	4 (8.9)	10 (22.2)	2 (4.4)	45 (34.1)
계약직	24 (55.8)	5 (11.6)	1 (2.3)	19 (44.2)	28 (65.1)	13 (30.2)	10 (23.3)	22 (51.2)	3 (7.0)	43 (32.6)
자영업	3 (17.6)	-	-	10 (58.8)	11 (64.7)	3 (17.6)	4 (23.5)	7 (41.2)	1 (5.9)	17 (12.9)
무 직	19 (70.4)	4 (14.8)	2 (7.4)	6 (22.2)	18 (66.7)	9 (33.3)	7 (25.9)	9 (33.3)	1 (3.7)	27 (20.5)
전체	64 (48.5)	12 (9.1)	7 (5.3)	52 (39.4)	85 (64.4)	35 (26.5)	25 (18.9)	48 (36.4)	7 (5.3)	132 (100.)

직종에 따른 교육 경험 횟수를 보면, 1명당 정규직은 평균 1.78회, 계약직은 2.63회, 자영업은 2.05회, 무직자는 2.50회로 계약직의 교육 경험 횟수가 가장 높았다. 또한 계약직은 정규직, 자영업, 무직에 비해 정규학교 및 검정고시 과정을 선택하는 비율이 높았다. 이것은 직장이 안정된 정규직에 비해 계약직, 자영업, 무직 상황에 있는 북한이탈주민들이 구직을 위해 다양한 교육을 경험하는 것이거나 반대로 정규교육을 받고 있기 때문에 계약직에 종사하고 있는 결과라고 볼 수 있다〈표 5〉.

자격증은 2001년도 5월부터 2003년도 12월까지 전체 151명 중 66명이 1개 이상을 취득하였다. 제일 많이 취득한 자격증은 보통 운전면허 자격증이었으며(25명), 요리 및 제과 제빵 자격증 10명(남자 2명, 여자 8명), 산업 및 기술 관련 자격증 11명(남자 10명, 여자 1명), 워드

프로세서, 컴퓨터 관련 자격증 각 9명, 대형 운전면허 자격증 8명, 중장비 운전면허 5명, 기타 16명이 자격증을 취득하였다. 남자는 산업 및 기술 관련 자격증을, 여자는 요리 및 제과제빵 자격증을 많이 취득하였다.

3) 종교

2004년 설문 당시 전체 응답자의 61.6%인 93명이 개신교였고, 1.3%(2명)가 천주교, 0.7%(1명)가 통일교, '종교가 없다'고 응답한 사람이 36.4%인 55명이었다. 응답자의 남한 입국 당시 종교는 개신교 66.2%(100명), 천주교는 0.7%(1명), 종교 없음이 33.1%(50명), 2001년도 당시 종교는 개신교 76.2%(115명), 무교 21.9%(33명), 천주교 1.3%(2명), 불교 0.7%(1명)로 나타나 남한 입국 직후 개신교의 비율은 증가했다가 시간이 지나면서 입국 당시보다 비율이 줄어들고 반대로 종교가 없는 사람의 비율은 입국 직후 감소했다가 점차 증가하는 것으로 나타났다〈표 6〉.

〈표 6〉 종교유형

명 (%)

종 교	남한 입국 당시	2001년 5월	2003년 12월
개신교	100 (66.2)	115 (76.2)	93 (61.6)
천주교	1 (0.7)	2 (1.3)	2 (1.3)
불 교	-	1 (0.7)	-
통일교	-	-	1 (0.7)
무 교	50 (33.1)	33 (21.9)	55 (36.4)
전 체	151 (100.0)	151 (100.0)	151 (100.0)

종교를 가지는 이유로는 '마음의 안정을 얻기 위해서'가 65.5%(78명)로 가장 높았고, '남한사람들을 더 많이 알 수 있어서' 33.6%(40명), '도덕적 삶을 사는데 도움이 되어서' 23.5%(28명), '입국과정에 도움을 준 사람이 원해서' 19.3%(23명), '남한 생활에 필요한 정보를 얻을 수 있어서' 16.8%(20명) 순으로 나타났다. 종교 유지 이유 역시 '마음의 안정을 얻기 위해서'가 69.4%로 가장 높았고 '남한사람을 더 많이 알 수 있어서'(35.7%), '남한 생활에 필요한 정보를 얻기 위해서'(21.4%)가 높게 나타났다. 시작 이유에 비해서 '도덕적 삶을 사는데 도움이 되어서' 종교를 계속 갖는다는 비율이 23.5%에서 41.8%로 늘어났고, '입국 과정에 도움을 준 사람이 원해서 갖는다'는 비율은 19.3%에서 4.1%로 줄어들었다〈표 7〉.

종교를 가졌다가 그만 둔 이유로는 '목회자나 남한 교인들의 말과 행동이 다른데 실망해서'(6명)가 제일 많았고, '교리를 믿으려 해도 믿어지지 않아서'(3명), '예배, 모임에 참석하라고 강요당하는 것이 싫어서'(3명), '생활이나 직장 일이 바빠서'(5명) 순으로 나타났다〈표 8〉.

〈표 7〉 종교 시작 및 유지 이유 (복수 응답)

명 (%)

내 용	종교 시작 이유	종교 유지 이유
마음의 안정을 얻기 위해서	78 (65.5)	68 (69.4)
도덕적 삶을 사는데 도움이 되어서	28 (23.5)	41 (41.8)
남한사람들을 더 많이 알 수 있어서	40 (33.6)	35 (35.7)
남한 생활에 필요한 정보를 얻을 수 있어서	20 (16.8)	21 (21.4)
입국과정에 도움을 준 사람이 원해서	23 (19.3)	4 (4.1)
경제적 지원을 받을 수 있어서	19 (16.0)	8 (8.2)
사상을 바꾸려고	2 (1.7)	1 (1.0)
믿음을 얻기 위해	-	1 (1.0)
신앙심(하나님을 믿음)	2 (1.7)	2 (2.0)
북한에 전도활동을 위해서	-	1 (1.0)
북한사람을 만날 수 있어서	1 (0.8)	2 (2.0)
통일에 대한 교리	-	1 (1.0)
세상의 진리는 성경에 있기 때문에	1 (0.8)	1 (1.0)
교리 관련자들이 좋아서	-	1 (1.0)
인간 탄생의 목적을 깨달아서	1 (0.8)	1 (1.0)
시댁에서 다녀서	1 (0.8)	1 (1.0)
중국에서 다님	2 (1.7)	-
강요	2 (1.7)	-
북에 있는 가족을 위해 기도	2 (1.7)	-
기타	8 (6.4)	-
전체	119 (100)	93 (100)

〈표 8〉 종교 중단 이유

내 용	명 (%)
목회자나 남한 교인들의 말과 행동이 다른데 실망해서	6 (25.0)
교회에서 말하는 교리를 믿으려 해도 믿어지지 않아서	3 (12.5)
신앙을 갖거나 예배, 모임에 참석하라고 강요당하는 것이 싫어서	3 (12.5)
시간이 안 되서(생활이 바빠서)	3 (12.5)
직장이 바빠서	2 (8.3)
정기모임이 부담되어	1 (4.2)
종교생활이 와 닿지 않아서	1 (4.2)
거리가 멀어서	1 (4.2)
설교가 이해하기 힘들어서	1 (4.2)
나가기 싫어서	1 (4.2)
개인사정으로	1 (4.2)
무응답	1 (4.2)
전체	24 (100)

'현재의 종교생활이 당신의 삶에 도움이 되고 있는가?'라는 질문에 응답자의 97명 중 '매우 도움'은 42.3%(41명), '어느 정도 도움'은 42.3%(41명), '보통'은 11.3%(11명), '별로 도움 안 됨'은 2.1%(2명), '전혀 도움 안 됨'은 2.1%(2명)의 결과를 보였다. 즉 긍정적인 응답 84.6%,

보통 11.3%, 부정적인 응답 4.2%로 대체로 도움이 되는 쪽으로 인지하고 있는 것으로 나타났다.

4) 지원

민간단체나 교회 등에서 받고 있는 금전적, 기타지원에 대해 2001년도에는 74.2%(112명)가 '1회 이상 받은 적이 있다'고 응답한 반면 2004년에는 47.4%(72명)가 '있다'고 응답하여 지원 받은 비율이 감소한 것으로 나타났다. 금전적 지원을 받은 경험이 있는 사람들은 2001년도에 39.1%(59명), 2004년도에는 35.8%(54명)로 비슷하였고 기타지원은 2001년도에 55.6%(84명) 2004년도에 15.2%(23명)로 줄어들었다〈표 9〉.

〈표 9〉 지원받은 횟수

명 (%)

횟수	남한 생활 시작-2001년 5월 이전	2001년 5월-2003년 12월
0	39 (25.8)	79 (52.3)
1	74 (49.0)	51 (33.8)
2	30 (19.9)	17 (11.3)
3	4 (2.6)	3 (2.0)
4	2 (1.3)	1 (0.7)
5	2 (1.3)	-
전체	151 (100)	151 (100)

남한 거주기간이 4년 미만인 북한이탈주민들이 57.5%가 1회 이상 지원 받은 경험이 있었던 반면에 4년 이상인 사람들은 36.6%로 나타나 거주기간이 짧을수록 지원을 많이 받는 것으로 나타났다. 1회 이상 지원 받은 비율은 20대가 46.9%(17명), 30대 46.3%(36명), 40대 42.9%(16명), 50대 이상 58.3%(10명)으로 50대 이상이 가장 높았다. 직업 현황별로는 정규직 40.7%, 계약직 52.1%, 자영업 26.3%, 무직 66.7%가 1회 이상 지원을 받은 것으로 나타나 직업이 없거나 불안정할수록 지원 받은 경험이 많은 것으로 나타났다.

지원 형태별로 보면, 2001년도에 지원 받은 경험이 있는 112명 중 정기적 지원은 62.5%(70명), 일회성 지원 80.4%(90명)을 받았다. 2004년도에는 지원 받은 경험이 있는 72명 중 정기적 지원은 73.6%(53명), 일회성 지원은 62.5%(45명)를 받은 것으로 나타나 정기적 지원 비율은 늘고 일회성 지원의 비율은 줄어든 형태를 보였다.

지원금액은 정기적 지원의 경우 1회당 평균 금액이 2001년도나 2004년도 모두 평균 34만원 정도로 비슷했으나 일회성 지원의 경우 2001년도에는 1회당 평균 40만원을, 2004년도에는 평균 61만원을 지원받았던 것으로 나타나 일회성 지원 금액이 증가한 것을 알 수 있었다〈표 10〉.

기관별 지원 내용을 살펴보면 종교단체에서 금전적 지원을 꾸준히 하고 있는 것으로 나타났다. 전체적으로 기타지원(생활 물품 및 인적 지원)이 2001년도는 전체 지원의 57.9%(95회)로 절반이 넘었으나 2004년도에는 33.0%(32회)로 많이 감소하였다〈표 11〉.

지원과 종교의 관련성을 보면 종교가 있는 사람이 무교라고 응답한 사람에 비해 금전적, 기타지원을 더욱 많이 받는 것으로 나타났다. 2004년도 연구에서 종교가 있으면서 금전적 지원을 받은 경우는 45.8%인 반면에 무교이면서 금전적 지원을 받은 경우는 18.2%였다〈표 12〉.

2001년, 2004년 조사 모두 응답자들은 재정적인 도움과 구직과 관련된 도움을 가장 많이 원하는 것으로 나타났다. '외롭지 않도록 친구되는 도움'은 2001년도에 30.8%에서 2004년에

〈표 10〉 평균 지원금액

만원 (표준편차)

구 분	남한생활 시작-2001년 5월 이전	2001년도 5월-2003년 12월	남한생활 시작-2003년 12월 주)
정기적	37.34 (16.01)	34.70 (13.46)	36.25 (14.98)
일회성	39.56 (35.13)	61.18 (54.46)	52.23 (47.93)
전 체	37.79 (20.93)	43.70 (35.32)	40.50 (28.46)

주) 남한생활 시작-2003년 12월 지원 금액 중 장학재단 지원금액은 제외

〈표 11〉 기관별 지원 내용 (복수응답)

회 (%)

구 분	2001년 지원내용			2004년 지원내용		
	금전	기타	전체	금전	기타	전체
종교단체	54 (46.2)	63 (53.8)	117 (71.3)	47 (78.3)	13 (21.7)	60 (61.9)
복지관	1 (33.3)	2 (66.7)	3 (1.8)	2 (22.2)	7 (77.8)	9 (9.3)
북한관련단체	5 (33.3)	10 (66.7)	15 (9.1)	1 (100.0)	-	1 (1.0)
군/구/동사무소	5 (50.0)	5 (50.0)	10 (6.1)	-	8 (100.0)	8 (8.2)
시민단체	3 (20.0)	12 (80.0)	15 (9.1)	4 (66.7)	2 (33.3)	6 (6.2)
장학회	1 (100)	-	1 (.6)	8 (100.0)	-	8 (8.2)
기 타	-	3 (100)	3 (1.8)	3 (60.0)	2 (40.0)	5 (5.2)
전체	69 (42.1)	95 (57.9)	164 (100)	65 (67.0)	32 (33.0)	97 (100.0)

〈표 12〉 지원 내용과 종교의 관련성

명 (%)

구 분		2001년			2004년		
		받았음	없었음	전체	받았음	없었음	전체
금전적 지 원	종교있음	53 (44.5)	66(55.5)	119 (100.0)	44 (45.8)	52 (54.2)	96 (100)
	종교없음	6 (18.8)	26(81.3)	32 (100.0)	10 (18.2)	45 (81.8)	55 (100)
	전체	59 (60.9)	92 (39.1)	151 (100.0)	54 (35.8)	97 (64.2)	151 (100)
기 타 지 원	종교있음	70 (58.8)	49 (41.2)	119 (100.0)	18 (18.8)	78 (81.3)	96 (100)
	종교없음	14 (43.8)	18 (56.3)	32 (100.0)	5 (9.1)	50 (90.9)	55 (100)
	전체	84 (55.6)	67 (44.4)	151 (100.0)	23(15.2)	128 (84.8)	151 (100)

〈표 13〉 지원이 필요한 도움 (복수 응답)

명 (%)

내 용	2001년 5월	2003년 12월
돈을 주는 재정적인 도움	64 (44.4)	68 (45.0)
직장을 구하는 도움	63 (41.7)	56 (37.1)
외롭지 않도록 친구되는 도움	45 (29.8)	20 (13.2)
사고나 급한 일에 대한 도움	39 (25.8)	27 (17.9)
학교 교육이나 직업 훈련 안내	33 (21.9)	40 (26.5)
몸이 아픈 것에 대한 도움	33 (21.9)	18 (11.9)
남한의 정치 경제 사회 이해에 대한 도움	33 (21.9)	38 (25.2)
집을 구하는 도움	29 (19.2)	31 (20.5)
법률상담	19 (12.6)	32 (21.2)
돈을 벌어 쓰는 것에 대한 경제 상담	15 (9.9)	21 (13.9)
배우자 선택, 결혼 도움	12 (7.9)	14 (9.3)
종교적인 고민 궁금증에 대한 도움	4 (2.6)	5 (3.3)
가족친척을 남한으로 데리고 오는 도움 주)	-	50 (33.1)
기타	7 (4.6)	10 (6.6)
전체	151 (100.)	151 (100.)

주) 2001년 5월 조사에서는 이 항목이 없었음.

13.4%로 감소하였고 '몸이 아픈 것에 대한 도움'도 22.6%에서 12.1%로 감소하였다. 특이할 만한 사항은 2004년에는 전체의 33.6%가 '가족 친척을 남한으로 데리고 오는 도움'을 희망한다고 응답한 것이다. 또한 법률 상담에 대한 도움도 13.0%에서 21.5%로 증가하였다〈표 13〉.

5) 법률

법률 문제에 직면한 적이 있는 사람은 2001년도에 25명(16.5%)에서 2004년도에 41명(27.2%)으로 증가하였으며 법적 문제의 건수도 2001년도에 28건에서 2004년도에는 64건으로 증가하였다. 특히 폭력가해가 1건에서 11건으로, 교통법규 위반이 2건에서 12건으로 증가하였다〈표 14〉.

〈표 14〉 법 내용 (복수응답)

명 (%)

내 용	2001년 5월	2003년 12월
교통사고 피해	8 (32.0)	12 (29.3)
교통사고 가해	3 (12.0)	6 (14.6)
교통법규 위반	2 (8.0)	12 (29.3)
폭력피해	2 (8.0)	2 (4.9)
폭력가해	1 (4.0)	11 (26.8)
사기피해	9 (36.0)	7 (17.1)
기 타	1 (4.0)	11 (26.8)
결혼/이혼/이성문제	2 (8.0)	3 (7.3)
전 체	25 (100)	41 (100)

〈표 15〉 연령 별 법률문제 (복수응답)

명 (%)

년도	세대	교통사고 피 해	교통사고 가 해	교통법규 위 반	폭력 피해	폭력 가해	사기 피해	기타	이성 문제	전체
2001년	20대	2 (40.0)	-	1 (20.0)	1 (20.0)	-	-	1 (20.0)	-	5 (20.0)
	30대	4 (30.8)	2 (15.4)	-	-	-	7 (53.8)	-	2 (15.4)	13 (52.0)
	40대	2 (33.3)	-	1 (16.7)	1 (16.7)	1 (16.7)	1 (16.7)	-	-	6 (24.0)
	50대	-	1 (100.0)	-	-	-	1 (100.0)	-	-	1 (4.0)
	전체	8 (32.0)	3 (12.0)	2 (8.0)	2 (8.0)	1 (4.0)	9 (36.0)	1 (4.0)	2 (8.0)	25 (100)
2004년	20대	6 (60.0)	-	1 (10.0)	2 (20.0)	2 (20.0)	-	2 (20.0)	-	10 (24.4)
	30대	5 (22.7)	4 (18.2)	11 (50.0)	-	9 (40.9)	3 (13.6)	7 (31.8)	1 (4.5)	22 (53.7)
	40대	1 (16.7)	-	-	-	-	3 (50.0)	2 (33.3)	2 (33.3)	6 (14.6)
	50대	-	2 (66.7)	-	-	-	1 (33.3)	-	-	3 (7.3)
	전체	12 (29.3)	6 (14.6)	12 (29.3)	2 (4.9)	11 (26.8)	7 (17.1)	11 (26.8)	3 (7.3)	41 (100)

〈표 16〉 거주기간 및 성별에 따른 법률 문제 (복수응답)

명 (%)

구 분	교통사고 피 해	교통사고 가 해	교통법규 위 반	폭력 피해	폭력 가해	사기 피해	기타	이성 문제	전체
4년 미만	8 (38.1)	4 (19.0)	4 (19.0)	2 (9.5)	1 (4.8)	5 (23.8)	4 (19.0)	1 (4.8)	21 (39.6)
4년 이상	12 (37.5)	5 (15.6)	10 (31.3)	2 (6.3)	11 (34.4)	11 (34.4)	8 (25.0)	4 (12.5)	32 (60.4)
남자	14 (41.2)	6 (17.6)	14 (41.2)	3 (8.8)	11 (32.4)	11 (32.4)	7 (20.6)	2 (5.9)	34 (64.2)
여자	6 (31.6)	3 (15.8)	-	1 (5.3)	1 (5.3)	5 (26.3)	5 (26.3)	3 (15.8)	19 (35.8)
전체	20 (37.7)	9 (17.0)	14 (26.4)	4 (7.5)	12 (22.6)	16 (30.2)	12 (22.6)	5 (9.4)	53 (100)

〈표 17〉 법 수용 정도

건 (%)

법내용	전적으로 수용한다	대체로 수용한다	그저 그렇다	수용하기 힘들다	전혀 수용하지 못한다	무응답	전체
교통사고 피해	8 (40.0)	5 (25.0)	1 (5.0)	-	2 (1.0)	4 (20.0)	20 (100)
교통사고 가해	2 (22.2)	4 (44.4)	1 (11.1)	-	-	2 (22.2)	9 (100)
교통법규 위반	8 (57.1)	2 (14.3)	2 (14.3)	-	-	2 (14.3)	14 (100)
폭력 피해	-	2 (50.0)	1 (25.0)	-	1 (25.0)	-	4 (100)
폭력 가해	2 (16.7)	5 (41.7)	-	1 (8.3)	3 (25.0)	1 (8.3)	12 (100)
사기 피해	1 (6.3)	2 (12.5)	3 (18.8)	3 (18.8)	2 (12.5)	5 (31.3)	16 (100)
기 타	6 (50.0)	2 (16.7)	-	-	3 (25.0)	1 (8.3)	12 (100)
결혼/이혼/이성문제	1 (20.0)	1 (20.0)	-	3 (60.0)	-	-	5 (100)
전체	28 (30.4)	23 (25.0)	8 (8.7)	7 (7.6)	11 (12.0)	15 (16.3)	92 (100)

특히, 30대가 다른 연령대에 비해 법률 문제에 가장 많이 직면하였다〈표 15〉. 거주기간이 길수록 법률문제를 많이 겪은 것으로 나타났는데 4년 미만 거주자 중에는 1명, 4년 이상 거주자 중에는 11명이 폭력가해와 관련된 법률적 문제를 경험하였다고 응답하였다. 성별에

따른 법률문제를 살펴보면, 남자가 여자보다 법률문제에 많이 부딪혔으며 특히 교통사고 피해나 교통법규 위반 등의 법률문제를 많이 겪는 것으로 나타났다〈표 16〉.

법에 대한 수용도는 '전적으로 수용한다'가 36.4%(28건), '대체로 수용한다'가 29.9%(23건), '그저 그렇다'가 10.4%(8건), '수용하기 힘들다'가 9.1%(7명), '전혀 수용하지 못한다'가 14.3%(11건)으로 나타났다. 법률 문제의 내용별 수용도를 보면 사기 피해의 경우 총 11건 중 '대체로 수용한다' 이상이 27.3%, '그저 그렇다'가 27.3%, '수용하기 힘들다' 이하가 47.5%로, 수용이 제일 어려운 법적 문제임을 알 수 있었다〈표 17〉.

6) 건강

북한이탈주민들이 2001년 5월부터 2004년 12월까지 앓았던 질병의 수는 '없다'가 57%(86명), '1회'가 19.2%(29명), '2회'가 9.3%(14명), '3회'가 9.9%(15명), '4회 이상'이 4.9%(7명)이었다. 또한 전체의 15.9%인 24명이 입원 경험이 있었다.

현재 건강상태에 대해서는 '매우 좋다'가 17.2%(26명), '좋다'가 29.1%(44명), '보통이다'가 29.8%(45명), '나쁘다'가 18.5%(28명), '매우 나쁘다'가 5.3%(8명)로 응답하여 전체의 23.8%가 건강이 좋지 않다고 응답하였다. 2년 전과 비교한 건강상태에 대한 질문에서도 '매우 좋아졌다'가 4.6%(7명), '좋아졌다'가 18.5%(28명), '비슷하다'가 45.7%(69명), '나빠졌다'가 22.5%(34명), '매우 나빠졌다'가 8.6%(13명)로 응답하여 전체의 31.1%가 건강상태가 악화되었다고 응답하였다.

전체의 29.8%가 담배를 피웠는데 흡연자는 모두 남성이었다. 흡연량은 '하루 반 갑 미만'이 10.6%(16명), '하루 반 갑-한 갑 미만'이 11.9%(18명), '하루 한 갑 이상'이 7.3%(11명)이었다. 음주량에서는 '거의 안마신다' 53%(80명), '월 2-3회' 13.2%(20명), '주 1-2회' 18.5%(28명), '주 3-4회' 4.6%(7명)이었으며, '거의 매일 마신다'고 응답한 사람도 10.6%(16명)나 되었다. 또한 전체의 31.1%인 47명이 주 3회 이상 운동을 한다고 응답하였다.

북한이탈주민은 소화기계 질환, 근골격계 질환, 정신·행동·신경계 질환을 가장 많이 앓고 있는 것으로 응답하였으며 이중 정신·행동·신경계 질환은 남한에서 발병한 경우가 전체의 64%(16건)로 높게 나타났다〈표 18〉.

북한이탈주민들이 남한의 의료기관을 이용하면서 의료인의 태도, 치료의 질, 의료 비용, 의료 환경, 행정절차 등에 대체로 만족하는 것으로 나타났다. 특히 의료 환경에 대해서는 전체의 82.7%가 만족한다고 응답하여 만족도가 가장 높았으며, 의료비용은 만족한다는 응답이 53%, 불만족한다는 응답이 21.8%로 만족도가 가장 낮은 것으로 나타났다〈표 19〉.

〈표 18〉 질환 종류별 발병지

건 (%)

내 용	북한	제3국	남한	전 체
근골격계 질환	14 (43.8)	1 (3.1)	17 (53.1)	32 (100)
소화기계 질환	12 (40.0)	-	18 (60.0)	30 (100)
순환기계 질환	5 (50.0)	-	5 (50.0)	10 (100)
피부, 비뇨 생식기계 질환	3 (23.1)	1 (7.7)	9 (69.2)	13 (100)
구강 질환	7 (63.6)	-	4 (36.4)	11 (100)
내분비, 대사, 면역 질환	3 (30.0)	1 (10.0)	6 (60.0)	10 (100)
호흡기계 질환	5 (55.6)	1 (11.1)	3 (33.3)	9 (100)
정신, 행동, 신경계 질환	5 (20.0)	4 (16.0)	16 (64.0)	25 (100)
눈, 귀 질환	1 (16.7)	1 (16.7)	4 (66.7)	6 (100)
암	-	-	1 (100.)	1 (100)
전 체	55 (37.4)	9 (6.1)	83 (56.5)	147 (100)

〈표 19〉 남한의 의료기관 만족도

명 (%)

만족도	매우 만족한다	비교적 만족한다	보통이다	비교적 불만족한다	매우 불만족한다	무응답	전 체
의료인 태도	46 (30.5)	49 (32.5)	31 (20.5)	14 (9.3)	6 (4.0)	5 (3.3)	151 (100)
치료의 질	40 (26.5)	47 (31.1)	39 (25.8)	14 (9.3)	6 (4.0)	5 (3.3)	151 (100)
의료 비용	48 (31.8)	32 (21.2)	33 (21.9)	28 (18.5)	5 (3.3)	5 (3.3)	151 (100)
의료 환경	52 (34.4)	73 (48.3)	21 (13.9)	-	-	5 (3.3)	151 (100)
행정절차	35 (23.2)	65 (43.0)	31 (20.5)	12 (7.9)	3 (2.0)	5 (3.3)	151 (100)

3. 결론 및 제언

본 연구의 결과 탈북 주민의 남한사회 적응 실태에서 나타난 주요 사실들의 의미와 시사점은 다음과 같다.

첫째, 정부의 북한이탈주민에 대한 주택 지원은 북한이탈주민의 초기 남한 정착에 비교적 효과적이고 적절하게 이루어지고 있는 것으로 보인다. 단, 향후 장기적으로는 정부의 북한이탈주민에 대한 주택지원에 있어 보다 다양한 방법이 모색될 필요가 있다. 대부분의 북한이탈주민들이 수도권 정착을 원한다고 알려진 바와 다르게 본 연구 결과에서 북한이탈주민의 지방에서 서울로의 주거지 이주 비율은 높지 않았다. 물론 주거지 이전을 본인의 희망과는 다르게 물리적 여건이 여의치 않아 하지 못한다고 볼 수도 있겠지만 본 연구에서 나타난 바에 의하면 이사 사유도 대부분 교육이나 직장이전과 같은 현실적인 것들이 대부분이어서 특정 지역사회를 기피하는 특성은 보이지 않고 있다. 다른 논문에 보고된(전우택,

유시은, 조영아, 엄진섭, 2004) 북한이탈주민의 주거 만족도도 3년 전에 비해서 감소하지 않았으며 본 연구와 거의 같은 시기에 이루어진 다른 북한이탈주민의 적응연구(이금순, 2004) 결과에서 나타난 정부의 주거 정책에 대한 만족도도 높은 편으로 나타났다.

그러나 아직까지 북한이탈주민의 주거 이동은 보다 제한적이고 본인 소유의 집을 장만하기는 힘든 부분이 있는 것 같다. 비록 영구임대주택 거주율이 남한 정착 초기에 94.5%에서 2004년에 88%로 낮아지고, 전세나 자기 소유 집 등으로 좀더 다양화 되어가고는 있지만 영구임대주택 혹은 국민주택의 보증금과 월세 등 주택 유지 비용은 증가하여 실제적으로 국민임대주택을 벗어나서 자기 소유의 집을 마련할 정도의 경제적 여건을 갖추기는 어려운 실정으로 보인다. 따라서 남한사회 정착 초기에는 지금과 같은 영구임대주택 지원이 효과적이고 현재와 비슷한 규모의 북한이탈주민이 입국할 때에는 현 주거 정책이 적절한 것으로 생각되지만, 북한이탈주민의 대량 유입과 장기적인 주거 안정을 위해서는 전세 자금 지원이나 자기 집 마련을 위한 방안 등이 일반 주택마련 정책과 발맞추어 다양하게 모색될 필요가 있을 것이다.

둘째, 교육에 대한 지원이 좀더 적극적이고 다양하게 이루어져야 한다.

현재 교육 지원과 관련해서 정착 초기에는 학원 수강에 대한 교육 지원이 이루어지고 있고 일정 기간 직업 훈련 수당이 제공되고 있다. 그러나 일정 기간이 끝나고 나면 그러한 지원을 받을 수 없다. 그런데 본 연구 결과에 의하면 현재 거의 10명 중 9명의 북한이탈주민들이 남한 입국 후 적어도 하나 이상의 정규학교 과정이나 학원수강 등을 통한 교육 및 취업 훈련을 받고 있는 것으로 나타났다. 이들이 자신의 개발을 위하여 학원 등에서 교육을 받는 것은 남한사회에서의 직업적 역량강화라는 측면에서 중요한 의미를 가지며, 이러한 교육 지원은 직접적인 재정적 지원보다도 더 바람직하다. 따라서 향후 북한이탈주민 지원에서 교육에 대한 지원은 다른 어떠한 분야보다도 강화되어야 할 것이다.

한편, 적절한 교육 내용을 선택하는 것 뿐 아니라 자신이 필요성을 느끼는 적절한 시점 교육을 받는 것도 직업훈련이나 교육 효과를 극대화하는데 중요한 부분이다. 본 연구에서 직업훈련 및 교육 수강은 남한 정착 후 상당한 시간이 지날 때까지 지속되고 있었는데 이러한 결과는 직업 훈련이나 학원 수강이 정착 초기에만 국한 된 것이 아니고 개개인의 필요에 따라서 장기적으로 이루어지고 있다는 사실을 보여주고 있는 것이다. 따라서 교육 지원의 형태 및 시기가 보다 융통성 있고 장기적인 측면에서 이루어져야 할 것이다. 즉, 장기적으로 교육 지원이 초기 정착시기 뿐 아니라 남한사회 초기 정착 후 재교육의 측면에서도 다각적으로 활용될 수 있도록 모색할 필요가 있다.

교육과 관련해서 특징적인 사실 중의 하나는 20-30대의 정규학교 진학비율이 상당히 높다는 것이다. 본 연구에 참여했던 20대의 거의 대부분이 그리고 30대의 상당수가 남한에서의 정규학교를 경험하였다. 이러한 높은 비율은 학교가 북한이탈주민의 학업적 소양과 취업 능력을 배양하는 주된 남한사회 정착 교육 기관이 된다는 것을 의미한다. 따라서 남한의 교육과정에의 적응, 학업에의 적응은 이들의 적응에 매우 중요한 의미를 지닌다. 따라서 이들 북한이탈주민의 남한 교육과정 적응에 관한 적극적인 관심과 지원이 요구된다.

셋째, 북한이탈주민들이 필요로 하는 지원 내용에 민감한 지원 프로그램이 제공되도록 민간지원단체들의 노력이 필요하다.

본 연구 결과는 북한이탈주민들에 대한 지원이 전체적으로 감소하였음을 보여주었다. 1회 이상 지원을 받은 경험이 있었던 사람이 2001년도에는 74.2%였으나 2차 조사에서는 47.4%로 줄어든 것이다. 이것은 새로 남한사회에 유입되어 들어오는 북한이탈주민들의 숫자가 많음에 따라 그들에게 민간 단체나 교회의 지원이 좀더 집중됨에 따른 결과라 보여진다. 또한 거주기간이 짧을수록, 직업적 상황이 불안정할수록, 나이가 많을수록 지원이 많은 것으로 보아 지원의 방향이 전반적으로 적절하게 이루어지고 있다는 것을 알 수 있다. 또한 전체적인 지원 횟수는 줄었지만 정기적 지원의 비율은 늘고 일회성 지원 비율은 감소했는데 이것은 지원받는 대상은 줄어들고 있고 지원이 이루어질 때에는 필요한 일부에 정기적으로 집중되고 있으며, 필요하지 않는 일회성 지원은 지양되고 있다는 것을 의미한다. 반면 일회성 지원의 금액은 증가했는데 이것은 일회성 지원이 빈도는 줄었지만 필요시에는 응급상황에 대한 특별한 조치로 보다 큰 규모로 이루어지고 있다고 해석해 볼 수 있다.

지속적으로 가장 큰 규모의 금전적 지원이 이루어지고 있는 기관은 종교기관이었다. 북한이탈주민이 가장 원하는 지원이 경제적 지원인 것을 볼 때 이러한 종교기관의 금전적 지원이 북한이탈주민의 요구와 들어맞는 측면은 있겠지만 종교기관이 담당할 수 있는 다양한 역할과 지원 가능성을 생각해 보건데 종교기관이 금전적 지원을 주로 담당하는 것은 다소 아쉬운 측면이 있다. 북한이탈주민들이 종교를 유지하는 이유로서 '남한사회에서 도덕적으로 살아가기 위함'이라는 응답내용의 비율이 2001년에 비해서 증가했다는 사실은 종교가 북한이탈주민의 남한사회에서 겪는 정신적 혼란을 감소하고 적절한 윤리의식을 가지는데 중요한 역할을 할 수 있다는 가능성을 보여주고 있다. 따라서 종교기관을 포함한 북한이탈주민을 돕는 다양한 민간단체들이 각자의 성격과 역할을 극대화할 수 있는 다양하고 민감한 형태의 지원 프로그램을 개발하는 것은 매우 중요한 일이다.

그리고 지원을 받기 원하는 내용에 있어서 여전히 재정적 지원과 직장을 구하는 것에 대한 지원을 원하는 것이 1차, 2차 조사에서 모두 높게 나타나 이것이 여전히 중요한 문제임을 알 수 있었다. 다만, 1차 조사에서는 없었던 내용 중 2차 조사에서는 중국이나 북한에 있는 가족들을 남한에 데리고 들어오는 것에 대한 지원 받기를 원하는 것이 3위로 나타나, 최근 탈북자들의 관심거리가 어디에 있는지를 반영하고 있다. 무엇보다도 이러한 지원은 개인이나 개별 단체의 역량만으로는 이루어질 수 없는 바, 이러한 상황에 대한 대안적 모색이 정책적 차원에서 이루어져야 할 것이다. 또한 현재 많은 북한이탈주민들이 자신들의 정착지원금을 가족들의 남한 입국을 위하여 쓰고 싶어 하는 상황에서, 이에 대한 적절한 안내와 지도가 없으면, 사기 등의 피해를 받을 위험도 있으므로, 향후 북한이탈주민 지원 단체나 관련자들의 이에 대한 관심을 가져야 할 것이다.

넷째, 법률 지원을 보다 쉽게 받을 수 있는 안내와 교육이 필요하다. .

본 연구에서 나타난 결과를 보면, 법률 지원을 바라는 것이 13%에서 21.5%로 증가하였고, 법적인 문제에 연루된 북한이탈주민들의 숫자도 많이 증가한 것을 볼 수 있었다. 현재 이들을 위한 민간 법률 지원 시스템이 국내에 만들어 진 것은 매우 바람직한 일이다. 향후 이것이 잘 활성화되고 북한이탈주민들이 이것을 좀더 쉽게 사용할 수 있는 홍보와 교육이 필요 할 것이다. 동시에, 법적인 문제에 연루되지 않도록, 사전에 예방적 차원에서의 교육이 하나원 교육과정에서부터 좀 더 강화될 필요성이 있다. 특히 남한사회에서 폭력이 의미하는 바와 이로 인해 야기되는 문제에 대한 사전 교육이 이루어져야 할 것이다. 또한 장기적으로 북한이탈주민들만이 겪을 수 있는 미묘하고 복잡한 문제에 대한 법 제도적 차원에서의 고려가 이루어져야 할 것이다. 예를 들어 이혼과 결혼, 중혼 등과 같은 문제는 많은 법률적인 쟁점을 가지고 있는 미묘한 사항이다. 이러한 문제들은 단순히 그 문제 하나로 끝나는 것이 아니라 복잡한 갈등상황을 야기하여 폭력과 같은 이차적인 법적 문제를 야기할 수도 있기 때문이다.

다섯째, 의료 지원과 건강관리가 남한에 들어 온 초기부터 계속하여 체계적으로 이루어져야 한다. 2차 조사에 응답한 사람 중 23.8%가 자신의 건강 상태를 매우 나쁘거나 나쁘다고 응답하였고, 보통이라고 응답한 사람도 29.8%로 나타나, 이들의 주관적인 건강 상태가 좋지 않음을 보여 주었다. 또한 2년 전에 비해서 건강상황이 악화되었다고 응답한 북한이탈주민도 30%가 넘었다. 1차 조사 당시, 모든 정부 지원 정책 중 의료지원 정책에 대하여 가장 높은 만족도를 보였던 응답자들이 2차 조사에서 가장 감소된 만족도를 보인 것도 의료 지원인 것을 보면, 이 문제가 이들에게 중요한 문제로 부각되고 있음을 알 수 있다(전우택, 유시은, 조영아, 엄진섭, 2004; 전우택, 윤덕용, 엄진섭, 2004). 특히 의료 비용과 치료의 질의 측면에서 만족도가 낮았는데 이것은 보험적용이 되지 않는 처치를 받는 경제적 부담으로 인해 원하는 치료를 받지 못하는데 기인하는 것으로 보인다. 이들의 신체, 정신적 건강 상태는 향후 이들의 직장 생활, 사회 적응, 삶의 질 등에 직접적인 영향을 끼치는 중요요인이다. 특히 정신·행동·신경계 질환이 남한사회에서 발병하였다는 보고는 이들에 대한 효과적인 정신건강 서비스가 이루어져야 함을 시사하고 있다. 향후 이들에 대한 의료지원은 이들이 남한에 입국하여 조사를 받는 가장 초기부터 하나원을 거쳐, 남한 생활을 하는 기간 전체에 걸쳐 좀더 체계적으로 관리될 수 있도록 노력하는 것이 시급하다.

여섯째, 북한이탈주민에 대한 적응실태 연구가 이들에 대한 지원 등에 직접적으로 반영될 수 있도록 정부와 민간단체 모두가 구체적인 노력을 하여야 한다. 본 연구 과정에서 연구의 취지를 북한이탈주민에게 전화로 사전 연락을 취하고 설문을 의뢰하였을 때 자기의 의견이 정책적으로 반영이 되고 향후 북한이탈주민에게 어떤 영향력을 미치는지에 대한 기대감보다는 많은 연구 중에 또 하나의 연구라고 생각하는 경향이 많았다. 더욱이 안타까운 것은 사례비 때문에 연구에 임하는 경우도 많았으며 경제적으로 힘들고 어렵다고 호소하는 경우도 많았다. 본 설문을 거절했거나 응답하였던 북한이탈주민 중 다수가 여러 기관의 설문지를 작성하였지만 그 결과를 알 수 없었으며 과연 그 연구 결과가 정책에 반영이 되어 자신들에게 어떤 효과를 나타낼지 모르겠다는 부정적인 의사를 밝혔다. 연구에 참여하는 이유 또한 기관별 설문사례비 유무로 참여를 결정하는 경향도 있다고 응답하기도 하였다. 추후 북한이탈주민에 대한 연구를 심층적, 지속적으로 하기 위해서 이러한 단절감을 해소하기 위한 방안도 모색이 되어야 하리라 예상된다.

북한이탈주민을 지원하고 연구하는 것은 남북한 통일에 대한 발판을 마련하는데 큰 의의를 가진다. 북한이탈주민의 남한사회 적응은 남한 사람에게도 이제는 화두로 대두되고 있다. 통일의 분위기가 고조되고 실제로 남북한 교류가 활성화되면서 북한 사람에 대한 관심도 높아지고 있다. 따라서 북한이탈주민에 대한 적응 연구는 단지 북한이탈주민을 위한 연구에 국한될 것이 아니라 향후 남한 사람을 대상으로 하는 연구로까지 확대되어 가야 할 것이다.

참고문헌

전우택, 윤덕룡, 엄진섭(2003). 탈북자들의 남한사회 적응생활 실태조사: 2001년도 553명의 탈북자들에 대한 조사를 중심으로. 통일연구, 7(1), 155-208.

김숙임(1999). 북한이탈 여성주민의 사회적응에 대한 욕구와 민간 단체의 지원 방안에 관한 연구. 숭실대 석사논문.

김엘리(1999). 북한이탈여성주민 생활실태 조사결과 보고서. 북한이탈 여성주민 생활 실태 조사결과 발표와 지원 방안을 위한 토론회 자료집. 평화를 만드는 여성회 병설 한국여성평화 연구원.

김영수, 정영국(1996). 탈북 귀순자 남한사회적응실태조사. 통일 연구. 서울: 통일 연수원.

독고순(1999). 비교 문화적 관점에서의 탈북 주민 적응 연구. 연세대 박사논문.

박희정(1998). 북한이탈 여성의 남한사회 적응에 관한 사례 연구. 카톨릭대 석사논문.

오혜정(1995). 귀순 북한 동포의 남한사회 적응 실태: 사회 문화적 측면에서. 서강대 석사논문.

전우택, 민성길, 이만홍, 이은설(1997). 북한 탈북자들의 남한사회 적응에 관한 연구. 한국신경정신의학, 36(1), pp.145-160.

이금순(2004). 북한이탈주민의 사회적응 실태. 하나원 개원 5주년 기념 세미나 발표집. 통일부 북한이탈 주민 정착 지원 사무소.

유시연(2001). 북한이탈주민의 사회 적응에 영향을 미치는 요인. 카톨릭대 석사논문.

전우택, 유시은, 조영아, 엄진섭(2004). 남한 내 탈북자들의 3년 추적조사(II):의식 및 생활 만족도를 중심으로. 미발행

전우택, 윤덕룡, 엄진섭(2004). 남한 내 탈북자들의 의식 및 생활 만족도 연구. 신경정신의학, 43(1), pp.93-104.

연합뉴스 2004년 1월 13일자.

제21장

의식과 생활만족도

전우택 연세대 교수, 정신의학
유시은 연세대 석사과정, 통일학
조영아 연세대 학생상담센터, 심리학
엄진섭 충북대 박사과정, 심리학
서승원 연세의대 정신과학교실, 의과
홍창형 연세의대 정신과학교실, 의과

1. 서 론

본 연구자들은 위에서 언급된 연구의 후속 추적연구로 1차 연구가 이루어 진지 3년이 지난 2004년도에 2차 추적 연구를 실시하였다. 본 논문은 그 중 의식과 만족도에 대한 부분에 대한 보고이다. 이에 따라 본 연구는 다음과 같은 목적을 가지고 이루어졌다.

첫째, 1차 조사시 대상이 되었던 200명을 3년이 지난 후 같은 설문지를 가지고 추적 조사하여 3년 간의 남한사회 생활을 통하여 이들에게 있게 된 의식과 만족도의 변화를 알아보도록 한다. 둘째, 이들의 의식과 만족도에 영향을 끼친 인구학적, 사회적 요인들을 알아본다. 셋째, 향후 북한이탈주민들이 성공적으로 남한사회 적응을 하는데 도움을 줄 수 있도록 하는 제안을 하도록 한다.

2. 연구대상 및 방법

1) 연구대상

서론에서 언급한 바와 같이, 본 연구자들은 2001년도에 남한 내 북한이탈주민들의 의식과 만족도 조사(이하 1차 연구)를 실시한 바 있다. 그리고 본 연구에서는 2001년에 실시된 1차 연구에서 대상이 된 200명의 북한이탈주민들을 대상으로 3년이 지난 2004년도에 다시 추적 조사를 하여 이루어졌다. 2001년 당시 연구 대상이 되었던 200명의 북한이탈주민들은 2000년 3월부터 2001년 3월까지 하나원에서 교육을 받은 북한이탈주민 293명 중 연구에 참여하기를 동의한 사람들로 구성되었다(이하 이 200명을 집단 1이라 부름). 2001년 당시 1차 연구에는 위에서 언급한 200명 이외에도 1980년부터 2000년까지 남한에 들어와 살고 있던 북한이탈주민들 352명도 연구가 되었었다(이하 이들을 집단 2라고 부름). 이들은 집단 1보다 남한 생활을 더 길게 한 경험을 가지고 있는 집단이었다. 그러므로 2001년 1차 연구 당시, 연구 대상 북한이탈주민들의 숫자는 총 552명이었다. 이들에 대한 조사기간은 2001년 5월 22일부터 6월 10일까지였다. 2004년도에 실시된 본 2차 연구는 집단 1의 200명을 대상으로 추적하여 이들과 다시 면담을 시도하였다. 그래서 200명 중 총 151명의 북한이탈주민들과 다시 면담이 이루어 질 수 있었다(추적성공률 75.5%). 즉 이들 151명은 2001년도에도 응답을 하였었고, 2004년도에도 응답을 한 사람들이다. 이들 같은 사람들이 2001년도에 응답한 내용과 2004년도에 응답한 내용의 비교가 본 연구의 목적이었다. 따라서 이 151명이 2001년도에 응답한 내용을 통계내기 위하여 2001년도 당시의 151명 집단을 편의상 집단 3이라 부르기로 하고, 2004년도의 151명 집단을 편의상 집단 4라 부르기로 한다. 즉 집단 3과 집단 4는 같은 사람들로 구성되어 있으며, 다만 각각 2001년도와 2004년도에 응답한 내용으로 구분된다. 본 면담 조사는 2004년 2월 9일부터 2월 20일까지 이루어졌다. 연구 대상자에 대한 응답은 일대일 대인면접조사를 통하여 얻었다. 면접 조사자들은 국내 모 대학교 문화인류학과 대학원생들과 대학생들 총 18명이 3차에 걸친 교육과 역할극 훈련을 받은 후 시행하도록 하였다.

집단 1이 200명이었던 것에 비하여 집단 3,4가 151명으로 구성되었다. 추적을 하는데 있어 151명(75.5%)만이 된 이유는 다음과 같았다. 정부 기관의 지원을 받아 200명의 주소와 연락처를 파악하였는데, 이때 주소나 연락처가 파악된 사람이 총 185명이었다. 나머지 15명은 주소나 연락처가 불명이었다. 주소와 연락처를 알 수 있었던 185명 중, 연락처가 결번으로 연락이 안 된 사람이 15명, 여행이나 사업 목적으로 중국에 가 있어 연락 두절이 된 사람이 8명, 해외어학연수로 외국에 나가있는 사람이 1명, 구치소에 수감 중이어서 연락할 수 없었던 것이 1명, 본 연구에 참여하여 응답하기를 거부한 사람이 9명이었다. 이에 총 49명이 본 추적연구에 참여하지를 못하였고, 151명이 본 연구에 참여하였다.

2) 조사도구

본 연구에 사용한 조사도구는 2001년도 실시된 1차 연구 결과와의 비교를 위하여 1차 연구에 사용되었던 도구와 같은 도구를 사용하였다. 본 연구의 도구는 북한이탈주민들의 의식 척도와 사회인구학적 특징을 묻는 질문들로 구성되어 있다. 북한이탈주민들의 의식 척도는 전우택 등(2004)이 2001년에 개발한 도구로 그 내용은 남한사회 인식과 이해, 북한이탈주민의 자기인식, 경제사정과 전망, 남한 생활에 대한 만족도, 가치감, 북한 출신이라는 점에 대한 의식, 통일 후 전망에 관한 내용을 측정하는 총 7개 영역 46개 문항으로 구성되어 있으며, 각 문항은 '전혀 안 그렇다'(1점)에서부터 '매우 그렇다'(5점)까지 5점 척도로 응답하도록 되어 있다. 2001년도에 이루어 진 조사 결과를 통계적으로 분석하여 이 46개의 문항들은 12개의 하위 요인으로 구분되었는데, 이 하위 요인은 경제적 만족도(4문항), 가치관 혼란(4문항), 북한이탈주민간 단결(2문항), 정부지원정책 만족도(6문항), 남한 사람 이해곤란도(4문항), 북한에 대한 심리적 동조(3문항), 정신신체 만족도(3문항), 터놓고 이야기할 대상(2문항), 주거 만족도(2문항), 남한사회 민 언어 이해(2문항), 남한 사람들의 편견(2문항), 미래에 대한 전망(2문항) 등이었다. 사회인구학적 특징은 성별, 연령, 남한에서의 직장상태, 종교에 관한 사항들로 구성되어 있다. 특히 종교에 대한 조사에 있어 본 2차 조사는 1차 조사에서는 시행하지 않았던 새로운 항목을 추가하였다. 즉 응답자들의 종교 성향에 대한 조사로서 내재적-외현적 종교성향 척도(Intrinsic-Extrinsic Relirious Orientation Scale)를 실시하였다. 이것은 Allport와 Ross(1967), Feagin(1969), Hoge(1972) 등이 만든 척도를 최영민 등(2002)이 한국형으로 만들어 표준화한 척도를 이용하여 실시하였다. 이것은 내재적 성향 관련 13문항, 외현적 성향 관련 문항 13 문항 등 총 26개 항목으로 되어 있으며, 각 문항에 대하여 찬성하는 정도에 따라 5점 척도로 응답하게 되어 있다. 따라서 최종적으로는 응답자의 종교 성향이 내재적, 외현적 점수로 구분되어 나오게 되어 있다. 일반적으로 내재적 종교 성향이란 삶의 중심 동기를 종교에서 찾으며 삶의 다른 동기들 보다 종교를 중시여기며, 종교적 신조를 믿고, 종교적 진실성을 가지는 성숙한 종교성을 의미한다. 그에 비하여 외현적 종교성이란 자기중심적인 종교성이며, 종교를 자신의 목적을 위하여 이용하며, 위로와 안전, 사교, 자기 합리화 등이 중요하며, 당황스러운 종교적 신조는 무시하는 태도를 가지는 미성숙하고 건강하지 못한 종교성으로 본다(최영민 등, 2002). 따라서 본 조사를 통하여 북한이탈주민들이 종교생활을 하고 있는 여부와 별도로 그들의 종교 성향을 가지고 의식 분석을 시도하였다.

3) 분석방법

본 연구에 사용한 분석방법은 독립집단 t 검증(independent samples t-test)과 상관된 집단 t 검증(related samples t-test), 상관관계분석(correlation analysis)이었다. 세부적으로 2001년 조사에서 집단 1과 집단 2의 의식 척도 평균을 비교하기 위하여 독립집단 t 검증을 사용하였으며, 2001년 조사에서 집단 1의 의식 척도 평균과 2004년 집단1에 대한 추적조사에서의 의식 척도 평균을 비교하기 위하여 상관된 집단 t 검증을 사용하였다. 2001년 조사와 2004년도 추적조사에서 의식척도 하위요인들의 관련성을 파악하기 위하여 상관관계분석을 실시하였다.

3. 결 과

1) 응답자의 사회인구학적 특징

응답자의 사회인구학적 특징은 〈표 1〉 1에 제시되어 있다. 2001년도 조사에서 집단 1은 남자 117명(58.5%), 여자 83명(41.5%)으로 구성되었고, 집단 2는 남자 278명(79.0%), 여자 74명(21.0%)으로 집단 1에 비하여 집단 2에서 남자의 비율이 높았다. 집단 1의 응답자들 중 2차 조사에 응답한 151명 (집단 3, 4) 중 남자는 86명(57.0%), 여자는 65명(43.0%)으로 집단 1의 남녀 비율과 유사하였다. 2001년도 조사에서 연령분포는 집단 1의 경우 30세 미만이 33.0%, 30-39세 38.0%, 40-49세 17.5%, 50세 이상 11.0% 였고, 집단 2는 30세 미만이 34.0%, 30-39세 29.5%, 40-49세 17.3%, 50세 이상 18.8% 로 집단 2의 연령이 약간 높은 경향이 있었

〈표 1〉 응답자의 사회인구학적 특징

		2001년 조사*		추적 조사	
		집단 1 (n=200)	집단 2 (n=352)	집단 3 (n=151)	집단 4 (n=151)
성별	남	117 (58.5)	278 (79.0)	86 (57.0)	86 (57.0)
	여	83 (41.5)	74 (21.0)	65 (43.0)	65 (43.0)
연령	30세 미만	66 (33.0)	121 (34.4)	52 (34.4)	32 (21.2)
	30-39세	77 (38.5)	104 (29.5)	56 (36.4)	67 (44.4)
	40-49세	35 (17.5)	61 (17.3)	24 (15.9)	28 (18.5)
	50세 이상	22 (11.0)	66 (18.8)	19 (12.6)	24 (15.9)
취업형태	정규직	49 (24.5)	88 (25.0)	37 (24.5)	54 (35.8)
	계약직	19 (9.5)	66 (18.8)	14 (9.3)	48 (31.8)
	자영업	10 (5.0)	29 (8.2)	9 (6.0)	19 (12.6)
	없음	122 (61.0)	169 (48.0)	91 (60.3)	30 (19.9)
종교	개신교	151 (75.5)	180 (51.1)	115 (76.2)	93 (61.6)
	천주교	3 (1.5)	17 (4.8)	2 (1.3)	2 (1.3)
	불교	2 (1.0)	10 (2.8)	1 (.7)	-
	기타	1 (.5)	4 (1.1)	1 (.7)	1 (.7)
	종교없음	43 (21.5)	127 (36.1)	32 (21.2)	55 (36.4)
	무응답	-	14 (4.0)	-	-
Total		200 (100.)	352 (100.)	151 (100.)	151 (100.)

* 전우택 등(2004)에 제시되어 있는 빈도와 약간을 차는데, 이것은 2004년도 조사에서 무응답 등을 보완하여 다시 빈도를 계산하였기 때문이다.

**집단 1 : 2001년도 조사 대상군 중 향후 연구 대상군으로 선정된 200명 집단
집단 2 : 2001년도 조사 대상군 중 향후 연구 대상군으로 선정되지 않은 집단
집단 3 : 집단 1의 200명 중 2004년도 조사에 응한 151명의 2001년도 응답 내용
집단 4 : 집단 1의 200명 중 2004년도 조사에 응한 151명의 2004년도 응답 내용

다. 추적조사에 응한 151명(집단 3, 4)의 연령분포는 2001년 당시 30세 미만이 34.4%, 30-39세 36.4%, 40-49세 15.9%, 50세 이상 16.6% 로 집단 1의 연령분포와 유사하였다.

2001년도 조사에서 취업형태는 집단 1의 경우 정규직 24.5%, 계약직 9.5%, 자영업 5.0%, 무직(주부, 학생, 실업 등) 61.0%였고, 집단 2는 정규직 25.0%, 계약직 18.8%, 자영업 8.2%, 무직(주부, 학생, 실업 등) 48.0%로 집단 1에 비하여 집단 2에서 계약직의 비율이 다소 높았고, 무직의 비율이 낮았다. 추적조사에서는 집단 3(2001년 조사)에서의 취업형태가 정규직 24.5%, 계약직 9.3%, 자영업 6.0%, 무직(주부, 학생, 실업 등) 60.3%로 집단 1의 비율과 유사하였으며, 집단 4(2004년 조사)에서는 정규직 35.8%, 계약직 31.8%, 자영업 12.6%, 무직(주부, 학생, 실업 등) 19.9%로, 집단 3보다 집단 4에서 정규직과 계약직, 자영업의 비율이 모두 증가한 것으로 나타났다. 응답자들의 종교는 집단 1의 경우 개신교 75.5%, 천주교 1.5%, 불교 1.0% 기타 0.5%, 없음 21.5%였고, 집단 2는 개신교 51.1%, 천주교 4.8%, 불교 2.8% 기타 1.1%, 없음 36.1%로 집단 1에 비하여 집단 2에서 개신교의 비율을 낮았고, 종교 없음의 비율을 높았다. 집단 3(2001년 조사)에서는 개신교 76.2%, 천주교 1.3%, 불교 0.7% 기타 0.7%, 없음 21.2% 로 집단 1의 비율과 유사하였으며, 집단 4(2004년 조사)에서는 개신교 61.6%, 천주교 1.3%, 기타 0.7%, 없음 36.4% 로 집단 3에 비하여 집단 4에서 개신교의 비율을 줄어들고, 종교 없음의 비율이 증가한 것으로 나타났다.

이상의 결과를 종합해 볼 때, 2001년도 조사에서의 집단 1과 이들 중 추적조사에 응한 151명의 전체적인 인구학적 성향은 매우 유사하므로, 추적 2004년도 조사결과와 2001년 조사결과를 비교하는데 무리가 없을 것으로 판단되었다.

2) 3년 기간에 따른 전체적인 의식변화 양상

① 의식 문항별 변화

본 연구에 응답한 151명이 2001년도(집단 3)와 2004년도(집단 4)에 응답한 의식 조사 문항에 있어 평균점수간 차이검증을 수행한 결과(related-samples t-test)가 〈표 2〉에 나와 있다. 여기서 시기에 따른 응답에 통계적으로 차이를 보이고 있는 항목을 정리하면 다음과 같다.

즉 지난 3년간 북한이탈주민들은 터놓고 이야기할 수 있는 남한사람들이 더 있게 되었고 ($t=-3.3342$, $p<.001$), 젊은 남한사람들을 더 많이 이해한다고 느끼고 있으나 ($t=2.098$, $p<.05$), 나이 든 사람들을 이해하는 것은 더 어렵게 느끼고 있는 것으로 나타났다 ($t=-1.968$, $p<.05$). 그리고 북한이탈주민들이 자립하려는 의식이 부족하다는 인식이 더 강해졌으며 ($t=-2.715$, $p<.01$), 북한이탈주민들끼리의 큰 단체가 필요하다는 것에 대한 의견이 더 커진 것으로 나타났다 ($t=-3.618$, $p<.001$). 또한 자신의 신체적 건강에 대한 만족도가 줄어들었으며 ($t=2.956$, $p<.01$), 정부의 주택지원 정책 ($t=2.473$, $p<.05$), 의료지원 ($t=4.997$, $p<.001$), 취

업지원 (t=2.571, p<.05), 정착지원금 지원(t=3.540, p<.001) 등에 대한 만족도가 줄었으며, 그에 따라 전체적인 정부의 지원 정책에 대한 만족도가 줄어든 것으로 나타났다(t=4.038, p<.001). 그리고 자신의 자녀가 북한 출신 사람과 결혼하기를 원하는 마음이 줄어든 것으로 나타났다 (t=2.683, p<.01).

이 결과에서 흥미 있는 것은 3년간 통계적으로 유의한 차이가 발생하지 않은 항목들이다. 즉 북한이탈주민들은 남한에서 3년간 살았음에도 불구하고, 남한 언어의 이해, 남한사회는 스스로 성공할 수 있는 사회라 보는 것, 남한에서는 돈이 최고인 것 같다고 보는 것, 터놓고 이야기 할 북한 주민이 있는 것, 남한사람들과 친해지기 어려움, 남한사회에서 무시와 차별을 당한다는 느낌, 현재 경제적으로 어려움을 느끼고 있으나 여전히 앞으로 더 잘살 수 있을 것이라는 생각, 남한에서의 전체적인 생활에 대한 만족도 등에서는 유의한 차이가 나타나지 않은 것으로 나타났다. 또한 자신의 결혼을 북한 출신과 하는 것, 통일 후 남북 사람들은 서로를 이해할 것이라는 의견에도 통계적인 차이가 없었다.

한편, 이 표에서 흥미 있는 결과 중 하나는 집단 1, 2 간의 차이와 집단 3, 4 간의 차이에서 보이는 양상의 차이였다. 집단 1과 2는 그 연구 대상은 다르지만, 남한에서 생활한 기간의 차이가 있었다. 그리고 집단 3과 집단 4는 같은 사람들이지만, 남한에서 살았던 기간의 차이가 있었다. 즉 집단 1, 2와 집단 3, 4는 모두 남한 내에서 살았던 기간의 차이를 가지고 있었는데, 집단 1, 2간의 차이와 집단 3, 4간의 차이에는 다른 양상이 있었다.

즉 집단 1, 2간의 차이에서, 남한에 더 오래 살았던 집단 2는 집단 1에 비하여 남한사회가 스스로의 노력에 의하여 성공할 수 있는 사회라는 인식이 더 없고 (t=3.795, p<.001), 남한에서는 돈이 최고라는 인식은 더 강하며 (t=-2.304, p<.05), 남한사회에서 무시와 차별을 당한다는 생각이 더 강하고 (t=-2.819, p<.01), 북한이탈주민들끼리의 단체에 참여하겠다는 생각이 더 강하고 (t=-2.330, p<.05), 5년 뒤에 경제적으로 더 잘살고 있을 것이라는 예상이 적었으며 (t=4.789, p<.001), 어떤 직업을 가져야 할지 더 혼란스러워 하였고 (t=-2.332, p<.05), 스스로가 누구인지 혼란스러움이 더 컸고 (t=-2.936, p<.05), 옳게 사는 것에 대하여 더 고민하고 있으며 (t=-2.133, p<.05), 북한 출신이라는 것을 더 적게 나타내며 (t=2.484, p<.05), 남북한 축구 시합을 할 경우 북한을 응원하는 경우가 더 적은 것으로 나타났었다 (t=2.176, p<.05). 그러나 이러한 차이들이 집단 3과 4에서는 나타나지 않았었다.

반대로 집단 1, 2에서는 차이가 없었으나, 집단 3, 4에서는 차이가 있는 것으로 나타난 문항은 집단 4가 터놓고 이야기할 수 있는 남한사람들이 더 있게 되었다는 것 (t=-3.3342, p<.001), 젊은 남한사람들을 더 많이 이해한다고 느끼고 있으나 (t=2.098, p<.05), 나이 든 사람들을 이해하는 것은 더 어렵게 느끼고 있는 것 (t=-1.968, p<.05), 북한이탈주민들이 자립하려는 의식이 부족하다는 인식이 더 강해졌으며(t=-2.715, p<.01), 자신의 신체적 건강에 대한 만족도가 줄어들었고 (t=2.956, p<.01), 그리고 자신의 자녀가 북한 출신 사람과 결혼

〈표 2〉 의식 문항 평균의 집단간 차이검증

	Item	2001년 조사			추적 조사		
		집단 1 (n=200)	집단 2 (n=352)	t	집단 3 (n=151)	집단 4 (n=151)	t
1	남한 언어 이해한다	3.96 (1.00)	3.99 (.96)	-.335	3.96 (1.01)	3.92 (1.03)	.419
2	남한사회는 스스로 성공할 수 있는 사회	4.37 (1.01)	3.99 (1.16)	3.795***	4.33 (1.05)	4.30 (.90)	.248
3	남한에서는 돈이 최고인 것 같다	4.29 (.92)	4.47 (.80)	-2.304*	4.33 (.91)	4.18 (.89)	1.798
4	남한사회 이해한다	3.37 (1.08)	3.52 (.99)	-1.582	3.34 (1.05)	3.48 (.89)	-1.480
5	남한사람들은 북한사회를 이해한다	1.97 (1.01)	1.89 (.86)	1.061	1.97 (1.02)	2.03 (.96)	-.536
6	터놓고 이야기 할 남한사람이 있다	3.17 (1.42)	3.17 (1.36)	.006	3.13 (1.45)	3.50 (1.13)	-3.342***
7	터놓고 이야기 할 북한이탈주민이 있다	3.59 (1.41)	3.54 (1.38)	.377	3.53 (1.39)	3.51 (1.21)	.150
8	남한사람들과 친해지기 어려움	3.35 (1.44)	3.39 (1.34)	-.335	3.36 (1.40)	3.30 (1.28)	.434
9	남한사람들과 경쟁하기가 어려움	3.26 (1.30)	3.38 (1.31)	-1.045	3.20 (1.31)	3.20 (1.17)	.059
10	젊은 남한사람들을 이해하기 어려움	3.43 (1.15)	3.37 (1.25)	.514	3.46 (1.11)	3.25 (1.14)	2.098*
11	나이 든 남한 사람들을 이해하기 어려움	2.66 (1.08)	2.77 (1.16)	-1.088	2.63 (1.00)	2.84 (1.00)	-1.968*
12	남한사회에서 무시와 차별을 당함	2.79 (1.25)	3.11 (1.28)	-2.819*	2.81 (1.23)	2.59 (1.19)	1.893
13	취업이 힘든 것은 남한사람들의 편견 때문	3.49 (1.23)	3.55 (1.26)	-.472	3.48 (1.20)	3.36 (1.20)	.935
14	북한이탈주민들은 자립하려는 의지 부족	2.79 (1.30)	2.70 (1.31)	.824	2.88 (1.28)	3.20 (1.02)	-2.715**
15	북한이탈주민들끼리 큰 단체가 필요하다	2.98 (1.43)	3.36 (1.42)	-2.915*	2.93 (1.39)	3.39 (1.22)	-3.618***
16	북한이탈주민들끼리 단체에 참여하겠다	2.93 (1.43)	3.24 (1.45)	-2.330*	2.96 (1.39)	3.15 (1.28)	-1.341
17	현재 경제적으로 어려움을 느끼고 있음	3.34 (1.12)	3.52 (1.28)	-1.668	3.32 (1.10)	3.26 (1.19)	.516
18	5년 후 경제적으로 더 잘살고 있을 것이다	4.17 (.94)	3.68 (1.23)	4.789***	4.11 (.95)	4.00 (.92)	1.301
19	현재 내가 살고 있는 지역에 만족한다	3.91 (1.11)	3.52 (1.21)	3.747***	3.84 (1.16)	3.68 (1.00)	1.357
20	현재 내가 사는 집과 방에 만족한다	3.72 (1.24)	3.36 (1.30)	3.185**	3.61 (1.28)	3.40 (1.14)	1.584
21	현재 내가 하고 있는 일에 만족한다	3.75 (1.27)	3.34 (1.28)	3.498***	3.68 (1.28)	3.79 (1.03)	-.921
22	현재 나의 수입에 대하여 만족한다	3.02 (1.32)	2.62 (1.25)	3.420***	3.00 (1.32)	2.88 (1.09)	.862
23	현재 나의 신체적인 건강 상태에 만족한다	3.57 (1.26)	3.49 (1.30)	.681	3.55 (1.29)	3.23 (1.18)	2.956**
24	나는 나의 심리적/정신적 상태에 만족한다	3.51 (1.27)	3.29 (1.30)	1.951	3.57 (1.20)	3.59 (1.01)	-.174
25	현재 나의 여가생활에 만족한다	3.36 (1.22)	2.95 (1.24)	3.702***	3.25 (1.25)	3.06 (1.07)	1.615
26	현재 나의 가정 생활에 만족한다	3.93 (1.18)	3.75 (1.17)	1.515	3.97 (1.21)	3.91 (1.03)	.464
27	현재 남한에서 나의 생활 전체에 만족한다	3.60 (1.09)	3.28 (1.12)	3.165**	3.52 (1.08)	3.56 (.86)	-.393
28	자녀를 남한에 살게 해준 것이 큰 보람이다	4.34 (1.17)	4.37 (1.00)	-.190	4.27 (1.21)	4.30 (.88)	-.205
29	나의 자녀들의 남한 생활적응에 만족한다	4.05 (1.15)	3.73 (1.08)	1.960*	4.13 (1.10)	4.02 (1.02)	.880
30	정부의 주택지원 내용에 만족한다	3.72 (1.24)	3.28 (1.35)	3.700***	3.67 (1.26)	3.38 (1.14)	2.473*
31	정부의 교육지원 내용에 만족한다	3.91 (1.14)	3.53 (1.22)	3.491***	3.89 (1.14)	3.73 (.98)	1.669
32	정부의 의료지원 내용에 만족한다	4.32 (.94)	4.05 (1.09)	2.960**	4.32 (.95)	3.75 (1.15)	4.997***
33	정부의 취업지원 내용에 만족한다	3.18 (1.38)	2.62 (1.39)	4.478***	3.16 (1.35)	2.84 (1.17)	2.571*
34	정부의 정착지원금 지원 내용에 만족한다	3.74 (1.21)	2.99 (1.46)	6.057***	3.70 (1.20)	3.32 (1.10)	3.540***
35	정부의 지원 정책에 전체적으로 만족한다	3.79 (1.11)	3.00 (1.31)	7.147***	3.76 (1.13)	3.39 (.95)	4.038***
36	여가 시간에 무엇을 해야할지 잘 모르겠다	2.44 (1.31)	2.62 (1.28)	-1.574	2.48 (1.31)	2.41 (1.06)	.639
37	어떤 직업/무슨 일을 하야할지 잘 모르겠다	2.38 (1.29)	2.66 (1.38)	-2.332*	2.40 (1.28)	2.31 (1.10)	.816
38	때로 내가 누구인지 혼란스러울 때가 있다	2.27 (1.30)	2.64 (1.42)	-2.936*	2.22 (1.27)	2.18 (1.13)	.335
39	옳게 사는 것에 대하여 고민한다	2.63 (1.48)	2.91 (1.43)	-2.133*	2.60 (1.46)	2.61 (1.25)	-.104
40	북한 출신이라는 것을 당당히 밝히며 산다	3.35 (1.48)	3.01 (1.56)	2.484*	3.36 (1.46)	3.44 (1.35)	-.605
41	북한을 비난하는 내용을 보면 기분 나쁘다	2.63 (1.39)	2.47 (1.34)	1.322	2.57 (1.38)	2.38 (1.20)	1.625
42	남북 축구시합을 한다면 북한을 응원하겠다	2.89 (1.36)	2.62 (1.35)	2.176*	2.85 (1.34)	2.72 (1.26)	1.215
43	만일 결혼한다면 북한 출신 사람과 하겠다	2.91 (1.49)	2.89 (1.45)	.134	2.93 (1.47)	2.71 (1.35)	1.670
44	나의 자녀는 북한 출신과 결혼하기 원한다	2.40 (1.39)	2.38 (1.38)	.190	2.55 (1.49)	2.10 (1.13)	2.683**
45	나는 죽으면 북한 땅에 묻히고 싶다	3.18 (1.60)	3.15 (1.65)	.215	3.12 (1.62)	3.12 (1.49)	.000
46	통일후 남북 사람들은 서로 이해할 것이다	2.91 (1.36)	2.70 (1.34)	1.716	2.82 (1.30)	2.73 (1.25)	.743

표안의 값은 평균(표준편차)임. * $p<.05$, ** $p<.01$, *** $p<.001$

하기를 원하는 마음이 줄어든 것 등이었다 (t=2.683, p<.01).

② 의식 요인의 변화

2001년도에 실시한 조사(전우택, 윤덕룡, 엄진섭, 2004)에서 의식에 대한 46개의 문항이 12개의 요인으로 구분되었었다. 그리고 그에 따라 2001년도와 2004년도에 본 연구에 응답한 내용을 12개의 요인으로 구분하여 평균점수간 차이검증을 수행한 결과(related-samples t-test)가 〈표 3〉에 나와 있다. 151명이 2001년도(집단 3)와 2004년도(집단 4)에 응답한 것을 의식 요인으로 구분하여 보았을 때, 북한이탈주민 간 단결 요인(t=-2.654, p<.01)과 정부지원정책 만족도 요인(t=4.828, p<.001)에서만 유의한 차이가 있는 것으로 나타났으며, 나머지 요인들에서는 유의한 차이가 발견되지 않았다. 즉, 본 연구의 대상이 된 북한이탈주민들은 시간이 지날수록 자신들끼리 더 단결해야 한다고 생각하고, 정부지원정책 만족도는 시간이 지날수록 낮아지는 것으로 나타났다. 이 두 항목은 2001년도 1차 조사 시 집단 1과 2에서도 차이로 나타나는 항목이었다.

〈표 3〉 의식 요인 평균점수의 집단간 비교

		2001년 조사			추적 조사		
		집단1 (n=200)	집단 2 (n=352)	t	집단 3 (n=151)	집단 4 (n=151)	t
1	경제생활 만족도	3.25 (.86)	2.92 (.91)	4.119***	3.21 (.86)	3.22 (.74)	-.134
2	가치관 혼란	2.43 (1.06)	2.71 (1.07)	-2.988**	2.42 (1.05)	2.39 (.86)	.359
3	북한이탈주민간 단결	2.96 (1.33)	3.31 (1.35)	-2.886**	2.95 (1.30)	3.27 (1.14)	-2.654**
4	정부지원정책 만족도	3.78 (.87)	3.25 (.97)	6.252***	3.75 (.88)	3.40 (.77)	4.828***
5	남한사람 이해곤란도	3.17 (.83)	3.24 (.88)	-.850	3.16 (.82)	3.14 (.85)	.342
6	북한에 대한 심리적 동조	2.90 (1.05)	2.76 (1.02)	1.474	2.85 (1.05)	2.74 (.93)	1.294
7	정신신체 건강 만족도	3.48 (.98)	3.24 (1.01)	2.668**	3.46 (.99)	3.29 (.82)	1.900
8	터놓고 이야기할 대상	3.38 (1.12)	3.36 (1.10)	.249	3.34 (1.14)	3.50 (.88)	-1.855
9	주거 만족도	3.81 (1.08)	3.44 (1.08)	3.857***	3.72 (1.12)	3.53 (.94)	1.713
10	남한사회 및 언어 이해	3.67 (.85)	3.76 (.81)	-1.159	3.66 (.84)	3.70 (.79)	-.642
11	남한사람들의 편견	3.14 (1.06)	3.34 (1.07)	-2.021*	3.14 (1.04)	2.97 (.97)	1.716
12	미래에 대한 전망	4.27 (.74)	3.83 (.97)	5.395***	4.22 (.78)	4.15 (.69)	.926

표안의 값은 평균(표준편차)임.
* p<.05, ** p<.01, *** p<.001

또한 2001년도 횡단적 연구에서 집단 1과 집단 2의 의식 평균간 유의한 차이가 있었던 요인들 중, 2004년도의 집단 3과 집단 4의 차이에서 정신신체건강 만족도와 주거 만족도는 추적조사에서 유의한 변화는 없었지만, 유의수준에 근접하는 변화양상이 나타났다(모두 p<.10). 즉, 거주기간이 조금 더 길어진다면, 정신신체 건강 만족도는 감소하고, 주거 만족도도 감소할 가능성이 높다고 볼 수 있다. 그 외에 2001년 횡단적 연구에서 유의한 차이가

있었지만, 추적조사에서 유의한 차이(혹은 경향성)가 없었던 경제생활 만족도, 가치관 혼란, 남한 사람들의 편견, 미래에 대한 전망 요인은 2000년 이전에 입국한 북한이탈주민들에 한정된 결과일 가능성도 있으며, 이것은 추후 계속된 추적 조사를 통하여 좀더 관찰하여야 할 것으로 생각된다.

〈표 4〉 2001년 조사의 의식요인들간 상관과 2004년 추적조사의 의식요인들 간 상관 (n=151)

	1 경제적 만족도	2 가치관 혼란	3 북한이탈 주민간 단결	4 정부지원 정책 만족도	5 남한사람 이해 곤란도	6 북에 대한 심리동조	7 정신 신체 만족도	8 터놓고 이야기할 대상	9 주거 만족도	10 남한사회언어 이해	11 남한사람들의 편견	12 미래 전망
1	1.000 1.000											
2	-.249** -.419***	1.000 1.000										
3	-.179* .076	.029 .000	1.000 1.000									
4	.352*** .193*	-.194* -.141	-.163* .006	1.000 1.000								
5	.011 -.274***	.348*** .133	.122 .154	-.038 -.035	1.000 1.000							
6	.178* -.126	.219** .149	.060 -.009	.029 -.047	.101 -.012	1.000 1.000						
7	.399*** .429***	-.336*** -.300***	-.040 -.056	.386*** .262***	-.024 -.099	.035 .072	1.000 1.000					
8	.168* .125	-.271*** -.081	.187* .035	.112 .059	-.231** -.123	.114 .111	.254** .122	1.000 1.000				
9	.385*** .178*	-.011 -.023	-.160 .217**	.290*** .217**	.083 .206*	.025 -.098	.294*** .183*	.049 .074	1.000 1.000			
10	.084 .218**	-.207* -.309***	.105 -.021	.033 .213**	-.198* -.214**	-.187* .045	.125 .398***	.331*** .227**	.022 .020	1.000 1.000		
11	-.113 -.311***	.200* .038	.274*** .008	-.231** -.227**	.229** .295**	.124 .014	-.047 -.028	-.067 .010	-.102 .086	.026 -.056	1.000 1.000	
12	.422*** .393***	-.095 -.320***	-.087 .140	.280*** .122	-.029 -.168*	-.060 .014	.202* .374***	.113 .056	.283*** .126	.288*** .445***	-.029 -.188*	1.000 1.000

표안의 값은 요인간 상관계수로, 위의 값은 2001년 조사에서 집단 3의 요인간 상관계수이고 아래의 값은 2004년도 추적조사에서의 집단 4의 요인간 상관계수이다.
* $p<.05$, ** $p<.01$, *** $p<.001$

③ 의식요인 간 상관관계의 변화

2001년 집단 3의 의식요인들 간 상관과 2004년 집단 4의 의식요인들 간 상관의 차이를 탐색하기 위하여 〈표 4〉와 같이 의식요인들 간 상관계수를 산출하였다. 정신신체 만족도와 다른 요인 간 상관계수를 살펴보았을 때, 경제적 만족도(2001년 r=.399, 2004년 r=.429), 가치관 혼란(2001년 r=-.336, 2004년 r=-.300)과의 상관은 비교적 유사한 것으로 나타났으나, 정부지원정책 만족도(2001년 r=.386, 2004년 r=.262), 터놓고 이야기할 대상(2001년 r=.254, 2004년 r=.122), 주거만족도(2001년 r=.294, 2004년 r=.183)와의 상관은 2004년 추적조사에서 감소한 반면, 남한사회 및 언어이해(2001년 r=.125, 2004년 r=.398)와 미래전망(2001년

r=.202, 2004년 r=.374)과의 상관은 2004년 추적조사에서 증가한 것으로 나타났다. 즉, 거주 기간이 길어질수록 남한사회 및 언어이해와 미래에 대한 전망은 정신신체 만족도와 관련이 높아지는 경향을 보였다.

가치관 혼란과 다른 요인 간 상관계수를 살펴보았을 때, 남한사람 이해 곤란도(2001년 r=.384, 2004년 r=.133)와 터놓고 이야기할 대상(2001년 r=-.271, 2004년 r=-.081)과의 상관은 감소한 반면, 경제적 만족도(2001년 r=-.249, 2004년 r=-.419), 남한사회 및 언어 이해(2001년 r=-.207, 2004년 r=-.309), 미래전망(2001년 r=-.095, 2004년 r=-.395)과의 상관은 증가하였다. 즉, 거주 기간이 길어질수록 경제적 만족도와 남한사회 및 언어 이해, 미래에 대한 전망은 가치관 혼란과 관련이 높아지는 경향을 보였다.

미래에 대한 전망에 있어 경제적 만족도(2001년 r=.422, 2004년 r=.393), 정부 지원정책에 대한 만족도(2001년 r=.280, 2004년 r=.122), 주거 만족도(2001년 r=.283, 2004년 r=.126) 등과의 상관관계는 줄어든 반면에, 가치감의 혼란(2001년 r=-.095, 2004년 r=-.320), 남한사람 이해의 곤란(2001년 r=-.029, 2004년 r=-.168), 정신신체만족도(2001년 r=.202, 2004년 r=.374), 남한사회 및 언어의 이해(2001년 r=.288, 2004년 r=.445), 남한사람들의 편견(2001년 r=-.029, 2004년 r=-.188) 등과의 상관관계는 더 높아진 것으로 나타났다.

2001년 집단 1의 의식요인 점수와 2004년 추적조사의 의식요인 점수 간 관련성을 파악하고, 의식요인 점수들의 안정성 및 의식요인간 인과관계를 추정하기 위하여 〈표 5〉와 같은 상관계수를 산출하였다. 먼저, 시간경과(2001년 조사와 2004년 추적조사)에 따른 동일 요인 간 상관계수를 살펴보면, 가치관 혼란(r=.442), 정부지원정책 만족도(r=.428), 남한사람 이해 곤란도(r=.504), 북한에 대한 심리적 동조(r=.525), 터놓고 이야기할 대상(r=.433), 남한사회 및 언어 이해(r=.412)는 비교적 높은 상관을 보여, 시간경과가 있어도 비교적 일정한 응답을 하는 의식요인인 것으로 파악되었다. 반면에 경제적 만족도(r=.204)와 주거만족도(r=.175)는 비교적 낮은 상관을 보여, 시간경과에 따라 가변적인 의식요인인 것으로 파악되었다. 북한이탈주민 간 단결(r=.295), 정신신체 만족도(r=.309), 남한사람들의 편견(r=.276), 미래전망(r=.292)은 0.3 전후의 상관이 있는 것으로 나타났다.

다음으로 시간경과에 따라 서로 다른 요인들 간의 교차상관계수를 살펴보면, 2001년 가치관 혼란과 2004년 경제적 만족도간 상관(r=-.306)이 2001년 경제적 만족도와 2004년 가치관 혼란 간 상관(r=-.060)보다 높은 것으로 나타났다. 이러한 결과는 경제적 만족도가 가치관 혼란의 원인이라기보다는 경제적 만족도가 가치관 혼란의 결과일 가능성이 있음을 시사한다. 2001년 가치관 혼란과 2004년 정신신체 만족도가 상관(r=-.353)이 2001년 정신신체 만족도와 2004년 가치관 혼란 간 상관(r=-.163)보다 높은 것으로 나타나, 가치관 혼란이 정신신체 만족도의 원인일 가능성을 보였다. 또한, 2001년 가치관 혼란과 2004년 미래전망 간 상관(r=-.352)이 2001년 미래전망과 2004년 가치관 혼란 간 상관(r=-.036)보다 높은 것으로 나타나 가치관 혼란이 미래전망을 어둡게 할 가능성을 시사하였다.

2001년 정부지원정책 만족도와 2004년 미래전망 간 상관(r=.233)이 2001년 미래전망과 2004년 정부지원정책 만족도 간 상관(r=.069)보다 높게 나타나, 정부지원정책 만족도가 미래전망에 영향을 미칠 가능성을 보였으며, 2001년 정신신체 만족도와 2004년 미래전망 간 상관(r=.325)이 2001년 미래전망과 2004년 정신신체 만족도와의 상관(r=.019)보다 높아 정신신체 만족도가 미래에 대한 전망에 영향을 미칠 가능성을 보여주었다.

2004년도에 북한이탈주민 간 단결에 대한 반응을 보인 것은 2001년도 반응과 크게 상관있는 요인이 없는 것으로 나타났고, 유일하게 주거만족도 (r=-.168) 가 상관이 있는 것으로 나타났다. 실제로 2001년도 북한이탈주민 간 단결 반응이 2004년도 반응과 상관있는 것으로 나타난 요인은 없었다. 즉 북한이탈주민 간 단결을 중요하게 생각하는 응답이 다른 요인들과는 큰 상관이 없이 나타나고 있음을 보여주었다.

〈표 5〉 2001년 조사와 2004년 추적조사의 의식요인들간 상관 (n=151)

		2004년 추적 조사 (n=151)											
		1 경제적 만족도	2 가치관 혼란	3 북한이탈주민 간 단결	4 정부지원 정책 만족도	5 남한사람 이해 곤란도	6 북에대한 심리 동조	7 정신 신체 만족도	8 터놓고 이야기할 대상	9 주거 만족도	10 남한사회언어 이해	11 남한사람들의 편견	12 미래 전망
2001년 집단 1 (151 명)	1	.204*	-.060	-.177*	.114	-.047	.156	.205*	.087	.130	.235**	-.164*	.165*
	2	-.306***	.442***	-.013	-.185*	.186*	.081	-.353***	-.143	-.140	-.267***	.099	-.352***
	3	.016	.005	.295***	-.088	.037	.017	-.035	.075	.055	.071	.012	.052
	4	.156	-.153	-.029	.428***	-.186*	.089	.222**	.059	-.001	.163*	-.191*	.233**
	5	-.177*	.149	.041	-.052	.504***	.058	-.009	-.116	.085	-.097	.157	-.065
	6	-.035	.077	-.091	.040	-.153	.525***	-.022	.116	-.061	-.042	.003	-.048
	7	.122	-.163*	-.042	.085	-.080	.109	.309***	.119	.012	.108	-.028	.325***
	8	.162*	-.135	-.046	.051	-.211**	.019	.090	.433***	-.042	.215**	-.149	.186*
	9	.066	-.028	-.168*	.142	-.005	-.105	-.018	-.110	.175*	-.105	-.105	.078
	10	.138	-.142	.084	-.024	-.178*	-.001	.071	.151	-.021	.412***	.032	.337***
	11	-.169*	.118	.068	-.217**	.180*	.202*	-.145	.094	-.005	-.063	.276***	.066
	12	.066	-.036	-.075	.069	.059	.027	.019	-.023	.006	.217**	-.195*	.292***

* $p<.05$, ** $p<.01$, *** $p<.001$

3) 인구학적 변인에 따른 의식 변화

① 성별에 따른 의식 변화

성별에 따른 의식의 변화 양상이 〈표 6〉에 정리되어 있다. 2001년 조사 결과, 성별에 따른 의식의 차이가 나타났었다. 통계적으로 유의한 차이를 보인 의식 요인들은 가치관 혼란 (F=4.733, p<.05)으로 여성들이 더 가치감 혼란이 있으며, 북한에 대한 심리적 동조도 더 하고 있었으며 (F=3.999, p<.05), 이에 비하여 남성들이 정신신체 건강 만족도가 더 높았고

(F=4.789, p<.05), 터놓고 이야기할 대상도 많이 있었으며 (F=7.195, p<.05), 남한사회 및 언어에 대한 이해를 더 하고 있다는 생각들을 하고 있는 것으로 나타났다 (F=6.465, p<.05).

그러나 2004년도 조사에서는 정신신체 건강 만족도에 있어 여전히 남성이 여성보다 더 높은 것 (F=4.067, p<.05)을 제외하고는 모든 남녀간의 유의하였던 차이가 없어진 것으로 나타났다.

〈표 6〉 성별에 따른 의식 요인의 평균값 비교

	2001년 성별		*F*	2004년 성별		*F*
	남자	여자		남자	여자	
경제생활만족도	3.16 (.83)	3.28 (.91)	.790	3.15 (.71)	3.31 (.78)	1.750
가치관 혼란	2.25 (.99)	2.63 (1.10)	4.733*	2.44 (.86)	2.31 (.87)	.821
북한이탈주민 간 단결	3.01 (1.38)	2.88 (1.22)	.382	3.22 (1.16)	3.30 (1.16)	.202
정부지원정책 만족도	3.64 (.90)	3.84 (.98)	1.606	3.43 (.77)	3.35 (.78)	.399
남한 사람 이해곤란도	3.17 (.79)	3.15 (.87)	.028	3.20 (.83)	3.07 (.88)	.823
북한에 대한 심리적 동조	2.70 (1.04)	3.04 (1.05)	3.999*	2.73 (.87)	2.75 (1.03)	.031
정신신체 건강 만족도	3.62 (.95)	3.26 (1.03)	4.789*	3.41 (.80)	3.14 (.84)	4.067*
터놓고 이야기할 대상	3.55 (1.04)	3.06 (1.21)	7.195**	3.52 (.95)	3.48 (.80)	.051
주거 만족도	3.72 (1.19)	3.72 (1.05)	.000	3.53 (.91)	3.54 (.97)	.003
남한사회 및 언어 이해	3.81 (.81)	3.46 (.86)	6.465*	3.70 (.78)	3.71 (.81)	.009
남한사람들의 편견	3.14 (1.07)	3.14 (1.02)	.002	3.04 (.96)	2.89 (.98)	.951
미래에 대한 전망	4.24 (.77)	4.19 (.80)	.142	4.22 (.67)	4.06 (.72)	1.923

* p<.05, ** p<.01

즉 가치감 혼란에 있어 1차 조사에서는 여성이 더 심한 것으로 나타났으나, 2차 조사에서는 남성이 약간 더 심한 것으로 나타난 것이다. 즉 남성은 3년간의 남한사회 생활을 통하여 가치관의 혼란이 더 심해져 간 것으로 나타났으나, 여성들은 급속히 가치감의 혼란이 줄어 든 것으로 나타났다. 북한에 대한 심리적 동조에 있어서도 처음 남한에 들어 온 시기에 여성들이 더 강한 것으로 나타났으나, 3년 동안 남성들은 거의 변화가 없었던 것에 비하여 여성들은 급격히 줄어 남성들과 거의 차이가 없는 것으로 나타났다. 또한 터놓고 이야기할 대상을 가지는 것도 남한사회 적응 초창기에는 남성들이 더 많았으나, 그 후 여성들은 그런 대상이 급격히 증가한 것에 비하여 남성들은 오히려 약간 숫자가 감소한 것으로 나타났다. 남한사회 및 언어의 이해 정도에 대하여도 적응 초창기에는 남성들이 여성에 비하여 훨씬 높았으나, 3년 뒤, 여성들은 급격히 증가하여 오히려 남성보다 여성이 더 높은 것으로 나타났다. 전체적으로 보아 여성들은 남성들보다 이 시기에 더 급격한 의식의 변화를 체험한 것으로 나타났고, 이것은 향후 3년 후에 어떤 변화를 더 많이 보일 가능성마저 보이고 있다는 점에서 주목된다고 할 수 있다.

② 연령에 따른 의식 변화

북한이탈주민들의 연령에 따른 의식의 변화 양상을 분석한 결과가 〈표 7〉에 있다. 2001년도 1차 조사에서는 연령대에 따라 통계적으로 유의한 차이를 보이는 의식 요인이 많은 것으로 나타났다. 즉 경제생활 만족도에서 연령이 낮을수록 만족도가 더 높은 것으로 나타났으며, 남한사회에 대한 이해곤란에 있어 나이가 많을수록 높은 것으로 나타났으며, 북한에 대한 심리적 동조는 나이가 젊을수록 더 높은 것으로 나타났고, 터놓고 이야기할 대상도 젊을수록 더 많은 것으로 나타났다. 미래에 대한 전망에 있어 20대나 50대 이상은 상대적으로 더 낮은 것으로 나타났으나, 30대와 40대는 더 높은 것으로 나타났다.

그러나 2004년도의 2차 조사에서는 남한사회 이해 곤란정도가 연령이 높을수록 더 이해하기 어려워하는 것과 북한에 대한 심리적 동조가 젊은 사람들에게 더 높은 것 두 가지만이 남아 있고, 그 외 경제생활 만족도에 젊은 층일수록 더 높았던 것, 터놓고 이야기 할 대상이 나이가 젊을수록 더 많은 것, 미래에 대한 전망에 20대 이하와 50대 이상에서 더 비관적으로 본 것 등은 없어진 것으로 나타나 의식의 차이가 연령대별로 나타난 것은 많

〈표 7〉 연령에 따른 의식 요인별 평균값 비교

	2001년 연령				F[1] (선형)	F[2] (곡선형)	2004년 연령				F (선형)	F (곡선형)
	20대 이하	30대	40대	50대 이상			20대 이하	30대	40대	50대 이상		
경제생활 만족도	3.39 (.67)	3.18 (.94)	3.16 (.92)	2.89 (.97)	4.466*	.002	3.36 (.59)	3.30 (.76)	2.99 (.67)	3.10 (.89)	3.658	.090
가치관 혼란	2.41 (.95)	2.25 (.99)	2.61 (1.20)	2.68 (1.27)	1.309	1.157	2.49 (.78)	2.31 (.86)	2.49 (.97)	2.30 (.87)	.169	.117
북한이탈 주민간 단결	3.02 (1.24)	2.84 (1.28)	2.98 (1.46)	3.08 (1.46)	.014	.600	3.17 (1.10)	3.15 (1.10)	3.32 (1.24)	3.58 (1.27)	2.146	.588
정부지원 정책 만족도	3.77 (.86)	3.93 (.97)	3.41 (.89)	3.43 (.96)	3.397	1.314	3.29 (.76)	3.52 (.84)	3.21 (.75)	3.41 (.58)	.019	.503
남한 사람 이해곤란도	2.98 (.66)	3.02 (.78)	3.16 (.97)	4.07 (.57)	22.782***	9.108**	2.66 (.63)	3.05 (.85)	3.25 (.73)	3.91 (.72)	36.489***	.450
북한에 대한 심리적 동조	3.16 (1.00)	2.79 (1.09)	2.59 (1.05)	2.47 (.95)	8.072**	.557	2.96 (1.04)	2.78 (.92)	2.64 (.76)	2.43 (1.01)	4.777*	.004
정신신체 건강 만족도	3.68 (.80)	3.38 (.99)	3.34 (1.15)	3.25 (1.27)	3.354	.597	3.37 (.67)	3.32 (.85)	2.99 (.78)	3.47 (.95)	.070	2.007
터놓고 이야기할 대상	3.77 (.97)	3.19 (1.20)	3.17 (1.00)	2.79 (1.22)	12.162***	.960	3.64 (.84)	3.60 (.82)	3.23 (.87)	3.35 (1.07)	3.320	.022
주거 만족도	3.67 (1.02)	3.79 (1.07)	3.65 (1.33)	3.71 (1.38)	.001	.144	3.17 (.73)	3.56 (1.01)	3.73 (.75)	3.71 (1.08)	5.326*	1.767
남한사회 및 언어 이해	3.60 (.76)	3.71 (.88)	3.70 (.79)	3.63 (1.05)	.087	.412	3.88 (.73)	3.71 (.75)	3.55 (.91)	3.65 (.85)	1.744	.713
남한 사람들의 편견	3.04 (.80)	3.20 (.99)	3.15 (1.31)	3.24 (1.43)	.512	.138	2.84 (.96)	2.95 (.99)	2.93 (.91)	3.27 (.97)	2.198	.277
미래에 대한 전망	4.14 (.74)	4.38 (.72)	4.30 (.70)	3.82 (1.03)	1.006	7.565**	4.14 (.61)	4.28 (.60)	3.96 (.84)	4.02 (.81)	1.807	.682

1) 연령과 의식요인점수가 선형적 관계성을 가지는 것에 대한 검증
2) 연령과 의식요인점수가 포물선 관계성을 가지는 것에 대한 검증
* $p<.05$, ** $p<.01$, *** $p<.001$

이 없어진 것으로 나타났다. 그러나 주거 만족도는 2001년도 조사에서는 연령대별 차이가 없었던 것으로 나타났으나 2004년도 2차 조사에서는 연령대가 높아질수록 더 높은 것으로 나타났고, 이러한 변화가 생긴 이유는 젊은 세대일수록 주거에 대한 만족도가 낮아졌기 때문에 생긴 현상이었다.

③ 북한에서의 학력에 따른 의식의 변화

북한에서의 학력에 따른 의식 변화 양상을 분석한 자료가 〈표 8〉에 있다. 2001년도 1차 조사에서는 대학 미만의 학력자가 대학 이상의 학력자보다 남한사람 이해 곤란도 요인에서 통계적으로 더 높은 어려움을 나타냈었다 ($F=3.710$, $p<.05$). 그리고 그 외의 요인에서는 학력에 따른 의식 차이가 없는 것으로 나타났었다. 그리고 2004년도 조사에서는 남한사람 이해 곤란도 요인에서조차 학력간의 차이는 없는 것으로 나타났다. 즉 북한에서의 학력에 따른 의식의 차이는 별로 없는 것으로 나타난 것이다.

한편 학력별 변화추이를 보면 몇 가지 흥미로운 점을 발견할 수 있다. 북한에서의 학력이 전문학교 이상인 사람들은 경제생활 만족도와 정신신체 건강 만족도가 상승하는 경향

〈표 8〉 북한에서의 학력에 따른 의식 요인의 평균값 비교

	2001년				2004년			
	고등중 이하	전문학교/단과대학	대학	F	고등중 이하	전문학교/단과대학	대학	F
경제생활만족도	3.30(.84)	3.00(.89)	3.11 (.89)	1.454	3.18 (.74)	3.20(.70)	3.34(.77)	.597
가치관 혼란	2.51(1.07)	2.51(1.14)	2.12 (.90)	1.816	2.42 (.90)	2.43(.61)	2.23(.90)	.690
북한이탈주민 간 단결	2.84(1.29)	3.30(1.24)	3.04(1.37)	1.198	3.16(1.11)	3.39(1.33)	3.43(1.17)	.855
정부지원정책 만족도	3.75(.99)	3.74(.77)	3.67(.92)	.093	3.37(.78)	3.41(.78)	3.45(.77)	.137
남한 사람 이해곤란도	3.26(.82)a	3.27(1.00)a	2.84(.63)b	3.710*	3.21(.87)	3.01(.87)	3.04(.78)	.754
북한에 대한 심리적 동조	2.92(1.10)	2.95(1.08)	2.58(.91)	1.474	2.83(.97)	2.64(1.09)	2.54(.71)	1.373
정신신체 건강 만족도	3.57(1.04)	3.24(.98)	3.31(.85)	1.497	3.26(.80)	3.32(.86)	3.38(.89)	.304
터놓고 이야기할 대상	3.23(1.16)	3.34(1.29)	3.61(.98)	1.444	3.47(.90)	3.55(.95)	3.57(.81)	.201
주거 만족도	3.84(1.07)	3.23(1.29)	3.71(1.10)	2.685	3.56(.95)	3.57(.88)	3.43(.95)	.281
남한사회 및 언어 이해	3.56(.85)	3.70(.95)	3.87(.75)	1.733	3.66(.74)	3.70(1.02)	3.83(.78)	.577
남한 사람들의 편견	3.16(1.03)	3.41(1.03)	2.93(1.08)	1.467	2.91(.97)	2.98(.93)	3.13(.99)	.619
미래에 대한 전망	4.32(.82)	3.95(.74)	4.10(.65)	2.527	4.14(.70)	4.25(.87)	4.11(.53)	.287

* $p<.05$, ab Tukey HSD 사후검증

을 보인 반면에 전문학교 미만인 학력자들은 경제생활 및 정신 신체 건강 만족도가 떨어지는 경향을 보였다. 또한 가치관 혼란과 관련해서는 대학교 이상의 학력자들은 가치관 혼란이 늘어난 반면에 대학교 미만의 학력자들은 혼란감이 줄어드는 양상을 보였다. 즉 이것은 대졸이상의 고학력자들은 주관적인 만족도는 증가하면서도 전반적인 가치관이나 정체감 측면에서는 혼란스러움을 더 겪고 있다는 결과로 이 집단의 의식적 적응의 복잡한 양상을 보여주는 결과이다.

④ 당원 여부에 따른 의식의 변화

북한에서 노동당원이었던 사람들과 아닌 사람들의 의식간의 차이가 〈표 9〉에서 분석되었다. 1차 조사에서는 당원과 비당원 사이에 경제생활 만족도에 있어 비당원의 만족도가 통계적으로 유의하게 더 높았던 것으로 나타났으며 ($F=5.324$, $p<.05$), 그 외의 요인에서는 당원과 비당원 간의 차이가 없는 것으로 나타났었다. 2차 조사에서는 당원과 비당원 사이의 경제생활 만족도의 차이가 없어진 것으로 나타났다. 이것은 당원 출신들이 남한 생활 적응 초기에는 북한에서 상대적으로 더 좋은 경제 여건에서 살았으므로, 남한 생활에 대한 경제적 만족도가 상대적으로 낮았으나, 그것이 나중에는 상당히 증가하여 비당원 출신과 차이가 없게 된 것으로 보인다. 그러나 1차 조사에서는 통계적으로 유의한 차이가 없었으나, 2 차 조사에서는 남한사람에 대한 이해 곤란도에 있어 당원 출신들이 통계적으로 유의하게 더 큰 어려움을 이야기하였다 ($F=12.591$, $p<.001$). 이것은 북한사회에서 상대적으로 더 엘리트 집단이었던 이들 당원들이 오히려 남한사람의 이해에 있어서 더 큰 어려움을 보이고 있는 것을 나타내는 것으로 흥미 있는 결과였다.

〈표 9〉 북한에서의 노동당원 여부에 따른 의식 요인 평균값 비교

	2001년		F	2004년		F
	노동당원	당원아님		노동당원	당원아님	
경제생활만족도	2.98 (1.01)	3.33 (.77)	5.324*	3.21 (.85)	3.23 (.68)	.017
가치관 혼란	2.26 (1.02)	2.50 (1.06)	1.723	2.28 (.98)	2.43 (.80)	.985
북한이탈주민간 단결	2.95 (1.51)	2.96 (1.20)	.001	3.33 (1.23)	3.22 (1.12)	.314
정부지원정책 만족도	3.57 (.93)	3.81 (.94)	2.133	3.44 (.81)	3.37 (.76)	.262
남한사람 이해곤란도	3.28 (.85)	3.10 (.81)	1.525	3.48 (.77)	2.97 (.85)	12.591***
북한에 대한 심리적 동조	2.65 (1.01)	2.95 (1.07)	2.679	2.80 (.81)	2.71 (1.00)	.331
정신신체 건강 만족도	3.51 (1.18)	3.44 (.90)	.201	3.42 (.87)	3.23 (.80)	1.762
터놓고 이야기할 대상	3.33 (1.04)	3.34 (1.19)	.006	3.47 (.89)	3.52 (.89)	.105
주거 만족도	3.65 (1.39)	3.75 (.98)	.256	3.55 (.96)	3.52 (.93)	.024
남한사회 및 언어 이해	3.78 (.87)	3.60 (.83)	1.441	3.71 (.78)	3.70 (.80)	.003
남한사람들의 편견	3.17 (1.22)	3.12 (.95)	.074	3.07 (.99)	2.93 (.95)	.742
미래에 대한 전망	4.13 (.86)	4.26 (.74)	.838	4.14 (.71)	4.15 (.68)	.013

* $p<.05$, *** $p<.001$

⑤ 북한에서의 군 복무 경험에 따른 의식의 변화

북한에서의 군 복무 경험에 따른 남한 생활에서의 의식의 차이에 대한 분석이 〈표 10〉에 있다. 실제로 남한사회 생활 적응 초창기에는 군 출신들이 남한사회 및 언어의 이해에 더 큰 어려움을 보였으나 (F=5.552, p<.05), 2004년 2차 조사에서는 그러한 차이가 없는 것으로 나타났다. 즉 북한에서의 군 복무 경험 유무는 남한사회에서의 적응과 의식 변화에 큰 영향을 끼치지 않는 것으로 나타났다.

〈표 10〉 군 복무 경험

	2001년		F	2004년		F
	경험있음	경험없음		경험있음	경험없음	
경제생활만족도	3.14 (.91)	3.26 (.84)	.678	3.23 (.82)	3.22 (.70)	.005
가치관 혼란	2.27 (1.13)	2.50 (1.00)	1.575	2.33 (.94)	2.41 (.82)	.258
북한이탈주민 간 단결	3.16 (1.45)	2.84 (1.21)	2.075	3.29 (1.18)	3.23 (1.15)	.083
정부지원정책 만족도	3.64 (.95)	3.78 (.93)	.863	3.39 (.76)	3.40 (.78)	.002
남한 사람 이해곤란도	3.24 (.87)	3.12 (.80)	.777	3.21 (.84)	3.10 (.86)	.524
북한에 대한 심리적 동조	2.72 (.96)	2.92 (1.11)	1.315	2.79 (.87)	2.70 (.98)	.312
정신신체 건강 만족도	3.58 (1.10)	3.39 (.93)	1.270	3.35 (.75)	3.26 (.87)	.340
터놓고 이야기할 대상	3.51 (1.05)	3.24 (1.18)	1.945	3.43 (.88)	3.55 (.89)	.638
주거 만족도	3.81 (1.30)	3.67 (1.01)	.597	3.59 (.92)	3.50 (.95)	.327
남한사회 및 언어 이해	3.87 (.77)	3.54 (.87)	5.552*	3.61 (.80)	3.76 (.78)	1.278
남한 사람들의 편견	3.23 (1.07)	3.09 (1.03)	.646	3.09 (.97)	2.91 (.97)	1.276
미래에 대한 전망	4.23 (.76)	4.21 (.80)	.030	4.21 (.62)	4.11 (.73)	.650

* p<.05

⑥ 직장 유무에 따른 의식 변화

북한이탈주민들이 가지고 있는 직장 상황에 따른 의식의 차이가 〈표 11〉에 분석되어 있다. 이것은 조사 당시의 시점에서의 직장 상태를 본 것이므로, 그 직장을 가지고 생활한 기간 요소는 고려되지 않은 자료이다. 이 분석 결과, 2001년의 1차 조사나 (F=5.060, p<.05), 2004년의 2차 조사 (F=2.828, p<.05) 모두에서, 정규직을 가지고 있는 사람들이 다른 집단보다 경제생활 만족도에서 유의하게 높은 결과를 보였으며, 그 외 다른 요인에서는 차이를 보이지 않았다. 이러한 결과는 북한이탈주민들이 직장을 가지고 있어도 일반적으로 남한사회에서 전문 직종으로 들어가는 것이 아니므로, 그들이 가지고 있는 직장은 안정된 수입의 증가만을 의미하고 있고, 그 이상으로 의식의 변화를 만들만큼의 의미는 가지고 있지 않음을 보여주는 결과라 할 수 있다.

⑦ 종교와 의식과의 상관관계

북한이탈주민 중 종교를 가지고 있는 집단과 가지고 있지 않은 집단들의 의식 요인들의 평균 점수를 본 결과가 〈표 12〉에 있다. 2001년의 1차 조사와 2004년 2차 조사 모두에서, 종교를 가지고 있는 집단과 가지고 있지 않다고 대답한 집단간의 차이는 없는 것으로 나타

〈표 11〉 남한에서의 직장 형태에 따른 의식 요인의 평균값 비교

	2001년 직장				F	2004년 직장				F
	정규직	계약직	자영업	없음		정규직	계약직	자영업	없음	
경제생활만족도	3.63 (.79)[a]	2.79 (.96)[b]	2.83 (.88)[b]	3.14 (.82)[b]	5.060**	3.45 (.74)[a]	3.06 (.64)[b]	3.08 (.94)[ab]	3.16 (.68)[ab]	2.828*
가치관 혼란	2.20 (1.01)	2.42 (1.03)	1.86 (1.05)	2.56 (1.06)	1.925	2.24 (.83)	2.50 (.91)	2.24 (.82)	2.53 (.87)	1.258
북한이탈주민 간 단결	3.04 (1.38)	3.12 (1.42)	2.61 (1.24)	2.93 (1.28)	.334	3.40 (1.13)	3.19 (1.26)	3.37 (1.16)	3.03 (1.04)	.756
정부지원정책 만족도	3.56 (1.13)	3.91 (.74)	3.96 (.90)	3.75 (.88)	.751	3.45 (.87)	3.31 (.64)	3.52 (.91)	3.37 (.72)	.423
남한 사람 이해곤란도	3.30 (.87)	3.26 (.74)	2.55 (.72)	3.15 (.81)	2.127	3.16 (.91)	3.17 (.81)	3.00 (.97)	3.13 (.76)	.205
북한에 대한 심리적 동조	3.02 (1.02)	2.59 (1.27)	2.41 (.91)	2.86 (1.05)	1.106	2.74 (.96)	2.68 (.93)	2.93 (.99)	2.70 (.92)	.335
정신신체 건강 만족도	3.62 (.97)	3.28 (1.10)	3.56 (.97)	3.41 (1.00)	.531	3.37 (.91)	3.15 (.80)	3.32 (.67)	3.38 (.80)	.773
터놓고 이야기할 대상	3.51 (1.12)	3.35 (1.30)	3.61 (.93)	3.24 (1.15)	.702	3.59 (1.01)	3.56 (.84)	3.53 (.81)	3.23 (.74)	1.197
주거 만족도	3.86 (1.09)	3.27 (1.36)	4.17 (.87)	3.68 (1.12)	1.420	3.67 (.95)	3.54 (.94)	3.50 (.99)	3.30 (.88)	.993
남한사회 및 언어 이해	3.73 (.80)	3.65 (1.03)	4.22 (.75)	3.57 (.83)	1.769	3.81 (.92)	3.60 (.64)	3.87 (.85)	3.57 (.72)	1.184
남한 사람들의 편견	3.35 (1.08)	3.38 (1.08)	2.39 (.78)	3.09 (1.02)	2.422	2.85 (.94)	3.05 (1.04)	3.29 (1.02)	2.87 (.85)	1.192
미래에 대한 전망	4.34 (.74)	4.15 (.85)	4.39 (.49)	4.16 (.82)	.627	4.32 (.67)	4.03 (.67)	4.11 (.88)	4.05 (.59)	1.876

* p<.05, ** p<.01, ab Tukey HSD 사후검증

〈표 12〉 남한에서의 종교 유무에 따른 의식 요인의 평균값 비교

	2001년 종교		F	2004 년 종교		F
	종교있음	종교없음		종교 있음	종교 없음	
경제생활만족도	3.26 (.83)	3.03 (.97)	1.817	3.15 (.71)	2.35 (.79)	2.577
가치관 혼란	2.43 (1.03)	2.37 (1.13)	.089	2.39 (.79)	2.37 (.99)	.014
북한이탈주민 간 단결	2.98 (1.26)	2.86 (1.47)	.209	3.36 (1.09)	3.06 (1.25)	2.392
정부지원정책 만족도	3.76 (.96)	3.61 (.87)	.622	3.38 (.69)	3.43 (.91)	.128
남한 사람 이해곤란도	3.22 (.83)	2.96 (.79)	2.442	3.16 (.80)	3.10 (.95)	.186
북한에 대한 심리적 동조	2.86 (1.08)	2.80 (.98)	.076	2.71 (.94)	2.78 (.95)	.193
정신신체 건강 만족도	3.46 (.96)	3.45 (1.14)	.003	3.32 (.79)	3.25 (.89)	.193
터놓고 이야기할 대상	3.34 (1.09)	3.33 (1.32)	.002	3.50 (.85)	3.51 (.95)	.004
주거 만족도	3.75 (1.10)	3.63 (1.24)	.288	3.55 (.91)	3.50 (.99)	.107
남한사회 및 언어 이해	3.60 (.83)	3.86 (.89)	2.358	3.67 (.81)	3.77 (.77)	.625
남한 사람들의 편견	3.17 (1.05)	3.03 (1.04)	.439	2.99 (1.00)	2.95 (.91)	.072
미래에 대한 전망	4.19 (.79)	4.31 (.76)	.609	4.10 (.70)	4.24 (.68)	1.381

〈표 13〉 성별과 연령에 따른 종교의 내재적, 외현적 점수의 평균값 비교

종교유무	성별	연령집단	내재종교	외현종교
종교있음	남자	20대 (N=8)	3.11 (.39)	3.38 (.34)
		30대 (N=20)	3.09 (.62)	3.24 (.56)
		40대 (N=11)	2.84 (.51)	3.21 (.48)
		50대이상 (N=14)	3.33 (.75)	3.26 (.67)
		Total (N=53)	3.10 (.62)	3.26 (.54)
	여자	20대 (N=11)	2.93 (.80)	3.03 (.51)
		30대 (N=15)	3.17 (.72)	3.30 (.36)
		40대 (N=9)	3.66 (.65)	3.78 (.74)
		50대이상 (N=8)	3.88 (.49)	4.04 (.47)
		Total (N=43)	3.34 (.76)	3.47 (.63)
	Total	20대 (N=19)	3.00 (.65)	3.18 (.47)
		30대 (N=35)	3.13 (.66)	3.26 (.48)
		40대 (N=20)	3.21 (.70)	3.47 (.66)
		50대이상 (N=22)	3.53 (.71)	3.55 (.70)
		Total (N=96)	3.21 (.69)	3.35 (.58)
종교없음	남자	20대 (N=9)	2.31 (.57)	2.72 (.79)
		30대 (N=14)	2.08 (.40)	2.36 (.76)
		40대 (N=6)	1.85 (.20)	1.52 (.81)
		50대이상 (N=1)	1.50 (.)	1.40 (.)
		Total (N=30)	2.08 (.45)	2.27 (.87)
	여자	20대 (N=4)	2.36 (.29)	2.80 (.26)
		30대 (N=16)	2.56 (.61)	3.03 (.51)
		40대 (N=2)	2.31 (.44)	2.25 (.21)
		50대이상 (N=1)	1.25 (.)	1.20 (.)
		Total (N=23)	2.45 (.60)	2.84 (.61)
	Total	20대 (N=13)	2.32 (.49)	2.75 (.66)
		30대 (N=30)	2.33 (.57)	2.72 (.71)
		40대 (N=8)	1.97 (.32)	1.70 (.77)
		50대이상 (N=2)	1.38 (.18)	1.30 (.14)
		Total (N=53)	2.24 (.55)	2.52 (.81)
Total	남자	20대 (N=17)	2.68 (.63)	3.03 (.69)
		30대 (N=34)	2.67 (.74)	2.88 (.77)
		40대 (N=17)	2.49 (.64)	2.61 (1.02)
		50대이상 (N=15)	3.20 (.86)	3.14 (.80)
		Total (N=83)	2.73 (.75)	2.90 (.82)
	여자	20대 (N=15)	2.78 (.74)	2.97 (.46)
		30대 (N=31)	2.85 (.73)	3.16 (.46)
		40대 (N=11)	3.41 (.81)	3.50 (.91)
		50대이상 (N=9)	3.59 (.99)	3.72 (1.04)
		Total (N=66)	3.03 (.83)	3.25 (.68)
	Total	20대 (N=32)	2.73 (.67)	3.00 (.59)
		30대 (N=65)	2.76 (.73)	3.01 (.65)
		40대 (N=28)	2.85 (.84)	2.96 (1.06)
		50대이상 (N=24)	3.35 (.91)	3.36 (.92)
		Total (N=149)	2.86 (.79)	3.06 (.78)

났다. 그러나 2001년도 1차 조사에서는 실시하지 않았던 조사로서, 2004년도 2차 조사에서 새롭게 실시한 조사 중 북한이탈주민들의 종교 성향에서의 외향적 종교 성향과 내재적 종교 성향을 평가한 것이 있었다. 이것은 Allport와 Ross 등(Allport, Ross, 1967; Feagin, 1964; Hoge, 1972)이 개발한 종교 성향에 대한 평가 도구를 최영민 등(2002)이 한국형으로 만들어 표준화시킨 것이다. 2차 조사에서 북한이탈주민들이 응답한 내재적, 외향적 점수와 인식 요인들의 응답 점수와의 상관관계를 본 결과가 〈표 13〉에 있다. 여기서 주거만족도가 내재적 종교 성향 ($r=0.261$, $p<.001$)과 외향적 종교 성향 ($r=0.164$, $p<.05$) 모두에서 상관관계가 있는 것으로 나타났다. 그리고 그 외에 외현적 종교 성향이 가치관 혼란 ($r=0.196$, $p<.05$), 북한이탈주민간의 단결 ($r=0.311$, $p<.01$)로 있는 것으로 나타났다.

〈표 14〉는 성별과 연령, 그리고 종교 유무에 따른 각각의 외현적, 내재적 종교 성향의 점수를 본 것이다. 흥미 있는 결과는 종교를 가지고 있는 사람들은 연령이 증가함에 따라 내재적, 외현적 종교 성향이 모두 다 증가하며, 이러한 경향은 특히 여성에서 더 뚜렷하다는 것이었다. 그러나 종교가 없는 사람들은 그와 반대로 연령이 증가함에 따라 내재적, 외현적 종교 성향이 모두 다 더 낮아진다는 것이었다. 또한 종교를 가지고 있는 북한이탈주민들은 나이가 들어갈수록 외현적인 종교성, 즉 종교 기관에서의 대인관계 등을 더 중시하며, 동시에 교회 활동 등을 열심히 참여함으로써 그들의 내재적 종교 성향도 더 커지는 것으로 나타났다.

〈표 14〉 의식 요인과 종교 성향간 상관관계

	1	2	3	4	5	6	7	8	9	10	11	12
내재종교	.007	.066	.159	.070	.129	-.029	.014	.114	.261***	-.038	-.017	-.102
외현종교	.015	.196*	.311**	.134	.104	.023	-.021	.119	.164*	-.039	-.004	-.048

* $p<.05$, ** $p<.01$, *** $p<.001$

4. 토 론

본 연구의 결과에서 나타난 중요한 점들은 다음과 같은 질문과 토론으로 요약될 수 있다.

1) 북한이탈주민들은 남한에서의 삶에 대하여 만족하고 있는가?

1차 조사 때와 비교하여 볼 때, 3년이 지나 실시한 2차 조사에서, 북한이탈주민들의 경제생활에서의 만족도나 전체적인 만족도에서 큰 변화가 없는 것으로 나타났으며, 통계적으로 유의하지는 않았으나 모두 어느 정도 증가한 것으로 나타났다. 그러나 정부의 지원 정책에 대한 만족도는 통계적으로 유의하게 크게 줄어 든 것으로 나타났다. 즉 남한 정부의 그들에 대한 주택지원, 의료지원, 취업 지원, 정착금 지원 등에 대한 불만족이 크게 증가한 것이다. 이러한 결과에서 관심 있게 보아야 할 점은 정부 지원 정책에 대한 만족도가 그렇게 크게 줄었음에도 불구하고, 전체적인 만족도는 계속 유지되고 있고, 오히려 약간 증가하였다는 것이다. 이러한 결과가 나타난 이유를 보면 북한이탈주민들은 남한사회에서 북한이탈주민이라는 이유로 무시와 차별을 받았다는 인식의 증가가 없었으며, 터놓고 이야기할 수 있는 남한사람들의 증가가 있었고, 자녀들을 남한에서 살게 해 준 것에 대한 만족도가 여전히 매우 높았으며, 미래에 대하여 낙관적인 태도를 유지하고 있는 것 등으로 이들의 남한사회에서의 적응을 비교적 성공적으로 하고 있음으로 인한 결과라 보여진다. 그리고 정부지원정책에 대한 만족도는 1차 조사에서 부정적인 사람들이 2차 조사에서도 계속 부정적인 것으로 나타난 측면이 크므로 (표 5, $r=.428$, $p<.001$) 사실, 이 부분은 정부의 지원이 커진다고 변화될 것이라는 예측을 할 수는 없는 측면도 있었다.

2) 인구학적 특징에 따른 의식 변화의 차이가 있을까?

본 연구의 결과는 인구학적 특징에 따른 의식 변화 양상에 차이가 있음을 보여 주었다.

첫째, 가장 눈에 띠는 것은 여성들의 급격한 의식 변화였다. 적응 초기에 여성들은 남성들 보다 통계적으로 유의하게 더 가치감의 혼란을 느끼고, 북한에 동조하는 의식도 강하고, 터놓고 이야기할 대상도 없으며, 정신신체 건강 만족도도 낮은 것으로 나타났다. 그러나 3년이 지난 후, 여성들의 남성들과의 그런 차이는 정신신체 건강 만족도를 제외하고는 모두 없어진 것으로 나타났다. 즉 여성들이 그만큼 남한사회에서 의식의 변화가 긍정적으로 빠르게 있었음을 보여주었다. 그러나 이런 여성의 급격한 변화와 달리, 남성의 의식 변화는 상대적으로 적은 것으로 나타났다. 이러한 성별간의 차이가 부부 단위로 남한에 들어 북한이탈주민들에게 있어 부부간의 갈등이 생길 수 있을 가능성을 보여주었다. 따라서 현재 이루어지고 있는 하나원 교육에서 이러한 내용을 남성과 여성 모두에게 반영하고 교육할 필요성을 보였다.

둘째, 연령에 따른 변화에도 차이가 있었다. 즉 북한이탈주민들은 나이가 많을수록 남한사람을 이해하는데 어려움이 계속 있는 것으로 나타났으나, 상대적으로 북한에 심리적으로 동조하는 의식이 적고, 경제적 만족도가 더 높고, 미래에 대한 전망도 더 긍정적으로 변화하고 있어, 남한사람에 대한 이해하기 어려움이 이들의 남한 생활에 큰 어려움이 되지 않고 있음을 보여주었다. 이에 비하여 젊은 사람일수록 남한사람에 대한 이해를 하는데 있어 어려움을 적게 느끼고 있으나, 그러나 북한에 대한 심리적 동조는 더 강하며, 자신의 주거에 대한 만족도는 떨어지는 것으로 나타났다.

셋째, 북한에서의 학력, 당원 여부, 군 복무 여부 등의 인구학적 조건들은 상대적으로 북한이탈주민들의 인식 변화에 적은 영향을 끼치는 것으로 나타났다. 다만 특정 항목에서 특징 있는 결과를 보였다. 즉 남한사람 이해 곤란 요인에 있어 적응 초기에는 학력이 높은 사람들이 그런 인식을 더 강하게 가지고 있었으나 3년이 지나면서 학력에 따른 차이는 없어졌다. 그러나 같은 항목에서 적응 초기에는 과거 노동 당원 여부에 따른 차이가 없었으나, 3년의 시간이 지나고는 당원 출신들이 이러한 어려움을 더 크게 느끼고 있는 것으로 나타났다. 북한에서 군 복무를 한 사람들이 적응 초기에 남한의 사회와 언어를 이해하는데 어려움이 더 큰 것으로 나타났으나, 3년 뒤에는 그러한 어려움에 차이가 없는 것으로 나타났다. 이와 같은 결과는 일반적인 예상과 달리, 북한에서의 학력이나 당원 여부, 군 복무 여부 등이 북한이탈주민들의 남한사회에서의 의식에 큰 영향을 끼치지 않고 있는 것으로 나타났으며, 다만 당원 출신들에게 남한사람들에 대한 이해를 할 수 있도록 하는 교육이 좀더 강화될 필요를 보여 주었다. 북한에서의 당원 여부나 군 복무 여부가 매우 중요한 의미를 가지는 것에 비하여 남한에서의 생활에서는 그러한 차이를 상대적으로 적게 보인 이유는 다음과 같이 생각할 수 있다.

실제로 당원이었든, 아니든, 북한과 남한은 너무도 큰 차이를 가지고 있는 사회여서, 이들이 북한에서 가지고 있었던 모든 차이가 상대적으로는 작은 것이 되어 버린다는 것이다. 그래서 북한이탈주민들이 남한에서 생활을 새로 시작하게 되면, 이들은 거의 같은 입장에서 새로 남한의 모든 것에 적응하는 법을 배워야 하는 입장에 들어가고, 그런 과정에서 가장 중요한 요인은 성별과 연령이라는 것이다. 이와 같은 결과는 하나원에서 북한이탈주민들의 교육을 시킬 때에 교육 대상자들의 분류에 있어서도, 일단은 그들의 북한에서의 학력이나 당원 여부, 군 복무 여부가 아닌 성별과 연령으로 하는 것이 의미가 있음을 보여 준다.

3) 어떻게 이들로 남한사회에서 희망을 가지고 살아가게 할 수 있을까?

북한이탈주민들 어떻게 하여야 그들의 미래에 대한 기대를 더 긍정적으로 할 수 있도록 할까? 연구 결과는 정착 초창기에는 그것이 정부 지원정책에 대한 만족도나 주거 만족도와 상관이 있었으나 3년 뒤에는 그러한 것은 상관이 없는 것으로 나타났다. 그 대신, 가치감의 혼란, 남한사람에 대한 이해 정도, 정신신체 만족도, 남한사람들의 편견 등이 새로운 상관 요인으로 부상하였다. 이것은 북한이탈주민들이 남한사회에서 희망을 가지고 살아가는데 있어 중요한 것은 초창기에는 정부의 지원 정책 등이겠으나, 어느 정도 시간이 흐르고 나면, 그것보다도 이들이 스스로 어떤 가치감을 가지고 있고, 이들이 남한사람들을 어떻게 이해하며, 이들이 남한사람들에게 어떤 대우를 받고 있다고 느끼는가 라는 것을 알 수 있다. 즉 정부 지원 정책에 대한 불만이 강하게 있어도 그것은 향후 북한이탈주민들의 숫자가 급격히 증가하고 있는 상황에서, 그에 대한 대폭적인 예산 증액 같은 것이 가능하지 않으며 그것은 남한사회에 또 다른 갈등을 만들 수 있다. 그러므로 중요한 것은 이들이 남한사회에서 차별을 덜 받도록 만들어 주는 것, 그들이 좀더 안정된 가치감을 가지고 살 수 있도록 만들어 주는 것, 그들이 남한사람들을 더 잘 이해할 수 있도록 도와주는 것, 정신 신체적인 만족감을 높여 주는 것 등으로 이들의 삶을 지원해 주는 것이라는 것을 알 수 있다.

4) 가치관 혼란에 따른 적응의 어려움을 어떻게 극복할 것인가?

본 연구 결과에서는 시간이 지남에 따라 가치관 혼란은 경제적 만족도, 정신 신체건강에 대한 민족도, 미래에 대한 전망 등과 더 강하게 상관관계를 가지게 되는 것으로 나타났다. 가치감과 연관된 요인들 모두가 실제로 북한이탈주민들의 생활에서의 인식과 가장 중요하고도 예민한 연관을 가지는 항목이라는 점에서 이들의 가치감을 어떻게 증가시킬 것인가가 중요한 문제로 부각된다. 그러나 1차 조사나 2차 조사 모두에서, 종교의 유무 자체가 이러한 가치감 혼란에 영향을 아직 주고 있지 못함을 보여 주었다. 즉 많은 북한이탈주민들이 종교 생활을 하고 있다 할지라도, 아직 그들의 종교가 그들의 가치감에 까지 영향을 끼칠 만큼 내재화되지 못하고 있다는 것이다. 그러나 종교 생활 여부와 상관없이, 이들이 가지고 있는 외현적 종교 성향이 적을수록 이들의 가치감의 혼란은 줄어드는 것으로 나타났다. 따라서 북한이탈주민들이 어떻게 종교 생활을 하면서 외현적 종교 성향에만 집중하지 않고, 내재적인 종교 성향과 함께 발전할 수 있도록 도울 것인가 하는 것이 종교계의 새로운 과제라 할 수 있다.

5) 종교가 이들의 남한사회 적응과 의식에 어떤 영향을 끼치고 있을까?

본 연구는 종교적인 측면에서 다음과 같은 북한이탈주민들의 특징을 보여준다. 첫째, 1차 조사 당시에는 78.9%가, 2차 조사에서는 63.6%의 북한이탈주민들이 종교 생활을 하고 있는 것으로 나타나, 상당수의 북한이탈주민들이 계속 종교 생활을 하고 있는 것으로 나타났다는 것이다. 그리고 그들의 대부분은 개신교를 그들의 종교로 가지고 있는 것으로 나타나, 종교적인 편중 현상이 매우 강하다는 것을 보여주었다. 둘째, 그러나 그러한 종교 생활을 하는 북한이탈주민들의 숫자가 3년의 기간 동안 줄어들었으며, 그 역시 대부분 개신교에서 이탈한 것으로 나타났다. 북한이탈주민들이 종교 생활을 하고 있거나, 또는 중도에 그만두는 이유는 연구자들의 연구에서 보고한 바 있었다(전우택, 조영아, 2003). 셋째, 이들의 종교 생활 여부가 이들의 의식에 차이를 만들고 있지는 않다는 것이 중요한 결과였다. 이러한 결과는 2001년도, 2004년도 조사 모두에서 나타난 결과였다. 다만, 종교 여부와는 별도로, 이들의 종교 성향을 내재적, 외현적 성향으로 구분하여 분석을 하였을 때, 외현적 종교 성향이 강한 사람일수록 가치관의 혼란이 더 크고, 동시에 북한이탈주민들의 단결에 대한 의견이 더 강함을 알 수 있었다. 이것은 조사 문항의 성격상, 외현적 종교 성향은 사회적 활동을 강조하며, 자기 성찰을 적게 하는 것을 반영하게 되어 있음으로 그 결과와 일치하는 것이라 할 수 있다. 그리고 동시에 가급적 북한이탈주민들이 외현적 종교 성향에서 좀더 성숙한 내재적 종교 성향으로 성장해 가도록 돕는 것이 필요함을 보여 주는 것이기도 하였다. 즉 아직 내재적 종교 성향이 가치감 혼란의 감소와 연관되는 것으로 나타나지 않는다는 점에서 북한이탈주민들의 종교적 체험과 성향은 아직도 충분히 내재화되지 못하고 있음을 알 수 있었다. 일반적으로 문항의 성격상 외현적 점수와 내재적 점수는 서로 반대되는 경향을 가져야 하는데, 북한이탈주민들에게는 이 두가지가 같은 방향으로 변화됨을 보였다. 이러한 결과는 북한이탈주민들이 아직 종교에 대한 적절한 이해가 부족한 상태에서 종교 생활을 하고 있을 가능성을 보여준다. 즉 종교의 교리에 대한 이해나 종교적 심성이 부족한 상태에서도 삶의 어려움 속에서 위로도 받고, 사람들과도 사귀며, 또 여러 가지 지원을 받는 것에 대한 다목적적 종교 생활을 하고 있는 것으로 말미암은 결과로 보여 진다. 따라서 본 연구 결과는 북한이탈주민들이 종교생활을 한다 할지라도 아직 그것이 피상적인 차원에서 이루어지고 이고, 종교적 성숙에는 이르지 못하고 있음을 알 수 있기에, 종교 기관들의 그에 대한 관심을 가져야 함을 보여준다. 또한 종교를 가지고 있는 북한이탈주민들은 나이가 들어갈수록 외현적인 종교성, 즉 종교 기관에서의 대인관계 등을 더 중시하며, 동시에 교회 활동 등을 열심히 참여함으로써 그들의 내재적 종교 성향도 더 커지는 것으로 나타났다. 그에 따라 종교 기관들은 젊은 북한이탈주민들을 대상으로 한 활동에 더 관심을 보여야 함을 알 수 있다.

6) 북한이탈주민들은 북한과 같은 북한이탈주민들에 대하여 어떤 의식의 변화를 보이는가?

북한이탈주민들은 3년 전에 비하여 북한이탈주민들의 자립 의지가 부족하다는 의견을 3년 전보다 더 강하게 이야기하여 북한이탈주민들에 대한 그들의 인식 변화를 보여 주었고, 3년 전에 비하여 터놓고 이야기 나누는 북한이탈주민들이 있는 것에서도 변화를 보이지 않아 전체적으로 북한이탈주민들 간의 관계와 인식에 있어 긍정적 변화가 있지 않음을 보여주었다. 그러나 이와는 대비되게, 정부 지원에 대한 만족도가 크게 줄어들면서, 북한이탈주민들끼리의 단결의 필요성을 더 강하게 느끼는 변화가 있는 것으로 나타났다. 그러나 본 연구의 결과는 이들이 남한사회에서 크게 무시나 차별을 받고 있다는 인식을 가지고 있지 않으며, 전체적으로 경제적인 만족도나 남한사회생활 전체에 대한 만족도에서 떨어진 것이 없으며, 또한 터놓고 이야기할 수 있는 북한이탈주민들이 더 증가하지 않은 것, 그리고 그런 단체가 있을 때 참여하겠다는 의식이 통계적으로 유의하게 증가하지 않은 점 등을 볼 때, 이들이 그들의 이익을 확대하기 위하여 단체를 결성하고 집단 행동에 들어갈 가능성은 커 보이지는 않았다. 실제로 북한이탈주민들이 남한의 노조들처럼, 자신들에 대한 지원을 확대시켜 달라고 집단행동을 할 경우, 남한사회의 큰 거부감과 저항에 부딪칠 것이며, 그것은 궁극적으로 북한이탈주민들에게 훨씬 더 부정적인 결과를 가지게 할 가능성이 크다. 다만, 이들 북한이탈주민들의 정부 지원에 대한 만족도가 떨어지고 있는 것을 감안하여, 그 중에서도 특히 가장 급격히 감소한 의료 지원에 대한 만족도에 관심을 가지고 그에 대한 대책을 세우는 것이 중요하다. 그것은 향후 별도 논문으로 보고할 예정이다. 1차 조사 때와 비교하여 "북한을 비난하는 내용을 보았을 때 기분이 나빠진다", "남북한이 축구시합을 하면 북한을 응원하겠다", "만일 내가 결혼을 한다면 북한 출신 사람과 하겠다"와 같은 문항에서 통계적으로 유의하지는 않으나 모두 감소한 것으로 나타나, 이들의 북한에 대한 심리적 동조도 시간이 지남에 따라 점차 감소해 나가고 있는 것으로 보인다.

5. 결론 및 제언

이상과 같은 내용을 가지고 앞으로 북한이탈주민들의 남한사회에서의 성공적 적응을 위한 제안을 다음과 같이 한다.

1) 북한이탈주민 지원 정부 정책의 보완과 민간 자원의 연결

본 연구는 북한이탈주민들이 정부의 지원 정책에 대하여 전체적으로 만족도가 낮아지는 것을 보여준다. 그러나 북한이탈주민들의 숫자가 급증하고 있는 상황에서 북한이탈주민들에 대한 전체적인 지원을 늘리는 것에는 현실적인 어려움이 있을 수 있다. 그러므로 현재 실시되고 있는 지원 중 보완할 부분을 보완해 갈 필요성을 보인다. 그 중 특히 의료 지원에 대한 만족도의 감소가 가장 뚜렷하였으므로, 그에 대한 보완이 필요한 것으로 보인다. 현재 북한이탈주민들은 의료보호 대상자로 지정되어 모든 의료 혜택을 무료로 받고 있다. 그러나 그에 대한 만족도는 낮아지고 있고, 북한이탈주민들의 정신신체 건강 상태에 대한 만족도도 감소하고 있으며, 그것은 적응 생활 전체에 큰 영향을 끼치고 있으므로 이에 대한 보완책이 필요로 된다. 무엇보다도 민간 의료 자원이 북한이탈주민 지원에 좀더 연결될 수 있도록 하는 조치가 필요한 것으로 보인다. 즉 북한이탈주민 지원 민간단체 중 의료단체들의 활성화를 유도하고 지원하는 방안이 정부 차원에서 있어야 하고, 민간단체 안에서도 좀더 적극적으로 논의되어야 할 것으로 보인다.

2) 남한 국민들을 대상으로 북한이탈주민과 통일에 대한 긍정적 인식을 가지도록 하는 교육의 강화

본 연구 결과에서 매우 긍정적으로 나타난 결과 중 하나는 북한이탈주민들이 남한사회에서 무시와 차별을 당하고 있다는 응답이 줄어들었다는 것이다. 3년간의 남한 생활을 통하여 이에 대한 문항과 요인 모두에서 이에 대한 응답이 더 증가하지 않고, 통계적으로 유의하지는 않더라도 이렇게 줄어든 응답이 나온 것은 우리 남한사회가 비교적 북한이탈주민들에게 수용적인 태도를 가지고 있다는 것을 보여준다. 이것은 북한이탈주민들이 남한사회에서 살아가는 것에 있어 많은 어려움이 있음에도 불구하고 매우 큰 긍정적 요소가 되고 잇는 것이다, 따라서 이러한 사회적 분위기가 계속 유지되고 더 긍정적인 발전을 하기 위하여 남한 국민들을 대상으로 한 북한이탈주민과 통일에 대한 긍정적 인식을 가지도록 하는 사회 교육과 학교 교육이 체계적으로 계속 이루어져 나가야 할 것이다.

3) 하나원 교육에서 성별 및 연령 대에 따른 교육의 강화

본 연구 결과는 하나원에서 시행되는 교육에 다음과 같은 점들이 좀더 고려되어야 함을 보여주었다. 첫째, 하나원 교육 대상자들을 내부적으로 분류할 때, 성별과 연령이 중요하다는 것이다. 둘째, 북한에서의 노동당원 여부, 군 복무 여부, 학력 등의 특징을 부분적으로 고려하여야 한다는 것이다. 셋째, 이들의 남한사회 이해와 안정적 가치관을 강화하는 교육이 좀더 강화되어야 한다는 것이다. 가치감의 혼란은 이들의 적응에 어려움을 야기하고 있는 것이 본 연구 결과에서 나타났다. 따라서 향후 이들의 가치감 혼란을 감소시키는 교육조치가 하나원, 교회, 사회복지관 등에서 이루어 져야 할 것이다.

4) 사회복지관과 교회 등을 통한 북한이탈주민들에 대한 계속 교육의 필요

본 연구에서 북한이탈주민들은 남한 생활 3년의 기간 중 많은 의식의 변화가 생긴 것으로 나타났다. 그리고 그러한 의식 변화가 적절히 이루어지고, 또한 의식 변화에 따른 적응을 성공적으로 하도록 돕는 프로그램의 필요성을 보인다. 그런 의미에서 사회복지관과 교회는 중요한 역할을 담당할 수 있을 것으로 보인다. 사회복지관은 지역 사회에서 비교적 쉽게 접근이 용이하며, 종교 유무와 상관없이 북한이탈주민들에게 접근하여 지원하는 프로그램을 가질 수 있다는 점에서 많은 장점을 가지고 있는 기관이다. 또한 교회는 여전히 가장 많은 북한이탈주민들이 종교 생활을 하는 곳이며, 그들의 가치감과 인성에 영향을 끼칠 수 있는 직접적 영향력을 가지고 있다는 점에서 중요한 의미를 가진다. 특히 본 연구는 북한이탈주민들이 교회에 외현적 측면에만 관심을 가지지 않고, 내재적 종교 성향을 키우는 것이 그들의 가치감 안정에 기여하는 것을 주목하고 그러한 측면의 종교 생활 지도를 해 나가야 할 것으로 보인다. 그러므로 북한이탈주민을 지원하는 사회복지관과 교회들이 이러한 북한이탈주민 대상 지원 프로그램을 실시하는 것에 대한 정부와 민간단체들의 지원이 좀더 필요할 것으로 보인다.

5) 지속적인 북한이탈주민 의식 조사의 필요성

본 연구는 같은 북한이탈주민 집단을 대상으로 3년이 지난 후 반복 조사를 하여 얻은 자료를 분석하여 이루어졌다. 이러한 연구 결과는 북한이탈주민들이 어떻게 생활에 적응해 왔고 그에 따라 의식의 변화를 가졌는지를 매우 정확하고 생생하게 보여주는 기능을 하였다. 따라서 앞으로도 이러한 패널 연구가 지속적으로 이루어지는 것이 북한이탈주민들의 남한사회 적응에 대한 이해를 하는데 중요한 역할을 할 것으로 생각된다.

---

* 본 연구가 이루어질 수 있도록 어려운 가운데서도 협조하여 주신 북한이탈주민들과 정부 기관에 깊이 감사드린다.

참고문헌

강구섭. 북한 이탈 주민 사회문화적응 프로그램 개발(석사논문). 서울: 성균관대; 1999

김영수, 정영국. 탈북 귀순자 남한사회적응실태조사. 통일 연구 1996. 서울: 통일 연수원

독고순. 비교 문화적 관점에서의 탈북 주민 적응 연구 (박사논문). 서울: 연세대학교; 1999

박희정. 북한이탈 여성의 남한사회 적응에 관한 사례 연구(석사논문). 서울: 가톨릭대; 1998

오혜정 귀순 북한 동포의 남한사회 적응 실태: 사회 문화적 측면에서. (석사논문). 서울: 서강대 공공정책 대학원; 1995.

전우택, 민성길, 이만홍, 이은설. 북한 북한이탈주민들의 남한사회 적응에 관한 연구. 신경정신의학 1997; 36(1):145-160.

전우택, 윤덕룡. 2001년도 북한 이탈주민 사회적응 실태 조사 보고서. 서울. 북한이탈주민후원회. 2001.

정유선. 탈북 귀순자의 적응과정과 일상생활에서의 실천방식 (석사논문). 서울: 서울대; 1998.
이소래. 남한 이주 북한 이탈주민의 문화적응 스트레스에 관한 연구 (석사논문). 서울: 이화여대; 1997.
이장호. 북한 출신 주민(북한이탈주민 포함) 심리 사회적응 프로그램의 개발. 성곡논총 1997; 28(4):739-789.
이장호, 김용범, 김경웅. 북한 이탈 주민의 사회적응을 위한 문화적 갈등 해소 방안연구. 서울: 한국문화정책 개발원. 1998.
조영아. 북한이탈주민의 자아방어기제 연구(박사논문). 서울: 연세대; 2003.
전우택. 북한이탈주민들의 주요 사회배경에 따른 적응과 자아정체성에 관한 연구. 통일연구. 서울: 연세대학교. 1997; 1(2), 109-168.
전우택, 윤덕룡, 엄진섭 : 북한이탈주민들의 남한사회 적응생활 실태 조사 - 2001년 553명의 북한이탈주민들에 대한 조사를 중심으로. 통일연구 2003; 7(1):155-208
전우택, 윤덕룡, 엄진섭 : 남한 내 북한이탈주민들의 의식 및 생활 만족도 연구. 신경정신의학 2004; 43(1):93-104.
Allport GW, Ross JM : Personal Religious orientationand prejudice. J Pers Soc Psychol 1967; 5:432-443
Feagin JR : Prejudice and religious types : A focused study of southern fundamentalists. J Scien Study Relig 1964; 4:3-14.
Hoge DR : A Validated intrinsic religious motivation scale. J Scien Study Relig 1972; 11:369-376
최영민, 김영미, 이정호, 이기철 : 한국판 내재적-외현적 종교성향 척도의 개발 및 표준화 예비연구. 신경정신의학 2002; 41(6):1197-1207
전우택, 조영아 : 북한이탈주민들의 신앙 경험과 교회의 통일 준비. 통일연구 2003; 7(2):105-128.

제22장

경제적 적응상황분석과 대책

윤덕룡 대외경제정책연구원, 경제학

1. 서 론

탈북이주자들에 대한 연구는 현재 남한사회에 이주하여 살고 있는 탈북자들의 적응을 돕기 위해 반드시 필요할 뿐 아니라 향후 통일시대의 남북주민 통합이라는 과제를 해결하기 위해서도 훌륭한 연구대상이다. 지금까지 많은 연구들이 개별면담을 통한 질적 연구를 수행하거나 일부 탈북자들에 대한 설문조사를 통한 양적 분석을 시행해왔다. 그러나 실제로 특정개인이 어떤 경로를 거쳐서 남한사회에서 적응에 성공하는지 아니면 실패하는지에 대해 알기 위해서는 개인에 대한 적응궤적을 추적 조사하는 것이 가장 적절한 연구방법이 될 것이다.

본 연구는 추적연구를 통해 기초 자료를 마련하고 그 자료에 대한 분석에서 얻은 결과를 중심으로 작성하였다. 금번 조사에서는 탈북자들의 경제적 여건, 직장생활, 실업문제, 그리고 이들이 생각하는 대안들이 3년 전의 조사와 어떻게 달라지고 있는 지, 그리고 그 이유는 무엇인 지에 관한 내용들이 중점적으로 다루어졌다. 또한 본 연구에서는 탈북자들의 경제문제는 기본적으로 이들이 소유하고 있는 자산의 크기와 소득의 크기를 중심으로 분석되었다. 정착 초기에는 자산이 주로 정착금이나 보조금에 의해 구성되나 시간이 갈수록 근로소득의 크기가 자산의 변동을 초래하였다. 그러나 이러한 자산을 측정하기가 어려우므로 자기 집을 소유하고 있는 사람의 경우에는 일단 기초자산이 어느 정도 마련된 계층으로 간주하였다.

소득은 주로 직업에서 창출된다고 간주하여 직업의 유무와 관련 자료를 중심으로 소득상황을 분석하였다. 탈북자들의 직장 생활과 적응정도를 알아보기 위해 소득, 직업의 안정성, 자아실현 혹은 직장 내에서의 애로점 등을 중심으로 이들의 적응정도를 분석하였고, 이러한 분석과 자료를 바탕으로 탈북자들이 가지고 있는 경제문제에 대한 정도와 경향을 파악해보고 직장생활에 대한 정보를 파악하였다.

탈북자들의 경제문제에 대한 대책으로 제시할 수 있는 정책방안들을 검토해보고 탈북자들의 적응을 용이하게 만드는 방안들을 고려하여 현실에 적용할 수 있는 대안을 제시하였다.

본 연구가 가지고 있는 제한은 반복적인 설문작업이 이제 2회째에 불과하여 시계열 분석을 할 수 있는 상황이 아니어서 단순비교에 그치고 있다는 점과 답변자의 개인적 상황을 충분히 파악하기 위한 심층면담을 실시할 수 없어서 더 깊은 분석을 제공하지 못하고 있는 점을 들 수 있다.

2. 설문조사의 분석과 정책적 시사점

1) 설문조사

본 연구는 2001년에 실시한 탈북자에 대한 설문조사와 2004년에 실시한 동일집단에 대한 설문조사의 결과를 바탕으로 작성되었다. 이러한 연구가 추진된 이유는 지금까지 탈북자의 적응에 관한 연구들이 횡적으로 전체 통계의 제시와 그 변화들에 관한 종합적인 대책제안 혹은 심층면담이라는 방식을 통해 시행된 결과 실제 한 개인들의 적응과정을 일관되게 추적하며 적응에 영향을 주는 요인들과 이를 변화시킬 정책대안을 제시할 수 없었다. 이러한 문제를 극복하고자 1차 조사에서 200명에 대한 표본 집단을 구성하여 설문을 실시하였고 2차에서도 동일집단에 대한 동일 설문조사를 실시하였다. 그러나 1차 조사에 응한 표본 집단 200명 가운데 2차 조사에서는 151명이 답변에 참여하여 표본 집단이 축소되었다.

본 연구는 1, 2차 조사결과의 비교분석을 통해 적응의 진척정도를 파악하고 필요한 정책적 시사점을 모색하는데 주안점을 두고 있다. 비교연구는 일단 평면적인 통계비교와 개인적 답변내용의 변화 등을 분석하고 있으나 개인의 변화를 개별적으로 면담을 통해 분석하는 단계에까지는 이르지 못하였다. 그러나 동일집단에 대하여 3년 간격을 두고 시행된 최초의 반복설문을 통해 탈북자 적응에 관한 종적인 연구가 시행된 결과는 적응과정을 추적해볼 수 있다는 점에서 의의를 가진다.

본 연구에서는 설문 내용 중 경제 분야와 관련된 문제만을 다루며 그 중에서도 거주, 직업, 소득, 직장생활에 관련된 설문만을 중심으로 분석과 시사점을 다루고 있다.

2) 주거에 관하여

① 주거에 관한 특징

주거는 탈북자들의 고정자산 변동을 대표하는 것으로 간주할 수 있으므로 주거현황의 지속적인 추적조사는 중요한 의미를 가진다. 본 조사에서 나타난 탈북자들의 주거에 관한 특징은 3년 전 조사결과와 유사한 특징을 보이고 있으며 다음과 같이 정리할 수 있다. 첫째, 이동성이 낮다. 둘째, 영구임대 주택 비중이 절대적으로 높다. 셋째, 지역적 편중 현상이 여전히 강하다.

이러한 세 가지 특징은 사실상 동일한 하나의 현상이라고 볼 수도 있다. 이는 탈북자들에게 제공되는 주택이 영구임대주택이며 영구임대주택은 제공되는 지역이 제한되어 있어서 결국 지역적으로 거주지가 집중되는 결과를 초래하기 때문이다. 또한 이동성이 낮은 것은 새로운 거주지의 제공이 용이치 않기 때문이다. 이동성이 낮은 이유는 영구임대주택의 공급이 원칙적으로 일회적이며 주거비용이 상대적으로 낮고 안정적이며 지역간 교환이 용이치 않기 때문이다. 영구임대주택에 사는 탈북자들의 비율이 여전히 압도적으로 높은 것은 이들의 경제적 능력이 영구임대주택을 포기하고 더 크고 좋은 주택으로 이사할 정도로 개선되지 못한 것을 의미하기도 한다. 이 조사의 응답자들은 이제 남한사회에 들어온 지 5년 이내에 해당하는 사람들이어서 아직까지는 새로운 주택으로 이사할만한 경제적 역량을 확보하지 못한 것으로 보인다. 따라서 노원구, 양천구, 송파구, 강서구 등에 공급받은 영구임대주택에 계속하여 거주하고 있는 특징을 보이는 것은 결국 본인이 자력으로 주택을 구입하지 않는 이상 주거지가 달라지지 않음을 시사한다.

〈표 II-1〉은 2001년에 조사대상자들의 주거형태가 2004년에는 어떻게 변화되었는지를 보여주고 있으며 이번 조사는 2001년에 비해 다음과 같은 변화를 나타낸다.

첫째, 주거형태의 다양화 경향이다. 영구임대주택 거주비율이 95.4%에 달했었으나 3년이 지난 후 지금은 87.4%로 낮아져서 영구임대주택에서 서서히 벗어나는 경향을 보이고 있으며 이는 조사대상자들의 사회적응이 전반적으로 진전을 보이고 있음을 시사한다. 원래의 기대와 같이 자기주택을 구입한 숫자가 증가한 것은 2인에 불과하며 기존에 주택을 소유하고 있던 개인 중 1인은 오히려 월세로 전락하는 모습을 보였다. 전반적으로 자가 거주 비중이 크게 증가하지 못하고 있는 것은 3년이란 기간이 주택을 구입할 수 있을 만큼 부를 축적하기에는 짧기 때문인 것으로 판단되며 그럼에도 불구하고 주거형태가 다양화되고 있는 것은 이들이 한국사회에서 자신들에게 맞는 역할을 찾아가고 있음을 시사하고 있다.[1]

둘째, 전반적으로 자산형성의 개선이 이루어짐을 보이고 있다. 비록 적은 수에 불과하기는 하나 자가 소유자가 증가하고 있으며 전세거주자도 증가하여 이를 감당할만한 자산이

[1] 남한에서도 결혼 후 부부가 집을 장만하기까지 소요되는 시간은 7~8년이 되는 것으로 알려짐.

〈표 II-1〉 거주유형 관련 조사 결과

〈표 II-1-1〉 2001년 거주유형

	빈도	비율	유효비율	누적비율
영구임대	144	95.4	95.4	95.4
전세	1	.7	.7	96.0
자가	3	2.0	2.0	98.0
기숙사	3	2.0	2.0	100.0
Total	151	100.0	100.0	

〈표 II-1-2〉 2004년 현재 주거유형

	Frequency	Percent	Valid Percent	Cumulative Percent
영구임대/국민주택	132	87.4	87.4	87.4
전세	6	4.0	4.0	91.4
본인소유	4	2.6	2.6	94.0
월세	3	2.0	2.0	96.0
동거	1	.7	.7	96.7
양자(부모)	1	.7	.7	97.4
투자자 제공	1	.7	.7	98.0
기숙사	2	1.3	1.3	99.3
국가유공자	1	.7	.7	100.0
Total	151	100.0	100.0	

〈표 II-1-3〉 2001년 답변자와 2004년 답변자의 비교

		현재 주거유형									Total
		영구임대/국민주택	전세	본인소유	월세	동거	양자(부모)	투자자 제공	기숙사	국가유공자	
2001 현재 거주 유형	영구임대	129 89.6%	6 4.2%	2 1.4%	2 1.4%	1 .7%	1 .7%	1 .7%	1 .7%	1 .7%	144 100.0%
	전세	1 100.0%	0 .0%	0 .0%	0 .0%	0 .0%	0 .0%	0 .0%	0 .0%	0 .0%	1 100.0%
	자가	0 .0%	0 .0%	2 66.7%	1 33.3%	0 .0%	0 .0%	0 .0%	0 .0%	0 .0%	3 100.0%
	기숙사	2 66.7%	0 .0%	0 .0%	0 .0%	0 .0%	0 .0%	0 .0%	1 33.3%	0 .0%	3 100.0%
Total		132 87.4%	6 4.0%	4 2.6%	3 2.0%	1 .7%	1 .7%	1 .7%	2 1.3%	1 .7%	151 100.0%

축적되고 있는 것으로 추정된다.

셋째, 비록 자산이 증가하는 경향은 나타나지만 자산으로부터 소득을 기대할 수 있는 수준은 아니다. 주거형태로 본 탈북자들의 자산증가 현상은 이제 축적의 시작단계여서 이를 통해 소득을 기대할 수 있는 수준에 도달하지는 못한 것으로 판단되며 아직 부동산 임대 등을 위한 소유형태도 나타나지 않는다. 조사대상 탈북자들은 1차 조사 때와 다름없이 여전히 대부분 수도권에 거주하고 동료탈북자들과 집단으로 거주하는 것에 대하여 대부분

만족스럽게 생각하고 있다. 이러한 현상은 동일지역에 주거를 제공함으로 탈북자들의 초기 적응에 안정감을 제공주고, 탈북자들 나름대로의 공동체 형성을 가능하게 한다. 그러나 남한사회에 적극적인 참여를 지연시키는 요인이 될 수도 있으므로 지속적인 관찰과 연구가 필요할 것으로 사료된다.

② 주거에 대한 정책적 시사점

주거와 관련된 조사는 다음과 같은 시사점을 제시한다.

첫째, 주거지에 대한 유연성 제고의 필요성이다. 동일지역에 탈북자들의 공동체 안에서의 생활은 남한 내의 북한과 같이 내부적 정보유통과 외부와의 관계에 대한 상호의식으로 결국 남한 내부로의 진입에 장애가 될 수 있다. 물론 지난 3년 동안 주거형태가 다양화되고는 있으나 주거지에 대한 기득권을 유지하려는 것이 한국사회내의 진입이나 교육, 직업 등의 선택에 제약이 되기도 한다. 따라서 주거지역, 주택형태, 주택규모 등에 대해 다양성을 제고하여 남한사회 진입이 용이하도록 할 필요가 있을 것이다.

둘째, 주택에 대한 지원을 필요성의 원칙에 입각하여 차별화할 필요가 제기된다. 주택지원에 대한 특혜가 장기화될 경우 개인의 경제적 능력이 충분함에도 불구하고 계속하여 주택지원의 혜택을 유지하려고 애를 쓰게 될 가능성이 있다. 이는 이동성의 장애가 되고 지속적으로 증가하는 탈북자들에 대한 주택공급의 부족을 심화시킬 것이다. 따라서 기본적으로 주택임대료는 특혜를 제공하는 일정기간(예: 3-5년)이 지나면 일괄적으로 일반 임대주택과 동일한 수준의 비용을 지불하도록 요구할 필요가 있다. 이 기간이 지난 후에도 주거비를 납부할 여건이 되지 않는 사람들에게는 사회보장 장치를 통해 추가지원을 하더라도 주택지원의 한시화가 주택으로 인해 발생하는 적응상의 문제나 갈등을 최소화하는 방안이 될 수 있다.

기본적으로는 자기책임의 원칙에 입각하여 살아갈 수 있도록 주택지원이 필요성의 원칙을 기준으로 이루어지게 하는 것이 남한사회에 대한 적응의 압력을 높이게 될 것으로 보인다.

2) 직업

① 거주기간과 직업

가. 특징

취업과 관련하여 나타난 이번 조사의 특징을 정리하면 아래와 같다.

첫째, 시간의 경과에 따라 취업인구의 비중이 증가하고 직업의 안정성이 높아지는 경향을 보인다.

둘째, 학력 등 개인이 가지고 있는 직업 능력이 점점 더 중요한 영향을 가지게 된다.

셋째, 성별, 성취동기 등 인구학적 특성이 취업에 반영되기 시작한다.

1차 조사에 비해 2차 조사에서 실업률은 38.3%에서 19.9%로 크게 낮아지는 현상을 보였다. 실업률이 낮아지는 것은 한국 내 직업에 대한 정보도 취득할 수 있고 각자 취업에 필요한 능력도 어느 정도 신장된 것이 그 원인으로 보인다. 그러나 여전히 취업에 대해 여전히 남한사람들의 도움이 필요한 것으로 나타나고 있다.

1차 조사에서는 응답자의 43.2%가 직장을 구하는데 도움을 요청했으나 2차 조사에서는 37.6%로 그 비중이 낮아짐. 그러나 여전히 40%가까운 숫자가 취업을 위해 남한사람들의 도움을 필요로 하고 있다는 사실은 3년 정도의 거주로 취업을 스스로 해결하기는 어렵다는 것을 시사한다. 중요한 타인의 도움은 여전히 필요로 하는 사람들이 많으나 그 비중은 크게 낮아지고 있다.

거주기간이 길어질수록 직업의 안정성과 취업자체에 긍정적인 영향을 주는 것으로 조사되었다. 한번도 직업을 가져보지 못한 사람의 수는 23명이었으며 이들은 연령이나 건강 등의 문제로 직업을 가질 수 없거나 가질 의사가 없는 사람들일 것으로 추정되고 있다. 직업을 가진 사람들은 평균 2.25개의 직업을 경험한 것으로 조사되었으며 이는 1차 조사에서의 1.6에 비해 크게 높아진 수치로, 4년 안팎의 기간동안 2.25개의 직업을 경험한 것은 이들이 자신에게 맞는 직장을 찾기가 어렵거나 노동시장에서 안정성을 확보할 조건이 성숙되지 못하였음을 시사한다.

조사일 현재 정규직으로 근무하는 사람들은 35.8%로 3년 전의 25.1%에 비해 15.7%의 증가율을 보여서 안정성이 높아진 사실을 보여준다. 계약직도 1차 조사에서의 15.6%에 비해 크게 증가한 28.2%를 보임으로 조사대상자 중 많은 사람들이 일단 직업에 종사하는 비중이 늘어난 것은 긍정적이라고 할 수 있다. 자영업의 경우에도 19%가 되어 종전의 7.2%에 비해 매우 급속한 신장세를 보였다.

〈표 II-2〉 2001년 취업 및 직업상황

3	현재 취직 및 직장 상황	수	%
1	직장 없음	150	27.5
2	정규 직원	137	25.1
3	학생	90	16.5
4	임시직, 계약직, 또는 일용직 직원	85	15.6
5	가정주부(또는 부양 가족)	40	7.3
6	자영업	39	7.2
7	기타	4	0.7
	계	545	100.0

〈표 II-3〉 남한거주 기간과 직업

		직업형태				Total
		정규직	계약직	자영업	없음	
남한 거주 개월 집단	4년미만	29 36.3%	28 35.0%	4 5.0%	19 23.8%	80 100.0%
	4년이상	25 35.2%	20 28.2%	15 21.1%	11 15.5%	71 100.0%
Total		54 35.8%	48 31.8%	19 12.6%	30 19.9%	151 100.0%

Chi-Square Tests

	Value	df	Asymp. Sig. (2-sided)
Pearson Chi-Square	9.629(a)	3	.022

2차 조사에 답변한 사람들 가운데 남한거주 연한이 4년 미만인 사람과 4년 이상 된 사람들 간에도 직업의 안정성과 취업률에서 큰 차이를 보였다.

〈표 II-3〉은 정규직 비중은 큰 차이를 보이지 않고 있으나 자영업 비중과 취업률에서 4년 이상 거주자들의 비중이 크게 높은 것으로 나타난다. 이러한 조사내용은 거주기간이 길어질수록 남한사회에 대한 적응이 진척을 보이고 있음을 시사한다.

나. 정책적 시사점

남한거주 기간이 길어질수록 직업에서 안정성과 취업비율이 높아지고 있음은 남한사회에 대한 정보전달의 중요성을 보여주고 있다. 거주기간의 길이는 결국 직업에 있어서 정보의 획득기회가 높아지는데 기여하며 개인의 취업능력 개선에 기여할 것으로 추정된다. 전반적인 취업상황의 개선은 일단 정보전달의 중요성을 시사하므로 정보전달에 대한 사회적 장치를 개선하여 탈북자들의 적응에 필요한 기간을 단축시키는 방안을 모색할 필요가 있다.

남한거주 기간의 연장은 개인적으로 직업에 대한 기대와 현실간의 조정이 이루어질 수 있도록 한다는 점에서 취업 및 직업의 안정성에 기여하였다. 초기 적응기간 중에는 지원금도 주어지며 강연기회도 상대적으로 많아서 취업에 대한 압박이 상대적으로 적은 측면이 있으나 시간이 갈수록 일상의 한계를 느끼게 되어 취업에 적극성을 띠게 되는 것으로 보인다. 탈북자에 대한 지원도 직업을 가지는 경우 지원을 확대하는 방안을 고려하여 직업현실에 빨리 적응할 수 있는 방안을 모색할 필요가 있다.

② 학력과 직업

가. 주요 특징

시간이 경과하면서 개인의 직업능력이 취업에 점점 더 높은 영향을 미치고 있음을 보여주고 있다. 먼저 북한에서 인민학교, 고등중학교, 전문학교, 대학, 그리고 박사원 출신에 대한 취업률과 직업의 안정성이 모두 학력이 높을수록 높아지는 경향을 보인다. 이러한 사실은 탈북자들의 고학력 선호경향으로 나타나서 정규학교에의 진학비중이 늘어나고 있으며 현실적으로 직업교육 및 직업관련 교육에 대한 참여가 증가하고 있음을 시사한다.

조사대상 탈북자들의 2/3가 고등중학교 출신이며 1/3가량이 전문대 이상으로 이들의 학력은 한국에서 취업 가능성을 결정하는데 높은 영향을 주는 경향이 있다. 특히 학력의 격차는 고등중학교와 전문대학 사이에 가장 분명한 격차를 보이고 있으며 그 이상에서는 직업의 안정성에서 약간의 차이를 보이고 있다.

〈표 II-4〉 북한학력과 직업

		직업형태				Total
		정규직	계약직	자영업	없음	
북한학력	인민학교	0 .0%	1 100.0%	0 .0%	0 .0%	1 100.0%
	고등중학교	32 34.4%	32 34.4%	9 9.7%	20 21.5%	93 100.0%
	전문학교/단과대학	8 36.4%	6 27.3%	4 18.2%	4 18.2%	22 100.0%
	대학	14 41.2%	8 23.5%	6 17.6%	6 17.6%	34 100.0%
	박사원	0 .0%	1 100.0%	0 .0%	0 .0%	1 100.0%
Total		54 35.8%	48 31.8%	19 12.6%	30 19.9%	151 100.0%

Chi-Square Tests

	Value	df	Asymp. Sig. (2-sided)
Pearson Chi-Square	7.798(a)	12	.801

이러한 사실은 노동시장에서 특정분야의 전문성을 가지고 있는가의 문제가 취업 및 직업의 안정성과 연관하여 중요한 역할을 하는 것으로 판단된다.

탈북자들도 노동시장에서의 기준을 인식하여 가능한 정규교육을 추가로 받으려하는 경향을 보이거나 직업관련 교육에 추가로 참여하려고 하는 입장이다. 2001년의 조사에 비하여 정규학교에 취학한 비중이 18.9%에서 25.8%로 크게 증가하였으며 취업관련 기능교육을 받고 있는 비중도 18.5%에서 26.1%로 늘어나 전문성을 획득하려는 노력을 하고 있음이 반영되고 있는 것으로 보인다. 기타 교육에 대해서도 직업 및 기능과 관련된 교육에 포함되는 컴퓨터학원과 운전학원 교육이 모두 증가하였다.

특히 컴퓨터 교육의 참여자는 43.7%나 되어 2001년 조사에서 컴퓨터를 배운 것으로 답한 숫자를 더하면 중복교육을 받은 사람들의 수를 제하더라도 2/3이상이 컴퓨터 교육을 받은 것으로 나타난다. 컴퓨터 교육에 대한 참여도가 높은 것은 정보의 필요성과 새로운 지식에 대한 상징성 외에도 직업능력의 기초가 되는 것이 원인으로 보인다.

한때 자영업의 주요 분야로 유행했던 요리학원 교육의 참여자도 2001년의 22.2%에서 17.6%로 감소하긴 하였으나 여성들이 주로 참여하는 교육임을 감안하면 여전히 높은 수요를 보이고 있다.

〈표 II-5〉 남한에서 받은 교육: 2001년과 2004년 대비

2001년 교육종류

Category label	Code	Count	Pct of Responses	Pct of Cases
정규학교	21	31	18.9	28.7
검정고시	22	10	6.1	9.3
신학	23	4	2.4	3.7
운전학원	31	21	12.8	19.4
컴퓨터학원	32	40	24.4	37.0
요리학원	33	24	14.6	22.2
어학원	41	12	7.3	11.1
취업관련	42	20	12.2	18.5
취미관련	51	2	1.2	1.9
Total responses		164	100.0	151.9

43 missing cases; 108 valid cases

2004년 교육종류

Category label	Code	Count	Pct of Responses	Pct of Cases
정규학교	21	56	25.8	47.1
검정고시	22	3	1.4	2.5
신학	23	5	2.3	4.2
운전학원	31	31	14.3	26.1
컴퓨터학원	32	52	24.0	43.7
요리학원	33	21	9.7	17.6
어학원	41	13	6.0	10.9
취업관련	42	31	14.3	26.1
취미관련	51	5	2.3	4.2
Total responses		217	100.0	182.4

32 missing cases; 119 valid cases

탈북자들의 교육수요는 이들이 참여한 교육의 빈도수에서도 나타나고 있다. 2001년에는 교육에 참여하지 않았던 사람들 가운데 절반이상인 56%가 교육에 참여하였고 14%는 2개

이상의 교육과정에 참여한 것으로 나타난다. 이미 교육에 참여했던 사람들 중에서도 2/3 이상이 1과정 이상의 교육에 다시 참여한 것으로 나타났으며 특히 초기에 2개 이상의 교육을 받았던 사람들이 여전히 교육에 대한 열의가 높은 것으로 나타나고 있다.

이처럼 교육에 참여한 사람들이 지속적으로 교육에 참여하는 비율이 높은 것은 교육수요에 연령이 많은 영향을 미치는 것으로 보이며 일부 교육지원에 부가되는 지원의 영향도 있는 것으로 추정된다.

〈표 II-6〉 교육 참여자 통계: 2001년 및 2004년 대비

		2004년 교육개수			Total
		없음	1개	2개이상	
2001년 교육개수	없음	19 44.2%	18 41.9%	6 14.0%	43 100.0%
	1개	19 28.8%	31 47.0%	16 24.2%	66 100.0%
	2개 이상	11 26.2%	11 26.2%	20 47.6%	42 100.0%
Total		49 32.5%	60 39.7%	42 27.8%	151 100.0%

나. 정책적 시사점

노동시장의 전문성 요구와 교육에 대한 수요 증가는 탈북자들의 적응이 순조롭게 진행되고 있으며 올바른 방향으로의 변화라고 판단된다.

현상적으로는 시간의 경과에 따라 남한 노동시장의 요구에 대해 탈북자들이 적절하게 반응하는 것으로 보이나 교육의 성과와 지원을 연계하여 본인의 노력이 반드시 동반되도록 관리할 필요가 있다. 또한 기능 및 학원교육의 경우 단기교육이 중심이어서 개인의 성과를 통제할 수 있으나 대학교육의 경우 통제가 어려운 측면이 있으므로 관리와 대학 측의 지원체계 수립을 위한 협력체계가 요구되는 상황이다. 그러나 교육이 탈북자의 취업과 유기적인 연관을 가지기 위해서는 일정규모 이상의 기능교육이나 대학 등의 진학을 위해서는 노동부의 전문가 상담을 반드시 거치도록 하는 제도를 도입할 필요가 있다.

교육은 투자재이기도 하지만 때로는 소비재의 특성도 있으므로 정부지원을 통한 교육소비는 일정한 기간으로 제한하고 그 기간 이외에는 역시 노동부 혹은 통일부 등 탈북자 전담기관의 상담과 동의를 거치도록 하는 방안이 필요하다. 현재 급격하게 증가하는 탈북자들의 입국규모를 보면 향후 관련예산, 관련교육기관 등의 수요 등도 급격히 증가할 가능성이 있으므로 교육이 최대한 정책적 목표에 부합되도록 제도의 조정이 필요할 것으로 사

료된다.

직업교육을 위해서는 노동부와 통일부간 협력채널이 필요하며 협력기구를 통해 탈북자들에게 제공해야할 직업교육 과정을 주도적으로 제공할 필요도 있다. 탈북자들의 경우 남한주민들과 교육적 배경도 다르며 실제 익힌 기능도 다르므로 탈북자들을 잘 활용할 수 있는 분야를 개발하여 그러한 집단을 위한 교육과정이 필요하다. 예를 들어, 러시아어 전문가의 활용과 같은 것을 들 수 있을 있다.

북한지역의 특수성이나 북한관련 전문지식이 필요한 분야를 개발하여 그에 요구되는 교육과정을 제공할 필요가 있다. 이와 같은 예로, 북한 음식점을 차리려는 사람들이 많으나 이에 필요한 자본조달, 경영기법, 음식점 관리 등에 대한 지식의 부족으로 실패하는 경우가 많은 것을 들 수 있다.

③ 인구학적 특성과 직업

가. 특징

시간이 경과할수록 탈북자들에게서도 개인의 성취동기가 강한 사람들과 그렇지 않은 사람들 간의 직업에서의 성취가 다르게 나타나는 현상이 나타나기 시작한다. 개인의 성취동기를 판단할 수 있는 객관적 자료를 제시하는 것이 용이치 않으나 본 연구에서는 북한에서 노동당 당원이었던 사람들이 성취동기가 비교적 강한 사람들이었던 것으로 가정하였다.

실제로 실업률에서 비당원출신은 23.8%의 실업률을 보였으나 당원이었던 사람들은 12%에 불과하여 절반정도의 낮은 수준으로 조사되었다. 직업의 안정성 면에서도 당원출신은 훨씬 안정성이 높은 경향을 보였는데 당원출신은 정규직이 40%인 반면, 비당원출신은 33.7%, 자영업에서 당원출신은 18.0%, 비당원출신은 9.9%를 나타내고 있다.

〈표 II-7〉 당원여부와 직업형태

		직업형태				Total
		정규직	계약직	자영업	없음	
노동당원	노동당원	20	15	9	6	50
		40.0%	30.0%	18.0%	12.0%	100.0%
	아님	34	33	10	24	101
		33.7%	32.7%	9.9%	23.8%	100.0%
Total		54	48	19	30	151
		35.8%	31.8%	12.6%	19.9%	100.0%

Chi-Square Tests

	Value	df	Asymp. Sig. (2-sided)
Pearson Chi-Square	4.523(a)	3	.210

탈북자들의 성취동기에 영향을 미치는 또 다른 요소로 군생활의 경험여부를 들 수 있는데 군복무 경험자들도 미경험자들에 비해 취업률이나 직업의 안정성면에서 크게 우세한 경향을 보였다. 북한에서는 군 입대가 의무이기는 하나 일정한 출신성분들에게만 허용되며 군복무를 대학진학이나 당원이 되는 발판으로 삼으려는 사람들이 많아서 군 경험은 성취동기의 지표로 사용되어도 큰 무리가 아니다.

또한 군에서 획득되는 성취동기 역시 향후 사회생활에서의 인내심과 조직문화에서의 적응력을 제고할 수 있다는 점을 고려하여 직업과의 관련성을 조사하였다. 실제로 군경험자들은 월등히 높은 취업률을 보였는데 군 출신들은 실업률이 7.3%에 불과한데 비해 미경험자들은 실업률이 27.1%나 되어 가장 심한 격차를 보이고 있었다. 직업의 안정성면에서도 군경험자들은 정규직이 43.6%이나 미경험자들은 31.3%에 불과하며 자영업은 군경험자가 20.0%, 미경험자가 8.3%에 불과하여 큰 격차를 보이고 있다.

〈표 II-8〉 군 경험 여부와 직업형태

		직업형태				Total
		정규직	계약직	자영업	없음	
군복무	경험있음	24 43.6%	16 29.1%	11 20.0%	4 7.3%	55 100.0%
	경험없음	30 31.3%	32 33.3%	8 8.3%	26 27.1%	96 100.0%
Total		54 35.8%	48 31.8%	19 12.6%	30 19.9%	151 100.0%

Chi-Square Tests

	Value	df	Asymp. Sig. (2-sided)
Pearson Chi-Square	12.388(a)	3	.006

남녀간 성별도 직업의 안정성과 취업에 영향을 미치는 것으로 나타난다.

일반적으로 남자들은 사회적 요구, 신체적 조건, 그리고 육아 및 가정 사에 대한 구속을 받지 않아서 취업에 유리하며 이러한 특성이 탈북자들의 취업형태에서도 반영되고 있다. 탈북자들 중 남자들은 실업률이 12.9%인데 반해 여자들은 28.8%로 나타나 취업률에서 남자들이 훨씬 더 우세한 사실을 보여 주었다. 직업의 안정성면에서도 남자들은 정규직이 38.8%이나 여자들은 31.8%에 그치고 있으며 자영업도 남성들은 17.6%이나 여성들은 6.1%에 그치고 있다. 반면 직업의 안정성이 낮은 계약직에는 여성들이 33.6%로 남성들의 30.6%를 앞서고 있는 것으로 나타났다.

〈표 II-9〉 성별과 직업형태

		직업형태				Total
		정규직	계약직	자영업	없음	
성별	남자	33 38.8%	26 30.6%	15 17.6%	11 12.9%	85 100.0%
	여자	21 31.8%	22 33.3%	4 6.1%	19 28.8%	66 100.0%
Total		54 35.8%	48 31.8%	19 12.6%	30 19.9%	151 100.0%

Chi-Square Tests

	Value	df	Asymp. Sig. (2-sided)
Pearson Chi-Square	9.258(a)	3	.026

나. 정책적 시사점

당원여부와 군 경험과 같은 성취동기나 본인들의 의욕 및 개인적 특성이 직업에 분명하게 반영되는 것은 탈북자들의 정착이 어느 정도 진척을 보이고 있음을 시사하며 인구학적 특성에 맞는 취업지원을 고려할 필요성을 제기한다.

상당수의 탈북자들이 남한 이주과정에서 정신적, 육체적으로 많은 고통을 겪어서 남한 입국후의 적응과정에서 좌절하거나 더 이상의 의욕을 발휘하지 못하는 경우가 있으므로 이들의 성취동기를 자극하고 성공사례와 초기 어려움의 극복사례에 대한 책자를 제작하여 공급할 필요가 있으며 관련강좌를 개설하거나 교육지원을 할 필요가 있다. 예를 들어, 가나안 농군학교의 입교 등을 추천하고 입교를 원하는 경우 비용지원을 통하여 성취동기와 사회적 의무 등에 대한 교육이 필요하다. 당원이나 군 출신들도 기존의 성취동기를 잃어버리는 경우가 있으므로 이와 관련된 정신력 강화 강좌가 하나원 강좌로 혹은 그 이후 재교육 시스템으로 제공될 필요가 있다.

여성들에 대한 취업상의 불리한 입지가 탈북자들에게서도 나타나고 있으므로 특히 단독 입국하거나 가정에 남성이 없는 취업하기 어려운 가정 등에 대하여 취업이 가능하도록 취업지원 시스템이 요구된다. 단독으로 혹은 편모가정의 책임자로, 아니면 남편이 경제활동을 하기 어려운 가정들의 여성들이 취업상의 불리함으로 인해 가정전체가 영세민화 되거나 생존에 문제가 야기되지 않도록 특별 프로그램의 개발이 필요하다. 여성들이 유리한 취업전략이나 직종 등에 대한 개발과 교육프로그램을 통해 사회적인 취약성을 극복하도록 지원할 필요가 있음을 본 연구조사는 보여준다.

3) 소득

① 특징

2001년에 비하여 전반적으로 소득이 증가하는 경향을 보이고 있으며 정규화되고 있다. 근로소득을 중심으로 보면 전반적인 소득증가 현상을 볼 수 있음. 예컨대 80만 원 이상 소득 군이 30.5%에서 55%로 크게 증가하였으며 100만 원 이하 소득집단도 1차 조사에서는 81.5%였으나 2차 조사에서는 57%로 감소하는 추세를 보인다. 특히 평균소득이 134만 8천원으로 1차 조사에서 탈북자들이 필요 최소생활비로 제시한 평균소득 130만원대를 넘어섰다. 중간층이 두터워지면서 일반적인 정규분포형 소득군을 형성하기 시작했으며 이는 탈북자들의 소득계층 분화가 일반화 경향을 나타내는 것으로 해석할 수 있다. 이러한 판단의 근거는 평균소득군이 두터워 지고 있는 사실을 들 수 있으며 현재 평균소득군에 속하는 그룹이 차지하는 비중은 1차 조사에서는 15.2%에서 2배가량으로 확대되어 33.8%를 차지하고 있다.

소득계층이 확대되고 있으며 고소득계층이 증가하는 양상을 보임으로 전반적인 소득의 상승이 가능해졌다. 2차 조사에서 소득과 관련하여 가장 고무적인 결과는 전혀 소득이 없던 무소득자 비중이 57.6%에서 23.8%로 절반 이하로 감소하였다는 것이다. 또한 생계비 수준이하의 근로소득으로 간주되거나 정상적인 근로가 아닌 것으로 간주되던 80만원 이하 소득군이 69.6%에서 45%로 감소한 것을 볼 수 있다. 고소득자에 속하는 200만원 이상 소득군도 1차 조사에서는 2.7%에 불과하였으나 2차 조사에서는 11.9%로 증가하여 점차 적응에 성공하는 비율이 증가하고 있음을 나타내고 있다.

② 소득의 변동관련 특징

1차 조사에 비해 2차 조사 답변자들의 소득의 변동경향을 보면 탈북자들이 전반적으로 정상경제활동군에 진입하고 있음을 시사한다. 2차조사에 나타난 소독변동 관련 가장 중요한 특징은 전반적인 소득증가 현상으로 62.3%가 소득이 증가한 것으로 답변하여 나타난 소득증가가 어떤 특정 집단이나 소수 고소득자에 의해 나타난 현상이 아님을 보여 준다. 그러나 소득이 감소한 계층도 14.6%가 되며, 소득이 1차 조사 때와 변동을 보이지 않은 집단은 23.2%를 차지하고 있어서 이들의 소득수준과 만족도에 대한 조사도 추가적으로 시행될 필요성이 있다. 소득이 변동한 집단은 소득변동폭이 상당히 대규모로 나타나서 50만 원 이상 증가한 집단이 49.7%에 달하며 100만 원 이상 증가한 집단도 26.5%나 차지함을 볼 수 있다.

〈표 II-10〉 근로소득: 2001

	빈도	비율(%)	누적비율(%)
0	87	57.6	57.6
20	1	.7	58.3
25	1	.7	58.9
40	1	.7	59.6
50	5	3.3	62.9
60	2	1.3	64.2
70	5	3.3	67.5
80	3	2.0	69.5
90	3	2.0	71.5
100	15	9.9	81.5
105	1	.7	82.1
120	4	2.6	84.8
140	5	3.3	88.1
150	7	4.6	92.7
160	2	1.3	94.0
170	4	2.6	96.7
186	1	.7	97.4
200	2	1.3	98.7
225	1	.7	99.3
250	1	.7	100.0
Total	151	100.0	

③ 소득에 영향을 미치는 요인들

탈북자들의 소득수준이 개선되기 위해서는 어떤 요인들이 소득수준에 영향을 미치는지를 파악할 필요가 있다. 2차 조사에서 나타난 결과는 취업에 유의미한 영향을 미친 것으로 파악된 거주기간, 학력, 당원여부, 군경험, 성별 등이 모두 소득수준의 결정에 유의미한 영향을 미친 것으로 나타났다.

거주기간이 길수록 소득수준이 통계적으로 유의미하게 높은 수준으로 나타났다. 거주기간을 조사시점과 연관하여 4년 이상 남한거주자와 4년 미만 거주자로 분류하여, 거주기간이 소득수준에 미치는 영향을 분석하였다. 4년 미만 거주자의 경우 평균소득 106만 7천 원이나 4년 이상 거주자는 평균소득이 166만 3천5백 원으로 나타나 60만원 가량의 소득격차를 보였다. 거주기간이 4년 이상인 거주자들은 4년 미만 거주자들에 비해 소득의 편차가 3배 이상 나는 것으로 조사되어 거주기간이 길수록 개인의 소득편차도 커지는 것도 볼 수 있다.

당원여부가 소득에 미치는 영향을 조사하여 개인의 성취동기가 역시 소득수준에 강력한 영향을 미치는 것을 확인되었다. 북한에서 노동당원이었던 탈북자들의 평균 소득수준은

〈표 II-11〉 직장수입 : 2004

	빈도	비율(%)	누적비율(%)
0	36	23.8	23.8
17	1	.7	24.5
20	2	1.3	25.8
25	1	.7	26.5
30	3	2.0	28.5
35	1	.7	29.1
45	2	1.3	30.5
50	3	2.0	32.5
60	7	4.6	37.1
65	2	1.3	38.4
70	6	4.0	42.4
75	2	1.3	43.7
80	2	1.3	45.0
83	1	.7	45.7
85	1	.7	46.4
90	2	1.3	47.7
100	14	9.3	57.0
110	2	1.3	58.3
120	12	7.9	66.2
130	6	4.0	70.2
135	1	.7	70.9
140	7	4.6	75.5
146	1	.7	76.2
150	9	6.0	82.1
165	1	.7	82.8
170	5	3.3	86.1
180	2	1.3	87.4
190	1	.7	88.1
200	9	6.0	94.0
220	1	.7	94.7
250	1	.7	95.4
300	2	1.3	96.7
350	1	.7	97.4
500	3	2.0	99.3
1500	1	.7	100.0
Total	151	100.0	

〈표 II-12〉 2001년 대비 소득의 변동(2004소득-2001소득)

단위: 만원

변동금액	빈도	비율(%)	누적비율 (%)
-200.00	1	.7	.7
-150.00	1	.7	1.3
-130.00	1	.7	2.0
-115.00	1	.7	2.6
-110.00	1	.7	3.3
-100.00	3	2.0	5.3
-55.00	1	.7	6.0
-50.00	3	2.0	7.9
-40.00	1	.7	8.6
-30.00	1	.7	9.3
-20.00	4	2.6	11.9
-16.00	1	.7	12.6
-15.00	1	.7	13.2
-10.00	1	.7	13.9
-5.00	1	.7	14.6
.00	35	23.2	37.7
10.00	4	2.6	40.4
17.00	1	.7	41.1
20.00	4	2.6	43.7
25.00	2	1.3	45.0
30.00	6	4.0	49.0
40.00	1	.7	49.7
45.00	1	.7	50.3
50.00	9	6.0	56.3
60.00	6	4.0	60.3
65.00	1	.7	60.9
70.00	6	4.0	64.9
75.00	4	2.6	67.5
80.00	3	2.0	69.5
83.00	1	.7	70.2
85.00	1	.7	70.9
86.00	1	.7	71.5
90.00	3	2.0	73.5
100.00	10	6.6	80.1
110.00	2	1.3	81.5
120.00	7	4.6	86.1
125.00	1	.7	86.8
130.00	3	2.0	88.7
140.00	2	1.3	90.1
150.00	1	.7	90.7
160.00	1	.7	91.4
170.00	2	1.3	92.7
190.00	2	1.3	94.0
200.00	3	2.0	96.0
220.00	1	.7	96.7
300.00	1	.7	97.4
400.00	1	.7	98.0
440.00	1	.7	98.7
500.00	1	.7	99.3
1350.00	1	.7	100.0
Total	151	100.0	

165만 9천3백 원이었으나 비당원은 평균소득이 118만 2천5백 원으로 나타나 50만원에 가까운 소득격차를 보였다.

당원출신 집단내에서의 소득격차도 커서 비당원집단보다 3배가량의 높은 소득편차를 나타내고 있는데 이는 능력 발휘를 하는 이와 그렇지 못한 이들의 차이로 보인다. 앞의 분석과 연관하여 보면 당원이면서 거주기간이 긴 사람들은 소득의 크기가 더욱 증가할 것으로 전망된다.

군복무 경험도 마찬가지로 소득에 긍정적인 영향을 미치는 것으로 나타났다. 군경험자의 평균소득은 157만 3천 6백 원에 달하였으나 미경험자들은 118만 9천 2백원에 불과하였다. 집단내의 소득격차도 군경험자들 사이에 더 크게 나타나서 미경험자들에 비하여 2.5배 가량의 편차를 보이고 있다. 이는 군경험자들 집단내에서 높은 소득을 얻는 사람들이 있기 때문인 것으로 추정되며 이러한 편차는 향후에 더욱 커질 가능성이 높은 것으로 판단된다.

성별은 인구학적 특성 가운데 가장 분명하게 소득에 영향을 미치는 것으로 나타난다. 남성은 평균임금이 157만 8천 8백 원인데 반해 여성들은 97만 천7백 원에 불과하여 남성들의 60%에 해당하는 소득을 얻는데 그치고 있다. 편차도 마찬가지로 여성들간에는 소득의 편차가 극심하지 않은 편이나 남성들간에는 여성들에 비해 2배가 넘는 편차를 보이고 있다.

〈표 II-13〉 거주기간과 소득수준

남한거주기간	N	Mean	Std. Deviation
4년미만	64	106.70	70.252
4년이상	57	166.35	206.213
Total	121	134.80	152.739

F	Sig.
4.741	.031

〈표 II-14〉 당원여부와 소득

당원여부	N	Mean	Std. Deviation
노동당원	42	165.93	231.055
아님	79	118.25	83.845
Total	121	134.80	152.739

F	Sig.
2.710	.102

〈표 II-15〉 군경험과 소득

군경험	N	Mean	Std. Deviation
경험있음	50	157.36	213.172
경험없음	71	118.92	86.972
Total	121	134.80	152.739

F	Sig.
1.872	.174

〈표 II-16〉 성별과 소득

성별	N	Mean	Std. Deviation
남자	75	157.88	180.853
여자	46	97.17	78.040
Total	121	134.80	152.739

F	Sig.
4.641	.033

〈표 II-17〉 학력과 소득수준

북한학력	N	Mean	Std. Deviation
고등중학교	75	110.99	59.551
전문학교/단과대학	17	118.82	108.679
대학	29	205.76	277.439
Total	121	134.80	152.739

F	Sig.
4.366	.015

소득과 관련하여 가장 유의성이 높은 요인은 교육수준인 것으로 나타났다. 탈북자들의 학력이 고등중학교에서 전문학교 그리고 대학으로 올라가면서 소득도 단계적으로 상승하는 현상을 보인다. 소득격차는 특히 전문학교와 대학출신자 사이에 가장 크게 나타났고 고등중학교와 전문학교 출신자들 사이에는 소득차이가 심하지 않았다. 고등중학교와 전문학교는 취업에는 전문성을 입증할 수 있는 이유로 전문학교 출신이 절대우위를 보였지만, 소득수준과 관련해서는 전문학교 출신자 평균소득이 118만 8천2백 원인데 반해 고등중학교 출신자들의 평균소득은 110만 9천9백 원으로 그리 차이가 크지 않으나 대학출신자들은 2배 가까운 소득을 올리고 있음을 볼 수 있었다.

④ 정책적 시사점

근로소득에 연관되는 주요 요인들을 점검한 결과, 취업과 직업의 안정성에 영향을 주던 거주기간, 학력, 당원여부, 군경험, 성별 등이 모두 유의미한 영향을 미친다.

정책적으로 직접 영향을 줄 수 있는 변수는 학력에 불과하며 학력도 일정연령에 한해서 영향을 미칠 수 있다. 정책적인 영향이 가능한 유일한 변수인 학력에 대해 가능한 모든 방법들을 통해 전문성획득 비율을 제고하는 방안을 강구해야 할 것이다. 따라서 직업교육이건 정규교육이건 아니면 학원을 이용하는 등의 방식으로 전문성을 확대하여 탈북자들의 취업만이 아니라, 소득수준의 제고에 기여할 수 있도록 기회를 부여할 필요가 있다. 그러나 그 외 변수에 대해서는 직접영향을 줄 수 없으므로 비슷한 영향을 줄 수 있는 다른 방식으로 소득제고에 기여하는 것이 바람직하다. 예를 들어, 당원여부나 군경험 등은 한국내의 체험교육을 수행하는 기관에 의뢰하는 방식 등으로 유사한 효과를 얻을 수 있는 방안 마련이 필요하다. 그 외에도 성차별 금지 등의 방식으로 기업들이 채용시 여성을 제외하거나 불이득을 주지 못하도록 하는 방안모색이 요구된다.

4) 직장생활의 애로사항

① 특징

탈북자들이 직장생활에서 경험한 가장 중요한 애로사항들도 시간의 경과에 따라 달라지는 양상을 보인다. 1차 조사에 비해 2차 조사에서 사라진 애로사항은 언어와 기능분야의 문제들이었다. 1차 조사에서는 언어문제가 20.6%로 가장 중요한 애로사항이라고 호소하였으나 2차 조사에서는 0.7%만이 언어문제를 거론하고 있어서 더는 중요한 장애가 되지 않음을 시사하고 있다.

언어는 초기에는 커뮤니케이션의 문제를 야기하여 심각한 문제로 인식되나 결국 시간의 경과에 따라 사라지는 것으로 나타났다. 영어나 컴퓨터와 같은 기능적이고 소통에 관련되는 사항들도 2차 조사에서는 전혀 나타나지 않고 있어서 각자 필요한 정도까지만 익히면 더는 문제가 되지 않음을 보여준다. 그러나 오히려 확대된 문제들도 있는데 전문지식에 대한 문제가 더욱 크게 인식되고 있다.

전문지식의 부족문제는 1차 조사에서는 7.9%의 답변자가 가장 중요한 애로사항으로 문제를 제기하였으나 2차 조사에서는 12.7%나 되는 답변자가 전문지식의 부족이 가장 중요한 애로사항이라고 지적하여 문제가 확대되는 경향을 보였다. 실제로 전문지식의 문제는 초기에는 적응상의 문제로만 인식하다가 거주기간이 길어지면서 결국 업무에 필요한 지식의 문제로 더욱 강하게 인식되는 것으로 추정된다.

〈표 II-18〉 직장생활에서의 애로점: 2001년

내용	분류기호	빈도	응답비율	누적비율
내용적음	1	3	4.8	6.7
지식부족	3	5	7.9	11.1
장래성없음	4	1	1.6	2.2
편견, 차별대우	6	9	14.3	20.0
일이 힘들다	7	4	6.3	8.9
언어	8	13	20.6	28.9
근무시간	9	2	3.2	4.4
교통불편	10	7	11.1	15.6
컴퓨터	11	4	6.3	8.9
건강	12	2	3.2	4.4
영어	13	1	1.6	2.2
사장의 직업적 강요	21	1	1.6	2.2
북한사람들의 열등의식	22	1	1.6	2.2
문화적 차이	23	1	1.6	2.2
소외감	24	1	1.6	2.2
정신적 스트레스	25	1	1.6	2.2
숙식불편	26	1	1.6	2.2
남북한 이질화	27	1	1.6	2.2
남한사회 이해부족	28	1	1.6	2.2
사고방식	29	1	1.6	2.2
외로움	30	1	1.6	2.2
일용직이라는 편견	31	1	1.6	2.2
자금	32	1	1.6	2.2
합		63	100.0	140.0

감소되기는 하였으나 여전히 중요한 문제로 인식되고 있는 것은 차별대우의 문제이다. 차별대우의 문제는 객관적 현실일 수도 있고 주관적인 인식일 뿐 일수도 있으나 1차 조사에서 14.3%가 직장에서 가장 중요한 장애로 지적하였다가 2차 조사에서는 9.2%가 이 문제를 지적하여 여전히 심각한 상황임을 시사하고 있다. 그러나 고무적인 일은 차별대우를 지적하는 비중의 감소현상이 나타난 것으로, 이는 시간의 경과에 따라 성공적인 적응 때문에 감소한 측면과 거주기간이 길어지면서 주관적 인식의 변화가 성공을 유발하고 있는 것으로 추정된다.

1차 조사에서는 나타나지 않다가 전혀 새로 등장한 문제들이 있는데 비전상실의 문제와 보수에 대한 불만이었다. 비전상실의 문제는 장래성이 없다는 답변으로 제기된 것으로 현재 생활은 하고 있으나 장래에 승진, 혹은 재산의 증식 등에 대한 가능성이 매우 낮다라고 스스로 인식하고 있음을 의미한다. 보수에 대한 불만도 극적으로 증가하는데 1차 조사에서 4.8%에서 15.6%로 증가하여 급격한 증가를 보였다. 이러한 문제들은 남한사회를 알아가면서 스스로의 한계와 가능성 등을 판단할 수 있는 능력이 확보된 이후 대안이 제시될 것이다.

〈표 II-19〉 직장에서의 어려운 점: 2004년

내용	분류기호	빈도	응답비율	누적비율
보수가 적다	1	22	15.5	27.8
적성에 맞지 않는다	2	8	5.6	10.1
해당분야의 지식이 부족하다	3	18	12.7	22.8
장래성이 없다	4	25	17.6	31.6
직장동료와 관계가 좋지 않다	5	3	21	3.8
북한출신이라는 이유로 차별대우를 받는다	6	13	9.2	16.5
일이 너무 힘들다	7	14	9.9	17.7
더 좋은 일자리가 있을 것 같다	8	13	9.2	16.5
가사와 일을 함께하기 힘들다	9	3	2.1	3.8
사업환경 열악	10	1	.7	1.3
경영에 대한 두려움	11	1	.7	1.3
나이가 있어서	13	2	1.4	2.5
하고 싶은 일이 따로 있어서	14	1	.7	1.3
종교적 회사분위기	15	1	.7	1.3
사회전반의 지식부족	16	1	.7	1.3
사회관계가 없음(재택근무)	17	1	.7	1.3
남한사회를 따라가기 힘듬	18	1	.7	1.3
출퇴근이 어려움	19	1	.7	1.3
건강이 문제로 제기됨	20	1	.7	1.3
사업홍보어려움	21	1	.7	1.3
없음	22	3	2.1	3.8
공연할 곳이 없다	23	1	.7	1.3
인맥이 부족	24	1	.7	1.3
남한사람과 문화가 다른다	25	1	.7	1.3
언어문제와 북한출신의 제약들	26	1	.7	1.3
인적자원부족	27	1	.7	1.3
위험성이 있다	28	1	.7	1.3
연고자가 없다	29	1	.7	1.3
적응이 어렵다	30	1	.7	1.3
합		142	100.0	179.7

② 정책적 시사점

거주기간이 길어지면서 탈북자들은 생활의 한계에 부딪히거나 소득의 증가가 생각처럼 용이치 않다는 사실을 알게 되고 현실의 벽을 만나게 되는 것으로 보이며 그로 인해 직장생활자체에 애로를 느끼게 됨을 보여주고 있다. 탈북자들이 남한에서 새로운 꿈을 가지고 살아갈 수 있도록 남한사회 주민들의 생활방식과 현실의 장애를 극복하는 방식들을 재교육할 수 있는 방안을 모색할 필요가 있다. 소득에 대한 불만을 극복하기 위해 스스로 노동의 질을 개선하거나 근로시간을 늘리는 등 자신이 할 수 있는 방안들에 대한 안내교육 및 책자제공 등이 필요하다. 탈북자를 고용한 기업들도 탈북자에 대한 지식이 부족한 경우가 대부분일 것으로 보이므로 탈북자를 고용한 기업들이 탈북자들의 적응에 대해 협력할 수 있도록 가이드라인을 위한 안내책자 제공, 정부차원의 지원 등에 대한 안내, 그리고 협력관계 설정 등의 방식으로 다양한 방식의 문제해결이 요구된다.

차별대우에 대한 문제는 사회적으로 극복하는 방안과 스스로 극복하는 방안을 겸하여 해결할 필요가 있다. 탈북자들에 대한 편견으로 적응에 문제가 야기되지 않도록 직장내 동료들이나 남한사회전체의 "함께 살기 위한 프로그램"의 개발이 통일준비 작업으로도 필요할 것으로 보인다. 탈북자 개인의 인식에도 문제가 없는 지를 파악해볼 필요가 있으므로 정신심리학적 분석을 통해 이를 극복하는 방안도 요구된다.

3. 요약 및 결론

탈북자들은 전반적으로 1차조사에 비해 남한사회에 적응하고 있는 현상이 두드러지게 나타나고 있다. 탈북자들은 이제 탈북자라고 하는 집단의 특징을 극복하고 개인적인 특징이 자신의 취업 및 직장형태, 그리고 소득수준을 결정하는 양상이 점점 더 분명해지고 있다.

특히 4년 이상 남한에 거주한 집단을 중심으로 개인적 특성이 발현되면서 탈북자들간 소득 및 생활수준의 차이도 점차 더 커지고 있는 것이 통계적으로 유의한 수준으로 드러난다. 탈북자들의 거주형태, 직업, 소득 등의 분포가 정규화되는 형태를 보이고 있어서 이제 정상적인 하나의 집단이 가지는 특징들을 나타내기 시작하였다. 통계가 보이고 있는 일반적인 경향은 탈북자들이 이제 남한에 대한 정착이 마무리되어 가고 있으며 탈북자라기보다는 남한주민으로서의 일반적인 특징을 갖추게 되었음을 보여 준다.

탈북자들은 그동안 경제적으로 크게 개선된 모습을 보이고 있으며 2/3이상의 대상자가 소득의 개선을 보이고 있으나 2차조사에서도 가장 많은 관심을 가지고 있는 문제이자 도움을 필요로 하는 분야가 경제문제임을 밝히고 있어서 경제문제가 가장 중요한 문제로 보인다. 전반적인 경제여건이 개선된 것을 확인한 것은 정착이 성공적으로 진행되고 있는 것을 보여주고 있으나 일부 소득이 감소하거나 변화가 없는 답변자들에 대한 심층연구의 필요성을 제기한다.

탈북자들의 거주환경, 취업 및 직업상태, 소득 및 직장생활에는 남한에서의 거주기간, 노동당원 여부, 군경험, 성별, 학력 등이 중요한 영향을 미치는 것으로 나타났다. 거주기간이 길수록, 그리고 학력이 높을수록 경제적으로 더 나은 환경과 소득을 보이고 있었다. 당원이었던 경력과 군경험을 가진 사람들이 정착에서 성공하는 비중이 높고 남성들이 여성에 비해 유리한 입장임을 보여준다. 이러한 사실들은 개인의 특성이 정착이 진행될수록 경제생활에 더 중요한 용인이 되고 있음을 시사한다.

본 조사연구는 탈북자들에 대한 대책으로서 교육에 대한 중요성을 확인하고 있으며 더 나아가 남한사회의 문제를 함께 고쳐가는 것이 탈북자 문제의 근본적인 해결이 될 것임을 시사한다. 또한 본 조사는 교육을 통하여 전문성을 확보하는 것이 취업이나 직업의 안정성, 그리고 소득수준 및 직장생활에 긴요한 조건임을 보여주고 있으며, 탈북자들의 교육지원을 더 체계적으로 추진할 필요가 있음을 제시한다. 거주기간이 길어지면서 비전을 상실하고 소득이나 승진에 대한 한계로 인해 절망하는 탈북자들의 모습은 구조화된 사회 내에서 탈출구를 찾지 못함을 나타낸다. 따라서 사회 내에서 새로운 희망을 제시하여야 하고, 이러한 한계를 극복하도록 지원하고 협력하는 사회적 시스템의 마련 등이 탈북자 문제의 궁극적 해결을 위해 필요한 것으로 여겨진다.

참고문헌

김명세, 1996, "탈북자의 사회 적응은 민족 화합의 예비과정", 탈북자들의 남한생활 적응을 위한 대책, 연세대학교 통일연구원 토론회.

김병로, 1994, 『탈북자 발생 배경 분석』, 민족토일연구원 정책 자료, 서울: 민족통일연구원.

민성길 · 전우택, 1995, "사람의 통일: 정신의학적 접근.", 연세대학교 통일연구원 개원기념 심포지움 논문집-통일 사회로 가는 길.

박종철 · 김영윤 · 이우영, 1996, 『북한 이탈 주민의 사회의 사회적응에 관한 연구: 실태 조사 및 개선 방안』, 서울: 민족통일연구원.

오혜정, 1995, "귀순북한동포의 남한사회 적응 실태.", 서강대 정책대학원 석사논문.

윤덕룡 · 강태규, 1997, "탈북자의 실업과 빈부격차에 의한 갈등 및 대책: 탈북자들의 경제문제에 관한 설문조사 경과를 중심으로.", 『통일연구』1권 2호, 서울: 연세대학교 통일연구원.

윤여상, 1994, "귀순북한동포의 남한사회 적응에 관한 연구.", 영남대학교 대학원.

______, 1995, "남한의 귀순동포에 대한 정책 연구.", 『영남정치학회보』제 5호.

이정우 · 김형수, 1996, 『탈북이주자 사회정착지원 개선방안』, 서울: 한국 보건사회연구원.

이종훈, 1996, "남한이주 북한동포 지원정책의 문제점과 정비방향.", 현안분석 119호, 국회 입법조사분석실.

이화수, 1999, 『통일 한국의 정치심리학-남북한간 인성 통합을 위하여』, 서울: 나남출판.

전우택, 1995, "통일후 예상되는 북한주민들의 통일 사회 적응에 관한 연구 -난민, 한국인 이민자, 북한 귀순자를 중심으로.", 통일원 95 북한 및 통일연구 논문집.

______, 1997 "탈북자들의 주요 사회 배경에 따른 적응과 자아정체성에 관한 연구.", 『통일연구』1권 2호, 서울: 연세대학교 통일연구원.

______, 1999, "남한에 있는 탈북자들의 심리적 갈등 구조 및 그에 대한 해결 방안.", 통일연구원 학술회의 총서 99-05, 탈북자의 보호 및 국내 적응 개선 방안.

______, 2000, “탈북자들과 보호경찰관들의 인간관계에 대한 분석: 보호경찰관들을 대상으로 한 설문조사를 중심으로”, 『통일연구』4권 1호.

제성호, 1996, “북한 귀순자 보호 및 관리상의 문제점과 개선방안.”, 『형사정책연구』7권 1호.

통일부, 2001, 『북한이탈주민 입국 현황 통계』, 서울: 통일부.

제23장
남한에서의 삶의 질

민성길 연세대 교수, 정신의학
전우택 연세대 교수, 정신의학
김동기 연세대 교수, 의학통계

1. 서 론

최근 남한사회로 들어오는 탈북자 수가 급증하고 있어 그들의 남한사회에서의 적응 양상이 중요한 연구과제가 되고 있다(민성길 및, 전우택 1995, 1997, 오혜정 1995, 전우택 및 민성길 1996, 김영수 및 정영국 1996, 전우택 1997, 2000, 전우택 등 1997, 윤덕룡 및 강태규 1997, 윤인진 1999, 민성길 2000, 전우택 2000, 전우택 등 2001, 조영아 등 2004, 신의진 등 2004). 왜냐하면 전통적으로 정신의학에서는 이주와 정신장애라는 연구주제가 있기 때문이다. 탈북자는 정신의학에 말하는 바로 이 이주자에 해당된다. Kuprinski(1984)는 이주자가 된다는 사실은 그 자체로도 상당한 정신적 고통을 수반하게 된다고 했다. 이와 관련 언어의 숙달정도, 사회경제적 지위, 고용여부, 문화적 차이 등의 요인이 이주자의 정신적 고통에 영향을 미친다고 한다(Berry 등 1987, Grossman 등 1985). 따라서 탈북자들도 이주자로서, 정도의 차이는 있을지라도 적응문제를 가지고 있음은 당연한 일일 것이다.

국내의 여러 연구들(민성길 및, 전우택 1997, 오혜정 1995, 전우택 및 민성길 1996, 김영수 및 정영국 1996, 전우택 1997, 2000, 전우택 등 1997, 윤덕룡 및 강태규 1997, 윤인진 1999, 민성길 2000, 전우택 2000, 전우택 등 2001)에 의하면, 탈북자들은 대체로 남한사회에서 잘 적응하고 있다. 그러나 일부 적응에 어려움을 겪는 경우가 있는 바, 이는 낯선 곳에 따르는 불안, 과거 북한에 있을 때와 탈북과정에서 겪은 고통스러운 경험, 남북한사회의 문화적 차이에 의한 장기적 적응문제, 그리고 좌절에 따르는 우울증 등으로 설명할 수 있을 것이다(전우택 및 민성길 1996, 전우택 등 1997).

일찍이 통일문제 연구에 있어 정치외교적 측면 뿐 아니라 정신사회적 측면의 연구도 중요시해야 한다는 견해가 있어 왔다(성영신 등 1993, 민경환 1994, 이종석 및 김연철 1996).

이에 관련하여 탈북자의 남한사회에서의 정신사회적 적응문제에 대한 연구는 그들을 돕는 문제 뿐 아니라, 향후 통일 이후의 남북한 사람들의 상호적응을 위해서도 구체적인 실험적 연구라 할 수 있다(민성길 및 전우택 1995, 전우택 및 민성길 1996, 2002, 전우택 2000, 민성길 2001, 2002, 2004 민성길 등 2003). 남북한이 같은 역사적, 문화적 뿌리를 가지고 있음에도 불구하고 극단적으로 다른 분단체제하에서 50년 이상을 상호 단절된 상태에서 보내면서, 상당한 이질성을 가지게 된 것은 부인할 수 없는 현실이다. 이러한 이질성 때문에 향후 남북한이 합쳐지게 될 때, 양측 구성원들에게 상호 문화충격 현상과 상호 적응문제가 생길 것으로 예측할 수 있다(민성길 1998, 2004). 외국에서도 많은 연구자들(Maaz 1990, Maretzki 1993)이 분단국가가 다시 합쳐지는 과정에서 발생하는 사람들 간의 적응문제는 체제의 결합보다 더 어려우며, 보다 긴 과정과 보다 많은 노력이 필요함을, 독일(Maaz 1990), 베트남(Nguyen 1983) 등의 예를 들어 말하고 있다. 특히 우리와 비슷한 다른 체제로의 분단을 경험했던 독일의 경우에도 통일과정에서 동독인들이 자본주의 체제에 생활하면서, 자존감의 상실, 기존의 가치관이나 의식구조를 바꾸어야 한다는 혼란, 실직에 의한 고통, 소외감 등 정신적인 면에서 고뇌한다고 하였다(Maaz 1990). 이러한 사실 때문에 국내의 연구자들(민성길 및 전우택 1995, 전우택 2000, 민성길 등 2003, 민성길 2004)은 남북의 통합과정에서 남북한사람들 간에 생길 수 있는 갈등을 최소화하고 각자의 마음이 건강하게 행복을 누릴 수 있는 "사람의 통일"이 중요한 과제임을 언급한 바 있다. 이러한 문제를 해결하는 방안을 마련하기 위해, 바로 탈북자의 남한사회 적응이나 그들 특유의 정신적 기제(조영아 등 2004)를 연구하는 것이다. 탈북자의 상황이 바로 통일의 예비적 상황이라 할 수 있다.

지금까지 탈북자와의 개별적인 면담이나 간접적인 정보를 통하여 탈북자의 남한사회 적응정도와 문제점을 다루어 온 여러 가지 연구가 있었지만, 아직까지 탈북자의 남한에서의 적응수준을 일정한 도구를 통해 통계적으로 비교하여 분석한 연구는 없었다. 적응이 잘 되고 있는가 아닌가 하는 최종적 결과는 삶의 만족도, 생활수준, 주관적 행복도 등으로 나타낼 수 있다. 임상의학에서는 치료결과에 대한 최종 평가는 대개 삶의 질로 평가한다. 따라서 탈북자의 남한사회 적응의 성공정도를 최종적으로 삶의 질로서 평가할 수 있을 것이다. 또한 그들의 삶의 질과 관련된 요인을 연구함으로 탈북자의 삶의 질을 개선하는 방안을 마련할 수 있을 것이다.

삶의 질에 대한 정의는 여러 가지가 있을 수 있다. 대개 객관적 삶의 질과 주관적 삶의 질로 나눌 수 있다. 전자는 수입, 교육수준, 철도망, 수명, 영아사망률 등 객관적 사실, 주로 사회경제 지표로서 표시한다, 주관적 삶의 질은 개인이 느끼는 만족도, 내지 행복도를 의미한다. 세계보건기구(WHO)에서는 삶의 질을 "개인의 삶의 목적, 기대, 기준 그리고 관심과 관련하여 개인이 살고 있는 문화와 가치체계의 맥락에서 개인의 인생에서의 위치에 대한 개인적 지각"이라고 정의하였고, 주관적인 성향을 강조하였다(The WHOQOL Group 1994).

WHO는 이를 바탕으로 전 세계적으로 문화차이에 상관없이 사용할 수 있는 삶의 질 측정 도구인 WHOQOL를 개발했다(The WHOQOL Group 1994, 1998a). 그러나 이는 문항수가 100 문항으로 큰 역학적 조사를 하기에는 문항이 너무 많다는 단점이 있어, WHO에서는 총 26 문항의 간편형 WHOQOL-BREF를 개발했다(The WHOQOL Group 1998b). 이들은 모두 한국에서 표준화 되었다(민성길 등 2000a,b, 민성길 등 2002). WHOQOL-BREF는 신체건강영역(physical health domain), 정신적 영역(psychological domain), 사회관계 영역(social relationship domain)과 환경 영역(environment domain) 등의 4개의 영역(domains)으로 구성되어 있으며, WHO 삶의 질 척도(WHOQOL) 표준형과 같은 넓은 범위와 높은 포괄성을 지니고 있고 신뢰도, 내적 일관성, 타당도에서 적절한 평가도구라고 알려져 있다(민성길 등 2002).

필자는 2002년도에 탈북자의 삶의 질에 대해 연구한 바 있으나(민성길 등 2003), 이제 그 동안에 한국사회가 탈북지에 대한 지원프로그램을 개선해 왔기 때문에, 이 시점에서 보다 많은 대상으로 보다 체계적인 방법으로 연구를 하기로 했다. 즉 본 연구는 탈북자를 대상으로 세계보건기구가 개발한 도구를 사용하여, 삶의 질을 평가하고, 삶의 질에 영향을 미치는 요인이 무엇인가를 규명하려는 것을 목적으로 했다. 이로서 탈북자들의 남한사회에서의 어떤 분야에서 삶의 질이 낮은가를 알아보고, 삶의 질을 높이는데 필요한 지침을 얻을 수 있을 것이다.

2. 연구 방법

1) 조사도구

본 연구에 사용한 조사도구로서, 사회 인구학적 자료(탈북 이후로부터의 기간, 성별, 나이, 학력, 결혼상태, 직업, 경제상태, 종교 등), 가족력 및 과거력, 등을 위한 구조화된 질문지를 사용했다. 삶의 질을 평가하기 위해 한국판 WHOQOL-Bref(민성길 등 2000)를 사용하였는데, 지난 1주간의 삶의 질을 평가하게 했다. 우울증을 평가하기 위해서는 DBI(Beck Depression Inventory)(Beck 등 1961)를 사용했다. PTSD 진단을 위해서는 한국판 SCID(한오수 및 홍진표 2000)의 PTSD 부분을 사용했다.

2) 통계 분석 방법

본 연구의 통계는 SAS version 8.1을 사용하였고 t-test, chi-square test, correlation test, path analysis 등을 통해 분석했다. 보수와 삶의 질 간의 상관관계의 경우, 자료의 값이 너무 펼쳐져 있고 또한 한쪽으로 치우쳐 있어서 모수적 방법이 적절치 않을 것으로 보아, 비모수 기법인 spearman correlation으로 분석했다. 모든 통계의 유의수준은 0.05 미만으로 했다. BDI의 경우 missing 제외한 자료를 사용했다.

3. 결 과

1) 인구학적 통계

응답자 151명 중 남자는 85명(56.3%), 여자는 66명(43.7%)이었다. 평균 연령은 37.63 (SD=10.43)세 이었고, 연령분포는 30세 미만이 34.4%, 30-39세 36.4%, 40-49세 15.9%, 50세 이상 16.6% 이었다.

북한에서의 학력은 고등중학교 중퇴 또는 졸업이 68명(45.3%), 전문학교(단과대학) 중퇴 또는 졸업 33명(21.9%), 대학 중퇴 이상이 50명(33.1%) 이었다. 북한에서 결혼했던 경우가 85명으로 그중 이혼했던 경우가 7명 이었다. 북한에 있을 때의 직업은 노동자 45명, 농민 5명, 사무원 41명, 학생 19명, 군인 11명, 교사 4명, 전문직 4명, 기타 15명, 무직 7명, 등이었다. 북한에 있을 때, 군복무해 본 적이 있는 사람은 55명이었고, 노동당 당원이었던 사람이 50명이었다.

2003년 12월 1일 기준, 평균 5.77년 (SD=1.35) 전에 북한을 탈출하였고, 남한에 입국한지는 평균 4.02년 (SD=0.64) 되었다.

남한에 와서 학업을 지속한 경우 , 고등학교 재학이 1명, 고등학교 졸업이 5명, 전문대학교 재학이 3명, 전문대학교 졸업이 6명, 대학교 재학이 30명, 대학교 졸업이 3명, 대학교 졸업 이상이 8명 이었다. 남한에 와서 결혼 한 경우가 41명으로 그중 12명이 이혼했다. 현재 배우자(또는 이성)와 동거하는 경우가 81명이며, 그중 23명이 배우자 포함 그 외의 가족과도 같이 살고 있었고, 37명이 혼자 살고 있었다. 함께 거주하는 가족의 수는 평균 3.01 (SD=1.67)명 이었다. 그중 경제적 수입이 있는 가족 수는 평균 1.37 (SD=0.98)명 이었다. 현재 80명(55.3%)에서 직업을 가지고 있었다. 직업이 없으나, 현재 구하려고 애쓰는 경우가 21명, 직업이 없어도 구하고 있지 않는 사람이 5명 이었다. 지금까지의 평균 직장 수는 1.67 (SD=1.22)개 였다. 학생이 34명, 전업주부가 10명이었다. 현재 취업형태는 정규직 55명, 계약직 21명, 일용직 34명, 사업 12명, 기타 5명이었다. 지난 6개월간 월 150,000원에서 17,500,000만 원까지 median 1,200만 원의 (평균 1,558,000원, SD=2,156,000) 월수입을 가졌다. 종교상황으로 입국당시에는 개신교 100명(68.0%), 천주교1명(0.7%), 무종교 46명(31.3%)이었으나, 현재는 개신교 90명(63.4%) 천주교 2명(1.4%), 무종교 49명(34.5%), 기타 종교 1명 (0.7%) 등이었다.

〈표 1〉. Comparison of quality of life in South Korea between North Korean defectors and control

Domains and facets		NK defectors N=151
		Mean (SD)
Domain 1 Physical domain		3.42 (0.65)
Facet 1	Pain and discomfort	3.75 (1.21)
Facet 2	Energy and fatigue	3.14 (0.91)
Facet 3	Sleep and rest	3.00 (1.06)
Facet 9	Mobility	3.82 (0.86)
Facet 10	Activity of daily living	3.34 (0.88)
Facet 11	Dependency on medication and treatment	3.48 (1.30)
Facet 12	Work capacity	3.56 (0.85)
Domain 2 Psychological domain		3.48 (0.65)
Facet 4	Positive feeling	3.08 (0.96)
Facet 5	Thinking, learning, memory and concentration	3.55 (0.88)
Facet 6	Self-esteem	3.56 (0.82)
Facet 7	Bodily image and appearance	3.16 (1.10)
Facet 8	Negative feeling	3.93 (0.88)
Facet 24	Religion/spirituality/personal belief	3.73 (0.89)
Domain 3 Social domain		3.36 (0.66)
Facet 13	Personal relationship	3.49 (0.81)
Facet 14	Practical social support	3.31 (0.81)
Facet 15	Sexual activity	3.26 (0.73)
Domain 4	Environment domain	3.00 (0.53)
Facet 16	Physical safety and security	3.36 (0.83)
Facet 17	Home environment	3.33 (0.81)
Facet 18	Financial resources	1.85 (1.00)
Facet 19	Health and social care	3.69 (0.96)
Facet 20	New information	2.68 (1.06)
Facet 21	Recreation and leisure	2.28 (1.17)
Facet 22	Physical environment	3.06 (0.90)
Facet 23	Transport	3.84 (0.81)
Overall		3.38 (0.70)
G1	Overall quality of life	3.54 (0.67)
G4	General health	3.23 (0.97)
Total		3.28 (0.49)

2) 삶의 질

연구 결과 탈북자 WHO 삶의 질 척도의 전 항목을 합산한 평균 점수는 3.28(SD=0.49)이었다. 그러나 전반적 삶의 질(overall QoL)을 묻는 항목 G1에서의 평가는 3.54(SD=0.67)로 전체 항목 평균보다 더 높았다(표 1). 반면 전반적 건강은 3.23(SD=0.97)으로 총점보다 다소 낮았다

영역별로는 정신적 영역이 3.48(SD=0.65)로 가장 높았고, 다음 신체건강 영역 3.42(SD=0.65), 사회적 관계 영역 3.36(SD=0.66) 그리고 환경영역 3.00(SD=0.53) 순으로 낮았다.

삶의 질이 상대적으로 높은 항목(괄호 내는 평균 점수)은 부정적 정서(3.93)(이는 부정적 감정이 적다는 의미임), 교통수단(3.84), 돌아다닐 수 있음(3.82), 신체 통증과 불편(3.75), 삶의 의미(3.73), 의료 혜택(3.69), 일할 수 있는 능력(3.56), 자존심(3.56), 사고능력(3.55), 등이 가장 높았다. 대인관계(3.49), 안전(3.36), 일상 활동(3.34), 가정환경(3.33), 사회적 지지(3.31), 성적 활동(3.26), 등은 나은 편이었다. 신체외모(3.16), 에너지와 피곤감(3.14), 물리적 환경(3.06) 수면과 휴식(3.00), 긍정적 정서(3.08)(이는 긍정적 감정이 많다는 의미임) 등은 다소 낮은 편이었다. 반면 가장 나쁜 항목은 경제적 자원(1.85), 새로운 정보와 기술을 습득할 수 있는 기회(교육)(2.68), 여가생활(2.68) 등이었다.

Overall QOL(overall QOL 과 General health의 합산)이 총점과 각 영역의 점수 간에 대단히 유의한 상관관계(P=0.003 - <.0.001)가 있어, 이후 논의에서는 총점을 대표적 값으로 사용했다.

3) 삶의 질에 영향을 미치는 요인

① 탈북 이후의 기간

2003년 12월 31일 기준, 북한을 탈출한 이후 남한 입국 전까지의 기간과 삶의 질 점수와의 상관관계는 총점과 각 영역에서 모두 유의한 관계는 없었다.

그러나 2003년 12월 31일 기준, 남한에 입국한 이후의 기간과 삶의 질과의 상관관계도 총점과 각 영역에서 모두 역상관계가 있었으나 통계적으로 유의하지는 않았다. 그중에서도 정신적 영역에서 그 역상관관계가 가장 컸다(P=0.165).

② 성별과 나이

성별에 있어, 남자(총점 3.34, SD=0.44)의 삶의 질은 여자(총점 3.22, SD=0.54)보다 나았으나, 통계적으로 유의하지 않았다. 특히 신체건강 영역에서 그 차이가 더욱 뚜렷했다(P=0.054).

나이에 있어 총점에서 나이가 많을수록 삶의 질은 떨어졌으나, 통계적으로 유의하지는 않았다(r=-0.151, P=0.065). 그러나 신체건강 영역(r=-0.206, P=0.011), 정신적 영역(r=-0.184, P=0.024), 사회관계영역(r=-0.252, P=0.002) 등에서는 통계적으로 유의했다.

③ 북한에서의 개인력

결혼과 가족

결혼에 있어, 북한에서 결혼 했던 사람(3.23, SD=0.52)은 안했던 사람(총점 3.33, SD=0.43)에 비해 남한에서의 삶의 질 총점이 낮았으나 통계적으로 유의하지는 않았다. 그러나 신체건강 영역에서는 결혼했었던 사람(총점 3.30, SD=0.67)에서 안했던 사람(3.55, SD=0.62)보다 유의하게 낮았다(P=0.025). 북한에서 이혼했었던 사람은 그러지 않았던 사람에 비해 남한에서의 삶의 질에 유의한 차이가 없었다.

학력과 경력

북한에서의 학력이 고졸 수준일 때 총점 3.23(SD=0.45), 전문대 수준일 때 총점 3.34(SD=0.55), 대학 수준 이상일 때 총점 3.30(SD=0.49)으로, 학력이 높을수록 남한에서의 삶의 질이 높은 경향이 있었으나, 통계적으로 유의한 차이는 아니었다.

북한에서 군복무를 한 적이 있는 사람(총점=3.32, SD=.050)은 안했던 사람(총점=3.27, SD=0.47)보다 삶의 질이 높았으나, 통계적으로 유의하지는 않았다.

북한에서 가졌던 직업은 현재 남한에서의 삶의 질에 유의한 차이를 나타내지 않았다. 그러나 교사(총점 3.76, SD=0.41), 농민(총점 3.44, SD=0.49), 군인(총점 3.43, SD=0.37), 전문직(총점 3.39, SD=0.31), 학생(총점 3.38, SD=0.47) 등에서, 노동자와 사무원 보다 비교적 높았다.

북한에서 노동당 당원이었던 사람들(총점 3.31, SD=0.52)은 아니었던 사람(총점 3.27, SD=0.47)에 비해 삶의 질이 다소 높았으나, 유의한 차이는 아니었다.

④ 남한에서의 과거력

학력

남한에서의 학력에서는 전문대 졸업생이 총점 3.65(SD=0.36) 으로 가장 높았고, 다음이 고등학교 졸업이 총점 3.52(SD=0.38), 대학교 졸업이 총점 3.51(SD=0.35) 이었으며, 통계적으로 유의한 차이는 아니었다.

결혼과 가족관계

남한에서 이혼한 경험이 있는 사람(총점 2.99, SD=0.45)은 그러지 않았던 사람보다 삶의 질이 총점(P=0.028), 신체건강영역(P=0.004), 정신영역(P=0.027) 등에서 유의하게 낮았다.

현재 가족동거 여부에 있어, 배우자(또는 이성)와 같이 사는 경우(총점 3.99, SD=0.52)는 다른 가족이 같이 사는 경우(총점 3.09, SD=0.42)보다 환경 영역 이외에 모든 영역과 총점에서 삶의 질이 높았다. 혼자 사는 경우는 배우자와의 동거 시 보다 유의하게 나빴다.

직업

남한에서 학생의 경우(총점 3.34, SD=0.36)가 삶의 질이 가장 높았고, 다음으로 직업이 있는 경우(총점 3.33, SD=0.52)가 높았고, 직업이 없으나 현재 구하고 있는 경우(총점 3.28, SD=0.52), 없기도 하고 구하고 있지도 않은 경우(총점 2.86, SD=0.27)나 전업주부(총점 3.05, SD=0.43의 경우보다 높았다. 이러한 경향은 신체건강 영역에서만 통계적으로 유의했다.

수입

삶의 질은 월보수액과 양의 상관관계를 보였으며, 특히 총점(r=0.221, P=0.019), 신체건강영역 (r=0.204, P=0.031), 및 환경영역(r=0.269, P=0.004)에서 통계적으로 유의했다.

금전적 지원

탈북자들은 2003년 12월까지 일회적이든 정기적이든 평균 0.74(SD=0.75)개의 금전적 지원을 받았다. 정기적으로 받은 경우(총점 3.32, SD=0.42)가, 받지 않은 경우(총점 3.22, SD=0.50)나 일회성 지원(총점 3.27, SD=0.52)보다 현재의 삶의 질은 높기는 했으나 통계적으로 유의하지는 않았다.

종교

종교가 있을 때(총점 3.31, SD=0.49), 없을 때(총점 3.19, SD=0.47) 보다 삶의 질은 높기는 했으나 통계적으로 유의하지는 않았다(P=0.166). 그러나 흥미 있게도 overall QOL은 종교가 있을 때(평균 3.45, SD=0.68), 없을 때(평균 3.18, SD=0.66) 보다 유의하게 높았다(P=0.029).

종교생활이 삶에 도움이 되고 있다고 생각하는 정도와 QOL 총점(r=0.115, P=0.261) 간의 상관관계는 양적이기는 하나 유의하지는 않았다. 그러나 정신적 영역에서만 상관관계가 유의했다(r=0.220, P=0.031)

⑤ 건강

신체적 질병

신체적으로 질병이 있는 경우(총점 3.15, SD=0.51)는 없는 경우(총점 3.39, SD=0.45)보다 삶의 질이 총점에서 유의하게 낮았고(P=0.003), 특히 overall(P<.0001)과 신체건강 영역에서 그러했다(P<.0001).

음주는 영역별로 그리고 총점에서는 유의한 차이를 나타내지는 않았다. 그러나 단지 overall QOL에서는 술을 월 2-3회 마시는 사람들(총점 3.73, SD=0.41)에서, 전혀 안 마시는 군(총점 3.31, SD=0.73)과 거의 매일 마시는 군(총점 3.00, SD=0.52)보다 유의하게 높았다.

우울증

BDI 총점과 삶의 질 간의 상관관계는 사회관계 영역을 제외하고는 총점과 모든 영역에서 공히 유의하게 부적이었다〈표 2〉.

PTSD가 있는 9명의 삶의 질은 나머지 다른 PTSD가 없는 사람들에 비해 median 점수가 환경영역을 제외한 모든 영역과 총점에서 유의하게 낮았다〈표 3〉.

〈표 2〉 CoCorrelation between BDI and WHOQOL-Bref

domains	Pearson Correlation	p-value
Overall	-0.42957	<0.0001
Domain1	-0.47607	<0.0001
Domain2	-0.44776	<0.0001
Domain3	-0.24119	0.0057
Domain4	-0.26837	0.0020
Total	-0.47359	<0.0001

〈표 3〉 PTSD and WHO Quality of Life

domains	Non-PTSD (n=142) median (min-max)	PTSD (n=9) median (min-max)	p-value*
Overall	3.50 (2.00-5.00)	3.00 (1.50-3.50)	0.0257
physical health domain	5.43 (1.86-5.00)	2.71 (2.00-3.43)	0.0004
Psychological domain	3.50 (2.00-5.00)	3.00 (2.00-3.67)	0.0226
social relationship Domain	3.33 (1.33-5.00)	3.00 (1.33-3.37)	0.0296
Environmental Domain	2.94 (2.13-5.00)	2.88 (1.88-3.88)	0.3201
Total	3.31 (2.23-4.77)	2.69 (2.31-3.58)	0.0031

* Wilcoxon rank sum test

4) 경로 분석

경로분석 결과, 주로 신체건강 영역이 그리고 정신적 영역이 직접 전반적 삶의 질에 영향을 미치며, 이 두 영역은 서로 영향을 주고받을 뿐 아니라, 환경영역과도 영향을 주고받고 있었다. 사회관계 영역은 정신적 영역을 통해 간접적으로 삶의 질에 영향하였다〈그림 1〉.

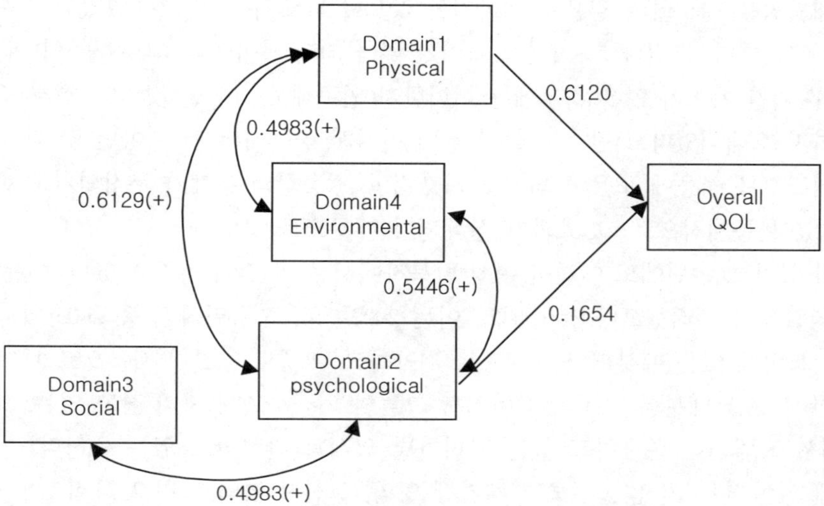

-Percentage of overall QOL and general health facet explained : 0.5103
-Bentler's Fit Index; 0.9875
-(+) indicates Correlations among exogenous variables
-Others are standardized extimation of the path coefficients

〈그림 1〉 경로분석

4. 고 찰

1) 전반적 상황

연구 결과 탈북자는 전반적으로 정신적 영역에서 삶의 질이 높고, 신체건강 영역과 사회적 관계 영역 그리고, 교통수단, 의료혜택과 등 환경영역에서도 높았다. 그러나 수면과 휴식, 에너지와 피로, 긍정적 정서, 신체상과 외모, 물리적 환경 등에서는 다소 낮았고, 새로운 정보(교육)를 얻는 기회와, 여가생활에서 삶의 질이 매우 낮았으며, 재정적 자원에서 가장 낮았다. 이러한 결과는 탈북자의 삶의 질을 높이기 위해서는 재정적 지원, 교육 및 여가생활에 대한 지원 등이 필요함을 의미한다.

2) 탈북자의 삶의 질과 연관된 요인

탈북한지 얼마나 오래 되었는가 그리고 남한에 정착한지 얼마나 오래 되었는가에 따라 삶의 질이 어떻게 변화되었을까 하는 문제는 흥미 있다. 그러나 본 연구 통계 결과 남한에 온지 오래되었을수록 삶의 질은 유의하지는 않으나 나빠지는 경향이 있었고 특히 정신적 영역에서 그러했다. 그러나 그 기간에 차이가 얼마 되지 않아 이 결과는 별 의미는 없다고 본다. 이후 기간 차이가 많은 경우에는 어떠한지 연구해보아야 할 것이다. 현 시점에서 볼 때 탈북한지 오래되었다고 단순히 삶의 질이 따라서 좋아지는 것은 아닌 것 같다. 거주기간이 길어질수록 적응에 도움이 되기도 하겠지만, 적응상의 문제가 누적되기도 한 경우도 있을 수 있어 통계적으로 그 효과가 상쇄되기 때문으로 보인다.

성별에 있어, 2004년에도 여전히 여성 탈북자에서 삶의 질이 다소 낮았다. 이는 주로 신체건강 영역에서 그러했으나(P=0.0542), 이는 2002년도 조사(민성길 등 2003)에서와 같다. 여성들이 북한에 있을 때부터 신체적으로 취약하고, 고생도 많았기 때문으로 보인다. 또한 이는 북한에 있을 때부터 습득되어 아직도 그들의 의식구조에 자리 잡고 있는, 그리고 남한사회에서도 엄연히 존재하고 있는 남녀차별 의식과 관련되고 있는 듯하다.

나이에 있어, 나이가 많을수록 신체건강 영역, 정신적 영역 그리고 사회관계 영역에서 유의하게 삶의 질은 나빠졌다. 이는 2002년도 연구(민성길 등 2003)에서 45세 미만 젊은 층에서 신체적 통증과 불편이 적었고 신체건강 영역에서의 삶의 질도 높았다는 사실과 일치한다. 이는 나이가 많을수록 신체적으로나 정신적으로 그리고 새로운 사회관계(인간관계)에 적응하는 능력이 감퇴되기 때문이 아닌가 한다. Kohr(1993)는 젊은 세대들이 기성세대보다 변화에 대한 적응력이 높고 개방적이라고 했다. 이와 같이 한국에서도 탈북 청소년들은 청소년 특유의 호기심으로 새로운 사회에 대해 탄력성 있게 잘 적응할 것이라고 했다(민성길 1997, 2000, 민성길 등 1999). 또한 젊은 탈북자들이 자신들의 국적이나 신분에 대한 생각에서 자신을 남한사람, 북한사람을 초월하여 그냥 한국인이라는 새로운 자아상을 만들어 가려는 노력이 보인다는 보고(전우택 및 민성길 1996)가 있었다. 이런 모든 측면에서 젊은이들이 삶의 질이 높을 것임을 예상할 수 있다. 나이든 사람들의 삶의 질이 나쁘다는 것은 이 연령층의 탈북자들에게 세심한 배려가 필요함을 시사한다.

북한에 있었을 때의 학력, 직업, 군복무 경험, 그리고 노동당 당원이었던 경력 등은 현재 남한에서의 삶의 질에는 아무런 유의한 영향을 미치지 않았다. 이는 2002년도 연구(민성길 등 2003)에서와 같다. 이러한 사실은 남한사회가 북한사회와는 완전히 다른 사회체계와 가치관을 가지고 있기 때문에 과거 그런 경력은 실제로 아무 쓸모가 없기 때문으로 보인다. 과거에는 북한에 있을 때 신분이 높았던 사람이 남한에 와서도 잘 산다는 견해가 있었다. 그러나 그것은 그들이 갖고 있던 정보에 대해 남한 정부가 보다 큰 보상을 제공하고 남한에서의 생활을 더 확실하게 보장을 해주었기 때문으로 보인다. 그러나 최근에는 탈북자가 많아지면서 그러한 보상은 웬만한 신분이 아니면 주어지지 않기 때문에, 전반적으로 평준화되고 있어, 과거 지위가 현재 적응에 별다른 도움이 되고 있지 못하기 때문으로 보인다. 이제 그들은 남한사회에서 과거 신분과는 상관없이 꼭 같이 노력해야 하는 것이다. 북한에 있을 때 받은 교육기간도 남한사회에서의 삶의 질에 유의한 영향을 끼치지 못하고 있다. 아마도 북한에서 높은 교육을 받았다 해도 그 지식이나 기술이 웬만해서는 남한사회에서의 생활이나 적응에 도움이 되지 못했을 수가 있고, 어차피 같은 출발점에서 노력해야 하기 때문이 아닌가 한다.

결혼에 있어 북한에 있을 때, 미혼이었던 경우가 결혼했던 경우보다 삶의 질이 높았다. 기혼자의 경우 삶의 질이 나쁜 것은 아마도 가족을 두고 혼자 탈북한사람들의 불행한 삶을 반영하는 것 같다.

배우자와 같이 탈북한 경우든 또는 남한사회에서 결혼 또는 동거하여 같이 살고 있는 경우는 독신의 경우보다 전반적 삶의 질이 높았다. 이는 결혼이라는 안정된 생활조건 때문인데, 이는 결국, 직업이 있거나 수입이 확보된 사람이나 정서적으로 안정된 사람에서 또한 결혼도 가능하다는 사실과 관련될 것이다. 이러한 사실은 2002년도 연구(민성길 등 2003)에서도 미혼인 경우에서 삶의 질 총점과 몇 가지 하부척도에서 유의하게 높은 점수를 보였다는 사실과는 상반된다. 그 차이에 대한 설명으로는, 과거에는 미혼의 경우가 젊고 자유롭기 때문으로 보았으나, 이제 가족과 함께 탈북한 경우도 많아지고 그 사이 남한에서의 정착이 안정화되고 안정적 결혼생활도 늘어나고 있기 때문이 아닌가 한다. 이제는 탈북자에게도 혼자 사는 것보다 결혼하여 사는 것이 좋은 상태가 된 것이다. 이혼한 사람의 삶의 질이 나쁘게 나온 것은 앞서 말한 사실들과 종합할 때, 가정생활이 삶의 질에 중요하다는 사실을 보여준다.

이번 연구에서 배우자 이외에 다른 가족들과 같이 있을 때 삶의 질이 나빴던 것은 언뜻 이해하기 어렵다. 일반적으로 결혼은 탈북자의 일차적인 심리적 고립감을 해결하고 정신적 안정을 높이는 기능이 있다고 하며, 가족이 모두 같이 탈북한 경우 경제적으로나 심리적으로 빨리 안정을 찾는 경향이 있다고 한다(윤인진 1999). 또한 다른 연구(전우택 2000)에서도 남한에 가족을 데리고 들어온 탈북자들이 남한 귀순에 대한 만족도가 높았고, 그렇지 못한 경우에 남겨진 가족에 대한 죄책감과 관련된 심리적 적응의 어려움을 호소한다고 했다. 본 연구의 이러한 상반된 결과는 혼자 사는 삶의 자유로움이나 가족이 있음으로 인한 부담 때문이거나 가족이 많은 만큼 갈등도 많을 수 있다는 것 때문일 수도 있겠다. 이는 남한 내 불법신분 조선족 노동자들도 가족이 같이 있는 경우 독신자보다 정신건강과 삶의 질이 나빴다는 사실과 유사하다(이경매 등 2004). 하지만 탈북자가 가족에 대한 죄책감으로 인해서는 남한에서의 적응에 직접적인 문제를 보이지 않는다고 했고(민성길 및 전우택 1996),

통일이 되면 가족들에게 경제적으로 보상하기 위해 열심히 일하고 돈을 벌게 하는 측면이 있어, 오히려 남한사회에 적응하고 심리적 방황을 적게 하는 긍정적인 역할도 한다는 주장도 있다(전우택 2000). 이러한 복잡한 관계는 가족관계에 대한 더 자세한 연구와 전문적 상담지원이 필요함을 시사한다.

남한에서의 교육경험도 삶의 질과 유의한 상관관계가 없었다. 그러한 교육이 실생활의 삶의 질에 도움이 되려면 시간이 필요할 것이다. 이와 관련하여 본 연구에서 새로운 정보와 기술을 습득할 수 있는 기회에 대한 평가는 매우 나빠졌다. 그들은 최근 집중적으로 받고 있는 컴퓨터, 운전, 취업 등의 교육기회에 대한 불만이 많다는 것은 무슨 의미일까? 그것은 그들이 원하는 개인화된 교육이나 다른 기술을 습득하기를 바라기 때문인 것 같다. 이는 수요조사를 통해 필요한 교육을 실시해야 함을 시사한다.

경제 상태는 탈북자의 적응과 삶의 질 연구에 중요 관심사이다. 2002년도 연구(민성길 등 2003)에서는 사회경제적 상태가 중간정도인 군이 하위정도의 군보다 삶의 질 점수가 높았다. 이번 연구에서도 그러나 직업은 삶의 질과 대체로 정적 상관관계가 있으나 단지 신체건강 영역에서만 통계적으로 유의했다. 또한 월 수입액은 총점과 신체건강 영역과 환경영역의 삶의 질과 유의한 상관관계가 있었으나, 한편 정신적 영역과 사회관계 영역에서는 다른 영역에서와 같이 유의하지 않았다는 것은 시사 하는바가 있다. 즉 탈북자들에게는 돈을 정신사회적 행복과는 크게 관련시키지 않는다는 사실을 시사하는 것이다.

따라서 금전적/물질적 지원에 대해서도 삶의 질에 큰 영향이 없었다. 이런 일시적 지원은 그들의 적응에 더 이상 도움이 되지 않음을 의미한다. 오히려 흥미 있게도, 유의하지는 않으나, 정기적인 금전적 도움은 사회관계 영역에서의 삶의 질에는 오히려 부정적이었다. 이러한 금전적/물질적 지원은 대인관계를 악화시킬 수 있는 바, 이는 이미 보호경찰관과의 관계에서도 입증된 바 있다(전우택 2001). 그들은 일시적 지원보다, 삶의 질 문항에도 기술되어 있듯이 "실질적 사회적"(금전적이 아닌) 지원(practical social support)을 원한다고 보아야 할 것이다.

종교가 있는 탈북자가 많았다. 신념에 관련된 삶의 질도 2002년도 연구(민성길 등 2003) 때 보다 이번 연구에서 더욱 높아지고 있다. 그러나 종교가 있을 때는 없을 때 보다 삶의 질이 높기는 하나, 단지 overall QoL에서만 통계적으로 유의했다. 즉 신앙생활은 전반적으로 긍정적이나 세세한 항목별 삶의 질과는 큰 상관이 없다는 의미일 것이다. 또한 종교경험이 삶에 도움이 된다는 생각을 하는 사람에서는 정신적 삶의 질만이 유의하게 높다. 이는 종교 특히 기독교가 탈북자의 삶의 질에 어느 정도 긍정적 영활을 하고 있음을 시사한다. 탈북자들은 북한에서의 경험 때문에 종교에 대한 이해가 부족하고 따라서 신앙이나 개인적 신념에 대한 개념이 없었다. 그러나 그들은 탈북과정에서 다수 종교인들의 도움을 받았고 또한 남한사회에서도 탈북자 지원에 종교인들이 열성적이기 때문에, 그들은 자연히 남한사회에 정착하면서 종교기관과 많은 관련을 맺는다. 그러다 보니 일부 새로운 종교적 경험에 매료되어 진실된 종교생활에 귀의한 사람이 많다. 그러나 소위 도움을 받았던 의리를 지키기 위해 종교행사에 출석하는 경우가 많았다. 심지어 종교에서 말하는 신이나 예배, 헌금, 헌신 등은 마치 북한에 있을 때 경험한 개인숭배 사상과 유사하다 하여 싫어하는 경우도 많았다. 남한사회 정착 초기에는 신앙생활을 열심히 하더라도 그 신앙이 성숙해 지기 쉽지 않았을 것이며, 점차 종교기관 출석도 소홀히 되기 쉬울 것으로 추측된다. 또한 초기에는 종교기관의 지원도 활발하였으나, 점차 종교인들의 관심도 점차 줄어들고, 종교관계 자원 봉사자들도 열성이 식어질 수 있다. 이러한 상황에서 종교생활이 주관적 삶의 질에 유의한 영향을 미치지 못할 뿐 아니라 그 영향도 줄어들 것이라는 사실은 이해할 만하다. 그러나 흥미 있게도 overall QOL은 종교가 있을 때 유의하게 높았고, 또한 종교 경험이 정신적 영역의 삶의 질과 유의한 관계가 아직 있음을 볼 때, 종교 내지 신앙생활이 탈북자의 삶의 질에 영향을 미칠 잠재력은 매우 크다고 본다.

건강문제 역시 삶의 질과 직접 관련이 있다. 2002년도 연구(민성길 등 2003)에서는, 모순되게도, 질병이 있는 탈북자가 오히려 없는 경우보다 일부 가정환경과 물리적 환경에서 더 만족감을 나타냈다. 이는 아마도 초기에는 남한이 북한보다 상대적으로 사회적 편의시설과 의료복지 서비스, 주거환경이 양호하기 때문에 초창기에는 질병이 있는 탈북자들에게서 주관적 만족감이 더 컸을 가능성이 있다고 판단되었다. 그러나 2004년도 본 연구에서 질병이 많을수록, 신체건강 영역과, 정신적 영역에 삶의 질이 나빴는데 이는 자연스러운 결과이다. 이제는 탈북자들도 건강이 나쁠 때 얻을 수 있는 혜택이 건강상태가 주는 혜택보다 낫지 않다는 사실을 알게 된 것이 아닐까. 음주, 흡연은 삶의 질과 유의한 상관관계가 없었다.

낮은 삶의 질이 우울증과 PTSD가 있음과 유의하게 상관관계가 있음은 당연하다. 이러한 정서적 고통상태는 전문적 치료과정을 통해 하루 빨리 해소되어져야 할 것이다. 이러한 결과는 탈북자의 삶의 질의 개선을 위해서는 그들에게 신체건강 서비스, 특히 우울증과 PTSD에 대한 정신건강 서비스가 증대되어야 할 필요가 있음을 시사한다.

3) 경로분석

경로분석 결과 탈북자들의 삶의 질의 결정에는 신체건강 영역의 삶의 질이 가장 중요한 직접적 영향을 미치는 것을 보여주고 있다. 다음으로 역시 직접 영향을 미치는 것은 정신적 영역의 삶의 질이다. 사화관계 영역의 삶의 질은 신체건강 영역과 정신적 영역과의 상호작용을 통해 전반적 삶의 질에 영향을 미친다. 환경영역은 정신적 영역에 영향을 미침으로 역시 간접적으로 전반적 삶의 질에 영향을 미친다.

이러한 결과가 시사하는 바는 전반적 삶의 질을 증진시키기 위해서는 신체건강을 증진시킴으로 삶의 질을 증진시키는 것이 가장 효과적일 것이라는 것을 알 수 있다. 신체건강을 통해 원만한 가정생활(성생활), 일할 수 있는 능력, 직장생활, 경제활동, 대인관계 등을 유지할 수 있을 것이고, 자존심, 신체상, 긍정적 정서, 생각할 수 있는 능력 등도 증진될 수 있을 것이다.

또한 정신적 영역의 삶의 질도 직접 전반적 삶의 질에 영향을 미치지만, 또한 신체건강에 도움이 됨으로서도 전반적 삶의 질의 증진에도 영향을 미친다. 정신적 영역에서 삶의 질 증진에 도움이 될 방법은 아마도 북한에 있었을 때 경험하지 못했던 부분 특히 긍정적 정서의 함양을 위한 지원과 종교생활 내지 신앙생활을 경험할 수 있도록 도움을 주는 것이다.

환경영역에서의 삶의 질이 직접 삶의 질에 영향을 준다기보다, 단지 정신적 영역의 삶의 질에 영향을 미침에 의지하여 간접적으로 전체 삶의 질에 영향을 미친다는 것은 시사 하는 바가 크다. 즉 최소한 탈북자의 경우 안전하고 풍요한 생활자체 보다, 즉 돈이나 여가 보다, 정신적 만족이 우선적이라는 것이다. 그들이 남한사회에서 상대적으로 가난하더라도, 남한사회가 제공하는 정신적, 정서적, 사회적 만족이 있고 그리고 신체건강을 위한 의료서비스와 새로운 정보와 기술을 습득할 수 있는 기회 등이 확실히 보장된다면, 그들의 삶의 질은 전반적으로 높게 나타날 것이며, 이는 본 연구 결과에서도 잘 나타나고 있다. 달리 표현하면, 그들에게 교육의 기회를 주어 직업을 가지고 일할 수 있게 하고, 신체적으로 건강을 유지하도록 해준다면, 그들의 삶의 질은 남한사람보다 오히려 훨씬 높게 나타날 것임을 본 연구는 예측케 하고 있다.

4) 탈북 전후의 비교와 변화

이러한 탈북자의 삶의 질은 탈북자들이 북한에 있을 때와 비교해서 매우 높아진 것이다. 1999년 113명의 탈북자가 남한사회에 나오기 전 아직 하나원에서 교육을 받고 있을 때, 이전 북한에 살고 있었을 때의 삶의 질을 기억에 의존하여 후향적으로 평가한 연구가 있었다(민성길 2000). 그 결과는 총점 2.93, G1 2.61 이었다. 이때 흥미 있는 소견은 북한사람들의 자존심, 신체상과 외모 그리고 부정적 정서(나쁜 감정이 적었다는 의미), 대인관계 등 항목에서는 삶의 질 점수가 상대적으로 높았고, 반면 긍정적 정서(기쁜 정서가 없었다는 의미), 종교성/영성/신념, 그리고 환경영역에서의 모든 항목에서 매우 낮았다는 것이다. 이와 같이 북한에 있었을 때 긍정적 정서, 영성, 그리고 환경영역 등에서 삶의 질이 나빴다는 점은 이해가 되나, 자존심, 신체상과 외모, 대인관계 등의 주관적 삶의 질이 높았었던 것은 특이했다. 그들이 북한에 있을 때, 외부세계를 잘 모르는 폐쇄적 상태에서 주관적으로 느꼈던 바를 평가한 결과로 생각해야 할 것이다. 특히 비교할 외부세계를 모르는 상태에서, 사회주의 사회의 우울성과 전체주의 국가의 민족적 우월성에 대한 선전과 교육에 의해 만들어진 고정된 사고방식에 의해 그러한 평가가 나왔을 것으로 생각된다.

이들이 탈북한 후 남한사회에서의 삶의 질은 북한에 있을 때 보다는 물론, 시간이 지남에 따라 점차 높아지기 시작했다. 엄밀한 의미에서 비교대상은 아니지만, 2002년도 탈북자 43명을 대상으로 남한에서 살고 있을 때의 삶의 질을 평가하게 한 바(민성길 등 2003), 총점 3.19, G1 3.40이었다. 이번 2004년도 연구에서는 총점 3.28과 G1 3.38로 더욱 호전되고 있다. 이제 그 호전 상태는 표준화 연구(민성길 등 2000a,b)에서 제시된 남한사람들의 총점 3.27, G1 3.32 이라는 수준과 유사하다. 즉 대체로 탈북자들의 남한사회 적응문제는 그동안의 남한 정부나 사회의 노력으로 점차 개선되고 있는 것 같다〈표 4, 그림 2〉.

영역별로 탈북 전과 탈북 후 (2002년과 2004년도 연구) 사이의 변화 추이를 보면, 모든 영역에서 점진적 호전을 보이고 있다. 차이가 있다면 신체건강 영역에서는 탈북 후 다소 낮아 졌다가 최근 아주 호전했으며(그러나 여전히 남한사람들 보다는 못했음), 정신적 영역에서는 지속적으로 호전했고(오히려 남한사람들 보다 삶의 질이 높았음), 사회관계 영역에서는 탈북 전과 탈북 후 2002년도 간에는 별 차이가 없었으나, 2004년도에 아주 호전했고 (오히려 남한사람들 보다 삶의 질이 높았음), 환경영역에서는 탈북 후 호전했으나 이후 더 이상 호전은 없어 별 변동을 보이지 않았다(남한사람들과 유사)〈표 4, 그림 2〉.

표 4에서 보는 바와 같이, 세부적으로는, 신체통증, 수면과 휴식, 약물의존도, 일할 수 있는 능력 등은 탈북 후 2002년도에는 다소 낮아졌다가 2004년도에는 호전했다. 에너지와 피로감, 돌아다니는 능력 그리고 일상생활 능력 등은 탈북 후 지속적으로 호전했다. 이러한 전반적 호전은 아마도 최근의 의료혜택의 확대와 영양상태의 호전에 따라 신체건강이 좋아지고 있기 때문일 것이다. 그러나 신체건강 영역에서의 삶의 질은 여전히 남한사람들(민성길 등 2000ab)보다는 낮은 것 같다.

정신적 영역에서는 긍정적 정서와 사고능력 등은 탈북 전에는 낮았는데, 탈북 후 점차 높아 졌다(오히려 남한사람들 보다 높은 편이었다). 부정적 정서는 북한에서는 거의 느끼지 않고 살았던 것 같으나, 남한에 와서 초기에 나빠졌다가 점차 호전하고 있었으며, 역시 남한사람들보다 나았다. 정서에 관련된 이러한 복잡한 상황은, 탈북에 따라 정신적 만족감도 크지만 동시에 낯선 남한 생활에 대한 초기의 정신적 갈등도 크기 때문이라고 예상할 수 있겠다. 종교성/영성/개인적 신념 항목에서도 탈북 전에는 매우 낮았으나 탈북 후 매우 높아진 항목인데 남한 사람들과 유사했다. 이는 탈북자들이 민주주의 의식이 높아지고 종교에 귀의하고 또한 종교단체의 도움을 많이 받고 있는 상황과 관련되는 것 같다. 자존심과 신체상 및 외모는 북한에 있을 때에도 높은 편이었는데 남한에 와서 더 높아졌으며 남한사람들보다도 높았다(민성길 등 2000ab).

〈표 4〉 Comparison of quality of life among groups of defectors

	in North Korea (N=113)	Defectors in 2002 (N=43)	Defectors in 2004 (N=151)	South Koreans (N=324)
	Mean(SD)	Mean(SD)	Mean(SD)	Mean(SD)
Domain 1 Physical health domain	**3.35**	**3.02**	**3.42**	**3.68**
Facet 1 Pain and discomfort	3.70	2.98	3.75	3.93
Facet 2 Energy and fatigue	2.97	3.12	3.14	3.10
Facet 3 Sleep and rest	3.01	2.74	3.00	3.35
Facet 9 Mobility	3.45	3.44	3.82	3.94
Facet 10 Activity of daily living	3.09	3.00	3.34	3.39
Facet 11 Dependency on medication and treatment	3.80	3.02	3.48	4.56
Facet 12 Work capacity	3.42	2.81	3.56	3.46
Domain 2 Psychological domain	**3.01**	**3.30**	**3.48**	**3.20**
Fecet 4 Positive feeling	2.54	3.19	3.08	2.78
Facet 5 Thinking, learning, memory and concentration	3.17	3.67	3.55	3.12
Facet 6 Self-esteem	3.09	3.30	3.56	3.24
Facet 7 Bodily image and appearance	3.13	3.09	3.16	2.97
Facet 8 Negative feeling	3.41	3.02	3.93	3.49
Facet 24 Religion/spirituality/personal belief	2.74	3.56	3.73	3.60
Domain 3 Social relationship domain	**3.15**	**3.19**	**3.36**	**3.18**
Facet 13 Personal relationship	3.34	3.14	3.49	3.23
Facet 14 practical social support	3.07	3.26	3.31	3.34
Facet 15 Sexual activity	2.98	3.21	3.27	2.97
Domain 4 Environmental domain	**2.47**	**3.00**	**3.00**	**3.00**
Facet 16 Physical safety and security	2.65	2.98	3.36	3.20
Facet 17 Home environment	2.83	3.23	3.33	3.45
Facet 18 Financial resources	2.53	1.84	1.85	2.44
Facet 19 Health and social care	2.65	3.67	3.69	3.56
Facet 20 New information	2.28	2.98	2.68	2.97
Facet 21 Recreation and leisure	2.19	2.49	2.28	2.28
Facet 22 Physical environment	2.65	2.86	3.06	2.84
Facet 23 Transport	1.96	3.98	3.84	3.35
G1 Overall quality of life	2.61	3.70	3.54	3.30
G4 General health	3.14	3.10	3.23	3.34
Total	**2.93**	**3.19**	**3.28**	**3.27**

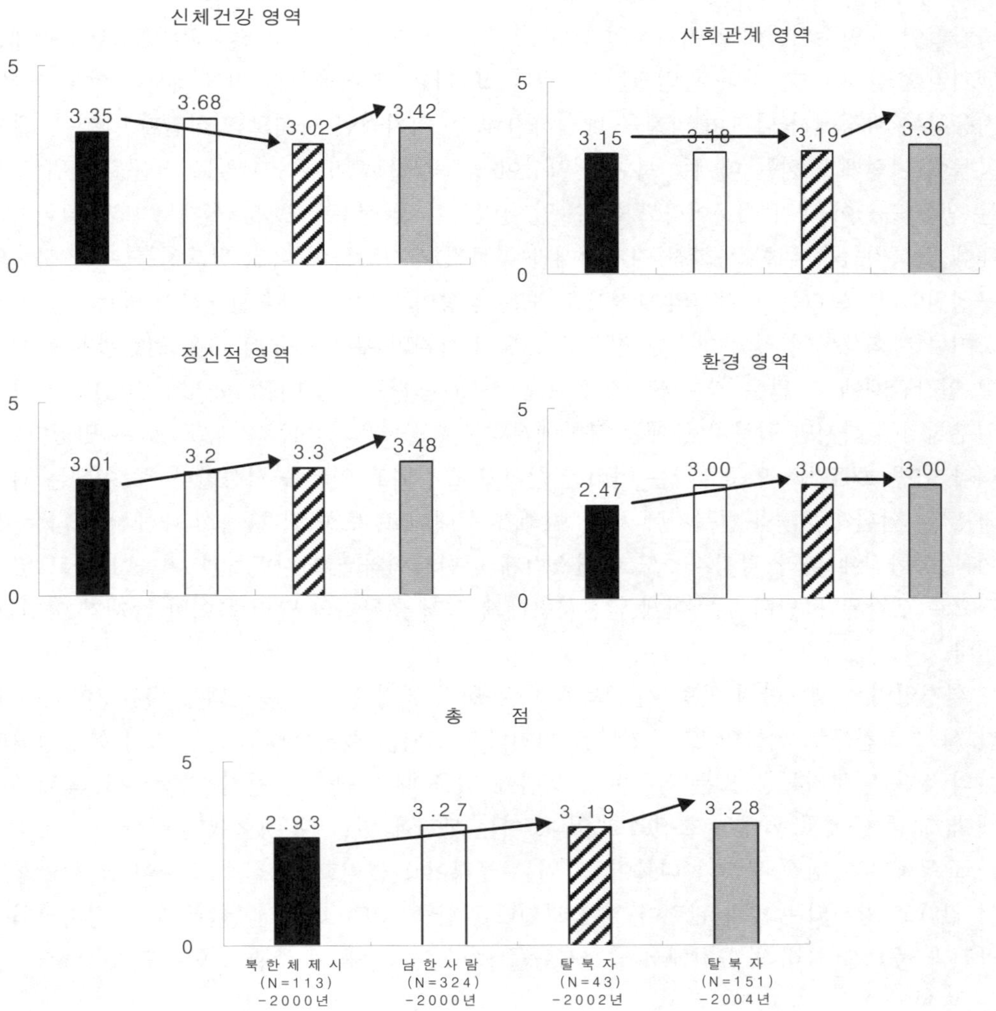

〈그림 2〉 시기에 따른 탈북자들의 삶의 질의 변화와 남한사람들과의 비교

사회관계 영역에서는 개인적 관계는 북한에 있을 때 좋았는데 남한에 와서는 일단 나빠졌다가 점차 호전되고 있으며 오히려 남한사람들 보다 나은 편이었다(민성길 등 2000ab). 실제적 사회적 지원과 성관계에서는 북한에 있을 때는 나빴으나 탈북 후 남한에서 호전되고 있다. 특히 성관계에서는 탈북자의 만족도가 높은 편이었다. 이는 북한에서의 통제된 삶에서 자유스러운 삶으로 옮겨온 결과 나타나는 자연스러운 현상으로 보인다. 탈북 후 초기에 개인적 인간관계에 대한 만족도가 낮았던 것은 이전의 연구(전우택 등 1997, 전우택

2000)에서 탈북자들이 남한사회에서 대부분 외로움을 호소하고 있었으며 탈북자들은 남한사람들이 개인주의적이고 이기적인 모습이 가장 큰 충격이었다고 말하고 있고 대인관계를 맺기가 힘들다고 한 바와 관련되는 것 같다. 또 다른 연구(윤인진 1999)에서는 탈북자들이 적응하는 과정에서 남한이 약자를 배려하지 않는 이기적인 사회로 인식한다고 했다. 탈북자들이 이렇게 느끼는 데에는 북한의 일상이 공동생활로 이루어져 있고 집단을 단위로 하는 생활 습관이 있기 때문이라고 할 수 있다(민성길 및 전우택 1995). 실제로 현재 남한사회 내에 탈북자들을 위한 사회적 지지체계가 부족하고 사람들이 아직 탈북자를 우리 사회의 구성원이라기보다는 호기심의 대상으로 보는 경향이 있었다. 이와 관련하여 탈북자들이 직장이나 사회생활에 있어 보수나 진급도 중요시 하지만 무엇보다 더 나은 인간관계를 원하고 인간관계에 더 많은 가치를 부여한다는 조사(윤덕룡 및 강태규 1997)가 있었다. 따라서 일부이기는 하지만 탈북자 중에는 북한에서의 생활을 그리워하는 경향도 볼 수 있었다. 그러나 이번 2004년도 연구결과는 이러한 상황도 호전되고 있음을 시사한다. 즉 이제는 과거와 달리 남한사람들의 탈북자에 대한 이해가 증대되고, 또한 같은 사회 내에서 산다는 것이 일상화됨에 따라 탈북자들도 자연스럽게 남한사회와 남한사람들과 어울려 가고 있는 것으로 생각된다. 탈북자는 이제 남한사람에게 과거 초창기와 달리 특이한 존재가 아닌 것이다.

환경영역은 생태학적 환경, 사회적 환경, 문화적 환경 등으로 구성되는 객관적이고 중요한 삶의 조건들로서 삶의 질에 영향을 미친다고 한다(임희섭 1996). 연구 결과 환경영역의 삶의 질은 탈북자들은 모든 항목에서 북한에 있을 때 나빴으나 안전, 가정생활, 의료복지 혜택, 교통 등에서는 매우 호전을 보였다. 이는 북한에 있을 때 경험했던 북한 의료서비스나 교통체제가 경제 붕괴와 더불어 그 기본 골격이 흔들리고 그 질적 수준이 크게 낙후되어 있다고 평가되는 것과 관련이 있어 보인다(김한중 1997). 따라서 남한사회의 정치사회적 안전과 풍요한 물리적 환경에서 남한사람들 보다 탈북자들의 주관적 만족도가 오히려 높은 편이었다.

그러나 재정적 자원, 정보를 얻을 수 있는 기회(교육), 여가 생활에서 과거 2002년도 조사(민성길 등 2003)에서와 같이 여전히 삶의 질이 낮았다. 이는 그들 자신의 소득이 낮다는 사실 이외에도 자본주의 사회의 소득의 불균형이라는 특성과 상대적 빈곤감이 반영된 것으로 판단된다. 즉 탈북자들이 실제적인 경제적 어려움과 함께 자본주의 사회에 편입하면서 경제적 열등감과 함께 돈을 벌어야 한다는 강박관념을 가진다는 사실과 관련된다(전우택 2000). 이전의 다른 조사(전우택 2001, 윤덕룡 및 강태규 1997)에서도 탈북자들이 남한에서 경제적인 어려움을 가장 많이 호소하고 있어, 통일 후에도 경제적 문제가 가장 해결하기 어려운 문제가 될 것이라고 한 바 있다. 우리와 유사한 체제분단을 가졌던 독일의 경우에도 통일 이후 실제로 존재하는 경제적인 수입 차이와 무능력의 경험은 동독인에게 2등 시민이라는 느낌과 집단적인 열등감 콤플렉스를 가져왔다고 한다(Kohr 1993). 최근 탈북자들에서 경제적 곤란이 지속되는 이유 중 하나는, 탈북자 예우에 대한 법 개정으로 인해 초기 정착금이 감소하는 등 기초자산이 적고, 직업기술이 부족하여 직장이 안정적이지 못하고, 소득이 낮기 때문이며, 한편으로는 자본주의 사회에 대한 이해 부족으로 초기 정착금을 잘 관리하지 못했기 때문이라고도 한다(윤덕룡 및 강태규 1997).

이제는 탈북자들은 남한 생활경험과 교육을 통해 남한사회의 경제적 체제를 이해하고, 현실 사회에 대한 이해가 커져가고 있다. 이제는 탈북자들도 남한에 빈부의 격차가 존재하고 의식의 발전에 의해 이에 대한 상대적 빈곤감으로 인한 고통을 느끼는 수준에 도달하고 있을 것이다. 북한의 절대적인 빈곤에 비해 상대적으로 훨씬 풍부한 현재의 생활에 만족하고 전체적으로는 남한 경제에 대해 긍정적인 평가를 내리고 있고 남한사람들이 부지런해서 북한보다 잘 산다는 평가를 내리고 있다 하더라도(윤덕룡 및, 강태규 1997), 상대적으로 가난한 삶 때문에 삶의 질은 여전히 높게 평가될 수 없을 것이다. 한편 남한의 자본주의 체제에 적응하는데 대한 부담감이나 상대적 박탈감 등은 정신적 적응의 어려움의 원인이 될 수도 있겠으나, 한편으로는 탈북자가 남한사회에 오히려 강하게 적응하는 동기가 될 수도 있는 것 같다(성영신 등 1993).

한편 새로운 정보나 기술을 습득할 수 있는 기회에 관한 만족도는 전보다 더욱 악화되었다. 이는 탈북자들끼리 제한된 범위의 정보교환을 하거나 외부로부터 정보를 체계적으로 구하는데 문제점이 있다는 보고(전우택 및 민성길 1996)에 비추어 이해될 만하다. 이제는 그들이 남한사회에서 살아가기 위한 실제적인 교육을 원하고 있는 것이 아닌가 한다. 현재 진행되고 있는 각종 교육 프로그램에 대한 전면적인 검토가 필요하다.

종합적으로 이제 많은 탈북자들은 일상생활과 가정생활을 활발히 하면서 높은 자존심과 개인적 신념의 생활을 이어가고 있고, 안전한 사회에서 의료혜택과 교통수단 그리고 물리적 환경에 대해 만족해하며 그리고 사회관계에서도 비교적 만족을 누리며 지내고 있는 것 같다. 특히 긍정적 정서, 사고 능력, 개인적 관계, 성생활, 안전, 물리적 환경 등에서는 남한사람들 보다 주관적 삶의 질이 오히려 더 높기도 하다.

단지 아직도 재정적 자원 · 정보를 얻을 수 있는 기회, 여가생활 등에서는 주관적 삶의 질이 매우 낮은 것으로 나타나고 있다. 즉 아직도 경제적으로 어렵고, 필요한 교육을 받지 못하고 있는 것에 관한 불만이 크다는 의미라고 해석된다.

5) 제한점

이 연구의 제한점으로는 첫째로 본 연구에 포함된 151명의 탈북자가 모든 탈북자들을 대표한다고 볼 수 없기 때문에 이 결과를 전체 탈북자들에게까지 일반화하는데 한계가 있다고 할 수 있다. 둘째, 남한에서 생활하고 있는 설문대상자는 남한에서 적응을 잘 하고 있는 집단일 가능성이 있어, 전체 탈북자집단과 차이가 있을 수 있다는 점이다. 즉 남한사회에서의 삶의 질을 높이 평가할 가능성이 있는 집단일 수 있다. 셋째, 이 연구에서 탈북자들이 그들의 주관적인 삶의 가치를 얼마나 솔직하게 대답했는가에 대해 의문을 가질 수 있을 것이다. 대체로 탈북자들은 자신의 마음을 솔직히 이야기하는데 매우 조심스러워 한다고 알려져 있다.

이러한 제한점들에도 불구하고 이 연구는 그동안 부분적이고 소규모적으로 연구되었던 탈북자의 남한사회 적응을 그런대로 많은 숫자의 탈북자들을 대상으로 주관적 삶의 질을 전반적이고 총체적으로 분석한 연구라는 점, 향후 같은 도구로서 추적 연구를 하여 변화의 추이를 볼 수 있을 것이라는 점 등에서 그런대로 가치가 크다고 생각된다.

6) 탈북자를 돕는 길

본 연구는 탈북자들의 높은 삶의 만족을 위해 남한사회가 어떤 부분을 도와주고 보강해야 되는지를 잘 보여주고 있다. 그것은 특히 경제지원, 교육기회제공, 여가활용 지원, 의료서비스, 특히 정신건강 분야의 서비스임을 시사하고 있다. 또한 긍정적 정서의 고양, 물리적 환경(주거환경)의 개선, 수면과 휴식 등 여유로운 생활 등도 신경 쓸 수 있으면 좋을 것이다. 경제적 지원에 있어 이제 일시적이든 정기적이든 금전적 지원은 도움이 되지 않는다는 것은 확실하다. 일정한 수입이 보장되도록, 즉 직업을 가지도록 돕는 것이 필요하다. 동시에 탈북자들이 원하는 바이기도 한바 새로운 사회에 잘 적응할 수 있도록 정보와 기술을 습득하는 기회를 증대시켜야 한다.

동시에 남한사회가 북한으로부터 받을 교훈도 있다고 보는바, 자존심, 부정적 정서가 적음, 그리고 개인적 인간관계 등의 항목에서 북한사회가 남한보다 못하지 않다는 것이다. 이러한 사실은 또한 장차 남북통일의 과정에서 상호 보완할 것이 무엇인가를 제시하는 것이기도 하다.

5. 요 약

연구목적: 이 연구는 탈북자들의 현재 남한사회에서의 주관적 삶의 질을 평가하고, 이에 영향을 미치는 요인을 규명하는 것이다.

방법: 남한사회에서 살고 있는 탈북자 151명을 대상으로 현재 그들의 삶의 질을 한국판

세계보건기구 삶의 질 간 편형 척도(WHOQOL-BREF)를 사용하여 주관적으로 평가하게 했고, 이를 인구학적 변인, 과거력 및 가족력, 현재 생활경험, 우울증 및 외상후 스트레스장애 진단유무 등과의 관련성을 통계적으로 분석했다. 각 영역들이 overall QoL에 미치는 영향을 경로분석했다.

결과: 탈북자는 전반적으로 정신적 영역에서 삶의 질이 높고, 신체건강 영역과 사회적 관계 영역 그리고 교통수단, 의료혜택과 등 환경영역에서도 높았다. 그러나 수면과 휴식, 에너지와 피로, 긍정적 정서, 신체상과 외모, 물리적 환경 등에서는 비교적 낮았고 새로운 정보(교육)를 얻는 기회와 여가생활에서 삶의 질이 매우 낮았으며 재정적 자원에서 가장 낮았다. 이는 탈북자의 삶의 질을 높이기 위해서는 재정적 지원, 교육 및 여가생활에 대한 지원 등이 필요함을 의미한다.

한편 높은 삶의 질은 부분적으로 배우자와 같이 있을 때, 직업이 있을 때, 수입이 많을 때, 종교가 있을 때 등과 관련되었다. 낮은 삶의 질은 나이가 많을수록, 배우자 이외 가족이 있을 때, 신체질병이 있을 때, 우울증이 심할 때, PTSD가 있을 때 등과 관련되었다. 그러나 남녀 간, 북한에 있을 때 학력, 과거 군 생활 또는 노동당원 등으로서의 경험, 또는 남한에서의 학력, 금전적/물질적 지원 등은 삶의 질과 유의한 관련이 없었다.

경로분석결과 주로 신체건강 영역과 정신적 영역이 직접 전반적 삶의 질에 영향을 미치며 환경영역과 사회관계 영역은 이 두 영역을 통해 간접적으로 삶의 질에 영향을 미쳤다.

결론: 이러한 결과는 탈북자의 삶의 질의 개선을 위해서는 그들에게 의료 서비스 특히 정서문제에 대한 정신건강 서비스가 증대되어야 하고 교육, 여가생활 지원 등이 필요함을 시사한다. 그리고 금전적 도움보다는 실질적 사회적 지지의 제공과 진정한 종교적 도움 등이 삶의 질 증진에 필요하다. 또한 여성문제, 가족 간 갈등, 노인의 문제점 등을 연구하여 이를 해소하는 방안을 마련할 필요가 있다.

참고문헌

김영수, 정영국(1996): 탈북귀순자 남한사회 적응실태 조사. 통일연수원.

김한중(1997): 남북한 보건의료체계의 실태와 과제 통일준비. 연세대학교 통일연구원 연구총서, 도서출판 오름, pp.189-212.

민경환(1994): 심리학적 관점에서 본 한국통일. 심리과학 3: 84-99.

민성길(1998): 통일 이후 예상되는 북한 주민의 문화충격과 적응문제. 통일이후 1(창간호): 69-106.

민성길(2000): 북한사람들의 삶의 질. 통일연구 4: 5-19.
민성길(2000): 통일과 남북 청소년. 서울, 연세대출판부.
민성길:(2001): 북한사람의 인격구조. 통일연구 5: 5-46.
민성길(2002): 통일한국의 미래세대. 통일연구 6: 5-46.
민성길(2004): 통일이 되면 우리는 함께 어울려 잘 살 수 있을까? 서울, 연세대학교 출판부.
민성길, 김광일, 서신영, 김동기(2000a): 한국판 세계보건기구 삶의 질 척도(WHOQOL)의 개발. 신경정신의학 39: 78-89.
민성길, 김광일, 박일호, 김동기(2002): 세계보건기구 삶의 질 척도 지침서. 의학행동과학 연구소. 서울, 하나의학사.
민성길, 이창일, 김광일, 서신영, 김동기(2000b): 한국판 세계보건기구 삶의 질 간편형 척도(WHOQOL-BREF)의 개발. 신경정신의학 39: 571-579.
민성길, 전우택(1996): 사람의 통일: 정신의학적 접근. 통일사회로 가는 길, 서울, 도서출판 오름 pp 72-110.
민성길, 전우택(1997): 북한 청소년에 대한 이해. 통일연구 1: 141-173.
민성길, 전우택, 윤덕룡 (1999): 북한청소년의 생활과 발달에 대한 연구. 신경정신의학 38: 1047-1062.
민성길, 전우택, 윤덕룡(2003): 탈북자와 통일준비. 서울, 연세대학교 출판부.
민성길, 진용탁, 손상원, 김동기(2003): 탈북자의 남한사회에서의 삶의 질. 사회정신의학 8: 28-38.
성영신, 서정희, 심진섭(1993) : 남북의 장벽을 넘어서-통일과 심리적 화합: 남북한의 경제 심리 비교-귀순자의 심층면접을 토대로-. 학술 심포지움 통일과 심리적 화합, 한국심리학회 pp 193-212.
신의진, 최의겸, 유병국, 민성길(2004): 탈북청소년의 심회심리적 위험요인. 의학행동과학 3: 46-55.
윤덕룡, 강태규(1997): 탈북자의 실업과 빈부격차에 의한 갈등 및 대책: 탈북자들의 경제문제에 관한 설문조사결과를 중심으로. 통일연구 1: 169-220.
오혜정(1995): 귀순북한동포의 남한사회 적응 실태-사회, 문화적 측면에서(석사학위 논문). 서강대학교 공공정책 대학원.
윤인진(1999): 탈북자의 남한사회 적응실태와 정착지원의 새로운 접근. 한국사회학 33: 511-551.
이경매, 민성길, 오희철(2004): 한국거주 불법신분 조선족들의 정신건강 및 삶의 질에 대한 연구. 신경정신의학 43: 209-228.
이종석, 김연철(1996): 북한 주민의 의식구조 및 가치관 조사. 서울, 통일연수원.
임희섭(1996): 삶의 질에 있어서의 현황과 과제: “삶의 질”의 개념적 논의. 한국행정연구 5: 1005-1050.
전우택(1997): 난민들의 정신건강과 생활 적응에 대한 고찰 및 한반도 통일과정에서 전망과 대책. 신경정신의학 36: 145-161.
전우택(2000): 사람의 통일을 위하여. 서울, 도서출판 오름.

전우택(1997): 탈북자들의 주요 사회 배경에 따른 적응과 자아정체성에 관한 연구. 통일연구 1: 109-167.

전우택, 민성길(1996): 탈북자의 삶-문제와 대책 : 탈북자의 심리와 적응상의 문제. 연세대학교 통일연구원 연구총서, 도서출판 오름 pp.16-66.

전우택, 민성길(2002): 공산주의 국가에서 자본주의 국가로의 전환에서 나타나는 사회심리적 갈등과 그 해소 방안: 루마니아사례를 중심으로. 통일연구 6: 155-224.

전우택, 민성길, 이만홍, 이은설(1997): 북한탈북자들의 남한사회 적응에 관한 연구. 신경정신의학 36: 145-159.

전우택, 윤덕룡, 민성길(2001): 보호 경찰관들의 탈북자 지원 경험 분석. 신경정신의학 40: 203-216

조영아, 전우택, 민성길(2004): 남한내 탈북 이탈주민의 자아방어기제 연구. 신경정신의학 43: 345-353.

한오수, 홍진표(2000): DSM-IV의 제1축 장애의 구조화된 임상적 면담(연구용 판). 서울, 하나의학사.

Beck AT, Ward CH, Mendelson M, Mock J, Erbauch J J(1961): An inventory for measuring depression. Archives of General Psychiatry, 4: 53-63.

Berry JW, Kim U, Mindle T, Mok D(1987): Comparative Studies of Acculturative Stress. International Migration Review, 21: pp.491-511.

Grossman B, Wirt R, Davis A(1985): Self-esteem, ethnic identity and behavioral adjustment among Anglo and Chicano adolescents in West Texas, Journal of Adolescence 8: 57-68.

Kohr H-U(1993): Psychological problems in german unification. 한국심리학회 1993년도 학술대회.

Kuprinski J(1984): Self-reported ethnic identity, depression and anxiety among youth Vietnamese defectors and their parents. Journal of Refugee Studies 18: 927-937.

Maaz J(1990): Der Gefuhsstasau. Berlin, Argon Verlag.

Maretzki H(1993): Reflections on the future reunification of Korea. Paper presented at the third German-Korean conference.

Nguyen. Nan Canh(1983): Vietnam under Communism. Stanford. Hoover Institution, Stanford University: 1975-1982.

The WHOQOL group (1994): Development of the WHOQOL: Rationale and current status. International Mental Health 23 : 24-56.

The WHOQOL group(1998a): The world health organization quality of life assessment(WHOQOL) : Development and general psychometric properties. Social Sciences and Medicine 46 : 1569-1585.

The WHOQOL group(1998b): Development of the World Health Organization WHOQOL-BREF Quality of Life Assessment. Psychological Medicine 28: 551-558.

제24장

우울 예측 요인*

조영아 연세대 연세상담센터, 심리학
전우택 연세대 교수, 정신의학
유시은 연세대 석사과정, 통일학
엄진섭 충북대 박사과정, 심리학

1. 서 론

1994년 이후로 남한에 입국하는 탈북주민의 수는 급격히 증가하여 2004년 현재까지 6,000명이 넘는 북한이탈주민이 남한에서의 새로운 삶을 시작하였다. 수적인 증가와 더불어 이들의 사회 적응과 정착은 남한사회의 중요한 관심사가 되었다. 사회 정책이나 지원, 탈북자 개개인의 역량, 주변의 환경 등의 다양한 요소들이 탈북주민의 적응에 영향을 미치겠지만 가장 중요한 역할을 하는 것 중 하나가 정신건강일 것이다. 정신건강은 같은 어려움에 대해 통합적이고 긍정적인 의미를 부여하고 적극적으로 행동하게 하여 여러 위기와 도전을 잘 극복하고 현실적으로 더 많은 기회를 창출하는 긍정적 순환을 가져오는 반면에 정신적인 고통은 부적응과 기회의 감소, 정신적 고통의 심화라는 악순환의 고리를 겪게 만든다. 또한 이러한 사실은 삶의 질이나(민성길, 2003) 의식 및 생활 만족도에(전우택, 유시은, 조영아, 엄진섭, 2004) 탈북주민의 정신건강이 의미 있는 영향을 미친다는 경험적 연구를 통해서도 입증된 바이다. 많은 탈북주민들이 이미 탈북 이전부터 탈북의 계기가 되는 기아와 정치적 압박, 중국이나 제3국에서의 불안한 도피생활을 경험했고 사회 문화적 적응이나 외로움, 실업과 같은 정신건강을 위협할 수 있는 여러 가지 삶의 위기를 겪게 되기 때문에 이러한 여러 가지 스트레스가 정신건강을 위협할 가능성이 크다는 것은 쉽게 짐작할 수 있다.

우울증은 외상후스트레스와 더불어 이민자나 난민이 흔히 겪는 정신 장애로서 이들 집단의 정신건강 수준을 반영하는 지표로 사용되어 왔다(Hinton et al., 1998; Hinton, Tiet, Tran

* 이 글은 "북한이탈주민의 우울 예측 요인: 3년 추적 연구", 『상담 및 심리치료』, 제17권2호, 2005, 한국상담심리학회, pp.467-484를 일부 요약, 수정한 것이다.

& Chesney, 1997). 지금까지 이루어진 탈북자 대상 정신건강 관련 연구들에서도 우울 수준을 사용하여 이들의 전반적인 정신건강 수준을 알아보려고 하였다. 예를 들어 한인영(2001)은 남한으로 이주한 북한이탈주민의 초기 정신건강상태를 파악하기 위해서 하나원에서 적응교육을 받고 있는 탈북주민 64명을 대상으로 우울 수준을 측정했는데, CES-D를 사용한 우울 수치에서 대상자의 29%이상이 임상적 우울 증상군에 해당하였다는 결과를 얻었다. 이 연구에서 가족과 함께 이주한 집단은 단독이주자들보다 더 높은 우울 점수를 보였으며, 성별, 학력, 결혼 상태에 따른 차이는 보이지 않았다. 김현아와 전명남(2003) 역시 하나원에 교육받고 있는 탈북주민 821명의 정신건강 수준을 알아보는 연구를 실시하였다. MMPI에서 나타난 임상척도들은 성별이나 연령, 재북송 경험, 가족 동반 여부에 따라, 임상척도에 따라 차이를 보였다. 그중에서도 우울 척도에 반영된 우울 수준은 남성이 여성보다 유의하게 높았고 가족동반에 따른 차이는 없게 나타나서 한인영(2001)의 연구와는 상이한 결과를 보였다. 연령별로는 50대가 가장 우울했고 10대, 20대의 우울수준은 상대적으로 낮은 결과를 보였다. 탈북주민의 정신건강에 대한 연구한 노대균(2001)의 연구에서는 남한 정착 후 2-3년이 지난 탈북주민의 적응 및 정신건강이 가장 열악하다는 결과를 보이고 있다. 성별에 따라 정신건강에 차이가 없었으며 정착기간이 길수록 우울을 포함한 정신건강의 수준이 낮게 나타났다. 이와 같이 탈북주민의 불안이나 우울, 외상 후 스트레스 장애로 표현된 탈북주민의 정신건강 수준은 연구에 참여한 탈북 주민의 특성이나 측정도구, 정착기간, 성별, 교육, 연령, 가족관계, 탈북 과정에서의 경험한 스트레스 경험에 따라서 다르게 나타나고 있다.

실제 탈북주민과 비교해 볼 수 있는 난민 연구에서는 정착지 이전의 난민 캠프나 본국에서의 외상경험이 많을수록 정착지에서의 정신건강이 나쁘다는 연구들을 여럿 찾아볼 수 있다. 노르웨이의 베트남 난민(Hauff & Vaglum, 1995), 미국의 동남아시아 난민(Carlson & Rosser-Hogan, 1991; Steel et al., 2002), 일본 거주 난민(Ebata & Miyake, 1989)등의 여러 나라의 다양한 인종에게서 동일한 결과를 보였고, 특히 라오스, 캄보디아, 베트남의 동남아시아 세 민족의 난민을 연구한 Chung과 Kagawa-Singer(1993)의 연구에서는 이주 전 외상사건과 난민 캠프 경험이 세 집단 모두의 5년 후에 심리적 곤란도 즉, 우울을 예측하는 유의한 예측변인이 되었다.

정신건강에 영향을 주는 외상의 영향력은 정착 기간과 외상의 종류 즉, 어떤 시기에 겪은 외상인가에 따라 달라진다는 결과가 있다. 정착 전의 외상에 비해 정착한 후의 정착지에서 겪는 여러 가지 스트레스는 난민들의 정신건강 특히 우울 수준에 영향을 미쳤다. Silove등(1997)은 40명의 오스트레일리아 피난처 방문자 대상 연구에서 외상 후 스트레스 장애는 이주 전 외상과 더 깊은 관련이 있는 반면에 우울은 외로움, 권태와 같은 피난처에서의 스트레스와 더 많은 관련이 있다는 결과를 얻었다. Beiser 등(1989)은 정착 후 3-4년이 지난 동남아시아 난민의 2년간의 추적연구에서 이주 전 외상과 같은 이주 전 요인은 첫 번째 초기조사 결과에서, 경제적 문제나 문화 적응과 같은 이주 후 변인은 일 년 후의 추적 조사 결과에 더 많은 영향을 준다는 사실을 밝히고 있다. 즉, 이주 전 스트레스 요인이 초기에는 정신건강에 영향을 크게 미치나 시간이 흐를수록 정착 후 스트레스 요인이 미치는 영향이 보다 더 뚜렷해진다는 것이다.

정착기간과 우울 수준의 변화를 연구한 결과들을 살펴보면, 서구사회에 정착한 동남아시아 출신 여러 난민 집단의 추적 연구에서는 대체로 우울 수준이 정착기간이 길어지면서 감소한다는 결과를 보이고 있다(Bauer & Priebe, 1994; Krupinskp & Burrows, 1986; Rumbaut, 1985; Westermeyer, Neider & Vang, 1984; Westermeyer, 1985). 반면 Hauff와 Vaglum(1995)의 베트남 난민 대상 3년 추적연구에서와 같이 정착 3년 후에도 심리적 곤란도가 줄어들지 않는 연구도 있다.

교육수준(Hermansson, Timpka & Thyberg, 2002; Lavik et al., 1996), 취업(Beiser, Johnson & Turner, 1993; Chung & Kagawa-Singer, 1993; Hermansson et al., 2002; Hinton et al., 1998; Lavik et al., 1996), 수입(Chung & Kagawa-Singer, 1993), 성별(Lavik et al., 1996), 연령(Buchwald et al, 1993; Hinton et al., 1997; Lavik et al., 1996; Rumbaut, 1989; Westermeyer, Neider & Callies, 1989)등의 사회 경제적 변인과, 사회적 지지(Chung & Singer, 1993), 건강(Hermansson et al., 2002; Hinton et al., 1998), 언어능력(Chung & Singer, 1993; Hinton et al., 1998)들은 여러 난민 집단에서 우울에 영향을 미치는 중요 요인이 되는 것으로 보인다. 위에서 언급한 Hauff와 Vaglum(1995)의 연구에서는 여성일수록, 나이가 어릴수록, 베트남에서 교육받은 기간이 적을수록 심리적 곤란도가 높았으며 여성, 정착 전 본국에서의 외상 경험, 가까운 지지원이 없는 것, 정착지에서 부정적 삶의 경험이 많은 것, 가까운 가족과 떨어져 있는 것이 심리적 장애를 예측하였다. 또한 베트남 난민을 1년 6개월 후에 추적 연구한 Hinton등(1997)의 연구에서는 비록 심리적 외상이 우울을 예측하기는 하지만 군출신 여부, 나이, 영어능력, 교육, 이전 우울수준, 가족 동반 여부와 같은 인구 사회학적 특징이 우울에 더 큰 영향을 준다는 결론을 얻었다.

이와 같은 결과를 Chung과 Kagawa-Singer(1993)은 난민의 정신건강에 관한 일련의 연구들을 빌어서 다음과 같이 요약하고 있는데, 이주 전 외상, 이주 후 요인과 함께 (1) 가족의 상실과 이별이 많은 것 (2) 난민 캠프에서 더 긴 시간을 보낸 것 (3) 외상 경험이 많은 것 (4) 고용 상태가 아닌 것 (5) 교육수준이 낮은 것 (6) 영어 능숙도가 떨어지는 것 (7) 정서적 물질적 자원이 적은 것이 심각한 정신장애로 발전할 가능성을 크게 만든다고 한다.

난민의 우울 성향에 영향을 미치는 요인이 다양하다는 점을 볼 때, 탈북주민의 우울 성향에 영향을 미치는 요인 또한 다양할 것으로 예측됨에도 불구하고 그동안 탈북주민의 정신건강 연구에서는 이러한 다양한 변인들의 관계에 대해 구체적으로 살펴보지 않았다. 그래서 탈북주민의 정신건강의 정착 기간에 따른 변화양상과 이와 상호작용하는 사회적, 경제적, 심리적 요인간의 관계를 이해할 수 없었다. 왜냐하면, 탈북주민의 정신건강 연구가 횡단면적으로 실시되어서 시간의 흐름에 따른 변화를 볼 수 없었고 그러한 횡단면적 연구도 조사대상의 표본 수가 너무 작거나 하나원에 거주하는 탈북주민 같이 시기적으로 한정된 특정 집단에 국한되어 실시되어 연구결과를 일반화하기에는 한계가 있었기 때문이다. 동시에 동일한 이유로 인하여 단순한 정신건강 실태에 대한 기술적 수준 이상의 결과 즉, 정신건강에 영향을 미치는 요인들의 영향력을 살펴볼 수 없었다.

이에 본 연구에서 이러한 선행연구의 한계를 극복하고자 남한사회에 정착하여 지금으로부터 3년 전에 연구에 참여했던 탈북주민의 우울 성향을 3년 후 추적 조사하여 우울 성향의 시간에 따른 변화와 예측 요인을 이해하고자 하였다. 본 연구의 구체적인 연구목적은 다음과 같다. 첫째, 탈북 주민의 우울성향은 시간에 따라 어떻게 변화하는가? 둘째, 탈북주민의 우울성향을 예측할 수 있는 이주 전, 이주 후, 인구 사회학적 변인은 무엇인가?

이를 통해서 탈북주민들의 우울 성향에 반영된 정신건강 수준을 평가하여 이들에 대한 기본적인 이해 뿐 만 아니라 정신건강 서비스의 주요 대상과 치료적 개입의 시기 및 방향에 대한 시사점을 얻을 수 있을 것으로 기대한다.

2. 방 법

1) 측정도구

① 인구 사회학적 변인에 대한 설문지

연령, 성별, 제3국 거주기간, 북한 및 남한에서의 학력, 동거 가족, 결혼 및 이혼 경험, 동거상태, 남한에서의 직업, 직장유무, 건강상태(전반적인 건강상태, 만성질환의 유무, 질병의 수), 종교, 수입을 묻는 질문지로 구성되었다.

② 우울 척도

본 연구에서는 우울수준을 측정하기 위해 Beck등(1961)이 개발하고 이영호와 송종용(1991)이 번역한 한국판 Beck 우울 척도(Beck Depression Inventory)를 사용하였다. BDI는 Beck 등(1969)이 정서적, 인지적, 동기적, 그리고 생리적 영역을 포괄한 우울증상을 측정하기 위해 개발한 총 21개 문항의 자기보고형 검사이다. 이 검사는 각 항목마다 우울증상의 심한 정도를 기술하는 4문장 중 지난 1주 동안의 경험에 적합한 한 문장을 선택하도록 되어 있으며 점수가 높아질수록 더 심한 우울을 보이는 것으로 해석된다. 본 연구에서 한국판 BDI 척도는 2001년도와 2004년도에 각각 .87, .83의 내적 일치도를 보였다.

③ 북한이탈주민 외상 경험 척도

본 연구에서는 탈북주민의 외상 경험을 측정하기 위해 강성록(2000)이 개발한 탈북주민의 외상경험 척도를 사용하였다. 본 척도는 강성록이 탈북자 및 전문가 면담을 통해서 제작한 것으로 탈북자들이 북한 및 탈북과정에서 겪을 수 있는 외상을 목록화한 것이다. 척도는 크게 북한 내에서의 외상경험과 탈북과정에서의 외상경험을 묻는 두 부문으로 구성되어 있으며 경험 유무를 표시하게 되어 있다. 북한 내 외상경험 척도는 총 26문항으로 구성되어 있으며 기아 경험, 공개처형의 목격이나 자연재해 경험, 가족이나 본인의 치명적 질병경험 등의 내용을 포함하고 있다. 탈북과정에서의 외상경험 척도는 총 20문항이며 북송환 경험, 고문, 성폭력이나 인신매매 등의 내용을 포함하고 있다. 본 연구에서는 2001년도 조사 시 사용하여 분석하였다.

④ 북한이탈주민 남한 스트레스 경험 척도

본 연구에서는 탈북주민들의 남한생활 스트레스 경험을 측정하기 위해 탈북주민의 남한 스트레스 경험 척도를 직접 제작하여 사용하였다. 본 연구자들은 기존의 스트레스 경험 척도(전겸구, 김교헌, 1991; 이영호, 1993)와 난민 대상 스트레스 경험 척도(Sandhu & Asrahadi, 1994), 탈북주민들의 남한생활 적응에 관한 문헌 연구(안연진, 2002; 전우택, 윤덕룡, 엄진섭, 2003; 조영아, 전우택, 2004), 탈북주민과의 면담을 토대로 이들이 남한생활에서 겪는 스트레스 사건을 네 영역을 중심으로 목록화한 후 연구자들간의 토론을 통해서 내용이 중복되거나 중요성이 떨어지는 사건을 수정, 삭제하는 과정을 거쳤다. 그리하여 결과적으로 일상적 생활영역, 직장 및 학교생활 영역, 가족관계, 대인관계 영역의 스트레스 사건을 측정하는 총 39문항의 스트레스 경험 척도가 완성되었으며, 내용이나 문맥상의 이해도를 높이기 위해 탈북 주민 1인의 자문을 받았다. 본래 연구에는 경험 유무와, 그 사건으로 인한 스트레스 수준을 평가하도록 되어있었으나 스트레스 수준에 대한 평가 자료는 적절치 않아서 분석에서 누락시키고 경험 유무만을 사용하였다.

2) 분석방법

사회 경제적 변인에 따른 우울 수준의 차이를 검증하기 위하여 2001년도 및 2004년도 우울 수준에 대한 변량분석을 실시하였으며, 우울 수준의 변화를 보기 위해 paired-t-test를 실시하였다. 사회 경제적 변인과 심리적 외상, 우울 수준과의 관계를 알아보기 위해 상관분석을 하였다. 이주 전 변인, 이주 후 변인, 사회 경제적 변인이 우울 수준에 미치는 영향력을 예측하기 위하여 중다회귀분석을 실시하였다.

3. 결 과

1) 인구 사회학적 변인에 따른 우울

전체 집단은 2004년에 2001년도에 비해서 우울 수준이 유의미하게 증가하였다(t_{149}=2.185, $p<.05$)〈표 1〉. 남성들은 2001년에는 여성들보다 우울 수준이 낮았으나 2004년도에는 높았다. 즉 남성들은 3년 동안 유의한 우울 수준의 증가를 보인 반면(t_{84}=2.856, $p<.05$) 여성들의 우울 수준은 별다른 변화를 보이지 않았다. 2001년도와 2004년도 모두 연령이 높아질수록 우울수준이 높아지는 경향을 보였고, 연령대별 2004년도 우울 수준의 차이는 통계적으로도 유의미한 차이를 보였다. 특히 2004년도 20대들의 우울 수준은 다른 연령층에 비해 유의하게 낮았다. 유의한 차이는 아니나 북한에서 대학을 졸업한 집단의 우울 수준이 다른 집단에 비해 가장 낮았고 3년간 유의한 증가를 보였다(t_{33}=3.218, $p<.01$) 북한에서 결혼 경험이 있는 집단과 결혼 경험이 없는 집단은 2001년도에는 우울 수준에 큰 차이가 없었는데 2004년도에는 결혼 경험이 있는 집단이 없는 집단보다 유의하게 높았다. 2001년, 2004년 모두 건강상태가 나쁠수록 우울 수준이 높은 경향을 보였으며, 2004년도 결과는 통계적으로도 유의미한 차이를 보였다. 2001년 2004년 모두 만성질환을 갖고 있는 경우가 만성질환이 없는 경우에 비해서 우울 수준이 유의하게 높았다.

2) 인구 사회학적 변인, 외상경험, 우울간의 관계

2001년도 우울 점수는 2004년도 우울 점수와 .346의 정적 상관을 보여서 3년이 지난 후에도 이전의 우울 수준이 여전히 영향을 미치는 것으로 나타났다〈표 2〉. 2004년도 BDI 점수는 남한 내 스트레스 경험 빈도 및 질병 수와 .271, .205의 정적 상관을 보여서 스트레스가 많을수록, 질병이 많을수록 더 우울한 것으로 나타났다. 반면 2001년도 우울점수는 북한 내 외상경험 수와 -.228의 부적 상관을 보여서 북한 내에서의 외상경험이 많을수록 정착 초기 우울 수준이 낮은 것으로 나타났다.

3) 우울에 대한 인구사회학적 변인과 이주 전후 변인의 영향력

중다회귀분석을 통하여 2001년과 2004년의 우울 수준에 대한 인구사회학적 변인과 이주 전후 변인들의 영향력을 살펴보았다〈표 3〉.

2001년도 우울 수준에 대해서는 인구 사회학적 변인과 이주 전 변인을 독립변인으로 하여 회귀분석을 실시하였다. 인구 사회학적 변인은 성별, 연령, 전문대 졸업, 대학 졸업, 북한에서의 결혼 경험이, 이주 전 변인은 제3국 거주기간과 북한 및 탈북 과정에서의 외상 경험 수가 해당된다. 분석 결과, 전체 변인들이 우울 점수를 설명하는 변량은 전체 변량의 12.7% ($F_{8,141}$=2.555, p<.05)였다. 유의미한 설명력을 지니는 변인은 대학 졸업(β =-.187, p<.05)과, 북한 내 외상경험 수(β =-.194, p<.05)이었다. 즉, 대학을 나오지 못했을수록, 북한 내에서 심리적 외상이 적을수록 정착 초기의 우울 수준이 높다고 할 수 있다.

2004년도 우울 점수에 대해서는 인구 사회학적 변인, 이주 전 변인, 이주 후 변인을 독립변인으로 하여 회귀분석을 실시하였다. 인구 사회학적 변인은 성별, 연령, 남한 거주기간, 전문대 졸업, 대학 졸업, 북한 결혼 경험, 남한 결혼 경험, 동거 가족 수, 이주 전 변인은 제3국 거주기간, 북한 내 외상경험 수, 탈북 과정 외상경험 수, 이주 후 변인으로 남한에서의 직업 유무, 월 평균 수입, 질병 수, 남한 내 스트레스 경험 수가 포함되었다. 전체 변인들은 2004년도 우울 점수 변량의 27.1% ($F_{15,135}$=3.327, p<.001)을 설명하였고, 인구사회학적 변인 중에는 북한에서의 결혼경험(β =.274 p<.05)이, 이주 전 변인 중 북한 내 외상경험 수(β =.181, p<.05)와 탈북 과정 외상경험 수(β =-.206 p<.05)가, 이주 후 변인 중에는 질병 수(β =.202, p<.05)와 남한 내 스트레스 경험 빈도(β =.334, p<.001)가 유의미한 설명력을 보여주었다. 이것은 북한에서 결혼 경험이 있을수록 북한 내에서 심리적 외상을 더 많이 경험했을수록, 현재 질병을 많이 앓고 있을수록, 남한에서 스트레스를 많이 경험했을수록, 탈북과정에서 외상이 적을수록 더 우울하다는 것을 의미한다.

4) 우울에 영향을 미치는 심리적 외상의 특성

2004년도 우울 점수를 기준으로 정상집단과 우울집단으로 나누어 두 집단 간에 북한 내 및 탈북 과정에서의 심리적 외상과 남한 내에서 경험한 스트레스 경험 차이를 알아보았다. 정상집단과 우울집단을 나누는 절단점은 일반적으로 연구 목적이나 대상에 따라 연구자가 결정할 수 있겠지만 본 연구에서는 정상 인구 군이나 일반 내과 질환자의 우울증 선별기준에서 주로 사용하는 BDI점수 10점 이상을 경도 우울 집단으로 구분하였다(조비룡, 강준호, 신호철, 1999). 이렇게 구분하였을 때 전체의 68명인 45.3%가 정상집단, 82명인 54.7%가 우울 집단에 속하였다.

교차분석을 통하여 외상 내용에 따라 정상집단과 우울집단의 경험 빈도의 차이 보였던 북한 내 외상 문항은 "홍수나 산불 등 자연피해로 몹시 놀랐던 적이 있었다"와 "가족 중에 질병으로 큰 고통을 받았거나 죽었으나 병 치료에 큰 도움을 주지 못했던 적이 있었다"는 문항이었다. 자연재해의 경우에는 정상집단의 26.5%, 우울집단의 42.7%이 경험했다고 응답했고(x^2=4.276, p<.05) 가족의 질병과 관련해서는 정상집단의 47.1%, 우울집단의 69.5%가 경험했다고 응답했다(x^2=7.767, p<.01). 탈북과정 외상 중 정상집단과 우울집단의 경험빈도에 차이를 보였던 문항은 없었다.

〈표 1〉 사회 경제적 변인에 따른 우울 수준

변 인		BDI 2001	F검증	BDI 2004	F검증	사후검증
성별	남자(N=85)	9.19(6.88)	.815	11.44(6.93)	.160	
	여자(N=65)	10.37(9.15)		10.97(7.23)		
나이	20대(N=32)	7.84(4.94)	1.347	7.84(4.50)^{a}	3.318*	a<b,c,d
	30대(N=67)	9.97(7.47)		11.99(7.65)^{b}		
	40대(N=28)	9.21(8.93)		12.29(6.49)^{c}		
	50대(N=23)	12.09(10.73)		12.48(7.67)^{d}		
북학력	고등중(N=94)	10.39(7.56)	2.328	11.15(7.08)	.683	
	전문학교/단과대학(N=22)	10.68(11.98)		12.73(9.84)		
	대학교(N=34)	7.15(4.83)		10.50(4.41)		
배우자와 동거여부	동거 함(N=81)	9.11(7.58)	.969	11.56(7.66)	.367	
	동거안함(N=69)	10.39(8.34)		10.86(6.29)		
북 결혼 경험	있음(N=84)	10.15(9.48)	.625	13.05(7.65)	13.741***	
	없음(N=66)	9.12(5.40)		8.92(5.43)		
남 결혼 경험	있음(N=41)	9.88(8.44)	.028	11.95(8.35)	.584	
	없음(N=109)	9.63(7.78)		10.96(6.51)		
직장 유무	있음(N=80)	9.63(8.13)	.015	11.19(7.35)	.007	
	없음(N=70)	9.79(7.77)		11.29(6.74)		
현재 건강 상태	좋음(N=70)	8.67(7.90)	1.775	8.77(5.79)^{a}	9.469***	a<b,c
	보통(N=44)	9.68(7.26)		12.68(7.27)^{b}		
	나쁨(N=36)	11.72(8.61)		14.25(7.49)^{c}		
만성질환 유무	있음(N=64)	11.59(9.38)	6.596*	12.56(7.65)	4.054*	
	없음(N=86)	8.29(6.36)		10.24(6.43)		
종교 유무	있음(N=95)	9.26(8.49)	.784	10.94(6.43)	.457	
	없음(N=55)	10.45(6.88)		11.75(8.03)		
전체(N=150)		9.70(7.94)		11.30(7.07)		

*p< .05 **p<.01 ***p<.001

남한 내 스트레스와 관련해서 두 집단간에 차이를 보였던 문항은 '법을 위반하여 처벌을 받았다'(정상집단 8.8 %, 우울집단 22.0%, x^2=4.767, p<.05), '남한 언어를 이해하지 못했다'(정상집단 27.9%, 우울집단 50.0%, x^2=7.537, p<.01), '일상생활에서 필요한 기본적 지식이 없어서 곤란한 일이 있었다'(정상집단 25.0%, 우울집단 42.7%, x^2=5.132, p<.05), '직장에서의 업무능력이 부족하여 곤란한 일이 있었다'(정상집단 17.6%, 우울집단 34.1%, x^2=5.175, p<.05), '직장이나 사회에서 차별대우를 받았다'(정상집단 11.8%, 우울집단 29.3%, x^2=6.786, p<.01), '직장 상사, 동료와 다투거나 속상한 적이 있었다'(정상집단 22.1%, 우울집단 42.7%, x^2=7.115, p<.01), '담당 형사와 다투거나 속상한 적이 있었다'(정상집단 8.8%, 우울집단

22.0%, x^2=4.767, p<.05), '남한사람들과 다투거나 속상한 적이 있었다' 등이었다(정상집단 22.1%, 우울집단 41.5%, x^2=6.364, p<.05).

〈표 2〉 사회 경제적 변인, 심리적 외상, 우울 수준과의 상관

	BDI 2001	BDI 2004	3국 거주기간	남한 거주기간	북한 내 외상경험 수	탈북과정 외상 경험 수	남한 내 스트레스 경험 수	질병 수	동거 가족 수	직장 변동 횟수	월 평균 수입
BDI 2001	1	.346***	.159	.003	-.228**	-.106					
BDI 2004	.346***	1	.151	-.038	.152	.009	.271***	.205*	.043	.073	-.021

*p< .05 **p<.01 ***p<.001

〈표 3〉 우울 수준에 대한 인구 사회학적 요인과 이주 전후 변인의 회귀분석

		BDI 2001		BDI 2004	
		β	t	β	t
인구 사회학적 변인	성별	.014	.168	-.041	-.498
	연령	.217	1.918	.031	.283
	남한거주기간			.154	1.647
	전문대	.024	.288	.050	.642
	대학	-.187	-2.242*	.022	.274
	북결혼 경험	-.080	-.705	.274	2.489*
	남결혼 경험			.013	.155
	동거 가족 수			.058	.474
이주 전 변인	제 3국 거주기간	.109	1.298	.166	1.832
	북한 내 외상경험 수	-.194	-2.076*	.181	2.029*
	탈북과정 외상경험 수	-.068	-.736	-.206	-2.284*
이주 후 변인	남한 직업 유무			-.140	-1.639
	월 평균 수입			-.031	-.356
	질병 수			.202	2.532*
	남한 내 스트레스 경험 수			.334	4.060***
		R^2=.127, $F_{(8,\ 141)}$=2.555*		R^2.=.271, $F_{(15,\ 134)}$=3.327***	

*p< .05 **p<.01 ***p<.001

4. 논 의

본 연구는 남한에 정착한 탈북주민의 우울 성향의 변화양상과 이에 영향을 미치는 요인이 무엇인지를 밝히기 위하여 실시되었다. 이를 위해서 2001년도에 남한사회 적응연구에 참여했던 탈북주민 200명 중 추적에 성공하여 자료를 얻은 150명의 우울 성향과 인구 사회학적 변인, 외상경험 및 남한생활 스트레스 수준을 측정하여 이들 간의 관계를 분석하였다.

우선, 우울 성향의 변화를 보면, 탈북주민의 우울 수준은 3년 전에 비해서 유의하게 증가한 것으로 나타났다. 이것은 정착기간이 길어지면서 정신 질환에 걸릴 위험율이 떨어지는 다른 난민 연구(Hinton et al., 1993; Steel, et al., 2002) 결과와 일치하지 않는 결과이다. 또한 3년 후 추적 연구에서 탈북주민의 외상 후 스트레스 장애의 유병율이 감소하였다는 것을 밝힌 홍창형(2004)의 결과와도 대비된다. 이것은 다른 심리적 장애보다 우울증이 탈북주민의 정신건강 문제의 주요 이슈가 될 수 있음을 의미하는 것으로, 탈북주민의 정신건강 서비스를 계획할 때 다른 어떤 심리적 장애보다도 우울증과 관련된 정신건강 프로그램이 계획되어야 함을 시사한다. 성별로 보면, 여성들은 3년 동안 우울 수준의 변화가 거의 없었던 반면에 남성들은 우울 수준이 증가했다. 즉, 정착 초기에는 탈북남성이 여성보다 우울 수준이 낮지만 정착 후 남한생활에서는 탈북 남성이 여성보다 우울감에 더 취약했다. 이 결과를 하나원 거주 시에 탈북 남성의 우울 수준이 여성과 비슷한 것으로 나타난 김현아와 전명남(2003)의 연구나 남성이 여성보다 높았다는 한인영(2001)의 연구결과와 비교해보면, 남한 생활에서 남성이 여성보다 우울감을 더 많이 경험한다는 사실은 재차 확인할 수 있다. 이것은 상대적으로 남존여비 사상이 강하고 남성들에게 사회적 우대와 이익이 주어지는 북한사회에 익숙한 탈북 남성들이 남한사회에서 여성에 비해 사회적 지위의 하락을 더 많이 경험하고, 남성 정체감의 중요한 요소를 형성하는 경제적 능력이 손상됨을 더 많이 느끼면서 더 큰 좌절감을 느끼는 것으로 해석할 수 있다.

2001년 및 3년 후 추적 연구에서 모두 연령이 높아질수록 우울 수준이 높게 나타난 것은 고 연령층이 저 연령층에 비해서 남한사회에서 더 많은 좌절과 어려움을 겪고 남한사회 적응에 어려움을 많이 느낄 것이라는 것을 보여주는 결과이다. 또한 이러한 결과는 탈북주민의 연령이 높을수록 정신건강이 안 좋은 것으로 나타난 김현아와 전명남(2003)의 연구나 나이와 우울감 간에 정적인 관계를 보이는 동남아시아 난민 연구에서도 일관되게 나타나고 있다(Buchwald et al, 1993; Rumbaut, 1989; Westermeyer, Neider & Callies, 1989). 나이가 많을수록 새로운 사회에서 겪는 좌절과 이동으로 인한 상실은 클 것이다. 즉, 나이가 많을수록 잔여 가족의 탈북 및 입국, 자녀 양육, 새로운 직장을 찾는 문제 등으로 인한 부담은 크고, 기존 사회에서 이루어놓은 사회적 역할이나 성취, 인간관계 등 많은 부분을 포기해야 하는 입장이 된다. 또한 북한 내 탈북과정에서 더 많은 외상을 경험하고 심리적 신체적인 좌절과 무기력감은 더 깊이 경험했을 가능성도 있다(강성록, 2000). 이에 비해, 비교적 사회적인 성취나 새로운 관계의 기회가 많이 주어지는 20대는 남한사회에 보다 빨리 적응하고 결과적으로 남한생활에서의 우울감도 적게 느끼게 될 것이다.

북한에서의 학력수준이 높을수록 우울수준이 낮은 양상을 보이는 것은 북한에서의 학업경험이 초기 남한사회 적응의 자원이 되고 있음을 보여주는 것으로, 이 결과는 문화변용 과정에서 학력이 문화변용 스트레스의 긍정적 대처 자원으로 작용하고 있다는 점을 보여

주는 여러 연구 결과들과 맥을 같이한다(Sodowsky & Carey, 1988; William & Berry, 1991). 그러나 3년 후 추적연구에서 대학교 졸업자의 우울 수준은 현저하게 증가하였는데, 이것은 남한사회에서의 기대의 좌절이 고학력자의 경우 더 클 수 있음을 시사한다. 초기 정착 시에는 북한사회에서의 배움의 경험이 새로운 사회에 적응하는데 큰 심리적 자원이 되기도 하지만 동시에 상대적으로 더 높은 기대를 갖게 하고 현실적 여건이 이에 미치지 못할 때 더 큰 좌절감을 갖게 할 수도 있다. 그래서 표면적으로는 고학력자들이 더 잘 적응하고 있는 것으로 보일 수 있겠지만 심리적인 어려움은 고학력자가 더 많이 경험할 수도 있다. 학력수준이 기대수준과의 상호작용을 통해서 정신건강에 영향을 미친다는 다른 이민자 연구의 결과가(Hovey, 2000; Berry & Kim, 1988) 탈북주민에게도 해당되는지에 대해서는 추후 연구를 통해서 확인되어야 할 것이다.

2004년도에는 북한에서의 결혼 경험이 있는 사람들이 없는 사람들보다 유의하게 우울감이 높다는 것은 가족과 관련된 문제가 여러 측면에서 우울감을 심화시키는 요인이 되고 있다는 것을 보여준다. 반면 배우자와의 동거여부는 우울감에 별다른 영향을 미치지 않은 바, 북한에서의 결혼 경험이 의미하는 바가 가족이 보유한 자원이나 주변지원체계라는 긍정적 경험보다는 남겨진 가족을 데려오는데서 발생하는 여러 가지 문제나 헤어진 가족에 대한 상실감과 그리움, 탈북 과정에서 생긴 복잡한 가족관계에서 생긴 갈등과 관련된 문제임을 예측해볼 수 있다. 윤인진(1999)도 북한이탈주민의 사회적응의 성공여부와 관련된 가장 중요한 요인으로 가족 변수를 두고 있는데 일가족이 탈북한사람들이 단신으로 탈북한 사람들보다 경제적으로 심리적으로 빨리 안정을 찾는 경향이 있다고 보고한 바 있다. 난민 연구에서도 가족간의 이별을 경험한 난민들이 정신과적 질환을 포함하는 강한 심리적인 문제를 갖고 있으며(Lie, Lavik & Laake, 2001; Mormartin, 2002), 본 연구에서도 가족의 질병이나 병 치료에 도움을 주지 못한 경험이 우울증과 관련된 중요한 외상 경험이라는 결과로 미루어 볼 때, 북한에서의 결혼 경험은 우울감을 증폭시키는 많은 취약요인을 포함하고 있음을 알 수 있다.

신체적 건강과 관련해서 현재 건강상태에 대해 긍정적으로 평가한 집단과 그렇지 않은 집단은 2001년도 우울감에는 차이가 없었으나 2004년도에는 차이를 보였다. 한편 질병의 특성상 지속적인 고통을 초래할 만성적인 질환은 있는 경우가 없는 경우보다 2001년도와 2004년 모두 우울 수준이 높았다. 또한 2004년도 연구에서는 실제로 앓고 있는 질병의 수가 우울 수준을 예측할 수 있는 유의미한 변인일 만큼 신체적 건강이 탈북주민의 심리적 건강에 중요한 영향을 미쳤다. 신체적 건강과 정신건강과의 정적 관계는 다른 난민 연구결과와 맥을 같이하며(Hermansson et al., 2002), 만성적인 고통이 우울감과 강한 관계를 보이는 것은 여러 연구에서도 밝혀진바 있다(Magni, et al., 1994). 이것은 탈북주민의 심리적 건강을 다루는데 있어 신체적인 건강이 간과되어서는 안 된다는 것을 보여주는 결과로, 탈북주민에 대한 정신건강 서비스를 제공함에 있어서 신체적인 건강을 함께 고려하는 보다 통합적인 접근과 개입이 필요함을 시사하는 바이다.

2004년도 우울을 예측하는 변인으로는 남한 내 스트레스 경험, 북한 및 탈북 과정에서의 외상경험, 북한 결혼 경험 및 질병인 것으로 나타났다. 즉, 인구사회학적 변인이나 남한사회에서의 사회경제적 변인들보다도 북한 내, 탈북 과정, 남한사회 전체를 통해서 겪게 되는 심리적 외상 경험이 남한사회에서의 우울 수준을 예측하는 중요한 변인이었다. 또한 그중에서도 남한에서의 스트레스 경험이 가장 큰 영향력을 미쳤는데, 질병이나 북한에서의 결혼 경험과 관련된 가족 관련 변인들 역시 남한생활의 스트레스 요인으로 작용할 가능성을 고려해 본다면, 탈북주민의 우울감에는 북한이나 탈북 과정에서의 심리적 외상보다는 남한 정착 후 겪는 스트레스 요인이 더 강력한 영향을 미치는 것으로 판단된다. 이러한 결과는 이주 전 스트레스 외상의 효과가 심리적 안녕과 적응에 미치는 효과는 적응 4-5년이 지나면서 점차 감소하고 이주 후 스트레스의 효과가 뚜렷해진다는 난민 연구 결과들과 맥을 같이한다(Beiser, Turner & Ganesan, 1989; Hinton et al., 1997; Rumbaut, 1990).

외상 경험과 우울간의 관계에서 흥미로운 점은 북한에서의 외상경험이 우울에 미치는 영향력이 2001년도와 2004년도에 상반된 방향으로 나타나고 있다는 점이다. 2001년도에는 북한에서의 외상경험이 많을수록 우울 수준이 낮았던 반면에 2004년도에는 북한에서의 외상경험이 많을수록 우울 수준이 높게 나타났다. 즉, 북한에서의 외상경험은 초기에는 우울에 긍정적인 영향을 미치나 정착 후 시간이 흐르면서 부정적인 방향으로 변화된다는 것이다. 탈북과정 외상이 미치는 영향은 2001년도에는 유의한 변인이 되지 못했으나 2004년도에는 긍정적 영향을 미치는 것으로 나타났다, 이러한 결과를 현재를 기준으로 생각해보면, 상대적으로 시간차이가 있는 외상 경험, 즉, 2001년도에는 북한에서의 외상경험이, 2004년도에는 탈북 과정에서의 외상경험이, 단기적으로는 우울에 긍정적인 영향을 주나 점차 부정적 방향으로 변화되어 간다고 추론해 볼 수 있다. 그러나 북한 내 외상 뿐 아니라 탈북과정 외상의 영향력도 이와 유사한 경로를 밟아가는지를 확인하기 위해서는 보다 장기적인 추적연구가 필요하다. 외상이 많을수록 우울 수준이 낮다는 연구 결과는 외상에 많이 노출되는 것이 정신건강에 부정적 영향을 미친다는 많은 대부분의 난민 연구 결과와는 상반되는 결과라고 할 수 있다(Cheung & Kagawa-Singer, 1993; Hauff & Vaglum, 1995; Rumbaut, 1989) 그러나 심리적 외상과 정신건강과의 관련성 자체만을 놓고 본다면, 심리적 외상이 정신건강에 긍정적 영향을 미친 경우들도 찾아볼 수 있다. 예를 들어 보스니아 청소년을 연구한 Ferren(1999)의 연구에서는 심리적 외상이 있었던 청소년들이 심리적 외상이 없었던 경우보다 자기 효능감이 높은 결과를 보였으며, Rousseau(2003)의 연구에서도 이주 전에 정치적 폭력에 더 많이 노출된 가족의 청소년들이 정착 후에 사회적 적응이 좋고 정신건강 증상이 적었다는 연구결과를 보여주었다. 그러나 심리적 외상이 적응이나 심리적 안녕과의 관계를 살펴본 이러한 연구 결과들은 횡단 연구로서 시간적 변화에 따른 추이를 측정하지 않았기 때문에 이러한 반응들이 어떻게 변화되어 갔는지를 확인할 수 없다. 현재로는 적어도 일정시기 동안에는 탈북주민들의 외상적 경험들이 반드시 부정적 효과만을 가지는 것만은 아니며 정착초기 정신건강에 완충작용을 하기도 한다는 것을 생각해 볼 수 있다. 북한에서의 외상경험은 초기에 남한사회에서의 스트레스 경험에 대한 비교기준으로 작용하여 남한에서의 스트레스 경험을 상대적으로 긍정적으로 평가하고 위협보다는 도전으로 받아들이게 할 수도 있을 것이다. 탈북주민의 탈북은 정치적, 경제적 이유로 인해 어쩔 수 없이 북한을 떠나게 된 비자발적 이주의 측면도 있지만 여러 가지 어려운 상황을 탈피하고 보다 더 나은 삶을 누리기 위해 선택한 자발적 측면도 있다고 본다. 그래서 초기에는 북한에서의 생활이 힘들고 어려웠을수록 북한을 떠나면서 두고 온 재산, 가족관계, 인간관계, 사회적 지위 등의 가치를 상대적으로 낮게 평가하게 되고 그만큼 탈북으로 인한 상실은 수용하기 쉬울 것으로 보인다. 그러나 점차 남한에서의 생활이 자신이 기대에 못 미치면 미칠수록 실망과 좌절도 클 수 있을 것으로 생각해볼 수 있다.

본 연구 결과는 남한 거주 탈북주민의 장기적인 심리적 안녕을 도모하고 관련 서비스를 제공함에 있어 우울증상에 중점을 둔 치료적 개입이 필요함을 시사하고 있다. 장기적으로 우울감에는 다른 어떤 변인보다도 북한 및 탈북 과정에서의 심리적 외상, 특히 남한사회에서 겪는 스트레스의 영향력이 큰 바, 심리적 외상에 대한 초기 평가와 개입이 요망되며 특히 남한사회에서 겪는 좌절로 인한 스트레스를 관리하고 대처할 수 있는 자원을 개발할 수 있는 다양한 프로그램의 개발이 요구된다. 또한 심리 서비스의 대상을 선정하고 주제를 설정함에 있어서는 시기와 성별, 연령, 학력, 결혼 여부 등에 따른 특징과 요구에 맞추어 치료적 개입이 차별화되어야 한다. 예를 들어 입국 초기에는 여성들에 대한 보다 집중적인 치료와 관심이, 정착 후에는 남성들의 심리적 안정과 스트레스 대처에 대한 정신건강 서비스와 프로그램을 계획할 수 있다. 남성, 40-50대, 북한에서 결혼 경험이 있는 사람, 북한에서 대학교를 졸업한 탈북주민과 같은 우울 취약군을 위한 치료적 개입이 계획될 수 있다.

본 연구는 탈북주민의 우울을 추적연구 함으로써 탈북주민의 정신건강의 중요한 지표인 우울감의 변화를 이해할 수 있었다는 점에서 의의가 있다. 특히, 연구를 통해 우울취약집단을 선별하고, 우울 수준을 예측할 수 있는 관련변인을 이해하여 구체적인 개입 대상과 치료적 초점을 제시하였다는 점에서 연구의 의의를 찾을 수 있다.

그러나 탈북주민의 정신건강을 우울만으로 측정하여 탈북주민의 전반적인 기능과 정신건강 및 이와 관련된 변인들의 영향력을 보다 구체적으로 이해하는 데는 한계가 있다. 따라서 앞으로는 우울뿐만 아니라 다른 심리적 기능도 함께 측정하고 비교해 볼 수 있는 연구가 필요하다. 단순히 정신과정 증상 뿐 아니라 심리적 안녕이나 기능을 알아볼 수 있는 다양한 측면을 살펴봄으로서 심리적 외상의 복잡한 현상에 대한 다면적 이해가 이루어져야 한다. 또한 심리적 외상의 영향력이 시간에 따라서 어떻게 변형되는지에 대한 체계적인 연구가 필요하며 동기나 기대수준, 탄력성과 같이 심리적 외상의 영향력을 매개하거나 완충작용을 할 수 있는 인지적 요인이나 심리적 대처 자원에 대한 연구가 이루어져야 할 것이다.

참고문헌

강성록(2000). 『탈북자들의 외상척도 개발 연구』. 연세대 석사학위 논문.

김현아, 전명남(2003). MMPI에 나타난 북한이탈주민의 개인차 특성. 『통일연구』, 7(2), pp.129-160.

노대균(2001). 탈북자의 개인차 요인이 적응 및 정신건강에 미치는 영향. 중앙대 박사학위 논문.

민성길, 진용탁, 손상원, 김동기(2003). 탈북자의 남한에서의 삶의 질. 『사회정신의학』, 8, pp.28-38.

안연진(2002). 북한이탈주민 가족의 가족문화 특성에 관한 질적연구. 카톨릭대 석사학위 논문.

윤인진(1999). 탈북자의 남한사회 적응실태와 정착지원의 새로운 접근. 『한국사회학』, 33.

이영호(1993). 귀인양식, 생활 사건, 사건 귀인 및 무망감과 우울의 관계. 서울대 박사학위 논문.

이영호, 송종용(1991). BDI, SDS, MMPI-D척도의 신뢰도 및 타당도에 대한 연구. 『한국심리학회지: 임상』, 10. pp.98-110.

전겸구, 김교헌(1991). 대학생용 생활 스트레스 척도의 개발: 제어 이론적 접근. 『한국심리학회지: 임상』, 10. pp.137-158.

전우택, 유시은, 조영아, 엄진섭 (2004). 남한 내 탈북자들의 3년간 남한사회 연구(II):2001년부터 2004년까지 의식 및 생활 만족도를 중심으로. 『통일연구』 9(1)

전우택, 윤덕룡, 엄진섭(2003). 탈북자들의 남한사회 적응생활 실태조사-2001년도 553명의 탈북자들에 대한 조사를 중심으로. 『통일연구』, 7(1), 155-208.

조비룡, 강준호, 신호철(1999). 우울증 평가의 실재: BDI와 SDS의 임상적 사용. 『가정의학회지』, 20(11), 1400-1408.

조영아, 전우택(2004). 북한출신 대학생들의 대학생활 적응에 대한 질적 연구. 『한국심리학회지: 상담 및 심리치료』, 16(1), 167-186.

한인영(2001). 북한이탈주민의 우울 성향에 관한 연구. 『정신보건과 사회사업』, 11(6), pp.78-94.

홍창형(2004). 북한이탈주민의 외상 후 스트레스 장애에 대한 3년 추적연구. 연세대 석사학위 논문.

Bauer, M. & Priebe, S.(1994). Psychopathology and long-term adjustment after crises in refugees from East Germany. *The International Journal of Social Psychiatry, 40(3)*, 165-176.

Beck, A. T., Ward, C. H., Mendelson, M., Mock, J. & Erbaugh, J.(1961). An Inventory for measuring depression. *Archives of General Psychiatry, 4*, 561-571.

Beiser, M., Johnson, P. J. & Turner, R. J.(1993). Unemployment, underemployment and depressive affect among Southeast Asian refugees. *Psychological Medicine, 23*, 731-743.

Beiser. M., Turner, R. J. & Ganesan, S. (1989). Catastrophic stress and factors affecting its consequences among Southeast Asian refugees. *Social Science and Medicine, 28*, 183-195.

Berry, W. & Kim, U.(1988). Acculturation and mental health. In R. R. Dasen, J. W. Berry & N, Sartorius (Eds.), *Health and cross-cultural psychology*(pp.71-88). Newbury Park. CA: Sage.

Buchwald, D. Manson, S. M., Ginges, N. G., Keans, E. M. & Kinzie, D.(1993). Prevalence of depressive symptoms among established Vietnamese refugees in the United States. *Journal of General International Medicine, 8*, 76-81.

Carlson, E. B. & Rosser-Hogan, R.(1991). Trauma experiences, posttraumatic stress, dissociation, and depression in Cambodian refugees. *American Journal of Psychiatry, 148(11)*, 1548-1551.

Chung, R. C., & Kagawa-Singer, M.(1993). Predictors of psychological distress among Southeast Asian refugees. *Social Science and Medicine. 36(5)*, 631-639.

Ebata, K. & Miyake, Y.(1989). A mental health survey of the Vietnamese refugee in Japan. *The International Journal of Social Psychiatry. 35(2)*, 164-172.

Ferren, P. M.(1999). Comparing perceived self-efficacy among adolescent Bosnian and Croatian refugees with and without posttraumatic stress disorder. *Journal of Traumatic Stress, 12(3)*, 405-420.

Hauff, E. & Vaglum, P.(1995). Organized violence and the stress of exile: Predictors of mental Health in a community cohort of vietnamese refugees three years after resettlement. *British Journal of Psychiatry, 166*, 360-367.

Hermansson, A, C., Timpka, T. & Thyberg, M.(2002). The mental health of war-wounded refugees; an 8-year follow-up. *Journal of nervous and Mental Disease, 190(2)*, 374-380.

Hinton, W. L., Jenkins, C. N., Christopher, N. H., Mcphee, S., Wong, C., Lai, KY. Q., Le, A., Du, N. & Fordham, D. M.(1998). A survey of depressive symptoms among Vietnamese-American men in three locales: Prevalence and correlates. *Journal of Nervous and Mental Disease, 186(1)*, 677-683.

Hinton, W. L., Tiet, Q., Tran, C. G. & Chesney, M.(1997). Predictors of depression among refugees from Vietnam: A longitudinal study of new arrivals. *The Journal of Nervous and Mental Disease, 185(1)*, 39-45.

Hinton, W. L., Yung-Cheng, J. C. & Nang, D.(1993). DSM-III disorders in Vietnamese refugees: prevalence and correlates. *Journal of Nervous and Mental Disease, 181*, 113-122.

Hovey, J. O. (2000). Psychosocial predictors of acculturative stress in Mexican immigrants. *The Journal of Psychology, 134(5)*, 490-502.

Krupinsky, J. & Burrows, H. (1986). *The Price of Freedom: Young Indochinese refugees in Australia.* Sidney, Australia: Pergamon.

Lavik, N. J., Hauff, E., Skrondal, A. & Dolberg, O.(1996). Mental disorder among refugees and the impact of persecution and exile: some findings from and outpatient population. *British Journal of Psychiatry, 169*, 726-732.

Lie, B., Lavik, N. J. & Laake, P.(2001). Traumatic events and psychological symptoms in a non clinical refugee population in Norway. *Journal of Refugee Studies, 14(3)*, 276-294.

Magni, G., Moreschi, C., Rigatti-Luchini, S. & Merskey, H.(1994). Prospective study on the relationship between depressive symptoms and chronic musculoskeletal pain, *Pain, 56(3)*, 289-297.

Momartin, S., Silove, D., Manicavasagar, V. & Steel, Z.(2002). Range and dimensions of trauma experienced by Bosnian refugees resettled in Australia. *Australian Psychologist, 37(2)*, 149-155.

Rousseau, C., Drapeau, A. & Rahimi, S.(2003). The complexity of trauma response: a 4 year follow-up of adolescent Cambodian. *Child Abuse & Neglect, 27(11)*, 1277-1290.

Rumbaut, R. G. (1990). The agony of exile : a study of the migration and adaptation of Indochinese refugee adults and children, In F. L. Ahearn & J. Garrison.(Eds.), *Refugee Children: Theory Research and Practice.* Johns Hopkins University, Baltimore.

Rumbaut, R. G.(1985). Mental health and the refugee experience: A comparative study of Southeast Asian refugees. In T. C. Owan (Ed.), *Southeast Asian mental health: Treatment, prevention, services, training, and research.* Bethesda, MD: National Institutes of Health.

Rumbaut, R. G.(1989). Portraits, patterns and predictors of the refugee adaptation process: A comparative study of Southeast Asian refugees In D. W. Haines(Ed). *Refugees and immigrants: Cambodians, Laotians and Vietnamese in America* (p.138-190). Totowa NJ: Rowman & Littlefield.

Sandhu, D. S. & Asrabadi, B. R.(1994). Development of and acculturative stress scale for international students: preliminary findings. *Psychological Reports, 75*, 435-448.

Silove, D., Sinnerbrink, I., Field, A., Manicavasagar, V. & Steel, Z.(1997). Anxiety, Depression and PTSD in Asylum-seekers: associations with pre-migration trauma and post-migration stressors. *The British Journal of Psychiatry, 170(4)*, 351-357.

Sodowsky, G. R. & Carey, J. C.(1988). Relationship between acculturation-related demographics and cultural attitudes of an Asian-Indian immigrant group. *Journal of Multicultural Counseling and Development, 16*, 117-135.

Steel, Z., SIlove, D., Phan, T. & Bauman, A.(2002). Long term effect of psychological trauma on the mental health of Vietnamese refugees resettled in Australia: a population-based study. *The Lancet, 360(5)*, 1056-1062.

Westermeyer, J.(1985). The course of depression and depressive symptoms: A review and analysis. *Integr Psychiatry, 3*, 144-154.

Westermeyer, J., Neider, J. & Callies, A.(1989). Psychosocial adjustment among refugees during their first decade in the United States. Journal of Nervous and Mental Disease, 177(3), 132-139.

Westermeyer, J., Neider, J. & Vang, T. F.(1984). Acculturation and mental health: A study of Hmong refugees at 1.5 and 3.5 years post migration. *Social Science and Medicine, 18*, 87-93.

Williams, C. L. & Berry J. W.(1991). Primary prevention of acculturative stress among refugees: application of psychological theory and practice. *American Psychologist, 46*, 632-641.

제25장

외상후 스트레스장애*

홍창형 연세의대 정신과학교실, 의과
유시은 연세대 석사과정, 통일학
조영아 연세대 학생상담센터, 심리학
엄진섭 충북대 박사과정, 심리학
구현지 영동세브란스 임상심리사
서승원 연세의대 정신과학교실, 의과
안은미 연합뉴스 의학전문기자, 가정의학
민성길 연세대 교수, 정신의학
전우택 연세대 교수, 정신의학

1. 서 론

북한이탈주민들은 북한에서 생활할 때 여러 가지 다양한 육체적 외상, 정치 사상적 외상, 가족과 연관된 외상을 경험할 뿐 아니라, 탈북 후 남한에 안전하게 입국할 때까지 기간에도 육체적 외상, 발각 및 체포와 연관된 외상, 가족과의 이별과 연관된 외상, 배신과 연관된 외상 등 다양한 외상을 경험한다고 알려져 있다(Jeon et al, 2005). 남한에 입국하는 북한이탈주민들의 수가 점차 증가함에 따라, 이들이 남한사회에서 성공적으로 적응하며 살아가도록 지원하는 일은 중요한 일이 되었다. 그러나 남한사회의 지원 및 노력에도 불구하고 북한이탈주민은 경제적 어려움 이외에 심리적 적응의 어려움, 의식구조의 차이에 따른 어려움, 남한사회에 대한 지식 및 이해의 부족으로 인한 어려움, 사회연계체계의 빈약으로 인한 어려움 등을 호소하고 있으며, 이에 따라 북한이탈주민의 남한사회 적응은 경제적 적응 뿐 아니라, 심리적 적응의 측면을 중요시해야 한다는 보고가 있었다(Jeon, 2000). 저자 등은 2001년에 남한에 거주하는 북한이탈주민 200명을 대상으로 남한사회 적응에 영향을 줄 수 있는 정신질환 중 하나인 PTSD(posttraumatic stress disorder, 이하 PTSD)와 그들이 북한내 및 탈북과정 중에서 경험한 외상사건을 1차 조사하였고, 그들이 경험한 다양한 외상 중에서 가족과 연관된 외상이 PTSD 발병에 중요하다는 결과를 보고한 바 있다(Jeon et al, 2005). 본 연구는 1차 조사에 참여한 사람들의 PTSD에 대한 3년 추적연구이다. 심각한 외상경험을 경험한 후 지속적인 PTSD 증상을 호소하고 있지만 PTSD의 엄격한 진단기준에 포함되지 않는 사람들을 파악하기 위하여 DSM-IV의 PTSD 진단기준을 모두 만족하는

* 이 글은 "북한이탈주민의 외상후 스트레스장애에 대한 3년의 추적연구", 『신경정신의학』, 제45권1호, 2006, 신경전신의학회, pp.49-56를 일부 요약, 수정한 것이다.

full PTSD뿐 아니라, 진단기준의 일부를 만족하는 partial PTSD도 같이 조사하였다.

이번 연구는 다음의 내용을 밝히고자 한다.

첫째, 3년 동안의 남한 생활 이후 partial PTSD 및 full PTSD 유병율의 변화

둘째, 인구학적 변인에 따른 partial PTSD 및 full PTSD와의 관계

셋째, 북한내에서의 외상경험 및 탈북과정 중 외상경험의 빈도와 partial PTSD 및 full PTSD와의 관계

2. 평가 도구

설문내용은 크게 2부분으로 나누어져 있다.

첫째, 인구 사회학적 변인에 관한 것으로 성별, 나이, 탈북 후 제3국 거주기간, 남한 거주기간, 북한에서의 교육수준, 남한에서의 교육수준, 현재 동거하는 가족 수, 북한에서의 결혼유무/이혼유무, 남한에서의 결혼유무/이혼유무, 현재 동거하는 배우자 유무, 남한에서의 직업을 물어보는 문항으로 구성되어있다.

둘째, PTSD의 진단은 DSM-IV를 위한 구조화 임상면접(SCID, The Structured Clinical Interview of DSM- IV)의 PTSD 한국어판을 사용하였다(Hahn et al, 2000). 그밖에 만성(Chronic) PTSD와 지연성 발병 PTSD(Delayed onset PTSD)를 분류하기 위하여 외상경험의 구체적 내용과 증상의 발생시기, 증상이 지속된 기간을 물어보았다.

1) Full PTSD와 partial PTSD의 진단

PTSD가 DSM-III에 처음 도입된 이후 현재까지 PTSD의 개념에 대해서는 아직까지 논란이 되고 있다. 그중에서도 한 가지 논란거리는 진단을 만족하기 위해 존재해야 하는 증상군에 포함된 증상의 개수에 대한 것이다. DSM-IV 기준에 의하면 PTSD로 진단되기 위해서는 개인이 외상사건(traumatic event ; criterion A)을 경험한 후 적어도 1개 이상의 재경험 증상(reexperience symptom ; criterion B)과 3개 이상의 회피/마비 증상(avoidance/numbness symptom ; criterion C)과 2개 이상의 과각성 증상(hyperarousal symptom ; criterion D)이 모두 있어야 하고 이들 증상이 적어도 1개월 이상 지속(criterion D)되어야 하며 이들 증상으로 인해 심각한 고통이나 사회적, 직업적 또는 중요한 영역의 기능적 장애(criterion E)를 일으켜야 한다(APA 4th Ed, 1994). 이렇게 엄격한 진단기준 때문에 사고 및 재해 당사자들이 PTSD의 증상으로 고통을 받고 있지만 PTSD로 진단 분류되지 않는 경우가 많다. 이런 문제점을

해결하기 위해 몇 명의 연구자들이 partial PTSD, subthreashold PTSD, 또는 subsyndromal PTSD의 개념을 제안하였다(Blank, 1993; Carlier & Gersions, 1995; Parson, 1990).

저자들의 조작적 정의에 따라 partial PTSD의 진단기준은 일반적으로 크게 3가지로 나누어진다. 첫 번째는 B, C, D 진단기준 중 각각의 항목에서 적어도 1개 이상의 증상이 모두 있으면 partial PTSD로 정의하는 것과 두 번째는 B, C, D 진단기준끼리의 조합으로 partial PTSD를 정의하는 것이다. 예를 들면 Blanchard 등은 partial PTSD를 BC와 BD의 형태로 나누었고, Carlier 와 Gersons는 partial PTSD를 B, C, D, BC, BD, CD, unspecified의 7가지 형태로 분류하기도 하였다(Carlier & Gersions, 1995; Blanchard et al., 1994). 세 번째는 첫 번째와 두 번째를 혼합한 형태이다. Schnurr 등은 partial PTSD를 B, C, D 진단기준 중 각각의 항목에서 적어도 1개 이상의 증상이 모두 있거나, B항목에서 1개 이상, D항목에서 2개 이상인 경우를 모두 정의하였다(Schnurr et al., 2003). partial PTSD의 조작적 정의에는 특별히 기간(E criterion)과 임상적 장애정도(F criterion)에 대한 언급이 명확하지 않다. 본 연구에서 사용된 partial PTSD는 A 진단기준을 만족하고 B, C, D 진단기준 중 각각의 항목에서 적어도 1개 이상의 증상이 모두 있는 것으로 정의하였는데 다른 조작적 정의에 비해 진단기준이 비교적 엄격하고 일관성이 있어 동질의 집단이 형성되며 본래 partial PTSD의 의미에 잘 부합하는 것으로 생각하였기 때문이다. 일반적으로 PTSD는 DSM-IV의 PTSD 진단기준을 A부터 E까지 모두 만족하는 경우로 정의하는데 본 연구에서는 partial PTSD와 구분하기 위해 따로 full PTSD로 표기하였다.

2) 북한내 및 탈북과정 중 외상경험

일반적 외상척도로 난민들의 외상사건을 조사할 경우, 실제 난민들이 겪은 다양한 외상경험들이 누락될 가능성이 있기 때문에, 난민들이 경험하는 외상사건은 난민들의 고유한 상황에 맞게 개발된 도구로 측정되어야 한다. 따라서 1차 조사에서는 탈북자를 위해서 특별히 개발된 외상경험 척도를 사용하였고, 이 척도는 북한에서의 외상경험 25문항과 탈북과정중의 외상경험 19문항으로 구성되어 있다(Kang, 2000).

3) 통계분석

분석에 사용된 통계 프로그램은 SPSS 12.0이다.

1차 조사와 2차 조사의 각각 partial PTSD 및 full PTSD의 3년간 유병율의 변화를 조사하였다. 대상군을 non-PTSD 집단, partial PTSD 집단, full PTSD 집단으로 나누고 세 집단간의 인구 사회학적 차이를 배경의 차이를 비교하기 위해 성별, 북한학력, 남한학력, 배우자와의 동거여부, 북한에서의 결혼, 남한에서의 결혼, 직업 등은 chi-분석을 시행하였고 연령, 제

3국에서의 거주기간, 남한 거주기간, 입국 가족 수, 동거 가족 수, 북한 내 및 탈북과정 중 외상경험의 개수, 전체 외상경험의 개수는 분산분석을 시행하였다.

3. 결 과

1) 인구 사회학적 특성 및 partial PTSD와 full PTSD의 유병률 변화

2001년 1차 조사에 참여한 200명 중, 2004년 2차 조사에서 연락 가능하여 연구에 참여하기로 동의하였으며, 끝까지 설문을 마쳐 최종분석이 가능한 사람은 총 151명이었다. 151명을 non-PTSD 집단과 partial PTSD 집단 그리고 full PTSD 집단으로 나누었을 때 인구 사회학적 특성은 〈표 1〉에 제시되어 있다. partial PTSD(n=8)와 full PTSD(n=6)로 진단받은 사람의 수가 너무 적어서 통계학적으로 각 집단별 차이를 분석하는데 어려움이 있었다.

대상자 151명의 3년 후 진행과정을 표시한 〈그림 1〉에 의하면, 1차 조사에서 partial PTSD로 진단된 48명 중에서는 43명이, full PTSD로 진단된 41명 중에서는 36명이 non-PTSD로 진단되어 full PTSD 및 partial PTSD의 88.8%가 3년 사이에 회복된 것으로 조사되었다. 그림 1에서 1차 조사 당시 partial PTSD 또는 full PTSD였는데 2차 조사에서는 Non-PTSD로 회복한 집단은 이해를 돕기 위해 점선으로 표기하였다. 2차 조사에서 partial PTSD로 진단된 8명 중 3명은 1차 조사 당시 Non-PTSD로 새로 발병한 경우이며, 4명은 1차 조사에서도 partial PTSD였고, 1명은 1차 조사 당시 full PTSD였다가 증상이 감소된 것으로 보고하였다.

2) 만성 PTSD와 지연 발병형 PTSD

2차 조사에서 full PTSD로 진단된 6명 중 3명은 1차 조사에서도 full PTSD였던 만성 PTSD였고, 나머지 3명은 새롭게 full PTSD로 진단되었다. 새로 진단된 full PTSD 3명 중에서 2명은 입국 당시에는 증상이 없거나 심하지 않았다고 보고하였으나, 한 명은 입국 3년 이후 북한 내에서 '다른 사람이 공개 처형당하는 것을 본 적이 있었다'는 외상경험이, 다른 한명은 6개월 이후 탈북과정 중에 '중국 경비대에 들켜서 체포될 뻔한 일이 있었다'는 외상경험이 각각 PTSD 증상을 일으켰다고 보고하여 지연 발병형 PTSD로 분류되었다. 나머지 1명은 입국 당시에는 증상이 없었는데 남한 내에서 임파선 암에 걸린 사실을 알게 된 것을 자신이 경험한 외상으로 보고하였다. 따라서 2차 조사에서 full PTSD로 진단된 6명 중 5명은 모두 북한 내 및 탈북과정 중의 외상경험으로 full PTSD가 발병하여 만성화되거나 지연성 발병한 것으로 조사되었고, 1명만 순수하게 남한에서 경험한 외상으로 full PTSD가 발병한 것으로 조사되었다.

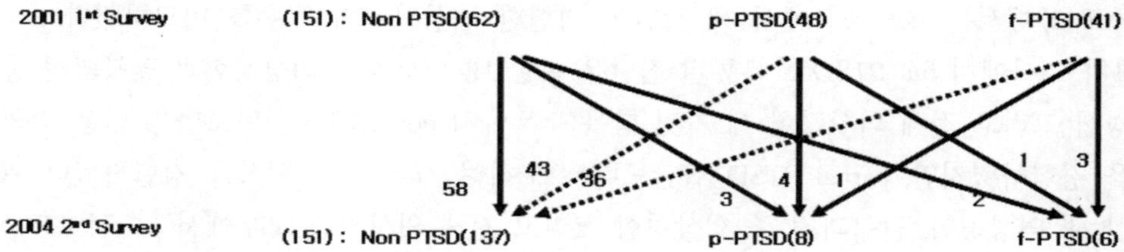

〈그림 1〉 Non PTSD, partial PTSD, full PTSD 세 집단 구성원 수의 3년간 경과

〈표 1〉 조사대상자의 집단별 인구 사회학적 특성

		Non-PTSD (n=137)	p-PTSD (n=8)	f-PTSD (n=6)	total (n=151)
성별[a]	남자	79 (92.9)	4 (4.7)	2 (2.4)	85 (100.0)
	여자	58 (87.9)	4 (6.1)	4 (6.1)	66 (100.0)
연령[b]	남자	38.0 (10.58)	32.0 (7.39)	49.0 (4.24)	37.9 (10.52)
	여자	36.5 (9.89)	45.2 (14.73)	39.0 (12.27)	37.1 (10.37)
	전체	37.3 (10.29)	38.6 (12.91)	42.3 (10.98)	37.6 (10.43)
북한학력[a]	고등중학교	85 (90.4)	5 (5.3)	4 (4.3)	94 (100.0)
	전문/단과대학	20 (90.9)	1 (4.5)	1 (4.5)	22 (100.0)
	대학	32 (91.4)	2 (5.7)	1 (2.9)	35 (100.0)
남한학력[a]	있다	54 (91.5)	4 (6.8)	1 (1.7)	59 (100.0)
	없다	83 (90.2)	4 (4.3)	5 (5.4)	92 (100.0)
제3국 거주기간(월)[b]		20.6 (15.44)	29.3 (14.64)	26.8 (8.89)	21.3 (15.29)
남한 거주 기간(월)[b]		51.53 (7.6)	46.38 (8.3)	49.5 (6.57)	51.1 (7.73)
입국가족수[b]		2.4 (1.48)	1.5 (.93)	2.0 (.89)	2.3 (1.45)
동거가족수[b]		2.7 (1.30)	2.6 (1.06)	1.6 (.82)	2.7 (1.29)
배우자와 동거[a]	동거아님	70 (92.1)	5 (6.6)	1 (1.3)	76 (100.0)
	동거	67 (89.3)	3 (4.0)	5 (6.7)	75 (100.0)
북한결혼[a]	있다	77 (90.6)	4 (4.7)	4 (4.7)	85 (100.0)
	없다	60 (90.9)	4 (6.1)	2 (3.0)	66 (100.0)
남한결혼[a]	있다	36 (87.8)	3 (7.3)	2 (4.9)	41 (100.0)
	없다	101 (91.8)	5 (4.5)	4 (3.6)	110 (100.0)

Note. p-PTSD=partial PTSD, f-PTSD=full PTSD, [a]문항의 ( )는 %, [b]문항의 ( )는 표준편차

3) 북한 내 및 탈북과정 중 경험한 외상사건의 개수와 partial and full PTSD와의 관계

〈표 2〉에서는 1차 조사에서 세 집단이 경험한 외상사건의 개수를 비교하였다.

1차 조사에서 full PTSD로 분류된 집단은 북한 내 외상경험 외상경험과 탈북과정 중 외상경험 그리고 전체 외상경험 세 가지 항목 모두에서 non-PTSD 집단보다는 많은 수의 외상을 경험하였지만, partial PTSD 집단보다는 오히려 적은 수의 외상을 경험하였다. 특히, 북한 내 외상경험, 탈북과정 중 외상경험 그리고 전체 외상경험 모두에서 partial PTSD 집단이 non-PTSD 집단보다 통계적으로 유의미하게 많은 수의 외상을 경험한 것으로 나타났다(F=4.241, p<0.05, F=4.850, p<0.01, F=6.168, p<0.01, Tukey 사후검증).

〈표 2〉 1차 조사에서 세 집단이 경험한 외상사건의 개수 비교

빈도 수	Non- PTSD (n=62)		p-PTSD (n=48)		f-PTSD (n=41)		F	Tukey Post hoc test
북한내 외상사건 (25문항)	7.4	(4.26)	9.7	(3.91)	8.7	(4.47)	4.241*	p-PTSD>Non PTSD
탈북과정중 외상사건 (19문항)	5.3	(3.0)	7.3	(3.74)	6.1	(2.76)	4.850**	p-PTSD>Non PTSD
전체(44문항)	12.7	(6.16)	16.9	(6.45)	14.8	(6.33)	6.168**	p-PTSD>Non PTSD

Note. *$p<$ .05, **$p<$ .01, p-PTSD=partial PTSD, f-PTSD=full PTSD, [a]Mean(SD).

〈표 3〉 2차 조사에서 세 집단이 경험한 외상사건의 개수 비교

빈도 수	Non-PTSD (n=137)		p-PTSD (n=8)		f-PTSD (n=6)		F
북한내 외상사건 (25문항)	8.4	(4.35)	8.0	(4.00)	11.0	(3.35)	1.117
탈북과정중 외상사건 (19문항)	6.0	(3.17)	6.4	(3.02)	8.7	(5.28)	1.906
전체(44문항)	14.4	(6.50)	14.4	(4.14)	19.7	(8.19)	1.902

Note. p-PTSD=partial PTSD, f-PTSD=full PTSD, [a]Mean(SD).

〈표 3〉에서는 2차 조사에서 세 집단이 경험한 외상사건의 개수를 비교하였다.

2차 조사에서 full PTSD로 분류된 집단은 북한 내 외상경험과 탈북과정 중 외상경험 그리고 전체 외상경험 세 가지 항목 모두에서 non-PTSD 집단 및 partial PTSD 집단보다 많은 수의 외상을 경험하였으나 그 차이가 통계학적으로 유의미하지는 않았다.

〈표 2〉와 〈표 3〉에 의하면 2차 조사에서 full PTSD로 분류된 집단(n=6)은 1차 조사 때 full PTSD로 분류된 집단(n=41)보다 많은 수의 외상을 경험하였고(M=11.0, SD=3,35 ; M=8.7, SD=4.47), 반대로 2차 조사에서 partial PTSD로 분류된 집단(n=8)은 1차 조사 때

partial PTSD로 분류된 집단(n=48)보다 적은 수의 외상을 경험하였다(M=8.0, SD=4.00 ; M=9.7, SD=3.91).

4. 고 찰

3년 추적조사에서 북한이탈주민의 full PTSD의 유병률은 27.2%에서 4.0%로 전반적으로 큰 폭으로 감소하였다. 이러한 결과는 도시에 거주하는 1007명의 일반 성인 집단을 대상으로 한 PTSD 연구에서 유병률이 1개월 이상인 경우 9.2%, 1년 이상인 경우 5.3%, 3년 이상인 경우 3.4%로 점차 빠른 속도로 감소한다고 보고한 연구(Breslau & Davis, 1992)를 비롯하여 교통사고나 자연재해를 경험한 일반인들의 PTSD 경과에 대한 여러 전향적 연구들(Freedman et al., 1999; Mayou, Tyndel, & Bryant, 1998; McFarlane & Papay, 1992)에서 보고된 바와 같이 일반적으로 외상 사건의 경험 직후에 full PTSD의 유병율이 급격히 높았다가 대부분 5년 이내에 증상이 거의 사라지는 자연경과와 유사한 모습을 보였다. 그러나 530명의 베트남전 참전용사연구에서 베트남전에 참전한지 평균 22년이라는 오랜 시간이 지난 이후에도 전체의 14.7%가 PTSD로 진단되었다고 보고한 연구(Schnurr et al., 2003)를 비롯하여 홀로코스트 생존자를 대상으로 한 연구(Yehuda et al., 1995)나 2차 세계대전 참전자를 대상으로 한 연구(Port, Engdahl, & Frazier, 2001) 등에서 보고된 바와 같이 전쟁 등 심각한 외상사건을 경험한 경우에서는 일반 재해로 인한 외상을 경험한 경우보다 오랜 시간이 지나도록 PTSD 증상이 만성화된다는 결과와는 차이가 난다. 즉, 일반적으로 PTSD의 자연경과는 외상의 종류와 심각도 및 대상 집단의 특성에 따라 매우 다양하게 나타나는 것으로 알려져 있는데, 본 연구에서는 3년 추적 후 PTSD의 유병률이 일반인 집단 보다는 조금 높지만, 전쟁이나 홀로코스트 등의 외상을 경험한 집단보다는 크게 낮은 것으로 나타났다. 이러한 결과는 다음과 같은 이유로 설명될 수 있다.

첫째, 북한이탈주민들의 입장에서 북한 내에서와 탈북과정에서 경험한 외상은 외상의 심각도라는 측면에서 전쟁이나 홀로코스트보다는 교통사고(motor vehicle accident)나, 자연재해(natural disaster)에 가까운 것으로 여길 수 있다는 가능성이다. 둘째, 북한 내에서 또는 탈북과정 중에 지속적으로 외상에 노출되었던 북한이탈주민들이 남한사회에 성공적으로 입국하고 난 후 상대적으로 안정감을 느끼고 이것이 치료적인 요인으로 작용했을 가능성이다.

3년 추적조사에서 북한이탈주민의 partial PTSD의 유병율 또한 31.8%에서 5.3%로 전반적으로 큰 폭으로 감소하였다. Partial PTSD의 유병율은 외상사건의 종류 및 심각도, 대상의 특성 이외에도 조작적 정의를 무엇으로 사용했느냐에 따라서 차이가 난다. 외국의 partial

PTSD에 대한 연구에 의하면 외상사건의 종류와 사용한 조작적 정의의 차이에 따라 partial PTSD의 현재 유병률(current prevalence)은 2.8% (교통사고 환자)에서 86.5%(심한 화상환자)까지 매우 다양하다(Malt, 1988; McLeer et al., 1992; Weiss et al., 1992). 즉, 530명의 베트남전 참전용사를 대상으로 한 PTSD 연구(Schnurr et al., 2003)에서는 베트남전에 참전한지 평균 22년 후에 전체의 7.7%가 partial PTSD로 진단되었지만 조작적 정의에서 차이가 나기 때문에 본 연구 결과와 서로 비교하는 것은 큰 의미가 없다. 이렇게 아직까지 partial PTSD에 대한 합의된 진단기준(Consensus Diagnostic Critieria)이 없어 집단간 비교를 하기에는 무리가 있지만 시간 경과에 따른 자연경과를 살펴보는 집단 내 비교에서는 많은 도움이 될 수 있다. 비록 DSM-IV 진단체계내에서 Partial PTSD는 적응장애(adjustment disorder)와 유사한 개념을 가지고 있으며, 아직 공식적인 진단명으로 인정받고 있지 않지만, 여러 가지 필요성에 의해 추후 partial PTSD에 대한 합의된 진단기준을 만들기 위한 노력이 필요할 것으로 생각된다.

DSM-IV에서는 발병시기(급성, 지연성)와 기간(만성)이라는 2가지 시간적 요인을 이용하여 PTSD를 세부적으로 분류하고 있다.

DSM-IV 진단기준에 의하면 PTSD의 증상이 3개월 이상 지속될 경우 만성 PTSD로 세분하는데 Kessler의 연구에서는 전체 PTSD 환자의 3분의 1 정도가 만성 PTSD의 경과를 나타낸다고 보고하였다.(Kessler et al., 1995) 본 연구의 결과에 의하면 1차 조사에서 full PTSD로 진단된 41명 중에서 3년이 지난 2차 조사에서도 계속 full PTSD로 진단된 사람은 오직 3명뿐이었다. 비록 발병 3개월 이후부터 3년 사이의 변화를 조사하지 않았기 때문에 만성 PTSD의 정확한 유병율과 변화는 알 수 없었지만 3년 동안 지속적으로 full PTSD로 고생했던 사람들은 공통적으로 모두 여성이었다. 이는 만성 PTSD의 위험요소로 여성, 어린 시절 부모와의 이별, 불안의 가족력, 반사회적 행동의 가족력, 불안 및 우울증의 기왕력을 주장한 외국의 연구결과(Breslau & Davis, 1992)와 일치하는 소견이었다.

DSM-IV에서는 발병시기에 따라 외상경험 후 3개월 이후에 발병한 경우를 지연성 발병 PTSD로 진단하는데 어떤 종류의 외상사건을 경험했는가에 따라 그 발병시기가 짧게는 1주일부터 길게는 30년 후까지 매우 다양하다. 본 연구 결과에서 2차 조사 때 full PTSD로 진단받은 사람 중에 2명은 지연성 발병 PTSD로 분류되었다. National Comorbidity Survey에서 참전 용사의 22%가 지연성 발병 PTSD로 진단되었고, 이는 다른 종류의 외상 경험을 한 남자들과 비교했을 때 4배나 더 많았다고 보고한 외국의 연구결과(Weiss et al., 1992)와 비교하였을 때 본 연구의 북한이탈주민들의 지연성 발병 PTSD는 상대적으로 적은 것으로 나타났다. 이러한 결과 역시 북한이탈주민들이 경험한 외상이 전쟁과 같은 외상에 비해서는 그 심각도가 낮을 가능성이 있음을 지지하는 소견이다. 그러나, 비록 북한이탈주민의 3년 후 full PTSD의 지연성 발병이 2명에 불과하지만 북한 내 및 탈북과정에서 경험한 외상

사건이 오랜 시간이 지난 이후에도 PTSD를 충분히 유발할 수 있음을 보여주는 것으로 북한이탈주민의 정신건강에 대해서 지속적으로 관심을 가져야 할 것이다.

일반적으로 외상경험은 축적효과가 있고 따라서 개인이 평생 받는 외상의 수가 증가함에 따라 PTSD의 발병할 위험성이 증가한다고 알려져 있다(Yehuda et al, 1995). 본 연구의 결과도 1차, 2차 조사 모두 full PTSD 집단과 partial PTSD 집단이 non-PTSD 집단보다 많은 수의 외상을 경험하였다. 그러나 1차 조사 결과에 의하면, 북한내, 탈북과정 중, 전체 외상경험 세 가지 항목 모두에서 non-PTSD 집단보다 통계적으로 유의미하게 많은 수의 외상을 경험한 집단은 full PTSD 집단이 아닌 partial PTSD 집단이었다. 즉, full PTSD 집단이 partial PTSD 집단보다 북한내, 탈북과정 중, 전체 외상경험 세 가지 항목 모두에서 비록 통계적으로 유의미하지는 않지만 오히려 적은 수의 외상을 경험하였다. 이러한 결과는 경험한 외상의 개수가 많을수록 partial PTSD보다는 full PTSD가 더 잘 발병할 것이라는 일반적인 생각과는 상반되는 결과이다. 이러한 결과는 다음의 내용을 시사한다.

첫째, partial PTSD보다 full PTSD로 발병하려면 외상의 양보다는 외상의 질과 같은 다른 요인이 관련될 가능성이 있다. 둘째, partial PTSD는 full PTSD와 다른 임상적 특징을 가진 disease entity로 분류될 가능성이 있다. 이에 대한 추후 연구가 더욱 필요할 것으로 생각된다.

본 연구는 다음과 같은 제한점과 시사점을 가지고 있다.

첫째, partial PTSD의 조작적 정의에 대한 것이다. partial PTSD의 조작적 정의는 아직까지 정립된 것이 아니어서 많은 논란을 제공해왔고, DSM-IV에 공식적인 진단명으로 포함되지 않았으며, 연구자가 생각하는 개념에 따라 여러 가지 다양한 진단기준이 사용되는 문제점이 있다. 예를 들어 베트남전 참전용사를 대상으로 한 PTSD 연구에서 partial PTSD는 B, C, D 진단기준에서 각각 증상이 1개 이상인 경우 이외에, B 진단 기준에서 증상이 1개 이상이고 D 진단 기준에서 증상이 2개 이상인 경우를 하나 더 포함하여 본 연구에서 사용한 조작적 정의보다 포괄적인 의미로 사용하였다. 따라서 partial PTSD의 유병률을 직접 비교하는데 어려움이 있었다. 즉, partial PTSD의 유병률은 어떤 조작적 정의를 사용했느냐에 따라 매우 큰 차이가 날 수 있다. 둘째, 2차 조사에서 세 집단의 샘플 수의 차이로 인한 통계적 해석의 어려움이다. 즉, 1차 조사에서는 non-PTSD 집단, partial PTSD 집단, full PTSD 집단이 각각 62명, 48명, 41명으로 비교적 균등하게 분포하여 세 집단간의 비교를 통계적으로 분석하는데 문제가 없었지만 2차 조사에서는 non-PTSD 집단이 137명이고 나머지 partial PTSD 집단, full PTSD 집단이 각각 8명, 6명이어서 세 집단간의 비교를 통계적으로 분석하는데 문제가 있었다. 셋째, 3년 추적조사로 인해 중간에 누락되는 자료에 대한 문제이다. PTSD는 질환의 자연경과상 외상사건 직후에 유병률이 높았다가 비교적 빠른 시간 내에 안정화되는 양상을 보이기 때문에 추적조사의 기간으로 3년은 너무 길다고 볼 수 있다. 3년 동안 PTSD 유병율 감소에 대한 추이와 PTSD가 새롭게 발병하고 회복하는 양상을 파악할 수 없기 때문이다. 적어도 1년 간격으로 추적조사를 해야 PTSD 유병율에 대한 변화 양상을 비교적 잘 알 수 있지만 북한이탈주민이라는 대상군의 특이성과 연구수행에 따른 여러 가지 제한점으로 인해 부득이하게 3년 후 추적 조사를 실시하게 되었다. 넷째, PTSD의 만성화에 대한 요인을 다양하게 조사하지 못한 점이다. 북한이탈주민이 경험한 외상사건만으로 만성화를 설명하기에는 무리가 있기 때문에 향후 연구에서는 만성 PTSD의 위험요소로 보고된 어린 시절 부모와의 이별, 불안의 가족력, 반사회적 행동의 가족력, 불안 및 우울증의 기왕력, 스트레스 대처기술 등에 대한 조사를 함께 해야 할 것이다.

이러한 단점에도 불구하고 본 연구는 다음과 같은 의의를 가진다.

첫째, 북한이탈주민의 PTSD에 대한 최초의 대규모 전향적 추적연구라는 점이다. 그동안 북한이탈주민에 대한 접근 자체가 어려웠기 때문에 단면적 연구조차 잘 이루어지기 힘든 면이 있었다. 그러나 본 연구는 통일부의 도움으로 3년이라는 기간이 지났음에도 불구하고 200명중에서 151명을 추적 조사하여 다양한 자료를 얻을 수 있었다. 특히, 본 연구를 통해서 각각 full PTSD와 partial PTSD가 어떤 식으로 진행하는지에 대한 경과를 알아볼 수 있어서 PTSD의 자연경과에 대한 자료로도 중요한 의미를 지닌다고 할 수 있다. 둘째, partial PTSD의 조작적 정의에 대한 제시이다. 본 연구에서 사용된 partial PTSD는 A 진단기준을 만족하고 B, C, D 진단기준 중 각각의 항목에서 적어도 1개 이상의 증상이 모두 있는 것으로 정의하였는데 다른 조작적 정의들에 비해 진단기준이 비교적 엄격하고 일관성이 있어 동질의 집단이 형성될 가능성을 보여 주었다. 특히 본 연구에서 사용된 조작적 정의에 따른 partial PTSD는 full PTSD와 외상 경험의 개수에 따라 차이가 나는 것으로 밝혀져 향후 partial PTSD가 full PTSD보다는 심각하지 않은 증상을 호소하는 다른 성격을 가진 독립된 질환군으로 분류될 수 있는 가능성을 시사한다.

5. 결 론

본 연구는 2001년 시행된 북한이탈주민들을 대상으로 한 1차 조사의 3년 후 추적연구이다. 연구의 목적은 북한이탈주민의 3년 동안의 남한생활 이후 partial PTSD 및 full PTSD 유병율의 변화와 인구학적 변인에 따른 partial PTSD 및 full PTSD와의 관계, 외상경험의 빈도와 partial PTSD및 full PTSD와의 관계를 알아보고자 하였다. 1차 조사 대상자 200명 중 151명이 2차 조사에 참여하기를 동의하였고 조사는 2004년 2월부터 3월까지 시행되었다. 설문은 크게 인구 사회학적 요인과 PTSD를 진단하는 부분으로 나누어 졌다. PTSD의 진단은 DSM-IV를 위한 구조화 임상면접(SCID, The Structured Clinical Interview of DSM-

IV)의 PTSD 한국어판을 사용하였다. 그밖에 만성(Chronic) PTSD와 지연성 발병 PTSD(Delayed onset PTSD)를 분류하기 위하여 외상경험의 구체적 내용과 증상의 발생시기, 증상이 지속된 기간을 물어보았다. 대상자 151명의 3년 후 진행과정을 보면 1차 조사에서 partial PTSD로 진단된 48명 중에서는 43명이, full PTSD로 진단된 41명 중에서는 36명이 non-PTSD로 진단되어 full PTSD 및 partial PTSD의 88.8%가 3년 사이에 회복된 것으로 조사되었다.

본 연구 결과는 각각 full PTSD와 partial PTSD의 자연경과에 대한 기초 자료를 제공할 뿐 아니라 partial PTSD에 대한 조작적 정의를 제시하였다는 점에서 의미가 있다고 할 수 있다. 이번 연구는 향후 남한 내 북한이탈주민들의 정신건강 지원 프로그램의 개발에 중요한 자료로 사용될 것으로 기대된다.

참고문헌

American Psychiatric Association. Diagnostic and Statistical Manual of Mental Disorder (4th ed.). 1994 Washington, DC: Author.

Blanchard EB, Hickling EJ, Taylor AE, Loos WR, & Gerardi RJ. Psychological morbidity associated with motor vehicle accidents. Behav Res Ther 1994; 32: 283-290.

Blank AA. The longitudinal course of posttraumatic stress disorder. In J. R. T. Davidson & E.B. Foa(Eds.), Posttraumatic Stress Disorder: DSM-IV and Beyond(pp.3-22). 1993. Washington, DC: American Psychiatric Press.

Breslau N, Davis GC. Posttraumatic stress disorder in an urban population of young adults: risk factors for chronicity. Am J Psychiatry 1992; 149: 671-675.

Carlier IV, Gersions BP. Partial Posttraumatic Stress Disorder(PTSD): The issue of psychological scars1 and the occurrence of PTSD Symptoms. J. Nerv. Ment. Dis 1995; 183: 107-109.

Freedman SA, Brandes D, Peri T, & Shalev A. Predictors of chronic post-traumatic stress disorder. A prospective study. Br J Psychiatry 1999; 174: 353-359.

Hahn OS, Ahn JH, Song SH, Cho MJ, Kim JK, Bae JN, et al. Development of Korean version of Structured Clinical Interview Schedule for DSM-IV Axis I Disorder: Interrater reliability. Journal of Korean Neuropsychiatric Association 2000; 39: 362-372.

Jeon WT. Issues and problems of adaptation of North Korean defectors to South Korean society: An in-depth interview study with 32 defectors. Yonsei Medical Journal 2000; 4: 362-371.

Jeon WT, Hong CH, Lee CH, Kim DK, Han MY & Min SK. Correlation between traumatic events and posttraumatic stress disorder among North Korean defectors in South Korea. Journal of

Traumatic Stress 2005; 18; 147-154.

Kang SR. Development of trauma scale for North Korean refugee, Unpublished doctoral dissertation, 2000. Yonsei University, Seoul.

Kessler RC, Sonnega A, Bromet E, Hughes M, & Nelson CB. Posttraumatic stress disorder in the National Comorbidity Survey. Arch Gen Psychiatry 1995; 52: 1048-1060.

Malt U. The long-term psychiatric consequences of accidental injury: A longitudinal study of 107 adults. Br. J. Psychiatry 1988; 153: 810-818.

Mayou R, Tyndel S, Bryant B. Long-term outcome of motor vehicle accident injury. Psychosom Med 1998; 60: 386-387.

McFarlane AC, Papay P. Multiple diagnoses in posttraumatic stress disorder in the victims of a natural disaster. J Nerv Ment Dis 1992; 180: 498-504.

McLeer SV, Deblinger E, Henry D, & Orvaschel H. Sexually abused children at high risk for post-traumatic stress disorder. J. Am. Acad. Child Aol. Psychiatry 1992; 31: 875-879.

Parson ER. Post traumatic demoralization syndrome. J. Contemp. Psychother, 1990; 20: 17-33.

Port CL, Engdahl B, Frazier PA. Longitudinal and retrospective study of PTSD among older prisoners of war. Am J Psychiatry 2001; 158: 1474-1479.

Schnurr PP, Lunney CA, Sengupta A, & Waelde LC. A descriptive analysis of PTSD chronicity in Vietnam veterans. J Trauma Stress 2003; 16: 545-553.

Yehuda R, Kahana B, Schmeidler J, Southwick SM, Wilson S, & Giller EL. Impact of cumulative lifetime trauma and recent stress on current posttraumatic stress disorder symptoms in holocaust survivors. Am J Psychiatry 1995; 152: 1815-1818.

Weiss DS, Marmar CR, Schlenger WE, Fairbank JA, Jordan BK, Kulka R.A, et al. The prevalence of lifetime and partial post-traumatic stress disorder in Vietnam theater veterans. J. Trauma Stress 1992; a5: 365-376.

제26장

건강 상태 및 의료 이용 만족도 분석

김경철 강서 미즈메디병원, 가정의학과
전우택 연세대 교수, 정신의학
정우진 연세대 교수, 경제학

1. 서 론

1) 연구 배경

2000년 이후 북한이탈주민의 남한 입국의 수가 급격히 증가함에 따라 이들의 사회 정착 및 적응 문제가 중요한 사회적 이슈로 대두되고 있다(통일백서 2003).

북한이탈주민들이 남한사회에 적응과 관련된 연구들은 심리, 경제, 법률, 종교 등의 영역에서 다양하게 이루어져 왔다(조영아 2004, 전우택 2003, 윤덕룡 1997 등). 그러나 적응에 대한 주요한 척도인 '삶의 질'에 건강문제가 미치는 영향이 크다는 것을 감안할 때 북한이탈주민의 건강 상태를 파악하는 것은 큰 의의가 있다.

지금까지 보고된 북한이탈주민들의 건강 상태에 대한 연구에 대해서는 정신건강에 대해서는 비교적 많은 조사가 이루어져왔다(전우택 1997, 2002). 그러나 신체적 건강 상태에 대해서는 서일 등(1999)이 중국 내 북한 난민 건강실태 조사를 통하여 중국에 체류한 지 2년 미만의 북한이탈 난민들을 대상으로 건강실태를 조사한 연구와 전우택 등(2003)이 2001년 남한에 정착한 지 만 2년 미만의 북한이탈주민들을 대상으로 남한생활 적응 실태 조사를 하며 일부에 북한이탈주민들의 건강 상태를 다룬 연구 외에는 거의 다루어 지지 못했고, 특히 남한의 의료시설 이용에 대한 연구는 전혀 없었다. 이는 캐나다 등 외국에서 난민들의 건강 문제에 대한 다양한 연구들이 이루어지고 있는 것과 대조적이다(Edward 1998, Janice 1999, Richard 2001, Bruce 2003, Stella 2004 등).

이에 본 연구는 남한에 정착한 지 만 2년 이상이 된 북한이탈주민을 대상으로 이들에 대한 건강 상태에 대한 평가와 이에 영향을 주는 요인을 분석하고, 남한 내 의료 이용에 대한 만족도 및 거주 기간에 따른 만족도의 차이를 분석하여 북한이탈주민에 대한 건강관련 정책 과제를 도출하고자 한다.

2) 연구 목적

본 연구의 주목적은 남한 내 거주 기간이 만 2년에서 5년 사이인 북한이탈주민의 건강 상태를 평가하고, 남한 내 의료기관 이용에 따른 만족도를 파악하기 위한 것으로 본 연구의 구체적 목적을 기술하면 다음과 같다.

첫째, 북한이탈주민들이 주관적으로 인식하는 건강상태를 확인한다.

둘째, 북한이탈주민들이 이환된 주요 만성 질환의 유병상태를 확인한다.

셋째, 북한이탈주민들의 주관적 건강 상태에 영향을 주는 요인들을 규명한다.

넷째, 북한이탈주민들의 남한 내 의료 기관 이용에 따른 만족도 및 거주 기간에 따른 만족도의 차이를 규명한다.

2. 결 과

1) 대상자의 주관적 건강 상태

현재의 주관적 건강 상태의 분포는 아래 〈표 1〉과 같이 부정적으로 대답한 군이 23.83%, 긍정적으로 대답한 군이 46.34%로 나타났다. 이 결과를 남한 주민들의 주관적 건강 상태와 비교하기 위하여 2001년 국민건강 영양조사를 참고한 결과 〈그림 1〉에서 보는 것과 같이 주관적 건강 상태가 좋다고 대답한 비율은 58.8%, 나쁜 상태로 분류된 그룹은 12.6%였다. 즉 북한이탈주민의 주관적 건강 상태는 남한 거주자들에 비해 상대적으로 나쁘다고 할 수 있다.

2) 만성 질환의 유병 상태

1개 이상의 만성 질환을 가진 그룹은 모두 65명으로 전체의 43.05%였으며 만성 질환을 1개도 가지고 있지 않은 그룹은 86명으로 56.95%였다. 만성 질환의 빈도수는 〈그림 2〉에서 보는 대로 가장 많은 질병은 신경통 및 요통(디스크 등)으로 각각 6명 및 5명이었다. 기타 소화기계 질환(위장질환)도 5명, 빈혈, 우울증, 두통, 기타 안질환이 각각 4명이었으며 소화성 궤양, 만성변비, 치아 우식증, 신경증(불안증)은 각각 3명이었다.

〈표 1〉 북한이탈주민의 주관적 건강 상태

	매우 나쁘다	나쁘다	보통이다	좋다	매우 좋다	총
명	8	28	45	44	26	151
%	5.29	18.54	29.80	29.13	17.21	100.00

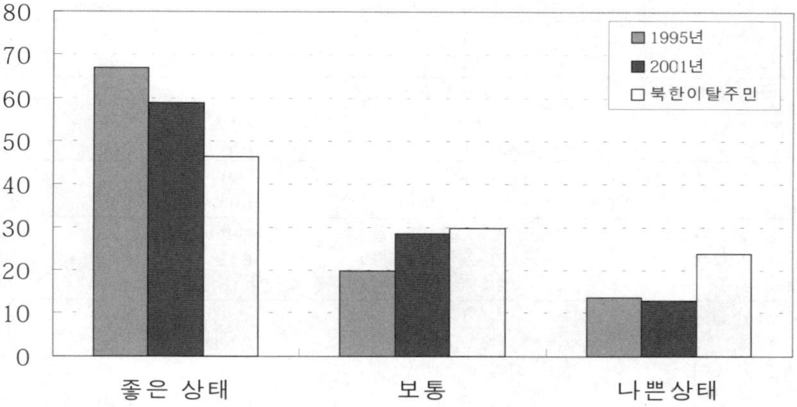

〈그림 1〉 1995, 2001년 국민건강 영양조사와의 비교

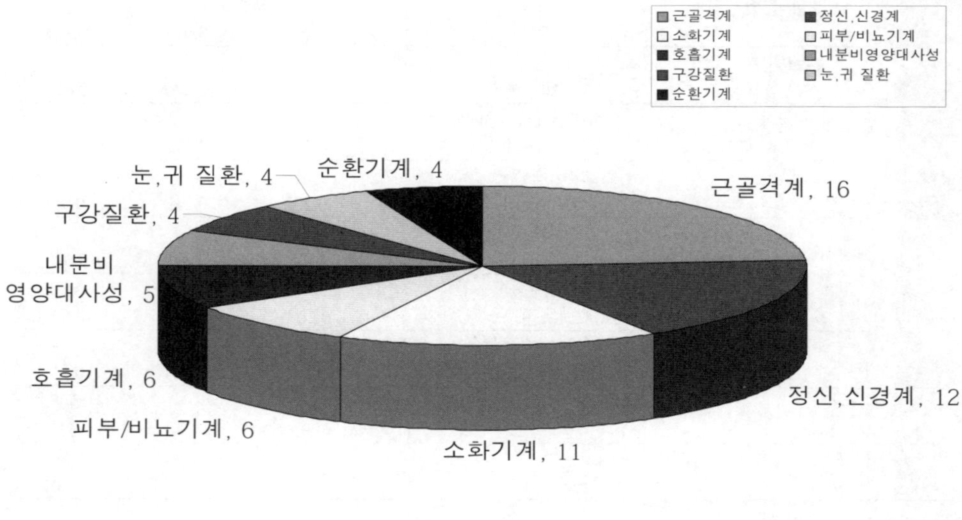

〈그림 2〉 만성 질환의 빈도수

3) 주관적 건강 상태에 영향을 미치는 요인

주관적 상태에 영향을 미치는 요인을 분석하기 위하여 8개의 인구 사회학적 변수 및 7개의 건강 관련 변수에 따른 주관적 건강 상태를 다중회귀분석을 이용하여 분석했다. 그 결과남한 거주 기간, 종교여부, 만성 질환 여부 및 우울증 여부가 주관적 건강 상태에 영향

〈표 2〉 주관적 건강 상태에 영향을 주는 요인 분석

			회귀계수	표준오차	t값
인구학적 특성	성별	1.남	1.0		
		2.녀	-0.437	0.231	-1.89
	연령	1.20~29세	1.0		
		2.30~39세	0.078	0.189	0.41
		3.40세 이상	-0.359	0.263	-1.37
	남한거주기간	1. 4년 (48개월) 미만	1.0		
		2. 4년 (48개월) 이상	-0.442	0.160	-2.77**
	북한에서의 학력	1.인민학교/고등학교졸	1.0		
		2.전문학교또는 단과대학	-0.128	0.220	-0.58
		3.대학/박사원	0.138	0.190	0.73
	결혼	1. 기혼	1.0		
		2. 미혼	-0.128	0.207	-0.62
	동거	1. 가족/배우자/이성	1.0		
		2. 혼자	-0.085	0.203	-0.42
	월수입	1. 65만원 미만	1.0		
		2. 65만원-130만원미만	0.038	0.188	0.21
		3. 130만원 이상	0.132	0.223	0.59**
	종교	1. 있다	1.0		
		2. 없다	-0.482	0.167	-2.89
건강관련 변수	만성 질환	1. 없다	1.0		
		2. 있다	-0.163	0.057	-2.86**
	입원여부	1. 입원	1.0		
		2. 비입원	-0.143	0.220	0.65
	우울증	1. 비우울(13점 미만)	1.0		
		2. 우울증(13점 이상)	-0.726	0.172	-4.22**
	흡연	1. 비흡연군	1.0		
		2. 흡연군	-0.202	0.212	-0.95
	음주	1. 비음주군	1.0		
		2. 음주군	0.135	0.209	0.65
	운동	1. 비운동군	1.0		
		2. 운동군	0.105	0.177	-0.60
	비만	1. 정상체중군	1.0		
		2. 과체중군/ 비만군	-0.104	0.165	-0.63
R-sq					0.408
Adj; R-sq					0.327
F					5.02
p					<0.001

*; $p<0.05$ **; $p<0.01$

을 주었다. 즉 남한 거주기간이 긴 경우, 종교가 없는 경우, 만성 질환이 있는 경우, 우울증이 있는 경우가 그렇지 않은 경우에 비해 주관적 건강 상태가 낮았다.

4) 의료 이용 만족도

북한이탈주민의 남한 의료 기관에 대한 만족도를 다섯 개 항목으로 나누어 조사한 결과 '의사의 태도'에 대한 매우 만족 또는 비교적 만족 군이 146명 중 95명으로 전체의 65%,. '치료의 질'에 대한 매우 만족 또는 비교적 만족 군이 146명 중 87명으로 전체의 59.58%, '의료비용'에 대한 매우 만족 혹은 비교적 만족그룹은 54.78%, '병의원 환경'에 대한 매우 만족 혹은 비교적 만족그룹은 146명 중 125명으로 전체의 86.61%, '행정 절차'에 대한 매우 만족 혹은 비교적 만족그룹은 146명 중 100명으로 전체의 68.49%에 해당되어 비교적 만족도가 높았다. 〈표 3〉에서 보는 것과 같이 거주기간에 따른 의료 이용 만족도는 '의료비용' 항목을 제외하고는 차이가 없었다. 그러나 '의료비용' 항목에 대해서는 거주기간이 긴 그룹에서 만족도가 낮아짐을 볼 수 있었다.

〈표 3〉 남한 거주 기간에 따른 의료 이용에 대한 만족도 분석

구분	남한 거주 기간	N	평균	표준편차	t 값	p-value
의사의 태도	48개월 미만	76	3.828	1.147	0.16	0.872
	48개월 이상	70	3.8	1.015		
치료의 질	48개월 미만	76	3.657	1.039	0.00	0.996
	48개월 이상	70	3.657	1.019		
의료비용	48개월 미만	76	3.894	1.126	2.88	0.004
	48개월 이상	70	3.328	1.236		
병의원환경	48개월 미만	76	4.223	0.685	0.21	0.833
	48개월 이상	70	4.2	0.672		
행정절차	48개월 미만	76	3.789	0.942	-0.43	0.664
	48개월 이상	70	3.857	0.936		

*; p<0.05 **; p<0.01

3. 논 의

1) 주관적 건강 상태

대상자의 건강 상태를 평가하는 방법으로 주관적 건강 상태(자각적으로 인지된 건강상태)는 한 개인의 전반적인 건강 상태를 파악하는 좋은 도구이다. 본 연구는 북한이탈주민의

주관적 건강 상태가 같은 기간 남한 주민보다 낮게 평가되었는데 이는 일반적인 난민의 적응 연구에서의 결과와도 일치 한다(Stella 2004). 이는 이주민이 그 사회에서 낮은 경제적 위치 및 열악한 교육 환경에 놓이게 되며 이러한 경제·사회적 요인이 개인의 건강 상태에 부정적인 영향을 끼치기 때문이다(Bruce 2003).

주관적 건강 상태에 영향을 주는 요인들로 캐나다 내 이주자들의 주관적 건강 상태에 미치는 요인 분석에 관한 연구에서 대상자의 나이, 인종, 교육, 직업여부, 수입, 정착 기간 등이 주관적 건강 상태에 영향을 주는 것으로 조사되었으며, 성별, 결혼여부, 흡연, 음주, 운동 등은 영향을 주지 않는 것으로 나타났다(Bruce 2003). 본 연구에서는 거주기간, 종교, 만성 질환, 우울증 여부만이 주관적 건강 상태와 영향이 있는 것으로 나타났다. 특히 많은 연구에서 경제 상태와 주관적 건강 상태의 연관성을 보여준 반면 본 연구에서는 월수입은 주관적 건강 상태에 영향을 주지 않는 것으로 나왔다. 가장 큰 이유는 대상자의 수입이 경제 주체의 한 단위가 되는 가구 소득을 말해주는 것이 아니기 때문으로 생각된다. 또한 대상자의 월 소득 수준이 정규분포를 이루지 못하고 저소득에 몰려있는 점 역시 경제 수준 분석의 변별력을 높이지 못한 것으로 보인다.

2) 의료 이용 만족도

북한이탈주민의 의료 이용 만족도는 비교적 높은 것으로 나타났는데 이는 이들의 이전 경험(북한 내 혹은 탈북 후 난민으로서의 열악한 의료 이용 경험)이 이후 남한에서의 의료 이용 만족에 긍정적 영향을 주는 것으로 해석된다. 이러한 의료 이용 만족도는 남한 거주기간이 길어져도 변하지 않았다. 그러나 같은 연구 결과 의료비용에 대한 만족도는 남한 거주기간이 길어질수록 낮아지는 것으로 나타났다. 이는 남한에 정착한 지 첫 5년 동안은 「북한이탈주민의 보호 및 정착지원에 관한 법률」 제 30조에 의해 기초생활수급권자의 의료 보호 1종으로 지정이 되나 그 이후는 해당 지방 자치제가 그 소득을 파악하여 의료보호 대상자 여부를 재평가한다. 즉 남한에 정착한 지 5년이 초과된 상당수 북한이탈주민이 더 이상의 무상 의료에 가까운 의료적 혜택을 받지 못하는 것과 의료비용의 만족도의 저하는 연관이 있는 것으로 생각된다.

4. 결론 및 제언

본 연구의 결과에서 알 수 있듯이 남한에 들어 온 지 만 2년 이상 5년 이하의 북한이탈주민들의 주관적 건강 상태는 남한 주민에 비해 낮은 편이며 거주기간이 오래될수록 더

떨어짐에 따라 이에 대한 대책 수립이 필요하다. 본 연구를 통해 만성 질환, 우울증, 종교 등이 주관적 건강 상태와 유의한 연관성이 있는 것으로 나타난 점에 비추어 이들의 건강 상태에 대해 보다 전인적인 이해와 접근이 필요함을 알 수 있다. 아울러 이들의 의료 기관 이용에 대한 만족도가 높음을 알 수 있었으나 거주기간이 길수록 의료비용에 대한 만족도가 낮아지는 것을 볼 때 이들에 대한 의료 급여 제도의 연장 등 여러 대책이 필요함을 알 수 있었다. 무엇보다 이러한 남한사회 북한이탈주민들의 적응에 관한 연구가 지속적이고 체계적으로 이루어져 이들에 대한 효과적인 도움이 될 뿐 아니라 향후 남북한 통일 시대를 대비한 보건 의료계의 준비가 이루어져야 할 것이다.

참고문헌

서일, 이윤환, 이명근, 최귀숙. 중국 내 북한 난민의 건강실태. 통일연구 1999; 3(1): 307-328.

윤덕용, 강태규. 탈북자의 실업과 빈부격차에 의한 갈등 - 탈북자들의 경제문제에 관한 설문조사를 중심으로. 통일연구 1997; 1(2): 1-47.

이윤환, 전기홍, 이명근, 이연경, 윤수진. 북한 이탈 식량 난민의 정신건강 실태조사. 남북한 보건의료 2000: 134-174.

전우택, 민성길, 이만홍, 이은설. 북한 탈북자의 남한사회 적응에 관한 연구. 신경정신의학 1997; 36(1): 146-162.

전우택, 윤덕용, 엄진섭. 탈북자들의 남한사회 적응 생활 실태조사. 통일연구 2001; 7(1): 155-288.

전우택. 탈북자들을 통하여 본 북한주민 의식 조사. 신경 정신의학 2003; 42(6): 631-643.

조영아, 전우택. 북한 출신 대학생들의 대학생활 적응에 대한 질적 연구. 한국 상담심리학회 2002; 16(1): 167-186.

통일부. 통일백서, 2003.

Edward B Hayes, Hannah /m. Pressler. Health Status of Pediatric Refugees in Portland, Me. Arch Pediatr Adolesc Med 1998; 152: 564-568.

Janice Katherine Kopinak RN. The Health of Bosnian Refugees in Canada. Ethnicity & Health 1999; 4(1/2): 65-82.

K.Bruce Newbold, Jeff Danforth. Health Status and Canada's immigrant population. Social Science & Medicine 2003, 57. 1981-1995.

Richard F Mollica. Longitudinal study of psychiatric symptoms, disability, mortality, and emigration among bosnian refugees. JAMA 2001; 286(5): 546-554.

Stella M. Yu, Zhihuan J. Huang, Gopal K. Singh. Health Status and Health Service Utilization Among US Chinese, Asian Indian, Filipino, and other Asian/Pacific Islander Children. Pediatrics 2004, 113(1): 101-107.

제27장
종교활동과 종교성향

최승주 연세대 보건대학원, 국제보건학
전우택 연세대 교수, 정신의학
정우진 연세대 교수, 경제학

1. 연구의 필요성

최근 북한이탈주민의 입국 방법이 외교교섭 · 자력입국 · NGO의 지원 등으로 다양해지고 먼저 입국한 가족의 도움이 증가할 뿐만 아니라 남한사회에 대한 기대감이 확산되면서 북한이탈주민의 국내입국 현상은 그 규모가 증가함과 동시에 국제적 이슈화, 탈북의 일반화 및 지속화, 인권문제화 등의 특징을 보인다(통일백서, 2004 ; 윤여상, 2003).

탈북현상의 또 다른 특징으로 탈북원인의 변화를 들 수 있는데 탈북이 초기 식량부족과 경제난에서 외부 정보획득과 자유에 대한 소망, 그리고 미래에 대한 꿈의 실현으로 점차 변화되었다. 이는 이탈주민 중 가족단위 입국자가 전체의 50% 선을 유지하고 있으며, 기존 국내 입국 가족의 도움의 받아 입국하는 연계탈북의 비율이 점점 증가하는 사실에서도 확인되고 있다(윤여상, 2003).

더 나은 삶을 위해 입국하는 북한이탈주민이 국내 정착하는 과정 중 많은 경우 종교 활동을 접하게 되는데 한 연구결과에 의하면 응답자의 86.5%가 개신교를 종교로 가지고 있었고, 종교 활동의 참여정도 또한 매주 참석한다는 비율이 전체의 75%로 매우 높은 비율을 차지했다(전우택 외, 2003). 이는 남한사회에서의 종교 활동인구 비율이나 빈도보다 높은 것으로서, 일반적으로 반종교 선전 교육을 받아 종교가 비과학적이며 미신이라고 믿어 온 북한출신 주민들에게는 종교에 대한 기존의 이해를 편협한 것으로 비판하며 종교를 긍정적으로 보는 새로운 종교이해를 논의할 수 있는 공간이 공식적으로 허용되고 있다는 점에서 매우 중요하다.

본 연구에서는 남한사회에서 정착한지 24개월에서 60개월 된 북한이탈주민의 종교 활동과 종교성향을 분석하고 종교 활동에 따른 인구 · 사회학적 구조를 파악하고자 한다.

2. 이론적 배경

1) 종교 활동

종교 활동이 인간에 미치는 영향에 대하여는 다양한 연구들이 수행되었는데 종교 활동은 인간 생활에서 심리적, 사회 심리적으로 긍정적 영향을 미치고(이원규, 1990), 종교가 노인의 삶의 질과 사회, 심리적 적응에 긍정적인 영향을 미친다고 연구되었다(김미숙, 2000; 최병기, 2002). 또한 한내창(한내창, 2002)의 연구결과에 의하면 신앙을 가지고 있는 사람들이 무신앙자들에 비해 유의미하게 높은 정신건강 수준을 보이고, 특히 개신교 집단이 다른 집단에 비해 높은 정신건강 수준을 보였으며, 변경애 등(변경애 외, 2001)에 의하면 개신교 기혼여성의 종교 활동이 남편의 부부관계 만족도와 아내의 부부관계 만족도를 설명하는데 유의한 영향을 미친다 했다.

한편 신앙의 힘에 반대하면서 종교야말로 정신건강을 좀먹을 뿐만 아니라 심지어 일종의 병, 곧 프로이트가 말한 "강박 관념적인 신경증"을 일으킨다고 지적하는 사람들이 있다. 이들은 종교가 신경성 죄의식, 성적인 느낌의 제압, 부정적 감정의 억제 등을 증진시킨다고 보고했다. 종교가 사회적 갈등과 편견을 조장함으로 사회적 균열의 촉매 역할을 하기도 하고 과도한 죄의식이나 복종을 강조함으로써 건실한 자아개념 발달을 저해하는 등 부정적 역할을 한다는 것이다(Myers, 1987).

종교성이 사회적 편견에 미치는 영향 또는 정신건강에 미치는 효과 등에서 종교에의 몰입 동기와 관련된 척도로서의 내재적 외현적 종교성향 개념은 호평을 받으며 사용되었는데, 본 연구에서는 이 척도를 이용하여 북한이탈주민이 종교성향을 구분했다.

2) 내재적-외현적 종교성향(intrinsic & extrinsic religiosity, I&E)

Allport & Ross(1967)에 의해 창안된 종교성향이란 종교적인 것을 제외한 다른 욕구를 덜 중요하게 고려하고, 종교적 신념이나 처방과 조화를 이루는 범위에서만 관심을 두고 오직 신께 감사하고 신의 영광을 위하며, 신의 인도 받기 위하여 종교 활동을 하는, 종교 자체에 순수하게 몰입하는 신앙을 말하며 외현적 종교성향이란 자신의 도구적 · 공리적 가치를 위하여 종교를 신앙하는 성향으로 안전, 사교, 여흥, 사회적 지위와 정당화를 위해 종교 활동을 하고 정신적 안정인 평화와 같은 개인적 목적을 위하여 종교를 신앙하는 성향이다.

이 척도는 종교를 수단으로 삼는 사람들의 모순된 현상을 설명하고(Bergin, 1987), 내재적 종교성향이 자아통제감, 사회성, 복지감, 책임감, 관용도 등 정신건강의 긍정적 지표들과 정적 관계가 있고 외현적 종교성향은 부적 상관관계가 있음을 보인다(Bergin, 1991).

3. 연구 방법

1) 종교성향 측정도구

본 연구에서는 최영민 등이 Allport와 Ross의 내재적-외현적 종교성향척도, Feign의 외향적 종교성향척도, Hoge의 내재적 종교성향척도, Gorsuch와 McPherson의 내재적-외현적 종교성향척도를 바탕으로 한국판 척도를 개발한 내재적-외현적 종교성향척도로 26문항으로 구성되었다(최영민 외, 2002). 이 척도는 종교성향을 구분하는데 Hood의 방법에 따라 내재적 종교성향과 외현적 종교성향을 분류한 것이다(Hood, 1970). 각 개인의 내재적 성향도를 x, 외현적 성향도를 y라고 하고, 전체 내재적 성향도의 중앙치를 X, 전체 외현적 성향도의 중앙치를 Y라고 한다면, x>X이고 y<Y인 경우 내재적 종교성, x<X이고 y>Y이면 외현적 종교성으로 분류된다. 그리고 x>X이고 y>Y이면 친종교적 성향, x<X이고 y<Y이면 반종교적 성향으로 분류된다〈그림 1〉.

〈그림 1〉 종교성향 분류

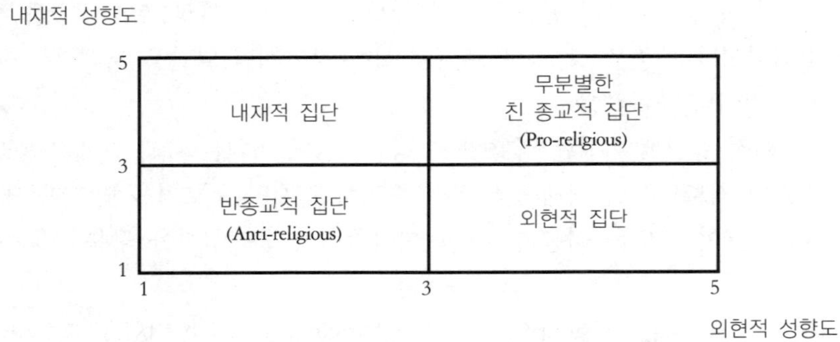

4. 연구 결과

1) 연구대상자의 특성

연구대상은 총 149명으로 이 중 남자는 55.7%인 83명이고 여자는 45.3%인 66명이다. 연령별로는 20세에서 67세까지 분포하였고 30대가 가장 많은 65명으로 43.62%를 차지하였고 평균 연령은 37.64세, 표준편차는 10.49세이다. 종교 활동을 하는 사람은 149명중 64.4%에 해당하였고 61.1%가 개신교에 해당했다〈표 1〉.

〈표 1〉 인구통계학적 특성

구분		사례 수	백분율(%)
성별	남성	83	55.70
	여성	66	45.30
연령	20대	32	21.48
	30대	65	43.62
	40대	28	18.79
	50대 이상	24	16.11
남한 거주 개월	4년 미만	80	53.69
	4년 이상	69	46.31
북한 학력	인민학교	1	0.67
	고등중학교	93	62.42
	전문학교/단과대학	21	14.09
	대학	33	22.15
	박사원	1	0.67
남한 학력	고등학교 재학	1	0.67
	고등학교 졸업	3	2.01
	전문학교 재학	3	2.01
	전문학교 졸업	6	4.03
	대학교 재학	33	22.15
	대학교 졸업	3	2.01
	대학교 졸업이상	7	4.70
	없다	91	61.07
	대학 중퇴	2	1.34
북한 결혼	있다	84	56.38
	없다	65	43.42
남한 결혼	있다	40	26.85
	없다	109	73.15
북한 이혼	있다	7	4.70
	없다	142	95.30
남한 이혼	있다	12	8.05
	없다	137	91.95
동거 상태	배우자와 함께	75	50.34
	이성과 동거중	5	3.36
	혼자 살고 있음	36	24.16
	가족과 동거	33	21.15
동거가족 수	1명	26	17.45
	2명	24	16.11
	3명	54	36.24
	4명	32	21.48
	5명 이상	13	8.73
군복무 여부	경험 있음	54	36.24
	경험 없음	95	63.76
노동당원 여부	노동당원	49	32.89
	아님	100	67.11
종교 유무	있음	96	64.4
	없음	53	35.6
현재종교	개신교	91	61.1
	천주교	2	1.3
	비정기	2	1.3
	통일교	1	0.7
	없음	53	35.6

2) 북한이탈주민의 종교 활동 변동 현황

북한이탈주민이 남한사회에 입국한 이후 2003년 12월까지 종교 활동을 어떻게 하고 있는지 파악했다. 여기서 종교 활동이란 주 1회 이상 정기적으로 종교 활동에 참여하는 것으로 정의했다.

전체 149명 대상자 중 64%가 당시 종교 활동을 하였는데 이 중 개신교가 61.1%인 91명으로 가장 많았고 천주교와 비정기적 종교 활동, 통일교가 있었다. 종교 활동을 하지 않은 사람도 35.6%인 53명이 존재했다. 종교 활동의 상태나 종류를 바꾼 사람은 종교 활동의 경험이 있는 97명 중 전체의 24%에 해당하는 23명이고 종교 활동이 어느 정도 이상의 도움을 준다고 대답한 대상은 전체의 84.6%이다〈그림 2, 3〉.

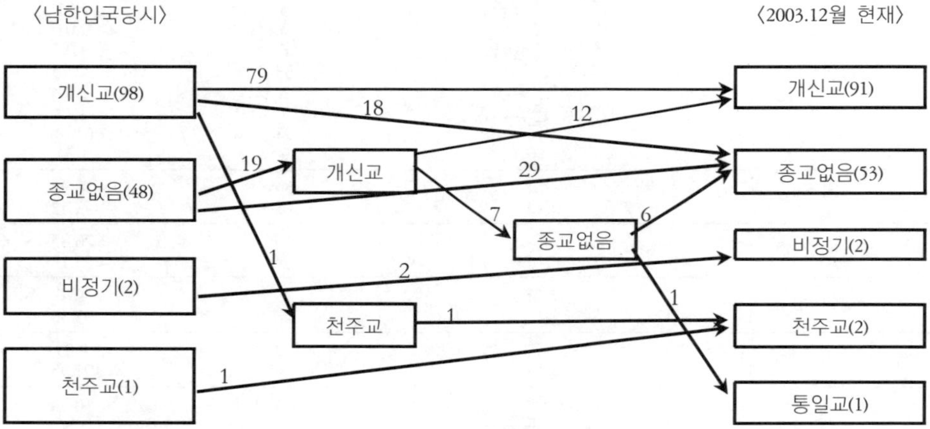

〈그림 2〉 종교생활 변화 현황

〈표 2〉 종교 분포현황

	현재종교(비율)	첫 번째 종교	두 번째 종교	세 번째 종교
개신교	91(61.1)	98(65.8)	19(50.0)	-
천주교	2(1.3)	1(0.7)	1(2.6)	-
종교없음	53(35.6)	48(32.2)	18(47.4)	6(100.00)
비정기	2(1.3)	2(1.3)	-	-
통일교	1(0.7)	-	-	-
합계	149	149	38	6

〈표 3〉 종교 활동을 유지 · 변화한 현황

구분	빈도	백분율(%)
계속유지	74	49.66
계속 없음	37	24.83
있다가 없음	18	12.08
없다가 있음	12	8.05
없다 있다 없음	6	4.03
개종	2	1.34
합계	149	100.0

종교 활동의 경험이 있는 사람에게 남한에서 종교 활동을 시작하게 된 가장 큰 이유로는 마음의 안정을 얻기 위한 것이며, 뒤를 이어 남한사람을 더 알기 원하거나 입국 과정 중 도움을 준 사람에 대한 의리 때문으로 나타났다. 이는 2001년 전우택 등이 조사한 종교로부터 얻은 가장 큰 도움으로 마음의 편안이라 응답한 결과와 일치한다(전우택 외, 2003).

현재 종교 활동을 유지하는 이유로는 마음의 안정과 도덕적 삶을 살기 위하여가 가장 많았고, 남한사람들을 더 알고 경제적 지원을 받는 등 필요한 도움을 얻고자 하는 것이 뒤를 이었다. 종교 활동을 중단하는 이유로는 목회자나 다른 신자에게 실망했기 때문과 강요받는 것에 대한 거부감이 가장 높게 나타났다. 또한 종교의 종류를 변동하게 된 이유로 종교의 시작 및 유지의 가장 큰 이유인 마음의 안정을 얻기 위해서가 가장 높았다.

3) 종교성향

북한이탈주민의 내재적 종교성향의 평균은 2.86이고 외현적 종교성향의 평균은 3.06으로 외현적 종교성향이 비교적 높은 것으로 조사되었다. 성별로는 여성의 종교성향이 남성보다 높았으며, 나이가 많을수록 종교성이 증가하는 경향을 보인다〈표 4〉.

종교 활동 여부에 따른 각 종교성향의 값으로 전체적으로 종교가 있는 집단의 내재적, 외현적 종교성향이 종교가 없는 집단보다 높은 종교성향을 보인다〈표 5〉. 종교가 있는 집단에서는 연령이 증가함에 따라 각 종교성향의 평균값이 증가함을 보이는데 종교 활동을 하지 않는 집단에서는 연령의 증가와 종교성향과의 연관성이 없어 보이고 특히 50세 이상의 집단에서는 각각의 종교성향이 낮아짐을 알 수 있다.

내재적 종교성향과 외현적 종교성향을 두 축으로 하여 종교성향이 다른 네 집단으로 분류하여 종교성향이 다른 집단을 성별 및 종교형태별 종교성향 집단의 차이에 대하여 x^2 검증을 한 결과 종교의 유무와 종교의 유지 여부, 기독인과 비기독인에 따른 차이가 통계적으로 유의미하게 나타났다〈표 6〉.

〈표 4〉 전체 연구대상자의 종교성향

구분		내재적 종교성향 평균(S.D)	외현적 종교성향 평균(S.D)
남성	20대 (N=17)	2.68 (0.63)	3.03 (0.69)
	30대 (N=34)	2.67 (0.74)	2.88 (0.77)
	40대 (N=17)	2.49 (0.64)	2.61 (1.02)
	50대이상 (N=15)	3.20 (0.86)	3.14 (0.80)
	Total (N=83)	2.73 (0.75)	2.90 (0.82)
여성	20대 (N=15)	2.78 (0.74)	2.97 (0.46)
	30대 (N=31)	2.85 (0.73)	3.16 (0.46)
	40대 (N=11)	3.41 (0.81)	3.50 (0.91)
	50대이상 (N=9)	3.59 (0.99)	3.72 (1.04)
	Total (N=66)	3.03 (0.83)	3.25 (0.68)
전체	20대 (N=32)	2.73 (0.67)	3.00 (0.59)
	30대 (N=65)	2.76 (0.73)	3.01 (0.65)
	40대 (N=28)	2.85 (0.84)	2.96 (1.06)
	50대이상 (N=24)	3.35 (0.91)	3.36 (0.92)
	Total (N=149)	2.86 (0.79)	3.06 (0.78)

〈표 5〉 종교 유무에 따른 연구대상자의 종교성향

구분		종교 있음		종교 없음	
		내재적 종교성향 평균(S.D)	외현적 종교성향 평균(S.D)	내재적 종교성향 평균(S.D)	외현적 종교성향 평균(S.D)
남자	20대 (N=8)	3.11 (0.39)	3.38 (0.34)	2.31 (0.57)	2.72 (0.79)
	30대 (N=20)	3.09 (0.62)	3.24 (0.56)	2.08 (0.40)	2.36 (0.76)
	40대 (N=11)	2.84 (0.51)	3.21 (0.48)	1.85 (0.20)	1.52 (0.81)
	50대이상 (N=14)	3.33 (0.75)	3.26 (0.67)	1.50 (0.0)	1.40 (0.0)
	Total (N=53)	3.10 (0.62)	3.26 (0.54)	2.08 (0.45)	2.27 (0.87)
여자	20대 (N=11)	2.93 (0.80)	3.03 (0.51)	2.36 (0.29)	2.80 (0.26)
	30대 (N=15)	3.17 (0.72)	3.30 (0.36)	2.56 (0.61)	3.03 (0.51)
	40대 (N=9)	3.66 (0.65)	3.78 (0.74)	2.31 (0.44)	2.25 (0.21)
	50대이상 (N=8)	3.88 (0.49)	4.04 (0.47)	1.25 (0.0)	1.20 (0.0)
	Total (N=43)	3.34 (0.76)	3.47 (0.63)	2.45 (0.60)	2.84 (0.61)
전체	20대 (N=19)	3.00 (0.65)	3.18 (0.47)	2.32 (0.49)	2.75 (0.66)
	30대 (N=35)	3.13 (0.66)	3.26 (0.48)	2.33 (0.57)	2.72 (0.71)
	40대 (N=20)	3.21 (0.70)	3.47 (0.66)	1.97 (0.32)	1.70 (0.77)
	50대이상 (N=22)	3.53 (0.71)	3.55 (0.70)	1.38 (0.18)	1.30 (0.14)
	Total (N=96)	3.21 (0.69)	3.35 (0.58)	2.24 (0.55)	2.52 (0.81)

북한이탈주민 전체에서는 친종교적 집단에 속하는 집단과 반종교적 집단에 속하는 집단이 37.6%와 31.5%로 가장 많고, 남자의 경우는 반종교적 집단이, 여성의 경우는 친종교적인 집단에 속하는 비율이 가장 높았다.

종교가 있는 경우 친종교적 집단(53.1%), 외현적 집단(26.0%), 반종교적 집단(12.5%), 내재적 집단(8.3%) 순으로 조사되었고 종교 활동을 유지하는 집단과 대상자 중 가장 높은 비율을 차지하는 기독인 중에서도 동일한 양상을 보인다.

〈표 6〉 인구사회학적 변인과 종교성향의 하위영역 비교

		종교성향				빈도	Df	x^2	p-value
		반종교적	내재적	외현적	친 종교적				
전체		47(31.5)	8(5.4)	38(25.5)	58(37.6)				
성별	남	28(33.7)	6(7.2)	24(28.9)	25(30.1)	83(55.7)	3	2.1907	0.1388
	여	19(28.8)	2(3.0)	14(21.2)	31(48.0)	66(44.3)			
종교	유	12(12.5)	8(8.3)	25(26.0)	51(53.1)	96(64.4)	3	52.8202	<0.0001
	무	35(66.0)	0(0.0)	13(24.5)	5(9.43)	53(35.6)			
종교유지	유지	9(12.2)	8(10.8)	21(28.4)	36(48.7)	74(49.7)	3	30.8808	<0.0001
	변화	38(25.5)	0(0.0)	17(11.4)	20(13.4)	75(50.3)			
기독교	기독교	12(12.9)	8(8.6)	23(24.7)	50(53.8)	93(62.4)	3	49.3672	<0.0001
	비기독교	35(62.5)	0(0.0)	15(10.1)	6(4.0)	56(37.6)			

※ 셀들이 5보다 작은 기대도수를 가지고 있는 경우 Fisher의 정확도 검정을 시행함

4) 종교변동에 따른 인구·사회학적 특성

본 연구의 대상자 149명 중 비정기적으로 종교 활동을 하는 사람과 천주교를 포함한 기타의 형태를 제외한 138명에 대하여 개신교를 중심으로 종교변동을 구분한 결과 네 집단으로 구분되었다〈그림 3〉.

〈그림 3〉 개신교 중심으로 하는 종교변동 현황

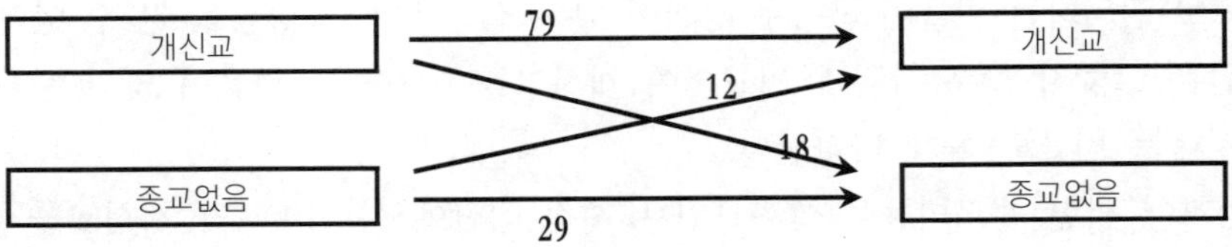

이 중 개신교를 유지하는 집단이 57.%로 가장 많았고 종교 활동을 꾸준히 하지 않은 집단이 21%로 뒤를 이었다. 성별로는 남자보다 여자에서 개신교를 유지하는 비율이 높았으며 남자보다 여자집단에서 개신교에서의 이탈 비율이 20.3%로 더 높았다. 지속적으로 종교 활동을 하지 않은 집단은 남자에서 29.1%, 여자의 10.2%에 비교하여 높게 나타났다〈표 7〉.

연령대별로 종교변동을 구분한 결과 연령이 올라갈수록 개신교를 유지하는 비율이 증가하였고 종교 없음의 상태를 유지하는 비율은 감소했다. 개신교에서의 이탈 비율이 가장

높은 연령대는 30대로 19.0%인데 이 집단은 종교 없음에서 개신교로 변화하는 비율이 3.5%로 가장 낮음을 알 수 있다.

거주기간을 기준으로 종교변동의 형태를 구분한 결과 개신교에서의 이탈현상은 남한사회에 정착한지 4년 미만 된 집단에서 더 높음을 알 수 있다. 종교 없음의 상태를 유지하는 비율은 정착한지 4년 이상 된 집단에서 높게 나타난다.

북한 학력을 기준으로 종교변동을 살펴보면 가장 높은 비율을 차지하는 고등중학교출신의 집단에서는 다른 집단과 마찬가지로 개신교를 유지하는 비율이 가장 높았으나 개신교에서 이탈하는 비율이 16.9%로 높게 나타남으로 차이를 보인다. 전문학교 및 단과대학출신은 개신교를 유지하는 집단이 71.4%로 월등히 높은 분포를 보이고 개신교에서 이탈하는 사람은 없었다.

남한 학력을 기준으로 종교변동을 분석한 결과 대학 이상의 학력을 지닌 집단이 개신교를 유지하는 비율이 71%로 가장 높았고 이 집단은 개신교에서의 이탈이나 개신교로의 귀의현상 비율이 다른 집단과 비교하여 낮게 나타난다. 개신교에서의 이탈현상은 남한 학력이 없는 집단에서 18.5%로 가장 높음을 알 수 있다.

동거상태를 기준으로 살펴보면 이성과 동거하는 집단이 개신교를 유지하는 비율이 높아 보이나 동시에 개신교에서의 이탈 비율도 25%로 높음을 알 수 있다. 가족과 동거하는 사람은 다른 집단에 비하여 개신교에서의 이탈 비율이 낮고 개신교로의 귀의 현상도 높게 나타난다. 이는 북한이탈주민의 신앙생활이 가족단위로 이루어지기 때문으로 보인다.

북한에서 결혼 경험이 있는 사람은 그렇지 않은 집단과 비교하여 개신교에서의 이탈현상이 높게 나타나고, 남한에서 결혼경험이 있는 사람은 없는 사람과 비교하여 개신교를 유지하는 비율이 낮고 종교 활동을 하지 않은 채 사는 사람의 비율도 높음을 알 수 있다.

북한에서의 군복무 경험 유무에 의하여 종교변동 상태가 뚜렷하게 구분되는 것은 없으나 개신교로 귀의하는 비율이 군복무 경험이 있는 집단에서 더 높음을 알 수 있다. 노동당원인 사람은 그렇지 않은 사람과 비교하여 개신교를 유지하는 비율이 낮고 종교 없음의 상태로 지내는 비율도 높게 나타난다.

종교성향에 의한 종교변동을 살펴보면 내재적 집단에서는 100%가 개신교를 유지하고 있음을 알 수 있다. 친종교적 집단에서는 다른 집단과 비교하여 종교 활동을 하지 않다가 개신교 활동을 시작하는 집단의 비율이 높고, 반종교적 집단에서는 개신교를 유지하는 비율이 가장 낮고 종교 활동을 하지 않은 비율도 높음을 알 수 있다.

네 집단 중 내재적 종교성향의 평균값이 가장 높은 집단은 개신교를 유지하는 집단이고 외현적 종교성향의 평균값은 개신교에서 이탈한 집단에서 가장 높게 나타난다. 종교 없음을 유지하는 집단에서는 두 가지 종교성향의 값이 모두 낮았다.

〈표 7〉 인구 · 사회학적 구분에 따른 종교변동 집단 빈도수(비율)

구분	종교변동				합계
	개신교유지	개신교⇒없음	없음⇒개신교	없음⇒없음	
전체	79(57.3)	18(13.0)	12(8.7)	29(21.0)	138
성별 구분					
남자	42(53.2)	6(7.6)	8(10.1)	23(29.1)	79
여자	37(62.7)	12(20.3)	4(6.8)	6(10.2)	59
연령구분					
20대	15(46.9)	2(6.3)	4(12.5)	11(34.4)	32
30대	32(55.2)	11(19.0)	2(3.5)	13(22.4)	58
40대	14(58.3)	3(12.5)	2(8.3)	5(20.8)	24
50대 이상	18(75.0)	2(8.3)	4(16.7)	0(0.0)	24
거주기간					
4년 미만	44(57.9)	14(18.4)	7(9.2)	11(14.5)	76
4년 이상	35(56.5)	4(6.5)	5(8.1)	18(29.0)	62
북한학력					
인민학교	0(0.0)	0(0.0)	1(100.0)	0(0.0)	1
고등중학교	45(54.2)	14(16.9)	6(7.2)	18(21.7)	83
전문/단과대학	15(71.4)	0(0.0)	2(9.5)	4(19.1)	21
대학	19(57.6)	4(12.1)	3(9.1)	7(21.2)	33
남한학력					
없음	41(50.6)	15(18.5)	9(11.1)	16(19.8)	81
고등학교,전문대	6(50.0)	1(8.3)	1(8.3)	4(33.3)	12
대학이상	32(71.1)	2(4.4)	2(4.4)	9(20.0)	45
동거상태					
배우자와함께	39(57.4)	11(16.2)	5(7.4)	13(19.1)	68
이성과동거중	3(75.0)	1(25.0)	0(0.0)	0(0.0)	4
혼자살고있음	18(54.6)	4(12.1)	2(6.1)	9(27.3)	33
가족과동거	19(57.6)	2(6.1)	5(15.2)	7(21.2)	33
북한결혼					
있다	44(58.7)	14(18.7)	6(8.0)	11(14.7)	75
없다	35(55.6)	4(6.4)	6(9.5)	18(28.6)	63
남한결혼					
있다	15(41.7)	4(11.1)	5(13.9)	12(33.3)	36
없다	64(62.8)	14(13.7)	7(6.9)	17(16.7)	102
군복무경험					
있다	28(56.0)	5(10.0)	6(12.0)	11(22.0)	50
없다	51(58.0)	13(14.8)	6(6.8)	18(20.5)	88
당원여부					
당원	23(51.1)	5(13.3)	5(11.0)	11(24.4)	50
아님	56(60.2)	12(12.9)	7(7.53)	18(19.5)	88
종교성향집단					
내재적집단	8(100.0)	0(0.0)	0(0.0)	0(0.0)	8
반종교적집단	9(21.4)	11(26.2)	2(4.8)	20(47.6)	42
친 종교적집단	40(74.1)	4(7.4)	9(16.7)	1(1.9)	54
외현적집단	22(64.7)	3(8.8)	1(2.9)	8(23.5)	34
종교성향					
평균값(SD)					
내재적성향도	3.24(0.63)	2.44(0.69)	3.17(0.91)	2.12(0.43)	-
외현적성향도	3.33(0.57)	2.59(0.86)	3.64(0.70)	2.38(0.82)	-

5. 고 찰

본 연구의 결과 전체 149명 대상자 중 64%가 당시 종교 활동을 했는데 이 중 개신교가 61.1%인 91명으로 가장 많았고 천주교와 비정기적 종교 활동, 통일교가 있었다. 북한이탈주민의 종교 활동 인구 중 개신교가 차지하는 비율이 높은 것은 2001년 553명을 대상으로 조사하여 61.9%의 비율이 나온 결과와 일치한다. 종교 활동이 얼마나 도움이 되고 있는지에 대한 평가도 2001년 85.7%가 긍정적인 기여를 하고 있다고 답함으로 본 연구의 84.6%와 비슷한 비율이다.

북한이탈주민에게 개신교의 비율이 높은 것은 이들이 제3국을 통하여 남한으로 입국하는 과정 중 개신교 관련 단체나 사람의 도움을 받았기 때문이고, 하나원에서의 교육 중 기독교에 대한 소개를 받고 있기 때문으로 해석된다. 또한 이들이 남한사회에서 생활을 시작할 때 교회가 이들에 대하여 적극적으로 관심을 보이고 지원하고자 하는 노력을 상대적으로 더 많이 하고 있기 때문으로 보인다(전우택, 2003).

그러나 이들이 남한에서 적응하는 과정 중 발생하는 개신교에서의 이탈현상에 주목해야 할 필요가 있다. 149명의 대상 중 입국 당시 65.8%에 해당하는 98명이 개신교인이었다가 4년 정도 시간이 지난 뒤 개신교인은 61.1%인 91명으로 감소했다. 개신교에서의 이탈현상은 남한사회에 정착한지 4년 미만의 집단에서 더 뚜렷한데 한국 교회는 입국 초기의 북한이탈주민에게 관심을 더 쏟을 필요가 있음을 알 수 있다.

개신교를 중심으로 종교변동을 분석한 결과 개신교에서의 이탈현상은 연령대별로는 30대에서, 거주기간으로는 4년 미만인 집단에서, 북한 학력으로 고등중학교에서 뚜렷하다. 또한 이성과 동거하는 집단과 북한에서의 결혼 경험이 있는 집단, 그리고 반종교적집단에 속하는 사람이 개신교에서의 이탈현상을 더 많이 보인다.

입국 초기에 북한이탈주민은 교회단체 뿐만 아니라 다양한 사회집단으로부터 도움을 받을 기회가 있다. 절반 이상이 반종교적이거나 친종교적인, 다시 말하여 내재적 종교성향이 낮은 북한이탈주민을 정착 초기 단계에 교회로 유인하는 요인보다 다른 곳에서의 유인이 더 강력할 수 있다는 말이 된다. 바꾸어 해석하면 남한사회에 정착하고 시간이 흐른 뒤도 이들에게 꾸준한 도움을 주는 단체는 교회라고 볼 수도 있다. 중요한 것은 149명의 연구대상은 교회로부터 멀어지고 있는데, 정착 초기에 그 현상이 뚜렷하다는 것이다. 남한사회와 종교, 문화 등 모든 것에 대하여 낯설 시기에 이들에 대하여 교회는 지금보다 더 실질적이며 구체적인 접근을 할 필요가 있다.

남한 내에서 대학 이상의 교육을 받은 집단은 개신교에서 이탈하는 현상이 뚜렷하게 낮음을 알 수 있다. 이는 북한이탈주민이 남한에서의 거주기간이 늘어나고 사회에 적응함과 동시에 제도권 교육을 선택하는 기회가 많아지기 때문이라 볼 수 있다. 또한 대학 이상의 교육이 이들에게 제공하는 환경, 다시 말해 인간관계, 고등학문 자체가 교회생활을 유지하는 요인으로 작용할 수도 있다. 동시에 교회를 다니는 사람에게 대학교육을 받을 기회가 더 많기 때문일 수도 있다고 해석된다. 더 나은 삶을 위하여 남한에 유입하는 북한이탈주민의 수가 점점 많아질수록 한국교회는 초, 중, 고, 대학을 포함한 제도권 교육을 통하여 이들을 경험하고 도울 수 있는 준비가 되어야 할 것이다.

동거 상태로 보아서는 가족 단위의 생활자가 신앙을 유지하는 경향이 높아 보인다. 이는 남한사람들과 마찬가지로 북한이탈주민도 가족단위의 신앙생활이 신앙을 더 자라게 하기 때문과 동시에 가족 유대감을 중요시하는 한국인의 특성 때문인 것으로 보인다. 따라서 한국 교회는 가족단위의 북한이탈주민을 돕고 신앙의 성장을 유인할 준비가 되어있어야 한다. 바꾸어 말하면 가족단위가 아닌 입국자에 대해서는 한국 교회는 더 각별한 공간을 만들어야 한다.

각 종교성향도의 평균값을 분석한 결과 개신교에서 종교 없음으로 이동하는 집단은 종교 없음을 유지하는 집단과 함께 종교성향도가 상당히 낮음을 알 수 있다. 그러나 원래 종교성이 낮은 사람이라 할지라도 북한이탈주민의 탈북, 제3국 거주, 남한 입국 등 여러 가지 특수한 경험 도중 한 번 신앙생활을 시작한 사람이 신앙을 잃고 종교 활동을 중단하는 것에 대하여 한국교회가 관심을 갖고 이들을 수용할 공간을 만들 필요가 있다고 본다.

내재적 종교성향은 남자보다 여자가 높게 나타나고 있으며 종교의 유무, 종교의 유지 여부, 기독인과 비기독인, 각 종교 집단 간 다르게 나타나고 있다. 종교를 가진 경우 나이가 들수록 내재적, 종교적 종교성향이 증가함을 보이나 종교가 없는 경우 연령이 증가할수록 두 가지 종교성향이 모두 낮아짐을 보였다. 이는 나이가 들수록 종교집단 안에서 신앙이 성장하는 것뿐만 아니라 인간관계와 교회활동에 대한 참여도가 크기 때문이다. 그러나 우울정도에 따라서는 두 종교성향이 차이가 없는 것으로 나타났다.

북한이탈주민 전체에서는 친종교적 집단에 속하는 집단과 반종교적 집단에 속하는 집단이 37.6%와 31.5%로 가장 많았다. 남자의 경우는 반종교적 집단에 속하는 대상자가 33.7%로 가장 높은데 이는 남한 성인을 대상으로 조사하여 외현적인 집단의 비율이 가장 높게 나타난 것과는 다른 양상이며(박재연, 1993). 여성의 경우는 친종교적인 집단에 속하는 비율이 전체의 48%로 가장 많은데 이는 외현적 종교성향이 여자에게서 높게 나타나기 때문인데 남한의 경우 남자 성인의 외향적 성향이 더 높게 조사된 것과는 다르다(박재연, 1991). 이로써 북한이탈주민의 경우 선교나 전도의 전략을 세울 때 남자와 여자의 경우가 달라야 함을 알 수 있다. 남자의 경우 내재적 종교성향과 외현적 종교성향이 모두 낮은 반종교적 집단이 세 명 중 한 명꼴로 나타나는데 이들은 북한에서 경험한 반종교적 교육의 영향으로 보이는데 이에 대하여는 교리와 신앙의 원리로부터 체계적으로 접근할 필요가 있다. 이와 비교하여 여자의 경우 친종교적인 집단이 세 명 중 한 명으로 나타나는데 이들은 교리나 신앙에 앞서 인간관계와 관심을 기초로 접근하는 것이 효과적으로 보인다.

6. 결 론

본 연구는 남한에 정착한지 5년 이내의 수도권 근처에 정착한 북한이탈주민을 대상으로 이루어졌다. 전체 149명 대상자 중 64%가 당시 종교 활동을 했는데 이 중 개신교가 61.1%인 91명으로 가장 많았고 천주교와 비정기적 종교 활동, 통일교가 있었다. 종교 활동의 경험이 있는 사람 중 종교 활동이 어느 정도 이상의 도움을 준다고 대답한 대상은 전체의 84.6%로 종교 활동은 북한이탈주민의 삶에 비교적 긍정적인 영향을 미치고 있음을 알 수 있다.

연구 대상자 중 종교 활동의 상태나 종류를 바꾼 사람은 종교 활동의 경험이 있는 97명 중 전체의 24%에 해당하는 23명에 달하는데 개신교도의 경우 13%에 해당하는 18명이 개신교 활동을 하다가 종교 활동을 중단했다. 종교 활동을 중단한 집단의 종교성향을 분석한 결과 종교없음을 유지하는 집단은 나머지 사람들과 비교하여 내재적 종교성향과 외현적 종교성향이 모두 낮음을 알 수 있었다.

특히 한국 교회는 개신교에서의 이탈 현상이 뚜렷한 연령대별로는 30대 집단, 성별로는 남자, 거주기간으로는 4년 미만인 집단, 북한 학력으로 고등중학교 출신, 가족단위가 아닌 거주자에게 더욱 관심을 가지고 이들을 수용할 공간을 만들 필요가 있다.

참고문헌

강영규 등. 천안지역 대학생의 흡연군과 비흡연군간 추동성, 우울 및 불안정도 비교 연구. 신경정신의학 2002; 41(6): 1089-1098.

김미숙. 종교가 노인의 삶의 질에 미치는 영향 연구. 한국노년학 2000; 20(2): 29-47.

김병로. 북한 종교정책의 변화와 종교실태. 통일연구원. 2002.

김병로. 탈북자 발생 배경분석, 민족통일연구원. 1994.

김숙임. 북한이탈여성주민의 사회적응에 대한 욕구와 민간단체의 지원방안에 관한 연구. 숭실대학교 석사학위 논문. 1999.

김정선. 성인여성의 우울과 스트레스, 사회적 지지에 관한 연구. 대한간호학회지 2004: 34(2): 352-361.

김홍수 등. 북한종교의 새로운 이해., 다산글방. 2002.
남정모 등. SAS를 이용한 의학통계 자료분석. 연세대학교 보건대학원, 2003(비출판).
류성민. 북한 주민의 종교생활. 공보처. 1994.
문화체육부. 북한지역 종교자료집. 1994.
박재연. 종교성향과 정신건강 간의 관계 연구. 고려대학교 석사학위 논문. 1993.
방미숙. 문제에 대한 종교적 대처양식과 그 효율성. 연세대학교 석사학위 논문. 1994.
변경애. 개신교 기혼여성의 종교 활동이 가족원의 관계만족도에 미치는 영향. 한국가정관리학회지 2001; 19(5): 33-40.
손양순. 재가노인 우울성향에 영향을 미치는 요인 분석. 산정논총. 2001(2).
송은일. 자기표현 훈련이 우울수준 감소 및 자기표현 증진에 미치는 영향. 생활문화연구. 2002.
아주대학교 & 통일부. 북한 보건의료분야의 인도적 지원방향. 2002.
윤여상. 탈북자 문제의 국제적 이슈화에 대한 평가와 전망. 대한정치학회보 2003; 11(1): 353-357.
오혜정. 귀순 북한동포의 남한사회적응실태. 서강대학교 석사학위논문. 1995.
이기영. 탈북자의 정신건강을 위한 사회복지서비스의 모색. 한국정신보건사회사업학회. 정신보건과 사회사업 8집. 1999.
이영호. 정신건강론. 현학사. 2003.
이영호. BDI, SDS, MMPI-D 척도의 신뢰도 및 타당도에 대한 연구. 한국심리학회지. 1991; 10(1): 98-113.
이원규. 종교성과 삶의 만족도의 상관관계에 대한 경험적 연구. 신학과 세계. 1990.
이정균. 제4판 정신의학. 일조각. 2000.
이평숙. 노인의 스트레스, 사회적 지지와 우울간의 관계. 대한간호학회지 2004; 37(3): 477-484
장연집. 현대인의 정신건강. 학지사. 1999.
전우택. 난민들의 정신건강과 생활적응에 대한 고찰 및 한반도 통일과정에서 전망과 대책. 신경정신의학. 1997.
전우택. 북한 탈북자들의 남한사회 적응에 관한 연구. 신경정신의학 1997; 36(1): 145-161.
전우택. 탈북자들의 남한사회 적응과 심리갈등에 대한 이해. 한국심리학회. 2000.
전우택. 독일 통일 이후 그 심리적 갈등과 극복 방안 – 구 동독인과의 면담 기록을 중심으로. 사람의 통일을 위하여. 도서 출판 오름. 2000.
전우택 등. 탈북자들의 남한사회 적응생활 실태조사. 통일연구 2003; 7(1): 168-203.
전우택. 통일과 교회의 역할. 연세대학교 통일연구원 2003년 추계 한독 학술심포지움. 2003.
조성진 외. 한국 일 도시지역 청소년의 우울증상 유병률과 관련요인에 대한 연구. 신경정신의학 2001; 40(4): 627-639.
조영아. 남한 내 북한이탈주민의 자아방어기제 연구. 박사학위 논문. 2002.
통일부. 통일백서. 2004.
최영민 외. 한국판 내재적 – 외현적 종교성향 척도의 개발 및 표준화 예비 연구. 신경정신의학.

2002.
한내창. 종교가 청소년들의 종교적 편견에 미치는 영향. 한국종교교육한연구 2000; 11: 105-125.
한내창. 우리문화에서 I / E 및 기타 종교성 척도. 한국사회학. 2001.
한내창. 노인들에게 있어서 종교와 삶의 질. 한국종교학회. 종교연구. 2002.
한내창. 종교성이 정신건강에 미치는 영향에 관한 연구. 2002.
한내창. 종교성이 청소년들의 친 사회적 행동에 미치는 영향. 원불교사상 제 24권.
한인영, 북한이탈주민의 우울 성향에 관한 연구. 정신보건과 사회사업. 2001.
한인영. 북한이탈주민의 이주형태 및 성별에 따른 건강관련 특성 비교 연구. 한국가족사회복지학회, 2002.
한재희. 기독교인의 종교성향에 따른 삶의 의미와 만족도. 고려대학교 석사학위논문. 1992.
한홍무. Beck Depression Inventory의 한국판 표준화 연구. 신경정신의학. 1986.
현용호. 한국인 우울증 환자의 대인관계 문제영역에 대한 연구. 연세대학교 석사학위 논문. 2000.
홍정근. 탈북자를 위한 교회 교육적 관심. 교육교회. 1999.
최병기. 종교가 노년기의 심리적 적응에 미치는 영향. 연세대학교 석사학위논문. 2002.
Allport GW & Ross JM. Personal religious Orientation and prejudice. Social Science Quarterly 1967; 77: 177-189.
Batson CD & Ventis WL. The Religious Experience: A Social-Psychological Perspective. New York: Oxford University Press, 1982.
Beck. Depression: Clinical, Experimental and Theoretical Axpects. Harper & Raw Publishers. 1967.
Bergin AE. Religiousness and mental health reconsidered. Journal of counselling psychology 1987; 34: 197-204.
Bergin AE. Values & religious issues in Psychotherapy & mental health. Amercan Psychologist 1991; 46: 394-403.
Blazer D. Comprehensive Textbook of Psychiatry 6th ed: Mood Disorders. Williams & Wilkins. 1995.
Deardorff WW. Depression as measured by the DSM-Ⅲ and the Beck Depression Inventory in an unselected adult population. Journal of consulting and clinical psychology. 1984; 52: 892-898.
Donahue MJ. Intrinsic and extrinsic religiousness: Review and meta-analysis. Journal of Personality and Social Psychology. 1985; 48(2): 400-419.
Hinton WL et. al. DSM-Ⅲ Disorder in Vietnamese Refugees. J Ment Dis 1993; 181: 113-122.
Hagop SA. Introduction and Overview. Williams & Wilkins, 1995.
Hood RW. Religious orientation and the report of religious experience. J of Scien Study Relig 1970; 10: 339-356.
Jeon WT. Issues and problems of adaptation of North Korean defectors to South Korean society: an in-depth interview study with 32 defectors. Yonsei Med J. 2000 Jun; 41(3):362-71.
Kinzie JD et al. The prevalence of posttraumatic stress disorder and its clinical significance among

Southeast Asian refugees. Am J Psychotherapy 1987; 41: 82-94.
Myers DG. Psychology through the eyes of faith. Harper San Francisco, 1987.
Meadow M J. Psychology of Religion. Harpercollins College Div, 1984.

제28장

종교성향과 우울정도

최승주 연세대 보건대학원, 국제보건학
전우택 연세대 교수, 정신의학
정우진 연세대 교수, 경제학

1. 연구의 필요성

1990년 초반 소련과 동구권이 몰락하면서 증가하기 시작한 북한이탈주민의 수는 1994년 이후 식량난으로 급증하게 되었다. 당시 탈북의 동기는 체제에 대한 불만, 개인적 요인, 사회경제적 불안 등으로 다양하다(김숙임, 1999).

2000년 6월 남북정상회담을 통하여 이산가족 상봉, 경의선 철도의 복원이 추진되는 등 남과 북이 화해와 협력의 속도가 각 분야에서 빨라지고 있다. 또한 북한이 우리나라 뿐 아니라 중국, 러시아 등의 나라와의 수교를 이루면서 북한주민들은 외부 사회에 대한 사실적이며 구체적인 정보를 얻게 되었다. 남한의 경제발전에 대한 정보 유입으로 더 나은 삶을 위한 탈북이 증가하게 되었다(김병로, 1994).

뿐만 아니라 90년대 이후 식량난을 겪으면서 북한주민 및 북한이탈주민을 대상으로 하는 종교단체의 활동이 증가했다는 것이다. 인도주의 대북지원과 대외 종교 활동의 증대로 인하여 북한 주민의 종교 접촉 경험과 종교에 대한 인식이 과거와 비교하여 많이 달라졌다. 또한 많은 북한이탈주민이 탈북과 남한사회로의 입국 및 정착 과정 중 종교단체를 경험하게 된다.

선행연구에서 북한이탈주민은 한국사회적응에 대하여 사회・경제적 측면, 정신・심리적 측면 등에 성공적이지 못한 평가를 받았는데(오혜정, 1995) 전우택 등(2003)이 시행한 북한이탈주민의 남한사회적응 실태조사에 의하면 85% 이상이 종교로부터 삶에 도움을 얻는다고 했다.

종교단체의 대북지원 및 북한이탈주민 대상 지원이 지속적으로 증가하는 추세이고 많은 북한이탈주민이 다양한 이유로 종교 활동을 시작하고, 유지하고, 이탈하는 이 시점에서 본 논문은 북한이탈주민의 종교 활동을 분석하며 종교 활동이 남한사회에의 적응에 긍정적인 요인으로 작용하는지 분석하고자 한다. 85% 이상의 북한이탈주민이 종교로부터 도움을 얻고 있다고 응답하였는데, 과연 이들이 남한사회에서 적응하며 겪는 우울정도에도 긍정적인 영향을 미치는지 보고자 한다. 지금까지 북한이탈주민을 대상으로 진행된 연구에서는 종교 활동의 여부가 다른 종속변수에 대하여 통계적으로 유의한 영향을 미치지 않았다. 따라서 본 연구에서는 종교 활동 여부가 아닌 종교성향이 사회에 적응도를 판단하는데 중요한 요인의 하나인 우울정도에 미치는 영향을 분석하여 북한이탈주민의 우울정도에 종교성향이 긍정적으로 관여하는지 보고자 한다.

2. 이론적 배경

1) 정신건강

Batson은 The religious experience에서 종교와 정신건강의 관계가 사람들의 종교적 동기에 좌우된다고 보고하는데 종교를 가진 사람들 가운데 그 동기가 비본질적인 사람들, 즉 자신의 종교적 귀의가 안겨 줄 보상 때문에 종교를 갖게 된 사람들은 만사가 자기 뜻대로 되지 않는다는 느낌과 걱정, 죄책감으로 괴로워하는 경향이 있다고 보고했다. 반면 스스로가 본질적으로 종교적이라 생각하는 사람은 자신에 대해 좀 더 나은 느낌을 표현하는 경향이 있다고 한다(Myers, 1987).

종교성과 정신건강의 관련성을 확인하기 위해서는 정신과 정신건강의 정의를 명확하게 할 필요가 있다. 정신이란 생체 내외에서 오는 자극에 대한 반응의 총화이며 이러한 생리적, 심리적, 사회적 자극에 대한 반응으로 인간의 언동이 이루어진다고 했다(이정균, 2000). 장연집 등(1999)은 정신건강을 포괄적인 의미의 정신적 안녕과 함께 신체적·사회적·도덕적 건강의 개념이 내포한다고 정의했고 WHO도 정신건강의 상태를 일상생활에서 언제나 독립적·자주적으로 처리해 나갈 수 있고 질병에 대해 저항력이 있으며 원만한 가정생활과 사회생활을 할 수 있는 상태이자 정신적 성숙상태라고 했다. 미국정신위생위원회는 정신건강의 상태를 다만 정신적 질병에 걸려있지 않은 상태만이 아니고 만족스러운 인간관계와 그것을 유지해 나갈 수 있는 능력이라 정의했다(이영호, 2004).

현재 남한사회에 정착하고 있는 북한이탈주민들은 그들의 경제적 적응의 어려움과 심리·사회적 적응의 어려움이 정착의 커다란 걸림돌로 지적되고 있다(전우택, 2000). 일반적으로 적응에 어려움을 초래하는 정신건강 문제들로 강박장애, 공황장애, 공포장애 등을 포함하는 불안장애와, 화병이나 건강염려증과 같은 신체형 장애, 또한 기억상실, 건망증과 같은 해리성 장애 등을 들 수 있는데 남한에 정착하는 북한이탈주민이 외로움, 죄책감, 열등감, 불안감 (외상후 스트레스 장애)정신건강 문제를 겪고 있으나(전우택, 1997; 이기영, 1999) 이들에 대한 정신건강서비스는 거의 이루어지지 않고 있다.

과연 이탈주민의 종교 활동이 그들이 경험하는 정신건강의 문제에 긍정적인 작용을 할 것인가? 프로이트에 의하면 종교가 강박관념적인 신경증을 유발한다고 하고, 미국 심리학회 회장인 조지 앨비는 종교가 자신이 경험하고 있는 고난을 정당하게 하기 때문에 정신건강에 해롭다고 주장한다. 종교가 자신이 경험하고 있는 어려움을 신 앞에 내려놓고 극복할 수 있으므로 유익하다는 주장과 그 반대의 주장이 팽팽하게 대립하는 가운데 종교와 정신건강의 관계성은 사람들의 종교적 동기에 좌우된다는 보고가 있다 (Batson & Ventis, 1982). 비본질적(외현적) 종교성향을 지닌 사람은 종교적 귀의함으로 얻어지는 보상에 기대하기 때문에 걱정과 죄책감이 많으나 본질적(내재적) 종교성향을 지닌 사람은 종교 자체가 동기이자 목적인 사람 보다 긍정적이라고 밝혔다.

일반적으로 종교적 경험은 개인에게 삶의 정체성을 제공해 주고, 압박과 긴장 속에서 사회적 지지를 제공하며, 치료의 잠재력이 있으므로 사회적 역할이 긍정적이라 해석하고(Myers, 1987) 종교와 정신건강 관계는 연관성을 입증했으나 인과관계까지는 밝히지는 못했다.

2) 우울정도(BDI)

현대정신의학에서 우울증이란 여러 가지 심리적, 생물학적 원인요소들에 의해 최종적으로 간뇌에 있는 즐거움과 보상에 관련된 구조에 가역적 결핍이 온 상태라고 설명한다 (Blazer, 1995). 우울증의 원인은 크게 두 가지로 나눌 수 있는데 하나는 유전적 요인이나 발달과정 중의 경험이고, 다른 하나는 우울증의 발병 무렵 환자를 둘러싼 사회적 환경에서 비롯되는 각종 요인들이다. McGuffin은 어떤 개인의 우울증에 대한 유전성이 발현되는 기전 중의 한 과정이 사회적 환경의 악화라고 함으로써 유전적 요인이 우울증 발병에 더욱 근원적인 역할을 한다는 이론을 제시하기도 하였다(McGuffin, 1988). 그러나 임상적으로 볼 때 우울증을 유발시키고 유지시키는 것은 그 근원이 무엇이든 간에 악화된 사회적 환경이라 할 수 있고(Hagop, 1995), 우울증의 발생과 관련된 사회적 환경에는 생활사건 외에도 사회적 지지라는 중요한 측면이 있다(Paykel, 1992).

우울이란 스트레스 사건에 대한 적응 과정에서 자신에 대한 부정적인 인식의 결과를 의미하는 것으로 근심, 침울함, 실패감, 상실감, 무력감 및 무가치감을 나타내는 정서장애이다 (Beck, 1976). 따라서 본 연구에서는 북한이탈주민의 남한사회 적응에 대한 간접적인 지표로 BDI를 이용하여 북한이탈주민의 종교 활동과 종교성향이 남한사회로의 적응에 영향을 미치는지 살펴보고자 했다.

3. 연구 목적

본 연구에서는 북한이탈주민의 종교 활동이 남한사회에 적응하는데 작용하는 우울정도에 영향을 미치는지 살펴보고자 했다. 또한 이 연구에서는 위의 이론적 배경을 근거로 우리나라에 정착한 북한이탈주민의 종교 활동을 분석하고 종교성향과 정신건강을 조사함으로 남한사회에서의 적응과의 관련을 살펴보고자 한다. 종교성향의 측정도구를 가지고 연구한 기존의 연구들은 주로 종교 활동을 하는 종교체계 내의 피험자들을 대상으로 하여 종교성향이 모든 사람들에게 존재하는 본성의 하나라는 정의를 제한하여 왔으나 이 연구에서는 종교체계에 속하거나 속하지 않은 사람까지도 포함하여 조사하고자 했다.

본 연구의 목적은 북한이탈주민의 종교성향이 남한사회에 적응하는데 영향을 미치는지 파악하는 것이다. 이 연구 과제를 해결하기 위하여 "내재적 종교성향이 정신건강에 긍정적 영향을 미칠 것이다"라는 가설을 설정했다. 즉 내재적 성향의 사람이 우울증을 더 적게 경험하리라는 것이다.

4. 연구 방법

1) 우울정도 측정도구

우울정도의 측정도구로 Beck이 1961년에 제작하고 1978년에 개정한 BDI(Beck Depression Inventory)의 번역판(한홍무. 1986)을 사용했다. BDI는 1961년 제안된 이래 가장 널리 사용되는 우울정도 척도로 0의 편향이 배제되고 실시와 채점이 쉽고 우울을 가려내는데 상당히 우수하다는 장점이 있다(Beck, 1967). 우울은 가장 일반적인 정신문제의 하나로 Beck에 의하면 우울은 자신을 무가치하게 보는 것과 외부 세계를 무의미하게 보는 것, 미래에 대한 희망을 갖지 못하는 것으로 세계, 자신 그리고 미래를 부정적으로 보는데서 비롯된다고 주장한다.

몇몇 연구자들의 보고에서 BDI가 높은 경우에도 정신과적 장애가 없거나 혹은 우울증이 아닌 다른 질병으로 진단되는 비율이 높았다(Deardorff 외, 1984). 따라서 BDI 하나만으로 우울정도를 측정하는 것은 충분치 못할 수도 있으나 BDI가 16점 이상인 기준을 충족시키는 사람을 우울집단으로 분류한다면 우울집단의 적중률이 상당히 높다(송은일, 2002). 또한 BDI가 내적 일관성과 신뢰도가 우수한 것으로 받아들여지는 척도로 받아들여지기 때문에 본 연구에서는 BDI를 북한이탈주민의 우울정도를 측정하는데 사용한다.(이영호, 1991)

2) 분석방법

수집된 자료는 SAS 8.1과 SPSS 11을 활용하여 처리했다. 본 연구에 사용한 분석 방법은 다음과 같다.

1) 내재적 성향과 외현적 성향, 우울정도 간의 상관관계를 알아보기 위하여 피어슨 상관분석을 실시했다.
2) 집단 간 종교성향과 BPI 값에 유의한 차이가 있는지 알아보기 위하여 x2-test와 GLUM(General Linear Model)을 이용한 변량분석(NOVA)을 이용했다.
3) 종교 상태와 개인적 사항들이 정신건강에 긍정적 영향을 미치는지 가설을 검증하기 위해서 다중회귀분석(Multiple Regression Analysis)을 했다.

5. 연구 결과

1) 북한이탈주민의 우울정도

북한이탈주민의 우울정도를 나타내는 BDI값의 분포는 〈그림 1〉과 같다. Beck이 제시한 BDI 척도는 정서적, 인지적, 동기적, 생리적 증후군 등 21개 영역을 포함하고 있고 0에서 3점까지의 4점 척도로 그 합이 0~9점까지는 우울하지 않은 상태, 10~15까지는 가벼운 우울상태, 16~23점까지는 중한 우울상태, 24～63점은 심한 우울상태라 했다(Beck, 1967). 연구대상자의 BDI 평균은 11.2로 남녀 차이가 없었는데 이는 일반인을 대상으로 하여 BDI 수치

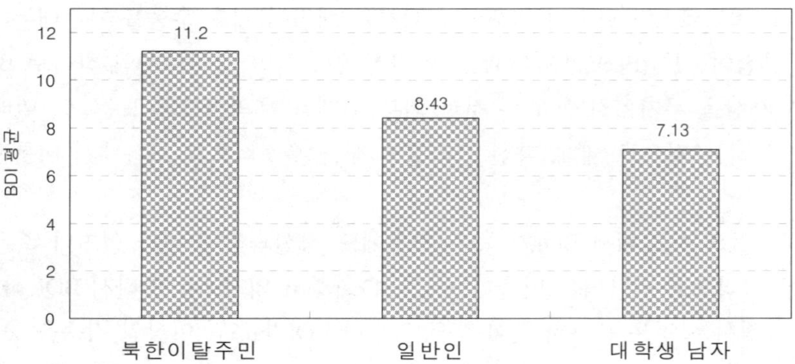

〈그림 1〉 북한이탈주민과의 BDI 비교

가 8.43으로 조사된 것과(이영호 외, 1991) 대학생을 대상으로 남자 7.13, 여자 10.52의 결과가 나온 수치보다 높은 결과이다(강영규 외, 2002). 북한이탈주민과 남한사람의 정신건강에 대하여 추후 연구가 필요하지만 본 연구의 결과로는 남한사람들에 비하여 북한이탈주민은 우울성향이 더 높은 것으로 보인다.

남한에 정착한 북한이탈주민의 BDI 분포는 우울하지 않음이 45.00%로 가장 많았고, 가벼운 우울이 31.54%, 중한 우울이 18.12%, 심한 우울이 5.37%로 조사되었다. 이는 정상집단을 대상으로 우울정도를 조사하여 만든 정상인집단 규준 비율과 비교하여 우울정도가 가장 심한 우울집단의 비율은 더 낮게 나타났으나(한홍무, 1986), 지역사회에서의 일반적 양성률인 20%보다는 높은 23.5%가 우울집단인 것으로 나타났다.

2) 종교성향과 우울정도의 관련성

내재적 종교성향, 외현적 종교성향, 그리고 BDI의 평균과 표준편차 및 상관관계 분석을 한 결과 북한이탈주민의 내재적 종교성향의 평균은 2.9, 외현적 종교성향의 평균은 3.1로 남한사회 성인을 대상으로 연구한 결과보다 낮은 수치를 보인다(박재연, 1993). 내재적 성향과 외현적 성향의 피어슨 상관계수는 0.65이며 이 값은 통계적으로 유의했다. 우울정도와 각 종교성향은 그 관계가 통계적으로 유의하지 않게 조사되었다.

BDI 측정에 대한 한국판 척도를 개발한 최영민의 연구에서 내재적 종교성향은 신에 대한 믿음을 통해 삶을 통제함으로 영적안녕과 유의미한 상관관계를 보이고 우울 및 불안과 부적 상관관계를 보이고, 외현적 종교성향은 기도, 의식, 교리나 행동규범을 따름으로 안녕을 추구하는데 우울 및 불안과 모두 상관관계 없음으로 나타난 결과와 다르다(최영민, 2002). 한내창은 우울증과 내재적 성향이 부적상관관계를 보이고 외현적 종교성향과는 정적 상관관계를 보인다고 조사하였는데(한내창, 2002) 북한이탈주민을 대상으로 한 본 연구에서는 내재적 종교성향과 외현적 종교성향 모두 우울과는 상관관계가 유의하지 않음을

〈표 1〉 각 종교성향과 BDI의 평균과 상관분석

구분	상관분석			평균	표준편차
	내재적성향도	외현적성향도	BDI		
내재적성향도	1.00 -	-	-	2.9	0.8
외현적성향도	0.6546 <.0001	1.00 -	-	3.1	0.8
BDI	0.06965 0.3986	0.12169 0.1393	1.00 -	11.2	6.9

알 수 있다. 이는 북한이탈주민의 내재적 성향을 지닌 사람이 정신건강에 있어서는 더 좋은 상태라는 가설을 기각하는 것이다. 본 연구에서 정신건강과 종교성향과는 관련성이 통계적으로 유의미하게 보이지 않는다.

일반적 특성에 따른 우울성향의 차이를 확인한 결과 북한이탈주민의 경우 있어서 연령대별 우울정도의 차이는 유의미했고, 북한에서 결혼을 했는지의 여부, 남한에서 이혼 경험 여부, 남한에서의 학력 차이가 북한이탈주민의 우울 성향에 미치는 영향이 통계적으로 유의미했다.

〈표 2〉 일반적 특성에 따른 BDI 차이 검증

구분		평균	표준편차	빈도	Df	T or F	P-value
전체		11.2	6.9	149			
성별	남	11.23	6.63	83	147	0.09	0.9250
	여	11.12	7.28	66			
연령	20대	7.84	4.49	32	3/145	3.50	0.0171
	30대	11.74	7.34	65			
	40대	12.29	6.49	28			
	50대 이상	12.83	7.70	24			
남한 거주	4년 미만	11.21	7.08	80	147	0.06	0.9527
	4년 이상	11.15	6.74	69			
북한 결혼	있다	12.92	7.41	84	147	3.63	0.0002
	없다	8.94	5.47	65			
남한 결혼	있다	8.95	7.81	40	60.4	0.27	0.7919
	없다	9.83	6.92	109			
북한 이혼	있다	11.57	7.25	7	147	0.15	0.8788
	없다	11.16	6.91	142			
남한 이혼	있다	15.00	8.50	12	147	2.02	0.0452
	없다	10.85	6.68	137			
북한 학력	고등중 이하	9.70	7.08	94	147	-0.07	0.9408
	전문대 이상	9.44	6.66	55			
남한 학력	없음	12.10	7.20	91	2/146	3.42	0.0352
	전문대 이하	7.08	7.51	13			
	대학 이상	10.51	5.62	45			
군복무	경험 있음	10.70	7.06	54	147	-0.64	0.5261
	경험 없음	10.06	6.83	95			
노동 당원	당원임	8.88	7.40	49	147	-0.22	0.8234
	당원 아님	9.94	6.68	100			

※ 기대빈도수가 5 미만인 경우에 Fisher의 정확도 검정을 시행하여 양측검점함

성별과 종교 활동에 따른 우울성향의 차이를 확인한 결과, 종교 활동을 하는 사람의 우울성향이 그렇지 않은 사람에 비하여 더 낮으나 그 차이는 통계적으로 유의하지 않았다. 종교성향으로 구분했을 경우 반종교적 집단의 BDI 평균값이 10.6으로 가장 낮았고 외현적 집단은 12.3으로 가장 높았으나 통계적으로 유의하지 않았다.

〈표 3〉 종교적 특성에 따른 BDI 차이 검증

구분		평균	표준편차	빈도	Df	T or F	P-value
전체		11.2	6.9	149			
종교	유	11.04	6.48	96	147	-0.33	0.7410
	무	11.43	7.66	53			
종교 성향	내재적집단	11.0	4.92	8	3	0.50	0.6821
	친종교집단	10.9	7.35	56			
	반종교집단	10.6	7.00	47			
	외현적집단	12.3	6.53	38			
종교 유지	유지	10.80	5.85	74	137	-0.67	0.5011
	변화	11.56	7.83	75			
기독교	기독교	11.23	6.48	93	147	0.10	0.9194
	비기독교	11.11	7.61	56			
현재 종교	개신교	11.34	6.48	91	4/144	0.86	0.4892
	천주교	6.0	5.66	2			
	없음	11.43	7.66	53			
	비정기	6.00	4.24	2			
	통일교	4.00	-	1			

※ 기대빈도수가 5 미만인 경우에 Fisher의 정확도 검정을 시행하여 양측검점함

종교성향이 우울에 영향을 미치는지 살펴보기 위하여 BDI에 대한 회귀분석을 실시했다. 〈표 4〉에서 나타난 바와 같이 종교 활동의 여부와 종교성향이 북한이탈주민의 우울성향에 유의미한 영향을 미치지는 않음을 알 수 있다.

모형 1의 분석 결과 북한이탈주민이 북한에서 결혼을 한 경험이 있는 경우 우울정도가 높아짐을 알 수 있다.

모형 2는 모형 1에 비해 설명도가 5%정도 증가했으나 남・북한에서의 교육 정도와, 당원여부 및 군 생활 경험이 통계적으로 유의한 영향을 미치지는 않았다. 모형 2도 북한이탈주민의 우울정도에 영향을 미치는 요인으로 북한에서의 결혼 경험임을 알 수 있다.

모형 3은 종교성향을 추가하여 BDI를 분석한 결과이고 모형 4는 종교성향과 종교 활동 여부를 추가한 분석 모형이다. 모형 3에 의하면 내재적 집단에 비해 반종교적 집단과 외현적 집단의 우울성향이 더 높고 친종교적 집단의 우울성향은 낮음을 알 수 있다. 모형 4에 의하면 내재적 집단에 비하여 외현적 집단의 우울성향은 더 높고 반종교적 집단과 친 종교적 집단의 우울성향은 더 낮게 나타난다. 또한 종교 활동을 하는 집단의 우울성향이 더 높음을 알 수 있다.

회귀분석에 의하면 종교 활동을 하는 것 자체는 다른 연구결과와 마찬가지로 우울정도에 유의미한 영향을 미치지 않았다. 종교성향에 의한 구분을 살펴보면 내재적 집단과 친종교적 집단의 우울정도가 그렇지 않은 집단과 비교하여 BDI가 낮게 나타나나 통계적으로는 유의하지 않았다.

전체 모델은 BDI의 분산을 9%~15%(R2) 정도 설명하고 있으므로 회귀분석에 사용된 인구·사회학적 요인과 종교적 요인 외에 북한이탈주민의 우울정도에 영향을 미치는 요인이 있음을 알 수 있다. 본 분석에 의하면 종교성향과 종교 활동의 여부가 북한이탈주민의 우울정도에 유의미한 영향을 미치지 않는다. 이는 종교적인 사람이 우울증을 더 적게 경험하지는 않는다는 것이다.

〈표 4〉 BDI에 대한 회귀분석

구분		회귀계수(t-value)			
		모형1	모형2	모형3	모형4
일반적 특성	상수	8.02	8.46	7.56	7.96
	연령	0.37(0.48)	0.82(0.97)	1.02(1.14)	1.13(1.22)
	성별				
	남성	1.00	1.00	1.00	1.00
	여성	-0.19(-0.17)	-1.28(-1.03)	-1.03(-0.81)	-0.98(-0.76)
	북한 결혼				
	없음	1.00	1.00	1.00	1.00
	있음	3.16(2.02)**	3.51(2.13)**	3.63(2.19)**	3.49(2.07)*
	남한 이혼				
	없음	1.00	1.00	1.00	1.00
	있음	2.83(1.37)	2.33(-0.40)	2.11(1.00)	2.14(1.01)
사회적 요인	북한교육				
	인민/고등중				
	문대이상		1.00	1.00	1.00
	남한교육		-0.47(-0.40)	-0.56(-0.47)	-0.54(-0.45)
	없음				
	고등, 전문대		1.00	1.00	1.00
	대학이상		-3.04(-1.46)	-2.57(-1.20)	-2.50(-1.17)
			0.04(0.03)	0.41(0.28)	0.43(0.29)
	군복무 여부				
	경험 있음		1.00	1.00	1.00
	경험 없음		-1.02(-1.48)	-1.00(-0.67)	-1.84(-0.55)
	동당원 여부		1.00	1.00	1.00
	노동당원		-2.45(-1.48)	-2.68(-1.59)	-2.75(-1.63)
	아님				
종교적 요인	종교성향구분				
	내재적집단			1.00	1.00
	반종교적집단			0.14(0.05)	-0.41(-0.14)
	외현적집단			1.11(0.42)	0.87(0.32)
	친 종교적			-0.76(-0.30)	-0.83(-0.33)
	종교유무			-	
	종교 있음				1.00
	종교 없음				-0.76(-0.51)
	R-sq	0.0954	0.1434	0.1533	0.1549
	Adj. R-sq	0.0703	0.0879	0.0786	0.0735
	F	3.80	2.59	2.05	1.90
	p-value	0.0057	0.0087	0.0242	0.0348

*: $p<0.1$, **: $p<0.05$

6. 고 찰

1) 연구대상자에 대한 고찰

본 연구는 남한에 정착한지 5년 이내의 북한이탈주민을 대상으로 이루어졌다. 따라서 본 연구의 결과를 전체 북한이탈주민으로 일반화하는 데는 한계가 있다. 그러나 연구의 범위를 정착 5년 이내 된 하나원 교육을 받고 수도권에 정착한 북한이탈주민으로 좁힌다면 결과 해석에 무리가 있지는 않을 것으로 본다.

북한이탈주민은 세계에서 그 유례가 없을 만큼 철저히 생각과 행동을 통제하고 있는 체제 가운데 살던 사람이기 때문에 북한사회를 이탈한 사람들에게서도 자유롭고 솔직한 의식을 조사하는 것에는 한계가 있을 것으로 생각된다. 특히 본 연구의 설문은 면담을 통하여 면담자가 기입하는 부분과 자기기입하는 부분이 나뉘어 있는데 면담자를 통한 설문 부분에 대하여는 북한이탈주민이 응답하는데 제약이 있을 수 있다고 본다.

본 연구에서는 북한이탈주민의 종교 활동이 우울정도에 유의미한 영향을 주지 않았다는 선행 연구에 의하여 종교성향이 우울정도에 영향을 미치는지 조사했다. 서울시내 거주 노인을 대상으로 노인의 우울성을 연구한 결과 노인의 우울정도는 교육수준과 경제 상태에서 통계적으로 유의한 차이가 있었고 성별, 연령, 결혼상태, 종교 등에서는 유의한 차이가 나타나지 않았다(이평숙 등, 2004). 2001년에 재가노인을 대상으로 연구한 결과에서도 교육정도에 따라 학력이 높아질수록 우울점수가 낮고 종교에 따라서는 우울 수준에 차이가 없는 것으로 나타났다(손양순, 2001). 또한 한국과 일본의 청소년을 대상으로 우울성향 유병률과 관련요인을 연구한 결과도 종교 집단 간 우울성향에는 차이가 없었다(조성진 외, 2001).

종교성향에 대한 많은 경험적 연구들이 정신건강에 유의미한 영향을 미친다고 보고한 바 있으나 우리나라에서의 경우 그렇지 않을 수 있다는 연구 결과도 있다. 우리나라의 경우 서구에서와는 달리 건강하고 성숙한 종교성과 건강하지 않고 미성숙된 종교로 양분되지 않고 내재적-외현적 종교성 척도와도 다른 양상을 보이기도 했는데, 이는 우리 민족의 경우 유교적 성향으로 인하여 순수 종교적 동기가 사회적 목적, 지닌 동기와 양립하기 때문에 내재적 성향과 외현적 성향이 무상관이거나 부적이지 않다는 것이다(한내창, 2001). 따라서 북한이탈주민의 순수한 종교적 동기와 우울정도의 연관성이 통계적으로 유의하지 않다는 결과는 내재적 종교성향과 외현적 종교성향이 확연히 구분되는 타문화권과는 다른 한국인의 독특한 성향을 드러낸다고 할 수 있다고 본다.

본 연구에서 사용한 정신 건강의 척도는 BDI 즉 우울정도이다. BDI는 이미 많은 연구자들이 신뢰도와 타당성을 검증했으나 몇몇 연구자들의 보고에서 BDI가 높은 경우에도 정신과적 장애가 없거나 혹은 우울증이 아닌 다른 질병으로 진단되는 비율이 높았다. 한인영이 CES-D점수를 이용하여 조사한 결과로는 북한이탈주민 중 29% 이상이 임상적 우울증상군으로 나타났는데 본 연구에서는 우울증상군으로 조사된 비율이 23.5%로 나타나 차이가 있었다. 이는 북한이탈주민의 정신 건강을 측정하는데 있어서 BDI 하나만으로 우울정도를 측정하는 것은 충분치 못할 수도 있으므로 통합적인 정신 건강 측정도구를 개발할 필요가 있다.

2) 연구결과에 대한 고찰

남한과 북한이 반세기 동안 서로 다르게 살아오다가 최근 들어 남북한 교류의 증가 및 북한이탈주민의 남한 유입 증가 등으로 남북한사람들이 만날 기회가 많아지면서 두 집단에 대한 이질성 문제가 꾸준히 지적되는 가운데 종교는 그 대안 중 하나로 제시되고 있다. 연구결과에 의하면 남한에 정착한 북한이탈주민은 종교 활동을 하는 사람이, 기독교인인 사람이 그렇지 않은 사람과 비교하여 경험하는 우울정도의 차이가 없었다. 종교를 가지고 있는 자체나 기독교인으로 사는 자체가 이들의 우울증에 도움이 된다고는 말할 수 없다는 것이다. 종교 활동 여부가 사람의 종교성을 특징지을 수 없기 때문에 종교성향의 척도로 구분하여 비교한 결과 또한 종교적인 사람이 그렇지 않은 사람과 비교하여 우울정도에 차이가 없었다.

이는 북한이탈주민은 종교 활동으로부터 얻는 종교외적인 이익이 다른 집단보다 많기 때문으로 생각된다. 북한이탈주민이 남한사회에 들어와서 하나원에서부터 경험하는 사회는 '능력껏 살아가는 곳'이기 때문에 본인의 종교성과는 상관없이 사회에서의 소외와 부적응을 피하기 위한 방법으로 종교 활동을 비롯한 생활방식을 결정할 수 있다. 또한 2001년도 조사된 바로는 종교 활동을 하는 사람이 그렇지 않은 집단보다 재정지원을 받은 적이 더 많고 과외나 생활용품 등의 지원과 자매결연의 경험이 더 많은 것으로 나타난 것을 보면 종교와 정신건강의 관련성에 영향을 미치는 다른 요인이 실질적으로 작용할 수 있다는 것을 알 수 있다.

그러나 중요한 것은 일반적으로 탈북 과정을 도와 준 사람의 권유나 종교 단체의 경제적 지원 등에 의한 수동적인 종교 활동을 하는 사람보다 자발적으로 종교 활동을 하는 사람이 더 많고, 그것이 자신들에게 심리적으로 안정을 주며 삶에 도움이 된다고 생각한다는 것이다. 그러나 2001년에 이탈주민의 80% 이상이 종교 활동을 하고 있던 것에 비교하여 본 연구에서는 현재 종교 활동을 하는 사람이 65%로 조사되었는데 이는 남한사회에 적응하면서 이들이 종교로부터 이탈함을 보여주는 것이다. 이는 지금까지의 종교 모임과 종교단체의 정착 지원에 대한 현주소를 점검할 필요가 있음을 시사한다. 북한이탈주민을 지원하고 정착을 돕는 많은 종교단체의 노력은 높이 평가해야 하고 그들이 종교 생활을 하는 것이 정신건강에 도움을 된다고는 하지만 종교 단체가 북한이탈주민에게 제공하는 물질적인 도움이나 강연기회나 자매결연의 기회를 제공하는 것이 장기적인 관점에서 그들의 삶에서 분노나 우울의 문제를 해결하는데 도움을 줄 수 있는지를 점검해봐야 하는 시기이다.

BDI에 의하여 정신건강을 측정한 본 연구에 의하면 북한이탈주민의 정신건강을 위한 지원 활동이 필요함을 보여준다. 북한이탈주민을 대상으로 2001년 조사한 연구 결과 16%가 우울증을 경험하는 것과 비교하여 본 연구에서 23.5%가 중한 우울증과 심한 우울증을 경험하는 것으로 나타난 것은 북한이탈주민들의 정신건강에 심각한 문제가 있는 것을 나타낸다. 이것은 북한이탈주민들이 북한을 탈출하는 과정의 정신적 충격과 남한사회에의 적응에 대한 어려움을 보여주는 결과라 할 수 있다. 따라서 북한이탈주민의 정착지원 과정 중 정신적 건강문제에도 해결 방안이 마련되어야 함을 알 수 있다.

종교와 정신건강 사이의 관계성을 조사한 지금까지의 선행연구와 마찬가지로 본 연구도 종교와 정신건강 사이의 연관성을 분명히 하고 있을 뿐이다. 연관성이 바로 원인과 결과의 방향을 지시하지는 않는 것이다. 종교가 정신건강에 영향을 미칠 수 있지만 정신건강 역시 종교에 영향을 미칠 수도 있고, 또는 종교성과 정신건강은 함께 그 사람의 사회적, 경제적 또는 교육적 지위와 같은 기초적인 요인들에 의해 영향을 주고받을 수도 있다.

분석결과 종교성향에 상관없이 종교 활동을 하고 있는지의 여부가 북한이탈주민의 우울정도에 미치는 영향이 유의미하지 않게 나타났다. Beck에 의하면 우울은 자신을 무가치하게 보는 것과 외부 세계를 무의미하게 보는 것, 미래에 대한 희망을 갖지 못하는 것에서 비롯된다고 했으며, Gwhun은 우울이 삶의 많은 요인과 관련하면서 동시에 삶에 영향을 미치는 변수로서 작용하여 생리적 요인뿐만 아니라 사회심리적인 요인과 환경 및 역할 변화 등 다양한 요인에 의한 영향을 받는다고 했다. 따라서 종교 활동의 여부나 종교성향의 차이 이 외에 사회적 환경이 급격하게 변한 북한이탈주민의 우울에 영향을 미치는 직간접적인 요인이 있다는 것을 의미한다. 분명한 것은 60%가 넘는 북한이탈주민이 종교 활동을 하고 있으나 그 활동 자체는 북한이탈주민의 정신건강에 유익한 영향을 미치지 않다는 것이다.

몇몇 경험적 연구를 통하여 종교 활동 자체가 우울에는 영향을 미치지 않다고 이미 보고되었으나(이평숙 등, 2004, 손양순, 2001, 조성진 외, 2001) 종교성향이 우울정도나 정신건강에 영향을 미치는 여부에 대하여는 의견이 분분하다. Donahue는 Allport의 종교성향 척도로 정신건강을 연구한 70여 편의 논문을 메타분석(meta-analysis)한 결과, 내재적 종교성향을 가진 사람은 외현적 종교성향을 가진 사람보다 심리적으로 건강함을 밝혔고(Donahue, 1985), 제석봉은 내재적 종교성향을 띤 사람이 우울과 유의미한 부적관계가 있음을 증명했다(제석봉, 1996). 또한 4년제 대학생을 대상으로 종교성향과 정신건강 간의 관계를 연구한 박재연은 내재적인 종교성향의 사람이 정신건강에 긍정적으로 작용한다고 했으며(박재연, 1993), 한재희도 종교의 유무가 아닌 내재적 종교성향이 정신건강에 유의미한 영향을 미친다고 했다(한재희, 1992).

본 연구에서 나타난 북한에서 결혼 경험이 있는 사람의 우울정도가 통계적으로 차이가 있다는 결과는 한인영(2001)이 가족을 동반한 북한이탈주민이 더 높은 우울성향을 보인다는 결과와 관련이 있을 수 있다. 가족들이 함께 이주한 경우 더 긍정적인 정신건강을 보이리라는 예상과는 달리 기존의 연구에서 가족과 동행한 사람이 경험하는 문화적응 스트레스가 더 크다는 것이다. 북한에서의 결혼 경험이 있는 사람이 가족과 동반하여 남한에 입국한 경우 한인영의 연구결과에서와 같이 가족문제와 관련된 심리적 어려움을 더 많이 경험한다고 볼 수 있다. 만약 북한에서 결혼 경험이 있으나 남한사회에 홀로 입국할 경우 경험하는 스트레스는 북한에 남아있는 가족에 대한 걱정이나 염려로 해석될 수 있을 것이다.

종교성향과 정신건강 간의 관련성에 대하여는 의견이 분분하고 특히 종교가 우울에 미치는 영향에 대해서는 아직도 논란이 많이 있는 상태이고 본 연구결과 또한 그 논란에 대해 결론을 제시하기에는 부족하다. 또한 분석에 사용된 모델의 설명력 정도가 다소 미약하므로 이들의 정신건강에 영향을 미치는 보다 다양한 변수들을 찾아 측정에 포함시킬 필요가 있다고 본다.

3) 정책제언

본 연구의 결과를 통하여 북한이탈주민이 남한사회에서 적응하는데 도움을 주기 위하여 다음을 제안하고자 한다.

첫째, 북한이탈주민의 정신건강에 도움을 줄 수 있는 체계적인 지원이 필요하다. 생사를 걸고 북한체제를 이탈하고 남한사회에 정착하게 된 북한이탈주민은 정상집단과는 다른 정신적인 문제를 겪고 있는 것이 사실이다. 난민을 대상으로 정신질환 유병률을 조사한 연구에 의하면 전체 난민의 18.4%가 정신과적 진단을 받은 환자임을 보고하고, 이 중 8.5%가 적응 장애, 5.5%가 우울증이라고 했다(Hinton 외, 1993). 또한 정신과를 찾아와 도움을 요청한 난민은 거의 대부분이 우울증, 외상후 신경증, 불안장애, 정신증이 있다고 보고되었다(Kinzie 외, 1990). 북한이탈주민이 종교생활을 통하여 정신건강에 어느 정도의 도움을 얻고 있는 것이 사실이지만 일반적으로 북한이탈주민은 남한사회에서 지내면서 정신적인 어려움을 많이 겪게 되므로 이를 지원하고 도울 수 있는 체계가 마련되어야 한다.

남한에서 교육을 받는 사람을 제외하면 많은 북한이탈주민은 정착 초기에 경험하는 하나원에서의 교육 외에 체계적인 교육을 받기가 쉽지 않고 정착 후 그들의 적응을 도울 수 있는 프로그램은 거의 없는 상태이다. 대부분의 북한이탈주민이 북한 출신임을 밝히기 꺼려하고, 이들의 거주지나 연락처가 자주 바뀌는 것을 염두에 두면 시간이 지난 후에는 이들을 체계적으로 도울 수 없을지도 모른다. 따라서 이들의 삶을 지속적으로 관찰하고 도울 수 있는 지원 체계를 하나원과 같은 정착 초기에 뿐만 아니라 일정 주기를 두고 지속적으로 제공할 필요가 있다.

둘째, 북한이탈주민에게 지원하는 일정금액의 정착금과 취업기회 대신 장기적이고 체계적인 교육의 기회를 제공하는 것이다. 탈북자들이 남한사회에 적응할 수 있도록 정부가 지원해주는 '탈북자 정착 지원 시설'인 하나원에서 이들은 약 3개월 간 교육을 받게 되고 이 중 문화적 이질감 해소에 대한 교육이 268시간, 진로지도 및 기초직업 훈련 140시간이다. 교육을 마친 사람에게 정부는 일정금액의 정착금과 자격 유무에 따라 취업기회를 제공하게 되는데 하나원의 교육은 남한사회에 막 유입된 북한이탈주민의 정서적 · 심리적 불안정 상태와 문화적 이질감 해소하고 실생활 활용위주 교육을 강화한다. 따라서 이탈 주민에 통제 장치 미비, 교육생의 관심 저하, 교육 필요성에 대한 인식 부족, 교육 평가 방법 미비 등의 이유로 한계가 지적되어 왔다.

지금까지의 교육은 도심으로부터 분리되어 사회의 일상적인 생활을 접하지 못하고 교육 대상자의 직업, 연령, 학력, 능력 등을 고려하지 않은 비효율적인 상태로 진행되어 온 것이 사실이다. 따라서 원하는 대상에게 대학교육 이상의 고등교육의 기회를 지속적으로 제공할 필요가 있다. 90년대 이전에 입북한 북한이탈주민이 군인, 학생, 자수간첩 등이 다수를 차지한 것과 비교하여 최근 들어 연구원, 교수, 외교관, 지도원 등 상류계층의 탈북이 증가하는 양상을 보인다. 지금까지는 대부분의 북한이탈주민이 남한에서 육체노동이나 사무직, 생산직, 영업직에 종사하며 직장생활을 하거나 음식점 등을 개업해서 생활하고 있는데 최근의 탈북양상의 변화를 염두에 두고 장기적인 관점에서 이들을 통일을 준비하는 고급인력으로 육성할 필요가 있다. 정착자금을 지원하는 대신 개인의 적성에 맞게 선택한 각 분야에서 대학교육과 대학원 교육을 제공하고 필요하면 유학의 기회까지 제공함으로 남한과 북한을 동시에 경험한 이들은 통일 한국에서 귀중한 인적자원으로서 자리 잡을 것이다.

7. 결 론

본 연구에서는 남한에 정착한지 24개월에서 60개월 된 된 북한이탈주민 149명을 대상으로 종교성향과 우울정도의 관련성을 조사했다. 우울정도를 측정하기 위한 연구 도구는 최영민 등이 Allport와 Ross의 내재적-외현적 종교성향척도, Feign의 외향적 종교성향척도, Hoge의 내재적 종교성향척도, Gorsuch와 McPherson의 내재적-외현적 종교성향척도 바탕을 바탕으로 개발한 종교성향의 한국판 척도와 Beck(1961)이 개발하고 한홍무(1986)가 번역한 BDI(Beck Depression Inventory)를 사용했다.

본 연구의 결과는 다음과 같다.

첫째, 우울정도를 네 집단으로 범주화한 집단 간에는 내재적 종교성향과 외현적 종교성향의 차이가 통계적으로 유의하지 않았다.

둘째, 북한이탈주민의 우울정도는 내재적 종교성향과 외현적 종교성향과 유의미한 상관관계가 나타나지 않았다.

셋째, 북한이탈주민의 종교성향, 종교 활동여부, 기독교와 비기독교인간 우울정도의 차이는 없었고 회귀분석을 통하여 북한이탈주민의 우울정도에 미치는 영향을 분석한 결과도 종교 활동이나 종교성향은 우울에 영향을 미치는 요소가 아니다.

따라서 북한이탈주민의 종교 활동과 마찬가지로 종교성향도 그들이 경험하는 우울증상에는 긍정적으로 작용하지 않음을 알 수 있었다. 추후 이들의 정신건강에 대하여 폭넓은 연구를 통하여 보다 유의한 사회・인구학적 요인을 찾아낼 필요가 있다.

참고문헌

강영규 등. 천안지역 대학생의 흡연군과 비흡연군 간 추동성, 우울 및 불안정도 비교 연구. 신경정신의학 2002; 41(6): 1089-1098.

김미숙. 종교가 노인의 삶의 질에 미치는 영향 연구. 한국노년학 2000; 20(2): 29-47.

김병로. 북한 종교정책의 변화와 종교 실태. 통일연구원. 2002.

김병로. 탈북자 발생 배경분석, 민족통일연구원. 1994.

김숙임. 북한이탈여성주민의 사회적응에 대한 욕구와 민간단체의 지원방안에 관한 연구. 숭실대학교 석사학위 논문. 1999.

김정선. 성인여성의 우울과 스트레스, 사회적 지지에 관한 연구. 대한간호학회지 2004: 34(2): 352-361.

김흥수 등. 북한종교의 새로운 이해., 다산글방. 2002.

남정모 등. SAS를 이용한 의학통계 자료분석. 연세대학교 보건대학원, 2003(비출판).

류성민. 북한 주민의 종교생활. 공보처. 1994.

문화체육부. 북한지역 종교자료집. 1994.

박재연. 종교성향과 정신건강 간의 관계 연구. 고려대학교 석사학위 논문. 1993.

방미숙. 문제에 대한 종교적 대처양식과 그 효율성. 연세대학교 석사학위 논문. 1994.

변경애. 개신교 기혼여성의 종교 활동이 가족원의 관계만족도에 미치는 영향. 한국가정관리학회지 2001; 19(5): 33-40.

손양순. 재가노인 우울성향에 영향을 미치는 요인 분석. 산정논총. 2001(2).

송은일. 자기표현 훈련이 우울수준 감소 및 자기표현 증진에 미치는 영향. 생활문화연구. 2002.
아주대학교 & 통일부. 북한 보건의료분야의 인도적 지원방향. 2002.
윤여상. 탈북자 문제의 국제적 이슈화에 대한 평가와 전망. 대한정치학회보 2003; 11(1): 353-357.
오혜정. 귀순 북한동포의 남한사회적응실태. 서강대학교 석사학위논문. 1995.
이기영. 탈북자의 정신건강을 위한 사회복지서비스의 모색. 한국정신보건사회사업학회. 정신보건과 사회사업 8집. 1999.
이영호. 정신건강론. 현학사. 2003.
이영호. BDI, SDS, MMPI-D 척도의 신뢰도 및 타당도에 대한 연구. 한국심리학회지. 1991; 10(1): 98-113.
이원규. 종교성과 삶의 만족도의 상관관계에 대한 경험적 연구. 신학과 세계. 1990.
이정균. 제4판 정신의학. 일조각. 2000.
이평숙. 노인의 스트레스, 사회적 지지와 우울간의 관계. 대한간호학회지 2004; 37(3): 477-484.
장연집. 현대인의 정신건강. 학지사. 1999.
전우택. 난민들의 정신건강과 생활적응에 대한 고찰 및 한반도 통일과정에서 전망과 대책. 신경정신의학. 1997.
전우택. 북한 탈북자들의 남한사회 적응에 관한 연구. 신경정신의학 1997; 36(1): 145-161.
전우택. 탈북자들의 남한사회 적응과 심리갈등에 대한 이해. 한국심리학회. 2000.
전우택. 독일 통일 이후 그 심리적 갈등과 극복 방안 – 구 동독인과의 면담 기록을 중심으로. 사람의 통일을 위하여. 도서 출판 오름. 2000.
전우택 등. 탈북자들의 남한사회 적응생활 실태조사. 통일연구 2003; 7(1): 168-203.
전우택. 통일과 교회의 역할. 연세대학교 통일연구원 2003년 추계 한독 학술심포지움. 2003.
조성진 외. 한국 일 도시지역 청소년의 우울증상 유병률과 관련요인에 대한 연구. 신경정신의학 2001; 40(4): 627-639.
조영아. 남한 내 북한이탈주민의 자아방어기제 연구. 박사학위 논문. 2002
통일부. 통일백서. 2004.
최영민 외. 한국판 내재적-외현적 종교성향 척도의 개발 및 표준화 예비 연구. 신경정신의학. 2002.
한내창. 종교가 청소년들의 종교적 편견에 미치는 영향. 한국종교교육한연구 2000; 11: 105-125.
한내창. 우리문화에서 I / E 및 기타 종교성 척도. 한국사회학. 2001.
한내창. 노인들에게 있어서 종교와 삶의 질. 한국종교학회. 종교연구. 2002.
한내창. 종교성이 정신건강에 미치는 영향에 관한 연구. 2002.
한내창. 종교성이 청소년들의 친 사회적 행동에 미치는 영향. 원불교사상 제 24권.
한인영, 북한이탈주민의 우울 성향에 관한 연구. 정신보건과 사회사업. 2001.
한인영. 북한이탈주민의 이주형태 및 성별에 따른 건강관련 특성 비교 연구. 한국가족사회복지학회, 2002.

한재희. 기독교인의 종교성향에 따른 삶의 의미와 만족도. 고려대학교 석사학위논문. 1992.
한홍무. Beck Depression Inventory의 한국판 표준화 연구. 신경정신의학. 1986.
현용호. 한국인 우울증 환자의 대인관계 문제영역에 대한 연구. 연세대학교 석사학위 논문. 2000.
홍정근. 탈북자를 위한 교회 교육적 관심. 교육교회. 1999.
최병기. 종교가 노년기의 심리적 적응에 미치는 영향. 연세대학교 석사학위논문. 2002.
Allport GW & Ross JM. Personal religious Orientation and prejudice. Social Science Quarterly 1967; 77: 177-189.
Batson CD & Ventis WL. The Religious Experience: A Social-Psychological Perspective. New York: Oxford University Press, 1982.
Beck. Depression: Clinical, Experimental and Theoretical Axpects. Harper & Raw Publishers. 1967.
Bergin AE. Religiousness and mental health reconsidered. Journal of counselling psychology 1987; 34: 197-204.
Bergin AE. Values & religious issues in Psychotherapy & mental health. Amercan Psychologist 1991; 46: 394-403.
Blazer D. Comprehensive Textbook of Psychiatry 6th ed: Mood Disorders. Williams & Wilkins. 1995.
Deardorff WW. Depression as measured by the DSM-Ⅲ and the Beck Depression Inventory in an unselected adult population. Journal of consulting and clinical psychology. 1984; 52: 892-898.
Donahue MJ. Intrinsic and extrinsic religiousness: Review and meta-analysis. Journal of Personality and Social Psychology. 1985; 48(2): 400-419.
Hinton WL et. al. DSM-Ⅲ Disorder in Vietnamese Refugees. J Ment Dis 1993; 181: 113-122.
Hagop SA. Introduction and Overview. Williams & Wilkins, 1995.
Hood RW. Religious orientation and the report of religious experience. J of Scien Study Relig 1970; 10: 339-356.
Jeon WT. Issues and problems of adaptation of North Korean defectors to South Korean society: an in-depth interview study with 32 defectors. Yonsei Med J. 2000 Jun; 41(3):362-71.
Kinzie JD et al. The prevalence of posttraumatic stress disorder and its clinical significance among Southeast Asian refugees. Am J Psychotherapy 1987; 41: 82-94.
Myers DG. Psychology through the eyes of faith. Harper San Francisco, 1987.
Meadow M J. Psychology of Religion. Harpercollins College Div, 1984.
McGuffin P. The Camberwell Collaborative Depressive Study Ⅲ. Br J Psychiatry, 1988.
Paykel ES. Life events and social support. Chuchill Livingstone, 1992.

제29장

탈북 여성들

조영아 연세대 학생상담센터, 심리학
전우택 연세대 교수, 정신의학
구현지 영동세브란스 임상심리사

현재 남한에 입국하여 정착을 시도하고 있는 많은 북한이탈주민들은 사회 적응 및 정착 과정에서 많은 어려움을 겪고 있다. 취업, 교육, 문화적응, 정신 신체적 건강, 인간관계의 여러 측면에서 적응은 쉽지 않으며 많은 시간과 노력, 시행착오가 거듭되고 있다.

최근 탈북 입국자들의 특성은 연령과 계층 면에서 다양화되고 있다. 가족동반 및 기 입국한 가족의 도움을 받아 잔류가족이 입국하는 사례가 증가하고 있으며 특히 2003년도에는 전체 입국자의 63%가 여성일 정도로 여성 탈북자의 수가 증가하고 있다. 따라서 탈북 여성들의 남한사회 적응 양상과 과정에 관심이 모아지고 있으며, 탈북 가정의 가족 관계 변화나 적응 문제를 중심으로 이에 대한 연구가 진행되어 왔다.

이러한 견지에서 이기영과 성향숙(2001)은 남한사회 정착 후 탈북 가정의 가족 관계의 변화 양상을 살펴보았다. 이 연구에서 탈북 가정의 구성원들은 자신들의 가정이 남한 정착 후 입국 전에 비해 의사소통, 결속력, 갈등이나 폭력 사용에 대해서 긍정적인 방향으로 변화했으나 가족권력관계는 더 나빠졌다고 지각하는 것으로 나타났다. 또한 부부관계에 비해서 부모-자녀관계가 긍정적이지 못했고, 가족 결속력 측면에서는 남한 정착 2년 반이 지나면서 긍정적 인식이 감소하여 이러한 요소들이 잠재적인 가족 갈등의 요소로 작용할 가능성이 있음을 시사했다. 특히 이 연구에서 여성들은 가족 내에서의 갈등 및 폭력적인 관계가 남한에 오기 전에 비해 온 후에 완화되었다고 보고하였고 의사소통 내용도 더 양호해진 것으로 인식했던 반면에 남성들은 변화를 보이지 않아서 가족 관계에 대한 인식이 남녀간에 차이가 있음을 알 수 있었다. 김엘리(1999)의 연구에서는 탈북 여성들이 정착과정에서 경제적 문제로 가장 큰 어려움을 겪는 것으로 나타났다. 능력부족과 이로 인해 직업을 얻지 못해서 생기는 경제적 곤란이 컸으며 안정된 직장이 없고 취직이 잘되지 않는 남편의 상황으로 인해 생기는 경제적인 문제로 남편과 많은 갈등을 겪고 있었다. 부부간의 성격차이나 건강문제로 어려움을 당하기도 하였으며, 종교나 옷차림, 남녀관계에서의 역할과 태도와 관련하여 자녀와 가치관이 달라 갈등이 생기기도 하였다.

자녀와의 갈등, 자녀 교육의 어려움은 탈북 가정을 연구한 여러 연구에서 반복적으로 보고되고 있다. 장혜경과 김영란(2001)은 탈북 여성들의 적응문제를 다룬 연구에서 탈북 여성들이 남한사회의 조기교육 분위기에 대해 당혹감과 이질감을 느끼며 자신들의 지식과 경험으로 자녀들이 남한사회에서 겪는 상황을 적절히 도와줄 수 없다는 무력감을 경험하는 등 부모로서의 자녀들을 위한 심리적 역할수행에도 어려움을 겪는다고 하였다. 또한 안연진(2002)과 김영수(2000)의 연구에서도 탈북 가정들이 청소년 자녀들의 행동과 생각을 전혀 이해하지 못하는 부모세대가 자녀세대와의 단절감으로 인한 심각한 갈등을 겪는 것으로 나타났는데, 탈북 가정의 부모들은 가족주의적 사고방식, 가족 내에서 성 역할에 대한 명확하게 구분된 인식, 부모의 말씀에 절대적으로 순종하고 공경해야 한다는 효 인식으로 인해 자녀들과 갈등을 겪는다고 하였다. 즉, 부모-자녀 사이의 문화적 괴리감, 공감대 부재, 경직된 의사소통 등이 심각한 스트레스 원으로 작용하고 있다는 것이다(박미석, 이종남, 1999).

탈북 여성들은 가족관계에서의 갈등뿐만 아니라 탈북과정에서 겪은 심리적 외상이나 북한 내 잔여가족과 관련된 정신적 어려움을 겪을 가능성이 큰 것으로 보인다. 탈북 여성들은 두고 온 가족이나 친구에 대한 죄책감이나 고향에 대한 그리움을 표시하는 문항에 나타나는 정서적 어려움의 정도가 큰 것으로 나타났으며(장혜경, 김영란, 2001), 남한 입국 전에 중국이나(김태현, 노치형, 2003; 문숙재, 김지희, 이명근, 2000), 제3국에서 수많은 인권유린과 심리적 외상의 스트레스 경험을 한 것으로 나타났다. 이새롭(2003)은 탈북 여성에 관한 연구에서 탈북 여성들이 난민 과정에서 성적인 인권침해 경험을 하게 된다고 보고하고 있다. 탈북 여성들은 조직적으로 인신매매되어 강제혼을 당하거나 성산업에 종사하게 되거나 피난과정에서 위협적인 성폭행을 당하게 되는데 이러한 성폭력적 경험들이 북한 남성들의 자신의 뜻과 다르게 북한 남성들의 폭력적 구애를 쉽게 받아들이는 행동, 남한 남성과의 결혼을 두려워하여 조기에 결혼 상대자를 결정하는 행동에 영향을 미친다고 언급하고 있다. 즉, 탈북과정에서 인신매매나 강간 등의 여성들만이 겪을 수 있는 심리적 외상이 현재의 남한 생활 적응에 남성과 구별되는 영향을 미친다는 것이다.

심리적 증상의 표현도 남녀간에 약간의 차이가 있다. 노대균(2001)은 국내 거주 탈북자의 정신건강을 측정하는 연구를 실시하였는데 문화적 적응 면에서는 남성이 심리적 적응 면에서는 여성이 유의하게 양호한 것으로 보고하였다. 또한 여성은 남성에 비해 신체화 증상을 더 많이 호소하는 것으로 나타났다. MMPI로 입국 초기 탈북주민의 정신건강을 측정한 김현와와 전명남(2003)의 연구에서는 여성은 건강염려증 척도와 남성-여성 특성 척도에서, 남성은 우울, 반사회성, 강박증, 내향성 척도에서 상대적으로 높은 점수를 보였다. 즉,

여성은 신체증상에 대한 집착이나 불안이 높고 전통적인 여성적 역할과 상반되는 능력을 갖고 있는데 비해, 남성은 자기비하나 자기비판과 같은 자기 평가가 엄격하고 사고의 경직성과 강박적 성향이 있으며, 스트레스 상황에서 반사회적인 외현화 증상으로 표현하거나 사회적 관계에서 불편함을 보다 더 크게 느낄 가능성이 있다는 것이다.

이렇게 탈북자로서 남한에 입국하기까지, 또한 정착 이후에 겪을 수 있는 사회적 적응 문제가, 신체적, 심리적 적응 양상이 성별에 따라 다르게 나타날 수 있음에도 불구하고 지금까지 여러 연구들은 탈북주민 전체의 적응양상과 정착생활 과정에 주로 초점이 맞추어졌다(전우택, 윤덕용, 2001; 전우택, 2000). 또한 지금까지 진행된 탈북 여성에 대한 연구들도 탈북과정에서의 경험이나 생활실태를 다루거나 여성 탈북자들의 적응문제를 전체 가족관계의 시각에서 혹은 가족 내에 한정에서 다루어져 이러한 적응상의 문제가 성별에 관계없이 탈북 가정 전체가 겪는 문제인지 아니면 여성 특유의 문제인지 구분하기가 어려웠다(김영수, 2000; 안연진, 2002; 이기영, 성향숙, 2001). 여성들만을 한정한 연구에서도 여성들의 적응문제는 가족 내에서의 여성의 역할이나 위치, 변화에 주된 초점이 맞추어지거나(이혜경, 김영란, 2001), 성문제와 관련된 난민경험, 취업문제에 한정에서 여성의 문제가 이해되어(이새롭, 2003), 여성 탈북자를 한 인간의 정신, 신체, 사회적 측면을 포괄하는 전체적 시각으로 조망하는 데는 어려움이 있었다. 그러나 탈북주민과 비교할 수 있는 난민 연구들을 보면 여러 가지 심리적 증상은 신체적 질환과 밀접한 관련이 있다. 신체적 질환이 심리적 증상에 영향을 미치는 경우들도 많으며(Hermansson et al, 2002; Hinton et al., 1998) 때로는 신체적 증상과 심리적 증상간의 차이를 구분하기도 어렵다. 또한 신체적, 심리적 질환은 경제적인 안정에 영향을 미쳐(Bruce, 2003) 사회 정착에 어려움을 가져오곤 하였다. 즉, 난민과 유사한 탈북주민에게 심리적, 신체적, 사회적인 문제는 서로 깊은 관련을 맺고 있어서 이들을 대상으로 한 정책이나 서비스 제공 시 모든 것을 포괄하는 통합적인 접근이 요구된다 하겠다(전우택, 2000). 이러한 견지에서 본 연구에서는 탈북 여성에 국한하여 이들의 적응문제를 알아보려는 시도를 하였으며, 이들의 적응문제를 단지 가족문제에 한정하지 않고 신체적, 심리적, 사회적인 문제를 포함하는 전체적인 시각에서 바라보려는 시도를 하였다.

이러한 접근을 통해서 전반적인 탈북 여성의 상황을 있는 그대로 진술하는 것이 본 연구의 목적이다. 또한 이것을 통해 여성으로서 적응상의 특징과 어려움을 파악하는 것이 본 연구의 목적이며 이를 통해서 탈북 여성들에 대한 효과적인 지원방안을 생각해보고자 하였다.

1. 방 법

1) 참여자

본 연구의 참여자는 남한에 거주하는 11명의 탈북 여성들이다. 연령은 28세 이상 55세 이하로, 평균 연령은 38.3세였다. 참여자 모두 결혼 경험이 있다. 그중 6명은 남한에서 남편과 함께 거주하고 있었으며 2명은 북한에 남편이 거주하고 있다. 한 명은 남편이 북한에서 사망하였고, 한명은 남한에 남편이 거주하기는 하나 동거하고 있지는 못한 상황이다. 다른 한 명은 이혼 경험이 있다. 모두 하나 이상의 자녀를 두었으며 한 명은 자녀가 남편과 함께 북한에 거주하고 있다. 학생이 2명, 직업을 갖지 않은 전업주부 2명, 고정적인 직장이 있는 여성이 4명, 학원수강 중인 여성이 3명이었다. 남한에 거주한지 1년 이상, 6년 이하인 사람들로 이중 1999년 이후 남한에 입국한 사람이 8명이었다. 구체적인 인적사항은 〈표 1〉과 같다.

〈표 1〉

사례 번호	나이	입국년도	현재 직업	북한에서의 직업	남한 동거 가족
1	35	2000	대학생	군인	없음
2	34	2001	주부, 가내 생산직	경리	남편, 자녀 1명
3	28	2001	주부, 회사원(휴직중)	사무원	남편, 자녀 1명
4	39	1998	주부, 대학원생	연구원	자녀 1명
5	50	2001	주부	노동자	남편, 자녀 2명
6	37	2001	주부, 교사	교사	남편, 자녀 2명
7	55	2001	주부, 학원수강	노동자	자녀 3명
8	32	2000	주부, 학원수강	사무원	자녀 1명
9	41	1998	주부, 공동 사업장 운영	제단사	남편, 자녀 1명
10	30	1998	주부, 책 대여점 운영	사무원	남편, 자녀 1명
11	41	2000	주부, 학원수강	경리	자녀 2명

2) 자료수집 방법과 절차

본 연구에서는 심층 면담을 통해서 탈북 여성들의 남한사회 적응 양상을 알아보고자 했다. 면담은 2003년 1월부터 2월 사이에 이루어졌으며 총 3명의 연구자가 탈북 여성들을 만나 직접 면담하였다. 면담자 선정은 다음과 같이 이루어졌다. 본 연구의 목적을 잘 이해하고 탈북자들의 일반적인 상황에 대하여 많은 정보를 가지고 있으며, 적극적으로 면담에 임해줄 수 있을 것으로 판단되는 탈북자들을 탈북자 관련 단체와 사람들로부터 소개받았다.

그리고 그들에게 전화로 연락을 취하여 본 연구의 취지를 설명하고 이에 본 연구의 참여에 동의한 사람들을 면담하였다. 그리고 면담을 한 탈북자들이 본 연구에 적합하다고 소개하는 탈북자들을 소개받아 그들에게 다시 연락을 취하는 방법을 택하였다.

탈북자 한 명당 걸린 면담시간은 일반적으로 약 2시간 정도였으며, 상황에 따라서는 좀 더 길어졌었다. 면담의 내용은 '남한에서 생활하면서 부딪히는 적응상의 어려움과 이에 관련된 자신들의 경험, 생각을 자유롭게 이야기하는 것'이었다. 면담의 질문 내용은 크게 부부관계, 자녀교육 및 양육, 직업 및 경제활동, 사회 문화적 측면, 심리 및 신체적 영역의 다섯 가지 영역이었다. 반구조화된 면담 방식을 택하여 연구자가 미리 준비한 질문의 내용을 따라 진행을 하였으나 개개인의 상황과 특징에 따라 관심 분야에 대한 주제를 가지고 집중적으로 이야기하도록 격려하였다. 참여자의 자유로운 설명에 이어 추가적인 질문이 이어지는 형태로 이어졌고 특히 전체 면담과정에서 여성이기 때문에 겪는 어려움에 초점을 두어 면담을 진행하였다. 모든 면담은 참여자의 동의를 얻어 녹음하였고 면담 중에 중요한 내용이나 참여자의 간단한 신상명세, 비언어적 태도나 분위기 등을 기록하였다. 면담 녹음 테이프는 다음 면담이 시작되기 전까지 면담에 참여했던 한 명의 연구자가 일차 전사하였고 또 다른 연구자가 테이프를 들으면서 전사 내용을 검토하여 누락되거나 잘못된 부분을 수정하였다.

3) 분석방법과 절차

본 연구는 질적 연구 방법을 사용하였다. 구체적으로는 연구 문제의 각 영역과 관련되는 면접 자료를 정리하고 영역별로 개념과 범주로 유목화하여 원자료를 축약하는 코딩을 실시한 후 자료에서 반복적으로 나타나는 유의미한 주제를 발견하는 주제분석 방법(Patton, 2002)을 적용하였다. 우선 면담을 실시하고 면담 내용을 전사하였던 2명의 연구자는 각자 면접 자료를 읽고 분석하였으며 그 이후에 서로의 내용을 비교하고 논의하는 과정을 통해 질문 영역별로 자료를 코딩할 수 있는 통일된 코드북을 만들었다. 이 코드북을 기초로 하여 개별 면담 자료를 다시 확인하면서 재코딩하였고 이 재코딩한 결과를 근거로 만든 최종적인 코드북의 각 항목에 모든 사례의 해당내용을 다 적었다. 그 후 각 항목의 내용 간에 유사한 내용끼리 묶고 분류하는 과정을 반복하였다. 반복 작업을 통해서 면담 자료의 각 주제별로 유사한 내용과 상이한 부분이 나타났으며 이러한 특성을 있는 그대로 기술하고자 하였다.

2. 결 과

1) 부부문제

① 남녀 역할과 지위가 변화하면서 생기는 부부불화

탈북 가정 중에는 부부가 어렵게 탈북에 성공하여 남한에 정착하게 되었는데도 남한 생활에서 부부간에 잦은 불화와 갈등을 겪는 가정들이 꽤 있다. 남한에 비해서 생활환경이나 여건 면에서 비교할 수 없을 정도로 어려웠던 북한에서도 유지되었던 부부관계가 남한에 와서 흔들리는 이유 중의 하나는 부부 역할과 지위에 변화가 생기기 때문이다. 북한은 남한에 비해 여성에 대해 유교적이고 남존여비의 태도가 강한 사회로 탈북 여성들은 북한 출신 남편들이 남한의 남편들에 비해 상대적으로 가부장적이고 권위적이며 아내에게는 순종적이길 기대한다고 느낀다. 북한에서는 권위적인 남편의 태도를 자연스럽게 받아들였던 탈북 여성들도 대부분 중국을 거쳐서 남한에서 생활하게 되면서 자연스럽게 남한 남성, 중국 남성과 자신의 남편을 비교하게 되는데 이 과정에서 탈북 여성들은 상대적으로 권위적이고 여성을 무시하는 듯한 남편의 태도에 불만을 품게 된다. 또한 남한사회에서 남편은 경제적 활동을 포함하여 가장으로서의 역할을 기대만큼 해내지 못하는 반면에 여성들은 상대적으로 빨리 적응하여 경제적으로 더 이상에게 남편에게 전적으로 의지하며 불만을 일방적으로 참고 있을 필요가 없게 되기 때문에 부부사이의 갈등이 불화로 이어지게 된다. 본 면담에 참여한 남편과 함께 거주하고 있는 대부분의 연구 참여자들은 이러한 사실을 자신의 경우로서 소개하였으며 자신이 아니더라도 이러한 사실은 북한 남성과 결혼하여 남한에 거주하고 있는 탈북 여성 대부분이 겪는 변화라고 공통적으로 지적하였다.

물론 이러한 변화 가운데도 좋은 부부관계를 유지하며 여러 가지 어려움을 함께 극복하려고 노력하는 부부들도 있었다. 이런 부부들은 특히 과거 북한이나 탈북 과정에서 겪었던 어려움을 함께 헤쳐나왔다는 것에 강한 동지의식과 감사하는 마음을 가졌는데, 특히 북한에서의 어려웠던 시절동안 집안을 지탱시켜 나간 아내의 역할과 고생에 대해 남편이 고마워하고 심정적으로 보답하는 차원에서 스스로 변화를 모색하는 경우였다. 비록, 실제적인 노력은 아직도 여성이 더욱 많이 하더라도 남편의 태도전환과 노력은 부부관계 유지에 더욱 결정적인 역할을 한다. 즉, 남편이 변화하고 이해하려고 할 때 부부관계가 순조롭게 유지된다는 것이다.

> "제가 좀 맞추는 편이기는 해요. 그래도 처음 왔을 때보다는 남편이 변한 편이죠. 바뀔려고 노력하는 편이죠. 결혼한 지 10년 되니깐 서로 잘 알기도 하고 남편은 내가 북한 떠날

때 자기만 믿고 따라온 거에 대해서 고마워하고 친정 부모님께도. 정말 잘하고. 남편은 북한에서도 감옥 6개월 갔었어요. 남한 방송 들었다고… 그 때 친정 부모님이 감옥에 면회가고 옥바라지 해주고, 그러니 너무 고마워하고… 사람이 우여곡절이나 풍파가 없으면 잘 안 되나 봐요. 그러니까 여기 와서의 어려움 이런 거는 북한에서 어려움에 비교도 못하죠."

② 중혼(重婚)이나 동거와 연관된 문제

본 연구 참여자들의 직접적인 경험은 아니었지만 탈북 과정에서 살아남기 위해서 맺었던 관계가 남한 생활에까지 연결되면서 부부생활에 어려움을 겪게 되는 사례들이 있다고 면담 참여자들은 보고하였다. 탈북 과정에서 혼자가 된 여성들이 중국 등지에서 생활하면서 생존과 자기 보호를 위하여 어쩔 수 없이 그다지 원치 않는 남자와 동거 생활에 들어간 경우로, 이 경우 애정에 기초하지 않은 관계는 이미 여러 가지 문제를 안고 있게 된다. 하지만 한번 맺었던 관계를 차마 끝내지 못하고 몇 가지 정황상 남한에서 들어와서도 그대로 부부관계를 유지하게 되는데, 중국에서 생활하는 동안에는 생존을 위해서 덮어두고 넘어갔던 문제들이 남한 생활에서 다시 불거져 나오면서 부부간에 심각한 갈등을 겪게 된다. 즉, 갈등의 원인을 이미 안고 결혼 생활이 시작된 경우로, 부부관계가 악순환의 고리를 물고 이어지게 된다.

"중국에서부터 같이 지내던 남녀간의 문제가 씨앗이 되어서 남한에 들어와요. 한 탈북 여자를 봤는데, 그 여자는 중국에서 피해 다니다 신변 보호를 받기 위하여 어쩔 수 없이 별로 마음에도 없이 한 탈북자 남자하고 동거하게 되었어요. 그리고 같이 남한에 들어오게 되었는데, 남한 정부에서 조사하면서 그들을 정식 부부로 취급됐고…뭐, 그래서 그 여자는 전혀 원하지 않는 상황에서 그 남자와 계속 부부로 살아가게 되는 상황이 벌어지고… 그렇죠… 어쩔 수 없는 결혼의 후유증이라고 할까…."

여러 가지 상황에 의하여 부부가 함께 남한에 들어오지 못하고, 먼저 남한에 들어 온 남편이나 아내가 남한에서 다시 다른 사람과 혼인관계를 맺어서, 후에 북에서 결혼했던 아내나 남편이 남한에 들어왔을 때 문제가 생기기도 한다. 부부가 함께 탈북하지 못하여 서로의 생사나 계획을 알지 못한 상태에서 남한에 먼저 입국한 사람들은 외로움이나 현실적 이유들로 빨리 결혼을 서두르게 되고 후에 북에 있던 가족이 남한에 오게 되면 남한에서 이루었던 가족과 중혼관계가 된다. 이때 중혼관계가 된 탈북자들은 어떤 가족과 살 것인가에 대한 결정을 내려야만 하고 이에 따른 심리적 갈등과 현실적 고통을 겪게 된다. 생사를 걸고 넘어온 북의 가족들은 남한에서 결혼한 남편이나 아내에 대해 한편으로 이해하기도 하면서 원망과 실망, 분노를 느낀다. 또한 현실적으로 남한에서 이룬 가정을 이혼하고 재결합할지라도 이혼과 관련된 현실적인 문제를 해결해야만 한다. 이러한 어려움 상황으로 인해서 정신적, 경제적으로 몹시 곤란을 겪고 있는 한 탈북 여성은 자신이 처한 상황을 다음과 같이 말하였다.

> "여기 온 사람들이 다 그렇듯이 거저 온 사람들이 없어요. 애들은 비행기 타고 왔고, 중국에서 빠져 나올 때 주는 뒷돈도 있고, 그러니 여기 와서 정착금을 타도 그 동안 진 빚 갚느라 많이 소진 됐죠. 거기다가 남편이 먼저 한국에 와서 결혼한 여자가 있어서, 내가 한국에 들어 온 이후에 남편이 그 여자와 이혼하도록 하기 위하여, 그 여자에게 위자료를 내가 물어주어야 하는 아주 말도 안 되는 억울한 일이 있었어요. 북한에서는 상상도 못할 일… 그렇게 돈을 쓰고 나니 내가 정착하는데 정말 … 힘들었어요."

③ 남한 남성과의 결혼 생활 어려움

북한에서 결혼 경험이 있더라도, 북한의 남편이 탈북 할 가능성이 별로 없다든지, 남편과 사이가 별로 좋지 않아서 재결합할 가능성이 별로 없는 탈북 여성들은 남한에서 함께 의지하고 살아갈 배우자를 비교적 서둘러 찾게 된다고 하였다. 중국에서처럼 강제적이고 위협적이지 않은 자유로운 분위기에서 자신에게 잘 맞는 남편을 만날 것을 기대하게 되는데 대체로 북한 남성보다 친절하고 자신을 존중해줄 것으로 기대되는 남한 남성에 대해 호감을 품게 된다. 그러나 긍정적인 기대를 갖고 시작한 남한 남성과의 결혼이 반드시 만족스럽지는 않다. 남한 남성들이 북한 남성들보다 여성으로서 자신을 더 존중해 줄 것으로 기대하지만, 문화적 차이나 생활방식의 차이는 갈등의 소재가 된다. 또한 이러한 차이로 갈등이 있을 때 이것을 남편이 "북한에서 와서 그렇다", "더 못한 환경에서 왔다"는 식으로 무시하게 되면 사태는 심각해진다.

> "한국 남자와 같이 살아보니 남자는 하나부터 열까지 다 마음에 안 들어 해요. 한국에서는 남자들이 부인을 존중해 주는 줄 알았는데… 그런데 그게 아니더라구요. 처음에는 호기심에서 북한 여자들 착하고 순진하다 이런 면이 있어서 만났지만, 수준 차이가 있으니깐… 우선 밥해주는 것부터 다르니깐 거기서부터 스트레스가 쌓이는 겁니다."

생활 방식의 차이로서 대표적으로 꼽는 것은 소비 수준의 차이였다. 면담에 참여했던 대부분의 탈북 여성들은 공통적으로 북한 사람들은 여성이든 남성이든 검소한 생활을 하려고 하는 반면에 남한사람들은 소비적이어서 결혼 생활에서 이러한 소비 수준의 차이로 인해 문제가 생긴다고 지적했다. 북한 남성이나 북한 여성들은 아끼고 절약하고 검소하게 살려고 노력하는 반면에 남한 여성이나 남한 남성들은 소비하고 사치하고 즐기며 살려고 해서 남북한사람이 결혼해서 살면 이러한 생활 방식이나 소비생활의 차이가 갈등을 야기한다는 것이다. 또한 남한 남성이 이러한 차이로 북한 여성을 무시하게 되면 문제가 심각해지고 갈등의 골이 깊어진다고 한다.

"북한 여자들을 볼 때 나는 북한에서 못 살다왔다 그렇게 생각하는 것이 항상 문제입니다. 문화적 수준도 다르고… 한국 남자들은 나가서 술 마시고 외식하고 영화보고 문화생활하는 것을 너무 좋아하는 겁니다. 좀 사치스러운 거지요. 우리 북한에서는 좀 과도하다 생각할 정도로. 그런데 북한 여자들은 안 그렇지요. 내 생활 범위 (수준)에서 딱 계산이 있어서 수준에 맞는 생활을 하려고 하는데 한국 남자들은 자기가 즐길 수 있는 만큼 즐기려고 하여 그것이 늘 결혼 생활에 있어 긴장이 되지요…."

즉, 탈북 여성들은 기존 가정이 함께 남한으로 이주한 경우, 시간을 두고 재결합 경우, 남한사회에서 새로운 배우자를 만난 경우에 각각의 다른 어려움을 갖고 해소하면서 결혼생활을 유지해나가고 있었다.

2) 자녀 교육의 부담 및 남한 교육 상황에 대한 이해 부족

자녀의 교육 문제는 자녀를 둔 탈북 여성들의 가장 큰 관심사이자 걱정거리인 것으로 보인다. 그러나 걱정만 될 뿐 실제로는 교육체제나 현실에 대해 모르는게 많아서 구체적인 지도를 하기에는 현실적으로 어려운 점이 많았다. 제일 처음 부딪히는 문제는 남한과는 교육체제나 내용이 다른 사회에서 교육받고 몇 년간의 학업 공백기간이 있는 자녀를 어떤 형태의 교육과정 혹은 몇 학년에 입학시켜야 할지를 결정하는 것이다. 자녀를 둔 탈북 여성들은 한결같이 어떠한 교육과정이 적합할지, 자신의 자녀가 남한 교육과정에 어느 정도 수준에 들어갈 수 있는 능력을 갖추고 있는지를 객관적으로 파악하기 어렵다고 진술하였다. 능력이 떨어져도 나이차이로 인해 학교에 적응 못하는 일이 생기지 않게 하기 위해서 자기또래의 과정에 들어가야 할지 아니면 동급생들과 나이차이가 나더라도 학업 수준을 맞추기 위해 학년을 낮추어 입학해야 할지, 정규학교를 보내야할지 아니면 검정고시를 봐야 할지 등등은 모두 불확실한 정보 가운데 내려져야 하는 구체적인 결정 사항들이었다. 구체적인 지식이 없어서 자녀가 학교를 다니면서 어려움을 느끼고 도움을 요청할 때도 효율적으로 대처하기가 어렵기도 하거니와 북한에서는 자녀 교육과 관련된 문제를 학교 선생님이 전담해 주다시피 했기 때문에 남한에서도 학교 선생님이 다 알아서 해줄 것이라는 기대를 하게 된다고 한다. 아래 면담내용은 이러한 기대 때문에 자녀의 입시에서 큰 낭패를 경험한 한 연구 참여자의 진술이다.

"나는 북한처럼 생각을 해버렸지. 북한은 애들은 학교에 넣으면 반 애들 40명을 선생님이 전적으로 책임을 지거든 뭐, 그 애의 전망이나 심리적인 문제, 그 아이의 가정문제까지.

만약에 그 아이의 부모가 이혼을 했다 그러면 학교에서 갖다 기르는 정도까지 신경을 써준 단 말야. 그런데 여기 교육과 북한 교육이 전혀 다른 걸 모르고… 이제 학교 넣었으니 앞으로 전망이며 모든 걸 학교에서 다 알아서 할거다 생각을 하고 있었던 거지. 그런데 왠걸 탈북 학생들은 대학 특례 입학을 하는데 그게 7월이 접수기간이었거든. 그런데 선생이 그걸 모르고 그 기간을 놓쳐 버린거라. 그때 우리 애는 바닷가에 놀러가고 아무것도 모르고 있었고 오히려 나보다 더 선생을 찰떡같이 믿고 있어서… 오히려 내가 야 너 학교에서 뭐 잘 되가냐 물어보면 아니 엄마는 걱정 좀 하지 말라고 선생님이 다 알아서 해 줄건데 왜 그렇게 간섭하냐고 그럴 정도였어. 그런데 그렇게 시기를 덜컥 놓쳐버리고 1년을 보냈으니 세상에 얼마나 기가 막히고 어처구니가 없던지….” 〔사례 6〕

구체적인 정보도 없지만 부모 자체가 남한사회에서 적응하고 살아가는 문제에 바빠서 자녀에게 신경을 쓸 여력도 부족하다. 북한에서 보다 가족이 함께 모일 시간도 적어지는 편이어서 신경을 쓸려고 해도 구체적인 사실에 대해 아는 정보가 적어서 실제적인 도움이 되지 못하는 경우가 많다고 한다. 이럴 때 탈북 여성들은 자녀들의 어려움에 북한에서의 경험을 토대로 판단하고 대처하게 되는데 이러한 과정에서 자신들이 이해받지 못한다고 생각한 자녀들은 방황을 하게 된다고 한다.

“내가 상담을 받는 동안 생각해보니 우리 딸의 문제는 나 엄마의 문제였다는 걸 알았어요. 생활이 어려우니깐 애에 대해서 생각할 겨를이 없었지요. 남편은 병원에 있었고 나는 일을 해야했으니까. 나는 북한에서처럼 생각했어요. 북한은 학교만 보내면 선생님 다 알아서 해주니깐, 그냥 애도 학교 가서 해결할 걸로… 나한테 뭘 물어보면 야 너 학교 가서 뭘 배웠냐, 모르는 거 있으면 선생님한테 물어봐라 엄마한테 물어보지 말고, 그렇게 욕을 한참 했는데… 그러다 보니 애가 그 다음부터는 물어보질 않는 거예요. 학교 가서 선생님한테 물어보면 푼 거 틀렸다 그러면서 막 설명을 해주는데, 거기서부터 애는 주눅이 들고, 그러면서 나한테 학원을 보내달라고 했지요. 그런데 북한(출신) 여자인 내가 봤을 때 인터넷에도 많은 정보가 있고, 전과만 하나 사서 우리처럼 공부를 하면 얼마든지 할 수 있다고 생각했기 때문에 학원에 안 보냈었어요. 그래서 전과를 사서 인터넷 과외를 시켰는데, 애들 수준은 그게 아니었어요. 다른 애들 다 학원가서 배우고 오니까 학교에서는 선생님이 그렇게 수준을 앞서서 맞춰 가고, 그러더니 어느 날은 애가 집에 와서 자기 학교 안 가면 안되냐고 그러는 거예요. 나는 펄쩍 뛰면서 무슨 소리냐, 다음날에도 학교를 가라고 막 때리고 그랬지요. 그랬더니 그 다음날 새벽에 애가 가출을 해 버려‥ 원 그 순간에 내가 아차 이게 아니구나 가슴이 철렁 내려앉으면서, 그때야 감이 왔습니다.”

교육과 관련된 정보나 지식이 부족하기도 하지만 보다 근본적으로 자녀를 둔 탈북 여성들은 자신의 자녀 양육방법에 대해 혼란스러워 했다. 자녀는 남한사회의 영향을 받아 보다 자유롭고 통제 받지 않는 삶을 살아가기 원하지만 어머니는 이러한 변화된 행동이나 태도를 쉽게 수용하지 쉽지 않다고 한다. 자극적이고 유혹적인 남한사회 풍토나 환경으로 인해 자녀가 나쁜 영향을 받을까봐 걱정되지만 자신의 통제나 간섭은 북에서만큼 효력을 발휘하지 못하기 때문에 더욱 불안하다. 특히 이러한 불안감은 보다 강하게 키우는 북한의 훈육방법에 보다 긍정적인 가중치를 주게 하는 것으로 보였다. 면담에 참여한 탈북 여성 중에는 자녀들을 너무 의존적이고 과잉보호하며 사치스럽게 키우는 남한의 훈육방법도 좋지 않으며 자기 자녀만큼은 자립심 강하고 예의바른 북한식으로 키워야 한다는 생각을 강력하게 피력하는 경우도 있었는데 그 경우 자녀가 부모의 양육방식을 잘 수용하고 따르는 경우였다. 그러나 그 어떤 경우이든 변화하는 자녀와의 관계에서 발생하는 다양한 문제에 남한식, 북한식 아니면 어떤 다른 식으로 대처해야 하는가 하는 것이 자녀를 둔 탈북 여성들의 공통적인 고민거리였다.

3) 부모 봉양 및 영·유아 자녀 양육에 대한 심리적, 경제적 부담

연로한 부모를 봉양해야 하는 탈북 가정의 경우 부모 봉양에 대한 경제적, 심리적 부담감이 크다. 대체로 탈북 노인들은 북한에서의 고된 노동과 빈약한 영양섭취로 인해서 신체적으로 빨리 쇠약해져 노화가 빨리 시작되며 더욱이 북한 및 탈북 과정에서 겪은 힘든 상황들 때문에 더욱 쇠약하여 남한에서는 사회적인 활동을 하기 어려운 경우가 많다. 또한 나이가 들수록 새로운 기술이나 사고방식을 습득해나가는 속도는 늦기 때문에 남한사회의 사회활동에 필요한 기술이나 지식을 배워 취업을 하기는 더더욱 힘들다. 그래서 생계를 전적으로 지원금이나 가족에 의존해야하는 상황이 되는데 국가로부터 받는 정기적인 지원이 끊기고 나면 전적으로 자녀에게 의존해야 하는 상황이 된다. 마땅한 사회적 지지망도 없고 시간을 보낼 만한 소일거리도 마땅치 않은 노인들은 집에 있으면서 더욱더 자식에게 의지할 수밖에 없는 상황이 되는데 자신들이 적응하는 것만으로도 정신없는 자녀들, 특히 현실적으로 노인을 가까이에서 돌보아야 하는 여성들에게 이러한 문제는 크게 다가오는 듯 했다. 한 탈북 여성은 이러한 불만을 다음과 같이 표현하고 있다.

> "북한에서는 55세면 정부에서 연로보장을 받아요. 그만큼 그 나이는 일할 능력이 안 된다는 걸 인정하고 정부가 지원을 해주는 거죠. 근데 한국 젊은이들도 취업하기 힘든데, 늙은 사람들보고 무작정 취업을 하라니 그게… 일방적으로 지원금을 잘라 버리니 뭘 할 수가 없잖아요. 아파트 경비직조차도 한국의 고위직 퇴직한 사람들이 하는 마당에… 어머니도 공공근로 하다가 1년하고 짤렸어요. TV보면 한국에서는 짐승도 방치되면 보호해주는데 북한 노인들을 그렇게 방치한다는건 말이 안되지 않는가?"

영・유아 자녀를 둔 탈북 여성들의 경우에도 현실적인 어려움을 호소하였다. 면담 참여자 중에는 영, 유아를 데리고 단독 탈북하였거나, 탈북 과정, 남한 입국 후에 여러 가지 사정에 의해서 아이를 홀로 키워야 하는 경우가 있었다. 남편이나 친지의 도움을 전혀 받을 수 없는 영・유아 아동을 둔 탈북 여성들은 자녀 양육, 생업, 정착을 위한 교육이나 준비의 세 가지를 병행하는 것은 현실적으로 거의 불가능했다. 경제적으로 자녀를 돌봐줄 사람을 구할 수 있는 형편이 아니어서 대부분의 지원금을 받는 기간을 자녀 양육에 보내게 되는데 정착을 하기 위해 학원을 다니거나 기술을 배우는 등 투자를 하는 처음 1~2년 동안 자녀를 양육하는데 시간을 들이다 보면 정작 정착 지원금이 떨어지고 직업을 얻어 경제적 자립을 이루어야 할 시점엔 안정적인 직업을 구할 능력을 갖추지 못하는 지경이 되고 있었다.

4) 직업 훈련 및 직장생활의 어려움

직장에서는 무엇보다도 북한에서 자신이 종사하던 일과 일의 종류나 내용이 달라 일을 하는데 필요한 기본적 지식과 능력을 다시 습득해야 하는 어려움이 있었다. 나이가 들수록 새 일에 종사하기 위한 지식을 습득하는 것을 쉽게 포기하는 편이며 나이 제한 때문에 자격을 갖추어도 안정된 직장을 얻지 못할 것이라는 생각이 들어서 직업을 갖는데 필요한 능력이나 기술을 배우고자 하는 동기가 떨어진다고 하였다. 특히 나이 든 탈북 여성들은 이러한 회의를 떨치고 직업 훈련을 마치기가 쉽지 않다고 호소하였는데 직업이나 하고자 하는 일에 대한 정보도 부족하고 정착초기에는 언어도 익숙하지 않아서 직장에 취직하고도 적응하기가 쉽지 않아했다. 배움에 대한 강한 의지와 욕구를 표현하는 한 탈북 여성은 학원을 다니면서 느끼는 회의감을 다음과 같이 표현하고 있다.

> "세무 회계 학원에 가보니, 남한사람들도 내 나이에 이런 공부를 하는 사람은 없었어요. 그래도 들어가기 전에는 나도 북한에서 경제학 전공했고 회계일하다 왔으니까 여기서도 하면 되겠지 했는데 실제로 보니 북한 회계하고는 상상도 못할 정도로 다르더라구. 북에서는 세금이란 게 없으니까 정말 단순하지. 여기는 온갖 세법들이 있으니까. 그래도 열심히 공부는 하고 있는데‥ 내가 제일 안타까운 것은 내가 이 나이 되어서 공부해서 자격증을 딴다 한들 직장을 잡을 수 있겠는가 하는… 보장이 없으니 뭐… 답답하다…."

면담에 참여자 중 많은 수가 취업을 위해서 학원 수강중이어서 면담 과정 중에 직업훈련 및 지원에 대한 의견과 요구사항을 자연스럽게 표현하곤 했다. 면담 참여자들은 공통적으로 다른 무엇보다도 취업 교육과 관련된 지원이 강화되기를 강력히 희망하곤 했는데, 보다 장기적으로 다양한 분야에서 교육받을 수 있기를 희망했다. 교육 과정 그 자체뿐만 아니라 자신에게 맞는 교육과정을 찾고 교육받는 동안의 어려움에 대한 상담도 필요하다고 진술하기도 하였다. 특히 교육비 지원을 받을 수 있는 정착 초기에는 별 생각 없이 지원되는 분야의 학원에 가서 교육을 받게 되어 생각만큼 효과가 없는데 비해서 남한 생활에 익숙해지면서 진정 자신이 원하는 일을 찾았을 때에는 스스로 벌어서 교육을 받아야 하기 때문에 현실적으로 어렵고 안타깝다고 말하는 탈북 여성들도 있었다.

5) 건강상의 문제

연구 참여자들은 탈북 여성 중에는 북한에서 과다한 육체노동, 미비한 의료현실로 인해서 신체적으로 문제가 생겨도 제대로 치료받지 못한 사람들이 많다고 진술했다. 실제로 면담 참여자 중에도 탈북, 북송, 재탈북의 과정을 반복하면서 겪은 육체적 정신적 고통으로 인해, 혹은 탈북의 계기가 되었던 북한에서의 외상적 경험으로 인해 건강을 해쳐 현재 여러 가지 신체적 고통에 시달리고 있는 사람들이 있었는데, 이들은 뚜렷하게 아픈 곳을 표현하지 않더라도 그냥 몸이 안 좋은 것을 일상적인 것으로 받아들이고 있는 듯한 느낌이 들었다. 건강상의 문제 중에서도 특히 만성질환은 남한에서 직업을 갖고 일상적인 생활을 유지해 나가는데 큰 장애가 되고 있었다. 만성질환은 단기간의 치료로 완치되지 않고 호전되기 위해서 긴 시간과 비용을 들여야 하기 때문에 당장 일을 해서 생계를 유지해야 하는 탈북 여성들이 꾸준하게 치료를 받기는 현실적으로 불가능해 보였다. 만성질환을 갖고 있는 여성은 그렇지 않아도 큰 부담과 도전이 되는 직장생활이 더욱 어렵게 느껴지고 결과적으로 한 직장을 꾸준히 나가지 못하게 하는 요인이 되고 있었다. 특히 여성 홀로 생계를 책임져야 하는 만성질환이 있는 탈북 여성은 경제적, 현실적인 어려움이 클 수밖에 없다. 이러한 고통을 한 탈북 여성은 다음과 같이 표현하고 있다.

> "취업을 할 수가 없어요. 애들도 셋이고 공부를 해야 하는데 대학생이라 국가에서 등록금은 대주지만 들어가는 비용이 많잖아요. 그러니 내가 일을 해야하는데 나는 허리가 안 좋아서 재활병원 다니고 치료해도 일어서기도 바쁘고 (힘들고) 앉기도 바쁘고 그런데... 이 사회에서 아는 것도 없고 그러니 그게 제일 힘들어요… 그게 수술을 해야 하는데 하루라도 빨리 해야 좋은데, 안 그러면 마비가 온다고 그러더라구요. 그런데 주위에 사람들 보니 진단만 해도 100만원이고 수술을 해도 재발하기도 하고… 또 다시 하는 일이 많고 저렇게 해서 내가 허리를 완전히 고친다면 일하고 할 수 있지만 치료를 해도 계속 돈 들어가고 하면… 이 상태로 일 하기는 너무 힘들구요."

6) 심리적인 어려움

① 탈북과정에서 비롯되는 정신적 충격의 후유증

면담에 참여한 여성 탈북자 중에는 남한 생활에서 겪는 어려움뿐 아니라 북한이나 탈북 과정에서 겪었던 충격적인 사건 즉, 심리적 외상에 해당하는 경험으로 인하여 정서적으로 불안해하는 경우들이 있었다. 기아나 정치적 사건으로 인해서 가족이 사망한 경험, 공개처형이나 기아의 목격, 감옥에 갇히거나 고문당한 경험, 강제 송환에 대한 두려움과 공포, 강간과 인권유린 경험 등 일상적인 스트레스 수준을 넘어서 심리적 외상을 가져오는 경험으로 인해 시간이 흘러도 심리적인 고통을 크게 느끼고 있었다.

> "15살, 14살 되는 아이들을 공개 처형하는 얘기를 했는데… 그런 걸 경험했으니 어린 아이들이 불안해하는 것이 당연한 거 아니겠나… 학교에서 공부하고 있던 그 10살, 9살 된 아이들을 갑자기 공부 중단 딱 시키고, (밖으로) 끌고 나가는 거야. "줄 서"하고… (아이들을) 줄줄 끌고 나가서… 백 미터 앞에 애들을 줄 세우고, (처형하려고 세워 둔) 자기 앞에 있는 애들을 쏴서 뇌를 명중시켰는데, 그 뇌의 피와 물이 (공개 처형 구경하고 있던 아이의) 자기 옷에 탁 튀었다는 거다. 그걸 보고 나서는 구경한 애들이 그 이후로 잠을 못 잔다는 거야. 무슨 총소리가 여기 방송처럼 따랑 따랑 들리니… 그거 말하려면 나 오늘밤 잘 못 자. 나는 그런 것 못 봐. 직장에서도 공개 처형 있다고 나오라고 하면 나는 절대 못 갔지. 그것 보면 내가 심장이 멎어서 죽는데 내가 왜 가냐고… 나가면 굶어 죽은 사람, 얼어죽은 사람, 아기 죽은 거, 공원 의자며 역전 대합실에서 삐삐 울던 것들 죽어 가는 것, 그런 거 목격하고 사는데, 완전히 사람 미칠 것 같더라고. 그러니 여기 와서 그런 거 안보고 사는 것만 해도 너무 좋은 거야. 그러니 여기 온 사람들 하나하나 다 상처가 있고, (그것을) 이해해 줘야 하지. 말로 다 표현을 못해……"

> "꿈에서도 나는 중국이나 북한에 있을 때가 많아요. 다른 사람들이 나를 알아보면 어떡하나 꿈꾸고 막 불안해하고… 우리 집 사람들 데려오는 꿈도 꾸고 꿈에서도 북에 있기가 싫어서 중국으로 건너오려고 갈등하고 방황하고 불안해하는 그런 꿈…."

② 함께 오지 못한 가족을 데려오기 위한 시도와 불안

가족 동반 탈북이 늘어나면서 북한이나 중국에 남겨 두고 온 가족들과 소식이 닿을 수 있는 방법이 많아지면서 오히려 쉽게 체념할 수 있었던 과거보다 가족에 대한 걱정과 불안은 더 심해지고 있었다. 가족들보다 먼저 입국한 탈북 여성들도 남은 가족을 데려오려는 모든 노력을 기울이는데 그 과정에서 말할 수 없는 불안함을 느낀다고 한다. 이러한 자신의 상태를 한 참여자는 이렇게 진술하였다.

"처음엔, 안 모시고 왔을 때는, 맨날 생각만 하면 미치겠고… 어디 가서 굶어 죽지나 않을지 걱정을 했는데… 남편이 어떻게 알아보고 다 데려왔어요. 내가 남한에 들어 온지 1년만에 아버지를 모셔온 건데, 그 전에는 중국에서 꿈에 아버지가 보이고, 우리 아버지 죽었을 거라고 맨날 울고… 아버지 때문에 정말 기도 많이 했어요."

③ 남한 생활에서 느끼는 위축감과 신분 노출 문제

일반적인 탈북자들이 느끼는 것처럼 면담에 참여했던 탈북 여성들도 때로 남한사회에서 스스로 위축되는 면이 있다고 언급하였다. 여러모로 익숙하지 않은 사회에서 생활하는 것 자체가 이들을 위축되게 만든다고 한다. 남한사람들이 탈북자들을 부정적이고 무시하는 듯한 시선으로 바라보는 것을 느끼면서 자신들이 북한사람이라는 것을 알게 될 때 상대방이 어떤 태도를 보일지에 대해서 매우 불안해했다. 그래서 항상 자신이 북한 출신임을 밝혀야 할지에 대해 고민하게 되는데, 북한 출신임이 밝혀졌을 때 무시당하거나 불이익, 차별대우를 받을까봐 염려하고 있었다. 특히 면담에 참여했던 자녀를 둔 탈북 여성들은 자기자신에 대한 걱정보다도 북한 출신임이 알려져 자신들의 자녀가 학교생활을 하는데 소외를 당하거나 차별 대우를 받는 등 부정적 영향을 받을까봐 매우 신경을 쓰인다고 하였다.

"학교 담임 선생님 이외에는 학교에서 우리 아이가 북한에서 왔다는 것을 아무도 모르고 있거든… 우리 아이는 지금 완전 남한 애인데… 지금 학교에서 회장도 하고 축구부 주장도 하고 있어요. 그러나 그러기 때문에 이제는 주장 엄마로서 학교에 가서 사람들도 만나고 하여야 하는데, 그렇게 되면 내 말투 때문에 북한에서 온 게 알려지게 되니… 그걸 가장 조심하게 되죠. 애는 학교에서 잘 살고 있는데 나 때문에 북한에서 왔다는 것이 알려지지나 않을까, 그것이 걱정이라…."

3. 논 의

본 연구에서는 탈북 여성들의 남한 적응문제를 면담을 통해 있는 그대로 드러내는 과정을 통해서 이들의 적응상의 어려움과 중요 쟁점을 알아보고자 하였다.

연구 결과, 탈북 여성들은 부부 형태에 따라 서로 상이한 부부문제를 가지고 있었다. 우선 북한에서 결혼한 북남 - 북녀의 경우, 남한사회에서 부부간의 지위와 영향력의 변화로 인해 부부관계 어려움을 겪었는데 이러한 사실은 기존의 탈북가정을 연구한 여러 연구들과 일치하는 바였다(김엘리, 1999; 장혜경, 김영란, 2001). 특징적인 점은 남성의 변화였는데, 행동적인 변화까지는 아니더라도 아내를 대하는 태도의 변화가 있는 가정은 비교적 이러한 변화에 긍정적으로 대처하고 있었다. 이때 남편의 변화는 과거 아내의 감사한 행동에 대한 부채의식에서 비롯된다고 보인다. 이런 점에서 중국에서 시작된 북남–북녀 결합은 결합 자체가 생존을 위한 반강제적인 시작이었다는 점도 불화의 원인이기도 하지만 반대 방향의 부채의식이 존재한다는 점도 갈등의 원인으로 생각해 볼 수 있다. 남성은 탈북과정에서 여성의 안전과 생존을 도와주었다는 점은 여성으로 하여금 빚진 자의 위치에 있게 하고 여러 가지 갈등상황에서 남성으로 하여금 굳이 힘든 변화의 노력을 기울이지 않게 한다고 볼 수 있다. 남남–북녀의 결합의 경우, 예상할 수 있는 바와 같이 소비수준의 차이와, 무시와 편견이라는 주제가 갈등의 원인이 되었는데, 이것은 성영신 등(1993)의 연구에서 지적한 바와 일치한다, 탈북주민의 수가 증가하고 남남–북녀의 결합이 많아진 근래에 이르러서도 이러한 점이 계속되는 갈등의 주제가 된다는 것을 볼 때, 이것은 통일 후 더욱 많은 남북한 결합 가정의 중요 문제로 부각될 가능성이 크다.

정보의 부재, 심리적, 현실적 여건의 부족이 달라진 사회에서 보다 빠르게 적응하고 변화하는 자녀들에게 영향력을 발휘할 수 없다는 탈북 여성의 자녀교육상의 고충은 일반적인 미국사회에 이민을 간 한국 이민자 가정의 고민과도 유사했으며(김광일, 1991), 자녀와 부모 사이에서의 적응갈등, 문화적 갭, 세대차 등의 내용은 탈북 가정에 대한 여러 연구에서 제시한 바와도 일치했다(김영수, 2000; 이기영, 성향숙, 2001; 안연진, 2002). 자녀들의 변화와 교육 과정에서 생기는 불안감은 북한식의 교육방식에 더욱 집착하게 만드는 것으로 보였는데 남북한의 교육 방식의 조화가 어느 정도 이루어지느냐 여부와 자녀가 수용정도가 갈등의 폭을 결정하는 것으로 보인다.

탈북 여성의 신체적 건강과 심리적 건강, 사회적 적응과의 관계는 보다 세밀한 연구가 필요한 부분이다. 본 연구에서도 탈북 여성들은 몸이 아픈 것, 특히 만성질환으로 인한 경제능력의 부족과 우울감을 표현했는데 이러한 결과는 김경철(2004)의 연구 결과와 비교해 볼 때 흥미롭다. 김경철의 연구에서 여성은 남성보다 만성질환을 앓는 비율이 높았으며, 인구통계학적 변수를 통제한 주관적 건강상태도 더 나빴다. 또한 남자의 경우에는 주관적 건강상태에 영향을 주는 요인이 남한 거주기간, 종교, 만성질환, 우울증이었으나 여자에서는 우울증 한 변수만이 영향을 주는 것으로 나타났다. 즉, 이것은 여성의 경우 심리적 문제와 신체적이 문제가 보다 더 밀접한 관련성을 가질 가능성을 생각해 볼 수 있다.

이상과 같은 탈북 여성들의 남한사회 적응 특징에 미루어 볼 때, 향후 탈북 여성들의 남한사회 적응을 돕기 위한 정책과 프로그램을 마련하는데 다음과 같은 점이 고려되어야 할 것이다.

첫째, 부부 및 가족에 대한 심리, 정서적 지원 상담 프로그램이 강화되어야 한다. 지금까지 정부나 민간단체의 탈북자에 대한 지원 형태를 볼 때 개별 탈북자에 대한 경제적 자립과 관련된 상담은 비교적 활성화되어 있는 반면에 심리 정서적인 문제에 대하여 전문적인 상담을 제공하거나 지원하는 프로그램들은 거의 찾아볼 수가 없다. 정부나 여러 민간단체에서 다양한 형태의 적응교육을 시행하고는 있지만 가족이나 부부 문제에 접근하기에는 시간이나 자원이 매우 부족한 것으로 보인다(이기영, 2001). 그러나 본 연구 결과에 나타난 바와 같이 탈북 가정은 가족 구성원의 출신 지역, 결혼에 이르게 되는 동기와 배경, 결혼 경험 등에서 많은 차이가 있고 갈등의 내용도 다양하고 복잡한 형태를 띤다. 부부 및 가족에 대한 심리적 지원을 함에 있어서 우선적으로 되어져야 하는 것은 탈북 가정의 결혼 유형별, 가족 형태별 갈등의 내용과 어려움을 파악하는 것이다. 그래서 각각의 차이를 고려한 정책적 지원 및 심리 정서적 지원 프로그램이 마련되어야 한다. 세부적으로 부부간의 의사소통을 증진, 문화변용 과정에서 생기는 가족관계 및 역할변화에 대한 교육과 대처, 부모자녀 관계 증진을 모색하는 내용이나 남남 - 북녀의 결혼과 같이 결혼 유형별이나 갈등 문제별로 비슷한 어려움을 갖는 사람들이 모여서 경험을 나누고 해결책을 모색하는 여러 형태의 자조 모임을 구성할 수 있을 것이다. 특히 남편이나 아버지가 이러한 프로그램에 참여함으로서 변화하는 사회에 적응할 수 있도록 도울 필요가 있다. 또한 이러한 부부, 가족문제와 관련된 상담을 제공하는 과정에서 법률적 지원을 쉽게 받을 수 있는 의뢰 체계가 구축되어야 한다.

둘째, 탈북 여성들의 자녀 교육을 돕는데 필요한 정보제공을 포함하는 교육 및 상담 프로그램이 실시될 필요가 있다. 탈북 여성들은 자녀가 처한 교육적 상황 즉, 남한의 교육환경이나 풍토, 남북한 교육 방식이나 교과목의 차이, 교육과정 및 수준 등의 객관적 정보가 지극히 부족하고 그만큼 자녀를 이해하고 지도하는데 어려움이 있다. 따라서 무엇보다도 구체적이고 현실적인 정보에 쉽게 접근할 수 있게 돕는 것이 필요하다. 예를 들어, 기본적인 남한 교육과정이나 교과목에 대한 안내, 교육 지원에 대한 안내, 남북한의 교육 환경 및 문화, 풍토의 차이에 대한 정보를 현실감 있게 제공할 필요가 있다. 또한 교육과정과 문화가 바뀐 사회에서 자녀들이 겪을 수 있는 문제나 연하 또래들과의 관계에서 생길 수 있는 적응상의 문제에 대해 사전에 알려줌으로써 예방적 조치를 취할 수 있게 도울 수 있다. 문제가 생겼을 때, 이들의 상황을 잘 이해하며 자녀 교육과 관련된 고민과 의문점을 함께 해결해 갈 수 있는 전문적인 교육관련 상담을 제공하고 이러한 서비스 쉽게 접근할 수 있도록 도와주어야 한다.

셋째, 탈북 여성들이 북한 및 탈북 과정에서 받은 심리적 충격의 후유증을 극복할 수 있도록 도와주어야 한다. 탈북 여성들의 심리적 증상은 신체적 증상과 밀접한 관련을 가지기 때문에 정확한 구분 없이 진단되고 치료적 개입이 이루어질 가능성이 있다. 따라서 신체적 증상과 심리적 증상에 대한 명확한 진단과 처치가 필요하며 심리적 서비스는 신체적 건강 증진과 함께 보다 통합적인 관점에서 연계성을 가지고 제공되어야 한다. 남한사회에 진입하기 이전에 정착 교육기간부터 정신건강에 대한 조기진단 및 선별과정이 실시되어야 하며 하나원 교육 과정에서 이루어지는 초기 정신건강에 대한 평가를 통해서 치료받았던 사람들이 남한 정착 후에도 지속적인 치료를 받을 수 있도록 안내와 지원, 연계과정이 반드시 이루어져야 한다. 특히 성문제와 같은 여성특유의 외상경험을 치료할 수 있는 치료프로그램의 개발이 요구된다.

넷째, 탈북 여성들의 취업을 제고할 수 있는 지원 내용이 다양화, 구체화되어야 한다. 탈북 여성들은 대부분 취업을 하고 있거나 취업을 준비하는 상황으로 취업을 통해서 가족의 경제적 안정을 이루기를 희망한다. 현재 정부에서 실시하는 취업지원, 직업훈련 지원은 탈북 여성들의 취업 발판이 되고 있으며 탈북 여성들은 이것을 잘 활용하고 있다. 그래서 앞으로는 이러한 직업 훈련 및 취업 지원의 효과를 극대화할 수 있도록 지원 범위나 세부적 규준을 조정해나가야 한다. 그러기 위해서 취업 지원은 직업 훈련이나 취업보호에만 국한되는 것이 아니라 적성파악, 직종의 선택, 직업 훈련 및 취업 준비, 취업, 직장 생활 적응, 취업 동기 고취와 만족도 향상이라는 세부 영역 별로 효과적인 지원정책과 프로그램이 개발되어야 한다. 특히 각 단계별로의 최대한의 효과를 낼 수 있는 시기에 가장 적합한 기관에서 직업 훈련 지원을 받을 수 있게 지원 정책의 융통성을 갖는 것이 필요하다. 특히 경제적인 안정이 매우 중요한 탈북 여성들에게 취업이 용이한 직종의 발굴과 육아와 아동 양육이라는 여성 취업 장벽을 극복할 수 있는 진로의 모색이 요구된다.

다섯째, 탈북 여성에 대한 지원이 가족 형태별로 차별화되어야 한다. 탈북 여성들의 면담 내용을 살펴보면 이들은 가족 구성원의 연령 및 형태별로 특징적인 어려움을 가지고 있다. 특히, 여성 혼자 자녀를 양육하거나, 연로하거나 건강이 좋지 않은 부모님을 봉양해야 하는 경우, 만성 질환을 앓고 있는 경우, 영유아 자녀를 키워야 하는 경우에는 본인의 노력에도 불구하고 현실적으로 남한에서 새로운 직업을 준비하고 정착하는데 구조적인 어려움이 있다. 따라서 앞으로는 각각의 경우에 맞게 지원이 차별화, 세분화될 필요가 있다.

본 연구는 남한에 거주하는 탈북 여성의 남한사회 적응문제를 여성이라는 사회적 지위와 역할의 관점에서 조망한데 그 의의가 있다. 그러나 연구에 참여한 탈북 여성들이 모두 북한이나 중국에서 결혼 경험이 있는 여성들로 탈북 여성 전체로 일반화하기에는 한계가 있다. 따라서 앞으로는 탈북 여성에 대한 연구가 결혼 여부, 북한에서의 계층, 연령대별로 세분화될 필요가 있고 여성 탈북자에 대한 지원정책과 프로그램 역시 그러한 연구결과에 근거하여 세분화되고 구체화되어야 할 것이다. 또한 적응 문제 뿐만 아니라 이러한 적응상의 어려움을 극복해 나가는 대처과정을 이해하고 남한사회에서 겪는 여러 가지 어려움을 성공적으로 대처해나가는 탈북 여성들의 적응기제에 대한 연구가 이루어져야 할 것이다. 또한 이러한 연구에 바탕을 근거하여 성공적인 적응기제를 북돋고 탈북 여성의 사회 경제적 역량을 강화시키는데 도움이 되는 심리적 지원 정책 및 상담 프로그램이 개발되어야 할 것이다.

참고문헌

김광일(1991). 해외동포의 문화적응과 정신건강. 『정신건강연구』, 10, 119-153.

김경철(2004). 남한 내 북한이탈 주민의 건강 상태 및 의료 이용 만족도 분석. 연세대학교 석사학위 논문.

김숙임(1999). 북한이탈 여성주민의 사회적응에 대한 욕구와 민간단체의 지원 방안에 관한 연구. 숭실대학교 석사학위논문.

김엘리(1999). 북한이탈여성주민 생활실태 조사결과 보고서. 북한이탈 여성주민 생활 실태 조사결과 발표와 지원 방안을 위한 토론회 자료집. 평화를 만드는 여성회 병설 한국여성평화 연구원.

김영수(2000) 북한 이탈주민의 가족문제. 『사회과학연구』, 9, 102-117.

김태현, 노치영(2003). 북한이탈 여성들의 삶 이야기: 해석학적 현상학을 통한 중국생활 체험 분석. 『대한가정학회지』, 41(8), 1-17.

김현아, 전명남(2003). MMPI에 나타난 북한이탈주민의 개인차 특성. 『통일연구』, 7(2). 129-160.

문숙재, 김지희, 이명근(2000). 북한 여성들의 탈북동기와 생활 실태: 중국 연변지역의 탈북 여성들을 중심으로. 『대한가정학회지』, 38(5), 137-152.

박미석, 이종남(1999). 탈북가족의 남한사회 적응 시 겪는 어려움과 그에 따른 대처방안. 『통일논총』, 17, 3-73.

서영신, 서정희, 심진섭(1993). 남북한의 경제 심리 비교. 남북의 장벽을 넘어서: 통일과 심리적 화합(pp.247-277). 서울: 한국심리학회

안연진(2002). 북한이탈주민 가족의 가족문화 특성에 관한 질적 연구. 카톨릭대학교 석사학위 논문.

이기영, 성향숙(2001). 탈북자 가족 구성원의 가족관계 인식에 관한 조사 연구. 『한국사회복지학』, 47(11), 243-271.

이새롭(2003). 북한 이탈 여성의 남한사회 조기 정착 방안. 민주 평화통일 자문회의 여성분과위원회 회의 자료.

장혜경, 김영란(2001). 이탈주민 가족의 가족 안정성 및 사회 적응과 여성의 역할. 한국여성개발원.

전우택(2000). 『사람의 통일을 위하여』. 서울: 도서출판 오름.

전우택, 윤덕룡(2001). 북한 이탈주민 사회 적응 실태조사 보고서. 북한이탈주민 후원회.

Patton, M. Q.(2002). *Qualitative research and evaluation methods(3rd ed.).* Thousand Oaks, CA: Sage Publications.

Bruce, N, Danforth, J,(2003). Health status and Canada's immigrant population. *Social Science and Medicine, 57,* 1981-1995.

Hermansson, A, C., Timpka, T., & Thyberg, M.(2002). The mental health of war-wounded refugees; an

8-year follow-up. *Journal of nervous and Mental Disease, 190(2)*, 374-380.

Hinton, W. L., Yung-Cheng J. C., & Nang, D.(1993). DSM-III-R disorders in Vietnamese refugees: prevalence and correlates. *Journal of Nervous and Mental Disease3, 181*, 113-122.

강 주 원 kjw422@hanmail.net

'현지조사의 참맛'을 연변에서 나름대로 체험하고, '우리는 하나다'라는 화두를 생각하면서 신촌에서 사당까지 새벽길을 걸은 결과로 나온 한양대 문화인류학 석사논문은 '탈북자가 쏘아올린 작은 공'의 의미를 이야기하고 있다. 하지만 사람들로부터 본문보다 '감사의 글'이 더 감동적이라는 촌평을 듣는 황당한 경험을 적잖이 하기도 하였다. 지금은 서울대 인류학과 석박사과정을 수료하고, 중국의 동북 3성에서 삶을 영위해가고 있는 조선족과의 만남을 준비하고 있다. 그들의 삶 속에서 자신이 자라는 모습을 발견하고자 한다. 이를 통해서 '경계넘나들기', '중심과 주변'에 대한 고민을 업으로 하는 인류학도의 길을 걸어가는 꿈을 키우고 있다.

구 현 지 9smile@dreamwiz.com

연세대에서 심리학을 전공하고 문학사, 문학 석사를 받았다. 경희대에서 환경학을 전공한 이학사였지만, 청소년의 심리에 공감하고 어려움을 함께 나누고 싶어서, 임상심리학자의 길로 인생 전환하였다. 학교 부적응 청소년을 대상으로 한 치료 프로그램으로 석사 논문을 쓰고, 10대 트랜드 연구팀으로 「모바일과 10대」(서울 청소년 미디어 센터)에 대한 보고서를 책으로 엮었으며, 외톨이 청소년을 대상으로 한 「거주형 치료센터 모델 연구」(삼성생명 사회정신건강 연구소)에 참여하는 등 항상 '청소년'이라면 레이더가 반짝거린다. 탈북 청소년에 대한 관심에 호기심이 발동해서, 결국 탈북자 인터뷰를 시작으로 탈북자 조사 연구에 발을 들였다. 현재 병원에서 임상심리사로 근무하며, field에서 열심히 임상심리전문가 수련 중이다.

김 경 철 joyks71@mizmedi.net

연세대 의대를 95년도에 졸업하고 2000년 가정의학 전문의 과정을 마쳤다. 2000-2003년 파푸아뉴기니에서 국제협력의사(KOICA)로 봉사를 했으며 이후 연세대학교 보건대학원 국제보건학과에서 석사를 마쳤다. 이번 연구의 의료 파트를 맡았으며 이를 바탕으로 "북한 이탈주민의 주관적 건강상태와 의료 이용 만족도" 제목의 석사 논문을 썼다. 현재는 강서 미즈메디 병원에서 가정의학과장으로 재직중이며 한국 누가회 회원이기도 하다.

김 동 기 dkkimbios@yumc.yonsei.ac.kr

연세대에서 학사, 석사를 마치고 미국 UCLA에서 의학통계학 석사, 박사학위를 받았다. 주 관심 분야는 임상의학통계, 불완전자료분석, 통계학적 유전자 분석, bioinformatics, microarray 통계분석 등이다. 미국 일리노이 주립대학 조교수를 거쳐 현재 연세대학교 의과대학 의학통계학과 교수 및 학과장, 대학원 의학전산통계학 협동과정의 주임교수로 있다. 식약청 중앙약사심의위원회 위원으로 활동중이며 활발한 연구 활동으로 의학통계학 분야에 많은 공헌을 하고 있다.

김영미 shulam89@hanmail.net

서울의 한 도시재개발지역에서 성장기를 보냈는데 그때 사회적 약자에 대한 의식과 감수성을 키운 것 같다. 그래서 전공도 아동복지를 공부하여 논문 「탈북 유아의 남한생활적응과정」으로 석사학위를 받았다. 공동육아와 남북한 아동청소년의 통합에 관심이 많다. 현재 서울연지초등학교에서 교육복지투자우선지역지원사업을 담당하여 빈곤-비빈곤, 장애-비장애, 탈북-남한아동 등 차이를 넘어 서로를 자연스럽게 수용하고 더불어 노는 아름다운 학교가 되도록 노력하고 있다.

김윤영 yoonkim@hawaii.edu

한양대 문화인류학과 학사와 석사를 마쳤다. 인류학을 공부하기 시작하면서 서서히 나와 더불어 살아가는 다른 사람들의 삶에 눈을 뜨기 시작했다. 남북어린이어깨동무, 동아시아 공동 워크샵, 남북문화통합교육원 등 여러 사회단체에 소속되어 활동하면서 다른 문화와 사람들의 대한 이해를 훈련했고, 지금도 배워가고 있는 중이다. 특히 학교생활에서 탈북 아동들의 남한 사회 적응에 대한 석사 논문을 통해서 더욱더 소수자나 교육 문제에 관심을 갖게 되었다. 현재 University of Hawaii 인류학 박사 과정에서 학업에 전념하고 있다.

마석훈 atats789@hanmail.net

1971년생으로 대구가 고향이다. 대구에서 경북대 행정학과를 졸업하고 환경운동연합에서 4년간 일했다. 이후 한양대 대학원 문화인류학과에서 석사공부를 하였다. 통일부 하나원 〈하나둘학교〉의 교사로 생활하면서 북조선 출신 청소년들을 처음 접하게 되었고, 그룹홈 〈늘푸른학교〉에서 생활교사로 일했다. 지금은 (사)하늘샘터에서 북에서 온 청소년을 찾아가는 상담실 〈샘터〉를 운영하면서, '탈북 대학생' 5명과 작은 공동체를 만들어 함께 생활한다.

민성길 skmin518@yumc.yonsei.ac.kr

마산에서 피난민 자녀들과 전쟁고아들과 같이 초등학교 시절을 보냈다. 서울의 피난민들이 세운 학교인 대광고등학교를 졸업하였다. 연세대 의대에서 학부, 정신과 전공의, 그리고 박사학위 과정까지 마쳤다. 1976년 이후 연세의대 정신과에 전임강사로 들어와 지금까지 교수로 지냈다. 그간 코펜하겐대학, 일리노이 대학, 튜빙겐 대학에서 약물정신의학, 생물정신의학 그리고 신경심리학 등을 공부하였다. 사회문화와 정신건강이라는 분야에 관심이 커서, 한과 화병, 탈북자, 정신대 할머니, 조선족 노동자 등에 대한 연구를 하였다. 탈북자 연구가 알려져 연세대학교의 통일연구원 원장으로 임명받기도 하였다. 현재 연세의대 의학행동과학 연구소 소장과 서울시 정신보건사업지원단 단장을 맡고 있다. 「통일과 남북 청소년」, 「탈북자와 통일준비」, 「통일이 되면 우리는 함께 어울려 잘 살 수 있을까」 등 통일에 대한 저서와 「최신정신의학」, 「약물남용」, 「정신약리학」, 「WHO 삶의 질 척도 지침서」 등의 저서가 있다.

박순영 suny@snu.ac.kr

인류학박사, 생물인류학을 전공했다. 현재 서울대학교 인류학과 조교수로 재직중이다. 주요관심 분야는 영양과 성장발육, 빈곤의 생물학, 진화심리학이다.

서승원 romantius@yumc.yonsei.ac.kr

연세대학 의과대학을 졸업하고 세브란스 병원에서 정신과 수련을 받고 정신과 전문의가 되었다. 의과대학 재학 시절부터 미시적 관점이 아닌 거시적 관점에서 인간을 연구하고자 하는 꿈을 갖고 있었다. 현재 세브란스 병원 정신과 연구 강사로 재직하며 「청소년 컴퓨터 게임 중독 치료 프로그램 개발」 등의 연구를 진행하고 있다.

안은미 emahn@yna.co.kr

서울의대를 졸업하고 서울대학교병원에서 인턴과 가정의학과 전문의 수련을 받았다. 의대생 시절 우연한 기회에 북한문제에 관심을 갖기 시작해, 의사가 된 후에도 꾸준히 북한이탈주민 진료에 참여하는 등 통일문제와 새터민 문제에 관심을 가져 왔으며, 새터민 진료 경험을 바탕으로 '북한이탈주민의 증상표현과 질병행태'라는 논문을 쓰기도 했다. '병이 아니라 병을 앓는 사람'을 이해하고 싶어서 얼마 전 연합뉴스에 의학전문기자로 입사했다.

양계민 yangkm68@hanmail.net

충북대학교 심리학과에서 학사, 석사를 마치고, 중앙대학교에서 사회심리학으로 박사를 받았다. 현재의 관심분야는 서로 다른 문화를 지닌 사람들이 만나서 서로 이해하고 적응하는 문화적응의 분야이며, 그 외에도 소수집단에 대한 편견, 탈북자의 적응, 외국인 노동자, 법문화, 청소년 범죄 등 다양한 사회적 문제에 심리학적 이론을 적용하는 것에 재미를 느끼고 이것저것 연구하고 있다. 현재는 중앙대학교 심리학과 겸임교수이다.

엄진섭 jseom2003@hanmail.net

강원도에서 태어나 고등학교를 마칠 때까지 그곳에서 살았다. 그 덕분에 군에 사병으로 근무하던 시절, 강원도 사투리에 익숙하지 않은 동료들은 내 억양을 듣고는 "북한군이다!!!" 는 소리를 하며 나를 놀리곤 했었다. 충북대학교 심리학과에 입학한 후 현재까지 청주에 살고 있으며, 충북대학교에서 심리학 연구방법론으로 박사과정을 수료하였다. 연구방법론을 전공한 덕분에 다양한 학문분야에서 수행하는 실험설계, 조사설계, 측정 및 통계분석에 관여하고 있으며, 최근에는 fMRI 로부터 나온 자료를 통계분석하는 방법에 관심을 가지고 있다.

유시은 jjyou1224@hanmail.net

한남대학교에서 상담교육 석사학위를 마치고 현재 연세대학교 통일학 석사과정에 재학 중이다. 상담을 하고 싶다는 열망으로 10여 년 동안 근무하던 대학교를 그만두고 통일부 하나원 상담심리사가 되었다. 북한이탈주민에 대한 지식이나 애정보다는 상담에 대한 비젼으로 그들을 만나게 되는 계기가 되었으나 지금은 함께 희노애락을 나누고 싶다. 〔하늘꿈학교〕에서의 상담교사, 북한이탈주민의 정신건강 프로그램을 실시하는 〔아름다운 생명〕에서 상담실장을 하였다. 북한이탈주민을 만난지 만5년, 기쁨과 안타까움을 느끼면서 많은 것을 배우고 경험하게 되었다. 언젠가는 서로의 심장 속에 남은 사람이 되어 이웃으로 만났으면 하는 마음 간절하다.

윤 덕 룡 dryoon@kiep.go.kr

독일 키일대학에서 경제학 학사, 석사, 박사 학위를 받았다. 독일 유학시 유럽의 경제통합과 동서독 통일을 겪으면서 국제경제통합과 국제금융, 그리고 남북경제통합을 주요 연구분야로 정하게 되었다. 귀국후 연세대 통일연구원 연구교수로 있으면서 북한경제와 남북경제 통합관련 다양한 연구에 참여하였다. 탈북자와 관련된 경제문제에 관심을 가진 것은 1996년부터이며 이후 연세의대 정신과학팀과 함께 지금까지 탈북자연구에 참여하고 있다. 학문적으로 주로 고민하는 문제는 효율성을 극대화하면서도 사회적 책임을 다하는 인간적인 경제시스템을 구축하는 방안에 관한 것이다. 지금은 대외경제정책연구원의 연구위원으로 있다.

윤 수 연 suyeony@gmail.com

사람을 연구하고 표현하는 Artist. 작가의 관심은 오로지 사람이다. 결과의 채집보다는 원인의 분석과 그 표현이 작가의 주요 모티브이다. 이번 'Incomplete Journey'에서는 '한국 사람들'에 대해 이야기한다. 언뜻 보기에 '탈북자'이야기와도 같은 작업은 '탈북자 현상'에 대한 두 한국인의 상반된 attitude를 말하고 있다. 그 외에도 미국 동부지역 중심의 minority group의 이야기를 엮은 'manscape', 말과 사람의 관계를 풀이한 'untitled'(ongoing project) 등이 있다. Art Institute Of Boston에서 사진을 시작했으며 Gilles Peress로부터 사사 받았다.

이 부 미 boomilee@hanmail.net

저자는 중앙대학교에서 유아교육으로 학부, 석사, 박사과정을 공부했다. 대안유아교육이라고 할 수 있는 공동육아에 관심이 많아 공동육아에 대해 박사논문을 썼으며 8년째 공동육아에서 교육 및 교사교육과 관련된 일을 하고 있다. 공동육아 일을 하는 과정에서 자연스럽게 정병호 선생님의 관심영역인 탈북 아동 및 청소년교육을 엿보다 탈북 유아 및 그 부모들에 대한 연구를 3년 정도 하게 되었다. 지금은 이 연구를 쉬고 있는데 내년 즈음 탈북아동에 대한 연구를 해 볼 생각이다.

이 향 규 hyangkue@hanmail.net

서울대학교 교육학과에서 학사, 석사, 박사학위를 받았다. 학부시절, 사회변혁을 위한 실천에 헌신하지 못하는 자괴감에 한동안 맹인학생들의 책읽기를 돕는 일에 몰입했었다. 석사과정 중 우연히 접한 북한 인민학교 교과서를 보면서 느낀 두려움과 당황스러움을 내 자신에게 설명하기 위해 북한 교육에 대한 연구를 시작했다. 억눌린 기억들은 해방되어야 한다는 생각에 한동안 구술 채록을 업으로 삼았었다. 한 비전향장기수의 이야기를 6년간 듣고, 송환 이후 그 이야기를 출판하였다. 대학에서 교육사회학, 북한교육, 평화교육 강좌를 가르치고 있다. 두 문화에 걸쳐 살고 있는 두 딸의 엄마로, 이 아이들을 자유로운 '개인'으로 만드는 데 관심이 많다.

전 우 택 wtjeon@yumc.yonsei.ac.kr

연세의대를 졸업한 정신과 전문의이다. 연세대학교에서 박사학위(정신의학)를 취득하였고 미국 하버드 의과대학 사회의학과와 난민연구소에서 연구원으로 있었다. 세부 전공으로 사회의 정신병리를 연구하는 사회정신의학 영역에서 북한, 난민, 탈북자, 사회 통합 등에 대한 연구를 하고 있다. 연세의대 정신과학교실 교수로 재직하다가 현재는 연세의대 의학교육학과장으로 있으면서 정신과학교실 겸무교수로 활동하고 있다. 저서로는 “사람의 통일을 위하여”, “탈북자와 통일준비”, “사회의학 연구방법론”, “의료선교학” 등이 있다.

정 병 호 chungb2000@yahoo.co.kr

일본 어린이들의 보육과 교육문제, 소수민족, 지방자치 등에 대한 현장연구를 하여 미국 일리노이대학에서 인류학 박사학위를 받았다. 공동육아운동에 참여하였고, 1996년부터 북한기근 구호활동을 시작하였다. 중국 연변에서 기근피해 조사 중에 만난 탈북 청소년들에게 별 도움을 주지 못하고 헤어진 안타까움 때문에, 2001년부터 통일부 ‘하나원’ 안에 ‘하나둘학교’를 설립하고 교장으로 일하기도 하였다. 현재 한양대학교 문화인류학과 교수, (사)남북문화통합교육원 원장으로 활동하고 있다.

정 우 진 wchung13@yahoo.co.kr

연세대학교 졸업 후 미국 뉴욕주립대학교에서 경제학 박사학위를 취득하고, 미국 Population Council과 한국보건사회연구원의 연구위원으로 재직하면서 보건복지부문 학술연구 및 정책자문을 수행하였다. 현재 연세대학교 보건대학원에서 보건경제학과 보건정책학를 가르치고 있으며 주된 관심영역은 우리나라 보건복지부문의 효율화이다. Health Policy, Journal of Development Studies, Bulletin of the World Health Organization 등 국내외 학술지에 다수의 논문을 발표하였다.

정 우 창 sgooggoo@yahoo.co.kr

한양대학교에서 학사, 석사까지 공부하였다. 문화인류학 대학원 석사논문으로 탈북 청소들과 함께 살며 교육하였던 자원교사들의 갈등과 적응에 대해서 썼다. 자원교사들과 탈북 청소년들 간의 만남을 지켜보면서 이질적인 사회에서 성장한 사람들 간의 만남의 방식과 교육방법에 관심을 갖게 되었다. 앞으로는 남북 주민간의 문화접촉과 그에 따른 변화의 과정을 공부해 볼 생각이다. 또 북한의 사회문화적 변화과정에 대해서도 알아보고 싶다.

정 진 경 chungj@chungbuk.ac.kr

서강대 신문방송학과를 졸업하고, 미국 일리노이대 대학원에서 사회심리학으로 석사, 박사를 받았다. 현재 충북대 심리학과 교수로 재직 중이다. 사회적 차별과 편견의 문제에 줄곧 관심을 가지고 있다. 한국 사회의 성역할에 대한 심리학적 연구, 북한이탈주민의 남한사회 적응에 대한 연구와 더불어, 문화간 훈련의 자료를 개발하는데도 관심을 가지고 있다. 남한사람들이 북한사람들과 만나서 잘 지내기 위한 연습의 자료로 문화이해지(북한에서 온 내 친구, 2002)를 펴내기도 하였다.

정 진 웅 gchung@duksung.ac.kr

대학원에서 인류학을 전공하기 시작해 미국 일리노이대학교에서 석사, 박사학위를 받았다. 박사학위 논문에서는 삶의 여러 측면에서의 단절이 두드러지게 나타나는 미국의 한 은퇴촌에서 주민들이 어떻게 다양한 방식으로 자신들의 정체성을 유지해 나가는지에 관해 연구했다. 문화적 상상력과 실천이 어떻게 보다 나은 사회적 삶을 구상하는데 쓰일 수 있는지에 관심이 많다. 그 연장선상에서 차별, 타자화, 생애과정에 대한 연구를 해 왔다. 현지조사 연구에 할애할 충분한 시간을 마련하는 것이 최근의 희망사항이다.

정향진 hjjung@snu.ac.kr

부산대에서 영어교육학으로 학사, 서울대에서 인류학으로 석사, 미국 미네소타주립대에서 인류학으로 박사 학위를 받았다. '감정'과 '학습'이 주요한 관심 영역들을 형성한다. 감정의 문화적 구성, 감정 통제, 사회계층과 감정 표현, 감정의 사회화, 학습에서의 감정의 역할, 창의성과 문화 전승 등이 지속적으로 관심을 갖는 주제들이다. 미국 중서부에 있는 한 중학교에서의 현지조사를 바탕으로 미국 중산층의 감정 모델과 청소년기 감정의 사회화에 대해 박사학위 논문을 썼다. 현재는 서울대학교 인류학과에 재직하고 있다.

조영아 life7777@yonsei.ac.kr

연세대에서 상담심리학으로 박사 학위를 받았다. '남한 내 북한이탈주민의 자아방어기제'란 주제로 박사학위논문을 썼고 그 이후 북한이탈주민의 사회 문화적 적응과 정신건강에 관한 연구와 이와 관련된 정착 프로그램 구축에 관심을 갖고 있다. 현재 연세대학교의 연세상담센터에서 심리 상담을 하고 있다.

최승주 twinyvera@empal.com

무등산 자락에서 태어나 목사의 딸로 자란 지은이는 고려대에서 생물학 학사를, 연세대에서 국제보건학 석사과정을 마쳤다. 대학 시절 C.C.C.에서 민족복음화와 세계선교를 배우고, 졸업 후 의료대사선교회의 지역사회보건의료(CHE) 선교훈련을 통해 국제보건 전문가로서의 첫 발을 디뎠다. 가난한 나라에서 사람을 키우고 교육하고자 하는 꿈을 가졌고, 보건복지부 질병관리본부에서 연구사로 근무하다가 최근 같은 꿈을 품은 사람과 결혼하여 가정을 이루었다. 20년 후에는 정형외과 의사인 남편과 아이들과 함께 북한에 들어가 일하고 있을 것이다.

홍창형 mindkeeper@korea.com

연세대 의과대학에서 학사, 석사학위를 받았다. 세브란스병원에서 정신과 수련과정을 마친 정신과전문의이며 현재 연세대학교 노화과학대학원 박사과정중이며 노화과학 연구소 연구교수와 신촌세브란스병원 전임의를 겸임하고 있다. 전우택선생님과 함께 북한이탈주민들이 북한내, 탈북과정 중에 경험한 외상에 따른 외상후스트레스장애와의 관계 및 3년 추적관찰 연구를 하였다.

도움을 주신 분들

연구보조원

안미정 한양대학교 문화인류학
임성숙 한양대학교 문화인류학
김재우 충북대학교 심리학
임기순 충북대학교 심리학
김희경 서울대학교 인류학
김준홍 서울대학교 인류학
유정화 서울대학교 인류학

표지디자인

류재수 아동 동화작가
조현상 한양대학교 문화인류학

교열, 편집

정우창 한양대학교 문화인류학
김현임 한양대학교 문화인류학
조현상 한양대학교 문화인류학